Thomas Karlauf

Stefan George

Die Entdeckung des Charisma

Biographie

Pantheon

Verlagsgruppe Random House FSC® N001967

2. Auflage 2019
Copyright © 2007 by Karl Blessing Verlag GmbH, München,
Copyright © dieser Ausgabe 2008 by Pantheon Verlag,
in der Verlagsgruppe Random House GmbH,
Neumarkter Straße 28, 81673 München
Umschlaggestaltung: Jorge Schmidt, München
Satz: Leingärtner, Nabburg
Druck und Bindung: GGP Media GmbH, Pößneck
Printed in Germany
ISBN 978-3-570-55076-2

www.pantheon-verlag.de

Inhalt

III Der Rückzug
1918–1933

Anhang

Denn dieses scheint die Hauptaufgabe der Biographie zu sein, den Menschen in seinen Zeitverhältnissen darzustellen, und zu zeigen, inwiefern ihm das Ganze widerstrebt, inwiefern es ihn begünstigt, wie er sich eine Welt- und Menschenansicht daraus gebildet und wie er sie, wenn er Künstler, Dichter, Schriftsteller ist, wieder nach außen abgespiegelt.

Goethe, Dichtung und Wahrheit, Vorwort

Für Biographien habe er nie besondere Sympathien. Er empfinde es stets als eine gewisse Rücksichtslosigkeit, Indiskretion, wenn ein Mensch Sachen, die sich zwischen zwei anderen abgespielt haben und die nur für diese bestimmt seien, bekannt macht und dadurch das große Publikum als Richter einsetzt.

Stefan George im Gespräch mit Maximilian
Kronberger, München, 19. Dezember 1903

The hero is he who is immovably centred.

Ralph Waldo Emerson

Prolog

»Und er kann töten, ohne zu berühren«
Wien, 14. Januar 1892

Der 14. Januar 1892, der Tag, an dem der 23-jährige Stefan George den 17-jährigen Gymnasiasten Hugo von Hofmannsthal ultimativ aufforderte, sich endlich mit ihm zu treffen, war ein Donnerstag. Anfang der Woche war George wieder einmal umgezogen: von der Garnisongasse drei Straßen weiter in die Wasagasse, Ecke Türkenstraße, wo er bereits bei seinem ersten Aufenthalt in Wien ein Dreivierteljahr zuvor Quartier gefunden hatte. Ein Bote war bestellt. Der Brief, den George in der Nacht geschrieben und dann auf »donnerstag morgen« datiert hatte, sollte in den 3. Bezirk ans andere Ende der Stadt gebracht werden. Er steckte, ohne jede Anrede, ohne jede Grußformel, bereits im Couvert, als dem Verfasser Zweifel kamen, ob der Adressat den Ernst der Lage erfasse. »Bitte diesen brief zu lesen um die unangenehmsten folgen zu verhüten«, schrieb George mit Bleistift auf einen Zettel und legte ihn dem Brief bei. Der Dienstmann, der etwa eine halbe Stunde in die Salesianergasse brauchte, sollte dort auf Antwort warten.

> Also auf etwas hin und gott weiss welches etwas »das Sie verstanden zu haben glauben« schleudern Sie einem gentleman der dazu im begriff war Ihr freund zu werden eine blutige kränkung zu. Wie konnten Sie nur so unvorsichtig sein, selbst jeden verbrecher hört man nach den schreiendsten indizien. Sie sehen ich rede ganz gesezt und wenn Sie nach einigen tagen gelassen denken oder nach jahren so werden Sie mir (mit Ihren werten eltern deren einziges kind Sie sind!) sehr verbunden sein dass ich soviel ruhe bewahrte und nicht sofort das veranlasse was mit Ihrem oder meinem tod endet[1]

Am Abend zuvor war Stefan George zum wiederholten Mal im ersten Stock der Salesianergasse vorstellig geworden, um nach dem jungen Herrn von Hofmannsthal zu fragen. Dieser hatte ihm am Dienstag zwar einige Bücher geschickt, Georges inständigem Bitten um ein Treffen war er jedoch seit Tagen ausgewichen. Seit seinem Besuch in dessen Pension an Heiligabend hatte sich Hofmannsthal mehrmals verleugnen lassen. George war nur seinetwegen über die Feiertage in Wien geblieben, wartete aber vergeblich; am 14. Januar war seine Geduld erschöpft.

Bevor George im März 1891 sein Studium an der Wiener Universität aufnahm, hatte er sich eine kleine Reise nach Verona und Venedig gegönnt. Zwei in Venedig entstandene Gedichte legen die Vermutung nahe, dass Georges Hang zur Schwermut dort erheblich verstärkt wurde. Das eine der beiden »Gesichte« endet:

> Ich darf so lange nicht am tore lehnen,
> Zum garten durch das gitter schaun,
> Ich höre einer flöte fernes sehnen,
> Im schwarzen lorbeer lacht ein faun.[2]

Das andere Gedicht berichtet im Ton der Ballade von einer schönen und stolzen Venezianerin, die sich mit allem erdenklichen Luxus umgibt, um auf diese Weise der ganzen Stadt, insbesondere ihrem greisen Galan, Unnahbarkeit zu demonstrieren. Am Ende hält sie die Rolle der pompösen Frigiden jedoch nicht durch und gibt sich »in verhangenem gemach« einem namenlosen Liebhaber hin; nach dem Akt empfindet sie Schmach. In ihrer Verzweiflung, der glanzvollen Rolle nicht länger entsprechen zu können, sieht sie den einzigen Ausweg darin, sich öffentlich zu demütigen: Besser, alle Welt erfährt, dass sie hier liege, »niedrig und gebrochen«, als dass ein Einzelner sich anmaßt, den Sieg über sie davongetragen zu haben. Ein sprödes, herrisches Wesen und ein bis an die Grenze der Selbstzerstörung getriebener Hochmut: Das Bild der Venezianerin trägt durchaus autobiographische Züge.[3]

In Wien, wo er zum Frühjahrsbeginn aus Venedig eintraf, fühlte sich George von Anfang an einsam. Er kannte niemanden und verfügte über keine Empfehlungsschreiben. Auf langen Spaziergängen habe er die ihn südlich anmutende Stadt und ihre Umgebung erkundet, wusste der von George autorisierte Biograph Friedrich Wolters

1930. Er habe Museen besucht, viel gelesen – mit Vorliebe Texte deutscher Romantiker –, Baudelaire übersetzt, und gelegentlich warf er wohl auch einen Blick in den Hörsaal. Die Gedichte, die in diesen Monaten entstanden, zeugen von wüsten Versuchungen und Allmachtsphantasien bis hin zu schrillen Obsessionen:

> Vor deinen schuhen stammelt man den eid,
> Entführte weiber weinen ihren gram
> Und eine, wirr im schrecken, ohne scham
> Zerreisst vor deinem herrenblick ihr kleid.[4]

Die Sommerferien verbrachte George zu Hause am Rhein. Auf dem Weg von Wien nach Bingen legte er ein paar Wandertage in Oberbayern ein und besuchte aus einer »dunklen Neigung«[5] zu dem fünf Jahre zuvor verstorbenen Bayernkönig Ludwig II. Schloss Linderhof. Obwohl er nach der Besichtigung »an heftigem seelenkatarrh« litt,[6] erhielt er doch entscheidende Anregungen zu einem neuen Gedichtband *Algabal*. Anfang September brach er eine Reise nach London in großer Erregung vorzeitig ab, fuhr anschließend zwei Wochen nach Paris und kehrte dann über Berlin Ende Oktober nach Wien zurück. Auch jetzt fand er nirgendwo Anschluss. Von innerer Unruhe getrieben, durchstreifte er abends die Straßen und dürfte die Verachtung der Welt ähnlich tief empfunden haben wie seine schöne Venezianerin. Der Abwehrmechanismus war der gleiche. Nicht er trug Schuld an seiner Vereinsamung, sondern die Stadt hatte nichts anderes verdient, als mit Nichtachtung gestraft zu werden. Wien sei doch gar nicht mit Paris zu vergleichen, schrieb er nach seiner Flucht Mitte Januar an Marie Herzfeld: »Ich gedeihe nicht unter jenen (grösstenteils) zeitungsschreibern ohne jedes musikalische oder malerische interesse.« In Paris lebten die Dichter, »die wahre künstler zugleich sind«.[7] Solche wie er.

Bis zur Begegnung mit Hofmannsthal Mitte Dezember 1891 ist Marie Herzfeld der einzige Kontakt Georges in Wien, von dem wir wissen. Die 36-jährige Übersetzerin zeitgenössischer skandinavischer Literatur, die gelegentlich auch in der *Wiener Mode* publizierte, hatte er im November über seine Zimmerwirtin in der Garnisongasse kennengelernt. Marie Herzfeld »besäße die Einfühlsamkeit, ihn zu verstehen«, hatte die Wirtin ihm gesagt, und in der Hoffnung, sie werde seine Gedichte besprechen, suchte George sie auf. Zwar konnte Marie Herzfeld mit seinen Versen nur wenig anfangen – »was er sagt, ist besser, als was er schreibt« –, aber ihn selbst empfand sie als so interessant, dass sie sich mehrmals mit ihm traf.

Vielleicht durch einen Hinweis von Marie Herzfeld, die zum Kreis der Mitarbeiter der *Modernen Rundschau* zählte, vielleicht auch durch Lektüre, wurde George Anfang Dezember auf Hugo von Hofmannsthal aufmerksam. Weil österreichischen Gymnasiasten das Publizieren verboten war, veröffentlichte er fleißig unter Pseudonymen wie Theophil Morren, Loris Melikow oder einfach Loris. George hat wohl am meisten das kleine Versdrama *Gestern* angesprochen.[8] Das im Oktober und November in der *Modernen Rundschau* gedruckte Stück, dessen Buchausgabe Hofmannsthal an Weihnachten George zum Geschenk machte, zeigte trotz gewisser Holprigkeiten einen neuen lyrischen Ton.

Eine ausführliche Schilderung ihrer ersten Begegnung gab Hofmannsthal selbst kurz vor seinem Tod. Auch wenn sich aufgrund des zeitlichen Abstands Irrtümer eingeschlichen hatten, ist die Stimmung jenes Dezemberabends vermutlich recht genau getroffen. Im Café – »es war dieses berühmte Griensteidl, wo ich oft hinging, u. waren damals sehr viele *junge* Leute da« – habe ihm eines Tages jemand erzählt,

> es sei jetzt ein Dichter Stefan George in Wien, der aus dem Kreise von Mallarmé komme. Ganz ohne Vermittlung durch Zwischenpersonen kam dann George auf mich zu: als ich, ziemlich spät in der Nacht, in einer englischen revue lesend, in dem Café sass, trat ein Mensch von sehr merkwürdigem Aussehen, mit einem hochmütigen leidenschaftlichen Ausdruck im Gesicht (ein Mensch der mir *weit* älter vorkam als ich selber, so wie wenn er schon gegen Ende der Zwanzig wäre) auf mich zu, fragte mich, ob ich der und der wäre – sagte mir, er habe einen Aufsatz von mir gelesen, und auch was man ihm sonst über mich berichtet habe, deute darauf hin, dass ich unter den wenigen in Europa sei (und hier in Oesterreich der Einzige) mit denen er Verbindung zu suchen habe: es handle sich um die Vereinigung derer, welche ahnten, was das Dichterische sei.[9]

Folgt man der Darstellung Hermann Bahrs, so trat George keineswegs auf Hofmannsthal zu. Um 1910, also knapp zwanzig Jahre vor Hofmannsthals eigenem Bericht, erzählte er dem jungen Herbert Steiner: »Er [George] schickte ein paar Worte zu Hofmannsthal herüber und der setzte sich an seinen Tisch und war ganz begeistert von ihm.«[10] Wichtiger als die Nuance, wer sich zu wem an den Tisch setzte, ist der in beiden Quellen übereinstimmende Hinweis, dass Georges äußere Erscheinung als ungewöhnlich registriert wurde und ihm der Ruf vorauseilte, er komme direkt aus Paris. Das machte George sogar für die anspruchsvolle Wiener Szene interessant. »Er fiel uns allen auf durch seinen ungewöhnlichen Kopf und durch ein viereckiges Monokel, das er von Paris mitbrachte.« George, so fasste Steiner die verschiedenen Berichte später knapp und treffend zusammen, saß »abseits, beobachtend, nicht ganz unbeobachtet«.

Jeder beobachtete freilich etwas anderes. In den Tagen, in denen George und Hofmannsthal sich kennenlernten, arbeitete Hermann Bahr an seinem Aufsatz »Loris«, der im Januar in der *Freien Bühne* erschien und den jungen Dichter mit einem Schlag bekannt machte. Bahr zeichnete ein Porträt, »wie Watteau oder Fragonard es gemalt hätte«, ganz im Stile des Rokoko: »unter der kurzen, schmalen, von glatten Ponnys überfransten Stirne … braune, lustige, zutrauliche Mädchenaugen«, die von einer »naiven Koketterie« zeugten, »welche die schiefen Blicke von der Seite liebt«. – »Ein feiner, schlanker, pagenhafter Leib von turnerischer Anmut, biegsam wie eine Gerte … mit den fallenden Schultern der raffinierten Kulturen, von ungeduldiger Nervosität … Er erlebt nur mit den Nerven … er empfindet nichts … daher aber auch die Kälte, die *sécheresse*, der ironische Hochmut seiner Verse.«[11] Marie Herzfeld fügte diesem Bild in ihren Erinnerungen noch »die herrliche Reihe ebenmäßiger Zähne« hinzu: »Wenn er laut auflachte (was er gern tat und wobei er wie ein Kind den Ton beim Atmen auf und ab zog), entstanden Grübchen in den pfirsichfarbenen Wangen … Die Haare waren von tiefgebräuntem Blond, die Augen wie helle Haselnuss, mit dem lichten Blau, das in diese Farbe gemischt ist.«[12]

Schon früh gab es jedoch auch Stimmen, die davor warnten, sich von der Leichtigkeit seines Auftretens blenden zu lassen. Hofmannsthal sähe »ungefähr so aus wie sehr viele Wiener junge Herren aus gutem Haus«, schrieb der spätere Direktor des Wiener Hofburgtheaters, Alfred von Berger, 1905. »Er spricht auch so, wie man in Wien oft sprechen hört. In aristokratischem Wienerisch, mit etwas näselnder Stimme und ein wenig ziehender Sprechweise sagt er einem über ein Buch, das er soeben gelesen hat, die feinsten Sachen so geflissentlich nachlässig und unliterarisch, als ob er sich beim Oberkellner eines eleganten Restaurants beklagte, dass der Champagner nicht genug frappiert ist.« Zwar fände sich in Hofmannsthals Poesie eine Reihe von »auserlesenen lyrischen Leckerbissen«, aber zu einem Hasenragout gehöre nun einmal in erster Linie ein Hase. Vieles wirke bloß anempfunden, und deshalb könne man auch nicht viel »Körperhaftes, Scharfumrändertes« an ihm entdecken: »Ob er wohl im Mondschein einen Schatten wirft?«[13]

Auf jeden Fall war dieses Luftwesen in allem das Gegenteil von Stefan George. Während Hofmannsthal offenbar stets für jünger gehalten wurde, als er war,[14] wirkte George niemals jung. Das lag an seiner Physiognomie. Die breite, weit vorspringende Stirn über verschatteten Augenhöhlen, die hohlen Wangen, der herbe, schmallippige Mund, zuletzt der eigenartig wächserne Teint, der mitunter fast olivfarben schillerte: Selbst im Wiener Caféhaus musste ein solcher Kopf auffallen. Wie ein gewaltiger Block saß dieser Kopf dicht über den Schultern, was der eher feingliedrigen Gestalt etwas Keilförmiges verlieh. Beim Gehen war »der Oberkörper leicht zurückgelegt«, und da alle Bewegung aus dem Becken kam, sah es aus, als schiebe er sich gravitätisch nach vorn.[15]

George war unter 1,75 Meter groß. Da er aufrecht ging, den Kopf meist in den Nacken warf und den kurzen Hals durch einen hohen Stehkragen mit weißer Schleife optisch verlängerte, wirkte er jedoch größer. Der Maler und Zeichner Karl Bauer, der George 1891 kennenlernte und dessen in bürgerlichen Kreisen weit verbreitete Lithographien um die Jahrhundertwende das öffentliche Bild Georges nachhaltig prägten, schilderte sein Auftreten so:

Der übrige Anzug war fast immer schwarz von modischem Schnitt. Man hätte ihn für einen Herrn der Gesandtschaft halten können. Die dunkelblonden zurückfliegenden Haare trug er ziemlich kurz und regelmäßig, so dass der kugelrunde Schädel im Profil klar hervortrat. Der spätere auf meinen Bildnissen so oft hervortretende Hinterkopf entstand durch die längere Haartracht … Sehr auffallend fand ich den medusenhaften seltsamen Blick der tief unter den felsigen eckigen Stirnknochen liegenden graugrünen Augen … Alles das gab und gibt noch heute dem Antlitz etwas Sphinxhaft-Dämonisches … Dem Eindruck des Gefaßten und Stolzen beim ersten Zusammentreffen steht bei näherer Bekanntschaft Lebhaftigkeit der Rede, ja Leidenschaftlichkeit und zarte Reizbarkeit im besten Sinne, die sich gern in Ironie flüchtet, gegenüber.[16]

George sah immer ein wenig übernächtigt aus, schon als junger Mann wirkte er verhärmt und leidend. Wer ihm gegenübertrat, musste den Eindruck gewinnen, dass dieser Mann es schwer hatte mit sich und der Welt. Das stete Leiden an der Gegenwart war für George aber auch Ausweis seines Erwähltseins. Mit jeder Geste, mit allem, was er sagte, unterstrich er seinen Anspruch, stellvertretend, im Namen einer höheren Macht zu handeln. So überspielte er nicht nur Unsicherheiten im täglichen Umgang mit seinen Mitmenschen, sondern verwies auch alle, mit denen er in engeren Kontakt trat, auf ein übergeordnetes Bündnis, das er vorerst als »das Dichterische« umschrieb.

Im ersten Heft der *Blätter für die Kunst* hieß es im Oktober 1892 programmatisch, die Zeitschrift wende sich an »zerstreute noch unbekannte ähnlichgesinnte« Künstler, an solche also, die, wie George selbst, auf der Suche nach neuen Ausdrucksmöglichkeiten waren, ohne schon sagen zu können, in welche Richtung ihre Bemühungen zielten. In der Kunst, so das Credo der neuen Gruppe, »glauben wir an eine glänzende wiedergeburt«. Um welche Art Kunst es sich dabei handelte, blieb zunächst unklar. Eine geistige Kunst sollte es sein, »eine kunst für die kunst«.[17] Wichtiger als die Ausgestaltung eines Programms war der Sammlungsruf als solcher. Alle, die sich im Zeichen der neuen Kunst erkannten, durften sich berufen fühlen.

Die Vison einer anderen Kunst muss George mit enormer Eindringlichkeit vermittelt haben. Er erzählte Hofmannsthal von den Dienstagabenden bei Mallarmé, von verwandten Bewegungen in

England und Italien und wies mit Nachdruck auf die Notwendigkeit hin, der neuen Kunst auch im deutschen Sprachraum zur Herrschaft zu verhelfen. Selbst über offensichtliche Nebensächlichkeiten wie Druck und Papier »sprach er mit einem imponierenden Ernst« und zog den jungen Hofmannsthal auf diese Weise in eine ihm neue Welt.[18] Er habe, schrieb Hofmannsthal Jahrzehnte später, diese Welt als ungeheuer lebendig empfunden und sich sofort zugehörig gefühlt. Mit einem Mal sei er sich nicht länger wie ein »ganz vereinzelter Sonderling« vorgekommen. Im Zusammensein mit George habe er »jenes Communizieren webender Kräfte« erfahren, »das eben den Geist einer Zeit ausmacht«.

> Du hast mich an Dinge gemahnet
> Die heimlich in mir sind,
> Du warst für die Saiten der Seele
> Der nächtige, flüsternde Wind

Das Gedicht, »Einem, der vorübergeht«, entstand unter dem unmittelbaren Eindruck der ersten Begegnung zwischen dem 16. und 19. Dezember. Hofmannsthal überreichte es am Montag der darauffolgenden Woche in einem Umschlag mit der Aufschrift »Herrn Stefan George«.[19] Am nächsten Tag bedankte sich George: »Ihr schönes bekenntnis hat mich tief entzückt – nur wer bewundern kann vermag wunderbares zu schaffen.« Er fragte jedoch sofort nach dem ihn irritierenden Titel: »aber bleibe ich für Sie nichts mehr als ›einer der vorübergeht‹?« Als George drei Wochen später einen großen Bekenntnisbrief an den »zwillingsbruder« schrieb, milderte er, nachdem er sich für sein Gefühl allzu weit vorgewagt hatte, am Ende vieles ab – »Werden wir wieder vernünftig« – und unterschrieb, als hätte er sich zu guter Letzt doch mit dieser Rolle abgefunden: »Einer der vorübergeht«.

Es klang ein wenig beleidigt. Und in der Tat: George war ja nicht nach Wien gekommen, um mit Geschichten aus dem Mallarmé-Kreis diesen oder jenen jungen Dichter zu unterhalten und dann wieder seiner Wege zu ziehen. Er suchte Gefährten, und das hieß für ihn: Menschen, für die der Glaube an die reine Kunst einherging mit dem

Glauben an ihn, Stefan George. Die Überzeugung, dass durch ihn die neue Dichtung repräsentiert werde, gab seinem Auftreten die nötige Sicherheit. Der Weg zur neuen Kunst – so vermittelte er es – führte ausschließlich über ihn. Dem Gegenüber blieb da wenig Raum. Hofmannsthal machte als Erster die Erfahrung, dass aus der gemeinsamen Begeisterung für die Sache unversehens ein Zwang zu persönlichem Bekenntnis erwuchs. Schon wenige Tage nach ihrer Bekanntschaft bekam er es mit der Angst zu tun.

Spätestens an Heiligabend. An diesem Tag hatte er George in seiner »provisorischen wohnung« hinter der Universität besucht. Der schämte sich offenbar ein bisschen für die Bleibe, denn er wollte den neuen Freund nur ungern dort empfangen – »trotzdem! besser dort als nirgends«. Nach einem letzten vergeblichen Versuch am 23., den Besuch doch noch in ein Café umzudirigieren, kam es dann am Weihnachtsabend gegen 17 Uhr zu jener Begegnung, der wir eines der unheimlichsten Gedichte verdanken, die ein Dichter auf einen anderen verfasst hat: »Der Prophet«

> In einer Halle hat er mich empfangen
> Die rätselhaft mich ängstet mit Gewalt
> Von süßen Düften widerlich durchwallt.
> Da hängen fremde Vögel, bunte Schlangen.
>
> Das Thor fällt zu, des Lebens Laut verhallt
> Der Seele Athmen hemmt ein dumpfes Bangen
> Ein Zaubertrunk hält jeden Sinn befangen
> Und alles flüchtet, hilflos, ohne Halt.
>
> Er aber ist nicht wie er immer war,
> Sein Auge bannt und fremd ist Stirn und Haar.
> Von seinen Worten, den unscheinbar leisen
> Geht eine Herrschaft aus und ein Verführen
> Er macht die leere Luft beengend kreisen
> Und er kann tödten, ohne zu berühren.[20]

Das war der andere George. Der Magier und Menschenfänger, dem Hofmannsthal jetzt aus dem Weg ging, indem er zwei Tage später aus Angst vor weiteren Unannehmlichkeiten eine Abreise aus Wien vortäuschte. George, der spürte, dass Hofmannsthal sich ihm entzog, wollte allen Ausflüchten vorbauen und schrieb noch am gleichen Tag: »An *meine* abreise ist vorläufig nicht zu denken und wann kommen Sie?«[21] In seiner Erregung vergaß er das Wort »zurück«.

Zehn Tage, nachdem sie sich kennengelernt hatten, war das Verhältnis zwischen Stefan George und Hugo von Hofmannsthal von gegenseitigem Misstrauen überschattet.

George verbrachte die letzten Tage des Jahres allein in Wien und fieberte der angeblichen Rückkehr Hofmannsthals entgegen. Er brannte so sehr auf das Wiedersehen, dass er am ersten Werktag des neuen Jahres in der Hofmannsthalschen Wohnung klingelte, um zu erfahren, wo der junge Herr steckte. Mittwoch, den 6. Januar, fing er ihn dann an der Schule ab – und die Tragödie nahm ihren Lauf. »Inzwischen wachsende Angst; das Bedürfnis den Abwesenden zu schmähen«, notierte Hofmannsthal in seinem Tagebuch.[22] Die Aufzeichnung trug die Überschrift »Der Prophet. (eine Episode) Jänner 1892«. In wenigen Stichworten hielt Hofmannsthal die aus seiner Sicht wesentlichen Stationen der Bekanntschaft fest. Indem er George als Propheten charakterisierte, die ganze Angelegenheit jedoch zur »Episode« erklärte, glaubte er seine Faszination durch den Fremden und sein gleichzeitiges Bedürfnis, ihn loszuwerden, auf einen Nenner zu bringen. Der Prophet als Episode war in sich so widersprüchlich wie das Verhältnis selbst.

Für Sonntag, den 10. Januar, hatte Hofmannsthal endlich einer Verabredung gegen 17 Uhr im Café Griensteidl zugestimmt. Da er jedoch Felix Salten mitbrachte, einen befreundeten jungen Schriftsteller aus dem Kreis um Hermann Bahr, in dessen Begleitung er sich sicherer fühlte, konnte George nicht frei reden. Aus diesem Grund entschloss er sich wohl, Hofmannsthal den Brief zu übergeben, den er ihm am Vortag angekündigt, dann aber zurückgehalten hatte. Salten war von Hofmannsthal instruiert worden, beizeiten zum Aufbruch zu drängen.

Der Zufall wollte es, dass sich George und Hofmannsthal am Abend ein weiteres Mal begegneten. »War es meine schuld dass Sie gerade in jenes unglückl. cafe kamen am sonntag?«, fragte George. Beide müssen sich in dem Moment, da Hofmannsthal das Café betrat, gleichsam ertappt gefühlt haben: Hofmannsthal, weil er sich mit Saltens Hilfe ein Alibi für den Abend verschafft hatte, das nun aufgeflogen war, George, weil er annehmen musste, dass Hofmannsthal inzwischen den Brief gelesen hatte. Die Begegnung war für beide peinlich, die Stimmung gereizt. Hofmannsthal erinnerte sich später, George habe einen schönen Hund, der an ihren Tisch kam und sich zutraulich an Georges Bein rieb, mit einem brutalen Tritt verjagt: »Va-t-en, sale voyou!« Über den Brief schwieg man sich offenbar aus.[23]

George hatte den Brief den ganzen Samstag mit sich herumgetragen. Als er gegen Mittag bei Hofmannsthal vorbeiging, um einige Bücher abzugeben – seinen ersten Gedichtband *Hymnen* in einem frischen Exemplar, die zu Weihnachten vom Drucker aus Lüttich eingetroffenen *Pilgerfahrten* und andere Schriften[24] –, erwähnte er ihn sogar auf der Karte, die er beilegte: »Einen brief den das wesen x in mir abfertigte unterschlug das wesen y, denn wozu?« Am nächsten Tag im Café überreichte er ihn dann doch, nicht ohne sich zuvor vom Adressaten die Zusicherung auf Rückgabe oder Vernichtung ausbedungen zu haben. Als George vier Wochen später Hofmannsthals Vater zur Herausgabe des Schriftstücks drängte, meinte er, gewisse Worte, »recht und bezeichnend für eine stunde«, seien »am andren tag schon zu viel und unrichtig«.

Der Brief war aus der Stimmung gemeinsamer Spaziergänge geschrieben worden. George hatte Hofmannsthal in diesen Tagen zwei- oder dreimal am Mittag im Akademischen Gymnasium abgeholt und ihn auf dem Nachhauseweg begleitet (Hofmannsthal stand ein halbes Jahr vor der Matura). George nannte diese Spaziergänge ihre »akademischen gespräche«, aber das, was sie dabei erörterten, der Geist dieser Gespräche war, jedenfalls für ihn, keineswegs »akademisch«. Seinen Bekenntnisbrief rechtfertigte George denn auch damit, dass das, was er Hofmannsthal eigentlich zu sagen habe, andernfalls auf immer ungesagt bliebe, »wenn wir auch noch ein dutzend mal unsere akademischen gespräche führen«.

Hatte George seine Gefühle für Hofmannsthal tatsächlich so wenig unter Kontrolle, dass er »durch einen Dienstmann mit roter Kappe dem jungen Octavaner ein großes Rosenbouquet ins Schulzimmer schickte, zur lebhaften Belustigung seiner Mitschüler«?[25] Leopold Andrian, der diese Anekdote überlieferte, befreundete sich im Herbst 1893 mit Hofmannsthal und lernte ein halbes Jahr später auch George kennen. Als er 1948 gebeten wurde, persönliche Erinnerungen an Hofmannsthal aufzuschreiben, notierte er sich im Vorfeld: »Die Freundschaft u. Brouille mit George – Bewunderung für den Dichter u. Antipathie gegen den Menschen u. Homosexuellen, das Bouquet durch den Dienstmann –. Wenn man den vor eine Schwadron stellt, fängt die ganze Schwadron zum Brüllen an.«[26] Wer auch immer die Geschichte mit dem Rosenbouquet in Umlauf brachte, sie dürfte die Wiener Jungliteraten amüsiert und zur Erheiterung über den kauzigen Deutschen beigetragen haben.

Hofmannsthal hasste nichts so sehr wie die Lächerlichkeit. »Die Scheu vor der Lächerlichkeit – die Scheu sich zu unterscheiden«, notierte Andrian, schien fast ein Grundzug seines Wesens zu sein. Die Angst, ins Gerede zu kommen, war offenbar noch stärker als der physische »Widerwillen« gegen die Person Georges, den Andrian aus späteren Bemerkungen Hofmannsthals meinte heraushören zu können.[27] Hofmannsthals Bemerkung gegenüber Bahr, er sei durch die ganze Angelegenheit »weniger beunruhigt als peinlich berührt«, lässt jedenfalls das Spektrum seiner Aversionen ahnen. Je unverhohlener George sich bemühte, Hofmannsthal aus der charmanten Unverbindlichkeit der Wiener Caféhausszene herauszulösen, weil er ihn – literarisch *und* menschlich – für sich allein beanspruchte, desto mehr zog sich der Umworbene zurück. Es war ein verhängnisvoller Irrtum zu glauben, der Jungstar des literarischen Wien lasse sich im Handstreich erobern.

Der Brief, den George am 10. Januar im Griensteidl übergab, endete: »Sie sind der einzige der von mir solche bekenntnisse vernahm. Darin bau ich blind auf Sie.« Zum ersten Mal in seinem Leben offenbarte sich George einem anderen, Jüngeren, in schriftlicher Form. Er breitete vor ihm seine künstlerischen Überzeugungen aus, die sich in vielem mit denen Hofmannsthals deckten, sprach aber auch von seinen Selbstzweifeln, seiner Einsamkeit – jeder wahre Künstler lerne früher oder später diese »grosse Trübnis« kennen. Indem der dem Adressaten zu verstehen gab, dass sein weiteres Schaffen gefährdet sei und sein Leben sinnlos zu werden drohe, falls er von ihm nicht erhört werde, suchte er sanften Druck auf ihn auszuüben. Man ahnt, wie schwer es George gefallen sein muss, seine Leidenschaft in einigermaßen verständliche Worte zu fassen:

> Schon lange im leben sehnte ich mich nach jenem wesen von einer verachtenden durchdringenden und überfeinen verstandeskraft die alles verzeiht begreift würdigt und die mit mir über die dinge und die erscheinungen hinflöge, und sonderbar dies wesen sollte trotzdem etwas von einem nebelüberzug haben … Jenes wesen hätte mir neue triebe und hoffnungen gegeben … und mich im weg aufgehalten der schnurgrad zum nichts führt. O den satz den ich gestern schrieb – nein ich nenne ihn nicht denn für den andern ist daran zu viel papier tinte federn während er für mich siedendes quellendes-stoffloses blut bedeutet … Und endlich! wie? ja? ein hoffen – ein ahnen – ein zucken – ein schwanken – o mein zwillingsbruder – [28]

Hofmannsthal war verwirrter, als seine Antwort vom gleichen Abend vermuten ließ. George nannte sie »diplomatisch«. Hofmannsthal verwahrte sich darin gegen jeden Ausschließlichkeitsanspruch – »mein Wesen giesst den Wein seines jungen Lebens aus … wer nehmen kann, nimmt« –, gab sich zuversichtlich, dass George auch allein aus seiner gegenwärtigen Krise herausfinden werde, und offenbarte im letzten Satz des Briefes die ganze Ambivalenz seines Verhältnisses zu dem Älteren: »*Ich* kann *auch* das lieben, was mich ängstet.«

Eindeutiger bekannte sich Hofmannsthal am nächsten Tag. In einem unmittelbar durch Georges Gedicht »Der Infant« angeregten »Prolog«, der später dem *Tod des Tizian* vorangestellt wurde, tritt ein Page die Schlosstreppe herunter und bleibt vor dem Bild des Infanten stehen, der ihm, »jung und blass und frühverstorben«, ähnlich sein soll:

So träum ich dann, ich wäre der Infant ...
Und aus dem Erker tritt mein Freund, der Dichter.
Und küsst mich seltsam lächelnd auf die Stirn
Und sagt, und beinah ernst ist seine Stimme:
»Schauspieler deiner selbstgeschaffnen Träume,
Ich weiss, mein Freund, dass sie dich Lügner nennen
Und dich verachten, die dich nicht verstehen,
Ich aber liebe dich, o mein Zwillingsbruder.«[29]

Als Hofmannsthal den »Prolog« noch am gleichen Abend in Reinschrift übertrug, änderte er die letzte Zeile in: »Doch ich versteh dich, o mein Zwillingsbruder.« Der »Prolog« wie auch der am nächsten Tag in Angriff genommene *Tod des Tizian* selbst boten später Anlass zu vielfältigen Spekulationen, wen Hofmannsthal hier in welcher Maske auftreten ließ.[30] Mit Sicherheit war seine Adaption von Georges »Infant« über alle dichterischen Spiegelungen hinweg eine Antwort auf dessen Liebesbekenntnis vom Vortag.

In der Realität gestaltete sich alles ein wenig schwieriger, denn George ließ nicht locker. »Wie lange noch das versteckspiel?«, fragte er am Dienstag und machte den Vorschlag, sich »auf neutralem gebiet« zu treffen, zum Beispiel auf der Straße, »Kärnthnerring (Stadtseite)«. Hofmannsthals Angst, George auch nur zufällig über den Weg zu laufen, ging unterdessen so weit, dass er es sogar vermied, sich mit Freunden im Café zu verabreden, denn dort gehe »der Symbolist« um.[31] Georges Brief vom Dienstag ist der verzweifelte Ruf eines Werbenden, der mit Gewalt eine letzte Chance erzwingen will: Er brauche nur kurze Zeit, sich zu erklären, und wolle die Mühe, die er Hofmannsthal dadurch bereite, »so gering wie möglich« halten, alles solle ganz »nach Ihrem belieben« arrangiert werden.

Hofmannsthal verlor die Nerven. Wenn sich dieser merkwürdig hartnäckige Verehrer durch Höflichkeiten nicht auf Distanz halten ließ, sondern im Gegenteil, jedes Sowohl-als-auch sofort als feiges Ausweichen interpretierte, dann mussten deutlichere Worte gefunden werden. Der Antwortbrief Hofmannsthals wurde vernichtet, wohl von George selbst, noch vor seiner Abreise aus Wien. Es dürfte in diesem Brief nicht um »Akademisches« gegangen sein, sondern um

Georges Zuneigung – »die Sie so schmählich auslegten«. Hofmannsthal war minderjährig, wohlerzogen und alles andere als naiv. Er wird sich gehütet haben, Vorwürfe zu fixieren, die ihm möglicherweise gerichtlichen Ärger hätten einbringen können. Und doch muss der Brief für George so beleidigend, so ehrabschneidend gewesen sein, dass er ein Duell – genau gesagt, die Androhung eines Duells – als einzigen Ausweg sah.

Sich zu duellieren war in den neunziger Jahren des 19. Jahrhunderts in der k.u.k. Monarchie eine Sache von Offizieren und Angehörigen des Adels. In den mittelständischen ländlichen Kreisen, aus denen George stammte, war das Duell zur Wiederherstellung verloren geglaubter Ehre ganz und gar ungebräuchlich, in Bingen hätte man ihn ausgelacht. »Das ist die Sprache des Verfemten«, schrieb Adorno und zog den Schluss, »nichts als die Angst, in die Maschinerie der Sittlichkeit zu geraten, kann George dazu vermocht haben, sich einen Gentleman zu nennen.«[32] Aber hat er ein Duell wirklich ernsthaft in Betracht gezogen? Zweifellos fühlte er sich auf das Tiefste verletzt und wollte denjenigen, der ihm diese Schmach angetan hatte, zur Rede stellen. Dennoch dürfte er gewusst haben, dass es unmöglich war, sich mit einem Minderjährigen zu schlagen. George wollte sich nicht duellieren, George wollte erhört werden. In seiner Not griff er zu einem Drohmittel, von dem er irrigerweise annahm, es werde Hofmannsthal zum Einlenken bewegen. »Ich muss Sie sofort sprechen: spielen Sie nicht übermütig mit dem leben«, lautete der letzte Satz des Briefes.

Das Duell als ultima ratio. George hatte sich zu diesem Schritt entschlossen und den Brief auf den Weg gebracht. In dem langen schmalen Flur im ersten Stock der Salesianergasse wartete der Dienstmann, wie befohlen, auf Antwort. Hofmannsthal schrieb zwei Billette. Das eine an George, mit dem er, wie dieser trocken vermerkte, gesellschaftlich Genüge tat – »verzeihen Sie meinen Nerven und einer großen Aufregung jede begangene Unart«. Das andere, sehr viel aufschlussreichere an Hermann Bahr: »Lieber Freund! Der Herr George kommt unaufhörlich in meine Wohnung und schreibt mir Drohbriefe.

Meine Eltern sind sehr geängstet. Ich kann mich doch als Gymnasiast nicht mit einem Verrückten schlagen. Bitte kommen Sie sobald als möglich zu mir!«[33]

Auch dieses Billett wurde durch einen Boten überbracht. Bahr war jedoch nicht zu Hause. Daraufhin setzte Hofmannsthal seinen Vater über die jüngste Entwicklung in Kenntnis, und schon kurz darauf konnte er Bahr in einem weiteren Billett mitteilen, »dass Papa die unangenehme Geschichte selbst in die Hand genommen hat«. Der machte nicht viel Umstände. In gehobener Position bei der Oester-reichischen Central-Boden-Credit-Bank tätig, wusste er, wie die nötige Distinktion, der erforderliche Abstand wiederherzustellen war:

> Euer Wohlgeboren! Mein Sohn hat mir über die unerquickliche Gestaltung seiner Beziehungen zu Ihnen Mitteilung gemacht. Ich bedaure einerseits die seiner Jugend u. Unerfahrenheit zuzuschreibende Art, auf welche er diesel-ben zu lösen gesucht hat, muss aber andererseits die bestimmte Bitte an Sie richten den Verkehr mit ihm nicht erzwingen zu wollen. Ich bin vollkommen bereit Ihnen die Gründe, welche mich zu dieser Bitte veranlassen und die nichts Verletzendes für Sie enthalten, mündlich auseinanderzusetzen, falls Sie darauf bestehen; da ich, als Geschäftsmann, nicht genug Herr meiner Zeit bin, würde ich Sie in diesem Fall bitten an einem der nächsten Tage in meinem Bureau … vorzusprechen.[34]

George hatte überzogen. Zwei Tage später verließ er Wien. Zwar traf er sich noch mit dem Vater Hofmannsthal, der ihn seines Wohlwol-lens versicherte. Aber zu der sehnlichst herbeigewünschten Versöh-nung mit Hugo selber – »keine auf zwanzig schritt sondern eine aug in aug« – kam es nicht mehr. Es war nun einmal der Wurm drin, oder, wie der Hofmannsthal-Herausgeber Herbert Steiner 1941 aus An-lass des Erscheinens des Briefwechsels zwischen beiden schrieb: »Die Katastrophe dieser Beziehung hatte sich in ihrem ersten Akt abge-spielt.«[35]

Obwohl George und Hofmannsthal sich später nur noch wenige Male begegneten, kamen sie nicht mehr los voneinander. In einem quälenden, sich über 14 Jahre hinschleppenden, mehrfach abgebro-chenen und wieder neu aufgenommenen Briefwechsel setzte sich die

Tragödie fort, die zum Jahreswechsel 1891/92 begonnen hatte. Weil beide die offene Aussprache über das, was damals geschehen war, scheuten, eskalierte ihre Korrespondenz immer wieder im Streit um Nebensächlichkeiten. Eine in ihrer Wirkung auf den anderen nicht genügend bedachte Formulierung, eine etwas zu nachdrücklich vor-getragene Bitte, ein beiläufiges Urteil über Dritte: Der geringste An-lass genügte, die gegenseitigen Irritationen sofort wieder in voller Schärfe aufbrechen zu lassen.

Die Konstellation blieb dabei stets die gleiche. George forderte und drängte, Hofmannsthal wich aus. Da George sich hütete, jemals wieder so offen und direkt um ihn zu werben wie im Januar 1892, sah Hofmannsthal seinerseits keine Notwendigkeit, ihn noch einmal so unmissverständlich wie damals zurückzuweisen. Weil ihr Verhältnis dem Schein nach in der Schwebe gehalten wurde, stieg die Anspan-nung im Lauf der Jahre ins Unerträgliche. »Das Übergewicht des Un-gesagten über das Gesagte in diesen Briefen ist ein ungeheuerliches«, schrieb Richard Alewyn 1949. »Gibt es noch einen Briefwechsel, in dem so viele Fragen so wenige Antworten enthalten, wie die vielen ausdrücklichen Fragen Hofmannsthals an George, oder die eine stän-dige, stumme Frage Georges an Hofmannsthal?«[36]

Eines stand allerdings von Anfang an außer Zweifel: dass Hof-mannsthal der bedeutendste Dichter war, dem George in seinem Le-ben begegnete – und umgekehrt. In Hofmannsthals Gesprächen und Briefen »taucht Georges Name nie anders auf als wie ein Maßstab, ein trigonometrischer Punkt zur Bestimmung des eigenen Kurses«. Ge-orge sei für ihn »in bestimmtem Sinne der einzige Dichter der Epo-che« gewesen, bekannte Hofmannsthal noch Mitte der zwanziger Jahre.[37] Als sei das Gespräch zwischen ihnen nie abgerissen, durch-ziehen die Spuren der Beschäftigung mit George sein Werk vom *Tod des Tizian* über den Chandos-Brief und *Das Gerettete Venedig* bis hin zum *Andreas*-Roman. In der Figur des Maltesers hat Hofmanns-thal seine Erinnerungen an George auf beklemmende Weise kompri-miert. Die über viele Jahre entstandenen Notizen bilden die Summe dessen, was ihn an ihm faszinierte und zugleich befremdete. Einiges deutet darauf hin, dass er in der Geschichte der Erziehung des jungen Andreas von Ferschengelder durch den Malteser Sacramozo seine Freundschaft mit George zu verarbeiten suchte. Allerdings wollte er die Geschichte so erzählen, wie sie hätte verlaufen können, wenn beide etwas geduldiger und großzügiger miteinander umgegangen wären. »Die Stunden mit Sacramozo waren das Leuchtende in seinen Tagen.«[38]

Und George? »Mögen ihr hr. sohn und ich uns auch im ganzen leben nicht mehr kennen wollen«, schrieb er am 16. Januar kurz vor seiner Abfahrt aus Wien an den Vater Hofmannsthal,

> für mich bleibt er immer die erste person auf deutscher seite die ohne mir vorher näher gestanden zu haben mein schaffen verstanden und gewürdigt – und das zu einer zeit wo ich auf meinem einsamen felsen zu zittern anfing es ist schwer dem nicht-dichter zu erklären von wie grosser bedeutung das war. Das konnte denn kein wunder sein dass ich mich dieser person ans herz warf (Carlos? Posa?) und habe dabei durchaus nichts anrüchiges gefunden.[39]

George bemühte sich, den Faden nicht reißen zu lassen, und hielt bis über die Jahrhundertwende hinaus an der Hoffnung fest, Hofmannsthal doch noch einbinden zu können. Als dieser allerdings immer häufiger im feindlichen Lager der Borchardt, Heymel, Schröder gesichtet wurde und im März 1906 ein Streit über Urheberrechte entbrannte, kam es zum endgültigen Bruch. Hofmannsthal drohte mit rechtlichen Schritten, George ließ wie ein Geschäftsmann antworten: »sehen wir dem von Ihnen angedrohten Rechtsgang mit Ruhe entgegen«.[40] Was folgte, waren literarische Grabenkämpfe der jeweiligen Gefolgsleute, die den einen gegen den anderen auszuspielen suchten und die Ereignisse beim Jahreswechsel 1891/92 in ihrem Sinn umdeuteten.

Aus einem begabten, wenn auch »fraulich-unberechenbaren« Gymnasiasten sei damals durch »das Wunder der Weiterzeugung« ein Dichter begnadeter Verse geworden, der aber, da er »die Führerschaft Georges verschmäht« habe, bald in die Beliebigkeit gefallen sei und sein Heil in seichten Libretti suchte – so die 1930 von Wolters exekutierte offizielle Lesart der Georgeaner.[41] Es sei geradezu frivol, hatte Gundolf schon zwanzig Jahre früher gegen Borchardt gewettert, »den heutigen Hofmannsthal der dialekt-komödien und operetten-texte der deutschen jugend als meister und vorbild zu preisen«.[42] Als nach der Erstaufführung des *Rosenkavalier* 1911 das Gespräch auf Hofmannsthal kam, tat Karl Wolfskehl ganz erstaunt: »Ach, Sie sprechen über den Dichter Hofmannsthal! Der war enorm. Aber der ist 1906 gestorben. Das Libretto ist von seinem Vetter gleichen Namens.«[43] Es ist diese radikale Um-Schreibung der Geschichte, die George und die Seinen so gewalttätig erscheinen lässt.

In der Zurückweisung durch Hofmannsthal lag das folgenreichste Ereignis im Leben Georges. Nie wieder wollte er einem anderen Menschen so ausgeliefert sein wie Hugo von Hofmannsthal an jenem 14. Januar 1892, als er im 9. Wiener Bezirk auf die Rückkehr des Dienstmanns aus der Salesianergasse wartete. Auf der sittlichen Ebene ließ sich die Katastrophe mit einiger Mühe zwar in einen Sieg über Hofmannsthal umdeuten. »Es war einer besitzergreifenden Natur wie der seinen nicht gegeben, aus einer persönlichen Zuneigung anderes als einen sittlichen Anspruch abzuleiten und deren Nicht-Erwiderung anders zu verstehen denn als ein sittliches Versagen« des Umworbenen.[44] Aber gerade weil er sich eine persönliche Niederlage nicht vorzustellen vermochte, trug George emotional tiefe Wunden davon. Es sollte Jahre dauern, bis sie verheilten.

ca. 1899

I Der Aufstieg
1868–1898

Sagen Sie
Ihm, dass er für die Träume seiner Jugend
Soll Achtung tragen, wenn er Mann sein wird.
Schiller, Don Carlos, IV.21

1 Der Sternegucker

Am 9. Februar 1801 verkündete der Friede von Luneville öffentlich und unzweideutig, was der Vertrag von Campo Formio nur insgeheim und unklar
bestimmt hatte: daß der Rhein fortan Deutschlands Grenze sei. Ein Gebiet
von elfhundertfünfzig Geviertmeilen und fast vier Millionen Einwohnern
war für Deutschland verloren, beinahe ein Siebentel von der Bevölkerung
des alten Reichs, das ohne Schlesien auf achtundzwanzig Millionen Köpfe
geschätzt wurde. Mit unheimlichem Kaltsinn liess die deutsche Nation den
furchtbaren Schlag über sich ergehen. Kaum ein Laut vaterländischen Zor-
nes ward vernommen, als Mainz und Köln, Aachen und Trier, die weiten
schönen Heimatlande unserer ältesten Geschichte, an den Fremden kamen;
und wie viele bittere Tränen hatte einst das verkümmerte Geschlecht des
Dreißigjährigen Kriegs um das eine Straßburg vergossen![1]

Als Heinrich von Treitschke bald nach der Reichsgründung von
1871 seine *Deutsche Geschichte im 19. Jahrhundert* zu schreiben
begann, schickte sich Deutschland eben an, als jüngste unter den
europäischen Nationen in den Kreis der Großmächte aufzurücken.
Mit Bismarcks Einigungswerk war ein Schlussstrich gezogen, das
Blatt hatte sich gewendet. Die preußischen Historiker, allen voran
Sybel und Treitschke, betrachteten es als ihre Pflicht, die Ansprüche
des Parvenüs geschichtlich zu untermauern, und gingen insbesondere mit der französischen Expansionspolitik hart ins Gericht. In
Treitschkes Darstellung der bösen Konsequenzen des Friedens von
Lunéville spiegelt sich das Selbstverständnis der Sieger von Sedan,
die in der Annexion von Elsass und Lothringen nichts anderes sahen
als den gerechten Ausgleich für die seit den Tagen Ludwigs XIV. immer wieder erlittene Schmach. Die Annexion war in ihren Augen die
Antwort der Geschichte auf jahrhundertelange französische Rempe-
leien am Rhein; Deutschlands Strom war eben doch nicht Deutschlands Grenze.

Dabei räumte sogar Treitschke ein, dass die Franzosen viel frischen Wind an den Rhein gebracht hatten. Aus 97 durcheinandergewürfelten Herrschaften und Besitzungen bildeten sie vier wohlgeordnete Departements und setzten mit einer kleinen, tüchtigen Beamtenschaft die Segnungen des Code civil in die Praxis um. Mit diesem 1804 in allen Teilen Frankreichs in Kraft getretenen Gesetzeswerk hatte Napoleon die Errungenschaften der Revolution gültig festschreiben lassen. Zu den elementaren Grundwerten, in deren Bann bald ganz Europa geriet, zählten die persönliche Freiheit des Einzelnen, der Gleichheitsgrundsatz in der Rechtsprechung und die Möglichkeit zum Erwerb von Grund und Boden durch jedermann. Als außerordentlich verlockend wurden diese Neuerungen gerade von der linksrheinischen deutschen Bevölkerung empfunden, die der strengen Vormundschaft der »Krummstabregierungen« (Treitschke) ausgesetzt gewesen war. Hier, im Bereich der Kurien von Mainz, Köln und Trier, »hatte ein besonders altmodisches, vorabsolutistisches, feudal-ständisches System bestanden, hier war der Modernitätsumbruch am schärfsten, die Reform am radikalsten«.[2]

Einer der vielen, die im Tross Napoleons ihr Glück zu machen hofften, war Johann Baptist George, der Urgroßonkel. Geboren 1772 in Rupeldingen, einem Flecken im nördlichen Lothringen, knapp zwanzig Kilometer nordöstlich von Metz, ziemlich genau auf der deutsch-französischen Sprachgrenze zwischen Mosel und Saar. Am Neujahrstag des Jahres XIII – nach dem Gregorianischen Kalender, den die Franzosen in revolutionärem Eifer abgeschafft hatten, war es der September 1804 – machte er sich auf den Weg, nicht mehr ganz jung, aber noch unverheiratet. Die Lebensbedingungen für Deutschstämmige in Lothringen waren seit der Revolution schwieriger geworden, und er wollte auf deutschem Boden einen Neuanfang wagen. Vor allem wollte er Land erwerben. Johann Baptist George blieb in Büdesheim hängen, einem kleinen Dorf südlich von Bingen, nicht viel größer als der Weiler an der Nied, aus dem er stammte. In dieser Gegend, die seit dem 15. Jahrhundert im Besitz des Mainzer Domkapitels gewesen war, stand viel Grund und Boden zum Verkauf, hier wollte er sich niederlassen.

Lothringen war wie das Elsass immer Grenzland gewesen. Zweisprachigkeit gehörte hier zu den Selbstverständlichkeiten, und zweisprachige Leute waren bei der französischen Verwaltung jetzt besonders begehrt. Johann Baptist George avancierte zum Fiskalbeamten der Besatzungsmacht und wurde Gemeindeeinnehmer von Büdesheim. Er verstand es, sich trotz der undankbaren Aufgabe als Fremder beliebt zu machen, wurde schnell integriert und heiratete in die Familie des Bürgermeisters ein. Als zehn Jahre später die Franzosen an allen Fronten den Rückzug antraten und die alte deutsch-französische Grenze im Großen und Ganzen wiederhergestellt wurde, blieb Johann Baptist George in Büdesheim. 1818, drei Jahre nach dem Wiener Kongress, holte er, der selbst kinderlos geblieben war, seinen zwölfjährigen Neffen Etienne nach. Als dessen Vater 15 Jahre später starb, ließ Johann Baptist auch die Witwe, seine Schwägerin, mit ihrem zweiten Sohn Anton nach Büdesheim kommen.

Etienne, der Neffe, der sich jetzt Stephan nannte, setzte die Karriere seines Onkels fort. Er brachte es 1837 zum Bürgermeister von Büdesheim, gehörte dreißig Jahre dem Hessischen Landtag an und krönte seine Abgeordnetenlaufbahn 1872 mit dem Posten des Vizepräsidenten der Zweiten Kammer. Seine männlichen Nachkommen überlebten ihn nicht. Der Sohn starb 1860, der einzige Enkel fünf Jahre später im Alter von sechs Jahren. Ein Vierteljahrhundert stand die Gipsbüste, die man nach der Totenmaske des Kindes gefertigt hatte, in einer Glasvitrine auf dem großen Schrank im Salon seines Hauses, »das hinterköpfchen stark hervortretend und um den mund schon den ansatz zur falte die man später die schmerzensfalte nennt«.[3]

Die Bauern, erzählte George später gern, hätten das Haus seines Büdesheimer Großonkels, des Bürgermeisters und Landtagsabgeordneten Stephan George, ehrfurchtsvoll Haus der hundert Fenster genannt. In Wirklichkeit hatte das Haus, ein langgestreckter einstöckiger Bruchsteinbau, wie er in den wohlhabenden Straßendörfern an Rhein, Main und Neckar typisch ist, zwölf Fenster oben,

neun Fenster unten, dazu eine gut proportionierte Toreinfahrt. Für
Büdesheimer Verhältnisse ein Palast. Auch Georges Geburtshaus, die
Wirtschaft »Zur Traube« ein paar Meter weiter auf der anderen
Straßenseite, konnte mit dem herrschaftlichen Anwesen des »ohm«
nicht konkurrieren. In späteren Jahren neigte George dazu, die genauen Verwandtschafts- und Besitzverhältnisse zu verwischen, und
sprach gern von »dem schönen Haus seiner Großeltern in Büdesheim«.[4]

Georges leiblicher Großvater, jener Anton George, der seinem
Onkel 1833, zusammen mit seiner Mutter, nach Büdesheim gefolgt
war, hatte ebenfalls Karriere gemacht, wenn auch eine weniger spektakuläre. Von Beruf Küfer und im Zuge seiner Heirat mit einer Einheimischen 1838 naturalisiert, betrieb er einen Weinhandel und genoss Ansehen als Wirt der »Traube«. Sein 1841 geborener Sohn Stephan stand zunächst mit am Tresen, konzentrierte sich dann auf das
Weingeschäft und zog 1873 in das benachbarte Bingen, den Haupt-
umschlagplatz für die Weine der Nahe, die von hier, als Rheinwein
deklariert, in alle Welt verschifft wurden.

Im Mai 1865 hatte Stephan George geheiratet. Die Partie mit der
gleichaltrigen Eva Schmitt von der Neumühle am Fuß des Scharlach-
kopfs, an der Straße nach Bingen, bedeutete einen gesellschaftlichen
Aufstieg. Die Schmitts, seit mindestens drei Generationen an der
oberen Nahe zu Hause, wo sie einige Mühlen besaßen, waren eine
weitverzweigte, selbstbewusste Sippe. In der Hauptlinie erhielt der
Älteste seit je den Vornamen Saladin, der jeden daran erinnern sollte,
dass die Vorfahren an den Kreuzzügen teilgenommen hätten. Das
war historisch zwar Unsinn, denn solche Ahnen konnte allenfalls der
Hochadel vorweisen – nach Stendhal sein einziges wirkliches Privileg –, aber wer hätte den Schmitts ihre Legende von der Morgenland-
fahrt ernsthaft streitig machen wollen. Was den Georges die hundert
Fenster, waren den Schmitts die Saladins: In der Provinz gelten eigene Maßstäbe, vor allem, wenn es um die Familie geht.

Fast auf den Tag neun Monate nach der Eheschließung von Stephan und Eva George kam am 16. Februar 1866 die Tochter Anna

Maria Ottilie zur Welt. Knapp zweieinhalb Jahre später, am 12. Juli 1868, folgte Stephan Anton, und noch einmal zweieinhalb Jahre später, am 26. Dezember 1870, das dritte und letzte Kind, Friedrich Johann Baptist. (Alle drei blieben unverheiratet und ohne Nachkommen.) Nach der Geburt der Kinder hatte sich die junge Familie zum Umzug in das drei Kilometer nördlich gelegene Bingen entschlossen. In der Hinteren Grube, Ecke Nahekai, erwarb man ein solides, geräumiges Haus aus buntem Rotsandstein mit einem kleinen, von einer Steinmauer umgrenzten Garten zur Nahe.

So wie sich der Großonkel seinerzeit eingedeutscht und Stephan genannt hatte statt Etienne, so wurde der ältere der beiden George-Söhne statt Stephan jetzt Etienne gerufen. Das schuf neuerliche Familientradition, zumal der Stellvertretende Kammerpräsident auch Patenonkel des Jungen war. Das geistige Vermächtnis der Georges war also zweimal hintereinander jeweils auf die Linie des Bruders übergegangen. Etienne nannte sich dieser Großneffe bis in die neunziger Jahre, mit Etienne unterzeichnete er noch als 22-Jähriger seine Briefe. Seit er in Paris dem Dichter Stéphane Mallarmé vorgestellt worden war, bevorzugte er jedoch immer häufiger seinen Taufnamen, allerdings in der Schreibung »f« statt »ph«. Von seinem 24. Lebensjahr an nannte er sich endgültig Stefan George.[5] Nur in der Korrespondenz mit den Eltern wurde Etienne noch über ein Jahrzehnt beibehalten, und die Schwester schrieb bis 1905 konsequent »Lieber Stephan«.

2

Am Anfang also Napoleon. George hat diese Genealogie gekannt und ihre Bedeutung für den Werdegang der väterlichen Familie einzuschätzen gewusst. »Sein Urgroßvater [richtig: Urgroßonkel] sei aus Lothringen mit Napoleon bei der Okkupation der Rheinlande nach dem Rheinland eingewandert, als man Beamte brauchte, die zwei Sprachen sprächen«, antwortete er im Sommer 1919 auf die Frage von Edith Landmann, ob bei ihm zu Hause französisch gesprochen worden sei.[6] Georges Antwort war eindeutig: Dem Kaiser hatten sie ihren Aufstieg zu danken, Französisch war deshalb aber noch lange nicht die Familiensprache. Nur wenn die Enkel die Marseillaise anstimmten, sang der Großvater eifrig mit. Auf dem Kamin in seinem Wohnzimmer habe immer eine kleine Napoleon-Statue gestanden – »und wich nicht, obwohl die Großmutter eine Germania gegenüberstellte«. Da Bilingualität gut ins Bild eines von Frankreich geprägten Dichters passte, wurde in der George-Literatur immer wieder kolportiert, der Dichter sei zweisprachig aufgewachsen. Mit dem Französischen war es in seiner Familie aber nicht weit her, wie George seinem Biographen 1929 einräumte. Er selbst rückte im Laufe seines Lebens zunehmend vom Französischen ab und betonte stattdessen die Schönheit des Italienischen, »das er sehr liebte und mit Vollendung sprach«.[7]

Die Verehrung für den Korsen, vielleicht sein wichtigstes väterliches Erbteil, begleitete George ein Leben lang. In Napoleon symbolisierten sich Aufbruchstimmung und Freiheitsdrang der Vorfahren, mit ihm hatte die Geschichte seiner Familie eigentlich erst begonnen. Aber Napoleon verkörperte für George mehr als den Wohltäter der Ahnen, für ihn war er »der letzte grosse Stern der zeitenbiege …«[8] Napoleon sei nicht bloß eine geschichtliche Figur, äußerte er im Frühjahr 1924 gegenüber Berthold Vallentin, »sondern in ihm strahle alles zusammen und alles von ihm aus«.[9] Goethe habe ganz recht gehabt, ihn das »Kompendium der Welt« zu nennen. Im Winter hatte George die neunbändige Napoleon-Biographie von Walter Scott gelesen, zwei Jahre zuvor begeistert die Enstehung von Vallentins eigenem *Napoleon*-Buch begleitet. Das Ende 1922 erschienene 500-seitige Werk »sei doch sehr revolutionär, viel revolutionärer als die anderen Bücher des Kreises«, meinte George nach der Lektüre lobend. Um Vallentin bei seinem Vorhaben zu ermutigen, hatte er ihm den Satz Nietzsches über Goethe abgeschrieben: »Das ereignis um dessentwillen er [d.i. Goethe] seinen Faust, ja das ganze problem mensch umgedacht hat war das erscheinen Napoleons.« Vallentin ließ das Blatt zusammen mit einem eigenhändigen Namenszug Napoleons unter Passepartout montieren und rahmen. So hatte er bei der Arbeit seine beiden Helden in Autographen vor sich.[10]

Immer wieder kam George in den frühen zwanziger Jahren auf Napoleon zu sprechen – Napoleon als das dämonische, das orientalische, das ruhmreiche, das Prinzip der Tat an sich. Vor allem faszinierte ihn die Kraft des Visionären. Die gedruckte Widmung der Vallentinschen Napoleon-Biographie – »hodierno heroi«, dem Helden des Heute – unterstrich Georges Überzeugung, dass nach dem Untergang des alten Europa die Beschäftigung mit Napoleon eine neue, höchst aktuelle politische Bedeutung gewinne. »Napoleons Ausspruch, dass Europa in hundert Jahren entweder amerikanisch oder kosakisch sein würde, habe sich verwirklicht. Heute sehe man es. Es sei ein großer Gedanke von ihm gewesen, das gesamte lateinische Europa mit Polen einschließlich zu sammeln gegen die Gegenkräfte: im Westen England, Amerika, im Osten Russland.«[11]

Nicht nur Immigranten aus Lothringen, auch die Fürsten im Süden und Südwesten Deutschlands hatten allen Grund, dem Kaiser ein ehrendes Angedenken zu bewahren. Wer von ihnen 1806 dem Rheinbund beigetreten war und damit das Ende des alten Reichs beschleunigt hatte, war von Napoleon reichlich belohnt worden: Sachsen, Bayern und Württemberg jeweils mit einer Königskrone, der Landgraf von Hessen immerhin mit dem Titel eines Großherzogs. Auf dem Wiener Kongress fiel ein großer Brocken aus der linksrheinischen französischen Erbmasse an Hessen: das gesamte Gebiet von Worms über Mainz bis Bingen samt Hinterland. Um diesen Besitz in seinem Titel zu verankern, nannte sich Ludwig I. von 1816 an Großherzog von Hessen und bei Rhein. Außerdem hatte er jetzt Anspruch auf die Anrede Königliche Hoheit.

Der Fürst und seine neuen Untertanen auf der linken Rheinseite fanden Gefallen aneinander. Das Land prosperierte, auch wenn, wie überall im Gebiet des Deutschen Bundes, die Zahl der Auswanderer nach Übersee um die Mitte des Jahrhunderts ungeahnte Ausmaße annahm. 1866, im Krieg um die Vorherrschaft im Bund zwischen

Preußen und Österreich, schlug sich Ludwig III., von seinem Minister Dalwigk schlecht beraten, auf die falsche Seite, und so kam zwei Jahre vor der Geburt Stefan Georges fast ganz Hessen unter preußische Besatzung. Nur seiner Verwandtschaft mit den Romanows und Queen Victoria, deren zweite Tochter mit seinem Neffen verheiratet war, hatte der Hesse es zu verdanken, dass ihm das Schicksal der Besiegten erspart blieb und er mit der Zahlung von drei Millionen Gulden Kriegskosten davonkam. Seine Nachbarn im Norden, Hessen-Kassel und Nassau, verloren ihre Selbständigkeit, das stolze Frankfurt seinen Status als Freie Reichsstadt. Gemeinsam bildeten die drei fortan die preußische Provinz Hessen-Nassau.

Im Westen stieß das Großherzogtum Hessen schon seit 1815 unmittelbar an Preußen. Die Nahe bildete die Grenze; Bingen gehörte zu Hessen, Bingerbrück auf der anderen Seite als Teil der preußischen Rheinprovinz zum Regierungsbezirk Koblenz. Wenn George aus dem Fenster sah – bis Ende der neunziger Jahre bewohnte er ein Zimmer im oberen Stock, dann zog er in das ehemalige Kontor, den Raum unten links neben dem Eingang –, schaute er nach Preußen. Am gegenüberliegenden Ufer hatte er die Weinberge der Elisenhöhe vor Augen, einen kleinen Kamm, den ein griechisches Tempelchen schmückte. In einer der für ihn typischen Gesprächsäußerungen der zwanziger Jahre fasste er den politischen Raum, in dem er als Kind groß wurde, so zusammen:

> Wie man in Bingen, wo seit der Napoleonszeit die Marientage nicht mehr gefeiert wurden, sagte: drüben im Preußischen ist Feiertag, und wie der Lehrer drüben in Preußen, seine Schüler warnend, von einem erzählte, der seine griechischen Vokabeln nicht gelernt hatte – und was ist aus ihm geworden? Drüben im Hessischen ist er gestorben! Und der Schulrat in Hessen: wer ist der äußere Feind? – Die Franzosen. – Der innere? – Die Preußen![12]

Bismarck tauchte in dieser Erinnerung nicht auf. Georges Verhältnis zum Reichsgründer war stets ambivalent gewesen. Nach Bismarcks Tod im März 1899 hatte er im Umfeld der sogenannten *Zeitgedichte* ein vierstrophiges Preisgedicht geschrieben, das er bei einer privaten Lesung im Oktober 1902 einmal vortrug. Aber es befriedigte ihn nicht. 23 Zeilen, mit diversen Änderungen und Hinweisen versehen, hat er damals ausgeschnitten und aufgeklebt und bis zu seinem Tod mit sich geführt. Die Gründung des Deutschen Reiches war in Georges Augen zwar eine epochale, mit List und Klugheit erdachte politische Tat. Weil sich Bismarck aber als Herold eines plumpen Materialimus entpuppt hatte, mangelte es dem neuen Staat an Visionen. Von geflügelten Worten im Stil des »Wir Deutsche fürchten Gott …« ließen sich nur Einfältige begeistern, hieß es im Bismarck-Fragment: »Für gimpel leim«. Das Reich sei verkommen, weil sein Gründer nicht sinnstiftend gewirkt und nichts hinterlassen habe, was den Deutschen zur Verheißung hätte werden können: »nie wort das niederzwang / Uns staunend noch vorm korsischen kometen …«[13]

Im provozierenden Vergleich mit dem Heros der Franzosen schnitt der märkische Junker selbstredend schlecht ab. Bismarck sei ein bloßer Machtpolitiker gewesen, der die Reichsidee aufgegriffen habe, ohne die damit verbundenen geistigen Herausforderungen zu verstehen; daher sei »sein Werk ein rein politisches geblieben, ein Kern ohne geistigen Gehalt«.[14] Dennoch betonte George auch später, mit Blick auf den verlorenen Krieg, »wir hätten es Bismarck zu verdanken, dass das Land noch zusammenhalte«.[15]

Am Vorabend des Ersten Weltkriegs sollte den fünfhundert über das Reich verbreiteten Denkmälern zu Ehren des Eisernen Kanzlers ein Nationaldenkmal folgen, das alle bisherigen Bismarck-Türme, Bismarck-Brunnen und Bismarck-Statuen in den Schatten stellte. George musste das Schlimmste befürchten. Als Pendant zum Nationaldenkmal auf dem Niederwald, der gewaltigen bronzenen Germania hoch über Rüdesheim,[16] sollte der Bau nur ein paar hundert Meter Luftlinie entfernt ausgerechnet auf die Elisenhöhe gestellt werden. An der Ausschreibung 1910 beteiligten sich 379 Architekten, darunter die später berühmt gewordenen Walter Gropius, Ludwig Mies van der Rohe und Hans Poelzig. Aber ähnlich wie mit Georges Bismarck-Gedicht ging es auch mit dem Denkmal nicht so recht voran. Bei Kriegsausbruch geriet das Unternehmen vollends ins Stocken, und nach dem Krieg standen wieder die Franzosen im Land.

3

Die ehemalige Kreisstadt Bingen liegt im Knie des Rheins, wo der Fluss seine letzte scharfe Biegung nach Nordnordwest macht und die aus Süden kommende Nahe aufnimmt. Hat der Rhein zwischen Bingen und Rüdesheim eine majestätische Breite von neunhundert Metern, so verengt er sich beim Binger Loch auf etwa ein Viertel und wird zu einem reißenden Strom. Der Rheindurchbruch zählt zu den Höhepunkten deutscher Landschaft.[17] George liebte das von den Römern kultivierte Hügelland mit seinen Weinbergen, die harmonische Strenge, das milde Klima, das südliche Licht. »Wäre es möglich«, fragte er am Ende der Aufzeichnungen *Sonntage auf meinem Land*, »in dieser friedfertigen gediegenen landschaft seine seele wiederzufinden?«[18]

Zur sonntäglichen Idylle seiner Kindheit gehörten reinlich gekehrte, ausgestorben wirkende Gassen, in der Nahe badende Kinder, Glockengeläut aus den umliegenden Weilern, Leierkastenmusik. Grau und Ocker sind die vorherrschenden Farben in den zwischen Herbst 1892 und Sommer 1894 entstandenen Sonntagsimpressionen: kalkbestrichene Wände, eine lehmige Heerstraße, Grabmale aus rotem und gelbem Sandstein, als Farbtupfer ein paar Pfingstnelken, ein Strauß Astern. Bedrohlich wirkt nur der auf dem Friedhof aufgestellte große schwarze Schiffsanker, ein Symbol gescheiterter Hoffnung. In solcher Stimmung konnte George seinen Frieden nur scheinbar finden. »Die seele lässt dieses flackern und flammen der sonntäglichen leiden über sich ergehen mit einem merklichen wolgefühl.«

Sonntage auf meinem Land beschwören den Herbst. Es ist die Zeit der Weinernte, die Zeit der welken Farben und der schweren Düfte. Bis zur Lebensmitte zog George den Herbst allen anderen Jahreszeiten vor. Darin unterschied er sich grundlegend von denen, die in der Nachfolge Heyses und Geibels um 1880 in der Lyrik den Ton angaben und am liebsten Bocksgesänge anstimmten. George konnte mit dieser Dichtung wenig anfangen, weil sie mit seiner Grundüberzeugung kollidierte, der eigentliche Zweck der Kunst liege in der Überwindung der Natur. Das alljährliche Knospen und Blühen ließ sich dem Lebensgefühl des Symbolismus nur schwer integrieren. Erst 1904/05, in den Gedichten auf Maximilian Kronberger, die den Wendepunkt in Georges Leben markieren, wurde der Frühling zu einer Offenbarung auch für ihn: »Frühling, wie niemals verlockst du mich heuer!«[19]

George fühlte sich wohl in der rheinischen Landschaft und unternahm mit seinen Gästen gern ausgedehnte Spaziergänge, am liebsten auf halber Höhe der Weinberge. Die Natur als solche zu genießen, war ihm jedoch fremd, offenbar fehlte ihm der Sinn fürs Idyllische. »Landschaft war immer nur Hintergrund eines Erlebnisses.«[20] Im Grunde habe George ein gebrochenes Verhältnis zur Natur, fand Sabine Lepsius nach einem Besuch in Bingen. »Unbekümmert um die Herrlichkeit des Sommers« sei er »wie ein gefährlicher Dämon« neben ihr hergelaufen: »Eine plötzliche, unheimliche, ich möchte fast sagen böse Wirkung ging von ihm aus.«[21]

Von seinem 20. Lebensjahr an war George ständig auf Reisen. Der Rhein, eine europäische Hauptverkehrsader von alters her, bot ihm optimale Möglichkeiten. In seiner Jugend leistete er sich manchmal sogar den Luxus, bis Köln mit dem Schiff zu reisen oder von dort das Schiff zurück nach Bingen zu nehmen. Brücken über den Rhein gab es in Worms, Mainz und Koblenz, bei Bingen stand eine Fähre nach Rüdesheim zur Verfügung.[22] Mit ihr waren die Bingener angebunden an die rechtsrheinische Eisenbahnstrecke, für den Personenfernverkehr zwischen Nord und Süd damals eine attraktive Alternative. Die meisten Züge der linksrheinischen Strecke Koblenz – Mainz hielten in Bingerbrück. Viermal am Tag sehe er die bordeauxroten Waggons der Compagnie de l'Est am Haus vorbeifahren, schrieb George 1892 einem Freund nach Paris, da nicht einsteigen zu können sei hart. Für die Fahrt von Bingerbrück nach Köln benötigte man viereinhalb Stunden.

Vermutlich hat kein deutscher Dichter mehr Zeit auf der Eisenbahn verbracht als George. Auf der Suche nach der jeweils günstigsten Verbindung studierte er eifrig die Kursbücher. Freunden teilte er vorab die genauen Abfahrt- und Ankunftzeiten einschließlich sämtlicher Umsteigebahnhöfe mit. »Wie alle die Bahnen kamen, saß man da wie die Spinne im Netz. Nur Berlin war weit.«[23] Genau so muss man sich Georges Lebensrhythmus bis 1914 vorstellen. Er stützte sich auf die Logistik der Reichsbahn, die langfristige Planungen und eine schöne Regelmäßigkeit ermöglichte.

Bis zum Vorabend des Krieges hielt sich George meist mehrere Monate des Jahres in Bingen auf – vor der Jahrhundertwende manchmal das gesamte Frühjahr und den anschließenden Sommer. In Berlin verbrachte er ab 1895 regelmäßig den Herbst, spätestens zu Weihnachten traf er wieder zu Hause ein. Zwischen 1890 und 1913 feierte George Weihnachten nur zweimal nicht im Kreis der Familie: 1891, Hofmannsthals wegen, und 1903, als er wegen des eskalierenden Streits unter den Kosmikern bereits Mitte Dezember nach München fuhr. Dort verbrachte er von 1901 bis 1919 regelmäßig einige Wochen zu Jahresbeginn im Haus Wolfskehl.

Als der Krieg vorüber war, rückten in Bingen ein weiteres Mal die Franzosen ein. Mit dem Waffenstillstandsabkommen vom November 1918 hatten die Deutschen das linke Rheinufer räumen und anschließend im Versailler Vertrag ein auf 15 Jahre festgeschriebenes Besatzungsstatut akzeptieren müssen. Unter diesen Umständen seinen Fuß nach Bingen zu setzen, war für George unvorstellbar. Da die Eltern bereits vor dem Krieg gestorben waren – der Vater 1907 mit knapp 66 Jahren, die Mutter sechs Jahre später mit 73 –, gab es für ihn dort keine Verpflichtungen mehr.

Zur neuen Anlaufstelle und ersatzweisen Heimatadresse in den zwanziger Jahren wurde Königstein im Taunus. In dem von Wiesbaden leicht zu erreichenden, mit Villen herausgeputzten Kurort hatte die Familie in den neunziger Jahren oft Ferien gemacht – »in schöner frischer bergluft«.[24] An Kindheitserinnerungen anknüpfend verbrachte George von 1921 an jeden Sommer ein paar Wochen in Königstein.[25] Umsorgt wurde er auch hier von der Schwester Anna, die das Haus in Bingen nach dem Tod der Mutter komplett vermietet und sich 1918 in Königstein niedergelassen hatte. Von März 1920 bis zum

Juli 1932 bewohnte sie zwei Zimmer im ersten Stock der Pension Fricke in der Limburgerstraße, am Rande des Ortes.[26] Der jüngere Bruder Fritz, der das väterliche Weingeschäft seit 1902 mit einem Compagnon von Frankfurt aus weiterführte, wohnte während der Sommermonate ebenfalls in Königstein.

Nach dem Tod von Fritz im Januar 1925 und der Auflösung des väterlichen Unternehmens dachte George daran, das hochverschuldete Binger Haus zu verkaufen. Die Schwester sträubte sich. Als der Mieter des Obergeschosses 1931 mit der Miete in Rückstand geriet und Anna dadurch in eine finanziell prekäre Situation brachte, kündigte sie ihm und leitete ihre Rückkehr nach Bingen ein. »Da ich weiss wie wenig Du das binger haus liebst, kann ich diesen plan nicht mit reiner freude begrüssen«, schrieb ihr George, aber die Schwester setzte sich durch.[27] Am 1. Juli 1932, zwei Jahre, nachdem die Franzosen mit dem Inkrafttreten des Young-Plans die besetzten Gebiete hatten räumen müssen, zog sie zurück ins Elternhaus. Das Untergeschoss blieb weiterhin an den Handelsvertreter Ernst Luckmann vermietet. Bei Georges Tod lag auf dem Haus noch immer eine hohe Hypothek, die der Erbe Robert Boehringer auslöste; nach dem Tod von Anna George 1938 übertrug er das Haus der Stadt Bingen mit der Maßgabe, es als Gedenkstätte zu erhalten. Im Dezember 1944 wurde es bei einem Bombenangriff vollständig zerstört. Im Georgeschen Weinkeller, der offiziell als Luftschutzkeller ausgewiesen war, fanden etwa neunzig Menschen den Tod.[28]

4

Fragte man den jungen George, wenn er von seinen Reisen nach Bingen zurückkehrte, wo er denn gewesen sei, gab er nur ausweichend Auskunft und sagte etwa: am Arno. Das habe keineswegs prahlerisch geklungen, meinten die Bingener, eher beiläufig, so als hätte er gesagt, in Rüdesheim oder in Gaulsheim. Aber jedem in Bingen sei deutlich gewesen, dass George die Frage nach dem Woher als ungeziemend empfand. Leider habe er es auch nicht für nötig gehalten, ältere Mitbürger zu grüßen, wussten Altersgenossen ein halbes Jahrhundert später übereinstimmend zu berichten, und wenn er angesprochen worden sei, habe er immer recht wortkarg geantwortet. »Da man hier, alter Tradition gemäß, etwas auf einen Gruß hielt«, sei der junge George »in Bingen nicht besonders beliebt« gewesen.[29] George seinerseits wunderte sich, von wildfremden Leuten, »die ich niemals vorher gesehen hatte«,[30] gegrüßt zu werden; einige redeten ihn sogar mit »Herr Doktor!« an. Am wechselseitigen Misstrauen änderte das nichts.

»Bei Stefan George war es sehr schön«, schrieb ein junger Besucher 1897. »Die ganze Wohnung ist sehr einfach u. provinzmäßig, sein Arbeitszimmer natürlich ausgenommen. Er hat eine Menge sehr schöner Bücher u. Bilder u. gibt einem ganz famosen Wein zu trinken. Wenn man sich an seine verschiedenen Faxen gewöhnt hat, bekommt man ihn sehr gern … Wenn er unter den Bürgern von Bingen herumstreift sieht es colossal merkwürdig aus, die Leute haben dort einen grossen Respect vor ihm so ungefähr wie die Indianer vor einem ganz besonderen Medizinmann.«[31] Ernst Robert Curtius, der George zehn Jahre später mehrmals besuchte, erinnerte sich, dass ihm der Wirt des Hotels, in dem er übernachtete, am Morgen sagte: »Mr hawwe Sie mit unserm Herrn Schorch spaziere gehe sehn.« George, so der Eindruck des Besuchers, »galt als eine Kuriosität, auf die man aber doch stolz war«.[32]

Schon den Lehrern der Binger Realschule, die George von 1876 bis 1882 durchlief, war die eigenbrötlerische Art des Jungen aufgefallen. Sie wussten nicht recht, wie sie mit ihm umgehen sollten, und beschwerten sich über seinen »störrischen Eigensinn« – »Was werd nor aus dem Bub noch werde«, seufzte der Vater.[33] Dabei konnte er mit den schulischen Leistungen seines Sohnes durchaus zufrieden sein. Auch nachdem er im Herbst 1882 auf das Ludwig-Georgs-Gymnasium in Darmstadt gewechselt war, brachte Etienne in Deutsch und Geschichte durchweg befriedigende Noten nach Hause, ebenso in den Fremdsprachenfächern und in Geographie; in den mathematisch-naturwissenschaftlichen Fächern wurden seine Leistungen immerhin als genügend bewertet. Nur mit dem Zeichnen und Singen haperte es, und auch das Turnen bereitete ihm so viel Missvergnügen, dass er in Darmstadt davon befreit wurde.

Zum Kernbestand früher Kindheitserinnerungen gehörten für George Ausflüge auf die Binger Höhen. Solange die Kinder klein waren, scheint die Mutter viel mit ihnen spazierengegangen zu sein: »Trug ich dich stunden-lang zur höh hinauf / Damit du sonne sähest«.[34] Später legten die Kinder ein Herbarium an. Die Mutter brachte ihnen die Namen der Blumen und Kräuter bei und belehrte sie über die Heilkraft der Pflanzen – von daher Georges Vorliebe für seltene Blumen mit seltenen Namen, die sein Frühwerk durchzieht. Schreckliche Erinnerungen behielt er dagegen zeitlebens an die häufigen Hochwasser. Im Februar und März 1876 wurde Bingen von einem Doppelhochwasser heimgesucht, das eine Periode extrem hoher Wasserstände einleitete, die im Katastrophenjahr 1882/83 den Kölner Pegel auf 10,52 Meter trieben. »Er erzählte von den Flößen und dem treibenden Eis auf der Nahe, wo er als Kind beinahe ertrunken wäre, als der Eisblock, auf dem er schwamm, mit ihm sank.«[35]

Georges Vater wird als ein geselliger, lebensfroher Typ beschrieben, der gegen jedermann freundlich und zuvorkommend war und in Bingen Ansehen genoss. Durch sein Kommissionsgeschäft stand er in reger Verbindung mit Winzern und Küfern, Gastwirten und Weinhändlern. Dennoch lebte die Familie weitgehend isoliert. Das lag an der Mutter, deren düsteres, freudloses Wesen die Atmosphäre im Elternhaus prägte. »Nun bin ich schon so viele Jahre mit dieser Frau verheiratet«, klagte der Vater seinem Ältesten, »und weiß noch immer nicht, was hinter ihr steckt.«[36] Die Müllerstochter, die sich von der Heirat mit dem Neffen des Landtagsabgeordneten offenbar mehr versprochen hatte, warf ihrem Mann mangelnden Ehrgeiz vor. Während andere, die in ihrer Jugend noch betteln gegangen seien, vom Wirtschaftsaufschwung der Gründerzeit profitiert und aus dem Nichts etwas aufgebaut hätten, habe ihr Mann das Ererbte gerade einmal zusammengehalten. Auch wenn das väterliche Einkommen einen bescheidenen Wohlstand sicherte, lebte man sparsam, eher karg. Wer Käse und Butter zusammen isst, habe man bei ihm zu Hause gesagt, »der muss schon zwei Häuser haben«.[37] Die Einfachheit der Lebensführung behielt George zeitlebens bei.

Friedrich Gundolf, der im Haus am Nahekai jahrelang ein und aus ging und sogar wusste, an welcher Stelle in der Mauer der Schlüssel versteckt war, charakterisierte die Mutter als »eine tieffromme strenge, sachliche ernste, unermüdlich arbeitsame« Frau.[38] Gundolf war einer der wenigen Menschen, die Zugang zu ihr fanden. Der Gundel sei ja von seiner Mutter geradezu »verhätschelt« worden, erinnerte sich George Jahrzehnte später.[39] Vergleichbare Aufmerksamkeit habe er jedenfalls nie bei ihr gefunden, Zärtlichkeiten seiner Mutter ihm gegenüber seien undenkbar gewesen: »Sie kannte keine Sentimentalitäten, auch keine überflüssigen Liebkosungen ihrer Kinder. Sie machte alles mit sich ab.« Unzufrieden mit sich und der Welt, misstrauisch und verbittert, lebte Eva George mit ihrer Tochter Anna »nonnenhaft«[40] zurückgezogen. Die beiden Frauen gingen selten aus und empfingen nie Besuch, nicht einmal die Verwandten aus Büdesheim. Während der Vater, wie man annehmen darf, jede Gelegenheit nutzte, Luft zu schöpfen, verließen Mutter und Tochter das Haus nur zum gemeinsamen täglichen Kirchgang.

Der bigotte Geist in der Hinteren Grube 1 ließ eine Besucherin aus dem aufgeklärten Berlin unwillkürlich an die Welt der Herrnhuter denken: »Es ist das Klein- und Spießbürgerlichste, was man sich denken kann.«[41] Wenn George später immer wieder über die geistige Enge von Bingen klagte, meinte er in erster Linie die drückende Atmosphäre zu Hause. Argwohn wurde ihm zur Grundkomponente sozialen Verhaltens. Ängstlich und unsicher näherte er sich seinen Altersgenossen, ihre Spiele erschienen ihm roh und bedrohlich. Um seine Menschenscheu zu kompensieren, redete er sich ein, dass vieles von dem, was ihnen Vergnügen bereitete, unter seiner Würde sei. Später wird er stolz erzählen, dass er sich schon als Kind nicht habe in die Karten gucken lassen.[42]

Eine der frühesten Erinnerungen Georges drehte sich bezeichnenderweise um Verrat. Als er acht Jahre alt gewesen sei, habe er auf dem Weg zur Schule etwas angestellt, so dass er davonlaufen musste, stürzte und völlig verdreckt in der Schule ankam. Ein Mädchen, das ihm half, seine Kleidung zu säubern, habe ihn gefragt, was denn passiert sei, sie würde es bestimmt nicht ausplaudern. Nach der Unterrichtsstunde hatte sie »nichts Eiligeres zu tun, als zu der Lehrerin zu gehen und ihr alles haarklein zu erzählen«. Bestimmt habe sie damit gerechnet, dass er sie deshalb verachte, aber »den Gefallen hätte ich ihr nicht getan. Ich tat so wie früher, aber ich wusste nun!«[43] George schien nicht nur den Verrat als solchen zu missbilligen, sondern mit der merkwürdigen Formulierung »aber ich wusste nun!« auch andeuten zu wollen, dass er über die Falschheit des weiblichen Geschlechts früh im Bilde war.

George muss als Kind sehr einsam gewesen sein. Nachbarskindern und Schulkameraden ging er aus dem Weg, und das Verhältnis zu den Geschwistern war wohl ein rein pragmatisches. Weil er sich unverstanden fühlte, flüchtete er in künstliche Welten, in denen er die Regeln selbst bestimmte und grundsätzlich immer der Erste war. Als Julius Simon, mit dem er unter dem elterlichen Dach König und Erster Minister spielte, nach vier Wochen die Rollen tauschen und selber auch einmal König sein wollte, brach George das Szenario entrüstet ab. Die Rolle des Königs stand niemandem zu als ihm:

> Genossen die dein blick für dich entflammte
> Bedachtest du mit sold und länderei,
> Sie glaubten deinen plänen, deinem amte
> Und dass es süss für dich zu sterben sei.[44]

Georges kühne Phantasien vermochten die Altersgenossen nur mäßig zu begeistern. Da folgewillige Untertanen ausblieben, saß der kleine König meist allein in seinem »Schilfpalast«[45] am Ufer der Nahe und sann über das Regieren nach, das offenbar ein recht einsames Geschäft war. Während jedes Spiel mit den Kameraden in einem fürchterlichen Kampf um die Rangordnung ausartete – ein Kampf, den er aus tiefster Seele hasste –, machte ihm im »Schilfpalast« keiner die Herrschaft streitig.

Sein imaginäres Königtum sicherte George mit Hilfe einer von
ihm entwickelten Geheimsprache ab. In dieser Sprache, die er »Imri«
nannte, legte er fest, was profan bleiben und dem Alltagsbereich an-
gehören und was in dem von ihm regierten Reich Rang und Geltung
haben sollte. Weil ihm die Wirklichkeit nicht genügte, »erfand er für
die dinge eigne namen«.[46] Auch wenn man das spielerische Element in
den kindlichen Lautmalereien des »Imri« nicht unterschätzen darf,
so vergrößerte sich auf diese Weise doch der Abstand zu denen, die
der Kunstsprache nicht mächtig waren. George hat »im Medium der
neuen Sprache die Wirklichkeit zugleich auf eine neue Weise erfahren, ja, durch die künstliche Sprache gleichsam neu erschaffen«.[47] Auf
den ersten Blick erscheint die Flucht aus der Realität als »Symptom
einer Störung, die auf ein krisenhaftes Verhältnis zur Wirklichkeit
hindeutet«. Bei genauerem Hinsehen liegen hier die Anfänge seines
dichterischen Bemühens.

Auch in Georges eigener Deutung seiner dichterischen Anfänge
spielt die durch die Kunstsprache eingeleitete elitäre Wendung eine
zentrale Rolle. In den Uferniederungen liegend, durch Weidenbüsche
und Rohr abgeschirmt von der Welt, entdeckte er, dass der Sprache
eine Magie innewohnte, die zu einer besonderen Form der Herrschaft befähigte. Das Gedicht »Weihe«, mit dem George 1890 seinen
ersten Gedichtband *Hymnen* eröffnete, schildert, noch ganz in der
Tradition Klopstocks, die Begegnung mit seiner Muse, die bei ihm,
weniger barock, »herrin« heißt:

> Hinaus zum strom! wo stolz die hohen rohre
> Im linden winde ihre fahnen schwingen
> Und wehren junger wellen schmeichelchore
> Zum ufermoose kosend vorzudringen.[48]

Nachdem alle störenden Einflüsse ausgeschaltet sind und der Dichter
in höchster Konzentration ihrer Ankunft entgegenfiebert, »schwebt
die herrin nieder«. Mit ihr schließt er so etwas wie einen »Vertrag«
zur Erneuerung der deutschen Dichtersprache, »Weihe« wird zu
einer Art »Gründungsmythos« des Georgeschen Werkes.[49] Nimmt
man die Anfangszeilen wörtlich, so hat George den Anfang seines

Dichtens nicht einmal übermäßig stilisiert. Fast glaubt man die Stelle, an der er seinem Genius zum ersten Mal begegnete, lokalisieren zu können. Dass George das Gedicht höchstwahrscheinlich in Berlin schrieb, Anfang 1890 bei einem Gang durch den Park von Schloss Bellevue, lässt einen Grundzug seines poetischen Verfahrens erkennen, den Georg Simmel um die Jahrhundertwende als Erster beschrieb. Skeptisch gegenüber spontanen Gefühlsäußerungen und getrieben vom Willen zur Form setzte George alles daran, den Stoff in der Erinnerung so stark zu verdichten und die Emotionen so weit zu reduzieren, dass ihm das Bild, das er fand, das Ereignis als solches ersetzte.

Lag er nicht träumend an den Nahe-Ufern, zog sich der junge George gern in die Dachkammer des elterlichen Hauses zurück. Auch in dem kleinen Gartenhäuschen war er durch eine hohe Steinmauer vor Einblicken geschützt und konnte sich stundenlang in die Lektüre von Schiller und Heine, Jules Verne und Walter Scott vertiefen. Weil dabei die Lust an der Sprache das Interesse an der Geschichte überwog, so erzählte George später, habe er sich bald schon die ersten fremdsprachigen Autoren im Original anzueignen versucht. Durch »eine ältere ledige Person«, die ihn sehr gern gehabt und ihm geduldig alle Fragen beantwortet habe, »die man ihm zuhause gar nicht hätte beantworten können«, sei er als Erstes in den Besitz einer italienischen Sprachlehre gekommen.[50] Die Herausforderung, das Italienische und andere im Selbststudium erlernte Sprachen praktisch anzuwenden, habe ihn damals vor »Schundlektüre« bewahrt. Unter den dreißig Bänden italienischer Klassiker, die früh in seiner Bibliothek standen, finden sich Boccacio und Tasso, Leopardi und Alfieri, Manzoni und Goldoni, aber auch *La morte di Wallenstein* und eine italienische *Faust*-Ausgabe, sogar ein Band Molière auf Italienisch. Offensichtlich studierte er Sprache tatsächlich um ihrer selbst willen und las sich so durch die Literaturen.[51]

Wer in Bingen hätte sich je mit solcher Lektüre beschäftigt? Es verwundert kaum, dass George bei seinen Altersgenossen keinen Anschluss fand und schon früh als Sonderling galt. Den Spöttern begegnete er mit Hochmut und Strenge. Tobten die Binger Jungen am Nahekai, trat er vors Haus und ermahnte sie, etwas weniger Lärm zu machen, er könne sich nicht konzentrieren. Stiegen sie über die Gartenmauer und stahlen aus dem Georgeschen Vorgarten die Birnen, hielt er ihnen einen Vortrag darüber, wie ungesund es sei, unreifes Obst zu verzehren. Vielen fuhr der Schreck in die Glieder, sobald er auftauchte. Ihn zu provozieren trauten sich die wenigsten, eilte ihm doch der Ruf voraus, dass er jähzornig war und kräftig austeilen konnte. Meist verschanzte er sich im Gartenhäuschen, wo er lange Zeit »ganz versunken in die Wolken starrte«. Deshalb nannten ihn die Jungen in Bingen den »Sternegucker«.[52]

Es war absehbar, dass die Verhältnisse in Bingen seinen narzisstischen Selbstansprüchen auf Dauer nicht genügen konnten und George die erste Gelegenheit ergreifen würde, auszubrechen. Gleichwohl hat er seine Herkunft nie verleugnet, im Gegenteil. Sein Narzissmus war so stark, dass er alles, was mit seiner rheinischen Heimat zu tun hatte, verklärte und Fremden gern die historischen und kulturellen Zusammenhänge erläuterte. Zur Heimat zählten für ihn nicht nur die Orte der näheren Umgebung, sondern das gesamte Gebiet von Trier bis Bamberg, von Speyer bis Köln. Sein Leben lang hatte er am liebsten mit Menschen zu tun, die aus dem mainfränkischen Raum stammten. Er war überzeugt, dass an Rhein, Main und Mosel die Wurzeln der deutschen Kultur lagen, und sprach zeitlebens Dialekt. Im feinen Berliner Westen, wo er Ende der neunziger Jahre sein erstes Publikum fand, verstand man ihn nur mit Mühe und reagierte leicht pikiert. Er sagte »Wutz« und »Hinkel«, »gemöcht« und »schadt nix«, steigerte glatt zu glätter, verwechselte als und wie und hatte eine Vorliebe für das Füllwort all – »wie richtig das all ist«.

George hat später immer wieder hervorgehoben, wie dankbar er seinem Vater sein müsse, dass er es ihm gleich nach dem Abitur finanziell ermöglichte, seine eigenen Wege zu gehen. Das war nicht nur großzügig, es lag auch im persönlichen Interesse des Vaters, der längst eingesehen hatte, dass sein Ältester nicht für das Weingeschäft taugte. Nachdem er ihn hatte ziehen lassen, konnte er sich in Bingen wieder etwas wohler fühlen, denn die scheelen Blicke seiner Mitbürger auf den sonderlichen Sohn setzten ihm offenbar nicht weniger zu als dessen eigenes Aufbegehren. »Mein Vater war froh, dass er mich los war.«[53] Im Stillen aber hegte der Vater wohl die Hoffnung, dass es der Sohn draußen in der Welt vielleicht doch noch zu etwas bringen würde. Die Chancen standen dort jedenfalls besser als in Bingen, der Provinz, in der man jeden, der anders war, immer schon als Zumutung empfand.

2 *Heldenverehrung*

Als Stefan George im Herbst 1882 von der III. Klasse der Binger Realschule auf das Ludwig-Georgs-Gymnasium in Darmstadt wechselte, musste er wegen der unterschiedlichen Lehrpläne die gleiche Klasse zunächst noch einmal durchlaufen. Nachdem er den Stoff nachgeholt hatte, wurde er an Ostern 1883 vorversetzt, das Zeugnis für das Sommerhalbjahr 1883 bescheinigte ihm »besonders tüchtige Leistungen«. Am ersten Tag des neuen Schuljahrs begegnete ihm in Gestalt des Französischlehrers Dr. Gustav Lenz ein alter Bekannter:

> Unser Lehrer im Französischen, ein munterer, immer zu Schnurren aufgelegter Herr, der erst kürzlich vom Progymnasium in Bingen zu uns versetzt worden war, betritt die Szene, und kaum auf das Katheder getreten, ruft er auch schon mit erstaunt erhobenen Armen: Etienne George! Voilà! Also jetzt bist du auch da! – Bist mir nachgefolgt von Bingen! Mais mille fois pardon! Jetzt stehn wir ja per Sie! En avant! Ich weiss: Sie werden auch hier immer mein Bester sein im Französischen![1]

Ob es Dr. Lenz war, der den Vater überredet hatte, seinen Sohn aufs Gymnasium zu schicken, oder ob sich die Mutter vom Pfarrer hatte überzeugen lassen, dass der Stefan prädestiniert sei für den Dienst in der katholischen Kirche, bleibt Spekulation. Wolters berichtet, dass neben Darmstadt auch Mainz und Frankfurt als Schulort zur Wahl standen. Frankfurt hätten die Eltern verworfen, weil es »schon außerhalb der hessischen Grenzen« lag und als Stadt auch zu groß erschien, »das leichtfertige Mainz« dagegen sei ihnen zu nah gewesen.[2] Neben der persönlichen Beziehung zu Dr. Lenz spielte also auch die Überlegung eine Rolle, den Sohn in Pension zu geben. Von Darmstadt konnte er am Samstagnachmittag und in den Ferien ohne große Mühe nach Hause kommen.

Von seinem 15. Lebensjahr an stand George nicht mehr unter direkter Aufsicht. Wenn Schwierigkeiten auftauchten, weil die Schule Beschwerde gegen ihn führte oder die Eltern sich Sorgen machten, habe Philipp Raab, bei dem er während seiner gesamten Darmstädter Zeit einquartiert war, ihn immer in Schutz genommen.[3] Im Haus des katholischen Volksschullehrers in der Neustadt, Riedeselstraße 68, gut zehn Minuten Fußweg vom Gymnasium entfernt, wohnten zwei weitere »Auswärtige«, Johannes Gärtner, der später katholischer Pfarrer in Waldmichelbach wurde, und Wendelin Seebacher aus Klein-Welzheim. Auch Hermann Weigel, später protestantischer Pfarrer in Nieder-Ramstadt, sowie Arthur Stahl aus Friedberg zählten zu den »Auswärtigen« des »Pennals«. Das war der Kreis der Mitschüler, mit denen George hauptsächlich verkehrte. Alle fünf bestanden Ostern 1888 das Abitur.

George habe nur schwer Anschluss an die Einheimischen gefunden, berichtete der engste Gefährte der Darmstädter Zeit, der zwei Jahre jüngere Carl Rouge. »Niemand in der Klasse wollte etwas mit ihm zu tun haben«, erinnerte sich ein anderer Mitschüler, Georg Fuchs, »aber auch er mit niemand aus der Klasse. Im Hofe stand er meistens vereinsamt an der Mauer, blass, fröstelnd, mit verschränkten Armen, über die lärmende Menge hinweg ins Unnennbare starrend, stets mit einem … scharfen, hochmütigen Zug um den schmalen, herben Mund.«[4] Auch den meisten Lehrern begegnete er mit Ablehnung. Man habe ihm »häufig unziemliches Verhalten vorgeworfen«, erzählte George später und zitierte nicht ohne Stolz den Verweis eines Lehrers: »Schon wieder dieses äginetische Lächeln!«[5] Demonstrativ hochmütig zeigte er meist wenig Interesse am Unterricht und fiel eher durch vorlaute Bemerkungen als durch Leistung auf. Dies schlug sich in entsprechend mäßigen Noten nieder; selbst in Deutsch brachte er es im Abitur nur zu einem matten »im ganzen gut«. Wirklich gut war er nur bei Dr. Lenz in Französisch – und in Religion.

Das ehrwürdige Darmstädter Gymnasium, untergebracht in einem ehemaligen Waisenhaus, das in den siebziger Jahren durch zwei Flü-

gelanbauten stark erweitert worden war, hatte drei Jahre vor Georges
Eintritt sein 250-jähriges Bestehen gefeiert. 1629 als lutherische Ge-
lehrtenschule gegründet, lag es in unmittelbarer Nähe zur evangeli-
schen Stadtkirche und zum anschließenden Marktplatz. Die nördli-
che Seite des Marktes beherrschte, von einem breiten tiefen Graben
umgeben, das großherzogliche Schloss, das die Dimensionen der
gemütlichen, leicht verschlafenen Residenzstadt etwas aus dem Lot
brachte. Der Paradeplatz zwischen Schloss und Schlossgarten und
das gewaltige Zeughaus ließen keinen Zweifel, dass dem Militär in
dieser Stadt besondere Wertschätzung entgegengebracht wurde.
Wolters ging so weit, die Hessen aufgrund ihrer angeblich kriegeri-
schen Eigenschaften und ihrer »Liebe zu soldatischer Zucht« für
natürliche Verwandte der Preußen zu erklären.[6]

Mit rund 60 000 Einwohnern (einschließlich Garnison) war die
Militär- und Beamtenstadt fast achtmal so groß wie Bingen. Dennoch bestimmte auch hier die Gleichförmigkeit der Provinz das Bild
des Alltags. Die einzige wirkliche Abwechslung bot das nach einem
Brand 1871 neu erbaute Hoftheater, das am Übergang vom Schloss
in den Schlossgarten lag und als kleineres Pendant zum Zeughaus
unterstrich, dass die Residenz auch kulturell Anspruch erhob. Zwar
konnte sich das Darmstädter Haus nicht von fern mit dem berühmten Nationaltheater in Mannheim messen, das seit den Tagen Schil-
lers zu den ersten Bühnen Deutschlands zählte und das George
gelegentlich ebenfalls besuchte. Aber für vierzig Pfennig – so viel
kosteten die billigen Plätze im sogenannten Olymp, der obersten
Galerie – bekam der Zuschauer auch in Darmstadt einiges geboten:
das klassische Repertoire des bürgerlichen 19. Jahrhunderts, zeitgenössische Gesellschaftsstücke, Shakespeare und jede Menge Wag-
ner-Opern.[7]

Der Dramatiker, der die Jugend Mitte der achtziger Jahre am stärksten beeindruckte, war Henrik Ibsen. Obwohl während Georges
Schulzeit in Darmstadt nur ein einziges Stück zur Aufführung gelangte, *Stützen der Gesellschaft*,[8] wurde der Norweger für ihn binnen
kurzem zu einer Instanz. Er begann sich Ibsens sämtliche bis dahin

erschienenen Stücke anzuzeigen – auf Norwegisch. Regelmäßig las er im Kreis des Raabschen Pensionats Übersetzungsproben vor oder gab aus dem Stegreif Szenen wieder, die er gerade gelesen hatte. Die frühen Werke, insbesondere die Dramen, in denen Ibsen auf altnordische Heldensagen zurückgriff, zog er den naturalistischen Gesellschaftsstücken eindeutig vor.[9] Während seines letzten Schuljahrs übersetzte er große Teile aus Ibsens Erstling *Catilina* (1849), im Sommer nach dem Abitur nahm er eine vollständige Übertragung der *Heermannen auf Helgeland* (1858) in Angriff.[10]

Im Mittelpunkt der monumentalen Saga, die am Ende des 10. Jahrhunderts spielt und an deutschen Bühnen unter dem Titel *Nordische Heerfahrt* aufgeführt wurde, steht die Gestalt eines greisen Dichters, der seine sieben im Kampf gefallenen Söhne durch die Macht der Dichtung zu neuem Leben erweckt. Im Mai 1890 nahm George den Kommilitonen Maurice Muret mit in eine Aufführung am Deutschen Theater in Berlin. Muret war auf der ganzen Linie enttäuscht und fragte George nach der Vorstellung, was er denn davon halte. »Ich werde Ihnen meine Meinung in ein paar Tagen sagen«, antwortete George. »Lassen Sie mir Zeit, darüber nachzudenken.«[11] Auseinandersetzungen über Dinge, die ihm heilig waren, ging er zeitlebens aus dem Weg.

Ibsens Dramen begeisterten vor allem wegen ihres hohen sittlichen Ethos. Diejenigen, die sich im Zeichen Ibsens erkannten, waren als Gleichgesinnte von einem Zusammengehörigkeitsgefühl getragen, dem durchaus kämpferische Züge eigen waren. Man sei streng und unerbittlich gegeneinander gewesen und habe keinem eine Halbwahrheit durchgehen lassen, erinnerte Karl Wolfskehl die Grundstimmung der Darmstädter »Ibsen-Jugend«: »Unsere sittliche Idealbildung vollzog sich unter dem unerbittlichen Druck des Norwegers. Wahrheit in jedem Sinne wurde oberstes Gebot.«[12] Das Streben nach der Einheit von Wollen und Handeln stürzte Ibsens Protagonisten zwar in immer neue Konflikte mit einer korrupten und bigotten Gesellschaft. Aber noch in ihrem Scheitern lag ein Sieg über bürgerliche Verlogenheit. Die wahren »Stützen der Gesellschaft« waren eben nicht die Honoratioren und Autoritäten, sondern, wie Lona Hessels am Schluss des Stückes resümiert, »der Geist der Wahrheit und der Geist der Freiheit«.

Mit Ibsens Helden hat sich George weit über die Schulzeit hinaus beschäftigt. Die Unüberbrückbarkeit des Gegensatzes zwischen der trägen Masse der Ignoranten und dem einsam um sein Ideal kämpfenden Individuum, ein Grundmuster der Ibsenschen Dramen, faszinierte ihn. Mit Hilfe Ibsens lernte er die eigene Position genauer zu bestimmen. Der Träumer aus dem Schilfpalast entpuppte sich als catilinarische Natur: »Er brütet heimlich über einem plan, / Ein kühnes werk hat er schon lang im sinn.«[13]

Das war mehr als eine literarische Identifikation. George hat sich früh als einen potentiellen Anarchisten gesehen und seinen Freunden mehrfach versichert, dass er zum Äußersten entschlossen sei. »Socialist, Communard, Atheist« nannte er sich im Januar 1889 in einem Brief an Arthur Stahl aus Montreux und erklärte auch gleich, warum er sich in der Schweiz so wohl fühlte: »Hier in der schweiz gilt nämlich der ganze schwindel mit adeln, titeln, etc, keine bohne. Jeden mann vom bauer bis zum kaiser redet man mit *monsieur* an, und jedes weib von der marktfrau bis zur princessin redet man mit *Madame* an. Das ist sehr vernünftig!«[14] Auch wenn unklar blieb, auf welche Weise er sich in die Annalen des Anarchismus einschreiben wollte, darf man solche Selbstwahrnehmungen nicht unterschätzen. Der Aufruhr übte eine große Faszination auf ihn aus. Verschwörung, Umsturz, Staatsstreich gehören von Anfang an zu den zentralen Vorstellungen seines Weltbildes, die »Tat« wird zur entscheidenden Metapher seines Dichtens. Der Graphologe Ludwig Klages lag nicht falsch, als er viele Jahre später schrieb, Georges Handschrift zeige »eine ins Künstlerische geratene, um nicht zu sagen entgleiste, Täternatur«.[15]

2

Die regelmäßigen Theaterbesuche, die intensive Beschäftigung mit ihrem Idol Ibsen, aber auch mancher Stoff, der ihnen im Schulunterrichtet vermittelt wurde, boten den Schülern des Darmstädter Gymnasiums vielfache Anregung zu eigener dichterischer Produktion. Um sich ein Forum zu schaffen, beschlossen George, Rouge und Stahl, unter Beteiligung eines weiteren Mitschülers, Georg Böttcher, eine Schülerzeitschrift zu gründen, die sie *Rosen und Disteln* nannten. Rosen standen für den ästhetischen Ernst, Disteln für den gesellschaftskritisch satirischen Anspruch des Unternehmens, das »jeden zweiten Montag« erscheinen sollte – »Extrablätter nicht ausgeschlossen«. Zu mehr als vier in Sütterlin eng beschriebenen Seiten, die unter dem Datum des 20. Juni 1887 für interessierte Kameraden hektografiert wurden, reichte es jedoch nicht. Nach der ersten Nummer wurde das Erscheinen eingestellt.[16]

Obwohl George bei der Wiederverwertung von Jugendwerken später ziemlich großzügig verfuhr und in die 1901 veröffentlichte *Fibel* zahlreiche recht konventionelle Stücke aufnahm, hat er die zwei in *Rosen und Disteln* erschienenen Gedichte nicht wieder drucken lassen. Dabei hätte er sich etwa für die Schlusszeilen seiner Fürstenschelte auf einen verfressenen Souverän namens Commedotutti, der dem lieben Gott sein Leid klagt, »dass ich wohl hundert hungern lassen, / doch nicht für hundert essen kann«, nicht zu schämen brauchen. Noch bevor er die Schule verließ, distanzierte sich George jedoch von den »Zynismen« seiner Knabenzeit. »Der Jugend sei dies nicht zu verübeln, diese göttliche Frechheit nach ihren ersten Enttäuschungen«, äußerte er rückblickend. Mit 17 Jahren sitze einem aber »der Dämon schon im Nacken«, da dürfe man mit solchen Spielereien nicht mehr seine Zeit vergeuden. Ins Gedicht gehöre nun einmal »nur Aufbauendes«.[17]

Gleichwohl diente die Satire, die er als Äußerungsform der Pubertät abtun wollte, George bis zum Abitur als wirkungsvolles Mittel, sich der Angriffe von Altersgenossen zu erwehren. Alle, die er aufs

Korn genommen habe, hätten sich in seinen karikierenden Porträts
wiedererkannt. Wegen seiner etwas längeren Haare war George
schon in Bingen manchem Spott ausgesetzt gewesen. Auch in Darmstadt machten sich Schulkameraden darüber lustig, dass lange Haare
wohl zum Dichten inspirierten. Als einer von ihnen, der das Haar
ebenfalls länger trug, George in Gedichtform zu provozieren suchte,
bedachte ihn dieser mit den hübschen Versen:

> Da wurde mir mit einmal klar
> Dass hinter langem Dichter-Haar
> Und hinter hoher Dichter-Stirn
> Nicht immer wohnt ein Dichter-Hirn.[18]

Die Gattung, die George und seine Mitstreiter stärker herausforderte
als alle anderen, war das Drama. Die Frage, wie sich historische Stoffe einigermaßen bühnenwirksam umsetzen ließen, beschäftigte sie
dabei allerdings nur am Rande. Hauptsache, der Held strahlte sittliche Größe aus und endete tragisch. Der Handlungsrahmen musste
möglichst weitgespannt sein. Rouge mühte sich erst mit einem
Römerdrama nach Plutarch, dann plante er eine in Stabreimen zu ver-
fassende Tragödie aus dem altnordischen Sagenkreis, »die den Titel
›Loki, das Schicksal eines Gottes‹ führen sollte und in der Art des
Wagnerschen ›Nibelungenrings‹ gedacht war«.[19] Auch George nahm
sich zwei historische Stoffe vor. Am 13. Juni 1886 hatte er eine Aufführung der *Maria Stuart* in Mannheim besucht.[20] Er begann sich eingehender mit dem Leben der schottischen Königin zu beschäftigen,
las zwei gerade erschienene Biographien und beschloss, den Grafen
Bothwell, den Liebhaber und späteren Ehemann der Königin, der im
Verdacht stand, ihren ersten Mann ermordet zu haben, in den Mittelpunkt seines Dramas zu stellen. Den Stoff zu einem zweiten Stück,
Phraortes, lieferte ihm Herodots Erzählung von Tomyris, der Königin der Massageten, die von Kyros zum Schein umworben wurde,
seinem Werben widerstand und ihn am Ende in einer großen Schlacht
besiegte, in der Kyros den Tod fand (Herodot I. 201–215). Das Stück
sollte »nach griechischem schema im grossen amphitheater« aufgeführt werden, »die bühne in weiter verhüllender entfernung«.[21]

Die aus dem Nachlass bekannt gewordenen Fragmente lassen recht klar erkennen, auf welche Motive es George bei der Bearbeitung der Stoffe ankam und wie er die Akzente setzen wollte. Welches der beiden Stücke er zuerst in Angriff nahm, ist nicht mehr zu rekonstruieren, die Anfänge dürften in beiden Fällen auf das Jahr 1886 zu datieren sein. Vollständig überliefert ist der erste von fünf geplanten Akten des Stuart-Dramas *Graf Bothwell*. Das Stück spielt sechs Tage nach dem heimtückischen Mord an Darnley, Marias Ehemann. Es wird eröffnet mit einem Dialog zweier Edelleute, die in der Frage, ob Bothwell der Mörder sei, gegenteiliger Meinung sind. Maria muss sich von allen Seiten Vorwürfe gefallen lassen, dass der beim Volk ohnehin verhasste Bothwell noch immer frei herumlaufe. Nach einem Monolog Marias über die Schlechtigkeit der Welt kommt es zur Begegnung mit ihm. Bothwell beteuert seine Unschuld und erklärt das Ganze zu einer Intrige der Lords, die nur darauf lauerten, die Königin und ihn auseinanderzubringen. Er vertraue darauf, dass das von ihr anberaumte Gerichtsverfahren seine Unschuld erweisen werde. In einem kurzen Schlussmonolog bekundet Maria ihre Liebe zu ihm: »Dämonisch fühl ich mich mit ihm verbunden. / An seinem Los hängt gleichsam auch das meine.«[22]

Damit hätte das Stück enden können. Dem Leser ist längst klargeworden, dass Bothwell nicht nur zu Unrecht verdächtigt wird, sondern dass all sein Trachten einzig dem Wohle Schottlands und seiner Königin dient. So wie Ibsen in seinem Jugendwerk Catilina gegen Cicero zu rehabilitieren suchte,[23] so machte George aus dem zwielichtigen, von der Geschichtsschreibung schlecht beleumundeten Bothwell einen tragischen Helden, der sich finsterer Intrigen erwehren muss. Und so wie Catilina am Ende von einer Vestalin ins Verderben gestürzt wird, deren Liebe er geduldet hat, so wird auch Bothwell von seiner königlichen Geliebten schließlich im Stich gelassen. Angesichts übermächtiger Gegner verlässt sie schon früh der Mut: »Ein Weib genügt da nicht sie aufzuhalten.«

Den *Graf Bothwell* hat George nach vielen Anläufen genauso beiseite gelegt wie den *Phraortes*. Etwas länger beschäftigte er sich mit

einem Stück, das in Trapezunt spielen und den Titel *Manuel* tragen
sollte; Fragmente aus verschiedenen Bearbeitungsstufen erschienen
von 1893 bis 1895 in den *Blättern*.[24] Für alle diese Versuche gilt, was
Wolters für die Jugenddichtungen insgesamt festgestellt hat, dass
»der reifende Knabe früh am Widerspruch zwischen grossgefühltem
inneren Bild und dem Unvermögen litt, es sprachlich zu fügen«.[25] Die
Dramen-Fragmente wirken rührend unbeholfen, sie scheitern bereits
an formalen Problemen. Die Modellierung von Charakteren, deren
Entwicklung den Handlungsablauf vorantreiben müsste, gelingt
nicht einmal im Ansatz, alles bleibt schematisch.

Im Kreis der literarisch ambitionierten Primaner, der sich um die
Zeitschrift *Rosen und Disteln* gebildet hatte, fiel George die Rolle des
primus inter pares zu. Zu seinen Vorrechten zählte es, dass Lesungen
in der Regel bei ihm, auf seinem Zimmer im Raabschen Pensionat
stattfanden. Dann bereitete er heiße Schokolade für alle und erwies
sich in jeder Hinsicht als zuvorkommender Gastgeber. Es waren aber
nicht nur seine dichterische Intensität und seine Sprachkenntnisse,
die George vor den anderen auszeichneten, auch in der Entwicklung
seiner Persönlichkeit schien er den Gefährten voraus zu sein. Vieles
an dem Knaben sei ihm »so reif und fertig« vorgekommen, schrieb
Georg Fuchs, dass er sich im Rückblick frage, ob man »überhaupt
von Knabenhaftigkeit reden darf«. So sei George schon damals »ein
Mensch von äußerster Genauigkeit, Akkuratesse, Sparsamkeit und
Pünktlichkeit« gewesen – Tugenden, die ihn ein Leben lang begleiteten. Und auch seine »ausgesprochene Führernatur« sei bereits zum
Vorschein gekommen. Die wenigen Auserwählten, die er »willens-
mächtig an sich heranzog«, hätten dies »als eine Ehre« empfunden.[26]
In die Aufzeichnungen dürfte manches von dem eingeflossen sein,
was später die öffentliche Wahrnehmung Georges bestimmte. Er
selbst behielt diese Jahre jedenfalls anders in Erinnerung. »Du weißt
du was, es war doch manchmal in *Darmstadt* sehr schön«, schrieb er
zwei Monate nach dem Abitur an Arthur Stahl. »Denkst du auch
noch fleissig dran; an die abende etc. … fast beschleicht mich wemut
(ein bei mir seltener artikel). Mit herzl. Grüssen Dein EG.«[27]

Was er auch tat, allem suchte George eine höhere Bedeutung zu geben, selbst Alltägliches schien durch ihn in einen magischen Zusammenhang zu rücken. Fuchs überliefert eine Anekdote vom Anfang ihrer Beziehung. Auf dem Schulweg seien sie an einer Kegelbahn vorbeigekommen; eines Tages habe ihm George eröffnet, dies sei das Heiligtum, über das sie gesprochen hätten. Fuchs müsse jetzt den Mut aufbringen, mit ihm hineinzugehen. Er musste sich sein Cape über den Kopf ziehen, und George führte ihn die Kegelbahn entlang bis zu der Stelle, »wo sonst beim Kegelspiel der König steht«. Nach einigem Abrakadabra nahm George ihm die Kapuze ab, aber Fuchs sah nichts als eine schnöde Kegelbahn. Das Ausbleiben des Wunders erklärte George mit der mangelnden Glaubenskraft des Gefährten. Als Protestant fehle ihm leider das Verständnis für den Ritus. Katholiken wüssten, dass es vor allem darauf ankomme, den Handlungen einen Sinn abzugewinnen – »dann möchte wohl auch das lächerlich Scheinende ungeahnte Bedeutung erlangen«. Die Tatsache, dass andere sich darüber mokierten, »verstärke nur die magisch weihende Kraft des Ritus«.[28] Fuchs rechnete aufgrund solcher Erlebnisse fest damit, dass George »nach dem Examen in den Priesterstand eintreten werde, und zwar in einen Orden«.

Das wichtigste Instrument, Magie zu erzeugen, war die Sprache. Auch wenn George in Darmstadt noch keineswegs eine Laufbahn als Dichter vor sich sah, war er doch unablässig damit beschäftigt, die Grenzen der Sprache zu verrücken und neues Material zur Erschließung neuer Wirklichkeiten zu gewinnen. Da ihm die deutsche Literatur des 19. Jahrhunderts von Schiller bis Heyse als Bildungserlebnis im Weg stand und er ungewollt von einer Assoziation in die andere fiel, machte er in seiner Muttersprache nur geringe Fortschritte. Das Übersetzen wiederum bot zwar die Möglichkeit, sich in fremden Sprachen klanglich neu zu orientieren, aber solange die Mittel der eigenen Sprache als unzureichend begriffen wurden, versprach auch diese Tätigkeit keine Befriedigung auf Dauer. Es war deshalb nur konsequent, dass George sich erneut in eine Geheimsprache vertiefte. Schon in Bingen hatte er damit begonnen, eine zweite, über die

kindliche Stufe des »Imri« hinausgehende eigene Sprache zu entwickeln, an deren Vervollkommnung er jetzt mit großem Eifer wei-
terarbeitete.

War die »Informationsverschlüsselung«[29] des Neunjährigen Ausdruck seiner Weigerung gewesen, sich der Kommunikationsmittel
der Erwachsenenwelt zu bedienen, so rückten in Darmstadt ästhetische Qualitäten in den Mittelpunkt: Sprache als Rohmaterial zur
freien Verfügung des Künstlers. In einem unablässigen Hin- und
Hergeschiebe von Konsonanten und Vokalen erhielt am Ende die
Kombination den Vorzug, die den vollsten Klang ergab. Noch nach
dem Abitur arbeitete George daran, in Anlehnung an die romanischen Sprachen »eine eben so klingende wie leicht verständliche literatur sprache für meinen eigenen bedarf« zu entwickeln, eine dritte
Kunstsprache also, die er Lingua Romana nannte.[30] In dieser Sprache
schrieb er 1889 eine Reihe von Gedichten, von denen er einige anschließend ins Deutsche übertrug. »Es ist«, resümierte Manfred
Durzak, »ein einmaliges Phänomen in der Geschichte der deutschen
Literatur, dass ein von den Möglichkeiten sprachlicher Ausdrucks-
kraft faszinierter junger Dichter seinen Gestaltungsdrang nicht an
dem ihm auf natürliche Weise bereitstehenden Sprachmaterial, nämlich seiner Muttersprache, erprobt, sondern versucht, sich eine völlig
eigene Sprache zu schaffen, die in der ihn umgebenden Wirklichkeit
keinen Rückhalt hat.«[31]

Der Schulfreund Carl Rouge hat die philologische Besessenheit
Georges mit den damals überall aus dem Boden schießenden »Welt-
sprachen« in Verbindung gebracht. Es handelte sich um Versuche
meist kauziger Einzelgänger, mit Hilfe einer künstlichen Sprache die
im Zuge der Globalisierung hinderlichen Sprachbarrieren zu überwinden. Dem von einem badischen Pfarrer entwickelten Volapük,
einer Kunstsprache mit eigener Grammatik, folgte 1887 das Esperan-
to, das die anderen Entwürfe an Einfachheit übertraf und sich bis
heute als Hilfssprache behauptet hat. George war jedoch mitnichten
daran interessiert, eine Sprache zur Völkerverständigung zu schaffen.
Im Gegenteil, Sprache bot ihm die willkommene Möglichkeit, sich

abzusetzen gegen andere, ein Privileg, für Außenstehende unverständlich zu bleiben. »Jeden wahren künstler hat einmal die sehnsucht befallen«, schrieb er wenige Jahre später über Mallarmé, aber mit durchaus autobiographischem Bezug, »in einer sprache sich auszudrücken deren die unheilige menge sich nie bedienen würde oder seine worte so zu stellen dass nur der eingeweihte ihre hehre bestimmung erkenne.«[32]

Die in der Schulzeit von ihm entwickelte Geheimsprache hat George ein Leben lang benutzt. In ihr schrieb er Notizen, die er vor anderen geheim halten wollte. Diese Zettel waren »oft mit Stecknadeln an die Wand seines Zimmers geheftet«, berichtet Morwitz. Um 1910 habe ihm George einmal eine solche Notiz gezeigt und ihn gefragt, ob er sie verstehe. »Da mir das Geschriebene als dem Griechischen verwandt erschien, versuchte ich von dieser Richtung her den Sinn zu erraten. Was ich hervorbrachte, muss etwas Richtiges enthalten haben, denn zu meinem Vergnügen wurde der Dichter aufgeregt, examinierte mich weiter und gab sich erst zufrieden, als meine Auslegungskunst völlig versagte.«[33] Zu den wenigen persönlichen Dingen, die sich bei Georges Tod in seinem Handkoffer fanden, gehörte ein dünnes blaues Schulheft mit der Übersetzung des ersten Gesangs der *Odyssee* in die Geheimsprache. Die Erben entschieden, das Heft noch in Minusio zu verbrennen, und so konnte die Philologie bis heute keine überzeugende Lösung anbieten für die beiden Schlusszeilen des 1904 entstandenen Gedichts »Ursprünge«, das einzige Fragment in der Geheimsprache, das überliefert ist:

> Doch an dem flusse im schilfpalaste
> Trieb uns der wollust erhabenster schwall:
> In einem sange den keiner erfasste
> Waren wir heischer und herrscher vom All.
> Süss und befeuernd wie Attikas choros
> Über die hügel und inseln klang:
> CO BESOSO PASOJE PTOROS
> CO ES ON HAMA PASOJE BOAÑ.[34]

3

Wie die dramatischen Versuche unterlagen auch die Jugendgedichte Georges dem Zwang der Konvention, auch hier kamen die entscheidenden Impulse aus dem Bildungsfundus des humanistischen Gymnasiums. Als authentische Zeugnisse der Pubertät sind sie biographisch jedoch höchst aufschlussreich. Ihr großes Thema ist die erwachende Sexualität, oder genauer, »die Angst vor der Frau als Verführerin zum Geschlechtlichen«.[35] Seine streng katholische Erziehung lässt ihm nur die Wahl zwischen der Frau als einem bedrohlichen Geschlechtswesen und der hohen Frau, die marienhaft die reine Liebe verkörpert. Auf der Suche nach dieser Einen, die »vielleicht fähig wäre, die ›große‹ Leidenschaft in ihm zu entflammen«,[36] häufen sich die Enttäuschungen. Immer wieder entpuppen sich die schönen Frauen als männermordende, heimtückische Vamps. Aber je niederträchtiger und verruchter die Frauen, desto lustvoller scheint der junge Dichter die Mantel- und Degen-Arrangements zu erfinden, die zu ihrer Enttarnung führen. Am Ende haben die falschen Verführerinnen, denen es stets aufs Neue gelingt, den Mann in Verwirrung zu stürzen, nichts anderes verdient als den Tod.

Keiner der Darmstädter Zeugen erinnert sich an Beziehungen Georges zu Mädchen. Rouge wusste nur zu berichten, dass George fleißig die Tanzstunden beim alten Dornewas besuchte. Überliefert sind einige floskelhaft höfliche Briefe Georges an Anna Stierstädter, die drei Jahre ältere Tochter eines mit dem Vater befreundeten Limburger Hoteliers. Man besuchte sich gegenseitig zu Familienfesten, und im Anschluss tauschte George mit Anna Briefmarken; seine Briefe an sie schrieb er auf Italienisch, um sie dadurch zu ermutigen, ihre Kenntnisse dieser Sprache ebenfalls anzuwenden.[37] Aufschlussreicher ist eine Anekdote, die George Ende der zwanziger Jahre über seinen Mitpensionär Johannes Gärtner zum Besten gab. Der Arme hatte sich offenbar unsterblich verliebt und litt als angehender katholischer Theologe, der sich auf das Zölibat vorbereitete, doppelte Qual. »Da schlug ich ihm einmal vor, ich würde seine Liebe in einen

Roman bringen, der würde heißen: ›Die Liebe des Klerikers‹ oder ›Das Mädchen mit dem hellen Kleid und dem dunklen Drang‹.«[38] Auf solche Zynismen war George noch vierzig Jahre später stolz.

Was Georges Neigung zu Knaben anging, berichtet Fuchs von einem »Mitschüler aus wohlhabender Kaufmannsfamilie«, der – so der Chronist im Rückblick noch immer verständnislos – vollkommen ungeistig gewesen sei und kein anderes Interesse gekannt habe, als möglichst rasch ins väterliche Geschäft einzutreten:

> Vermutlich hat er nie erfahren, dass aus dem sonderbaren Menschen, der ihn auf der Schule auf so unbegreifliche Weise an sich gefesselt hielt, ein großer Dichter geworden ist. Ausgerechnet dieser wars nun, mit dem allein George in seiner selbstgeschaffenen Geheimsprache redete und korrespondierte und an den er auch Verse in dieser Sprache richtete. Dieser wars aber auch, der, als ihm das Ausschließlichkeitsverlangen dieses fanatisch strengen Geheimnisvollen anfing, lästig zu werden, diesen, ohne zu ahnen, dass das so tragisch aufgefasst werden würde, anderen gegenüber für ›meschugge‹ erklärte und seine »Phantastereien« dem Gelächter der Mitschüler preisgab, ohne sich weiter dabei etwas zu denken.[39]

In solchen Zurückweisungen bestanden die eigentlichen Verletzungen des jungen George. Zwar wurde er sich seiner erotischen Neigungen wohl erst allmählich bewusst. Aber die Erkenntnis seiner Homosexualität scheint ihn nicht sonderlich beunruhigt zu haben. Jedenfalls deutet nichts darauf hin, dass er in dieser Frage lange mit sich gehadert hätte. Im Gegensatz zu Thomas Mann, der über den »Urschock« seiner Demütigung durch Armin Martens im Winter 1889/90 nie hinweggekommen ist und seine Gefühle für junge Männer ein Leben lang zu »verstecken, verleugnen, ironisieren« suchte,[40] nahm George die Entdeckung als Herausforderung an.

Ein Junge, von dem wir mit Sicherheit wissen, dass er George während der Darmstädter Schulzeit »tiefer anzog«,[41] war Paul Nodnagel. Der aus Bingen stammende, drei Jahre jüngere Sohn des Oberschulrats, der mit 21 Jahren freiwillig aus dem Leben schied, blieb George als »der schöne, früh verstorbene Sohn des Hofmarschalls« in Erinnerung. Nodnagel hatte sich dem einzigen literarischen Zirkel Darmstadts, dem Kreis um den Erfolgsschriftsteller Wilhelm Walloth

angeschlossen. 1890 erschienen Walloths *Gesammelte Gedichte* in
zwei Bänden bereits in zweiter Auflage, im Jahr darauf veröffentlichte Nodnagel eine Walloth-Biographie. George hat sich später betont
abfällig über Walloth und die Darmstädter Jung-Literaten geäußert,
»die so einen Roman oder so was wichtig nahmen«. Er sei gelegentlich sogar aufgefordert worden, Walloth Gedichte zur Prüfung vorzulegen, was er selbstverständlich abgelehnt habe: »Da wär ich schon
damals (1887) in die Literatur eingeführt worden.«[42]

Wenig später hat Walloth indirekt, aber auf empfindliche Weise
Georges Pläne durchkreuzt. 1890, im Jahr des Erscheinens der *Hymnen*, erregte er großes Aufsehen durch den sogenannten Realistenprozess, in dem er, zusammen mit zwei anderen Schriftstellern,
wegen Verstoßes gegen den Unzuchts-Paragraphen vor dem Reichsgericht angeklagt wurde. In einer Selbstmordszene seines Romans
Der Dämon des Neides (1889) hatte Walloth anklingen lassen, dass
der Suizid des Helden mit erotischen Phantasien in Zusammenhang
stand; vor seinem Selbstmord hatte er »verschlafen auf die weißen,
wie Weiberbusen schimmernden Hügel« gestarrt. Wenn solche Bilder im prüden Deutschland genügten, einen Autor gerichtlich zu
belangen, dann, so darf man vermuten, hätten die frühen Gedichte
Georges, wären sie damals publik geworden, ihren Verfasser gerade-
wegs ins Zuchthaus gebracht. Diese Gefahr sah auch der Herausgeber der *Gesellschaft*, Michael Georg Conrad. Als George im Frühsommer 1890 der renommierten Zeitschrift sein Gedicht »Erkenntnis« zur Veröffentlichung anbot, lehnte Conrad mit Hinweis auf den
Leipziger Prozess ab; ob George nicht etwas anderes einreichen wolle – »den prüden zum trotz, etwas recht energisches, aber gar nicht
erotisches«.[43]

»Erkenntnis« offenbart in der Tat höchst eigenartige sexuelle Vorstellungen.[44] Die 127 Verse erzählen von einem jungen Mann, der in
einer einsamen Hütte die Frau seiner Träume erwartet. Statt sich auf
die bevorstehende Liebesnacht zu freuen, zermartert er sich das Hirn
mit der Frage, ob die Braut noch jungfräulich sei. Die Frau schleicht
sich an, »gierig nach seiner nähe zauber«, aber er verstößt sie: »rief ich

dich weib? / Nahe dich nur wenn ich deiner bedarf!« Die Frau lässt nicht locker, aber je mehr sie den Mann zu bezirzen glaubt, desto weniger kann sie ihre wahre Natur verbergen:

> Indessen ich in qualen mich winde
> Will leichter mühe sie mich erobern ..
> Sie stellt sich ob meines zornes betrübt
> Vielleicht auch ist sies weil ihre betörung
> An mir nicht so leicht wie an andern gelingt.
> Ja grade die zärtlich schmeichelnden weisen
> Die ihre schwüre bekräftigen sollen
> Mit ihrer feinheit und kunst mir verraten:
> Sie wurde durch die probe erfahren ..
> Nur gaukelspiel ist ihre kindlichkeit.

Schweren Herzens begibt sich der Held dennoch auf das gemeinsame Liebeslager – schließlich braucht er Gewissheit. Unter seinen Küssen entfaltet die Frau ihre ganze Schönheit und Frische, und süßer und herrlicher denn je tritt sie am nächsten Morgen strahlend vor Glück über die Schwelle, »schlecht ihren jubel verhehlend«. Der junge Mann aber ist völlig verstört. Weniger über das Ergebnis seiner Jungfrauenprobe, die nur seinen Verdacht bestätigte, als vielmehr über sein eigenes Verhalten während des Akts, das er als moralische Niederlage empfindet. »Mit einer schandtat kauft ich die lösung.« Während er bloß so tat, als gebe er sich ihr hin, wiegte sich die Frau in dem sicheren Gefühl, ihn endlich erobert zu haben: »so wonne-erfüllt / Bedünkten sie die umarmungen echt / Die tierische zuckungen übersüssten.« Ob die falschen Umarmungen des Mannes von Zuckungen der Lust übersüßt oder umgekehrt die tierischen Zuckungen durch Liebesschwüre getarnt werden, bleibt grammatikalisch im Dunkeln, läuft aber auf dasselbe hinaus. Das Gedicht heißt »Erkenntnis«. In der ursprünglichen, von Luther verwendeten Bedeutung des Wortes »erkennt« der Mann die Frau, indem er ihr beiwohnt; im Beischlaf erschließt sich ihm ihr wahres Wesen. Der Held des Gedichts »erkennt« im Vollzug des Akts zugleich seine eigene Verruchtheit. »Das herz voll gift und reuezorn«, flieht er in die Wälder und stürzt sich in den wilden Gebirgsbach, der »hässlich mein bild mir zurückwirft«.

Die Angst vor allem Geschlechtlichen in Verbindung mit destruktiven, meist gegen die Frau, bisweilen auch gegen sich selbst gerichteten Gewalt- und Todesphantasien ist das durchgehende Motiv der zwischen 1886 und 1889 entstandenen Jugendgedichte. Die sexuellen Verwirrungen der Pubertät, Scham, Ekel und Wut werden in allen Abstufungen thematisiert. Kichernde Najaden, die den Jüngling ins Wasser locken, Sirenen, deren »heisses verderbliches sehnen« die Männer ins Unglück stürzt, Nymphen, in deren Kuss sich Verwesung mischt: Es sind jene Bilder fleischlicher Versuchung, die im letzten Drittel des 19. Jahrhunderts auch die bildende Kunst faszinierten. Aubrey Beardsley, Félicien Rops, Max Klinger und Franz von Stuck waren die Meister eines raffinierten Vexierspiels, das die Lüsternheit des Publikums erfolgreich anstachelte.

Vor diesem Hintergrund dürfte George die Entdeckung seiner Homoerotik – so paradox dies auf den ersten Blick erscheinen mag – auch als den Beginn einer Befreiung empfunden haben. Die Ideale von Reinheit und Keuschheit ließen sich in der Vorstellung des 18-Jährigen jedenfalls leichter mit Knaben als mit Mädchen in Einklang bringen. Darüber hinaus verschärfte das Bewusstsein, dass Homosexualität tabuisiert war und der bloße Verdacht zu einer Stigmatisierung führte, die Distanz zur Gesellschaft. Die Rolle des Außenseiters, in die er früh hineingewachsen war, erhielt dadurch zusätzliches Gewicht. So entstand um ihn allmählich jene Aura der Diskretion, in der sich seine Persönlichkeit in den nächsten Jahren entfalten sollte.

Der Übergang von einer noch durch Abwehr bestimmten Befangenheit zu einer neuen, freieren Einstellung gegenüber dem eigenen Geschlecht wird deutlich, wenn man das um 1885 entstandene früheste Gedicht der Gesamtausgabe »Prinz Indra« mit dem bald nach dem Abitur entstandenen Gedicht »Der Schüler« vergleicht. Zwar wird schon der indische Prinz nach seiner Verführung durch die göttliche Hetäre Apsara von einem schönen jungen Freund wieder aufgerichtet: »Ein gewaltig heisses sehnen // Zog ihn hin zu jenem jüngling.«[45] Aber dieser Jüngling kann dem Prinzen nur ein paar Ratschäge mit auf den Weg geben: »Geist und leib musst du verbinden ... // Und den dämon überwinden.« Der Dämon – das ist die sexuelle Begierde der Frau. Prinz Indra findet seinen Seelenfrieden wieder, indem er »Der Apsara wüstem locken« fortan Widerstand leistet.

Etwa drei Jahre später thematisierte George in »Der Schüler« erstmals die bewusste Wahrnehmung des männlichen Körpers als erregendes Stimulans. 1901 setzte er das Gedicht an den Schluss der *Fibel* und unterstrich damit, dass die Entdeckung der gleichgeschlechtlichen oder, wie er sie später nennen sollte, »übergeschlechtlichen« Liebe für den 20-Jährigen die alles entscheidende Zäsur bedeutete. Auch wenn er, wie das Gedicht ausführt, zunächst noch unsicher auf männliche Reize reagierte, hatten die Verlockungen eine völlig neue Qualität. Zum ersten Mal schienen ihm sexuelle Versuchungen nicht mehr grundsätzlich bedrohlich zu sein, im Gegenteil: Männliche Erotik übte auf ihn eine berauschende Wirkung aus.

»Der Schüler« bildet zusammen mit den Gedichten »Erkenntnis« und »Frühlingswende« die Trilogie »Legenden«. Ähnlich wie »Erkenntnis« beschreibt auch »Frühlingswende« einen Initiationsritus auf primitiver Stufe, auch dort graut dem Helden vor den Freuden der Hochzeitsnacht, »die lieber er miede«.[46] Im letzten Gedicht sind die Verführungen subtilerer Art. Der Schüler einer altehrwürdigen klosterähnlichen Institution wird zum ersten Mal mit seinem eigenen Körper konfrontiert. Auslösendes Moment ist ein Blick in den Spiegel

> Vor dem ich meines eigenen leibs geheimnis
> Und anderer zuerst bedenken lernte.[47]

Zur Verunsicherung des Zöglings trägt vor allem ein blonder Knabe bei, der jüngste Schüler, der »oft mich mit den grossen augen sucht«. Noch will der Dichter sich nicht eingestehen, dass dieser Junge »so gänzlich meinen sinn erschüttern könne«, aber er spürt, dass eine »wandlung« stattgefunden hat, die sein beschauliches Klosterdasein durcheinanderbringt und ihn seinen Lehrern entfremdet. »Dann kam die reise .. welch ein wink der fügung!« Der Aufenthalt »in andrer luft in andrem land« soll die durch die sexuellen Verwirrungen ausgelösten Unsicherheiten klären helfen.

Ob man die Reisen, die George im unmittelbaren Anschluss an das Abitur unternahm, unter diesem Aspekt als Flucht vor dem Eingeständnis homosexueller Disposition sehen sollte?[48] »Die meisten Homosexuellen reisen viel«, schrieb der dänische Erfolgsschriftsteller Herman Bang 1909 in einer autobiographischen Aufzeichnung, in der er mit Hilfe seines Arztes »die spezifischen Formen der Sozialisation eines homosexuellen Mannes in Mitteleuropa um die Jahrhundertwende« zu ergründen suchte.[49] Fest steht, dass sich George bei seinem Englandaufenthalt im Sommer 1888 leidenschaftlich verliebte. Er habe damals »an der maßlosen Liebe gelitten«, schrieb er wenige Jahre später, »bis ich nicht mehr leben wollte«.[50]

Das Objekt der Begierde hieß Thomas Wellsted. George scheint sich zunächst nicht getraut zu haben, ihm seine Liebe zu gestehen. Nach seiner Abreise wechselten die beiden ein paar belanglose Grußkarten, Anfang 1891 bedankte sich Wellsted artig für ein Widmungsexemplar der *Hymnen.* Als George im Sommer dieses Jahres erneut nach London fuhr, scheint er bei Wellsted in Westminster gewohnt zu haben. Sie gerieten in einen so heftigen Streit, dass George nach sechs Tagen »in großer Erregung« abreiste.[51] Das Drama, das sich Anfang September 1891 in London abgespielt haben muss, wiederholte sich vier Monate später im Eklat mit Hofmannsthal.

Morwitz, der intimste Vertraute über mehr als ein Vierteljahrhundert, hat das 21. Lebensjahr als den Beginn »der großen Leidenschaft in der männlichen Seele« bezeichnet.[52] Aber nicht nur das Erwachen seiner Liebe zu jungen Männern, auch seinen dichterischen Neuanfang brachte George in unmittelbaren Zusammenhang mit dem Englandaufenthalt vom Sommer 1888. »Als ich aus England zurückkam erinnert Euch«, schrieb er im Oktober 1890 an die Freunde Stahl und Rouge, »begann ich eine umwälzung durchzuringen«.[53] Was sich in diesem Prozeß der Neuorientierung anbahnte, war nichts weniger als die Geburt der Poesie aus dem Geist der männlichen Erotik. »Bildest Du Dir ein, dass man … den Körper weniger als die Seele liebt«, fragte er Carl Rouge. »Ich denke *zuerst* an den Körper … sie allein (körperl. Schönheit) ist es, die Dich entflammen kann.«[54]

Akzeptierte George seine homoerotische Veranlagung, konnte dies den Bruch mit allen gültigen Moralvorstellungen nach sich ziehen. Verdrängte er seine Neigung zu Männern, musste er sich auf ein schwieriges Doppelleben einrichten. Diese Lösung widerstrebte ihm. Da er »zu keiner Zeit die Richtung seines Gefühls für einen ›Irrtum der Natur‹ gehalten hat«,[55] bewies er im Umgang mit dem Thema eine für seine Zeit erstaunliche Selbstsicherheit. Das lag vor allem daran, dass er in der Liebe zum Schönen, das für ihn stets nur männlich war, den kreativen Ursprung seines Dichtens erkannte. »Zumal verstofflichte und verhirnlichte zeitalter haben kein recht an diesem punkt worte zu machen«, schrieb er 1909 in der Einleitung zu seiner Übertragung der Shakespeare-Sonette, »da sie nicht einmal etwas ahnen können von der weltschaffenden kraft der übergeschlechtlichen Liebe.« Die Dichtung verschlüsselte diese Botschaft und wurde zugleich zu ihrem wichtigsten Medium.

»Der Schüler« ist das Gedicht, das den Durchbruch thematisiert. Die Eindrücke, die der Schüler auf seiner Reise sammelt, sind überwältigend neu, und weil er fürchtet, bisher »wie mit verbundnen augen« durchs Leben gegangen zu sein, nimmt er sie umso gieriger auf. Dann naht der Tag der Entscheidung. »Ich kehrte heim und hoffte zu genesen … mit fasten und gebeten / Zu bannen was vielleicht versuchung war.« Die Versuchung, das ist nicht mehr der imaginierte weibliche Geschlechtsvamp, die Versuchung ist jetzt der reale Mann.

Aber es gibt kein Zurück. Die beiden letzten Strophen des Gedichts machen klar, dass die auf der Reise gewonnenen Erfahrungen mit »der alten toten weisheit« nicht mehr in Einklang zu bringen sind. Keiner von den frommen Vätern des Internats würde die Zweifel und Nöte des Schülers verstehen. Deshalb wird er diese Stätte des Friedens und der Unschuld am nächsten Morgen in aller Frühe verlassen, ohne sich irgendjemandem zu erklären. Der Bruch ist vollzogen, der Schüler ist erwachsen geworden.

4

Fünf Wochen nach der mündlichen Reifeprüfung am 13. März 1888 ging Stefan George für anderthalb Jahre auf Reisen. In London, Montreux und Paris verbrachte er jeweils vier bis fünf Monate, außerdem unternahm er von der Schweiz aus einen längeren Abstecher nach Mailand und fuhr im Hochsommer 1889 von Paris für vier Wochen nach Spanien. Über diese Reisen sind viele Vermutungen angestellt worden. In der George-Literatur hat sich dabei die Vorstellung durchgesetzt, sie als Beginn einer lebenslangen Wanderschaft auf der Suche nach Gleichgesinnten zu deuten. Immerhin hat George selbst dieser Interpretation den Weg bereitet, indem er in immer neuen Bildern von der frühen »not des wandertumes« sprach.[56] Aber das ist die Sicht der späteren Jahre, die nachträglich eine Kontinuität im Biographischen herzustellen suchte, die sich damals, 1888/89, keineswegs abzeichnete. In Wirklichkeit war George unentschlossen, und so nahm er dankbar das Angebot des Vaters an, ihm fürs Erste einen längeren Aufenthalt in London zu finanzieren.

London als Reiseziel hatte dem Vater aus praktischen Gründen eingeleuchtet. Zum einen würde sein Sohn dort richtig Englisch lernen; die wenigen Grundkenntnisse, die George auf dem Gymnasium mitbekommen hatte, waren so dürftig, dass er Rouge von Bingen aus bitten musste, ihm zur Vorbereitung kurzfristig noch ein Exemplar *Do You Speak English?* zu schicken. Zum andern hatte die Familie in London Bekannte, wohl Geschäftspartner des Vaters, die dafür sorgten, dass der junge George eine angemessene Unterkunft fand. Der Vater sah das Ganze in erster Linie unter finanziellen Aspekten und verstand seine Zuwendungen als Investition in die Zukunft seines Sohnes. Es sei »sehr erfreulich zu hören«, schrieb er ihm Anfang Juni 1888, »dass Du gute Fortschritte machst. Für das heidenmäßig viele Geld muss man auch die Zeit ausnutzen.«[57]

Dass sich die Auszeit seines Sohnes über 18 Monate hinzog – der geplante Studienbeginn in Straßburg im Frühjahr 1889 zerschlug sich aus unbekannten Gründen –, entsprach nicht mehr den Plänen des

Vaters. Dennoch fand er sich damit ab, dass die berufliche Zukunft seines Ältesten im Ungewissen blieb. Er zeigte sich weiterhin großzügig und beantwortete dessen diverse Bitten um Aufbesserung der Reisekasse offenbar umgehend durch entsprechende Postanweisung. Für George, der beim Abitur als voraussichtliches Studienfach Jurisprudenz angegeben hatte, sich dann aber für neuere Philologie entschied, stand von Anfang an anderes im Vordergrund als die Vorbereitung auf einen Brotberuf. Die anderthalb Jahre seines »wandertumes«, in denen er fünf europäische Länder kennenlernte, hat er in erster Linie als eine große Bildungsreise aufgefasst. So wie wohlhabende junge Engländer des 18. und frühen 19. Jahrhunderts vor Übernahme gesellschaftlicher Verantwortung die Gelegenheit einer *Grand Tour* nutzten und Frankreich, Italien und andere Länder bereisten, so wollte sich auch Etienne George in der Welt erst einmal umsehen. »Du musst übrigens wissen, dass ich in England immer kosmopolitischer werde«, berichtete er nach drei Monaten London-Aufenthalt stolz an Arthur Stahl.[58]

Die wichtigsten Sehenswürdigkeiten hatte George nach zwei Wochen absolviert: Westminster Abbey, Saint Paul's Cathedral, National Gallery. Er machte einen Ausflug nach Brighton, sah sich trotz des hohen Eintrittspreises eine Aufführung mit Sarah Bernhardt an und bewunderte im Hyde Park die »ladies zu fuss zu wagen zu ross. Von jetzt ab lass ich auf die englischen ladies nichts mehr kommen. Übrigens werden sie mir hier in der familie, wo ich bin, dutzendweiss vorgestellt. Ich war auch auf dem grossen ›meeting‹ wo gegen die ›wheel-tax‹ (radsteuer) protestirt wurde. So ein meeting ist etwas kostbares.«[59] Alles schien ihm großartig, tausendmal großartiger jedenfalls als das, was er aus Bingen und Darmstadt kannte. »Du weisst gar nicht wie gross ich mir manchmal vorkomme, wenn ich durch die strassen der riesenstadt streife umgeben von dem endlosen tumult von dem namenlos anders seienden.«[60] Die Freunde Stahl und Rouge, die nicht verleugneten, ihn um diese Reise zu beneiden, wünschten über alles genauestens informiert zu werden. Georges ausführliche Berichte klingen kühl distanziert, ihre scheinbare Weltläufigkeit kann die Unsicherheit des Verfassers aber nicht überdecken. Als sei dem Reisenden nicht ganz wohl dabei gewesen, als habe er geahnt, dass man ihm das Kosmopolitische zu Hause nicht abnehmen würde, schrieb er im Januar 1889 an Stahl, der in Gießen Jura studierte und den er vom Eintritt ins Militär abbringen wollte: »Gehe auf reisen wie ich und ich garantiere Dir, dass Du da in allen lebensumständen gewitzigt wirst.«[61] George selbst wurde 1892 als Ersatzreserve eingestuft und entging so dem Dienst. Die Abneigung gegen alles Militärische behielt er ein Leben lang bei; sobald irgendwo ein Regiment im Anmarsch war, bog er in eine Seitenstraße ab.[62]

Die Rolle des angehenden Weltmanns gefiel George ausnehmend gut. Betont lässig warf er den Freunden in Darmstadt und Gießen ein paar Stichworte zu, die ihr Staunen hervorrufen mussten, etwa wenn er schrieb, in seiner Pension verkehrten Dutzende interessanter Frauen aus allen Nationen, darunter sogar eine schwarze indische Prinzessin. Gleichzeitig gab er ihnen zu verstehen, dass er sich weder von einer indischen Prinzessin in London noch »von einer ganzen kette von Highlife-damen«, mit denen er im darauf folgenden Winter in Montreux Laientheater spielte, beeindrucken lasse.[63] Sobald der Homosexuelle Klarheit über sich erlangt habe, so Herman Bang in seinem Selbstbekenntnis von 1909, fühle er sich in Gesellschaft »vereinsamt und bedrängt … Er wird schweigsam, er lernt sich verstellen und muss heucheln«.[64]

In seinen Berichten an die Daheimgebliebenen bemühte sich George, den Eindruck zu erwecken, er sei in jeder Situation Herr der Lage. Alles, was er sah und erlebte, setzte er in unmittelbaren Bezug zu dem, was er kannte. Paradoxerweise half ihm gerade seine Herkunft aus der Provinz, sich nicht allzu sehr erschüttern zu lassen: Einem, der aus Bingen kommt, kann keiner so schnell etwas vormachen. Am Ende reduzierte sich Georges Welterfahrung auf die Erkenntnis, dass es in London oder am Genfer See auch nicht anders zuging als da, wo er herkam. Statt die Erfahrungen, die er auf seinen Reisen sammelte, deduktiv auf Bingener Maßstab zu verkleinern – was ihm wohl selbst ein bisschen provinziell vorgekommen wäre –, nahm er sie als Bestätigung dafür, dass das Kosmopolitische die ihm von jeher gemäße Lebensform sei. Wer aus Bingen stamme, schrieb er Anfang 1889, sei nun einmal prädestiniert, sich draußen in der Welt wohlzufühlen. Die angesprochenen Freunde, der aus dem Starkenburgischen stammende Carl Rouge und Arthur Stahl aus Friedberg »ganz hinten im Hessischen«, werden nicht schlecht gestaunt haben, wie sich der große Reisende hier auf Kosten der Daheimgebliebenen zu emanzipieren suchte:

> Unser volk am rhein hat einfach deshalb mehr spirit und mehr verve weil es mehr mit der welt in berührung kam als das in Starkenburg u. Oberhessen. Der rhein war stets eine grosse verkehrstrasse und die grossen landrouten führten durch unser land. Bei allen invasionen haben die rheinhessen ... auch profitiert und magst Du sagen was Du willst ich werde Dir haarklein beweisen, dass die französische herrschaft (so kurz sie auch gedauert hat) kein unwichtiges moment in der ausbildung unseres volksgeistes war. Berührung mit anderen völkern ... ist das beste mittel zu ausrottung aller steifheit ... [65]

George hatte vor allem Glück bei der Wahl seiner Vermieterinnen. Viele empfanden eine unverhohlene Sympathie für den stillen jungen Mann und halfen ihm, sich in der jeweiligen Stadt fürs Erste zu orientieren. George muss ein gutes Gespür für den richtigen Ton im Umgang mit Zimmerwirtinnen und Pensionsbetreiberinnen entwickelt haben, denn in vielen von ihnen weckte seine weiche, schüchterne Art offenbar mütterliche Gefühle. Caroline Mess, die Inhaberin der Pension in Stoke Newington, einem der gesichtslosen nördlichen Vororte Londons, wo George während seines England-Aufenthaltes wohnte, war von ihrem deutschen Gast geradezu entzückt. Eine Woche nach seiner Abreise schrieb sie ihm: »We miss you very much; we have never had a more quiet and in every respect more gentlemanly behaved boarder than you.« Schon Anna Raab, die Patronin des Darmstäder Pensionats, hatte wenige Tage nach seiner Reifeprüfung bedauert, »eine so *aufrichtige* Seele verloren zu haben«.[66] Im Verhältnis zu seinen Vermieterinnen habe er immer Wert auf Distinktion gelegt, erzählte George später. In Wien hätten sie denken können, »ich

sei ein wohlhabender junger Herr, dem es gut gehe. Aber sie sahen
mir an, dass ich was im Kopfe hatte und dass ich es nicht leicht hatte
und waren sehr zuvorkommend.«[67] Frau Ebermann, von Oktober
1889 an seine erste Wirtin in Berlin, war so angetan von ihm, dass sie
sogar bei der Versendung der ersten Hefte der *Blätter für die Kunst*
mit anpackte.

Zu seinem 20. Geburtstag am 12. Juli 1888 schenkte Mrs. Mess
ihrem Kostgänger eine sechsbändige Dickens-Ausgabe, »wishing
him many happy returns of the day«. *David Copperfield* wurde »eines der Lieblingsbücher seiner Jugendjahre, aus dem er auch später
noch gern ausführlich und genau zitierte«. Überhaupt las George
jetzt viel englische Literatur, vor allem Romane des frühen 19. Jahrhunderts, darunter mit großer Begeisterung Edward Bulwer-Lyttons
Rienzi. The Last of the Tribunes von 1835, das Richard Wagner als
Vorlage seiner ersten großen Oper gedient hatte.[68] Cola di Rienzi, der
im Mai 1347 mit seinen Anhängern das Kapitol stürmte, sich an die
Spitze der Stadt setzte und einen neuen Volksstaat ausrief, der den
Glanz der römischen Republik zurückbringen sollte, beflügelte nicht
nur die revolutionären Phantasien des jungen George. »Dieser Sohn
eines kleinen Gastwirts hat mit vierundzwanzig Jahren das römische
Volk dazu gebracht, den korrupten Senat zu vertreiben, indem er die
großartige Vergangenheit des Imperiums beschwor«, dozierte Adolf
Hitler 1938 vor Paladinen. »Bei dieser gottbegnadeten Musik hatte
ich als junger Mensch im Linzer Theater die Eingebung, dass es auch
mir gelingen müsse, das deutsche Reich zu einen und groß zu machen.«[69] Durch *Rienzi* sei er zum ersten Mal von dem Gedanken erfasst worden, »es müsse alles in die Luft gesprengt werden«. – »Ich
hätte eine Bombe geworfen, wenn man mich hier festgehalten hätte«,
so Stefan George in einer *seiner* Selbststilisierungen.[70] »Hätte ich,
zwanzigjährig, 20 000 Soldaten gehabt, so hätte ich alle Potentaten
Europas verjagt.«[71] Jeder träumte in diesen Jahren auf seine Weise von
der Revolution.

Was Wagner anging, wirkten die Aufführungen am Darmstädter
Theater, die George als Schüler besucht hatte, noch einige Zeit nach.[72]

Im Dezember 1892 wurde er in den *Blättern für die Kunst* unter den wenigen künstlerischen Vorbildern der jüngsten Vergangenheit genannt. Erst in der zweiten Hälfte der neunziger Jahre erfolgte die radikale Abkehr von allem, was mit Wagner zu tun hatte.[73] Fortan machte George einen Bogen um Bayreuth. Wagner habe »nur der großen Wirkung halber das Kultische auf die Bühne geschleppt«, und das sei »das schlimmste Gift«.[74] Zwar rangiere er als schaffender Künstler weit vor Nietzsche, aber es finde sich bei ihm eben auch viel Kitsch. In späteren Jahren zeigte George »für diesen schlechten Mimen und seinen Walhall-Schwindel« keinerlei Verständnis mehr.[75] Die Gründe dafür, dass Wagner George und den Seinen immer »ein etwas fataler Gegenstand« gewesen sei, mutmaßte Theodor Heuss 1913, hätten »vielleicht auch im geheimen Gefühl der peinlichen Parallelen« gelegen.[76] Je vehementer George sich absetzte, desto mehr provozierte er den Vergleich.

3 Paris – Berlin

»Welcher Stern über seinem Leben hat ihn, als er zum ersten Mal Paris betrat, mitten ins Quartier Latin an die Gärten des Luxembourg geführt und dort am ersten Tage Albert Saint-Paul finden lassen!«[1] In der George-Erinnerungsliteratur wimmelt es nur so von Wundern, aber je enthusiastischer ein Ereignis gefeiert wird, als desto banaler erweisen sich bei näherer Betrachtung die Anlässe. Der Stern hieß Lenz und war jener Französischlehrer, der schon beim Wechsel von Bingen nach Darmstadt die Hand über George gehalten hatte. Er reiste gern, kannte sich in den französischsprachigen Ländern gut aus und blieb auch nach dem Abitur in Verbindung mit seinem »Besten«. Auf seine Empfehlung hatte George sich in der Pension in Montreux eingemietet, wo er, im direkten Anschluss an London, den Winter 1888/89 verbrachte. Am 20. Februar 1889 teilte Dr. Lenz seinem »cher ami« mit, dass er plane, Anfang April nach Paris zu fahren.[2] Auch in Paris kannte Dr. Lenz eine Pension: das Hôtel des Américains in der rue de l'Abbé de l'Epée, eine Familienpension mit kleinem Garten zwischen rue Saint-Jacques und Boulevard Saint Michel, in der sich gern junge Schriftsteller einquartierten.[3] Mit einem von ihnen, dem Dichter Albert Saint-Paul aus Toulouse, stand Dr. Lenz im Briefwechsel.

Für die Sondernummer der *Revue d'Allemagne* zu Georges 60. Geburtstag hat Saint-Paul höchst eindrückliche Erinnerungen aufgezeichnet.[4] Dem liebenswürdigen, stets gutgelaunten Dr. Lenz – »er trug seinen lenzhaften Namen mit Recht« – habe es nie an Gesprächsstoff gemangelt. Sein junger Begleiter, von dem es hieß, er sei Student der Philologie, sei dagegen »nichts weniger als mitteilsam, vielleicht schüchtern« gewesen. Auf ihren gemeinsamen Spaziergängen durch die Stadt habe er jedenfalls kaum etwas gesagt. Erst wenn die Rede auf die jüngsten literarischen Bestrebungen in der Hauptstadt kam, sei er hellhörig geworden. Da habe er, Saint-Paul, allmählich begriffen, »dass ich einen Dichter vor mir hatte. Herr Lenz, der ihn doch besser kannte, schien auch nichts davon zu ahnen.«[5]

Mit dem Baedeker in der Hand schritt Dr. Gustav Lenz voran. Am meisten begeisterte er sich für den zum 100. Jahrestag der Französischen Revolution, rechtzeitig zur Weltausstellung vollendeten Eiffelturm, der in diesem Jahr als die Sensation der Hauptstadt galt. Als die Ferien zu Ende gingen, musste Dr. Lenz zurück nach Darmstadt, während sein ehemaliger Schüler sich in die französische Literatur vertiefen konnte. Der sieben Jahre ältere Saint-Paul erteilte bereitwillig Auskunft und gab dem neuen Freund Einführungskurse. Jeden Morgen las er ihm, vermutlich im kleinen Garten der Pension, »einige Stunden aus den Werken des französischen Schrifttums« vor.[6] Er lieh ihm die *Fleurs du mal* von Baudelaire und die *Sagesse* von Verlaine, machte ihn mit vielen seiner Dichterkollegen bekannt und erwirkte zuletzt mit Unterstützung Albert Mockels die Erlaubnis Mallarmés, ihn zu den berühmten Dienstagabenden in der rue de Rome mitzubringen. Bereits im November 1889 unterzeichnete George einen Brief an Saint-Paul mit »un de ces mardis« – einer von den Dienstagabenden.[7]

Saint-Paul hat die Ereignisse, die fast vierzig Jahre zurücklagen, in seiner Erinnerung bewusst oder unbewusst komprimiert. Es scheint sinnvoll, das Paris-Erlebnis nicht in einzelne Abschnitte zu zerlegen, sondern den ersten großen und die anschließenden etwas kürzeren Aufenthalte der Jahre 1890 bis 1892 als Einheit zu betrachten. 1893 und 1894 war George nicht, 1895 nur für einen Zwischenstopp in Paris. Die Paris-Reisen 1896 und 1897 hatten nur indirekt mit den Franzosen zu tun; danach sind lediglich noch zwei Abstecher mit Melchior Lechter und eine letzte kurze Reise 1908 zu verzeichnen.

Im Anschluss an einen Besuch des Louvre entstand 1890 das Gedicht »Ein Angelico«. Saint-Paul erinnerte sich, dass George vom Saal der frühitalienischen Meister besonders fasziniert war, der »damals für ihn allen Reichtum des Louvre in sich begriff«. In den folgenden Tagen habe George das Gespräch wiederholt auf die Kunst der Frührenaissance gelenkt und eines Abends dann ein Gedicht auf Fra Angelico vorgelesen, dessen Abschrift er Saint-Paul anschließend mit einer Widmung überreichte. In der zweiten Strophe dieses Gedichts werden die Grundfarben des Fra Angelico vorgestellt: gold, gelb, rosa und hellblau. George beschreibt jedoch nicht ihre Wirkung auf den Betrachter, sondern versetzt sich in den Künstler, dessen einziges Interesse darauf gerichtet ist, wie sich solche Farben gewinnen lassen. Obwohl ihr Material verschieden ist und Jahrhunderte sie trennen, gilt für den Dichter und den Maler in gleicher Weise, dass die Herstellung des Schönen den richtigen Umgang mit dem Material voraussetzt:

> Er nahm das gold von heiligen pokalen,
> Zu hellem haar das reife weizenstroh,
> Das rosa kindern die mit schiefer malen,
> Der wäscherin am bach den indigo.[8]

Die Dichte dieser Zeilen mit ihren raffinierten Verschränkungen und dem exotisch klingenden Indigo als Schlusspointe erhellt mit einem Schlag, was George meinte, als er im Oktober 1892 in der Einleitung zu seiner Zeitschrift »die GEISTIGE KUNST auf grund der neuen fühlweise und mache« proklamierte. Die Kunst heiligt die Materie und gibt der Natur erst ihren Sinn – so deutete Claude David die Strophe: »Die ganze Welt existiert nur, um in einem schönen Werk Gestalt anzunehmen.«[9] Das war in der Tat die Überzeugung der Symbolisten-Schule von Paris. Hier wurde Dichtung als ein Handwerk verstanden, das, wie jedes andere Handwerk auch, in der Lage war, sein Material – in diesem Fall das Wort – »aus seinem gemeinen alltäglichen kreis zu reissen und in eine leuchtende sfäre zu erheben«.[10]

Die Pariser Szene bot dem jungen George eines der aufregendsten geistigen Abenteuer seines Lebens und beeinflusste sein Selbstverständnis als Dichter nachhaltig. Gleichwohl – oder gerade weil die Eindrücke so überwältigend für ihn waren – empfand er vom ersten Tag an ein starkes Bedürfnis, sich abzugrenzen. Aus Sorge, allzu sehr

in die Abhängigkeit der Franzosen zu geraten, wehrte er sich gegen
jede Vereinnahmung. Wenn ihm Saint-Paul nach Erhalt der *Hymnen*
im Dezember 1890 schrieb, der Band vermittle »treffend die Sichtweise eines der Unseren«,[11] dann empfand der Adressat solches Lob
als durchaus zweischneidig. Ein Dreivierteljahr später jubelte Saint-
Paul, jetzt sei der Symbolismus endlich auch in Deutschland angekommen.[12] Aber George verspürte wenig Lust, den Stellvertreter
französischen Geistes im Reich zu geben. »Wer die werke und den
entwicklungsgang unseres dichters genau besieht«, hielt er den Kollegen in Paris im zweiten Heft seiner *Blätter* entgegen, »dem wird seine ursprünglichkeit klar werden.« Er betonte »das grundverschiede-
ne seines verfahrens von den Franzosen (insonderheit Baudelaire's)«
und nannte Novalis und die deutsche Romantik »die urquellen der
›Nouvelle Poésie‹«.[13]

Es war nicht ungeschickt, die Franzosen daran zu erinnern, dass
Anfang des Jahrhunderts wesentliche Impulse zur Erneuerung ihrer
Literatur von Deutschland ausgegangen waren. Seit Madame de Staël
ihre Landsleute 1810 in *De l'Allemagne* aufgerufen hatte, sich an der
deutschen Romantik ein Vorbild zu nehmen, stand diese in Frankreich in hohem Ansehen. Unter Berufung auf Kant (den die Franzosen großzügig unter die Romantiker rechneten) entwickelte Benjamin Constant, der Freund der Madame de Staël, die Forderung nach
einer zweckfreien Kunst und verwendete 1804 erstmals den Begriff
»l'art pour l'art«. In der Zuspitzung der kunstphilosophischen Ideen
des deutschen Idealismus zum Prinzip einer Kunst um der Kunst
willen lag wohl »eines der produktivsten Missverständnisse« des
deutsch-französischen Ideenaustauschs im 19. Jahrhundert.[14] Ihren
Höhepunkt erlebte die Symbiose 1860/61, als Baudelaire im Pariser
Tannhäuser-Streit Partei für Wagner ergriff. Aber selbst nach dem
deutsch-französischen Krieg 1870/71 vermutete man in Pariser
Künstlerkreisen »hinter der Wilhelminischen Fassade des wenig bekannten Deutschland noch immer einen geheimnisvollen Unter-
grund von Romantik à la E. T. A. Hoffmann«, erinnerte sich Oscar
Schmitz, der in den neunziger Jahren selber einige Zeit dort verbracht

hatte. Als »poète allemand« sei man jedenfalls »nicht schlecht angesehen« gewesen.[15]

In Hinblick auf die Wagner-Begeisterung der Symbolisten hätte es George schmeicheln müssen, mit dem 1883 verstorbenen Komponisten in eine Reihe gestellt zu werden. Aber nach welchen Kriterien urteilten die Pariser Kollegen? »Wenn Sie nicht das Original lesen, wie können Sie annehmen, dass ich von den Vorschriften des großen Meisters Wagner profitiere?«[16] Da lag das Problem. Wie sollten Saint-Paul und die anderen die neue Kunst beurteilen, wenn keiner von ihnen deutsch sprach? »Der Band ist sehr gut«, quittierte Saint-Paul die *Hymnen*. »Aber um Himmels willen! Schicken Sie mir eine Übersetzung – andernfalls sind Sie grausam!«[17] Aufgrund der Sprachbarriere war den Franzosen ein tieferes Eindringen in Georges Dichtung und damit eine wirkliche Anerkennung seiner Leistung unmöglich. George litt darunter. »Nehmen Sie das deutsche Wort Gemüt«, schrieb er Saint-Paul. »Um einem Franzosen zu erklären, was das Gemüt ist, wäre eine ganze Seite mit erklärendem Prosatext erforderlich … Wie wollen Sie da durch eine Übersetzung meine bahnbrechend neuen künstlerischen Ideen wiedergeben?« Das Revolutionäre seiner *Hymnen*, das, was sie sowohl von der Vorgängerlyrik in Deutschland als auch von der französischen Dichtung unterschied, musste für Saint-Paul »wie für alle, die keine gründliche Kenntnis unserer Literatur besitzen, unfassbar bleiben«.[18]

Saint-Paul sah das alles weniger eng, weniger deutsch. Er nahm die *Hymnen* am Abend mit ins Café Voltaire. Dort hätten einige Kollegen, »unterstützt durch meine Erläuterungen zur Person des Verfassers«, gemeinsam zu übersetzen versucht. Zufällig sei an diesem Abend auch Verlaine da gewesen, der den Band »mit Sachkenntnis ausgiebig durchgeblättert hat«; Mallarmé sei ebenfalls »entzückt« gewesen.[19] Das klang sehr liebenswürdig, sehr flott, sehr nach Boheme, aber wohl doch ein wenig zu überschwenglich angesichts der Tatsache, dass keiner von denen, die in dem Band herumblätterten, deutsch verstand. Dennoch war der spontane Zuspruch wichtig. Vor allem die Reaktionen Mallarmés dürften George gefreut und ihm neue Zuversicht gegeben haben. Zwar wusste er so gut wie andere, dass dessen formvollendet höfliche Dankschreiben vollkommen unverbindlich waren. Aber sollte er nicht einen Augenblick wenigstens gerührt sein, wenn er etwa im Februar 1893 lesen konnte, der *Algabal* sei ihm, Mallarmé, obwohl er die Verse »nur schwer in einer mir nicht bekannten Sprache entziffere, rein intuitiv sogleich vertraut« vorgekommen. Peinlich wurde es im Frühjahr 1897, als Mallarmé eine begeisterte Karte an Alfred Lord Douglas, den Freund von Oscar Wilde, in einen an Karl Wolfskehl adressierten Umschlag steckte, dem er eine nicht weniger begeisterte Karte zugedacht hatte. George musste vermitteln. Die Karte an »Mon cher Poète« im Nachlass Georges ist auf so elegante Weise nichtssagend, dass sie tatsächlich sowohl an Douglas als auch an Wolfskehl gerichtet sein könnte.[20] Nach Erhalt des mehrfarbig gedruckten *Jahrs der Seele* im Januar 1898 glaubte Mallarmé im Wechsel von roten und blauen Initialen eine »tiefere Bedeutung« vermuten zu dürfen – viel war das nicht.[21]

Seit Anfang der achtziger Jahre galt Stephane Mallarmé als die maßgebliche Autorität des literarischen Paris. Er war derjenige, der nach allgemeiner Auffassung das Handwerk des Dichtens am besten beherrschte, er war der Meister, dessen Urteil den Ausschlag gab. Auch für George, der 1893 bewundernd schrieb: »Deshalb o dichter nennen dich genossen und jünger so gerne meister, weil du am wenigsten nachgeahmt werden kannst und doch so grosses über sie vermochtest.«[22] In der Charakterisierung des Meisters glaubt man einen ersten zaghaften Versuch zu einem Selbstporträt zu erkennen. Schließlich wurde George zu diesem Zeitpunkt bereits selber als Meister apostrophiert, wenn auch nur von seinem treuen Schatten Carl August Klein, dem Herausgeber der *Blätter für die Kunst*.

Nicht zuletzt unter dem Eindruck der Begegnung mit Mallarmé nahm Etienne George jetzt seinen ursprünglichen Vornamen Stefan an. Er dürfte mit Sicherheit nicht gewusst haben, dass Mallarmé auf den Namen Etienne getauft war, ihn aber durch die griechische Form ersetzt hatte, weil Etienne allzu deutlich die kleinbürgerliche Herkunft verriet.[23] Mit dieser hatte es der »maître« ähnlich schwer wie

sein Bewunderer aus Bingen. Im Internat behauptete er vor seinen
Mitschülern, er sei der junge Graf von Boulainvilliers, der inkognito
leben müsse. Seine Vergangenheit blieb auch später für viele ein Geheimnis. 1842 in Paris als Sohn eines kleinen Beamten geboren, war er
dreißig Jahre lang Englischlehrer (die ersten acht Jahre in der Provinz,
dann in Paris). Fünf Jahre nach seiner vorzeitigen Pensionierung
starb er am 9. September 1898 in seinem Refugium vor den Toren der
Stadt.

Zwanzig Jahre lang war die rue de Rome im rußigen Norden von
Paris die Wallfahrtsstätte der Pariser Literaten. Dienstags gegen 21 Uhr
konnte, wer zugelassen war, über eine unbeleuchtete Rundtreppe
in den vierten Stock steigen und klingeln. Der Dichter oder seine
Tochter öffnete. Durch einen kleinen Vorraum gelangte man in das
berühmte braune Esszimmer: in der Mitte ein großer Tisch, an dem
14 Personen Platz fanden, ein Kachelofen in der einen, eine hohe Uhr
in der anderen Ecke, in einem Vogelbauer zwei Papageien. Gegen
halb zehn wurde Grog gereicht und zum ersten Mal gelüftet. Der
Hund Saladin oder die Katze Lilith strichen den Gästen um die Beine. Der Meister, von kleiner, schlanker Gestalt, empfing stets in gleicher Montur, »in dunkelblauer Flanelljacke und Filzpantoffeln, auch
bei großer Hitze stets eine karierte Flauschdecke über die fröstelnden
Schultern gebreitet«.[24] Erst nach Mitternacht löste sich die Runde auf.
Man stieg die Treppe hinunter, stellte den Leuchter im Hausflur ab
und trat auf die Straße in der Gewissheit, eine wundersame Steigerung des Daseins durch Poesie erlebt zu haben.

Dichtung selbst wurde an diesen Abenden nur in kleinen Dosen
gereicht, gleichsam als Oblate. Der Meister kam gern ins Plaudern –
über eine Zeitungsnotiz, eine Ausstellung, ein Konzert, irgendetwas,
was er als Stichwort reizvoll genug fand. Die Runde folgte gebannt
seinen verschlungenen Improvisationen, aus deren unerwarteten
Wendungen doch stets die Klarheit des Gedankens hervorleuchtete.
Mit der für ihn typischen Aufwärtsbewegung der offenen Hand oder
dem legendären »nicht wahr?« am Ende eines Satzes, den er besonders betonen wollte, ließ er das Gesagte dann durch den Raum

schwingen, als stehe es ernsthaft zur Diskussion. Nur einige der Älteren wagten es hin und wieder, in seine Ausführungen einzugreifen. In Ausnahmefällen durften jüngere Dichter aus ihren neuesten Produktionen vorlesen. Mallarmé selbst las nichts vor. Einmal sei er nach dem Stand seiner Arbeit gefragt worden, erinnerte sich George. Da habe der Meister stumm auf einen Stapel unkorrigierter Schulhefte gewiesen.[25]

Zuvorkommend, höflich, schlicht, im Umgang mit seinen Gästen fast familiär, von steter Gelassenheit oder, wie Anatole France formulierte, von einer »unbeugsamen Sanftmut« – das war die eine Seite: ein Dichter, der die Blumen liebte und in den Gazetten über Damenmode schrieb, »einer der sehr wenigen Dichter, welche die Kunst des Alterns verstanden«.[26] Ein Dichter, der das Erlesene suchte um jeden Preis, der sich auf die große Gebärde verstand und das Wort zelebrierte – das war der andere Mallarmé, der Hohepriester der Kunst, der vollendete Repräsentant des *l'art pour l'art*. An manchen Abenden hätte man glauben können, so ein kritischer Teilnehmer der Dienstagabende, in einer jener Hinterhofkirchen zu sitzen, wo den Adepten »das Manna einer neuen Religion« gereicht werde.[27] Die meisten aber wollten sich der eigentümlichen Wirkung dieses Mannes gar nicht entziehen, im Gegenteil: Brachen die ersten Gäste auf, warteten auf der Treppe meist schon die nächsten auf Einlass. Seit Ende der achtziger Jahre eilte Mallarmé durch halb Europa ein geradezu mythischer Ruhm voraus. »Ich empfand lebhaft das seltene Gefühl, vor dem wirklich *Bedeutenden* zu stehen«, schrieb Houston Stewart Chamberlain im Januar 1893. »Das Auge, die Stimme, die Bewegungen – bei absoluter Einfachheit und Herzlichkeit etwas Königliches; auf einem anderen Planet ... hätte dieser Mann zu den ganz Großen gehören können. So aber liegt auf seinem Antlitz ein Ehrfurcht gebietender Stolz der Entsagung.«[28]

Auch bei George hinterließen die Zusammenkünfte in der rue de Rome einen nachhaltigen Eindruck. Zum ersten Mal trat ihm hier ein wirklicher Dichter entgegen, einer, der die Forderung nach der reinen, zweckfreien Poesie zur Lebensmaxime erhoben hatte und sich in allem an diesem Ideal orientierte. George soll kaum etwas gesagt, dafür aber umso genauer beobachtet haben. Wie ein Dichter auftritt, redet, sich bewegt, wie er fast unmerklich Distanz herstellt und wie er, nicht zuletzt, sich vom allgemeinen Literaturbetrieb abgrenzt – alle diese Strategien waren von Mallarmé in jahrelanger Übung entwickelt worden. Perfektioniert hatte er vor allem die Stilisierung des Dichters als eines großen Leidenden. Da die Diskrepanz zwischen Ideal und Ausführung nur Annäherungswerte zulasse, müsse jeder Künstler unter den Unzulänglichkeiten des von ihm Geschaffenen leiden, so das Credo der Anhänger des *l'art pour l'art*. Konsequenterweise galt als der reinste Dichter derjenige, der Leid und Entsagung am nachdrücklichsten zu inszenieren verstand. Das war im Paris um 1890 »für sein denkbild blutend: MALLARMÉ«.[29]

Die Vorstellung des einsam um sein Werk ringenden, an der Kunst wie am Leben gleichermaßen leidenden Dichters übte auf George eine starke Anziehungskraft aus. Und doch sah er weder in Mallarmé noch in einem der anderen Dichter ein Idol, keiner von ihnen wurde ihm zum schwärmerisch verehrten Vorbild, keinen suchte er nachzuahmen. Der Zug ins Gewollte, die theatralische Leidensfähigkeit, das Pathos, die Pose: Vieles von dem, was er in der rue de Rome kennenlernte, hat George übernommen – um sich zugleich davon zu emanzipieren. Der Dichter, der später zum »Meister« wurde, hat seinen eigenen Meister nie gefunden.

Obwohl der 21-Jährige, als er zu den Dienstagabenden zugelassen wurde, noch keine Zeile publiziert hatte, war er für würdig befunden worden, in den Vorhof der Kunst einzutreten. Hier wurde ihm bald klar, dass Dichten mehr war als ein Handwerk. Die Symbolisten hätten ihn »nicht in der Sprache beeinflusst, wohl aber auf das tiefste in der Gebärde des Lebens, die dann in ihm wieder Kunst geworden sei«.[30] Mit der ein wenig rätselhaften Chiffre »Gebärde des Lebens« dürfte George die Beeinflussung seines Habitus durch die Pariser Szene ziemlich genau umschrieben haben. Anfang der neunziger Jahre lernte er dort jenes Modell kennen, das zur Grundlage seines eigenen Erfolgs werden sollte: Dichtung als Haltung.

Dass George sich an den Dienstagabenden nicht wirklich wohl fühlte, lag vor allem an der hochgradig intellektuellen Atmosphäre, in der dort Kunst und Dichtung wie mit dem Sezierbesteck zerlegt wurden. Diese ambitionierten jungen Leute sprachen zwar allesamt brillant über Literatur, aber sie repräsentierten alles andere als eine Künstlergemeinschaft. Menschlich hatten sie wenig gemeinsam, und am allerwenigsten interessierten sie sich für den Besucher aus Deutschland, der so selten den Mund aufmachte. Abgesehen davon, dass er aufgrund mangelnder Kenntnisse der französischen Literatur kaum etwas Originelles hätte beitragen können, war George auch in der Konversation gänzlich unerfahren. Wie sollte er sich als Außenseiter in solche hochkarätigen Debatten einbringen? Es war für ihn eine bittere Erkenntnis, dass er trotz aller Gemeinsamkeiten des künstlerischen Wollens keinen Anschluss fand und sich auch menschlich für keinen der französischen Dichter mit Ausnahme Saint-Pauls erwärmen konnte. Während sie in ihrem Element waren, wenn sie im Anschluss an die Soireen über die Boulevards zogen und sich in klugen Nachbetrachungen gegenseitig überboten, fühlte er sich zunehmend isoliert. Keinem von ihnen sei seine Einsamkeit jemals aufgefallen, klagte George später, »mein Wahres verstanden sie freilich nicht«.[31]

2

»Was sagen Sie zu meinem Plan, den Deutschen eine Kostprobe aus den Übertragungen von Baudelaire zu geben«, fragte George im März 1891 seinen Mentor Saint-Paul, »denn mit wem soll man beginnen, wenn nicht mit Baudelaire?«[32] Unter Saint-Pauls Anleitung hatte sich George Schritt für Schritt in die neuere französische Literatur eingelesen und dabei konsequent Texte, die ihm gefielen und die er für wichtig hielt, abgeschrieben. So kam ein Vademekum zustande, in dem sich Kostbarkeiten fanden wie *L'Après-Midi d'un Faune* und *Hérodiade* von Mallarmé, mehrere Stücke aus dem seltenen *Gaspard de la Nuit* des Aloysius Bertrand oder Gedichte von Gustave Kahn und Jules Laforgue. Vieles davon hat George Anfang der neunziger Jahre übersetzt und in den *Blättern für die Kunst* veröffentlicht. Als er diese Übersetzungen 1905 für den zweiten Band der *Zeitgenössischen Dichter* kritisch durchsah, hielt neben Verlaine, Rimbaud und Mallarmé als Einziger Henri de Régnier der Überprüfung stand. 16 Jahre nach seinem Eintauchen in die Pariser Symbolistenszene war George nicht einmal mehr aus Dankbarkeit zu einer Reminiszenz bereit und strich die Gedichte von Stuart Merrill, Jean Moréas und Francis Viélé-Griffin – ja sogar die sechs von ihm im Mai 1893 publizierten Gedichte Albert Saint-Pauls.

Baudelaire bildete in vieler Hinsicht eine Ausnahme. Seine 1857 (im selben Jahr wie *Madame Bovary*) erschienenen *Fleurs du Mal* waren die Sammlung, auf die sich ein Vierteljahrhundert später alle Neueren beriefen, und auch für George stand die überragende Bedeutung Baudelaires außer Zweifel. Aber selbst in diesem Fall konnte er Vorbehalte nicht unterdrücken. So wie ihn bei manchen Schülern Mallarmés die Tendenz zur reinen Form als Selbstzweck irritierte, so störten ihn bei Baudelaire »die abschreckenden und widrigen bilder die den Meister eine zeit lang verlockten«.[33] Schockwirkung als Stilmittel blieb ihm fremd. Stattdessen suchte er in seinen Übersetzungen »die glühende geistigkeit« hervorzuheben, mit der Baudelaire »der dichtung neue gebiete eroberte«. Die Arbeit an den *Blumen des Bösen* – George übertrug mehr als zwei Drittel der gut 150 Gedichte – wurde ihm »zur hohen Schule für seinen eigenen Stil«.[34] Programmatisch stellte er »Segen« an den Anfang: »Wenn nach den allerhöchsten urteilsprüchen / Der dichter auf die trübe erde steigt« und verkündete 1901 im Vorwort zur ersten öffentlichen Ausgabe selbstbewusst, er habe »weniger eine getreue nachbildung als ein deutsches denkmal« schaffen wollen.

Im August 1892 folgte George einem Spendenaufruf für eine Baudelaire-Büste Rodins auf dem Friedhof Montparnasse. Für dieses »Tombeau de Charles Baudelaire« warb er sogar in den *Blättern*, die das Projekt mit 50 Francs unterstützten. An einer ähnlichen Aktion zur Errichtung eines Denkmals für den im Januar 1896 verstorbenen Paul Verlaine beteiligte er sich merkwürdigerweise nicht mehr,[35] obwohl er Verlaine mindestens zweimal persönlich begegnet war. In seinem Nachlass fanden sich ein schlechtes Zeitungsfoto Verlaines im Café und die linke Hälfte einer Reproduktion des bekannten Gemäldes von Fantin-Latour, auf dem er neben Rimbaud sitzt. Das Schicksal Verlaines, der früh zum Alkoholiker geworden war, im Alter von 28 Jahren Frau und Kinder hatte sitzen lassen, um mit dem zehn Jahre jüngeren Rimbaud durch die Welt zu ziehen, ein Jahr später mit dem Revolver auf ihn feuerte, dafür eine zweijährige Haftstrafe in Belgien absaß und danach keinen Boden mehr unter die Füße bekam, bis er endgültig im Absinth versank, sorgte unter den Pariser Künstlern immer wieder für Gesprächsstoff. Dieser bemitleidenswerte Mensch verkörperte wie kein zweiter die Verwerfungen der Boheme. Auch wenn George ihm in seinem Elend eine gewisse Würde nicht absprechen wollte –»VERLAINE in fall und busse fromm und kindlich«[36] – und seine Dichtungen auf eine Stufe stellte mit denen Mallarmés, blieb der »pauvre Lélian« für ihn doch zeitlebens ein Schreckbild.

Die Zeitschrift *La Plume*, die den Spendenaufruf für das Baudelaire-Denkmal initiiert hatte, war mit einer Auflage von knapp 1500 Exemplaren das erfolgreichste Periodikum der Symbolisten. In der im August 1889, also während Georges erstem Paris-Aufenthalt von Léon Deschamps ins Leben gerufenen Zeitschrift publizierte unter anderen der ebenso ehrgeizige wie undurchsichtige Grieche Jean Moréas, der als Einziger unter den Pariser Literaten deutsch sprach. Am 18. September 1886 hatte er im *Figaro* jenen Artikel veröffentlicht, der als Geburtsurkunde des Symbolismus galt, weil in ihm der Begriff zum ersten Mal verwendet wurde: »Der Wesenszug der symbolischen Kunst besteht darin, nie bis zum Begriff der Idee an sich zu gehen.« Die Mitarbeiter von *La Plume* trafen sich ein paarmal im Jahr zu gemeinsamen Diners, an denen gelegentlich auch George teilnahm.

In der zweiten Hälfte der achtziger Jahre waren im Umfeld Mallarmés mehrere literarische Zeitschriften gegründet worden, deren Ziel es war, Exklusivität im öffentlichen Raum herzustellen. George hat diese Zeitschriften genau studiert und die wichtigsten Redakteure und Herausgeber persönlich kennengelernt. Nach Veröffentlichung seiner ersten Bände und erst recht, als er im Oktober 1892 mit seiner eigenen Zeitschrift startete, nutzte er seine Kontakte, sich in deren Zitatenkarussell nach dem Prinzip des *do ut des* einzuklinken: Lobst du mich, lob ich dich. Vielleicht hat George die von ihm in Umlauf gebrachte Behauptung, die bald überall ungeprüft übernommen wurde, er sei im Ausland anerkannt gewesen, lange bevor man seinen Namen in Deutschland überhaupt wahrgenommen habe, tatsächlich geglaubt. Dann wäre er genau jener Suggestion erlegen, die zu erzeugen Sinn und Zweck der avantgardistischen Vernetzungsstrategie war.

Die häufige Nennung innerhalb eines selbstreferentiellen Systems kann mitnichten als Indikator für publizistischen Erfolg und öffentliche Anerkennung gewertet werden. Noch so viele Hinweise in der Rubrik Neuerscheinungen oder im Rahmen von Sammelbesprechungen rechtfertigen nicht die unter Literarhistorikern bis heute verbreitete Meinung, George sei außerhalb Deutschlands »entdeckt« worden. Eine genaue Auswertung sämtlicher Dokumente des »Vervielfältigungseffekts« (Fechner) bis Ende 1893 ergibt eine nüchterne Bilanz. Einer einzigen deutschen Erwähnung – Julius Hart in der *Freien Bühne* – stehen in der Tat 44 Hinweise im französischsprachigen Raum, insbesondere in Belgien, gegenüber. Zieht man Übersetzungen, Widmungen, die Artikel Kleins, Anzeigen und bloße Erwähnungen ab, bleiben etwa zwanzig Dokumente; von diesen wiederum sind lediglich die beiden Artikel Mockels über die *Hymnen* und die Baudelaire-Übersetzungen sowie die drei Hinweise auf die jeweils neueste Nummer der *Blätter* im *Mercure de France* als Besprechungen im eigentlichen Sinn anzusehen.[37]

Im Frühjahr 1893 räumte der Herausgeber von *La Plume* George die Möglichkeit ein, als Korrespondent regelmäßig über die jüngste literarische Entwicklung in Deutschland zu berichten.[38] Offenbar hatte es sich in Paris herumgesprochen, dass George den Franzosen mangelhafte, einseitig am Naturalismus orientierte Berichterstattung über die neueste deutsche Literatur vorwarf. In der Februar-Nummer des *Mercure de France* war die Übersetzung zweier Verlaine-Gedichte durch Richard Dehmel gelobt worden, während Georges Übertragungen von Mallarmé, Verlaine und Jean Moréas im Dezember-Heft der *Blätter* dem Rezensenten entgangen waren. George ließ seinen Adlatus Klein ein geharnischtes Protestschreiben aufsetzen, in dem er Dehmel jede Berechtigung absprach, Verlaine zu übersetzen.[39] Gleichzeitig beschwerte er sich bei Saint-Paul, dass die Franzosen trotz seines Eintretens für sie in Deutschland sich als »sehr wenig kollegial« erwiesen.[40] In dem wenig später unter dem Namen »Carl August« in *La Plume* erschienenen »Lettre de Berlin« wurde der Kreis der *Blätter für die Kunst* kurzerhand zur einzig relevanten Bewegung in Deutschland erklärt.[41]

Unter dem Namen »Karl August« hatte George bereits im Oktober 1892 in *L'Ermitage* polemische Betrachtungen zur deutschen Gegenwartsliteratur erscheinen lassen. Die gesamte neuere deutsche Dichtung wurde dort in Bausch und Bogen als »gemein und lächerlich« verdammt. Zum Beweis wurden ohne Nennung der Autorennamen Reime zitiert wie: »Was ist mein Schatz? – Eine Plättmamsell. Wo wohnt sie? – Unten am Gries … Wo die Wiese von flatternden Hemden weht: Da liegt mein Paradies.« Würde sich die deutsche Dichtung tatsächlich auf solch erbärmlichem Niveau bewegen, so der Verfasser, »hätte weder ein Deutscher noch ein Ausländer nötig, sich mit deutscher Sprache, Sitten und Gebräuchen zu beschäftigen«.

Noch fehlte zwar der Hinweis auf George und die *Blätter für die Kunst*, die in diesem Monat erstmals erschienen, aber die Sache war doch ziemlich durchsichtig. Hier versuchte ein »Karl August« auf dem Umweg über Paris die deutsche Literaturszene kräftig aufzumischen. Der Verdacht, dass sich hinter diesem Namen niemand anders als George selbst verbarg, wird dadurch zur Gewissheit, dass sich die Polemik in wesentlichen Punkten mit Ausführungen deckt, die er um die gleiche Zeit Albert Saint-Paul überreichte, der als Mitarbeiter von *L'Ermitage* den Text möglicherweise redigierte. Carl August Klein

jedenfalls »verfügte in dem Entstehungszeitraum nicht über die notwendigen Kenntnisse … und hatte überhaupt keine Begabung zum
Schreiben«.[42]

Wichtiger als *La Plume* wurde für George die 1886 im belgischen
Lüttich gegründete, von Albert Mockel, Henri de Regnier und Pierre
M. Olin in Paris redigierte Zeitschrift *La Wallonie*. In Paris galt das
Blatt zunächst als zweitklassig. In *La Wallonie* zu publizieren, kom-
me »einer Verbannung in obskure Kohlenbergwerke« gleich, kommentierte Mallarmé ironisch, als einer seiner begabtesten Schüler,
René Ghil, nach dem Scheitern seiner ehrgeizigen Pläne mit einer eigenen Zeitschrift, den *Ecrits pour l'Art*, im Sommer 1887 vorübergehend bei Mockel andocken musste. Ein Jahr später konnten sich die
Ecrits pour l'Art mit dem Geld des wohlhabenden Amerikaners
Stuart Merrill – und mit einer Kampfansage an den Symbolismus! –
neu formieren.[43] Ende 1892, als die *Blätter für die Kunst* zu erscheinen
begannen, wurden beide Zeitschriften, die *Ecrits pour l'Art* und *La
Wallonie*, eingestellt und konnten deshalb zur Verbreitung von Georges Ruhm nicht mehr viel beitragen. Folgenreich für George waren
sie aus einem anderen Grund geworden.

Die *Ecrits pour l'Art* hatten offensichtlich Pate gestanden bei der
Namengebung der *Blätter für die Kunst*. Ghils übertriebener Puris-
mus hingegen fand mit Sicherheit nicht Georges Zustimmung, und
auch die gegen Mallarmé gerichtete kritische Wendung des Blattes
kann er nicht gutgeheißen haben. Als George im vorletzten Absatz
seiner Betrachtungen über Mallarmé den Meister gegen unlautere Inanspruchnahme durch Zauberlehrlinge verteidigte, dachte er wohl
auch an René Ghil: »Den weisen der die geheimen kräfte kennt und
daraus den lebenerweckenden trank bereitet darf man nicht anschul-
den wenn der lehrling der durch die spalte gelauscht die heiligen
handgriffe ungeschickt wiederholt und mit seinem brau die erschlaffung und den tod herbeiführt.« Die Schlusswendung, der Meister lasse seinen Schülern den Glauben »an jenes schöne eden das allein ewig
ist«, bezog sich direkt auf die Auseinandersetzungen mit Ghil. Dessen zunehmenden Materialismus hatte Mallarmé im Frühjahr 1888

mit dem vielzitierten Satz kritisiert: »Non, Ghil, l'on ne peut se passer d'Eden.«[44]

Der Belgier Albert Mockel, der Gründer von *La Wallonie*, verdient schon deshalb Erwähnung, weil er als Einziger überhaupt Georges Erstlingswerk besprach. Vor allem aber kam über ihn jene Verbindung zustande, die für George vom Sommer 1892 an zu einer wichtigen Konstante werden sollte: die Verbindung mit Paul Gérardy in Lüttich. Auch Gérardy hatte seit Anfang des Jahres sein eigenes Organ, eine Studentenzeitschrift namens *Floréal*. Während die Franzosen auf Neuerscheinungen aus dem *Blätter*-Kreis nach 1893 so gut wie nicht mehr reagierten, zeigte sich Gérardy bald rühriger als alle Pariser zusammen.

Aber nicht Gérardys unermüdlicher Einsatz war für George ausschlaggebend, sondern ein menschliches Grundvertrauen, das sich zwischen den beiden rasch herstellte. Zum einen fand George bei Gérardy und seinen belgischen Freunden jene Wärme und Zuneigung, die er im Kreis um Mallarmé vergeblich gesucht hatte. Zum anderen – und dies ist der eigentliche Grund seiner Wendung von Paris nach Lüttich – wurde er im Kreis der vielfach belächelten, teilweise stark dilettierenden Belgier nicht nur als Gleicher unter Gleichen, sondern bald schon als führender Kopf anerkannt. Lieber der Erste in den obskuren Kohlebergwerken Walloniens als im Paris Mallarmés »einer der Unsrigen«. Nur da, wo er unangefochten an der Spitze stand, konnte sich Stefan George auf Dauer entfalten.

3

Am 25. Oktober 1889, anderthalb Jahre nach seinem Abitur, wurde Stefan George an der Berliner Friedrich-Wilhelms-Universität immatrikuliert.[45] Drei Semester studierte er hier deutsche und romanische Philologie. Er fürchtete sich ein wenig vor der Metropole, wie er Albert Saint-Paul gestand, aber dieser bestärkte ihn, seinen antipreußischen Affekt zu überwinden und nach Berlin zu gehen. Nur

zwei Städte im deutschsprachigen Raum boten einem literarisch ambitionierten jungen Mann damals die Chance, sich einen Namen zu
machen: Berlin und Wien. Als George am Ende des dritten Semesters
in Berlin noch immer nicht Fuß gefasst hatte, beschloss er, sein Studium in Wien fortzusetzen und dort sein Glück zu versuchen. Zuletzt,
von Oktober 1893 an, studierte er noch drei Semester in München,
das Mitte der neunziger Jahre als kultureller Gegenpol zu Berlin an
Attraktivität gewann, kehrte der Universität dann aber ganz den
Rücken. George habe die Vorlesungen besucht, schrieb der Kommilitone Carl August Klein mit vornehmer Zurückhaltung, aber doch
ein wenig neidisch, »ohne fortwährend die Abschlussprüfung ins
Auge fassen zu müssen«.[46] Das Studium diente damals vielen Künstlern als Alibi. Die Maler der »Brücke« hätten nur studiert, gestand
Ernst Ludwig Kirchner, um »das nötige Geld vom Vater für ein ge-
billigtes Studium zu erhalten«.[47]

George war nicht der Erste, der in Berlin groß herauszukommen
hoffte. »Was heißt Carrière machen anders als in Berlin leben, und
was heißt in Berlin leben anders als Carrière machen«, fragte Fontane
1884.[48] Seit Mitte der achtziger Jahre wurde die Stadt von einer Welle
ehrgeiziger, um 1860 geborener Dichter und Literaten überflutet. Sie
stammten zu einem großen Teil aus der Provinz und hatten sich
nichts Geringeres vorgenommen, als von Berlin aus die deutsche Literatur grundlegend zu erneuern. Heinrich und Julius Hart aus Westfalen, Otto Erich Hartleben aus dem Harz, Arno Holz aus Ost-
preußen, Gerhart Hauptmann aus Schlesien – sie alle sahen sich in
einem regelrechten Feldzug gegen »das Heer der Geibel-Epigonen«
(Walther Brecht). Als Fanal des Aufbruchs wurde die im Frühjahr
1885 erschienene Sammlung *Moderne Dichter-Charaktere* verstanden. Man erhebe den Anspruch, schrieb Hermann Conradi im Vorwort, »endlich *die* Anthologie geschaffen zu haben, mit der vielleicht
wieder eine *neue* Lyrik anhebt; durch die vielleicht wieder weitere
Kreise, die der Kunst untreu geworden, zurückgewonnen … werden … Dann werden die Dichter ihrer wahren Mission sich wieder
bewusst werden, Hüter und Heger, Führer und Tröster, Pfadfinder

und Weggeleiter, Ärzte und Priester der Menschen zu sein.« Die gleichen Sätze hätten ein paar Jahre später auch in den *Blättern für die Kunst* stehen können. Die Gedichte selbst blieben allerdings weit hinter den Ansprüchen zurück, und ein gemeinsamer Geist wollte sich trotz aller guten Absichten nicht einstellen. Einer der Beiträger, Karl Bleibtreu, nannte den Band nur ein Jahr nach Erscheinen böse »ein geistiges Asyl für Obdachlose«.[49]

Bei Lichte besehen, unterschieden sich die Gedichte der Jüngstdeutschen, wie sich die Stürmer und Dränger des frühen Naturalismus gern nannten, nur wenig von dem, was seit den Tagen der Reichsgründung an Lyrik produziert wurde. Den Ton gaben auch weiterhin die Großväter vor, Geibel und Bodenstedt, Scheffel und Heyse, die, noch zu Lebzeiten Goethes geboren, nach 1870/71 ihre Breitenwirkung entfalteten. Bodenstedts pseudo-orientalische *Lieder des Mirza Schaffy* oder Scheffels *Trompeter von Säckingen* – das nationale Rührstück vom Heidelberger Jurastudenten Werner Kirchhof, der mit seiner Trompete die Welt (und natürlich die Liebe der Jungfer) erobert –, 1851 beziehungsweise 1854 zuerst erschienen, wurden bis Mitte der neunziger Jahre in Auflagen von jeweils fast 150 000 Exemplaren verkauft. Geibels Gedichte, immerhin bereits 1840 veröffentlicht, erreichten bei seinem Tod 1884 die hundertste Auflage. Wie stark sein Einfluss noch auf der übernächsten Generation lastete, lässt sich daran ermessen, dass der 1863 geborene Arno Holz, der einzige unter den Jüngsten, der einen wirklichen Neuansatz erkennen ließ, wenige Tage nach Geibels Tod ein Gedenkbuch für ihn initiierte. Nicht aus Pietät, sondern weil er überzeugt war, damit als Dichter besser »ins Geschäft zu kommen«.[50]

Eine Sonderstellung kam ohne Zweifel Paul Heyse zu, dem Verfasser Hunderter von Prosa- und Versnovellen. Schon in jungen Jahren an den bayerischen Königshof berufen, war er wie von selbst in die Rolle des Dichterfürsten hineingewachsen und überstand als solcher alle Neuerungen. Als er 1911, im Alter von 81 Jahren, den Nobelpreis für Literatur erhielt, mochte sich allerdings kaum noch jemand an ihn erinnern. Ihn nahm George als Einzigen vom Verdikt epigonaler Belanglosigkeit aus; in der künstlerischen Brache zwischen den Freiheitssängern und seinen eigenen Anfängen sei Paul Heyse derjenige gewesen, der »in Anspruch und Haltung« den Dichter verkörperte und damit »die edelste Erscheinung geistigen Menschtums« über die Zeit rettete – wenn auch nur als »ein schattenhaftes Abbild«.[51]

Die von den Verantwortlichen der *Modernen Dichter-Charaktere* in die Welt gesetzte und von Stefan George gern übernommene Behauptung, die deutsche Dichtung habe ein halbes Jahrhundert im Dornröschenschlaf gelegen, stand in auffallendem Gegensatz zur Masse des Publizierten. »Wahrscheinlich ist im deutschsprachigen Raum selten so viel Lyrik gedruckt und konsumiert worden wie gerade in den letzten Jahrzehnten des 19. Jahrhunderts«, so Peter Sprengel, der die Anzahl der Lyrik-Anthologien zwischen 1870 und 1900 auf mehr als zweihundert hochgerechnet hat.[52] Sozialgeschichtlich lässt sich die Trivialisierung der Lyrik in dieser Zeit aus ihrer Fixierung auf das weibliche Publikum erklären; die Wende zu ästhetisch anspruchsvolleren Dichtungen nach 1890 hinge demnach auch damit zusammen, dass die Lyrik »das männliche Interesse zurückgewinnt« (Günter Häntzschel). Auch wenn vieles nicht über das Niveau Höherer-Töchter-Poesie hinausreichte, garantierten die Goldschnittpoeten doch eine gewisse Kontinuität. Die Übergänge jedenfalls waren fließend.

Die Uraufführung von Hauptmanns *Vor Sonnenaufgang* am 20. Oktober 1889 und das Erscheinen von Georges *Hymnen* ein Jahr später lassen sich literaturgeschichtlich zwar als Einschnitt begreifen. Die wirkliche Zäsur der Epoche aber lag dazwischen: Bismarcks Entlassung im März 1890. Nach einem kurzen Schock, der freilich im Ausland stärker empfunden wurde als im Reich – »Der Lotse geht von Bord« lautete der Titel der berühmten Karikatur des *Punch* –, machte sich Aufbruchstimmung breit, die schnell alle gesellschaftlichen Bereiche erfasste. Die Hoffnung weiter Bevölkerungskreise auf einen Umschwung nährte sich aus dem Zauberwort vom »Neuen Kurs«, den Wilhelm II. bald nach seinem Regierungsantritt auf sämtlichen Gebieten von der Sozialpolitik bis zur Bündnispolitik verkündete. Sein selbstbewusstes Auftreten, so empfand es die Mehrheit der Zeitgenossen, entsprach der gewachsenen Bedeutung des Reiches, das binnen weniger Jahre zur führenden Industriemacht in Europa aufgestiegen war.

Die besondere Dynamik, die von dem »persönlichen Regiment« Wilhelms II. ausging, verdankte sich einem ähnlichen Generationensprung wie dem, der auch in der Literatur zu verzeichnen war. So wie zwischen Geibel und den um 1860 geborenen Jüngstdeutschen eine Zwischengeneration nicht zum Zuge gekommen war, so hatte Wilhelm II. im sogenannten Dreikaiserjahr 1888 nach nur 99 Tagen seinen Vater beerbt und war mit 29 Jahren zum Nachfolger seines noch im 18. Jahrhundert geborenen Großvaters aufgestiegen. »Das letzte Jahrzehnt des Jahrhunderts treten wir an im Zeichen der jungen Generation, die, mit ihrem jungen Kaiser unerwartet früh ans Ruder gekommen, mit vollen Segeln in das wild bewegte Zeitenmeer hinaustreibt«, schrieb eine scharfsichtige Beobachterin zum Jahreswechsel 1890/91 in ihr Tagebuch und fügte die bange Frage hinzu: »Wohin?«[53] Ein halbes Jahrhundert später war klar, dass der politische und der künstlerisch-geistige Aufbruch eine gegenläufige Entwicklung genommen hatten.

Der Modernisierungsschub reichte durch alle Schichten und führte zu einer unerhörten Beschleunigung gesellschaftlicher Prozesse. Jeder wollte bei der in Aussicht gestellten Neuverteilung dabei sein, niemand wollte den Anschluss verpassen. »Man hat den Eindruck, als säße man in einem Eisenbahnzuge von großer Geschwindigkeit, wäre aber im Zweifel, ob auch die nächste Weiche richtig gestellt werden würde«, schrieb Max Weber am Jahresende 1889. Zehn Jahre später bilanzierte Georg Simmel: »Durch die moderne Zeit, insbesondere, wie es scheint, durch die neueste, geht ein Gefühl von Spannung, Erwartung, ungelöstem Drängen – als sollte die Hauptsache erst kommen.«[54] Die Deutschen wurden reizbar und nervös, Neurasthenie avancierte zur Modekrankheit. Die wilhelminische Ära, das »nervöse Zeitalter« hatte begonnen.[55] Auch Stefan George wurde vom Fieber der Nervosität erfasst. »Jene Krankheit wen[n] Du es So nennen willst hat sich überhaupt bei mir in letzter zeit gesteigert bis zum ex- cess«, schrieb er über seine ersten zweieinhalb Monate in Berlin.[56] Die hektische Betriebsamkeit, die er zu Beginn der neunziger Jahre ent- faltete, war von tiefer innerer Unruhe gekennzeichnet, als habe er Angst, zu spät zu kommen.

Die Spitze der Avantgarde bildete der im Frühjahr 1889 gegründe- te Theaterverein Freie Bühne, dem George und Carl August Klein noch vor Jahresende als Mitglieder beitraten.[57] Im Januar 1890 er- schien im Verlag von Samuel Fischer die erste Nummer der *Freien Bühne für modernes Leben*, die sich in den folgenden Jahren – von 1894 an unter dem Titel *Neue Deutsche Rundschau* – als führende Zeitschrift der Moderne etablieren sollte. Moderne, das war das Zau- berwort, der zentrale Begriff, den besetzen musste, wer im literari- schen Gerangel Erfolg haben wollte. Die rivalisierenden Gruppen suchten sich gegenseitig den Rang abzulaufen und schlugen sich die Begriffe nur so um die Ohren. Schon deshalb sollte man sich bei der Beurteilung der Literatur der Jahrhundertwende vor Stilbegriffen wie Symbolismus oder Naturalismus, Neuromantik oder Fin de siècle hüten. Wie immer, wenn zu viele in dieselbe Richtung drängen, war eine allgemeine Begriffsverwirrung die natürliche Folge, und am Schluss lag die Moderne für viele in der Unübersichtlichkeit selbst. Simmel hielt das Nebeneinander, die »Vielheit der Stile«, für die Ur- sache der Stillosigkeit und darüber hinaus für ein Charakteristikum von Übergangszeiten, denen es grundsätzlich am Willen zu einheit- lichen Weltanschauungen fehle.[58] In den Gedichten Georges glaubte er kurz vor der Jahrhundertwende die verloren gegangene Totalität wiederzufinden.

Die führende Zeitschrift des Frühnaturalismus war lange Zeit die von Michael Georg Conrad in München herausgegebene *Gesellschaft*, die sich nach Gründung der *Freien Bühne* zu einer Art süddeutscher Opposition auswuchs. Dass George sein Gedicht »Erkenntnis« 1890 ausgerechnet bei Conrad hatte veröffentlichen wollen, zeugte von einer erstaunlichen Beweglichkeit. Das publizistische Umfeld war ihm offenbar ziemlich gleichgültig, solange er hoffen konnte, gedruckt zu werden.[59] Die Enttäuschung, dass seine Gedichte durch ihm unbekannte Redakteure wiederholt abgelehnt wurden, dürfte ihn in seinem Vorhaben bestärkt haben, sich ein eigenes Forum zu schaffen. Die Gründung der *Blätter für die Kunst* stand in so unmittelbarem Zusammenhang mit der Zurückweisung durch den etablierten Literaturbetrieb, dass die Frage nahe liegt, ob es sich möglicherweise um eine Verlegenheitslösung handelte. Die Gründungsphase der *Blätter für die Kunst* erstreckte sich immerhin über einen ungewöhnlich langen Zeitraum von zweieinhalb Jahren. Wolters, der sich Festlegungen sonst gern entzog, hat den Entschluss zur Gründung der *Blätter* ohne weitere Erklärung auf März 1890 datiert. Carl August Klein, der von der ersten bis zur letzten Folge offiziell als Herausgeber geführt wurde, widersprach dieser Darstellung umgehend, blieb jedoch ebenfalls eine Erklärung schuldig, warum bis zum Erscheinen der ersten Heftes im Oktober 1892 so viel Zeit ins Land ging.[60]

Im Frühjahr 1890 war die Gründung einer Zeitschrift Hauptgesprächsthema zwischen George und Klein gewesen. Während der Semesterferien fragte Klein besorgt, »also wie wird es jetzt mit unserem journal werden, teurer George«.[61] Im September überkamen ihn dann offenbar Zweifel, ob es nicht sehr gewagt sei, »2 mann hoch an ort und stelle ein blatt anzufangen«. Daraufhin erhielt er eine jener schroffen Antworten Georges, deren Ton wohl nur eine nachsichtige Natur wie die seine auf Dauer zu ertragen vermochte: »Meine worte ›ich wolle einen druck leiten‹ haben Sie von einer nicht gewollten seite aufgefasst. Einen druck leiten hieß ein buch dem druck übergeben. An zeitschrifterei habe ich nämlich am letzten lust. Lassen wir das andern!«[62] Die ganze Zeitschrifterei eine Fata Morgana des Kommilitonen? Wohl kaum. Nur hatte George inzwischen anderes im Sinn.

Seit Februar befand er sich in einem unerhörten Schaffensrausch, der bis in den September anhielt. Noch im selben Monat beschloss er, die in dieser Zeit entstandenen 18 Gedichte umgehend auf eigene Kosten drucken zu lassen. Kaum war der schmucklos schmale Band der

Hymnen da, begann für den Verfasser Ende Dezember erneut eine Phase konzentrierter lyrischer Produktion. Während des folgenden halben Jahres entstanden weitere 21 Gedichte, die in den Weihnachtstagen 1891 unter dem Titel *Pilgerfahrten* veröffentlicht wurden. Zu diesem Zeitpunkt lag der in der zweiten Jahreshälfte 1891 entstandene *Algabal*-Zyklus bereits weitgehend abgeschlossen vor; die zwanzig Gedichte erschienen, in fast gleicher Ausstattung wie die beiden ersten Bände und wiederum in hundert Exemplaren, im Herbst 1892. In drei Schüben von jeweils sechs bis acht Monaten war das Frühwerk herausgeschleudert worden. George hat die Bände von Anfang an »als eine trilogie aufgefasst«[63] und mit Auszügen aus *Hymnen Pilgerfahrten Algabal* im Oktober 1892 die *Blätter* eröffnet.

Lichtjahre liegen zwischen den Gedichten von 1888/89, die später als Jugendgedichte veröffentlicht wurden, und den *Hymnen* von 1890. Die Verse des Zwanzigjährigen sind gefällig, hübsch, mit Fleiß gereimt, und immer erzählen sie eine kleine Geschichte mit meist schaurigem Ausgang. Ein Jahr später ist davon nichts mehr wiederzufinden, es gibt keine Handlung mehr. »Handelnde person ist überall die seele des modernen künstlers.« Die Gedichte sind spröde geworden, sie wollen nicht mehr überzeugen, ja sie wollen nicht einmal mehr rühren. Das Interesse des Dichters richtet sich jetzt nur noch auf die Statik. Der Ehrgeiz, alles so knapp und so schmucklos wie möglich zu sagen, führt bisweilen an die Grenze der Unverständlichkeit. Die Rätsel, was gemeint sein könnte, beginnen für den Leser schon im Eröffnungsgedicht »Weihe«. Nachdem die Muse im Schilf eingeschwebt ist, muss es traditionell zum Kuss kommen. George fürchtet sich so sehr vor dem Klischee des Musenkusses, dass ihm die letzte Zeile verunglückt:

> Indem ihr mund auf deinem antlitz bebte
> Und sie dich rein und so geheiligt sah
> Dass sie im kuss nicht auszuweichen strebte
> Dem finger stützend deiner lippe nah.[64]

Der scheinbare Manierismus ist symptomatisch für den Band. Auf der Suche nach dem richtigen Ausdruck nimmt der Dichter Preziositäten und mangelnde Klarheit in Kauf. Das Ringen mit der Sprache, der schöpferische Prozess selbst erweist sich als das eigentliche Thema der *Hymnen*. Der Leser wird Zeuge, »wie vor den Augen des Künstlers die Welt sich in ein Bild verwandelt«.[65] Während alles um ihn herum sich vergnügt – so schildert es der Dichter im zweiten Gedicht –, hat er sich seiner undankbaren Aufgabe zu unterziehen: »Er hat den griffel der sich sträubt zu führen.« Die Gedichtüberschriften drängen zu äußerster Einfachheit: »Einladung«, »Nachmittag«, »Von einer Begegnung«. In manchen Gedichten wie dem an eine Rokoko-Szenerie erinnernden »Hochsommer« wird die gesuchte Beiläufigkeit zum eigentlichen Inhalt: »Unter prangenden platanen / Wiegen sich die stolzen Schönen /… / Auf den lippen eitle fragen, / Von verlockenden parfümen / Hingetragen /… / Auf dem wasser ruderklirren, / Gondel die vorüberfuhr.«

Die *Hymnen* vermitteln noch heute in jeder Zeile, dass ihr Dichter sich des unerhört Neuen, das er da schuf, bewusst war. Dennoch trumpfen die 18 Gedichte nirgendwo auf, Verhaltenheit ist das eigentliche Charakteristikum dieses Debüts. Die einzige Realität, die zählt, ist die der Poesie. Der Sprödigkeit der Form entspricht die Zurückhaltung des Autors, der immer wieder zweifelt, ob er dem Bild des Dichters, das ihm vorschwebt, jemals wird gerecht werden können. In den Schlusszeilen erinnert er sich seiner Initiation durch die Herrin im Eingangsgedicht. Zwar lässt sich in den frühen Bänden Georges das lyrische Ich und das Ich des Dichters noch deutlich trennen, deutlicher jedenfalls als in den späten Bänden, in denen eine solche Unterscheidung schwer fällt, ja unmöglich wird. Aber die bange Frage am Schluss des letzten Gedichts, das den Besuch eines herbstlichen Parks kurz vor der Schließung schildert, richtet der Dichter an niemand anderen als an sich selbst: »Baust du immer noch auf ihre worte / Pilger mit der hand am stabe?«

Pilgerfahrten lautete folgerichtig der Titel des anschließenden Bandes.[66] Die Vermeidung des Konventionellen um jeden Preis, der Drang zur Kürze waren auch jetzt wieder die entscheidenden Kriterien Georges. Das brachte zwar noch einmal eine Reihe unschöner

Neologismen und Archaisierungen, insgesamt aber wurden die Gedichte plastischer, welthaltiger, anschaulicher. Während in den *Hymnen* eine künstliche, von Menschen angelegte Natur dekorativ sich selbst zu genügen schien, bevölkerten jetzt wieder Menschen die Bühne. Zeichneten sich die *Hymnen* aus durch Askese und Verzicht, forderten in den *Pilgerfahrten* erneut die Leidenschaften ihr Recht: »Lass deine tränen / Um ein weib, / Falsch ist dein wähnen, / Ruh und bleib!« Überraschend ist vor allem die Vielfalt der Formen, mit denen George experimentiert. Ein dreistrophiges balladenhaftes Gedicht erzählt im Märchenton vom Tod einer Gruppe von Erstkommunionkindern: »Mühle lass die arme still / Da die heide ruhen will.« Auf dem Heimweg von der Kirche tippeln die Mädchen über den zugefrorenen See: »Kam ein pfiff am grund entlang? / … / Es empfingen ihre bräute / Schwarze knaben aus der tiefe .. / Glocke läute glocke läute!«

So wie der Pilger am Schluss der *Hymnen* vorausdeutete auf den anschließenden Band, ohne dass dessen Titel bei Drucklegung bereits feststand, so bildete »Die Spange«, das Schlussgedicht der *Pilgerfahrten,* das ideale Verbindungsstück zu dem in Vorbereitung befindlichen *Algabal*:

> Ich wollte sie aus kühlem eisen
> Und wie ein glatter fester streif,
> Doch war im schacht auf allen gleisen
> So kein metall zum gusse reif.
>
> Nun aber soll sie also sein:
> Wie eine grosse fremde dolde
> Geformt aus feuerrotem golde
> Und reichem blitzendem gestein.

Während die Anordnung der Gedichte in den beiden ersten Bänden wohl im Wesentlichen der Chronologie ihrer Entstehung folgte, legte George mit dem *Algabal* erstmals einen streng in drei Teile gegliederten Zyklus vor. Bei diesen zwanzig (später 22) Gedichten aus dem Leben des römischen Kaisers Heliogabalus (Elagabal), der 218 im Alter von 14 Jahren von den Truppen zum Kaiser ausgerufen und vier Jahre später von seiner Garde ermordet wurde, handelt es sich um die konsequenteste Adaption des französischen Ästhetizismus in deutscher Sprache. Nicht zufällig wurde George mit diesem Werk am häufigsten identifiziert und ein *décadent* genannt. Aber gerade weil es eine schier endlose Fülle an historischen und literarischen Reminiszenzen gibt, sollte man mit der Rekonstruktion direkter Einflüsse vorsichtig sein.[67] Der *Algabal* ist eine vollkommene Neuschöpfung.

Algabal entwirft das Bild der unumschränkten Herrschaft im Reich des Absoluten. Nichts in dieser Welt ist denkbar ohne den Herrscher, alles untersteht seinem Willen und existiert nur, weil ihm es gefällt. Um äußere Einflüsse auszuschalten, hat Algabal seine Herrschaft in ein surreales Unterreich verlegt, wo das Leben weder klimatischen Schwankungen noch wechselndem Tageslicht, noch den Launen der Jahreszeiten unterworfen ist:

> Mein garten bedarf nicht luft und nicht wärme,
> Der garten den ich mir selber erbaut
> Und seiner vögel leblose schwärme
> Haben noch nie einen frühling geschaut.

> Von kohle die stämme, von kohle die äste
> Und düstere felder am düsteren rain,
> Der früchte nimmer gebrochene läste
> Glänzen wie lava im pinien-hain.

Inmitten dieser gespenstischen Kunstlandschaft widmet sich Algabal seiner Lieblingsbeschäftigung, der Züchtung einer riesigen schwarzen Kunstblume. Nachdem in vier Gedichten die Topographie des *Unterreichs* abgesteckt wurde, werden im mittleren Zyklus charakteristische Situationen aus dem Leben des Kaisers geschildert. Das erste Gedicht zeigt den Kaiser beim Füttern seiner Tauben:

> Er trägt ein kleid aus blauer Serer-seide
> Mit sardern und safiren übersät
> In silberhülsen säumend aufgenäht,
> Doch an den armen hat er kein geschmeide.

Durch einen Knecht, der in den Hof tritt, werden die Tauben aufge-
scheucht und »flattern ängstig nach dem dache«. Der Knecht, der im
Nu die Ungeheuerlichkeit seines Fehltritts begreift, ersticht sich auf
der Stelle. Der Kaiser verlässt die Szene »mit höhnender gebärde«,
befiehlt aber, »Dass in den abendlichen weinpokal / Des knechtes name eingegraben werde«. Man darf sich durch die zahlreichen Exzesse
Algabals nicht täuschen lassen. Ob von der Ermordung des eignen
Bruders – »Dort sickert meines teuren bruders blut, / Ich raffe leise
nur die purpurschleppe« – oder von der Ermordung einer Festgesellschaft durch Ersticken unter herabregnenden Rosen die Rede ist:
Kein noch so raffiniertes Arrangement kann Algabal aus seinen Ein-
samkeiten befreien. Die Todessehnsucht, das bestimmende Motiv des
Mittelteils, gipfelt im Nachdenken über den Suizid als höchste Form
des Narzissmus.

Man kann den *Algabal* auf zwei unterschiedliche Arten lesen. Als
Äußerung eines auf die Spitze getriebenen »Aristokratismus der In-
nerlichkeit«,[68] dem die Welt längst gleichgültig geworden ist. Oder als
Dokument der bewussten Abkehr, als »Chiffre der totalen Negati-
on«,[69] die jede Versöhnung mit der Realität tendenziell ausschließt.
Beide Lesarten laufen auf dieselbe Kernaussage hinaus: dass in der
Dichtung die höhere Wirklichkeit enthalten sei. Nimmt man Georges
dritten Gedichtband nicht nur als ein ins Extrem getriebenes *l'art
pour l'art*, sondern vor allem als »Dokument einer Bewusstseins- und
Sprachkrise«,[70] dann war mit der Flucht in die künstlichen Paradiese
des spätrömischen Kindkaisers zugleich eine Grenze künstlerischer
Wirklichkeitserfahrung erreicht, die ein Weiterdichten in dieser Richtung unmöglich machte.

4

Weisse schwalben sah ich fliegen,
Schwalben schnee- und silberweiss,
Sah sie sich im winde wiegen,
In dem winde hell und heiss.

Bunte häher sah ich hüpfen,
Papagei und kolibri
Durch die wunder-bäume schlüpfen
In dem wald der Tusferi.

Grosse raben sah ich flattern,
Dohlen schwarz und dunkelgrau
Nah am grunde über nattern
Im verzauberten gehau.

Schwalben seh ich wieder fliegen,
Schnee- und silberweisse schar,
Wie sie sich im winde wiegen
In dem winde kalt und klar!

»Vogelschau« war für lange Zeit das letzte Gedicht Georges. Anfang 1892 fiel er in eine mehrwöchige Depression. Zum einen führte das Ende der Arbeit am *Algabal* zu einer schöpferischen Krise, verbunden mit starken Selbstzweifeln. Zum anderen ließ seine Zurückweisung durch Hofmannsthal Anfang Januar tiefe Wunden zurück. George blieb weiterhin auf sich allein gestellt. Von der Besprechung Albert Mockels abgesehen, hatte es keinerlei Resonanz auf die *Hymnen* gegeben. In der Druckphase der *Pilgerfahrten* hatte sich George von Wien aus bei Klein eigens nach den neuesten Methoden der Berliner Reklame erkundigt,[71] aber auch der zweite Band drohte jetzt sang- und klanglos unterzugehen. In dieser Situation, in der künstlerische Krise, zwischenmenschliches Debakel und die Angst vor einem weiteren Misserfolg in einer schweren seelischen Erschütterung kumulierten, holte George die alten Zeitschriftenpläne hervor, die mehr als anderthalb Jahre in der Schublade gelegen hatten.

Im Mai 1892 entfaltete er eine ungewöhnliche Betriebsamkeit, und innerhalb weniger Wochen stand das Gerüst zum Bau der *Blätter für die Kunst.* George dürfte mit der Gründung einer eigenen Zeitschrift zu diesem Zeitpunkt vor allem drei Ziele verfolgt haben. Erstens hoffte er, die Krise im Schaffensprozess zu überbrücken. Dieses Ziel wurde nur teilweise erreicht; 1892 schrieb George so gut wie keine Gedichte, stattdessen übte er sich in Prosa, versuchte sich noch einmal am Drama, übersetzte viel, um die Seiten der Zeitschrift füllen zu können, und dichtete zuletzt einiges auf Französisch. Zweitens suchte er Hofmannsthal, dessen Publikationsmöglichkeiten in Wien inzwischen deutlich eingeschränkt waren, über eine enge Bindung an die *Blätter* doch noch zu gewinnen. Nach seiner überstürzten Abreise aus Wien Mitte Januar hatte George in einer fast vierwöchigen Korrespondenz mit Hofmannsthals Vater unter anderem ausgehandelt, unter welchen Bedingungen eines Tages ein Wiedersehen möglich wäre. Die Vermittlerrolle des Vaters in Anspruch nehmend, traf George Anfang Mai zu einem kurzen Besuch in Wien ein. Hofmannsthal scheint das Vorhaben zwar begrüßt zu haben, binden aber ließ er sich auf Dauer nicht.[72] Das dritte und wichtigste Ziel schließlich, mit Hilfe einer eigenen Zeitschrift das Karussell in Schwung zu bringen und den Erfolg, der sich nicht einstellen wollte, doch noch zu erzwingen, erforderte so viel Energie, dass George am Ende des ersten Jahrgangs daran dachte aufzugeben.

George trat selber nicht als Herausgeber oder Redakteur in Erscheinung, sondern setzte den Namen des Kommilitonen Klein auf die Titelseite. Nachdem im ersten Heft die besten Gedichte aus *Hymnen Pilgerfahrten Algabal* nachgedruckt worden waren, ließ George sein Werk im zweiten Heft von Klein als epochale Wende in der Geschichte der neueren deutschen Dichtung feiern: »Seitdem die alten götter tot sind, haben wir es zum erstenmal mit den offenbarungen eines ursprünglichen dichterischen geistes zu thun der aus seinen gedanken eine welt für sich gebaut und nach einem ganz bestimmten ihm eigentümlichen plan ein stehendes abgerundetes werk geschaffen.«[73] Die Profis der Berliner Szene ließen sich durch die angebliche Exklusivität der neuen Zeitschrift nicht täuschen. Als Redaktionsadresse war Lothringer Straße 9 (heute Torstraße) ange-

I. BAND

BLÄTTER

FÜR DIE KUNST

Oktober 1892

Blätter für die Kunst . . . . d. H.
Auszüge aus Hymnen Pilgerfahrten
    Algabal . . . . Stefan George
Der Tod des Tizian . . . . Hugo von Hofmannsthal
Die Kreuze . . . . Paul Gérardy
Eine Legende . . . . Edmund Lorm
Gedichte . . . . Carl Rouge
Nachrichten

Herausgegeben von **Carl August Klein** *Berlin 9 Lothringerstrasse*

Diese zeitschrift im verlag des herausgebers hat einen geschlossenen von den
mitgliedern geladenen leserkreis

Einzelne hefte liegen auf

Berlin: Behrs' buchhandlung Unter den Linden
Wien: Leopold Weiss Tuchlauben
Paris: Léon Vanier 19 Quai St. Michel

geben, Kleins Studentenbude im lärmigen Berliner Norden; gedruckt wurde ein paar Straßen weiter, bei Friedrich Cynamon in der Chausseestraße 4a. »Die Chambregarnies zu 20 Mark pro Monat, das ist der Boden, auf dem die litterarischen Revolutionen erwachsen«, mokierte sich Julius Hart über die unfeine Gegend. Alles in allem bleibe abzuwarten, ob sich hinter dem Begriff Symbolismus mehr verberge »als ein neues Schlagwort, welches sich ein paar Jünglinge ausgesonnen haben, um nun auch die Aufmerksamkeit auf sich zu lenken«.[74]

August Klein hatte sich nicht zweimal bitten lassen, den Herausgeber zu spielen. Ein paar Monate älter als George, in einfachsten Verhältnissen in einer Mühle bei Darmstadt aufgewachsen, hatte er die Reifeprüfung am Ludwig-Georgs-Gymnasium ein Jahr vor diesem abgelegt. Als beide im Wintersemester 1889/90 im romanischen Seminar saßen, erkannte George den ehemaligen Schulkameraden wieder und sprach ihn an. Während George durch Europa gereist war, hatte Klein das Einjährig-Freiwillige hinter sich gebracht und drei Semester Philologie in Heidelberg studiert. Gemeinsame Schulerinnerungen, landsmannschaftliche Verbundenheit, die Begeisterung fürs Theater und nicht zuletzt die Neigung, als Provinzler den Bürgerschreck zu spielen, begründeten die gegenseitige Sympathie. Leider seien die roten russischen Hemden mit orangegelben Krawatten, die er damals gern als Mode eingeführt hätte, in Deutschland nicht erhältlich gewesen, scherzte George später.[75] Wenn Klein »in snobistischer Kleidung gepudert und geschminkt durch die Straßen der Hauptstadt ging«,[76] war George nicht weit. Die beiden legten sich Gehrock und Zylinder zu, klemmten sich ein Monokel ins Auge und gaben sich weltmännisch-dandyhaft. Wahrscheinlich haben sie auch mit Rauschgift experimentiert. Noch Jahre später erinnerte George in einem Gedicht auf den Freund an »manche finstre bahn«, die sie damals gemeinsam eingeschlagen hätten.[77] Welche Erfahrungen hinter ihnen lagen, wenn sie sich am Morgen »von grausigem lager« erhoben, ließ das Gedicht zwar offen. Einen versteckten Hinweis gab Klein aber schon 1892, als er schrieb, Georges Dichtung offenbare ihm »den grossen zusammenklang wobei wir durch die worte erregt werden wie durch rauschmittel«.[78]

Fünf Jahre lang war Klein so etwas wie Georges persönlicher Sekretär. Als Herausgeber der *Blätter für die Kunst* führte er den größten Teil der Korrespondenz, verhandelte mit Druckereien, kümmerte sich um Werbung und Vertrieb. Er verfolgte das literarische Treiben in der Hauptstadt, besuchte in Georges Auftrag Veranstaltungen, über die er ihm anschließend berichtete, und ließ mehrere Propagandaartikel unter seinem Namen erscheinen. So konnte George, der bisweilen auch unter Kleins Namen auftrat, in den frühen Berliner Jahren aus dem Hintergrund operieren, ohne Gefahr zu laufen, in den täglichen literarischen Scharmützeln verschlissen zu werden. Klein war gewissermaßen Schild und Schwert der neuen Kunst-Partei, und in dieser Doppelfunktion trug er erheblich zur frühen Mythenbildung um die *Blätter für die Kunst* bei. George hatte den Vornamen August zu Carl August erweitert, um anzudeuten, dass Klein für ihn »eine ähnliche Rolle spielte wie der Herzog Carl August im Leben Goethes«.[79]

Wenn sich Konflikte anbahnten, insbesondere in Georges heiklem Verhältnis zu Hofmannsthal, wurde Klein als Prellbock vorgeschoben. Aufgrund seines stets auf Ausgleich bedachten Naturells suchte er dann mäßigenden Einfluss zu nehmen. »Möge sich in unsren ansichten keine zu grosse differenz ergeben«, schrieb er nach einem Streit zwischen George und Hofmannsthal im Mai 1893 an diesen. Der Entwurf, den George seinem Adlatus vorgelegt hatte, endete weniger verbindlich: »Wenn unsere anschauungen allerdings so weit auseinandergehen so ist ein ferneres gemeinsames wirken unmöglich.«[80] Er bitte ihn, so Klein zwei Wochen nach Eröffnung ihrer Korrespondenz an Hofmannsthal, »dass Sie mit meiner stellung zwischen feuer und pfanne das nötige mitleid haben«.[81]

Klein musste sich vieles gefallen lassen, aber seiner uneingeschränkten Bewunderung für George tat dies keinen Abbruch. Er scheint es manchmal geradezu genossen zu haben, von ihm gemaßregelt zu werden. Einmal notierte George am Ende eines Briefentwurfs für Klein: »Wenn Sie nur auch einmal in einem so insolenten/souveränen ton schreiben lernten!«[82] Klein, dieser unstete, flackernde Geist, habe »die feste Hand« gebraucht, um in der Gefolgschaft Georges zu seiner wahren Bestimmung zu finden, hieß es später bei Wolters.[83] Was George für richtig hielt, hielt auch Klein für richtig, und so setzte er, in der Gewissheit, einer großen Sache zu dienen, Georges Wünsche und Anordnungen nach Kräften um. Er erging sich in hymnischen Stilisierungen – »Sie grosser Held«, »Mein herr und gebieter« –, suchte gelegentlich aber auch seine Zuflucht in der Ironie: »Sie schreiben immer niedlichere berichte, majestät. Keiner frage lassen Sie antwort zu teil werden.«[84] Wenn ihn George dann zur Disziplin mahnte, tat Klein auf der Stelle Abbitte: »Vorwurf nichts als vorwurf höre ich aus Ihrem munde und ich habe es verdient. Aufrichtig bereue ich meine vernachlässigung, aber Sie kennen sie ja zur genüge. O seit Sie mir wieder einmal zeigten wie schwach ich bin – wie ist mir da! Ja ich glaube immer noch nicht an mich.«[85]

Kleins Minderwertigkeitskomplexe rührten aus seiner völligen Talentlosigkeit zum Dichten. Obwohl ihm die Lyrik Georges schwer zugänglich war und ihm die Übersetzungen deutlich mehr zusagten, bewunderte er uneingeschränkt, was George hervorbrachte, und dankte für jeden Hinweis, wie er selber es besser machen könnte. »Heute morgen träumte ich von Ihnen«, schrieb er Ende Juni 1891 an George. »Wir waren zusammen: Sie so gross und königlich ich so klein und weinend an der starken brust«, und er unterzeichnete: »Ein verlorener und bald verschollener:«[86] Als George sechs Monate später Hugo von Hofmannsthal kennenlernte, erstattete er Klein umgehend Bericht und legte das Gedicht bei, das Hofmannsthal ihm gewidmet hatte – »Einem, der vorübergeht«. Klein reagierte offenbar ziemlich eifersüchtig, so dass George ihn wieder einmal zurechtweisen und Klein sich erneut verteidigen musste:

> Teurer Sie halten es für eifersucht dass ich so nichtige worte über »Loris« sprach? Zu eifersucht gehört eine gewisse selbstwertschätzung die mir – Sie wissen – so häufig fehlt. Ich habe das Gedicht Hugo von Hofmannsthals wieder gelesen und erkenne es als wunderbar, ich halte es für den monolog einer frau oder ist es auf den dichter der Hymnen? Ich bin entzückt über das

was ich verstehe und bin ebenso entzückt über das was ich noch nicht verstehe. Meinen glückwunsch dass Sie einen congenialen menschen gefunden
Einen dem nicht allein ein tiefes verständnis eignet sondern die stolze fähigkeit seine seelischen erlebnisse auf zarter harfe vornehm zu offenbaren.[87]

Klein steht am Beginn einer langen Reihe untertäniger Figuren, die
ihre Erfüllung darin fanden, George zu dienen. Er sei stolz darauf,
»der jungen Bewegung seinen Arm geliehen zu haben als nur wenige
andre sich darboten«, schrieb er, die eigene Rolle bereits stark histo-
risierend, im Januar 1895.[88] Anders als George musste sich Klein gegen Ende seines Studiums nach einem Lebensunterhalt umsehen und
stand für das Tagesgeschäft der *Blätter* Mitte der neunziger Jahre
nicht mehr zur Verfügung. Er suchte sein Glück beim Theater, erst
in Hamburg, dann in London, nahm später Schauspielunterricht in
Wien, heiratete dort 1904, ging nach Budapest, war 1908 am Thater in
Linz und wurde später mal hier, mal dort vermutet. Nachdem sich
seine Theaterpläne in Luft aufgelöst hatten und er auch noch durch
einen Betrüger um seine letzten Ersparnisse gebracht worden war, gelang es ihm nicht mehr, Fuß zu fassen. Einsam und verarmt starb er
1952 in Hamburg.

Bis zur letzten Folge 1919 wurde auf dem Titelblatt der *Blätter für
die Kunst* Carl August Klein unverändert als Herausgeber genannt.
Das sicherte Kontinuität, war aber auch Ausdruck persönlicher
Dankbarkeit. George hielt dem Freund damit symbolisch einen Platz
frei. Dabei hatte sich Klein bereits Anfang 1892, also noch vor Gründung der Zeitschrift, innerlich von George verabschiedet. Sein Hass,
schrieb er ihm damals, richte sich »nicht gegen Sie und Ihre lehre sondern gegen mich selbst der nur ein unvollkommener schwächling ist
für den neuen glauben«.[89] Weil er aber nicht loskam von George und
sich stets eine Aufgabe für ihn fand, sobald er mit eigenen Plänen
nicht weiterkam und sich wieder meldete, wurde es ein langer Abschied auf Raten. Er hoffe, »dass Carl August, wenn ihm die Zeit gekommen dünke, wieder auftauchen werde«, meinte George noch
Jahre nach ihrer letzten Begegnung. Schließlich habe er sich nur
zurückgezogen, um sich selbst »nicht untreu zu werden«.[90]

Klein hatte durch seine bedingungslose Ergebenheit Georges Selbstbewusstsein enorm gestärkt. Das Maß an Selbstverleugnung, das er an den Tag legte und dem er sich auch über das Ende ihrer Beziehung hinaus verpflichtet fühlte, galt in den Annalen der Bewegung fortan als leuchtendes Beispiel. »Ihm geschah zum ersten Male, was von nun an allen geschah, die mit dem Dichter in Berührung kamen«, rühmte Wolters.[91] George habe das Beste in ihm geweckt und gültig ins Bild gesetzt. Als Klein nicht mehr in der Lage gewesen sei, diesem Bild zu entsprechen, habe er sich zur Trennung entschlossen. Wer »schlicht von dannen geht sobald er fürchtet / Er tauge minder«, so hatte George dem Kampfgefährten der frühen Jahre beim Abschied mit auf den Weg gegeben, diene der gemeinsamen Sache besser als derjenige, der in der Hoffnung auf späten Lohn »mit kargem pfunde wuchert«. Mit seinem Rückzug habe Carl August bewiesen, dass ein Mensch, der George treu bleibe, sich selbst treu bleibe. Darin liege der höchste Begriff von Treue, der sich denken lasse:

> Was gilt mein kleines leben das zerschellt
> Am klippenrand, wenn aufrecht bleibt im wind
> Von unsrem stamm die unverbrochne treue![92]

4 Lauter Abschiede

Im Spätsommer 1890 war es wegen unterschiedlicher Auffassungen über die Bedeutung seiner neuen Gedichte zu ernsten Spannungen zwischen George und seinen Schulfreunden Arthur Stahl und Carl Rouge gekommen. Gekriselt hatte es schon während der England-Reise, als George, stolz auf seinen neuerworbenen Kosmopolitismus, den Freunden mangelnde Beweglichkeit vorwarf. Wie jeder Drei-bund, reagierte auch dieser höchst anfällig auf geringste atmosphäri-sche Störungen und war auf Dauer nur dann im Gleichgewicht zu halten, wenn keiner der drei Anspruch auf eine Sonderstellung erhob. Genau dies tat George in dem Moment, da er überzeugt davon war, sich mit den *Hymnen* von den gemeinsamen poetischen Versuchen der Schulzeit endgültig emanzipiert zu haben.

In den anderthalb Jahren seines Reisens war der regelmäßige Aus-tausch mit Stahl und Rouge die wichtigste Bindung Georges an Her-kunft und Heimat gewesen. »Lange Briefe von acht und sechzehn Seiten flogen hin und her, in denen alle möglichen für uns wichtigen Fragen behandelt wurden.«[1] In großer Offenheit unterrichtete man sich gegenseitig über Pläne, Hoffnungen und Wünsche. George wag-te sich in dieser Korrespondenz so weit vor, dass er fürchtete, seine Briefe könnten Unbefugten in die Hände geraten. »Denke Dir wel-che schande für mich, wenn in späterer zeit jemand sich dieses briefes erinnerte ausser Dir!!!«, schrieb er im August 1888 an Stahl. »Jemand der diese meine zeilen gelesen, und sich nach einiger zeit erinnert, wie jene kreatur, die von poesie und dramen schrieb, die von einem dich-terwahn geplagt war, mit zerschnittenen flügeln als – hu – ich will den satz nicht fertig schreiben – –«[2] Als Gescheiterter zu enden, zurecht-gestutzt und dem Gespött ausgesetzt wie Baudelaires »Albatros«:

Georges Angst zu versagen hilft manche schrillen Töne in seinen
frühen Briefen erklären.

Ende August 1890 missbilligte Rouge in einem siebenseitigen, eng
beschriebenen Brief, dass George seine neuen Gedichte nicht, wie es
bisher zwischen ihnen üblich gewesen sei, auch Stahl zur Begutach-
tung vorgelegt habe. Georges Einwand, die Gedichte seien nur von
Eingeweihten zu verstehen, von Menschen, die der dichterischen
Sphäre angehörten, könne er, Rouge, nicht gelten lassen. »Da anscheinend nach Deiner Ansicht die Leute der ›Sphaere‹ als solche *geboren* werden (ich schließe das daraus, dass du zu glauben scheinst,
sie könnten nicht *erzogen* werden), so wäre es doch möglich, dass
Stahl zu diesen ›Geborenen‹ gehört: also, warum ihn excludieren? Im
Gegenteil, ich *fordere* für ihn die Mitteilung Deiner Opera, da litte-
rar[isches] Eigentum Allgemeingut ist.«[3] Dann zitierte Rouge aus
einem Brief an Stahl über sein letztes Treffen mit George:

> Er hat nämlich die fixe Idee – oder vielleicht ist es auch mehr als eine fixe
> Idee – jedes Kunstwerk sei nur für eine bestimmte Sphaere geschaffen, kön-
> ne nur von dieser richtig gewürdigt werden. Das ist gewiß teilweise ganz
> richtig, andererseits aber doch wahrscheinlich lächerlich übertrieben, denn
> wo bliebe da die Kritik? So wäre es vielleicht viel besser gewesen, George
> hätte mir seine Gedichte ohne jegliche Vorbemerkung zu *lesen* gegeben, als
> daß er sie mir mit vielen Praeambeln *vorlas*, eine Communicationsweise, die
> vieles verloren gehen lässt. Jetzt, wo ich die Werke Etiennes schriftlich vor
> mir habe, sehen sie mir gar nicht mehr so »neu« aus, als er ausposaunte, gar
> nicht so sehr verschieden von seiner früheren Weise.

Vor allem im Detail hatte Rouge vieles zu bemängeln. Manches verstand er nicht – so etwa den Titel des Gedichts »Neuländische Lie-
besmahle« –, anderes empfand er als gewollt. Er tadelte unklare Bezüge, äußerte sich befremdet über die »romanesken Velleitäten« und
bemängelte die spärliche Zeichensetzung. Rouges Vorschläge zielten
auf ein besseres Verständnis der Gedichte, und George hat vieles
übernommen.[4] Was ihn irritierte, war der schulmeisterliche, geradezu
rüde Ton, in dem Rouge seine Kritik vorbrachte. Er »finde wahrhaf-
tig keine unbekannte Sphaere in deinen Gedichten«, betonte der
Schulfreund mehrfach und forderte George auf, sich zu den fragli-

chen Stellen zu äußern. »Du kannst Deine Freundschaft beweisen, indem Du mich genau aufklärst: aber komme mir nicht mit Aufklärungen aus der besonderen ›Sphaere‹!!«

Nachdem das Verhältnis zwischen George und Stahl bereits zu Jahresanfang abgekühlt war, zogen jetzt auch über der Freundschaft mit Carl Rouge düstere Wolken auf. Da er nur sprachliche Kriterien gelten lassen wollte und eine Berufung des Dichters auf andere als philologische Instanzen ablehnte, stellte er Georges Auffassung, Dichtung entstehe aus einer bestimmten Haltung, die auch der Leser seinerseits mitzubringen habe, elementar in Frage. Damit waren, gut drei Monate vor Erscheinen von Georges erstem Gedichtband, die Fronten klar. Rouge hatte als Erster jenen Grundvorbehalt formuliert, der in den folgenden Jahren regelmäßig und nach der Schaffung des Maximin-Mythos verstärkt gegen George und sein Werk vorgebracht werden sollte.

George reagierte trotzig: »Dank Deiner frohlockenden unterstrichenen kritik. Aber die forderung heisst: hinnahme und abnahme zuallererst, den meisterer wird der Meister immer finden.« Zwar ist im Antwortentwurf die menschliche Enttäuschung, ja Trauer spürbar. »Ist es so lange her dass wir in denselben rythmen sangen viel und innig?« Aber in seiner Überzeugung, dass seine Dichtung eine Revolution darstelle, ließ sich George durch Rouge nicht beirren. »Auf dem was Dir schlecht ist will ich ja weiterbauen, dein gutes als kindlich abstreifend für und für. Und des mannes vollendung in der Kunst wird hiernach streben: So sei sein werk dass du es tadelst vom ersten laut bis zum lezten laut. Wie verloren also Deine hinweise, besserung und vor allem mühe.«[5] Noch deutlicher wurde George acht Wochen später in einem Brief an Arthur Stahl, in dem er sich gegen den Vorwurf wehrte, er werde zur »Sphinx«:

> Liebe – ehemals – freunde! Ihr seid geblieben wie Ihr wart, was Ihr macht machten wir schon ebenso vor einigen jahren Euch muß ich also nicht erforschen. Als ich aus England zurückkam erinnert Euch / begann ich eine umwälzung durchzuringen Wenn ich nun sage – und ich war doch in Eurem aug ein hohler reder nie – ich suche andere bahnen wie kann geringer Eure aufgabe sein als: hören / denken / fragen?[6]

Bei allen Divergenzen im Dichterischen suchte George an der Beziehung festzuhalten. Seit langem sei es sein liebster Gedanke, dass sie sich zu dritt »noch einmal im verein« sehen und dabei, wie man wohl hinzufügen darf, alle Misshelligkeiten ausräumen könnten. Zu einem solchen Treffen, von den Freunden gern Kongress genannt, war es in den zweieinhalb Jahren seit dem Abitur trotz zahlreicher Anläufe niemals gekommen. Auch wiederholte George seinen Vorschlag, dass Rouge und Stahl das Wintersemester doch gut in Berlin statt in München studieren könnten. »Dies ist vielleicht das letzte jahr das ich mich noch in Deutschland aufhalten kann / längere frist sieht uns nie wieder zusammen und soll ich fragen ob Ihr mich gekränkt und ich bitter sein darf wenn Ihr so leicht redend mich abfertigt …« Dass die beiden wichtigsten Gesprächspartner, die er in diesen Jahren hatte, auf Distanz zu ihm gingen, bedrückte George. Er fürchtete sich davor, sie zu verlieren, und streckte die Hand zur Versöhnung aus. Rouge und Stahl hatten sich jedoch bereits für München entschieden, und die von George erhoffte große Aussprache zu dritt kam wieder nicht zustande.

Die Intensität der Korrespondenz ließ in den folgenden Monaten deutlich nach. Ende 1890 bat George Stahl, ihm beim Verkauf der *Hymnen* in München behilflich zu sein. Es handele sich zwar um einen Privatdruck, »in erster linie für meine freunde«, aber es sei doch gut, wenn der Band in den großen Städten auslege, »um entfernten bekannten und ganz besonderen interessenten den besitz zu ermöglichen … Vielleicht wird kein exemplar verkauft aber was verschlägt es, dagewesen soll es sein.«[7] Ob sich in München mehr ausrichten ließ als in Berlin? Dort wurde von Georges Erstling sage und schreibe ein einziges Exemplar verkauft.[8]

Als George im Spätsommer 1891 die *Pilgerfahrten* zum Druck vorbereitete, war Rouges kritisches Urteil erneut gefragt. Um sich seinen Einwürfen und Fragen nicht noch einmal direkt auszusetzen, ließ George die Korrespondenz jetzt durch seinen Mittelsmann Klein führen. Rouge nahm kein Blatt vor den Mund. »Mit welchem Recht schreibt man ›am bodem‹?«, fragte er. »Dann doch lieber ›boden‹ und

›odem‹ reimen.« Klein, dessen Antworten mit Sicherheit von George diktiert waren, gab spitz zurück: »In dem sehr üblichen wörterbuch von Daniel Sanders« könne er nachlesen, dass das mittelhochdeutsche »Bodem« noch »heute von gebildeten leuten gesprochen« werde. »Alte Wörter wieder zu Ehren zu bringen ist ja verdienstlich«, kommentierte Rouge eine andere Stelle. »Nur dürfen sie nicht mit dem herrschenden Sprachgebrauch kollidieren.« Er kritisierte das eine und andere als »nicht sehr poetisch« und rieb sich an Manierismen wie »Schasmin«, worauf Klein konterte, so werde das Wort im Deutschen nun einmal ausgesprochen. Die Diskussion geriet immer mehr ins Absurde.[9]

1892/93 war Rouge mit Gedichten im ersten und vierten Heft der *Blätter für die Kunst* vertreten. Auf den letzten Seiten des ersten Jahrgangs wurden, in Ermangelung anderer Texte, unter der Überschrift »Rosen und Disteln« Gedichte von George, Rouge und Stahl aus dem Fundus der gemeinsamen Schülerzeitschrift veröffentlicht. Die Gedichte waren lediglich mit den Initialen der Nachnamen gezeichnet. Der Titel »Rosen und Disteln«, hieß es in der editorischen Notiz, sei »den meisten unsrer leser bekannt, uns selber eine liebe erinnerung«. So klein war die Leserschaft der *Blätter*, dass »den meisten« noch die Schülerzeitschrift in Erinnerung war! George hatte in die Schublade gegriffen und alte Manuskripte aus der Darmstädter Zeit hervorgeholt. Damit füllte er jetzt die *Blätter* und zog, in diesen Dingen durchaus sentimental, zugleich einen Schlussstrich unter die Freundschaft mit Rouge und Stahl. Da ihre Beziehungen zuletzt immer mehr eingeschlafen waren, sollte ihnen zumindest literarisch ein ordentliches Ende beschieden sein.

2

Georges Andeutung im Brief an Stahl vom Oktober 1890, er sei möglicherweise nur noch für kurze Zeit in Deutschland, entsprang keineswegs einer momentanen Laune. Auswanderungspläne beschäftigten ihn seit Anfang des Jahres, und das Zielland hieß Mexiko. Er
habe verschiedene Pläne, schrieb George am 2. Januar an Stahl, und
»das kommende jahr wird entscheiden, ob sie lebensfähig resp: fort-
bildungsfähig sind«.[10]
Der Wunsch, nach Mexiko auszuwandern, war durch den geselli-
gen Umgang mit den drei jungen Söhnen des mexikanischen Arztes
und Regierungsbeamten Antonio Peñafiel geweckt worden. George
hatte die Mexikaner während seines ersten Paris-Aufenthaltes kennengelernt und sofort damit begonnen, seine rudimentären Spanisch-
kenntnisse aufzubessern. Auf dem Binger Gymnasium war er durch
einen Mitschüler aus Venezuela erstmals mit dieser Sprache in Berührung gekommen und hatte, noch ohne sie wirklich zu verstehen,
aus reiner Lust an ihrem Klang, Stücke aus dem *Romancero* auswendig gelernt, die er noch mehr als fünfzig Jahre später aufsagen konnte.[11] Wenn sich der Sprachfanatiker in Paris jetzt ins Spanische einar-
beitete, dann nicht nur aus Liebe zu dieser Sprache, die er damals für
die schönste hielt und für die »einzige, in der Dichtung, wie er sie
wünschte, möglich sei«, sondern vor allem »aus dem Gefühl tiefster
Freundschaft für diese fremden Knaben ... da ihm die geliebten Mün-
der diese vollen Laute in Herz und Ohr riefen«.[12]
Ende August 1889 reiste George nach Spanien. Er hatte eine von
Peñafiel unterschriebene Empfehlung des mexikanischen Konsulats
in Paris in der Tasche. Spanien spielte in Pariser Künstlerkreisen seit
der Mitte des 19. Jahrhunderts als Land der Sehnsucht eine ähnliche
Rolle wie Italien in der Phantasie der Deutschen, und so dürfte
George auch von seinen französischen Freunden eine Reihe von
Tipps bekommen haben. Mit der Eisenbahn, teilweise zu Fuß durch-
querte er zunächst den noch unerschlossenen spanischen Norden,
traf Ende des Monats in Madrid ein und besuchte von hier aus Tole-

do, »die außerordentlichste Stadt, die er kenne«, die Residenz Aranjuez mit den königlichen Gärten, die er in den *Pilgerfahrten* besang, und weitere Städte im Süden, den er als »schon ganz afrikanisch« empfand.[13]

Wolters brachte die Bedeutung Spaniens für George auf den Punkt: »Dort überkam ihn das seltsame Gefühl des Wiedersehens mit einer längst entschwundenen Heimat.« Georges lebenslange Liebe zu diesem Land sei gar nicht anders erklärbar, als dass hier »ein unheimlicher Tiefenraum der Erinnerung in ihm aufbrach«.[14] Die Spuren lassen sich durch zahlreiche Gedichte des Frühwerks verfolgen:

> Wandel der Seele geschah
> Als ich die üppig und edel
> Zu mir sich neigenden wedel
> Erster palmen wiedersah.[15]

Vorübergehend übernahm George aus dem Spanischen die vorangestellten Frage- und Ausrufezeichen[16] sowie auf Dauer den Hochpunkt. Während des Krieges träumte er davon, wenn alles vorbei sei, eine Zeitlang nach Spanien zu gehen, und in seinen letzten Monaten blätterte er zur Zerstreuung gern in spanischen Illustrierten. Vor allem Georges Kopfbedeckung legte Zeugnis ab für seine besondere Bindung an Spanien. Gleich zu Beginn seiner Reise, womöglich schon in Irún, der Grenzstation der spanischen Nordbahn, erwarb er die erste Baskenmütze, und noch die letzten Fotos aus Minusio zeigen ihn mit Barett. Er »wollte aber immer nur das echte béret haben, an dem das baskische Zeichen in den Rand eingewoben ist«,[17] so wie auch die von ihm geliebten hellen Strickjacken möglichst aus Kamelhaar sein mussten.

Den wohl gewaltigsten Eindruck seiner Reise empfing George beim Besuch des Escorial. Hier, im Herzen Spaniens, knapp 50 Kilometer vor den Toren Madrids, »rief die harte, fast unerbittliche Strenge der Landschaft mit den finsterstolzen Königsschlössern gewaltige Bilder einer königlichen Einsamkeit und unnahbaren Größe in ihm wach«.[18] Es war die Welt Philipps II., des düstersten Herrschers, den die neuere europäische Geschichte kennt. Erbaut zu Ehren des Mär-

tyrers Laurentius, war der Palast als eine überdimensionierte Begräbnisstätte für die gesamte spanisch-habsburgische Familie gedacht,
»ein dynastisches Pantheon sozusagen, in dem sie alle zusammen, Väter und Söhne, Enkel und Urenkel, zu einer stummen Geschlechtergemeinschaft vereint, den Tag der Auferstehung erwarten werden«.[19]
Philipp machte sämtliche Familiensärge ausfindig und ließ sie aus allen Teilen des Landes unter Trauergeläut herbeischaffen; die noch lebenden Mitglieder der königlichen Familie bestellten testamentarisch
Tausende von Seelenmessen im Voraus. 1888, ein Jahr vor der Spanienreise Georges, war für die Sarkophage früh verstorbener Prinzen,
die das Thronerbe nicht angetreten hatten, ein eigenes *Panteón de los
Infantes* eingerichtet worden, das George zu dem in den *Hymnen*
veröffentlichten Gedicht »Der Infant« anregte.[20]

Der Escorial war Kloster und Schule, Universität und Gelehrtenanstalt, Universalbibliothek und Reliquiensammelstätte in einem;
außerdem diente er der königlichen Familie als angenehmer Sommeraufenthalt. Vor allem aber kündete der Escorial vom Durchhalte- und
Siegeswillen des katholischen Glaubens: »Alles was die Lutheraner,
die Kalvinisten, die Anglikaner beseitigt, verhöhnt, geleugnet, zerstört haben, klösterliches Leben, Sakramente, Dogmen, Heiligenverehrung, Reliquienkult, Symbolik und Liturgie, christliche Kunst und
christliches Kunsthandwerk, alles das soll den Gegnern und Verächtern zum Trotz im Escorial nicht nur eine Heim- und Pflegstätte finden, sondern eine wahrhaft Tridentinische Renovatio erleben.«[21] Im
Zentrum dieses Kosmos lebte der Souverän in vollkommener Isolation, und so war der Escorial bei aller äußeren Prachtentfaltung zugleich »die Hochburg der königlichen Absonderung, Vereinzelung
und Überhöhung, der Inbegriff und die Weihestätte der königlichen
Unnahbarkeit«. Die mit gewaltigen Mitteln ins Werk gesetzte Utopie
Philipps II., der den Prozess der Säkularisierung stoppen und eine
spirituelle Erneuerung des Lebens aus der Kraft des Glaubens herbeiführen wollte, wurde für den 21-jährigen George zum Déjà-vu.
Spanien – das war die Reise in eine ferne Zeit, die sich als Teil der eigenen Vergangenheit herausstellte.

Über San Sebastian fuhr George zurück nach Paris und von dort weiter nach Bingen. Als er Mitte Oktober 1889 nach Berlin kam, »traf er am ersten Tage zufällig auf seine spanischen Freunde, deren Vater hier ein Druckwerk für die Regierung vollendete«.[22] Ob es wirklich ein Zufall war? Ob nicht die Peñafiels, als sie von Paris nach Berlin umzogen, George überredet hatten, mit nach Berlin zu gehen und dort sein Studium aufzunehmen? Keine seiner größeren Unternehmungen hatte er bisher ins Ungewisse geplant. Nach London, Montreux, Paris war er aufgrund von Empfehlungen gereist, und auch die Spanienreise verdankte er dem persönlichen Kontakt mit den Peñafiels. Mit ihnen verbrachte er jetzt in Berlin »einige Monate herzlicher Freundschaft. Sie durchstreiften gemeinsam die große Stadt und lernten auf weiten Wanderungen die kargen Reize der märkischen Landschaft kennen.«[23] Ohne die drei jungen Spanier, räumte George 1913 ein, wäre er damals »wohl wenig aus seiner Stube gekommen«.[24]

Auswanderungspläne tauchten zum ersten Mal im Februar 1890 auf. Dem Bund mit den Spaniern hatte sich inzwischen ein Kommilitone Georges angeschlossen, Maurice Muret aus der französischen Schweiz, der ebenfalls nicht abgeneigt schien, Europa zu verlassen. Im März wurde es ernst. Muret reiste für die Semesterferien nach Hause an den Genfer See, George lud die beiden jüngsten Peñafiels, Porfirio und Julio, für zwei Wochen nach Bingen ein. »Wie sehr bedauerte ich es«, schrieb er am 8. April an Muret, »dass Sie nicht in jenen wunderbar schönen vorfrühlingstagen mit hier am Rheine waren in der gesellschaft der gevattern Peñafiel.«[25] George hatte die beiden nach Bingen mitgenommen in der Hoffnung, dass es ihnen zu dritt gelingen könnte, den Vater von den Auswanderungsplänen zu überzeugen. »Von wieviel atmosphären ist der druck, den Sie auf Ihre eltern ausüben«, fragte Carl August Klein. »Hoffentlich ist kein allzu starker notwendig und werden sie auch schon leichter für die emigration des sohnes stimmen.«[26]

Mexiko erschien George als das Gelobte Land. Einer wie er werde drüben bestimmt sein Glück machen, ermunterten ihn die Peñafiels. In einem prächtigen Atlas – wohl einem Geschenk der Mexikaner – erkundete George erst einmal die topographischen Gegebenheiten.

Im April bestellte er bei einer Buchhandlung in Barcelona einige Bände spanischer Klassiker.[27] Zu Beginn der Semesterferien fuhr er für ein paar Tage nach Kopenhagen, wo er einen Dänen polnischer Abstammung besuchte, den er in Berlin kennengelernt haben dürfte und der ihm viel über die neueste skandinavische Literatur zu berichten wusste. Dieser stellte dann die Verbindung zu Johannes Jörgensen her, der drei Jahre später als Erster außerhalb des französischsprachigen Raumes ausführlich über die Lyrik Georges schrieb.[28]

Den Sommer 1890 verbrachte George in Bingen, reiste von hier für drei Wochen nach Paris und war zum Studienbeginn wieder in Berlin. Die endgültige Entscheidung über die geplante Auswanderung musste jetzt bald fallen, denn im Dezember kehrten die Peñafiels in ihre Heimat zurück. George begleitete sie nach Bremerhaven, wo sie sich Mitte des Monats einschifften. Beim Abschied überreichte er ihnen die wenige Tage zuvor im Druck erschienenen *Hymnen*. Im letzten Moment hatte er sich gegen einen Neuanfang auf fremdem Kontinent entschieden. Ein Jahr später, im Januar 1892, als er von Hofmannsthal zurückgestoßen wurde, erwog George offenbar noch einmal ernsthaft, nach Übersee zu gehen. Er werde sich Hofmannsthal immer verbunden fühlen, schrieb er dem Vater, »mag er nun in Europa und ich drüben mich aufhalten«.[29]

Viele Jahre später sollte ihn die spanische Welt in Gestalt eines deutsch-argentinischen Knaben noch einmal einholen. Im Mai 1903 lernte George in Berlin den zwölfjährigen Hugo Zernik kennen, der mit Mutter, Schwester und Vetter in derselben Pension wohnte. Hingerissen von der Schönheit des »Ugolino« und zusätzlich bezaubert durch eine Sprache, die ihn an frühe Zeiten erinnerte, empfand George doch zugleich die ganze Vergeblichkeit seiner Zuneigung. Mexiko war ihm einst durch die Peñafiels zur Verlockung geworden. Für den 35-Jährigen aber kam eine Verbindung zur Neuen Welt nicht mehr in Betracht. Die Begegnung mit Hugo Zernik, der in Argentinien zu Hause war und bald dorthin zurückkehren sollte, machte George schmerzhaft bewusst, dass Welten zwischen ihnen lagen, die nicht überbrückt werden konnten. Als er den Jungen zweieinhalb Jahre später wiedertraf, schrieb er drei Lieder, von denen das mittlere wohl zu seinen schönsten zählt:

> Mein kind kam heim.
> Ihm weht der seewind noch im haar,
> Noch wiegt sein tritt
> Bestandne furcht und junge lust der fahrt.

> Vom salzigen sprühn
> Entflammt noch seiner wange brauner schmelz:
> Frucht schnell gereift
> In fremder sonnen wildem duft und brand.

> Sein blick ist schwer
> Schon vom geheimnis das ich niemals weiss
> Und leicht umflort
> Da er vom lenz in unsern winter traf.

> So offen quoll
> Die knospe auf dass ich fast scheu sie sah
> Und mir verbot
> Den mund der einen mund zum kuss schon kor.

> Mein arm umschliesst
> Was unbewegt von mir zu andrer welt
> Erblüht und wuchs –
> Mein eigentum und mir unendlich fern.[30]

Die Melancholie der Erotik durchzieht Georges Dichtung bis zum Schluss. Sie ist groß, wo sie den Abschied singt und im selbstgewählten Verzicht auf Glückserfüllung das Leid noch über das Verlangen stellt. Für das Gedicht ist es unerheblich, ob es sich bei der Person, von der sich loszusagen wie eine innere Notwendigkeit erscheint, um einen Lebenden oder einen Toten, um einen Jungen, einen Mann oder eine Frau handelt und ob die Beziehung überhaupt zukunftsfähig gewesen wäre. Es dreht sich nicht darum, die Beziehung im Gedicht fortzuschreiben und dadurch insgeheim die Hoffnung auf eine glücklichere Wendung wachzuhalten. Vielmehr nimmt das Gedicht das drohende Ende vorweg. So erweist sich seine Wirklichkeit als eine den realen Verhältnissen überlegene Wirklichkeit, in der das entscheidende Moment der Begegnung für immer aufgehoben ist.

3

Als George nach dem Debakel mit Hofmannsthal im Februar 1892 Ablenkung in München suchte, bekam er einen Brief seines Bruders Fritz, der ihm neuen Mut machte. Fritz George, gerade 21 Jahre alt geworden und vom Vater zum Geschäftsnachfolger bestimmt, war Mitglied eines Binger Tanzkreises, dem auch Ida Coblenz angehörte, die Tochter eines erfolgreichen Weingutbesitzers am Ort. Auf dem Nachhauseweg vom Tanzen hatte sich Fritz im Januar ein Herz gefasst: »Fräulein Ida, ich möchte Ihnen was anvertrauen«, sagte er schüchtern. »Mein Bruder Schtefan – ja, unser Schtefan dicht't.« Keiner in der Familie könne damit etwas anfangen. Ob Fräulein Ida bereit sei, sich die Gedichte einmal anzuschauen, sie könne bestimmt etwas dazu sagen. Am nächsten Tag brachte er ihr ein Exemplar der *Hymnen*.[31]

Sie las, sah und verstand. So hat es Ida Coblenz anderthalb Jahre nach Georges Tod im *Berliner Tageblatt* beschrieben, und es gibt keinen Grund, an ihrer spontanen Begeisterung zu zweifeln. Nur Fritz George war damit noch nicht geholfen. Nachdem er vergeblich versucht hatte, seinem Bruder Idas Lob über die Gedichte wiederzugeben, musste er sie noch einmal um Hilfe bitten. »Er habe seinem Bruder nach München von mir geschrieben, aber er habe das nicht so recht auszudrücken verstanden, was ich ihm gesagt habe«, erinnerte sich Ida Coblenz. »Sein Bruder ließe mich bitten, meine Meinung über die Gedichte ihm, dem Fritz, schriftlich zu wiederholen.« Das war zwar alles ein wenig umständlich, aber endlich mit einem richtigen Dichter ins Gespräch zu kommen, der noch dazu aus Bingen stammte, war für die junge Frau verlockend genug. Schon damals sah sie sich am liebsten in der Rolle der Muse, einer Rolle, die sie ein Leben lang mit großer Überzeugung spielen sollte. »Es gibt für mich kein Glück der Welt, das sich mit dem messen kann, Zeugin der schmerzlosen Geburt eines vollendeten Kunstwerks zu sein.«[32]

Ida Coblenz kam am 14. Januar 1870 als dritte Tochter des Kommerzienrats Simon Zacharias Coblenz und seiner Frau Emilie, geborene Meyer, in Bingen auf die Welt. Das stattliche, im Stil der Gründerzeit repräsentativ eingerichtete Elternhaus in der Kirchstraße 3 (heute Basilikastraße) lag in einem großen Garten, der direkt an den Kirchgarten anstieß. Der Großvater mütterlicherseits, der zu Vermögen gekommen war und ein prächtiges Haus am Marktplatz bewohnte, hatte die Einwilligung zur Eheschließung seiner Tochter davon abhängig gemacht, dass sein künftiger Schwiegersohn sich in Bingen niederließ. Unter seiner Leitung gehörte die international tätige Weinhandelsfirma Meyer & Coblenz bald zu den Großen der Branche.

Ida Coblenz hat das gesellschaftliche Gefälle zwischen ihrem Elternhaus und dem Georgeschen gern betont. Für Fritz George, »der ein harmloser, freundlicher, netter, guter Tänzer war«, habe es einen sozialen Aufstieg bedeutet, »in unseren Kreis zu kommen«. Auch Idas erste Erinnerung an Stefan war nicht frei von Dünkel. An einem Sonntagnachmittag – »es mag 1884 gewesen sein« – sei sie mit einigen Freundinnen am Rheinkai spazieren gegangen, als ihnen »ein blasser hagerer Junge im Gehrock, zur Seite seiner auch farblosen altjüngferlichen Schwester«, entgegenkam. »Die Backfische kicherten: ›S'Schorsche Schtefan‹.« Worüber sie sich am meisten belustigten, war der Gehrock, den katholische Knaben eigentlich nur zur Erstkommunion trugen. Wer mit 15 oder 16 noch in solcher Tracht promenierte, wollte offenbar etwas Besonderes sein, wirkte aber nur reichlich komisch.[33] George seinerseits erinnerte sich noch 1930, dass Ida Coblenz »in Bingen als extravagant bekannt« gewesen sei. Den Klassenunterschied auf den Kopf stellend fügte er hinzu: »Man brauchte sich ihrer nicht zu schämen.«[34]

1878, ein halbes Jahr nach der Geburt einer vierten Tochter, war Idas Mutter gestorben. Häufig wechselnde Hausdamen übernahmen fortan die Erziehung der Kinder. Der Vater, der nur sein Geschäft im Sinn hatte, kümmerte sich wenig, reagierte aber empfindlich auf die musischen Interessen Idas, die ihre Leiden heimlich einem Tagebuch anvertraute. Eines Tages waren die Blätter verschwunden. Ida wurde vom Vater zur Rede gestellt und erhielt eine Tracht Prügel.

»Du brauchst mir nicht zu sagen, dass Papa nur mein Bestes im Auge hat«, schrieb sie später an ihre älteste Schwester. »Papa ist mir nie eine Stunde lang Vater gewesen, *nie* hat er mir auch nur eine Liebkosung gegönnt.«[35] Für den Kommerzienrat Simon Zacharias Coblenz gab es keine andere väterliche Pflicht als die, seine Tochter gut zu verheiraten. Kaum hatte Ida die Binger Privatschule beendet, kam sie auf ein Pensionat nach Brüssel, das höhere Töchter auf die Ehe vorbereitete. Hier wurde Ida zum ersten Mal mit offenem Antisemitismus konfrontiert. Der Vater war ebenso wie die Großeltern Meyer seit langem assimiliert; er interessierte sich weder für die jüdischen Feiertage noch für die Binger jüdische Gemeinde, die um 1890 etwa sechshundert Mitglieder zählte. Der Posten des Präsidenten der Handelskammer war ihm wichtiger. Ida nahm die erste Gelegenheit wahr, aus Brüssel zu fliehen und nach Hause zurückzukehren. Sie fühlte sich oft unwohl, verbrachte viel Zeit im Bett und »wirkte bisweilen tagelang apathisch«. Die inzwischen zur Unterstützung des Binger Haushalts angereiste Großmutter hielt das alles für »Allüren eines verwöhnten jungen Mädchens«; man müsse darauf achten, dass Ida nicht der »Bleichsucht« verfalle.[36] Zu allem Unglück verliebte sie sich auch noch in den Falschen, einen vier Jahre älteren Leutnant aus Darmstadt, Heinz von Hahn – ein Verhältnis, das der Vater, als er davon erfuhr, auf der Stelle unterband.

Im Herbst 1891 ging Coblenz auf längere Geschäftsreise nach Russland und nahm seine Tochter bis Berlin mit. Die Tante, bei der sie während der folgenden drei Monate wohnte, erhielt vom Vater den Auftrag, in der Berliner Gesellschaft einen gutsituierten Bräutigam ausfindig zu machen. Auf Bällen und bei Diners wurde die 21-Jährige, so empfand sie es selbst, präsentiert wie ein Stück Ware. Allerdings ließ sich Ida nicht nur begutachten, sondern prüfte auch ihrerseits. ›»Schwan, kleb an‹, urteilten die Cousins, die ihre Wirkung auf Männer genau beobachteten, missbilligend. ›Geradezu kompromittierend‹ fanden sie ihre Anziehungskraft.«[37] Als Höhepunkte ihres Berlin-Aufenthaltes erlebte Ida zahlreiche Opernbesuche und einen Abend, an dem sie dem alten Fontane vorgestellt wurde, der ihr sein

Foto schenkte. Bei ihrer letzten Abendeinladung durfte Ida Coblenz neben dem jungen Walther Rathenau sitzen.

Zurück in Bingen, bekam Ida den Unmut des verhassten Vaters deutlich zu spüren. In einer Mischung aus Trotz und Verzweiflung zog sie sich noch mehr in sich selbst zurück, flüchtete in die Welt der Bücher oder verströmte sich in stundenlangem Klavierspiel. »Wenn ich an meinem Flügel sitze, bin ich Musiker, Maler und Dichter in Einem – ich habe aber noch nie Worte gefunden die genügen mein Empfinden auszudrücken.«[38]

Es war ein schöner Frühlingstag, als Stefan George Mitte März 1892 Ida Coblenz zum ersten Mal aufsuchte. Er trug einen hellen Anzug und einen kleinen runden Stohhut, Ida sah ihn von weitem den Gartenweg heraufkommen. George blieb zwei Stunden. Man sprach über Berlin, über Bücher, die Ida zuletzt gelesen hatte, über Wagner und Nietzsche, und dann wohl über Georges Gedichte. »Gespräch« schien ihr am besten gefallen zu haben, und George bat sie, doch einmal aufzuschreiben, wie sie dieses Gedicht aus den *Hymnen* interpretiere. »Der Dichter sucht also ein Weib, das er lieben könnte, und nirgend findet er sein Ideal. Keine reicht bis zu ihm heran; und so verbietet er lieber königlich den niederen Mägden ihn zu lieben, und hält sich rein für seine Muse.« Sie sei überzeugt, fügte die Interpretin hinzu, »dass dem Dichter seine Muse einstens verkörpert begegnen wird«. Es war eine etwas verknappte, betont spröde, naiv autobiographische Deutung, welche die Sinnlichkeit des Gedichts vollkommen ignorierte. Offenbart doch die Muse dem Dichter als ihren geheimsten Wunsch: »Ich würde dich in seidenwellen baden / Auf schwerem purpur freudig dir zu willen.«[39]

Wenn Georges Aufforderung, gerade dieses Gedicht zu interpretieren, eine indirekte Werbung war, dann verstand es Ida Coblenz geschickt, ihr auszuweichen.[40] Diese Muse hielt ihren Dichter auf Distanz. Und sie klagte. Die Treffen mit George seien für sie sehr anstrengend gewesen, »immer des Guten etwas zu viel«.[41] Ida Coblenz ließ keinen Zweifel darüber aufkommen, wer in dieser Beziehung das Tempo vorgab und den Grad der Erregung bestimmte.

Im Juni sahen sie sich wieder. Sie sprachen viel über die bevorstehende Gründung der *Blätter für die Kunst*. George hätte Ida Coblenz gern als Mitarbeiterin gesehen und versuchte sie zu eigener Produktion zu ermutigen. Sie solle mehr auf die Form achten, mahnte George und schickte ihr einen Aphorismus im Stile Jean Pauls: »Warum die schönheitswidrigen armen gebräuchlichen formen ... anwenden um dein innres auszugiessen – denn das ist es ja nur was du willst?«[42] Bei einem Vergleich der »beiden größten Gegner Buddha und Zarathustra« glaubte Ida »eine gemeinsame Wahrheit gefunden« zu haben.[43] Aber sie tat sich schwer mit dem Schreiben und sah bald ein, dass ihre Mittel zu eigener schöpferischer Tätigkeit nicht hinreichten. Um so mehr schwärmte sie für jede Form genialischen Künstlertums und streckte nach allen Seiten ihre Fühler aus.

In einer »fast heiligen Scheu vor dem Schaffenden« war Ida Coblenz im Frühjahr 1892 mit dem Schriftsteller Fritz Kögel in Korrespondenz getreten.[44] Dessen soeben erschienene Prosa-Betrachtungen *Vox Humana. Auch ein Beichtbuch* hielt sie für das Bedeutendste, was sie seit langem gelesen hatte. George schloss sich diesem Urteil umgehend an; das *Beichtbuch* sei »das werk eines wahren *Künstlers* was eben in Deutschland viel heisst«.[45] Bei seiner Rückkehr nach Berlin Ende Juni suchte er Kögel umgehend auf, aber die halbstündige Unterredung war nicht sehr ergiebig. An Ida berichtete er, es sei »immer so misslich wenn sich jemand anders auszuschaun erlaubt als wir uns vorgestellt«.[46] Kögel war als Verwaltungsdirektor bei Mannesmann tätig und betrieb die Schriftstellerei nur nebenher.

1886 hatte Kögel in einem Zeitschriftartikel »Frauen- und Goldschnittliteratur« auf ironische Weise die weibliche Eitelkeit für den Niedergang der Buchkultur in Deutschland verantwortlich gemacht. »Die Buchhändler sind den Frauen wirklich zu großem Danke verpflichtet. Wie hätten sie je daran denken können, kleine Dichterwerkchen in Großfolio erscheinen zu lassen, wenn nicht Frauen dawären, die sich diese ihre Lieblingsbücher mit mächtigen Bildern verziert, verschwenderisch prächtig gedruckt, als Riesenbände schenken lassen?« Ida Coblenz kannte den Artikel mit Sicherheit

nicht; die Charakterisierung der lesenden Frau als eine auf Äußerlichkeiten bedachte, zum Prunk des Trivialen neigende Höhere Tochter hätte sie empört. Aber war das Porträt so falsch? Ida Coblenz war
nicht wirklich in der Lage, so ihr Biograph, »›große‹ Kunst immer
von Hervorbringungen des Zeitgeistes, Kunst immer von Kunstgewerbe zu unterscheiden«.[47]

Einem weiteren Hinweis von Ida Coblenz ging George ebenfalls
nach. Carl August Klein musste die Adresse von Maurice Reinhold
von Stern ausfindig machen. Dieser Dichter dürfte allerdings noch
weniger in Georges Programm gepasst haben als der Mannesmann-
Direktor. 1860 in Reval geboren, hatte Stern einige Jahre als Arbeiter
in den USA gelebt und sich anschließend in Zürich niedergelassen.
Dort erschienen 1885 seine *Proletarier-Lieder* – »an die Adresse der
deutschen Lohnarbeiter«. Das Vorwort warb um Nachsicht: »Wo die
Kraft, das dichterische Können gemangelt hat, bemüht sich der gute
Wille und die Liebe für die Sache, das Fehlende zu ersetzen.« Der
gute Wille war offenbar auch bei den Lesern vorhanden, denn innerhalb von drei Jahren waren trotz der Beschränkungen durch das So-
zialistengesetz zehntausend Exemplare verkauft worden. Im Vorwort zur zweiten Auflage (1888 unter dem Titel *Stimmen im Sturm*)
wies Stern stolz darauf hin, dass seit Georg Herwegh kein revolutionärer Dichter in Deutschland einen solchen Erfolg erzielt habe.

»Die dichterische individualität Maurice von Sterns – mir scheint
es – berechtigt uns zu hoffnungen.«[48] Glaubte George ernsthaft, den
Dichter der *Proletarier-Lieder* in seine Zeitschrift integrieren zu können? Seine Bemühungen um Fritz Kögel, Maurice von Stern oder auch
Bruno Wille, einen weiteren populären Vertreter des Individualanar-
chismus, zeigen jedenfalls, wie schwierig es für ihn in der Anfangspha-
se war, sich einen Überblick über das literarische Feld zu verschaffen
und Autoren zu gewinnen. Wenn die Chance bestand, dass für die
Blätter etwas abfiel, mussten ideologische und ästhetische Bedenken
eben zurückgestellt werden. Nicht die behauptete Exklusivität, der
Anspruch einer Kunst um der Kunst willen, stand George im Weg,
sondern die Tatsache, dass er nicht über die nötigen Kontakte verfügte.

Wie wenig Maurice von Stern seinerseits mit der neuen Zeitschrift anfangen konnte, zeigte sich im Dezember, als er in einer Schweizer Zeitschrift die Eröffnungsnummer besprach. Es war die erste Rezension der *Blätter* im deutschsprachigen Raum. Stern lobte den Plan und meinte, »dass die Aufmerksamkeit des Lesers auch ohne die unsinnige Orthographie lebhaft erregt« werden dürfte. Am Schluss aber konnte er sich eine persönliche Bemerkung nicht verkneifen: »Die ganze Unternehmung hat übrigens einen Beigeschmack von Mystifikation. Wer weiss, welch ein Schalk dahinter steckt!«[49]

4

Ende Sommer 1892 erhielt Ida Coblenz unerwartet Post. Heinz von Hahn, der Leutnant, den der Vater einst verbannt hatte, hielt um ihre Hand an. Die junge Frau war vollkommen ratlos, denn sie wusste, dass ihr Vater sich nicht würde umstimmen lassen. In diesem Zustand wich sie Georges Bitten um eine Verabredung aus. Als sie sich im November wiedersahen, muss sie ihn eingeweiht und ihm ihre Liebe zu Hahn gestanden haben. In ihrem autobiographischen Roman *Daija* hat Ida Coblenz diesen Moment als entscheidenden Wendepunkt ihrer Beziehung gedeutet:

> Plötzlich empfand Daija ihre innere Unruhe als kaum noch tragbare Qual. Sie musste endlich einem Deuter des Lebens ihr Herz öffnen. Sie fragte sich in ihrer Not nicht, ob Bertrand [d.i. Stefan George] der Richtige sei, sie zu beraten; und wen sonst hätte sie ins Vertrauen ziehen sollen? … Und Daija sprach … Schliesslich, da ihre Worte ihr nicht genügten, reichte sie ihrem Gefährten den Brief, den sie diesen Morgen empfangen hatte. Er las langsam und sehr eindringlich; dann fragte er: »Sind Sie überzeugt, dass dieser Mann Sie wirklich kennt? Dass er alle Ihre Möglichkeiten ahnt? Dass seiner Bezauberung durch Ihre äussere Erscheinung nicht eine Unfähigkeit, Ihr inneres Wesen zu erfassen, gegenübersteht? – Geben Sie mir jetzt keine Antwort. Lassen Sie mich heute Abend noch Ihnen schreiben.« Sein Brief verriet den Zwiespalt, in den Daijas Bekenntnis ihn gestürzt hatte;

er empfand Misstrauen gegen den ihm Unbekannten. Aber noch etwas anderes klang aus seinen Worten: zum ersten Mal liess er Daija seine eigene Empfindung für sie ahnen. Er sprach von dem Jammer, der es sein würde, wenn ein anderer Wunsch, als der, sie glücklich zu machen, um sie würbe. Wenige Tage später sandte er Daija ein wehmütig resignierendes Gedicht. Dann reiste er früher ab, als es seine Absicht gewesen war.[50]

Der Originalbrief ist überliefert. George antwortete mit einem Gleichnis aus Wagners *Siegfried*: Die Frage laute, ob Brünnhilde gebrochen oder geläutert werde, wenn sie den Gedanken an Siegfried aufgeben müsse, und ob umgekehrt Siegfried ihr so viel bedeute, dass sie bereit sei, auf alle anderen Leidenschaften zu verzichten, falls er es befehle. Und dann folgte jener Satz, den Ida in ihrem Roman aufgriff und doch entscheidend abwandelte: »Es wäre ein jammer wenn Sie um irgend etwas (der leiseste verdacht muss weit fliehen) umworben sein sollte als um ihrer herrlichen gaben willen.«[51] George schätzte sie wegen ihrer Einfühlsamkeit, aber er sprach nirgends davon, sie glücklich machen zu wollen. Hätte sie gleichwohl wissen müssen, dass ihr Bekenntnis zu einem anderen Mann ihn verletzte? War es nicht naiv gewesen, George einzuweihen? Dieser versuchte, den Gedanken einer direkten Rivalität gar nicht erst aufkommen zu lassen, und deutete vorsichtig an, der Leutnant a. D. wisse ihre »herrlichen gaben« gar nicht zu schätzen und liebe möglicherweise bloß ihr Äußeres.

Ende November fuhr George aller Wahrscheinlichkeit nach über Paris nach Lüttich, um bei einer ihm von Albert Saint-Paul empfohlenen billigen Druckerei 90 Exemplare des *Algabal* abzuholen (zuvor hatte er sich einen Kostenvoranschlag über 250 Exemplare sowie zehn Probedrucke machen lassen). Welches Gedicht er Ida bei seiner Abreise hinterließ, ist nicht zu rekonstruieren. Seit der Fertigstellung des *Algabal* im Dezember 1891 hatte er keine Gedichte in deutscher Sprache mehr geschrieben. Jetzt, Ende 1892, wurde er wieder produktiv. Quelle der Inspiration war niemand anderes als Ida Coblenz. Bis in den Herbst 1895 – und darüber hinaus – schrieb George mehr als fünfzig Gedichte (sowie mehrere Prosastücke), die direkt oder indirekt an die Freundin gerichtet waren. Die ersten erschienen 1893 in den *Blättern für die Kunst*, die letzten 1907 unter den *Liedern* des *Siebenten Rings*. Nicht weniger als fünf Zyklen stehen im unmittelbaren Erlebniszusammenhang mit ihr: die *Sänge eines fahrenden Spielmanns* sowie der Mittelteil im *Buch der Hängenden Gärten*, von ihr gern »Semiramislieder« genannt; *Nach der Lese* und *Waller im Schnee* im *Jahr der Seele* sowie, im gleichen Band, als letzter Versuch, das drohende Ende noch einmal hinauszuschieben, die *Traurigen Tänze*. Eines der schönsten unter den *Liedern* des *Siebenten Rings* lautet:

> Im windes-weben
> War meine frage
> Nur träumerei.
> Nur lächeln war
> Was du gegeben.
> Aus nasser nacht
> Ein glanz entfacht –
> Nun drängt der mai,
> Nun muss ich gar
> Um dein aug und haar
> Alle tage
> In sehnen leben.[52]

George hat Ida Coblenz vier Jahre lang, vom Sommer 1892 bis in den Herbst 1896, still umworben, ohne sich darüber im Klaren zu sein, dass die Umworbene die Werbung gar nicht ernst nahm. »George, vor dessen immer kalten Händen mir leise graute, behielt mit seiner pergamentenen Haut etwas Unlebendiges.«[53] Dieser Mann, da sei sie sich vom ersten Moment an sicher gewesen, würde nie »das Blut einer Frau erwärmen können«.[54] Sie habe sich immer nur als Partnerin verstanden, »an ein Mehr bei ihm habe ich niemals gedacht«.[55] Ihr gesunder Instinkt habe sie davor bewahrt, suchte sie sich Jahre nach Georges Tod noch einmal Rechenschaft abzulegen, sich auf etwas einzulassen, was nur in einer Katastrophe für beide hätte enden können. Und dann steht da im Tagebuch der 67-Jährigen der Satz, der alles erklärt: »Sein Leib war mir so fremd, als gehöre er einem anderen zoologischen Bereich als ich an.«[56]

Georges Gedichte an Ida Coblenz sind grandiose Variationen der Trauer über eine von Anfang an aussichtslose Beziehung. In einem »Lezten Brief«, geschrieben wohl bald nach dem definitiven Bruch im November 1896, machte George der Freundin von einst bittere Vorwürfe. Er habe immer auf das erlösende Wort gewartet, ein Wort, »das du hättest finden müssen und das mich hätte retten können ... aber für das eine wort bist du stumm geblieben«. Eigentlich sei, was er erwartet habe, viel weniger gewesen als ein Wort, eher »ein hauch, eine berührung!« Er selber hätte ja gern den ersten Schritt getan, aber »ich konnte es nicht sagen, ich konnte es nur in träumen ahnen, auch hätte ich es nicht sagen dürfen, da du es hättest finden müssen«.[57] Aber wie hätte es lauten sollen, dieses eine Wort?

Ida Coblenz fühlte sich erotisch nicht zu George hingezogen, im Gegenteil, seine ganze Erscheinung wirkte auf sie beklemmend. Und George? Der 24-Jährige hoffte, durch die neue Freundin auf wunderbare Weise doch noch aus seinen erotischen Verwirrungen befreit zu werden. Vielleicht verstand sie ihn ja, vielleicht zeigte ihm die Natur ja doch noch einen Weg zum anderen Geschlecht. Der Druck, endlich Gewissheit zu erlangen, ist in den Gedichten auf beklemmende Weise greifbar: »Wenn ich heut nicht deinen leib berühre / Wird der faden meiner seele reissen / Wie zu stark gespannte sehne.«[58] Zeilen wie diese lassen kaum einen Zweifel, dass George die körperliche Nähe zu Ida Coblenz suchte, obwohl – oder gerade weil – er seine homoerotischen Neigungen kannte. Ob ihn die latente Angst vor der Intimität mit dem anderen Geschlecht lähmte, oder ob ihn mehr die Sorge umtrieb, zurückgewiesen zu werden, sobald er sich offenbarte, ist schwer zu entscheiden. Rückschlüsse auf den tatsächlichen Verlauf der Beziehung lassen die Gedichte kaum zu, sie spiegeln fast nie das unmittelbare Empfinden ihres Verfassers. »Die kunst – meine kunst vielmehr – kann kein erlebnis keine erregung unmittelbar wiedergeben. sie wartet auf die rhythmische umsetzung.«[59] Fast alle Gedichte sind retrospektiv, aus dem Abstand von Tagen, oft Wochen geschrie-

ben. Erst wenn ein Erlebnis verarbeitet war, konnte es im Gedicht
neu gestaltet werden.

Dennoch lassen sich bestimmte Gedichte und Gedichtgruppen, etwa aufgrund der Jahreszeit und mit Hilfe der Korrespondenz, genauer einordnen. Auch das ständige Auf und Ab im Verhältnis zu Ida
Coblenz hinterließ deutliche Spuren. Wenn sie ihn über Tage hinhielt
und das von ihm ersehnte Treffen im letzten Augenblick doch noch
absagte, weil sie sich unpässlich fühlte, wurden eben auch die Gedichte verzweifelter. Unternahmen sie lange Spaziergänge, zu denen
sie sich meist nachmittags an der Post oder an der Schule verabredeten, um ins Nahe-Tal oder auf den Rochusberg zu gehen, zeugten
eben auch die Gedichte von neuem Mut. Einmal fuhren sie ins nahe
gelegene Bad Kreuznach, wo die in Oberstein geschliffenen Edelsteine, so genannte Obersteiner Waren verkauft wurden, um für Ida
einen Smaragd auszusuchen. Ein andermal herrschte schlechte Stimmung. »Am nächsten Morgen kam er und sagte: ›Ich habe heute nacht
für Sie Verlaine übersetzt.‹ Er wandte den Blick von mir weg und
sprach:

> Wir müssen – siehst du – uns versöhnlich einen
> So können wir noch beide glücklich werden
> Und trifft auch manches trübe uns auf erden:
> Sind wir doch immer nicht wahr? zwei die weinen[60]

Ende 1892, als Ida ihm die Liebesbriefe Heinz von Hahns zeigte und
ihn fragte, wie sie sich verhalten solle, waren die ersten Wolken über
ihrem Verhältnis aufgezogen.[61] Aus den Jahren 1893 und 1894 gibt es
nur wenige Nachrichten, kein einziges Schriftstück aus der Zeit zwischen Mai 1893 und Februar 1894 hat sich erhalten. Ida Coblenz
führte George bei der jung verwitweten Luise Brück ein, die einen
kleinen literarischen Zirkel unterhielt und später mit Geschichten
aus der Binger Heimat dilettierte.[62] Am häufigsten aber gingen sie
spazieren, im Frühjahr 1893 in Bingen, im Herbst in München, wo
Idas zweite Schwester lebte. In diesem oder im darauf folgenden
Herbst soll dort bei Gängen durch den Nymphenburger Park die

berühmte Gedichtreihe »Komm in den totgesagten park und schau« entstanden sein.

Ida Coblenz war nach wie vor tief unglücklich und oft wochenlang krank. Hauptursache ihrer Leiden dürften die forcierten Bemühungen des Vaters gewesen sein, sie endlich angemessen zu verheiraten. »Um dem Druck des Vaterhauses zu entrinnen«, so hat es der Dehmel-Biograph Julius Bab zusammengefasst, »heiratete Ida Coblenz enttäuscht, erbittert, bis zur Hoffnungslosigkeit ermüdet, schließlich irgendeinen der Bewerber, die der Vater ins Haus brachte.« Das Los fiel auf Leopold Auerbach, einen Textilhändler aus Berlin, der im Boom der späten achtziger Jahre ein Vermögen gemacht und sich zur Abrundung seiner Karriere den Titel eines argentinischen Konsuls gekauft hatte. »Den Kerl nur zu sehen«, empörte sich George noch ein halbes Jahrhundert später, »banal, plump, zudringlich, wie aus den ›Fliegenden Blättern‹.« Idas Biograph drückte sich etwas galanter aus und wählte einen Vergleich aus der zeitgenössischen Literatur: »Das Paar wirkt wie das Abbild der jungen Effi Briest und des selbstsicheren Barons von Innstetten.«[63]

Am 2. April 1895 wurde geheiratet, und schon auf der Hochzeitsreise nach Paris machte Frau Consul Auerbach, wie sie sich nun nannte, ihre ersten unangenehmen Erfahrungen. Tagsüber amüsierte sich der Herr Gemahl auf der Pferderennbahn in Longchamp, schlemmte sich abends durch die Luxusrestaurants der Stadt und überredete seine Frau anschließend, mit ihm durch die Nachtlokale zu ziehen. Wo blieb die Kunst? Einen Vorteil zumindest brachte das Leben an der Seite dieses Mannes. Ida, die ihren Hang zum Luxus nie geleugnet hatte, konnte fortan ungeniert in großem Stil repräsentieren. Das »Consul Auerbach'sche Haus« am Rande des vornehmen Berliner Tiergartens, von ihr verschwenderisch eingerichtet, sollte zu einem Mittelpunkt des gesellschaftlichen Lebens werden. Besonders willkommen sollten die Künstler sein, deren Schaffen sie nach allen Seiten vermittelnd und mit dem Geld ihres Mannes auch mäzenatisch zu fördern gedachte.

George war Ende März von seiner Schwester über die bevorstehende Hochzeit unterrichtet worden; er solle auf keinen Fall versäumen zu gratulieren.[64] Statt einer Karte schickte George grußlos sein Porträt, eine Radierung von Hermann Schlittgen, die als Beilage zum jüngsten Heft der *Blätter* soeben erschienen war. Ida fasste die Zusendung »als stumme Frage« auf und versicherte George in einem langen Brief, dass sich in ihrem Verhältnis zu ihm nichts geändert habe: »Ja, ich kann mich nicht entsinnen, dass irgend ein größeres Ereigniß meines Lebens von so geringer Bedeutung für mich gewesen wäre, als meine Eheschließung.«[65] Sie ließ durchblicken, wie unglücklich sie in der Ehe sei, und schon sechs Wochen später brach es aus ihr heraus:

> *Sie* kannten mich doch, ich hatte Ihnen mich gezeigt, wie vielleicht, nein gewiß keinem Andern. Warum nahmen Sie mich nicht bei der Hand und sagten: »Das kannst Du nicht tragen. Der Schlamm wird über Dir zusammen schlagen, und über Deinen Lilien.« Und wäre der Mann, dem ich bereit war mich hinzugeben, weil ich nicht wußte was hingeben sei, der Klügste, der Beste, der Schönste gewesen – mein Elend wäre dasselbe. Ich ersticke, ersticke im Schlamm. Es giebt für dieses Grauen, für dieses Gräßliche keine Worte, keine Farben, keine Töne. Es ist dafür nur völlige Verzweiflung, Entsetzen bis zum Wahnsinn, Wahnsinn.[66]

Ihren sexuellen Ekel nach drei Monaten Ehe vertraute die 25-Jährige demjenigen an, bei dem sie auf das meiste Verständnis hoffen konnte. Idas Vorwurf, George hätte sie warnen müssen, schoss allerdings übers Ziel hinaus, denn vor ihrer Eheschließung wäre sie nie auf den Gedanken gekommen, solche Intimitäten mit ihm zu erörtern. Jetzt suchte sie Trost bei ihm, und George enttäuschte sie nicht. Zwar könne er sich nicht so über das »Grässliche« verbreiten wie sie, ja, er frage sich, ob man überhaupt darüber reden solle. Da sie aber aufgewachsen seien wie »bruder und schwester«, setze er eine stille Übereinkunft zwischen ihnen voraus: »Haben Sie denn in meinem gesicht nie geraten dass es ... das nämliche ›grässliche‹ war was meines lebens ganze qual gewesen ist und möglicherweise sein wird.«[67]

Ida Auerbach fing sich wieder. Und sie ging ihrer Lieblingsbeschäftigung nach, Künstler zusammenzubringen. Seit langem hatte sie es sich in den Kopf gesetzt, George in Berlin bekannt zu machen.

Im Jahr zuvor hatte sie Otto Julius Bierbaum, den Redakteur der *Neuen Deutschen Rundschau*, für George erwärmen wollen. Jetzt schrieb sie an Richard Dehmel, der dem Redaktionskommitee des *Pan* angehörte, und fragte ihn vorwurfsvoll, warum der *Pan* George und die *Blätter für die Kunst* ignoriere. Am 16. August suchte Dehmel Frau Consul Auerbach auf und versprach, sich für George beim *Pan* einzusetzen. Es sei denkbar, einige Gedichte von ihm dort zu veröffentlichen, wenn Frau Consul so freundlich sein wolle, die Vermittlung zu übernehmen. Ida war in ihrem Element. Am nächsten Tag berichtete sie George ausführlich, dass sie Verbindung zum Vorstand des *Pan* geknüpft und sich bei den Herren für ihn verwendet habe. Bei den Herren? Ida wusste, dass die Nennung von Dehmels Namen alle ihre Hoffnungen zunichte gemacht hätte.

»Es geht ein großer Zug durch seine Dichtungen«, hatte Ida Weihnachten 1892 an George geschrieben, als sie Dehmels ersten Gedichtband *Erlösungen* als Geschenk erhielt, und ihm Dehmel sofort als Mitarbeiter für die *Blätter* empfohlen.[68] George war außer sich. Möglicherweise hing seine neuerliche Produktivität auch mit dieser Kränkung zusammen. Zwar galten ihm alle Dichter, die etwa gleichzeitig mit ihm die literarische Bühne betraten, sofern sie nicht zum Umkreis der *Blätter* gehörten, als minderwertig. Aber die Verachtung Dehmels reichte viel tiefer, hier ging es nicht bloß um mangelndes Talent. Wie kein zweiter verkörperte Dehmel alles, was George zuwider war. Was ihn abstieß, hat er in einem langen erregten Brief an Hofmannsthal dargelegt, der Dehmels Dichtungen einige Jahre später als die einzigen neueren Produktionen rühmte, die für ihn in Betracht kämen:

> Was Sie immerhin mit einem beträchtlichen lob ausstatten gehört für mich zum schlechtesten und widerwärtigsten was mir in die hände kam ... Die von Ihnen hocherhobenen erzeugnisse leiden ... unter der allen ungebildeten menschen eigenen zügellosigkeit und stil-verquickung: der verfasser verrät seinen völligen mangel an künstlerischer begabung dadurch dass er beständig und wider seinen willen ›seine gestalten mit den geheimen gebrechen seiner natur befleckt‹ ... solche gereimten dinge aber sind mir – rein rechnerisch genommen – im geistesmaass zu gering.[69]

Richard Dehmel wurde 1863 im Brandenburgischen als Sohn eines Försters geboren, studierte zunächst Philosophie und Naturwissenschaften, dann Nationalökonomie, promovierte 1887 in Leipzig und war bis 1895 Sekretär des Verbandes deutscher Privat-Feuerversicherungsgesellschaften. Auf seinen ersten Gedichtband *Erlösungen* (1892), in dem er seine vorehelichen erotischen Abenteuer mit Paula Oppenheimer beschrieb, mit der er seit 1889 verheiratet war, folgte ein Jahr später *Aber die Liebe.* Der Band – oder wohl besser der Prozess vor dem Landgericht München, der zum Verbot einzelner Textpassagen wegen Unsittlichkeit führte – machte Dehmel mit einem Schlag einem breiteren Publikum bekannt. Viele der Gedichte waren inspiriert durch Dehmels neue Leidenschaft für die Übersetzerin Hedwig Lachmann. Weil er weder die Geliebte aufgeben noch die Ehefrau verlassen wollte, versuchte Dehmel die beiden Frauen von einer »Ehe zu dritt« zu überzeugen. Weitere Affären folgten. Seine erotischen »Wirbel« besang er anschließend auf plumpe Weise, meist hart an der Grenze zum Obszönen, auch mit Zerknirschungen über seine Obsessionen nicht geizend. So ließ er sich, stets auf der Suche nach Selbstverwirklichung im Erotischen, von einer Erregung zur nächsten treiben. Sein Vitalismus traf das Lebensgefühl vor allem jüngerer Leser und Leserinnen, die sich an Dehmels Gedichten »aus dumpfer Triebhaftigkeit zu einer geisterfüllten, lichten Existenz emporzuläutern« hofften.[70] Schon wenige Jahre später, im Zuge der einsetzenden Lebensreformbewegung, galt Dehmel »unbestritten als der größte lebende deutsche Lyriker«.

Als Dehmel im August 1895 bei Ida Auerbach vorsprach, um sie in Sachen George mit dem *Pan* zu versöhnen, nutzte er die Gelegenheit, bei der Mäzenin ein gutes Wort für seinen Freund Detlev von Liliencron einzulegen. Liliencron, der jenen burschikosen Stil in die deutsche Lyrik eingeführt hatte, der für Dehmel zum Vorbild geworden war, lebte in ständiger Flucht vor seinen Gläubigern. Er war dankbar für jeden Hundertmarkschein, den er freilich meist auf der Stelle wieder ausgab – für süße Mädels und teuren Wein: »Mädchen, die in Seide rauschen, / Kosten abends oft viel Geld.« Die *Adjutantenritte,* sein

Erstling, den er 1883 im Alter von fast vierzig Jahren veröffentlicht hatte, zeigten eine Frische und Spontaneität, die unter den Epigonen selten geworden war und der deutschen Lyrik einen neuen Reiz, den »Reiz des Stegreifs« (Oskar Walzel) verlieh. Was mitreißend spontan und absichtslos wirkte, war in Wirklichkeit raffiniert gefeilt und tendierte zu einer Prosaisierung und Verknappung des Lyrischen, die auf die Dichter der nachfolgenden Generation stilbildend wirkte. Der junge Rilke ließ sich gern von Liliencron protegieren, und noch Benn dichtete gegen Ende seines Lebens gewollt lapidar: »Damals war Liliencron mein Gott, / ich schrieb ihm eine Ansichtskarte.«[71] Ein Exemplar der Erstausgabe der *Adjutantenritte* stand auch in Georges Bibliothek; Bleistiftunterstreichungen lassen auf eine gründliche Lektüre schließen.[72]

Ida Auerbach war von Liliencron, dem »schwadronierenden Offizier«, zunächst gar nicht begeistert.[73] Auch der Herr Konsul übte sich in Zurückhaltung: »Mein Mann erlaubt nicht, dass ich Herrn von L. irgend etwas schicke«, schrieb Ida ein wenig kleinlaut an Dehmel.[74] Und was wurde aus den Plänen, George im *Pan* unterzubringen? Das Projekt einer europäischen, sämtliche Tendenzen in Literatur und Kunst umfassenden exklusiven Zeitschrift war im Frühjahr 1894 von Dehmel, Bierbaum und dem Polen Stanislaw Przybyszewski, der schillerndsten Figur der Berliner Boheme in den neunziger Jahren,[75] als genossenschaftliches Unternehmen konzipiert worden. Im April 1895 erschien das erste Heft zum horrenden Preis von 25 Mark; für das Jahresabonnement wurden 75 Mark, in der Luxusausgabe auf Japanpapier mit Originalradierungen gar 160 Mark verlangt (zum Vergleich: eine Folge der *Blätter für die Kunst* kostete rund 4,50 Mark). Die Auflage der Normalausgabe betrug 1500, später 1100 Exemplare (die der *Blätter* lag bei rund 250 Exemplaren).[76]

Im ehrgeizigen Programm der aufwendig gestalteten Zeitschrift war vieles von dem verwirklicht, was George bei seiner eigenen Gründung vorgeschwebt haben mag, und die Aussicht, im *Pan* gedruckt zu werden, war für ihn höchst verlockend.[77] Anfang September schickte er Ida eine Abschrift der »Semiramislieder« und erteilte ihr Vollmacht

für weitere Verhandlungen. Am 7. September fand jedoch eine Auf-
sichtsratssitzung des *Pan* statt, auf der die Redaktion umbesetzt und
Dehmel entmachtet wurde.

Ida Auerbach und Richard Dehmel sahen sich jetzt häufiger, und
bevor der Herbst ins Land ging, waren sie ein Paar. Wie ein junger
Pan sei ihr Dehmel bei der ersten Begegnung erschienen, erinnerte
sich Ida später, und obwohl sie im fünften Monat schwanger war, ließ
sie sich in ihrer Sinnlichkeit nicht aufhalten. »Ich trag ein Kind, und
nit von Dir, / ich geh in Sünde neben dir.« So beginnt Dehmels *Zwei
Menschen*, ein Zyklus von 3 mal 36 Gedichten, in denen er sein Verhältnis mit Ida Coblenz verh. Auerbach in allen Windungen des Intimen besungen hat: »komm! wir wollen uns besinnen, / dass es Tiere
in uns giebt!« Weder der gehörnte Ehemann wird geschont – »Dein
Herr Gemahl? Nein: der ist nicht im Wege« – noch Dehmels Frau
Paula, die mit drei Kindern allein zurückbleibt: »zu Hause sitzt mein
Jugendglück, / sitzt und starrt auf Einst zurück, / als ich sie noch
›ewig‹ liebte«. In Idas Zimmer, hingelagert auf dem Eisbärfell vor
dem prasselnden Kamin, vergaßen die beiden schnell alle Skrupel: »er
schlägt das weiße Fell um sie und sich, / zwei Menschen freun sich
königlich«. *Zwei Menschen*, ein »Roman in Romanzen«, wie Dehmel
sein Meisterstück nannte, wurde ein Sensationserfolg. Heute lesen
sich diese Romanzen über weite Strecken wie eine ungewollte Parodie. Das Schlussgedicht des ersten Teils endet so:

> zwei Menschen stehn – noch tönen still die Thüren –
> mit Augen, die den Himmel nahe spüren,
> entblößt bis zu den Hüften da,
> ein Mann mahnt: du! – ein Weib haucht: ja. (…)
> still nestelt sie am Goldband ihrer Lenden,
> sein Körper spannt sich unter innern Bränden (…)
> er steht und muss die Hände heben,
> als blende ihn das ewige Leben,
> und dunkel rauscht der Weltraum – da
>
> mahnt *sie* ihn: du – da haucht er: ja –
> und alles rauscht tief innerlich,
> zwei nackte Menschen einen sich.[78]

Dass er dem Vertreter der »Dreckspoesie« im November 1896 ausgerechnet bei Ida begegnete, war für George ein Schlag ins Gesicht.
Dieser habe gerade aufbrechen wollen, als Dehmel gemeldet wurde,
so stellte Ida die Szene später dar; »unter der Portiere meines Zimmers« seien die beiden, ohne sich eines Blickes zu würdigen, stumm
aneinander vorbeigegangen – »ich lag leidend auf der Chaiselongue«.
Das sah nach einem schlechten Drehbuch aus, und George vermutete sofort, dass Ida es auf die »zufällige« Begegnung angelegt hatte.[79]
Kurz danach erschien er gemeinsam mit Karl Wolfskehl und überreichte ihr einen Umschlag. Jede Freundschaft sei zerstört, hieß es
auf der Karte, die in dem Umschlag steckte, »wenn dem einen etwas
gross und edel scheint was dem andren roh und niedrig ist«.[80] Es war
Georges letzte Begegnung mit Ida Coblenz. Wenige Tage später ließ
er von Karl Wolfskehl eine Abschrift seines neuen, in Vorbereitung
befindlichen Gedichtbands bei ihr abholen. Er sollte *Annum animae*
oder *Das Jahr der Seele* heißen und ihr gewidmet sein.

5

Im März 1898 wurde Leopold Auerbach für zahlungsunfähig erklärt
und wegen betrügerischen Bankrotts verhaftet. Ida nutzte die Gelegenheit, endlich von ihm loszukommen. Sie zog in ein kleines Häuschen in Pankow, das durch eine Gartentür mit dem Dehmelschen
Grundstück verbunden war. Idas Glück war jedoch stark
getrübt, da der »Pankow-Richard«[81] keine Anstalten machte, sich
scheiden zu lassen, und überdies seine langjährige Geliebte Hedwig
Lachmann in das neue Verhältnis einbeziehen wollte. »Könntet Ihr
doch Freundinnen werden«, beschwor er die drei reihum.[82] Erst als
Ida im April 1899 mit Selbstmord drohte, knickte Dehmel ein, und
nach Erledigung aller Scheidungsformalitäten wurden sie am 22. Oktober 1901 in London getraut. Das Paar zog nach Hamburg-Blanke-
nese. Hier führte Ida fortan jenes ausschließlich Kunst und Literatur gewidmete Leben großbürgerlichen Zuschnitts, von dem sie seit

ihrer Jugend in Bingen geträumt hatte. Das nötige Geld dürfte zu
gleichen Teilen aus ihrem väterlichen Erbe, aus dem Scheidungspro-
zess und aus Dehmels nicht unbeträchtlichen Honoraren gestammt
haben.

Während Dehmel, bei stark nachlassender Produktivität, bald nur
noch von seinem früheren Ruhm zehrte, eröffneten sich Ida neue
Betätigungsfelder. 1906 beteiligte sie sich an der Gründung eines
Frauenklubs zur Förderung weiblicher Kunstinteressen, am Vorabend des Ersten Weltkriegs zählte sie zu den Mitbegründerinnen der
»Deutschen Vereinigung für Frauenstimmrecht«. Nach Dehmels Tod
am 8. Februar 1920 kümmerte sich Frau Isi – wie sie von ihm genannt
wurde – um sein Vermächtnis und betrieb die Gründung einer Deh-
mel-Stiftung sowie einer Dehmel-Gesellschaft. 1926 rief sie mit einigen Gleichgesinnten den Bund Hamburgischer Künstlerinnen und
Kunstfreundinnen ins Leben, der rasch zum Vorbild für ähnliche
Vereinigungen in anderen Städten wurde und ein Jahr später zur
Gründung eines überregionalen Gesamtverbandes führte, der unter
dem Namen GEDOK (Gemeinschaft Deutscher und Österreichi-
scher Künstlerinnenvereine aller Kunstgattungen) bis heute die Interessen von Frauen in der Kunst vertritt.

Durch Dehmels Namen geschützt und dank einflussreicher Freunde überstand Ida die ersten Jahre des Nationalsozialismus einigermaßen unbeschadet. Um dem antisemitischen Wahn zu Hause auszuweichen, unternahm sie 1935/36 zwei große Weltreisen. Als sie im
März 1937 zu einer dritten Kreuzfahrt nach Mittelamerika und West-
indien aufbrach, fuhr sie über Genf, wo sie Robert Boehringer die
Briefe Georges übergab, und besuchte anschließend Karl Wolfskehl
in seinem Exil im italienischen Recco. George war das nicht abgeschlossene Kapitel ihres Lebens. Ihr Wunsch, bei Lebzeiten »noch
einmal mit Stefan George zusammenzukommen und durch ein herzliches Wort den gesprengten Ring wieder zu schließen«, war nicht in
Erfüllung gegangen.[83] »Es beschämt mich alte Frau heute tief, dass ich
ihm innerlich so viel schuldig blieb«, schrieb sie anderthalb Jahre
nach seinem Tod.[84] Im Gespräch mit Freunden, die ihm nahegestan-

den hatten, suchte sie jetzt, gegen Ende ihres eigenen Lebens, nach einer Aussöhnung.

Im Sommer 1941 setzten in Hamburg die ersten Juden-Deportationen nach dem Osten ein. Wann Ida Dehmel den Befehl zum Abtransport erhalten würde, war nur eine Frage der Zeit. Nachdem sich ihr Gesundheitszustand rapide verschlechtert hatte, nahm sie sich, am Ende fast erblindet, aus Angst vor allem, was auf sie zukommen mochte, am 29. September 1942 in Hamburg mit einer Überdosis Schlaftabletten das Leben.

Ida Coblenz, die George zu einigen unvergänglichen Gedichten inspirierte, ist an keiner Stelle des Werkes namentlich erwähnt.[85] George hat jede Erinnerung an sie ausradiert. »Geh ich an deinem haus vorbei / So send ich ein gebet hinauf / Als lägest du darinnen tot«, stand als Motto über seinem letzten Gedicht an sie.[86] Endgültiger hätte er den Abschied nicht formulieren können. Der Bruch vom Herbst 1896 war radikal, aber diese Radikalität wird im Laufe seines Lebens immer wieder begegnen, sie gehört zu den Grundzügen seines Charakters. Von Menschen, die ihm jahrelang nahestanden, konnte er sich über Nacht trennen, als hätten sie ihm nie etwas bedeutet. Souverän war in seinen Augen nur, wer das Ende einer Beziehung selber bestimmen und dadurch die Gefahr eigener Verletzungen begrenzen konnte. In der Schlussphase des Machtkampfes zwischen ihm und Ludwig Klages ein paar Jahre später schien es um nichts anderes mehr zu gehen als darum, wer von beiden die Deutungshoheit über das Zerwürfnis erlangte.

Ein Jahr vor dem Bruch ihrer Beziehung hatte George die langjährige Freundin gefragt, ob er ihr seinen neuen Gedichtband widmen dürfe, über dem »so manche Ihnen bekannte schatten schweben«.[87] Ida sagte es deutlicher. »Ein ganz klein wenig hat es mich doch geschmerzt, dass keine Zeile meinen Namen nennt«, notierte sie nach Erscheinen des Bandes Ende 1897, »da doch jedes Wort für und an und durch mich geschrieben ist.« Besonders in den *Traurigen Tänzen* erkannte sie vieles von dem wieder, was sie einst mit George verbunden hatte: »Jedes einzelne Wort ist ein Stück von meinem Leben.«[88]

Als sie vierzig Jahre später Robert Boehringer in Genf besuchte, nahm sie noch einmal ein Exemplar in die Hand: »Das hätte er mir nicht nehmen sollen.«[89]

Nach dem Zerwürfnis musste Ida Auerbach damit rechnen, dass eine Widmung unterbleiben würde. Dass der Band in der ersten öffentlichen Ausgabe 1898 dann aber einer Person zugeeignet wurde, die nicht das Geringste damit zu tun hatte – »Anna Maria Ottilie / der tröstenden Beschirmerin / auf manchem meiner Pfade« –, hat Ida wohl tief verletzt. Die Schwester Anna George, die in den Jahren, als diese Gedichte entstanden, bestenfalls Botendienste für ihren Bruder hatte verrichten dürfen, war in allem das Gegenteil der eleganten Tochter des Kommerzienrats Coblenz: bieder, frigide, bigott. Die beiden Frauen konnten sich, vorsichtig gesagt, nicht ausstehen. Während Ida als Frau Consul Auerbach in Berlin Karriere machte, hielt sich Anna ein Leben lang an den Kaplan von Bingen. Es sei ihr nun einmal »bestimmt ihr Leben in einem Krähwinkel zu verbringen«, schrieb sie ein halbes Jahr nach Idas Hochzeit an den Bruder und bat ihn um ausführliche Schilderungen des Consul Auerbachschen Hauses.[90]

In der Widmung des *Jahrs der Seele* die Freundin durch die Schwester zu ersetzen, war mehr als eine subtile Rache. Mit der Apotheose der Schwester, die an die Stelle einer Frau gesetzt wurde, die zur Geliebten nicht hatte werden können, verabschiedete George sich auch von einer Illusion. Der Illusion nämlich, die gemeinsame Begeisterung für die Kunst könnte die ihm fehlende sexuelle Faszination durch die Frau ersetzen. Von nun an ließ er nur noch den schwesterlichen Typus zu, der dienend sich im Hintergrund hielt. Unter den wenigen Frauen, deren Nähe er später suchte – starke, selbstbewusste, meist verheiratete Frauen, die seine sexuelle Disposition stillschweigend akzeptierten –, war keine, die ihn noch einmal aus sich herausgelockt hätte. Die Gedichte an Ida Coblenz aber formulierten in immer neuen Variationen den verzweifelten Versuch, an einer Beziehung festzuhalten, die gescheitert war, noch bevor sie begann. In der Gewissheit des unabwendbaren Endes trieben sie die Trauer über den Verlust bis an die Grenze des Verstummens:

Es lacht in dem steigenden jahr dir
Der duft aus dem garten noch leis.
Flicht in dem flatternden haar dir
Eppich und ehrenpreis.

Die wehende saat ist wie gold noch,
Vielleicht nicht so hoch mehr und reich,
Rosen begrüssen dich hold noch,
Ward auch ihr glanz etwas bleich.

Verschweigen wir was uns verwehrt ist,
Geloben wir glücklich zu sein,
Wenn auch nicht mehr uns beschert ist
Als noch ein rundgang zu zwein.[91]

5 Schmerzbrüder

Die Ablehnung seines Anspruchs auf Sonderstellung durch die Schulfreunde Stahl und Rouge und das Festhalten an dem treuen Vasallen Carl August Klein bilden den Spannungsbogen der Georgeschen Biographie in den frühen neunziger Jahren. So wenig George sich der Kritik der ehemaligen Mitstreiter aussetzen wollte, die ihn in seinem Selbstverständnis bedrohte, so sehr enttäuschte ihn auf Dauer der schlichte Helfer an seiner Seite, der außer einem gewissen Organisationsgeschick wenig Talente mitbrachte. Je weniger ihm diejenigen genügten, die zur Verfügung standen, desto mehr richteten sich Georges Wünsche auf den einen Fernen: Hugo von Hofmannsthal. Dieser verkörperte ihm beides, jugendliche Schönheit und Leichtigkeit des Dichtens, und begründete damit Georges Ideal einer von der Poesie getragenen Freundschaft. Über alle Schwankungen und menschlichen Schwierigkeiten hinweg blieb der in jeder Hinsicht Unerreichbare über viele Jahre der Maßstab. Obwohl George wusste, dass keiner unter den Autoren der *Blätter* auch nur annähernd Hofmannsthals Potential besaß, wurde er nicht müde, sie ihm zu rühmen. Der schnöselige Wiener aber gab mehrfach deutlich zu verstehen, dass er nicht wünsche, mit solchen Minderdichtern auf eine Stufe gestellt zu werden. Einladungen, an Werkstattgesprächen teilzunehmen und die Mitarbeiter persönlich kennenzulernen, schlug Hofmannsthal regelmäßig aus. Hinter »den ganz nichtigen Producten aus dem Dunstkreis der ›Blätter für die Kunst‹«, schrieb er an Hermann Bahr, tue sich »das erschreckenste Nichts, der völlige Mangel an Erfahrung des Geistes und Gemüths, eine unglaubliche bedauernswerthe Leere« auf.[1]

Als George Anfang Mai 1892 nach Wien gereist war, um Hofmannsthal seine Zeitschriftenpläne vorzustellen, muss ihm schnell klar geworden sein, dass er sich auf ihn als Partner auf Dauer nicht würde verlassen können. Im Grunde war das Projekt für Hofmannsthal nur zweite Wahl; der *Tod des Tizian*, den er George für die erste Nummer der *Blätter* übergab, war ursprünglich für die *Moderne Rundschau* vorgesehen gewesen, die im Dezember 1891 ihr Erscheinen eingestellt hatte. Als sich Hofmannsthal im Sommer 1893 das erste Mal zurückzog, geriet die Zeitschrift prompt in ihre erste Krise. Um die Abhängigkeit von Hofmannsthal erträglicher zu gestalten und ihm gleichzeitig etwas entgegenzusetzen, hob George den wallonischen Dichter Paul Gérardy auf den Schild. Im Frühjahr 1892 hatte ihm dieser auf Empfehlung seines Landsmanns Mockel ein Widmungsexemplar seines ersten Gedichtbands *Les chansons naives* zukommen lassen. Noch bevor sie sich Ende Juli in Lüttich kennenlernten, war Gérardy von George bereits fest als Mitarbeiter eingeplant. Und nicht nur das. Gérardy sei der notwendige Dritte im Bund mit ihm und Hofmannsthal gewesen, erläuterte George 1913 seinem Biographen Wolters, erst mit ihm sei das Erscheinen der *Blätter für die Kunst* überhaupt möglich geworden: »tres faciunt collegium«.[2]

Paul Gérardy, am 15. Februar 1870 in einem kleinen Dorf südlich von Malmedy im preußischen Regierungsbezirk Aachen geboren, war nach früher Verwaisung bei einem Onkel aufgewachsen, der auf der anderen Seite der Grenze, im belgischen Lüttich einen Weinhandel betrieb. Nach dem Besuch eines katholischen Internats begann er Philologie zu studieren, brach jedoch, als er volljährig wurde und über eine kleine Erbschaft seiner Eltern verfügen konnte, das Studium ab, um einige Jahre in der Boheme zu leben. Seine Herkunft, seine Sozialisation zwischen den Kulturen und nicht zuletzt sein kämpferischer Einsatz für ein eigenständiges Wallonien boten zahlreiche Anknüpfungspunkte für das Gespräch mit George. Auch George stammte aus einem deutsch-französischen Grenzgebiet, das im Laufe der Jahrhunderte mehrfach den Besitzer gewechselt hatte und nach der Reichsgründung 1871 politisch und kulturell in eine Randlage gerutscht war. Vor dem Hintergrund des alten lothringischen Kulturkreises, in dem sie sich beide verwurzelt fühlten, verloren die nationalstaatlichen Grenzziehungen des 19. Jahrhunderts ihre Bedeutung. George nannte den neuen Freund aufgrund dieser Gemeinsamkeiten »mir nachbar und kind der Eiffel«.[3]

Für Gérardy rückten die *Blätter für die Kunst* schnell in den Mittelpunkt seiner literarischen Bemühungen. Vom ersten Heft der Ersten Folge bis zur Siebten Folge 1904 gehörte er zu den fleißigsten Beiträgern. Da er seit seinem 12. Lebensjahr ausschließlich französisch erzogen worden war und es ihm nicht leichtfiel, seine Gedichte auf Deutsch zu verfassen, stellte er es George anheim, in den Manuskripten nach Gutdünken Änderungen vorzunehmen und am Ende über die Veröffentlichung zu entscheiden. George seinerseits dichtete in der zweiten Jahreshälfte 1892, durch Gérardys deutsche Versuche angespornt und in der Hoffnung, eine Phase dichterischer Unproduktivität auf diese Weise zu überwinden, einiges auf Französisch. Albert Saint-Paul ließ vorsichtig durchblicken, dass George noch viel üben müsse, bevor er als französischer Dichter gelten könne.[4]

George hat die holzschnittartigen Dichtungen Gérardys, der in derbem Ton altertümelnd Folkloristisches mit Motiven der Präraffaeliten zu mischen suchte, eindeutig überschätzt. Mehrfach nannte er ihn in einem Atemzug mit Hofmannsthal, und einmal, im August 1894, rückte er Gérardys Verse in den *Blättern* sogar vor diejenigen Hofmannsthals (Georges eigene Beiträge erschienen wie immer an erster Stelle). »Hinter uns, Ihnen, Gérardy und mir, den einzigen die einen ton gefunden und festgehalten haben, kommt eine ganze Jugend«, heißt es im Entwurf eines Briefes an Hofmannsthal wohl aus dem Jahr 1897.[5] Auch ermutigte George den Belgier mehrfach, seine deutschen Gedichte in einem eigenen Band herauszugeben, und noch 1903, als der Kontakt längst abgebrochen war, ließ er in einem Verlagsverzeichnis der *Blätter für die Kunst* das Erscheinen einer solchen Sammlung ankündigen.[6] Erst spät hat er die Bedeutung dieser Gedichte relativiert.

Gérardys besondere Rolle als einer der frühesten Weggefährten Georges veranlasste den autorisierten Biographen Friedrich Wolters zu einigen grundsätzlichen Bemerkungen. Am Beispiel Gérardys entwickelte er jenes heilsgeschichtliche Modell, das in der Folge auf alle Freunde Georges Anwendung finden sollte. Nicht die Individualität, die charakterlichen Eigenschaften und Fähigkeiten eines Menschen waren demnach für die Beurteilung ausschlaggebend, sondern einzig die Frage, wie er zu Stefan George stand. Gérardy mochte eine etwas unstete, nicht sehr ausgeprägte Persönlichkeit und auch ein mittelmäßiger Dichter sein, aber er hatte sich George vom ersten Tag ihrer Beziehung an vollkommen untergeordnet, und das allein zählte. Es sei wichtig gewesen, formulierte Wolters, »dass Männer von solcher Hingabefähigkeit wie Gérardy in den Bannkreis Georges traten und selbst wenn sie später wieder in eine dünnere Lebensluft zurücksanken, doch in ihren Jugendjahren zu einem menschlichen Aufschwung hingerissen wurden, der sie eine Weile über ihre Natur erhob«.[7] Alle, die Georges Weg kreuzten, wurden von den späteren Höflingen einzig danach beurteilt, inwieweit sie die Bedeutung seiner Mission erkannt hatten.

Wolters konnte die Freunde Georges nur als Statisten sehen. Er betrieb die Kanonisierung, indem er alles ausblendete, was keinen affirmativen Bezug zu George ergab. Was der Meister nicht hatte integrieren können, wischte der Schüler pflichtschuldig beiseite. Auch bestritt er, dass Georges Entwicklung irgendwelchen historischen Bedingungen unterworfen gewesen sei. Für Wolters stand George außerhalb der Zeit, für ihn war er der große Mensch, der von allem Anfang an da war, gekommen, die Welt durch das Wort zu erlösen. Weggefährten und Freunde interessierten ihn deshalb nur unter dem einen Aspekt: wie lange und mit welcher Intensität sie den Glauben an George bewahrten. Auf dem gemeinsamen Stück Wegs, das sie an seiner Seite »schreiten« durften, wuchsen sie über sich hinaus und sanken anschließend zurück in die Bedeutungslosigkeit.

Bei einer dermaßen eingeschränkten Wahrnehmung verwundert es nicht, dass Paul Gérardy in Wolters' *Blätter*-Geschichte einen Ehrenplatz erhielt. Er habe George zu einem Zeitpunkt gehuldigt, als noch kaum jemand dessen Bedeutung erkannte. Mit seinem im März 1894 in den *Blättern* gedruckten Sonett an George sei jene lange Reihe von Bekenntnisgedichten eröffnet worden, »in denen sich Glut und Verehrung bis heute nicht gemindert haben«. Die zweite Strophe dieses recht peinlichen Gedichts – des einzigen übrigens, das Wolters neben einem ähnlich dürftigen des Polen Waclaw Lieder auf den 600 Seiten seines Mammutwerks in voller Länge zitierte – lautet so:

> Du Herrlicher singst allein noch die sänge der götter
> Aus niederer menge die das schweigen entweiht –
> Du wandelst hehr und die ganze freude der götter
> Aus deinem mund sich in strahlenden takten befreit.[8]

Was George seinem Biographen verschwieg, war die Tatsache, dass das Gedicht gar nicht zur Veröffentlichung vorgesehen war. Anfang März hatte er Gérardy gebeten, eine Abschrift seines neuen Zyklus »A tous ceux de la ronde« (»Allen denen von der Runde«) zu schicken. Das ihm gewidmete Eröffnungssonett schmeichelte George so, dass er es auf der Stelle übersetzte und, ohne Gérardy zu fragen, in das bereits weitgehend fertiggestellte Heft der *Blätter* einrückte. Es war das einzige französische Gedicht Gérardys, das George je übertrug. Der Verfasser fühlte sich geschmeichelt und nannte die Übersetzung, durchaus doppeldeutig, »einen erstaunlichen Kraftakt«.[9]

Als George Ende Juli 1892 zum ersten Mal nach Lüttich kam, überraschte ihn Gérardy mit einer Einladung in die Sommerfrische. Zusammen mit einem Kommilitonen, Léon Paschal, hatte er im nahe gelegenen Tilff eine Ferienwohnung gemietet, und dorthin nahm er George mit. Ein weiterer Studienfreund, Edmond Rassenfosse, dessen Eltern in Tilff ein Landhaus besaßen, verbrachte die Ferien ebenfalls dort. Man blieb knapp zwei Wochen zusammen, las sich gegenseitig Gedichte vor und sprach über Möglichkeiten, George beim Aufbau seiner *Blätter für die Kunst* zu unterstützen.

In der ungezwungenen Atmosphäre auf dem »Dichterberg« lenkte vor allem Edmond Rassenfosse die Aufmerksamkeit des deutschen Gastes auf sich. Der leicht melancholische junge Mann, der gerade seinen 18. Geburtstag gefeiert hatte, ließ George seine Zuneigung spüren. Rassenfosse trat ihm so rührend unbeholfen und erwartungsvoll entgegen, dass George, der ja nur sechs Jahre älter und in seiner sexuellen Entwicklung noch unsicher war, Vertrauen fasste und sich seinerseits öffnete. Zwei Jahre später wurde Rassenfosse »der erste jüngere Freund des Dichters«, heißt es bei Morwitz. In der verschlüsselten Sprache des späteren *inner circle* bedeutete dies nichts anderes, als dass die beiden intim miteinander waren.[10]

Daran lassen auch die erhaltenen Fragmente ihrer Korrespondenz keinen Zweifel. »Mein sehr geliebter Freund, ich möchte, statt Ihnen zu schreiben, zu Ihnen kommen, Ihre Hände ergreifen und mich an Ihr Herz drücken«, schrieb Rassenfosse nach ihrem ersten Wiedersehen im März 1894 in Brüssel, als sie sich bei *quelques intimes soirées qui nous furent accordées* zum ersten Mal näherkamen. »Schwören Sie mir bei all unserer frommen Zuneigung (*par toute la pieuse affection*), die sich während unseres letzten Beisammenseins unmittelbar zwischen uns entwickelte, dass Sie für alle Zeiten Vertrauen zu mir haben. Lassen Sie mich nicht im Stich und halten Sie, mein Bruder in der Kunst, mich fest in Ihren Armen als der Ältere, denn ich habe Angst, schwach zu werden.« Als sich George im Jahr darauf erneut für etwa zwei Wochen in Brüssel aufhielt, scheint er sich Rassenfosse sehr weit geöffnet zu haben, denn hinterher empfand er »Wut darüber, seine Schmerzen einem jüngeren und lächelnden Bruder eingestanden zu haben«. Vier Monate später, Ende September 1895, kam Rassenfosse, nach einer nochmaligen Begegnung in Brüssel, für drei Tage zu Besuch nach Bingen. George ließ sich jedoch auf nichts mehr ein. Zwar sahen sie sich in den folgenden Jahren noch gelegentlich, wenn George auf Durchreise in Brüssel Station machte, aber die Anhänglichkeit des Freundes schien George eher lästig zu sein. »Ich will Ihnen sagen, dass ich nichts von unseren Erinnerungen leugne«, schrieb Rassenfosse nach längerem Schweigen Georges im Februar 1898, »nichts auch von meinen Gefühlen der Zuneigung und der Hochachtung. Nichts hat sich geändert trotz der Missachtung, die Sie mir zu erweisen beliebten, mein harter Freund, und trotz der Kälte, die Sie bei unserem letzten Wiedersehen an den Tag legten.« 1901 erinnerte er aus dem fernen Konstantinopel, wo er sich inzwischen nie-

dergelassen hatte, noch einmal an »unsere köstlichen Abende von
ehedem … Vergessen Sie sie nicht.«[11]
Von Georges Hand hat sich ein einziger Briefentwurf erhalten. Er
ist wohl auf Sommer 1895 zu datieren, als George zu Rassenfosse
bereits auf Distanz gegangen war. Dieser hatte sich – so lässt der Entwurf vermuten – unglücklich in einen Jungen verliebt, der diese Liebe nicht erwiderte, und in seiner Hilflosigkeit suchte er Rat. Einfühlsam und ausführlich entwickelte George seine Sicht des Problems. Er
habe, als er in Rassenfosses Alter gewesen sei, die gleichen schmerzlichen Erfahrungen machen müssen – das bezog sich zweifellos auf
Thomas Wellsted, in den er sich 1888 in London verliebt hatte –, und
seither wisse er, dass man die Liebe eines jungen Mannes nicht erzwingen könne. Statt sich seinem Schmerz hinzugeben – »der
Schmerz verweichlicht den Charakter« –, solle Rassenfosse versuchen, ihn »*rein* zu bewahren«:

> Mein lieber Freund: Sie sehen an diesem großen Blatt Papier, dass ich die be-
> ste Absicht habe, Ihnen soviel wie möglich zu schreiben. Ich weiss Ihr Ver-
> trauen sehr wohl zu würdigen und bin weit davon entfernt, Sie wegen einer
> so gemeinhin menschlichen Sache zu verurteilen. Ich vermutete so etwas
> bereits ein wenig … Wenn ein junger Mann Ihres Alters sich als tief un-
> glücklich bezeichnet, gibt es dafür stets nur einen einzigen Grund … Als ich
> etwa zwanzig Jahre alt war, habe ich in gleicher Weise an der maßlosen Lie-
> be gelitten – bis ich nicht mehr leben wollte. Heute erinnern mich diese ver-
> gangenen Schmerzen an ein erhabenes Leben, ein übermenschliches Le-
> ben. Die Jahre haben mich gelehrt, dass es einen viel stärkeren Schmerz
> gibt, nämlich diesen: in die weite, ganz mit Asche bedeckte Ebene des Le-
> bens zu blicken, wo alle Schmerzen, alle Freuden, alle Gefühle langsam ein-
> schlummern … Und darin liegt mein einziger Trost für Sie: dass es einen viel
> stärkeren Schmerz gibt als den Ihren und dass Ihr Freund darunter leidet. Ja-
> wohl, stärker, heftiger, eben weil man daran nicht stirbt … Ich wäre glück-
> lich, wenn diese Zeilen Ihnen ein wenig Mut machten und Sie in dem Willen
> bestärkten, eine Wiederannäherung zu vermeiden, die ein noch so junges
> Leben auslöschen könnte![12]

Indem er für den Liebeskummer seines Freundes so viel pädagogisches Verständnis zeigte und Rassenfosse wie einem jüngeren Bruder
zuredete, zog George zugleich auch eine scharfe Grenze. Souverän

und ohne den Freund zu verletzen, machte er ihm klar, dass er, George, über solche Leidenschaften inzwischen hinaus sei. Wie weit auch immer er sich 1894/95 mit ihm eingelassen haben mochte: eine langfristige Liebesbeziehung, die sich Rassenfosse wohl erhoffte, kam für George nicht in Betracht. Sein ausgeprägter Narzissmus hätte das nie zugelassen. Auch dürfte Rassenfosses Neigung zur Weinerlichkeit Georges Bindungsängste erheblich verstärkt haben. Je flehentlicher er umworben wurde, desto mehr Härte legte er an den Tag, und unterstrich damit auch seine Männlichkeit. Das Abstrafen als Schutzmaßnahme vor den eigenen (homoerotischen) Gefühlen hat Robert Musil 1906 in den *Verwirrrungen des Zöglings Törleß* eindrücklich geschildert: »Er sagt, wenn er mich nicht schlagen würde, so müßte er glauben, ich sei ein Mann, und dann dürfte er mir gegenüber auch nicht so weich und zärtlich sein. So aber sei ich seine Sache, und da geniere er sich nicht.«[13]

Was musste George fürchten? Verbot ihm sein Stolz, sich auf eine solche Beziehung einzulassen? Jedenfalls vermochte ihn nicht einmal das Erlebnis erster sexueller Erfahrungen aus seiner Isolation zu reißen. In der Jugend dürfe einem schon einmal die eine oder andere Dummheit unterlaufen, pflegte er später zu sagen, aber wer auf sich achte, müsse hinterher auch nichts bereuen. »Man darf sein herz nicht wegwerfen … Das erotische verlangt nicht nur hingebung sondern auch selbstbeherrschung. Ans nichtmehrloskönnen gewöhnt man sich wie an eine krankheit.«[14] Das Erwachen seiner Sexualität, das er sich nur schwer eingestehen konnte, rettete George ins Gedicht: »Der lüfte schaukeln wie von neuen dingen / … / Entbietet mir ein neues abenteuer.« Endlich habe das Leben ihnen beiden beschert, »Was lang uns einzig ziel erschien auf erden«. Im »glutwind« dieser Leidenschaft – »Wenn eins des andren heisses leben trinkt« – erlebten die Freunde dann jene »hohe« Stunde, »Die uns vereinte, die in ihrer lohe / Gestalten um uns tilgte und gewalten«.[15]

Die zehn Gedichte erschienen unter dem Titel *Sieg des Sommers* als dritter Zyklus des *Jahrs der Seele*. Sie sind in ihrer Struktur komplizierter und weniger eingängig als die Gedichte der beiden vorangehenden Zyklen *Nach der Lese* und *Waller im Schnee*. Es fiel George offensichtlich leichter, seiner unerfüllten heterosexuellen Liebe zu Ida Coblenz Ausdruck zu geben, als das Glück zu formulieren, das er in einer homoerotischen Beziehung fand. Die Gleichzeitigkeit beider Beziehungen darf nicht unterschätzt werden: Zwischen der ersten Begegnung mit Ida im März 1892 und dem Treffen in Tilff lagen nur vier Monate. Manche dunkle Stelle im *Sieg des Sommers* rührte wohl auch daher, dass George vor einer unverhüllten, direkteren Ausdrucksweise zurückschreckte. Dass er mit der Verherrlichung seiner Liebe zu einem jungen Mann an eine höchst sensible Grenze stieß, über die er sich nur hier und da versuchsweise vorwagen konnte, war ihm durchaus bewusst. »Seid ihr noch nicht vom gedanken überfallen worden«, hieß es in den einleitenden Bemerkungen zu dem Heft der *Blätter*, in dem die Gedichte 1896 erstmals abgedruckt wurden, »dass in diesen glatten und zarten seiten vielleicht mehr aufruhr enthalten ist als in all euren donnernden und zerstörenden kampfreden?«[16]

Anders als die Freundschaft mit dem in Brüssel weitgehend isoliert lebenden Rassenfosse, die in der zweiten Jahreshälfte 1895 ihren Höhepunkt überschritten hatte, waren Georges Beziehungen zu Gérardy von Anfang an vielschichtiger. Zum einen erwies sich Gérardy als umtriebiger, geschickter Propagandist Georges. Die von ihm im Januar 1892 gegründete Zeitschrift *Floréal*, mit der er nach dem Ende von Mockels *Wallonie* den Kampf um die kulturelle Identität der Wallonen fortführte, brachte zahllose Hinweise auf George und sein Unternehmen, Übersetzungen, Kurzbesprechungen und Anzeigen; als er das Blatt 1893 einstellen musste, setzte Gérardy seinen Werbefeldzug für George in anderen französischsprachigen Zeitschriften fort. Zum anderen kam George durch Gérardy mit einer Reihe belgischer Literaten und einigen bildenden Künstlern in Kontakt, darunter Fernand Khnopff und August Donnay, die im zweiten Jahrgang der *Blätter* mit jeweils einer Zeichnung vertreten waren. Vor allem aber fühlte er sich von Gérardy emotional stark angesprochen, wie das Widmungsgedicht im *Jahr der Seele* bezeugte: »Im offnen leben wo ihr all euch gleichet, / Wo ihr fast niemals wie ihr fühlet saget, / War manches kommen doch von starkem zittern, / War manche trennung voll zerdrückter tränen.«[17]

Im Frühjahr 1894 ging Gérardy, frisch vermählt, auf Hochzeitsreise nach Deutschland. Für einige Monate ließ er sich am Tegernsee nieder und fuhr von hier im November ein paarmal ins nahe gelegene München, wo er sich mit George, Wolfskehl und dem in Paris lebenden polnischen Dichter Waclaw Lieder traf. Gérardy, der sich besonders für Malerei interessierte, führte die Freunde durch die Museen, wo er »George und den andern das tiefere Verständnis der bildenden Künste erschloss«.[18] Ein Dreivierteljahr später veröffentlichte er eine kleine Broschüre, *A la gloire de Böcklin*, in der er, der französischen Kulturkritik folgend und zugleich an die Münchner Gespräche anknüpfend, Böcklin neben Wagner und Nietzsche stellte und sie als Dreigestirn zur Überwindung der Dekadenz feierte.

Nachdem seine kleine Erbschaft 1895 weitgehend aufgezehrt war, beschloss Gérardy, sich auf Wirtschafts- und Finanzpolitik zu spezialisieren und seinen Lebensunterhalt als Journalist zu verdienen. Ende Januar 1897 lud er George noch zu einer zweiwöchigen Reise nach Florenz und Venedig ein, deren Kosten er ihm vorstreckte. Dann aber drifteten ihrer beider Interessen immer weiter auseinander. Spätestens im Dezember 1899, als Gérardy in seiner Funktion als Redakteur der Brüsseler *Gazette coloniale* ihm von Plänen einer belgischen Finanzgruppe berichtete, in Kamerun eine Kautschukkonzession zu erwerben, und ihn bat, beim Kolonialamt ein paar Türen zu öffnen, muss George klar geworden sein, dass es nichts Verbindendes mehr zwischen ihnen gab. Schon im Juli, bei seinem letzten kurzen Aufenthalt in Brüssel, hatte er Gérardy aufgegeben: »als leiter einer geldmanns-wochenschrift wird er der Dichtung und sonderlich der deutschen verloren sein«.[19] Anfang des Jahrhunderts veröffentlichte Gérardy zwei gallige politische Satiren: die eine gegen den König von Belgien (*Carnets du Roi*, 1902), die ihn zwang, vorübergehend nach Paris auszuweichen, die andere gegen den deutschen Kaiser (*Le grand Roi Patacake*, 1903), die es ihm geraten erscheinen ließ, beim deutschen Überfall auf Belgien 1914 Zuflucht in England zu suchen. Den Kontakt zu George hatte er längst verloren und ihn auch nach dem Krieg nicht zu erneuern versucht. Paul Gérardy starb, ein halbes Jahr vor George, am 1. Juni 1933 in Brüssel.

2

Als Ende 1895 Georges vierter Gedichtband *Die Bücher der Hirten- und Preisgedichte, der Sagen und Sänge und der Hängenden Gärten* erschien, galt die Widmung den drei Freunden, mit denen er im Herbst 1894 in München zusammen gewesen war: Gérardy, Lieder und Wolfskehl. In dieser Trias sah George seine Kunst zu diesem Zeitpunkt am umfassendsten repräsentiert. Zu jedem der drei hatte er ein freundschafliches Verhältnis aufgebaut, und aus der Summe dieser Beziehungen ergab sich für ihn so etwas wie der Geist der *Blätter für die Kunst*. Die grundsätzliche Übereinstimmung ihrer künstlerischen Auffassungen spielte dabei zwar eine wichtige Rolle, schließlich trat man als geschlossene dichterische Bewegung auf. Entscheidend für George aber war etwas anderes, die Überzeugung nämlich, dass Kunst und Leben nicht länger getrennt sein dürften und es gelingen müsse, die Wahrheit der Kunst auch in der Lebensführung des Künstlers zum Ausdruck zu bringen. Die Forderung nach Einheit von Kunst und Leben, die bald nach der Jahrhundertwende von zahlreichen Künstlergruppen erhoben wurde, gilt heute als ein wesentliches Merkmal zur Definition der Avantgarden des 20. Jahrhunderts. Nimmt man den Versuch der »Überführung autonomer Kunst in Lebenspraxis« als das entscheidende Kriterium, dann findet man in den *Blättern für die Kunst* eines der frühesten Beispiele für den »Selbsterlösungsanspruch der Avantgarde«.[20] In ihnen lässt sich der Übergang vom Ästhetizismus des *l'art pour l'art*, der sein Heil in der Resakralisierung der Kunst suchte, zu den Positionen der Avantgarde, welche die Kunst wieder an das Leben heranführen wollte, von Jahrgang zu Jahrgang nachvollziehen. Der Grundsatz Kunst um der Kunst willen rückt zugunsten der Maxime Leben für das Leben in den Hintergrund. Auch vom Ende her spricht manches dafür, den George-Kreis als Avantgarde-Bewegung zu verstehen: »Eine Kunst, die nicht mehr von der Lebenspraxis abgesondert ist, sondern vollständig in dieser aufgeht, verliert mit der Distanz zur Lebenspraxis auch die Fähigkeit, diese zu kritisieren.«[21] Die Gruppe wird zur Sekte, aus künstlerischen Überzeugungen werden Glaubensfragen – eine Entwicklung, die zahlreiche Künstlervereinigungen im 20. Jahrhunder genommen haben.

Mit seiner Widmung für Gérardy, Lieder und Wolfskehl zeichnete George drei Freunde aus, die zugleich die wichtigsten Beiträger seiner Zeitschrift waren. So wie er in den *Blättern* nur Gedichte von Freunden lesen wollte, so verlangte er umgekehrt, dass die Gedichte seiner Freunde ausschließlich in den *Blättern* erschienen. Die Zeitschrift richtete sich, wie auf jeder Nummer vermerkt war, an »einen geschlossenen von den mitgliedern geladenen leserkreis«. Da es eine Mitgliedschaft im Sinne des Vereinsrechts nicht gab, konnten mit »Mitgliedern« nur Autoren gemeint sein. Tendenziell strebten die *Blätter für die Kunst* jedoch »von individueller Autorenschaft fort und hin zur Anonymität eines geschlossenen, kollektiven Auftretens als ›Dichterschule‹«.[22] Auf Dauer konnten also nur diejenigen als »Mitglieder« gelten, die in der Anonymität des Kollektivs aufgingen. Andererseits war der Fluchtpunkt aller Aktivitäten der *Blätter* von Anfang an allein in der Person Georges zu suchen, der sich mit der Zeitschrift ein Instrument geschaffen hatte, »das er dem Wandel seiner Wirkabsichten stets nutzbar zu machen wusste«. Schon Mitte der neunziger Jahre zeichnete sich in Ansätzen jene Gruppenstruktur ab, in der sich die Stellung des Einzelnen unabhängig von seinem Können und seinen Erfolgen ausschließlich über sein persönliches Verhältnis zu George definierte.

Programmatische Gesichtspunkte wie künstlerisch-ästhetische Kategorien traten zurück gegenüber der Forderung, die in den *Blättern* veröffentlichten Gedichte müssten vor allem eine »Haltung« erkennen lassen.[23] Die Definition dieser »Haltung«, die meist nur als »das Dichterische« umschrieben wurde, blieb vage. Ein früher Beiträger hat Georges Auswahlkriterien auf die Formel gebracht, entscheidend sei »nicht die Talent-, sondern die freilich ebenso wichtige Niveaufrage« gewesen.[24] In der Auseinandersetzung mit Stahl und Rouge hatte sich George 1890 auf die »besondere Sphäre« berufen, die sowohl für die Entstehung eines Gedichts als auch für sein Verständnis unabdingbar sei. Nach dieser Maxime bestimmte er jetzt, wer im Sinne der *Blätter* als Dichter galt und wer nicht. Auf diese Weise wurde zwar Exklusivität hergestellt, aber da George nicht nach formalen Kriterien entschied, sondern Beiträge in der Regel erst dann druckte, wenn er den Verfasser persönlich kennengelernt hatte und sein Urteil positiv ausgefallen war, setzten die *Blätter* ihre künstlerische Glaubwürdigkeit früh aufs Spiel. Nichts kennzeichnet die drohende Entwicklung hin zur Mittelmäßigkeit besser als die Tatsache, dass George einen belgischen Literaten, der mit Mühe deutsche Verse schrieb, und einen Polen, der ihm seine Gedichte mit Hilfe von französischen Linearübersetzungen erläutern musste, um vieles höher stellte als genialische Unbequeme wie Max Dauthendey oder Karl Gustav Vollmöller, die es nach gelegentlichen Auftritten in den *Blättern* vorzogen, ihren Ruhm anderswo zu finden. Über die weitere Entwicklung beider Dichter bemerkte Wolters später süffisant, Dauthendey sei bald »ins Absurde« verfallen, Vollmöller habe »sein Heil in der Schreibung von Mirakelstücken für das Theater gesucht« und sei dabei »in die bedenkliche Nähe unserer psychopathischen Wissenschaft« gerückt.[25]

Wie einfach war dagegen der Verkehr mit Waclaw Lieder, den George im September 1891 über Saint-Paul in Paris kennengelernt haben dürfte. Der zwei Jahre ältere Pole gehörte zu jenen stillen, ein wenig abseits stehenden Sonderlingen, von denen sich George in besonderer Weise angezogen fühlte. Er hatte alle seine Hoffnungen auf einen 1889 in Krakau veröffentlichten Gedichtband gesetzt, war damit bei der Kritik auf der ganzen Linie durchgefallen und zog sich daraufhin trotzig nach Paris zurück. Die Stadt war nach dem Scheitern der polnischen Unabhängigkeitsbewegung 1831 für Zehntausende Polen zur Wahlheimat geworden. Hier schlüpfte Lieder in die

Rolle des exilierten, unter seinen Landsleuten verkannten Dichterkö-
nigs. Dieses Image verwob er geschickt mit seiner angeblich aristokratischen Herkunft. Abwechselnd nannte er sich »de Lieder« oder
»Lieder-Warminsky« (von Ermland) und entschied sich am Ende, in
Anlehnung an den Geburtsnamen seiner Mutter, für Rolicz-Lieder,
»was im Doppelnamen einem Adelsprädikat gleichkommt«.[26]

Hätte George diese »ästhetische Form von Hochstapelei« geahnt,
wäre sie ihm wahrscheinlich nicht einmal unzulässig erschienen. Für
ihn verkörperte der Pole den Adel schlechthin: Lieder sei »in der
äußeren Erscheinung wie im ganzen Wesen der ritterlichste Mensch«
gewesen, der ihm je begegnet.[27] Er war, hieß es in einem Widmungsgedicht Georges, »Der seltnen Einer die das los erschüttert / Ver-
bannter herrscher«. So sah jeder im anderen den, der er selber zu sein
glaubte, und im Bewusstsein ihrer Schicksalsgemeinschaft spendeten
sie sich gegenseitig Trost: »durch deine hoheit / Bestätigst du uns unser recht auf hoheit«. Nicht zufällig zählte das Schlussgedicht aus den
Büchern der Hirten- und Preisgedichte zu Lieders Lieblingsversen.
Besungen wird dort »das den menschen fremde trauern / Des der ein
königtum verlor«.[28]

In Paris fühlte sich Lieder genauso einsam wie George. Er hatte es
sich in den Kopf gesetzt, als Dilettant ein Lehrbuch der arabischen
Sprache zu verfassen (das 1893 tatsächlich erschien), und vergrub sich
zu diesem Zweck am liebsten in die Nachschlagewerke der Biblio-
thèque Nationale. In immer geringeren Auflagen von 60, 50, 30 und
zuletzt 20 Exemplaren mit dem Eindruck »Öffentliche Rezension
verboten« ließ er hin und wieder ein schmales Gedichtbändchen erscheinen. Die feierlichen, barocken Gedichte waren »nicht durchweg
schlecht« (Karl Dedecius), wiesen aber eine Fülle von Skurrilitäten
auf. So verwendete Lieder unter anderem eine eigene Orthographie,
mit der er das Polnische zu archaisieren glaubte. George hat mehr als
dreißig Gedichte Lieders übersetzt. Auch wenn sie dadurch um einiges besser wurden, blieben sie noch immer weit hinter denen d'An-
nunzios und der Franzosen zurück, mit denen sie George 1905 in seiner Anthologie *Zeitgenössische Dichter* auf eine Stufe stellen wollte.[29]

1893/94 hielt sich Lieder in Wien auf, wo ihn George im Juni 1894 ein paar Tage besuchte, im November kam Lieder nach München. Im Februar und März 1896 waren sie viel in Paris zusammen, und im Jahr darauf fuhr George noch einmal für zwei Wochen an die Seine. Er verabredete sich mit Mallarmé, besuchte wohl auch noch einen der Dienstagabende in der rue de Rome, traf Gérardy, der aus Brüssel angereist war, und lernte über diesen auf einem Empfang des *Mercure de France* Oscar A. H. Schmitz kennen, einen Freund Wolfskehls, der seit über einem Jahr in den *Blättern* veröffentlichte. Der eigentliche Anlass für Georges letzte größere Reise nach Paris dürfte der Wunsch gewesen sein, sich mit Richard Perls auszusöhnen, von dem er sich Ende Februar in München im Streit getrennt hatte. Perls' Schicksal gab Anlass zu ernsten Sorgen.

»Richard Perls war ein Jüngling von großer Schönheit, nicht unähnlich dem Jugendbilde Heinrich Heines, spöttisch-träumerisch und stark überzüchtet.«[30] Der hochbegabte Spross einer Breslauer Bankiersfamilie hatte mit 17 Jahren bei Helmholtz in Berlin Physik zu studieren begonnen und sich dann für Psychologie bei Lipps in München entschieden. Alle, die ihm begegneten, waren hingerissen, von seiner Schönheit wie von seiner intellektuellen Brillanz: Spielerisch, witzig, kultiviert, stets auf die Pointe bedacht, entfaltete Perls sein umfassendes Wissen. Er besaß eine kostbare Bibliothek von Erstausgaben und seltenen Drucken des französischen Symbolismus, dessen morbid schillernde Figuren ihn magisch anzogen. »Wenn es einen Menschen in Deutschland gab, der das wirklich verkörperte, was man damals ›fin de siècle‹ nannte, so war es dieser an Huysmans und Baudelaire, Verlaine und Mallarmé genährte, hoffnungslose junge Mensch.«[31] Hoffnungslos?

Als George den 22-Jährigen im Frühjahr 1895 durch Ludwig Klages in München kennenlernte, war Perls bereits seit längerem dem Morphium verfallen. Die Sucht verlieh seinem ohnehin reizbaren, flackernden Wesen einen diabolischen Zug. Als kokettiere er damit, trug er eine Miniaturspritze als Ziergehänge an der Uhrenkette. Eine richtige Spritze lag immer in Reichweite, und sobald seine Spannkraft erlahmte, setzte er sich, ohne Rücksicht auf die Umstehenden, einen Schuss. »Mit kühlem gift durchdringet müde glieder / Ein traum gewebt aus traurigkeit und sonne«, dichtete er in den *Blättern*.[32] Die Begegnung mit George gab dem Morphinisten neuen Auftrieb. Perls sei ihm vorgekommen wie »ein Toter auf Urlaub«, schrieb Theodor Lessing, ein Toter, »der fortan nur lebte, wenn George in München war; sonst verdämmerte er«.[33]

Im Mai 1895 zog es Perls in den Süden; über Sils-Maria und Innsbruck traf er im Oktober in Rom ein. Dort blieb er ein halbes Jahr und ging im April 1896 nach Paris, wo er in Verbindung mit Waclaw Lieder trat. Noch sei sein Zustand nicht lebensbedrohlich, schrieb er an George,

> aber wenn ich wirklich spüren sollte, dass die Gefahr schneller für mich heraufzöge, als ich gedacht, so erhalten Sie rechtzeitig Nachricht, oder noch besser, ich finde mich irgendwo am Rheine ein. Nein, seien Sie versichert, ich stehle mich nicht aus dem Leben, ohne meine Arme noch einmal um sie geschlungen zu haben … Wenn ein übergütiges Schicksal mir noch ein oder zwei Winter gewähren sollte, wie wäre es, wenn wir uns in einer kleinen mittel-italienischen oder belgischen Stadt zusammen einrichteten? Vergraben in Einsamkeit und Liebe, umstrahlt von dem Feuer einer Kunst, deren Seele alle Schwermut unserer scheidenden Welt getrunken, sollten wir nicht Tage verleben können, vorbildlich für solche, die immer schwerer zu leiden haben in dieser besten aller Welten?[34]

Als sich George in der zweiten Mai-Woche 1896 mit Perls in Brüssel traf, fand er ihn »in einem leiblichen und seelischen zustand der ernsteste befürchtungen auferlegt«. Zweieinhalb Jahre später, bei der Nachricht von Perls' Tod, erinnerte er sich in einem Gedicht an die gemeinsamen Tage von Brüssel: »Du hörtest staunend mich nach langem wandern / Noch schwärmen für das unverlierbar Stete«. Aber aller Zuspruch »An weichen nebel-abenden in Flandern« habe den Freund nicht davon abhalten können, anschließend doch wieder zur Spritze zu greifen: »Ich hasste die vergeblich dunklen bahnen …«[35] Noch im selben Jahr ließ sich Perls zu einer Entziehungskur überreden; George besuchte ihn gemeinsam mit Klages Ende Januar 1897 in einem Sanatorium bei München. Drei Wochen später tauchte der Patient überraschend bei George auf. Er hatte die Entziehungskur offensichtlich abgebrochen, und darüber kam es zu einer Auseinandersetzung zwischen ihnen.

Perls fuhr nach Paris, wo er sich jetzt ganz in die Obhut von Lieder begab. Als George ihn im April besuchte, entbrannte neuer Streit. Möglicherweise machte ihm George Vorhaltungen, dass er Lieder eine übermenschliche Leistung abverlange. »Perls geht es von Mal zu Mal schlechter«, schrieb Lieder am 4. Mai an George. »Es bilden sich immer neue Abszesse. Er hat nicht mehr die Kraft, zwei Schritte zu tun, selbst wenn er gestützt wird. Mehrmals sprach er von Ihnen, *immer sehr sanft von Ihnen gesprochen*. Es macht ihn krank, dass er sich mit Ihnen überworfen hat, er hätte den Streit am folgenden Tag beigelegt, aber er konnte sich nicht aufrecht halten. Tun Sie mir und ihm den Gefallen, ein paar Worte zu schreiben ... denn noch zwei Wochen, und der arme Perls wird nicht mehr am Leben sein.« Drei Tage später, nachdem er den Kranken unter größten Anstrengungen auf den Zug nach München gebracht hatte, war Lieder vollkommen am Ende: »Es ist Ihnen absolut unmöglich, sich eine Vorstellung davon zu machen, was ich in den letzten acht und besonders in den letzten drei Tagen durchgemacht habe. Wenn er nicht abgereist wäre, hätte ich mich nicht länger um ihn kümmern können, ganz einfach, weil ich nicht mehr die Kraft dazu hatte.«[36]

Zwei Monate später brach auch Lieder seine Zelte in Paris ab und fuhr über Bingen, wo er drei Tage Zwischenstation machte, zurück nach Warschau. Er hörte auf zu dichten, dilettierte weiter an diversen Wörterbüchern und reiste auf der Suche nach alten Folianten, in denen er untergegangene polnische Namen zu finden hoffte, mit einem Bauernkarren über die Dörfer. Um seinen Lebensunterhalt zu bestreiten, arbeitete er in einer Metallfabrik und gab Französischkurse für Buchhalter. Ende September 1906 besuchte er George noch einmal kurz in Berlin. Am 25. April 1912 starb er im Alter von 45 Jahren in Warschau.

Perls lebte noch anderthalb Jahre. Sein körperlicher Verfall nahm grauenhafte Formen an, und »allmählich ging sein Wesen in Irrsinn

über«.[37] Als sich George im August 1897 zur Internationalen Kunst-
ausstellung der Secession mit seiner Schwester einige Tage in München aufhielt, ließ Perls ihm über Lessing ausrichten, dass er ihn gern
noch einmal sehen würde: »Die Aussprache solle sein Leben schließen.« George lehnte ab. Er wolle Perls so »im Gedächtnis bewahren,
wie er in Flandern war«, helfen könne er ihm ja doch nicht. »Ich hasste
Georges Härte«, schrieb Lessing, »und begriff sie doch, als ich Perls
das letzte Mal sah, in einer Wanne voll heissen Wassers, weil schon die
Berührung des Hemdes die von Geschwüren bedeckte Haut folterte.
Er schrie und wimmerte; kein Wärter hielt stand.«

Richard Perls starb am 24. November 1898 im Alter von 26 Jahren.
Es war ein Donnerstag. George verschob die für den darauf folgenden
Sonntag im Hause Lepsius in Berlin geplante Lesung um eine Woche
und stellte für die nächste Nummer der *Blätter* einige Gedichte zum
Gedenken an Perls zusammen. »Hinter diesem TOTEN ziehen betrübt die dichter die ihn liebten«, schrieb er an Wolfskehl mit der Bitte, einige Verse zu dem Kranz beizutragen, »den ich für Ihn flechten
will«. Die Lesung eröffnete er mit den Worten: »Wir lesen zu Anfang
aus dem Werk eines verstorbenen Bruders, der mit uns den Traum geschaut hat: Richard Perls.« Es war die erste Totenfeier, die George
inszenierte. Zufällig fiel sie auf den 4. Dezember. Es war der Tag, an
dem er 35 Jahre später selber starb.[38]

Morphinisten und Melancholiker, deren Lebenswille nicht übermäßig stark entwickelt war; suizidgefährdete Bohemiens, die sich
auszuzeichnen glaubten, indem sie die Welt mit Verachtung straften;
Traumtänzer, die sich beim geringsten Widerstand ins Luftreich ihrer
Phantasien zurückzogen: In der späteren heilsgeschichtlichen Perspektive von Wolters wurden Gérardy und Rassenfosse, Lieder und
Perls und manch anderer zu ahnungsvollen Vorboten einer schöneren
Georgeschen Welt aufgeputzt. George selbst war davon überzeugt,
dass sie durch das Zusammensein mit ihm auf eine Seinshöhe geführt
worden waren, die sie nie wieder erreichten. »In dem Moment, in
dem sie ihr höchstes Leben hatten«, habe er ihr Bild für immer festgehalten. »Was sie nachher mit ihrem Leben anfingen, ob sie nach

Java gingen und Kaffee pflanzten (wie Dauthendey), ob sie Literatur machten oder es vorzogen, ihr Leben mit Huren hinzubringen, das geht nur die betreffenden Herren selbst an.«[39]

Auf den soziologischen Nenner gebracht, handelte es sich um Außenseiter, die es früh aus der Bahn geworfen hatte. Als »gemeinsames Hauptmerkmal« ihrer Gedichte hat David »vor allem Müdigkeit« konstatiert: »Sie lieben das Dämmerlicht, die Erinnerungen, die einsame Meditation.«[40] Und doch spielte jeder dieser Dichter auf seine Weise eine Zeitlang eine nicht unwichtige Rolle im Leben Georges. Immerhin war es Richard Perls, der als Erster »Vom neuen Bunde« sprach.[41] Als er damals von seinem »hohen hause« herabgestiegen sei, um sich unter den Menschen eine »klause« zu suchen, so dichtete George wenig später, habe er sich wie ein »gast von fernem strande« gefühlt. Selbst die Freunde hätten ihn kaum verstanden, »zu fremd« sei man sich gegenseitig gewesen:

> Nur manchmal bricht aus ihnen edles feuer
> Und offenbart dir dass ihr bund nicht schände.
> Dann sprich: in starker schmerzgemeinschaft euer
> Erfass ich eure brüderlichen hände.[42]

Ein weiteres, um die gleiche Zeit entstandenes Gedicht trägt den Titel »Schmerzbrüder«. Von Endzeitstimmung überschattet und aus eigener Kraft unfähig, sich gegen ihr Schicksal aufzulehnen, ergeben sie sich dem Schmerz am Untergang. »So zieht ihr im düster und euer geleit / Ist lächelnder strahl – ihr die sinkende zeit.« Das »geleit« gibt vorübergehend Hoffnung – »ein milderer ton«, »ein engeres schmiegen«, »ein deutendes schweigen« stellen sich ein. Aber während die Schmerzbrüder noch »mit zitternden armen« ihr flüchtiges Glück festzuhalten suchen, ist es ihnen bereits in eine schönere Zukunft enteilt: »Doch euer geleit hat vom morgen geträumt.«[43] Wie immer man das »geleit« interpretieren mag, durch das die Schmerzbrüder vorübergehend aus ihrer Ohnmacht befreit werden: George wusste sich mit ihnen in einer Schicksalsgemeinschaft. Sie alle waren »Pilger auf dem Kreuzweg des Idealen«.[44]

»Ich fühlte instinktiv, dass ich vor mir einen von denen hatte, die

des Leidens große Tiefe gepeilt haben«, schrieb der Schwede Gustav
Uddgren über seine Begegnung mit George 1893.[45] Es war ein schma-
ler Grat, auf dem er ging. Einerseits fand George bei den Schmerz-
brüdern die Bestätigung, die ihn an seine Mission glauben ließ. Andererseits wurde er sich im Umgang mit ihnen eigener Gefährdungen
bewusst. Dabei machte er, wie schon in der Freundschaft mit Klein,
die Erfahrung, für andere wichtig zu sein und gebraucht zu werden.
Der gegenseitige Wunsch nach menschlicher Nähe verlieh den frühen
Beziehungen einen milden, fürsorglichen Zug. Die Bedürftigkeit seiner Freunde bestärkte ihn allerdings auch in dem Gefühl, ihnen haus-
hoch überlegen zu sein. Nach wie vor unfähig, eine Freundschaft auf
Gegenseitigkeit zu gründen und sich auf ein Verhältnis von gleich zu
gleich einzulassen, exponierte er sich als derjenige, an dem sich die
anderen aufrichten konnten. Im Frühjahr 1896 fieberte Perls dem
neuen Heft der *Blätter* entgegen, das hoffentlich wieder viele Beiträge von George enthalte: »Jede Zeile von Ihnen bedeutet Leben, Leben, Leben.«[46] Den Weichen, Schwachen und Beladenen durch das eigene Vorbild Mut zu machen: Das war, auf den kleinen Kreis der
Schmerzbrüder begrenzt, Georges soziale Komponente.

3

Die überragende Persönlichkeit unter den Freunden der frühen Jahre, der Gefährte, dem George in den Jahren zwischen 1894 und 1904
am meisten zu verdanken hatte, war Karl Wolfskehl. Mit über 1,90
Meter etwa einen Kopf größer als George und von mächtiger Statur,
war er schon aufgrund seiner Erscheinung vollkommen ungeeignet
für die Rolle des Jüngers. Er trug einen rötlich schimmernden Vollbart, der ihm das Aussehen eines Talmudgelehrten gab, neigte zu
sinnlichen Genüssen, reagierte stark auf Frauen und war auch sonst
in allem das Gegenteil von George. Stets in Eile und durch nichts und
niemanden aufzuhalten, wenn er einmal Feuer gefangen hatte, extrem
kurzsichtig, aber weit ausgreifend in seinen Gebärden, erinnerte er an

einen »großen Zugvogel ... immer im Aufbruch nach einer anderen Hemisphäre«. Dabei besaß er »wie viele bedeutende Männer eine Art kindlicher Unschuld, die um so auffallender schien, als er doch mit allen Wassern des Zeitgeistes gewaschen war«.[47] Bald nach der Jahrhundertwende rankten sich um den »Zeus von Schwabing« fast ebenso viele Legenden wie um George selbst.

Wolfskehl stammte aus dem »Geniegestüt« Hessen.[48] Wenn von Hessen die Rede war und das Gespräch auf seine Vaterstadt Darmstadt kam, geriet Wolfskehl derart ins Schwärmen, dass sich George, der zwar ebenfalls Hesse, aber in dem kleineren Bingen zu Hause war, schnell überrollt fühlte: »Karl, wenn man Sie so reden hört, könnt man meinen, Darmstadt wär der Nabel der Welt.«[49] Wolfskehls Wurzeln im Hessischen reichten tief. Die Familie, die nach dem Dreißigjährigen Krieg aus dem nahe gelegenen Flecken Wolfskehlen nach Darmstadt umgesiedelt war, zählte seit Gründung des Bankhauses Heyum Wolfskehl & Söhne durch den Urgroßvater zum Kreis der etablierten Hofjuden des Großherzogtums. Der Vater, Otto Wolfskehl, der die Bank in den sechziger Jahren übernommen hatte und bis 1881 selbständig weiterführte, war viele Jahre Präsident der Handelskammer wie auch Vizepräsident der Zweiten Kammer des hessischen Landtags. In der familieneigenen Überlieferung führten sich die Wolfskehls auf die Calonymiden zurück, die es im 10. Jahrhundert von Lucca nach Mainz verschlagen hatte. Karl Wolfskehl war stolz auf diese Genealogie – »jüdisch, römisch, deutsch zugleich«[50] – und hielt auch nach seiner Vertreibung 1933 unbeirrbar daran fest.

Am 17. September 1869 in Darmstadt geboren, besuchte Wolfskehl von 1878 an neun Jahre das Ludwig-Georgs-Gymnasium und legte im Herbst 1887 die Reifeprüfung ab. Gut ein Jahr jünger als George, beendete er die Schule ein halbes Jahr vor diesem. Er ging zum Studium der Germanistik an die Universität Gießen, belegte als Nebenfächer Geschichte, Archäologie und Religionsgeschichte, hörte ein Semester in Leipzig (unter anderem bei Rudolf Hildebrand, dem legendär ausufernden zweiten Herausgeber des *Grimmschen Wörter-*

buchs), anschließend zwei Semester in Berlin und promovierte 1893 bei Otto Behaghel in Gießen über Germanische Werbungssagen. Mit dem väterlichen Vermögen im Rücken konnte er fortan seinen Leidenschaften frönen: dem Reisen, dem Lesen, dem Sammeln. Wolfskehls Sammelwut erstreckte sich auf alles, was beweglich war: Spazierstöcke und Zigarrenspitzen, Wallfahrtsdrucke und Jahrmarktzettel, Autographen und seltene Bücher – »einen Juden ohne Bücher kann man sich gar nicht vorstellen«.[51] Im Dezember 1898 heiratete er die Tochter des Darmstädter Kapellmeisters Willem de Haan und ließ sich dauerhaft in München nieder.

Während des Studiums in Gießen hatte sich Wolfskehl mit dem gleichaltrigen Georg Daniel Eduard August Geilfuß befreundet, der unter dem Namen Georg Edward in der ersten und zweiten Folge der *Blätter* Gedichte veröffentlichte.[52] Edward, der über den Kommilitonen Carl Rouge mit Stefan George in Verbindung gekommen war, machte den Freund sogleich mit der neuen Lyrik bekannt: »Kaum hatte ich Wolfskehl die Gedichte Georges vorgelegt, als er bei unseren Spaziergängen anfing, Strophen daraus zu zitieren, und es dauerte gar nicht lange, bis er erklärte, etwas so Herrliches gebe es nicht mehr in der deutschen Literatur. Und nun predigte er mir eindringlichst, ich solle keine Balladen und Lieder mehr schreiben, alles, was ich gedichtet und was ihm bis dahin gefallen habe, sei das Papier nicht wert, auf dem es geschrieben stehe.« Wolfskehl selbst hat die Lektüre als die große Wende seines Lebens begriffen. »Plötzlich war die Welt zwar nicht ›vollkommen‹, aber sie hatte einen Sinn erhalten, man wusste, warum man da war und zu welchem Ende«, schrieb er 1928 zu Georges 60. Geburtstag in der *Literarischen Welt*. »Dies ewige Grunderlebnis, auf dem jeder einzelne Stein meines Lebensbaues ruht«, heißt es ein Jahr später in einem Brief an Hofmannsthal, »ist unverrückbar tief versenkt und mir selber wie am ersten Tage in jedem Atemzuge, jedem Handrecken, jeder Hingabe und jeder Abkehr vernehmlich.«[53]

Bekenntnisse dieser Art sind in der George-Literatur nicht selten. Als immer wiederkehrendes Grundmotiv durchziehen sie, mehr oder weniger authentisch, die Erinnerungen derer, die im Jünger-Dasein ihre Erfüllung fanden. In der Regel ging ihnen dabei die Person über die Dichtung; Georges Wirkung erschloss sich ihnen in erster Linie – und den Adepten der späteren Jahre ausschließlich – über die Persönlichkeit. Anders Wolfskehl. Für ihn zählte allein die Ergriffenheit durch das Wort. Das Gedicht galt ihm als autonomes Gebilde, in dem alles Wissenswerte enthalten war. Die persönliche Begegnung mit George im Oktober 1893 in München hat er weder gesucht, noch brachte sie ihm nach eigener Aussage irgendeinen Gewinn: »Von ihm als Erscheinung, Schicksal, Lebensgang erfuhr ich nichts, die magische Wirkung ging aus einzig und allein vom Werke selber, vom gestalteten Wort. Dies so sehr, so ausschließlich, dass nicht einmal der Wunsch rege ward, Einzelnes, Äußerliches zu erfahren.«[54]

George hatte sich zum Wintersemester an der Universität München eingeschrieben. Inmitten all der »verkannten Genies, die damals rudelweise in Schwabing Tee tranken«,[55] fühlte er sich ziemlich isoliert. Wie »ein junger melancholischer Prinz im Exil« habe er gewirkt, »gleichzeitig wunderlich und bedeutend, gleichzeitig närrisch und achtunggebietend«, erinnerte sich Theodor Lessing. »Selbst hinterm Maßkrug bewahrte der Hohepriester eine so würdige Haltung, dass mein Hohn ihn den Weihestefan nannte.« Lessing hielt das stilisierte Pathos keineswegs für schlechte Schauspielerei. »Die großen Attitüden … waren der natürliche Schutz einer überverletzlichen Seele, die sich umzirkt, weil sie im Alltag nicht blühen kann.« Was Wolfskehl nach seinem Studienabschluss nach München zog und was er dort anderthalb Jahre trieb, ist unklar. Er habe »paktiert«, schrieb er reumütig an Edward, und sei »auf dem besten Wege zu einem Bürger gemacht zu werden«.[56] Vor diesem Hintergrund lernten George und er sich im Herbst 1893 kennen.

Ein Jahr später brachte die *Allgemeine Kunstchronik* zwei Sondernummern über George und die *Blätter für die Kunst*; federführend war Georg Fuchs, ein mit Wolfskehl befreundeter Darmstädter Literat und ehemaliger Schüler des Ludwig-Georgs-Gymnasiums. Zum ersten Mal wurde einem größeren deutschen Publikum das neue Unternehmen als Ganzes vorgestellt. Neben zahlreichen Nachdrucken von Gedichten aus den *Blättern* und Beiträgen über verwandte Kunstbestrebungen (Karl Hallwachs über Hugo Wolf) enthielt das Novemberheft auch einen Aufsatz über George. Der Verfasser war Karl Wolfskehl:

> Der königliche Priester, die flammenfarbene Binde um die hohe, helle Stirne: seine schlanken, müden Hände schichten an den Scheiten der Brände … stille Beter steigen langsam die Staffeln hinan, verschwimmen im tieferen Dunkel des Heiligtums, inbrünstig flehend, dass einmal, ach, der Herr das ersehnte, göttliche Antlitz ihnen zeige, wie er den Vätern gethan in alter, grauer Vorzeit und niemals seither … Der junge Priester steht und schichtet seine Scheite und seine Flamme lodert … und zum erstenmale erklimmt er die Stufen, umflossen von rieselnden Gluten wie von einem Purpurmantel. Und wie er einschreitet in die Dunkelheiten und ihre schwarzen Schleier sinken, siehe, da begab sich das Wunder, das sie lange und vergebens erfleht. Zum erstenmale tritt er hinaus vor seine Volkesbrüder, der Schöpfer der tiefen und dunklen Sänge … der Dichter *Stefan George*.[57]

Als hätte er Böcklins »Heiligen Hain« vor Augen, stilisierte Wolfskehl das Auftreten Georges zum epochalen Ereignis. Weil der gegenwärtige Zustand der deutschen Literatur »es einem vornehmen Geiste nicht leicht macht, in der Öffentlichkeit zu erscheinen«, habe der Dichter auf seine ausländischen Freunde vertraut und sich hierzulande bisher zurückgehalten. Und doch sei durch ihn bereits eine Schule begründet. »Von dem gewaltigen Eindrucke, welchen seine Werke in den jüngeren Dichtern hinterließen«, zeuge vor allem Hofmannsthals *Tod des Tizian*, »in dem Georges Dichten in glänzender Neugestaltung wiedertönt«. Anknüpfend an Georges eigene Vorstellungen formulierte Wolfskehl entscheidende Stichworte für die künftige Rezeption in Deutschland. Hier bahnte sich eine von gegenseitigem Respekt getragene Arbeitsgemeinschaft an, in welcher der eine im Laufe der Jahre intellektuell umsetzte, was der andere mehr oder weniger vage an Ideen vorgab.

Als Erstes erweiterte Wolfskehl das Bild des Dichters als Priester, mit dem er den George-Aufsatz in der *Kunstchronik* eröffnet hatte, zu einer Prosaskizze für die *Blätter*. Er nannte das Stück, mit dem er

George als Künder eines neuen Reiches feierte, »der Priester vom Geiste«. Der Dichter, der sich in jahrelanger Selbstkasteiung um höchste Ziele verzehrt habe, sei am Ende belohnt worden: »Eigne flamme hatte dich geläutert, du selbst hattest das ziel gefunden, das unerreichbar stets erreichte. Ihr eignes leben musste deine seele hingeben, auf dass sie leben könne ... Ein neues priestertum ist erstanden ein neues reich den gläubigen zu künden ... Der pfad zum leben ist gefunden, der heilige weg auf dem jeder schritt ist gleichwie ein triumphgesang.«[58] In diesen Triumphgesang stimmte Wolfskehl ein, ohne sich freilich die Melodie vorschreiben zu lassen – ein Kunststück, das nicht vielen gelang. Zweierlei kam ihm hierbei zugute: die emotionale Distanz, die aufgrund ihres unterschiedlichen Naturells von Anfang an zwischen George und ihm bestand, und seine Religiosität, die ihn vor Idolatrie bewahrte.

Wolfskehl lehnte es ab, sich auf George anders einzulassen als auf dem direkten Weg über seine Dichtung. Alles, was ein Künstler zu sagen habe, sage er in seinem Werk, und je umfassender er sich darin ausdrücke, desto weniger interessiere das Biographische. In diesem Punkt waren sich George und Wolfskehl von Anfang an einig. Wolfskehl erfasste jedoch schnell, wie schwierig George im Umgang sein konnte, und hielt auch aus diesem Grund lieber auf Abstand. Er wollte sich sein Bild des Dichters nicht trüben lassen. Noch im Exil nannte er es kontraproduktiv, sich mit der Person Georges zu beschäftigen. »Es gibt kein Privatleben des Meisters«, warnte er. »Stefan George ist fast der einzige Mensch in der dokumentierten Geschichte, der ganz und nur sein Werk, seine Schöpfung ist! Jedes Wissen um die organische Existenz mit all ihren Gesetzen und Zufällen (Schnupfen, Lieben) beleuchtet nicht sein Bild, sondern trübt dessen wirkende Macht über die Seelen.«[59] Weil er fürchtete, dass seine Begeisterung für die Dichtung durch ein gründlicheres Eingehen auf den Dichter Schaden nehmen könnte, erklärte er Stefan George zu einem Wesen ohne Biographie, zum Schöpfer seiner selbst und damit schlicht zur Kunstfigur. Eine bequemere und zugleich heroischere Sicht konnte sich George nicht wünschen. »Man sieht je länger je mehr in mir was

Wolfskehl das Außerpersönliche nennt«, meinte er 1910 stolz.[60] Die Tabuierung der Privatsphäre war der erste Schritt auf dem Weg zur Mythenbildung.

Eine zweite wichtige Weiche stellte Wolfskehl, indem er den bei George nur rudimentär vorhandenen religiösen Ansatz in den Mittelpunkt rückte und das »Wunder« zum Ziel ihrer gemeinsamen literarischen Wallfahrt erklärte. Auch hier lag möglicherweise, zumindest unterbewusst, eine Abwehrhaltung zugrunde. Wenn Wolfskehl über Dichtung sprach, dachte er in den Kategorien heilig und profan, und genau wie George war er davon überzeugt, dass das Heilige vor dem profanen Zugriff der Menge geschützt werden müsse. Aber dieser Antagonismus besaß für jeden einen anderen Stellenwert. Georges Glaube an die Dichtung war ein durch und durch säkularisierter Glaube, dessen letzte Gewissheit in der eigenen Person gründete: Die Dichtung war eine Macht, solange *er* diese Macht repräsentierte. Eine derartige Identifikation und Zuspitzung war für Wolfskehl undenkbar. Er stand in der jüdischen Überlieferung, in der dem Wort als Offenbarung Gottes theologische Bedeutung zukam. »Solche Heiligkeit des Niedergeschriebenen, des Kodifizierten bleibt andern Glaubensformen fremd.«[61] Religion war für Wolfskehl Dienst am Wort. So nahm jene Theologisierung der Dichtung ihren Anfang, die 1904 in der »Apotheosis Maximini« (Wolfskehl) gipfelte.

Weil er von der Person abstrahierte und sein Eintreten für George als eine religiöse Handlung verstand, wahrte Wolfskehl seine Selbstständigkeit und verfiel bei allem Eifer, mit dem er Georges Positionen manchmal sogar gegen seine eigenen Überzeugungen vertrat, niemals dumpfem Jüngertum. Sein Selbstverständnis als Jude sicherte ihm immer wieder den nötigen Freiraum. »Bewundern in Thun umgesetzt heisst nicht nachahmen, fremdes herübernehmen, sondern im Eigensten auf eigenste Weise der fremden Grösse entgegenzueilen!«[62] Dass George trotz mancher Differenzen an ihm festhielt, erfüllte Wolfskehl mit Stolz und gab ihm jene Gelassenheit, mit der er in späteren Jahren auch die Auswüchse des Woltersschen Personenkults ertrug. Die Vorstellung eines Kreises, dessen Mitglieder sich über die größtmögliche Nähe zum Meister definierten, hielt er für abwegig. Schon die Frage nach der Zugehörigkeit schien ihm in die falsche Richtung zu gehen: »Wer ›dazu‹ oder ›nicht dazu‹ gehöre war nie auszumachen vom Tag her.«[63] Die Exklusivität des Kreises lag für ihn nicht in seiner historischen Einmaligkeit, sondern in der Tatsache, dass bei entsprechender »Verdichtung der magischen Kraft«[64] Ähnliches zu jeder Zeit an jedem Ort möglich war.

In einem Text, der sich am Schluss der dritten *Blätter*-Folge findet und eine Art Pendant zu dem Stück über den »Priester vom Geiste« bildet, suchte Wolfskehl die Magie des Wortes zu ergründen. »Warum lieben denn die menschen mehr die finsterniss denn das licht?«, fragte er in dem Stück »Über die dunkelheit«. Weil sie Erkenntnis suchen und »alles wissen der welt uns nimmer das grosse erkennen schenken kann«. Das »geheimnisvolle miteinanderleben das die gemeinschaft zweier seelen zu einer schauerlich und schönen wallfahrt verklärt« bedürfe der permanenten Erneuerung durch die nächtliche Feier, erst »im dämmern in den schauern eines geahnten entzückens wird der mensch dem menschen offenbar … wie wollten wir leben wenn wir nicht den reigen schlängen?«[65]

Im rauschhaften Ergriffensein durch das Wort lag für Wolfskehl der Schlüssel der Freundschaft. Das gemeinsame feierliche Lesen von Gedichten war die meditative Grunderfahrung, die sein Verhältnis zu George bestimmte. Die Beschwörung des dichterischen Wortes in kleiner Runde wird im 16. Gedicht des *Vorspiels* beschrieben. Die Vielfalt und Buntheit des Lebens berge zwar eine Fülle von Anregungen, heißt es dort,

> Doch ist wo du um tiefste schätze freist
> Der freunde nächtiger raum, schon schweigt geplauder
> Da bebt ein ton und eine miene kreist
> Und schütteln mit der offenbarung schauder.
>
> Da steigt das mächtige wort – ein grosses heil –
> Ein stern der auf verborgenen furchen glimmert
> Das wort von neuer lust und pein: ein pfeil
> Der in die seele bricht und zuckt und flimmert.[66]

Wolfskehls Fähigkeit zur Evokation wurde von vielen Zeitgenossen gerühmt. In einem Aufsatz zu seinem 60. Geburtstag erinnerte sich Walter Benjamin an einen lang zurückliegenden gemeinsamen Abend bei Franz Hessel. Irgendwann sei Wolfskehl aufgestanden, habe *Das Jahrhundert Goethes* aus dem Regal gezogen und Lenaus »Schläfrig hangen die sonnenmüden blätter« aufgeschlagen:

> Diese dreiundvierzig trochäischen Verse las er. Und als ich sie nun von ihm zum ersten Male hörte, rückten in meinem Innern die paar Gedichte, die da seit Jahren oder Jahrzehnten hausen, zusammen, um einen letzten spätesten Fremdling unter sich aufzunehmen. Zu Hause war mein erstes, die Anthologie, aus der er gelesen hatte, zu suchen. Nicht das Gedicht, das Wolfskehl uns gelesen hatte, allein, diese ganze Sammlung war mir erschlossen. Es war eine der seltenen Gelegenheiten, da man inne wird, wie alle Lyrik sich zuletzt nur mündlich fortpflanzt und bildet … Hier nun hatte eine wahrhaft hermetische, eine geleitende Stimme im Flusse der Lenauschen Worte stromaufwärts mich in die unwegsamen Höhen geführt, wo um 1900 … die deutsche Dichtung war erneuert worden … Vielleicht war dies das Unvergeßliche der Stunde, von der ich hier sprechen wollte; das Gedicht aus ihm sich heben zu sehen wie einen Vogel aus dem gewaltigen Sagenbaum, in dem er mit Tausenden seinesgleichen nistet.[67]

Was Wolfskehl in solchen Momenten gelang, die Worte klingen zu lassen und das Gedicht aus sich selbst heraus zum Sprechen zu bringen, blieb ihm in seiner eigenen Lyrik, jedenfalls bis 1933, versagt. Seine ekstatisch gestammelten Verse, immer stark überhitzt, ermüden den Leser schnell. Die Melodie hält dem Rhythmus nicht Stand, alles Lyrische wird hinweggespült von einer dunklen, diffusen Bilderflut. Gleichwohl schätzte George Wolfskehls Gedichte und verteidigte sie als Weiterführung auf der Basis des von ihm Erreichten: »ich sehe in ihm den einzigen unter den ›Jungen‹ der die forderung begriffen nicht aus einem erzählchen heraus sondern aus rausch und rhythmus heraus zu schaffen. der nicht wie wir sich durchgerungen sondern nachdem er unsre bildung genossen sofort mit dem neuen beginnt.«[68]

Wolfskehl suchte dem Meister nachzustreben, ohne ihn nachzuahmen, und war wie die meisten *Blätter*-Dichter glücklich, wenn dieser Hand anlegte und korrigierte. George verkörperte für ihn den schöpferischen Menschen, den Schaffenden, den Künstler schlechthin, während er, Wolfskehl, nur wiedergab, nur reproduzierte. In seinen Augen war das keine Frage unterschiedlicher dichterischer Potenz, sondern eine Seinsfrage, die jeden Vergleich von vornherein ausschloss. Als Georg Edward, der Gießener Kommilitone, der nach dem Studium in die USA gegangen war, ihn 1911 in München besuchte und meinte, viele seiner Gedichte gefielen ihm besser als die Georges, sprang Wolfskehl »von seinem Stuhle auf, lief mit großen Schritten von einer Ecke des Zimmers bis zur anderen und erklärte, das sei ein ›tempelschänderisches Urteil‹, seine Sachen seien nicht wert, mit denen des Meisters verglichen zu werden, es gebe keinen Menschen, keinen Dichter, keinen Künstler, der an ihn heranreiche.«[69]

In den *Blättern für die Kunst* standen Wolfskehls Gedichte hinter denen von Hofmannsthal, Gérardy und Lieder; nach deren Ausscheiden wurden sie fast immer im direkten Anschluss an Georges eigene Beiträge gedruckt. Auch wenn sie formal unausgereift waren, übertrafen sie an Gehalt doch das meiste, was die *Blätter* ihren Lesern sonst zumuteten. Der Vorwurf, den Stefan Zweig 1903 in seiner Besprechung von Wolfskehls *Gesammelten Dichtungen* erhob, sie seien »wie die mittelmäßigen Verse Stefan Georges ... stark gewässerter Wein in die alten Krüge gegossen«, ging im Kern an der Sache vorbei.[70] Im Gegenteil, zahlreiche Themen und Bildmotive wie auch die starke Tendenz zum Okkulten oder die hymnische Feier der Gemeinschaft sind bei Wolfskehl zum Teil deutlich früher ausgeprägt als bei George.

Viele seiner Gedichte und Essays lassen erkennen, wie schwer es Wolfskehl gefallen sein muss, beim Thema zu bleiben und sich auf das, was er sagen wollte, zu konzentrieren. Sein enzyklopädisches Wissen verleitete ihn zu immer neuen Assoziationen. Wolfskehl war nun einmal nicht der Mann des geschriebenen, sondern des gesprochenen Wortes. »Wie blass sind alle meine Schriftlichkeiten gegen meine lebendig schwirrende Rede und wie wenig von mir kann man aus allen meinen fixierten Meinungen erraten.«[71] Erst im Gespräch – und nur im Gespräch – konnte Wolfskehl sich so entfalten, wie es seiner Natur und Anlage entsprach.

Ich habe ihn sich unterhalten hören mit Völkerforschern über Totemismus oder »Trojaburgen«, mit Altphilologen über schwierige Probleme der Metrik in den Chorgesängen der Tragiker, mit Archäologen über die antike Oikos-Idee, über den Brauch der Theoxenien, über Inkubationsmantik, mit Ägyptologen über die anch-Schlinge (Henkelkreuz, »Nilschlüssel«), mit Tonkünstlern über abseitige Kapitel der Musikgeschichte, mit sehr unterrichteten Ästheten über Lecomte de Lisle, François Coppée, Huysmans, Henri de Régnier, Rimbaud, Wilde, Beardsley und gewann jedesmal den Eindruck, der Aussprache zweier Fachleute beizuwohnen, da denn … er den »eigentlichen« Fachmann womöglich an Kenntnissen, bestimmt aber an scharfsinniger Ausdeutung hinter sich ließ.[72]

Wolfskehl erschloss George die Schönheiten Jean Pauls, führte ihn ein in die Welt Bachofens und wies ihn auch sonst auf manchen Einzelgänger hin. George bediente sich gern aus dem Wolfskehlschen Bildungsfundus, konzentrierte sich dabei aber stets auf das, was er unmittelbar für sich nutzen und umsetzen konnte; alles andere hielt er für Ballast. Wolfskehl war jede Selbstbeschränkung fremd. »Es gibt *nichts* was mich nicht interessiert! Alles ist wichtig!«[73] Wolfskehls Umtriebigkeit und intellektuelle Neugier verstörten George, der ohnehin ein tief sitzendes generelles Unbehagen gegenüber Intellektuellen empfand, die sich für alles gleichermaßen zu begeistern schienen. Dass sich Wolfskehl, wenn er einmal in Fahrt war, unterschiedslos vor jedem Publikum über jedes Thema verbreiten konnte und dabei wenig Rücksicht nahm, sorgte für zusätzlichen Ärger. Von 1904 an verbot George jüngeren Freunden Besuche bei Wolfskehl, dessen »Herumwuseln in Menschen« seine eigenen Bemühungen zu unterlaufen drohte.[74]

George hatte schon früh die Erfahrung machen müssen, dass Wolfskehl nur schwer zu bändigen war. Im März 1896 berichtete dieser aus Berlin, dass er einige Male »bei Frau Auerbach« gewesen sei: »Einen Abend hab ich – Sie werden staunen – mit D. v. Liliencron und Dehmel bei ihr verbracht. Liliencron ist ein herzensguter naiv fröhlicher Mensch von einer wirklich schönen Jugendlichkeit und auch D[ehmel] bietet persönlich viel, mehr als seine Gedichte mich wenigstens ahnen lassen.« Dehmel sei »ein Suchender« und habe für

George und die *Blätter* »grosses und wie ich sicher glaube ungeheucheltes Interesse«. Jedenfalls könne es nicht schaden, »einen Grenzverkehr [zu] unterhalten«. George, der sich in Brüssel aufhielt, antwortete erstaunlich gelassen: »Besonders thut es mir weh Sie in solcher gesellschaft zu sehen. Doch ich vermute in Ihnen genügend schärfe um die oft gleissenden firnisse jener kunst und geistniedrigen wesen zu durchdringen. Hier soll es keine verträglichkeit geben.« Wolfskehl suchte mögliche Zweifel Georges auf der Stelle zu zerstreuen: »Wie hätte ich mich je Ihren Jünger heissen dürfen wenn ich nun schwanken könnte. Aber Sie kennen mich und meinen Menschenhunger und werden mir nicht verübeln dass ich alles Leben zu erkennen trachte: gewählt habe ich für heute und für immerdar.«[75]

George hätte Wolfskehl, zumal nach Kleins Ausscheiden aus der Redaktion, gern stärker in die Arbeit an den *Blättern* eingebunden. Aber auch in diesem Punkt musste er Abstriche machen, denn Wolfskehl war weder besonders zuverlässig, noch hielt er sich an Termine. Nachdem George ihm im Oktober 1896 noch herzlich für seine standhafte Mitarbeit am dritten Jahrgang gedankt hatte, beklagte er sich drei Monate später zum ersten Mal in sarkastischem Ton über mangelndes Engagement. In Zukunft gedenke er Wolfskehl »mit aufträgen zu verschonen die Ihr geist willig empfängt aber Ihr fleisch unfähig ist auszuführen«.[76] Der so Gescholtene tat zerknirscht, ließ sich aber auch in der Folge kaum je aus der Ruhe bringen. »Der Meister gab mir, von der Träumer Schlag, / Oft auszuführen was mir gar nicht lag.«[77]

Bei allem Selbstbewusstsein, das ihn auszeichnete, fühlte sich Wolfskehl tief in Georges Schuld. Hatte der Meister nicht recht, wenn er ihm sein ständiges Umherschweifen und Sich-Verzetteln, seine Bequemlichkeit und mangelnde Einsatzbereitschaft vorhielt? Wolfskehl war von einem latent schlechten Gewissen geplagt, und um die Jahrhundertwende geriet das Verhältnis in eine bedenkliche Schieflage. »Die viel zu besorgte und unterwürfige Haltung der Wolfskehls wirkt nicht gut auf Stefan«, stellte ein gemeinsamer Freund im Frühjahr 1902 kritisch fest. Wolfskehl und seine Frau nähmen viel zu viel Rücksicht auf ihn. Das wirke sich nachteilig auf den Umgang der Wolfskehls mit anderen Gästen aus.[78]

Gut drei Monate später schrieb Wolfskehl wie jedes Jahr einen Geburtstagsbrief an George, und diesmal übertraf er sich selbst. »Ich weiss wirklich nicht ob ohne Sie die heutige deutsche Welt bestehen könnte: Sie haben zugleich das Thor geöffnet den Weg gezeigt und sind selber bis zum Ziel gekommen.« Am Ende seines epistolaren Ergusses ernannte er den Freund und Meister gar zum »Führer des Neuen Menschen«.[79] In der nächsten Folge der *Blätter* gab Wolfskehl dann eine dichterische Vision unter dem Titel »Der Meister«. Zu Beginn des Achtzeilers lässt er George sagen: »Ich weiss den willen der in euch ruht, / Geblendet träumt im schäumenden blut, / All was in euch quillt und sich selber nicht kennt / Verworrnen flackerns düster brennt –«.[80] George gab einen Sonderdruck in Auftrag und verteilte ihn an langjährige Freunde. Wolfskehl stellte das Blatt gerahmt auf seinen Schreibtisch. In der Schlusszeile hatte er, knapp zehn Jahre nach ihrer ersten Begegnung, seine Beziehung zu George auf den Punkt gebracht: »Euch dank ich mein WISSEN: mir danket den WEG!« Die Maxime gab vor, wie George von seinen Freunden von nun an gesehen werden wollte. Die Mythenbildung war in eine neue Phase getreten.

6 Neue Perspektiven

Der gemeinsame Freund, der im Frühjahr 1902 die Ergebenheit von Karl und Hanna Wolfskehl im Umgang mit George als problematisch empfunden hatte, war der holländische Dichter Albert Verwey. George und er kannten sich zu diesem Zeitpunkt fast sieben Jahre; seit 1896 hatten sie sich alljährlich gegenseitig besucht. Der Holländer war dabei nicht nur zu einem der wichtigsten Gesprächspartner für George geworden, er hatte auch geschafft, was bis dahin niemandem wirklich gelungen war: Georges Vertrauen zu erwerben. Erst Verweys zweiwöchiger Besuch in München im April 1902 brachte eine Zäsur; ihre Freundschaft ließ an Intensität nach, und zwei Jahre später kam es wegen Verweys Ablehnung des »Wunders« Maximin zu einer dauerhaften atmosphärischen Störung.

Im Frühjahr 1895 war Albert Verwey durch einen Lesezirkel in Leiden auf die *Blätter für die Kunst* aufmerksam geworden. Da seine eigene Zeitschrift, die ein Jahr zuvor gegründete *Tweemaandelijksch Tijdschrift*, ihre Leser gern über literarische Trends des Auslands unterrichtete und die *Blätter für die Kunst* sich ihrerseits als Schaltstelle im europäischen Netzwerk präsentierten, entschloss sich Verwey zu einem ausführlicheren Bericht über die neue Strömung in Deutschland. Den entscheidenden Anstoß verdankte er wohl dem im April-Heft des *Mercure de France* (und parallel in der *Neuen Deutschen Rundschau*) veröffentlichten Hinweis Mallarmés: So wie eine Generation zuvor Richard Wagner in Paris durch Baudelaire entdeckt worden sei, so werde jetzt Baudelaire in Deutschland entdeckt – auf dem Weg über die *Blätter für die Kunst*. Die Zeitschrift und die von ihr propagierten Ziele erwähnte Verwey nur beiläufig, sein eigentliches Interesse galt den Gedichten Stefan Georges. Hier gebe es eine

Lyrik zu entdecken, wie man sie aus Deutschland seit langem, seit den Tagen Heinrich Heines, nicht mehr vernommen habe. Leider stehe der Dichter noch stark unter dem Einfluss Baudelaires; er fürchte sich offenbar vor den »gesunden Wallungen des Lebens« und reagiere statt dessen müde auf bizarre Reize. Es sei beklagenswert, dass die Franzosen jetzt offenbar auch in Deutschland den Ton angäben. Zwar zitierte Verwey die Ausführungen im zweiten Heft der *Blätter*, in denen Georges Eigenständigkeit gegenüber den französischen Vorbildern betont wurde, überzeugt hatten sie ihn aber nicht.[1]

Ließ man diesen Vorbehalt außer Betracht, konnte Verwey die Gedichte Georges nicht genug rühmen und nannte ihr Erscheinen ein Ereignis ersten Ranges, »von höchster, nämlich dichterischer Bedeutung in den geistigen Beziehungen« zu Deutschland. Seit viereinhalb Jahren publizierte George nun, aber von den durch seine französischen und belgischen Freunde lancierten Artikeln und einigen marginalen Erwähnungen abgesehen, hatte er so gut wie keine Beachtung gefunden. So einfühlsam wie von Verwey waren seine Gedichte noch nicht besprochen worden, und George nahm die erste Gelegenheit wahr, sich mit ihm in Verbindung zu setzen. Im September 1895 verbrachte er mit seiner Schwester, mit der er in diesen Jahren regelmäßig gemeinsam Ferien machte, zwei Wochen an der holländischen Küste. Der Wunsch, Verwey kennenzulernen, dürfte bei der Wahl des Ferienorts eine nicht unerhebliche Rolle gespielt haben.

Den ersten Eindruck, den George hinterließ, als er am 11. September gegen Mittag mit der Straßenbahn von Leiden in Noordwijk aan Zee eintraf, hat Verwey zwölf Jahre später in einem Gedicht festgehalten: eine schlanke Gestalt mit Baskenmütze, auf der Plattform der Trambahn stehend und langsam an Verweys Haus vorübergleitend. Die beiden kamen auf Anhieb gut miteinander aus. Etwas verwirrt war George, als er am Mittagstisch von Kitty, der Frau des Hauses, begrüßt wurde. Offenbar wollte er sich einen jungen Dichter – Verwey war gerade dreißig geworden, also nur drei Jahre älter als er – nicht im Ehestand vorstellen. Am Nachmittag führte Verwey den Besucher in die holländische Dichtung der achtziger Jahre ein, die er an der Seite von Willem Kloos entscheidend mitgeprägt hatte. Probeweise übersetzte er hin und wieder ein paar Verse, und George, der ihm gegenüber saß, machte sich fleißig Notizen. Schnell entstand eine vertraute Arbeitsatmosphäre. »Als wir da saßen, fiel mir gleich auf, dass sein Gesicht im Profil schmal, von vorn jedoch breit war, eine Kreuzung, die ich noch bei niemandem so gesehen hatte und die zweifellos die Verbindung einer reichen Natur mit einer strengen Form bedeutete.«[2]

Als er sich drei Monate später aus Berlin für »jenen eigentümlichen wolausgefüllten und so vertrauten nachmittag in Ihrer werten familie« bedankte, berichtete George von neuen Plänen. Er habe vor, im Frühjahr in Brüssel und Paris »einen vortrag ›über die deutsche dichtung von heute‹ zu halten«. Ob das nicht eine Gelegenheit wäre, sich wiederzusehen.[3] Verwey verstand dies als Wink und fragte George, ob er den geplanten Vortrag nicht auch in Holland halten könne. Wenn er nicht vor März käme, wäre genügend Zeit, zuvor noch einen Aufsatz über ihn zu platzieren. Nachfrage steigert den Marktwert, und Verwey kannte die Spielregeln des Literaturbetriebs so gut wie George. Es wäre ihm am liebsten, antwortete dieser, von einer literarischen Gesellschaft offiziell eingeladen zu werden. Hätte Verwey sich erkundigt, wer denn die Veranstalter in Paris und Brüssel seien, hätte George ihm gestehen müssen, dass es gar keine Veranstalter gab.

Erst Verweys Initiative bot George Gelegenheit zu einem umgehenden Vorstoß bei seinen französischen und belgischen Freunden. Am 23. Januar teilte er Albert Saint-Paul in Paris mit, er sei eingeladen, in Holland über deutsche Literatur zu sprechen; ob es nicht denkbar wäre, auch vor einem französischen Publikum aufzutreten. Saint-Paul konnte George jedoch nur in Aussicht stellen, den »Vortrag« im *Mercure de France* unterzubringen. Als zuverlässig erwies sich wieder einmal Gérardy; am 31. Januar fragte er George, ob er den für Holland geplanten Vortrag nicht auch in Brüssel halten wolle. Drei Tage später schrieb George an Hofmannsthal, er sei auf dem Weg nach Holland, wo er »in mehreren städten über deutsche Dichtung von heute zu reden« habe.[4] Zum ersten Mal bewährten sich die über die Jahre in mehreren Ländern aufgebauten Netzwerke. Innerhalb weniger Wochen war aus einem beiläufig geäußerten Wunsch, einmal öffentlich aufzutreten, ein Event geworden.

Der Auftritt am 28. März 1896 in Den Haag erfüllte alle Erwartungen. Der Mitherausgeber der *Tweemaandelijksch Tijdschrift*, Lodewijk van Deyssel, der Dandy der holländischen Literatur, dessen ästhetischen Ansprüchen sonst niemand genügte, war von George entzückt. Von deutscher Dichtung sei in Holland lange nichts mehr zu hören gewesen, meinte er in einer Besprechung, jetzt aber habe er einen Mann kennengelernt, »der zugleich Deutscher und Dichter ist«:

> Wer ihn sah und hörte, wird tief beeindruckt gewesen sein von dem zart-majestätischen Adel seiner Erscheinung und von dem stillen, feinen Klang, in dem er seine Verse sprach ... Nachdem er sitzend gelesen, erhob er sich, um seine neuen Gedichte aufzusagen; dies war ein Augenblick von so schlank aufragender Fürstlichkeit und hochgemuter geistiger Eleganz ... dass man den Besuch ein einmaliges Ereignis nennen dürfte. Er war der DICHTER, das ist hier der geistige Künstler durch und durch ... genau das, was ein Schriftsteller in seinem höchsten Ausdruck sein soll: dem Geiste nach ein Fürst.[5]

Van Deyssel nannte den Auftritt »vollendet graziös«. Man habe den Eindruck gewonnen, George bewege sich »auf den Rhythmen des unaufhörlichen Flüstergesangs seiner Seele«. Vor Beginn der Lesung, als man in kleinem Kreis zusammensaß, sei ihm das besondere Spiel der Hände aufgefallen. Georges Unterarme hätten locker und bequem auf den Lehnen seines Stuhls geruht, so dass seine Hände frei herabhingen; um einzelnen Sätzen Nachdruck zu verleihen, habe er nur diese Hände gelegentlich kurz angehoben – wie »aufblitzende Sterne«. Zehn Tage nach der Lesung im »Haagsche Kunstkring« fasste van Deyssel seine Eindrücke noch einmal zusammen:

> Nachdem wir so im Kreis gesessen hatten, ging er für zwanzig Minuten hinaus, um sich umzuziehen; uns verwunderte die Höflichkeit, mit der er um uns herumging und sich an der Tür verbeugte: »Meine Herrschaften, ich empfehle mich.« Im »Kunstkring« sahen wir ihn wieder: im Rock – sehr korrekt, schöne Verbeugung vor Fräulein Kempees, bloße Hände, schöne Haltung der Hände beim Verbeugen. Dann – das Sitzen, das Lesen, die Verbeugung vor den Hörern. Er sagte: »Meine Damen und Herren«. Der untere Teil seiner Stirn vorgeschoben. Tief darunter die bleich-blauen Augen, so bleich, dass sie dann und wann vollkommen perlgrau wurden.[6]

Das Artifiziell-Aristokratische im Auftritt Georges überzeugte van Deyssel umso mehr, als er das Ambiente »sehr bürgerlich und klein« nannte. »Es war auch eine Opernsängerin da, in rosa Bluse und schwarzem Samtrock, mit langen weißen Handschuhen, die sehr laut deutsche und italienische Lieder sang.« Musikalische Einlagen entsprachen dem Geschmack der Zeit. George hat später, wohl auch aufgrund der Haager Erfahrungen, jede Unterbrechung seiner Lesungen abgelehnt und im Vorfeld alle Details besprochen.

Am Morgen nach der Lesung fuhren George, van Deyssel und Verwey gemeinsam nach Noordwijk. Van Deyssel las seinen Aufsatz »Kunst ist Passion« vor, den George für so bedeutend hielt, dass er ankündigte, Auszüge ins Deutsche zu übertragen, sobald er die Sprache besser beherrsche. Auch der Dichter Herman Gorter, der Georges Lesung ebenfalls beigewohnt hatte, war an diesem Tag Gast in Noordwijk. Aus seinem großen epischen Gedicht »Mei« verdeutschte George mit Hilfe einer wörtlichen Übersetzung, die ihm Gorter zur Verfügung stellte, den Anfang des zweiten Gesangs. Weil sich Verwey später mit Gorter überwarf, distanzierte sich George von ihm und nahm »Mai« nicht in seine Anthologie *Zeitgenössische Dichter* auf.[7] Solidarität ging vor.

Bei ihrem sonntäglichen Zusammensein in Noordwijk kamen die versammelten Dichter unter anderem auf Maurice Maeterlinck zu sprechen. George hatte dem belgischen Symbolisten, der zu den erfolgreichsten Dramatikern in Europa zählte, 1891 ein Exemplar der *Hymnen* zugeeignet und ihm anschließend, ermutigt durch ein freundliches Dankschreiben, auch die *Pilgerfahrten* und die Baudelaire-Übertragungen geschickt. Wenig später war George von seinen Lütticher Freunden auf Charles van Lerberghe aufmerksam gemacht geworden, einen ehemaligen Mitschüler Maeterlincks, den sie für den eigentlichen Begründer des Symbolismus in Belgien hielten. Im Mai 1893 brachten die *Blätter* eine Kostprobe aus einem frühen Stück Lerberghes, »Les Flaireures«, einem Dreiakter für Marionettentheater, der in einer Einführung von Carl August Klein als »ursprung aller Maeterlinckiaden« bezeichnet wurde.[8]

Parteinahme gehörte zu den ehernen Redaktionsgrundsätzen der *Blätter*. Indem sie das angeblich Verkannte als das Besondere priesen, setzten sie sich geschickt gegen den Trend ab, ohne sich in die Niederungen der Kritik zu begeben. Nachdem der Naturalismus das traditionelle Theater gründlich in Misskredit gebracht hatte, war die Frage, wie es mit dem Theater generell weitergehen sollte, seit einigen Jahren Dauerthema in literarischen Kreisen. »In dieser langen und schon langweiligen Pause zwischen dem alten, welches nicht mehr erträglich, und dem neuen Theater, welches noch nicht erfindlich ist«,[9] meldeten sich regelmäßig auch die *Blätter für die Kunst* zu Wort. Drei Dinge standen einer Bühnenreform aus ihrer Sicht vor allem im Weg: mangelndes Gespür der Schauspieler für das Sprechen von Versen; die Blendung des Publikums durch sogenanntes Virtuosentum und grelle Dekoration; zuletzt der fehlende gesellschaftliche Rahmen, der Theater zum Ereignis mache. 1899 schritt man zur Tat. Um die eigenen Vorstellungen endlich in die Praxis zu überführen, habe man »eine bühne der ›Blätter für die Kunst‹ ins leben gerufen«; deren erklärtes Ziel sei die »wiedergeburt des schauspiels durch den *Vers*«.[10] Wie so vieles in diesen Jahren blieb auch der Wunsch nach einer eigenen Bühne ein Traum.

Während Maeterlinck an vielen europäischen Theatern als große Hoffnung gefeiert wurde, hatte man sich im Kreis der *Blätter* auf die Linie Gérardys verständigt, dieser Dichter werde seinem Ruf als Erneuerer des Dramas nicht gerecht. Man dürfe sich durch den Rummel um ihn nicht täuschen lassen. Dabei hatte der phänomenale Erfolg Maeterlincks George besonders fasziniert. Mit einer einzigen Rezension, einer Kritik von Octave Mirbeau, der ihn aufgrund seines ersten Dramas *La princesse Maleine* 1889 im *Figaro* zum zweiten Shakespeare ausrief, war er über Nacht berühmt geworden. Noch Jahre später schwärmte George von diesem Coup: es müsse wundervoll sein, eines Morgens aufzuwachen und berühmt zu sein.[11]

Für George lagen Ruhm und Erfolg in weiter Ferne. In Albert Verwey hatte er jemanden gefunden, der ihm nützliche Hinweise gab und ihn nach Kräften unterstützte, sogar beim schnöden Vertrieb. Um den Absatz der *Blätter für die Kunst* in Holland zu fördern, schaltete Verwey seinen Verleger ein, der ihm zwei Monate später allerdings mitteilte, dass nicht viel zu machen sei; am Ende fanden sich zwei Abonnenten. Die von George kolportierte Legende, es seien »von einem Heft der *Blätter* in der einen Stadt Utrecht mehr Exemplare bestellt [worden] als in ganz Deutschland«, entbehrte jeder Grundlage. Immerhin wurden in einem späteren, auf etwa 1903 zu datierenden Abonnentenverzeichnis der *Blätter* von 151 Beziehern 13 mit holländischer Anschrift geführt, das entsprach 8,6 Prozent.[12]

Es gab Wichtigeres als den Verkauf der Zeitschrift. Vor allem musste sich George von dem Ruf befreien, ein gelehriger Schüler der Franzosen zu sein. Sein Wunsch, sich von den Übervätern in Paris abzusetzen, deckte sich mit Verweys Vorbehalten gegen die aus Frankreich drohende Ästhetisierung der Kunst um ihrer selbst willen. Verwey vertrat den Standpunkt, dass jede Nation, ihrer Geschichte und Sprache gemäß, die ihr eigene Kultur entwickeln müsse. Dabei hatte er in erster Linie natürlich die Kunst des eigenen Landes vor Augen, das seit der zweiten Hälfte des 17. Jahrhunderts ununterbrochen starken französischen Einflüssen ausgesetzt gewesen war. Verweys Betonung der nationalen Autonomie in der Kunst führte einige Jahre später zu einem heftigen Disput mit George über die Bedeutung Rembrandts. Vorerst war die gemeinsame Frontstellung gegen Frankreich jedoch ein starkes Bindemittel zwischen ihnen. Hatte Verwey in seinem ersten Aufsatz noch den verderblichen Einfluss Baudelaires beklagt, so konnte er drei Jahre später mit Befriedigung feststellen, dass George die Decadence der Symbolisten endgültig hinter sich gelassen habe.[13]

2

Es sei ihm rätselhaft, hatte George im Januar 1892 geschrieben, was er nach dem *Algabal* noch dichten solle. Um die Schaffenskrise zu überwinden, hatte er damals vehement den Aufbau seiner Zeitschrift vorangetrieben und parallel dazu versucht, sich durch eine rege Übersetzertätigkeit und das Experimentieren mit Prosa neue sprachliche

Mittel zu erschließen. Vom Dichten in fremden Sprachen führte im Winter 1892/93 dann eine direkte Linie zum Dichten in fremden Formen, das er »spiel und übung«[14] nannte. Angeregt womöglich durch einen illustrierten Artikel über die Manessische Liederhandschrift in den *Monatsheften* von Velhagen und Klasing, begann er Gedichte im Stil der Minnesänger zu schreiben; bald nahm er auch Antike und Orient als Räume neuer dichterischer Welterfahrung in den Blick. Zwei Jahre lang hat »das Rollengedicht in historisierenden Kostümen« sein Dichten maßgeblich geprägt.[15]

> Sieh mein kind ich gehe.
> Denn du darfst nicht kennen
> Nicht einmal durch nennen
> Menschen müh und wehe.
>
> Mir ist um dich bange.
> Sieh mein kind ich gehe
> Dass auf deiner wange
> Nicht der duft verwehe.
>
> Würde dich belehren,
> Müsste dich versehren
> Und das macht mir wehe.
> Sieh mein kind ich gehe.[16]

Die Person, die George zu allen diesen Kostümierungen inspirierte, war niemand anders als Ida Coblenz. »Sie ist die Serena der *Hirtengedichte*, die Menippa der *Preisgedichte*, die Melusine der *Sagen*«, ohne sie hätte George weder die *Sänge eines fahrenden Spielmanns* noch *Das Buch der Hängenden Gärten* geschrieben.[17] Mit Ida Coblenz hatte für ihn eine neue Phase dichterischer Produktion begonnen, sie war in diesen Jahren zu dem geworden war, was sie immer hatte sein wollen: seine Muse. Ihr erstattete George deshalb auch Bericht, als er im Herbst 1895 die Ernte einfahren wollte: »Ich stehe wieder an einem wendepunkt und blicke auf ein ganzes leben zurück das wie ich fühle von einem ganz anderen abgelöst wird. ich möchte es mit der herausgabe meiner bücher schliessen. ich möchte Hymnen Pilgerfahrten und Algabal im ersten, Hirtengedichte Sagen und Sänge und Hängende Gärten im zweiten und die lezten gedichte als Annum ani-

mae oder Jahr der Seele im dritten vereinigen. so sind meine gesungenen, meine gemalten und meine gesprochenen werke zusammen.«[18]

Selten hat sich George in der Beschreibung seiner publizistischen
Pläne so weit vorgewagt wie in diesen Sätzen an Ida Coblenz. Sie bestätigten zunächst, was schon in der Eröffnungsnummer der *Blätter*
angedeutet worden war, dass die drei schmalen Frühwerke als Einheit
Hymnen Pilgerfahrten Algabal zu sehen seien. Die Gedichte, die seither entstanden waren, unterschied George in die »gemalten« und die
»gesprochenen«, und entsprechend plante er den lyrischen Ertrag der
zurückliegenden Jahre auf zwei neue Bände zu verteilen. Diese Bände grenzte er nicht nur untereinander und gegen die »gesungenen«
Erstlinge ab, er unterteilte auch jeden Band wieder in drei Zyklen.
Mit der bevorstehenden Veröffentlichung, so erklärte er der Freundin
emphatisch, sei ein ganzer Lebensabschnitt für ihn beendet. Aber
der groß gedachte Plan eines gleichzeitigen Erscheinens der beiden
neuen Bände zusammen mit einer öffentlichen Neuausgabe seiner
Erstpublikationen ließ sich, in Ermangelung eines Verlegers, nicht
umsetzen.

*Die Bücher der Hirten- und Preisgedichte, der Sagen und Sänge
und der Hängenden Gärten* erschienen als bescheidener Privatdruck
in einer Auflage von zweihundert Exemplaren im Dezember 1895.
Zwischen den auch literaturgeschichtlich aufregenden Erstlingen
und dem zwei Jahre später erschienenen, populär gewordenen *Jahr
der Seele* wurden sie oft vernachlässigt. Die Gedichte enthielten »die
spiegelungen einer seele die vorübergehend in andere zeiten und örtlichkeiten geflohen ist«, schrieb George in der Vorrede. Vorsorglich
wies er aber darauf hin, dass sie »von unsren drei grossen bildungs-
welten« nicht *mehr* enthielten, als »in einigen von uns noch eben
lebt«. Dennoch wurden die *Bücher* gern als Bildungsgedichte behandelt, so als habe sich George an allerlei antiken und mittelhochdeut-
schen Versmaßen abgearbeitet. Ihr experimenteller, zukunftweisen-
der Charakter wurde übersehen. Wo im deutschen Sprachraum gibt
es 1895 ein ähnlich minimalistisches Gedicht wie dieses:

> Sprich nicht immer
> Von dem laub,
> Windes raub,
> Vom zerschellen
> Reifer quitten,
> Von den tritten
> Der vernichter
> Spät im jahr,
> Von dem zittern
> Der libellen
> In gewittern
> Und der lichter
> Deren flimmer
> Wandelbar.[19]

Hofmannsthal schrieb einen höchst einfühlsamen Aufsatz über die *Bücher der Hirten- und Preisgedichte*. Er sprach vom »Triumph der Jugend« in diesen Versen und von der »Übereinstimmung zwischen Gesinnung und Manier«. In jeder Zeile verspüre der Leser »die angeborene Königlichkeit eines sich selbst besitzenden Gemütes … Nichts ist der Zeit fremder, nichts ist den wenigen wertvoller.«[20] Ohne solchen Zuspruch wäre es für ihn auf Dauer in Deutschland gar nicht erträglich, dankte George: »Wer weiss ob ich – wenn ich Sie nicht oder Gérardy als dichter gefunden hätte – in meiner muttersprache weitergedichtet hätte!«[21]

Im Frühjahr 1896 befand sich George in stetigem Aufwind. Anfang März, zur Ankündigung seiner Lesung in Den Haag, war der von Verwey versprochene umfangreiche Aufsatz erschienen. Am 17. März hielt Gérardy im Brüsseler Salon »La Libre Esthétique« den ersten öffentlichen Vortrag über ihn, in Anwesenheit des Dichters. Am 21. März folgte Hofmannsthals Besprechung der *Bücher der Hirten- und Preisgedichte*. Am 28. las George im »Kunstkring«. Als er Anfang April aus Den Haag nach Bingen zurückkehrte, leitete er umgehend den längst fälligen Versand des März-Heftes der *Blätter* in die Wege. Wenn er sich nicht selbst um alles kümmmere, klagte er am 12. April gegenüber Hofmannsthal, passiere gar nichts. Wie schon im Vorfeld der Lesung unterrichtete er auch jetzt die wichtigen Multiplikatoren persönlich. So schickte er Van Deyssels Bericht über die Lesung unter anderen an Hofmannsthal, einen Sonderdruck des Verwey-Aufsatzes überreichte er Ida Coblenz. An Albert Saint-Paul erging die Bitte, in *L'Ermitage* auf die Aufsätze von Verwey und van Deyssel hinzuweisen und sich beim *Mercure de France* für einen Abdruck des Gérardy-Vortrags zu verwenden. Auch die Familie wurde unterrichtet. Im Herbst hatte sich Anna noch Sorgen gemacht, dass die vielen Enttäuschungen seine Gesundheit ruinieren könnten; seine Zeit sei noch nicht gekommen, tröstete sie ihn. Im Frühjahr freute sie sich mit ihm über jede neue »schmeichelhafte Notiz«.[22]

Vieles hing jetzt davon ab, wie die nächsten Nummern der *Blätter* aufgenommen würden. Wie immer fehlte es an Manuskripten, und wie immer trieb George seine Mitstreiter an. Von Wolfskehl erwartete er mindestens drei Beiträge »in Ihrem neuen etwas malvenfarbigen ton, der in Wenzel's feuriges gelb und Hugo's ruhiges blau sehr überraschend sich vorhebt«.[23] Obwohl George sich darüber im Klaren gewesen sein dürfte, dass die Komposition der Hefte, auf deren Ausgewogenheit er so viel Wert legte, den meisten Lesern verborgen blieb, versuchte er an gewissen redaktionellen Standards festzuhalten.

Eigentlich hatte George den Sommer über zu Hause bleiben wollen. Die Arbeit an den neuen *Blättern* musste jedoch zweimal unterbrochen werden. Anfang Mai fuhr er für zehn Tage nach Brüssel, um sich mit Richard Perls zu treffen. Am 3. Juli musste er Hals über Kopf noch einmal nach Brüssel. Fritz George, der jüngere Bruder, der sich dort in das internationale Weingeschäft einarbeiten sollte, war so schwer erkrankt, dass familiärer Beistand notwendig wurde. Der soeben zu seinem ersten Besuch in Bingen eingetroffene Albert Verwey hat von der Aufregung berichtet, die die Nachricht im Elternhaus hervorrief. Als das Telegramm aus Brüssel eintraf, beschloss der Familienrat, dass Stefan umgehend nach Brüssel fahren müsse. Verwey wurde aufgefordert zu bleiben. »Zeuge zu werden von soviel Schrecken, Angst und Ungewissheit, die Eltern und Schwester überkamen, musste den Freund zwangsläufig zu einem Vertrauten, fast zu einem Sohn und Bruder werden lassen«, schrieb er in seinen Erinnerungen.[24] Die bangen Stunden des Wartens auf Nachrichten aus Brüssel bildeten die Grundlage seines über die Jahre herzlichen Verhältnisses zur Familie George. Man tauschte Grüße und Empfehlungen aus, machte sich gegenseitig kleine Geschenke, und wenn Verwey und seine Frau im nahe gelegenen Kreuznach holländische Freunde besuchten, versäumten sie es nicht, sich für gemeinsame Ausflüge mit der Familie George zu verabreden.

Verwey hat sich wohl gefühlt am Rhein. Naturgemäß lag ihm die offene und fröhliche Art des Vaters mehr als das katholisch Strenge und Verschlossene von Mutter und Schwester. Nüchtern erkannte er die klare Rollenverteilung im Binger Haus. Die herrische Art, in der George mit seiner Schwester umging, irritierte ihn gelegentlich, und mit ironischem Unterton nannte er ihn »den Tyrannen«.[25] Ohne Kenntnis der familiären Hintergründe hätte sich Verweys Beziehung zu George wohl schwieriger gestaltet. Manches Kantige dürfte er mit Rücksicht auf die Binger Verhältnisse in milderem Licht gesehen haben. Wiederholte Teilnahme am häuslichen Leben bestimmte umgekehrt auch Georges Wahrnehmung des holländischen Freundes. Jedes Mal, wenn in Noordwijk Nachwuchs kam – 1906 wurde das letzte der sieben Verwey-Kinder geboren –, gratulierte er.

Ende Juli 1896 kehrte George, nachdem er fast drei Wochen am Krankenbett seines Bruders in Brüssel verbracht hatte, nach Bingen zurück. Im August kümmerte er sich um den Versand der beiden neuen Nummern der *Blätter*, traf sich zweimal mit Klein, der ihm eröffnete, dass er für einige Zeit nach London gehen werde, und hatte Gérardy und Wolfskehl zu Gast. Er habe »den besuch fast sämmtlicher mitarbeiter der Blätter bei mir am Rhein« gehabt, schrieb er, wie immer ein wenig übertreibend, an Hofmannsthal.[26] Am 4. September traf George dann zu seinem zweiten Besuch bei Verwey, dem ersten längeren Aufenthalt in Noordwijk ein. Verwey und er verstanden sich so gut, dass sie beim Abschied beschlossen, einmal »einen ganzen monat zusammen zu verbringen«. Außerdem wollten sie so bald wie möglich ein gemeinsames Buch über Deutschland und Holland verfassen.[27] Ein längeres Zusammensein ließ sich im Herbst des Folgejahrs in Berlin arrangieren, und von da an trafen sie sich regelmäßig für zwei bis drei

Wochen im Jahr. Viele Jahre gehörten die großen Ferien in Noordwijk zu den Fixpunkten in Georges Lebens.

George hat der immerwährenden Gastfreundschaft der Verweys im Gedicht »Dünenhaus« ein Denkmal gesetzt. Das Gedicht, das möglicherweise schon im Anschluss an seinen ersten Aufenthalt im September 1896 entstand, beschreibt die sommerliche Stimmung an der See – »wenn die schatten weich / Abends über Holland sinken«. Der Gast kann die Idylle jedoch kaum genießen. Obwohl die Gastgeber ihm jeden Wunsch gewähren und ihn mit großer Zuvorkommenheit behandeln, wird er seine innere Unruhe nicht los. »Dünenhaus« liest sich wie eine Bitte um Nachsicht mit dem »düster-mütigen starren gast«, der weiß, dass er den Freunden manches zumutet. Um sein ungeselliges Verhalten zu erklären, zitiert George in der Schlussstrophe den Mythos von Phaeton. Das Bild des Sonnensohnes, der mit dem Wagen seines Vaters den Himmel durchqueren wollte und am Ende die Welt in Brand setzte, weil er die Pferde nicht halten konnte, ist als Schlusspointe so überraschend wie wirkungsvoll: »So irrte / Sonnensohn an wolken hin / Starb im rasen nach dem glücke.«[28]

Das Bild des sich selbst verzehrenden Phaeton steht in scharfem Kontrast zur Behaglichkeit des Verweyschen Dünenhauses voll »tiefen friedens«. Neben der Gastlichkeit werden Freiheit und Stolz im Gedicht als die herausragenden Charaktereigenschaften seiner Bewohner genannt. Eigentlich gäbe es über solche stillen Tage gar nichts Besonderes zu berichten, meinte Verwey im Rückblick auf ihre gemeinsamen Sommer. George begleitete die Familie auf langen Dünenwanderungen und bei gelegentlichen Tagesausflügen, lag mit Verwey am Strand oder spielte mit den Kindern im Garten. Am Abend tauschte er sich mit Kitty über skandinavische Literatur aus oder zeigte Albert, wie man Bücher bindet. In Noordwijk konnte sich George entspannen. Hier konnte er das freie Gespräch genießen, ohne fortwährend einer Rolle gerecht werden zu müssen. George und Verwey sprachen von gleich zu gleich, von Dichter zu Dichter.

Dennoch blieb der Gast ein »Geist der Einsamkeit«.[29] Georges Bedürfnis, sich abzukapseln, fiel Verwey erstmals im Juli 1900 auf, als der Freund in Begleitung seiner Schwester zwei Wochen Ferien in Noordwijk machte. Damals kam es zu ersten Differenzen über das Thema Deutschland-Holland. George beteiligte sich sehr viel weniger an gemeinsamen Vergnügungen der Familie als in früheren Jahren. Im Januar hatte Verwey ein Gedicht geschrieben, »Der Einsame«, das er George jetzt vorlas. Als die erste Strophe geendet hatte, rief George spontan: »Das bin ich.« – »Seine Größe als Dichter, seine Liebenswürdigkeit als Mensch waren nicht zu leugnen«, bilanzierte Verwey. Die Gefahr zunehmender Vereinsamung habe ihn jedoch schicksalhaft gezeichnet. »Meine Bewunderung war daher stark gemischt mit Mitgefühl.« Keiner der Vertrauten hätte so etwas je auszusprechen gewagt. Auch Verwey fand den Mut zu diesen Sätzen erst nach Georges Tod. Er wusste, dass George die Vorstellung, von seinen Freunden bemitleidet zu werden, tief verletzt hätte. Aber wie behutsam auch immer er mit ihm umging: Die Schatten über Holland wurden von da an länger.

Der 1865 geborene Verwey galt Mitte der neunziger Jahre bereits als einer der Großen der holländischen Literatur. Im Alter von 16 Jahren hatte er sich dem sechs Jahre älteren, exzentrischen Willem Kloos angeschlossen, der ihn zum Dichten ermutigte und später in die Redaktion des *Nieuwe Gids* berief. Über diese Zeitschrift gelang es der Gruppe der »Achtziger« innerhalb kurzer Zeit, das Monopol der holländischen Pastorenlyrik zu brechen und ein Umdenken in Kunst und Kultur in die Wege zu leiten. Aber die Wortführer zerstritten sich und verfolgten ihre unterschiedlichen Interessen bald in wechselnden Fraktionen, die sich zum Teil gegen die Bundesgenossen von einst richteten. Verwey überstand die Auseinandersetzungen einigermaßen unbeschadet und schuf sich 1895 mit der Gründung der *Tweemaandelijksch Tijdschrift* – der später weitere Gründungen folgten – ein neues Forum. Als »ein gewandter Dialektiker, ein Meister der versöhnlich-überlegenen Vermittlung von Widersprüchen«[30] sah er seine Hauptaufgabe von nun an in der Verteidigung des einmal Erreichten. Von seiner umfangreichen Tätigkeit als Kritiker und Essayist legt seine 1921–23 in zehn Bänden erschienene *Proza* eindrucksvoll Zeugnis ab. Dichtung aber stand für Verwey an oberster Stelle.

Verweys erster, 1889 erschienener Gedichtband enthielt unter anderem den an Kloos gerichteten Zyklus »Von der Liebe die Freundschaft heißt«. Ein Jahr nach Veröffentlichung war die Beziehung in die Brüche gegangen, weil Kloos die Eheschließung Verweys mit Kitty van Vloten als Verrat ihrer Freundschaft empfand. Der Zyklus weckte Georges besonderes Interesse. Im Anschluss an seinen ersten Besuch in Noordwijk 1895 war er nach Brüssel gereist. Nachdem er schon im Zug »mit grossem genuss allerdings auch mit grosser schwierigkeit« in den Gedichten gelesen hatte, machte er sich an eine Übersetzung. Da seine Holländischkenntnisse rudimentär waren, kann er die Gedichte nur mit Hilfe von Edmond Rassenfosse übersetzt haben, mit dem er sich in Brüssel verabredet hatte. Dass George in dem Brief, in dem er Verwey die Übersetzung von zwei Sonetten ankündigte, den Titel des Zyklus falsch wiedergab, lässt ahnen, wie stark er in diesen Tagen vom Freundschaftserlebnis berauscht war. Er habe, schrieb er, »zwei sonnette aus dem Kranz: ›Von der freundschaft die Liebe heisst‹ ins deutsche übertragen«. Das war mehr als ein *lapsus calami*, es war eine Freudsche Fehlleistung.[31]

Seit Beginn der neunziger Jahre hatte Verwey keine Gedichte mehr geschrieben. Er steckte in einer ihn stark verunsichernden Umbruchphase, aus der er sich vor allem durch intensive Spinozalektüre zu befreien suchte. Durch gründliches Nachdenken über die Zusammenhänge von Gott und Natur hoffte er seinem Ideal einer universalen Poesie näherzukommen. In seinen ab 1896 in geringen Abständen erschienenen Gedichtbänden, die untereinander allesamt korrespondierten, wollte Verwey einerseits so unverfälscht wie möglich die Idee als solche zum Ausdruck bringen, was den Gedichten einen hohen Abstraktionsgrad verlieh. Andererseits versah er fast alle seine Gedichte mit einem Datum und veröffentlichte sie grundsätzlich in der Reihenfolge ihres Entstehens.[32] Schon die Zeitgenossen empfanden die angestrebte Totalität mitunter als bleiern und taten sich schwer mit der Lektüre.

Der Zug ins Monumentale, der unbedingte gestalterische Wille, mit dem die Einheit des Werkes von Band zu Band vorangetrieben wurde, überzeugte George. Da er seinerseits von anderen, dem Verweyschen

Pantheismus fremden Voraussetzungen ausging und jeden philosophischen Überbau für seine Dichtung ablehnte, gab es reichlich Gesprächsstoff. Ähnlich wie ihre unterschiedlichen nationalen Konzeptionen sollte auch ihre unterschiedliche Poetik nach der Jahrhundertwende zu Divergenzen führen. Vorerst war davon nichts zu spüren. Verwey und George standen in einem kontinuierlichen geistigen Austausch auf hohem Niveau. Es waren Gespräche, wie sie Verwey seit Jahren vermisst und wie sie George nie gekannt hatte. Die entscheidenden Richtungskämpfe in Holland lagen zwar einige Jahre zurück, aber Verwey erinnerte sich lebhaft und wusste manchen nützlichen Rat zu geben. George interessierte sich besonders für Verweys Tätigkeit als Herausgeber der *Tweemaandelijksch Tijdschrift*. Dank dieser Zeitschrift, die ihm die Möglichkeit gab, sich auf allen Gebieten von Kunst und Literatur, Wissenschaft und Politik einzumischen, war Verwey im kulturellen Leben seiner Heimat eine feste Größe, dauerhaft präsent.

Was seine eigene Zeitschrift anging, strebte George schon seit längerem sowohl eine häufigere Erscheinungsweise an als auch eine thematische Ausweitung. Seit einiger Zeit führte er darüber Gespräche mit Max Dessoir, einem Privatdozenten für Philosophie an der Berliner Universität. Im November 1895 hatte Dessoir in seinem Seminar einen Vortrag über George gehalten, an den sich eine nähere Bekanntschaft knüpfte, und schon bald schmiedeten der junge Privatdozent, der nur anderthalb Jahre älter war als George, und der unbekannte Dichter Pläne, gemeinsam eine Zeitschrift herauszugeben. Dessoir schaltete auch seinen Verleger ein, der das Unternehmen jedoch skeptisch beurteilte.

Im Frühjahr 1896 erschien Dessoirs großer Aufsatz über »Das Kunstgefühl der Gegenwart« als Fortsetzung in *Westermanns Monatsheften*. Die Abhandlung, nichts weniger als der Versuch einer Gesamtdarstellung sämtlicher Strömungen und Tendenzen in der zeitgenössischen Kunst, gibt noch heute »einen ausgezeichneten Überblick über den Stand der Diskussion unter den meinungsbildenden Vertretern des Bildungsbürgertums«.[33] Als Erstes fertigte Dessoir den Naturalismus ab, bei dem es sich »um eine Übergangsbewegung handelt, durch die das bisherige Schöne verneint wird, die aber ein neues Ideal noch nicht kennt«. Zwar sei durch diese Protestbewegung »wenigstens ein Kunstbedürfnis zweiten Ranges ... die Ahnung eines anderen, das not tut, in unser Volksleben wieder eingeführt« worden. Aber eine Kunst, die sich an der Wirklichkeit abarbeite, könne niemals sinnstiftend werden. Als einziges Beispiel für eine neue autonome Kunst, wie er sie fordere, eine Kunst, die vom »Krankenstubengeschmack« des Naturalismus wie von der »Nebelhaftigkeit« der französischen Symbolisten gleich weit entfernt sei, nannte Dessoir die *Blätter für die Kunst*. Auch wenn für die Leser der auflagenstarken *Monatshefte* manches ziemlich umständlich formuliert war und vieles abstrakt geblieben sein dürfte, hatte Dessoir mit seinem Aufsatz doch ein paar Schneisen geschlagen.

George empfand Dessoir als »angenehmen Plauderer«, mit dem sich trefflich über die Gesetze der Ästhetik, okkulte Erscheinungen und Parapsychologie spekulieren ließ.[34] Gleichwohl blieb er auf Distanz. Dass er gut damit beraten war, bewiesen ein halbes Jahrhundert später Dessoirs Memoiren, in denen mit sichtlichem Vergnügen Kuriositäten kolportiert wurden wie die, George habe auf buntem Bettzeug bestanden und sich im Übrigen »nicht ganz reinlich« gehalten. Aus dem angenehmen Plauderer war im Laufe der Jahre ein Schandmaul geworden. Vieles von dem, was Dessoir zu berichten wusste, stammte aus zweiter Hand, so auch die Geschichte von der angeblich mangelhaften Sauberkeit Georges – »ein Arzt, der ihn behandelte, hatte mir das ... anvertraut«.[35] 1899 hatte der inzwischen zum Extraordinarius beförderte Dessoir den Dichter noch dafür gewinnen können, in einer seiner Poetik-Vorlesungen Gedichte vorzutragen. Im Seminar saß auch die 22-jährige Edith Kalischer, spätere Landmann:

> Dessoir erschien eines Tages in Begleitung eines Herrn, der sich auf einen Stuhl in der Nähe des Katheders setzte, und sagte im Verlauf der Vorlesung, dass Herr Stefan George die Freundlichkeit haben werde, einige Gedichte so, wie sie nach der Vorstellung des Dichters gelesen werden sollten, selbst vorzutragen. Womit George das Katheder bestieg und Gedichte las ... Mir blieb der Eindruck von etwas leidenschaftlich Hohem und Feierlichem, noch aber konnte ich Gedichte, und nicht nur wegen der damals noch ziemlich stark vom Dialekt gefärbten Aussprache des Dichters, im Hören nicht aufnehmen.[36]

Bei ihren Gesprächen über eine von ihnen herauszugebende Zeitschrift für das gesamte Kulturleben waren George und Dessoir im Frühjahr 1896 nicht recht vorangekommen. Sobald es an die konkrete Umsetzung ging, musste George einräumen, dass es am wichtigsten fehlte: an zuverlässigen, tüchtigen Mitarbeitern. George sei schon froh gewesen, schrieb Verwey, dass wenigstens die *Blätter für die Kunst* erscheinen konnten, wenn auch oft nur mit erheblicher Verzögerung und unter Rückgriff auf Übersetzungen. Bei seinem Besuch in Noordwijk im September 1896 begeisterte sich George von Neuem für die Idee, eine regelmäßig erscheinende literarische Rundschau herauszugeben. Warum sollte, was in Holland gelungen war, nicht auch in Deutschland möglich sein: in einem Periodikum alle gleich gerichteten Aktivitäten zu bündeln und damit verstärkt Einfluss zu nehmen auf die geistige und kulturelle Entwicklung der Nation?

Noch zu Beginn des Jahres 1895 hatte die *Blätter*-Redaktion vehement Empfehlungen zurückgewiesen, »den erklärenden teil unseres unternehmens« zu erweitern. »Die verdehnte hergebrachte redeweise«, *vulgo* Tagesschreiber- und Gelehrtenprosa, werde auch in Zukunft keine Aufnahme finden. Man beabsichtige auch weiterhin, »vom selbstverständlichen genugsam behandelten endlich einmal zu schweigen« und die Leser stattdessen »in einen saal [zu] geleiten mit seltenen und wie wir glauben manchen schönen dingen«.[37] Nachdem dann fast ein Jahr lang kein einziges Heft zustande gekommen war, deutete sich im Januar 1896 eine Kehrtwende an. In den redaktionellen Mitteilungen war plötzlich die Rede »von einer bevorstehenden erweiterung unsrer hefte ohne abänderung der verbreitungsart, von einer erfreulichen zunahme unsres anhanges« und – das bezog sich auf Verwey und Dessoir – »von gewichtigen anerkennungen«.[38] Demnach dachte George zunächst an eine thematische Ausweitung der *Blätter*, gab im Verlauf des Jahres 1896 dann aber einer Zeitschriftenneugründung den Vorzug.

Da seine *Blätter* keinerlei öffentliche Wirkung erzielten, war George fest entschlossen, jetzt andere Wege zu beschreiten. Schon in der März-Nummer fanden sich die ersten Positionsbestimmungen, mit

denen das künftige Terrain abgesteckt wurde. An der Abfassung dieser Texte, die später unter der Rubrik »Merksprüche« erschienen, war
vor allem Karl Wolfskehl beteiligt. In kurzen Betrachtungen und
Aphorismen bezogen sie Stellung gegen den gesamten Kulturbetrieb
im kaiserlichen Deutschland. Literatur, Malerei und Theater, Wissenschaft, Philosophie und Kunstgewerbe – alles wurde für gestrig, bestenfalls zweitrangig erklärt. Offenbar glaubten die beiden Autoren,
mit ein paar *ex cathedra* formulierten, teilweise ziemlich holprigen
Bemerkungen über den allgemeinen Geschmacksverfall die Aufmerksamkeit des Publikums wecken zu können. Die gewollte Polarisierung trug zwar zur Verdeutlichung des eigenen Standpunkts bei,
außerhalb des Zirkels aber verhallten die hohen Verlautbarungen ungehört.

3

Hofmannsthal hatte bereits im Juli 1893 darauf aufmerksam gemacht,
dass die *Blätter für die Kunst* für Außenstehende schwer zugänglich
seien. Er verspüre »die fast vollständige Rathlosigkeit des Publicums
einem so fremdartigen und herb-wortkargen Unternehmen gegenüber« und rate zu mehr Aufklärung über Zweck und Ziel der Zeitschrift.[39] Georges Antwortbrief fehlt. Er muss Hofmannsthal so in
Rage versetzt haben, dass er die Beziehung vorerst einstellte; es sei offenbar unmöglich, sich mit George zu verständigen. Einen beleidigenden Brief Kleins vier Wochen später, kein Mitarbeiter könne sich
so ohne weiteres vom Acker machen, ließ Hofmannsthal unbeantwortet. Neun Monate nach seiner Gründung steckte das Unternehmen in seiner ersten Krise.

Ende März 1895, mehr als anderthalb Jahre später, schickte George, als habe es nie eine Trübung gegeben, ein gebundenes Exemplar
der vollständigen zweiten Folge nach Wien. In seinem Begleitschreiben kündigte er an, dass »noch in diesem jahre … unsere ›Blätter‹ sich
äusserlich einer kleinen änderung unterziehen (vielleicht nehme ich

alles in hand) und ich hoffe auf Ihre mithülfe«. Im Oktober gab er noch einmal seiner Überzeugung Ausdruck, dass, wenn sich die Blätter demnächst »zu einer zeitschrift künstlerischer wie beschreibender art erweitern, Ihre mitarbeiterschaft uns nicht versagt bleibt«.[40] Hofmannsthal, der im Herbst sein Freiwilligenjahr abgeleistet hatte, bekundete wohlwollendes Interesse. Nachdem er in den letzten drei Jahren gerade einmal mit vier Stücken in den *Blättern* vertreten gewesen war, steuerte er zu den ersten beiden Heften der dritten Folge 1896 sieben Gedichte bei – darunter die »Ballade des äußeren Lebens«, »Weltgeheimnis« und das berühmte »Manche freilich müssen *unten* sterben« (wie es im Erstdruck hieß).

Im Frühjahr 1896 begannen George und Hofmannsthal wieder regelmäßiger zu korrespondieren. Die gegenseitigen Irritationen ließen nicht lang auf sich warten; die Rollen waren verteilt wie vordem: George hielt über Monate an der Illusion fest, Hofmannsthal in Zukunft stärker einbinden zu können, dieser wehrte sich gegen jede Form der Vereinnahmung. Nachdem im März ein heikler Disput über einen Grafen Schönborn noch einigermaßen glimpflich ausgegangen war, drohte neues Ungemach in Gestalt des Freiherrn Clemens von Franckenstein. Der junge Komponist, ein Freund Hofmannsthals, schickte George Ende April eine Vertonung des Gedichts »Ganz kleine vögel singen«.[41] George war entsetzt. Nicht so sehr über die Musik, die zu beurteilen er anderen überließ, als vielmehr über den schludrigen Umgang mit seinem Text, der von Druckfehlern und sonstigen »Entstellungen« wimmelte; Franckenstein habe aus seinen Versen »irgend welche thörichten reimspiele« gemacht.[42] Ob Franckenstein nicht auch einmal ein Gedicht von Hofmannsthal vertonen wolle?

Fast in jedem Brief, mal höflicher, mal drängender, erinnerte George daran, dass ihm Hofmannsthal noch einige Seiten Prosa schulde. Dieses Thema wurde für beide Seiten immer unerquicklicher. Ende Mai teilte George mit, er habe soeben das neue Heft in Druck gegeben – mit Ausnahme der versprochenen Prosaseiten, auf denen er aus redaktionellen Gründen bestehen müsse. Jetzt wurde Hofmannsthal ungehalten. George dürfe »fürs nächste keine Prosa« von ihm erwarten. Er sei »leider recht zerstreut«, und die Vorstellung, dass George warte, verwirre ihn nur noch mehr. George machte einen Rückzieher: »wir eilen gar nicht und können so schön wie heute noch in zwei drei monaten drucken.«[43] Mit Blick auf die Nervosität und Anspannung beider Briefpartner erscheint es fast wie ein Wunder, dass ein erneuter Eklat vorläufig ausblieb. Sie schaukelten sich gegenseitig hoch, ein Wort gab das andere, aber kurz bevor die Situation unumkehrbar wurde, lenkte einer von beiden ein. Ihren Höhepunkt erreichte die Skurrilität in der Diskussion über ein von Hofmannsthal grammatikalisch unsauber verwendetes Fürwort.[44]

Am 11. September 1896 ließ George eine neue Bombe platzen. In einem Brief aus Den Haag unterrichtete er Hofmannsthal über seine Zeitschriftenpläne:

> Ich machte Ihnen bereits andeutungen über eine erweiterung unsrer »Blätter für die Kunst« und durch viele aufmunterungen gestärkt glaube ich dass der augenblick bald genaht ist um eine monatliche deutsche Rundschau zu veröffentlichen welche wie Sie begreifen noch nicht besteht. Allerdings treten wir dann an die masse heran. Die künstlerische leitung bliebe wol dieselbe doch würde durch das hinzuziehen einiger wirklich bedeutender junger gelehrten der kunstwissenschaftliche teil sich um ein beträchtliches vermehren. So würde sich auch die schriftleitung aus zwei dichtern und einem gelehrten zusammensetzen. für unerlässlich erachte ich es nun Ihnen vorzuschlagen sich als den einen dieser dichter zu stellen.[45]

Da die Zeitschrift für ihn »eine lebensbedeutung bekommen« könne, solle Hofmannsthal gründlich abwägen und seine Antwort nicht überstürzen. Zuletzt bat George, das Projekt vertraulich zu behandeln und »keinen von den berufs-schreibern in Ihre beratung zu ziehen besonders keinen von den schwachsinnigen Berliner halb-dichtern«. Hofmannsthal antwortete Anfang Oktober ausweichend. Er fühle sich viel zu unreif, mit Überzeugung für bestimmte Anschauungen einzutreten. Im Übrigen seien ihm Plan und Anlage des Unternehmens genauso unklar wie die materiellen Bedingungen. Damit legte Hofmannstahl den Finger in die Wunde. Gerade die Kommerzialisierung, die aus den *Blättern* ein marktgängiges Produkt in direkter Konkurrenz etwa zum *Pan* oder zur *Neuen Deutschen Rund-schau* gemacht und womöglich den »berufs-schreibern« Tür und Tor geöffnet hätte, wollte George unter allen Umständen vermeiden.

Von Franckenstein im November auf die *Blätter* angespochen, schimpfte Hofmannsthal, er solle ihn wegen der »blöden ›Blätter‹« in Ruhe lassen, »mit denen ich übrigens (glaub' ich) schon wieder brouilliert bin«. Die Zeitschrift werde wohl »in der nächsten Zeit verschwinden und sich in eine Wochenschrift oder sonst etwas geheimnisvolles verwandeln«.[46] 23 Jahre später hat er sich zu Georges Zeitschriftenplänen noch einmal geäußert: »Mit der Stellung eines co-adjutor sine jure succedendi die er mir pantomimisch anbot, wußte ich nichts anzufangen, das war mir Alles zu deutsch-phantastisch und trotz allem in der letzten Tiefe zu bürgerlich.«[47] Auch wenn seine Visionen einer monatlichen Rundschau von Anfang an nebulös waren und zu keinem Zeitpunkt von konkreten Planungen die Rede sein konnte, gab sich George zuversichtlich und sprach ein Jahr später sogar von Verträgen, die jetzt geschlossen werden müssten. »Nichts zufälliges darf dazwischentreten was den erfolg verhindern könnte. denn wie Sie wissen ist keinen erfolg suchen: gross – ihn suchen und nicht haben unanständig.«[48] Aber es ging für ihn um mehr als um den sichtbaren Erfolg. Menschen wie Hofmannsthal, heißt es in einem nicht abgeschickten Brief vom Herbst 1896, wirkten »nicht blos dadurch was sie schreiben und reden sondern schon dadurch dass sie auf dem Ihnen gehörigen platze stehen«.[49] War schon die Gründung der *Blätter für die Kunst* 1892 erst mit Hofmannsthals Zusage möglich geworden, so machte George seine Planung auch jetzt davon abhängig, dass er ihn gewinnen konnte: »Sie wissen dass eine vorbedingung die klare unterredung mit Ihnen bildet.«[50] Der Rest würde sich schon finden.

Hofmannsthals Andeutung der Honorarfrage ließ die Korrespondenz zum wiederholten Mal auf Monate abreißen, die *Blätter für die Kunst* gerieten erneut in eine schwere Krise. Das letzte Heft des Jahrgangs 1896 hatte den Lesern im ersten Satz stolz eröffnet, das Unternehmen werde »bald aus seinen schranken heraustreten«.[51] Jetzt mussten sich die Abonnenten lange Zeit gedulden, bis sie überhaupt wieder etwas in die Hände bekamen. Da es George weder gelungen war, seine ambitionierten Pläne einer Monatsschrift voranzubringen, noch die bestehende Zeitschrift programmatisch und personell zu erweitern, stellten die *Blätter für die Kunst* in der zweiten Hälfte der neunziger Jahre ihr Erscheinen mehr oder weniger ein. In den drei Jahren von Oktober 1896 bis Oktober 1899 erschien mit knapper Not ein einziges Doppelheft. In den redaktionellen Nachrichten zu diesem Band stellte George alle Expansionsbestrebungen nachträglich in Abrede. Noch sei der Zeitpunkt nicht gekommen, »in den langsamen natürlichen gang unsres unternehmens beschleunigend einzugreifen«.[52] Auf der Suche nach dem Erfolg hatte George zu viel auf einmal gewollt und sich verzettelt. Und wie immer, wenn es galt, eine Krise zu vertuschen, trat er die Flucht in die Exklusivität an: »Von einer erleichterung der aufnahme in unseren mitgliederkreis sehen wir ab.« Als ob das Problem darin bestanden hätte, einen esoterischen Zirkel vor der durch Publikumszulauf drohenden Profanisierung schützen zu müssen.

In der Vorstellung einer Gemeinschaft von Gleichgesinnten lag für George eine Zauberformel, von der er glaubte, dass sie ihn menschlich und künstlerisch vor Vereinsamung bewahrte. Auch Hofmannsthal suchte er stets aufs Neue davon zu überzeugen, dass der Dichter seine Identität nur innerhalb einer Gemeinschaft finde; erst das Verständnis derer, die nach den gleichen Zielen strebten, gebe ihm die Sicherheit, auf dem richtigen Weg zu sein. Hofmannsthal wollte jedoch keinem gruppendynamischen Prozess unterworfen werden, dessen Bedingungen er nicht kannte. Für ihn waren Kunst und Leben zwei voneinander getrennte Bereiche. »Es führt von der Poesie kein direkter Weg ins Leben, aus dem Leben keiner in die Poesie.«[53]

Die Frage nach den Bedingungen künstlerischer Produktion war, jenseits aller Affektionen, das große Thema des Briefwechsels zwischen George und Hofmannsthal. Schon in dem persönlichen Eklat zu Anfang ihrer Beziehung waren die unterschiedlichen Positionen klar zu Tage getreten. Er fürchte, als Dichter zu verstummen, wenn Hofmannsthal ihn nicht erhöre, hatte George in seinem verklausulierten Liebesbrief vom Januar 1892 geschrieben; nur gemeinsam mit ihm glaubte er damals einen Ausweg aus der schöpferischen Krise nach Abschluss des *Algabal* zu finden. Eine solche Fixierung hatte Hofmannsthal verschreckt. In den folgenden Jahren reagierte er immer dann besonders allergisch, wenn er von George aufgefordert wurde, sich endlich aus seiner Vereinzelung zu lösen und näher an die *Blätter* heranzurücken. Hofmannsthal solle nur einmal zu ihm nach Bingen kommen, lockte George, da werde er ihm »auch gern einmal MENSCHEN vorführen ... es ist gefährlich sich nie mit Seinesgleichen zu treffen.«[54] Dass sich Hofmannsthal mit dem Georgeschen Modell nicht anfreunden mochte, hatte mehrere Gründe. Die unglückliche Vorgeschichte spielte dabei ebenso eine Rolle wie Georges Führungsanspruch, dem er sich nicht unterordnen wollte. Die *Blätter* als Organ einer künstlerischen Bewegung waren ihm in den Konturen zu unscharf, die Beiträger insgesamt zu unbedeutend. Vor allem aber misstraute er dem Modell als solchem.

Als Hofmannsthal und George im Sommer 1902 ihr Verhältnis zu bilanzieren suchten, drehte sich alles um diesen einen Punkt. Nach dreijährigem Schweigen hatte Hofmannsthal Anfang Mai einen langen, melancholisch-liebenswürdigen Brief an George geschrieben: »Seien Sie versichert, daß mich die verfließenden Jahre Ihnen nicht entfremdet, sondern näher gebracht haben.«[55] – »Ihr brief voller freundlichkeiten wirkte auf mich sehr wohltätig«, schrieb George zurück, »nur kann ich ihn nicht in der gleichen weise beantworten.« Da sie seit der Gründung der *Blätter* kein wirkliches persönliches Wort miteinander gewechselt hätten, müsse er erst einmal loswerden, »was ich gegen Sie auf dem herzen habe«. Statt sich eindeutig zu den *Blättern* zu bekennen, sei Hofmannsthal von Anfang an ängstlich ausgewichen und habe, obwohl es sich doch »um nichts handelte als um den eindeutigen kampf des guten wider das anerkannt schlechte«, die gemeinsame Sache immer wieder verleugnet: »Ich war des festen glaubens dass wir, Sie und ich, durch jahre in unsrem schrifttum eine sehr heilsame diktatur hätten üben können, dass es dazu nicht kam dafür mach ich Sie allein verantwortlich.«[56]

Den zentralen Vorwurf, seiner eigentlichen Berufung ausgewichen zu sein, wollte Hofmannsthal nicht im Raum stehen lassen. Zwar räumte er ein, dass ihm in den ersten Jahren »nebst der Lebensreife« auch die Übersicht gefehlt habe und er daher zu manchem Fehlurteil gelangt sei. Andererseits aber hätten ihn die Hervorbringungen der *Blätter* »mit einer heftigen Ungeduld« erfüllt. Außer Georges Gedichten – und seinen eigenen – seien ihm die Beiträge in den *Blättern* stets unerquicklich gewesen. »Es wird mir nicht ganz leicht, die tiefere Wurzel dieser Antipathie aufzudecken, ja mir selber Rechenschaft zu geben.« Der getragene Ton der in den *Blättern* veröffentlichten Gedichte wirke auf ihn verlogen, weil er etwas vortäusche, was er künstlerisch nicht einlöse, nämlich »Ausdruck der Herrschaft über das Leben« zu sein. Je getragener die Verse daherkämen, desto unglaubwürdiger erschienen sie ihm als »Lebensäußerung des mittelmäßigen Poeten«.[57]

Die Sätze trafen George schwer, und es verstrich einige Zeit, bis er den Brief beantwortete: »es ist darin kaum ein punkt wo ich nicht genau das gegenteil fühle.« Hofmannsthal hatte dem auf Erhöhung des Lebens zielenden Ideal der *Blätter* sein eigenes Ideal entgegengehalten, »dem Geist unserer verworrenen Epoche auf den verschiedensten Wegen, in den verschiedensten Verkleidungen beizukommen«. Allerdings habe er im Lauf der Zeit »die ungeheure Verworrenheit unseres geistigen Lebens mit Grausen erkennen« müssen und sich deshalb immer weiter zurückgezogen. Hier hakte George ein. Wer etwas verändern wolle, bedürfe in erster Linie der Führung: »wol weiss ich: durch alle haltung und führung wird kein meisterwerk geboren – aber ebensogut wird ohne diese manches oder alles unterdrückt.« Gerade die von Hofmannsthal so gerühmte »höhere tagesschriftstellerei« erfordere »das strenge sich-aufeinenpunktstellen«. Was aber den Kreis der Mitarbeiter der *Blätter für die Kunst* angehe, so befinde sich Hofmannsthal

> in grossem irrtum wenn Sie dort die von Ihnen angeführte unehrlichkeit und falsche abgeklärtheit wittern – es sind alle menschen von guter geistiger zucht mit denen Sie wenn Sie sie kennten, aufs schönste leben würden …

Und nicht einmal von den ganz kleinen will ich schweigen, den zufälligen schnörkeln und zierraten, die ich an sich betrachtet völlig preisgebe. Dass aber diese kleinsten solche arbeit zu liefern vermochten: dass man ihnen rein handwerklich bei aller dünnheit nicht soviel stümperei anzukreiden hat als manchen Vielgerühmten: das scheint mir zeitlich und örtlich betrachtet für unsre kunst und kultur von höherer bedeutung als alle versbände und alle theaterstücke auf die Sie damals hoffnungen sezten. In den »Blättern« weiss jeder was er ist … Wenn aber auch Sie mir erklärten dort nur eine ansammlung mehr oder minder guter verse zu sehen – und nicht das BAU-LICHE (constructive) von dem freilich heut nur die wenigsten wissen – so würden Sie mir eine neue grosse enttäuschung bringen.[58]

Als der Brief in Rodaun eintraf, befand sich Hofmannsthal in einer tiefen Depression. Er fühle sich vollkommen ausgelaugt, nichts rege ihn mehr an, alles stimme ihn düster und beklommen. Zu Georges Brief, »der bei aller Strenge mir in jeder Zeile nicht anders als wohlthuend war«, äußerte sich Hofmannsthal nur in einer Randbemerkung. Er bitte George aber anzuerkennen, dass »ich mich Ihnen in einer so schlimmen Zeit nicht verschließe und die mir seltene Offenheit finde, vor Ihnen zu klagen«.[59]

Georges Antwort kam postwendend. Hofmannsthal hatte ihm seine Angst vor dem Verstummen auf beklemmende Weise geschildert und ihn damit über alles Erwarten ins Vertrauen gezogen. Wenn sein Gegenüber den ersten Schritt tat, war George schnell bereit, sich seinerseits zu öffnen. Er schlug dann sofort einen völlig anderen Ton an, einen Ton, den er sich Hofmannsthal gegenüber seit Jahren versagt hatte: mild, geradezu rührend besorgt, mitfühlend:

ich sende Ihnen schnell diese zeilen weil ich von mir weiss dass es in zeiten grösster verstimmung oft nur eines geringen anstosses bedarf um die lastenden wolken zu scheuchen. Da Sie mir durch die vor mir liegenden Blätter den ersten tieferen einblick in Ihre zustände gewährten so wage ich noch nicht heilsame worte zuzuflüstern … ich glaube dass kaum eines der drückenden gespenster worunter Sie dulden mich verschont hat. in meiner jugend war ich stark genug um auch das widrigste zu besiegen und ohne hilfe – später aber wär ich gewiss zusammengebrochen hätt ich mich nicht durch den Ring gebunden gefühlt. das ist eine meiner lezten weisheiten – das ist eins der geheimnisse! Woran *Sie* am schmerzlichsten leiden ist eine gewisse wurzellosigkeit …[60]

Es blieb bei einem sommerlichen Intermezzo. Die Annäherung endete, wie ihre gegenseitigen Werbungsversuche immer geendet hatten:
im Unbestimmten. Hofmannsthal fing sich wieder und fand zu seiner
alten Produktivität zurück, George hakte noch einmal nach, dann
schmollte er. Ende des Jahres sah sich Hofmannsthal zum weiteren
Mal genötigt, vor George Rechenschaft abzulegen.

Das Prosastück, in dem Hofmannsthals Krise vom Sommer 1902
ihren Niederschlag fand, der sogenannte Chandos-Brief, zählt zu den
Gründungsdokumenten der deutschen Literatur des 20. Jahrhunderts. »Es ist gütig von Ihnen, mein hochverehrter Freund, mein
zweijähriges Stillschweigen zu übersehen und so an mich zu schreiben. Es ist mehr als gütig, Ihrer Besorgnis um mich, Ihrer Befrem-
dung über die geistige Starrnis, in der ich Ihnen zu versinken scheine,
den Ausdruck der Leichtigkeit und des Scherzes zu geben.« So beginnt der fiktive Brief, den Philipp Lord Chandos am 22. August
1603 an Francis Bacon schreibt. Der Adressat ist nicht schwer zu
identifizieren. Wenn Chandos ein paar Sätze weiter an die »verschiedenen kleinen Pläne« erinnert, »mit denen ich mich in den gemeinsamen Tagen schöner Begeisterung trug«, greift er wörtlich Georges gedruckte Widmung der *Pilgerfahrten* auf: »Dem Dichter Hugo von
Hofmannsthal im Gedenken an die Tage schöner Begeisterung«.[61] Es
war Hofmannsthal wichtig, dass George den Brief zur Kenntnis
nahm. Zwei Monate nach seiner Publikation in einer Berliner Tages-
zeitung schickte er ihm, was er nie getan hatte, im Dezember 1902
eine Maschinenabschrift.

Der Chandos-Brief ist die Bankrotterklärung einer Kunst, die auf
permanente Ästhetisierung zielt. »Mein Fall ist, in Kürze, dieser: Es
ist mir völlig die Fähigkeit abhanden gekommen, über irgend etwas
zusammenhängend zu denken oder zu sprechen ... Ich empfand ein
unerklärliches Unbehagen, die Worte ›Geist‹, ›Seele‹ oder ›Körper‹
nur auszusprechen.« Der drohende Realitätsverlust, eingeleitet durch
den Zerfall bestehender Ordnungen und Werte, wird, im Vorgriff auf
Wittgenstein, erstmals als ein Problem der Sprache begriffen: »Die
abstrakten Worte ... zerfielen mir im Munde wie modrige Pilze.« Der

Dichter, unfähig, die Dinge zu benennen, weil sie ihm nichts mehr sagen, ist von der Welt isoliert, er verfällt der Schizophrenie. Der Verlust der Identität breitet sich unaufhaltsam aus – »wie ein um sich fressender Rost«.[62]

George glaubte die Ursachen des Konfliktes in Hofmannsthals »Wurzellosigkeit« zu erkennen. Dem stellte er sein Ideal des »Rings« entgegen: Wer sich in einem Kreis von Gleichgesinnten bewege, drohe nicht so schnell die Orientierung zu verlieren. Hofmannsthal bezweifelte, dass in diesem »Ring«, wenn es ihn denn tatsächlich gab, eine Antwort auf die von ihm gestellten Fragen zu finden war. »Das Geheimnis des Ringes, das Sie andeuten, vermochte ich vielleicht dann und wann zu ahnen. Wie glücklich werde ich sein, vieles Wahrheit für mich werden zu lassen, was in Ihren Werken mir noch Gleichnis ist.«[63] Die von George immer wieder beschworene Gemeinschaft ein Gleichnis, der »Ring« eine literarische Fiktion? Ganz falsch lag Hofmannsthal mit dieser Vermutung nicht.

Der Wunsch, einen Freundeskreis um sich zu sammeln, der beides in einem war, Inspirationsquelle und Resonanzraum, begleitete George seit den Schultagen. Eine ihn befriedigende Realisierung dieses Konzepts, in dem er früh eine Lösung für sich gefunden zu haben glaubte, ließ zwar noch immer auf sich warten. Trotz aller Mängel und Schwächen bei der Umsetzung hielt George jedoch an der Vorstellung fest, dass nur der Geist der Gemeinschaft vor den Zersplitterungen rette. Zwei Jahre nach dem Chandos-Brief gab er mit der Apotheose Maximins *seine* Antwort auf die von Hofmannsthal beschriebene Krise der Moderne.

7 Der Durchbruch

Von Anfang an suchte George seine Vita auf sein Werk abzustimmen, den Lebenslauf der dichterischen Produktion anzupassen. So wie er dieses Leben Band für Band ordnete, so sollte es gesehen werden: als das Leben eines Dichters, der über alle biographischen Zufälligkeiten erhaben war. Hielt er eine Phase für beendet, setzte er eine Zäsur, indem er die Gedichte, die ihm diesen Abschnitt seines Lebens verkörperten, zu einem Zyklus zusammenfasste. Was sich bündeln ließ, galt als abgeschlossen.

George begriff seine Entwicklung als Dichter nicht als Aufstieg aus dunklen Anfängen hin zu lichtvollen Höhen, er sah darin keinen evolutionären Prozess, bei dem die jeweils erreichte Stufe nur Vorstufe der nächsthöheren darstellte. Lineares Denken war ihm in jeder Hinsicht fremd. Nach seinem Verständnis beschrieben die verschiedenen Schichten seines Werkes verschiedene Ausformungen ein und desselben Dichtertums. »Sein Leben hat den pathetischen Ton, dass er sich wirklich als Instrument fühlt, auf dem Gottes Finger spielt«, schrieb Gertrud Simmel 1908 nach einem Besuch in Bingen, »und seine Bestimmung ist, dieses Instrument zu sein in einer weltabgeschiedenen stillen Klause ... Das Grosse an George ist mir, dass er eben dies Instrument ist, doch immer ist und nichts anderes sein kann und in allen andern Augenblicken eigentlich nicht existiert.«[1]

Das Denken in Zyklen ließ den Willen zum Gesamtwerk, zum Werk als einem gegliederten Ganzen, schon früh erkennen. Im Unterschied zu den etwa gleichaltrigen Monomanen der Epoche wie Arno Holz, Theodor Däubler oder Alfred Mombert ging George jedoch nicht nach einem zuvor festgelegten, über die Jahre nur noch modifizierten Bauplan vor. Vielmehr trug er seine Dichtungen

schichtweise zusammen, achtete lediglich auf Anschlüsse und Übergänge und vertraute im Übrigen darauf, dass der Masterplan mit jeder
neuen Schicht klarer hervortreten werde. Die zyklische Reihung trat
zwar erst mit den Werken des mittleren Lebensabschnitts *Der Teppich des Lebens* (1899), *Der Siebente Ring* (1907) und *Der Stern des
Bundes* (1914) deutlicher zu Tage. Sie findet sich als Idee aber bereits
in dem Hinweis von 1892, *Hymnen Pilgerfahrten Algabal* seien als
Trilogie zu sehen.

In dem Brief an Ida Coblenz vom September 1895, in dem er seine
nächsten Bände ankündigte, hatte George seine neuen Gedichte
gleich in Gruppen zusammengefasst. Genau wie die *Bücher der Hir-
ten- und Preisgedichte* setzte sich auch *Das Jahr der Seele* aus drei Zyklen zusammen. Seine Entstehung erstreckte sich über fast sechs Jahre; das früheste der Gedichte hatte George im Dezember 1891 Hofmannsthal überreicht, das letzte, ein Widmungsgedicht an Ludwig
Klages, fügte er im Sommer 1897 mit Bleistift nachträglich in die
Druckvorlage ein. Der Großteil der Gedichte war parallel zu den Gedichten der *Bücher der Hirten- und Preisgedichte* entstanden und lag
im Spätsommer 1895 als Sammelhandschrift vor. Dennoch erschien
Das Jahr der Seele erst Mitte November 1897 in zweihundert Exemplaren und sechs Vorzugsausgaben auf Bütten- beziehungsweise Japanpapier im Verlag der Blätter für die Kunst.

Das Jahr der Seele sollte Georges erfolgreichste Sammlung werden
und seinen Ruhm begründen. Vor allem die Herbstgedichte des
Eröffnungszyklus *Nach der Lese* und manche Lieder aus den *Traurigen Tänzen* gehören zum festen Bestandteil deutscher Lyrik-Anthologien. Sich für das eine oder das andere als das schönste der ganzen
Reihe zu entscheiden, fällt schwer. Schon Hofmannsthal wollte sich
1903 in seinem »Gespräch über Gedichte« nicht gern festlegen und
zitierte lieber einzelne Strophen. »Ich bitte dich«, ließ er den von
einem imaginären Gesprächspartner derart auf die Folter gespannten
Clemens sagen, »lies ein Ganzes oder gar nichts.« Hofmannsthal
wählte das Eröffnungsgedicht:

Komm in den totgesagten park und schau:
Der schimmer ferner lächelnder gestade
Der reinen wolken unverhofftes blau
Erhellt die weiher und die bunten pfade.

Dort nimm das tiefe gelb, das weiche grau
Von birken und von buchs, der wind ist lau,
Die späten rosen welkten noch nicht ganz,
Erlese küsse sie und flicht den kranz,

Vergiss auch diese lezten astern nicht,
Den purpur um die ranken wilder reben,
Und auch was übrig blieb von grünem leben
Verwinde leicht im herbstlichen gesicht.[2]

Vor allem die Kühnheit der dritten Zeile »Der reinen wolken unverhofftes blau« machte auf Hofmannsthal großen Eindruck. Streng genommen erscheine das Blau *zwischen* den weißen Wolken. Wenn sich
am Himmel einzelne helle Wolken klar umrissen abzeichneten, trete
das Blau aber umso stärker hervor, und deshalb sei die Wendung »der
reinen wolken unverhofftes blau«, wie Hofmannsthal mit der Non-
chalance des Wiener Kaffeehauses meinte, »tadellos«. Das Gedicht
atme den Herbst: »Es ist schön. Ja, es ist der Herbst.« Das tadellose
Gedicht machte Furore. Fünfzig Jahre später zitierte es Gottfried
Benn in seinem Vortrag »Probleme der Lyrik« – »eines der schönsten
Herbst- und Gartengedichte unseres Zeitalters, drei Strophen zu vier
Reihen, diese faszinieren kraft ihrer Form das Jahrhundert«.[3]

Die Literaturwissenschaft hat den Erfolg des *Jahrs der Seele* vor allem darauf zurückgeführt, dass George mit diesem Band dem traditionellen Lyrikverständnis besonders nah gekommen sei. Erlebnis-
dichtung als Landschaftsdichtung, eingebettet in den Wechsel der
Jahreszeiten, das war seit den Tagen der Frühromantik ein beliebtes
Muster. Ungewöhnlich für den an der Dichtung des 19. Jahrhunderts
geschulten Leser war allenfalls das Fehlen des Frühlings: George
eröffnete den Jahreszeitenzyklus mit dem Herbst und ließ auf den
Winter unmittelbar den *Sieg des Sommers* folgen. Der Mittelteil enthielt zwei Reihen biographisch erzählender Gedichte sowie zwölf
mit Initialen gekennzeichnete Widmungsgedichte, deren Formen

ebenfalls an traditionelle Muster anknüpften. Zumal in dem abschließenden Zyklus des Bandes, den *Traurigen Tänzen*, in denen die betörende Melancholie der Herbstgedichte noch einmal ins Spröde und Düstere gesteigert wurde, erwies sich *Das Jahr der Seele* als dasjenige Buch Georges, »das am wenigsten die Vorstellung verletzt, die man allgemein von der Dichtung hat«.[4]

Mit dem Hinweis, *Das Jahr der Seele* sei leichter zugänglich gewesen als die vorangegangenen Bände, lässt sich der Ende 1897 einsetzende Erfolg Georges allerdings nicht hinreichend erklären. Als entscheidend für den Durchbruch erwies sich eine Reihe glücklicher Zufälle im Herbst dieses Jahres. Wäre *Das Jahr der Seele*, wie von George ursprünglich geplant, zwei Jahre früher erschienen, hätte es kaum besondere Aufmerksamkeit gefunden. Aber nicht nur der Zeitpunkt der Veröffentlichung begünstigte das Interesse. Auch der Ort, an dem die Ereignisse für George jetzt wie von selbst aufeinander zuliefen, trug zur Wende in der öffentlichen Wahrnehmung seiner Person wesentlich bei. Nur ein Erfolg in Berlin war ein wirklicher Erfolg. Acht Jahre hatte George versucht, wichtige Multiplikatoren der Hauptstadt für sich zu gewinnen. In den Salons von Charlottenburg wurde er für diese Beharrlichkeit jetzt belohnt.

In Berlin verbrachte George nicht nur mehr Tage seines erwachsenen Lebens als an jedem anderen Ort, in Berlin war er auch gemeldet. Vielleicht schon seit 1914, als das Binger Elternhaus vermietet wurde, spätestens seit 1919, als Bingen unter französische Besatzung fiel und er einen neuen Wohnsitz angeben musste, wurde George polizeilich unter der Adresse seines Verlegers Georg Bondi geführt: Herbertstraße 15, Berlin-Grunewald.[5] 45 Jahre lang hielt er sich regelmäßig für mehrere Wochen in der Hauptstadt auf, mit Vorliebe in den Herbstmonaten, später auch über die Weihnachtstage hinaus. Verzeichnet sind über diesen Zeitraum rund zwei Dutzend Wohnadressen, die seine Karriere widerspiegeln. Von den einfachen Unterkünften in Berlin-NO und rund um die Friedrichstraße verabschiedete er sich um 1900, nahm dann weiter westlich in Charlottenburg Quartier, später auch gern im Bayerischen Viertel, residierte aber nach dem

Krieg vorzugsweise in den südwestlichen Villenvororten Grunewald, Dahlem, Schlachtensee und Nikolassee.

George hatte zu Berlin ein höchst ambivalentes Verhältnis. Er war angewiesen auf diese Stadt, die er nicht liebte und der er doch so vieles verdankte, deren kolossales Tempo ihn abstieß und zugleich faszinierte. Nachdem sich die Einwohnerzahl von 1871 bis 1890 auf mehr als 1,5 Millionen fast verdoppelt hatte, kamen bis zur Jahrhundertwende noch einmal fast eine Million Einwohner hinzu, die zum größten Teil in den noch nicht eingemeindeten, rasant sich ausdehnenden Vorstädten Unterkunft fanden. Allein Charlottenburg wuchs zwischen 1880 und 1900 von 30000 auf 190000 Einwohner. Seit 1871 gab es eine Ringbahn, 1882 wurde die Stadtbahn eröffnet, 1897 begann man mit dem Bau der Hoch- und Untergrundbahn. 1894 war das Reichstagsgebäude von Wallot fertiggestellt, zwei Jahr später wurde die Baugrube ausgehoben für den ersten jener glitzernden Konsumtempel, die das Bild Berlins um 1900 dominieren sollten: das Warenhaus Wertheim mit seiner 243 Meter langen Front zur Leipziger Straße.

Epater le bourgeois, nach dieser Devise hatte sich George, assistiert von Carl August Klein, während der ersten Jahre in Berlin zu behaupten gesucht: provozieren, um sich abzusetzen. Schon kurz nach seiner Ankunft im Oktober 1889 stöhnte der 21-Jährige in einem Brief an Albert Saint-Paul, den Pariser Freund, der ihn ermutigt hatte, nach Berlin zu gehen, da sich dort am ehesten die Chance auf eine literarische Karriere eröffne: »Oh ce Berlin et oh ce Paris!«[6] Als hätte der junge Mann von Welt, der er so gern gewesen wäre, schon nach vierzehn Tagen alle Vorurteile über die Barbarei der Berliner bestätigt gefunden. Auch die Äußerungen der folgenden Jahre reproduzierten vielfach nur die Klischees, die man sich in der Provinz schon immer von der Hauptstadt machte:

>»In der ganzen Berliner hirn nörgel und börsengesellschaft ist kaum einer der uns wahrhaft verstünde« (Anfang 1893 an Ida Coblenz). »Dass Ihnen der aufenthalt in dieser stadt der helden heiden und h…n fürchterlich wird, ist ein gutes zeichen« (Herbst 1897 an Wolfskehl). »… und wäre auch lie-

ber im süden als in dieser immer peinlichen stadt« (26. September 1898 an
Verwey). »Jedesmal empfind ich es mehr ... dass kein aufenthalt in uns bekannten wimmel-orten so entwürdigt wie der in Berlin. man muss nur als
reisender durchziehen, lächelnd und das ganze nicht begreifend ... aber die
gefahr kommt sobald man das platt dieser menschen zu erfassen beginnt ...
sie rücken einem auf den leib, man erwehrt sich, und man gehört dazu!«
(Mai 1902 an Sabine Lepsius) »... dieser Berliner mischmasch von unterbe-
amten juden und huren« (April 1905 an Lechter).

Was Georges konkrete Berlin-Erfahrungen betrifft, geben solche Bemerkungen über die Gleichmacherei der Großstadt wenig Aufschluss. Sätze wie »Am Alexanderplatz in Berlin fängt Asien an«[7] verraten mehr über den inneren Zustand ihres Verfassers, der permanent
in Sorge gewesen zu sein scheint, verkannt oder verwechselt zu werden, als über sein spezifisches Verhältnis zu Berlin. Gerade in der
Anonymisierung durch die Metropolen, gegen die er sich so vehement zur Wehr setzte, lag für George eine eigentümliche Attraktivität. »Noch nie soweit wir Geschichte kennen konnte der einzelne
solche freiheiten, solche bewegungs-erleichterungen geniessen, noch
nie so sicher der plumpen übermacht sich entziehen und bei verhält-
nismässig geringen anstrengungen sein leben führen in einer fast unumschränkten oberherrlichkeit.«[8] So war 1904 unter der Überschrift
»Lob unsrer Zeit« in den *Blättern für die Kunst* zu lesen. In einem im
Jahr zuvor erschienenen Aufsatz »Die Großstädte und das Geistesle-
ben« hatte Georg Simmel gezeigt, dass sich die moderne Kultur ausschließlich in den Metropolen entfalten könne; gerade weil es so
schwierig sei, dort die eigene Persönlichkeit zur Geltung zu bringen,
herrsche in den Großstädten der »objektive Geist« der Kultur. Dass
die Verlockungen der Großstadt einschließlich ihrer zivilisatorischen
Annehmlichkeiten zu den wesentlichen künstlerischen Produktions-
bedingungen in der Moderne gehörten, sah auch Max Weber. Es stehe für ihn außer Zweifel, sagte er 1910 in einer Diskussionsrede mit
Hinweis auf die Lyrik Stefan Georges, dass »ein solches Maß von Be-
sinnung auf die letzten ... uneinnehmbaren Festungen rein künstlerischen Formgehalts gar nicht errungen werden konnte, ohne dass der
Lyriker die Eindrücke der modernen Großstadt, die ihn verschlingen

und seine Seele zerrütten und parzellieren will ... dennoch voll durch sich hat hindurchgehen lassen«.[9]

Kleinstädte wie Bingen, wo alle sich das Maul zerreißen, waren George ein Greuel. Man müsse sich für ein Leben auf dem Land oder für die Großstadt entscheiden, pflegte er zu sagen. Am besten geeignet seien jene Neugründungen, »in deren fiebriger Regsamkeit die Geister geschmeidig werden und ein Ungeahntes mit freierem Blick begrüßen«.[10] Das bezog sich auf Berlin, galt aber keineswegs nur für den Bereich der Kunst. Auch ein Homosexueller konnte in der »fiebrigen« Metropole seinen Neigungen mit größerer Freiheit nachgehen und sich hier ungezwungener bewegen als in der Provinz. Nur in der Anonymität der Großstadt »könne er so seine verschiedenen Beziehungen wie hier haben, seine nächtlichen Gänge unternehmen, u.s.w.«, meinte George später einmal im Gespräch über einen für sein libidinöses Liebesleben bekannten Freund.[11] George und Klein haben die in Berlin sich bietenden Möglichkeiten wohl aktiv genutzt. Folgt man Morwitz, »gerieten beide – und das war das sie Verbindende – in eine fiebernde Erregung, sobald sie Menschen sahen, deren Blick ein dem ihren gleiches Lebensgefühl zu offenbaren schien«.[12] In der Fachsprache wird der hier angedeutete Blickkontakt von Männern auf der Suche nach Gleichgesinnten heute »cruising« genannt.

Wie stark George auf Berlin setzte und wie stark dabei private, literarische und soziale Interessen ineinanderspielten, zeigte sich im Spätsommer 1898, als ihm Karl Wolfskehl eröffnete, dass er beabsichtige, sich dauerhaft in München niederzulassen. Wolfskehl war nach ihrem gemeinsamen Jahr in München im Juni 1895 nach Berlin gezogen und hatte sich hier unter anderem in eine Affäre mit der Bankierstochter Luisa Dernburg gestürzt, deren Name sich im Titel seines 1897 erschienenen ersten Gedichtbandes als Anagramm *Ulais* wiederfand. Als ihm Wolfskehl jetzt mitteilte, dass er mit seiner Braut Hanna de Haan nach München ziehen wolle, reagierte George enttäuscht und warnte ihn vor der angeblichen bayerischen Gemütlichkeit: »Etwas verwundert hat mich Ihre fahrt nach M. und Ihr gedanke an die möglichkeit dort zu siedeln. Es ist mir wie Ihnen bekannt, dass dort das Leben für uns schwieriger ist denn in B., und die gerühmte ›billigkeit‹ nur dem nützt, der sich ganz der bajuvarischen weise anbequemt.«[13]

Nachdem er anderthalb Jahre nicht in Berlin gewesen war, hatte George 1895 und 1896 jeweils große Erwartungen an seinen dortigen Aufenthalt geknüpft. »Ich bin erneut in dieser schrecklichen Stadt, ohne jedoch schon sagen zu können, ob ich dabei mein Ziel erreiche«, schrieb er im Oktober 1895 an seinen Pariser Mentor Saint-Paul.[14] Alle Hoffnungen zerschlugen sich. Stattdessen eine neuerliche gallige Verhöhnung, diesmal aus der Feder des inhaftierten Berufsprovokateurs Dr. med. Oskar Panizza, der sich mit seinem Artikel »Bayreuth und die Homosexualität« soeben bereits den Unmut eines anderen kommenden Großen, Thomas Manns, zugezogen hatte:

> Über das Verhältnis der Symbolisten zum Weibe habe ich die genauesten Forschungen angestellt, aber leider nichts in Erfahrung bringen können. Kein Klatsch, keine Indiskretion, kein Ehebruch, kein *breach of promise*, geschweige ein uneheliches Kind … Auf der andern Seite muss ich aber ebenso wahrheitsgetreu versichern, dass ich kein Gedicht getroffen habe, welches direct an einen Knaben gerichtet gewesen wäre. Wie dieses Fischgeschlecht sich fortpflanzt, ist noch nicht eruirt. Geheimnisvoll wie ihre erotischen Beziehungen, ist auch alles Übrige an diesem merkwürdigen Geschlecht. Wo sie ihre Bücher drucken lassen, niemand weiß es. Wo sie das körnige Papier hernehmen, gemischt mit Sandelholz, niemand weiß es … Die ›Blätter für die Kunst‹, der Versammlungsort ihrer gemeinsamen Seele, erscheinen nirgends … Die Reihenfolge der Verse und Worte macht den Eindruck, als wäre nur jedes zweite oder dritte Wort irdischer Provenienz, der Rest dagegen in der vierten Dimension gelegen, wo wir groben Irdischen sie eben nicht sehen, und daher die Gedichte nicht verstehen.[15]

Zwar wurde in Berliner Literaturkreisen über George und die *Blätter für die Kunst* gesprochen, Genaueres wusste jedoch niemand. George lebe »ganz abgeschlossen von der Welt, aber von einem ganzen Kreis enthusiasmierter Jünger, Schüler, Nachahmer umgeben«, notierte ein Besucher der stadtbekannten »Verbrecher-Abende« bei Otto Erich Hartleben im Juli 1896. »Er scheint – nach einem Gedicht zu urteilen, das Scheerbarth vorgestern rezitierte – sehr auf die Form zu halten. Fritz [Endell] sagt, Platen habe großen Einfluss auf sie. Auszeichnend für die ganze Richtung scheint zu sein (verehren Jean Paul): ein dunkler Drang zum Großen, Tiefen (Reaktion gegen die Schalheit des Naturalismus).«[16]

Der Herbst 1897 brachte neue Konstellationen, vielversprechend wie nie, und diesmal sollte alles klappen. Zunächst machte George seine beiden wichtigsten Berliner Freunde, Karl Wolfskehl und Melchior Lechter, mit Albert Verwey bekannt, den er am 15. Oktober um 11.47 Uhr, aus Weimar kommend, am Anhalter Bahnhof abholte. George, der in diesem Jahr in der Markgrafenstraße 81 abgestiegen war, wo er auch in den beiden folgenden Jahren logierte, hatte Verwey eingeladen, bei ihm zu wohnen. Wolfskehls Bleibe in der Bernburgerstraße war von dort bequem zu Fuß zu erreichen, Lechter wohnte ein Stück weiter in der Kleiststraße. Verwey, Wolfskehl und Lechter mochten sich auf Anhieb: Die Freundschaft, die sie damals schlossen, überdauerte die mit George um viele Jahre.

2

Derjenige unter den dreien, dem sich George menschlich wie künstlerisch am nächsten fühlte, war Melchior Lechter. Mehrere Gründe machten ihm diesen Mann, den er 1895 kennengelernt hatte, auf Anhieb sympathisch. Drei Jahre älter als George, kräftig bis korpulent und schon früh zur Rundlichkeit neigend, sah Lechter aus »wie ein wohlgenährter Pfarrer«.[17] Er besaß »einen außergewöhnlichen Sinn für kräftigen Humor«, strahlte eine große innere Ruhe aus und verlor bei aller Feierlichkeit, die seine zweite Natur zu sein schien, die einfachen und praktischen Dinge nicht aus den Augen. Seine Liebe gehörte der Musik, besonders Chopin und Wagner; seit 1886 pilgerte er, wann immer es ihm möglich war, nach Bayreuth. Darüber hinaus faszinierte ihn alles, was mit fernöstlicher Lebensweisheit, mit Mystizismus, Spiritismus und Theosophie zu tun hatte. Nach allgemeinem Urteil war es äußerst schwierig, ja unmöglich, ihm etwas übel zu nehmen oder gar in Streit mit ihm zu geraten. Auch wenn es wegen

Lechters penibler und langsamer Arbeitsweise im Laufe ihrer zehn-
jährigen Zusammenarbeit hin und wieder zu kritischen Situationen
kam, schlug George ihm gegenüber nie jenen gereizten Ton an, den
sich in späteren Jahren sogar Verwey gefallen lassen musste.

Lechter verfügte weder über die Weltläufigkeit Verweys noch über
Wolfskehls Bildung und intellektuelle Brillanz. Er war ein Handwerker, den vor allem die Qualität der in Frage kommenden Materialien
interessierte und der künstlerisch vollkommen unreflektiert zu Werke ging. 1865 im katholischen Münster geboren und als eines von acht
Geschwistern in einfachsten Verhältnissen aufgewachsen, war er
nach Absolvierung einer Glasmalerlehre mit 18 Jahren nach Berlin
gekommen und an der Königlichen Akademie aufgenommen worden. Das Studium finanzierte er sich durch Nachtarbeit für verschiedene Glasmalerwerkstätten; gelegentlich ließ ihm seine älteste
Schwester Anna etwas Geld zukommen, und bald erhielt er eigene
Aufträge. Im November 1896 reüssierte Lechter mit einer weithin
beachteten Ausstellung bei Fritz Gurlitt, dem Galeristen, der bis Ende der achtziger Jahre Arnold Böcklin in Berlin vertreten und durch
den von ihm vertriebenen Kupferstich der *Toteninsel* zu dessen Popularität beigetragen hatte; wegen undurchsichtiger Geschäftsprakti-
ken Gurlitts war es zum Bruch mit Böcklin gekommen.

Lechters Ästhetik gründete auf den von England ausgehenden, mit
den Namen William Morris und John Ruskin verbundenen Bemühungen um eine Gesamterneuerung des Kunsthandwerks, die sämtliche Bereiche von den Gebrauchsgegenständen des Alltags wie
Möbeln und Stoffen bis hin zur Ausgestaltung öffentlicher Räume
umfassen sollte. Obwohl die meisten Kritiker den Ansatz guthießen
und ihrerseits die Notwendigkeit betonten, dem Handwerk zu neuer
künstlerischer Anerkennung zu verhelfen, überwog in den Rezensionen der Gurlitt-Ausstellung der Vorwurf des Epigonalen, im abfälligen Sinn »Kunstgewerblichen«. Als Ausdruck des Widerstands gegen Rationalisierung und Fortschritt stellte die Wertschätzung des
manuell Gefertigten um seiner selbst willen sozialgeschichtlich einen
Rückschritt dar. Als Marie von Bunsen gut ein Jahr später in der *Vos-*

sischen Zeitung einen hymnischen Artikel über George veröffentlichte, der als Indikator für den Durchbruch in diesem Winter gelten
kann, distanzierte sie sich mit klaren Worten von der Ästhetik Lechters. Die Ausstattung des *Jahrs der Seele* verharre »auf dem altmodi-
schen und überwundenen Standpunkt unserer kunstgewerblichen
Leistungen der achtziger Jahre« und sei alles in allem »ein geschmack-
loser Anachronismus«.[18]

Es ist schwer zu entscheiden, ob Lechters preziöse Kunst den
Durchbruch Georges gefördert hat oder unter dem Strich eher hin-
derlich war. Legt man ein Exemplar der *Hymnen* von 1890 neben *Das
Jahr der Seele* in Lechters blau-roter Schmuckausstattung, wird jedenfalls ein eklatanter typographischer Rückschritt augenfällig. Als
wären die beiden Bücher in verschiedenen Welten gedruckt, dominiert äußerste Schlichtheit und Strenge auf der einen, ornamentales
Raffinement auf der anderen Seite. Der Gegensatz tritt noch schärfer
hervor, wenn man sieht, dass George nach Beendigung der Zusammenarbeit mit Lechter genau da wieder anknüpfte, wo er 1895 mit
den noch ganz in der puristischen Tradition der Erstlingsbände stehenden *Büchern der Hirten- und Preisgedichte* aufgehört hatte. Das
Erscheinungsbild der *Hymnen* zeigte gestalterische Elemente der Moderne, an die erst die Bauhaus-Bewegung in den zwanziger Jahren wieder anknüpfen sollte. Die von den *Hymnen* bis zur Gesamtausgabe
1927 von George bevorzugte radikal textorientierte Typographie, auf
deren »geniale neuheit und monumentale einfachheit« George zeitlebens stolz gewesen ist, wurde durch die Lechtersche »Gusseisen-Gotik« nicht nur jäh unterbrochen, sondern geradezu konterkariert.[19]
Und doch muss es gute Gründe für George gegeben haben, Lechter
vom *Jahr der Seele* bis zum *Siebenten Ring* die Gesamtverantwor-
tung für die Ausstattung seiner Veröffentlichungen zu übertragen.

Was George an Lechter bewunderte, war die Konsequenz, mit der
er an seiner kultischen Auffassung von Kunst festhielt, vollkommen
unbeeindruckt von allen zeitgenössischen Strömungen. Weil er ein
durch und durch unverbildeter Künstler gewesen sei, unbeleckt von
den literarischen Moden der Zeit, habe er »sogleich die geistige Sphä-

re« der Georgeschen Gedichte erfasst und sie als »Werkstücke von
einer bisher unbekannten Feinheit und Sorgfalt der Mache« begriffen.[20]
George erkannte eine grundsätzliche Verwandtschaft ihres künstlerischen Wollens, und aus dieser gemeinsamen Ausgangsposition heraus akzeptierte er die Lechterschen Entwürfe, auch wenn ihm die
übertrieben ziselierte Ausführung bisweilen gegen den Strich ging.
Weil er sich von Lechter verstanden fühlte, sah er ihm manche
Schwäche nach. »In der stets ehrwürdigen gestalt des bildners Melchior Lechter«, schrieb Karl Wolfskehl 1910, hätten die Dichter der
Blätter für die Kunst zum ersten Mal überhaupt einen bildenden
Künstler gefunden, der vom gleichen Kunstwillen beseelt gewesen sei
wie sie selbst.[21]

Kam in späteren Darstellungen die Rede auf die bildenden Künstler, unter denen George Mitte der neunziger Jahre wichtige Verbün-
dete gefunden habe, wurde gern übersehen, wie mühsam die Anfänge
auch auf diesem Gebiet gewesen waren. Im Juli 1894 hatte Carl August Klein einige Maler angeschrieben, um sie auf die *Blätter für die
Kunst* aufmerksam zu machen. Zu den Adressaten, von denen er
hoffte, sie interessierten sich für »verwandte bestrebungen«, gehörten Böcklin, Klinger, Hans Thoma und wohl auch Franz von Stuck.[22]
Die Aktion brachte nichts. Leider nähmen »die Maler wenig anteil an
der werken der dichter«, klagte Klein ein halbes Jahr später in der *Allgemeinen Kunstchronik*; jedenfalls bedaure man zutiefst, von dieser
Seite »nicht die nötige unterstützung« zu erhalten.[23] Vor dem Hintergrund dieser Bemühungen, mit einigen der arriviertesten Maler der
Zeit ins Gespräch zu kommen, erscheint Georges Begeisterung für
Lechter umso verständlicher.

Georges Kunstauffassung war in höchstem Maße konventionell,
sein Urteil über Malerei, vor allem über moderne Malerei, oft nicht
weniger apodiktisch als sein Verdikt über Musik (deren Ablehnung
wohl nicht zuletzt mit ihrer quasireligiösen Überhöhung im bürgerlichen Zeitalter zusammenhing). Für ihn rangierte die Malerei klar
hinter der Bildhauerei,[24] und nur weniges ließ er ohne Einschränkung
gelten: die italienische Frührenaissance von Giotto bis Fra Angelico,

die flämischen Primitiven (nicht alle), die rheinischen Meister um Stefan Lochner oder die Porträts des jüngeren Holbein, den er zum »gipfel der ganzen deutschen kunst« erklärte.[25] Die Urteile über die Malerei von der Renaissance bis ins 19. Jahrhundert schwankten zum Teil beträchtlich; aufgrund gelegentlicher Bemerkungen zu einzelnen Malern oder Gemälden einen Georgeschen Bilderatlas zu erstellen, wäre schwierig. Am radikalsten war George in seiner Ablehnung der Zeitgenossen. Naturalismus, Impressionismus und Expressionismus empfand er gleichermaßen als Zumutung. Bereits 1897 schimpfte er auf die »kecken farbenkleckser«, und noch dreißig Jahre später erregte er sich über Bilder, auf denen er »nicht einmal das Geschlecht habe unterscheiden können«.[26] Gespräche über moderne Kunst, besonders über van Gogh, »versetzten ihn in Wut und Aufregung«.[27] Mit der Malerei der Moderne sei er erstmals in Paris konfrontiert worden, wo man schon in den neunziger Jahren »das Gesudel der Kandinsky und Kokoschka« habe bewundern können.[28] Schon damals sei ihm klar gewesen, dass dieser Weg nicht weiterführe. Mit dem Hinweis auf die angebliche Antiquiertheit der Avantgarde war das Thema vom Tisch. Besuchte er Freunde, die sich für moderne Kunst begeisterten, bat er, die Scheußlichkeiten vorher abzuhängen.[29]

Solche Einseitigkeit war nicht einmal für enge Freunde nachvollziehbar. »Nicht sehr überzeugt von seinem Urteil über Kunstdinge; kein Primäres«, notierte Ernst Glöckner.[30] Nicht zuletzt an Lechter schieden sich die Geister. Er könne gut begreifen, schrieb der junge Gundolf 1900 nach Durchsicht eines umfassenden Lechter-Artikels von Georg Fuchs in *Deutsche Kunst und Dekoration*, »dass auch vernünftige und geschmackvolle Leute diese Kunst ablehnen«.[31] George ließ nichts auf ihn kommen und entzog jeder Kritik an ihm von vornherein den Boden. Als ein kompromissloser Künstler, der stolz an seinen Überzeugungen festgehalten und dafür viel Hohn und Spott in Kauf genommen habe, sei Lechter für ihn eine Stütze gewesen. »Wir waren damals beide sehr aufeinander angewiesen, er und ich.«[32] »Bruder im stolz!« nennt ihn George 1897 im *Jahr der Seele* – »bruder im leid!« Und zehn Jahre später, am Ende ihrer gemeinsamen Weg-

strecke, rühmt er ihn im Widmungsgedicht des *Siebenten Rings:*
»Turm von bleibendem strahl in der flutnacht der zeit!«[33]

Trotz vieler Erfolge, die mit der Präsentation eines für das Kölner
Kunstgewerbemuseum gestalteten Fest- und Musiksaales auf der Pariser Weltausstellung 1900 ihren Höhepunkt erreichten, schaffte es
Melchior Lechter nie in die erste Reihe. Sein Werk offenbarte »die
typischen Schwächen eines Autodidakten, der mit Ungestüm auf eine
ihm von der gesellschaftlichen Herkunft eigentlich verschlossene
bürgerliche Bildungswelt losgestürzt war«.[34] Ein anschauliches Beispiel für den eklektizistischen Schwulst seiner Konzeption lieferte
Lechter selbst mit der Beschreibung des Gemäldes »Die Weihe am
mystischen Quell«, dem Hauptwerk des Kölner Pallenberg-Saales,
dessen zentrale Gestalt unverkennbar die Züge Georges trug:

> Vor einem Tempel, kostbar mit Goldplatten und edlen Steinen bedeckt,
> kniet, die Hände über die Brust gekreuzt, die Augen geschlossen, erhobe-
> nen Hauptes der Künstler. Die Priesterin des mystischen Quells reicht ihm in
> kristallener Schale einen Trunk aus der geweihten Quelle: der den heiligen
> Rausch erzeugt, aus dem die ewigen Werke der Kunst geboren werden. Der
> Tempel liegt auf einer mit Hyacinthen bestandenen Höhe … Auf grossen,
> goldenen Kandelabern knistern hohe Kerzen zwischen schlanken Bäumchen.[35]

Er gebe zu, dass es schwer sei, Lechter ausschließlich nach seinen Arbeiten zu beurteilen, räumte George 1898 einem befreundeten Maler
gegenüber ein. Wer ihn jedoch kenne, wisse, dass man bei ihm »nur
einzutreten braucht um einen grossen künstlerischen schauer zu empfangen«.[36] Ende 1894 hatte sich Lechter im zweiten Hinterhaus der
Kleiststraße 3, fünfter Stock, eine Dreizimmerwohnung zu einem Gesamtkunstwerk hergerichtet. Die geschnitzten Möbel, die Teppiche,
die Tapeten und Stoffe, die Holzdecken, die Glasfenster mit Tristan-
Motiven: Alles war nach seinen Entwürfen angefertigt worden, selbst
die Bettwäsche war mit George-Versen bestickt.[37] Das Ensemble bot
eine Oase der Ruhe und Einkehr im Berliner Trubel zwischen Nollen-
dorf- und Wittenbergplatz. Lechter empfing seine Gäste in einem ta-
larartigen, braun-violetten Samtgewand, das den Mitgliedern der mit-
telalterlichen Dombauhütten als Festtracht gut gefallen hätte. In dem

größeren Raum, der ihm als Atelier diente, veranstaltete er gern Hauskonzerte. Der Komponist Conrad Ansorge, der auch George vertonte, spielte Beethoven-Sonaten; Karl Hallwachs, von dem die *Blätter* 1894 erste George-Vertonungen als Beilage veröffentlicht hatten, begleitete seine Frau Frieda Zimmer-Zerny am Flügel.[38] Wenn George in späteren Jahren einen Abend ungestört mit Freunden zusammen sein wollte, überließ ihm Lechter die Schlüssel zu seinem Refugium.

Der unprätentiöse Handwerker aus dem katholischen Westfalen hatte in einem Berliner Hinterhaus seine unzeitgemäßen ästhetischen Vorstellungen nicht weniger großartig umgesetzt als die literarische Kultfigur des *fin de siècle*, Jean Floressas des Esseintes in Huysmans' *A rebours*. Ein mystisches, amorphes Lebensgefühl war hier in eine eigenwillige, mit Symbolen übersäte Formensprache gegossen. So wie man zu seiner Wohnung in der Kleiststraße pilgerte, um einzutauchen in eine andere Welt, so sollten auch Lechters »sakrale Orchestrierungen« der Georgeschen Gedichte den Leser von allem Profanen befreien: »Es ist, als ob wir einen Raum betreten, der uns auf die Texte einstimmt.«[39] Orgelspielende Engel, Leuchter und Harfen, Weihrauchfässer, Monstranzen, besternte Himmel: Das ganze filigrane Rankenwerk diente keinem anderen Zweck als dem, den Leser in eine weihevolle Stimmung zu versetzen. »Es muß gleichsam dem Beschauer aus dem Buche, ohne dass er es liest, schon beim bloßen Anblick die letzte geheime Schönheit wie ein unerklärlicher feiner Duft daraus entgegenwehen.«[40] Gerade dieses Ziel aber erreichte Lechter nicht. Statt die Typographie funktional in den Dienst des Textes zu stellen und Schrift und Bild zu verschmelzen, betonte er im Gegenteil die Eigengesetzlichkeit und Symbolkraft des Ornaments, das ihm immer mehr zum Selbstzweck wurde.

Lechters kunstgewerbliche Ambitionen kannten keine Grenzen. Zwei Jahre nach dem *Jahr der Seele* legte er eine Monumentalausgabe des *Teppichs des Lebens* vor, die dazu bestimmt war, wie ein Messbuch auf einem Lesepult aufzuliegen; allein schon durch den schweren, mit grobem grünen Leinen bezogenen Massivholzeinband und aufgrund seiner ungewöhnlichen Abmessungen (36,5 x 38 cm) wirkte der Band einschüchternd. 1905 folgte ein Rarissimum der deutschen Bibliophilie, die in Gold und Blau gedruckte, mit je zwei Handmalereien geschmückte Prunkausgabe von Mallarmés *Herodias* in Georges Übersetzung. Lechter ließ sie in neun Exemplaren herstellen, sieben auf Japan, zwei auf Pergament, und überbot damit den Auflagen-Snobismus Oscar Wildes um ein Vielfaches.[41] Anderthalb Jahre später kam es zwischen George und Lechter zu einem offenen Dissens, der ihre unterschiedlichen Positionen deutlich werden ließ. Für das *Maximin*-Gedenkbuch wünschte sich George als Frontispiz ein Foto des Verstorbenen, Lechter lehnte das neue Medium als unkünstlerisch ab. George setzte sich durch. Er ließ Lechter die Arbeit am *Siebenten Ring* zu Ende führen und übertrug ihm auch in Zukunft eine Reihe kleinerer Projekte, aber die ihm wichtigen Bücher erschienen von nun an ohne den Lechterschen Schmuck.

Nach dem Krieg ging George weiter auf Distanz und stimmte immer öfter in die Kritik seiner Freunde ein. »Mit einem Blick von kaum 1 Minute und einer Banalität die beleidigen konnte, wird jahrelang Gewerktes abgetan«, beschwerte sich Lechter 1922 bei Wolfskehl über einen Besuch Georges. »›Ach, die vielen Strichelchen und Pünktchen!‹ Ist der stereotype Ausruf. Gott, es ist ja auch *nur* Bildende Kunst!«[42] Die Bilder erinnerten ihn stark an Makart, meinte George drei Jahre später anlässlich einer Lechter-Ausstellung, schon die Motive wirkten ziemlich abgestanden. Und als Landmanns zwei Jahre später ein Lechter-Gemälde erwarben, spottete er, Lechters Kunst sei wirklich »das Höchste im Reich des Harmlosen«.[43]

3

Entscheidend für Georges Durchbruch im Herbst 1897 wurde die Begegnung mit drei Personen, die sich untereinander zwar gut kannten, deren Interesse an George aber unterschiedlicher nicht hätte sein können. Sabine Lepsius, Richard M. Meyer und Georg Simmel waren nur ein paar Jahre älter als George, aber mit den Ränken und Kabalen im Beziehungs- und Interessengeflecht des künstlerischen und intellektuellen Milieus von Berlin seit langem bestens vertraut. Alle drei gehörten dem Berliner Großbürgertum an. Sabine Lepsius, Tochter des Kunstmalers Fritz Graef, war mit Reinhold, einem der vier Söhne des Begründers der deutschen Ägyptologie Karl Richard Lepsius, verheiratet und führte in der Kantstraße, später in Westend, einen berühmten Salon. Der Literarhistoriker Richard M. Meyer, Sohn eines vermögenden Bankiers, blieb aufgrund seiner jüdischen Herkunft ewiger Privatdozent an der Friedrich-Wilhelms-Universität und lud donnerstags zum Jour fixe. Der dritte, Georg Simmel, der aus der Schokoladenfamilie »Felix & Sarotti« stammte und durch Erbschaft seines Nennonkels, des Musikverlegers Julius Friedländer, seit 1890 finanziell unabhängig war, erhielt wegen antisemitischer Universitätsintrigen ebenfalls keine Professur. »Für alle geistigen Feinschmecker« galt er jedoch als »die wichtigste Sehenswürdigkeit des Berlin um 1900«.[44]

»Man lebte vor dem Hintergrund eines großen materiellen Wohlstandes. Man besaß außer dem Berufseinkommen den Rückhalt eines Kapitals, von dem die meisten nur die Zinsen verbrauchten«, schrieb Sabine Lepsius rückblickend.[45] In diesen Kreisen schlug der Sohn des Weinkommissionärs aus Bingen im Herbst 1897 ein wie ein Meteor. Addiert man, was alles George in den vergangenen acht Jahren unternommen hatte, um seine Anerkennung zu erzwingen, so lässt sich festhalten, dass er auch nicht im Entferntesten eine Vorstellung davon besaß, an welche Art Publikum er sich richtete. Eine eindeutige Strategie jedenfalls war in seinen diversen Aktivitäten ebenso wenig erkennbar wie in den programmatischen Erklärungen der *Blätter*, die mehr der Selbstvergewisserung dienten als der Positionierung am Markt. Die Verlautbarungen richteten sich an eine imaginäre Leserschaft, deren Unbildung George mit anhaltender Erfolglosigkeit immer bitterer beklagte. »Bevor in einem land eine grosse kunst zum blühen kommt muss durch mehrere geschlechter hindurch der geschmack gebildet worden sein.«[46] Je deutlicher er sich vom Markt distanzierte, desto überzeugender freilich konnte George seinen An-

spruch auf Exklusivität glaubhaft machen. Und alles Esoterische –
das wusste er seit den Tagen von Paris – war für das Bildungsbürger-
tum höchst attraktiv. Entsprach die große Verweigerungsgeste am
Ende also doch raffiniertem Kalkül?

Bevor man Georges Publikationsstrategien, den vermeintlichen
und den tatsächlichen, eine Bedeutung beimisst, die den Erfolg in erster Linie auf diese Bemühungen zurückführt – eine Methode, die, was
sie beweisen will, als gesichert voraussetzt –, sollte man zunächst
fragen, um welches Publikum es sich denn eigentlich handelte, das
1897/98 mit einem Schlag auf ihn aufmerksam wurde. Thomas Nipperdey hat in einem großen Essay Ende der achtziger Jahre den Versuch unternommen, die Entstehung der Moderne zu Beginn des 20.
Jahrhunderts aus dem bürgerlichen Kunstverständnis des 19. abzuleiten. Unter dem Titel *Wie das Bürgertum die Moderne fand* unter-
suchte er die historischen Bedingungen, unter denen sich das anspruchsvolle Publikum um 1900 für die neue Kunst zu interessieren
begann. Den im Laufe des 19. Jahrhunderts immer stärker hervortre-
tenden Antagonismus zwischen dem Künstler und seinem bürgerlichen Publikum führte Nipperdey darauf zurück, dass sich das Bürgertum und die Künste im ersten Drittel des 19. Jahrhunderts etwa
gleichzeitig aus den feudalen, mäzenatischen Strukturen zu emanzipieren begonnen hatten.

> Die Autonomie der Kunst und ihre Verbürgerlichung geschehen gleichzei-
> tig … So paradox es klingt: bürgerliche Kunst ist autonome Kunst, autono-
> me Kunst ist bürgerliche Kunst; Kunst wird »demokratischer«, und Kunst
> wird zugleich esoterischer. Aus dieser ursprünglichen spannungsvollen Zu-
> sammengehörigkeit aber entwickelt sich der entschiedene Gegensatz zwi-
> schen Kunst und Bürgerlichkeit, entwickelt sich das Un- und Antibürgerliche
> der Kunst. Das Verständnis von Kunst und die Erwartung an Kunst bei den
> Bürgern und bei den Künstlern treten weit auseinander. Zuerst fällt eine Tri-
> vialisierung der Kunst bei den Bürgern ins Auge, dann aber auch und nicht
> minder auffallend eine Tendenz zum Esoterischen in den Künsten.[47]

Vor diesem Hintergrund artikulierte sich noch vor der Jahrhundertwende der Wunsch des Bürgertums nach einer »Versöhnung« mit der
Kunst. Diesem Identifikationsbedürfnis trugen Georges Selbstdar-

stellungen in hohem Maße Rechnung. Zweifellos handelte es sich dabei auch um bewusste Stilisierungen, die in der Summe durchaus die Vermutung nahelegen, George habe eine subtile Marktstrategie verfolgt. Ein solches Erklärungsmuster verkennt jedoch die tatsächlichen Machtverhältnisse zwischen Künstler und Publikum. Die intellektuellen Kreise von Charlottenburg, über die George 1897 zuerst vermittelt wurde, verstanden sich keineswegs als Transmissionsriemen, sondern knüpften an seine Durchsetzung eigene Erwartungen. Viele von denen, die damals anfingen, sich mit George zu befassen, allen voran Georg Simmel, entdeckten bei ihm, was sie selber verloren zu haben glaubten. »Was unter gewöhnlichen Umständen eine rückständige Lebensweise innerhalb bildungsbürgerlicher Lebensformen gewesen wäre, wurde von George zu einem die Zeitgenossen faszinierenden Lebensentwurf umgestaltet.«[48] Über diesen Dialog, in dem sich das Bürgertum mit der Kunst auf gemeinsame Wurzeln zu verständigen suchte, fand George den Weg zum Erfolg.

Reinhold und Sabine Lepsius, die als Porträtmaler der Berliner Gesellschaft in hohem Ansehen standen, hatten den Namen Stefan George zum ersten Mal im Dezember 1895 in Rom gehört. Auf einem Abendempfang im Salon von Harry Hertz schwärmte ihnen Richard Perls von einem neuen Dichter vor und brachte ihnen am folgenden Tag einige seiner Veröffentlichungen mit. Ein Jahr später meldete sich George, unter Berufung auf Perls, in der Lepsiusschen Wohnung zum Besuch an:

Als ich in mein Wohnzimmer trat, stand er schon dort. Nie werde ich diesen ersten Eindruck vergessen – ich wusste sofort, dass ich einer machtvollen, überragenden Persönlichkeit gegenüberstand. Seine Begrüßung, von selbstverständlicher Natürlichkeit und Lebendigkeit, hatte nichts von dem Absonderlichen, das mir geschildert worden war. Seine Blicke: fern und doch liebenswürdig ... Sein Lachen, dieses sichere Erkennungszeichen eines Menschen, war sieghaft gewinnend und vom Schütteln der Mähne begleitet ... Als störend empfand ich damals nur den Zylinder in seiner Hand und den gläsernen Fremdkörper in seinem einen Auge ... Als George mich verlassen hatte, stand ich so sehr unter dem Eindruck seiner Größe, dass ich beschloss, das Kind, das ich unter dem Herzen trug, Stefan zu nennen.[49]

George verließ Berlin, nach dem endgültigen Bruch mit Ida Auerbach, geb. Coblenz, in diesem Jahr früher als sonst. Am 30. November 1896, dem Tag seiner Abreise, berichtete ihm Karl Wolfskehl von seinem ersten Besuch im Haus Lepsius: »Ich habe selten ein Heim gefunden in dem so viel Kultur förmlich aus allen Winkeln tönt und dampft, ich habe mich sehr wohl da gefühlt ... Von Ihnen wurde mit einer feinsinnigen Glut, in Begeisterung gesprochen, die wahrhaft verzückend war. Beide Gatten fanden sich in dieser liebenden Verehrung.«[50]

Lepsius wohnten zunächst am Anfang der Kantstraße, direkt gegenüber dem Theater des Westens, in dem die Secessionisten ausstellten, ab 1903 in Westend. Ihr Salon zählte zu den ersten Adressen der Stadt, auch wenn er nie den Glanz der Salons von Félicie Bernstein, Helene Gräfin Harrach, Anna von Helmholtz oder Cornelie Richter erlangte, der Tochter Meyerbeers, deren Großmutter bereits legendäre Empfänge in Berlin gegeben hatte. Während dort auch der Hof, das Militär und die Hochfinanz verkehrten, war auf der Gästeliste von Lepsius vor allem das akademische und künstlerische Berlin vertreten. Neben manchen Koryphäen der Universität und älteren Gästen, die schon in Lepsius' Elternhaus in der Bendlerstraße verkehrt hatten, begegnete man hier auffallend vielen Jüngeren. Sie kamen häufig über Sabines Bruder, den Dandy Botho Graef, ins Haus und hatten den Höhepunkt ihrer Karriere noch vor sich. Ludwig Justi, der spätere Direktor der Nationalgalerie, gehörte dazu, Heinrich Simon, der Erbe der *Frankfurter Zeitung*, oder Walther Rathenau, der Sohn des Gründers der AEG. Zu den auffallendsten Frauen zählten Mascha Eckmann, die Schwester von Lily Braun, und Sabines Jugendfreundin Lili Hensel, der Schwiegertochter des ehemaligen Rektors der Berliner Universität, Emil du Bois-Reymond.

Die Tradition der Salonkultur, die in den berühmten *jours* von Rahel Levin, Dorothea Mendelssohn und Henriette Herz hundert Jahre zuvor in Berlin ihren Anfang genommen hatte, war 1806, mit dem Untergang des alten Preußen, jäh unterbrochen worden. Nachdem sich im Vormärz das Gewicht vom literarischen zum politischen Sa-

lon verschoben hatte, schoss während der Gründerzeit eine Reihe
neuer Salons aus dem Boden, die jedoch den eigentlichen Zweck, die
Zusammenführung verschiedener gesellschaftlicher Gruppen, verkannten. Das lag an der besonderen Situation Berlins, das zwischen
1871 und 1918 »eine Stadt ohne Gesellschaft« war.[51] Weil, anders als
in Rom, Paris oder London, eine kulturell bestimmende Schicht fehlte, bildeten sich immer neue »Kreise«, die als mehr oder weniger geschlossen galten und sich gegenseitig mit Sensationen zu überbieten
suchten. Der Wettbewerb dieser Zirkel erleichterte nicht nur die Auf-
stiegschancen, sondern führte auch dazu, dass ein Außenseiter innerhalb eines bestimmten Kreises schnell als »exklusiv« ausgerufen
wurde, wenn damit zugleich die Exklusivität des Kreises selbst unterstrichen werden konnte. Wer auf diese Weise prominent wurde, hatte
es allerdings schwer, sich über seinen Zirkel hinaus dauerhaft zu etablieren, und in manchen Fällen hielt der so erworbene Ruhm nicht länger als bis in die nächste Saison.

Nichts veranschauliche den Niedergang der Salonkultur nach
1871 besser als die Betonung von Äußerlichkeiten, klagte Sabine Lepsius.[52] Es habe als unverzeihlich gegolten, nicht zu wissen, »welchen
Point man zum Abendkleid und welchen Schmuck [man] für einen
Nachmittagsbesuch anlegte«, die Gäste in der falschen Reihenfolge
zur Tafel zu bitten und lithographierte Visitenkarten nicht von gedruckten unterscheiden zu können. Alle seien auf Repräsentation
bedacht gewesen und hätten darüber die Grundbedingungen zur
Führung eines Salons vernachlässigt: die gegenseitige Sympathie von
Gastgebern und Gästen, die Persönlichkeit des Hausherrn und die
Freude der Salonière am Arrangement. Eine Salongesellschaft sei wie
ein lebendes Bild, das fortwährend durcheinandergewirbelt werden
müsse, damit das Ganze in Bewegung bleibe. »Eine große Anziehung
lag in der Persönlichkeit Reinholds, der weltmännische Leichtigkeit
mit Schärfe des Geistes und einem ungewöhnlichen Wissen verband.
Ich dagegen verstand mich auf die schöne Anordnung von Räumen,
sorgte für fließende, gedämpfte Beleuchtung, hielt alles Auffallende
fern, bemühte mich, die Gäste zusammenzuhalten und zu lenken.

Eine große Hilfe bot mir die Musik – der Gesang und vor allem das Klavierspiel, wenn die Stimmung nachzulassen drohte, brauchte ich mich nur ans Klavier zu setzen, vorzuspielen und zu singen.«[53] Dem neuen Dichter wurde bei diesen Arrangements sofort eine Sonderstellung zuerkannt.[54] Wurde George erwartet, dekorierte Frau Lepsius die Räume mit brennenden Kerzen und Lorbeerzweigen und fühlte sich reichlich belohnt, wenn sie der Dichter dann, wie einst der Sänger seine Minne, als »Herrin« anredete. Die Dame des Hauses war in jedem Betracht »eine späte Nachfahrin der Frauen aus der deutschen Romantik«.[55]

Für den elf Jahre älteren Reinhold Lepsius, in dem er »Gebärde und Haltung eines vornehmen Marquis vergangener Zeiten« wiederzuerkennen meinte,[56] empfand George viel Sympathie. Schwieriger gestaltete sich sein Verhältnis zu der umtriebigen, allem Neuen aufgeschlossenen Sabine. Sie schwärmte nicht nur vom physikalisch-diätetischen Heilverfahren und fuhr mehrfach zur Kur in das berühmte Lahmannsche Sanatorium auf dem Weißen Hirsch bei Dresden, wo neben Luftbädern und Wechselduschen, Höhensonne- und Röntgentherapie auch Heilung durch Suggestion versprochen wurde. Sabine Lepsius begeisterte sich auch für die Emanzipation. Schon in ihrer ersten Unterhaltung habe sie George zu verstehen gegeben, dass ihr »nur Freunde jenseits jeglicher galanten Beziehung willkommen seien«.[57] Für eine glücklich verheiratete Frau sei es schwer, mit Männern in eine freie und freundschaftliche Beziehung zu treten, weil sich Männer nun einmal nicht von glücklichen Frauen angezogen fühlten. George habe diese Ausführungen mit Lachen quittiert.

Auch wenn beide auf dieser Basis schnell zu einem herzlichen Einvernehmen gelangten, entwickelte das Thema doch eine Eigendynamik, die George bald unangenehm wurde. Weil es ein Verhältnis jenseits des Geschlechtlichen war, fühlte sich Sabine Lepsius ihm gegenüber vollkommen frei und schreckte auch vor intimen Geständnissen nicht zurück. In einer Tagebuchaufzeichnung vom März 1899, zweieinhalb Jahre nach ihrer Bekanntschaft mit George, legte sie sich über die besondere Form ihrer Vertraulichkeit Rechenschaft ab:

Meine persönlichen Beziehungen zu Stefan George sind geradezu ideal. Er muss nämlich aus Sensibilität ähnlich veranlagt sein wie ich. Er steht, wenn ich mich nicht täusche, in der Mitte von beiden Geschlechtern … So stehen wir uns gegenüber wie Mensch zu Mensch. Er hat gar keine Möglichkeit, sich in mich zu verlieben. Das ist für ihn aber nicht ein Grund, sich mit mir zu langweilen, sondern im Gegenteil: es ist ihm förmlich eine Erlösung, bei einer Frau zu sein, die so absolut frei ist von dem gefälligen Ton … Und doch, wir können, glaube ich, von allem sprechen. Hier könnte sich wirklich eine Freundschaft *sans phrase* entwickeln … Alles Innige – alles, was an Liebhaben auch nur streift, ist aus dieser Beziehung ausgeschlossen, dennoch könnte er von Reinhold und mir Unglaubliches verlangen; es ist das Übermenschliche in ihm, dem man huldigt.[58]

In den folgenden Jahren sei jedes ihrer Gespräche »Bekenntnis« gewesen: »So wahr, so ganz sein zu dürfen, wie ich innerlich geschaffen bin, ist mir sonst nie im Leben vergönnt gewesen … Alles durfte ich eingestehen und nirgends Verdammnis, wenn ich ihm die Leidenschaftsfähigkeit meiner Jugend bekannte … Einmal wandte er sich zu mir und sagte: ›Wir sind uns doch ähnlicher als man es meine [sic] sollte.‹«[59] Weil Sabine Lepsius gerade aufgrund seiner homoerotischen Veranlagung eine starke Zuneigung zu ihm fasste, begegnete er ihr seinerseits mit einer gewissen Unbefangenheit. Im November 1903 scheint George in ihrer Gegenwart sogar in Schluchzen ausgebrochen zu sein – einer der wenigen überlieferten Gefühlsausbrüche dieser Art. Er habe seinen Kopf an ihre Schulter gelegt, erinnerte sich Sabine Lepsius, aber »eine unerklärliche Scheu« habe sie daran gehindert, ihn an sich zu drücken und »ihm die Tränen von den Augen zu küssen«.[60] Bevor sie ihre Hemmungen überwinden konnte, seien die Kinder zur Tür hereingeplatzt. In diesem Moment habe ihr Verhältnis für immer einen Riss bekommen.

George schützte sich vor heftigen Gefühlsausbrüchen, indem er immer häufiger den direkten Kontakt zu Reinhold suchte und Gesprächen mit Sabine unter vier Augen aus dem Weg ging. Auch Reinhold Lepsius scheint es in späteren Jahren nicht für ratsam gehalten zu haben, seine Frau länger mit George allein zu lassen, da sie zu »Aussprachen« neigte, die meist rasch in Streitgespräche ausarteten. Noch in ihren Erinnerungen beschwerte sich Sabine, dass Reinhold

ihr zuletzt kaum einen Augenblick der Zweisamkeit mit dem Dichter
mehr gegönnt habe. Obwohl sie wusste, dass ihm solche Themen
peinlich waren, nutzte sie jede Gelegenheit, mit George über Kinder-
erziehung und die Bedeutung der H-moll-Messe, über die Stellung
der Frau im Allgemeinen und weibliche Erotik im Besonderen zu dis-
kutieren. Als Reinhold bei ihrer letzten Begegnung vor dem Krieg für
einige Minuten den Raum verließ, weil ein Bote kam, ermahnte George die Freundin noch einmal, »dass man nicht immer Dinge
berühren müsse, in denen man verschiedener Meinung sei«.[61] Trotz
aller Gegensätze in weltanschaulichen Fragen sprach George später
stets wohlwollend über Sabine Lepsius. Als Edith Landmann ihm
während des Krieges ein paar kritische Bemerkungen zu entlocken
suchte, wehrte er ab: »Sie war wenigstens amüsant. Das Amüsante ist
etwas. Wenn Sie wüssten, wie langweilig Deutschland damals war.
Das kann man sich heut gar nicht mehr vorstellen.«[62]

4

Es war ein Spätnachmittag im November, unbestimmbar graue Häuser-
massen, dunkle, vorbeieilende Menschensilhouetten, weißes Glühlicht
und ein gelblich grün absterbender Himmel … Wir saßen in den mit ver-
schleierten Lampen matt erleuchteten Räumen auf florentinischen einge-
legten Sesseln, auf verblasstem Brokat. Bekannte Menschen waren zugegen. Nur in gedämpften Tönen wurde gesprochen. Dann glitt aus einer
Seitentür ein Mann herein und setzte sich, nach einer Verbeugung, an das
gelbverhüllte Licht; hinter ihm eine japanische golddunkle Stickerei, nicht
weit von ihm Lorbeerzweige und orangerote Blüten in getriebenem Kup-
fergefäß. Niemals in meinem ganzen Leben ist mir ein so merkwürdiges
Gesicht begegnet. Blass, verarbeitet, mit müden, schweren Lidern, mit
herbem, ausdrucksvoll vibrierendem Mund … Er las mit leiser, gleichmäßi-
ger Stimme, mit feiner, diskreter Betonung. Hin und wieder störte sein
rheinischer Accent … Aber mehr und mehr wurden wir hypnotisiert, in
die Stimmung hinein gebannt. Zum Schluß erhob er sich, sagte noch ein
Gedicht her und schlug zum ersten Mal die Augen auf; matte, etwas rote
Lider, dunkle, starre, nicht große Augensterne. Dann verbeugte er sich
und ging.[63]

Der Bericht der *Vossischen Zeitung* über Georges erste Lesung im Haus Lepsius am Sonntag, dem 14. November 1897, erinnert in manchem Detail an die Schilderungen seines ersten öffentlichen Auftritts im März 1896 in Den Haag: die höflichen Verbeugungen, die leise, gleichmäßige Stimme, das Sprechen des Schlussgedichts im Stehen. Und die etwa zwanzig geladenen Gäste in Charlottenburg waren in ähnlicher Weise charmiert wie die Holländer. Neben Marie von Bunsen, die den Artikel in der *Vossischen* schrieb, griff eine weitere Besucherin zur Feder: Lou Andreas-Salomé, die Freundin Nietzsches, die seit einem halben Jahr mit einem jungen Mann durch die Lande zog, der sich ihr zuliebe neuerdings Rainer Maria statt René nannte und der der Lesung ebenfalls beiwohnen durfte.

Im *Pan* vom November 1898 ließ sich Lou Andreas-Salomé breit über das Verhältnis von Stoff und Form, über »die Geheimtiefen der Menschenseele« und die Aufgaben wahren Künstlertums aus, ehe sie auf George zu sprechen kam. Seine Gedichte stünden in so vollkommenem Einklang mit seiner ganzen Erscheinung, dass man verleitet sei zu behaupten, erst beides zusammen mache das wahre Kunstwerk aus. »Für mich hat ein Gedicht noch niemals eine solche siegreiche und überwältigende Umwandlung erlebt, wie Stefan Georges Gedichte in seinem mündlichen Vortrag.« Im Lesen habe seine Persönlichkeit »an sich gleichsam noch einmal ihr Kunstwerk wiederholt ... als sei sie ihrerseits aus ihren eigenen Gedichten herausgesprungen und deren Geschöpf nicht minder wie deren Schöpfer«.

Die Autorin begrüßte die Gedichte als überfälliges »Korrektiv gegenüber Ausschreitungen und Übertreibungen zur Formlosigkeit«. Mit ihnen sei der Beweis erbracht, »dass dasselbe technische Raffinement, welches in Frankreich die absterbende Gefühlskultur des Kranken, Perversen, Übersensitiven begleitet, sich in Deutschland in einer Art von Kantschem Rigorismus mit Zurückdrängung der vorhandenen Innerlichkeit ausspricht«.[64]

Der dritte große, für Georges Durchbruch entscheidende Artikel lag zum Zeitpunkt der Lesung bereits vor. Er war in den altehrwürdigen *Preußischen Jahrbüchern* erschienen und ging zurück auf einen

Vortrag, den Richard M. Meyer am 17. März 1897 vor der Gesellschaft für deutsche Literatur in Berlin gehalten hatte. Meyer, durch
Hofmannsthals Besprechung der *Bücher der Hirten- und Preisgedichte* auf George aufmerksam geworden, wollte »von einer Dichtergruppe erzählen, die eben erst am Horizont sichtbar« werde und die
den Zeitgenossen kaum weniger fremdartig erscheine »als die eben
ausgegrabenen Mimiamben des Herondas«. Das mit Dutzenden von
gelehrten Querverweisen angereicherte Referat war der erste Versuch
einer Einordnung Georges und seiner Gruppe in den europäischen
Kontext durch einen Vertreter der Zunft. George jubelte: »eine ganz
neue entwickelung!!«[65]

Zu den aufmerksamsten Lesern des Artikels zählte Meyers Kollege Simmel. Während des Studiums miteinander befreundet, beäugten
sie sich seit langem argwöhnisch. Simmels Abneigung gegen den zwei
Jahre jüngeren Meyer kam auf boshafte Weise darin zum Ausdruck,
dass er den in Deutschland damals noch ungewöhnlichen Gebrauch
der *middle initials* verballhornte, indem er Meyer vorzugsweise Richard Moses oder R. Moses Meyer nannte.[66] Jetzt war Meyer mit seiner Vorstellung eines neuen esoterischen Dichterkreises vorge-
prescht, und Simmel beeilte sich, die Scharte auszuwetzen. Als George
Anfang Oktober 1897 in Berlin eintraf, lernte er beide innerhalb weniger Tage persönlich kennen: Simmel und seine Frau Gertrud im
Haus Lepsius, Meyer und seine Frau Estella bei einer Abendeinladung im Haus Meyer, zu der er von Wolfskehl und den beiden Lepsius begleitet wurde.

Aber nicht nur Meyers Artikel dürfte Simmel im Hinterkopf gehabt haben, als er Ende des Jahres zu einem grundlegenden Essay
»Stefan George. Eine kunstphilosophische Betrachtung« ansetzte.
Auch die in *Westermanns Monatsheften* erschienene Studie von Max
Dessoir muss ihn geärgert haben. In dem erbitterten Wettlauf um die
wenigen freien Stellen, die an der Friedrich-Wilhelms-Universität zu
vergeben waren, hatte der Privatdozent Dessoir soeben geschafft,
was der Privatdozent Simmel seit Jahren vergeblich anstrebte: ein Extraordinariat. Allein an der philosophischen Fakultät gebe es 86 Pri-

vatdozenten, klagte Simmel in einem anonym erschienenen Artikel, von denen viele bei gleicher Qualifikation nie mit einer Professur rechnen könnten. »Ich kenne Privatdocenten, die in diesem Fegefeuer einer ewigen Spannung ... einer als unwürdig und dauernd provisorisch empfundenen Position innerlich zugrunde gegangen sind.«[67] Der rauhe akademische Verdrängungswettbewerb sorgte für zusätzliche Spannungen zwischen den sich damals in zahlreiche Einzeldisziplinen ausdifferenzierenden historischen Kulturwissenschaften »und der sich allmählich als autonome Disziplin konstituierenden modernen Soziologie«.[68]

Im Streit um die Deutungskompetenz ging es zwangsläufig immer wieder um die gesellschaftliche Stellung des Künstlers und die Funktion von Kunst. Von daher war es nicht verwunderlich, dass einige der brillantesten Köpfe der Berliner Universität den neuen Dichter, der ihnen die Spitze der Avantgarde verkörperte, in ihrem Sinn zu interpretieren suchten. Die gegensätzlichen George-Positionen Dessoirs und Simmels zeugen von der »produktiven ›Wechselwirkung‹ zwischen dem genuin ästhetischen Diskurs und der beginnenden kultursoziologischen Diskussion«. Während Dessoir vor jeder »Überschätzung der Individualität« warnte und betonte, »dass die Kunst zu allen Zeiten ein sociales Phänomen« sei,[69] feierte Simmel in George den Sieg des Individuellen als des Normativen. Binnen kurzem beteiligten sich an dieser Diskussion die führenden Germanisten Gustav Roethe und Erich Schmidt, der Ordinarius der philosophischen Fakultät Wilhelm Dilthey, der Basler Kollege Karl Joël sowie Simmels Korrespondenzpartner in Freiburg, der Philosoph Heinrich Rickert, der wiederum den Kollegen Weber mit der Dichtung Georges bekannt machte.

Simmels 1898 in der *Zukunft* veröffentlichter Essay war nicht nur der erste ernst zu nehmende Versuch, Georges Poetik kunstphilosophisch zu formulieren. Er war auch der erste Ansatz, aus der Dichtung Georges Grundzüge der modernen Lyrik zu erschließen; die Simmel-Schülerin Margarete Susman griff 1910 in ihrer Schrift *Das Wesen der modernen deutschen Lyrik* diesen Ansatz auf und führte

am Beispiel Georges den noch heute verwendeten Begriff des »lyrischen Ich« ein. Zunächst verwies Simmel den Kollegen Meyer in die
Schranken, indem er die Philologie zu einer bloßen Hilfswissenschaft
erklärte und ihr jede Befähigung absprach, die tiefere Bedeutung
eines Kunstwerks zu erfassen. Simmels Interesse erwuchs aus den aktuellen Fragen seines Philosophierens und richtete sich auf den
Künstler als solchen. Bisher sei es der Zweck der Lyrik gewesen, Gefühle zum Ausdruck zu bringen, um dadurch wiederum Gefühle zu
erregen. Mit der Dichtung Georges werde erstmals »das Gefühl zu
einem Mittel für den Kunstzweck«. Dadurch dass der Dichter sich
»von allen subjektiv-natürlichen Gefühlsreflexen um der Kunst willen« befreie, erreiche er jenes »Objektiv-Werden des Kunstgefühles«,
das »die Herrschaft des Poeten über die Welt vollendet«.

> Ich gestehe: mir ist erst durch die Kunst Stefan Georges klar geworden, wie
> viele Gedichte der Literatur es gar nicht nötig hätten, gerade Gedichte zu
> sein ... Bei den Gedichten Georges hat man den Eindruck, dass ihr Inhalt
> durchaus in keiner anderen Form als in der poetischen gesagt werden kann;
> es wirkt also in ihnen kein der Kunstform gegenüber selbständiger Reiz ih-
> res Stoffes mit ... In allen Künsten bedeutet die Befreiung von dem Beisatz
> stofflicher Reize eine Verfeinerung und Reinheit der ästhetischen Durchbil-
> dung ... Und dies eben erscheint mir als das Eigenartige und Bedeutsame an
> Stefan George: dass gerade das, was am Gedicht reines poetisches Kunst-
> werk ist, mehr als irgendsonst das Ganze ausmacht, unter reinlicher Aus-
> scheidung aller Nebeneffekte.[70]

Mit dieser Präzisierung des ästhetischen Prinzips bei George hätte
Simmels Aufsatz früh zur Klärung des *l'art pour l'art* in Deutschland
beitragen können. Die anspruchsvollen Auslassungen des Außenseiters fanden jedoch, trotz Simmels früher Popularität, nur wenig Beachtung. Unter den bestallten Vertretern der deutschen Philologie
wurde George noch auf Jahre als »Fanatiker der Pose und des guten
Geschmacks« (Alfred Biese 1910) bezeichnet, dessen Dichtung nichts
sei als »feierlicher Unsinn in wohlgefügten Versen« (Eduard Engel
1908). »Da galt ich für den salbentrunknen prinzen / Der sanft ge-
schaukelt seine takte zählte«, kommentierte George spöttisch die
Verdikte der Kathedergelehrten.[71]

Georg Simmel zählte zweifellos zu den scharfsinnigsten und feinfühligsten Auslegern, die George gefunden hat. Seine umfassende Bildung, die spielerische Art, in der er komplizierteste Fragen zu behandeln wusste, und nicht zuletzt persönliche Bescheidenheit und menschliche Wärme ließen ihn für George zu einem anregenden Gesprächspartner im Berlin der Jahrhundertwende werden. Beeindruckt von dem leidenschaftlichen »Erkenntnissucher«, fand er Worte höchsten Lobes für Simmel, der, wie es ein Vierteljahrhundert später bei Wolters hieß, »der einzige echte Philosoph seiner Zeit« gewesen sei.[72] Andererseits verspürte George angesichts der Simmelschen Zergliederungen immer ein gewisses Unbehagen. »Ich verstehe nicht eine Zeile davon«, sagte er über den Aufsatz in der *Zukunft*.[73] Als sich Simmel im April 1898, wenige Wochen, nachdem sein Artikel erschienen war, in einem Gespräch in Rom »die Bestätigung für die Richtigkeit seiner Ansichten holen« wollte, habe ihm George lachend erklärt, »es gäbe keine Zeile seiner Gedichte, die nicht ganz erlebt sei«. Dadurch sei Simmel so in Verlegenheit gebracht worden, dass er seine Theorie habe revidieren müssen.[74]

Tatsächlich verwischte Simmel in einem weiteren George-Aufsatz zwar die ursprüngliche Grenzziehung zwischen Erlebnis und Dichtung, die Tendenz seiner Kunstauffassung aber trat dabei nur noch schärfer heraus. Alle Kunst, hieß es jetzt, sei »gegenüber dem lebendigen Dasein ihres Gegenstandes« resignativ. Sie versage sich »das Auskosten« der Realität, um dem Dasein am Ende doch »mehr zu entlocken, als es eigentlich selbst besitzt«. In diesem ständigen Wechsel, bei dem sich Verzicht und Kreativität gegenseitig bedingten, liege der eigentümliche Reiz jeder künstlerischen Existenz und so auch des frühen George. Mit dem *Jahr der Seele* habe dann zum ersten Mal »die Resignation die Gefühlsgrundlage selbst ergriffen: alle Bewegungen und Vertiefungen der Liebe, die dies Buch erfüllen, stehen im Zeichen der Resignation, sie werden gleich an ihrer Quelle von dieser gefärbt.«

In dieser Argumentation ließ sich die These von der Entpersönlichung des Lebens durch die Kunst, die sich in Georges Werk vollziehe, noch einmal zuspitzen. Aus dem frühen Willen zur reinen Form

leitete Simmel jetzt ein ästhetisches Prinzip ab, in dem er das ästhetische Prinzip der Moderne erkannte. Oberstes Ziel der Kunst müsse
es sein, alles Stoffliche zu eliminieren und das Ereignis, von dem der
Schaffensprozess seinen Ausgang nehme, »den Rohstoff des Gefüh-
les«, so lange umzuschmelzen, bis er jegliches Eigenrecht verliere
und »der ästhetischen Formung keine Grenze mehr durch sein Für-
sichsein setzt«. Am Ende würden sowohl das dem Kunstwerk zugrunde liegende reale Erleben als auch der durch das Kunstwerk
vermittelte Gehalt nur noch als störend und überflüssig empfunden
werden.[75]

Durch Simmel wurde George auf Fragen gestoßen, die er sich
wohl nie gestellt hätte, deren Klärung aber zu seiner Positionsbestim-
mung beitrug. So las sich die Vorrede zum *Jahr der Seele*, die er Ende
1898 der öffentlichen Ausgabe voranstellte, wie eine Zusammenfassung ihrer römischen Gespräche vom April. Es sei völlig unerheblich,
hieß es dort, welche Personen und Örtlichkeiten die Gedichte des
vorliegenden Bandes veranlasst hätten. Der Leser solle »vermeiden
sich unweise an das menschliche oder landschaftliche urbild zu keh-
ren: es hat durch die kunst solche umformung erfahren dass es dem
schöpfer selber unbedeutend wurde«. War nicht eben das Simmels
Forderung gewesen?

Und dennoch: In ihrem Denken hätten George und Simmel nicht
gegensätzlicher sein können. Simmel kam von Kant, über den er 1885
seine erste Vorlesung gehalten hatte. In der Tradition Kants war Erkenntnis lediglich aus den Beziehungen der Gegenstände untereinander und aus deren Verhältnis zum erkennenden Subjekt möglich.
Eine Wahrheit in der absoluten Bedeutung des Wortes konnte es folglich nicht geben. Davon überzeugt, »dass sich von jedem Punkte der
gleichgültigsten, unidealsten Oberfläche des Lebens ein Senkblei in
seine letzten Tiefen werfen lässt, dass jede seiner Einzelheiten die
Ganzheit seines Sinnes trägt und von ihr getragen wird«, erhob Simmel den Relativismus Mitte der neunziger Jahre zum Erkenntnisprinzip.[76] Dabei stellte er allerdings schon bald fest, dass die Unsicherheit
und innere Unruhe des modernen Individuums sich nicht aus »der

äußeren Hast und Aufgeregtheit« erklären lasse, sondern dass umgekehrt die Zerfahrenheit des Lebens als Ausdruck des innersten Zustands des Menschen zu verstehen sei.[77] Er beklagte den »Mangel an
Definitivem im Zentrum der Seele« und entwickelte schließlich, in
einer überraschenden Wendung von Kant zu Nietzsche, jenes »individuelle Gesetz«, mit dem er die Selbstverwirklichung des Individuums
zur Grundlage seines sittlichen Handelns erhob. Simmel verwendete
die Formulierung erstmals 1902 in einem Aufsatz über Auguste Rodin, der auch Georges Interesse geweckt haben dürfte.

Margarete Susman war davon überzeugt, »dass Simmel seinen
größten Gedanken ohne George nicht gefunden hätte. In ihm sah er
einen Menschen und Künstler vor sich, der dämonisch-unbeirrbar
die in ihm vorgezeichnete *linea innata* realisierte und zu Ende führte.«[78] Als Simmel die Idee einer neuen, den Individualisierungsten-
denzen des Zeitalters angemessenen Ethik in der zweiten Hälfte der
neunziger Jahre zu entwickeln begann, orientierte er sich an den
Großen der Vergangenheit, an Kant, Goethe und Rembrandt. Aber
erst »das *persönliche* Erlebnis der Bekanntschaft mit Stefan George«,
urteilt der Simmel-Biograph Köhnke, habe ihn »den Gedanken eines
›individuellen Gesetzes‹ vollständig formulieren« lassen.[79] 1905 widmete er George die zweite überarbeitete Auflage seiner *Probleme der
Geschichtsphilosophie.*[80]

George bediente die Sehnsucht bürgerlicher Intellektueller nach
dem Ursprünglichen und Echten auf vielfache Weise. Aber er war
klug genug, sich von ihnen nicht vereinnahmen zu lassen. Instinktiv
blieb er allem Spekulativen gegenüber misstrauisch. Intellektuelle
Unsicherheit überspielte er, indem er eine gewisse Naivität schützend
vorschob. »Man kann ganz vollkommen sein«, fasste er 1920 sein
Verhältnis zu Simmel pointiert zusammen, »und von alledem nicht
das Geringste verstehen.«[81] So wenig ihn die Theorien interessierten,
die Leute wie Dessoir, Meyer oder Simmel über ihn zirkulieren ließen, so wenig wollte er als Fabeltier in den Berliner Salons herumge-
reicht werden. »Er hatte den Blick für die fatale Toleranz, die ihm
die maßgebenden Salons hätten bewilligen mögen«, schrieb Adorno.

»Diesen zieht er Konventikel vor, zu denen er ohnehin gravitiert: als Verfemter.«[82]

Als ginge ihn die ganze Terminologie nichts an, fasste George an einem bestimmten Punkt des Simmelschen Monologs das für ihn Wesentliche kurz und bündig zusammen. Einmal verteidigte Simmel lang und breit die Vorteile der Induktion gegenüber der Deduktion und meinte, die Wissenschaft müsse vom Einzelfall ausgehen, um von den Rändern her allmählich zur Mitte vorstoßen – da sei ihm George in die Parade gefahren: »Wer nicht in der Mitte steht, gelangt niemals hin.«[83] In der geistig hochgezüchteten Welt der Berliner Salons der Jahrhundertwende wirkten solche provozierend schlichten Äußerungen wie Spruchweisheiten aus einem anderen Kulturkreis. Für George bedeuteten sie nichts anderes als der Sieg des Einfachen über das Komplizierte. Er sei damals aufgetreten, schrieb einer seiner erbittertsten Feinde später, mit der »Unverletzlichkeit großer Würdenträger in großen Geschäften, vor denen das Gespräch und die Menge zurücktritt«.[84] Indem George sich jedem Versuch entzog, ihn einzuordnen und festzulegen, blieb er für viele Intellektuelle zwischen Charlottenburg und Westend über Jahre ein faszinierendes Objekt, an dem sich neue Thesen gleichsam experimentell überprüfen ließen. Ein Jahrzehnt später sollte es in Heidelberg zu einer ähnlichen Konstellation zwischen George und Max Weber kommen, aus der im Sommer 1910 der Begriff der charismatischen Herrschaft hervorging.

Simmels Relativismus, seine Kunst, auch das scheinbar Fremdeste in Beziehung zueinander zu setzen, wurde im Kreis um George gern als »Versimmeln« verspottet. In der Tat gab es nichts, was nicht Simmels Neugier geweckt hätte. Er schrieb über so weit auseinander liegende Themen wie das Jodeln und die Prostitution, über Böcklins Landschaften und den Begriff der Ehre, über Spiritismus und Pessimismus, über den Henkel und die Alpen oder über »Das Relative und das Absolute im Geschlechter-Problem«. Legendär waren vor allem seine Vorlesungen, zu denen scharenweise auch Damen der Gesellschaft pilgerten. Simmel selbst erschien in Kniehosen auf dem Fahrrad; in den besseren Kreisen, die sich das teure Vergnügen leisten konnten, galt Radeln als der letzte Schrei. In dem stets überfüllten Kolleg habe man beobachten können, »wie der Prozess des Denkens Besitz ergriff von dem ganzen Manne«, erinnerte sich Paul Fechter:

> Wenn Simmel den Kern eines Gedankens, einer Erkenntnis den Hörern zeigen wollte, formulierte er ihn nicht nur: er hob ihn gewissermaßen sichtbar mit der Hand, deren Finger sich nach oben spreizten und wieder schlossen, empor; sein ganzer Körper wand und drehte sich unter dieser erhobenen Hand, die das Problem trug, als ob er nur in dieser Spiralbewegung die Substanz des Gedankens aus der eigenen Tiefe losreißen und zum Kopf, zum Hirn, zu den Worten empordrängen könnte.[85]

George schätzte vor allem den anregenden Unterhalter und folgte den Einladungen ins Haus Simmel gern. Simmel, der die schönen Seiten des Lebens zu genießen wusste, besaß eine wunderbare Bibliothek, sammelte fernöstliche Antiquitäten, über die er kenntnisreich zu reden verstand, und war ein charmanter Gastgeber. Schon 1901 bedauerte er allerdings, dass die Intimität ihrer Unterhaltungen erheblich beeinträchtigt werde, wenn George jedes Mal einen Freund mitbringe: »Ich gestehe offen: den unvergleichlichen, ganz persönlichen, ganz verinnerlichten Ton unsrer Abende zu dreien halte ich in Gegenwart eines Vierten für unerreichbar, selbst wenn dieser Vierte so sympathisch ist wie Herr Gundolf.«[86] Bezeichnend für den distanziert-respektvollen, leicht ironischen Ton, mit dem George dem zehn Jahre älteren Simmel begegnete, ist eine Anekdote wenige Jahre später, als er wieder einmal in Begleitung eines seiner jungen Freunde erschien, den er als Dr. B. vorstellte. Simmel: »Ich wusste nicht, dass Herr B. einen akademischen Grad besitzt.« Darauf George: »Sie dachten wohl, er sei Beamter im städtischen Gaswerk?«[87]

Während George im Haus Lepsius immer häufiger eher den Kontakt zu Reinhold suchte als zu Sabine, war es im Haus Simmel Frau Gertrud, die ihm »durch die größere Tiefe ihres Fühlens einige Jahre hindurch fast näher stand als Simmel selbst«.[88] Was George an dieser groß gewachsenen, blonden, blauäugigen Frau faszinierte, die in allem das vollkommene Gegenteil ihres Mannes zu sein schien, war das nordisch Protestantische. Im Umgang mit Gertrud Simmel sei ihm das protestantische Wesen, dem er immer ablehnend gegenüberstand, erstmals als eine positive Kraft begegnet; »das habe er früher nicht gewusst. ›Ich dachte, es wäre, wie der Name sagt, etwas Negatives.‹«[89] Allerdings habe sich Frau Simmel in manche Probleme so tief hineingebohrt, dass ihr gar keine Zeit geblieben sei, sich dem Leben zuzuwenden. »Er habe sie so lange gekannt und wisse nicht, was ihr eigentlich Freude mache«, obwohl doch jeder Mensch eine Passion habe. Er hätte ihr gern geholfen, betonte George, »das Protestantische in ihr habe sie aber den Befreier, den sie suchte, nicht sehen lassen«.

Umgekehrt galt das Gleiche. Jeder rechnete den anderen unter die tragischen Menschen, denen ein schweres Los auferlegt sei. »St.G. ist mir immer tragisch im Leben; er ist immer tragisch, wo er nicht Dichter sein kann«, schrieb Gertrud Simmel 1908 an Sophie Rickert. »Der Alltag kann nichts mit ihm machen und er kann nichts mit ihm machen, er kann ihn nicht erheben und er kann ihn nicht als Nebensache unter sich bringen – sie stehen immer grotesk zu einander.«[90] So erkannte jeder der beiden im anderen, wenn auch uneingestanden und mit Sicherheit nicht in vergleichender Absicht, die eigene Fremdheit mitten im Leben. Obwohl Gertrud Simmel zu jenen kompromisslos intellektuellen Frauen gehörte, die ihm nie ganz geheuer waren, empfand George doch eine tiefe Seelenverwandtschaft. Gertrud Simmel gehöre zu den »seriösesten Menschen«, die ihm begegnet seien. »Man kann bei ihr das Genus weglassen und Mensch sagen.«[91]

Neben Gertrud Simmel, der Ehefrau, war es Simmels Geliebte, Gertrud Kantorowicz, zu der George eine besondere Affinität entwickelte. Als Simmel zur ersten Lesung im Haus Lepsius im November 1897 auf Georges Wunsch Lou Andreas-Salomé einlud, erlaubte er sich für den Fall, dass diese verhindert sei, Fräulein Kantorowicz zu empfehlen, »ein noch junges, ungewöhnlich ernsthaftes Mädchen, dem Höchsten zugewandt, dem Feinsten zugänglich, dichterisch sehr begabt, und eine warme Verehrerin von Ihnen. Ich halte sie für fähig, von Ihrer Vorlesung einen für ihr Entwicklungsschicksal entscheidenden Eindruck zu bekommen, und damit wäre für das Reich der Werte, die die unsern sind, ein herrlicher Gewinn gemacht.«[92] Die Art und Weise, wie Simmel die junge Geliebte, die gerade ihren 21. Geburtstag gefeiert hatte, dem Dichter ans Herz legte, erstaunt nicht weniger als die Selbstverständlichkeit, mit der er nach nur vierwöchiger Bekanntschaft mit George bereits an gemeinsame Werte appellierte.

Als Simmels 1901 nach Westend zogen, mietete sich Gertrud Kantorowicz nur ein paar Straßen weiter ein, im Haus des Bildhauers Wolf in der Ebereschenallee. Auch George wohnte dort Anfang des Jahrhunderts einige Male, wenn er nicht bei Lepsius unterkam, die 1903 ein Haus in der Ahornallee erworben hatten. Für Gertrud Kantorowicz wurde George, wie Simmel es prophezeit hatte, zu einem ihr weiteres Leben prägenden Erlebnis. George nannte die zierliche, kluge und intensive Frau gern seine »Huldin« oder auch »Dottoressa« und veröffentlichte 1899 elf Gedichte von ihr in den *Blättern*. Es waren die einzigen Gedichte einer Frau, die je dort erschienen, und sie erschienen – bezeichnenderweise – unter dem männlichen Pseudonym Gert. Pauly.[93] Das Geschlecht spielte eben doch eine wichtige Rolle.

Das letzte direkte Zeugnis der Freundschaft zwischen Georg Simmel und Stefan George ist ein Vierzeiler vom Sommer 1914. Im Frühjahr hatte Simmel endlich eine ordentliche Professur erhalten – im fernen Straßburg. Am 26. Juli, wenige Tage vor Ausbruch des Krieges, berichtete Ernst Morwitz, einer der jüngeren Freunde Georges, er habe Simmel »unter dem Stadtbahnbogen in der Friedrichstraße« getroffen. Simmel habe ihm »ein langes Kolleg über seine Wirkung in Strassburg gehalten, er betonte seine – im Gegensatz zu Dir – auf das Weiterbringen der *Gesamtheit* gerichtete Tätigkeit und war rührend«.[94] Stolz auf die neue Professur, schloss Simmel aus seinen Hörerzahlen auf eine große Breitenwirkung und stellte diese selbstbewusst Georges begrenztem Wirken gegenüber. Das konnte und wollte dieser so nicht hinnehmen. Er hielt jeden akademischen Unterricht für unverbindlich, solange zwischen Lehrer und Schüler kein persönliches pädagogisches Verhältnis bestand. Deshalb ging seiner Meinung nach von einem Hörsaal überhaupt keine Wirkung aus. Die beiläufigen Bemerkungen, die Simmel gegenüber einem seiner Freunde am Bahnhof Friedrichstraße hatte fallen lassen, beantwortete George mit einem knappen Vierzeiler, in dem er Simmels Wirkungsanspruch zurückwies:

> Seit dreissig jahren hast du gepredigt vor scharen
> Wer steht nun hinter dir? ›Kein einzelner – die welt.‹
> O lehrer dann hieltest du besser die türen geschlossen
> Du hast für nichts gewirkt als für ein blosses wort.[95]

5

Bei seiner Lesung im Haus Lepsius hätte George gern auch Theodor Dienstbach begrüßt, den Besitzer der Gerberei in Bingerbrück, einen Bekannten der Familie, der zu den frühen Lesern der *Blätter für die Kunst* gehörte und Georges Werdegang mit Wohlwollen verfolgte. Obwohl George ihn im Oktober 1897 noch einmal herzlich aufforderte, konnte sich Dienstbach nicht zu einem »seitensprung nach Berlin« entschließen.[96] Er steckte bereits in den Vorbereitungen einer großen Italienreise, die er im Frühjahr unternehmen wollte – und zu der er George einlud. Am 24. März stiegen sie in Bingerbrück in den Zug. Als Reiseziele standen zunächst wohl die oberitalienischen Städte auf dem Plan, die George von früheren Reisen bereits kannte. Ende März scheint es zu Meinungsverschiedenheiten über den weiteren Reiseverlauf gekommen zu sein; jedenfalls fuhr George am 1. April von Genua ohne Dienstbach nach Rom.

Obwohl das Zimmer in der Via Babuino verwanzt war und er es mit Eimer und Schrubber erst einmal reinigen musste, blieb George etwa vier Wochen. Öfters besuchte er den Maler Ludwig von Hofmann, auf den er durch Richard Perls aufmerksam gemacht worden war und der in Rom ein eigenes Atelier besaß. Die Ideale der neuen Bewegung, die in der Dichtung an die Namen George und Hofmannsthal geknüpft seien, hieß es einige Jahre später in einem Werbeprospekt der *Blätter*, würden in der bildenden Kunst vertreten von

Ludwig von Hofmann, Reinhold Lepsius und Melchior Lechter. Dass der 1861 in Darmstadt geborne Hofmann an erster Stelle genannt wurde, entsprach sowohl Georges persönlicher Wertschätzung als auch der Popularität Hofmanns, dessen »visionäre Bilder eines besseren und schöneren Lebens« zu den begehrtesten Werken des Jugendstils zählten.[97] Zwei Ludwig von Hofmann gewidmete Gedichte im *Teppich des Lebens* lassen vermuten, dass George und er gemeinsame Ausflüge unternahmen, möglicherweise bis Sorrent und Paestum.[98]

In Hofmanns Atelier lernte George an einem der ersten Tage den Berliner Verleger Georg Bondi kennen. Seit Bondi im März 1897 den Vortrag von Richard M. Meyer gehört hatte, suchte er in Kontakt mit George zu kommen. Für den gleichen Mittag verabredeten sich Verleger und potentieller Autor in einem Café, in dem sie sich an den folgenden Tagen noch ein paar Mal trafen, dann reiste Bondi ab. George überließ die weiteren Verhandlungen Lechter und Klein in Berlin. Anfang Juni erhielt Klein von Bondi ein Angebot, das eine »Teilung des Reingewinns« vorsah; das auflagenabhängige Honorar in Höhe von 20 Prozent vom Ladenpreis sollte zur Hälfte bei Erscheinen, zur Hälfte nach Verkauf der halben Auflage ausgezahlt werden.[99]

Begonnen hatte Bondi seinen Verlag zwei Jahre zuvor mit der Übernahme von Restauflagen der Werke seines Freundes Max Halbe aus dem S. Fischer Verlag. Seit seinem naturalistischen Erfolgsstück *Jugend*, das es bis zum Krieg auf stolze 25 000 Exemplare brachte, zählte Halbe zu den meistgespielten Dramatikern der neunziger Jahre. Außer Halbe hatte Bondi zu diesem Zeitpunkt noch nicht viel vorzuweisen (einen Band von Otto Erich Hartleben, einen Band von Alfred Kerr, eine kurz gefasste deutsche Literaturgeschichte von Gotthold Klee, die sich mit 22 Auflagen allerdings zu einem Longseller entwickelte). Er war dringend auf neue Autoren angewiesen. Von der Jahrhundertwende an konzentrierte sich sein Verlag zunehmend auf den Sachbuchbereich, veröffentlichte die Schriften von Wilhelm Bölsche und Kurt Breysig und startete eine zehnbändige Reihe »Das Neunzehnte Jahrhundert in Deutschlands Entwicklung«, in der angesehene Wissenschaftler für ein großes Publikum schrieben (Theobald Ziegler über die geistigen und sozialen Strömungen, Richard M. Meyer über die Literatur, Werner Sombart über die Volkswirtschaft). Spätestens in den zwanziger Jahren wurde der Bondi Verlag in der Öffentlichkeit dann ausschließlich als George-Verlag wahrgenommen.

George hätte es nicht besser treffen können. Obwohl die Alleinstellung, die ihm bei Bondi im Laufe der Zeit zufiel, nicht absehbar war, dürfte er gespürt haben, dass der ihm auch persönlich sympathische Verleger keinerlei Ambitionen hegte, die mit den seinen irgendwann zu kollidieren drohten. Das sah bei den Mitbewerbern ganz anders aus. Als George Anfang Oktober 1897 nach Berlin gekommen war, hatte er Richard M. Meyer gebeten, Erkundigungen über den Verlag »Kreisende Ringe« einzuholen. Unter der Leitung von Franz Evers wurden hier seit einigen Jahren Bücher mit homosexueller Thematik veröffentlicht. Es handelte sich um ein Imprint des in Leipzig ansässigen Verlegers Max Spohr, der im Mai 1897 mit Magnus Hirschfeld und zwei weiteren Aktivisten das »Wissenschaftlich-humanitäre Komitee« gegründet hatte, das sich die Abschaffung des § 175 und die Aufklärung der Öffentlichkeit über Homosexualität zum Ziel setzte. Wie George auf diesen Verlag gestoßen war, der ihn in *Kürschners Litteraturkalender für das Jahr 1897* immerhin als künftigen Autor des Hauses vorstellte, ist ungeklärt. Am gleichen Tag, an dem Meyer George das Ergebnis seiner Recherchen mitteilte und ihn vor diesem Verlag warnte, schrieb George an Dienstbach, dass er plane, im Dezember über Leipzig zu fahren – »rein geschäftlich wie der name der stadt ahnen lässt«.[100]

Als George am 19. Mai 1898, dem Tag seiner Rückkehr aus Italien, Lechter von Bingen aus bat, mit Bondi weiter zu verhandeln, stand Lechter bereits in Kontakt mit einem anderen Verleger, der eben an den Start gegangen war: Eugen Diederichs. Diesem hatte die Ausstattung des *Jahrs der Seele* so gut gefallen, dass er Lechter die buchkünstlerische Gestaltung von Maurice Maeterlincks *Schatz der Armen* übertrug. Der im Herbst 1898 erschienene Band wurde in bibliophilen Kreisen als ein »Markstein in der Entwicklung unserer neuen Buchkunst« bejubelt.[101] Es war George nicht unlieb, dank Lechter ein zweites Eisen im Feuer zu haben. Als Bondi im Winter 1898/99 ablehnte, die alten *Blätter*-Jahrgänge nachzudrucken, drängte George Lechter, die Idee beim Konkurrenten zu ventilieren. Eugen Diederichs war nicht nur der engagiertere und deutlich erfolgreichere Verleger als Bondi, er hatte auch klare Vorstellungen, welche Art Bücher er herausbringen wollte. Er veröffentlichte Titel unter dem Slogan »Bücher, die Nietzsche liebte« und schmückte seinen Briefkopf mit dem Lagarde-Zitat: »Gäbe es wenigstens Verschworene unter uns, einen heimlich offenen Bund ...«[102] Innerhalb weniger Jahre wurde Diederichs zur ersten Adresse für alles, was mit der sogenannten Lebensreformbewegung zu tun hatte. 1908 gründete er den Sera-Kreis, in dem er das Lebensgefühl eines Großteils der bürgerlichen Jugend durch Sonnenwendfeiern und anderes germanisches Brauchtum zu ritualisieren suchte; für die Männer entwarf er eine Phantasietracht im Stil mittelalterlicher Scholaren, die Mädchen trugen Blumenkränze im Haar. Was Diederichs anstrebte, so Friedrich Wilhelm Graf, war nichts weniger als »eine religiöse Kulturrevolution«.[103]

Hier wurde ein weltanschauliches Umfeld geschaffen, in dem George gut aufgehoben gewesen wäre. Allerdings hätte er bei Diederichs niemals eine exklusive Stellung erlangen können. Zwar schwebte auch ihm so etwas vor wie eine religiöse Kulturrevolution, aber zum einen wollte er das Heft selber in der Hand behalten, zum anderen war ihm wohl die Strategie des Verlegers, der Sendungsbewusstsein geschickt mit kaufmännischen Interessen zu verknüpfen wusste, nicht ganz geheuer. »Es wurden förmlich weltanschauungen von verlags wegen gegründet«, hieß es 1911 im *Jahrbuch für die geistige Bewegung* mit unverkennbarer Anspielung auf Eugen Diederichs und den Sera-Kreis abfällig, und als auch damit kein Geld mehr zu verdienen gewesen sei, »ging es an das stiften von religiösem leben«.[104]

Anders als Diederichs gehörte Bondi zu jenen nüchtern kalkulierenden Kaufleuten, bei denen grundsätzlich Bedenken überwogen. 1899 war er skeptisch, dass die von George und Wolfskehl vorbereitete Anthologie *Deutsche Dichtung* ein verlegerischer Erfolg werden würde, und weigerte sich, den ersten Band, eine Auswahl aus Jean Paul, zu veröffentlichen. George löste die »schwierigkeiten die beinah den verlagsbund zerrissen hätten«,[105] indem er die Anthologie auf eigene Rechnung im Verlag der Blätter für die Kunst erscheinen ließ; erst 1910 konnte sich Bondi zu einer öffentlichen Ausgabe der *Deutschen Dichtung* durchringen. 1903 hätte George gern einen Sammelband der von ihm übersetzten zeitgenössischen europäischen Dichter veranstaltet; auch diese Publikation schien Bondi wenig lukrativ. George bat daraufhin Wolfskehl, beim Insel-Verlag vorzufühlen, nahm von dieser Idee aber sofort wieder Abstand, als ihm Ende des Jahres ein Verlagsprospekt unter die Augen kam: »ein klebeheftchen mit so schamlosen so unsäglich schmierigen anpreisungen dass dagegen ein S-fischer noch vornehm erscheint. Es ist ein zeichen dafür dass den schreibenden menschen von heute das lezte gefühl für adel und würde abhanden kam.«[106]

George hatte es zur Vertragsbedingung gemacht, dass seine eigenen Bücher und die seiner Freunde von den übrigen Veröffentlichungen des Bondi Verlages deutlich zu unterscheiden sein müssten. Zu diesem Zweck entwarf Lechter eine gotische Monstranz mit dem Eindruck »Blätter für die Kunst«, die als Signet auf allen George-Publikationen prangte. Mangelnder verlegerischer Mut auf der einen, der Wunsch des Autors nach Sonderstellung auf der anderen Seite führten dazu, dass sich George die Erstveröffentlichung seiner Werke vorbehielt. Keines seiner Hauptwerke der nächsten fünfzehn Jahre, weder der *Teppich* noch der *Ring*, weder der Prosa-Band *Tage und Taten* noch das *Maximin*-Gedenkbuch noch die Dante-Übertragungen, erschien als Erstausgabe bei Bondi. Mit den Marktmechanismen vertraute Zeitgenossen wie Rudolf Borchardt wollten hierin eine raffinierte Doppelstrategie erkennen, mit deren Hilfe George die Sehnsucht des Publikums nach Exklusivität bedient habe. Die Forschung hat sich dieser stark vereinfachenden Lesart angeschlossen. Ab 1898 hätten George wahlweise zwei Verlage zur Verfügung gestanden: der kommerziell orientierte Bondi Verlag und der Verlag der Blätter für die Kunst als eine Art Autorenverlag, dem es aufgrund höchst subtiler Vertriebstechniken gelungen sei, die Nachfrage so lange zu steigern und das seltene Buch so selten zu machen, dass der neugierig gewordene Leser, der Gefahr lief, leer auszugehen, am Ende gern mit den schlichten (und relativ preiswerten) Bondi-Ausgaben vorlieb nahm.[107]

Als die öffentlichen, das heißt im Buchhandel regulär zu erwerbenden Ausgaben seiner frühen Gedichtbände im November 1898 bei Bondi erschienen, verwendete George zunächst viel Sorgfalt auf die Widmungen und Vorreden, dann kümmerte er sich intensiv um den Versand von Freiexemplaren und Prospekten. Abgerundet wurde die publizistische Offensive durch einen Auswahlband, der die besten Stücke aus den *Blättern für die Kunst* enthielt und dem ein Sonderdruck des Aufsatzes von Richard M. Meyer in den *Preußischen Jahrbüchern* beigelegt war. Außerdem wurde eine neuerliche Lesung bei Lepsius angesetzt. Zu denen, die einen Ankündigungsprospekt der neuen Ausgaben, ein Freiexemplar der *Blätter*-Auslese und eine Einladung zum Leseabend erhielten, zählte auch jener junge Mann, der ein Jahr zuvor Lou Andreas-Salomé begleitet hatte: Rainer Maria Rilke. Zwei Wochen nach der ersten Lesung hatte er ein Gedicht »An Stefan George« geschrieben:

> Wenn ich, wie Du, mich nie den Märkten menge
> Und leiser Einsamkeiten Segen suche, –
> Ich werde nie mich neigen vor der Strenge
> Der bleichen Bilder in dem tiefen Buche.[108]

Rilke war »von Georges Ichstärke geradezu überwältigt«, er »beneidete, fürchtete, bewunderte diesen gestrengen Dichter und eiferte ihm zuweilen sogar nach«.[109] Es muss ihn reichlich irritiert haben, dass Lou in ihrem Artikel im *Pan* George den einzigen Lyriker der Gegenwart nannte, der Beachtung verdiene. Ende 1897 hatte der 22-Jährige immerhin bereits seinen vierten Gedichtband vorgelegt. Das seien Gedichte, meinte George, »wie sie jeder machen könne«,[110] und Lou hätte ihm in diesem Punkt nicht widersprochen; auch Rilke distanzierte sich später von seinem jugendlichen Ausstoß, der mehrere

hundert Gedichte, aber nirgends einen ihm gemäßen Ton hervorbrachte. Umso staunenswerter war für ihn der konzentrierte Auftritt
Georges. Am 7. Dezember dankte er für den großen Eindruck, den
der Leseabend auf ihn gemacht habe, und äußerte den Wunsch,
Georges Kunst »mit getreuem Interesse zu verfolgen«. Was er tun
müsse, um in den Kreis der *Blätter für die Kunst* aufgenommen zu
werden? Die Mitgliedschaft bestehe »in Teilnahme, Lesen und Wei-
tergeben der ›Blätter‹«, antwortete George, und insofern sei Rilkes
Wunsch, »schon indem er ihn ausgesprochen habe, erfüllt«; beziehen
könne er die Zeitschrift im Übrigen direkt beim Herausgeber.[111]

Er habe viel zu früh mit dem Publizieren angefangen, hielt ihm
George vor, als sie sich Anfang Mai 1898 zufällig begegneten – in den
Boboli-Gärten in Florenz. Rilke, der George zunächst aus dem Weg
hatte gehen wollen, behielt ein angenehmes, ja herzliches Gespräch in
Erinnerung: Es waren »ein paar Stunden mit Stephan George in Bo-
boli, die meinem Leben wieder spielende Gleichgewichte gaben«.[112]
Dennoch schien es ihm ratsam, Abstand zu wahren. »Künstler sollen
einander meiden«, notierte er mit unverkennbarem Bezug auf George wenig später im Tagebuch. »Es soll keiner tasten an des anderen
Kunst. Denn nimmt er von einem Größeren, so verliert er sich.«[113] Es
war für Rilke nicht leicht, sich in ein produktives Verhältnis zu George zu setzen und bei aller Bewunderung für ihn sich gleichzeitg den
eigenen Freiraum zu sichern. Die Lösung war ein für Rilke typisches
Paradox: »Ich werde vor ihm so maßlos stolz, grade weil ich eine gewisse Ehrfurcht vor ihm habe.«[114]

Weder die *Blätter*-Auswahl noch die Einladung zur zweiten Lesung bei Lepsius erreichten den Adressaten, der inzwischen von Wil-
mersdorf nach Schmargendorf verzogen war. Als Rilke Anfang April
1899 davon erfuhr, beeilte er sich, George sein Bedauern auszudrücken. Der eigentliche Grund seines Schreibens vom 7. April war
jedoch ein anderer: Für seinen neuen Band *Mir zur Feier* suchte er
dringend einen Verleger und erhoffte sich von George eine Empfehlung an Bondi. George bat um Manuskripteinsicht. Rilke hat dies
nicht akzeptieren wollen. Es war ihr letzter direkter Kontakt.

Rilke musste sich noch einige Jahre gedulden, bis ihm mit dem 1905 im Insel-Verlag erschienenen *Stunden-Buch* der Durchbruch gelang. Da war er dreißig, im gleichen Alter wie der sieben Jahre ältere George bei seinem Durchbruch 1898. Zwei Jahre später veröffentlichten beide ihr folgenreichstes Buch: George den *Siebenten Ring*, Rilke die *Neuen Gedichte*. Von da an schien die deutsche Lyrik für viele auf die Frage zuzulaufen: George oder Rilke. 1909 erschien in der *Leipziger Illustrierten* ein erster Artikel, 1914 die erste Monographie, in der die beiden Dichter nebeneinandergestellt und verglichen wurden.[115] Gemessen in Auflagen, ließ Rilke, auch dank seines geschäftstüchtigen Verlegers Anton Kippenberg, George bald weit hinter sich. Allein der 1912 als Band eins der Insel-Bücherei erschienene *Cornet* brachte es bis 1934 auf sensationelle 500 000 Exemplare – das Doppelte sämtlicher Werke Georges zusammen.[116] In späteren Jahren liebäugelten auch unter den Freunden Georges manche mit dem Dichter der *Duineser Elegien*, Melchior Lechter zum Beispiel oder Max Kommerell, sogar Friedrich Gundolf, der vier Wochen vor seinem Tod 1931 einen öffentlichen Vortrag über ihn hielt. Wolfskehl war damit nicht einverstanden. »Rilke ist ganz einfach nicht das Gewicht, das man heute, in der Zeit Georges, gegenstellen kann«, mahnte er den lebenslangen Freund in seinem letzten Brief. »Eine Zeit, die George hat, besitzt eine unverrückliche Norm, die gewiss einmal geschichtlich werden wird, die aber heute nicht Geschichte ist, sondern Geschehnis.«[117]

1914

II Die Sendung
1899–1914

Denn jetzt in der letzten Not
müssen wir selber das Wunder werden.

Karl Wolfskehl, 1910

1 Das schöne Leben

In Friedrich Gundolfs 1916 erschienener Goethe-Biographie, der mit 50 000 verkauften Exemplaren erfolgreichsten Publikation des George-Kreises, heißt es einmal am Rand, dass Goethe »in der Phantasie der Völker unter dem Bild zweier völlig verschiedener Altersstufen, beinah als eine doppelte Erscheinung weiterlebt«. Während sich der Ruhm fast aller geschichtlichen Persönlichkeiten in der Regel mit einem bestimmten Lebensalter verbinde und sie entweder als Jünglinge, auf dem Höhepunkt ihres Schaffens oder als Greise im kollektiven Gedächtnis fortlebten, denke man bei Goethe »entweder an den jungen oder an den alten oder an zwei verschiedene«.[1] Wäre Gundolf gefragt worden, wie es sich denn mit Stefan George verhalte, er hätte wahrscheinlich verlegen geantwortet: Endgültiges dazu könne erst beim Tod eines Menschen gesagt werden.

In welchem Alter wir uns die Dichter vorstellen, deren Werke wir lesen, hängt nicht zuletzt davon ab, welche Porträts wir vor Augen haben. Die Bilder des jungen Goethe von Tischbein waren immer genauso populär wie das Gemälde des alten von Joseph Stieler oder die Büste von Christian Daniel Rauch. Die Fotografien, die bald nach der Jahrhundertwende von Stefan George in Umlauf kamen, verrieten dem Betrachter allerdings nur wenig über das Alter des Abgebildeten. Dieser Mensch war weder jung noch alt. Das hatte viel mit Georges Physiognomie zu tun, die ihn in jeder Phase seines Lebens älter wirken ließ, als er jeweils war, bis er am Ende auf manchen Altersfotos aussah wie eine greise Frau. Seine Getreuen hielten diese scheinbare Alters- und Geschlechtslosigkeit für den Ausweis höheren Menschtums und reichten die Fotos wie Ikonen weiter.

Alle Eigenschaften und Merkmale, die Rückschlüsse auf das Privatleben ermöglicht hätten, wurden im Atelier von Jacob Hilsdorf, Georges Leibfotograf in Bingen, nach und nach ausgeblendet. Die Bedeutung des Porträtierten sollte sich nicht über zeitbedingte Accessoires erschließen. Thomas Mann mit Zigarre, Thomas Mann mit Hut, sorgfältig arrangierte Schreibutensilien, die Brille: All das ist im Fall Georges undenkbar. Weil die Heldenverehrung allzu oft »mit originellen surrogaten« vorliebnehme, würde Eigenart leicht für Charakter gehalten, schrieb Gundolf 1912 in einem Essay über Vorbilder. Jede Form von Individualismus als »kult des besondern menschen um seiner besonderheit willen« sei jedoch abzulehnen. Nur wer ein Ganzes vertrete, dürfe als Held verehrt werden.[2]

Im Zuge seiner allmählichen Monumentalisierung geriet George auf den Hilsdorf-Fotos immer mehr zum Darsteller einer übernatürlichen Person. Der Dichter als Seher und Künder, zeitenthoben, trug keine Zweireiher mit breiten Aufschlägen mehr, sondern einen hochgeschlossenen schwarzen Rock mit Stehkragen und verdeckter Knopfleiste. Das Kleidungsstück, eine Mischung aus Joppe und Soutanelle, Priester- und Soldatenrock, etablierte sich später als eine Art Amtskluft des George-Kreises. Statt der üppig geschlungenen bunten Krawatten genügte jetzt ein hoher weißer Kragen mit einfacher Halsbinde – kein Zylinder, kein Gehstock, keine Uhrenkette mehr. Gruppen- und Zufallsaufnahmen nur noch in besonderen Fällen. Eigentlich sei Georges Mienenspiel weich gewesen, erinnerte sich Max Dessoir, »der Blick mehr fragend als gebietend«.[3] Das mit Hilfe kühl kalkulierter Studioporträts von der Jahrhundertwende an verbreitete Bild Georges aber intendierte das Gegenteil: das Bild des unumschränkten Herrschers im Reich des Geistigen, das Bild des Dichters als Führer.

George wusste, dass er *en face* derb bis zum Bäurischen wirken konnte. Aus diesem Grund ließ er sich am liebsten von der Seite oder im Halbprofil ablichten und bestimmte, welche Fotos veröffentlicht beziehungsweise durch das Atelier Hilsdorf verkauft werden durften. Als zu seinem 60. Geburtstag Fotos auftauchten, die er nicht freigegeben hatte, »sonders die von der ungünstigen seite aufgenommenen«, beklagte er sich bitter: »die sind wahrhafte karikaturen!«[4] Erst in den letzten Jahren ließ er »private« Fotos zu. »Stefan George ist vielleicht der einzige Autor, der auf Fotos wirkt, als habe er sich nie bewegt«, meinte die Schriftstellerin Sibylle Lewitscharoff. »Reptilienhafte Reglosigkeit, nur ein kleines Pochen am Hals, das man sich als Andeutung hinzudenken mag zum Beweis, dass dieses sonderbare Geschöpf lebte. Ihm ist das Anhalten des Bildes gelungen wie sonst keinem … Jeder Dichter von Rang wird von der Furie der Besonderheit umgetrieben, aber über keinem sonst ward verhängt, in derart kunstgewerblicher Aufmachung zu erscheinen.«[5]

Zu wahrer Führerschaft sei berufen, so hatte Gundolf in seinem Vorbilder-Aufsatz dargelegt, wer die Fülle der seelischen und geistigen Möglichkeiten des Menschen in sich trage. Ein Mensch, den wir groß nennen, überrage daher immer die Zeit, in der er lebe, und errege die Phantasie auch nachfolgender Geschlechter. Weil er nicht nur die gesamte Kultur seines Zeitalters repräsentiere, sondern in kulturlosen Zeiten auch die Kultur selbst, sei der große Mensch der eigentliche Exponent seiner Epoche. »In bestimmten heroen stellt sich die kultureinheit wieder her: an die stelle von gesamtkulturen treten menschen welche in sich kulturen sind und um sich her kultur schaffen.«[6] Gundolf ließ keinen Zweifel, dass er in George solch einen kulturschaffenden Heros gefunden hatte. »Es könnte sein dass eine ganze epoche nur durch ihren richter vor der nachwelt repräsentiert wird«, hatte er zwei Jahre zuvor geschrieben und beispielhaft auf das Zeitalter Dantes verwiesen.[7] »Dantes Paradies ist mehr Gegenwart als Ibsens Gesellschaftsdramen.«[8]

Mit Dante hatte sich George spätestens um die Jahrhundertwende zu identifizieren begonnen; er galt ihm als derjenige, der Dichten und Herrschen gleichgesetzt hatte. So wie der Florentiner an der Wende vom 13. zum 14. Jahrhundert als oberster Richter auftrat und mit Hilfe der *Commedia* seine sämtlichen Feinde in die Hölle schickte, so wollte George zum Gewissen seiner Zeit werden – »Und ganz eröffne das von dir geschaute / Lass es geschehn dass wen es beisst sich jucke«.[9] Aufgrund dieser Doppelfunktion als Dichter und Führer ste-

he Dante »für jedes in betracht kommende volk (mithin auch für uns)
am anfang aller Neuen Dichtung«.[10] Mit keiner anderen Arbeit hat
sich George so lang und intensiv befasst wie mit der Übertragung
ausgewählter Stellen aus der *Göttlichen Komödie*. Von 1901 an veröffentlichte er Übersetzungsproben in den *Blättern für die Kunst*, 1912
erschien die erste öffentliche Buchausgabe, 1925 eine stark erweiterte
vierte Auflage. Dichten war nach Georges Verständnis ein Amt, das
in jeder Epoche jeweils nur einem zustand; nur dieser eine konnte die
Autorität des Amtes beanspruchen, nur dieser eine durfte sich zum
Richter über seine Zeit aufschwingen. Dante war das Vorbild, in ihm
»fand George das erhabene Gleichnis seines eigenen Berufs«.[11]

Die Identifikation ging bis ins Physiognomische. George war der
Meinung, es bestehe eine auffallende Ähnlichkeit zwischen Dante
und ihm, die vor allem im Profil erkennbar werde. Karnevalesker
Höhepunkt des Stilisierungsprozesses war der Auftritt als George-
Dante im Münchner Fasching 1904: die Ähnlichkeit der Erscheinung
als höchste Legitimation. Die Maskerade diente jedoch nicht nur der
Selbstverherrlichung. Während des Krieges sah er sich einmal gemeinsam mit einem Freund Jugendfotos an; da »kam ein Moment,
dass er über seine Existenz wie über [die] eines Großen, Fremden erstaunt war; das naive Erstaunen des Genies über sich selbst. ›Ja, das
existiert, Ernst.‹«[12] Bei aller Eitelkeit, die George zweifellos in hohem
Maße zu eigen war, findet sich erstaunlich wenig Schauspielerei. Die
konsequente Inszenierung des Dichters als Führer legt vielmehr den
Schluss nahe, dass George sich tatsächlich so gesehen hat, wie er gesehen werden wollte. Obwohl er die damit verbundene Prätention
ablehnen müsse, schrieb Max Weber, neige er doch dazu, Georges
Dante-Pathos ernst zu nehmen, denn »ein kleiner Funken jenes gewaltigen Feuers lebt auch in ihm, das scheint mir kein Zweifel«.[13]

Stefan George als Schüler des Ludwig-Georgs-Gymnasiums Darmstadt, das er von Herbst 1882 bis März 1888 besuchte

Links oben: Der Vater Stephan George (1841–1907)
Rechts oben: Die Mutter Eva George, geb. Schmitt (1841–1913)
Links unten: Die Schwester Anna Maria Ottilie George (1866–1938)
Rechts unten: Das Elternhaus in Bingen, vom Nahekai aus gesehen;
1944 zerbombt

Oben: Bingen vom Rochusberg gesehen; auf der gegenüberliegenden
Rheinseite die Weinhänge von Rüdesheim; links im Bild die Nahe;
Georges Elternhaus links unter dem Kirchturm
Unten: George mit Melchior Lechter und Carl August Klein,
Aufnahme Friedrich Gundolf 1902

Linke Seite von links oben nach rechts unten: Hugo von Hofmannsthal als
Gymnasiast; Ida Coblenz als Zigeunerin; George mit Edmond Rassenfosse
und Paul Gérardy in Tilff, Juli 1892; »Leichter als ein Halm auf dem
Wasser«: Cyril Scott, 1909
Rechte Seite: Dichter-Tafel von 1904. *Von oben nach unten: links* Klages,
Wolfskehl, Lechter, Henry von Heiseler; *Mitte* Schuler, Hofmannsthal,
George, Perls, Gundolf; *rechts* Derleth, Gérardy, Klein, Treuge

Oben: Die Münchner Kosmiker-Runde im April 1902:
Sitzend von links Karl Wolfskehl, Ludwig Klages, Albert Verwey,
hinten Alfred Schuler und Stefan George
Unten: Kostümfest, Februar 1904: George als Dante, Wolfskehl als Homer,
links Maximilian Kronberger als Florentiner Edelknabe

Oben: Maximilian Kronberger (14. April 1888 – 15. April 1904)
Links unten: Karl Wolfskehl in seiner Bibliothek, um 1905
Rechts unten: Friedrich Gundolf als Zwanzigjähriger

Links oben: Ernst Morwitz (1887–1971), Aufnahme vor 1910
Rechts oben: Robert Boehringer (1884–1974), Aufnahme 1905
Unten: Im Dachgeschoss der Römerstraße 16, dem so genannten
Kugelzimmer: George mit Gundolf und Wolfskehl; vorn Friedrich
Wolters, 1910

2

Bevor er sich mit Beginn des neuen Jahrhunderts neuen Zielen zu-
wandte, hielt George erst einmal Rückschau. Dazu bediente er sich
der Form eines fiktiven Dialogs mit einem Engel, einer allegorischen
Figur, die er im Sommer 1895 gefunden hatte. Unter dem Titel »Der
Besuch« war das spätere Eröffnungsgedicht des *Vorspiels* im Januar
1896 erstmals in den *Blättern für die Kunst* erschienen:

> Ich forschte bleichen eifers nach dem horte
> Nach strofen drinnen tiefste kümmernis
> Und dinge rollten dumpf und ungewiss –
> Da trat ein nackter engel durch die pforte[14]

Der Engel gibt nur eine knappe Erklärung zu seiner Herkunft: »Das
schöne leben sendet mich an dich / Als boten.« Was unter dem schönen Leben genauer zu verstehen sei, sagt er jedoch weder bei seinem
ersten Besuch noch bei späterer Gelegenheit. Er ist Bote und Botschaft in einem. Schwelgte George beim ersten Auftritt des Engels
noch ganz im präraffaelitischen Beiwerk der Blumenornamente, so
spürte er schon bald, dass sich diese Figur entwickeln ließ. Er hoffe,
dass hier nach »der oft schmerzlichen beklemmung«, in die ihn *Das
Jahr der Seele* gestürzt habe, bald ein neuer Anfang entstehe, heißt es
im Juli 1897 in einem Brief an Hofmannsthal.[15] Vier Monate später
brachten die *Blätter* unter der Überschrift »Seit der Ankunft des Engels« vier weitere Gedichte des späteren Zyklus.

Zwischen dem Dichter und seinem Alter ego entfaltet sich jetzt ein
Gespräch von erstaunlicher Intimität. »Man fühlt eine Seele ihr ge-
heimstes Leben offenbaren, wie dem vertrautesten Freunde.«[16] Zugleich aber wird der Engel zu einer Art höherem Selbst; mit einer
Stimme, »die fast der meinen glich«, beantwortet er die stürmischen
Fragen des Dichters: Warum leide ich so viel mehr als andere? Warum
muss ich auf das Glück der anderen verzichten? Was ist der Sinn meines Daseins als Künstler? Die Kriterien, nach denen der Engel Auskunft erteilt, sind die, nach denen der Dichter schon immer gelebt
hat, auch wenn er dies bisher nur dunkel ahnte. Das »schöne Leben«

erweist sich als das seiner Vita von Anfang an eingeschriebene
Grundmuster. Indem der Engel dem Geschehen nachträglich einen
Sinn gibt, wird das Erlebte so umgedeutet, als wäre eine andere Wirk-
lichkeit für George nie denkbar gewesen.

Mit dem *Vorspiel*, das den Dialog zwischen Dichter und Engel in
24 Gedichten in immer neuen Ansätzen entfaltet, tritt George in das
entscheidende Stadium seiner Selbstfindung. Von nun an braucht er
sich seiner Berufung nicht mehr zu vergewissern, das schöne Leben
selbst hat ihn in Gestalt des Engels legitimiert. »Die vierundzwanzig
Gedichte des Vorspiels stellen Georges Leben dar als Verwirklichung
von Idealen.« In dem Maße, in dem George diese Ideale durch seine
Existenz verbürge, so Gundolf weiter, müssten sie auch für alle anderen Menschen zum Maßstab werden. Schließlich handle es sich nicht
um »subjektive Erfahrungen eines Herrn Stefan George«, sondern
um »die gelebten Ideale« eines Menschen, der »die notwendige und
richtige Form seines Daseins« gefunden habe.[17]

In diesen Prozess, der das Subjektive als objektiv notwendig erscheinen lässt, ist der Leser einbezogen. Als heimlicher Zuhörer folgt
er dem Dialog von Dichter und Engel etwa so, als würde er einer psy-
chotherapeutischen Sitzung beiwohnen. Der Patient beschreibt seine
Probleme: »In meinem leben rannen schlimme tage / Und manche töne hallten rauh und schrill.« Der Therapeut versucht neue Perspektiven zu eröffnen: »was jezt mein ohr so stürmisch trifft / Sind wünsche
die sich unentwirrbar streiten.«[18] Die beiden Grundtendenzen des
Vorspiels, die sich gegenseitig auszuschließen scheinen, der Wille zu
objektiver Gestaltung und der Wunsch nach Innerlichkeit, durchdringen sich gegenseitig und verleihen dem Engel seine doppelte Dig-
nität. »Der Engel«, so fasste es Georg Simmel in seiner Besprechung
1901 zusammen, »ist der Sinn, den das Leben in sich und zugleich die
Norm, die es über sich hat.«[19]

Im biographischen Kontext eröffnen sich beim Blick auf den Ent-
stehungszusammenhang interessante Perspektiven. Im Sommer
1895, als ihm die Figur des Engels erstmals vor Augen stand, glaubte
sich George an einer entscheidenden Wende. Er fühle, schrieb er An-

fang September an Ida Coblenz, dass sein Leben jetzt »von einem ganz anderen abgelöst wird«. Es war der Sommer, in dem sich George mit Edmond Rassenfosse eingelassen hatte und hinterher wütend darüber war, »seine Schmerzen einem jüngeren und lächelnden Bruder eingestanden zu haben«.[20] Seinen dichterischen Niederschlag fand das Abenteuer in den Gedichten, die unter dem Titel *Sieg des Sommers* im August des darauffolgenden Jahres in den *Blättern* erschienen.

Vor diesem Erlebnishintergrund entstand auch eine kleine Prosabetrachtung, mit der zwei Monate später der dritte Jahrgang der *Blätter für die Kunst* abgeschlossen wurde: »Eine erinnerung des Sophokles«. In Form eines fiktiven Monologs thematisierte das seltsam unbeholfene Stück »das grosse geheimnis« der Knabenliebe. Sophokles trauert. Seit Charilaos, ein Junge, mit dem er in letzter Zeit viel zusammen war, »nach einer fernen insel gezogen ist«, lässt ihn die Sehnsucht nicht mehr zur Ruhe kommen. Ein Bekannter versucht ihn aufzurichten: Der Junge habe seine Nähe nur gesucht, weil er ein berühmter Dichter sei, jetzt werde er sich aber wohl bald mit den Mädchen einlassen. Am Ende lüftet ein alter Wahrsager »das grosse geheimnis«. Obwohl Charilaos »leichter ist als ein halm auf dem wasser und unbeständiger als das wasser selbst«, dürfe Sophokles sich seiner Liebe nicht schämen: »Leide um Charilaos! weine um Charilaos! verzehre dich um Charilaos!« Es war diese leidenschaftliche Verherrlichung der göttlichen Jugend, so schließt das Stück, die einst die Größe Spartas und den Ruhm Athens begründete.[21]

Edith Landmann hat die Skizze als die bedeutendste Dichtung im antikischen Geist bezeichnet, die sich in Georges Werk finden lasse. Dies gelte erst recht, wenn man bedenke, dass nichts an diesem Stück eine historische Entsprechung habe und alles frei erfunden sei. Zur Zeit der Entstehung der kleinen Skizze habe sich George erstmals mit seiner Liebe zu den schönen Jünglingen auseinandergesetzt, schreibt sie. Dadurch sei er zur Flucht ins historische Kostüm gezwungen worden. Die Tatsache, dass er eine so ungeheuerliche Entdeckung in keine andere Zeit als »in die klassische Zeit der Griechen« verlegen

konnte, habe »die für das Verständnis des Griechentums entscheidende« Wendung gebracht.[22]

Nun hatte sich schon Winckelmann für den Apoll von Belvedere
vor allem deshalb begeistert, weil er in der Beschreibung des antiken
Schönheitsideals ungeniert seine Empfindungen für den männlichen
Körper zum Ausdruck bringen konnte. Für die meisten Interpreten
war diese Lesart jedoch peinlich. Sie übergingen seine Homosexua-
lität, bestritten jeden ursächlichen Zusammenhang und setzten das
Schöne auf Kosten der Sinnlichkeit absolut. Weil Winckelmanns
»Sinnlichkeit in der Kunst aufging, ist ihre besondere Richtung und
Färbung gleichgültig geworden«, lautete der puritanische Befund.[23]
»Was kann nutzen, Dinge vor das Publikum zu bringen, die nur in
den Beichtstuhl gehören«, ereiferte sich bereits August Wilhelm
Schlegel in seiner Rezension der Goetheschen Winckelmann-Ausga-
be 1812.

Nicht jeder, der sich für die Welt der Griechen begeistert, begeistert sich zwangsläufig für schöne Jünglinge. Der Umkehrschluss ist
manchmal allerdings durchaus zulässig, und gerade für die Zeit um
1900 gilt, dass, wer sich für Knaben interessierte, meist auch gern
nach allem Griechischen Ausschau hielt. Seit den Tagen Winckelmanns war Griechenland die universelle Projektionsfläche für sämtliche Formen homosexuellen Begehrens, »griechische Liebe« das
Codewort für gleichgeschlechtlichen Verkehr, und es gibt keinen
Zweifel, dass George die Konnotationen kannte.[24] Weil Homosexualität die Camouflage erforderlich machte, erlangte das antike Griechentum für ihn eine ungeheure Attraktivität. Am Ende hatte er sich
so stark damit identifiziert, dass er auf die Frage, ob er nicht einmal
nach Griechenland reisen wolle, tiefgründig lächelnd zur Antwort
gab, wo er sei, sei doch Griechenland.[25]

Für das Verständnis des Charilaos-Stückes und seine biographische Einordnung bleibt es unerheblich, ob es einen Anlass gab und
um wen es sich möglicherweise handelte.[26] Beschrieben wird eine ar-
chetypische Situation in einer für den Betroffenen besonders grausa-
men Form: die sich verzehrende Sehnsucht eines jungen Mannes nach

einem Knaben, der die Dimensionen dieser Liebe nicht begreifen kann. Die dauernde Beklemmung, verbunden mit der Unsicherheit, in diesem Punkt stets aufs Neue falsch verstanden zu werden, gehörte zu Georges bittersten Erfahrungen. »Das grosse geheimnis« bestand darin, dennoch die Liebe zu den schönen Knaben zu suchen, auch wenn diese leichter waren »als ein halm auf dem wasser und unbeständiger als das wasser selbst«.[27] Ein solcher Fall war Cyril Scott.

3

George war dem 17-jährigen Engländer, der später als Komponist auch in Deutschland einige Erfolge feiern konnte, Ende 1896 bei einem Besuch Clemens von Franckensteins in Frankfurt begegnet. Franckenstein und Meir Scott, wie er sich damals noch nannte, studierten am Hoch'schen Konservatorium Musik. George fuhr wohl einige Male nach Frankfurt, und Anfang Juni besuchten Franckenstein, Scott und zwei weitere junge Engländer George in Bingen. Sogar den Bingenern sei die besondere Schönheit seiner Besucher aufgefallen, erinnerte sich George dreißig Jahre später. Scott sei »von George einige Jahre sehr geliebt« worden, heißt es bei Wolters, aber so »anreizend« er auch gewesen sei, in den »entscheidenden Augenblicken« habe er »unbegreiflich zynisch« reagiert.[28]

Scott war präziser. Er habe Homoerotik in allen Schattierungen für eine durch und durch »unglückselige Veranlagung« gehalten und keinerlei Verständnis dafür aufzubringen vermocht, schrieb er in seinen 1952 auf Deutsch erschienen Erinnerungen. Georges Liebeswerben sei ihm »äußerst unbehaglich und befremdend« gewesen. Scott, ziemlich selbstbewusst und nicht auf den Mund gefallen, packte den Stier bei den Hörnern und sprach das ihm unangenehme Thema bei der nächstbesten Gelegenheit an:

> Nicht dass George es mir gegenüber an Zurückhaltung fehlen ließ. Er hatte mir gestanden, er habe beinahe von Anfang an erkannt, dass ich die ihm eigene, besondere Neigung nicht teile. Aber die Vorstellung, dass er die glei-

che Zurückhaltung wahrscheinlich nicht in Bezug auf solche jungen Leute übte, die nachgiebiger veranlagt waren, gab mir das unsichere Gefühl, mein Freund könne sich eines unglücklichen Tages in derselben wenig beneidenswerten Lage befinden wie der Verfasser von »Lady Windermeres Fächer«. Ich erinnere mich noch an eine Bemerkung, die ich George gegenüber an einem schönen Morgen machte, als wir zusammensaßen und den Rhein betrachteten. Ich sagte nämlich, dass ich jede Form der Lebensführung ablehne, die den Gesetzen des Landes widerspricht. Worauf er spöttisch lächelte und erklärte, wenn diese Gesetze mit Nachdruck durchgeführt würden, dann wären viele hochgestellte Persönlichkeiten in verschiedenen Ländern betroffen. Deshalb müsse es sich die Polizei mehr als einmal überlegen, bevor sie irgendwelche Maßnahmen ergreife. Auch diese Versicherung konnte meine Toleranz gegenüber einer Perversität nicht vergrößern, deren bloße Vorstellung mein unerfahrenes Gemüt quälte und mich mit Widerwillen erfüllte. Ich konnte meine Einstellung auch nicht ändern, als George mir in einer seiner abgeklärten Stimmungen sagte, dass er Personen, deren Denkungsart er achte, niemals physisch nahezutreten wünsche … unser Verhältnis werde sich so etwa nach meinem dreiundzwanzigsten Lebensjahr weniger schwierig gestalten.[29]

Scotts Hinweis auf den Verfasser von *Lady Windermere's Fan* war keineswegs, wie man vermuten könnte, eine nachträgliche Reminiszenz. Der Prozess gegen Oscar Wilde im Frühjahr 1895 und seine Verurteilung zu einer zweijährigen Zuchthausstrafe mit Zwangsarbeit wegen Unzucht und »Sodomie« – die damals geläufige Bezeichnung der Justiz für Homosexualität – hatte weit über Englands Grenzen hinaus für Aufsehen gesorgt. Nicht nur in literarischen Kreisen. Die Erschütterung der Öffentlichkeit durch diesen Fall kann »als unmittelbarer Auslöser für die Gründung der deutschen – und damit der weltweit ersten – Schwulenbewegung gelten«.[30] Am 19. Mai 1897, George und Scott hatten sich eben kennengelernt, war Wilde als gebrochener Mann aus dem Zuchthaus von Reading entlassen worden.

Obwohl dies aus Scotts Bericht nicht hervorgeht, ist anzunehmen, dass er mit George über Wildes Schicksal gesprochen hat und bei dieser Gelegenheit erneut ihre unterschiedliche Auffassung über die gleichgeschlechtliche Liebe deutlich wurde. Es war jene Liebe, nach der sich der Vertreter der Anklage im Prozess gegen Wilde mit besonderem Nachdruck erkundigt hatte. Was das denn für eine Liebe sei, die sein Freund Douglas da besungen habe – »the Love that dare not speak its name«? Wilde wuchs über sich hinaus und setzte zu einer Rede an, die ihre Wirkung auf das Publikum nicht verfehlte:

> Die Liebe, die sich in unserem Jahrhundert »stets verhehlt«, bezeichnet die große Zuneigung eines älteren für einen jüngeren Mann, eine Zuneigung, wie sie schon zwischen David und Jonathan bestand, eine Zuneigung, die Platon zur Grundlage seiner Philosophie machte und die in Michelangelos und Shakespeares Sonetten widerklingt. Diese tiefe, geistige Liebe ist ebenso rein wie vollkommen. Sie inspiriert und durchweht große Kunstwerke … Sie wird in unserem Jahrhundert missverstanden, so gründlich missverstanden, dass man sie mit Fug als »die Liebe die sich stets verhehlt« bezeichnen kann; ihretwegen stehe ich nun hier.[31]

Unter dem Titel *Der Fall Wilde und das Problem der Homosexualität* war 1896 im Verlag von Max Spohr das erste Buch über den Prozess erschienen. Spohr, der wenig später Stefan George als Autor gewinnen wollte, veröffentlichte 1901 auch eine erste, noch ziemlich verstümmelte Übersetzung des *Dorian Gray*. Im darauf folgenden Jahr erschien bei Bruns in Minden die erste vollständige deutsche Ausgabe des Romans. Den Übersetzer Felix Paul Greve lernte George im Frühjahr 1902 über Karl Wolfskehl kennen; sie wohnten in derselben Münchener Pension, Greve saß wohl noch an der Arbeit.[32] Im Mai lud ihn George nach Bingen ein. Er hoffte, Greves Kontakte zu Wildes Verlegern für eine englische Ausgabe seiner Gedichte nutzen zu können. Überdies hatte sich Greve mit einigen George-Reminiszenzen in seinem soeben in bibliophiler Aufmachung erschienenen Band *Wanderungen* als künftiger *Blätter*-Dichter empfohlen.[33]

Kam in späteren Jahren das Gespräch auf Wilde, ließ George es nicht an Deutlichkeit fehlen. Die ganze Erscheinung war ihm inzwischen höchst unappetitlich. Er habe keinerlei Verständnis dafür, äußerte er 1926 über *De Profundis*, Wildes erschütterndes, postum erschienenes Bekenntnis seiner Abhängigkeit von Douglas, dass ein Mensch so tief sinken könne: »Welche Würdelosigkeit.« Als Douglas anfing, ihn fortwährend zu erniedrigen, hätte Wilde ihm den Laufpass geben müssen, meinte George. Aber so sei das nun einmal mit der sexuellen Hörigkeit, der Mensch verliere dann jedes Ehrgefühl.

Als Edith Landmann einwarf, Wilde sei von Douglas offenbar er-
presst worden, entrüstete er sich: Den hätte er »mal sehen wollen«,
der versucht hätte, ihn zu erpressen.[34]

Erpressung, »eine gegebene und nie aufhörende Heimsuchung der
homosexuellen Welt«,[35] gehörte für viele zu den erniedrigendsten
Folgen ihrer Stigmatisierung durch die Strafgesetzgebung. Die durch
das Milieu zwangsläufig drohende Kriminalisierung diente dem
Sexualreformer Magnus Hirschfeld denn auch als entscheidendes
Argument im Kampf gegen den § 175 des Strafgesetzbuchs, dessen
Abschaffung er 1897 erstmals als Petition im Deutschen Reichstag
eingebracht hatte. Mit seiner Behauptung gegenüber Scott, solche Pa-
ragraphen seien von Staats wegen gar nicht konsequent durchsetzbar,
weil auch viele »hochgestellte Persönlichkeiten« betroffen wären,
verstand es George geschickt, den strafrechtlichen Aspekt herunter-
zuspielen. Aber sollte George tatsächlich geglaubt haben, was er
Scott so selbstgewiss vortrug? Sollte er in dieser heiklen Frage naiv
gewesen sein?

Ganz anders seine Erregung ein Vierteljahrhundert später im Gespräch mit Edith Landmann. Das unterschwellige Drohgehabe, er
hätte denjenigen sehen wollen, dem es eingefallen wäre, ihn zu erpressen, lässt vermuten, dass er sich der Gefahr auch hinsichtlich seiner eigenen Person durchaus bewusst war. Dass er sich trotzdem jederzeit sicher zu sein glaubte, lag zum einen an der Wahl seiner
Freunde; einen »Bosie« Douglas hätte er eben nicht um sich geduldet.
Im Frühjahr 1901 wurden »ziemlich unzweifelige Thatsachen« über
Roderich Huch, den Neffen der berühmten Ricarda, ruchbar, »das
indiskreteste Wesen, das man sich vorstellen kann, er erzählt alles
wieder, was er sieht, hört, miterlebt«.[36] Huch verkehrte im Münchner
Umfeld von Wolfskehl und war lange mit Gundolf befreundet. George mahnte zur Vorsicht: »Die möglichkeit UNSRER anklage ist schon
grund genug. ich halte meine sprache aufrecht.«[37]

Was die Zuverlässigkeit eines jungen Menschen anging, verließ
sich George nicht allein auf seinen Instinkt und gründliche Nachforschungen im Vorfeld. Briefe, die gegen ihn hätten verwendet werden

können, mussten vom Empfänger nach Lektüre verbrannt werden. Die am dichtesten überlieferte Korrespondenz, die mit Gundolf, weist an »einschlägigen« Stellen, an denen die Intimität besonders groß gewesen sein muss, grundsätzlich Lücken auf.[38] Um auch zu einem späteren Zeitpunkt nicht erpressbar zu werden, verlangte er am Ende einer Beziehung in vielen Fällen seine gesamte Korrespondenz zurück.[39] Es werde einmal nur »wenige Briefe geben, aus denen irgend etwas Belangreiches über ihn zu lesen sei«.[40]

Was Cyril Scott betraf, hatte George die natürliche Grenze ihrer Beziehung akzeptiert. Allerdings wirkte Scott erotisch dermaßen »anreizend« auf ihn, dass er die Hoffnung nicht aufgab, ihn doch noch zu erobern. Die Ambivalenz fasste George gleich zu Beginn ihrer Freundschaft in ein Gedicht: »Du teuer uns, doch rätsel das uns martert.« Zunächst ließ er Scott sprechen: »die klüfte zwischen uns / Erkennt wie ich als unergründbar an / Und haltet ihr geheimnis hoch – ja jubelt / Sie nie zu fassen.« Der Dichter hielt dagegen: »und wir suchen schmerzlich / Mit unsrer liebe sie zu überbrücken.« Er folge dem Geliebten gern und »ohne furcht«, denn aus seinem Antlitz dringe »der blick der sieger«.[41] Dieser Blick wies in die Zukunft. Es waren die Siegertypen à la Scott, zu denen sich George von nun an immer häufiger hingezogen fühlte: strahlende, selbstbewusste junge Männer, die genau das verkörperten, was ihm an Leichtigkeit und Anmut fehlte.

Ende 1900 kam es zu einer Krise, die zum Abbruch der Beziehung führte. Indiskretionen veranlassten George, sich gegenüber »dem kleinen Scott« verleugnen zu lassen, da dieser »unvorsichtlich und redselig ist«.[42] Scott wurde zur Persona non grata erklärt. Vier Jahre später, im November 1904 – er war inzwischen nach England zurückgekehrt –, fasste Scott den Entschluss, den Kontakt wieder herzustellen. Im Januar kam es zum Wiedersehen in Bingen. Scott brachte Übersetzungen von George-Gedichten mit, und das Eis zwischen ihnen schmolz schnell. »Mein lieber Scott, die Tage der Komplimente sind vorüber, für uns ist das nun alles ›vieux jeu‹.«[43] In den folgenden Jahren reiste Scott regelmäßig im Winter für ein paar Monate

nach Deutschland, und fast jedes Mal suchte er auch George auf, in
Bingen oder Berlin. George liebte ihn noch immer und ließ sich
manchmal noch immer ein wenig verwirren. »Der Scott ist ein verrückter Kerl«, pflegte er dann zu sagen. Ein bisschen meinte er wohl
auch seine eigene Verrücktheit, einer unerfüllten Liebe so lange nach-
zuhängen.

4

Im November 1899, pünktlich zum Jahrhundertwechsel, erschien im
Verlag der Blätter für die Kunst die Monumentalausgabe *Der Teppich
des Lebens und die Lieder von Traum und Tod mit einem Vorspiel*.
Verwey fand den Titel ziemlich bombastisch: »Liegt es an mir? Aber
mir ist so, als ob in dieser feierlichen Dreiteilung etwas Bedrohliches
mitschwingt.«[44] Der Wille zur Symmetrie dominierte alles. Jeder der
drei Teile enthielt 24 Gedichte mit je vier Strophen, die Strophe zu
vier Zeilen, knapp die Hälfte davon kreuzweise gereimt (bei nur elf
reimlosen Gedichten insgesamt). Es gab Sechsergruppen und Zwöl-
fergruppen und eine Fülle versteckter Querverweise, die zu vielen
kabbalistischen Betrachtungen verführten, welche Gedichte mit welchen wie korrespondierten.

Der Teppich des Lebens, der mittlere Zyklus, dem der Band seinen
gebräuchlichen Kurztitel *Teppich* verdankt, besteht aus einer Reihe
zum Teil sehr einprägsamer Bilder, in denen sich Motiv für Motiv der
fein geknüpfte Lebensteppich entrollt, der im Eröffnungsgedicht beschrieben wird: »Hier schlingen menschen mit gewächsen tieren /
Sich fremd zum bund umrahmt von seidner franze.« Manchmal
abends »wird das werk lebendig«, dann lassen sich die raffinierten
Muster der Komposition für einen Augenblick erfassen. Aber die Lösung lässt sich nicht herbeizwingen, sie »ist kein schatz der gilde. / Sie
wird den vielen nie und nie durch rede / Sie wird den seltnen selten im
gebilde.« In den anschließenden Gedichten werden vorzeitliche, archaische Situationen evoziert – so in »Urlandschaft« (»Hier litt das

fette gras noch nie die schur«), »Der Freund der Fluren« (»Kurz vor dem frührot sieht man in den fähren / Ihn schreiten«) oder in dem fast volkstümlich anmutenden »Die Fremde«: »Sie sott und buk und sagte wahr / Sie sang im mond mit offenem haar.«

In der anschließenden Gruppe sucht George menschliche Grundsituationen ins Bild zu bringen und eine Art Typologie zu entwickeln. Da stehen »Der Erkorene« und »Der Verworfene«, »Der Jünger« oder »Der Täter«: »O wüsstet ihr wie ich euch alle ein wenig verachte!« Das Ende des Zyklus bilden sieben »Standbilder«; das abschließende mit dem Titel »Der Schleier« verherrlicht die Macht der Poesie; je nachdem, wie der Dichter den Schleier in die Luft wirft, werden die Wünsche und Vorstellungen der Menschen gelenkt: »So wie mein schleier spielt wird euer sehnen!«

Die erste Hälfte des abschließenden Zyklus *Die Lieder von Traum und Tod* umfasst zwölf Widmungsgedichte. Anders als im *Jahr der Seele* sind die Namen der Bewidmeten jetzt ausgeschrieben. Eröffnet wird der Reigen von den beiden Ehepaaren, deren Gastlichkeit George zu diesem Zeitpunkt am meisten verdankte: Lepsius und Verwey. Es folgen drei ursprünglich in Englisch geschriebene Gedichte an Scott, »Ein Knabe der mir von Herbst und Abend sang«. Am Ende der Reihe stehen Carl August Klein und der im Jahr zuvor verstorbene Richard Perls. Zu den übrigen Bewidmeten bestanden höchst unterschiedliche, meist nur lose Beziehungen.[45] Seinen lyrischen Höhepunkt findet der Band in den abschließenden sechs Tag- und Nachtgesängen. Im Schlussgedicht »Traum und Tod« gibt George eine Vision seines eigenen Todes und schlägt den Bogen zum letzten *Vorspiel*-Gedicht:

> Uns die durch viele jahre zum triumfe
> Des grossen lebens unsre lieder schufen
> Ist es gebühr mit würde auch die dumpfe
> Erinnrung an das dunkel vorzurufen:
>
> Das haupt gebettet folgte noch in stummer
> Ergebung alten ehren siegen straussen ..
> Blumen der frühen heimat nickten draussen
> Und luden schaukelnd ein zum langen schlummer.

Und jenes lezte schöne bild ist sachte
Zurückgesunken in der winde singen.
Kein freund war nahe mehr, sie alle gingen
Nur ER der niemals wankte blieb und wachte.

Mit der betäubung wein aus seinem sprengel
Die dichten schatten der bedrängnis hindernd
Des endes schwere scheideblicke lindernd
So stand am lager fest und hoch: der engel.

Der Engel ist die überragende Figur des Bandes. Indem er den von
George zurückgelegten Weg nachträglich unter Prämissen stellt, die
diesen Weg als konsequente Umsetzung der Ideale des schönen Lebens erscheinen lassen, schafft der Engel Sicherheit und Kontinuität.
»Nun hält ein guter geist die rechte wage / Nun tu ich alles was der
engel will«, gelobt der Dichter im dritten *Vorspiel*-Gedicht. Der Engel, der strahlende Wächter am Eingang zum *Teppich des Lebens*,
markiert die Trennlinie zwischen den drei frühen und den drei späten
Bänden. Der erkennbare Wille zum Gesamtkunstwerk, der Formalismus, die überfrachtete Symbolik des Ganzen haben manchen Interpreten dazu verleitet, den *Teppich* als ein Werk des »Klassizismus«[46]
zu charakterisieren und mit ihm die erste große Schaffensperiode Georges enden zu lassen. Eine solche Scheidung in Frühwerk und Spätwerk führt allerdings meist dazu, das Frühwerk als »lyrisch« und das
Spätwerk als »weltanschaulich« zu qualifizieren. Der Engel steht jedoch vom Habitus deutlich näher bei Maximin, dem Halbgott des
Siebenten Rings, als bei den »flüchtig geschnittenen Schatten«[47] aus
dem *Jahr der Seele*. Man sollte den *Teppich* daher besser als ein Werk
des Übergangs betrachten, dessen zentrale Botschaft, die Botschaft
des schönen Lebens, weit voraus ins Zentrum des Georgeschen
Mythos weist.

Bestand ein Zusammenhang zwischen dem »schönen Leben« und
dem auf den letzten Seiten der dritten Folge der *Blätter für die Kunst*
im Oktober 1896 offenbarten »großen Geheimnis«?

Der vierte Band der *Blätter* ein Jahr später knüpfte an das Thema
der Knabenliebe an. Die emphatische Beschwörung griechischer
Schönheit erschien diesmal nicht anonym am Ende, sondern unter

den redaktionellen Leitsätzen vorn im Heft an prominenter Stelle:
»Dass ein strahl von Hellas auf uns fiel: dass unsre jugend jezt das
leben nicht mehr niedrig sondern glühend anzusehen beginnt: dass
sie im leiblichen und geistigen nach schönen maassen sucht ... darin
finde man den umschwung des deutschen wesens bei der jahrhundertwende.«[48] Auf der folgenden Seite standen dann neue Gedichte
unter der Überschrift »Seit der Ankunft des Engels«.

Die lange, über vier Jahre sich hinziehende Entstehungsgeschichte
des Zyklus ausschließlich vor dem Hintergrund der homoerotischen
Liebe zu sehen, wäre einseitig. George eignete sich den antiken und
christlichen Bildungsstoff so weit an, dass er ihn mühlos auf die Verhältnisse zu Hause übertragen konnte: So etwa ließe sich der im *Vorspiel* dokumentierte Prozess umschreiben. Allerdings sind, was die
gleichgeschlechtliche Liebe betrifft, die verschlüsselten Botschaften
nicht zu übersehen. In der Gruppe der ersten sechs Gedichte ist viel
von Verführungen die Rede, von der falschen Suche nach irdischem
Glück – »Um dich! mit meiner stirn an deiner brust ..« (*Vorspiel IV*)
Am Ende dankt der Dichter seinem Engel, dass er ihm half, »Der
trocknen sommer wilde feuersbrunst« zu überstehen (*Vorspiel VI*).[49]
Die folgende Gedichtgruppe bestimmt Georges Verhältnis zur
Außenwelt neu: »hoch vom berge / Sollst du schaun wie sie im tale
tun.« Die Sympathien des siebten Gedichts gehören den Griechen-
schwärmern:

> Eine kleine schar zieht stille bahnen
> Stolz entfernt vom wirkenden getriebe
> Und als losung steht auf ihren fahnen:
> Hellas ewig unsre liebe.[50]

»Du sprichst mir nie von sünde oder sitte«, wundert sich der Dichter
und lässt den Engel antworten, die Liebe derer, die ihm folgten, unterliege eigenen Gesetzen – jenseits »von scham von reue oder fluch«
(*Vorspiel VIII*). Soll sich das Volk doch das Maul zerreissen! »Für
mich gibt es so etwas wie Sünde nicht«, hatte George zu Scott gesagt,
»sondern nur Taten, Gedanken oder Gefühle, die entweder schön
oder häßlich sind.«[51] *Vorspiel XII*, dem aufgrund seiner Stellung zen-

trale Bedeutung zukommt, greift das um die Jahrhundertwende weit
verbreitete Vorurteil auf, Homosexuelle sähen aufgrund ihrer angeblichen Ausschweifungen stets bleich und kränklich aus. George nutzt
diese Stereotype rhetorisch geschickt zur Verherrlichung der eigenen
Position:

> Wir die als fürsten wählen und verschmähn
> Und welten heben aus den alten angeln
> Wir sollen siech und todesmüde spähn
> Und denken dass des höchsten wir ermangeln –
>
> Dass wir der liebe treuste priester wol
> Sie suchen müssen in verhülltem jammern
> Die augen weit von wilden feuern hohl –

George fürchtet jedoch weniger die scheelen Blicke und Verleum-
dungen der Gesellschaft. Was ihn beunruhigt, ist vielmehr die Angst,
ein weiteres Mal einem Menschen anheim zu fallen, der sich seiner
Liebe nicht wert erweist. »Und wenn wir endlich unser gut umklam-
mern / Dass es gekrönt verehrt genossen kaum / Den sinnen wieder
flüchtet fahl und mürbe .. / All unsre götter schatten nur und
schaum!« Aber auch hier weiß der Engel Rat. Mit seiner Antwort endet der erste Teil des Zyklus: »Da jedes bild vor dem ihr fleht und flie-
het / Durch euch so gross ist und durch euch so gilt .. / Beweinet nicht
zu sehr was ihr ihm liehet.« Zwar dürfe man die Schlusszeilen nicht
verallgemeinern, erklärte George später, aber wenn einer »dem Über-
maß menschlichen Verstricktseins« ausgeliefert sei, lasse er sich gern
mit dem Hinweis trösten, dass es sich womöglich um eine falsche
Projektion handele.[52]

Während die erste Hälfte des *Vorspiels* von dem Bemühen zeugt,
sich mit Hilfe der Kunst aus den Verstrickungen der Liebe zu befrei-
en, sucht George in der zweiten Hälfte den Freundschaftsbegriff neu
zu bestimmen. Trotz gelegentlicher Nostalgien – »in starker
schmerzgemeinschaft euer / Erfass ich eure brüderlichen hände«
(*Vorspiel XIV*) – macht er sich nach und nach die Erkenntnis des Engels zu eigen: »Die jünger lieben doch sind schwach und feig« (*Vorspiel XXII*). Wenn der Dichter im letzten Gedicht, von allen verlas-

sen, auf der Totenbahre liegt, steht das Ideal hoher Freundschaft in Gestalt des Engels umso leuchtender vor ihm.

Aus den Enttäuschungen der Liebe werden auf diese Weise Siege der Kunst. Die Angst vor der Hingabe wird als Angst gedeutet, vom Weg der Kunst abzukommen. Den Forderungen des Engels Folge zu leisten und auf die Erfüllung irdischen Glücks ganz zu verzichten, fällt dem Dichter jedoch schwer. Also sucht er nach einem neuen Verhältnis von Kunst und Eros: Nicht eine Entscheidung für oder gegen die Kunst, für oder gegen den Eros soll es sein, nicht der Verzicht des einen zugunsten des andern, sondern Äquidistanz. Die Erotik soll entdämonisiert, die Kunst versinnlicht werden. Der solchermaßen vergeistigte Eros wird zum ästhetischen Ideal, die Kunst selbst als höchste Steigerung des Eros begriffen. Der Engel, schrieb Gundolf 1920, sei Logos und Eros in einer Person, »die Sinnen-Schönheit des Lebens als greifbarer, begreifbarer Geist«.[53] Aus der Dialektik von Eros und Logos entwickelten die 24 Gedichte des *Vorspiels* jene »monumentale Intimität«, die wenige Jahre später »den leib vergottet und den gott verleibt«.[54]

5

Von einem kurzen Aufenthalt in München Ende April und zwei Abstechern nach Berlin und Brüssel abgesehen, hatte George das Jahr 1899 zunächst in Bingen verbracht. Am 31. Juli kam Verwey zu einem zweieinhalbwöchigen Besuch, George holte ihn in Rüdesheim auf der gegenüberliegenden Rheinseite ab. Im Haus am Nahekai hatten Veränderungen stattgefunden. Georges neues Zimmer im Erdgeschoss sei zwar nicht sehr groß, bemerkte der Gast aus Holland, aber das einzige Fenster gebe den Blick frei auf »ein Stück Weinberg auf der anderen Seite der Nahe, vor dem sich ein dunkles Gebäude mit zwei kleinen und zwei größeren Spitztürmen abhob ... Die Farbe des Zimmers war Mattblau, an der langen Wand gegenüber der Tür stand ein gutgefülltes Büchergestell, an der kurzen gegenüber dem Fenster eine Ruhebank. Ein Schreibtisch mit einem Stuhl davor nahm die Mitte ein. An den Wänden hingen einige gerahmte Zeichnungen, ein paar Skizzen von Lechter, Georges Porträt von Toorop. Auf dem Tisch stand eine Bambusvase, die meine Frau ihm bei seinem letzten Besuch geschenkt hatte, mit einem Zweig darin.«[55]

Um der großen Hitze in der Rheinebene auszuweichen, fuhren George und Verwey eine Woche später nach Bad Homburg. Eine Stunde Fußweg entfernt, in einem einsam im Wald gelegenen ehemaligen Lustschlösschen der Landgrafen quartierten sie sich für eine Woche ein. Ärger gab es kurz vor der Abreise, als Georges Uhr vom Fensterbrett verschwand und die Polizei eingeschaltet werden musste. Abends gingen die Freunde nach Bad Homburg zum Essen und anschließend ins Kurhaus. Georges letzten, schon leicht nostalgisch wirkenden Auftritt als Dandy hat Verwey in einer eindrücklichen Momentaufnahme aus dem Homburger Kurhaus festgehalten:

> Wenn wir dort hingingen, erwachte in Stefan der Weltmann. Er zog viel zu enge Lackschuhe an und stieß, von einem Fuß auf den anderen tretend, die drolligsten Laute aus. An den Tänzen im Kurhaus nahm er nicht teil, stand aber dabei und sah mit einem, wie mir schien, kaum zu unterdrückenden Verlangen zu. Er zog stets die Aufmerksamkeit auf sich, allein schon durch seinen Kopf, aber auch durch sein Monokel, durch das er sehr herausfordernde Blicke warf. Seine Salamander-Krawatten waren tadellos. Inmitten dieser Abendgesellschaft in großer Toilette fühlten wir uns wie Minister auf Urlaub.[56]

Am 4. August war in Bingen zum ersten Mal jener junge Mann zu Besuch gewesen, in dem sich alle Wünsche und Hoffnungen Georges mit einem Schlag erfüllten: Friedrich Gundolf. »George liebt es, mit solchen jungen Menschen umzugehen«, berichtete Verwey einen Tag später seiner Frau, »und dieser war nicht der übelste.«[57] »Von hohem Wuchs und schlanken Gliedern, die schwanken Schultern bekrönt von einem gewinnend schönen Knabenkopf«,[58] eroberte sich der romantisch weiche, immer ein wenig verträumt wirkende Gundolf schnell alle Sympathien. Für George wurde er zur wichtigsten Bezugsperson seines Lebens.

Als Wolfskehl ihn Anfang September 1898 in seinem Darmstädter

Elternhaus kennenlernte, konnte Gundolf nicht ahnen, dass er, wie er ein Jahr später schrieb, »von diesem Tage an eine neue Epoche in meinem Leben datieren dürfe«.[59] Wolfskehl kam gleich zur Sache und las dem 18-Jährigen aus dem *Jahr der Seele* vor. Der Vater, Sigmund Gundelfinger, Ordinarius für Mathematik an der Technischen Hochschule, betrachtete die dichterische Erweckung seines Sohnes mit Skepsis. Bevor Wolfskehl ihn mit George zusammenbringe, solle er erst einmal sein Abitur bestehen. Ein halbes Jahr mussten sie sich gedulden, dann schickte Wolfskehl die ersten Gedichte seines Schützlings an George: »Da er tief ist und glühend und voll Liebe, dürfen wir uns an ihm freuen und auf ihn hoffen«, jubelte er im Begleitschreiben.[60] Sechs Wochen später präsentierte er ihn in München. Gundolf sei bei der Begegnung »so schüchtern und benommen gewesen, dass George nach einer Weile ins Nebenzimmer ging«, erinnerte sich Hanna Wolfskehl.[61] Schon an diesem Tag nannte George ihn so, wie er bald für alle und in späteren Jahren auch offiziell heißen sollte: Gundolf.[62]

Gundolfs Begeisterung kannte keine Grenzen. »Wie bin ich doch so tief in Georges Schuld in welcher bald Deutschland und Europa auch mit uns sich fühlen wird, wenn nur ein Sinn fürs Grosse sich regte«, schrieb er bald nach seinem ersten Besuch in Bingen an Wolfskehl.[63] Größe war die für Gundolf alles entscheidende Kategorie. »Seit sie ihm leibhaft aufgegangen war, ist Verehrung und Gestaltung der menschlichen Grösse der Inhalt von Gundolfs Leben geblieben.«[64] Bisweilen konnte es freilich so aussehen, als berausche er sich an historischer Größe um ihrer selbst willen. Fasziniert war er vor allem von dem Gedanken, die Bedeutung eines Menschen über Ruhm und Nachruhm zu erschließen und auf diese Weise sein Bild in der Geschichte mit Hilfe der Geschichte zu rekonstruieren.

George konnte mit dieser Art von Ideen- und Bildungsgeschichte wenig anfangen. Bereits die erste Unterhaltung, die sie miteinander führten, ließ die unterschiedlichen Positionen deutlich werden. Gundolf hatte seinen Begriff von Größe an Caesar entwickelt. Weil mit Caesars Namen nicht nur die Erinnerung an eine geschichtliche Fi-

gur, sondern zugleich eine der mächtigsten Ideen der Historie wachgerufen wurde, die Idee des Kaisertums, das Caesar als Erster verkörpert und zum gültigen Maßstab erhoben hatte, galt ihm der Römer als
der Größte von allen. Jede Spur, die Caesar im kulturellen Gedächtnis Europas hinterlassen hatte, nahm Gundolf auf. Nun fragte er George, wen er für bedeutender halte, Caesar oder Alexander. Da sich
George weder für Gundolfs Kriterien historischer Größe noch für
Caesar selbst erwärmen konnte, hatte Gundolf auf Jahre viel Spott zu
ertragen. »Ich seh ihn sitzen und listen machen: links wer Alexander,
rechts wer Caesar für grösser hielt. Alle gewichtigen namen auf der
rechten seite, und wenn der Meister einwarf, Alexander sei doch jung,
dichterisch, dionysisch gewesen, Caesar habe wasser getrunken und
keine haare gehabt, so gab er als einziges zu: Alexanders leichenfeier
war prächtiger.«[65]

Erstreckte sich Gundolfs Enthusiasmus bis dahin ausschließlich
auf die Ruhmreichen der Vergangenheit, so ließ er sich durch die Begegnung mit George erstmals von dem Gedanken anstecken, dass
normative Größe auch in der Gegenwart zu finden sei. Die Tatsache,
dass George am 12. Juli Geburtstag hatte, dem gleichen Tag wie Caesar, beflügelte Gundolfs Phantasie ungeheuer. Caesar und George
standen fortan als zwei Fixsterne über seinem Leben. Der Wunsch,
eine direkte Verbindung herzustellen und »seine beiden bedeutends-
ten Helden, den der Vergangenheit und den der Gegenwart, in eins zu
setzen«, bestimmte sein ganzes Denken.[66] Umso schmerzlicher war es
für ihn, dass die Geschichte von Caesars Ruhm durch George nicht
sanktioniert wurde. Das Thema, über das er 1903 promovierte und
1924 ein in mehrere Sprachen übersetztes Standardwerk veröffentlichte, galt als Gundolfs privates Steckenpferd, als seine fixe Idee.

Ganz in der Tradition des 19. Jahrhunderts stehend und unter dem
Einfluss der Hegelschen Geschichtsphilosophie neigte Gundolf dazu, den Geist selbst als das Subjekt der Geschichte zu begreifen. Es sei
immer sein Ziel gewesen, »den Geist der Geistesgeschichte als Erscheinung zu fassen«.[67] Seine vornehmliche Aufgabe erkannte er darin, die von George ausgehende Bewegung als Teil der europäischen

Bildungstradition ideengeschichtlich zu legitimieren. Dienst an George bedeute, »sich mit bewusster einseitigkeit einem gesamtwillen – einer Idee – unterordnen«, schrieb er im Vorwort zum ersten *Jahrbuch für die geistige Bewegung*, mit dem die Georgeaner als weltanschaulich geschlossene Formation 1910 auf die publizistische Bühne traten.

George orientierte sich lieber an den Großen der Geschichte selbst. Er verlangte von der Historie nicht, dass sie Gesetzmäßigkeiten aufstellte und aus dem Besonderen das Allgemeine ableitete, sondern dass sie Größe als Ausnahme bestätigte. Im Übrigen sei es nicht Aufgabe des Historikers, gerecht gegen die Vergangenheit zu sein, sondern die Geschichtsschreibung den Erfordernissen der Gegenwart anzupassen. George stand hier in der Tradition der monumentalischen Historie Nietzsches. »Nur aus der höchsten Kraft der Gegenwart dürft ihr das Vergangene deuten«, hatte dieser 1874 in der zweiten *Unzeitgemäßen Betrachtung* geschrieben. »Der Spruch der Vergangenheit ist immer ein Orakelspruch: nur als Baumeister der Zukunft, als Wissende der Gegenwart werdet ihr ihn verstehen.«[68]

Maßstab und Vorbild monumentalischer Geschichtsschreibung waren für Nietzsche noch immer Plutarchs vergleichende Lebensbeschreibungen großer Griechen und Römer: »Sättigt eure Seelen an Plutarch und wagt es an euch selbst zu glauben, indem ihr an seine Helden glaubt. Mit einem Hundert solcher unmodern erzogener, das heisst reif gewordener und an das Heroische gewöhnter Menschen ist jetzt die ganze lärmende Afterbildung dieser Zeit zum ewigen Schweigen zu bringen.« Der zu Beginn des zweiten nachchristlichen Jahrhunderts entstandene Musterkatalog antiker Helden wurde auch von George nachdrücklich zur Lektüre empfohlen. Den Plutarch müsse man in der Jugend »von Anfang bis Ende und immer wieder von vorn« studieren, er selber habe ihn »schon dreihundertmal gelesen«.[69]

Grundgedanke der monumentalischen Geschichtsauffassung war nach Nietzsche die Überzeugung, »dass die grossen Momente im Kampfe der Einzelnen eine Kette bilden, dass in ihnen ein Höhenzug

der Menschheit durch Jahrtausende hin sich verbinde«. Aus der Beschäftigung mit der Vergangenheit erwachse daher notwendigerweise die Hoffnung, »dass das Grosse, das einmal da war, jedenfalls einmal *möglich* war und deshalb auch wohl wieder einmal möglich sein
wird«.[70] Genau so hat George Geschichte verstanden: als ein geistiges
Kontinuum, in dem die Großen Einzelnen, die Täter und Künstler,
die der jeweiligen Epoche ihren Willen aufdrückten, über die Zeiten
hinweg in einem fortlaufenden Dialog sich befinden und dem jeweils
letzten in der Reihe den Stab überreichen. In seinen Gedichten
knüpfte er jetzt immer häufiger imaginäre Korrespondenzen mit
den Geistesheroen der europäischen Überlieferung. Im 18. *Vorspiel*-
Gedicht, in dem er seinen künftigen Ruhm thematisiert, lässt sich George von seinem Über-Ich, dem Engel, in der Schlussstrophe daran
erinnern, dass selbst die Größten, die griechischen Tragiker, Shakespeare, Petrarca, Dante, den Hohn der Nachwelt hätten erdulden
müssen:

> So sind dir trost und beispiel höchste meister
> Die attischen die reinsten gottesdiener
> Der Nebel-inseln finstrer fürst der geister
> Valclusas siedler und der Florentiner.[71]

Obwohl Gundolf ebenfalls zur monumentalischen Historie neigte,
versuchte er bei aller Begeisterung doch, die historischen Zusammenhänge nicht aus dem Auge zu verlieren. Der Historiker war für ihn in
erster Linie »der Hüter der Bildung«.[72] Bei den führenden Germanisten der Berliner Universität, Gustav Roethe und Erich Schmidt, eignete er sich das wissenschaftliche Rüstzeug an, in den Seminaren des
Kunsthistorikers Heinrich Wölfflin schärfte er seinen Blick für die
Gesetzmäßigkeiten von Stilen und Epochen. Ernst Osterkamp hat
das Gundolfsche Werk als ein lebenslanges Jonglieren zwischen den
Forderungen Georges und denen der Wissenschaft gedeutet.[73] Weil
Gundolf immer neue, vergebliche Anstrengungen unternahm, beide
Positionen zu versöhnen, saß er am Ende zwischen allen Stühlen. Ei-
nen »Wissenschaftskünstler« nannte ihn der Germanist Harry
Maync 1926 abfällig. Wer wie Gundolf versuche, »die Wissenschaft

als Kunst zu betreiben«, gebe damit zu erkennen, dass er »von Exaktheit und Objektivität nichts wissen will«. Gundolf wies den Angriff mit dem galligen Hinweis zurück, die von der Wissenschaft so hoch gehaltene Objektivität sei »vielfach nur die Subjektivität der Grossväter«.[74]

So souverän er sich gegen Kritik von Fachkollegen zur Wehr zu setzen wusste, so hilflos war Gundolf der Wissenschaftsschelte Georges ausgesetzt. Des Meisters permanente Invektiven gegen die Wissenschaft im Allgemeinen und den Wissenschaftsbetrieb im Besonderen trafen ihn schwer. Da er es nicht wagte, George zu widersprechen und ihm die Grenzen seines Verstehens deutlich zu machen, plagte Gundolf schon früh das schlechte Gewissen. Allerdings dürfte ihm kaum entgangen sein, dass Georges Warnungen vor der Wissenschaft auch disziplinierenden Charakter hatten. Nur der Schüler, der keine anderen Götter gelten ließ – und schon gar nicht die Götzen der Wissenschaft –, war in Georges Augen ein wahrer Schüler. Schon am 10. August 1899, sechs Tage nach seinem ersten Besuch in Bingen, hatte Gundolf aus Bad Homburg diesen Vierzeiler erhalten:

> Wozu so viel in fernen menschen forschen und in sagen lesen
> Wenn selber du ein wort erfinden kannst daß einst es heiße
> Auf kurzem pfad bin ich Dir das und du mir so gewesen
> Ist das nicht licht und lösung über allem fleiße[75]

Gundolfs ausufernde Produktivität – seine Bibliographie verzeichnet 161 Bücher, Aufsätze und Rezensionen – empfand George als geradezu unheimlich. Dennoch konnte er sich für den jugendlichen Elan und die intellektuelle Geschmeidigkeit begeistern, mit denen Gundolf jedes neue Thema auf der Stelle zu seinem eigenen machte. »Er war der begabteste von euch allen«, wies er in späteren Jahren die Einwände jüngerer Freunde zurück. »Der hatte gedanken, so viele, von hier bis ans meer. Wenn er aufwachte, so fings gleich an. Kaum hatte er einen strumpf angezogen, so sass er schon am tisch und schrieb. Bis über die ellbogen stak er dann in tinte.«[76]

Gundolfs Beteuerungen, sein gesamtes Schaffen sei Dienst am Meister, beurteilte dieser zwar zunehmend skeptisch, und Gundolf geriet immer wieder in Erklärungsnot. Saß er in Heidelberg beim Friseur, versteckte er die Illustrierte, sobald die Ladentür aufging und er fürchten musste, George könnte eintreten und ihn bei Schundlektüre erwischen.[77] Aber auch wenn er an der Seite Georges bisweilen in Sack und Asche ging, scheint Gundolf seine eigenen Fähigkeiten nie ernsthaft in Frage gestellt zu haben. Es kam für ihn nur darauf an, sie in ein rechtes Verhältnis zu den Anforderungen Georges zu setzen.

An Silvester 1899, dem letzten Tag des Jahres, in dem sie sich begegnet waren, hatte Gundolf emphatisch an George geschrieben: »Teuerster Meister! Heil und Gruss zu dem neuen Jahr und Jahrhundert, das Ihr Jahrhundert heissen möchte und vielleicht heissen wird, so es gut geht!«[78] Gundolf war überzeugt, den Beginn eines heroischen Zeitalters nicht nur aus nächster Nähe mitzuerleben, sondern auch aktiv mitgestalten zu können. Als Propagandist mangelte es ihm nicht an Selbstbewusstsein. »Nicht dass die grossen Geister entstehen, sondern dass sie gewürdigt werden, macht glaub ich die Kultur«, wusste schon der 19-Jährige.[79] Die Aufbruchstimmung sei allenthalben spürbar, ließ der 25-Jährige seinen Doktorvater Gustav Roethe wissen: »Sobald der Heros erscheint, werden die Massen selbst nichts andres als Werkzeug sein wollen … Die Geschichte hat niemals eine schönere Aufgabe gehabt als jetzt, niemals mannigfaltigere Mittel.«[80]

6

George ging behutsam vor. Weder wollte er Gundolf durch Ungestüm verprellen, noch wollte er sich mit der Rolle des ewig Werbenden begnügen. Jedes Treffen wurde für ihn zu einer Zitterpartie. »Ich habe so viel ehrfurcht vor Ihrem beginnenden als Sie vor meinem halberfüllten leben«, schrieb er dem Jungen nach seinem zweiten Besuch in Bingen. Aber jetzt stelle sich ihm doch die bange Frage, wie es weitergehe: »Um einen tieferen schnitt zun thun habe ich dazu das recht und haben Sie die kraft?«[81] Wie konnte George seine Gefühle offenbaren, ohne Gefahr zu laufen, zurückgestoßen zu werden? Da

ihm schnell klar gewesen sein muss, dass der Angebetete keine homoerotischen Neigungen verspürte, war er doppelt auf der Hut. Er erzählte Gundolf viel von seinen frühen Irrfahrten, seiner verzweifelten
Suche nach Gleichgesinnten, und vergaß nicht zu betonen, dass nur
wenige solche intimen Einblicke genossen hätten. Gundolf war wie
benommen. Dass ein solcher Mann sich ihm öffnete, gab ihm das stolze Gefühl, selber etwas zu sein.

Ende März 1900 fuhren George und Gundolf eine Woche nach
Oberitalien. Es war die erste von vielen gemeinsamen Reisen, und sie
sollte George seinem Ziel ein großes Stück näherbringen. »Jetzt näh-
re ich mich von der Liebe zu Ihnen«, schrieb Gundolf nach der Rückkehr, »und rufe die hohen Stunden zurück Verona! Vicenza! Pado-
va!«[82] Was sich in den anschließenden Apriltagen zwischen ihm und
George genau abspielte, bleibt im Dunkeln. Indizien gibt es nur in
den Gedichten:

> Du liessest nach im staunen willig niedersinkend
> Erstöhnend vor dem jähen überfluss,
> Du standest auf in einer reinen glorie blinkend,
> Du warst betäubt vom atemlosen kuss.
>
> Und eine stunde kam: da ruhten die umstrickten
> Noch glühend von der lippe wildem schwung,
> Da war im raum durch den die sanften sterne blickten
> Von gold und rosen eine dämmerung.[83]

In der Freundschaft mit Gundolf fühlte George zum ersten Mal »das
glück in vollem glanze mich umschweben«.[84] Aber auch jetzt, in der
Euphorie des Frühjahrs 1900, war er außerstande, sich mit seiner
ganzen Person vorbehaltlos auf diese Beziehung einzulassen. Er hielt
sich alle Rückzugsmöglichkeiten offen und stürzte Gundolf in ein
Wechselbad der Gefühle. »Ich sah dich und ich liebte dich. ich sah
dich nicht mehr und ich liebte dich. so muss ich dich immer lieben,
ich mag nun frohlocken oder weinen tief im herzen.« Das Jean Paul-
Zitat hatte George gleich bei der Rückkehr aus Italien für den Freund
abgeschrieben. Das war am Dienstag, am gleichen Tag, an dem Gundolf ihm geschrieben hatte, er lebe ganz in der liebenden Erinnerung.

Am Freitag wurde Gundolf wegen mangelhaften Korrekturlesens zusammengestaucht: »Dass ich der ungelehrteste Ihnen den deutschen gelehrten: sorgsamkeit + gewissenhaftigkeit predige!!«[85]

Für Gundolf ging es ständig auf und ab. Am 1. Mai erhielt er »einen schönen herrlichen Brief«, von dem sich – wie sollte es anders sein? – nur der Umschlag erhalten hat mit dem Vermerk »Inhalt verbrannt«.[86] Drei Tage später unterzeichnete George eine Postkarte mit S. für Stefan, und Mitte Mai wurde das Du zwischen ihnen besiegelt.[87] Gundolf hatte sich, nach drei Semestern in München, in Heidelberg immatrikuliert, so dass er und George jetzt öfters zusammen sein konnten. Doch schon drehte sich wieder der Wind. Nachdem George Anfang Juni ein geplantes Treffen zwei oder dreimal verschoben hatte, erlaubte sich Gundolf kurz vor seinem 20. Geburtstag den Hinweis, dass er an diesem Tag verhindert sei. Offenbar rechnete er damit, dass George ihn an diesem Mittwoch in Heidelberg überraschen könnte. Georges Antwort war grausam in ihrer Ambivalenz:

> L:G: dank für deine sendung. nur war Deine abmahnung mehr als unnütz da ich gar nicht vorhatte am mittwoch zu reisen überhaupt nicht gesonnen bin nach H[eidelberg] zu kommen. auch musst Du mich mit schülerhaften entschuldigungen verschonen die mich zu lautem lachen reizen und dich in meiner achtung nicht erhöhen. Nun zum erfreulichen teil … Immer weiter also und wisse dass ich in diesem teil meines lebens keine schönere aufgabe kenne als Dir den weg leichter zu machen zur höhe die Du dir als ziel gesezt hast. Dein liebender und treuer St.G.[88]

Gundolf war für solche Zurechtweisungen dankbar und interpretierte Georges Selbstgerechtigkeit als pädagogische Fürsorge. Das Einzige, was er nicht aushielt, war die Ungewissheit, wenn er längere Zeit nichts von ihm hörte. »Vom Meister bekomme ich beinahe nur Nachricht wenn ich eine Dummheit angestellt habe«, beklagte er sich Anfang Juli 1901 bei Wolfskehl.[89] Drei Wochen später schloss ein Brief an George: »Darf ich bald einmal einen Brief ohne Zittern öffnen?«[90] Als George, der nie ein fleißiger Briefschreiber war, im Februar 1906 ihre Korrespondenz mehr oder weniger ganz einschlafen ließ, bangte Gundolf: »Hoffentlich hat Dein Stillschweigen nicht seinen Grund in körperlicher oder geistiger Verstimmung.«[91] Die wahren Gründe waren ihm nicht verborgen geblieben: die »Vorbereitung neuer Frühlinge«. Im Frühjahr 1905 hatte George den zwanzigjährigen Robert Boehringer kennengelernt, im Jahr darauf verliebte er sich in den 18-jährigen Ernst Morwitz.

Während in späteren Jahren immer wieder andere, Jüngere in die Favoritenrolle schlüpften, wahrte sich Gundolf bis zum Ende der Beziehung den Sonderstatus desjenigen, der als erster die Liebe Georges erfahren hatte. Aber Gundolf war nicht nur der Erste, er blieb in gewisser Weise auch der Einzige, denn nie wieder »wird George ein vergleichbares Erlebnis geschenkt werden«.[92] Festgeschrieben war dieses Erlebnis in zwölf Gedichten, die unter dem Titel *Gezeiten* im *Siebenten Ring* erschienen; die meisten dürften im April/Mai 1900, bald nach der Rückkehr aus Italien, entstanden sein.[93] Gundolf war unendlich stolz auf diese »Hymnen der Liebe«, von denen er behauptete, sie seien die einzigen wirklichen Liebesgedichte, die George je geschrieben habe. Nur hier »spricht der Liebe innerstes Wesen, die nackte Leidenschaft des Sehnens, Erringens, Besitzens und Verlierens«. Sie stellten »die letzte Leidenschaft vor der Erfüllung« dar und stünden im *Siebenten Ring* deshalb direkt vor dem *Maximin*-Zyklus.[94]

Die Reihenfolge, in der die Gedichte an Gundolf im *Siebenten Ring* veröffentlicht wurden, legt eine innere Gesetzmäßigkeit in der Entwicklung dieser Freundschaft nahe, die auf den ersten Blick einleuchtet. »Wenn dich meine wünsche umschwärmen / Mein leidender hauch dich umschwimmt –« mit diesen Zeilen wird der Zyklus eröffnet. Einem sehnsüchtigen, noch zaghaften Beginnen folgen mit Anbruch des Frühlings die ersten Glücksverheißungen, die das ganze bevorstehende Jahr überstrahlen:

> Stern der dies jahr mir regiere!
> Der durch des keim-monats wehende fehde
> Von einem heiteren sommer mir rede
> Und auch mit blumen die ernte verziere ..
> Dass sich in lächelndem schimmer verliere
> Ernster beladener tage getöse,
> Heimliche weisheit durch fahrvolle böse

> Überfinsterte wege mich rette,
> Meine schweifenden wünsche kette
> Und meine ängstenden rätsel mir löse![95]

Das anschließende Gedicht feiert die gemeinsame Liebesnacht. Unmittelbar darauf werden erste Zweifel laut, die Landschaft, eben noch wie verzaubert, wirkt mit einem Mal grau und trostlos: »Betrübt als führten sie zum totenanger / Sind alle steige wo wir uns begegnen.« Da die beiden immer häufiger aneinander vorbeireden, flüchtet sich der Dichter in die Erinnerung und beginnt innerlich Abschied zu nehmen. Im Gedicht »Der Spiegel«, der wohl eindrucksvollsten narzisstischen Selbstanalyse des literarischen Jugendstils, lässt es George auf eine letzte Prüfung ankommen:

> Zu eines wassers blumenlosem tiegel
> Muss ich nach jeder meiner fahrten wanken.
> Schon immer führte ich zu diesem spiegel
> All meine wünsche träume und gedanken
> Auf dass sie endlich sich darin erkennten –
> Sie aber sahen stets sich blass und nächtig:
> ›Wir sind es nicht‹ so sprachen sie bedächtig
> Und weinten wenn sie sich vom spiegel trennten.

Die zweite Strophe des Gedichts beschreibt den Glückstaumel bis hin zur Vereinigung mit dem Geliebten: »Ich habe endlich ganz in wildem lodern / Emporgeglüht und ganz mich hingegeben.« Der Dichter glaubt sich am Ziel seiner Wünsche: »Ihr träume wünsche kommt jezt froh zum teiche!« Doch der Spiegel bestätigt mitnichten die Hoffnungen des Dichters, seine Träume und Wünsche erkennen sich in dieser Freundschaft nicht wieder: »Ihr weint nicht mehr doch sagt ihr trüb und schlicht / Wie sonst: ›wir sind es nicht! wir sind es nicht!‹«

Es fällt schwer, sich in die Lage desjenigen zu versetzen, dem diese Verse zugedacht waren. Sieben der an ihn gerichteten Gedichte las Gundolf spätestens im Mai 1901 in den *Blättern für die Kunst*, ein Jahr später bekam er von George zu seinem 22. Geburtstag eine prachtvolle Abschrift. Jeder andere hätte sich gefragt, was das für eine Liebe sein soll, in der der Geliebte den Anforderungen offenbar kaum genügt und, statt den Liebhaber zu beglücken, durch sein oberflächliches Erleben dessen Verachtung auf sich zieht. Nicht so Gundolf. Er war dankbar, dass George ihm überhaupt Gelegenheit gab, sich an seiner Seite zu bewähren. So wie er im täglichen Umgang manche Launen und Schikanen Georges ertrug, weil er einen natürlichen Rangunterschied anerkannte und dem Meister ein höheres Sein zubilligte als sich selbst, so ließ Gundolf sich auch in den Gedichten gern über den Abstand zwischen ihnen belehren. Je größer der Abstand, desto leichter die Unterwerfung: So will es die charismatische Beziehung. »Es gehört zu den Zeichen des Meisters, dass er einzig und unersetzbar und noch vom Höchsten der Jünger durch eine Kluft getrennt ist, die selbst die Liebe nur in seltenen Augenblicken überspringt.«[96]

Im *Gezeiten*-Zyklus dominierten die gleichen Abwehrreflexe wie in der Korrespondenz. Mit zunehmender Intensität und Nähe wuchs bei George das Bedürfnis, sich von dem Geliebten zu distanzieren, ja, ihn zu schmähen. Leidenschaften mussten gezähmt werden, Abhängigkeit durfte gar nicht erst aufkommen. Psychoanalytisch gesehen, hatte die Angst vor der Öffnung wohl mit Phantasien von der eigenen »Unzerstörbarkeit« zu tun, die ihrerseits eng mit der Vorstellung von »Virginität« zusammenhingen. Jede Form der »Öffnung« musste als Gefährdung erscheinen. »Da du in meiner schande mich belauert«, hieß es ein Jahr später in dem Gedicht »König und Harfner«, »So hör was dir nicht frommt.« Das Gedicht war nach einem gemeinsamen Besuch des Mauritshuis in Den Haag entstanden, wo George und Gundolf Rembrandts »Saul und David« bewundert hatten.[97] Im Gedicht schlüpfte George in die Rolle des durch das Saitenspiel Davids zu Tränen gerührten Saul. Die Schuld an seinem Leid gibt er David, »Den ich nicht missen mag und den ich hasse / Und der nicht weiss wie er mit gift mich füllt«. Je süßer die Musik, die der Junge seiner Harfe entlockt, als desto schmerzlicher empfindet Saul den ungeheuren Abstand zwischen ihnen: »Dir dienen fieberqualen meiner nächte / Um sie in ton und lispeln zu verwehn / ... / Und schmilzest mein erhabnes königsleid / In eitlen klang durch dein verworfen spiel.«[98]

Bereits der Engel des *Vorspiels* hatte die Entindividualisierung des Erotischen zur wichtigsten Forderung des schönen Lebens erhoben. Gerechtfertigt im platonischen Sinn war die Liebe zu Gundolf erst, wenn sie als Liebe zum Schönen an sich erkannt wurde. Nur eine Freundschaft, die frei war von Sentimentalität, war über alle Zweifel erhaben. Georges Flucht vor emotionaler Bindung und Gundolfs Hang zur Heldenverehrung hätten sich nicht besser ergänzen können. Aus unterschiedlichen Motiven verfolgten sie gemeinsam das Ideal einer vollständigen Überwindung alles bloß Zufälligen und Individuellen. »Die Ehrfurcht ist von der Liebe nicht mehr zu trennen.«[99] Daraus erwuchs eine in der deutschen Geistesgeschichte des 20. Jahrhunderts beispiellose, über zwanzig Jahre währende Arbeits- und Kampfgemeinschaft. Zerbrochen ist sie an dem Tag, an dem George begreifen musste, dass Gundolf einen Menschen gefunden hatte, der ihm wichtiger war als er.

2 Ahnengalerie

Es war zweifellos eine ungewöhnliche Karriere, auf die Stefan George zur Jahrhundertwende zurückblicken konnte. Zwar handelte es sich keineswegs, wie Wolters später meinte, um einen »unerhörten Siegeslauf«.[1] Aber gemessen an den Zielen, die er sich gesetzt hatte, durfte George mit dem Erreichten mehr als zufrieden sein. Ein sicheres Indiz des Erfolgs war, wie so oft, die Heftigkeit, mit der die Kritik auf ihn und sein Werk reagierte. Den Ton gab Otto Julius Bierbaum vor, der in seinen 1900 erschienenen *Steckbriefen* George zum »raffiniertesten Grotesktänzer der zeitgenössischen Lyrik« ausrief; der ganze »Tric« bestehe darin, feierlich zu sein und keine Kommas zu setzen.[2] Das war die satirische Form der Ablehnung, mit der George es jetzt ebenso häufig zu tun bekam wie mit der moralischen Empörung. »Solange die kleine Gemeinde Stefan Georges intern blieb, mochte sie ungestört ihre impotenten Orgien feiern«, meinte die *Kölnische Zeitung* 1899. Jetzt drohten diese Leute aber »zudringlich« zu werden, »und da ist es denn doch an der Zeit, ihnen ein wenig Bescheidenheit beizubringen«.[3]

Was George stärker zugesetzt haben dürfte als der Hohn des Feuilletons, war der Vorwurf, undeutsch zu sein. Diesen Verdacht formulierte als Erster der 25-jährige Arthur Moeller van den Bruck, nach dem Krieg einer der Wortführer der Nationalkonservativen, der mit seinem Schlagwort vom »Dritten Reich« 1923 viel von sich reden machte. In der von ihm bei Schuster & Loeffler herausgegebenen Reihe *Die moderne Literatur* legte er 1901 unter dem Titel *Stilismus* eine Doppel-Monographie über Bierbaum und George vor – die erste Veröffentlichung über George in Buchform. Für Moeller-Bruck, wie er sich damals noch nannte, war George »ein Dekorativer großen

Stils«, dem es freilich am Elementarsten fehle, an Leidenschaft, »wenigstens in dem gebräuchlichen und kraftvoll gesunden Wortsinne«. George sei »ein isolirter Romane unter Deutschen«, dessen Wiege »nicht im Schoße seiner und unserer Rasse« gestanden habe, sondern in den Salons der Franzosen. Einem Dichter, »in dessen Adern wirklich und nur deutsches Blut rinnt«, wäre ein so »orientalisches« Buch wie der zuletzt erschienene *Teppich des Lebens* »einfach unmöglich gewesen«. Obwohl vieles in seinem Werk »wirklich nationale Resonanz habe«, könne seine Dichtung insgesamt ihre undeutsche Herkunft nicht leugnen.[4]

Bereits 1893 hatte sich George in einem Brief an Stuart Merrill über seine Etikettierung als Schüler der Franzosen beklagt: »Früher nannten sie mich einen Schüler Baudelaires, heute bin ich ein Schüler Verlaines, morgen werde ich ein Schüler Mallarmés sein! Kleine Unwissenheiten, die mich amüsieren.« In Wirklichkeit sei es die von ihm verwendete »ungewöhnliche Orthographie (die im übrigen die der Brüder Grimm ist, der deutschesten Männer und der größten Gelehrten)«, die ihm »den Ruf des ›Undeutschen‹ eingebracht« habe. »Wenn ich in meinem Werk den Einfluss der Franzosen benennen soll, dann in einem ganz allgemeinen und weitgefassten Sinn.« Wer die Grundregel beherzige, dass »in der Dichtung die größte Schönheit, Reinheit, Erhabenheit anzustreben sei«, könne in seinen Gedichten wirklich »nichts Ausländisches« finden, »im Gegenteil, es herrscht dort eine Empfindsamkeit, die nur deutsch sein kann«.[5]

Und doch sahen fast alle heimischen Kritiker um 1900 in George den Ziehsohn der Franzosen. Seine Beziehungen nach Paris waren für seinen Aufstieg in der Tat von großem Vorteil gewesen. Unter Berufung auf die Franzosen hatte er die deutsche Dichtung der neunziger Jahre als rückständig qualifiziert und sich so einen entscheidenden Vorteil auf dem heimischen Markt sichern können. Jetzt brachte es viele gegen ihn auf, dass er den Umweg über Frankreich genutzt und sich gewissermaßen über die romanische Hintertreppe in die deutsche Dichtung eingeschlichen hatte. Nationale Ressentiments waren die Folge, und George beeilte sich gegenzuhalten. Im Herbst

1901 nahm er die öffentliche Ausgabe seiner Übertragungen der
Fleurs du mal zum Anlass, sich deutlicher als früher von den Franzosen abzusetzen. Der Leser musste den Eindruck gewinnen, dass die
Arbeit für den Übersetzer eine abgeschlossene Phase repräsentierte.[6]

Mit dem »Franken«-Gedicht des *Siebenten Rings* gab George ein
Jahrzehnt nach seiner ersten Paris-Reise die abschließende Interpretation seiner Bildung durch die Franzosen.[7] Als es zu Hause für ihn
nicht mehr auszuhalten gewesen sei, so hieß es jetzt in der Rückschau,
habe er sich seiner väterlichen Vorfahren erinnert: »Da lud von Westen märchenruf ..« In Frankreich, der Heimat aller »fremden unerkannten und verjagten«, sei er mit offenen Armen empfangen
worden, und dies werde er den Freunden dort niemals vergessen.
»Franken« ist beides: Abschiedsgedicht an die französischen Freunde
und Verklärung der eigenen Anfänge. Dass Georges Verbindungen
nach Frankreich zu diesem Zeitpunkt längst eingeschlafen waren,
verhehlte das Gedicht nicht. Nur ein Mal noch reiste er nach Paris,
ein paar Tage im März 1908.[8]

In seinen Bemühungen, dem übermächtigen französischen Einfluss eigene Traditionen entgegenzusetzen, war George besonders
von Albert Verwey unterstützt worden. Im August 1899 hatte er seinem holländischen Freund bei einem Spaziergang über den Höhen
von Bingen eröffnet, dass er sich mit einem großen Gedicht auf den
Rhein beschäftige, in das er »sein ganzes deutsches Fühlen und Trachten« hineinlegen wolle. So wie der Rhein als mächtiger Strom zu
ihren Füßen dahinziehe und alles symbolisiere, was das deutsche
Volk je erfahren und erlitten, getan und gedacht habe, so würden auch
die mächtigen Strophen seines Gedichts die große Vergangenheit der
Deutschen auf das Prächtigste entfalten. Verwey deutete dies als Versuch Georges, »sich und sein Streben durch eine historisch nachweisbare Herkunft zu bestimmen«.[9]

George suchte jetzt verstärkt nach Beispielen in der Vergangenheit, die seinen Anspruch als Dichter-Führer der Deutschen legitimieren konnten. Gleichzeitig begann er die eigene Entwicklung mehr
denn je zu heroisieren und die zehn langen Jahre, die hinter ihm lagen,

als einsamen Kampf um den Sieg des Schönen zu feiern. Mit der dreibändigen Anthologie *Deutsche Dichtung* (1900–1902), der Veröffentlichung seiner Jugendgedichte (1901) und der Prosasammlung *Tage und Thaten* (1903) sowie mit den Dante-Übertragungen ab 1901 wurden Traditionslinien geschaffen, die George erstmals auch direkte Stellungnahmen zur Gegenwart erlaubten. Am Morgen des 28. August 1899 fuhr er aus Anlass von Goethes 150. Geburtstag nach Frankfurt und schrieb noch am gleichen Tag das erste seiner später so genannten *Zeitgedichte*.[10]

Der Prozess, der sich als Prozess der nationalen Selbstwerdung Georges beschreiben ließe, erstreckte sich über einen Zeitraum von fünf Jahren, etwa vom Frühjahr 1899 bis in den Krisenwinter 1903/04. Vieles von dem, was George im Kleinen vollzog, vollzog sich *mutatis mutandis* auch in der großen Politik. Auch das Deutsche Reich war einem Paradigmenwechsel mit weitreichenden Folgen unterworfen. Das Werk Georges spiegelte wesentliche Tendenzen des nationalen Aufbruchs wider, den es zugleich zu unterlaufen suchte. Georg Lukács hat diesen Dualismus in die einst berühmte Formel »imperialistische Parklyrik« gebracht.[11]

Das Zeitalter des Imperialismus begann für die Deutschen mit einer Rede des neu ernannten Staatssekretärs im Auswärtigen Amt, Bernhard von Bülow. Im Dezember 1897 hatte er im Reichstag einen stärkeren Expansionskurs in der Kolonialpolitik gefordert: Auch Deutschland brauche einen »Platz an der Sonne«. Seinen wichtigsten Verbündeten fand Bülow im umtriebigen Staatssekretär des Reichsmarineamtes, Alfred von Tirpitz, der den Reichstag schon bald dazu brachte, die erforderlichen Mittel für den Bau einer neuen Schlachtflotte zu bewilligen. Die Nation trat massenhaft dem Flottenverein bei und steckte ihre Kinder in Matrosenanzüge. Vieles nahm sich großartig aus, etwa der durch die Orientreise Wilhelms II. 1898 vorangetriebene Plan zum Bau der Bagdadbahn von Konstantinopel an den Persischen Golf. Konsequent übersehen wurde in Berlin aber, welche Irritationen diese Politik in London, St. Petersburg und Paris auslöste. Während die Nachbarn ihre Interessensphären diplomatisch abzugrenzen wussten und sich in Asien und Afrika verständigten, steckte das Reich bald tief in einer außenpolitischen Dauerkrise. Als es im Frühjahr 1904 zur Entente cordiale zwischen England und Frankreich kam, wurden in Berlin erstmals Pläne des Generalstabs für einen Präventivkrieg gegen Frankreich diskutiert. Noch fürchtete man in der Wilhelmstraße die Auswirkungen einer militärischen Eskalation und begnügte sich damit, den Kaiser bei seiner nächsten Mittelmeerkreuzfahrt im fernen Marokko an Land gehen zu lassen, um den Franzosen die Leviten zu lesen. Zehn Jahre später aber hatte die Logik der Militärs sich so weit verselbständigt, dass ein vermeintlich kurzer Waffengang allen Beteiligten als einzig mögliche Lösung erschien.

Der Chauvinismus der wilhelminischen Epoche war George zuwider. Solange die Nation ihr Selbstvertrauen aus Schiffsregistern und Stahlexportquoten bezog und die Anzahl der jährlichen Patentanmeldungen als Ausweis ihrer kulturellen Überlegenheit verstand, gab es zwischen ihr und ihm nichts Verbindendes. »Wer weiss ob man als echter freund der Deutschen ihnen nicht eine kräftige SEE-schlappe wünschen soll damit sie jene völkische bescheidenheit wieder erlangen die sie von neuem zur erzeugung geistiger werte befähigt.« Schon damals, Ende 1905, als ihn Hofmannsthal aufforderte, angesichts eines drohenden deutsch-englischen Krieges einen offenen Brief mit zu unterzeichnen, erschien George die Kluft zwischen Geist und Politik unüberbrückbar. Krieg sei für ihn »nur lezte folge eines jahrelangen sinnlosen draufloswirtschaftens von beiden seiten«, antwortete er. Käme die Initiative »nicht von Einem dessen verstand ich aufs höchste bewundre: so würde ich sie für einen scherz halten«.[12]

Militarismus bedeute das Übergewicht der Mittel über den Zweck, schrieb Simmel, und darin sehe er eines der signifikanten Merkmale der Epoche. »Die äußerste Anspannung der militärischen Kräfte wird als das einzige Mittel gepriesen, ihre eigene Entladung zu verhindern.«[13] Ein Beschleunigungsprozess entstehe, der sich zwangsläufig verselbständige und eines Tages zu einer enormen Gefahr für Europa

werden müsse. Der Zusammenhang war auch unter Politikern nicht
unbekannt. Mit geradezu Simmelscher Präzision hatte der Zar im
Sommer 1899 auf der von ihm angeregten ersten Haager Friedens-
konferenz gewarnt, wenn »der sich beschleunigende Rüstungswett-
lauf« andauere, werde er »genau zu der Katastrophe führen, die er ab-
zuwenden sucht«.[14]

Anders als der Großteil der Nation, der mit einer von Krise zu
Krise wachsenden Unruhe einer Entscheidung entgegenfieberte,
glaubte George nicht, dass ein Krieg zur Klärung der Verhältnisse
beitragen werde. »Nie kommt / Durch weg und waffe dieser welt
mehr heil!«, hatte er 1902 zum Ausgang des Burenkrieges als Trost
für Verwey gedichtet.[15] Als Deutschland im August 1914 von einer
Welle kollektiver Hysterie erfasst wurde, blieb George erst einmal in
der Schweiz. Auch in der Stunde der Mobilmachung wollte er das
Gerede »von heimischer tugend und von welscher tücke«[16] nicht gelten lassen. Statt eines schnellen Sieges beschwor er die Substanz der in
seinem Geist erzogenen deutschen Jugend und deren Zukunftsfähig-
keit. Sieben Jahre vor der Katastrophe, am Ende des *Siebenten Rings*,
hatte George *seine* Vision des Krieges auf diese vier Zeilen gebracht:

> Ich sah von fern getümmel einer schlacht
> So wie sie bald in unsren ebnen kracht.
> Ich sah die kleine schar ums banner stehn …
> Und alle andren haben nichts gesehn.[17]

2

Mit Streifzügen durch die Nationalgeschichte sicherte sich George
die historischen Rahmenbedingungen für seinen Auftritt. Vierzehn
Zeitgedichte, mit denen der *Siebente Ring* 1907 eröffnet wurde, bildeten das hohe Gerüst, von dem er seine Schmäh- und Brandreden
gegen eine lasch gewordene, verderbte und verrohte Nation herab-
schleuderte.[18] Die Salier und Staufer, Rudolf von Habsburg, Nietzsche und Böcklin, Goethe, Dante – sie alle ruft er als Kronzeugen auf

im Kampf gegen den allgemeinen Niedergang. Er polemisiert gegen den Budenzauber verlogener Goethefeiern (»Was wisst ihr von dem reichen traum und sange / Die ihr bestaunet!«), bricht eine Lanze für Heinrich IV. (»der orte sind für euch / Von schmählicherem klange als Kanossa«) und erklärt die Reformation zu einem Betriebsunfall. Die Schelte gipfelt in der Rede eines römischen Strichjungen, der nachts um die Porta Nigra schleicht, auf der Suche nach Kundschaft unter den Söldnern, und der sich plötzlich in die Gegenwart versetzt sieht: »Er möchte über euch kein zepter schwingen / Der sich des niedrigsten erwerbs beflissen / Den ihr zu nennen scheut –«

Die Ahnengalerie der Deutschen wird gründlich durchforstet, es wird ausgeräumt und umgeräumt, und manches lieb gewonnene Porträt verschwindet auf Nimmerwiedersehen in den Depots. Was wird dem Betrachter stattdessen präsentiert? Das Gedicht »Leo XIII« huldigt dem über neunzigjährigen Papst (1878–1903), von dem George zu rühmen weiß, dass er in seinen schlaflosen Nächten Gedichte auf die Jungfrau Maria verfasst. Ein anderes Gedicht verewigt Elisabeth von Österreich, den Deutschen besser bekannt unter dem Namen Sisi, und ihre jüngere Schwester Sophie von Alençon: »Wer sie gesehn: von echtem königtume … / Empfing der hoheit schauer«. In dem gewaltsamen Tod, den sie kurz hintereinander fanden, hätten sich der heimliche Wunsch nach einem vorzeitigen Ende auf der Höhe des Lebens und dunkle Ahnungen des Hauses Wittelsbach auf tragische Weise verknüpft. Einzug in Georges Walhalla hielt auch der in einem Lokalaufstand der Griechen gegen die Türken 1897 bei Jannina gefallene Clement Hugh Gilbert Harris, ein junger englischer Musiker, der zum Bayreuther Kreis um Cosima Wagner zählte und dem George einmal flüchtig in Frankfurt begegnet sein könnte.

Ein greiser Papst, eine unglückliche Kaiserin, ein exzentrischer Engländer, den es auf den Spuren Byrons nach Griechenland zog: Es war eine merkwürdige Galerie, durch die das Publikum hier geleitet wurde. Nach Georges Verständnis handelte es sich bei allen, die von ihm in den *Zeitgedichten* als Leitbilder vorgestellt wurden, um Märtyrer, die sich um einer einzigen, sie mächtig beflügelnden Idee willen dem Trend der Zeit widersetzt hatten. Durch ihr Opfer sei verhindert worden, heißt es im Boecklin-Gedicht, dass »in kalter zeit das heilige feuer losch«. Auch George reiht sich ein in die lange Reihe dieser »Wächter«. Schildert er im ersten Gedicht seinen Werdegang noch einmal als die Geschichte seiner Verkennung durch die Zeitgenossen, so wendet er sich im letzten direkt an seine Freunde. »Ich euch gewissen, ich euch stimme«, ruft er ihnen zu und appelliert an sie, trotz aller Finsternis den Mut nicht zu verlieren: »Lasst euch die fackel halten.«

Mit den *Zeitgedichten* rückt George seinem Ziel, »das Werk zum privilegierten Kontext seiner selbst zu machen«, ein großes Stück näher.[19] Es handelt sich nämlich nur scheinbar um Stellungnahmen zur Zeit, in Wirklichkeit geht es um die Frage der richtigen Wahrnehmung. Die Zeitgenossen leben in einer Scheinwelt; ihnen fehlt, was den Dichter zu klarem Urteil befähigt. Innenwelt und Außenwelt sind wie vertauscht. Der imaginäre Raum der *Zeitgedichte* wird zur eigentlichen Welt. Er kenne keinen zweiten Lyriker, schrieb Georg Simmel in seiner Rezension, »der in so ausschließlichem, ich möchte sagen, metaphysischem Sinne nur aus sich heraus lebte, und der es so zwingend fühlbar machte, daß alles objektive Sein, in sein Werk hineingenommen, nur die verteilten Rollen sind, in denen seine Seele sich selbst spielt«.[20]

Aus dieser Sicherheit heraus suchte George jetzt die Auseinandersetzung mit dem Publikum. Am Tag nach der ersten öffentlichen Lesung der *Zeitgedichte* vor etwa 80 geladenen Gästen im Haus seines Verlegers Bondi erklärte er, »die Zeit seines einsamen Hervortretens sei vorüber«.[21] Es war ihm nie schwer gefallen, sich von anderen zu unterscheiden, im Gegenteil; seine Kunst, sich abzugrenzen, hatte wesentlich zu seinem Erfolg beigetragen. »In der Aufrechterhaltung des Gegensatzes zu der Umwelt, in dem Nichteingeordnetwerden« habe George seine Hauptaufgabe gesehen, notierte sich Wolters.[22] Aber je größer der Wirkungsradius wurde, desto schwieriger ließ sich der Anspruch auf Exklusivität durchsetzen.

Das Publikum seinerseits verband mit dem Jahrhundertwechsel, wie mit jeder Zeitenwende, große Erwartungen. Der Segnungen der Zivilisation überdrüssig, verlangte man in den bürgerlichen Kreisen nach dem »Echten« und »Natürlichen«. Was den einen die Heftchen der Lebensreform, waren den anderen die 1899 erschienenen *Welträtsel* des Jenaer Zoologen Ernst Haeckel. Fast alle Propheten der Jahrhundertwende aber beriefen sich auf den einen, der die Krise nicht nur diagnostiziert, sondern auch bereits entscheidende Stichworte zu ihrer Überwindung geliefert hatte: Friedrich Nietzsche.

George war wohl 1891 durch Carl August Klein auf ihn aufmerksam gemacht worden.[23] Im Dezember des folgenden Jahres erschien Nietzsches Name zum ersten Mal in den *Blättern*; der Philosoph wurde dort als »orator« eingeführt. Mit diesem Begriff habe George zu verstehen geben wollen, dass er Nietzsche »weder von der aesthetischen noch von der philosophischen Seite sieht, sondern vom Gesamtgeistigen, von seinem Lebenspathos her«.[24] Wie stark ihn dieses auch berührt haben mag: Weder mit der Person noch mit den Schriften Nietzsches, die er damals wohl nur kursorisch las, konnte sich George auf Dauer anfreunden. Das Laute und Schrille sei ihm immer »peinlich« gewesen.[25] Schon 1893 hatte der Soziologe Ferdinand Tönnies vor dem modischen Radikalismus der »Nietzsche-Narren« gewarnt.[26] Aufhalten ließ sich die Welle jedoch nicht, und spätestens bei seinem Tod erlangte Nietzsche Kultstatus. »Für meine Generation war er das Erdbeben der Epoche«, heißt es später bei Gottfried Benn.[27]

Um aus Nietzsches übermächtigem Schatten herauszutreten, suggerierte George zunächst eine gewisse zeitliche Überschneidung ihres Auftretens. Dies schien ihm der sicherste Schutz vor Angriffen, alles, was er sage, sei so oder ähnlich von Nietzsche auch schon gesagt worden. Gern erzählte er und ließ dies später auch durch seinen Biographen Wolters verbreiten, er habe Turin in eben dem Augenblick betreten, in dem der umnachtete Nietzsche dort abgeholt wurde; dabei war George Anfang 1889 gar nicht in Turin gewesen.[28] Als Karl Wolfskehl 1910 in einer kurzen Geschichte der *Blätter für die Kunst* feststellte, dass viele von Nietzsches Sätzen »wie umbildungen dessen

klingen was in den Blättern seit dem tage ihres bestehens gefordert«
worden sei, war die Chronologie vollends auf den Kopf gestellt.[29] So
zu tun, als habe »die Wirkung Nietzsches mit der Georges ungefähr
gleichzeitig begonnen«, sei Verrat, entrüstetete sich der Kulturphilo-
soph Kurt Breysig. Nietzsches öffentliche Wirkung habe eingesetzt,
als George gerade seine ersten Bände veröffentlichte, und deshalb sei
George »in Wahrheit ein Erbe Nietzsches«.[30]

Überschnitten haben sich die Biographien Nietzsches und Georges nur partiell, nämlich im Werk des Berliner Malers, Bildhauers und
Architekten Curt Stoeving (1863–1939). Im Zuge der von Nietzsches
Schwester nach ihrer Rückkehr aus Paraguay betriebenen Sakralisie-
rung war Stoeving 1894 mit einem Nietzsche-Porträt beauftragt worden. Weitere Gemälde, Büsten und Plaketten folgten; im August 1900
nahm Stoeving Nietzsche die Totenmaske ab, die George und Gundolf zwei Monate später bei ihm bewunderten, »obgleich sie etwas
misslungen ist was sie aber nur rodinisiert«.[31] Von George, den er
über Lechter kennengelernt hatte, fertigte Stoeving 1897 eine Silber-
stiftzeichnung, die rasch weite Verbreitung fand. Rilke nannte sie in
einer Rezension »das feinste Porträt« des Künstlers: »Lorenzo il mag-
nifico in einem Traume Burne-Jones'; so etwa«.[32] Im Jahr 1902, als
das Stoeving-Porträt als Frontispiz im George-Buch von Ludwig
Klages erschien, bildete die *Leipziger Illustrierte* zwei Werke Stoe-
vings nebeneinander ab: ein Bronzerelief Georges und einen Nietz-
sche-Kopf. Nietzsche und George stießen auch im Werk des mit
George befreundeten Malers und Grafikers Karl Bauer aufeinander,
der 1902/03 kurz hintereinander zwei seiner bekanntesten Lithographien veröffentlichte: Nietzsche mit Adler, George als »Ritter vor
dem Kampfe« (das sogenannte Colleoni-Bild).

Am 25. August 1900 war Nietzsche nach fast zwölf Jahren geistiger Umnachtung in Weimar gestorben. Als George wie alljährlich
Mitte Dezember seine Zelte in Berlin abbrach, um nach Bingen zu
fahren, reiste er – vermutlich in Begleitung Gundolfs – über Weimar
und pilgerte zur Villa »Silberblick«, dem letzten Domizil des Kranken oberhalb der Stadt. Das Nietzsche-Gedicht, dessen erste Strophe

diesen Besuch festhält, erschien Anfang Mai in den *Blättern*. Es war ein Nachruf, und kein sehr schmeichelhafter: »Hast du der sehnsucht land nie lächeln sehn? / Erschufst du götter nur um sie zu stürzen?«[33] Der Frager schien manches besser zu wissen, ja, er deutete sogar an, Wege zu kennen, wie man Nietzsche aus seiner Einsamkeit hätte retten können:

> Der kam zu spät der flehend zu dir sagte:
> Dort ist kein weg mehr über eisige felsen
> Und horste grauser vögel – nun ist not:
> Sich bannen in den kreis den liebe schliesst ..

Der »kreis den liebe schliesst« als letzte Wahrheit Nietzsches? Der Dichter präsentierte sich als Überwinder des Philosophen, dessen sämtliche Probleme er mit einem Schlag erledigt zu haben schien: »sie hätte singen / Nicht reden sollen diese neue seele!« Die Schlussstrophe war eine einzige Provokation und erfüllte beispielhaft den polemischen Zweck der *Zeitgedichte*.[34] Sie entsprach aber auch Georges Überzeugung, einen Weg aus der Krise zu kennen. Das Schlüsselwort lautete Freundschaft. Nietzsche sei nicht am Wahnsinn der Zeit, sondern an seiner Unfähigkeit zur Freundschaft zerbrochen, so in etwa ließe sich, zugespitzt, Georges Meinung zusammenfassen. Alles, was er gegen Nietzsche einzuwenden hatte, kulminierte in dem Vorwurf, er habe Wagner hintergangen; dies sei der schlimmste Treubruch gewesen, der sich denken lasse, der Verrat eines Jüngers an einem Meister.[35] Nietzsche habe sich seine zunehmende Vereinsamung selber zuzuschreiben.

Im Kreis seiner Freunde glaubte George die Sicherheit gefunden zu haben, die ihm das Schicksal des Vorgängers ersparen würde. Die Vorstellung eines Liebesrings stammte ursprünglich von Alfred Schuler, der für George im April 1899 ein Gedicht abgeschrieben hatte, das begann: »So schliesst Liebe den Ring.«[36] Wolfskehl war es, der die Metapher im Jahr darauf in Zusammenhang mit Nietzsche brachte. Am 21. November 1900, drei Wochen vor Georges Fahrt mit Gundolf nach Weimar, schrieb er an diesen: »Von kleinsten Zentren gehet das Heil aus, der innere Ring ... ist der Grund des Lebens. Wer aber allein lebt kann ... nie in Wahrheit befruchten. Am häufigsten aber wird er zerschmettert, wie die grossen Wallenden des ganzen lezten Säkuls erfahren mussten – bis zu Friedrich Nietzsche hinab, dem lezten der vereinzeln *musste* ... heute braucht kein Gefäss mehr aus Überfülle zu zerspringen, heute ist der Einklang der Kräfte da, ohne den kein Leuchten ist.«[37]

Auf dem von Wolfskehl hier skizzierten Gegensatz gründete das Nietzsche-Bild des George-Kreises. Erst die Doppelrolle des Philosophen als Wegbereiter *und* letztes Opfer ermöglichte es George, zugleich als Vollender *und* Überwinder Nietzsches aufzutreten. »Nietzsche hatte den Boden aufgepflügt; in die gelockerte Erde senkte George die Saat eines neuen Menschentumes«, so lautete fortan die Lesart des Kreises.[38] Mit der ebenso schlichten wie berückenden Formel, George habe *getan*, was Nietzsche *gedacht* habe, war der Gigant der Epoche eingemeindet.[39]

3

Jeder große Dichter schaffe sich seine Vorläufer selbst, schrieb Jorge Luis Borges einmal. 1896 waren die Leser der *Blätter für die Kunst* auf einen Schriftsteller aufmerksam gemacht worden, den keiner so leicht unter ihren Ahnen vermutet hätte:

> Von einem dichter will ich euch reden einem der grössten und am meisten vergessenen und aus seinem reichen vor hundert jahren ersonnenen lebenswerk einige seiten lösen von überraschender neuheit unveränderlicher pracht und auffallender verwandtschaft mit euch von heute, damit ihr wieder den reinen quell der heimat schätzen lernet und euch nicht zu sehr verlieret in euren mennig-roten wiesen euren fosfornen gesichtern und euren lila-träumen ..[40]

Die Rede war von Jean Paul. Die Helden der vier großen, von George besonders geschätzten Romane[41] sind verträumte, zwischen Traum und Wirklichkeit revolutionär aufbegehrende Jünglinge, die in der deutschen Literatur ihresgleichen suchen. Sie huldigen der heroischen Freundschaft nicht minder als der ersten Liebe und stellen bei-

de auf eine Stufe. Höhepunkte der Romane sind Abschieds- und To-
desszenen, in denen, oft unter Wahn- und Fiebervorstellungen, der
eine Freund dem anderen die von beiden angebetete Braut zur ewigen
Liebe ans Herz legt.

Zu welchen poetischen Aufschwüngen er fähig war, bewies Jean
Paul zum ersten Mal 1793 in der *Unsichtbaren Loge*. Im 31. Kapitel
eilt Gustav an das Totenbett seines Freundes und Zöglings Amandus,
die beiden feiern Versöhnung. Dann kommt Beate hinzu, die gemeinsame Freundin früherer Tage. Amandus »drückte dem schönen Leben noch einmal die Hand ... und der Engel der Freude ließ ihn am
Seile der Liebe langsam ins Grab hinab ... Diese Minute war zu erhaben für den Gedanken der *Liebe* – bloß die Gefühle der *Freundschaft*
und der andern Welt waren groß genug für die große Minute.«[42] »Das
schöne leben sendet mich an dich / Als boten«: Wo anders als bei
Jean Paul hätte die für George entscheidende Metapher ihren Ursprung? Wo in der deutschen Literatur wären die »Gefühle der
Freundschaft« so eindeutig »den Gedanken der *Liebe*« gleichgestellt
worden?[43]

Um zu solchen Stellen zu gelangen (die Jean Paul »Begeisterungs-
stellen« nannte), musste sich der Leser allerdings seitenlang durch
»undurchdringliches gestrüpp« schlagen.[44] Die Mängel der Komposition, die Skurrilitäten und »maasslosen abschweifungen« führte
George darauf zurück, dass Jean Paul »zur zeit des zopfstiles« und in
besonders engen Verhältnissen gelebt habe. Umso öfter bleibe der
Leser »erstaunt und beschämt stehen vor einem so zarten empfinden
einer so frauenhaften aufmerksamkeit einem solchen reichtum der
gefühle«. Schon der Entdecker und Förderer Jean Pauls, Karl Philipp
Moritz, hatte nach Lektüre des Manuskripts der *Unsichtbaren Loge*
im Sommer 1792 gesagt, hier handele es sich um etwas gänzlich Neues, das noch über Goethe hinausgehe. Am Ende seiner »Lobrede« in
den *Blättern* forderte auch George, Jean Paul direkt neben Goethe zu
stellen, denn er habe der deutschen Literatur »die glühendsten farben
gegeben und die tiefsten klänge«. Gegen alle Einwände verteidigte er
ihn ein Leben lang als »das Urmaterial der Dichtung«.[45]

Gustav, Emanuel, Albano, Roquairol und all die anderen, die, »ohne grosse täter zu sein unendlich sinnen und unendlich leiden«, zogen George mächtig in ihren Bann. In den zwanziger Jahren ging die Identifikation mit manchen dieser Figuren so weit, dass George ihnen bisweilen auf der Straße zu begegnen meinte. »Die Traumgestalten Jean Pauls scheinen nur solange blutlos bis ihre irdischen Brüder über unsern Boden gehen.«[46] Hinzu kam die Begeisterung für die Kulisse. Die mainfränkische Hügellandschaft, in der sich die Jean Paulschen Figuren entgegeneilen, um sich ihrer Freundschaft zu versichern, war für George die deutsche Landschaft schlechthin.

Als George und Wolfskehl ein halbes Jahr nach Veröffentlichung der Jean-Paul-Lobrede Pläne für eine mehrbändige Anthologie deutscher Dichtung auszuarbeiten begannen, hatte eine Auswahl aus den Schriften dieses Dichters Priorität. Plan und Anlage der Reihe wurden zwar mehrfach neu durchdacht, die Grundidee aber, »den paar Einsamen Dichtern der deutschen Vergangenheit zum Erstehen zu verhelfen«,[47] blieb über die Jahre erhalten, und stets wurde Jean Paul an erster Stelle genannt. Während sich Wolfskehl im Frühjahr 1899 darauf konzentrierte, die Dichtung von der Goethezeit bis an die Schwelle der Gegenwart zu sichten und eine Auswahl aus Goethe selbst zusammenzustellen, trieb George die Arbeit am Jean-Paul-Buch voran. Lechter sollte sich schon einmal Gedanken über die Ausstattung machen. Als Bondi sich im Herbst weigerte, das finanzielle Risiko zu übernehmen – was beinahe zum Bruch zwischen Verleger und Herausgeber geführt hätte –, beschloss George, den Band in eigener Regie unter dem Signet der Blätter für die Kunst zu veröffentlichen.

Nachdem George die Sache gut drei Jahre hatte schleifen lassen, weil andere Arbeiten Vorrang hatten, konnte es ihm jetzt nicht schnell genug gehen. Alle Beteiligten stöhnten. Erst gab es Ärger mit Wolfskehl und Gundolf wegen der Korrekturen, dann mit Lechter wegen der Ausstattung. Er wolle ihm ja nicht reinreden, schrieb ihm George Mitte Mai 1900, aber wenn Lechter sich mit jedem Buch so viel Zeit lasse, müsse er, George, sich darauf »gefasst machen etwa das fünfte oder sechste dieser bücher auf dem todesbette überreicht zu bekommen«.[48] Einen Tag später fand Lechter den Preis zu niedrig. Der Subskriptionspreis war seit langem auf 4.50 Mark festgelegt, der Abgabepreis an den Buchhandel sollte 3 Mark betragen, Lechter wollte ihn auf mindestens 6 Mark erhöhen. Daraufhin schlug George vor, die Druckauflage von 300 auf 400 Exemplare zu erhöhen, was bei einer Vorbestellung von 100 Exemplaren ziemlich riskant war. Zuletzt kam es zu Diskussionen darüber, wer das Imprimatur erteilt. »Ich erkenne zwar Ihre gründe an dass es schöner und süsser ist mich mit dem fertigen buch zu überraschen«, schrieb George am 30. Mai an Lechter, aber verantwortlich für den Inhalt sei nun einmal der Herausgeber und nicht der Buchgestalter. Lechter sah das anders. Weil eine von ihm entworfene Zierleiste aufgrund von Korrekturen nicht mehr auf die Seite passte, verlangte er die Streichung von sechs Zeilen: »Ob nun sechs Zeilen mehr oder weniger im Buche sind, wird auch den Kohl nicht fett machen.«

Mit deutlicher Verspätung, aber noch rechtzeitig zu Georges 32. Geburtstag erschien Anfang Juli 1900 *Deutsche Dichtung. Jean Paul. Ein Stundenbuch für seine Verehrer.* In den viereinhalb Jahren, die seit dem ersten Hinweis in den *Blättern* vergangen waren, hatte George aus den Romanen Jean Pauls alles weggeschnitten, was der reinen Poesie schöner Stellen im Wege stand. Es zähle allein »die unvergängliche schönheit seiner gedichte … in denen unsre sprache den erhabensten flug genommen hat dessen sie bis zu diesen tagen fähig war«.[49] Wie schon die »Lobrede« von 1896 gipfelte auch das Vorwort zum »Stundenbuch« in der Gegenüberstellung Jean Paul – Goethe. Nur wer beide Dichter kenne und liebe, werde auch zur neuesten deutschen Dichtung, der Dichtung Georges also, einen Zugang finden. Zehn Jahre später, im Vorwort zur zweiten Ausgabe, spitzte George noch einmal zu und nannte Jean Paul kurzerhand »die grösste dichterische kraft der Deutschen«.

Die Aufwertung Jean Pauls lief zwangsläufig auf eine heimliche Deklassierung Goethes hinaus, mit dem sich George von Anfang an schwer tat. Nachdem Goethes Ruhm in den achtziger Jahren auf einem Tiefpunkt angelangt war, hatten mehrere neue Biographien seit

1894 eine Renaissance eingeleitet, die fünf Jahre später in den Feiern zum 150. Geburtstag gipfelte. Mit seinem Gedicht zum »Goethe-Tag« machte George klar, dass er, bei allem Respekt, nicht gewillt war, vor dem Weimarer Erbe in die Knie zu gehen. »Goethe-Tag« enthielt drei Kernaussagen. Erstens, dass die zeitgenössische Goethe-Verehrung auf falschen Voraussetzungen beruhe. Zweitens, dass Goethe nur verstehe, wer die menschlichen Qualen ermesse, die ihn sein Werk gekostet hat. Drittens, dass vieles an Goethe bereits verblichen sei, die Zukunft aber manches Neue offenbaren werde. Es war eine höchst ambivalente Ehrung. Einerseits wollte George »die Verwandtschaft zwischen sich und Goethe unterstreichen«,[50] andererseits suchte er sich zu emanzipieren und seine dichterische Selbständigkeit zu betonen.

Für Goethe hat sich George genauso wenig wie für Nietzsche begeistern können. Das epische und dramatische Werk interessierte ihn wenig, von Goethes Prosa kannte er anscheinend nur einige autobiographische Schriften. Aber selbst die Lyrik blieb von Kritik nicht verschont. »Viel dicke instrumentation«, schrieb George abfällig in den ersten Band seiner Reclam-Ausgabe über die frühen Lieder.[51] Über den zweiten Teil des *Faust* wusste er nichts anderes zu sagen, als dass »ihm vieles nicht echt, vieles barock erschienen« sei.[52] Goethe als der umfassende bürgerliche Repräsentant der vorbürgerlichen Epoche konnte für Stefan George nicht zum Maßstab werden. Was er vor allem vermisste, war ein männliches Ideal. Goethes Menschenbild komme zwar in seinen großen Frauengestalten wundervoll zum Ausdruck, schrieb Edith Landmann 1920, seine männlichen Figuren aber seien allesamt »Wanderer und Sucher«, die »in Entsagung, Beschränkung und Kompromiß« endeten. Der Goethesche Humanitätsbegriff sei, wenn man ihn neben Georges Bild vom Menschen halte, erschreckend blass. »Weder Faust noch Tasso, weder Wilhelm Meister noch Werther« verkörperten auch nur annäherungsweise das heldische Ideal des deutschen Jünglings. »Dagegen ersteht bei George ein Idealbild des Menschen, welches ... heldisch und daher in erster Linie das Bild des Mannes ist.«[53]

George scheint bei seiner Goethe-Lektüre gerade nach solchen »männlichen« Stellen gesucht zu haben. Offenbar glaubte er, dass Goethe einen klaren Begriff von männlicher Freundschaft gehabt haben müsse. Anders war der kryptische Hinweis am Schluss des Gedichts von 1899, Goethe halte noch viele Überraschungen bereit, kaum zu verstehen. Dass sich in Goethes Dichtung »die Rückkehr zum reinen Griechentum anbahnt«, konnte man um die gleiche Zeit auch in Magnus Hirschfelds *Jahrbuch für sexuelle Zwischenstufen* lesen.[54] Diesen »anderen« Goethe glaubte auch George hier und da erkannt zu haben: als Reisegefährten der Brüder Stolberg auf der ersten Schweizer Reise (1775, sog. Werther-Nachlass), als Herausgeber der Schriften Winckelmanns (1805) oder auch als Verfasser der späten Aufzeichnungen über die Jugendfreundschaft zwischen Voss und Stolberg (1820).[55] Aus solchen marginalen biographischen Zeugnissen einen Goethe zu konstruieren, der in seinem tiefsten Herzen von der Freundesliebe geträumt habe, schoss zwar weit übers Ziel hinaus. George aber hielt an dieser Idee nicht nur fest, sondern gründete auf sie eine der waghalsigsten Konstruktionen seines Werkes: Goethe als Prophet Maximins.

Das wahrscheinlich 1908 entstandene Gedicht trug den Titel »Goethes lezte Nacht in Italien«[56] und griff ein scheinbar traditionelles Thema auf: die Sehnsucht der Deutschen nach dem Süden. Goethe liegt einsam auf einer Lichtung und nimmt Abschied von Italien: »Fichten seh ich zwei ihre schwarzen flügel / Recken ins stetige blau der nacht.« Da treten aus dem Unterholz, als seien sie soeben einem antiken Marmorrelief entstiegen, eng umschlungen zwei Jünglinge und legen vor einer Statue auf der Lichtung einen Freundschaftsschwur ab. In Gedanken an die bevorstehende Heimreise wird Goethe von Wehmut erfasst; er fürchtet, dass die Deutschen für das neue Lebensgefühl, das er in Italien kennengelernt hat, unempfänglich seien. Im Anblick der beiden Freunde überkommt ihn jedoch eine Vision: »Doch wohin lockst du und führst du, erhabenes Paar?« Eines Tages, »wenn die fülle der zeiten gekommen«, würden die Deutschen die neue Sinnlichkeit im eigenen Land erfahren, die Bedeutung des Leibes wieder erkennen und

Sich bekehren zur wildesten wundergeschichte
Leibhaft das fleisch und das blut eines Mittlers geniessen,
Knieen im staube ein weiteres tausendjahr
Vor einem knaben den ihr zum gott erhebt.

In der Schlussstrophe wird dann die Vision eines durch Maximin
möglich gewordenen künftigen deutschen Arkadiens entfaltet: »Säu-
lenhöfe seh ich mit bäumen und brunnen / Jugend und alter in gruppen bei werk und bei musse / Maass neben stärke ..« Die Realisierung
dieser Vision liegt aus der Sicht Goethes noch in ferner Zukunft. In
der vierten Strophe, der Mitte des Gedichts, findet jedoch eine entscheidende Verschiebung statt. Die Szenerie hat mit einem Mal gewechselt; Goethe erinnert sich an Schiffsfahrten »in das nachbarlich
rheinische rebengeländ« zur Zeit der Winzerfeste. Und plötzlich
rückt die Vision ganz nah. Denn der echte Spross dieser Gegend, derjenige, der die Ursprünge besser kennt und von den magischen Kräften der Antike stärker durchdrungen ist als Goethe, weil er ein Sohn
und nicht nur ein Enkel der Gäa ist, hat den »grausigen Hüterinnen«
die Formel längst entrissen und das griechische Zeitalter in Deutschland bereits eingeleitet.

»Goethes lezte Nacht in Italien« erschien im Februar 1909 im dritten Ausleseband der *Blätter für die Kunst*. Der Band brachte drei
Beiträge von George: 15 Shakespeare-Sonette in seiner Übertragung,
die erstmals Ende 1906 im *Gedenkbuch* veröffentlichte *Vorrede zu
Maximin* und das Goethe-Gedicht. Nicht nur das Gedicht selbst,
auch die Präsentation in einem erotisch und religiös solchermaßen
aufgeladenen Kontext verursachte einigen Wirbel. »Es graut uns davor, den Inhalt dieser blasphemisch dahinstolpernden Verse auszudeuten«, schrieb Rudolf Alexander Schröder in einer Besprechung,
die zum Derbsten gehört, was über George geschrieben wurde.[57]
George nahm die nächste Gelegenheit wahr, zwei Erklärungen nach-
zureichen. Unter der Überschrift »Das hellenische Wunder« war in
der Neunten Folge der *Blätter* zu lesen, warum »unsre führenden geister, voran Goethe, sich vor dem hellenischen wunder niederwarfen«.
Was den Vorwurf der unzulässigen Aktualisierung betraf, wurden die

Kritiker anschließend über »Tote und lebende Gegenwart« belehrt und Goethe als »der gegenwärtigste« Kronzeuge aufgerufen.[58] Nur wer sich die Überlieferung so radikal zu eigen machte und umdeutete, war in der Lage, eine eigene Überlieferung zu begründen.

Hatte George die Jean-Paul-Auswahl im Wesentlichen selbst vorbereitet, so überließ er die Arbeit am Goethe-Band weitgehend seinem Mitherausgeber Wolfskehl. Nach einigen Querelen, die entstanden, weil sich Wolfskehl von Gundolf bevormundet fühlte, der seinerseits mehrfach von George vorgeschickt wurde, den säumigen Wolfskehl zu drängen, erschien der Band Anfang Dezember 1901. Im Vorwort betonten die Herausgeber, dass sie keinen repräsentativen Querschnitt angestrebt, sondern sich auf jenen Teil des Goetheschen Werkes konzentriert hätten, der »gemeinhin lyrik genannt« werde, weil diese »teils liedhaften teils erzählenden kleineren gedichte ... zugleich den grundstoff aller seiner breiteren schöpfungen« enthielten. Der Schwerpunkt der Auswahl lag beim älteren Goethe; allein vierzig Gedichte, mehr als ein Drittel, stammten aus dem damals allgemein noch wenig geschätzten *West-östlichen Divan*.[59]

Blieben die Texteingriffe der Herausgeber bei der Goethe-Auswahl überschaubar, so gab George mit dem dritten und letzten Band der Reihe, dem *Jahrhundert Goethes*, jede Zurückhaltung auf. Alles, was nicht passte, wurde passend gemacht, es wurde weggeschnitten, abgeändert, umgedichtet. »Karl, ich weiss, was der Dichter sagen wollte, – er hat es nur noch nicht ausdrücken können«, rechtfertigte George seine Eingriffe gegenüber dem Mitherausgeber.[60] Die meisten Glättungen musste sich Heine gefallen lassen. »Für die Mouche«, die 33. *Lamentation*, die als sein letztes Gedicht gilt, wurde kurzerhand von 37 auf neun Strophen eingedampft. Das Gedicht enthalte »die schönsten verse neben den widerwärtigsten«, meinte George,[61] für den Reime wie »Glanze – Renaissance«, »Gekläffe – Basreliefe«, »Marmorschemen – Anathemen« zweifellos einem Verbrechen gleichkamen. Witz und Ironie hatten in der Dichtung so wenig zu suchen wie die von Heine lustvoll betriebene Zerstörung der dichterischen Illusion durch schnöde Reminiszenzen an den Alltag. Heine sei

»Journalist bis in seine Lyrik hinein«, erläuterte Gundolf später die Vorbehalte der George-Schule. Er habe »dem Ladenschwengel den Ton des Priesters ermöglicht« und dadurch »jedes Niveau« zerstört.[62] Hinzu kamen nicht zuletzt Heines anzügliche Invektiven gegen den homosexuellen Platen, die George nur als widerlich empfunden haben kann.[63]

Das Jahrhundert Goethes vereinte zwölf Dichter, von Klopstock bis Conrad Ferdinand Meyer, chronologisch nach ihren Geburtsdaten. Ziel der Sammlung war es, »eine lückenlose Aufeinanderfolge« herzustellen, die wie von selbst »in den Bestrebungen der Blätter gipfelt«.[64] Die Hauptlast der Arbeit trug auch jetzt wieder Wolfskehl. Er war seit längerem damit beschäftigt, die Dichtung des 19. Jahrhunderts zu sichten. Vieles wurde von ihm bereits im Vorfeld verworfen: Tieck und Arnim, Kerner und Rückert, Geibel, Storm und die Droste. Bei keinem von ihnen kam das Dutzend zusammen, das den Herausgebern als Minimum erforderlich schien. Die zwölf, die übrig blieben, bildeten so etwas wie den eisernen Bestand der deutschen Poesie. *Das Jahrhundert Goethes* sei »eine kaum zu übertreffende Auswahl« und enthalte »auf fast zweihundert Seiten nicht ein schwaches oder ungeglücktes Gedicht«, schrieb Arnold Zweig 1938; die Anthologie habe zur Geschmacksbildung der Deutschen in dieser Epoche »entscheidend« beigetragen.[65] Mit diesem Band habe sich »das Verhältnis der Deutschen zu ihrer Lyrik grundlegend geändert«, urteilte zwanzig Jahre später Friedrich Sieburg.[66]

Die Anthologien im letzten Drittel des Jahrhunderts waren »im Kern auf zwei Grundtypen reduziert: das heroische Gedicht … und das sentimentale Gedicht«.[67] Uhland, Heine, Schiller, das war die Trias, die seit einem halben Jahrhundert die Dichtung der Nation in Goldschnittbänden repäsentierte. Uhland fehlte bei George und Wolfskehl ganz. Heine brachte es trotz aller Säuberungen auf nicht mehr als 15 kleinere Gedichte, und war damit ebenso unterrepräsentiert wie Schiller, von dem keine einzige Ballade für wert befunden wurde. Heine wie Schiller seien, so das Vorwort zur ersten Ausgabe, »in diesem zwölfgestirn eher die kleinsten als die grössten«.

Eine deutliche Aufwertung erfuhren Klopstock und Platen, den George damals noch sowohl seines starken Formalismus wie seiner homoerotischen Grundfärbung wegen schätzte (ein Vierteljahrhundert später nannte er ihn dann doch etwas »dünn«).[68] Novalis, um den es recht still geworden war, Mörike, der von seiner düsteren Seite gezeigt wurde, und Hebbel als schwermütiger Lyriker: Dies alles wurde vom Publikum mit Staunen und Zustimmung aufgenommen. Lenau bereitete Wolfskehl einiges Kopfzerbrechen. Zu seinen Favoriten zählten dagegen Brentano, dem er auch quantitativ den Vorzug gab vor Eichendorff, und Conrad Ferdinand Meyer, den er für seine eigentliche Entdeckung hielt. Eine Sonderstellung Hölderlins, der sieben Jahre später, gleichsam über Nacht, für George zum wichtigsten Dichter überhaupt werden sollte, war vorerst nicht zu erkennen. Zwar hatte Wolfskehl schon 1895 in den *Blättern* auf ihn aufmerksam gemacht.[69] Aber die Hölderlin-Auswahl im *Jahrhundert Goethes* blieb konventionell, was freilich auch mit der bruchstückhaften Überlieferung und der desolaten Quellenlage zusammenhing.[70]

4

Im Januar 1901 erschien *Die Fibel. Auswahl erster Verse*. Im Vorwort schien sich George bei seinen Lesern fast entschuldigen zu wollen: »Einem verfasser der schon ein leben hinter sich hat bereitet es nur getrübte freude seine frühen schöpfungen der mitwelt zu übergeben.« Freunde und Verehrer, die ihn zur Veröffentlichung gedrängt hätten, bitte er um Nachsicht, wenn das Ergebnis sie enttäusche; sie sollten bedenken, »dass die jugend gerade die seltensten dinge die sie fühlt und denkt noch verschweigt«. Dichter aber würden sich »in diesen zarten erstlingen« wiedererkennen und sich durch sie gern erinnern lassen »an die zeit unsrer reinsten begeisterung und unsrer vollen blühwilligkeit«.[71] Als *Captatio benevolentiae* war die Vorrede mustergültig. Der Leser musste den Eindruck gewinnen, dass der Verfasser gezögert habe, dem Publikum diesen Band zu übergeben,

und nach wie vor unsicher sei, ob die Entscheidung richtig war. Der
»Ausdruck des Unbehagens an der eigenen Stilisierung«[72] war Teil
des publizistischen Konzepts.

Wer sich von der Veröffentlichung der Jugendgedichte einige Auf-
schlüsse oder gar, wie es in der Vorrede hieß, »eine schöne offenbarung« erhofft hatte, wurde doppelt enttäuscht. Nicht nur, dass es sich
um rührend-naive, mitunter unfreiwillig die Parodie streifende Versuche handelte, welche die spätere Meisterschaft nicht ansatzweise
erkennen ließen. »Zwischen diesen Versen und den *Hymnen* liegen
künstlerisch Welten.« Auch über Georges Herkunft, über frühe Prä-
gungen oder literarische Vorbilder erfuhr der Leser aus diesen Gedichten fast nichts. »Das Kind, das diese nüchternen und tonlosen
Zeilen gereimt hat, scheint in einem Vakuum ohne jedes Erbe zu leben und seine Sprache fast zu schreiben, um sich erst in ihr zu üben
wie in einer fremden.«[73] Genau dies, vermutete Rudolf Borchardt, sei
aber der eigentliche Sinn der Veröffentlichung gewesen: zu zeigen,
dass nichts und niemand auf ihn eingewirkt habe, dass er keinem Einfluss je unterworfen gewesen sei. Die Dichter, die Pate gestanden hatten, Schiller und Heine, waren nur der Form nach Paten gewesen und
fanden sich 15 Jahre später, im *Jahrhundert Goethes*, auf dem letzten
Rang. Indem George seine dichterischen Anfänge zurückdatierte in
eine frühkindliche, fast mythische Vergangenheit, verhüllte er mit der
Publikation der *Fibel* mehr, als er offenlegte. Die Unbeholfenheit des
Anfangs sollte seinen Aufstieg und das, was inzwischen als Œuvre
vorlag, als umso unbegreiflicher erscheinen lassen.

In vielem aufschlussreicher als die *Fibel* war der im Oktober 1903
veröffentlichte schmale Prosaband *Tage und Thaten*. Es handelte sich
um stark autobiographische »Aufzeichnungen und Skizzen«, die
zum größten Teil Mitte der neunziger Jahre entstanden und meist
anonym in den *Blättern für die Kunst* erschienen waren. Eigentlich
hatte George vorgehabt, unter dem Titel »Ein Abschnitt meines Lebens« ein Prosabuch zu veröffentlichen, »das mächtig auf die Zeit
einwirken soll«.[74] An diesem ehrgeizigen Plan gemessen, nahm sich
die Sammlung von Kindheitserinnerungen und Bildbeschreibungen,

phantastischen »Night-Mares« und »Altertümlichen Gesichten« bescheiden aus. Das Nebensächliche und Zufällige stand neben biographisch Wichtigem, die feierliche Rede auf Jean Paul neben kleineren
Fingerübungen im Stil der Baudelaireschen *Petits Poèmes en Prose*.
Die Georgesche Prosa, schroff und spröde, noch in ihrer Beiläufigkeit von imperialem Gestus, entfaltete allerdings einen eigentümlichen Reiz. Adorno nannte diese Capriccios »durchgeformte Traum-
protokolle« und meinte, sie dürften in keiner George-Auswahl fehlen,
da sie einen anderen, einen fast surrealistischen George zeigten. Als
eindrucksvolles Beispiel zitierte er den »Redenden Kopf«:[75]

> Man hatte mir eine thönerne maske gegeben und an meiner zimmer-
> wand aufgehängt. Ich lud meine freunde ein damit sie sähen wie ich den
> kopf zum reden brächte. Vernehmlich hiess ich ihn den namen dessen zu
> sagen auf den ich deutete und als er schwieg versuchte ich mit dem finger
> seine lippen zu spalten. Darauf verzog er sein gesicht und biss in meinen
> finger. Laut und mit äusserster anspannung wiederholte ich den befehl in-
> dem ich auf einen anderen deutete. Da nannt er den namen. Wir ver-
> liessen alle entsetzt das zimmer und ich wusste dass ich es nie mehr betre-
> ten würde.

Eröffnet wurde der Band mit vier autobiographischen Betrachtungen
Sonntage auf meinem Land. In dem anschließenden, thematisch eng
verwandten Stück *Der Kindliche Kalender* schildert George den Jah-
resverlauf so, wie er ihn als Kind und Jugendlicher in Bingen erlebt
hat: entlang den katholischen Feiertagen von Epiphanias über Ostern
und Pfingsten bis zum Advent. Als Höhepunkt in der langen Reihe
der »vielen sonntage nach Pfingsten die wenig abwechslung brachten
im kindlichen jahre«[76] behielt er das Fest des heiligen Rochus in Erinnerung, das Fest des Stadtheiligen von Bingen Mitte August. Noch
über die Lebensmitte hinaus datierte George Briefe an Freunde gelegentlich nach dem Kirchenkalender: »2. Sonntag nach Ostern« (1896
an Wolfskehl), »am Himmelfahrtstag«, »am Stefanstag« (1898 an
Lechter), »Mariae Lichtmess« (1899 an Sabine Lepsius) oder »Mar[iae]
Verkündigung« (1903 an Verwey).

George hat den *Kindlichen Kalender* erst 1925 in die zweite Auflage von *Tage und Taten* aufgenommen. 1903 scheute er vor einem

so eindeutigen Bekenntnis zu seiner katholischen Herkunft offenbar noch zurück. Die in seinen Gedichten auffallend häufigen Anleihen in der katholischen Bildwelt können allerdings niemandem verborgen geblieben sein. Mit der Ausrufung Maximins zum neuen Heiland ab 1904 erwiesen sich Liturgie und Ritus der römischen Kirche dann endgültig als Georges wichtigstes Erbteil. »Erst George hat die deutsche Sprache dieses katholischen Zaubers mächtig gemacht.«[77] Wer nicht katholisch sei, meinte Gundolf einmal im Gespräch, könne George eigentlich gar nicht richtig verstehen. Dann korrigierte er sich: »Man muss aus katholischer Atmosphäre kommen; man muss katholisch gewesen sein.«[78]

In einer überwiegend katholischen Kleinstadt unter der Aufsicht einer fanatisch religiösen Mutter aufgewachsen, konnte George sich nie ganz vom Katholizismus lossagen. Obwohl er in späteren Jahren schnell außer sich geriet, sobald »von Pfaffen, Jenseits und Kirche die Rede« war,[79] bewahrte er sich doch stets eine große Sympathie für die katholische Welt. »Der echte Katholizismus ist etwas Ehrwürdiges, Reines und Richtiges. Ich selbst habe bis zum achtzehnten Jahr darin gelebt«, bekannte er kurz nach dem Krieg. Eine Macht, die ihm befehle, jeden Tag in die Messe zu gehen, sei ihm jedenfalls lieber als eine, die ihn zwinge, »den Schießprügel in die Hand zu nehmen«.[80] Für den ehemaligen Ministranten, der seine Eltern zur Wallfahrt nach Walldürrn begleitete und gern das Weihrauchfass schwenkte,[81] war mit der Rom-Reise Ostern 1898 der Traum eines jeden Katholiken in Erfüllung gegangen: Auf dem Petersplatz erlebte er den Papst, der

> eingehüllt von weihrauch und von lichtern
> Dem ganzen erdball seinen segen spendet:
> So sinken wir als gläubige zu boden
> Verschmolzen mit der tausendköpfigen menge
> Die schön wird wenn das wunder sie ergreift.[82]

Nicht nur der sinnenfrohe, strenge Prunk der römischen Kirche hat das Weltbild des jungen George entscheidend geprägt. Auch sein Denken war von der Kirche beeinflusst und bewegte sich in den Bah-

nen von Glaube und Wunder. Als er sich später für apokryphe Überlieferungen zu interessieren begann, entdeckte er zahlreiche Übergänge zwischen hellenistischem und frühchristlichem Gedankengut.
Der Katholizismus habe deshalb eine solche Kraft, äußerte er im Gespräch mit Curtius, weil sich in ihm die antiken Mysterien zumindest
in Restbeständen erhalten hätten.[83] George dachte dabei vor allem
an das Brauchtum seiner engeren Heimat. In keinem anderen Land-
strich sei das antik-heidnische Erbe so lebendig wie in Rheinhessen,
schwärmte er. Etwas Dionysischeres als die Winzerumzüge von Bingen habe es im Deutschland seiner Kindheit nicht gegeben.[84]

Die streng katholische Erziehung führte zu einem generellen Argwohn gegen alles Protestantische. Verstärkt wurde die frühe Abneigung in den Jahren am Darmstädter Gymnasium, wo George zur
Minderheit der katholischen Auswärtigen zählte und die Nachwir-
kungen des »Kulturkampfes« zu spüren bekam. Die Kampfgesetze,
mit denen Bismarck bald nach der Reichsgründung den Einfluss der
katholischen Zentrumspartei hatte eindämmen wollen, wurden in der
ersten Hälfte der achtziger Jahre zwar zurückgenommen, aber der
Ruf der Katholiken blieb auf lange Zeit beschädigt. George seinerseits setzte Protestantismus mit Rationalisierung und Intellektualisierung gleich, mit dem Siegeszug des Materialismus und der Aufklärung. Der größte denkbare Gegensatz hieß für ihn »Luther und
die Antike«. Darüber werde er eines Tages ein Buch veröffentlichen:
Das werde »lauter leere Blätter enthalten«.[85]

Am meisten befremdete George am Protestantismus jene Verknüpfung von Religion und Gelderwerb, die Max Weber in seiner
berühmten Abhandlung *Die protestantische Ethik und der Geist des
Kapitalismus* eingehend untersucht hatte.[86] Weber interessierte die
Frage, warum im 16. und 17. Jahrhundert die »aufsteigenden ›bürgerlichen‹ Mittelklassen« gerade in den fortschrittlichsten und wohlha-
bensten Gegenden Europas – Genf, den Niederlanden, England –
und später in den Neuengland-Staaten so anfällig gewesen seien für
die »bis dahin unbekannte puritanische Tyrannei«. Was diese Gesellschaften eine, war das Ideal der Kreditwürdigkeit. Da nur derjenige

als kreditwürdig galt, der das Kapital zu mehren verstand, wurde dessen Vermehrung zu einem Hauptzweck des Lebens selbst. Die Prädestinationslehre Calvins eröffnete dem Einzelnen dabei die Möglichkeit, sich innerhalb seines Berufes vor Gott zu bewähren und so »ein *pharisäisch* gutes – Gewissen beim Gelderwerb« zu erlangen. »Ein spezifisch *bürgerliches Berufsethos* war entstanden.«[87]

Weil die asketischen Glaubensgemeinschaften auf jede kirchlich-sakramentale Tröstung verzichteten, so Weber im zentralen Teil seiner Ausführungen, lebten ihre Anhänger im »Gefühl einer unerhörten inneren *Vereinsamung des einzelnen Individuums*«. Mit der »Ausschaltung der *Magie* als Heilsmittel« war die »Entzauberung« der Welt in ihr letztes Stadium getreten. »Entzauberung« bedeutete, wie Weber später erläuternd ausführte, nichts anderes als den Glauben, dass es »prinzipiell keine geheimnisvollen, unberechenbaren Mächte gebe ... daß man vielmehr alle Dinge – im Prinzip – durch *Berechnen beherrschen* könne«.[88] In dem Begriff »Entzauberung« liegt der Schlüssel zum Verständnis dessen, was sich zur gleichen Zeit, als Webers Studie erschien, 1904/05, im Werk Georges als Gegenbewegung vollzog.

Weber nannte seine Untersuchung »eine Art ›spiritualistischer‹ Konstruktion der modernen Wirtschaft«.[89] Er wollte zeigen, dass der Ursprung des Kapitalismus »eben *nicht* in Aufklärung und Säkularisierung, nicht im Zerfall religiöser Bindungen, sondern ganz im Gegenteil in religiöser Leidenschaft« zu suchen sei.[90] In der Schlusspassage zeigte er sich von der Trostlosigkeit seiner eigenen Ergebnisse ziemlich deprimiert. Die unselige Verbindung von Puritanismus und Kapitalismus – so Webers ernüchternder Befund – habe »ein stahlhartes Gehäuse« geschaffen, in dem der Mensch gefangen bleibe, »bis der letzte Zentner fossilen Brennstoffs verglüht ist«. Es war die gleiche Metaphorik, deren sich auch George in diesen Jahren bediente. Es bleibe abzuwarten, so Weber, ob die »mechanisierte Versteinerung« für immer Bestand habe oder »ob am Ende dieser ungeheuren Entwicklung ganz neue Propheten oder eine mächtige Wiedergeburt alter Gedanken und Ideale stehen werden«.

Als ein solcher »ganz neuer Prophet« trat Stefan George auf. Weil er sich mit der »Entzauberung« der Welt nicht abfinden wollte, suchte er das Rad der Geschichte zurückzudrehen. Mit Hilfe einer neuen Spiritualität sollte der Zauber neu in die Welt gebracht werden. Der direkte Bezug zu Weber war nicht zu übersehen. Zwei gewaltige universalistische Entwürfe, die der gleichen Grundeinsicht entstammten, traten so in unmittelbare Konkurrenz zueinander. Dem »stahlharten Gehäuse« des einen setzte der andere den trotzigen Glauben an die Erneuerbarkeit des Zaubers durch das Leben selbst entgegen: »Nur durch den zauber bleibt das leben wach.«[91]

3 Blutleuchte

Seit Januar 1901 lebte Stefan George die ersten Monate des Jahres regelmäßig in München. Er kam fast immer aus Bingen, wo er im Kreis der Familie die Weihnachtstage verbracht hatte, und fuhr im März oder April meist wieder dorthin zurück. Er fühlte sich schnell heimisch in der Stadt – »Du stadt von volk und jugend! heimat deucht / Uns erst wo Unsrer Frauen türme ragen«.[1] Noch während des Krieges hielt er sich jeweils einige Wochen zu Jahresbeginn hier auf. Dass George zwanzig Jahre mit bürgerlicher Regelmäßigkeit in München überwinterte, hatte nicht zuletzt ökonomische Gründe. Hier hatten sich nach ihrer Hochzeit im Dezember 1898 Karl und Hanna Wolfskehl niedergelassen, und in deren großen Schwabinger Mietwohnungen – erst Leopoldstraße 51, dann Leopoldstraße 87 – stand George stets ein Gästezimmer zur Verfügung. Anfang 1909 zogen Wolfskehls in den ersten Stock der Römerstraße 16; als dort Ende Oktober die Mansardenwohnung frei wurde, mieteten sie die zwei Zimmer dazu und überließen sie George, der sie sich nach eigenen Entwürfen einrichtete.

Das München der Jahrhundertwende war idyllisch, überschaubar, verträumt. 1893, als sich George erstmals länger hier aufhielt, hatte die Stadt gerade einmal 390 000 Einwohner und war damit nur etwa dreimal so groß wie Charlottenburg. Wer von außerhalb kam, konnte hier tatsächlich der »Illusion von Heimat« erliegen und sich ein letztes Mal »vor dem Ausbruch der Weltkatastrophe« zu Hause fühlen.[2] In einer zunehmend entfremdeten Welt sei einem die Stadt »wie eine Oase« erschienen, erinnerte sich Ludwig Klages. »Hier konnte man sich auswachsen, konnte verbummeln, konnte unter die Räder kommen; aber eines wie das andere im Gefühl schrankenloser

Unabhängigkeit.«³ Die höhere Form des Müßiggangs habe aufs Angenehmste mit dem sinnlich-herben Aroma der einheimischen Jugend korrespondiert, und »vom Zauber dieses völkischen Eros« hätten sich die meisten Zugereisten gern gefangen nehmen lassen. »München leuchtete«, schwärmte auch Thomas Mann,⁴ der 18-jährig, im März 1894, nach Schwabing gezogen war und hier, vor dem Hintergrund der Boheme, die er sich allerdings nie als eine ihm gemäße Lebensform vorstellen konnte, die *Buddenbrooks* schrieb.

In München wimmelte es von Erlösern und Propheten, von diätetischen Anarchisten und Abstinenzlern, Reformern an Leib und Seele, Weltverbesserern, Künstlern und Käuzen. Sie saßen mit Vorliebe in ihren Stamm-Cafés, Stephanie oder Leopold, und brüteten über ihrem endgültigen Werk, das, wenn es denn zustande kam, nicht selten ihr einziges blieb. Wer dazugehören wollte, musste in Schwabing wohnen. Die 1890 eingemeindete Vorstadt im Norden vermochte dem intellektuellen Ansturm eine Zeitlang zu trotzen und schien sich ihren dörflichen Charakter über die Jahrhundertwende hinaus zu bewahren. »Schwabing, Schwabing! Es geht wenig darüber und alles dort umher. Man trifft sich, steht, spricht, geht, besucht sich, und alles leidet einander wohl.«⁵

Als höchste Auszeichnung nördlich vom Siegestor galt das Etikett »enorm«. Es bezeichnete den Gegensatz von »belanglos« und gehörte zu jenen Superlativen des Schwabinger Jargons, die in aller Munde waren und doch von keinem hätten recht erklärt werden können. »Schwabing ist kein Ort, sondern ein Zustand«, resümierte Fanny Reventlow, die über den Kreis ihrer zahlreichen Liebhaber und Verehrer hinaus als die eigentliche Seele des Schwabinger Treibens galt. Sie gab dem Zustand auch gleich einen passenden Namen: »Wahnmoching«.⁶

Obwohl George sich immer nur besuchsweise in München aufhielt und im Schwabinger Biotop höchst selten zu sehen war, galt er von vornherein als einer der Enormen. Selbst unter Leuten, die ihn nicht kannten, wurde darüber gestritten, ob der Meister gerade in München sei oder nicht. In ihrem Schwabinger Schlüsselroman

Herrn Dames Aufzeichnungen schildert Fanny Reventlow ein Kostümfest bei Wolfskehls. Sie glaubt, unter den Gästen auch den Meister erkannt zu haben, wird aber von Hanna Wolfskehl belehrt: »Sie irren sich – er ist nicht hier. Der Herr, den Sie meinen, hat nur seine
Maske gemacht.« Die Reventlow beharrt darauf, dass es sich bei der
angeblichen Maske um George selbst handele. Als der fiktive Herr
Dame sie später fragt, warum denn um die Anwesenheit dieses Mannes so viel Aufhebens gemacht werde, gibt sie die unschlagbar enorme
Antwort: »Weil gewöhnliche Sterbliche nicht wissen dürfen, dass er
wirklich vorhanden ist.«[7]

Im Schwabinger Kalender waren die Kostümfeste die Höhepunkte des Jahres, in den Tagen davor und danach wurde von nichts anderem gesprochen. »München ist die Stadt der angewandten und zwar
der festlich angewandten Kunst«, schrieb Thomas Mann, »und der
typische Münchner Künstler immer ein geborener Festordner und
Karnevalist.«[8] Während der Vorbereitungen zu einem solchen Fest
lernte der Zaungast in Reventlows Roman vor allem die »Hohe Schule der Diskretion kennen«. Sie bestand darin, »Dinge, die vielleicht
schon in aller Leute Mund sind, durch plötzliches Verstummen in un-
durchdringliche Schleier zu hüllen und dadurch als Geheimnis zu
kennzeichnen ... Was niemand weiß, ist ein Nichts, ist überhaupt
nicht vorhanden; und nur die Art, wie man ein Gewusstes je nachdem
offenbart oder wieder verhüllt, macht es zum wahren Geheimnis.«[9]
Keiner beherrschte diese Technik besser als George. »Die seltsamsten
Gerüchte« seien damals umgegangen, erinnerte sich Oscar Schmitz.
»So wurde erzählt, George lese mitternachts bei Lepsius, auf einem
Elfenbeinthron sitzend, von nackten Epheben umgeben, zwischen
Weihrauchwolken seine Gedichte vor.« Als Schmitz Wolfskehl um
Aufklärung bat, entgegnete ihm dieser: »Sie haben es doch hoffent-
lich nicht dementiert.«[10]

Karl und Hanna Wolfskehl haben alles getan, George abzuschirmen und ihm den Umgang mit Leuten zu ersparen, die ihn langweil-
ten. »Denken Sie z. B. an die Gespräche mit Frau Prof. Frtwgl.«, klagte Gundolf einmal gegenüber Wolfskehl, »bei der einem das Gehirn

zappelt und der Steiss einschläft.«[11] George war kein guter Unterhalter. Für Wolfskehl hingegen bestand das Leben im Wesentlichen aus Geselligkeit. Da er genügend Vermögen besaß, nicht arbeiten zu müssen, konnten er und Hanna das ganze Jahr über Einladungen aussprechen, sonntags zum Tee bitten und im Fasching Kostümfeste geben. Karl war der große Zampano, der sich als »Zeus von Schwabing« in seinem Element fühlte. Gleichwohl spürten die Gäste, dass nicht der Hausherr selbst den Rhythmus vorgab. Das Zentralfeuer wurde, wie es in einem weiteren Schlüsselroman über Schwabing hieß, von »einer noch übergeordneten und nur selten sichtbaren Person« geschürt.[12]

Als Logiergast bei Wolfskehl wohnte George im Auge des Orkans. Die gelegentlichen Auftritte des »franziskanisch ärmlichen« Fremden mit »den hageren und fast entfleischten großnägeligen Fingern« wussten Wolfskehls geschickt in Szene zu setzen. Kaum war George zu seinem ersten längeren Aufenthalt in der Leopoldstraße eingetroffen, wurde er schon auf ominöse Weise präsentiert. Am 3. Februar 1901 gab es einen Jour, zu dem unter anderen Ricarda Huch und ihr Mann, der Zahnarzt Ermanno Ceconi, geladen waren:

> Vorigen Sonntag gingen Manno und ich zum Jour. Er [George] war in dem großen Zimmer, wo man immer den Thee nimmt, nicht, und es herrschte eine schweigende Beklommenheit. Endlich bemächtigte sich Frau Wolfskehl meiner, führte mich in das 3te Zimmer und stellte *mich ihm* vor. Er sieht abschreckend und häßlich aus, wie das böse Princip, oder wie ein giftiger Pilz. Als ich wieder herüberkam, sehr bald, sagte Frau W. zu mir, ich möchte nicht erwähnen, dass George dort wäre, sonst würde Irene Braun, die auch dort war, wünschen ihm vorgestellt zu werden. Ich sagte leise: das glaube ich kaum, denn im allgemeinen werden doch die Herren den Damen vorgestellt, nicht umgekehrt … Zu Manno sagte Frau W. beim Adieusagen: »Sie werden ein andermal die Ehre haben.« Manno in voller Wut sagte Wolfskehl ein paar wilde Grobheiten.[13]

Die besondere Stellung, die George im Hause Wolfskehl einnahm, und die ungewöhnliche Verehrung, mit der ihm dort alle begegneten, sorgten für Gesprächsstoff. Zwar gab es auch in München die aufgeklärten Skeptiker, die lieber nach rationalen Gesichtspunkten urteil-

ten. Insgesamt aber war es in Schwabing einfacher als in Charlottenburg, die Aura des Besonderen zu pflegen. Zum einen herrschte in
den Salons von Simmel und Lepsius ein so ausgeprägtes bürgerliches
Selbstbewusstsein, dass man sich den Verkehr mit einem Künstler,
und war er noch so bedeutend, nur auf Augenhöhe vorstellen konnte. Zum anderen galt in Berlin schnell als lächerlich, was in München
höchste Aufmerksamkeit erregte. Für Sabine Lepsius verdichteten
sich die Gegensätze zwischen Nord und Süd in den unterschiedlichen
Reaktionen auf Wolfskehl. Man habe den Eindruck gewonnen,
schrieb sie 1935 in ihren Erinnerungen, dass seine Person »nördlich
der Mainlinie nicht zündete«.[14]

In München dagegen verstand es Wolfskehl, seine Position als
Schwabinger Zeremonienmeister mit dem wachsenden Ruhm Georges
geschickt zu verknüpfen. Auch wenn George nicht auf Wolfskehls
Angebot eingehen wollte, Berlin aufzugeben und im darauf folgenden Jahr ganz nach München zu ziehen,[15] so erhielt sein Leben jetzt
doch einen neuen Akzent. Das ganze Jahr habe er sich auf die zwei
Monate dort gefreut, in denen sich alles um Karneval und Karnevals-
vorbereitungen drehte. In keiner anderen deutschen Stadt hätte man
damals Ähnliches erleben können.

»In Berlin wäre man eingesteckt worden«, urteilte George später –
eingesteckt im Sinne von ins Gefängnis gekommen –, und gemeint
waren nicht seine Faschingsauftritte als Caesar oder Dante.[16] Einen
15-jährigen Buben in Lederhosen zum Retter des Jahrhunderts aus-
zurufen, wäre in Berlin undenkbar gewesen: »Preist eure stadt die einen gott geboren! / Preist eure zeit in der ein gott gelebt!«[17] Solche
Verse hätten dort niemals geschrieben werden können. Ohne den
Schwabinger Hintergrund ist der Maximin-Mythos nicht nur nicht
zu verstehen. Ohne Schwabing, genauer gesagt, ohne Georges
langjährige und intensive Teilhabe an der Gedankenwelt der kosmischen Runde um Klages, Schuler und Wolfskehl, wäre der Mythos in
dieser Form niemals konzipiert worden.

2

Den brillantesten Kopf der Schwabinger Szene, Ludwig Klages, hatte George bereits Jahre zuvor kennengelernt. Im Herbst 1893 hatten sich beide zur Fortsetzung ihres Studiums an der Ludwig-Maximilians-Universität eingeschrieben und wohnten in der gleichen Pension an der Ecke Heß- und Luisenstraße. In solchen Pensionen seien damals die verrücktesten Leute abgestiegen, erzählte George rückblickend, »wer nicht schon ein bisschen verrückt ist, kommt in so eine Pension gar nicht hin«.[18] Vielleicht wirkte der Philologiestudent George auf den Chemiestudenten Klages noch ein wenig verrückter als dieser auf jenen. Die Anziehung war in jedem Fall gegenseitig. Er habe Georges Nähe vor allem deshalb als angenehm empfunden, schrieb Klages ein halbes Jahrhundert später betont nüchtern, weil er »*persönliche* Anteilnahme für alles *Persönliche* bezeigte und in Sachen des äußeren Lebens bis hinunter zu den Vorkommnissen des Alltags ein kluger Berater sein konnte«.[19] Klages war nicht einmal 21 Jahre alt, als er mit seinem Tischnachbarn ins Gespräch kam; außer Hannover, wo er als Sohn eines Handlungsreisenden aufgewachsen war, und Leipzig, wo er die beiden ersten Semester Chemie studiert hatte, hatte er noch nicht viel von der Welt gesehen. Das Mehr an Lebenserfahrung, über das George verfügte, und die Aufmerksamkeit, mit der er ihm begegnete, verfehlten ihre Wirkung auf Klages nicht.

Während Klages an Georges Dichtung keinen großen Gefallen fand – nur der *Algabal* schien ihn zu begeistern –, bekundete George seinerseits Interesse an allen Manuskripten von Klages. Als ihm dieser eines Tages Fragmente eines Jugenddramas *Desiderata* vorlas, geriet George »buchstäblich in Fassungslosigkeit, verschwand für drei Tage aus der damals noch gemeinsam bewohnten Pension und erzählte hernach, er sei an den merkwürdigsten Orten gewesen, wovon er genauer erst berichten könne, wenn er sich völlig erholt haben werde von dem überwältigenden Eindruck der ›Desiderata‹«.[20] Der Grund für Georges dreitägiges Abtauchen dürfte weniger die Erschütterung über Klages' Juvenilia als vielmehr die Einsicht gewesen sein, dass auch dieser begabte junge Mann in die lange Reihe derer gehörte, die er nie für sich würde erobern können. Die Frage lautete allerdings, wer vor wem die Flucht ergriff. Klages habe »die volle menschliche Nähe« zwischen ihnen gescheut, ließ George seinen Biographen Wolters später schreiben: Aus »Furcht vor dem Aufgehen in George« sei er »immer wieder monatelang« verschwunden.[21]

Klages war »ein schlanker, großer blonder Mensch des schönsten germanischen Typus mit dem länglich geschnittenen, von einem kurzgehaltenen blonden Vollbart umrahmten unsinnlichen Gesicht, das von einer schönen gewölbten freien Stirne über etwas kühlen, leicht misstrauischen blauen Augen beherrscht wurde«.[22] Noch verlieh der Bart seiner ganzen Erscheinung »etwas ungemein Sanftes«,[23] das ideologisch Verbissene kam erst nach der Jahrhundertwende in seine Züge. Zwar entsprach Klages nicht dem Schönheitsideal Georges. Aber dem großen intellektuellen Zauber, der von ihm ausging, konnte er sich so wenig entziehen wie andere. Sie sei zum ersten Mal einem Menschen begegnet, der ihr das Gefühl gebe, dass er »fliegen könnte«, notierte die Gräfin Reventlow ein paar Jahre später, um am Ende ihrer quälend langen Affäre mit ihm dann doch zu konstatieren: »Mein Gott, was ist Klages eigentlich? Am Ende doch nur ein Mensch mit Größenwahn und Ichsucht und einem wundervollen Verstand, der uns alle hingerissen hat.«[24] Als scharfsinniger, rhetorisch überlegener Dialektiker stieg Klages binnen weniger Jahre zum Chefideologen[25] von Schwabing auf und gewann solchen Einfluss, dass er im Januar 1904 wagte, George die Machtfrage zu stellen.

Das erste Thema, das der »Tarzan-Philosoph« (Ernst Bloch) besetzte und das durch ihn zum zentralen Thema der Enormen von Schwabing wurde, war die Erotik. Kaum in München angekommen, berichtete er seinem Jugendfreund Theodor Lessing, der ihm wenig später nach München folgte, von seiner großen Verwirrung durch das andere Geschlecht: »dies unselige Weibszeug. München ist leider überreich an hübschen Mädchen u. diese hübschen Mädchen sind – ach – gar so willfährig.«[26] Da Klages seine Hemmungen in der Praxis aber wohl nicht überwinden konnte, blieb es bei erotischen Phantasien. Der einzige Eros, den er fortan gelten lassen wollte, war ein Eros jenseits aller Fleischeslust, der sich nicht in der körperlichen Vereinigung zweier Menschen offenbare, sondern im gemeinsamen Erlebnis des Schauens. Später entwickelte Klages daraus seine Lehre vom »kosmogonischen Eros«.

Seine ersten sexuellen Erfahrungen machte Klages schließlich mit einer Zwölfjährigen, Hedwig Bernhard, genannt Putti, der Tochter seiner neuen Zimmerwirtin in der Augustenstraße, bei der er im Sommer 1895 einzog. Die Mutter duldete das Verhältnis, »bei dem zwar gewiß das Herz beteiligt war, stärker aber die Sinne«, weil sie offenbar damit rechnete, dass der an ihrer Tochter interessierte Untermieter diese später heiraten werde.[27] Mehr als ein Jahrzehnt dauerte die Liaison, über die in Schwabing bald viel gemunkelt wurde. Selbst die so freizügige und in Fragen der Liebe robuste Franziska zu Reventlow ließ sich dadurch aus der Fassung bringen.[28] Je stärker Klages betonte, dass sein Verhältnis mit Putti ein rein körperliches und ganz profanes sei, die wahre Liebe aber erst jenseits der Wollust, mit der »Rätselferne« des Eros beginne, desto weniger konnte die Reventlow ihre Eifersucht unterdrücken.

Von Klages enttäuscht, ließ sich die Gräfin im Januar 1903 auf eine Affäre mit Karl Wolfskehl ein; Hanna suchte sich die Eskapaden ihres Mannes schön zu reden und litt. Ihren neuen Liebhaber sah die Reventlow fast täglich, obendrein erhielt sie fast täglich einen Brief von ihm, manchmal auch zwei. Als er im Frühjahr nach Italien reiste und ihr von dort gestand, es ohne sie nicht auszuhalten, fuhr sie ihm nach, um zwei Tage mit ihm in Ravello zu verbringen. Klages tobte. Er hatte die Reventlow im Sommer 1899 kennengelernt. Unter dem Eindruck von Bachofens *Mutterrecht*, das er gerade gelesen hatte, stilisierte er die junge Gräfin, die als alleinerziehende Mutter in wechselnden Liebesbeziehungen lebte, zum Ideal eines neuen Hetärismus. Dass die »heidnische Madonna« dann ausgerechnet mit Wolfskehl intim wurde und dadurch in eine aus Klages' Sicht primitive Geschlechtlichkeit zurückfiel, stellte sein aphroditisch-hetärisches Prinzip in Frage. Eifersüchtig war er obendrein. Er griff in die unterste

Schublade des Antisemitismus, aus der er sich zeit seines Lebens gern bediente, und verbreitete, der geile Jude habe »die Gräfin mit jüdischem Golde gekauft«.[29]

Die Liebeshändel von Klages und Wolfskehl 1903 hätten nicht genügt, Schwabing in Aufruhr zu versetzen. Die Rivalität reichte tiefer und hing mit ihrem Verhältnis zu George zusammen. Zehn Jahre zuvor hatten sich die drei kurz hintereinander kennengelernt. Während sich Wolfskehl und Klages von Anfang an unsympathisch waren, fühlte sich George eindeutig zu Klages hingezogen, den er »von den neuen Gefährten am liebsten und häufigsten« sah.[30] In der zweiten Hälfte der neunziger Jahre verbrachte George viele Monate in Berlin, wo damals auch Wolfskehl lebte. In dieser Zeit scheint es wiederholt zu Spannungen mit Klages gekommen zu sein, der gern damit kokettierte, dass er als ungeselliger Nordländer im Kreis der *Blätter* immer ein Außenseiter bleiben werde. Er kündigte wiederholt an, sich zu trennen, und ließ sich umstimmen, wenn George nur eindringlich genug um ihn warb:

> Sagt nicht bei jedem treffen die umschlingung
> Und dass ich oft dich suche wie du viel
> In mir erregst und mir gehörst? verrät nicht
> Dass du mich fliehst wie sehr ich in dir bin?[31]

Klages hatte jedoch Größeres im Sinn, er sah sich selbst in einer Führungsrolle. Dieses Selbstbewusstsein unterschied ihn von Wolfskehl, der sich seine Zukunft nie anders als im Dienst Georges vorstellen konnte. Der Meister bleibe doch »Anfang und Ende all unseren Erlebens, neben dem nichts bestand hat«, schrieb er anderthalb Jahre vor Ausbruch der Krise an Gundolf.[32] Im Dezember 1903 ergriff George auch deshalb so schnell Partei für Wolfskehl, weil er Klages' Intrige gegen diesen auch als eine Intrige gegen sich wertete. Hätte er nicht die Sorge gehabt, ins Fahrwasser von Klages zu geraten, hätte er sich womöglich anders entschieden. Klages habe sich damals »ganz ins Kosmische gesteigert«, berichtete er gut anderthalb Jahre später. »Er, George, habe auch daran mitgeholfen; Klages aber sei der Führende gewesen, ganz seherhaft.«[33] Etwa um die gleiche Zeit, allerdings schon mit deutlich pejorativem Unterton, äußerte er gegenüber Gertrud Simmel: »Wenn ich dies für das Richtige erkannt hätte, so würde ich mich zum *Knechte* dieser Sache gemacht haben.«[34]

Bereits 1895 hatte Klages in den *Blättern* verlangt, die Kunst dürfe sich nicht »über den eigentlichen zweck ihres schaffens täuschen«, der darin bestehe, »ein leben hervorzubringen das höhere wogen schlägt als das wirkliche«.[35] Das entsprach zwar den Maximen der *Blätter*. Klages bezweifelte aber, dass die Kunst aus sich heraus genügend Kraft zur Veränderung der Wirklichkeit aufbrachte. »Wäre vielleicht doch unsere kunst die traurige glut einer abenddämmerung über einem menschheitstage welcher untergeht?«[36] Der Künstler müsse bereit sein, die Fesseln der Vernunft abzustreifen und, wie Faust zu den Müttern, in die untersten Bezirke hinabzusteigen. Verstand und Vernunft hätten im Laufe der Jahrtausende genug Unheil angerichtet und zuletzt sämtliche Gewissheiten zerstört. Die Menschheit stehe an einem entscheidenden Punkt. Es sei Aufgabe der Kunst, diesen Augenblick zivilisatorischer Unsicherheit zu nutzen, um im Bund mit den chthonischen Mächten neue Werte zu setzen. Die von Klages in der zweiten Hälfte der neunziger Jahre gesprächsweise skizzierten Theorien übten auf George eine nachhaltige Wirkung aus. »Man erkennt in ihnen im voraus die Welt des *Siebenten Ringes*.«[37] Klages verdanke er die »Erkenntnis der wirklich noch vorhandenen Elementarmächte im Menschen«, räumte George später ein, das sei »heute seltner als alles«.[38]

Besonders aufgewühlt wurde George im Januar 1897, als ihm Klages in Gestalt des Mysterienforschers Alfred Schuler einen Gewährsmann vorstellte, der als ein echter Römer der Kaiserzeit in der Lage sei, mit Hilfe einer alten Scherbe, einer Kupfermünze oder einer Öllampe den Geist der Antike lebendig werden zu lassen. Es war kein Zufall, dass George sich später falsch erinnerte und glaubte, die Bekanntschaft mit Schuler über einen Psychiater gemacht zu haben, der ihn »als einen Verrückten studierte«.[39]

Alfred Schuler war ein »kleines dickliches Männchen mit einem großen kürbisartig ansteigenden, schon leicht glatzigen Kopf und

einem glattrasierten, breiten fetten Gesicht mit Neigung zum Dop-
pelkinn und sehr großen blauen, leicht herausquellenden Augen«.[40]
Ein Leben lang bewegte er sich auf der Grenze zwischen »Dämonie
und Dürftigkeit«.[41] Eine »figure extrêmement curieuse« nannte ihn
Walter Benjamin.[42] Rilke, der 1915 in München einige Vorträge Schulers hörte, in denen er »die Toten als die eigentlich Seienden, das To-
ten-Reich als ein einziges unerhörtes Dasein« feierte, meinte auf die
Todesnachricht im April 1923, rückblickend auf die Münchner Jahre
erscheine ihm »die Begegnung mit Schuler als der eine unendliche
Werth, der mir dort sollte eingeflößt werden«.[43] Nüchternheit bewahrte sich Friedrich Gundolf. Der »violette Ringelnero« habe »wie
ein Alb auf der Leopoldstrasse« gelegen, schrieb er am 7. Januar 1904
an George. Da war die kosmische Runde »wie eine grosse schöne
schillernde Seifenblase« eben zerplatzt.[44]

1865 in Zweibrücken in der Pfalz geboren, linksrheinischer, katholischer Herkunft wie George, hatte sich Schuler schon als Kind
am wohlsten gefühlt, wenn er mit seinem Vater, einem Bezirksrichter
und passionierten Hobby-Archäologen, in den römischen Siedlungs-
resten in Ixheim oder Schwarzenacker herumbuddeln durfte. Wenn
»rings um mich frisch aufgeworfener Schutt der eingesunkenen
Römervillen lag, da belebte sich plötzlich meine Umgebung. Aus
den halbverbrannt umherliegenden Menschenknochen, die an eine
furchtbare Katastrophe erinnerten, stiegen die Geister der Vorzeit.«[45]
Man müsse sich stets vergegenwärtigen, schrieb Klages 1902 in seinem George-Buch wohl mit Bezug auf beide, George wie Schuler,
»dass in rheinischen Stämmen der Überlieferungsfaden, der uns mit
dem Altertum verknüpft, nie so völlig zerriss als in Deutschlands
protestantischen Gegenden«.[46] Nach dem Tod des Vaters war Schuler
im Alter von 22 Jahren mit seiner Mutter nach München gezogen. Sie
mieteten eine kleine Wohnung am oberen Ende der Luisenstraße,
schräg gegenüber der Pension, in der sich später Klages und George
einquartierten, und lebten dort von der Witwenpension der Mutter.
Nach deren Tod 1912 war Schuler finanziell auf wohlmeinende Gön-
ner angewiesen wie den Sohn Gustav Freytags, dem er die Bibliothek

ordnete, oder die Verlegersgattin Elsa Bruckmann, in deren Haus er 1915 und 1922 einige Vorträge hielt. Auf seiner Visitenkarte bezeichnete er sich als Archäologe – ein Fach, das er an der Universität München bis zu seinem 46. Lebensjahr studierte, ohne je ein Examen abzulegen.

Klages, der in Schuler zunächst nicht mehr als einen »genialen Sonderling« sah, stilisierte ihn schon bald »zum Träger eines Wissens um Geheimnisse ... die niemandem sonst sich enthüllt hatten«.[47] Er nutzte die Schulersche Ideenwelt als Steinbruch, aus dem er sich eine Fülle von Anregungen, Einfällen und Stichworten holte, die ihm bei der Ausarbeitung seiner Philosophie nützlich waren. Manchmal projizierte er auch eigene Vorstellungen auf Schuler und ließ sie durch diesen gleichsam autorisieren. Klages sei ein »ganz unschöpferischer Mensch«, schimpfte Schuler und warf ihm indirekt geistigen Diebstahl vor.[48] George urteilte ähnlich: »Der kann nur abstrahieren, nicht gestalten.«[49] Aber während Schuler selbst über eine surreale, absichtsvoll dunkle Aphoristik nie hinauskam, gelang es Klages immerhin, in das Chaos des Schulerschen Denkens ein paar Schneisen zu schlagen und zur Verbreitung seiner Ideen beizutragen. So entstand zwischen beiden ein langjähriges symbiotisches Verhältnis, in dem keiner mehr ohne den anderen denkbar war.

In Schulers Gedankenwelt, einem Gemisch aus spätantiken, gnostischen und anderen okkulten Traditionen, sind einige kulturhistorisch bemerkenswerte Ansätze zu erkennen. Sein Werk »steht am Schnittpunkt zwischen Magie und Theorie und bietet damit eine der in der Moderne seltenen Gelegenheiten, den Einfluss apokrypher Strömungen auf den öffentlichen Diskurs zu verfolgen«.[50] Dennoch sollte man sich hüten, aus Schulerschen Topoi wie Licht und Blut, Zelle und Schoß, Telesma, Pneuma und Aura einen Bau zu rekonstruieren, den es niemals gab. Ein Großteil der Wirkung Schulers beruhte darauf, dass ihm seine Homosexualität zum Schlüssel für das tiefere Eindringen in die Mythen und Mysterien der Antike geworden war. In der Welt der antiken Religionen gab es so gut wie nichts, was er nicht in einen phallischen Zusammenhang brachte. Durch ihn

wurde der Phallos zur eigentlichen Obsession von Schwabing. Statt
ins Kaffeehaus zu gehen oder in literarischen Zirkeln sich zu langweilen, schlich Schuler abends vor den Kasernen herum oder durchstreifte Markthallen und Jahrmärkte wie etwa die Auer Dult auf der
Suche nach Metzgergesellen und Stallknechten, virilen, möglichst
derben Burschen aus dem Volk. »Nach schwängrung süchtig«,[51] gab
er sich auf diesen Streifzügen dem »offenen Leben« hin. Im »offenen
Leben« feierte er das Ideal einer herrschaftsfreien, vorgeschichtlichen
Zeit, in der es noch keine Trennung von Geist und Leib, männlich
und weiblich gegeben habe. Erst die patriarchalischen Strukturen der
späteren Zivilisationsstufe hätten mit der Vorherrschaft des Mannes
über die Frau auch Kampf und Unterdrückung in die Welt gebracht.
Im »geschlossenen Leben« unterliege der Mann seither dem furchtbaren Zwang zur Zeugung.

Bestimmte Menschen seien aufgrund ihrer sexuellen Disposition
in der Lage, das Weibliche und Männliche in sich zum Ausgleich zu
bringen und so die ursprüngliche Einheit wiederherzustellen. »Nicht
Mann noch Weib. / Zeugen Empfangen ist eins. /.../ In der Tiefe Kern
leuchtet das Eine.«[52] Androgynie, Zwittertum war eines von Schulers
Lieblingsthemen. »Der Androgynismus der römischen Caesaren«
lautete etwa das Thema eines zweiteiligen Vortrages im Januar und
März 1903 vor der Münchner Sektion des Wissenschaftlich-humanitären Komitees. Manche hielten Schuler aufgrund seiner Physis
selber für einen Hermaphroditen.[53] Alles in allem lässt sich sein Leben wohl am ehesten als ein konsequenter Versuch sehen, »den
Bruch zwischen ›innen‹ und ›außen‹ zu heilen, den geheimen Bezug
zwischen Schoß und All, Mikro- und Makrokosmos wiederherzustellen«.[54]

Als George in der zweiten Januarhälfte 1897 mit Paul Gérardy
auf der Durchreise nach Italien in München Station machte, nahm
Klages die Gelegenheit wahr, ihn mit Schuler zusammenzubringen.
Gérardy war entsetzt und nannte Schuler hinterher »absolument
fou«.[55] George zeigte sich zugänglicher, so dass Schuler ihn drei Wochen später auf der Rückreise einlud, »Ihnen in meiner Wohnung bei

einer Tasse Thee einen Einblick in meine Fragmente, die nur leider
sehr spaerlich sind, gewaehren zu dürfen«.[56] An diesem Abend geriet
George zum ersten Mal in den Bann Schulerscher Beschwörungen –
»Dass wir der sinne kaum mehr mächtig, wie vergiftet / Nach schlim-
mem prunkmahl taglang uns nicht fassten«.[57] Die »neugierblicke«, die
George dabei in Schulers »wahneswelten« warf, machten ihn nicht
nur mit dessen höchst eigenwilligen Ansichten über römische Rituale bekannt, sondern auch mit Schulers jüngster Leidenschaft zu
einem bayerischen Soldaten. Schuler las ihm seinen »Korybantischen
Dithyrambos« vor, von dem George anschließend eine Abschrift erbat: »Was zitterte aus deiner Sporen Klang? / Was rann um deines Sä-
bels weiße Koppel?«[58]

Schuler verzierte die Abschrift mit zahlreichen, heute kaum noch
zu entschlüsselnden Symbolen aus seinem Privatkosmos. In einen
Blätterkranz zeichnete er auch eine sogenannte Swastika, jenes altin-
dische, um die Jahrhundertwende in Europa weithin unbekannte
Symbol, das später als Hakenkreuz Einzug in die Weltgeschichte
hielt. In die vier offenen Felder der Swastika trug Schuler die vier
Buchstaben des Wortes EROS ein.[59] Das gleiche Symbol – *ohne* die
vier Buchstaben, links drehend – verwendete George fünf Jahre später
zweimal in einer prunkvollen Abschrift von Liebesgedichten für
Gundolf; die Aufschrift auf dem Titel lautete: »Ime-
ros/Pathos/Charis« (Sehnen/Leiden/Danken). George wie Schuler
deuteten die Swas-
tika, wie später Wilhelm Reich in *Massenpsychologie des Faschismus*,
als Koitus-Geometrie. 1908 wurde sie von Lechter als Ornament im
ersten Band der Shakespeare-Ausgabe benutzt, 1910 tauchte sie auf
der Umschlagrückseite des *Jahrbuchs für die geistige Bewegung* auf,
und von 1916 an (Gundolfs *Goethe*) prangte sie auf Vorschlag Lechters auf den wissenschaftlichen Veröffentlichungen der Blätter für die
Kunst.[60]

Eine ganz andere Popularität erlangte die Swastika in den Jahren
vor dem Krieg in Wien. Hier führten Rassenfanatiker wie Guido List
und sein Nachfolger Joseph Adolf Lanz blind und verbissen ihren

»völkischen Abwehrkampf« gegen »Fremdrassige«. Zur Vorbereitung auf den Endkampf der arischen »Herrenmenschen« gegen die
»Tschandalas« hatte List eine Reihe von Geheimbünden gegründet,
denen das Hakenkreuz von 1907 an als Erkennungszeichen diente. In
diesem völkisch fanatisierten Umfeld bastelte sich der junge Adolf
Hitler seine Weltanschauung zusammen.[61]

3

Nach einem kurzen Besuch in München in der zweiten Augusthälfte
1897 hielt sich George erst 1899 wieder länger in München auf. Am
19. April kam es zu einem denkwürdigen Abend in der Wohnung von
Alfred Schuler. Klages erinnerte sich:

> Geladen waren außer mir George, Wolfskehl und seine Frau. Man male sich
> aus: mitanwesend Schulers bereits damals sehr alte Mutter, bedienend und
> helfend; im besten seiner nicht geräumigen Zimmer eine längliche Tafel, im-
> grunde bescheiden, für seine Verhältnisse üppig mit Speisen bedeckt; Licht
> von Kerzen und einem römischen Dreidochter; vor diesem auf metallenem
> Sockel eine Nachbildung des »Adoranten«, dahinter Lorbeer und anderes
> Grün; um jeden Teller ein Kranz leuchtender Blüten; Weihrauchduft. – Nach
> der Mahlzeit beginnt er mit dem Vorlesen seiner stärksten Fragmente,
> mächtig schon einsetzend und zu immer mächtigerem Pathos fortgerissen.
> Es bildet sich, so möchte man meinen, ein magisches Feld … Die alte Mut-
> ter ist in sich zusammengesunken; Wolfskehl, seelisch und geistig immun,
> saugt und assimiliert … George gerät in wachsende, schließlich kaum noch
> beherrschte Erregung. Er hat sich hinter seinen Stuhl gestellt; fahler denn
> fahl scheint er im Begriff, die Fassung zu verlieren. Die seelenatmosphäri-
> sche Spannung wird unerträglich. Keiner vernimmt noch genau, was Schu-
> ler kündet; doch aus dem Dröhnen seiner Stimme wächst ein Vulkan, der
> glühende Lava schleudert … Auf der nächtlichen Straße stehe ich plötzlich
> mit George allein. Da fühle ich mich am Arm ergriffen: »Das ist Wahnsinn!
> Ich ertrage es nicht! Was haben Sie getan, mich dorthin zu locken! Das ist
> Wahnsinn! Führen Sie mich fort; führen Sie mich in ein Wirtshaus, wo bie-
> dere Bürger, wo ganz gewöhnliche Menschen Zigarren rauchen und Bier
> trinken! Ich ertrage es nicht!«[62]

Was an diesem Abend passierte, dürfte sich in etwa so zugetragen haben, wie es Klages vierzig Jahre später lustvoll ausgemalt hat. Die Be-

hauptung allerdings, dass ihm an diesem Abend schlagartig der ungeheure Abstand zu George deutlich geworden sei und er am nächsten
Tag beschlossen habe, sich von George zu trennen, gehört ins Reich
der Klagesschen Legenden. Sein Groll richtete sich nämlich gar nicht
gegen George, sondern gegen Wolfskehl, der sich soeben in München
niedergelassen hatte und die Szene zu dominieren begann. Wolfskehl
zeigte sich keineswegs »seelisch und geistig immun« gegen Schuler,
sondern war im Gegenteil von dessen magischen Deutungen der Antike stark fasziniert. Sein Hang zu Rausch und Ekstase wie auch seine
umfassenden Kenntnisse auf dem Gebiet okkulter Literatur ließen
ihn in den kommenden Jahren für Schuler zum idealen Gesprächspartner werden. Dabei hätte er nach Schulers Überzeugung gar
keinen Zugang zu urzeitlichen, kosmischen Geheimnissen haben
dürfen, weil ihm als Juden das Wichtigste überhaupt fehlte: die Blutleuchte.

Im Blut strömten laut Schuler die kosmischen Energien des Menschen zusammen, Blut war für ihn der wertvollste Besitz überhaupt,
»Quell aller schöpferischen Mächte«.[63] Das Blut dachte er sich von
einem Leuchtstoff durchdrungen, einer fluoreszierenden Substanz,
deren unterschiedlich starkes Aufleuchten von der kosmischen Kraft
ihres jeweiligen Trägers kündete. Das Leuchten war nach seiner
Überzeugung jedoch nur im Blut bestimmter Personen zu finden,
nämlich im Blut derer, »von denen in Zeiten des Niederganges die allgemeine Wiedergeburt zu erwarten sei«. Die höchste Konzentration
an Blutleuchte werde in einem »Sonnenkind« oder »Sonnenknaben«
erreicht. Ein solches Wesen trete allerdings höchst selten auf, im Abstand von Jahrhunderten. Blutleuchte lässt sich am ehesten mit dem
Pneuma gleichsetzen, »das in der Gnosis als Funken von der urzeitlichen Lichtfülle gilt, den der Auserwählte im tiefsten Innern seiner
Seele trägt«.[64]

Als mächtigster Feind des Blutes galt der Geist. Der Geist war, wie
der Titel des dreibändigen, zwischen 1929 und 1933 erschienen
Hauptwerkes von Klages lautete, der große Widersacher der Seele.
Ziel aller kosmischen Anstrengungen musste es sein, die Seele aus den

Fesseln des Geistes zu befreien. Geist wurde gleichgesetzt mit Vernunft und Fortschritt, mit Kapitalismus und Zivilisation, mit dem »geschlossenen Leben« des geschichtlichen Zeitalters und – mit dem Judentum. Geist war gleichbedeutend mit dem Sieg Judas über das Blut, mit dem Sieg Jahwes über das Leben. Schulers Tiraden gegen den Molochismus, wie er in Anspielung auf den kinderfressenden semitischen Moloch das Judentum mit Vorliebe nannte, unterschieden sich kaum von den aggressiven rassistischen Stereotypen, die um die gleiche Zeit in Wien in Umlauf gebracht wurden. Klages hat Schuler noch um einiges überboten: »Der Jude ist überhaupt kein Mensch. Wir brauchen nicht hinzuzufügen, dass er natürlich auch kein Tier ist. Er lebt das Scheinleben einer Larve, die Moloch-Jahwe sich vorband, um auf dem Wege der Täuschung die Menschheit zu vernichten.«[65] Geschrieben hat er das 1903.

Bevor Klages in diesem Jahr die antisemitische Karte spielte, um Wolfskehl loszuwerden, wollte er sich das Deutungsmonopol über Bachofens *Mutterrecht* sichern. Er hatte die 1861 erschienene »Untersuchung über die Gynaikokratie der alten Welt nach ihrer religiösen und rechtlichen Natur« (so der Untertitel) im Frühjahr 1899 in einem Zug gelesen. Den Hinweis verdankte er – zu seinem ewigen Leidwesen – Karl Wolfskehl. In der Frage, welche Schlüsse aus der Kenntnis der urzeitlichen Religiosität zu ziehen seien, ließ er diesen allerdings bald weit hinter sich. Ihre besondere, die Geschicke von Schwabing auf einige Jahre bestimmende Dynamik entfalteten Bachofens Thesen vor allem dadurch, dass sich Klages wenige Monate nach der Lektüre in Franziska zu Reventlow verliebte.

Am Ideal einer neuen, herrschaftsfreien, tendenziell auf die Gleichheit von Mann und Frau zielenden Sexualität arbeiteten damals viele. Im gleichen Jahr, in dem Klages mit der Verknüpfung Bachofenscher und Schulerscher Ideen begann, erschien (mit der Jahreszahl 1900) *Die Traumdeutung* von Sigmund Freud. Ärzte wie die Freud-Vertrauten Wilhelm Fließ und Georg Groddeck, der Philosoph Otto Weininger mit seinem epochemachenden Werk *Geschlecht und Charakter* (1903) oder ein paar Jahre später der Anarchist und Libertin

Otto Gross interessierten sich vor allem für das Phänomen der Bisexualität und die sexuellen Zwischenstufen. Im patriarchalischen Rollenverständnis mit seiner geschlechtsspezifischen Zuordnung männlicher und weiblicher Attribute erkannten sie die Ursache zahlreicher seelischer Verkrüppelungen. Die »polymorph-perverse Veranlagung« des Menschen komme dabei zu kurz. Bei Franziska zu Reventlow las sich das so: »Die Beschränkung der Erotik auf das eine oder andere Geschlecht ist ja überhaupt eine unerhörte Einseitigkeit. Der vollkommene Mensch muss alle Möglichkeiten in sich tragen und jeder Blüte des Lebens ihr Aroma abzugewinnen wissen.«[66]

Über die mit ihrem Verhältnis zu Klages einsetzende Erotomanie von Schwabing hat niemand anschaulicher zu berichten gewusst als die Gräfin selbst, »the woman who did«.[67] – »Sie kannte die Männer«, attestierte ihr auch George nach Lektüre von *Herrn Dames Aufzeichnungen* anerkennend. »Ist schon ein bisschen beschämend, was da herauskommt.«[68] Bei aller Sympathie galt ihm Fanny Reventlow aber auch als warnendes Beispiel für das destruktive Potential von Frauen. »Als Klages die Reventlow kennen lernte, hat sie ihn beinahe zum Säufer gemacht. Er kam nie zu uns ohne zwei Flaschen Wein und betrank sich. Dass ein Frauenzimmer an einem so geistigen Menschen so etwas fertig bringen kann!«[69] Dadurch sei ihm früh das »Bündezerstörende der Frau« deutlich geworden, führte George aus, und bestätigte damit indirekt, dass er die kosmische Runde ursprünglich durchaus als Gemeinschaft betrachtet hatte und Klages' Abhängigkeit von seiner Geliebten für das Auseinanderbrechen mitverantwortlich machte.

Auch wenn dem einen oder anderen unter den Enormen »die Intellektualisierung der Erotik« entschieden zu weit ging,[70] verliehen die neuen Schlagworte dem Treiben von Schwabing doch neuen erotischen Schwung. Besonders während der Faschingszeit gab es für viele kein Halten mehr, und es ist kein Zufall, dass der Mythos Schwabing vor allem im Bild des Karnevals überlebt hat. Aber der kollektive Taumel der Kostümfeste genügte nicht allen. »Was hab' ich davon, wenn ich abends dionysisch herumrase, mir wie ein Halbgott

vorkomme und am nächsten Morgen doch wieder mit der Trambahn
in mein Bureau fahren muss«, fragte eine der nüchterneren Nachtge-
stalten in *Herrn Dames Aufzeichnungen*.[71]

Und die Protagonisten? Klages war viel zu gehemmt, stand meist
nur als Zuschauer dabei, während sich die anderen amüsierten, und
ergab sich dem Alkohol. Schuler identifizierte sich als schwarz ge-
wandete Urmutter so sehr mit sich selbst, dass er vollkommen die
Fassung verlor, als er nach dem Wohlbefinden seiner Mama gefragt
wurde. George schlüpfte als Caesar oder Dante in Rollen, von denen
er hoffte, sie eines Tages ganz auszufüllen. Nur Wolfskehl war in seinem Element. Er hob »ein Schwabinger Mädchen nach dem anderen
an sein weites Herz ... nachdem er vorher mit ihr bis zur Besin-
nungslosigkeit herumgesprungen war«,[72] und wünschte sich, dass das
Fest nie ende. Den Aschermittwoch erlebte jeder auf seine Weise.

Die Kosmiker suchten sich gegenseitig darin zu überbieten, so hat
Claude David das Paradox von Schwabing auf den Punkt gebracht,
»aus Vernunftsgründen unvernünftig zu werden«.[73] Weil es ihnen
aber, von Wolfskehl abgesehen, an Spontaneität fehlte und sie nicht
einmal im Fasching in der Lage waren, aus sich herauszugehen,
machte sich Frustration breit. Schuler blieb noch am konsequentes-
ten, indem er alles kosmisch zu durchleuchten suchte: die geometri-
schen Figuren auf Wolfskehls Teegeschirr ebenso wie sein Nägel-
kauen. Er erklärte, was Lauch und Radieschen, Knödel und Weißwurst
bedeuten, und schreckte nicht einmal davor zurück, seine Umgebung
über das unterschiedliche Schillern seines morgendlichen Stuhlgangs
aufzuklären. George war von Schuler fasziniert und schrieb ein knap-
pes Dutzend Gedichte, in denen er ihn und die von ihm heraufbe-
schworenen Wahnwelten vergegenwärtigte. Auch wenn er vieles für
Spuk hielt und schon früh bezweifelte, dass die Schulerschen Visionen einen Bezug zur Realität hatten, so bestand für ihn doch kein
Zweifel, dass dieser Mann eine elementare Macht darstellte, vor der
man sich besser in Acht nahm.

4

Der große Krach im Winter 1903/04 entzündete sich an ein paar Wortverdrehungen. Hysterie, Klatsch und Eifersucht hatten im Lauf der Zeit eine giftige Atmosphäre entstehen lassen, in der die kleinste Unachtsamkeit schnell zu schweren Verwerfungen führte. George hatte seinem jährlichen Rhythmus entsprechend erst nach den Feiertagen nach München kommen wollen, aber am 3. Dezember erreichte ihn ein Brief Hannas, dem Karl als Postskriptum die dringende Bitte angefügt hatte, »Sie möchten diesmal so zeitig als nur möglich kommen, wirklich gleich nach den Festtagen. Ihre Anwesenheit ist nötiger denn je aus vielen Gründen. Ihr Statthalter ruft Sie!«[74]

George disponierte um und traf am 18. Dezember in München ein. Während Wolfskehl, in zwischenmenschlichen Beziehungen arglos, ja naiv, für Ränke nur bedingt taugte, hatte George ein feines Ohr und verstand es hervorragend, andere zu verunsichern und gegeneinander auszuspielen. Er sei »intrigant, bösartig, meuchlerisch«, hatte Klages bereits 1901 notiert.[75] Allerdings erwies er sich auch als besonders anfällig für Zuträgereien. »Du weißt, wie mißtrauisch er ist«, klagte Wolfskehl noch zwanzig Jahre später gegenüber seiner Frau, »und wie leicht er sich in die Ohren blasen läßt«.[76]

Für Klages zeichnete sich eine klare Frontlinie ab. Dadurch, dass er und Schuler sich näher gerückt waren, war wie von selbst der Abstand zwischen Schuler und Wolfskehl gewachsen. Würde es ihm gelingen, Wolfskehls Beziehungen zu George zu kappen, hätte er jenen endgültig isoliert und diesen ganz auf seine Seite gezogen. So etwa dürfte Klages kalkuliert haben. Im Januar 1904 wollte er George vor die Wahl stellen. Im letzten Moment habe er durchschaut, so stellte es Klages 1940 dar, dass Georges Bewegung »von einer jüdischen Zentrale« gesteuert werde. Er habe deshalb von George eine Entscheidung verlangen und ihn fragen wollen: »Was bindet Sie an Juda?« George sei diesem Gespräch jedoch ausgewichen.[77]

In Wirklichkeit ging es nicht um Georges Verhältnis zum Judentum, sondern um sein Verhältnis zur Kunst. Stand die Kunst auf seiten des Geistes, der für Klages allerdings synonym war mit dem Judentum, oder gehorchte sie den Kräften der Seele und diente dem Rausch? Genau mit dieser Frage hatte Klages sein Ende 1901 erschienenes George-Buch ausklingen lassen. Erst jetzt wurde George klar, dass Klages die Schrift dazu genutzt hatte, sich gegen ihn abzugrenzen und eigene Positionen zu formulieren. Durch das Treiben der Kosmiker in chiliastische Taumel versetzt, glaubte George eine Zeitlang, »die neue Welt ließe sich unmittelbar durch beschwörenden Zauber ins Dasein rufen«.[78] Klages und Schuler bestärkten ihn in dieser Auffassung und suchten ihm einzureden, dass er sich nicht damit begnügen dürfe, Gedichte zu schreiben. »George hat die Kraft«, soll Schuler gesagt haben, »aber was macht er daraus? – Kunst!« Statt weiterhin einem bloßen Ästhetizimus zu huldigen, einer »Religion der Geste«,[79] solle George daran mitwirken, die von ihnen geschaute neue Religiosität in die Praxis des Alltags zu überführen. Um ein für alle Welt sichtbares Zeichen zu setzen, müsse George nichts anderes tun, als »Knaben auf offenem Markt beschlafen«.[80]

Was von George hier gefordert wurde, war nach heutigem Sprachgebrauch ein »outing«. Ob es Diskussionen hierüber tatsächlich gab, oder ob ihre Gespräche nur auf diese Frage hinausliefen: Schulers Exhibitionismus scheint George beschäftigt, vielleicht auch verunsichert zu haben. Ein schwules Happening war jedenfalls nicht das, was ihm als »Tat« vorschwebte. Abgesehen davon, dass jede öffentliche Provokation dieser Art unweigerlich ins Gefängnis, schlimmer noch, in die Psychiatrie geführt hätte, vermisste George an den Schulerschen Konzeptionen vor allem die ästhetische Komponente. Deshalb empfand er dessen Zumutungen als bedrohlichen Rückschritt. »Schuler in seiner Konsequenz ist die Elimination alles Schönen.«[81]

Auch wenn jeder die Akzente anders setzte, stimmten alle darin überein, dass etwas geschehen müsse: ein Wunder, eine »Tat«, die den Gang der Geschichte veränderte. Klages und Schuler drängten. War es nicht an der Zeit, dass George endlich sein revolutionäres Potential unter Beweis stellte? »Du bist es, der das Einmalige wirken kann: handle und die Welt ist dein!«, hätten ihm die Versucher ins Ohr gesäuselt, wird es in kaum verhüllter Anspielung an Matthäus 4 später bei Wolters heißen, aber der Meister sei standhaft geblieben.[82]

Solange nicht klar war, in wessen Namen und auf wessen Befehl die Welt befreit werden sollte, und ehrgeizige Intellektuelle wie Klages die ganze Sache noch an sich reißen konnten, war George zu keinem Risiko bereit. Andererseits aber wurde ihm durch den sich zuspitzenden Konflikt die Unausweichlichkeit seiner Situation bewusst. Gemeinsam waren sie in neue, unbekannte Räume vorgestoßen. Wollte George am Ende nicht als Verlierer dastehen, der sich heimlich vom kosmischen Acker gemacht hatte, würde er bald eine eigene Lösung präsentieren müssen. Zehn Jahre nach den Ereignissen resümierte George im Gespräch mit Wolters:

> Dadurch entstand jene Atmosphäre im München von 1899 – 1903, welche alle, die hineintraten, ja diese ganze Stadt zu einem Orte neuer Trächtigungen machte und eine Aufwühlung aller erstarrten Lebenselemente innerhalb der bürgerlichen Welt hervorrief, deren Erlebnisse der Deutung des Verstandes spotteten, aber in jedem, der noch ursprünglicher Erschütterungen fähig war, eine unerhörte Sicht ins Lebendige, eine tägliche Bereicherung des Erlebens und über den Kreis hinaus eine Schaffung von Atmosphäre erzeugte, in der das grosse Erlebnis des Maximin erst atmen konnte.[83]

Maximin war Georges Antwort auf die Herausforderungen von Klages und Schuler: In ihm präsentierte George das ersehnte, in Hunderten von Jahren einmal auftretende »Sonnenkind«. Mit Maximin sei »der Traum Schulers in eine Wirklichkeit umgesetzt« worden, schreibt Morwitz, dieser selbst habe sie »jedoch nicht zu erkennen und auszudeuten« vermocht.[84] Wie sollte er auch? Schließlich erhob George den Anspruch, in Maximin jene beiden Prinzipien zu versöhnen, die Nietzsche als »dionysisch« und »apollinisch« streng geschieden hatte und die seither als unvereinbar galten. Maximin war »eines zugleich und Andres, Rausch *und* Helle«.[85] Das Versprechen einer solchen Synthese aus kosmischen Schauern und hellenischem Staunen aber bedeutete aus der Sicht von Schuler und Klages nichts anderes als den endgültigen Sieg des Geistes, den Sieg des Lichts über die Finsternis.

Im April 1902 hatten George und Klages gemeinsam mit Verwey
in München einen Ringkampf besucht. Das offenbar im Anschluss
an die Vorstellung entstandene Gedicht »Weh! sie kämpfen mit
licht« thematisierte die Lichtscheu der Kosmiker.[86] Klages litt damals
infolge von Experimenten zur Synthese von Menthol an einer lästigen Augenentzündung, die ihn extrem lichtempfindlich machte.
»Der Kampf« beschreibt ein Ringen mit tödlichem Ausgang. Ein
Höhlenmensch, ein primitiver Unhold, fühlt sich durch einen
»schönlockigen gott« in seiner Gruft provoziert und fordert ihn zum
Kampf. Der Kampf wird mit ungleichen Mitteln geführt: »Weh mir,
wie trifft / Aus seinem auge mich licht!« George las das Gedicht offenbar mit großem Nachdruck bei Wolfskehl vor und überreichte
Klages anschließend eine Abschrift (deren erste Strophe Klages 1917
in *Handschrift und Charakter* wiedergab). Unmittelbar nach dem
Zerwürfnis mit Klages Ende März 1904 in den *Blättern* publiziert,
eröffnete »Der Kampf« später den zweiten Zyklus des *Siebenten
Rings*. In schaurig-wilden, grässlichen Bildern voller Blut und Gewalt fanden die Konflikte mit den Kosmikern hier ihren Niederschlag. Am Ende des Zyklus feierten die Unteren ihren letzten
großen Sieg: »Die ihr entfuhrt / Dunkler geburt / Euer reich hat begonnen.«

Der Auftritt Maximins brachte nicht nur den Sieg des Lichts über
die Finsternis. Maximin stand auch für den Sieg der Kunst über die
Magie. »Setzet nicht für den Gott den götzen für den Geist das
gespenst für den Seher die hexe«, rief George den »Urgrundschwär-
mern« zum Abschied hinterher.[87] Weil er sich trotz aller Verlockungen nicht von seiner Sendung als Dichter hatte abbringen lassen, wurde er am Ende mit dem Erscheinen des göttlichen Kindes belohnt:

> Du kamst am lezten tag
> Da ich von harren siech
> Da ich des betens müd
> Mich in die nacht verlor:
>
> Du an dem strahl mir kund
> Der durch mein dunkel floss[88]

George ließ das obskure Schattenreich Schulers jetzt endgültig hinter sich, der Schwabinger Mummenschanz diente ihm fortan nur noch als Kulisse für den Auftritt Maximins. Dabei arrangierte er alles so, dass »unser brünstiges beschwören« auf ihn als die einzig denkbare Lösung hinauslaufen musste: »Du halt du klang in unsren tollen wirbeln / Du unsrer feier heiligung und krone / In unsrem dunklen träumen du der strahl!«[89]

4 Der Herr der Wende

Ende März 1904 wurde durch die Druckerei Otto von Holten die Siebente Folge der *Blätter für die Kunst* ausgeliefert. Der Band markiert den wichtigsten Einschnitt in der Geschichte der Zeitschrift. Stand bis dahin der Ruf nach einer Gesamterneuerung des künstlerischen Lebens in Deutschland durch eine zum Eingreifen entschlossene Dichtergruppe im Vordergrund, so ging es in den späteren Bänden fast nur noch um das Binnenverhältnis dieser Gruppe und die Stellung des Einzelnen zum Zentralgestirn Stefan George.

Im Frühjahr 1904 deutete vieles darauf hin, dass George »zunächst nicht daran dachte, die Zeitschrift überhaupt weiterzuführen«.[1] Er wolle noch einmal die alten Namen versammeln, meinte er, ein wenig resigniert, als er Anfang Februar in München die Endredaktion der Siebenten Folge in Angriff nahm. Nachdem bei einigen »der irrtümliche glaube entstanden [war] dass wandlungen eintreten sollten«, kehrten die *Blätter* mit der vorliegenden Lieferung »zu ihrem ausgangspunkt zurück«, so die Einleitung.[2] Die Kunst müsse es sich zwar immer wieder »gefallen lassen, auf werte geprüft zu werden die ausserhalb ihres lebensbereiches liegen«, sie sei aber gut beraten, kein anderes Ziel zu verfolgen »als in sich selbst vollkommen zu werden«. Mit diesen Leitsätzen verteidigte George ein letztes Mal den Primat der Kunst gegen die Verschwörungsszenarien von Klages und Schuler. Dabei knüpfte er an altvertraute Positionen aus der Frühzeit der *Blätter* an, die eigentlich längst hinter ihm lagen.

Der retrospektive Charakter der Siebenten Folge kam vor allem in der Bild-Beilage zum Ausdruck. George hatte schon lange den Wunsch gehegt, Autorenfotos zu veröffentlichen. »Ob einer ein dichter ist darüber entscheidet rascher und uns grade so untrüglich sein gesicht wie sein gedicht«.[3] Auf einer so genannten Dichter-Tafel waren rund um ein George-Foto in der Mitte zwölf Beiträger der *Blätter* montiert (s. Bildteil I). Fünfzig Abzüge dieser Tafel wurden im Freundeskreis verteilt, damit sich, wie es im redaktionellen Nachwort hieß, diejenigen, »die oft nur in diesen blättern vereinigt waren [sic] wenigstens im bildnis einander kennen lernen«.

Zwar ließ die Qualität vieler Fotos stark zu wünschen übrig, so dass beim Betrachter der Eindruck entstehen konnte, die Tafel sei spontan zusammengestellt worden. Aber ein geübtes Auge erkannte schnell, dass die Runde nach dem ikonographischen Vorbild der Zwölf um Christus arrangiert worden war; sowohl der Platz eines jeden als auch die Größe seines Fotos entsprachen dem Rang, den ihm die Person in der Mitte zugewiesen hatte. Im Februar 1904 lag George umso mehr an einer Veröffentlichung der Fotos, als er fürchten musste, der Bruch mit Klages und Schuler könnte Wellen schlagen. Mit der Siebenten Folge bot sich die letzte Gelegenheit, die langjährigen Mitarbeiter der *Blätter* noch einmal vollzählig zu vereinen.

Die Hälfte der Abgebildeten stand zu diesem Zeitpunkt nicht mehr für weitere Veröffentlichungen zur Verfügung. Carl August Klein, Melchior Lechter und Alfred Schuler konnten ohnehin nie als wirkliche Autoren gelten. Richard Perls war bereits vor über fünf Jahren gestorben. Paul Gérardy tummelte sich seit langem in der Finanzwelt und schrieb politische Satiren; George und er hatten sich seit vier Jahren nicht mehr gesehen, die Siebente Folge enthielt seinen letzten Beitrag. Mit einer Szene aus dem *Geretteten Venedig* sowie Auszügen aus *Elektra* ebenfalls zum letzten Mal vertreten: Hofmannsthal. Nur zwei der zwölf, nämlich Wolfskehl und Gundolf, blieben George bis zur letzten Folge der *Blätter für die Kunst* 1919 als Mitarbeiter erhalten.

Klages war so wütend über die Veröffentlichung seines Fotos und eines unpublizierten Vierzeilers, den Gundolf als Motto über drei Gedichte an ihn gesetzt hatte, dass er Ende April Strafantrag gegen George, Klein und Gundolf wegen Verletzung des Urheberrechts stellte. Erstaunlicherweise blieb der Herausgeber der Zeitschrift für

die Staatsanwaltschaft Berlin ein Jahr lang unauffindbar, so dass Anklage schließlich nur gegen George und Gundolf erhoben wurde. Sie
ließen sich durch den Anwalt von Bondi, Paul Jonas, vertreten, der
vor dem Landgericht Berlin soeben einen Freispruch für Frank We-
dekind und seinen Verleger Bruno Cassirer erreicht hatte.[4] George
und Gundolf wurden durch das gleiche Gericht zu je fünfzig Mark
Geldstrafe verurteilt, in der Revisionsverhandlung vor dem Reichsgericht Leipzig am 10. Juli 1906 wurde das Urteil bestätigt. Höchst-
richterlich hatte Klages seine Verbindungen zu George und Wolfskehl kappen lassen. Weil »die sog. ›Bewegung‹, als deren Initiator sich
Herr George ausgibt, unmittelbar nur den Zweck einer geschickten
und weitausgreifenden Propaganda für die Person dieses Autors verfolgt«, wollte er auch später weder in Wort noch Bild mit dieser »Bewegung« identifiziert werden.[5]

   Drei Dichter der Siebenten Folge verdienen kurze Erwähnung:
Ludwig Derleth, Lothar Treuge und (der nicht abgebildete) Walter
Wenghöfer. Als die Einzigen neben Wolfskehl und Gundolf, die den
Bruch zwischen der Siebenten und Achten Folge überstanden, bilden
sie so etwas wie die mittlere Generation und sichern als Bindeglied
zwischen den Vertretern des literarischen Aufbruchs der neunziger
Jahre (Leopold Andrian, Max Dauthendey, Ernst Hardt, Oskar
Schmitz, Karl Gustav Vollmöller u.a.) und den späteren Bekenntnis-
Dichtern die Kontinuität der Zeitschrift. Ihre Gedichte zählten sicher
zu den besseren in den *Blättern*, und Derleths Auftreten hinterließ
auch bei anderen einen gewissen Eindruck; dennoch blieben alle drei
außerhalb des Georgeschen Umfelds ohne Resonanz. Dass ihre Gedichte denen später etablierter Autoren wie Richard Schaukal, Ernst
Stadler, Oskar Loerke oder Albert H. Rausch vorgezogen wurden,
die sich zwischen 1899 und 1907 vergeblich um Veröffentlichung ihrer Erstlinge bemühten, unterstreicht noch einmal Georges eigenwillige Auswahlkriterien.

   Ludwig Derleth (1870–1948), auf der Dichter-Tafel oben rechts in
scharfem Profil Klages gegenübergestellt und noch grimmiger drein-
schauend als dieser, gehörte zu jenen Schwabinger Aposteln der Jahr-

hundertwende, deren anekdotenreiches Nachleben in der Literatur sie bedeutsamer erscheinen lässt, als sie tatsächlich waren. Thomas Mann hat ihn als Daniel Zur Höhe gleich zweimal porträtiert: 1904 in seiner Erzählung *Beim Propheten* und vierzig Jahre später im *Doktor Faustus*. Die von Derleth im Stil eines geistigen Militärbefehlshabers verkündeten *Proklamationen*, letzte lyrische Kommandos zur Eroberung der Welt, waren für Mann »der steilste ästhetische Unfug, der mir vorgekommen«.[6] Angezogen von Derleths Fundamentalismus fühlten sich dagegen so nüchterne Zeitgenossen wie Harry Graf Kessler, der schon 1896 Gedichte von ihm im *Pan* gedruckt hatte, und Albert Verwey, der ihn im Frühjahr 1902 durch George kennenlernte. Für ihn verkörperte dieser »bis an die Grenzen des Wahnsinns gehende Held und Märtyrer des Absoluten ... die aus den ältesten christlichen Zeiten emporgedrungene streitbare Kraft des Christentums«.[7] Ähnlich sah ihn George, den Derleths Pathos an die Flagellanten des Hochmittelalters erinnerte: »Du kommst von derer zunft die strick und geissel / Erfanden für das allzu feile fleisch«.[8] Verweys Vermutung, George habe von Derleth die priesterliche Kluft, den hochgeschlossenen schwarzen Rock mit Stehkragen übernommen, dürfte zutreffend sein.

Lothar Treuge und Walter Wenghöfer, beide 1877 geboren, gehören in die Reihe jener weichen und schwachen, schattenhaften »Schmerzbrüder«, von denen sich George zwar noch immer angezogen fühlte, denen er inzwischen aber mit entschiedener Härte begegnete, was in seinem Fall allerdings kein Widerspruch war. Beide lebten berufslos, in einfachsten Verhältnissen, Treuge in Berlin, wo ihn George um die Jahrhundertwende wahrscheinlich über Lechter kennengelernt hatte, Wenghöfer in seiner Geburtsstadt Magdeburg. Unfähig, ihr Leben einigermaßen zu organisieren, litten sie unter schweren Depressionen. Wenghöfer soll oft tagelang geschlafen haben, von Treuge sind zahllose Bittbriefe an Freunde erhalten, ihm mit ein paar Mark über das Schlimmste hinwegzuhelfen. Der Formalismus ihrer düsteren, stark manierierten Gedichte war selbst George nicht ganz geheuer. »Bei aller wertschätzung der schule« müsse er »vor einer gewissen geläufigkeit warnen«.[9]

Während Treuge von 1910 an nur noch mit Lechter in freund-
schaftlichem Kontakt stand, hielt Wenghöfer mit mehreren Freunden
Georges Verbindung; George traf er noch während der Kriegsjahre
gelegentlich in Berlin. Sein Freitod in der Elbe sechs Wochen vor
Kriegsende löste im Freundeskreis Bestürzung aus. Treuge starb zwei
Jahre später. Er hatte 1912 geheiratet und war Leiter des Wohlfahrts-
amtes Berlin-Schmargendorf geworden. Nach zwei im Verlag der
Blätter 1902 und 1908 erschienenen Gedichtbänden und zwei weiteren, von Lechter aufwendig ausgestatteten Privatdrucken veröffentlichte Treuge kurz vor seinem Tod *Die Apotheose der Masse*, ein surreales Manifest zur theologischen Lösung des Massenproblems in
16 Artikeln.

Sonntag, den 27. März 1904, einen Tag nach der Auslieferung der
neuen *Blätter*-Folge, fuhren George und Gundolf von München
nach Wien, um Carl August Klein zu besuchen, der soeben geheiratet
hatte. Am übernächsten Tag waren sie zum Mittagessen bei Hofmannsthal in Rodaun eingeladen; zugegen waren auch Hofmannsthals Vater und der Schriftsteller Rudolf Kassner. George habe »ununterbrochen, auch nachdem der Tee serviert worden war, Sandwiches«
gegessen, erzählte Kassner später, und sich zwischendurch »mit seinen vom Nikotin gebräunten Fingern« unzählige Zigaretten ge-
dreht.[10] George las aus seinen in der Siebenten Folge erschienenen
Dante-Übertragungen vor, eindrücklich, geradezu unheimlich, wie
Kassner fand, »murmelnd Wort an Wort reihend, jedes Pathos ver-
meidend, als läse er Zauberformeln«.

Am 30. Oktober 1903 hatten sich George und Hofmannsthal anlässlich der Uraufführung der *Elektra* durch Max Reinhardt in Berlin
zum letzten Mal gesehen. Die Liste der unerquicklichen Themen war
seither wieder einmal ziemlich lang geworden. Während Hofmannsthal über Wochen auf eine Beurteilung seines neuen Stückes durch
George wartete, ließ dieser durchblicken, dass er in wesentlichen
Punkten nicht einverstanden sei, sich aber nicht schriftlich dazu
äußern wolle. Hofmannsthal seinerseits fand anerkennende Worte
für Gundolfs Dichtung *Fortunat*, und dafür bedankte sich George

überschwänglich, auch im Namen Gundolfs. Daraufhin wurde Hofmannsthal grob. Er habe inzwischen das ganze Stück gelesen, schrieb er am 28. Januar aus Venedig, und könne »nicht umhin, hie und da etwas Befremdliches, ich weiß nicht, wie ich es nennen soll, etwas Ordinäres zu spüren, und manchmal leiert die Strophe recht, anstatt zu singen und ihr Schmuck ist nicht Gold und Edelsteine sondern wohlfeile Glasflüsse, in Messing gefaßt«.[11] Zeitgleich mit Gundolfs *Fortunat* – und bald nach den *Gesammelten Dichtungen* Wolfskehls – war im Herbst 1903 im Verlag der Blätter für die Kunst auch ein Band *Ausgewählte Gedichte* von Hofmannsthal erschienen. George hatte sich einen solchen Band seit acht Jahren gewünscht und schließlich mit viel Überredungskunst durchgesetzt. Hofmannsthal wurde nicht recht froh damit, obwohl die Auflage von dreihundert Exemplaren bald vergriffen war.

Ob bei ihrer letzten Begegnung am 29. März 1904 in Rodaun eines dieser Themen vertieft wurde? Jedenfalls scheint der Nachmittag nicht ganz harmonisch verlaufen zu sein. George reiste aus Wien ab, ohne noch einmal von sich hören zu lassen, und Hofmannsthal äußerte noch Monate später die Befürchtung, George verstimmt zu haben. Gleichwohl nahm er die Arbeit am *Geretteten Venedig* wieder auf, jenem Stück, »das ein Zeugnis ablegen soll von dem wie ich gegen Sie stehe und zu bleiben wünsche«.[12] Anfang Dezember schickte er die Buchausgabe mit gedruckter Widmung an George, begleitet von dem Wunsch, dass »die Gestalten dieses starken und dieses schwachen Menschen auch etwas intimeres für Sie aussprechen« mögen. George konnte auch diesem Stück nichts abgewinnen. »Ich bin in meinem gegenwärtigen lebensverhalt zu weit von den kräften abgerückt die ein werk wie das Ihrige hervorbringen.«[13] Nicht einmal Hofmannsthals Bekenntnis, er habe mit Jaffier und Pierre ein Gleichnis ihrer eigenen Freundschaft geben wollen, konnte den Umworbenen erweichen: »Ihre beiden hauptgestalten können mich nicht überzeugen.« Es war der letzte eigenhändige Brief Georges, den Hofmannsthal erhielt. Er hat ihn nicht mehr beantwortet.[14]

2

Als George Ende März mit Gundolf nach Wien fuhr, um Carl August Klein zu besuchen, wusste er, dass Maximilian Kronberger in der Stadt sein würde. Er hatte den Gymnasiasten zwei Jahre zuvor in Schwabing auf der Straße angespochen und seither versucht, eine Beziehung zu ihm aufzubauen. Kronberger verbrachte die Osterferien bei seinen Vettern in Wien. Am Morgen nach seiner letzten Begegnung mit Hofmannsthal ließ George ihm ausrichten, dass er sich am Nachmittag gern in der Wohnung von Klein in der Porzellangasse mit ihm treffen würde. Auch dies war eine letzte Begegnung. Als Kronberger am 10. April von Wien zurück nach München fuhr, hatte er in der Nacht zuvor mehrfach erbrochen; da die Vettern in diesen Tagen Unmengen von Zigaretten geraucht hatten, dachten alle an eine Magenverstimmung. Aber Kronberger war an Meningitis erkrankt und fiel am Morgen nach seiner Ankunft zu Hause in die Bewusstlosigkeit. Er starb am 15. April 1904, einen Tag nach seinem 16. Geburtstag.

Der 13-Jährige war George Anfang 1902 in der Leopoldstraße aufgefallen. Nachdem er ihn eine Zeitlang beobachtet hatte, trat er eines Tages auf ihn zu und fragte ihn, ob er ihn zeichnen dürfe. Am nächsten Tag suchte er mit dem Jungen ein Fotoatelier auf, begleitete ihn anschließend zur elterlichen Wohnung am Nikolaiplatz und nannte beim Abschied auf Nachfrage seinen Namen. Kurze Zeit später entdeckte Kronberger in Littauer's Kunstsalon, einer der wenigen Buchhandlungen, in denen die *Blätter für die Kunst* vom ersten Heft an erhältlich waren, zufällig das gerade erschienene George-Buch von Klages. Da sei ihm klar geworden, »dass ich eine berühmte Bekanntschaft gemacht hatte und suchte nun immer und immer wieder ihn zu treffen. Doch umsonst.«[15]

George schilderte die erste Begegnung mit Maximin am Anfang seiner Gedenkrede später so:

> Wir hatten eben die mittägliche höhe unsres lebens überschritten und wir bangten beim blick in unsre nächste zukunft. Wir gingen einer entstellten und erkalteten menschheit entgegen die sich mit ihren vielspältigen errun-

genschaften und verästelten empfindungen brüstete indessen die grosse tat und die grosse liebe am entschwinden war ... als die plötzliche ankunft eines einzigen menschen in der allgemeinen zerrüttung uns das vertrauen wiedergab und uns mit dem lichte neuer verheissungen erfüllte.

Als wir Maximin zum erstenmal in unsrer Stadt begegneten stand er noch in den knabenjahren. Er kam uns aus dem siegesbogen geschritten mit der unbeirrbaren festigkeit des jungen fechters und den mienen feldherrlicher obergewalt ... An der helle die uns überströmte merkten wir dass er gefunden war. Tage um tage folgten wir ihm und blieben im banne seiner ausstrahlung ehe wir mit ihm zu reden wagten.[16]

Im Januar 1903 kam es zu einem Wiedersehen auf der Straße – wohl nicht zufällig, wie Kronberger vermutete. Er begann umgehend ein Tagebuch anzulegen, in dem er alle Begegnungen mit dem Dichter festhielt, den er jetzt öfters traf: an Samstagnachmittagen im Hause Wolfskehl, später in Georges Unterkunft vor den Toren Schwabings oder zu gemeinsamen Spaziergängen. Den Aufzeichnungen stellte er ein reich verziertes Titelblatt voran: »Stefan George. Erinnerungen von M. Kronberger. Verfasst München 1903–19 « Der jugendliche Verfasser dachte zweifellos in literarischen Kategorien und formulierte wohl im Hinblick auf eine baldige Veröffentlichung. »Dies buch soll nicht etwa den anspruch erheben, sich vor andern einen namen zu machen«, schrieb er in einem »Vorwort« im Februar 1904, als er ein neues Heft anlegte, »sondern seine bestimmung ist, den charakter Stefan Georges aus seinem umgang mit mir zu entwickeln.«[17] Kronberger schrieb seit einiger Zeit Gedichte und legte dabei eine für sein Alter ungewöhnliche Routine an den Tag. Er hoffte, durch seine »berühmte Bekanntschaft« weiterzukommen, und nahm Anregungen und Kritik dankbar an; gleichzeitig achtete er darauf, von George als Dichter respektiert zu werden. Geradezu verblüffend ist die jugendliche Unbekümmertheit, mit der Kronberger über die Georgeschen Dichtungen urteilt. In den *Blättern für die Kunst* habe er doch »einige recht ansprechende Sachen von George« gefunden; die ersten drei Zyklen im *Jahr der Seele* seien »mit geringen Ausnahmen recht gut«; nach der Lektüre von *Tage und Thaten* notierte er, dass ihm das Ganze bis »auf einzelne Stellen recht gut gefällt«.[18]

George wusste den Erwartungen des Jungen zu entsprechen. Er brachte ihn mit Hofmannsthal, Gundolf und anderen Mitarbeitern der *Blätter* zusammen, und stolz berichtete Kronberger seinem ebenfalls dichtenden Vetter in Wien: »Ich werde jetzt auch schon als Dichter bekannt. Zu wem ich komme, ich werde von jedem als solcher angesehen.«[19] George nahm ihn mit zum Kostümfest bei Henry von Heiseler, auf dem er selber als Dante, Kronberger als Florentiner Edelknabe auftrat, und schickte dem Jungen am nächsten Tag den Lorbeerzweig, den er getragen hatte. In den *Blättern* setzte er drei Zeilen von ihm als Motto über ein eigenes Gedicht, und als Kronberger ihn darauf hinwies, dass auch er ein Gedicht mit dem Titel »Die tote Stadt« geschrieben habe, scherzte George, er wolle wohl schon mit ihm konkurrieren. Der Junge war stolz, einen so berühmten Dichter zum Freund zu haben, und George versäumte es nicht, seine Phantasie zusätzlich zu wecken. Er sei auf dem Scharfrichterball gewesen, erzählte er, und als man ihn dort erkannte, »habe man ihm stürmische Ovationen bereitet«.[20] Bei Gerhart Hauptmann, für den er selber gar nichts übrig habe, hänge ein Porträt von ihm.[21] Er lieh Kronberger die Literaturgeschichte von Richard M. Meyer, »in der er rühmlichst erwähnt war«, und vergaß nicht aufzuzählen, wo überall Vorträge über ihn gehalten wurden.[22]

> Die mitbürtigen die ihn nicht sahen und die späteren werden nicht begreifen wie von solcher jugend uns solche offenbarung zuteil wurde. Denn so sehr die zartheit und seherische pracht seiner hinterlassenen verse als bruchstücke eines eben beginnenden werkes jedes uns gültige maass übersteigt: er selber lieh ihnen keine besondere bedeutung … Allein wir wissen dass nur greisenhafte zeitalter in jugend ausschliesslich vorstufe und zurichtung, niemals gipfel und vollendung sehen … Wir wissen dass die ungeheuren fahrten die das aussehen unsrer flächen veränderten im hirn des schülers Alexander geplant wurden, dass der zwölfjährige sohn aus Galiläa die schriftgelehrten der hauptstadt unterwies: der herrscher des längsten weltreiches unsrer überlieferung nicht als dreissiger sondern als jüngling auf seiner blumigen bahn die ewigen zeichen fand und als jüngling den tod erlitt.[23]

George war sich darüber im Klaren, dass er sich mit den argwöhnischen Eltern gut stellen musste, wollte er den Jungen regelmäßig sehen. Er ermahnte Max, fleißig in der Schule zu sein – »das sei ich meinen Eltern, mir und auch ihm schuldig«.[24] Zusammen mit Gundolf nahm er sogar an seiner Konfirmation teil. Aber obwohl die Eltern ihn »sehr interessant« fanden, blieben sie doch misstrauisch und erlaubten es ihrem Sohn offenbar nicht, George in Bingen zu besuchen. Der Vater, Alfred Kronberger, Jahrgang 1857, hatte als Möbelfabrikant in Berlin, später als Mitbesitzer der Köhlersbrauerei in Würzburg genug verdient, um sich im Alter von 43 Jahren in München zur Ruhe setzen zu können.

Als George im Dezember 1903, alarmiert durch den sich zuspitzenden Streit zwischen Klages und Wolfskehl, früher als sonst nach München fuhr, dürfte ihn die Aussicht auf das Wiedersehen mit Max zusätzlich motiviert haben. Schon einen Tag nach seiner Ankunft in München, am 19. Dezember, verabredete er sich mit Max, am 21. überraschte er ihn auf dem Heimweg von der Schule, am Abend des 23. durfte Kronberger seine Weihnachtsgeschenke entgegennehmen, darunter ein von Ernst Gundolf gezeichnetes, bei Holten gedrucktes Exlibris. Eine Woche später sahen sie sich wieder. George musste in diesen Tagen die Gedichte des Wiener Vetters und eines Schulfreundes von Max beurteilen. Sie sprachen über Musik – »Musik steht auf der tiefsten Stufe der Kunst. Sie ist die Kunst, die selbst den Tieren in einem bestimmten Grade eigen ist« – und über Biographien.[25]

Dann kam, was kommen musste. Nachdem es im April wegen eines von Max nicht eingehaltenen Termins schon einmal geknirscht hatte, beklagte sich George am 2. Januar bei Alfred Kronberger, dass sein Sohn ihm am Neujahrstag nicht seine Aufwartung gemacht habe. Die Atmosphäre zwischen ihnen kühlte merklich ab. »Er sprach sehr wenig und schien überaus präoccupiert«, notierte Kronberger nach ihrem nächsten Treffen, Sonntag, den 10. Januar. Am Sonntag darauf heißt es im Tagebuch: »Er war sehr unliebenswürdig zu mir und schien von widerwärtigen Gedanken eingenommen.«[26] Am 24., dem

folgenden Sonntag, sagte Max kurzfristig ab. Als er am Freitag darauf
George aufsuchte,

> liess er mich ungewöhnlich lange warten, obwohl er im Nebenzimmer
> war. Endlich kam er, reichte mir die Hand und sah mich lange an … Dass
> ich am Sonntag keine Zeit gehabt hätte, sei eine blosse Ausrede, er kenne
> das aus seiner Jugend etc. Auch für den kommenden Sonntag sei es eine
> dumme Ausrede. Ich sagte ihm, ich hätte in der Tat keine Zeit, er tue mir
> Unrecht. Da drehte er sich zu mir, legte die Stirn in Falten und drohte
> mir mit dem Finger. Dann setzte er sich an den Schreibtisch und begann,
> wenn ich keine Zeit resp. nicht den Willen habe zu kommen, wenn er Zeit
> habe, so habe auch er nicht Zeit noch Willen mich zu empfangen, wenn
> ich komme. »Kommen Sie, wenn Sie wollen«, schloss er. Ich sagte kalt
> adieu und reichte ihm die Hand, er aber sah absolut nicht her … Ich brau-
> che mich doch nicht von ihm da zusammenschimpfen lassen wie ein
> Schuljunge?[27]

Am nächsten Tag schrieb Kronberger an George, dass die Beziehung
für ihn beendet sei: »Sehr geehrter Herr George! Nach dem gestrigen
Vorkommnis und nach Ihrem kühlen Verhalten gegen mich in der
letzten Zeit sehe ich keinen Grund unsere Bekanntschaft weiterzuführen, sondern bitte Sie, alle Beziehungen zu mir abzubrechen …
Hochachtungsvollst Maximilian Kronberger«. Den Wiener Lieb-
lingsvetter ließ er am gleichen Tag wissen, dass er alles seinen Eltern
erzählt habe, die schon immer gewünscht hätten, dass er nicht so oft
zu George gehe.

Im Vorwurf, der Geliebte rede sich heraus, wenn er behaupte, keine Zeit zu haben, ließ sich das Leiden des Liebhabers nur schlecht
verbergen. George war in der gleichen Situation wie zwölf Jahre zuvor, als er in Wien den 17-jährigen Hugo von Hofmannsthal so lange
bedrängte, bis dieser entnervt sich seinem Vater anvertraute. Diesmal
kam es nicht zu einer Duellforderung. George hatte gelernt, und er
war vorsichtiger geworden. Weil er Max nicht verlieren wollte, suchte er gleich nach Erhalt des Briefes Alfred Kronberger auf, um sein
Verhalten zu erklären. Der Vater redete mit dem Sohn, und am nächsten Tag versöhnte sich Max mit George.

Und doch lag von nun an ein Schatten über ihrer Beziehung – auch
weil Max sich in diesen Tagen zum ersten Mal verliebte. Die Angebe-

tete war die schöne Tochter einer Freundin der Wiener Verwandtschaft, hieß Dolores Tutti und wurde von Max »Leda« getauft. An sie
richtete er jetzt fast alle Gedichte. Auch Kronbergers letzte Verse,
»Der Tod der Geliebten«, eine zwei Wochen vor seinem Tod entstandene lyrische Szene im Stil Georges, besangen die »Schmerzensrei-
che«. Während seiner letzten Osterferien in Wien sah er sie häufig.

> Und Maximin ging im rauschenden frühling an der hand der geliebten
> durch die gärten … In dieser frist seines vollen erglühens durften wir ihm
> den hintergrund bereiten … Dies aber war Maximins stolzester abend als er
> unter langen gesprächen mit dem Meister durch die halbentschlafnen fluren
> gegangen war und dieser sagte während sich hinter dem schloss eine wein-
> rote wolke erhob: Mein Maximin, was du mir entgelten wolltest ist reichlich
> zurückgegeben. Mit Einem satze hast du ein quälendes geheimnis gelöst
> zu dem kein buch und keine rede mir den schlüssel brachte: du hast über
> grosse eisige flächen nun ein gleichmässiges und wärmendes licht verbreitet.
> Ich entlasse dich als schüler, nimm mich zum freund! denn immer bleib ich
> ein teil von dir wie du ein teil von mir … Nach diesen tagen der entzückung
> ging er von einem fiebertraum in den tod – so schnell dass wir nur auf ein
> gewohnes grab starren konnten, und nicht glauben dass es ihn berge.[28]

George hätte durchaus die Möglichkeit gehabt, an der Beisetzung
teilzunehmen. Durch Wolfskehl, der sich täglich bei den Eltern erkundigte, war er auf dem Laufenden. Als er am Morgen des 15. April
das Telegramm mit der Todesnachricht erhielt, zog er es jedoch vor,
mit Gundolf, der an diesem Morgen von Darmstadt nach Bingen
kam, ein paar Tage zu verreisen. Gundolf diktierte er auch das Kon-
dolenzschreiben an die Eltern: »Das furchtbare Unglück welches Sie
betrauern hat auch mich so erschüttert, dass ich mich kaum fassen
kann. Ihren Schmerz teile ich als hätte ich in dem geliebten Toten selber einen Sohn verloren.« Max werde jedoch »unter uns weiterleben
in der Gestalt wie er von uns schied, als ein unvergänglicher Liebling
Gottes und der Menschen«.[29] Im Mai bat George die Eltern, alles auf-
zubewahren, »was Max an gedichten und aufzeichnungen hinterlassen hat«. Er benötige es für »das gedächtniszeichen das ich ihm eines
tages zu setzen willens bin«.

Der plötzliche Tod Maximilian Kronbergers traf George schwer.
Noch Anfang Januar, auf dem Höhepunkt der Kosmiker-Krise, hatte

er ihn seinen »leitstern in diesen wirren« genannt. »Wenn diese ver-
trauenden und bereiten lippen sich nicht an mich gedrängt hätten«,
würde ihm die Kraft für solchen Streit wohl fehlen.[30] Es fällt jedoch
auf, dass Georges Trauer sowohl von ihm selbst als auch von seiner
engsten Umgebung schnell stilisiert wurde. Mit der Totenfeier für
den Frühverstorbenen war offenbar Größeres geplant.

Dokumente zur allmählichen Entstehung des Maximin-Mythos
zwischen April 1904 und April 1905 sind spärlich. Die beiden entscheidenden Briefe an Gundolf fehlen (wohl vom Empfänger auf Anordnung Georges gleich nach Lektüre vernichtet). Der eine von Anfang Mai 1904 handelte – so viel lässt sich rekonstruieren – vom »Sieg
des Heldenhaften in der Welt« und dem »Amt des Dichters es zu finden«; der andere war ein »Brief voll heiliger Trauer« von Mitte Januar 1905.[31] Erhalten blieb eine Mitteilung Georges auf einer Postanweisung an Lechter vom 1. Mai 1904; Lechter hatte angefragt, ob er
auf der Durchreise von Köln Richtung Süden in Bingen Station machen solle. »o M!! wenn Sie ahnten was inzwischen über mich erging:
so würden Sie Ihren besuch in Bingen für nicht überflüssig halten. Ihre genaue nachricht und Sie bald erwartend Ihr St.«[32] Auch gibt es
einen kurzen Brief vom Juni 1904 an Sabine Lepsius: »Ich trauere über
einen unbegreiflichen und frühen tod der auch mich an die lezten
klüfte hinführen wollte ....«[33] Die Empfängerin wusste zwar nicht,
um wen es sich handelte, und wagte auch nicht nachzufragen. Aber
als George Mitte September wie gewohnt nach Berlin kam und sich
allmählich herumsprach, was es mit Maximin auf sich habe, »hallte in
allen Seelen sein Name wider – wir waren erfüllt von seinem kurzen,
leuchtenden Dasein«.[34]

George habe »von seinem Erleben … nur in Ausnahmefällen« gesprochen, erinnerte sich Kurt Breysig, der ihn in diesem und im folgenden Herbst häufiger traf. Nach dem Tod Kronbergers sei jedoch
»viel von der Gestalt und dem Wesen des jungen Freundes« die Rede
gewesen. »Ich denke noch heute mit Bewegung daran, wie er seinen
Kopf tief herabneigte, damit ich sehen sollte, wie viel graue Haare
sich in die dunklen auf seinem Haupte gemischt hatten.« George sei

davon überzeugt gewesen, »dass Maximin erst der wahrhaft Erfüllende hätte werden sollen, ihm selbst dann aber Amt und Aufgabe eines Johannes zugefallen sein würde«.[35]

Anfang Februar 1905 wunderte sich Carl August Klein, dass George an seinen Gewohnheiten festhielt und sich auch zu Beginn des neuen Jahres wieder in München niederließ. »Glauben Sie dass man diesen Haupt-sitz einfach aufgiebt«, fragte George, nur weil einige »brüche und verluste« die Stadt »im andren licht erscheinen lassen?«

> Freilich ist der diesjährige aufenthalt sehr verschieden von den früheren Das rauschhafte ist verflogen – neu angeschossen ist noch wenig und in allem waltet die trauer über einen verlust den wir alle begreifen die wir des kreises sind – der den andren sterblichen niemals aufgeht. Freilich haben sie [Sie?] nur im Münchener schnee und in den winden des vorfrühjahrs etwas wie einen schwachen schatten von dem verblichenen Dichter wahrgenommen aber es war in Ihrer wohnung wo ich zum lezten mal den blick warf auf diesen einzigen wahrhaft göttlichen menschen. – Eh ich zu einem andren werk übergehe werd ich ein gedenkwerk an ihn herausgeben – Eine einleitung die sein menschliches bild festhält – eine reihe von gedichten unsres kreises zu seinem andenken – dann eine auswahl seiner eignen verse. – Eine bessere dichterische aufmunterung konnte ich Ihnen jetzt nicht senden als Maximins leztes gedicht. es ist schön wie die einfachen und grossen dinge es ist die ahnung seines todes und zugleich die krönung dieses gotterfüllten lebens das gelebt wurde in einer so götterlosen zeit Herzliche umarmungen an frau Ellen Mathilde. Ihr freund Stefan[36]

Mitte April 1905, ein Jahr nach Kronbergers Tod, lag das Manuskript des ihm gewidmeten *Gedenkbuchs* abgeschlossen vor.[37] Es enthielt eine Einleitung Georges – seinen längsten und gewichtigsten Prosatext überhaupt, der später in demonstrativer Profanierung *Vorrede* genannt wurde –, Gedichte von George, Wolfskehl, Gundolf und Lothar Treuge (der den Verstorbenen nie kennengelernt hatte), ein Gedicht des Vetters Oskar Dietrich und 21 Gedichte aus dem Nachlass Kronbergers. Am 20. April schickte Gundolf das Manuskript zur Druckvorbereitung an Lechter in Berlin; eine Woche später dankte George diesem für das Verständnis, das er bei ihm gefunden habe: »Ich bin die ganze zeit im schatten dieses Toten gewandelt. und als die jährung nahte wurde die traurigkeit immer beängstender ... Was mir

grossen trost gewährte war dass Sie, mein teuerster freund, mich damals begriffen und die rechte auffassung von diesem mir übersinnlichen ereignis hatten.«[38]

Nach Fertigstellung des *Gedenkbuchs* erhielt auch Sabine Lepsius
einen ausführlichen Brief. Sie hatte George für die Sommerferien
nach Graubünden eingeladen und sich bei dieser Gelegenheit be-
schwert, lange nichts von ihm gehört zu haben – wie es ihm denn gehe. George verbat sich jede Erkundigung nach seiner Privatsphäre.
Alles, was er erdulde, erdulde er, um seinen Freunden eine Stütze sein
zu können:

> Warum soll ich meinen freunden von den gefährlichen abgründen berichten
> die alle meine fahrten begleiten? – und grad von den lezten besonders
> furchtbaren – indessen sie die freunde nichts können als in mitleidiger ferne
> hilflos dastehn … Ich kann mein leben nicht leben es sei denn in der voll-
> kommnen äussern oberherrlichkeit, was ich darum streite und leide und blu-
> te dient keinem zu wissen. Aber alles geschieht ja auch für die freunde. Mich
> so zu sehen wie sie mich sehen ist ihr stärkster lebenstrost. So streit und duld
> und schweig ich für sie mit. Ich gehe immer und immer an den äussersten
> rändern – was ich hergebe ist das lezte mögliche … auch wo keiner es
> ahnt.[39]

Dass er die Last der Verantwortung für andere mittrage und seinen
Freunden Vorbild und Stütze sei, war schon früh wesentlicher Bestandteil der Georgeschen Selbstinszenierung gewesen. In konsequenter Fortführung dieser Stellvertreterrolle steigerte George seine
Passionsfähigkeit jetzt bis zu dem Punkt, wo er den plötzlichen Tod
eines von ihm geliebten Menschen nur noch unter dem Gesichts-
punkt seiner Symbolhaftigkeit für die Mit- und Nachlebenden zu sehen vermochte. Die Faktizität der Beziehung rückte dabei umso
mehr in den Hintergrund – auch in Georges eigener Wahrnehmung –
, je stärker der Tod des Frühvollendeten gemeinschaftsbildende Wirkung entfaltete. Die Welt sollte Maximin so sehen, wie er, der Dichter,
ihn sah, eine andere Wirklichkeit als die der Dichtung konnte es nicht
geben.

Angetreten seien sie eigentlich als »des wunders nie wankende
wächter« in einer schlimmen Zeit, schrieb Karl Wolfskehl 1910 in den

Bingen april 1905

Teuerste freundin: nach manchen unbestimmten
wegen komm ich erst jetzt wieder zu meinem sitz
und geniesse dankend die innigkeit Jhres briefes
dazwischen hör ich aber auch wieder den leisen
vorwurf von mir persönlich so wenig zu erfahren..
Soll ich Jhnen noch einmal schriftlich und endgiltig
bestätigen was Sie lange wissen? Warum soll ich
meinen freunden von den gefährlichen abgründen
berichten die alle meine fahrten begleiten? – und
grad von den letzten besonders furchtbaren –
indessen sie die freunde nichts können als in
mitleidiger ferne hilflos dastehn... Giebt es für
trostlosigkeiten überhaupt ein andres vorm
schlimmsten rettendes als dass niemand sie
weiss? – Ich kann mein leben nicht leben es
sei denn in der vollkommnen äussern oberherrlichkeit. was ich darum streite und leide und
blute dient keinem zu wissen. Aber alles
geschieht ja auch für die freunde. Mich so zu
sehen wie sie mich sahen ist ihr stärkster
lebenstrost. So streit und duld und schweig
ich für sie mit. Ich gehe immer und immer
an den äussersten rändern – was ich hergebe
ist das letzte mögliche ... auch wo keiner es ahnt.

Blättern. Wenn aber das Wunder sich nicht mehr ereigne, wenn die
Offenbarung ausbleibe, seien die Wächter aufgefordert, das Heiligtum zu verhüllen und noch sorgfältiger abzuschirmen gegen die
Menge als bisher. »So muss das leben sich selber schaffen, sein eigen
bild werden … So müssen wir uns zeugend uns gebären. Uns erfüllen in uns. Uns erneuen durch uns.« Da alle ihre nächtlichen Beschwörungen nicht gefruchtet hatten und die erhoffte Gesamterneuerung ausgeblieben war, musste man die Wiederverzauberung des
Lebens eben selber in die Hand nehmen. Nichts anderes sagte Wolfskehl mit dem für das Verständnis des Maximin-Kults entscheidenden Satz: »Denn jezt in der lezten not müssen wir selber das wunder
werden.«[40]

Das eigentliche Wunder sei nicht die Erscheinung Maximins gewesen, wird es bei Wolters später heißen, sondern der Meister, dem es
dank seines unerschütterlichen Vertrauens gelungen sei, das Wunder
herbeizuführen. »Ergeben steh ich vor des rätsels macht: / Wie er
mein kind ich meines kindes kind ..«[41] Was die spezifischen Vorstel-
lungswelten angeht, in denen George sich dabei bewegte, so sind vor
allem katholische und frühchristlich apokryphe Überlieferungen sowie im Hintergrund die Einflüsse der Klages-Schulerschen Kosmo-
gonie erkennbar, gegen die George sich abzusetzen suchte. Wie sich
die einzelnen Bausteine nach dem 15. April auch zusammenfügten,
klar ist: Plan und Anlage des Ganzen standen fest, bevor George Maximilian Kronberger begegnet war. Dies bezeugen nicht zuletzt die
beiden Freunde, die George am längsten kannten, Verwey und Wolfskehl. »Ich wusste, dass die Konzeption von Maximin schon bestand,
bevor Maximin selbst erschien«, schrieb Verwey in seinen 1934 erschienenen Erinnerungen.[42] Und knapp zehn Jahre später heißt es in
einem Brief Wolfskehls, verklausuliert, aber doch eindeutig in der
Tendenz: »Sachlich glaube ich nicht, dass die Apotheosis Maximini
der Erschütterung durch den Todesfall entstammt.«[43]

Mit Maximin hatte George eine zukunftweisende Lösung gefunden, in der sich seine Sehnsucht nach der großen Liebe mit der Heils-
gewissheit seiner dichterischen Sendung verband. Die Ausführung

des Plans begann am Tag der Niederschrift der Gedenkrede, die George als Erstes in Angriff genommen haben dürfte. In der Erinnerung an den Toten pries er die Erfüllung, die ihm im Umgang mit dem Lebenden versagt geblieben war. Weil die Freundschaft mit Maximin erst im Tod ihren Höhepunkt fand – so die Rhetorik der Grabrede –, soll die Feier seines Todes zum bleibenden Vermächtnis für die Hinterbliebenen werden:

> Wir stürzten nieder in der dumpfen verzweiflung der zurückgelassenen gemeinde, wir wanden uns in sinnlosem schmerz dass wir niemals wieder diese hände berühren dass uns niemals wieder diese lippen küssen dürften. Da drang seine lebendige stimme in uns und belehrte uns über unsre torheit die ihn hier noch zwingen wollte … Wir können nun gierig nach leidenschaftlichen verehrungen in unsren weiheräumen seine säule aufstellen uns vor ihm niederwerfen und ihm huldigen woran die menschliche scheu uns gehindert hatte als er noch unter uns war.[44]

3

Nachdem George im Juni 1904 zehn Tage bei Verwey in Noordwijk verbracht hatte und im Juli mit seiner Schwester und Gundolf für vier Wochen in die Schweiz gefahren war, traf er Mitte September wie gewohnt in Berlin ein. Es galt einige Publikationsvorhaben voranzutreiben, in erster Linie die beiden Bände *Zeitgenössische Dichter*, in denen George den Großteil seiner seit zwölf Jahren in den *Blättern* veröffentlichten Übersetzungen zusammentrug. Parallel dazu erschienen im Verlag der Blätter für die Kunst einige Sonderausgaben mit Übertragungen. Was George an der Jahreswende 1904/05 präsentierte, war die Ausbeute seiner Streifzüge durch die europäische Dichtung im letzten Drittel des 19. Jahrhunderts. Er betonte noch einmal die Vorreiterrolle, die er bei der Entdeckung der von ihm übersetzten Autoren vor Jahren gespielt habe, und zog damit zugleich einen Schlussstrich. Weder die weitere Entwicklung der Dichtung in Frankreich, England, Holland oder Italien noch die Pflege eines europäischen Netzwerks interessierten ihn mehr.

Dass der Verlust der europäischen Perspektive in Georges Schaffen und die Entstehung des Maximin-Mythos Hand in Hand gingen, erfasste als Erster Albert Verwey. Im Sommer 1900 war es über den Vorbereitungen zu einem gemeinsamen Buch zu einer ersten nachhaltigen Verstimmung zwischen ihnen gekommen. In der geplanten Schrift sollte George den Holländern Deutschland, Verwey den Deutschen Holland erklären. Verwey betonte die »Herrlichkeit der Wirklichkeit«, die in Rembrandt und der holländischen Malerei des 17. Jahrhunderts ihren vollendeten Ausdruck gefunden habe; George setzte dem die Kraft der künstlerischen Persönlichkeit entgegen, die in der Lage sei, sich ihre Wirklichkeiten selber zu schaffen.[45]

Der Streit entfachte sich nicht zufällig an Rembrandt. Der große Maler sei nur von ungefähr, qua Geburt Holländer gewesen, seinem Charakter und seiner Bestimmung nach aber müsse er als »der deutscheste aller deutschen Künstler« gelten, in Rembrandt trete der rigorose Individualismus der Deutschen am stärksten hervor. So war es in Julius Langbehns 1890 erschienenem Kultbuch *Rembrandt als Erzieher* zu lesen, einer ebenso wirren wie wirkungsvollen Schrift, die schnell »von allen romantischen Duselköpfen als neues Evangelium der Deutschen gepriesen« wurde.[46] Langbehn polemisierte gegen alles, was den Nationalkonservativen und Völkischen Angst machte: gegen die Anonymität der Großstädte, gegen den Siegeslauf der Naturwissenschaften, gegen Intellektualismus und Pluralismus, gegen die Universitäten, gegen den Geist der Aufklärung, in späteren Auflagen vehement auch gegen die Juden. »Uns Deutschen, die wir einmal Barbaren sind und bleiben«, seien die meisten Errungenschaften der modernen Zivilisation zum Glück fremd. Und es bestehe Hoffnung, »die Herrschaft der Mittelmäßigkeiten in Deutschland« zu brechen, denn nach wie vor finde sich genügend Substanz in diesem Land, besonders unter »der unverdorbenen unverbildeten unbefangenen deutschen Jugend«.[47] Kein Autor dürfte die emotionale Befindlichkeit großer Teile der Nation in den neunziger Jahren besser wiedergegeben haben als der Rembrandtdeutsche Julius Langbehn. Mit seinen schaurigen Beschwörungen einer nationalen Wiedergeburt aus dem Geist einer permanent sich verjüngenden deutschen Jugend war er unter den direkten Vorläufern Georges sicherlich der erfolgreichste.

Nach Verweys Besuch in München Anfang April 1902 hatte die Intensität der Beziehung nachgelassen, im Jahr darauf war es zu keinem einzigen Treffen gekommen. Als George zwei Monate nach Kronbergers Tod im Juni 1904 wieder Gast von Verwey war, bot ihre unterschiedliche Auffassung des Begriffs »Wirklichkeit« erneut Anlass zu langen Gesprächen. In den höchsten Regionen der Kunst spielten solche Unterscheidungen doch gar keine Rolle, hatte George im März versöhnlich geschrieben, »und es bedeutet etwa dasselbe wenn wir sagen: traumbilder die bezaubern wie wirklichkeiten oder wirklichkeiten die bezaubern wie traumbilder«.[48] Aber Verwey wollte einer solchen Vermischung der Sphären nicht zustimmen und wehrte sich, als George jetzt die Grenzen zwischen Natürlichem und Übernatürlichem, zwischen Kunst und Wirklichkeit aufzuheben begann.

Mit seiner Behauptung, George habe die Konzeption zu Maximin im Kopf gehabt, bevor er dem Jungen begegnet war, rührte Verwey an den Nerv des Ganzen. George, schrieb er in seinen Erinnerungen, sei von der Vergangenheit immer stärker bestimmt gewesen als von der Gegenwart, von Ideen stärker als von Bildern, sein ganzes Schaffen sei weniger empirisch als kulturgeschichtlich determiniert. »Auch die Maximin-Erfahrung war im Kern eine kulturhistorische Erfahrung. Er aber wollte sie als Wirklichkeit verstanden wissen.«[49] Die späteren Propheten des Kreises, allen voran Gundolf und Wolters, sagten im Grunde nichts anderes, wenn sie das Maximin-Erlebnis in zahlreichen Varianten als Erfüllung des Georgeschen Lebenstraumes priesen und entsprechende neue Legenden hinzufügten.[50] Die Stichworte dafür lieferte George selber, der immer wieder betonte, Maximin kraft seines Willens herbeigezwungen zu haben: »Riss ich nicht ins enge leben / Durch die stärke meiner liebe / Einen stern aus seiner bahn?«[51]

Über das Verhältnis von Traum und Wirklichkeit wäre aus Georges Sicht wohl eine Einigung mit Verwey zu erzielen gewesen. »Der

höchste Triumph der Einbildung ist erreicht«, hatte dieser als Kern
seiner Poetologie schon früh formuliert, »wenn sie die Außenwelt als
ihre Schöpfung auffasst.«[52] War das nicht auch Georges Ansicht? Er
vergaß jedoch, was ein Dichter nach Verweys Dafürhalten niemals
vergessen durfte: dass auch die großartigste Schöpfung immer ein
Werk der Einbildung blieb. Mit Maximin aber »löst sich die Differenz
zwischen Autor-Ich und poetischem Ich auf; das Ich der Maximin-
Gedichte ist in einem sehr konkreten Sinne das Ich Georges, denn die
Wahrheit des Sehers lässt sich nicht in einem ästhetischen Fiktions-
spiel, sondern allein in der persönlichen Gotteserfahrung begründen«.[53] Bereits die ersten Gedichte auf Maximin, die George ihm im
Sommer 1904 vorlas, erschienen Verwey aufgrund dieser in seinen
Augen unzulässigen Gleichsetzung »schwächer, als ich es von ihm gewohnt war«.[54] Was der holländische Freund vor allem vermisste, war
Leidenschaft. George habe sein Liebesverlangen so lange verdrängt –
»vergeistigt«, hieß es in Verweys Besprechung des *Siebenten Rings* –,
dass er sich am Ende »den Gott nicht anders als unter geliebten Zügen«
vorzustellen vermochte. Während George in vielen anderen Gedichten des Bandes auf großartige Weise »zarteste Rührungen« auszudrücken wisse, spreche in den Maximin-Gedichten »nicht der Liebhaber, sondern der an die Liebe Glaubende«.[55]

Obwohl Verwey seine Vorbehalte nur zaghaft andeutete, ließ sich
die zunehmende Entfremdung nicht mehr verbergen. Je weiter sie
sich voneinander entfernten, desto häufiger führten beide zur Begründung ihrer Divergenzen allerdings nationale Klischees ins Feld.
Bei ihrer letzten Begegnung vor dem Krieg, im Juni 1910, zehn Jahre,
nachdem das Thema Deutschland – Holland zum ersten Mal kontro-
vers zwischen ihnen diskutiert worden war, suchte Verwey einer Eskalation dadurch aus dem Weg zu gehen, dass er den Maximin-Mythos als eine rein deutsche Angelegenheit bezeichnete. Daraufhin
musste er sich von George den Vorwurf gefallen lassen, dass er in seinem kleinen Holland die Zeichen der Zeit nicht erkenne.

Mit seiner Kritik, keinem Dichter sei erlaubt, sich als Sinnbild seiner selbst aufzustellen, nahm Verwey in der Entstehungsphase des

Siebenten Rings vorweg, was George nach Publikation des Bandes in sehr viel schrofferer Form von vielen Seiten entgegenschlug. »Wenn der Stefan George'sche Kreis ohnedies alle Merkmale der *Sekten*-Bildung an sich trug«, schrieb Max Weber im Juni 1910, drei Monate vor seiner Bekanntschaft mit dem Dichter, »so ist die Art und Weise des Maximin-Cultus schlechthin absurd, weil sich von dieser Erlöser-Inkarnation mit aller Gewalt nichts *aussagen* läßt, was seine Göttlichkeit für Andre, als diejenigen, die ihn *persönlich* kannten, irgendwie glaubhaft machen könnte.« Im Übrigen stelle sich sofort die Frage: »›Erlösung‹ – *wovon*? –« Er, Weber, vermute, dass George »aus dem ästhetischen Kloster« nur deshalb herausgetreten sei, um »nach dem Vorbild so mancher andren Asketen die ›Welt‹, die er zuerst geflohen, zu regenerieren und zu beherrschen«. In Ermangelung irgendwelcher Inhalte laufe die ganze Erlösungskampagne am Ende auf ein rein formales Prophetentum hinaus, das seine Erfüllung in sich selbst finde und zu nichts anderem führe als »zu einem wilden Harfengetön«.[56]

Ähnlich wie Verwey hielt Weber die Glaubwürdigkeit der Maximin-Darstellung für das entscheidende Kriterium zur Beurteilung der Georgeschen Sendung. Und genau wie Verwey lehnte er es ab, dem, was George als göttliche Offenbarung schilderte, eine allgemeine, über die Person des Dichters hinausgehende Bedeutung beizumessen. Überprüfbar sei die Behauptung, es habe sich bei dem Toten um ein nichtalltägliches Wesen gehandelt, bestenfalls für die engere Gemeinde. Damit war die Konzeption als solche – Erlösung der Welt durch das Wunder Maximin – erledigt. Hatte Weber in seiner Studie über die protestantische Ethik nicht eben erst den Nachweis geführt, dass der Rationalisierungsprozess in der westlichen Welt bereits so weit fortgeschritten war, dass jeder Versuch, das stahlharte Gehäuse durch Wiedereinführung magischer oder kultischer Heilsmittel aufzubrechen, von vornherein zum Scheitern verurteilt sein musste?

Seit der Jahrhundertwende traten allerorten Erwecker und Erlöser auf, die zur Umkehr mahnten und die Überwindung des Ungewissen versprachen. 1902 war in Berlin die deutsche Sektion der Theosophi-

schen Gesellschaft der Madame Blavatsky gegründet worden. Deren
erster Sekretär, Rudolf Steiner, ging zehn Jahre später eigene Wege,
weil er die Verehrung des Hinduknaben Krishnamurti als Reinkarna-
tion Christi nicht mittragen wollte. Man konnte sich dem 1906 in
Jena ins Leben gerufenen Deutschen Monistenbund anschließen, der
die Welträtsel mit Hilfe der Naturwissenschaften zu lösen meinte.
Man konnte nach Ascona zu Henri Oedenkoven und Gusto Gräser
auf den Monte Verità pilgern, das Paradies aller Kohlrabi-Apostel,
wie der Volksmund sie nannte. Oder man huldigte dem noch etwas
abseitigeren Klarismus des Elisar von Kupffer, der sich später in
Minusio niederließ und dort das »Sanctuarium Artis Elisarion«,
einen Tempel der »Initiierten« errichtete.[57]

Wo immer man sich einen Neuanfang erhoffte, war die Kunst
nicht weit. Vor allem in der Malerei entlud sich das Pathos des Aufbruchs in herbem Kitsch. Bei allen, die jetzt den Zenit ihres Ruhms
erklommen, bei Klinger und Hodler und selbst noch beim alten Hans
Thoma, stiegen nackte Jünglinge auf hohe Berge und erhoben die Arme gen Himmel. Die Bilder trugen Titel wie »Sehnsucht«, »Empor«,
»Dem unbekannten Gott« oder »Blick ins Unendliche«. Zur Ikone
der deutschen Weltanschauungskunst wurde das später als Postkar-
tenmotiv der Jugendbewegung beliebte »Lichtgebet«, jener weizen-
blonde, den Wolken sich ergebende Sonnenknabe von Hugo Höp-
pener, genannt Fidus.[58] Wie 1895 die Vorlage zum Engel des Lebens
ikonographisch aus dem Musterbuch der Präraffaelitenschule hätte
stammen können, so standen zehn Jahre später die dekorativ heroischen Jünglinge des Jugendstils Pate für Maximin. »Du warst der be-
ter zu den wolkenthronen /…/ Und warst zugleich der freund der
frühlingswelle.«[59] Verstärkt wurde das Kunstgewerbliche, das die
Maximin-Legende nie ganz los wurde,[60] durch den Lechterschen Zier-
rat, der sowohl das *Gedenkbuch* als auch die Erstausgabe des *Siebenten Rings* schmückte. Der violette Einband, den George bis in die
zwanziger Jahre beibehielt, kam den hochgestimmten Bedürfnissen
eines säkularisierten Publikums entgegen, das in der Kunst einen
brauchbaren Religionsersatz gefunden hatte.

Als ihm Verwey in dem erwähnten Gespräch von 1910 entgegen-
hielt, ein Dichter dürfe seinen Genius nicht zum Gegenstand allgemeiner Anbetung erklären, meinte George erregt, Maximin könnte
auch »ein schwarzer Stein sein oder eine grüne Kugel«.[61] Für ihn zähle nicht das Was, sondern das Wie, nicht der Inhalt des Glaubens, sondern die Hingabe der Gläubigen. »Wenn ich morgen in einem Betsaal
am Nollendorfplatz das Bild einer peruanischen Regengöttin aufstellte, kämen sie alle gelaufen.«[62] In der Tat richtete sich das wieder-
erwachende religiöse Interesse um 1900 in erster Linie auf liturgische
Aspekte, auf kultische Formeln und ritualisierte Arrangements, weniger auf Glaubensinhalte. Aber so wenig George das Publikum
anlocken wollte, um ihm ein übersinnliches Ereignis glaubhaft zu
machen, so wenig lag ihm an der Gründung einer neuen Religion.
»George hat dies Wunder keineswegs in dem naiven Sinne begriffen,
in dem es aufgenommen wurde.«[63] Für ihn war Maximin zuerst und
vor allem Sinnbild menschlicher Erfüllung. Der plötzliche Tod des
Jungen hatte ihn in die Lage versetzt, die nicht unproblematische Beziehung glücklich zu Ende zu denken. Dass es sich bei Maximin um
eine im Wesentlichen nur in seiner Phantasie vorhandene Beziehung
handelte, eine Beziehung *post mortem*, erleichterte George die Umsetzung ins dichterische Bild und ließ jeden Vergleich mit der Realität
pietätlos erscheinen. Maximin wurde so zur Erfüllung seines Traums
von Freundschaft, zum Wunder für *ihn*.

In Georges engster Umgebung wurde so gut wie nie über Maximin
gesprochen. In seiner Rezension des *Siebenten Rings* hat Gundolf die
Schlüsselfigur des Bandes nicht einmal erwähnt; in Wolters' frühen
Aufzeichnungen zur Geschichte der *Blätter* sucht man ebenfalls
vergebens. Später distanzierte sich Wolters dann von den »älteren
Gefährten«, die das Ereignis »schamhaft als ein rein persönliches Erleben des Dichters umgingen oder in seiner verpflichtenden Unbe-
dingtheit ablehnten«.[64] Morwitz korrigierte ihn. George selbst habe
»stets betont, dass es sich hier um eine höchst persönliche Lebenserfahrung handle … Seine Freunde mieden es, ihn über das Maximin-
Erlebnis zu befragen.«[65] Georges Privatsphäre war von jeher ein

streng abgeschirmter Bereich. Die Tabuierung Maximins brachte jedoch eine neue Qualität in das Verhältnis Meister – Jünger. »Die ihr
mir folgt und fragend mich umringt / Mehr deutet nicht! Ihr habt nur
mich durch ihn!«[66]

Die Vergöttlichung des Knaben schloss von Anfang an die Selbst-
vergottung des Propheten mit ein. »Einverleibung« nannte George
diesen Vorgang und dichtete in mystischer Verzückung: »Ich geschöpf nun eignen sohnes.«[67] Das Wunder »geheimster ehe« diente
von nun an als Beglaubigung seiner Sendung. Für Außenstehende
aber blieb hier, im Zentrum des Georgeschen Werkes, eine Leerstelle.
Diese Dichtung komme ihm vor, schrieb der katholische Publizist
Carl Muth in einem großen Nachruf, »wie eine kunstvoll geschmie-
dete, mit edlen Steinen kostbar versetzte Monstranz, in der das Heilige fehlt«.[68]

Für theologisch weniger geschulte, prosaischer veranlagte Leser
lief das Ganze auf nichts anderes hinaus als auf die Verherrlichung der
Knabenliebe. Dieses Risikos war sich George durchaus bewusst; so
schrieb er Lechter bei der Übergabe des Manuskripts zum *Gedenkbuch* im April 1905 hellsichtig, das große Publikum werde die Sache
»im günstigsten fall scheel ansehen«.[69]

Für George war Maximin die Bestätigung alles dessen, wofür er
gekämpft hatte, und so teilte er die Weltgeschichte jetzt in die Zeit *vor*
und *nach* Maximin. Maximin wurde der »Herr der Wende«, der allem
bisherigen Geschehen Sinn und Bedeutung verlieh und für alle Zukunft die Richtung vorgab. Mit der Feier seiner ewigen Jugend wurde, zehn Jahre nach Maximilian Kronbergers Tod, das Regelwerk der
neuen Gemeinschaft, der *Stern des Bundes,* eröffnet:

> Du stets noch anfang uns und end und mitte
> Auf deine bahn hienieden, Herr der Wende,
> Dringt unser preis hinan zu deinem sterne.[70]

4

Als George ein Jahr nach Kronbergers Tod das Manuskript des *Ge-denkbuchs* an Lechter schickte, scheint ein Großteil der Gedichte auf Maximin vorgelegen zu haben. Aber erst anderthalb Jahre später, im September 1906, war die Druckvorlage des *Siebenten Rings* fertig. Die Ordnung der Gedichte zu einem Zyklus und die Zusammenstellung weiterer Zyklen um diesen zentralen Zyklus herum zu einem neuen großen Buch kosteten George unendlich viel Mühe. Das Material, aus dem er schöpfte, reichte zurück bis in die frühen neunziger Jahre, die Zeit mit Ida Coblenz (»An baches ranft / Die einzigen frühen / Die hasel blühen«).[71] Die gewaltige Stoffmenge suchte George mit Hilfe der Zahl Sieben zu ordnen: Sein siebter Band, erschienen 1907, sieben Jahre nach dem *Teppich des Lebens*, bestehend aus sieben Zyklen, deren jeder eine durch sieben teilbare Anzahl Gedichte enthielt. Das Ergebnis blieb unbefriedigend. George selber sprach später vom »Chaos« des *Siebenten Rings*.[72] Das Buch platzte aus allen Nähten, und noch heute steht es ein wenig ungebärdig zwischen den streng komponierten, vergleichsweise schlanken Nachbarbänden *Teppich* und *Stern*.

Drei Grundtendenzen bestimmen den Band und durchziehen ihn von den *Zeitgedichten* bis zu den *Tafeln*: der Kampf des Lichts gegen die Finsternis, der oberen gegen die unteren Mächte, der Sieg über das kosmische Chaos; dann die vaterländische Wendung des Verfassers, der ein durch und durch deutsches Buch vorlegen wollte, aus dem jeder fremde Einfluss – und das hieß jetzt auch: jeder Ästhetizismus – verbannt war; und, drittens, die Übertragung des bis dahin nur für das Gebiet der Kunst formulierten Führungsanspruchs auf sämtliche Bereiche des gesellschaftlichen Lebens. Fortan gibt nur *einer* den Namen, hält nur *einer* das Maß, heißt es am Ende des Bandes in einem *Jahrhundertspruch*: »In jeder ewe / Ist nur ein gott und einer nur sein künder.«[73]

Was an solchen Zeilen heute so irritiert, wenn man sie nicht von vornherein als wahnhafte Verirrung abtut, ist die fehlende Distanz ihres Verfassers zu sich selbst. Hier spricht nicht ein lyrisches Ich in Bildern, die den Leser bezaubern wollen. Hier spricht ein autoritäres Ich, das identisch ist mit der Person Stefan George. »Euch all trifft tod. Schon eure zahl ist frevel«[74] – wer solche Verse schreibt, unterscheidet nicht mehr zwischen dem Gesagten und dem Gemeinten. Genau hierin aber lag für viele Zeitgenossen die Authentizität Georges. Wer so sprach, sprach in höherem Auftrag, oder, wie es in den Schlussversen des *Maximin*-Zyklus hieß: »Ich bin ein funke nur vom heiligen feuer / Ich bin ein dröhnen nur der heiligen stimme.«[75] *Der Siebente Ring*, den Claude David »eines der gequältesten, widersprüchlichsten und unergründlichsten« Werke der Literatur nannte,[76] hat bald nach seinem Erscheinen die Leserschaft gespalten. Das am breitesten angelegte und sprachmächtigste Buch Georges wurde sein anstößigstes, und ist es bis heute geblieben.

Der zweite Zyklus, *Gestalten*, zählt zu den ungestümsten, in der Radikalität seiner Bilder eindringlichsten Zyklen des gesamten Werks. George hat in diesen 14 Gedichten das kosmische Treiben beschrieben, die Wehen, wenn man so will, die der Geburt Maximins vorausgingen. Die Titel lauten: »Sonnwendzug« und »Hexenreihen«, »Die Kindheit des Helden« und »Der Eid«. Das letzte heißt »Einzug« und beginnt: »Voll ist die zeit, / Weckt was gefeit / Schlief mit dumpfem gegrolle.«[77] George beschwört die dunklen Mächte der Vergangenheit, um sie endgültig zu überwinden und dadurch zugleich für die Vision einer neuen, lichten Ordnung fruchtbar zu machen. Nirgendwo steht er stärker unter dem Einfluss gnostischen Denkens als hier. Aus dieser Spannung, die sich auch in der dialogischen Form von vier Zwiegesprächen spiegelt, entfaltet der *Gestalten*-Zyklus seine Dynamik.

Das »Templer«-Gedicht, »Die Hüter des Vorhofs« und »Der Widerchrist« bilden die zentrale Trias des Zyklus. In diesen drei Gesängen liegt die Keimzelle dessen, was George bald nach Veröffentlichung des *Siebenten Rings* seinen »Staat« nennen wird.[78] Zwischen 1907 und 1914 entwickelte dieser »Staat« ein in sich geschlossenes Wertesystem, das zunächst ausschließlich antagonistisch definiert war, das heißt über einen grundsätzlichen, nicht aufzulösenden Widerspruch zu allem, was außerhalb dieses Staates lag. Was wie ein fundamentaler Angriff auf die Bastionen der bürgerlichen Welt aussah und von der Leserschaft auch so verstanden wurde, diente in erster Linie der Konsolidierung dieses Staates nach innen.

In den drei genannten Gedichten finden sich die ersten entscheidenden Hinweise auf das, was George am Ende zu einem vollständigen Erziehungsprogramm, dem *Stern des Bundes*, ausbauen wird. Das »Templer«-Gedicht illustriert am historischen Beispiel »den Gegensatz der Wenigen zu den Vielen«.[79] Die Wenigen unterscheiden sich dadurch, dass sie, anders als die Vielen, den Gesetzen der Natur nicht unterworfen sind. Schon Algabal wollte die Natur ausschalten, indem er sie überwand. Widerstand gegen die Natur, das Widernatürliche an sich, wird jetzt zum wesentlichen Kriterium. »Eine ganz und gar unmenschliche, ja jeder Menschlichkeit fremde Sache«– die Sodomie nämlich – war einer der Hauptanklagepunkte in dem 1307 durch den König von Frankreich ausgelösten Prozess gegen die Templer, der 1312 zur Aufhebung des Ordens führte.[80] George, der sich sehr für diesen Prozess interessierte, drehte die Beweislast um und rief die Templer als Vertreter eines höheren Naturgesetzes in der Schlussstrophe zu Rettern der natürlichen Lebensgrundlagen aus. In der Stunde der »weltnacht«, wenn die Natur sich dem Menschen verweigert, werden die Templer sie zwingen: »Dass sie ihr werk willfährig wieder treibt: / Den leib vergottet und den gott verleibt.«[81]

»Der Widerchrist« schildert das Chaos, das entsteht, wenn die Falschen an die Macht gelangen, Verführer, die das Volk mit Versprechungen blenden: »Ich schaff euch für alles was selten und schwer / Das Leichte, ein ding das wie gold ist aus lehm, / Wie duft ist und saft ist und würze –« Weil den Menschen der Sinn für das Echte abhanden gekommen ist, werden sie auf solche Verführer immer wieder hereinfallen – »Und fühlt erst die not vor dem ende // Dann hängt ihr die zunge am trocknenden trog, / Irrt ratlos wie vieh durch den brennenden hof .. / Und schrecklich erschallt die posaune.«[82] Unaufhörlich wird George im *Stern des Bundes* gegen die falschen Propheten zu

Felde ziehen und seine eigenen Leute ermahnen: »denn ich gab /
Euch für das hirn das trügt das wahre auge!«[83]

Die großartigste Vision seines künftigen Staates entfaltete George
im mittleren der drei Gedichte, den »Hütern des Vorhofs«. In sieben
Strophen entwickelte er Stufe für Stufe den Aufbau seiner Welt in
direkter Ansprache an die Auserwählten:

> Ich liess euch erst erziehn auf magrer scholle,
> In suchen Fiebernde, in leid Vergrabne,
> Dass sehnsucht euch durch alle adern rolle:
> Die kinder reift in Fromme und Erhabne.
>
> Dann gab ich euch voll rosen und voll reben
> Ein üppig sonnenland zu kurzer leihe
> Damit ihr himmel säht und höchstes weben
> In hiesiger tage glanzumwobner reihe.
>
> So wuchs in euch die würde und die ferne
> Die, wartend, nie nach niedrer gabe tastet . .
> So mehrt ich eure glut im innren kerne,
> Dass ihr das wahre bild am reinsten fasstet.
>
> So nahmt ihr volle helle zum verklären:
> Die stirn die ihr mit wein und lorbeer höhtet,
> Den wegrand blitzend von demantnen ähren,
> Das alte tal vom zauber angerötet.
>
> Ihr bringt der aufgeklafften erde sühne
> Der gier und wahn zerwühlten die geweide.
> Ihr macht dass sie sich schliesse, wieder grüne . .
> Und nackter tanz beginnt auf junger heide.
>
> Durch jede muschel späht ihr kühnen schwimmer
> Und aller felder seltne saat gewahret
> Ihr Wachen die ihr jeden holden schimmer
> Auffanget und für ewige zeiten sparet.
>
> Ihr seid des zeichens dass von haft behindert
> In rauhen mauern, dass in gleiss und sammet –
> Wenn auch bei allen – nie bei euch vermindert
> Erinnerung wie ihr von göttern stammet.[84]

5 Knabenerziehung

Am 8. Mai 1908, ein halbes Jahr nach Erscheinen des *Siebenten Rings*, wurde auf dem Rittergut Liebenberg in der Mark Philipp Fürst zu Eulenburg wegen des Vorwurfs der Homosexualität verhaftet. Eulenburg hatte zwanzig Jahre zu den engsten Vertrauten Wilhelms II. gehört und galt als »der geistige Urheber des 1897 etablierten ›Persönlichen Regiments‹« seiner Majestät.[1] Die Verhaftung eines der einflussreichsten Ratgeber der kaiserlichen Politik war der vorläufige Höhepunkt einer Pressekampagne, die der Publizist Maximilian Harden seit Herbst 1906 in der *Zukunft* gegen die Kamarilla des Kaisers führte. Dabei verknüpfte er zweideutige Hinweise auf homosexuelle Beziehungen innerhalb der »Liebenberger Tafelrunde« geschickt mit der Frage nach der Staatsräson. Da Homosexualität nach allgemeiner Auffassung als charakterlicher Defekt galt und viele dazu neigten, sie ähnlich wie die Prostitution »als Verfallserscheinung der Oberschicht zu deuten«,[2] musste dort, wo ein Monarch sich mit »weibischen« Männern umgab, der Staat auf Dauer selber Schaden nehmen. »Hardens Enthüllungen zogen eine Serie von Prozessen nach sich, die sich zu regelrechten Schlammschlachten entwickelten und selbst intimste Details aus dem Innenleben der aristokratischen Oberschicht an die Öffentlichkeit zerrten.«[3]

Die Angst, wegen der Homosexualität ins Gerede zu kommen, war unter den Freunden Georges früh verbreitet, auch und gerade unter denen, die für gleichgeschlechtliche Beziehungen nicht viel übrig hatten. Als sich Gundolf im Sommer 1901 bei Wolfskehl über neue Elaborate »in schwuler Poesie« mokierte – »Gott schütze alle Laster vor solchen Herolden!« –, antwortete ihm dieser: »Von den Schwulitäten ... wusst ich nichts. Ich seh schon kommen wie die Kleinsten der

Kleinen, die Ältesten der Alten und die Schatzsucher, Goldsucher und Küchenschreiber unsern Fahnen folgen; was dann aus den stillen bahnen der Kleinen Schaar werden wird?«[4] Im Umfeld Georges war man auf der Hut vor »den Süchtlingen«,[5] aber so wenig man sich ihnen und ihrem Beifall zu entziehen vermochte, so schutzlos war man auf der anderen Seite denen ausgeliefert, die in denunziatorischer Absicht den § 175 bemühten. Es sei die »gleichgeschlechtliche Liebe«, verbreitete der Theaterkritiker Alfred Kerr 1905 in seiner Besprechung der *Zeitgenössischen Dichter*, die »Stefan Georges Vettern« im Innersten verbinde.[6] George gehöre zu jenen »Naturen, die aus ihrer Schwäche ihre Stärke machen«, hieß es gut zwei Jahre später in der Besprechung des *Siebenten Rings* durch den *Kunstwart*. Der Rezensent ließ keinen Zweifel daran, welche Schwäche gemeint war: »Die Unfähigkeit zur naturgewollten Geschlechterliebe – es soll bei diesem recht wesentlichen Punkt nicht weiter verweilt werden – muss die reine Freundschaftsneigung … zu gleichgeschlechtlicher Götzenanbetung verzerrend steigern.«[7] George hielt es für klüger, nicht gegen solche Artikel vorzugehen. Ein einziges Mal ließ er durch Gundolf Anzeige wegen übler Nachrede erstatten: 1914 gegen den Verleger Kurt Wolff.[8]

Auch wenn sich die wenigsten trauten, die Sache beim Namen zu nennen, hinter vorgehaltener Hand liefen Gespräche über George jetzt häufig auf die Frage hinaus, wie er und die Seinen es wohl mit den Knaben hielten. Der eigentümliche Reiz des erotisch Anstößigen kam hier ins Spiel. Er verlieh allem, was mit George zu tun hatte, auch in den Augen derer, die sich dafür nur mäßig interessierten, die Aura des Verbotenen. Das Werk selbst blieb schillernd und hielt bis hin zu den letzten Gedichten die Mitte zwischen esoterischer Geheimlehre und offen propagiertem Freundschaftskult. Jeder Text, der homoerotische Botschaften transportiert, bietet nach Heinrich Detering zwei Lesarten: eine für den Eingeweihten, der allerdings über das entsprechende »Vorwissen« verfügen muss, und eine für denjenigen, der »auf dem Wortlaut der zitierten Textstelle beharrt, die vermeintliche Evidenz für trügerisch erklärt und sich kategorisch weigert, in Georges ›Freundschaft‹ erotische Liebe wahrzunehmen«.[9] Ob sich ein Leser auf homoerotische Identifikationsangebote einließ und die von den Gedichten ausgehenden Signale aufgriff oder eine allgemeinere, stärker an der Bildung orientierte Interpretation vorzog, war also letztlich eine Frage der persönlichen Disposition und des individuellen Geschmacks. Es spricht für die Größe der Georgeschen Dichtung, dass sie wirkungsvoll ist auch ohne die Kenntnis dieser Hintergründe – ja selbst trotz dieser Kenntnis, denn Homosexualität dürfte nicht wenige Leser abgeschreckt haben.

Viele wollten von einer Ambivalenz der Texte freilich nichts wissen und unterstellten ein eindeutiges Kalkül. George sei in Wirklichkeit gar kein Dichter gewesen, schrieb Ludwig Klages 1940: »Er war und blieb bis ans Ende Liebhaber, Liebhaber gebildeter, ephebenhafter Jünglinge und Liebhaber des Fügens schwieriger Verse und sauberer Reime, die unter anderem bestimmt sind, jene Jünglinge zur Nachahmung der eigenen Liebhaberei anzuleiten.«[10] Rudolf Borchardt hatte kurz zuvor in die gleiche Richtung argumentiert: »Der homosexuelle Dichter ist nicht ein Dichter, der übrigens so homosexuell ist wie ein grünäugiger Dichter ein Dichter der übrigens grüne Augen hat. Er ist ein Homosexueller der übrigens ein Dichter ist« und der sich der Dichtung als eines Hilfsmittels bediene, um seinen »irrgelegten Trieb« zu befriedigen.[11] Und Max Kommerell, über viele Jahre der nächste Freund Georges, notierte nach der Trennung: »Extremster Verdacht: hat nicht George die individuell geistig erotische Bedingung der Existenz umgedeutet in eine objektive Erziehungsidee ... ist der Kreis, der sich so ungeheuer objektiv gibt, nicht einfach der Atemraum Georges?«[12]

Es war zweifellos die Leidenschaft für junge Männer und Knaben – die süddeutschem Sprachgebrauch entsprechend grundsätzlich nur Buben genannt wurden –, die George stärker umtrieb als alles andere. Insofern dürften Klages, Borchardt und Kommerell das Richtige getroffen haben. Dennoch führt es in die Irre, in der Homosexualität das entscheidende Kriterium für die Zusammensetzung des Georgeschen Staates zu vermuten. Zum einen legt der Begriff aufgrund sowohl seiner medizinischen als auch seiner strafrechtlichen

Implikationen eine fortwährende Präsenz und Fixierung auf das Geschlechtliche nahe, die George fremd war. Der Eros, heisst es in Kommerells nachgelassenen Aufzeichnungen weiter, werde »heute zu sehr
blutsmäßig gedacht. Es ist aber nicht mehr nötig, als überhaupt die
Möglichkeit, einen Jüngling liebenswert zu finden ... das Physische
tritt zurück.« Im Kreis der Freunde gab es weder eine normierte Sexualität noch irgendeinen diesbezüglichen Kodex, jeder konnte seinen
persönlichen Neigungen und Vorlieben nachgehen, solange sie nicht
mit den Werten der Gruppe kollidierten. Zum andern galt als Grundbedingung jeder erotischen Beziehung zwischen einem Älteren und
einem Jüngeren das Pädagogische. Noch einmal Kommerell: »Darin
liegt vielleicht die größte Anregung durch George: der Weise neben
dem Jüngling.« Ohne Erziehung kein Eros, ohne Eros keine Erziehung: Mit dieser Formel schien die unheilvolle Verbindung von
Fleisch und Sünde überwunden. Das war für diejenigen, die für die
Reize des eigenen Geschlechts nur schwer empfänglich waren und die
doch gern dazugehören wollten, so einleuchtend und beruhigend, wie
es für all jene verlockend sein musste, die mit ihrer Homosexualität
außerhalb des Kreises nur schwer zurechtgekommen wären.

Seit George 1909 im Vorwort seiner Umdichtung der Shakespeare-
Sonette »von der weltschaffenden kraft der übergeschlechtlichen Liebe« gesprochen hatte, galt diese Terminologie als die für alle Freunde
verbindliche. Gundolf verkürzte den Begriff wenig später unter Weg-
lassung des Übergeschlechtlichen auf »die weltschaffende Liebe«.[13]
Überhaupt tat er alles, die Gedichte im wahrsten Sinne zu »entlei-
ben«; der »Leib« sei bei George »kein medizinischer Komplex, sondern eine metaphysische Wesenheit«.[14] Die Gundolfsche Metaphysik
quittierte ein Lästermaul mit der bissigen Bemerkung, dass in der
Umgebung Georges »immer, wenn von Päderastie hätte gesprochen
werden sollen, Abrakadabra gesagt wurde«.[15]

Trotz aller Sprachregelungen und sonstigen Vorsichtsmaßnahmen
hielten es die Gralshüter 1912 allerdings doch für erforderlich, sich
von »jenen keineswegs erfreulichen leuten die um die aufhebung gewisser strafbestimmungen wimmern« abzugrenzen:

> Wir fragen nicht danach ob des Schillerschen Don Carlos hingabe an Posa, des Goetheschen Ferdinand an Egmont, der leidenschaftliche enthusiasmus des Jean Paulischen Emanuel für Viktor, Roquairols für Albano irgend etwas zu tun hat mit einem hexenhammerischen gesetzesabschnitt oder einer läppischen medizinischen einreihung: vielmehr haben wir immer geglaubt in diesen beziehungen ein wesentlich bildendes der ganzen deutschen kultur zu finden. Ohne diesen Eros halten wir jede erziehung für blosses geschäft oder geschwätz und damit jeden weg zu höherer kultur für versperrt … Es ist auch nicht ein moralisches vorurteil was heute noch die menschen gegen diese freundschaft empört, ihnen ist gleich unverständlich, im tiefsten grund widerlich die liebe des Dante zu Beatrice wie des Shakespeare zu seinem freund: es ist die abneigung des amerikanischen, pathoslos gewordenen menschen gegen jede form der heroisierten liebe.[16]

Heroisierte Liebe oder pädagogischer Eros: Das Ideal des vergeistigten Sexus versprach in jedem Fall eine höhere Form des Daseins und trug entscheidend zum Elitebewusstsein des Georgeschen Staates bei. Drei Generationen zuvor war in den Ghaselen August von Platens erstmals in der deutschen Literatur »in Umkehrung traditioneller Normen die homosexuelle Liebe als *anthropologische Überbietung* der heterosexuellen proklamiert« worden.[17] Weil der Homosexuelle der standardisierten Rollenverteilung der Geschlechter nicht unterworfen sei, stehe er anthropologisch höher als der, den die Natur unabweislich zur Zeugung bestimmt habe. Von hier war es nicht mehr weit zu der Forderung, dass es das Lebensziel jedes geistigen Menschen sein müsse, aus dem Kreislauf der Natur auszuscheren und die Fortpflanzung zu verweigern. Wer solchermaßen das Geschlechtliche überwindet, hat die höchste Stufe erklommen. Er ist dort angelangt, wo die Natur »Den leib vergottet und den gott verleibt«.

Will man die Zusammenhänge zwischen Georges Homosexualität und dem Freundschaftsideal der von ihm gegründeten Gemeinschaft verstehen, darf man zweierlei nicht außer Acht lassen: dass die jüngeren Freunde Georges von Gundolf bis Kommerell zum größten Teil nicht homosexuell waren und »dass er sich selbst so nicht definierte«.[18] Da authentische Zeugnisse von Jahr zu Jahr spärlicher werden und aus der zweiten Lebenshälfte nur wenige Schriftstücke vorliegen, die Einblick in Georges Gefühlswelt geben, ist der Biograph im Wesentlichen auf das angewiesen, was andere hinterlassen haben. Dieses Material – Gesprächsnotizen, Tagebücher, Erinnerungen – stammt zum größten Teil von Personen, die Teil des Systems waren und mehr oder weniger aktiv an der Legendenbildung mitwirkten oder, im Falle ihrer Trennung, unter erheblichem Rechtfertigungdruck standen. Auf welche Quellen kann man sich verlassen und wie soll man vorgehen?

Für das Jahrzehnt vom Tod Maximilian Kronbergers bis zum Ausbruch des Kriegs ist rund ein Dutzend Beziehungen Georges zu jungen Männern belegt (einige weitere Kontakte lassen sich nicht mehr verfolgen). Die meisten von ihnen waren, als sie George kennenlernten, um die zwanzig Jahre alt; der jüngste, Percy Gothein, war 14, der mit Abstand älteste, Ernst Glöckner, 28. Bei allen Unterschieden im Einzelnen blieben die Abläufe sowie bestimmte Rituale stets die gleichen. Es bietet sich daher an, durch Auswertung der verfügbaren biographischen Zeugnisse zunächst das Grundmuster von Freundschaft im Georgeschen Sinn zu erstellen. Die herausragende Bedeutung, die der *Stern des Bundes* 1914 für den Staat erlangen wird, ist nur zu ermessen, wenn man sich die biographischen Zusammenhänge vergegenwärtigt, aus denen er hervorgegangen ist. Das Ziel ist eine »dichte Beschreibung«.[19]

2

Der äußere Rahmen blieb zunächst weitgehend unverändert. Zu Georges wichtigsten Bezugspersonen zählten nach wie vor Mutter und Schwester. Der Vater, der im Frühjahr 1906 einen Schlaganfall erlitt, starb Anfang Mai 1907. In Bingen lebte George während des Frühjahrs, hierher kehrte er in der Regel Mitte Dezember zurück. Zu Jahresbeginn fuhr er für ein paar Wochen nach München, wo ihm ab 1909 die Wolfskehlsche Mansardenwohnung zur Verfügung stand. Gegen Ende des Jahres besuchte er seine alten Freunde in Berlin, Simmel, Lepsius, Lechter, und seinen Verleger. Die Sommerferien verbrachte er seit 1903 alljährlich mit Gundolf in abgelegenen Bergdörfern der Schweiz, wo sie oberhalb des Vierwaldstätter Sees, rund um den Hasliberg oder im Berner Oberland ausgiebige Wanderungen unternahmen. George schätzte die Schweizer Gastlichkeit; es gefiel ihm, dass die Wirte nicht viel Umstände machten – man setzte sich so zu Tisch, wie man von der Wanderung kam – und dass Unterkunft und Essen preiswert waren. In den ersten Jahren war Anna George mit dabei, später auch manchmal Gundolfs Bruder Ernst (der mehr als dreißig Jahre die Sommermonate im Sertigtal bei Davos verbrachte), und gelegentlich traf man sich mit anderen Freunden, die oft nur ein paar Dörfer weiter logierten.

Was die Tageseinteilung angeht, berichtet Morwitz, dass George »etwa bis zum fünfzigsten Lebensjahr in Gesellschaft seiner Freunde zu betrachtenden Gesprächen am Abend lange aufzubleiben pflegte. Gewöhnlich arbeitete er in der besonderen Stille der Stunden von fünf bis acht Uhr morgens, nahm ein sehr leichtes Frühstück, schlief noch einmal, unternahm um zwölf Uhr einen Gang, aß um ein Uhr Mittag, schlief bis vier Uhr und empfing dann Freunde.«[20] Boehringer erinnerte den Rhythmus ähnlich. George sei »nicht besonders früh« aufgestanden und nach Tisch wieder »ein bis zwei Stunden« ins Bett gegangen. »Zum Tee sah er dann gern einzelne Besucher, mit denen er oft im Gespräch bis kurz vor dem Abendessen blieb. Eigentliche Zusammenkünfte fanden nach dem Nachtessen statt. In späteren Jahren ging er früh schlafen: ›Nach zehn Uhr wird doch nur mehr gebabbelt.‹«[21]

Manches Detail ließe sich hinzuzufügen: dass er zum Beispiel nicht wünschte, bei der Arbeit »ertappt« zu werden.[22] Besonders zornig wurde er, wenn Kinder ihn heimlich beobachteten, aber die Kinder seiner Freunde durften ihn »Onkel Meister« nennen.[23] Er trug einen Diamantring und ein goldnes Armkettchen, hasste Brillen, ließ sich beim Friseur rasieren und puderte sein Haar.[24] Seine Lieblingsfarben waren mattes Blau und Gelb.[25] Er hatte eine Aversion gegen bürgerliche Möbel und zog die funktionellen Gegenstände den repräsentativen vor: ein Stück Schuhsohlenleder als Schreibunterlage, ein Brot-

messer als Brieföffner.[26] Er besaß eine Briefmarkensammlung als
Notgroschen für schlechte Zeiten, studierte gern Landkarten und
war handwerklich geschickt.[27] Er schnitzte mit dem Taschenmesser
einen fehlenden Eierlöffel und bastelte aus Zeitungspapier und Strip-
pe einen Ball für die Kinder.[28] Er liebte es, auf einer Chaiselongue liegend zu reden, und hakte sich beim Gehen gern unter.[29] Er reiste mit
Spirituskocher, um sich immer seinen Tee aufgießen zu können, und
begeisterte sich 1920 für mobile Taschentelefone.[30] Am wichtigsten
war ihm der Tabak; weil er ausgefallene griechische und französische
Sorten bevorzugte, bereitete ihm der Nachschub oft Sorgen. Er hielt
die Zigarette gern zwischen dem dritten und vierten Finger und ließ
bisweilen ein Weihrauchkorn auf der Glut zergehen.[31] Er legte Wert
auf einfaches gutes Essen; obwohl er sich während des Studiums und
später im Krieg, sei es aus diätetischen, sei es aus Kostengründen, eine
Zeitlang vegetarisch ernährte, ging ihm nichts über einen guten Bra-
ten.[32] In früheren Jahren hatte er im Laufe des Vormittags oft schon
eine ganze Flasche Wein geleert.[33]

Besonders wohl fühlte sich George im Gundolfschen Elternhaus
in Darmstadt, dort war er »damals mehr zu Haus als in Bingen«.[34] Als
das Binger Haus nach dem Tod der Mutter 1913 vermietet wurde,
brachte er seine persönlichen Dinge nach Darmstadt und stellte dort
auch seine Bibliothek auf. Gundolfs jüngeren Bruder, den scheuen
Ernst, der das Haus bis zu seiner Emigration 1939 bewohnte, schätzte George wegen seiner Belesenheit und seines unabhängigen Urteils;
der Jurist, der wegen eines chronischen Lungenleidens nicht arbeitete,
wurde von ihm oft um Rat gefragt. Im Umgang mit anderen Menschen tat sich der Sonderling schwer; er habe neulich »silberne Hochzeit mit meiner Schildkröte gefeiert«.[35] Zu seiner meditativen Lebensführung gehörte es, morgens eine kleine Federzeichnung oder ein
Pastell anzufertigen. Im Laufe seines Lebens (er starb am 15. Mai
1945 in London) entstanden Tausende von Blättern, deren einziges
Thema menschenleere, vorzeitliche Landschaften sind: weite Ebenen
mit drei Pappeln, Felsen, Krater, kahle Dünen – alles mit einem nervösen kalten Strich gezeichnet und von großer Tristesse. Sein Ideal

war die Überwindung alles Stofflichen; »am liebsten würde ich das Papier ganz weiß lassen«, äußerte er einmal, und manchmal sah es so aus, als ob er »nichts anderes malen wollte als den Wind«.[36] 1905 erschien im Verlag der Blätter für die Kunst eine Mappe mit zwölf Drucken nach Federzeichnungen von Ernst Gundolf.

Im Frühjahr 1910 ging Friedrich Gundolf nach Heidelberg, um sich zu habilitieren, erhielt ein Jahr später an der Ruprecht-Karls-Universität eine Professur und begann im Sommersemester 1911 seine zwanzigjährige Vorlesungstätigkeit mit einer Vorlesung über Goethe und seine Zeit. Mit Gundolfs Umzug verlagerte sich auch der Lebensmittelpunkt Georges nach Heidelberg. Wenn es richtig ist, Berlin, München und Heidelberg als die drei aufeinander folgenden Zentren des deutschen Geisteslebens zwischen 1890 und 1914 zu bezeichnen – und manches spricht dafür –, dann hätte George seinen Lebensschwerpunkt jetzt zum zweiten Mal in dem Augenblick verlagert, in dem der Trend in eine neue Stadt wies. So wie es ihn 1901 von Berlin nach München zog, so jetzt von der Isar an den Neckar. Das Zentrum seiner Aktivitäten lag mehr denn je da, wo Gundolf war. Als Redakteur der *Blätter für die Kunst*, als Herausgeber des *Jahrbuchs für die geistige Bewegung*, als eine Art Pressesprecher des Gesamtunternehmens und als derjenige, der einen Großteil der Korrespondenz führte (George empfand das Briefeschreiben von Jahr zu Jahr als lästiger), wurde der Dreißigjährige für George unentbehrlich. Mit mehreren programmatischen Aufsätzen im *Jahrbuch* und drei gewichtigen Büchern über Shakespeare (1911), Goethe (1916) und George selbst (1920) prägte er wie kein anderer das offiziöse George-Bild. Und je mehr sich der Dichter der Öffentlichkeit entzog, desto mehr galt der außerordentliche Professor für deutsche Literatur an der Universität Heidelberg als sein Stellvertreter auf Erden.

Was die beiden über die Unverbrüchlichkeit ihrer Freundschaft hinaus in diesen Jahren am meisten verband, war die gemeinsame Neuübersetzung Shakespeares. Im Frühjahr 1907 hatte Gundolf einen Auftrag des Verlegers Bondi zur Vorbereitung einer neuen Shakespeare-Ausgabe übernommen. Sämtliche Stücke in der Schlegel-

Tieckschen Übersetzung, die der Überprüfung nicht standhielten, sollten neu übertragen werden. George nahm sich unverzüglich die Sonette vor (deren Eindeutschung Gundolf kurz nach ihrer Bekanntschaft gründlich verhauen hatte) und stellte für das Übrige seine Mitarbeit in Aussicht. Als der von Bondi als Gutachter hinzugezogene Anglist Ende 1907 schwere Einwände gegen die ersten Übersetzungsproben erhob, erbat sich Gundolf erstmals Rückendeckung »von der höchsten aesthetischen Instanz«.[37]

George hat seinen Anteil an der Arbeit gern betont, und nicht umsonst war er an den Einnahmen zur Hälfte beteiligt. Wenn Gundolf mit den Vorlagen gekommen sei, habe er ihm nach Durchsicht jedes Mal erklären müssen: »Nein Gundel, so geht es nicht«, und die Arbeit dann selber gemacht.[38] Noch zwanzig Jahre später berichtete er, »wie er dem Leichtfuß Gundel sein Othello-Manuskript zurückgesandt habe: Er hatte einen Riesenbogen mit drei Farben Tinte für Text, Tieck-Übersetzung, Gundolf-Übersetzung genommen und ihm alle Flüchtigkeiten angemerkt. Für zehn Verse ein ganzer Bogen voll Anmerkungen!«[39] In den Sommerferien 1907 arbeiteten sie zusammen am *Coriolan*. Ein Jahr später, als sie sich erneut in Wolfenschiessen (zwischen Stans und Engelberg) einquartierten, nahmen sie sich *Romeo und Julia* vor. »Wegen der Zotereien und Wortspiele« traten hier besonders viele Probleme auf, und wieder machte George »aus dem etwas latschigen Gundelthon recht marmorne Gebilde«.[40] Für George war *Romeo und Julia* »das Genialste, was in der Dichtung überhaupt vorkommt«.[41] Einige besonders schöne Stellen hat er selbst übersetzt, und sicher auch die Schlusszeilen: »Denn keine Mär erregt das Mitleid so / Als die von Julia und Romeo.«[42]

Ziel der jahrelangen gemeinsamen Arbeit war nicht die Verbesserung von Einzelstellen, sondern »die *dichterische* Erneuerung der Hauptwerke«. Schlegels historische Leistung sei unbestritten, aber seine Übersetzung bewege sich nun einmal in den »Erlebnisgrenzen« seiner Zeit, hieß es im späteren Vorwort. Die »dem Rokoko und der Romantik noch verschlossenen Tiefen Shakespeares« könnten erst jetzt, »von einer neuen Mitte« her zugänglich gemacht werden: »Unsere Übersetzung ist entstanden, weil heute in Deutschland ein neuer dichterischer Geist lebt.«[43]

Ein Viertel des Shakespeareschen Werkes wurde neu übersetzt beziehungsweise gründlich überarbeitet, das Übrige durchgesehen. Ziel war die größtmögliche Annäherung an das Original bis ins Klangliche, die Ersetzung des Geläufigen durch das Ursprüngliche, die Neubestimmung des dichterischen Gehalts. George und Gundolf konnten sich bei diesem Vorhaben auf Goethe berufen, der geschrieben hatte, Shakespeare gehöre »notwendig in die Geschichte der Poesie; in der Geschichte des Theaters tritt er nur zufällig auf«.[44] Dass die weiblichen Reime in der Regel durch männliche ersetzt und die lästigen Füllworte ausgemustert wurden, tat den Stücken gut. Ein ausgeprägter Nominalstil, gewollte Archaisierungen und preziöse Wortneubildungen gingen jedoch eindeutig zu Lasten der Lesbarkeit. Der Übersetzer sei »ein solcher Wortfanatiker, dass er der Freude an der Kühnheit des Wortes getrost den Sinn der Stelle opfert«, schrieb der Rezensent der *Zukunft*. »Auf dem dünnen Seil zwischen dem Erhabenen und dem Lächerlichen« verliere er deshalb allzu oft die Balance.[45]

3

Im Frühjahr 1907, als George mit der Übersetzung der Sonette begann, waren die ersten jüngeren Freunde des neuen Staates bereits gefunden: Robert Boehringer, 1884 im württembergischen Winnenden geboren, und Ernst Morwitz, 1887 in Danzig. Beide blieben dem Dichter ein Leben lang verbunden, Morwitz als »der Nächste Liebste«,[46] Boehringer über Georges Tod hinaus als Universalerbe. Beide machten steile Karriere: Morwitz als Jurist, der im September 1930 zum Kammergerichtsrat am preußischen Kammergericht, dem Oberlandesgericht Berlin als oberstem Gericht Preußens, ernannt wurde und damit »eines der höchsten Richterämter im preußischen Staat« bekleidete;[47] Boehringer als Berater der Pharmaindustrie, der das Un-

ternehmen seiner Vettern in Ingelheim durch den Ersten Weltkrieg
steuerte, in den zwanziger Jahren für Hoffmann-La Roche tätig war
und nach dem zweiten Krieg 25 Jahre die Firma Geigy beriet. 1910
promovierten sie: Boehringer mit einer Arbeit über die Lohnämter in
der australischen Provinz Victoria, Morwitz *Über die Frage, ob ein
Beschluß, durch den Trunksuchtsentmündigung wieder aufgehoben
wird, außer Kraft gesetzt werden kann.* War ein größerer Gegensatz
zur Dichtung Stefan Georges denkbar?

Als George ihn am 30. März 1905 in Basel kennenlernte, war
Boehringer zwanzig Jahre alt, studierte Nationalökonomie sowie
Geschichte, Literatur- und Kunstgeschichte. »Die meisten Basler
hielten ihn für verrückt«, denn er nutzte jede Gelegenheit zur öffentlichen Rezitation von George-Gedichten.[48] Das sprach sich herum,
und George interessierte sich für ihn. Am Abend ihrer ersten Begegnung sagte Boehringer das gesamte *Vorspiel* auf: »Alles was ich war,
was ich zu sein wünschte, legte ich in dieses Hersagen. Er schien zufrieden.«[49] Für den nächsten Tag verabredeten sie sich zu einem Spaziergang und fuhren am Nachmittag hinaus nach Rheinfelden. »Er
hatte etwas eminent Weltmännisches und das, was die Italiener desin-
voltura nennen.« Zu Weihnachten schenkte ihm George die Pracht-
ausgabe des *Teppich.* Boehringer bedankte sich noch an Heiligabend
und versprach: »Dies sei mir leitspruch fürs kommende und spätere
jahre: Dir zu gehören und mein leben von Dir zu empfangen, so Du
es mir geben willst«.[50] Wenn George es verlange, sei er bereit, »freunde und was mir lieb ist zu opfern«.

Fünf Wochen später konnte Boehringer dieses Versprechen ein-
lösen. Der Nationalökonom Julius Landmann, der beim Internationalen Arbeitsamt in Basel tätig war und Boehringer zur Finanzie-
rung seines Studiums dort eine Stelle verschafft hatte, machte diesen
mit seinem ehemaligen Göttinger Kommilitonen Rudolf Borchardt
bekannt, der damals für ein halbes Jahr in Arlesheim bei Basel lebte.
Obwohl Borchardt als Dichter in starker Rivalität zu George stand,
rührte er seit Jahren eifrig die Trommel für ihn. George aber traute
ihm nicht über den Weg. Nach allem, was er über ihn hörte, muss-

te ihm Borchardt tief suspekt sein. »Das ist eine Personage, so schmierig, wenn man sie täte an die Wand werfen, würde sie pappen bleiben.«[51]

Als Boehringer im Januar George begeistert von seiner neuen Bekanntschaft berichtete, warnte ihn dieser. Borchardt bekam davon Wind und drohte nun seinerseits George. Der seitenlange rüde Schmähbrief beginnt: »Verschonen Sie meine Freunde und wen von den Ihren Sie in Beziehungen zu mir vermuten, mit Ihren unglückseligen Ermahnungen und Warnungen, George.«[52] Wenn er nicht aufhöre, ihn zu verleumden, werde er, Borchardt, sich an die Öffentlichkeit wenden und sie über seine wahre Natur aufklären. Als sich George zwei Wochen später mit Boehringer in Freiburg traf, um mit ihm bis tief in die Nacht hinein »das trauerspiel« zu bereden, blieb die Entscheidung zunächst offen. »Nur soviel«, berichtete er am 2. Februar aus Colmar an Gundolf, »es war kein mortaler abschluss – aber auch keine einigung!«[53] Von George vor die Wahl gestellt, löste Boehringer dann aber doch sein Versprechen von Weihnachten ein und schwor Borchardt ab.[54]

Ernst Morwitz hatte George im Sommer 1905 einen begeisterten Brief geschrieben. Im darauf folgenden Jahr kam es wohl zu ihrer erten Begegnung. Nach dem Jura-Studium in Freiburg, Heidelberg und Berlin legte er 1909 das Referendarexamen ab, wurde promoviert und nach dem vierjährigen Justizvorbereitungsdienst im Juli 1914 zum Gerichtsassessor ernannt. »Was ich sozusagen ›werden‹ soll«, schrieb der Kandidat vier Tage vor seiner Ernennung an George, »ist mir qualvoll ungewiss, darüber muss ich vor allem mit Dir sprechen.«[55] George scheint ihn darin bestärkt zu haben, eine juristische Karriere anzustreben. Zehn Tage später brach der Krieg aus, und Morwitz, der 1911 dem Landsturm zugeteilt worden war, meldete sich als Krankenpfleger beim Roten Kreuz.

Erst im Herbst 1910, vier Jahre nach ihrer Bekanntschaft, wurden George und Morwitz intim. Ende September war George wie jedes Jahr nach Berlin gefahren, am 7. November schickte er Gundolf zwei Gedichte, damit »du siehst wie hier die wellen hoch gehen! es ist so die lezte grenze dessen was man noch sagen darf –«. Das eine der beiden Gedichte stammte von Morwitz: »Da du der sieger bist wirst du erlöser / Da ich besiegt bin wurde ich befreit.« Das andere trug den Titel »Schlachtgebet« und stand drei Jahre später im *Stern des Bundes*:

> O ruhe lezter nacht in deinem arm
> Eh das signal mich ruft in meinen frieden!
> O einziges glück berauschter morgenfrühe
> Mit Gott und Dir zum Sieg, mit Dir zum Tod![56]

Inzwischen hatte Morwitz bereits selber nach geeigneten Knaben Ausschau gehalten. Ende 1907 waren ihm die Grafen Uxkull, Bernhard und Woldemar, auf der Straße aufgefallen; sie wohnten mit ihrer Mutter wenige Häuserblocks entfernt, im Bayerischen Viertel von Berlin. Bernhard war acht, Woldemar, der von Morwitz »Spatz« gerufen wurde, neun Jahre alt. George fand das reichlich jung. Er »scherzte manchmal, dass Ernst seine Zöglinge schon in so frühem Alter wähle«, wo doch gar nicht auszumachen sei, ob sich der Einsatz am Ende lohne.[57] Und noch in anderer Hinsicht zögerte George: Kindern und jungen Leuten aufgrund ihrer adeligen Abkunft einen Bonus einzuräumen. Nach seiner Überzeugung war der Adel mit der Französischen Revolution ausgeblutet, selbst alter Adel sei »in Wahrheit Dienstadel«.[58] Statt auf blutsmäßige Abkunft setzte er auf eine Kontinuität im Geistigen, geistigen Adel sozusagen, den er als Erkennungsmerkmal allerdings für mindestens ebenso prägnant hielt wie Wappen oder Siegelring. 1908 formulierte er, wohl als Ergebnis seiner Gespräche mit Morwitz über die Uxkulls, seine Skepsis in Bezug auf die Rolle des Adels beim Aufbau seines Staates:

> Neuen adel den ihr suchet
> Führt nicht her von schild und krone! /…/
> Stammlos wachsen im gewühle
> Seltne sprossen eignen ranges
> Und ihr kennt die mitgeburten
> An der augen wahrer glut.[59]

Morwitz hielt engen Kontakt zur Mutter, der Schriftstellerin Lucy Ahrenfeldt, die ihm zwar die Aufsicht über die Erziehung ihrer beiden Söhne überließ, aber doch misstrauisch blieb. »Die Mutter hat mich um Deine Bücher gebeten«, unterrichtete Morwitz den im Hintergrund sich haltenden George im Dezember 1910.[60] Obwohl ihnen Morwitz viel Nachhilfe gab – »Sie sind den ganzen Tag bei mir«, heißt es in einem weiteren Bericht an George ein Jahr später –,[61] blieben die schulischen Leistungen seiner Zöglinge immer deutlicher hinter den Anforderungen zurück. 1912 wechselten sie auf das von Morwitz empfohlene Internat Ilfeld am Südhang des Harzes und kamen nur noch in den Ferien nach Berlin. Im Oktober 1916, als Morwitz in den Lazaretten von Flandern Dienst tat, übernahm George dann selbst die Führung der beiden Brüder, die inzwischen 17 und 18 Jahre alt waren. Morwitz stehe ihm deshalb so nahe, meinte George, »weil er Menschen formt wie ich«.[62] Die »Arbeitsteilung« zwischen beiden bewährte sich auch in späteren Jahren, weil sich die pädagogische Fürsorge von Morwitz auf die Phase der Pubertät konzentrierte. »Du hast Recht mit der Erwägung, dass ich mich um meine Menschen nur bis zur Mündigkeit verantwortlich sorge«, schrieb er George einmal. »Darüber hinaus reichen mir Kraft und Können nicht und ich fürchte, ihnen nichts Ausfüllendes bieten zu können, es sei denn dass die Überleitung in Dein Reich glückt.«[63]

Morwitz und Boehringer zählten zu den Ausnahmefiguren unter den Freunden Georges; nur Gundolf, der in beiden Fällen von Anfang an einbezogen war, stand ihm eine ähnlich lange Zeit ähnlich nah. Strukturell lag diesen Beziehungen jedoch das gleiche Muster zugrunde, das auch den Umgang mit anderen jüngeren Freunden der Vorkriegszeit prägte. Einschlägige Erinnerungen an die Jahre 1909 bis 1914 haben u.a. hinterlassen:

– *Herbert Steiner*, 1892 als Sohn eines vermögenden Kaufmanns in Wien geboren. In einem Brief an Friedrich Gundolf vom Januar 1908 brachte der 15-Jährige seine Bewunderung für dessen Gedichte in den *Blättern* zum Ausdruck; ein gutes Jahr später fuhr

George nach Wien, um ihn sich anzuschauen. Im Februar 1910 war Steiner knapp eine Woche Gast Georges im Dachgeschoss der Wolfskehlschen Wohnung in Schwabing. »Er entließ mich mit der Warnung, ich möge mich ja nicht dem frevelhaften Glauben hingeben, ich wisse nun alles von ihm und den Seinen«, erinnerte sich Steiner. Es gebe da »eine Sache, von der ich dir noch mit keinem Wort gesprochen habe«, so George zum Abschied, »dies war nur die erste ›Initiation‹«.[64] Steiner hat George nicht wiedergesehen. Nur das Gedicht, das dieser ihm in den Tagen ihres Zusammenseins einmal kurz gezeigt hatte, fand er vier Jahre später im *Stern des Bundes* wieder: »Wer soll dich anders wünschen wenn du so / Dein haupt mit lächeln senkst und schwank dich drehst / Zu volle blume auf zu zartem halme?«[65] – Steiner widmete sich nach dem Krieg der schönen Literatur, gab ab 1930 in der Schweiz die Zeitschrift *Corona* heraus, ging während des zweiten Krieges in die USA und machte sich in den fünfziger Jahren als Herausgeber der Werke Hofmannsthals einen Namen. Er starb 1966 in Genf.

– *Ludwig Thormaehlen*, 1889 geboren, wandelte zunächst auf den Spuren seines Vaters, der die Kunstgewerbeschule in Magdeburg, später Köln leitete, und studierte Kunstwissenschaft in Berlin, München, Freiburg und Bonn. Über seinen Jugendfreund Wilhelm Andreae stieß er in Berlin zum Kreis um Vallentin und Wolters und lernte dort im Februar 1909 George kennen, der in ihm sofort einen Landsmann begrüßte (die Familie stammte aus Bad Kreuznach). Nach Abschluss seines Studiums setzte Thormaehlen auf eine Doppelexistenz: als wissenschaftliche Hilfskraft an der Nationalgalerie und als ein mit Porträts von George und seinen Freunden dilettierender Bildhauer – was er beides ein Leben lang blieb. Die Beziehung zu George, die sich nach einem kurzen Höhenflug 1911/12 auf mittlerer Flamme kontinuierlich weiterentwickelte, erlangte 1914 zusätzliche Bedeutung, als sich Thormaehlen im Dachgeschoss des Hinterhauses Neue Ansbacher Straße 18 ein kleines Atelier einrichtete, das so genannte Pompeianum, in dem sich George besonders wohl fühlte und wo er gern Besucher empfing; 1927 wurde das Atelier an den Kurfürstendamm verlegt. 1933 gehörte Thormaehlen, der bei Gundolf, Morwitz und Boehringer nie besonders beliebt gewesen war, zu den eifrigsten Befürwortern des neuen Staates. Sechs Jahre nach seinem Tod, 1962, erschienen seine teilweise recht maliziösen, sein eigenes Künstlertum stark stilisierenden Erinnerungen.

– *Hans Brasch*, 1892 als Sohn eines Richters in Berlin geboren, war 1910 mit Morwitz bekannt geworden und wurde von diesem im Herbst 1911 George vorgestellt. Brasch studierte Maschinenbau an der TH Charlottenburg. »Wenn George in den folgenden jahren in Berlin war, durfte ich alle paar wochen einige stunden zu ihm kommen. Ich hatte, wie Morwitz mir sagte, bestanden … Stets war ich allein mit ihm, wie überhaupt sein zusammensein mit nahen menschen ein zweisames war.«[66] Anfang März 1914 lud ihn George für zehn Tage nach München ein, Ende des Monats verbrachten sie eine weitere gemeinsame Woche in Camogli an der italienischen Riviera. Nach dem Krieg ließ sich »die geweihte nähe« nicht wiederherstellen: »Seine hoheit hatte eine härte bekommen, die früher nicht da war.« 1920 zog Brasch nach Dresden, heiratete, habilitierte sich, nahm eine Stelle in Hamburg an, hielt parallel dazu Vorlesungen in Berlin und emigrierte 1933 über England und Ägypten nach Melbourne, wo er bei einem Verkehrsunfall 1950 ums Leben kam.

– *Ernst Glöckner*, der älteste von allen, wurde 1885 in Weilburg an der Lahn als Sohn eines Bäckers geboren. Ähnlich wie bei Thormaehlen fühlte sich George auch bei ihm an die Heimat erinnert: »Merkwürdig, wie ähnlich Sie dem Typ unserer Gegend sind«.[67] Während seines Studiums in Bonn hatte Glöckner 1906 den etwa gleichaltrigen Ernst Bertram kennengelernt und mit ihm einen Bund fürs Leben geschlossen. Zwei Jahre später schrieb Bertram einen begeisterten Artikel über George und kam daraufhin über seinen früheren Geliebten Saladin Schmitt, einen entfernten Vetter Georges, mit diesem in Kontakt. Als George am 3. April 1913 Ber-

tram in München besuchen wollte und bei ihm klingelte, öffnete
Glöckner. Am nächsten Tag berichtete dieser an Bertram nach
Rom:

> Und nun habe ich den einen Wunsch, ich hätte nie diesen Menschen ken-
> nen gelernt. Was ich an dem Abend tat, entzog sich meiner Selbstkontrolle,
> ich handelte wie im Schlaf, unter seinem Willen stehend, willenlos … Ich
> war Spielzeug in seinen Händen, ich liebte und haßte zugleich – und *sah* al-
> les, ihn und mich … Er war bös und flammte mit den Augen, daß ich es auf
> den Zufall hätte ankommen lassen, ihm zu begegnen. Er sagte, es wäre mei-
> ne Pflicht gewesen, zu ihm zu kommen, da er mich aufgefordert hätte. Ich
> sagte ihm von meiner Scheu. »Die muß man überwinden, wenn man mich
> kennen lernen darf. Aber Ihr alle seid willenlos, mimosenhaft zart, Ihr Jun-
> gens …« Ich mußte vorlesen. Mein Sträuben half mir nichts. »Sie müssen
> können«, und sein Blick quälte mich. Ich suchte in meinem Schreibtisch,
> aufgeregt, kopflos. »Ein junger Dichter, der nicht weiß, wo er seine Verse
> hat«, kam es fast höhnisch. »Nehmen Sie sich doch Ruhe.« Das ergebnis-
> lose Suchen verwirrte mich gänzlich … Die Dämmerung war in dem Zimmer
> stark geworden, es war beinahe schon dunkel. Seine Augen glühten noch;
> er ergriff meine Hand. Und nun kam etwas, worüber ich nicht mehr Herr
> war … Ich wußte, der Mensch tut dir Gewalt an – aber ich war nicht mehr
> stark genug. Ich küßte die dargebotene Hand und mit versagender Stimme
> flüsterte ich: »Meister, was soll ich tun?« Er zog mich an seiner Brust empor,
> umarmte mich und küßte mich auf die Stirne. Er hielt mich stark und ich ihn.
> Leise sagte er immerfort: »Junge, lieber Junge. Lieber.« Wie ich dies aushal-
> ten konnte, heute weiß ich es nicht mehr.[68]

Vier Tage später lud George Glöckner zu einer gemeinsamen Reise
nach Schloss Banz ein. Er hoffte, Glöckner von Bertram trennen und
ganz für sich gewinnen zu können, und Bertram machte sich schwere Vorwürfe: »Was mußte ich Dich auch wieder allein lassen, *ich* habe
die Schuld.«[69] Am Ende akzeptierten beide Liebhaber stillschweigend
das Dreiecksverhältnis und bemühten sich, ihre Eifersucht zu verbergen.[70] Weil Glöckner an Bertram festhielt, bestand in den Jahren der
größten Nähe zwischen ihm und George, 1916 bis 1918, auch der in-
tensivste Austausch zwischen George und Bertram. Es ist die Zeit der
Entstehung von Bertrams *Nietzsche*, einem der einflussreichsten unter dem Blätter-Signet erschienenen Bücher, die bis heute mit dem
George-Kreis identifiziert werden. Glöckner hatte Bertram zu die-

sem Buch angeregt, um ihn einerseits aus tiefen Depressionen zu befreien und ihm andererseits die Möglichkeit einer direkten Zusammenarbeit mit George zu eröffnen. Dieser ließ sich einzelne Kapitel vorlesen, äußerte sich im Großen und Ganzen zustimmend, überzeugte Bertram auch von der Notwendigkeit eines neuen Untertitels (»Versuch einer Mythologie« statt »Die Musik des Sokrates«) und setzte sich schließlich bei Bondi für das Erscheinen ein. Aber weder das Thema noch der Autor waren ihm wirklich wichtig. Dass er Bertrams Ansatz gründlich missverstand, wurde bereits im April 1917 deutlich, als er in größerer Runde behauptete, das im Entstehen begriffene Nietzsche-Buch laufe auf eine kritische Überprüfung dessen hinaus, »was an Nietzsche *noch* Geltung habe«.[71] Mit seinem Einsatz für das Manuskript trug George vor allem zur Stabilisierung des komplizierten Verhältnisses zwischen Bertram, Glöckner und sich bei. Gut ein Jahr nach der Publikation äußerte Bertram gegenüber Glöckner denn auch den nicht unbegründeten Verdacht, »es habe sich bei alledem gar nicht um *mich* gehandelt, sondern um eine Form der Annäherung an Dich«.[72]

4

Jedes der hier skizzierten Verhältnisse folgte einem anderen inneren Gesetz und nahm einen anderen Verlauf. Dennoch lässt sich eine ganze Reihe übereinstimmender Merkmale herausfiltern. Intensität und Dauer der jeweiligen Beziehung hingen in erster Linie vom Grad der persönlichen Ergriffenheit und Zuneigung Georges ab. Diese konnte von Anfang an heftig sein, wie seinerzeit bei Gundolf, wohl auch bei Boehringer, zuletzt bei Glöckner; sie konnte aber auch mit den Jahren allmählich wachsen, wie im Fall Morwitz, bei Brasch oder Thormaehlen. Wenn der Jüngere die Begegnung als das entscheidende Ereignis seines Daseins begriff und dies George gegenüber auch zum Ausdruck brachte – mündlich, schriftlich, im Gedicht –, war eine wesentliche Voraussetzung der Freundschaft erfüllt. Herbert

Steiner ließ genau das vermissen. »Schreiben Sie mir doch einmal einen wirklichen Brief«, mahnte Gundolf zwei Monate nach Steiners Zusammensein mit George, »seit Sie von München weg sind, habe ich nur ein paar hingeworfene Notizenzettel bekommen, aus denen ich mehr ersah was Ihnen gerade durch den Kopf fuhr als wie Sie sind, was Sie treiben und leben. Sehen Sie, lieber Herbert, das ists ja was uns umso mehr Sorge macht, je mehr wir an Ihnen teilnehmen, dass Sie immer noch dies Wienerische Hinundherfahren nicht lassen.«[73]

George versäumte es nicht, die Jungen auf die außerordentliche Bedeutung ihrer Begegnung mit ihm hinzuweisen. »Die Luft war süß wie Honig, ein Amselruf tönte in die Röte und mir war wunderlich leicht, da ich neben ihm herging, und er mich ansah, stehen blieb und auf mich einsprach von dem Wunder, das ich erleben durfte, von dem Wunder, an das man nicht mehr glaubte und das doch noch käme wie einst in den mythenbildenden Zeiten.«[74] Wer sich den von George evozierten Stimmungen anheimgab, hatte die erste Hürde passiert: »Der schauer der ergriffenheit war so das einzige kennzeichen der wahl.«[75] Später wurde für diesen Augenblick des ersten gemeinsamen Erlebens der von den Griechen stammende Begriff des Kairos übernommen. Wer den Kairos, die Gunst der Stunde, ungenutzt verstreichen ließ, hatte den entscheidenden Moment verpasst; erst durch das Wunder der Begegnung mit George bekam das Dasein Sinn und Richtung.

Es ging in diesen ersten Geprächen nicht um Inhalte; was George im Einzelnen sagte, hatten viele am nächsten Tag vergessen. Entscheidend war die Kommunikation als solche, die eindringliche, zugleich werbende und bestimmt fordernde Art, in der ein Mann auf der Höhe seines Lebens (und seines Ruhms!) auf sie, die Jungen, einredete. »Mit ungeheurer kraft richtete er in solchen stunden die augen in meine, und bei seiner berührung überwog auch später die ängstliche scheu des unwürdigen, des abgrundtief minderen, wie sie ein opfertier empfinden würde.«[76] Die meisten Kandidaten waren im Vorfeld der Begegnung durch Mittelsmänner und Bürgen entsprechend präpariert worden und standen unter ungeheurer Anspannung. »Nachdem er mich schon eine ganze weile unverwandt angeblickt hatte ... fragte er mich, obs unangenehm sei, so betrachtet zu werden.« Der anwesende Mentor nimmt dem Jungen die Antwort ab: »Kommt drauf an von wem!«[77] Aus Angst, im entscheidenden Moment zu versagen, wirkten viele wie gelähmt. Hier konnte George gleich helfend die Hand reichen und ihnen den Schritt über die Schwelle erleichtern. Hinterher betonten daher fast alle das Gleiche: Der Dichter sei so ganz anders gewesen, als sie ihn sich vorgestellt hätten, viel schlichter, viel menschlicher.

Gleichwohl blieb der Abstand unüberbrückbar. Jeden Augenblick konnte George etwas verlangen, dem man möglicherweise nicht gewachsen war. Viele waren hin- und hergerissen zwischen dem Ehrgeiz, seinen Ansprüchen zu genügen, und dem natürlichen Reflex, allen Zumutungen zu widerstehen. Es war jene suggestive Mischung aus Verführung und Gewalt, die manch einen am Ende nachgeben ließ. Kaum schien jedoch eine gewisse Nähe und Vertrautheit zu entstehen, drohte die kühle Distanzierung. Schon am nächsten Tag konnte George unvermittelt vom Du zum Sie zurückkehren und sich lang und breit darüber auslassen, dass die jungen Leute heute viel zu verwöhnt seien und sich keine Vorstellungen machten, einen wie einsamen Kampf er selber habe führen müssen und noch immer führe. Die Jungen begriffen solche Wechselbäder keineswegs als Laune und schon gar nicht als Teil der Selbstschutzmaßnahmen Georges, sondern vermuteten die Ursache seiner Unzufriedenheit stets bei sich selbst. Wann würden sie ihm endlich so unter die Augen treten können, wie er sich das wünschte? Die dämonische Kraft des Eros, die George umtrieb, erfassten wohl die wenigsten:

> Ich werfe duldend meinen leib zurück
> Auch wenn du kommst mit deiner schar von tieren
> Die mit den scharfen klauen mäler brennen
> Mit ihren hauern wunden reissen, seufzer
> Erpressend und unnennbares gestöhn.[78]

Die Übergangsriten, welche die Jünglinge auf ihrem Weg aus der Geborgenheit überwiegend bürgerlicher Elternhäuser in die neue

Welt Georges vollzogen, gehorchten stets dem gleichen Muster. Jeder Schritt, der sie George näher brachte, war immer auch ein Schritt heraus aus ihrem gesellschaftlichen Umfeld. Und je mehr sie ihrer gewohnten Umgebung entfremdet wurden, desto mehr vertrauten sie darauf, bei George ein neues, ein geistiges Zuhause zu finden. »Gemeinschaft« rückte an die Stelle von »Gesellschaft«. Die starke emotionale Bindung an den Meister und die gleichzeitige Institutionalisierung der Freundschaft in einem »Bund« von Gleichgesinnten ersetzten das soziale Bezugssystem der väterlichen Welt.[79]

Das Tempo des Ablösungsprozesses unterschied sich je nach Alter und Temperament. Bestimmt wurde es von George, der festlegte, wann der Einzelne welche Stufe überschreiten durfte und welche Stellung im Staat ihm zukam. Er wählte Zeit und Ort der Zusammenkünfte, er entschied, ob Dritte davon unterrichtet werden durften, er sorgte für das Rahmenprogramm einschließlich Mittagessen in einfachen Gasthäusern und Unterkunft. Obwohl die meisten Treffen weit im Voraus geplant waren, konnte er auch einmal plötzlich im Raum stehen, denn er »ließe seine Menschen ja nie ganz im Stich, sondern tauche wohl auch einmal am unerwartetsten auf, um zu sehen, was die Staatsstützen machten«.[80] Allgegenwärtig, niemandem Rechenschaft schuldig und in seinen Planungen vollkommen autark, konnte George alle Beziehungen gleichzeitig unterhalten, um jeweils denjenigen aufzusuchen, zu dem er sich im Augenblick am meisten hingezogen fühlte. Da es unter den Freunden nur wenige Querverbindungen gab und kaum einer wusste, mit wem er gerade zusammen war, entwickelte sich allmählich die Vorstellung, dass George ununterbrochen in Staatsangelegenheiten unterwegs war. Von daher auch die Geheimniskrämerei um seinen jeweiligen Aufenthaltsort, den meist nur die kannten, die ihm die Post nachschickten, Gundolf und die Schwester.

Jeder gab sein Bestes, wollte der Beste sein. Persönlicher Ehrgeiz freilich wurde nur in Maßen geduldet. Rivalitäten, die auf Kosten der Gemeinschaft ausgetragen wurden, waren ebenso verpönt wie individuelle Ansprüche an George. Vor allem hatte man sich vor der Eifersucht zu hüten. Ließ Georges Aufmerksamkeit nach, musste man seine Gunst auf anderen Wegen neu zu gewinnnen suchen. Vielen ist das nicht gelungen, weil George es als lästig empfand, ein Verhältnis weiterzuführen, das sich in seinen Augen erschöpft hatte. Da aber jeder George so nah wie möglich sein wollte, gab es einen andauernden Wettstreit, der sogar diejenigen erfasste, die ihm niemals wirklich nah gewesen waren. Dem Meister konnte es recht sein, ja, er förderte das agonale Prinzip nach Kräften, solange er sicher war, dass durch den Kontakt und Austausch der Freunde untereinander die Verehrung für ihn noch wuchs. »Sind zwei zusammen, so reden sie von Dir.«[81] Da auch Verbindungen der Freunde untereinander grundsätzlich von ihm gebilligt sein mussten, behielt George jederzeit den Überblick und konnte eingreifen, wann immer er es für sinnvoll hielt. »Er schien sich an der Überraschungslage zu weiden«, erinnerte sich Thormaehlen an den Moment, als George ihn das erste Mal mit Morwitz zusammenbrachte, »und seine Freude zu haben an dem stummen Sichmessen seiner beiden Gäste.«[82]

Auch wenn einige Freunde, insbesondere Gundolf und Morwitz, deutlich vor anderen rangierten, galten untereinander alle gleich. Wie hoch einer im Kurs stand, bemaß sich ausschließlich nach dem Grad der Aufmerksamkeit, die ihm George gerade zuteil werden ließ. Die unsichtbare Krone trug in der Regel jeweils der Letzte in der Reihe, der meist auch der Jüngste war, der dann oft in die Wahl des nächstfolgenden einbezogen wurde. Viele Jüngere empfanden als Höhepunkte im Leben mit dem Meister jene Momente, in denen George sie auf Knaben hinwies, die zu beobachten sich lohne. »Wochen hindurch spürten wir ihm nach, stundenlang, und folgten seinem wiegenden gang«, heißt es in den Erinnerungen von Brasch über den 13-jährigen Hans Troschel, den George im Westen Berlins »entdeckt« hatte.[83] Der Architekt Paul Thiersch wurde gebeten, als Berufskollege des Vaters Troschel den Kontakt herzustellen. In Thierschs Atelier fotografierte Thormaehlen den Jungen, während Morwitz den Vater unterhielt; George selbst zeigte sich nicht und hat mit Hans Troschel wohl auch nie ein Wort gewechselt. Ein halbes Jahr später, als George mit Brasch ein paar Ferientage in Camogli verbrachte, wurde der Zeitungsjunge des Ortes in kurze Gespräche verwickelt und dann ebenfalls fotografiert. George muss eine stattliche Sammlung solcher Aufnahmen und in Einzelfällen wohl auch entsprechende Adressen besessen haben. Als Brasch Richtung Süden weiterreiste, nannte George ihm einen Jungen in Neapel, den er sich unbedingt anschauen solle. »Wie der Herr von Tod und leben« ziehe dieser Schöne »die fremde seele nach an feinem faden / mit der schwarzen wimpern wink«.[84]

Das gemeinsame Aufspüren und Stellen hübscher Knaben gehörte zu den elementaren Erfahrungen des Freundeskreises. Im Sommer 1921 standen Gundolf, Morwitz, Woldemar von Uxkull und ein weiterer Freund am Bahnhof in Würzburg. »Gundolf unterbrach ein lebhaftes Gespräch und wandte ganz gegen seine Gewohnheit den Blick auf die Erscheinung eines Knaben. ›Maximin‹, flüsterte er, und alle schwiegen. Später hörte ich den Meister von Würzburg als einer heiligen Stadt sprechen.«[85] Wenn der Elite-Gedanke des George-Kreises irgendwo festzumachen ist, dann in der stillschweigenden Übereinkunft, dass der zugrunde liegende Trieb ein pädagogischer war. Die Liebe zu den schönen Knaben musste über alle Begierden des Fleisches erhaben sein: Nur unter dieser Voraussetzung konnte die geistige Zeugung in die Wege geleitet werden. Weil es nichts Reizvolleres gab als einen solchen Schönen heranzuziehen und für die Gemeinschaft zu gewinnen, blieb jeder Einzelne aufgefordert, nach geeigneten Kandidaten Ausschau zu halten. Dieser Auftrag trug wesentlich zur Vorstellung von Kontinuität bei und stärkte generationenübergreifend das Bewusstsein, einer verschworenen Gemeinschaft anzugehören, deren wichtigstes Ziel es war, dem Wunder der Erweckung durch George Dauer zu verleihen.

5

Mit dem *Stern des Bundes* gab George dieser Gemeinschaft ihre Verfassung. Der Band, der im November 1913 in zehn Vorausexemplaren noch ohne Titel erschien – der Titel sollte ursprüngliche lauten: »Lieder an die heilige Schar« –, formulierte das Georgesche Erziehungsprogramm. Es war das Programm einer Elite, die sich im Kern über zwei Begriffe definierte: über die unbedingte Verehrung für einen Meister, der ihr den großen Menschen repräsentierte, und über die Freundschaft zwischen einem Älteren und einem Jüngeren, durch die der Fortbestand der Gemeinschaft sichergestellt war.

Dichten war für George in den Jahren nach Veröffentlichung des *Siebenten Rings* zunehmend zu einer pädagogischen Aufgabe geworden. Seine Gedichte richtete er jetzt mehr noch als früher an einzelne Freunde, Dichtung ersetzte ihm immer häufiger Brief und Gespräch. In Versen konnte er denen, um die er sich bemühte, Verhaltensmaßregeln zukommen lassen, in Versen erteilte er ihnen Auskunft über den Stand ihrer Entwicklung. Für viele von ihnen wurde die Lektüre des *Stern* zum Déjà-vu-Erlebnis. Manch einer glaubte, »fast die begebenheit der stunde und des abends« wiederzuerkenen, auf die das entsprechende Gedicht anspielte.[86]

George versuchte, die jeweilige Situation so konkret wie möglich zu fassen und dabei zugleich die Gesetzmäßigkeiten der Freundschaft sichtbar zu machen. Wer glaubte, sich in einem bestimmten Gedicht wiederzuerkennen, und George danach fragte, wurde eines Besseren belehrt: »Kinder, glaubt nicht, dass ihr so wichtig seid, und sucht nicht immer wieder in den Gedichten den oder jenen oder euch selbst.«[87] Im *Stern* wurden »alle Einzelerlebnisse in eine gemeinsame Sphäre getaucht, alle Personen und Namen als ausschließlicher Besitz« der Gemeinschaft betrachtet.[88] Es galt, durch Vertiefung in das Gedicht nach der zugrunde liegenden höheren Wahrheit zu suchen. Lesen, Abschreiben, Auswendiglernen, Aufsagen und im gleichen Tone Weiterdichten: Das ganze von George empfohlene Exerzitium diente einzig und allein dem Zweck, »die Werte und Normen des Kreises zu verinnerlichen«.[89]

In der 1928 formulierten Vorrede zum achten Band der Gesamtausgabe behauptete George, der *Stern* sei zunächst gar nicht zur Veröffentlichung bestimmt gewesen. »Gedacht für die freunde des engern
bezirks«, habe er schließlich doch »die öffentlichkeit vorgezogen als
den sichersten schutz«. Mit diesem Paradox trug George einem Phänomen Rechnung, das Herbert Marcuse in den sechziger Jahren unter dem Begriff »repressive Toleranz« beschrieb. Es gehöre zu den
Abwehrmechanismen der fortgeschrittenen Industriegesellschaft,
gegenüber allem, was ihr substantiell fremd ist, Toleranz zu demonstrieren und sich auf diese Weise anzueignen, was ihr potentiell gefährlich werden könnte. Die Autonomie eines Kunstwerks sei daher
umso weniger gefährdet, je weniger Anstoß es errege.

Hatte George Exklusivität behauptet, solange die Anerkennung
ausblieb, so wählte er jetzt den umgekehrten Weg und suchte die Öffentlichkeit, um Gerüchten vorzubeugen. Wegen der eindeutig homoerotischen Grundierung des neuen Buches blieb dies allerdings
ein enormes Wagnis. George scheint darauf vertraut zu haben, dass
ohne Kenntnis des Codes das meiste nicht *wirklich* zu entschlüsseln
war. Was *wirklich* dort stand, konnte nur in der ritualisierten Form
des gemeinsamen Lesens erfahren werden. Beim Lesen in kleiner
Runde, vor allem beim Lesen zu zweit, bezog jeder die Verse, die für
ihn vorgesehen waren, automatisch auf sich. Der Ältere ging in
Führung, der Jüngere wurde zu innigem Nachvollzug des Gelesenen
aufgefordert. Das dialogische Sprechen, das George im *Stern* perfek-
tionierte, erzeugte bei dem Probanden »eine ähnliche Bereitschaft zur
Auffüllung, wie sie eine religiöse Gemeinde nicht aus dem Wort gewinnt, sondern dem Wort von sich aus zubringt«.[90] Nicht was dort
stand, zählte, sondern wie es vom Novizen ergänzt und anschließend
umgesetzt wurde.

Der *Stern des Bundes* besteht aus drei Büchern zu je dreißig Gedichten, einem *Eingang* mit neun Gedichten und einem »Schlusschor«: hundert einstrophige Gedichte mit einer Länge von sieben bis
vierzehn Versen, davon jedes zehnte gereimt, tausend Verse genau –
der Gipfel Georgeschen Formwillens. »Man findet keinen Ansatz,

um diese Dichtung zu definieren«, kapitulierte Claude David, listete aber immerhin ein paar Stichworte zur Form auf: liturgische Monotonie bei vollkommener Schmucklosigkeit, Verzicht auf Preziosität und Pathos, scheinbare Nachlässigkeit; stattdessen Meditation und Gebet, magische Beschwörung, welche die Sprache auf ihren Kern reduziert und selbst Symbole nur noch als rhetorische Mittel einsetzt.[91]

In den Gedichten des *Eingangs* wird der Gründungsakt besungen, dem der Freundeskreis seine Entstehung verdankt, das Erscheinen Maximins. Schon das erste Gedicht lässt keinen Zweifel am liturgischen Charakter des Ganzen. »Da troff erfüllung aus geweihten händen / Da ward es licht und alles sehnen schwieg.«[92] Bei Maximins plötzlichem Tod bleibt der Gemeinde als Trost zunächst nur: »Mein anhauch der euch mut und kraft belebe / Mein kuss der tief in eure seelen brenne.« Allmählich begreifen die Zurückgebliebenen, dass Maximin mit seinem Tod den langen Weg des Meisters belohnte und damit ihre Runde überhaupt erst ermöglichte: »Lasst was verhüllt ist: senkt das haupt mit mir: / ›O Retter‹ in des dunklen grauens wind.« Und so wie Maximin durch den Meister zum Gründer der Runde wurde, so wird er eines Tages zum Retter für alle werden: »Du geist der heiligen jugend unsres volks!«

Im *Ersten Buch* wird der beschwerliche Weg geschildert, den George seit seinen frühesten Anfängen zurückgelegt hat. Schon in der Wiege ward ihm ein Leben als Herrscher vorausbestimmt. In der Gewissheit, erwählt zu sein, fügte er sich »der not des wandertumes«. Damals, so spricht die Vorsehung zu ihm (und er zu sich selbst), »Warst ein verstossner du in klammer luft / Und trugest als der eine aller qual«. Da er aber »in jedem werk dem frühsten traum« gefolgt ist und sich nicht vom Ziel hat abbringen lassen, kam ihm Erfüllung: »Nennt es den blitz der traf den wink der lenkte: / Das ding das in mich kam zu meiner stunde ..«

Geht es im ersten Zehnt um George selbst, so kommen im zweiten Zehnt die zivilisatorischen Auswüchse der Zeit zur Sprache. »Nur sie die nach dem heiligen bezirk / Geflüchtet sind auf goldenen triremen« werden Gnade finden vorm Herrn. Dem verführerischen

Überfluss – »Alles habend alles wissend seufzen sie« – werden »die wilden dunklen zeiten« des Mittelalters als eine immerhin gottgläubige Epoche entgegengesetzt. Dann die berüchtigten Zeilen gegen Fortschrittsglauben und technologischen Wahn: »Zehntausend muss der heilige wahnsinn schlagen / Zehntausend muss die heilige seuche raffen / Zehntausende der heilige krieg.« Angesichts solcher Visionen überfallen selbst den Dichter Schauer, »als legte / Sich eine flache klinge mir aufs haupt«. Nietzsche wird als Zeuge aufgerufen: »Der warner ging .. dem rad das niederrollt / Zur leere greift kein arm mehr in die speiche«. Keine Rettung, nirgends – »Weltabend lohte«.

Die letzten zehn Gedichte des *Ersten Buches* rühmen die Gefährten von einst: »Helfer von damals! Richttag rückt heran.« Jetzt, wo »Das härteste meist geglaubter dauer wankt«, wird sich entscheiden, ob die »Schwärmer« den neuen Weg mitzugehen bereit sind. Aber der Schnitt ist radikal: »Wir sind hinüber und ihr bliebet dort.« Ob Juden oder Germanen, Derleth oder Schuler, sie alle bleiben auf halber Strecke liegen, verlieren sich in ihren Phantasien. Was ihnen fehlt, ist die Konsequenz, der Mut zur Tat, die Umsetzung ins Bild, und so endet das *Erste Buch*: »Die Tat ist aufgerauscht in irdischem jubel / Das Bild erhebt im licht sich frei und nackt.«

Das *Zweite Buch* führt in die Mitte der Georgeschen Welt. Es ist »das Buch der Initiation« und beschreibt »die Einführung der Novizen in die Mysterien«.[93] Die im ersten und zweiten Zehnt konsequent durchgehaltene dialogische Form und die persönliche Ansprache des Novizen stellen ein intime Gesprächssituation her, ähnlich dem Gespräch zwischen Dichter und Engel im *Vorspiel*. »Ich bin nicht tüchtig für die weitere weihe«, gesteht der Novize, und der Meister tröstet ihn: »Denk nicht dass dort nichts ist wo du nichts siehst.« Gegenstand der Unterhaltung sind Fragen der Pubertät. Wenn der Jüngere sich dem Älteren ganz anvertraue, würden sie gemeinsam die Probleme dieser schwierigen Phase bewältigen. »Die uns nur eignet: dein und meine runde / Sie sollst du füllen und wir sind erfüllt ..« Eros ist die Macht, die jeden Widerstand bricht, seinem Ruf soll der Jüngere folgen: »kannst du wissen / Wohin ER mit dir mich führt?«

Zweifel und Selbstzweifel des Jüngers werden im zweiten Zehnt überwunden. »Selbst nicht wissend was ich suchte / Wusst ich in mir reiche triebe.« Die Gegenwehr erlischt, des Gebens und Nehmens ist kein Ende. »Da ich mit allen fibern an dir hänge / Möcht ich nur schöner voller mich entfalten«, ruft der Jünger, dessen höchste Verzückung darin besteht, »Dass ich als thon mich schmiege deinen händen.« Hinterher ist er ganz erstaunt: »Was ist geschehn dass ich mich kaum noch kenne / Kein andrer bin und mehr doch als ich war?« Aber auch der Ältere macht eine Wandlung durch; so wie der Jüngere sich *seinem* Schutz anvertraut, so ist er *seinerseits* auf ihn angewiesen: »Wie man zurücksieht nach dem klippensteg / Den man nur einmal heil durchmisst /.../ So schauderst du bei dem was dir gelang / Als ich in deine hände mich befahl..« Das Risiko bleibt bis zum Moment der Hingabe ein beiderseitiges. Ist »das dunkle opfer« vollzogen, erscheint dem Jüngeren alles Weitere leicht und mühelos, seine Unterwerfung unter den Älteren gilt fortan als seine zweite, eigentliche Geburt: »Seitdem ich ganz mich gab hab ich mich ganz.«

Im dritten Zehnt wird der Eros als solcher gefeiert. »Rückgekehrt vom land des rausches / Reicher strände frucht und blüte / Traf ich dich im heimat-lenze.. / Der ist goldgrün zart und spröde.« Ein besinnliches Beginnen liegt über allem: »Keimmonat ist es .. frühste frühe.« Gäbe es so etwas wie den philosophischen Extrakt der Georgeschen Poesie in zwölf Zeilen, fände er sich im vorletzten dieser Gedichte des *Zweiten Buches*:

> Die einen lehren: irdisch da – dort ewig ..
> Und der: ich bin die notdurft du die fülle.
> Hier künde sich: wie ist ein irdisches ewig
> Und eines notdurft bei dem andern fülle.
> Sich selbst nicht wissend blüht und welkt das Schöne
> Der geist der bleibt reisst an sich was vergänglich
> Er denkt er mehrt und er erhält das Schöne
> Mit allgewalt macht er es unvergänglich.
> Ein leib der schön ist wirkt in meinem blut
> Geist der ich bin umfängt ihn mit entzücken:
> So wird er neu im werk von geist und blut
> So wird er mein und dauernd ein entzücken.

Das *Dritte Buch* behandelt das Binnenverhältnis der Gemeinschaft, hier wird der Umgang untereinander geregelt, »Wie jeder ist mit sich mit mir mit jedem«. Das neue Reich erhält seinen Namen: »Dies ist reich des Geistes /.../ Neugestaltet umgeboren / Wird hier jeder /.../ Väter mütter sind nicht mehr .. /Aus der sohnschaft, der erlosten, / Kür ich meine herrn der welt.« Bestimmt wird das Verhältnis zum Adel, zu den Sozialisten, zu den Frauen, zu allen möglichen Verführern. Zahlreich sind die Abgrenzungen nach außen: »Hier schliesst das tor: schickt unbereite fort.« Nach drinnen, in der Ansprache an die Getreuen, überwiegen die rituellen Beschwörungen: »Wer je die flamme umschritt / Bleibe der flamme trabant!« – »Glaube / Ist kraft von blut ist kraft des schönen lebens.« Die Gemeinschaft selbst wird zum »liebesring dem nichts entfalle«, hier »Holt kraft sich jeder neue Tempeleis«. Bevor der Meister sie alle wieder entlässt und in die Welt hinausschickt – »im gang getrennt im zweck gesellt« –, stimmen sie gemeinsam den »Schlusschor« an: »Gottes pfad ist uns geweitet / Gottes land ist uns bestimmt.«

»Es graust einem, wenn man an das Buch denkt«, schrieb Walter Wenghöfer nach gemeinsamer Lektüre mit Thormaehlen im Februar 1914. »Und wenn man es liest, ist man nur Liebe.«[94] An Thormaehlen waren immerhin einige der zentralen Gedichte des *Zweiten Buches* gerichtet; über den *Blätter*-Dichter Wenghöfer sagte George später, dass er »die ersehnte schwelle« wenigstens gesehen habe.[95] Wenn schon Nahestehende dermaßen verunsichert waren, wie sollten da weniger wohlwollende Leser urteilen?

Der *Stern des Bundes* war der ungeheuerliche Versuch, die Päderastie mit pädagogischem Eifer zur höchsten geistigen Daseinsform zu erklären. Wer dies nicht sah oder nicht sehen wollte, musste die tausend Verse für inkommensurabel halten. Für »das choreographische Arrangement des Veitstanzes«, wie Walter Benjamin.[96] Oder schlicht für Scharlatanerie, wie Martin Buber. Der *Stern des Bundes* wirke auf ihn, »als ob ein geheimer Orden seine Regel, die in dunklen und bedeutenden Worten gehalten ist, drucken und verkaufen ließe ... Das Geheimnis gehört nicht vor die Ohren des Marktes? Aber dann erst recht nicht das Reden vom Geheimnis! ... Man darf nicht befehlen ›Hier schließt das Tor‹ und – den Schlüssel aus dem Schlüsselloch nehmen, damit die von draußen doch hereinschauen können.«[97]

Weil fortwährend abgegrenzt werde »zwischen Geweihten und Ungeweihten«, kam es Buber so vor, als wäre die Abgrenzung selbst das Geheimnis. Das eigentlich Unerhörte des *Sterns*, seine simple Faktizität, überstieg wohl sein Vorstellungsvermögen. Georges Strategie, Öffentlichkeit als den sichersten Schutz zu wählen, ging auf. Nur wenige waren in der Lage und trauten sich, die Frage zu stellen, wozu denn der ganze Aufwand betrieben wurde und in welchem Punkt genau sich die »Geweihten« von den »Ungeweihten« unterschieden. Wer etwas wusste, schwieg. Den anderen fehlten Beweise. So konnte das »offene Geheimnis« zum entscheidenden Kriterium der Elitebildung werden.

6 Die charismatische Herrschaft

Das Deutsche Reich am Vorabend des Ersten Weltkriegs war eine demographisch junge Gesellschaft. Seit der Jahrhundertwende galt Jugend nicht mehr nur ausschließlich als »vorstufe und zurichtung«, wie es in der Maximin-Rede hieß, sondern als eine besondere Lebensphase zwischen dem Ende der Kindheit und dem Eintritt ins Berufsleben, als eine eigene Lebensform. Die gesellschaftlichen Veränderungen hatten diesen Verselbständigungsprozess beschleunigt. Aufgrund der fortschreitenden Spezialisierung im Zuge der Arbeitsteilung, die längere Studien- und Ausbildungszeiten mit sich brachte, verließen männliche Jugendliche früher ihr Elternhaus und traten später ins Berufsleben ein. Die wesentlichen Stationen seiner Sozialisation erlebte der Heranwachsende nicht mehr, wie bisher, innerhalb der Familie, sondern in seiner jeweiligen Gruppe. Hier tauschte er sich mit Gleichaltrigen aus, die von den gleichen Ängsten und Nöten geplagt wurden, hier begegnete er Älteren, die ihm Orientierung versprachen und denen er sich bis zu seinem Eintritt in die Welt der Erwachsenen anvertrauen konnte.

Die Verherrlichung der Jugend um ihrer selbst willen gehörte zu den wirkungsvollsten Tendenzen der Epoche. Die 1896 gegründete Zeitschrift *Jugend* konnte ihre Auflage innerhalb der ersten acht Jahre verdoppeln und erreichte am Ende mehr als hunderttausend Leser. Das neue Jahrhundert sollte aber nicht nur das Zeitalter der Jugend, sondern vor allem das Zeitalter der deutschen Jugend werden. Sie war die höchste Form von Jugend überhaupt und für viele der untrügliche Beweis nationaler Überlegenheit. »Der Jugendgedanke ist ein Vorrecht und Vorzug unseres Volkes, des deutschen«, lässt Thomas Mann im *Doktor Faustus* den Kommilitonen Deutschlin in Verzückung geraten. »Die deutsche Jugend repräsentiert, eben als Jugend, den Volksgeist selbst, den deutschen Geist, der jung ist und zukunftsvoll.« Sie künde, metaphysisch gesprochen, »vom unendlichen Unterwegssein des deutschen Wesens«.[1]

»In einem Spektrum von romantischer Weltflucht bis hin zu militant politischem Konservatismus« spiegelte die Jugendbewegung aber auch »die Ängste der herrschenden Schichten wider«.[2] Sie entsprach dem allgemeinen Trend zu einer generellen Ästhetisierung des Lebens, »mit der das Bürgertum sich und seine Welt gegenüber der als bedrohlich empfundenen Modernisierung zu bewahren suchte«.[3] Obwohl es sich um »eine partielle Fluchtbewegung« handelte, kam der Jugendbewegung insgesamt dennoch »eine unbestreitbar emanzipatorische Funktion« zu.[4]

Zu den erfolgreichsten Modellen, die Stellung der Jugend zwischen den Lebensaltern neu zu bestimmen und die Phase der Adoleszenz für eine gesellschaftliche Radikalisierung zu nutzen, zählten die von 1902 an wie Pilze aus dem Boden schießenden Organisationen der Wandervogelbewegung auf der einen, die Landerziehungsheime und Freien Schulen auf der anderen Seite. Die Jugend selbst müsse wieder begreifen, schrieb Gustav Wyneken im Programm der 1906 von ihm gegründeten Freien Schulgemeinde Wickersdorf in Thüringen, dass sie »ihr eigenes Recht, ihr eigenes Leben, ihre eigene Schönheit hat und nicht lediglich Vorbereitungszeit, nicht lediglich Mittel zum Zweck ist«.[5] George stand beiden Projekten, sowohl dem mit Wimpel und Klampfe durch die Lande ziehenden Wandervogel als auch der Reformpädagogik, ablehnend gegenüber. »Wer aus Wickersdorf kommt, ist hoffnungslos verdorben.«[6] Zwischen seiner Dichtung und den Idealen der Jugendbewegung gab es jedoch erheblich mehr Überschneidungen, als George zugeben mochte. Nirgendwo fand er um 1910 so viele Bewunderer wie gerade hier.

In diesem Zusammenhang stellt sich die Frage, ob der *Stern des Bundes* tatsächlich, wie in der Vorrede später behauptet wurde, »für die freunde des engern bezirks« gedacht war. Am 11. und 12. Oktober 1913 hatten sich die wichtigsten Verbände der Jugendbewegung, die rund 27 500 Mitglieder repräsentierten, auf dem Hohen Meißner bei Kassel versammelt, um sich auf ein einheitliches Programm zu einigen. George las in diesen Tagen in Berlin Korrektur, und sechs Wochen später erschienen zehn Vorausexemplare des *Sterns*. Allein aufgrund der zeitlichen Koinzidenz könnte man annehmen, dass er die Jugend auf dem Hohen Meißner durchaus als potentielle Leserschaft sah. Überdies hätten viele der dort Versammelten die dürre Meißnerformel gern gegen Verse aus dem *Stern des Bundes* eingetauscht. »Wer je die flamme umschritt / Bleibe der flamme trabant!«[7] Mit solchen, das bündische Lebensgefühl dichterisch überhöhenden Zeilen schuf sich George jedenfalls ein ihm über Jahrzehnte dankbares und treues Publikum.

Andererseits misstraute er allen Formen der Vergemeinschaftung, als deren oberstes Ziel das Gruppenerlebnis galt. Auch hielt er die Idee »einer sich selbst erziehenden Gemeinschaft« (Wyneken) für groben Unfug. Erziehung war in seinen Augen immer autoritär und nur möglich von Person zu Person. Nicht zuletzt sprach George den meisten Reformpädagogen die Befähigung zur Erziehung ab. Er warf ihnen vor, in fahrlässiger Weise mit den ihnen Anvertrauten zu experimentieren. Einige hatte er überdies im Verdacht, dass sie »das erotische Ideal der Jugenderziehung ... zu persönlichen Reizungen mißbrauchten«, *vulgo*: sich an den Jungen vergingen.[8]

Hans Blüher, der einflussreichste Publizist und erste Historiograph der Jugendbewegung, hatte schon früh die Ansicht vertreten, dass überall, wo Männer eine Gemeinschaft bilden, die Liebe des Mannes zum eigenen Geschlecht die eigentliche Ursache des Zusammenschlusses sei. In seinen Schriften und Reden stützte sich Blüher vor allem auf die bahnbrechenden Untersuchungen, die der Völkerkundler Heinrich Schurtz 1902 unter dem Titel *Altersklassen und Männerbünde* veröffentlicht hatte. Insbesondere die Unterscheidung zwischen Geschlechtstrieb und Gesellungstrieb, die sich bei vielen Naturvölkern in der prinzipiellen Trennung von Familienhäusern und Männerhäusern wiederfindet, und die besondere Bedeutung der außerfamiliären Gruppenbildung für die Entwicklung des öffentlichen Lebens faszinierten Blüher. Er übertrug die Beobachtungen des Ethnologen auf die bürgerliche Gesellschaft des 20. Jahrhunderts und radikalisierte sie in seinem Sinn. Sein 1917/19 in zwei Bänden veröffentlichtes Hauptwerk *Die Rolle der Erotik in der männlichen Gesellschaft* wurde zum Kultbuch der deutschen Männerbundideologie.

Zum Männerbund berufen war nach Blüher nur, wer sich liebend dem eigenen Geschlecht zuwendet, der »Typus inversus«. Obwohl Blüher nicht müde wurde, den spezifisch sexuellen Gehalt mannmännlicher Erotik zu betonen, hielt er den Begriff Homosexualität aufgrund seiner psychiatrischen Konnotationen für verhängnisvoll und suchte ihn aus dem deutschen Wortschatz zu verbannen. Die Natur erlaube zwar verschiedenartige Zwischenformen, aber nur der »Vollinvertierte«, der zu seiner »Inversion« stehe, könne ein echter »Männerheld« werden, einer, der die Blicke aller auf sich ziehe. »Wenn man verstehen will, warum kämpfende Truppen sich begeistert opfern, so darf man jenen erotischen Zug nicht vergessen, der vom Bilde des Helden ausgeht.«[9] So wie der Held im Krieg voranschreite, so habe er im Frieden die Erziehung der Jugend zu übernehmen. Nur der »Männerheld« könne die Jugend um sich scharen und einen Männerbund stiften. Der Männerbund aber sei die Keimzelle des Staates.

Die Rolle der Erotik in der männlichen Gesellschaft ist ein wirres Buch, ähnlich wirr wie ein Vierteljahrhundert zuvor Langbehns *Rembrandt als Erzieher.* Während Blühers Thesen in den Reihen der bündischen Jugend auf heftigen Widerspruch stießen, ist ihr Einfluss auf das politische Denken der zwanziger Jahre, insbesondere auf die Hitler-Bewegung, nicht hoch genug zu veranschlagen. Hitler selbst, so Blüher im Vorwort zur Neuausgabe seines Werkes 1949, sei der Prototyp des »Typus inversus neuroticus« gewesen, ein Verdränger, der seine Homosexualität nicht habe akzeptieren können und für den der echte Männerheld in Gestalt des SA-Chefs Röhm daher eine existentielle Bedrohung gewesen sei. Gerade weil er von ihm so fasziniert war, habe er sich des »Rivalen« 1934 auf brutale Weise entledigt und anschließend die gnadenlose Verfolgung der Homosexuellen befohlen.[10]

In George und seinem Kreis glaubte Blüher »geradezu ein Muster-
beispiel« der männlichen Gesellschaft ersten Grades entdeckt zu haben. »Der von mir geprägte Eros-Begriff passt genau. Kein Mensch
kann wissen, und es ist zudem völlig gleichgültig, ob George mit seinen Lieblingen ›sexuelle‹ Handlungen begangen hat oder nicht; aber
dass sein Eros allein dem Jünglinge galt, daran kann es keinen Zweifel geben.«[11] Weil er den Dichter für einen echten Männerhelden hielt,
wollte es Blüher allerdings nicht einleuchten, dass George es vorzog,
über Dinge, die so klar seien und auch der Klarheit bedürften, »in
nebulosem Prunk-Deutsch zu reden«. Aus Verehrung für ihn ließ er
die beiden Bände seines Hauptwerkes jeweils mit einem Gedicht aus
dem *Stern des Bundes* ausklingen.[12]

Wenn im Leben eines jungen Mannes früher oder später das Bild
des Jünglings auftauche, so Blüher am Ende von *Die Rolle der Erotik
in der männlichen Gesellschaft*, schließe er sich mit anderen Jünglingen zusammen und gemeinsam träten sie an, die Welt zu verbessern.
»In jedem Manne lebt, meistens im Halbbewussten, die Idee eines
obersten Männerbundes.«[13] In dieser Vorstellung konzentriere sich
für ihn alles, was er sich an Erhabenem überhaupt nur vorstellen könne. Der Knabenliebhaber als der wahre Erzieher habe keine wichtige-
re Aufgabe als die, im Jüngling die Idee des obersten Männerbundes
zu fördern.

Vor diesem Hintergrund, der Sehnsucht breiter bürgerlicher
Schichten nach dem großen Menschen und Führer der Jugend, nahm
die Verehrung für Stefan George unter den 15- bis 25-Jährigen am
Vorabend des Ersten Weltkrieges überdimensionale Ausmaße an.
Vergleichbare Phänomene begegnen erst wieder in der Pop-Kultur
Mitte der sechziger Jahre. »Ich stehe manchmal so ergriffen vor den
ewigen Zeichen die Ihre Hand in unser Leben geschrieben, dass mei-
ne Augen feucht werden«, heißt es in einem der zahlreichen Briefe ju-
gendlicher Verehrer, die sich in Georges Nachlass erhalten haben.[14]
»Nach langem zögern und niedergeworfen-sein hebe ich aufs neue
meinen blick zu Ihnen, dem grossen Richter aber auch sorgenden
Hirten«, schreibt ein anderer, nachdem er von George empfangen

worden war. »Gewähren Sie mir wieder in einem raume mit Ihnen zu atmen und die armen ranken meiner liebe um sie zu winden.«[15] Im April 1911 bittet ein 17-jähriger Wiener den Dichter, ihm mitzuteilen, wie er in den Besitz eines *Gedenkbuchs* gelangen könne:

> Geliebter Meister, ich fühlte mich bisher nicht berufen, Ihnen zu schreiben. Denn ich weiß, dass ich trotz jahrelangen ringens noch lange nicht so hoch und weise bin, dass ich auch nur wagen dürfte, mich irgendwie an Sie zu dringen. Ich habe Ihnen mein Leben geweiht ... Darum neige ich mich tag für tag vor Ihnen und lebe von der ausstrahlung, die von Ihren Büchern ausgeht ... Aber Ihr *Gedenkbuch* »*Maximin*« konnte ich nirgends bekommen ... Und gerade *dies* buch hat so eine bedeutung für mich, denn ich liebe Maximin und bete ihn an ... Ich vertraue auf Sie und kann Ihnen nicht mehr sagen als dass ich um Ihretwillen Vaterhaus und Gut und Geliebte lassen könnte ... Ihr geringer Jünger Harry Bodeck[16]

2

Einem Gesprächspartner, vorzugsweise einem ansehnlichen jungen, durch Beharrlichkeit zur Erkenntnis zu verhelfen und so das in ihm schlummernde Wissen zu »entbinden«, nennt die Philosophie Mäeutik (Hebammenkunst). Gemeint ist das erotisch aufgeladene Spiel von Frage und Antwort, mit dem Sokrates in den Platonischen Dialogen die *Jeunesse dorée* von Athen in Verwirrung stürzte. Wenn er die Jugend vom Gegenteil dessen überzeugt hatte, was ihr am Abend zuvor noch selbstverständlich schien, verließ er die Gesellschaft bei Tagesanbruch als der Heiterste und Frischste von allen. Das Symposion als Bild und Wirklichkeit hat Georges Vorstellung so stark geprägt, dass Ernst Glöckner vermutete, er müsse irgendwann in seiner Jugend Platons *Gastmahl* gelesen und am gleichen Tag beschlossen haben, »dieses auch zu leben«.[17]

Die Vermutung war falsch – George begann sich erst 1909/10 eingehender mit Platon zu befassen.[18] Tendenziell jedoch lag Glöckner richtig. Der Geist Platons sei nie und nirgends so lebendig gewesen wie unter den Freunden Georges, heißt es an vielen Stellen der Erinnerungsliteratur. »Wenn wir staat sagen, ist er mit im raum.«[19] Aus dem Geist des Freundeskreises heraus habe man einen neuen Zugang zu Platon gefunden, und so wie man Platon mit den Augen Georges, so habe man George mit den Augen Platons gelesen. Die »Georgisierung Platons« ging Hand in Hand mit der »Platonisierung Georges«, die Parallelisierung wurde auf allen Ebenen mit Nachdruck betrieben.[20] Nur wenige dürften allerdings gewusst haben, dass der _Stern des Bundes_ mit einem Platon-Zitat eröffnete: »Du stets noch anfang uns und end und mitte.«[21]

Mit dem Ende 1914 erschienenen Platon-Buch von Heinrich Friedemann war die Konvergenz für George schlüssig bewiesen. Wegen seines bombastischen Stils galt das Werk des Dresdener Philologen unter den Freunden zwar als ziemlich ungenießbar, aber George ließ nichts darauf kommen. »Zwischen Wissenschaft und Dichtung gebe es eine Zwischenart; es gebe Menschen, die ein Erlebnis haben, und es doch nicht dichterisch ausdrücken könnten; aber sie geben es in einer irgendwie erhöhten Sprache.«[22] Für George stand das Buch auf einer Stufe mit der _Geburt der Tragödie_ und am Anfang aller Wissenschaftswerke aus dem Kreis der Blätter für die Kunst.[23] Mit Recht wurde Friedemanns Deutung der platonischen Idee von Carola Groppe »als kultische Mitte der Gemeinschaft« bezeichnet.[24]

Der erste Hinweis auf Platon findet sich im Februar 1910. Eines Morgens, so erinnerte sich Herbert Steiner an die gemeinsamen Tage in München, habe ihm George aus dem _Phaidros_ die Rede des Sokrates vom Liebenden und vom Geliebten und von den beiden Rossen vorgelesen, dem schwarzen und dem weißen. Vier Monate später zitierte George in einem Brief an Gundolf zwei Sätze aus seiner aktuellen Lektüre, Nietzsches _Götzendämmerung_, und fügte in einer bemerkenswerten, seine früheren Einwände gegen den Philosophen deutlich relativierenden Formulierung hinzu: »In Nietzsche steht doch ziemlich alles. Er hat die wesentlichen grossen dinge verstanden: nur hatte er den PLASTISCHEN GOTT nicht (daher sein missverstehen der Griechen besonders Platons).«[25] Ihm selber, meinte er später einmal im Gespräch, sei die gesamte griechische Literatur einschließlich Platons »erst aus der Plastik heraus lebendig geworden«.[26]

Die archaische Rundplastik, die monumentale Darstellung nackter Jünglinge im 7. und 6. vorchristlichen Jahrhundert, bedeutete für George den Anfang einer neuen Weltsicht. »Das Unerhörte dieses neuen Augenblicks«, schrieb Woldemar von Uxkull 1919 in einem von ihm herausgegebenen Bildband mit Meisterwerken archaischer Plastik, liege »in der Erkenntnis des menschlichen Leibes als der statuarischen Urbildlichkeit an sich, ohne Rücksicht auf seine Funktion und Beziehung«.[27] Von dieser statuarischen Urbildlichkeit der Kouroi habe Nietzsche keine Ahnung gehabt – so hat man die etwas rätselhafte Formulierung in Georges Brief an Gundolf wohl zu verstehen –, sonst hätte er Platon, bei dem sich doch alles um das Schöne drehe, nicht für den Totengräber der griechischen Philosophie halten können. Wie stark sich George in dieser Zeit für den Zusammenhang von griechischer Plastik und neuem »körperhaften Sehen« interessierte, geht unter anderem aus der Korrespondenz mit Morwitz hervor. Wohl auf Georges Wunsch setzte sich Morwitz im Mai 1911 ausführlich mit Herders Aufsatz über die antike Plastik auseinander: »Wenn man also eine Bildsäule erkennen will, so ist das blosse Sehen natürlich auch und zwar primär erforderlich es muss aber getragen sein oder es muss zur Grundlage haben: das körperhafte Sehen. Das haben heute die wenigsten und das war nur möglich in der Offenheit des griechischen Lebens. Daher heute der Vorzug der Malerei; denn sie stellt weniger Anforderungen.«[28]

»Zeugung eines neuen geistigen heisst uns philosophie«, so stand es 1914 knapp und unscharf bei Heinrich Friedemann.[29] In der Diotima-Rede am Ende des *Gastmahls* hat Platon diesen Zeugungsprozess beschrieben. Er unterschied zwischen dem leiblichen Zeugungsdrang und dem Wunsch, sich im Schönen fortzupflanzen. Die einen setzten Kinder in die Welt. Die anderen suchten ihr Verlangen nach dem Schönen im Umgang mit einer schönen Seele zu stillen. Wer die Sache gründlich angehen wolle, müsse früh damit beginnen, sich den schönen Körpern zuzuwenden, erst einem, dann mehreren, bis er schließlich zum Liebhaber aller schönen Körper werde. So steige er immer höher hinauf, stufenweise von einem zu zweien und von zweien zu allen schönen Körpern, bis er am Schluss erfahre, was das Schöne selbst sei. Um zu dieser höchsten Erkenntnis zu gelangen, so schloss die Rede der Diotima, gebe es für die menschliche Natur keinen besseren Helfer als den Eros.

Mit seiner Wahl des Dialogs als der dem Eros gemäßen Gesprächsform hatte Platon nach Auffassung Georges schon seine wichtigste Aussage getroffen, dass nämlich »alle metaphysischen Erkenntnisse nichts sind ohne Begegnung mit dem erweckenden Menschen, der liebend das Schöne ... entbindet«.[30] In der Akademie sei es nicht um die Kategorisierung von Wissen oder die Errichtung eines philosophischen Systems gegangen. Im Laufe der Jahrhunderte hätten sich die Wissenschaften allerdings so weit verselbständigt, dass das eigentliche Erbe Platons, der Erziehungsgedanke, in Vergessenheit geraten sei. Die Wissenschaftskritik Georges nahm hier ihren Anfang.

Was George an Platon nicht weniger fesselte als der pädagogische Eros, war die esoterische Tradition jenseits des geschriebenen Wortes. Aus dem Zweiten Brief notierte er sich den Hinweis, dass man Missverständnissen am besten dadurch aus dem Weg gehe, dass man einen Gedanken gar nicht erst aufschreibe.[31] Im Siebten Brief führte Platon aus, dass er den Kern seiner Philosophie an keiner Stelle seines Werkes formuliert habe. Die Erkenntnis, heißt es dort, könne infolge langer und intensiver Beschäftigung mit dem Gegenstand durch einen überspringenden Funken »wie ein plötzlich entzündetes Licht in der Seele« aufleuchten. Sie in Worte zu fassen sei aber nicht ratsam, denn die Wahrheit würde von vielen mit Ignoranz oder Dünkel quittiert. Vor allem aber sei sie »nichts den Menschen Ersprießliches«. Gerade die Unterscheidung zwischen exoterischem und esoterischem Wissen war für George der Ausweis der Authentizität: »Keiner der wahre weisheit sah verriet: / Die menschen griffe lähmendes entsetzen.«[32] Der gelehrte Streit darüber, ob Platon sich mit der Dialogform bewusst jeder systematischen Festlegung entziehen wollte, ist bis heute nicht entschieden. Die These von der »ungeschriebenen

Lehre« findet nach wie vor prominente Befürworter, und auch der Siebte Brief, dessen Echtheit für George nie zur Diskussion stand, wird heute allgemein für authentisch gehalten.

Zwischen 1910 und 1914 wurde Platon zu der neben Hölderlin wichtigsten Identifikationsfigur des Freundeskreises. Manche Passagen in den Dialogen habe man, so Wolters, geradezu »als Schilderungen eigenen Erlebens« gelesen.[33] Man kann es auch andersherum sagen: Das eigene Erleben wurde den Schilderungen Platons angepasst – wie etwa von Hans Brasch:

> Erst später ging mir die ähnlichkeit dieser stunden mit der schwingenden luft der gespräche Platons auf, in denen oft kleine abschweifungen den gewaltigen kern von inbrunst und liebe verraten. Wie Sokrates auf einmal das haar eines freundes streichelt oder von wein und mahl spricht oder die schattige kühle eines platzes am bach preist, das war genau wie wenn George den griechischen tabak lobte, bevor er mit grosser kunstfertigkeit eine zigarette drehte, oder von einer landschaft sprach oder vom schwimmen in südlicher bucht.[34]

Platon war mehr als einer der vielen Vorläufer und Vorbereiter, hier ließ sich ein direkter Bezug herstellen. Der Platonischen Akademie lag nach dem Verständnis Georges der gleiche Eros-Begriff zugrunde wie seinem eigenen Staat. Zweck beider Gründungen war das Zusammensein um seiner selbst willen, das im Zeichen des Schönen steht und zum Symbol wird für das, was zwischen Menschen möglich ist. Diese Art von Zusammenkünften nannte George den ewigen Augenblick: »Der Sinn aber unseres Staates ist dieser: dass für eine vielleicht nur kurze Zeit ein Gebilde da sei, das, aus einer bestimmten Gesinnung hervorgegangen, eine gewisse Höhe des Menschtums gewährleistet. Auch dies ist dann ein ewiger Augenblick wie das griechische Jahrhundert.«[35] Nichts vermochte die Innensicht des Georgeschen Freundeskreises besser wiederzugeben als das Oxymoron vom ewigen Augenblick.

3

Das andere große Ereignis des Jahres 1910, das für George von emi-
nenter Bedeutung wurde, war die Erschließung des Hölderlin-Nach-
lasses durch Norbert von Hellingrath. Mit der Entdeckung der späten Hymnen und der Pindar-Übertragungen wurde Hölderlin für
George und die Seinen zum »deutlichsten verheisser wort für wort /
Der welt die ihr geschaut und schauen werdet«.[36] Die sensationellen
Textfunde durch einen jungen Philologen aus dem eigenen Umfeld si-
cherten George endlich jene bis zu den Griechen zurückreichende
Ahnherrschaft, um die er sich so lange bemüht hatte.

> Uns heisst es ein greifbares wunder wenn durch menschenalter nicht be-
> achtet oder nur als zarter erträumer von vergangenheiten plötzlich der
> grosse Seher für sein volk ins licht tritt. Das sibyllinische buch lang in den tru-
> hen verschlossen weil niemand es lesen konnte wird nun der allgemeinheit
> zugeführt und den erstaunten blicken eröffnet sich eine unbekannte welt
> des geheimnisses und der verkündung ... Mit seinen anfängen gehört Höl-
> derlin in das jahrhundert Goethes, in seinen späteren zumeist jezt erst zu-
> gänglichen oder verständlichen gebilden ist er der stifter einer weiteren ah-
> nenreihe.[37]

Und doch ging es um mehr als um bloße Vorläuferschaft. Die Entdeckung eines deutschen Dichters, der hundert Jahre vor ihm aus
dem gleichen religiösen Grundvertrauen gelebt hatte, war für George
ein Ereignis an sich. In Hölderlins späten Gesängen begegnete ihm
zum ersten Mal ein Dichter, der das Göttliche, das ihm in großartigen
Gesichten erschienen war, durch hymnische Beschwörung in die
Wirklichkeit glaubte überführen zu können. »Unter allen welche die
Bilder und Gesänge der Griechen als das höchste dem Menschen Er-
reichbare verehrten«, schrieb Max Kommerell 1928, »war allein Hölderlin gläubig genug, um in ihnen die Wirklichkeit von Gewalten zu
kennen, die er noch als gegenwärtig verspürte, nach denen er sein Dasein lebte.«[38] Dichten im Hölderlinschen Sinn hieß, den Einbruch des
Göttlichen in die Welt so lange zu singen, bis es sich offenbarte. »Statt
offner Gemeine sing ich Gesang« – die Anfangsverse aus »Der Mutter Erde« schrieb sich George 1914 ab.

Der 1888 geborene Norbert von Hellingrath, der als eigenbrötlerisch, kauzig und schroff galt, war ein Freund Wolfskehls, »unter den hiesigen Freunden wohl mein nächster«, wie Wolfskehl nach Hellingraths Tod schrieb. »Eine gemeinsame Ironie, ein gemeinsames Pathos und dann die unaussprechliche Affinität des Wesens die doch der wahre Grund aller Freundschaft ist hatten uns verbunden.«[39] Die Hölderlin-Handschriften hatte er Anfang November 1909 in der Stuttgarter Bibliothek entdeckt. Zwei Wochen später schickte Wolfskehl einige Abschriften der Pindar-Übertragungen an George, der daraufhin sofort nach München fuhr, um Hellingrath kennenzulernen und ihm eine Veröffentlichung in den *Blättern für die Kunst* anzubieten. Bereits Anfang Februar 1910 brachte die Neunte Folge sechs Übertragungen, im Herbst folgte, als Veröffentlichung des Blätter-Verlags, eine Buchausgabe. Die ebenfalls im Herbst 1910 erschienene zweite Ausgabe des *Jahrhunderts Goethes* konnte mit dem Hölderlin-Erstdruck »Wie wenn am feiertage« aufwarten. Die von Hellingrath besorgte historisch-kritische Ausgabe von Hölderlins sämtlichen Werken, die ab 1913 im Verlag von Georg Müller, später bei Propyläen erschien, brachte die freien Hymnen im vierten Band 1916. Kurz vor Kriegsausbruch ließ Hellingrath einen Sonderdruck dieses Bandes, der »Herz, Kern und Gipfel des Hölderlinschen Werkes« enthielt, für seine Freunde herstellen.[40]

Nach anfänglichen Schwierigkeiten hatte Hellingrath im Dezember 1908 über den *Siebenten Ring* Zugang zur Dichtung Georges gefunden; besonders angesprochen fühlte er sich von den *Zeitgedichten* und dem *Maximin*-Zyklus. Anderthalb Jahre später, während der Vorbereitung auf seine Promotion über die Pindar-Übertragungen, musste er sich gegen Vorwürfe seines akademischen Lehrers Friedrich von der Leyen verteidigen, seine Sicht auf Hölderlin sei einseitig durch George geprägt. Hellingrath sah das genau umgekehrt; Verständnis für George habe er überhaupt nur entwickeln können, »da ich mich vorher schon an meinen Hölderlin verloren hatte«.[41] Durch die persönliche Begegnung mit George und seinen Freunden sei sein Vertrauen in den Dichter allerdings erheblich gewachsen. Deshalb verbinde er gegenwärtig seine »nächsten Hoffnungen von der Zukunft der Welt mit dem Namen Stefan Georges«. Im November 1913 zog Hellingrath nach Heidelberg, wo er in den bis zum Kriegsausbruch verbleibenden neun Monaten an der schwierigen Edition des vierten Bandes arbeitete, in engem Austausch vor allem mit den Gundolf-Freunden Edgar Salin und Wolfgang Heyer. Die in München im Winter 1909/10 begonnenen Gespräche mit George fanden hier ihre Fortsetzung.

Schon 1910 hatte Hellingrath festgestellt, dass »alles eigentliche Interesse in mir dem Religiösen gilt«.[42] Deshalb konnte ihm die dichterische Haltung Georges zur Bestätigung seines Hölderlin-Bildes werden, und umgekehrt. Das *Tertium comparationis* war das Selbstverständnis des Dichters als Seher: die hymnische Feier des Göttlichen zur Vorbereitung seiner baldigen Ankunft in der Gegenwart. Durch die Hellingrathschen Entdeckungen, schrieb Hans-Georg Gadamer, »haben Hölderlin und George in unserem Jahrhundert eine echte Gleichzeitigkeit gewonnen«.[43] Diese »Gleichzeitigkeit« wurde schon im August 1914 gesehen. Für einen Großteil der damaligen Jugend, so erinnerte sich Klaus Mann bitter, war George »der reinste und höchstgeliebte Repräsentant eines hölderlinschen Deutschland, für das sie sterben zu müssen glaubte, während sie in Wahrheit für eine pathetisch hergerichtete Lüge fiel«.[44]

Nach einer Verletzung infolge eines Reitunfalls kam Hellingrath im Januar 1915 auf Genesungsurlaub nach München. Im Haus seiner Tante, der Verlegersgattin Elsa Bruckmann (wie Hellingraths Mutter eine geborene griechisch-fanariotische Prinzessin Cantacuzène), hielt er zwei Vorträge, einen über »Hölderlin und die Deutschen«, den anderen über »Hölderlins Wahnsinn«. Unter den Zuhörern des ersten Vortrags am 27. Februar saßen Wolfskehl, Klages und Schuler sowie Rainer Maria Rilke in Begleitung seiner Geliebten, der Malerin Loulou Albert-Lasard, und der Dichterin Regina Ullmann. Hellingrath, der in Uniform sprach, sei so »durchglüht« gewesen, erinnerte sich Loulou, dass man hätte glauben können, es sei »dieser außerordentliche Kopf der des jungen Hölderlin selbst«.[45] Die Malerin, von der Schönheit des Redners angetan, porträtierte ihn in diesen Tagen, und während Hellingrath Modell saß, unterhielt sich Rilke mit ihm angeregt über Hölderlin.

»Innere mitte meines vortrags«, so hatte Hellingrath zwei Wochen zuvor an seine Freundin Imma von Ehrenfels geschrieben, werde ein neuer Begriff sein: »das wort ›Volk Hölderlins‹, das gewiss niemand verstehn wird«.[46]

> Wir nennen uns »Volk Goethes«, weil wir ihn als Höchsterreichbares unseres Stammes, als höchstes auf unserem Stamme Gewachsenes sehen in seiner reichen, runden Menschlichkeit ... Ich nenne uns »Volk Hölderlins«, weil es zutiefst im deutschen Wesen liegt, dass sein innerster Glutkern unendlich weit unter der Schlackenkruste, die seine Oberfläche ist, nur in einem *geheimen* Deutschland zutage tritt; sich in Menschen äußert, die zum mindesten längst gestorben sein müssen, ehe sie gesehen werden und Widerhall finden; in Werken, die immer nur ganz wenigen ihr Geheimnis anvertrauen, ja den meisten ganz schweigen, Nicht-Deutschen wohl nie zugänglich sind; weil dieses geheime Deutschland so gewiss ist seines inneren Wertes oder so unschuldig unbekannt mit der eigenen Bedeutung, dass es gar keine Anstrengung macht, gehört, gesehen zu werden.[47]

Einer unter den Zuhörern verstand mit Sicherheit, was Hellingrath meinte: Karl Wolfskehl, der Freund, der das Wort vom »geheimen Deutschland« 1910 als Metapher für den Staat Georges geprägt hatte. Aber Hellingrath beschrieb nicht nur den Gegensatz »zwischen einem öffentlich-sichtbaren, allgemein-menschlichen, in den gymnasialen und universitären Bildungsanstalten sehr wohl auch institutionalisierten Goethe-Deutschland des Wilhelminismus einerseits und einem sehr geheimen, tiefen und im Unsichtbaren glühenden Hölderlin-Deutschland, dem inneren Reich, andererseits«.[48] Er nahm auch einen Austausch der Leitfiguren vor und setzte Hölderlin an die Stelle Goethes. Die gleiche Verschiebung findet jetzt im Werk Georges statt. Nicht mehr Goethe wird als Verkünder Maximins in Anspruch genommen, George beruft sich von nun an ausschließlich auf die neue Stifterfigur Hölderlin. Er wird, wie es am Schluss der vermutlich Ende 1914 entstandenen Hölderlin-Rede heißt, »mit seinen eindeutig unzerlegbaren wahrsagungen der eckstein der nächsten deutschen zukunft und der rufer des Neuen Gottes«.[49]

4

Die Frage, was unter »George-Kreis« eigentlich zu verstehen sei, habe ein Heer »von Dummköpfen, Witzbolden, Schwindlern oder Verleumdern« auf den Plan gerufen, schrieb Gundolf 1920 in seinem George-Buch. Er sah sich daher zu einer Klarstellung in Form einer Fußnote veranlasst. »Ein sichres Zeichen dafür dass einer nicht ihm angehört ist, wenn er sich rühmt ihm anzugehören und mit seiner Kenntnis diskret oder indiskret sich wichtig macht.« Der Kreis sei weder ein Geheimbund noch eine Sekte, noch ein Literatenklüngel. Es handele sich vielmehr um »eine kleine Anzahl Einzelner mit bestimmter Haltung und Gesinnung, vereinigt durch die unwillkürliche Verehrung eines großen Menschen, und bestrebt der Idee die er ihnen verkörpert (nicht diktiert) schlicht, sachlich und ernsthaft durch ihr Alltagsleben oder durch ihre öffentliche Leistung zu dienen«.[50]

Die Fußnote auf Seite 31 hätte Max Weber entzückt. Da er am 14. Juni 1920 starb, erlebte er das Erscheinen von Gundolfs *George* vier Monate später nicht mehr. Dessen Definition wäre für ihn der endgültige Beweis gewesen für etwas, das er immer schon vermutet hatte: dass es sich beim George-Kreis um einen charismatischen Herrschaftsverband handelte.

Max Weber, 1864 geboren, also vier Jahre älter als George, war 1894 auf den Lehrstuhl für Nationalökonomie in Freiburg und drei Jahre später an die Universität Heidelberg berufen worden. Zu diesem Zeitpunkt galt er bereits als einer der glanzvollsten Vertreter einer neuen, eben in Umrissen sichtbar werdenden Wissenschaft, der Soziologie. Sowohl die Vielfalt der von ihm bearbeiteten Themen – seine Interessen erstreckten sich von römischer Agrargeschichte über mittelalterliches Handelsrecht bis hin zur aktuellen Lage der ostelbischen Landarbeiter – als auch sein starkes politisches Engagement hatten seinen Namen über die akademischen Kreise hinaus bekannt gemacht. Kurz nach seiner Ankunft in Heidelberg ließen Webers Kräfte dramatisch nach, und er fiel in einen Zustand vollkommener Erschöpfung. »Aus den Wochen der Arbeitsunterbrechung werden

Monate, aus den Monaten Jahre, und die gesamte bisherige Lebensperspektive bricht zusammen.«[51] Alle möglichen Kuren, Sanatoriumsaufenthalte und ausgedehnte Reisen, nach Italien, nach Amerika, können Weber nicht aus seiner Lethargie befreien; 1903 wird er auf eigenen Wunsch aus dem Staatsdienst entlassen. Im Jahr darauf zählt er zu den Mitbegründern des Eranos-Kreises und tritt in das Herausgebergremium des »Archivs für Sozialwissenschaft und Sozialpolitik« ein. In dieser Schriftenreihe erscheint 1904/05 seine bahnbrechende Studie über die protestantische Ethik.

Edgar Salin, der Weber 1913 in Rom kennenlernte, erinnerte sich an einen Hünen, »der mit großen schweren Schritten über die Ebene ging ... Der riesige Schlapphut mit der breiten Krempe konnte an einen Künstler denken lassen, aber die Haltung war die eines fremden Kriegers, eines unseligen, den ein widriges Geschick hierher verschlagen hatte.«[52] Von diesem Mann ging eine ungeheure Faszination aus, auch und gerade für die Anhänger Georges. »Er war der mächtigste Mensch der mir ausser dem Meister begegnet, aber der Riss dieses Zeitalters ging mitten durch sein Wesen«, schrieb Gundolf ein halbes Jahr nach Webers Tod. Um diesen Bruch zu heilen, habe sich Weber »Askesen aller Art« ausgedacht, aber seine sämtlichen Erklärungsmodelle seien »schiefe Wickelungen«.[53]

Gundolf hatte Weber sehr viel gründlicher erfasst als Salin, der meinte, Weber habe die Welt mit Hilfe der Wissenschaft *entzaubern* wollen. Das ist noch heute verbreitete Lehrmeinung. Aber Weber suchte die »Wahrheit« nicht in der »Enthüllung« eines »Geheimnisvollen«; die Wahrheit, von der *er* sprach, war im Gegenteil »die offenbare Geheimnislosigkeit der *durch den Fortschritt der Wissenschaft entzauberten Welt*«.[54] Webers Fragestellung war eine anthropologische. »Nicht die Förderung des Kapitalismus in seiner Expansion war das, was mich *zentral* interessierte«, erläuterte er 1910 in einer Replik auf Kritik an seiner Protestantismus-Studie, »sondern die Entwicklung des *Menschentums*, welches durch das Zusammentreffen religiös und ökonomisch bedingter Komponenten geschaffen wurde.«[55] Aber was war mit dem »Menschentum« gemeint? In der zweiten Hälfte des

Jahres 1910 rückte die Frage nach dem Verhältnis von Individuum und Gruppe ins Zentrum des Weberschen Denkens. Immer ging es jetzt um das Gleiche: »Wie wirkt die Zugehörigkeit zu einer bestimmten Art von Verband nach innen? auf die Persönlichkeit als solche?«[56] Drei Jahre später präzisierte Weber in einem Gutachten zur Werturteilsfrage: »Ausnahmslos jede, wie immer geartete Ordnung der gesellschaftlichen Beziehungen ist, wenn man sie *bewerten* will, letztlich auch daraufhin zu prüfen, *welchem menschlichen Typus* sie, im Wege äußerer oder innerer (Motiv-)Auslese, die optimalen Chancen gibt, zum herrschenden zu werden.«[57]

Vor diesem Hintergrund tauchte im Juni 1910 wie aus dem Nichts der Charisma-Begriff auf. Weber verwendete ihn erstmals[58] in dem bereits zitierten Brief an die Studentin Dora Jellinek, in dem er sich über das »*Erlösungs*-Bedürfnis« des »Maximin-Cultus« verbreitete. »Noch in der *Protestantischen Ethik* hatte Weber, wie Tenbruck bemerkt, von der ›revolutionären Macht des Charisma‹, ja von der bloßen Existenz charismatischer Phänomene ›nicht einmal eine Ahnung‹.«[59] Jetzt wird »Charisma« zum Schlüsselbegriff, zum Ausgangspunkt einer neuen Herrschaftssoziologie, zur »Zentralachse von Webers Geschichtsphilosophie«.[60] Und es ist kein Zufall, dass er den Begriff zum ersten Mal im Zusammenhang mit George gebrauchte. Die Spur führt nach Berlin – zu Georg Simmel.

Weber und Simmel kannten sich seit längerem, 1907/08 hatte sich Weber vergeblich für eine Berufung des Kollegen nach Heidelberg eingesetzt. Ein wenig verwundert fragte Hennis 1982, warum Tenbruck »auf der Suche nach dem Zentrum von Webers Soziologie seinen alten Faden nach dessen Verhältnis zu Simmel … nie wieder aufgenommen hat«, eröffne sich hier doch »ein fruchtbares Feld für die Aufarbeitung einer unserer nobelsten geistigen Traditionen«.[61] Zwar fällt wegen der dürftigen biographischen Quellenlage die Rekonstruktion der Beziehung schwer; aber es ist nicht abwegig, Stefan George als eine wichtige Verbindung zu sehen, vielleicht sogar als das entscheidende *missing link*. Am 15. Januar 1910 war Weber bei Simmels in Berlin-Westend eingeladen. Fünf Stunden unterhielt man sich angeregt, und das Hauptthema des Abends war, wie Weber am nächsten Tag an seine Frau schrieb, Stefan George: »Die *inhaltlichen* Seiten St[efan] George's beurteilt übrigens er – und namentlich auch: *sie*, die ihn offenbar sehr genau kennt – nicht grundsätzlich anders als wir: daß er ›Prophet‹ werden möchte, halten auch sie für einen Fremdkörper.«[62] Fünf Monate später heißt es dann in dem Brief an Dora Jellinek, der Kreis um George trage alle Merkmale einer Sekte – »damit übrigens auch das spezifische Charisma einer solchen«. So wie Simmel das »individuelle Gesetz« erst nach seiner Bekanntschaft mit George vollständig hat entwickeln können, so entdeckte Weber wenige Jahre später im Nachdenken über George den für ihn wegweisenden Begriff.

In der Wissenschaft hänge alles davon ab, die richtigen Fragen zu stellen, rief Weber wenig später auf dem ersten deutschen Soziologentag im Oktober 1910 in Frankfurt den Kollegen emphatisch zu, »denn, meine Herren, gerade die Formulierung der eigentlichen, von uns zu bearbeitenden *Fragestellungen* ist ja die entscheidende wissenschaftliche Aufgabe«. Zu den interessantesten Untersuchungsobjekten zählten für ihn die künstlerischen Sekten:

> Die von künstlerischen Weltgefühlen getragenen Sekten gehören in soziologischer Hinsicht – sie bieten auch sonst ein erhebliches Interesse – oft zu dem Interessantesten, was es geben kann; sie haben noch heute, ganz wie eine religiöse Sekte, ihre Inkarnation des Göttlichen gehabt – ich erinnere an die Sekte Stefan Georges –, und die Prägung der praktischen Lebensführung, der inneren Attitüde zum gesamten Leben, die sie in ihren Anhängern erzeugen, kann eine sehr weitgreifende sein … wobei ich … den Ausdruck Sekte *gänzlich wertfrei* gebrauche. Der Ausdruck ist ganz ohne Grund bei uns so eigentümlich in Verruf, weil man den Begriff der »Enge« damit verbindet. Spezifische, fest umrissene Ideale können aber gar nicht anders als zunächst im Weg der Bildung einer Sekte begeisterter Anhänger … ins Leben getragen werden.[63]

Gundolf war begeistert. »Und wir wagen / Deinethalb die antwortlosen fragen«, dichtete er, die Intentionen Webers kongenial erfassend.[64] Kennengelernt hatten sie sich Ende 1909 durch den gemeinsamen Freund Arthur Salz, der Gundolf wenig später nach Heidelberg lockte. »Was für ein Sonnenkind er ist!«, freute sich Marianne Weber in ihrem Tagebuch. »Es ist als ob alles Irdische, was es auch sei, für ihn nur Stoff zur Begeisterung werden könnte.«[65] Zwischen Max Weber, Arthur Salz und Friedrich Gundolf entwickelte sich ein herzliches Verhältnis, das einer gewissen Pikanterie nicht entbehrte, waren doch alle drei hintereinander mit Else Jaffé liiert.[66] Für den Sommer 1910 hatten Max und Marianne Weber mit ihren beiden jungen Freunden eine England-Reise geplant; Gundolf sagte wegen seiner Habilitationsschrift ab, Salz wegen eines angekündigten Besuchs von George. Darauf Weber an Salz: Für ihn »wäre die Bekanntschaft oder besser gesagt: der Eindruck – eines Mannes von so gewaltigem *Ernst* auch etwas, was ich nicht nur einer Reise, sondern *sehr* Vielem oder Allem Andren voranstellen würde«.[67] Nicht zuletzt aufgrund solcher Bekenntnisse dürfte Gundolf jetzt darauf gedrängt haben, dass es so schnell wie möglich zu einer Begegnung der Titanen kam.

Weber sei vor ihrem ersten Treffen im September »ein wenig verlegen« gewesen, erinnerte sich Marianne später,

> Aber als sich Aug in Auge senkt, lösen sich sogleich alle durch den Jüngerkult erzeugten Hemmungen. Der Meister war ganz ohne Pose, gab sich mit schlichter Würde und Herzlichkeit. Deshalb ist Weber sogleich bereit, das Außergewöhnliche in ihm zu verehren, das gebietende Gewicht eines in der eignen Schöpferkraft beruhenden adligen Menschentums auf sich wirken zu lassen.[68]

Im September und Dezember 1910 kam es zu mehreren Gesprächen; in den folgenden Jahren fanden zwei oder drei weitere Begegnungen statt, im August 1915 wohnten George und Weber vorübergehend sogar Tür an Tür in einer Pension in der Gaisbergstraße 16a. Im September 1910 trafen sie sich sowohl in der Pension Neuer am Schlossberg, wo George, Gundolf und Salz damals wohnten, als auch am gegenüberliegenden Neckarufer, in der Villa von Webers Großeltern mütterlicherseits, in der er und Marianne soeben den ersten Stock bezogen hatten. Drei Punkte vor allem waren es, die Weber an George äußerst »sympathisch« fand: »ein bestimmter Einfluß auf die Art der Lebensführung ... eine sehr hohe und rein sachliche Auffassung der

Künstlerpflichten ... Und dann die Schlichtheit Georges im persönlichen Verkehr«.[69] Von George ist eine unmittelbare Aussage über Weber nicht bekannt.[70]

»George-Mythos« und »Weber-Mythos«, die miteinander konkurrierenden, inkommensurablen, aber erst in ihrer Interdependenz sich erschließenden Entwürfe, die zusammen den neuen Ruhm von Heidelberg begründeten, sind heute in sämtlichen Nuancen ausgeleuchtet. Es gab wohl, mit Arthur Mitzman zu sprechen, einen »aristokratischen Code« zwischen den beiden Protagonisten, der die nötige Distinktion herstellte. Im Dezember 1911, nach heftigen Auseinandersetzungen zwischen Gundolf und Weber über die »Vergottung« Maximins und die damit einhergehende »Religionsstiftung«, betonte George, »dass ihm daran lag ... über die letzten Gegensätze hinweg Freundschaft zu halten«.[71] Aber die Gegensätze waren auf Dauer doch zu groß, die beiden Granden sich zu fremd in ihrem Wesen, ihr jeweiliger Ehrgeiz zu absolut. Während der eine von dem universalistischen Streben besessen war, alles Wissen aus allen Disziplinen in einem einzigen gigantischen Projekt zu systematisieren, und »irgendwann eine alle Künste umfassende Soziologie schreiben« wollte,[72] bestand der andere auf dem Fortlassen alles Überflüssigen – und überflüssig schien ihm das meiste. Fünfzig Bücher reichten aus, pflegte er zu sagen, alles andere sei bloß »Bildung«. Um den Freunden die Lektüreauswahl zu erleichtern, wurde nach dem Krieg eine Liste erstellt, in der »die Unbedingten«, »die Nötigen« und »die Nützlichen« Bücher sorgfältig unterschieden waren.[73]

Ausgehend vom Charisma-Begriff und den Schlossberg ständig vor Augen, entwickelte Weber in den Jahren vor dem Ersten Weltkrieg »drei *reine* Typen legitimer Herrschaft«.[74] In seinem postum von Marianne Weber herausgegebenen Hauptwerk *Wirtschaft und Gesellschaft* definierte er Herrschaft als »die Chance«, für bestimmte Befehle bei einer bestimmten Gruppe »Gehorsam zu finden«. Da ein echtes Herrschaftsverhältnis ohne »ein bestimmtes Minimum an Gehorchen*wollen*, also: *Interesse* am Gehorchen« nicht funktioniere, bestimmten die Motive des Gehorsams im Wesentlichen den Typus der Herrschaft. (122) Die drei *reinen* Typen waren für Weber die legale (oder rationale), die traditionale und die charismatische Herrschaft. Er entlehnte den Begriff der altchristlichen Terminologie (Charisma = Gnadengabe) und definierte ihn als eine außeralltägliche, magisch bedingte Qualität, um derentwillen eine Persönlichkeit als »Führer« anerkannt wird. (124) »Über die Geltung des Charisma entscheidet die durch *Bewährung* – ursprünglich stets: durch Wunder – gesicherte ... *Anerkennung* durch die Beherrschten ... Diese ›Anerkennung‹ ist psychologisch eine aus Begeisterung oder Not und Hoffnung geborene gläubige, ganz persönliche Hingabe.«(140)

Der charismatische Herrschaftsverband ist die »Gemeinde«, die Weber als »eine emotionale Vergemeinschaftung« definiert. Deren Verwaltung erfolgt ebenfalls nach außeralltäglichen Kriterien:

> Der *Verwaltungsstab* des charismatischen Herrn ... ist seinerseits nach charismatischen Qualitäten ausgelesen: dem »Propheten« entsprechen die »Jünger«, dem »Kriegsfürsten« die »Gefolgschaft«, dem »Führer« überhaupt: »Vertrauensmänner«. Es gibt keine »Anstellung« oder »Absetzung«, keine »Laufbahn« und kein »Aufrücken«. Sondern nur Berufung nach Eingebung des Führers aufgrund der charismatischen Qualifikation des Berufenen. Es gibt keine »Hierarchie«, sondern nur Eingreifen des Führers bei genereller oder im Einzelfall sich ergebender charismatischer Unzulänglichkeit des Verwaltungsstabes. (141)

Die außeralltägliche Herrschaft ist (im Gegensatz zur rationalen Herrschaft) »spezifisch irrational« und (im Gegensatz zur traditionalen Herrschaft) »spezifisch revolutionär«. (141) »Das Charisma ist *die* große revolutionäre Macht in traditional gebundenen Epochen.« (142) Was aber die materielle Sicherung der Gemeinde angehe, so lebten »die Jünger oder Gefolgen ... mit dem Herrn in Liebes- bzw. Kameradschaftskommunismus aus den mäzenatisch beschafften Mitteln« (141):

> Reines Charisma ist spezifisch *wirtschaftsfremd*. Es konstituiert, wo es auftritt, einen »Beruf« im emphatischen Sinn des Worts: als »Sendung« oder innere »Aufgabe«. Es verschmäht und verwirft, im reinen Typus, die ökonomische Verwertung der Gnadengaben als Einkommensquelle ... Daß alle Helden der Askese, Bettelorden und Glaubenskämpfer dahin gehören, ist klar. Fast alle Propheten sind mäzenatisch unterhalten worden ... Auf der

andern Seite ist es bei einer primär künstlerischen charismatischen Jüngerschaft denkbar, daß die Enthebung aus den Wirtschaftskämpfen durch Begrenzung der im eigentlichen Sinn Berufenen auf »wirtschaftlich Unab-
hängige« (also: Rentner) als das Normale gilt (so im Kreise Stefan Georges,
wenigstens der primären Absicht nach). (142)

»Im Kreise Stefan Georges« empörte man sich dermaßen über den
Begriff »Rentner«, dass eine sachliche Auseinandersetzung mit Webers These unterblieb.[75] Dabei wurden »Rentiers« im zweiten Teil
von *Wirtschaft und Gesellschaft* eindeutig definiert: als »selbständige
Berufslose« (656) – und das allerdings war die große Mehrheit der
Freunde Georges tatsächlich nicht. Außer George selbst, der sich in
Pensionen als »Privatmann« eintrug oder auch »sensa professione«
schrieb,[76] konnte soziologisch nur Wolfskehl als Rentier gelten, der
als Einziger, jedenfalls bis zur Inflation, von den Zinsen seines Erbes
auskömmlich lebte und sich immer wieder auch mäzenatisch betätigte. Alle anderen, die keinem Beruf nachgingen, hatten regelmäßig mit
finanziellen Problemen zu kämpfen und waren ihrerseits auf Zuwendungen durch Freunde angewiesen.[77]

Die Strukturen der Georgeschen Gemeinschaft lassen sich mit
Hilfe des Weberschen Charisma-Konzepts ziemlich vollständig beschreiben. So, wenn unter dem Stichwort »Versachlichung des Charisma« die Rekrutierung des Nachwuchses beschrieben und festgestellt wird, der eigentliche Zweck der charismatischen Erziehung
bestehe darin, den Auserwählten selber wiederum charismatisch zu
befähigen. Dies sei nur möglich »durch Wiedergeburt der ganzen
Persönlichkeit« und setze die »Isolierung von der gewohnten Umgebung« voraus – »immer aber Eintritt in eine besondere Erziehungs-
gemeinschaft, Umgestaltung der gesamten Lebensführung ... endlich
stufenweise feierliche Rezeption der Erprobten in den Kreis der bewährten Träger des Charisma«. (677)

Obwohl sie alles zu vermeiden suche, was potentiell auf eine Ver-
alltäglichung hinauslaufe, sei die Gefolgschaft gezwungen, zur Sicherung der Kontinuität die Grenzen zur übrigen Welt durchlässig zu
halten. Auch verändere die charismatische Beziehung unter dem

Kontinuitätsdruck wesentlich ihren Charakter und nehme »den Charakter einer *Dauer*beziehung« an. (142f.) Da die Gefolgschaft die Beziehung so fortsetzen wolle, »dass dabei die eigene Stellung ideell und materiell auf eine dauerhafte *Alltags*grundlage gestellt wird«, sei die Absicherung der Jünger durch Familie oder zumindest geregelte Einkünfte am Ende unvermeidlich. (143) »Die schließlich eintretende schrankenlose Freigabe von Familiengründung und Erwerb« bedeute dann zwangsläufig »das Ende der Herrschaft des genuinen Charisma. Nur die gemeinsame Gefahr des Feldlagers oder die Liebesgesinnung weltfremder Jüngerschaft hält den Kommunismus zusammen.« (660f.)

Im Februar 1912 schickte Weber einige zusätzliche Ausführungen »zu dem, wie es schien, Herrn Stefan George interessierenden Thema *Hausgemeinschaften*« an Arthur Salz. Eine Hausgemeinschaft binde ihre Angehörigen, solange sie »auf unbezweifelbare gemeinsame *Aufgaben* ausgerichtet ist«. Nur dann könne sie »dem Einzelnen abfordern: dass sie die Schranke seines individuellen Wollens sei«. Diese Schranke könne nur eine Person durchbrechen, deren Charisma stärker sei als die Tradition der Gemeinschaft. In der arbeitsteiligen modernen Welt verhalte es sich aber umgekehrt. Weil der Hausgemeinschaft »ihre ›produktiven‹ Aufgaben *entzogen*« worden seien, könne eine vergleichbare Gemeinschaft nur noch außeralltäglich, also charismatisch begründet werden, »als freier Zusammenschluß *besonders* gearteter Menschen mit *besonders* gearteter, dem Alltag entrücktem Wollen«.[78]

Die Ausführungen über Hausgemeinschaften gingen nicht in *Wirtschaft und Gesellschaft* ein. Es war gewissermaßen eine Privatstunde, die der Gelehrte dem Dichter hier erteilte – und vielleicht auch ein Dank dafür, dass dieser ihm, ohne es zu ahnen, zu einer Reihe »charismatischer« Einsichten verholfen hatte, die für das Herrschaftsverständnis im 20. Jahrhundert von herausragender Bedeutung werden sollten.

5

1922, im Jahr des Erscheinens von *Wirtschaft und Gesellschaft*, hielt
Siegfried Bernfeld, Freudschüler und Aktivist der zionistischen Jugendbewegung in Österreich, vor der »Wiener Psychoanalytischen
Vereinigung« einen Vortrag »Über eine typische Form der männlichen
Pubertät«.[79] Im ersten Heft der von ihm herausgegebenen, zwischen
Mai 1913 und Juli 1914 im Verlag der *Aktion* erscheinenden Jugend-
zeitschrift *Der Anfang* hatte Bernfeld das Ideal der Jugendkulturbewegung noch über die Abgrenzung von »Jugend und Mannheit«
definiert: »Jugend und Mannheit sind nicht graduelle, sondern qualitative Unterschiede. Die Jugend ist also nicht unvollkommene, unrei-
fende Mannheit, sondern ein vollkommener Zustand für sich.«[80]

Nach dem Krieg konnte diese Form der Agitation nicht mehr
überzeugen. Bernfeld griff jetzt auf die Untersuchungen seines Lehrers Freud zurück, der für die Phase der Pubertät zwei wichtige Veränderungen im Sexualleben konstatiert hatte. Zum einen werde der
gesamte Bereich der Sexualität dem »Primat der Genitalzonen« untergeordnet, zum anderen finde ein »Prozess der Objektfindung«
statt. Dieser Prozess, so Bernfeld, werde beträchtlich gestört, weil ein
Teil der Objektlibido sich in Ichlibido verwandele und so eine nar-
zisstische Situation entstehen lasse. Auf diese »außerordentlich ver-
stärkte libidinöse Besetzung« des Ich lasse sich auch »die überaus
häufige, wenigstens vorübergehende narzisstisch-homosexuelle Fixierung« in der Phase der »gestreckten Pubertät« zurückführen.[81]

Mit der »gestreckten Pubertät« bezeichnete Bernfeld die Phase
zwischen dem Abschluß der Geschlechtsreife (physiologische Pubertät) und dem Endstadium der Objektfindung (psychische Pubertät). Der Narzissmus interessiere sich in dieser Phase für alles, was
»von den adäquaten Zielen der beiden Grundtriebe, Erwerb und
Frau, mehr oder weniger erheblich« abweiche, ja diese auszuschließen scheine, das heißt primär für alle »geistigen Werte«. Der Pubertätsnarzissmus sei folglich überall zu finden, wo man »von Jugend im
kulturellen Sinne spricht; wenn man von Jugend einer Partei, von der

Jugend in einer Kunstbewegung, in der Revolution u. dgl. handelt«.
Der Pubertätsnarzissmus wolle die von ihm verehrten Kunstwerke
allerdings nicht nur genießen, sondern auch selber solche Werke
schaffen. Nun gebe es allerdings Menschen, »die das Endstadium der
erwähnten Objektfindung Zeit ihres Lebens nicht erreichen«. Zu ihnen zählten die Künstler, die ein Leben lang unterwegs seien auf der
Suche nach dem Objekt ihrer Libido. Bernfeld war überzeugt, »dass
manches vom hier Gesagten zugleich ein Beitrag zur Psychologie des
Künstlers oder des schöpferischen Menschen überhaupt ist«. Deshalb nannte er die »gestreckte Pubertät« am Ende seiner Ausführungen auch die »genialische«.

Keiner unter den Freunden Georges schien »genialischer« (im Sinne
der gestreckten Pubertät) und »charismatischer« (im Sinne einer
durch Erziehung übertragbaren Qualität) als der 1896 geborene
Percy Gothein. Keiner hat die Gedichte des *Stern des Bundes* so verinnerlicht wie er, keiner ist an dem, was er für die Mission Stefan Georges hielt, auf so tragische Weise gescheitert. Gothein kann als der
eigentliche Prototyp des George-Jüngers gelten. Sein Schicksal steht
stellvertretend für jenen Teil der deutschen Jugend, der sich am Vorabend der Katastrophe des Ersten Weltkriegs so leidenschaftlich zu
Stefan George bekannte, dass dieser vorübergehend in Versuchung
geriet, sich eine größere Wirkung zu erhoffen.

   Gothein war früh von starkem missionarischen Eifer geprägt. Bereits über seine ersten Begegnungen mit George hatte er sich Aufzeichnungen gemacht, die er Anfang der zwanziger Jahre zu einem
großen, bis heute unveröffentlichten autobiographischen Erzie-
hungsroman ausarbeitete.[82] George war davon nicht begeistert und
bemängelte früh, dass Percy »als sohn von zweien geist-eltern schon
sehr bewusst (kritisch)« sei.[83] Der Vater, der Nationalökonom Eberhard Gothein, der 1904 Nachfolger auf dem Lehrstuhl Webers geworden war, gehörte als Schüler von Dilthey und Burckhardt zu den
Wegbereitern der damals noch jungen Disziplin der Kulturgeschichte. »Heidelberger Spezialist für Universalität« nannte ihn Gundolf.[84]

Die Mutter, Marie Luise, die Bücher über Wordsworth und Keats publiziert hatte und als Übersetzerin unter anderem von Rabindranath Tagore hervortrat, machte sich vor allem mit ihrer 1914 erschienenen zweibändigen *Geschichte der Gartenkunst* einen Namen. Neben Else Jaffé, mit der sie gut befreundet war, und Marianne Weber, zu der sie früh in Konkurrenz trat, zählte Marie Luise Gothein zu jenen Heidelberger Professorengattinnen, die in den Jahren vor dem Ersten Weltkrieg zum legendären Ruhm der Stadt beitrugen.

Dieser Ruhm verdankte sich einer eigentümlich anarchischen Mischung aus wissenschaftlichem Ehrgeiz und sexueller Freizügigkeit; über Emanzipation und Erotik wurde nicht nur debattiert. Marie Luise Gothein, Mitte vierzig, Mutter von vier Söhnen, entschied sich für eine Liaison mit dem 17 Jahre jüngeren Germanisten Philipp Witkop. Als Witkop im Frühjahr 1909 die gleichaltrige Pianistin Mina Tobler vorzog (die bald darauf ihrerseits die Geliebte Max Webers wurde), stürzte Marie Luise Gothein in eine schwere Krise und trennte sich vorübergehend von ihrem Mann. In langen, täglichen Briefen an ihn suchte sie wieder zu sich selbst zu finden und zerpflückte dabei überkommene Moralbegriffe wie Schuld und Sünde: das eine lasse sie gelten, das andere nicht. George, der sich schwer tat mit intellektuellen Frauen, die mit der Emanzipation ernst machten, nannte Marie Luise Gothein trocken und kalt.[85]

Mitte September 1910 hatte George die Brüder Gundolf beim Gang über die Neckarbrücke auf einen blonden Knaben aufmerksam gemacht, »der ähnlichkeit mit einem archaischen relief hätte so dass es sich lohnte von ihm eine aufnahme zu machen«.[86] Noch wusste keiner der drei, dass es sich um den jüngsten Gothein handelte. George hielt Ausschau, bekam ihn in der darauf folgenden Woche ein zweites Mal zu Gesicht und ging ihm nach. »Wenige Schritte, bevor ich durch unser Gartentor entschlüpft wäre, holte er mich ein.«[87] George wechselte ein paar Worte mit ihm und fragte nach seinem Namen. Ein paar Tage später beauftragte er Gundolf, mit der Familie einen Fototermin zu vereinbaren. Kronberger, Troschel, Gothein – am Anfang stand oft ein Fototermin.

»Also ich war da und alles ist gut gegangen«, konnte Gundolf fünf Tage später berichten. »Sie war sichtlich gerührt und erfreut, denn es handelt sich um das Nesthäkchen ... Der Vater lächelte auch vergnügt. Sie haben nichts Prinzipielles dagegen, tragen nur Bedenken, es ihm zu sagen, aus Sorge ihn eitel zu machen.«[88] Aber auch die Eltern fühlten sich geschmeichelt. Da George inzwischen nach Berlin abgereist war, sie sich jedoch die Gelegenheit nicht entgehen lassen wollten, den berühmten Dichter persönlich zu empfangen, vereinbarten sie mit Gundolf einen Fototermin für Ende des Jahres, wenn George wieder in Heidelberg wäre. Eine der Aufnahmen vom 13. Dezember schickte George Percys Mutter als Weihnachtsgruß. »Ich erhielt von Ihrer Hand etwas Liebes und Vertrautes zurück, das ich da von einer neuen Seite sehe«, bedankte sie sich. »Sie haben einer Mutter Augen auf ihren Sohn gelenkt, darum müssen Sie verzeihen, dass sie soviel von ihm spricht.«[89]

Anfang Mai 1911, zwei Wochen vor seinem 15. Geburtstag, war Percy Gothein für zwei Tage zu Gast in Bingen. In dem Bericht, den er am Tag nach Percys Abreise an Gundolf schickte, wunderte sich George noch im Nachhinein, »dass ich ihn zum reden brachte was kaum zu erwarten war von dem jungen bären den ich in H[eidelberg] vor mir hatte. Er hat sich sogar stundenlang wegen des Alkohols mit mir herumgezankt.« Gothein war von den Lebensgewohnheiten Georges ziemlich enttäuscht. Vor allem die häusliche Umgebung des Dichters erschien ihm provinziell und spießig; bis auf »das unvermeidliche Bild«[90] konnte er nichts entdecken, was ihm der Mitteilung wert schien. Lediglich die dienstbaren Geister, die an die Tür klopften, sobald im Nebenzimmer eingedeckt war, und von denen man ansonsten nichts sah und nichts hörte, vermochten einen gewissen Eindruck auf den Bürgersohn zu machen. Das stille und reibungslose Funktionieren des Binger Haushalts, der nach wie vor durch die Schwester organisiert wurde, sorgte für eine klare Trennung der Sphären.

Zum Abendessen nahm George den jungen Percy mit in das Gasthaus auf dem Rochusberg. Unterwegs löste sich Percys Krawatte, und George zeigte ihm, wie man einen guten Knoten bindet. Als sie

oben angekommen waren, meinte George beim Blick über die Rheinebene, dies sei die Landschaft, »über der am meisten in unserem Vaterland ein griechischer Hauch liege«. Drei Jahre zuvor hatte er hier
oben mit Ernst Morwitz gestanden – um die gleiche Tageszeit, in der
untergehenden Sonne eines Spätnachmittags im Frühling, und in
ähnlicher Stimmung:

> Vor-abend war es unsrer bergesfeier
> Wo du den wein aus meinem becher trankst.
> Wir stiegen von dem strom aus gipfel-an
> Da ward mit eins des himmels rasengrüne
> Durchleuchtend blau wie in der süder buchten.
> Entrückter goldschein machte bäum und häuser
> Zum sitz der Seligen .. zeitloses nu
> Wo landschaft geistig wird und traum zu wesen.[91]

George wusste dem Gespräch inmitten der heimatlichen Weinberge
schnell eine Wendung ins Vertrauliche zu geben. Bei ihrer »ersten
stummen Begegnung« auf der Heidelberger Brücke hätten sie »gegeneinander nur fremd getan«, in Wirklichkeit sei ihnen die Schick-
salhaftigkeit dieses Moments auf Anhieb deutlich gewesen.

> »Sie hätten mich aber nie gesehen, wenn ich keine langen Haare gehabt
> hätte, die Ihnen aufgefallen wären.« Jetzt hielt der Führer im Gehen inne,
> da er doch durch diese unerwartete Äusserung seines kleinen Gastes über-
> rascht war, und sagte: »Mein Kind, das ist die erste gewagte Äusserung, die
> du tust.« Dann musste er sehr über mich lachen, und ich lachte zur Gesell-
> schaft mit, ohne zu wissen warum.

Zu Hause angelangt, musste Percy erst einmal die Hosen wechseln, die
er beim Klettern auf einen Aussichtsturm ruiniert hatte. Die unsichtbaren Geister übernahmen die Reinigung. Percy durfte für den Rest
des Abends Georges Samthosen tragen, in denen es ihm »ganz heimlich zumute« ward, »so dass die letzte Befangenheit forttaute«. Das
Gespräch drehte sich um die neuesten Errungenschaften der Technik,
für die sich der 14-Jährige mächtig begeisterte. Er hatte das Gefühl,
ernst genommen zu werden, und verzeichnete es mit Genugtuung, länger aufbleiben zu dürfen als zu Hause. Als ihn George zum Schluss
fragte, wie lange er denn morgens zum Aufstehen brauche, zog sich

Percy allerdings einen schweren Tadel zu, als er antwortete, eine Viertelstunde. »Ein Bub muss viel flinker in die Kleider fahren und sich gewaschen haben!« Am Morgen missfiel dem Dichter, dass der Gast ins weich gekochte Frühstücksei obendrein ein Stück Butter gab.

Georges Bericht über Percys Besuch in einem Brief an Gundolf vom 8. Mai 1911 und Gotheins spätere Erinnerungen lassen auf ein heiteres, unbeschwertes Wochenende schließen. Vorlaut und überheblich sei er gewesen, schreibt Gothein im Rückblick. Das deckt sich mit Georges Einschätzung, der Junge komme ihm mitunter zwar reichlich unverschämt vor, »aber seine anmaassung bleibt immer graziös«.[92] Es wurde viel gewandert, und am Sonntag mittag brachte George seinen jugendlichen Gast an den Zug. Zum Abschied schenkte er ihm eine blaue Baskenmütze, welche die Mutter zu Percys Leidwesen jedoch gleich wegschloss.

Als Höhepunkt des Wochenendes behielt Gothein die letzten Augenblicke vor dem Einschlafen am Samstagabend in Erinnerung: »Da hörte ich draussen den Führer der Jugend nochmals an meiner Türe vorbeigehn, und mein freies inneres Schwingen schmiegte sich den verhaltenen Worten an, die er vor sich hinsprach. Es waren die Verse: ›Wer seines reichtums unwert ihn nicht nützt / Muss weinen: nicht wer arm ist wer verlor ..‹ Dann erstarb im Dunkel seine Stimme, und ich weiss nichts mehr von jener Nacht auszusagen.« Seit jenem Abend bezog Gothein die Verse auf sich und machte sie zu seinem Lebensmotto. Würde Percy die Mahnungen beherzigen und das in ihn gesetzte Vertrauen rechtfertigen? Die Frage war gleichsam die Botschaft.[93]

Dank der Verbindungen Gundolfs zu den Eltern Gothein wurde der Kontakt zwar aufrechterhalten, und Mitte September war Percy auch noch einmal für ein Wochenende in Bingen. Aber erst zwei Jahre später, als Percy 17 war, intensivierte sich die Beziehung – und gestaltete sich sofort dramatisch. Ende Mai 1913 kam George nach Heidelberg und wohnte wie üblich in der Pension am Schlossberg 49. Es war ein heißer Sommer, und Percy ging jeden Mittag von der Schule direkt ins Strandbad am Neckar. Eines Tages sah er dort zu seiner

Überraschung vor einer der Badekabinen halb im Schatten, halb in der Sonne liegend George. »Heraus aus dem Wasser ihn begrüßen und mich neben ihn hin auf die Bohlen werfen war eins.« Das Gespräch schweifte bald »zurück zum alten Griechenvolk, das man sich gerne so und in noch größerer Hüllenlosigkeit denkt«.[94] George rühmte die Spartaner und unterstrich den »Nutzen der körperlichen Züchtigung der Knaben«. Percy widersprach: »Die Peitsche« würde nur »brutale Unteroffiziersnaturen« und »feige Duckmäuser« hervorbringen, aber kaum »heroische Spartiaten«. Im Übrigen sei die deutsche Jugend keineswegs so »besonders lebelustig, schlaff und oberflächlich«, wie George behaupte.[95]

So gingen die Gespräche in diesem Monat hin und her, und Gothein notierte alles. Am 22. Juni überreichte er George seine Aufzeichnungen:

> Lieber Herr George. Gleich mache ich von Ihrer Erlaubnis an Sie zu schreiben Gebrauch. Ich habe mich gewöhnt in den letzten Tagen immer Abends in dem Heft zu schreiben, was ich Ihnen heute gebracht. Da muss ich halt heute Abend Ihnen das schreiben, was ich sonst vielleicht dort niedergeschrieben hätte. Als sich Ihnen heute mein Geschreibsel brachte, war nicht die Hauptabsicht, dass Sie es läsen, sondern ich wollte Ihnen nachträglich die Frage vorlegen, die ich mit einem kurzen »ja oder nein« beantwortet haben möchte: »Erlauben Sie mir, dass ich diese Aufzeichnungen andern Menschen, die ein Interesse an mir [!] haben zeige?« Sie haben das Recht mir hier zu befehlen, weil diese Aufzeichnungen über Sie handeln … »Ja« wenn Sie im Ganzen nichts dagegen haben. »Nein« aber, wenn meine Wiedergabe Ihrer Worte falsch und unrichtig ist … Überhaupt fürchte ich, dass ich den Menschen, denen ich gelegentlich von Ihnen erzählt habe, keine gute Vorstellung gegeben habe, da sie meistens schon von Anfang an skeptisch herantraten … Dafür dass Sie mir von Ihrer kostbaren Zeit so viele Stunden geschenkt haben kann ich meinerseits nur völlige Offenheit Ihnen gegenüber setzen, damit Sie keine Katz im Sack kaufen.[96]

George war von Percys Notizen tief verletzt. »Eine große Taktlosigkeit von mir!« – so begann drei Tage später der Entschuldigungsbrief ohne Anrede. »Denken Sie sich einen Feind von Ihnen und mir, der das geschrieben hat, um mich bei Ihnen anzuschwärzen.« Die kränkenden Sätze standen offenbar im Zusammenhang mit abfälligen Bemerkungen von Schulkameraden Percys. Sie »hänselten mich, und warnten zugleich. Welche Motive sie dazu veranlasst hat, ist hier nicht der Platz zu überlegen. Da habe ich ärgerlich und um mich zu rechtfertigen das gesagt, von dem mein Feind behauptet hat, ich hätte es gedacht.« Zum Beweis seiner Reue habe er das »Corpus delicti« inzwischen »versiegelt bei Gundolf deponiert. Es steht bei Ihnen es zu vernichten oder in den Beten zu vergraben. Mir gehört es nicht mehr.«[97]

Die Wende in ihrer Beziehung kam ein Jahr später, am 21. Mai 1914, dem Vorabend von Percys 18. Geburtstag. An diesem Tag hatte George ein längeres Gespräch mit der Mutter. »Mir war es heute sehr leid, dass wir in unserer Unterhaltung über Percy so plötzlich unterbrochen wurden«, schrieb sie ihm anschließend. »Wenn Sie mir also noch etwas sagen wollten so käme ich so gerne zu Ihnen herauf.«[98] Statt ihrer empfing George am Abend auf dem Schlossberg den Sohn und las ihm zum ersten Mal Gedichte vor: das zweite Zehnt des *Zweiten Buchs* aus dem *Stern des Bundes*. »Die Stimme des Führers hatte an manchen Stellen einen eigentümlichen Klang, als ob er von mir selbst, von meinen Leiden und ihrer Heilung spräche«, erinnerte sich Gothein später. Am Ende »war ich fast betäubt und in eine andere Sphäre erhoben. Danach ein Gespräch wieder anzuknüpfen wäre ein Abfall von dem, was vorher war, gewesen. Ich stand dann stumm auf und ging zur Türe. Der Führer aber legte seine Hand auf meine Schulter und geleitete mich wortlos hinaus. Dieser Abend war ihm eine bedeutsame Wende auf unsrem gemeinsamen Wege.«[99]

Am nächsten Tag, seinem 18. Geburtstag, erhielt Gothein Post. Er sehe es »nicht nur als zufall an dass in der stunde wo ein jahr für Sie ablief und ein wichtigeres anfing – *ich* Sie gleichsam hinüberführte«, schrieb George und gab Percy die Versicherung, dass er »nach der unerwarteten wendung die am schluss unser gespräch nahm«, jetzt auf dem richtigen Weg sei.[100] Percys Entwicklung sei »vielleicht das freudigste Ereignis der letzten Jahre und Du hast wirklich allen Grund zufrieden zu sein«, bestätigte Morwitz in einem Brief an George Mitte Juni.[101] Sechs Wochen später brach der Krieg aus.

7 Prophetenmusik

»Europa! – das Wort klingt heute wie ein Märchen aus längst vergangenen Zeiten.« Als der Staatssekretär des Auswärtigen vor dem Hauptausschuß des Deutschen Reichstags im September 1917 diese Feststellung traf und prophezeite, dass sich die meisten Staaten am Ende des Krieges nach den Zuständen zurücksehnen würden, die sie 1914 als unerträglich empfunden hatten, war die alte Welt bereits unwiderruflich dahin.[1] Obwohl die Zäsur von 1914 durch die spätere von 1945 überlagert und der Erste Weltkrieg in der kollektiven Wahrnehmung (außer in England) durch den Zweiten in den Hintergrund gedrängt wurde, bleibt der August 1914 die »Ur-Katastrophe« (George F. Kennan) am Beginn des 20. Jahrhunderts. Die Geschichtsforschung, die seit langem dazu neigt, die beiden großen Waffengänge als Einheit und die Zeit von 1914 bis 1945 als einen zweiten dreißigjährigen Krieg zu betrachten, spricht von der »Weltkriegsepoche«. In dieser Perspektive, so der amerikanische Historiker Arno J. Mayer, erscheint der Krieg jenseits aller ethnischen, nationalen und ideologischen Konflikte als der vergebliche »Kampf der alten Ordnung ums Überleben ... als ein letztes Sich-Aufbäumen der europäischen *anciens régimes* vor dem Untergang«.[2]

So sah es auch George. Der Krieg war nach seinem Verständnis nur die grauenvolle letzte Steigerung jener Katastrophe, die sich im Innern der europäischen Gesellschaften seit langem abspielte: »Erkrankte welten fiebern sich zu ende / In dem getob«.[3] Schon früh ahnte er, dass es wohl nicht bei *einem* Waffengang bleiben würde. Indem er den Krieg im Januar 1919 als einer der Ersten überhaupt den »Ersten« nannte,[4] machte er unmissverständlich klar, dass er mit mindestens einem »Zweiten« und möglicherweise weiteren Kriegen von ähnlichem Ausmaß rechnete. Während seine Freunde ohne Ausnahme in die nationalen Schlachtgesänge einstimmten – »eh die Deutschen gesiegt haben hat nichts einen Sinn und Bestand«[5] –, mahnte George vom ersten Tag an zur Vorsicht. »Zu jubeln ziemt nicht: kein triumf wird sein, / Nur viele untergänge ohne würde ..«[6]

Schuld an der scheinbaren Zwangsläufigkeit der Ereignisse, dem »großen Kladderadatsch« (August Bebel), waren nicht unüberbrückbare nationale Interessengegensätze gewesen. Die Katastophe ausgelöst hatte der in den Machtzentren angestaute, mehr emotionale als politische Druck, endlich eine Entscheidung suchen zu müssen. Alles schien besser als das für viele unerträgliche Gefühl des fortwährenden Ausweichens und Abwartens, an dem manch einer die Unentschiedenheit, ja geistige Leere der ganzen Epoche abzulesen meinte. »Dieser Frieden ist so faul ölig und schmierig wie eine Leimpolitur auf alten Möbeln«, notierte Georg Heym im Sommer 1910 in sein Tagebuch. »Wenn doch einmal etwas geschehen wollte, was nicht diesen faden Geschmack der Alltäglichkeit hinterläßt.«[7] Drei Monate nach Kriegsausbruch dankte Thomas Mann in der *Neuen Rundschau* seinem Schöpfer »für den Zusammenbruch einer Friedenswelt, die er so satt, so überaus satt hatte!«[8]

Mit dem Siegeszug des Industriekapitalismus und der Naturwissenschaften waren seit der zweiten Hälfte des 19. Jahrhunderts immer deutlicher auch die durch technischen Fortschritt und Emanzipation bedingten Missstände zu Tage getreten. Die mit der Beschleunigung der Produktionsverfahren, wachsendem Wohlstand und sozialen Aufstiegsmöglichkeiten verbundene Entwicklung führte nicht nur dazu, dass die Gesellschaft »immer mehr in einzelne soziale Klassen« zerfiel; dieser Prozess ging auch einher mit »einem ungeheuren Defizit an idealer Begeisterung«.[9] Es war ein Widerspruch, den die Vorkriegsgesellschaft auf Dauer nicht aushielt, dass die Kräfte des Beharrens, die am heftigsten gegen den allgemeinen Fortschritt wetterten, am stärksten von ihm profitierten. Der materielle Fortschritt »trug in Europa allenthalben dazu bei, die alte Ordnung zu festigen, statt sie zu liberalisieren«.[10]

In seiner Mischung aus Zivilisationskritik und neuer Spiritualität spiegelte das Georgesche Werk die Ambivalenz des wilhelminischen Bürgertums wider. Konnten sich der Dichter und sein Publikum eine Zeitlang gegenseitig der Illusion versichern, dass sie dasselbe meinten, wenn sie von unmittelbar bevorstehenden letzten Entscheidungen sprachen, so trat im August 1914 die Diskrepanz der Wahrnehmung offen zu Tage. Während der Großteil der kriegsbegeisterten Nation dem Wahn erlag, die kulturelle Überlegenheit Deutschlands werde zwangsläufig einen schnellen Sieg der deutschen Waffen herbeiführen, machte George klar, dass er einen anderen Kulturbegriff vorzog und über Sieg oder Niederlage hinaus dachte. Er blieb bei seiner bekannten Linie, sich politisch nicht festzulegen und die Ereignisse von einer höheren Warte zu beurteilen: »Am streit wie ihr ihn fühlt nehm ich nicht teil.«[11]

Auf der anderen Seite betonte die Propaganda, die der George-Kreis in den Jahren zwischen 1910 und 1914 betrieb, immer wieder, dass der Dichter das Schicksal der Nation auf das Engste mit dem seinen verknüpft habe. »Ich bin ein Barometer für Deutschland«, äußerte er selber im September 1916, als die Briten an der Somme erstmals Panzer einsetzten und er krank wurde. »Durch Krankheit und Niedergeschlagenheit zeigt sich mir an, was am Leibe Deutschlands geschieht.«[12] Zwei Monate später bekundete er gegenüber Kurt Breysig seine Bereitschaft, notfalls, wenn »kein Besserer für die Leitung da sei«, selber Regierungsverantwortung zu übernehmen.[13] George war im Übrigen nicht der Einzige, der solchem Größenwahn anheimfiel; im gleichen Jahr verlangte etwa Kurt Hiller, dass ein »Rat der Geistigen« gebildet und an der Regierung beteiligt werde.

Dennoch ließ sich eine gewisse Resignation schon bald nicht mehr überhören. Das hatte weniger mit dem für die Mittelmächte ungünstigen Kriegsverlauf zu tun als mit der Sorge, nach dem Krieg nicht mehr da anknüpfen zu können, wo er 1914 hatte aufhören müssen. Die deutsche Jugend an das Ideal heranzuführen, das er im Mythos von der Göttlichkeit Maximins entworfen und in den Gedichten des *Stern* zum pädagogischen Programm ausgearbeitet hatte, war in den Jahren vor dem Krieg Georges Hauptgeschäft gewesen. »Nun seh ich

hunderte von edlen stirnen / Auf die dein schimmer heimlich eingeflossen«, jubelte er in einem großen Dankgedicht an Maximin wenige
Wochen nach Kriegsausbruch, im Oktober 1914.[14]

Eine Woche später begann die erste Flandern-Schlacht, bei der
Zehntausende junge Deutsche ihr Leben ließen. George schien früh
geahnt zu haben, dass »durch den Krieg sein *Hauptwerk* in Frage gestellt« werden könnte.[15] »Nach dem Krieg finge sein Kampf erst an«,
betonte er ein ums andere Mal und gab damit indirekt auch zu erkennen, dass er sein Ziel noch nicht erreicht hatte. Aber ob er die Chance von 1914, die Chance eines direkten Zugriffs auf die deutsche Jugend, nach diesem Krieg noch einmal bekam? Alle Hoffnungen, die
George in die deutsche Jugend gesetzt haben mochte, wurden im
August 1914 jäh durchkreuzt. Natürlich freute es ihn, wenn er hörte,
dass Norbert von Hellingrath sich ein Exemplar des *Stern des Bundes*
auf Handtellergröße zurechtgeschnitten hatte und – wie seinerzeit
die Hölderlin-Handschriften, für die er sich spezielle Innentaschen
hatte anfertigen lassen – in seinem Soldatenrock bei sich trug.[16] Vielleicht war dieser oder jener ja tatsächlich mit den *Stern* im Tornister
ausgezogen.[17] Und sicher war etwas dran an der späteren Behauptung, dass die »sich überstürzenden welt-ereignisse die gemüter auch
der weiteren schichten empfänglich gemacht« hätten für die Dichtung Georges.[18] Aber dieser Krieg, das ahnte George früh, würde alle
überkommenen Werte in Frage stellen und zu einer Desillusionie-
rung ohnegleichen führen. Die ihn überlebten, kämen ohne jede Orientierung zurück, seelisch zerrüttet, um Jahre gealtert.

2

Den Kult um die deutsche Jugend auf die Spitze treibend, hatte George im *Eingang* zum *Stern des Bundes* Maximin als den »geist der
heiligen jugend unsres volks« präsentiert.[19] Die Frage, wie dieser
Geist unters Volk gebracht werden sollte, führte in den Jahren vor
dem Ersten Weltkrieg zu heftigen Auseinandersetzungen im Freun-

deskreis. 1909/10 bildeten sich zwei konkurrierende Lager: das eine um Friedrich Gundolf, das andere um Friedrich Wolters. »Herrschaft und Dienst« lautete die Formel des einen, »Gefolgschaft und Jüngertum« die prompte Antwort des andern. Hinter den scheinbar deckungsgleichen Formulierungen verbargen sich zwei entgegengesetzte Konzeptionen. George vermied jede Festlegung und trug damit zur Rivalität zwischen den Kontrahenten bei. Aus dem internen Streit über die richtige Propaganda bezog der George-Kreis in diesen Jahren einen Großteil seiner Dynamik. »Solange eine soziale Bewegung es schafft, die Differenz der Beteiligten zu nutzen, ist sie stark.«[20]

Die Auseinandersetzung, wie George der deutschen Jugend zu vermitteln sei, lief im Kern auf einen Streit um die Auslegung seines Werkes hinaus. »Die lehre machen die jünger«, hatte George 1901 in den *Blättern* verkündet.[21] Dennoch achtete er darauf, die Deutungshoheit über sein eigenes Werk nicht aus der Hand zu geben. »Für den charismatischen Führer ist es wichtig, dass er das Interpretationsmonopol auch über die Ideologie behält.«[22] George hat das auf seine Weise zum Ausdruck gebracht, als er verfügte: »Auslegung kann falsch sein, aber auslegung muss sein.«[23] Sollten sich die Parteien doch um die richtige Deutung seiner – zum Teil auch ihretwegen – kryptischen Verse mühen. Nach seinem Tod allerdings, so wünschte er es sich, sollte jede Diskussion beendet sein, sobald einer in der Runde den Finger heben und rufen konnte: »Autos epha« – er selbst hat es gesagt.

George hätte einen offenen Machtkampf zwischen Gundolf und Wolters niemals zugelassen, und schon deshalb waren die Kontrahenten an einem geschlossenen Auftreten nach außen interessiert. Worüber hätten sie sich auch öffentlich auseinandersetzen können? Was sie trennte, hing nur zum Teil mit ihrer unterschiedlichen Sichtweise zusammen. Wolters als katholischer Rheinländer in der Görres-Tradition dürfte radikaler gedacht haben als der Romantiker Gundolf, und als Historiker des französischen 17. und 18. Jahrhunderts setzte er in seinen Arbeiten stärkere politische Akzente als die-

ser. Ihre lebenslange Abneigung hatte eine andere Ursache. Sie war
vor allem darauf zurückzuführen, dass George den einen über zwanzig Jahre liebte und in dem anderen vor allem einen ihm bedingungs-
los ergebenen Mitstreiter sah. So brennend der Ehrgeiz von Wolters
auch war: Die Intimität, die Gundolf genoss, blieb der Pfahl in seinem
Fleisch.

Im Herbst 1904 war der promovierte Historiker durch seinen
Freund Berthold Vallentin George vorgestellt worden. Vallentin und
Wolters standen in Niederschönhausen bei Berlin an der Spitze eines
akademischen Zirkels, der sich rund um den Extraordinarius am
Staatswissenschaftlichen Seminar Kurt Breysig gebildet hatte. Vallentin, der nach juristischer Promotion und Referendarzeit seit 1904 als
Gerichtsassessor am Berliner Kammergericht tätig war, hatte George
zwei Jahre zuvor bei Breysig kennengelernt. Er war 25, Wolters 28,
als sie das erste Mal mit George zusammenkamen. Ihr Alter war der
Hauptgrund dafür, dass George sich zunächst nicht besonders für die
beiden interessierte. Sie kamen, wie es in der verklausulierten Sprache
des Kreises hieß, »etwas zu spät zu George, um noch ganz von Grund
auf umgeboren zu werden«.[24]

Nach Max Dessoir, Richard Moritz Meyer und Georg Simmel war
der Universalhistoriker Kurt Breysig der vierte Intellektuelle aus
dem Mittelbau der Berliner Universität, der an George seine eigene
ästhetische Theorie durchbuchstabierte. Am 12. November 1899 hatte er an einer Lesung Georges im Salon Lepsius teilgenommen und
sich eine Woche später mit ihm im Atelier des Malers Stoeving verabredet. George sei »nicht im mindesten aufgeputzt«, er rede »frei und
lässig« und habe offenbar »viel gedacht, viel aufgenommen«, so dass
er sich »in die Betrachtungsweise eines Gelehrten zum mindesten unendlich schnell hineinfinden kann«, notierte Breysig hinterher in seinem Tagebuch. »Grosser, grosser Eindruck: ein excessiver Mensch –
endlich einmal!«[25]

Breysig hatte sich vorgenommen, »die unterschiedlichen For-
schungsgebiete der Geschichtswissenschaft in einer universalhistori-
schen und damit sinnvermittelnden Sicht der Geschichte … zusam-

menzuführen«.[26] Statt wie sein Lehrer Treitschke jahrelang in staubigen Archiven »zu versitzen«, wolle er versuchen, »neue Zusammenhänge aufzuspüren, allem Grossen und Ganzen nachzutrachten« und auf diese Weise der Realisierung »der Idee einer Geschichte der Menschheit« näherzukommen.[27] Die Titel seiner (im Übrigen allesamt bei Georg Bondi erschienenen) meist mehrbändigen Hauptwerke unterstrichen den universellen Anspruch: *Die Kulturgeschichte der Neuzeit* (1900/01), *Der Stufenbau und die Gesetze der Weltgeschichte* (1905), *Geschichte der Menschheit* (1907ff.; 1955 noch einmal postum in fünf Bänden, mit einem Vorwort von Arnold Toynbee). Die Komplexität der Weltgeschichte glaubte Breysig am ehesten dadurch zu erfassen, dass er die verschiedenen Entwicklungsstufen, welche die einzelnen Völker zu verschiedenen Zeiten durchliefen, vergleichend miteinander in Beziehung setzte. Damit bildete er das Zwischenglied zwischen den völkerübergreifenden Visionen Herders, auf den er als den großen Anreger häufig verwies, und Oswald Spengler, dem er später eine unzulässige Popularisierung seiner Ideen vorwarf.

Die oft nächtelangen Gespräche mit dem zwei Jahre älteren, ihm menschlich sympathischen Breysig gehörten für George zu den Höhepunkten seiner Berliner Herbstaufenthalte. »Mir ist das selten im Leben begegnet, dass ich so frei und rückhaltlos mit Einem reden konnte.«[28] Einmal lud er Breysig sogar ein, mit ihm und anderen Freunden die Sommerferien in der Schweiz zu verbringen. Weil Breysig einen ähnlichen Totalitätsanspruch verfolgte wie George und nicht weniger schnell gekränkt war als dieser, kam es hin und wieder zwar zu Verstimmungen. Aber erst als Breysig begriff, dass seine Lieblingsschüler Wolters und Vallentin in George ihren neuen Mentor gefunden hatten, geriet das Verhältnis in eine Schieflage. Breysig sprach von Verrat, George lehnte jede Verantwortung für den Seitenwechsel ab.

In Breysigs Konzept einer wertorientierten Geschichtsschreibung spielte die Führerpersönlichkeit von Anfang an eine zentrale Rolle. Nicht zuletzt aufgrund der Verehrung, die ihm im Kreis um Wolters und Vallentin entgegengebracht wurde, dürfte Breysig geglaubt haben, selber ein solcher Führer zu sein. Was er seinen Schülern bieten konnte, war aber allenfalls der theoretische Überbau, als Persönlichkeit war er wohl nicht stark genug. Wolters und Vallentin hielten schon bald Ausschau nach schöpferischen Menschen, die mitbrachten, was Breysig fehlte. Der erste, den sie ins Visier nahmen, war Rudolf Borchardt. Anfang November 1905 kam er zu einem zweiwöchigen Aufenthalt nach Niederschönhausen und warb seinerseits eifrig um ihre Gunst. Noch Jahrzehnte später schwärmte er: »Ein Element von dem Zauber, der in vergangenen Epochen berühmt gewordene und in die Geschichte eingetragene Jünglingsgruppen durch die Ahnung späterer Wirkungen und vorgedeutete Tiefe und Grösse so anziehend macht, schwebte um die ausnehmend begabten und höchst liebenswürdigen Naturen.«[29]

Die »Hausgemeinschaft mit halb ernsten halb drolligen Riten« war von dem Gast nicht weniger beeindruckt als dieser von ihnen. »Borchardts Haltung und Geste ist imponierend, er ist sprachgewaltig, von plastischer Gebärde, suggestiv, mitreißend. Mit dichterischem Pathos, mit bebenden Nüstern, sagt er auswendig eigene und fremde Gedichte, in verschiedenen Sprachen ... Vallentin spricht von ihm wie von einem Wunder.«[30] Über Vallentin war der Kontakt zustande gekommen, aber derjenige, vom dem sich Borchardt am meisten versprach, war Wolters. Dieser »schlug den hellen Ton an von dem das Haus klang ... leicht, ritterlich, rasch und gewandt, mit rotbraunem Haar und errötender Haut, den Schalk in den blitzenden fast all zu blauen Augen, vollendet dichterisch ohne ein Dichter zu sein«.[31]

Nur wenige Tage nach Borchardts Abreise tauchte Stefan George zum ersten Mal in Niederschönhausen auf. Er dürfte von Borchardts Besuch erfahren haben. Seit Borchardt 1902 Anschluss an Hofmannsthal gefunden hatte und diesen auch öffentlich gegen George auszuspielen suchte, sah George in ihm eine ernste Bedrohung. So wie zwei Monate später im Fall Boehringer und wie einige Jahre später noch einmal bei Landmanns galt es, die Umworbenen vor die Alternative zu stellen. George kam in Begleitung von Breysig und Morwitz. Als er »in unser Zimmer trat, konnten wir uns kaum tief genug verneigen«.³² Der 18-jährige Morwitz bemerkte hinterher trocken, »er hätte nicht gedacht, dass es etwas so Scheußliches geben könnte« wie diesen Kreis begeisterter, schon etwas ältlicher Jünglinge.

Zwei Jahre später, im Dezember 1907, nahm Morwitz in Vertretung Georges an einer von Wolters und Vallentin organisierten »Feier der Huldigung vor dem *Siebenten Ringe*« teil. Im Juni hatten die beiden das Haus am Park von Niederschönhausen aufgegeben und sich mit den Brüdern Andreae in einer Villa in Groß-Lichterfelde eingemietet – ein Umzug vom Nordosten der Stadt in den Südwesten. Eine Ecke weiter zog der Architekt Paul Thiersch ein, der spätere Gründer der Werkstätten Burg Giebichenstein in Halle; er war der Schwager von Kurt Hildebrandt, einem weiteren Mitglied des Wolters-Kreises. Neben regelmäßigen Vorträgen veranstaltete die Wohngemeinschaft in der Holbeinstraße gern auch kleine Theateraufführungen und Lesungen. Folgt man dem Programmzettel für den Abend, an dem aus dem *Siebenten Ring* gelesen wurde, bewegten sich die Beteiligten dabei bereits in vollkommen vergeistigtem Zustand:

> Wir greifen an das geheiligte, indem wir unser wesen aufgeben. Da wir das hohe anruehren, verliert das bewusstsein unseres lebens sein recht. Wir muessen uns aufgegebene verlorene fuehlen, um aus dem erhabenen kelche den in ihm letztverborgenen uns umschmelzenden verseelenden vergottenden strahl, die mystische eingiessung in den weltenthobenen schwebenden den hinatmend gestillten rausch zu erfahren.³³

Drei Tage später schilderte Morwitz den Abend in einem Brief an Gundolf; dieser antwortete postwendend:

> Ihr Bericht über den Lichterfelder Abend ist voll von Anschaulichkeiten und Beschaulichkeiten. Es ist seltsam, sieht man diesen Enthusiasten tiefer in Hirn und Herz, so sind es recht gescheite und lebendige Menschen, die nur aus Mangel an Ausdrucksvermögen, an Bewegungskultur, diese seltsamen Übertreibungen sich zu schulden kommen lassen. Ich hoffe diese höchst schätzbaren Kräfte lassen sich noch organisieren und fruktifizieren statt dass sie sich in übersteigerten Gesten verlieren. Lieber Ernst! Pathos allein genügt nicht, man muss auch Ironie (romantische!) haben.³⁴

Damit war aus Gundolfs Sicht alles gesagt und die Richtung für die
Auseinandersetzung vorgegeben. Zwei Jahre später musste er allerdings einräumen, dass er die Vitalität von Wolters unterschätzt und
deutlich an Terrain verloren hatte. Er sah die Entwicklung mit größ-
ter Besorgnis und machte sich selbst heftige Vorwürfe: »Jetzt haben
wir Einen, der schlägt den Kaiser inmitten seiner Garden tot und
wird nicht gefangen.«[35]

George hielt erst einmal auf Abstand. Der barocke, weltmännische,
übersprudelnde Vallentin, der ihm wohl mehr zusagte als der beflis-
sene, vor Ehrfurcht oft starre Wolters, durfte ihn zwar zweimal in
Bingen besuchen. In Niederschönhausen aber ließ sich George nicht
wieder blicken, in Lichterfelde erschien er ein einziges Mal. Wolters'
frühe Unterwürfigkeitsadressen – »HERR und MEISTER, ich hob
EUCH diesen kelch ...« – beantwortete er, wenn überhaupt, kühl
abweisend: »Herrn Dr Fritz Wolters. Ihr neues widmungsgedicht
mahnt mich dass ich Ihnen noch für Ihre minnelieder zu danken
habe ... Ich lobe Ihren versuch ... Aber ... für uns ist diese ganze
kunstübung etwas flau. In freundlicher gesinnung Stefan George.«[36]
Wolters ließ sich von seinem einmal gefassten Entschluss, in George
seinen Führer zu sehen, jedoch nicht mehr abbringen. Er knüpfte
Kontakt zu Melchior Lechter, der ihm als katholischer Westfale und
Mystiker auf Anhieb zugetan war und über den er 1911 eine kleine
Monographie veröffentlichte, und unternahm auch sonst einiges, sich
ins Gespräch zu bringen.

Im Sommer 1908 schien George zu ahnen, wie nützlich ihm der
»manische Enthusiast« (Borchardt) möglicherweise noch werden
konnte. Wolters hatte ihm das Manuskript seines Beitrags zu einer
Festschrift für seinen Doktorvater Gustav Schmoller geschickt:
»Möchte Ihnen meine studie gefallen! das bild jener welt begriff ich
erst in Ihrem bilde.«[37] In diesem Aufsatz »Über die theoretische
Begründung des Absolutismus im siebzehnten Jahrhundert« – ein
Thema, das George eher abgeschreckt haben dürfte –, entwickelte
Wolters erstmals seine Vorstellung von »Herrschaft« und »Dienst«.
Leider hätten die Zeitgenossen verlernt, »dass Herrschaft und Dienst

nicht nur Begriffe sind, um Verhältnismaße wirtschaftlicher Pakte zu bezeichnen, sondern lebendiges Handeln lebendiger Menschen, so dass die einen erhaben *sind*, die anderen willig oder unwillig sich neigen«.[38]

George dürfte das Manuskript nach seiner Rückkehr aus den Ferien Mitte August gelesen und Ende des Monats mit Gundolf darüber gesprochen haben. Fast anderthalb Monate hatten sie im Engelberger Tal an den Shakespeare-Übersetzungen gearbeitet – für Gundolf ein Höhepunkt seiner Freundschaft mit George. Dass er ihn einmal eine so lange Zeit an der Arbeit gesehen und »in die Maschinerie dieses Geistes Einblick gewonnen habe«, sei für ihn eine unschätzbare Erfahrung. Dabei habe er

> über ihn nicht weniger gelernt als für mich … und ich wünschte nur das eine, es könnten alle hoffnungsvollen Jünglinge eine solche Zucht durchmachen … Ich darf wohl sagen, es gibt keine drei Menschen, die ihn so kennen wie ich jetzt, und mir kommt vor, als habe ich ihn vor der Shakespeare-Arbeit nicht gekannt. Und das macht mich oft traurig, dass das wundervolle Wesen dieses Menschen niemand ganz würdigt … den einen GROSSEN Mann der heut lebt, unter vielen Begabten und Gescheiten, so als MANN, als CHARAKTER zu zeigen, kann jetzt die einzige Pädagogik des »Kreises« sein.[39]

Aber wenn schon die nächsten Freunde kaum Gelegenheit hatten, so lang mit George zusammen zu sein wie er, wie sollten dann Außenstehende die strenge Sachlichkeit und sittliche Größe dieses Mannes jemals begreifen? Im Anschluss an die gemeinsamen Ferien suchte Gundolf nach Wegen, diese Aufgabe zu lösen. Dabei kamen ihm die Stichworte von Wolters gerade recht, ja vielleicht war seine Wut über dessen Text der eigentliche Anlass für die »8–10 Seiten sonderbarer Prosa«, die Anfang Dezember fertig vorlagen.[40] Inzwischen hatte auch Wolters das zentrale Begriffspaar aus dem Schmoller-Aufsatz weiterentwickelt. Mitte Februar 1909 erschienen beide Aufsätze im dritten Ausleseband der *Blätter für die Kunst*: »Gefolgschaft und Jüngertum« von Gundolf auf den Seiten 114–118, »Herrschaft und Dienst« von Wolters auf den Seiten 156–159.

Wer genau las, konnte Gundolfs Aufsatz, besonders den dritten und vierten Abschnitt, nur als Frontalangriff gegen Wolters verstehen:

> Wo macht ist entsteht freilich neben der echten die unechte anhänger-
> schaft. Jeder wind wirbelt mürbes laub mit und staub. Der neuen botschaft
> folgen manche … weil sie sich vornehm dünken wenn sie nur wenige
> sind … Unter die gecken gemischt gewahrt man bei jeder neuen schar die
> pfaffen, die wortgläubigen eiferer … sie ergreifen die umrisse, nicht die ge-
> stalt und sind immer in gefahr im zufall das wesen zu verehren … [Der Füh-
> rer] bedarf ihrer um den heiligen krieg zu entzünden. Aber fallen müssen sie
> vor dem sieg: nachher werden sie die pfaffen päpstlicher als der papst, ver-
> steinerte hüter des versteinerten grals.[41]

Die unechte Anhängerschaft, die, päpstlicher als der Papst, eines Tages einen versteinerten Gral hüten werde: Deutlicher hätte Gundolf
im Herbst 1908, als die Beziehung zwischen George und Wolters
noch in ihren Anfängen steckte, nicht warnen können. Warum also
vollzog George in den darauf folgenden Wochen gegen den Rat seiner
engsten Freunde – auch Morwitz und Boehringer lehnten Wolters'
zwanghaftes Pathos entschieden ab – einen so folgenreichen Schwenk
und ließ sich mit den »Pfaffen« ein? »Vor der geschichte sind sie nicht
umsonst: sie übertreiben und gewöhnen die stumpfen an das äusserst-
te«, hatte Gundolf über die »Narren« geschrieben. Aber genau danach verlangte es George jetzt: nach Übertreibung und Zuspitzung,
nach dem »heiligen Krieg«.

3

George muss seinen 40. Geburtstag am 12. Juli 1908, den er mit Gundolf in der Schweiz verbracht hatte, als tiefen Einschnitt empfunden
haben.[42] Mit dem Erreichten, so glanzvoll es sich ausnehmen mochte,
konnte er nicht zufrieden sein. Um weiterzukommen, erhöhte er
noch einmal kräftig den Druck, auf sich selbst und auf seine Umgebung. Am 7. Januar 1909 kam Berthold Vallentin nach Bingen. Er
fand George »in seltsamer Verstörung, wie ich ihn eigentlich nie gese-

hen«. Was George am meisten erregte, waren »Unbestand und mangelnder Eifer des Kreises«. Über alles und jeden schien er sich zu erregen, über Wolfskehl, der unnütze Artikel publiziere, über Morwitz, der seine Zeit mit Jura vertrödele, über Vollmoeller, der für den Kreis wohl endgültig verloren sei. Nachdem er sich über den in seinen Augen beklagenswerten Zustand des deutschen Theaters ausgelassen hatte, kam George auf sein eigentliches Anliegen zu sprechen. Er drängte Vallentin, in Berlin eine Aufführung seines Weihespiels *Die Aufnahme in den Orden* zu organisieren.[43]

George hatte das Stück Anfang 1901 geschrieben, nicht zuletzt wohl in der Hoffnung, es im Rahmen der Festspiele der Darmstädter Künstlerkolonie um Joseph Maria Olbrich und Peter Behrens zur Aufführung zu bringen.[44] Als daraus nichts wurde, wollte er *Die Aufnahme in den Orden* im Februar 1903 in München aufführen lassen (in der Leopoldstraße 51, wo Wolfskehls damals noch wohnten, standen vorübergehend die Parterreräume leer). Zweimal wöchentlich wurde in privatem Kreis geprobt, aber zu einer Aufführung kam es auch jetzt nicht; im Münchner Fasching interessierte man sich für anderes. Es war Georges letzter Versuch gewesen, auf dramatischem Gebiet zu reüssieren und seine Vorstellungen eines modernen Sprechtheaters nach antikem Vorbild umzusetzen.

Seit der Jahrhundertwende hatte sich an den deutschen Bühnen manches getan. Stellvertretend für den allgemeinen Geschmackswandel stand die Ablösung des naturalistischen Illusionstheaters von Otto Brahm durch die neue Bühne von Max Reinhardt, der 1905 das Deutsche Theater in Berlin übernahm. Auch die jetzt allerorten gegründeten Fest- und Weihespiele mit ihrer anspruchsvollen Ästhetik fanden viel Zuspruch. Am Ende dürfte es der spektakuläre Erfolg von Ernst Hardts Tristan-Drama *Tantris der Narr* gewesen sein (Uraufführung Köln, 7. Dezember 1907, zweifacher Schiller-Preis 1908), der George um die Jahreswende ermutigte, einen letzten Anlauf in eigener Sache zu nehmen. Hardt gehörte mit Vollmöller und Hofmannsthal zu den gefeierten Bühnenautoren dieser Jahre, und alle drei hatten einmal in den *Blättern für die Kunst* angefangen. Auch wenn George

ihre Stücke grässlich fand, schmeichelte er sich doch, am Erfolg nicht
ganz unbeteiligt zu sein. Ulrich von Wilamowitz soll den *Tantris* sie-
benmal gelesen haben, spottete George gegenüber Vallentin; er könne es nur begrüßen, dass der große Philologe, »der so laut über ihn ge-
zetert, sich an seinem Auswurf so herrlich freue«.[45]

Es gebe bereits Schauspieler, spekulierte George im Januar 1909 im
Gespräch mit Vallentin weiter, die in der von ihm geforderten Weise
rezitierten. Umso notwendiger sei es, durch Spielpraxis im eigenen
Kreis Maßstäbe zu setzen. Wo so viel Geld ausgegeben würde für
Minderwertiges, könne es doch so schwer nicht sein, sein Stück in
Berlin aufzuführen. Wolters sei leider etwas bequem, »der setze sich
nur gerne in die Mitte, wenn alles gemacht sei«.[46] Einwendungen Vallentins wischte George beiseite. Wenn er Ende des Monats nach Berlin
komme und sie bis dahin nichts auf die Beine gestellt hätten, bekämen
sie ihn auf Jahre nicht mehr zu Gesicht. Er rate Vallentin dringend,
diese Drohung ernst zu nehmen.

Das wild-erregte Gespräch mit Vallentin am 7. Januar 1909 in Bingen erinnert in vielem an den fordernden Ton der frühen Jahre. George will einen Neuanfang und sucht seine Ungeduld gar nicht erst zu
verbergen. Aus den Tagebucheintragungen Vallentins wird die ganze
Aggression spürbar, die ihn gepackt hatte. Dass George sich in dieser
Situation ausgerechnet an die »Pfaffen« hielt und ihnen die zeremoni-
elle Aufführung eines Weihespiels übertrug, ließ nichts Gutes ahnen.
Eine anachronistische Dichtung, dargeboten von einer rhythmisch
skandierenden Gemeinde: Hier zeichnete sich eine unheilvolle Entwicklung ab.

Am 1. Februar wurde das kleine Stück im Lichterfelder Kreis
gleich dreimal hintereinander »geprobt«. Vallentin, der inzwischen
verheiratet und aus der Wohngemeinschaft ausgezogen war, hatte den
19-jährigen Ludwig Thormaehlen, einen Schulfreund von Wilhelm
Andreae, für den Nachmittag in die Holbeinstraße eingeladen. Thormaehlen brachte aus einer öffentlichen Bibliothek zwei Exemplare
der Fünften Folge mit, in der *Die Aufnahme in den Orden* erschienen
war. George wollte gar nicht glauben, dass man die *Blätter* in einer

Lesehalle ausleihen konnte. Im Grunde wundere ihn aber gar nichts mehr, meinte er dann; kürzlich habe er gehört, dass sogar der Kaiser »in lateinischer Schrift und mit kleinen Anfangsbuchstaben« schreibe.[47] Nach diesen Präliminarien wurde gelesen.

Thormaehlen las den »Jüngling«, der um Aufnahme bat, Vallentin übernahm alle anderen Rollen: den »Grossmeister«, die drei Ordensbrüder, die den Aspiranten prüfen, und den »Chor der Brüder«, der das Geschehen kommentiert. Dann las George den Großmeister, anschließend den gesamten Text. Nachdem die anderen dazugestoßen waren – Wilhelm Andreae, Friedrich Andreae mit Freundin, Kurt Hildebrandt, Paul Thiersch mit Frau, Diana Vallentin –, lasen alle gemeinsam noch einmal: doppelchorig. Das Ganze wurde fünf Tage später wiederholt und im Jahr darauf erneut eingeübt. Die jahrelangen Bemühungen der *Blätter* um eine Wiederbelebung der Sprechbühne in Deutschland mündeten in den feierlichen Aufzügen der Lichterfelder Gemeinde, in der das Deklamieren in kleineren und größeren Gruppen zum festen Ritual gehörte. George schätzte besonders den schönen Vortrag der Berufsschauspielerin Diana Vallentin. Ein herzliches Verhältnis entwickelte er auch zu einer Kusine Hildebrandts, Erika Schwartzkopff, der neuen Lebensgefährtin und späteren Frau von Wolters.

Auf der Suche nach geeigneten Mitteln, das öffentliche Interesse neu zu beleben, kam an einem der Abende im Februar 1909 der Zufall zu Hilfe. Kurt Hildebrandt, der seit zweieinhalb Jahren als Arzt an der Berliner Irrenanstalt in Wittenau (heute Karl-Bonhoeffer-Nervenklinik) tätig war und nebenher Altphilologie trieb, hatte Vorlesungen von Ulrich von Wilamowitz-Moellendorff besucht und sich Notizen gemacht, aus denen er zur Belustigung der Runde einiges vortrug. George dürfte sich an die Kränkung erinnert haben, die ihm Wilamowitz einst durch Vortrag von Parodien im Hause Dernburg zugefügt hatte. Einer der berühmtesten Wissenschaftler seiner Zeit, der Schwiegersohn Mommsens, die Leuchte der Berliner Universität – war das nicht ein lohnendes Objekt für einen gezielten Stoß? Hildebrandt wurde ermutigt, seine Aufzeichnungen über Wilamowitz auszuarbeiten. Der Aufsatz »Hellas und Wilamowitz« erschien ein Jahr später im ersten Band des *Jahrbuchs für die geistige Bewegung* und handelte alle Einwände Georges und seiner Leute gegen die Philologie der Reihe nach ab: Anbiederung an den Zeitgeist, Verstofflichung und Verniedlichung der Antike, Psychologisierung und Trivialisierung. Der einzig wahre Führer zur Antike, so endete der umfangreiche Beitrag, sei »der goldgeflügelte Eros«.[48]

Im Umfeld Georges dürfte bekannt gewesen sein, dass Wilamowitz in jungen Jahren Nietzsches Erstling *Die Geburt der Tragödie* nach allen Regeln der Kunst verrissen hatte. Nietzsche vergewaltige die philologische Methode, er bringe nicht einmal die Voraussetzungen mit, Quellen richtig zu lesen. Er sei ein »metaphysiker und apostel«, aber kein seriöser Wissenschaftler und daher vollkommen ungeeignet, »Deutschlands philologische jugend, die in der askese selbstverläugnender arbeit lernen soll«, pädagogisch zu fördern.[49] Um genau diese Frage ging es auch jetzt wieder, ein Menschenalter später: Wer sollte die Jugend nach welchen Kriterien führen? Der Philologe nach den Normen wertfreier Wissenschaft oder der Visionär des pädagogischen Eros?

»Nur wer vom Leben der Akademie etwas weiss, wird eines Tages etwas Endgültiges über die Lehren der Dialoge sagen können.«[50] Aufgrund seines Platon-Verständnisses konnte George in Wilamowitz nur den Antipoden sehen, der durch einen falschen Wissenschaftsbegriff auf der einen und lachhafte Popularisierungsversuche auf der anderen Seite das wahre Erbe Platons, die lebendige Wissensvermittlung durch den Eros, verspielt hatte. Das Ideal des berühmten Gelehrten sei wohl »ein Plato für Dienstmädchen«.[51] Mit seiner Auffassung von Erziehung stand George quer zum wilhelminischen Wissenschafts- und Bildungssystem, das in Wilamowitz einen seiner mächtigsten Repräsentanten hatte. Ihn herauszufordern hieß sowohl das bürgerliche Bildungsideal des 19. Jahrhunderts als auch den überkommenen Wissenschaftsbegriff in Frage zu stellen, dem zufolge Wissenschaft und Bildung auf das Engste verknüpft waren.

Einen direkten Zusammenhang zwischen Bildungskrise und Krise der Wissenschaft – eine Entwicklung, die nach 1918 von vielen als allgemeine Kulturkrise wahrgenommen wurde – sahen vor dem Krieg nur wenige. Zu ihnen gehörte der langjährige Freund Simmel, der 1913 Klage darüber führte, dass die Universität die Jugendlichen längst im Stich gelassen habe. »Außer all den vortrefflichen Belehrungen spezialistischer und exakter Art« wünschten sich »oft gerade die innerlich lebendigsten und idealistischsten jungen Männer ... noch etwas Allgemeineres oder, wenn man will, Persönlicheres«. Wo ihnen dies nicht geboten werde, suchten sie Zuflucht in der Mystik, bei der Sozialdemokratie oder in einem falsch verstandenen Nietzsche. »Täuschen wir uns nicht darüber: die deutschen Universitäten haben die innerliche Führung der Jugend in weitem Umfang an Mächte dieser Art abgegeben.«[52]

»Mächte dieser Art«: Das waren zweifellos auch George und die Seinen, die ihre Angriffe jetzt immer häufiger direkt gegen die deutsche Universität als solche richteten. Sie nutzten das heraufdämmernde Krisenbewusstsein, indem sie den Gegensatz zwischen toter Wissenschaft und lebendiger Überlieferung weiter zuspitzten und George selbst als einzigen Retter aus dieser Not priesen. »Kritik will nur noch verstanden werden als förderung der krise: nicht mehr als scheidung der erstarrten dinge, sondern als entscheidung für das lebendige.«[53] Was Wolters am Ende des ersten *Jahrbuch*-Bandes forderte, war nichts anderes als die Beschleunigung der allgemeinen Krise zur Herbeiführung einer unumkehrbaren Situation. Im zweiten Band legte Gundolf nach: »Die allgemeine toleranz ist eine krankheit des geistes ... Der allgemeine duldende frieden ist ein müdes greisenideal. Wo jugend ... ist, da ist krieg nötig.«[54] Man dürfe nicht warten, »bis das morsche gebäude von selbst zerfällt ... und die satanisch-verkehrte, die Amerika-welt, die ameisenwelt sich endgültig eingerichtet hat«, warnten sie schließlich in einer gemeinsamen Einleitung zum dritten Band.[55] Erforderlich sei vielmehr die Schärfung des Bewusstseins für die chiliastischen Dimensionen des Kampfes, in dem die Menschheit stehe – dem »kampf von Ormuzd gegen Ahriman, von Gott gegen Satan, von Welt gegen Welt«.

Den Untergang des Abendlandes konnte selbstredend nur George noch abwenden. »Charismatische Führer beziehen sich auf letzte Werte, auf das Überleben, die Rettung vor dem Untergang.«[56] Erst die vom Führer in Aussicht gestellte »Verwirklichung letzter Werte« rechtfertigt den Glauben an seine charismatische Mission. So kommt es zu jenem »Prozeß der Zirkularstimulation«, bei dem »die Krise, wie sie durch den Charismatiker definiert wird, nur durch den Charismatiker selbst gelöst werden kann«.

4

Der neue Band der *Blätter für die Kunst*, der Mitte Februar 1909 erschien, ließ erkennen, dass das Unternehmen auf der Stelle trat. Es war die erste Veröffentlichung der Zeitschrift seit fünf Jahren, und dafür wirkten die 176 Seiten dürftig. Wären nicht Ende des Jahres Hölderlins Pindar-Übertragungen aufgetaucht, hätte George die Zeitschrift wohl endgültig eingestellt. Für Verwirrung sorgte auch, dass der Band nicht, wie es der Zählung entsprochen hätte, als Achte Folge der *Blätter für die Kunst* mit dem üblichen Exklusivitätsvermerk erschien, sondern als sogenannte Auslese bei Bondi. Der erste Band mit ausgewählten Beiträgen aus den frühen Jahrgängen der Zeitschrift war im Herbst 1898 zeitgleich mit den öffentlichen Ausgaben der Gedichtbände bei Bondi erschienen, ein zweiter Auswahlband für die Jahre 1898 bis 1904 folgte Ende 1903. Von allen Heften der Zeitschrift war das jüngste das mit Abstand merkwürdigste, ein Zwitterwesen, vor allem dazu bestimmt, eine Lücke zu füllen, »da jetzt vorläufig keine Blätter erscheinen«.[57]

Am 1. September, früher als sonst, kam George nach Berlin, wo er zunächst sechs Wochen bei Vallentins im Bayerischen Viertel wohnte (im Jahr darauf zogen sie nach Charlottenburg in die Sybelstraße). Es gab viel zu tun. Zum einen wollte er den Druck der Übertragungen der Shakespeare-Sonette und der Dante-Auswahl überwachen, die beide Anfang November erschienen. Zum anderen trieben ihn Pläne für eine neue Zeitschrift nach Berlin, deren Gründung Mitte März bei einem Treffen mit Gundolf in Darmstadt beschlossen worden sein dürfte und die *Jahrbuch für die geistige Bewegung* heißen sollte.[58] Hatte man das Wort »Bewegung« in Analogie zu *De Beweging* gewählt, der 1905 gegründeten jüngsten Zeitschrift Verweys, so war die Bezeichnung »Jahrbuch« zweifellos eine direkte Reaktion auf den von Hofmannsthal, Borchardt und Schröder herausgegebenen *Hesperus*, der sich im Untertitel *Ein Jahrbuch* nannte. Der Anfang 1909 im Insel-Verlag erschienene Band, den George Mitte Februar an Gundolf geschickt hatte, enthielt Borchardts 35 Seiten lange Rezension des *Siebenten Rings*, eine der ungewöhnlichsten Buchkritiken der deutschen Literatur, aus Sicht Georges widerlich, anmaßend und verletzend.[59] Im ersten Satz verneigte sich Borchardt vor dem neuen Buch »dieses außerordentlichen Mannes, dem die deutsche Jugend eine neue Spiritualität verdankt«. Nach seitenlanger Nörgelei über die mangelnde Qualität einzelner Gedichte holte er dann zum Schlag aus. Stefan George sei eine historische Figur geworden und stehe »außerhalb des Kampfes, den wir kämpfen«; er betrachte es daher als seine »Pflicht gegen die Jugend«, sie davor zu warnen, in diesem Dichter irgendeine Zukunft zu sehen, auch wenn es noch lange dauern werde, »bis unter uns … der Gewaltige aufsteht, der Stefan Georges rechtmäßiger Fortsetzer wird«.[60]

Die »Bewegung« würde also ein »Jahrbuch« herausgeben. Warum aber sollte die Bewegung »geistige Bewegung« heißen? Über dieser Frage entbrannte am Abend des 3. November, als George und Gundolf die Berliner über die bevorstehende Gründung in Kenntnis setzten, ein heftiger Streit. Wolters wollte die Bezeichnung unter keinen Umständen akzeptieren. Der Staat Georges war für ihn keine »geistige« Bewegung, kein schriftstellernder Intellektuellenzirkel, sondern eine »politische« Formation, ein Kampfverband. »Geist« sei eine zerstörerische, unproduktive Kraft. Dichtung verkörpere das Gegenteil von »Geist«, sie dränge zur »Tat«. Das Gespräch wurde »im wesentlichen von Wolters und Gundolf bestritten«, erinnerte sich der etwas später an diesem Abend hinzugekommene Thormaehlen:

Der Dichter griff in die Auseinandersetzung nicht ein außer mit gelegentlichen leichten Zurufen des Beifalls oder der Beschwichtigung. Er schien
Freude an diesem Streit und Eifer der Männer zu haben und genoss und beobachtete jede Geste des leidenschaftlichen Redens. Gelegentlich wandelte er auf und ab. Als Gundolf bei einer längeren Darlegung sehr in Feuer
geraten war, trat George, während die andern weitersprachen, hinter den
Stuhl Gundolfs, der angespannt den Worten des nächsten Redners lausch-
te, strich mit der Hand ihm über das Haar, sagte ein anerkennendes Wort,
neigte sich flüchtig über das Haupt und drückte leicht den Mund auf seinen Scheitel.[61]

Über den Verlauf solcher »Wortgefechte« berichtete ein anderer Zeuge: »G[eorge] stellt einen Satz auf. Etwa: Vergil ist mehr alexandri-
nisch als heroisch; oder: Napoleon liebte in der Kunst nur das was er
selbst gar nicht war. – V[allentin] bombardiert [ihn] mit historischen,
logischen und anderen Einwänden, so dass kein Ausweg mehr aus der
Enge scheint. Da erklärt G[eorge] auf einmal, dass alle Entgegnungen
nichtig wären, denn es stünde anders in der ›Geheimlehre‹, das sei
nicht zu beweisen, aber felsenfest wahr wie das Evangelium.«[62]

Im Streit über das »Geistige« wurden die Differenzen zwischen
Gundolf und Wolters auf den Punkt gebracht. Zwar blieb keinem in
der Runde verborgen, dass Gundolf aufgrund seiner langjährigen
Vertrauensstellung bei George »gleichsam der Wortführer des Dichters« war.[63] Aber Wolters warf mit mächtigem Ehrgeiz ein paar Stichworte zur Erziehung der Nation in die Debatte, die bei dem, für den
sie gedacht waren, auf viel Zustimmung stießen. Gundolf, der wusste,
wie anfällig George für das Wolterssche Pathos war, versuchte gegenzusteuern. Im Jahr zuvor hatte er die Wolтersschen Kampfbegriffe
»Herrschaft und Dienst« durch eigene Vokabeln ersetzt: Statt von
»Herrschaft« sprach er von »Gefolgschaft«, statt »Dienst« sagte er
»Jüngertum«. Weil er mit George seit vielen Jahren in einem Liebesverhältnis stand, war ihm, bei aller Unterordnung unter dessen Willen (und Launen), hierarchisches Denken fremd. Sein »Dienst« gründete auf der Überzeugung, dass George etwas anderes verkörperte als
nur sich selbst. Es sei der Fluch der falschen Anhänger, hieß es am
Ende der gegen Wolters gerichteten Abschnitte in »Gefolgschaft und

Jüngertum«, »dass sie nur den glauben und den eifer haben aber nicht die liebe«.[64]

Der folgende Abschnitt stand unter der Überschrift »Die Liebe«: »Wem der führer nur die sache vertritt der hat ihn nicht begriffen: wem er nur eine person ist der kann ihm nicht dienen ... Nicht nachahmung ist die pflicht der jünger: ihr stolz ist dass der meister einzig ist.« Sie sollen nicht seine »erstarrten« Fotografien »aufstellen und herumtragen«, sondern das Licht und die Wärme, die sie durch ihn empfangen, weiterstrahlen: »wandelnde öfen die er geheizt hat«. Der Abschnitt endete: »Wo sie die Notwendigkeit erkennen da löschen sie gern ihr Ich aus und freuen sich brennstoff zu sein für die höhere flamme.« Man liest solche erschreckenden Sätze anders, wenn man weiß, dass Gundolf damit auch bezweckte, seinen Meister vor den falschen Propheten zu schützen und den Personenkult à la Wolters um jeden Preis zu verhindern. Jüngertum bedeutete für ihn Hingabe nicht an einen Menschen, sondern an eine Idee.[65] Im ersten *Jahrbuch*-Band fasste er den Gegensatz zu Wolters in einem einzigen Satz zusammen: »George ist das gleichnis und nicht der herrscher.«[66]

George verstand sehr wohl, was Gundolf an Wolters störte, und bemühte sich, ihm eine Brücke zu bauen. Als Ende 1909 *Herrschaft und Dienst* in einer von Melchior Lechter kostbar ausgestatteten Prunkausgabe erschien, schrieb Wolfskehl auf Bitten Georges eine Besprechung für die *Süddeutschen Monatshefte*. George ließ sich den Entwurf vorlegen, versah ihn mit einigen Einfügungen und Änderungen und diktierte Hanna Wolfskehl die Endfassung. Das Buch sei »von grösster Wichtigkeit«, weil es »die Gesinnung der neuen Generation erkennen« lasse:

> Die ältere Generation wird bei Betrachtung eines solchen Buches mit solchen Gesinnungen immer nur sprechen von einer maasslosen Erhöhung des Einzelmenschen. Sie kann eben nur individualistisch sehen. Das Individuum aber, das hier als Träger gesehen wird, ist vorerst gleichgültig. Ob George der Vorläufer oder der Erfüller ist, darauf kommt es nicht an, sondern dass die Jugend einen solchen Erfüller denkt, sucht und glaubt. Und auch für George selbst braucht man aus dieser scheinbar übermässigen Verherrli-

chung nichts zu befürchten. Er lebt (jeder, der ihn kennt, weiss dies) in seinen eigenen Erschütterungen als der zurückgezogene Mensch, der nie nach Ruhm sucht, nie nach Geld sucht.[67]

Die Positionen von Gundolf und Wolters, so die heimliche Botschaft des Textes, lägen gar nicht so weit auseinander. Was für den einen die »Idee«, sei für den anderen der »Typus«. Beiden gehe es im Kern um ein »Absolutes«, und es sei »vorerst ohne Bedeutung«, wer dieses Absolute verkörpere, »ein staatenumwälzender Eroberer oder ein weltenumstürzender Heiland«. Deshalb komme der Name George in *Herrschaft und Dienst* auch gar nicht vor. Gundolf konnte sich nur wundern. Nach Lektüre des Manuskripts im Mai hatte er vorgeschlagen, einen Untertitel hinzuzufügen: »Über das Werk Stefan Georges«. Jetzt musste er lernen, dass es um Größeres ging.

Gundolf lenkte ein. Im Januar 1910 zeichnete sich ab, dass er und Wolters als die beiden Herausgeber des *Jahrbuchs* verantwortlich zeichnen würden; Vallentin hatte im letzten Moment mit Hinweis auf seine Stellung am Kammergericht Dispens erbeten. Nachdem er bereits Anfang Januar die für die neue Folge der *Blätter* eingegangenen Gedichte von Wolters über die Maßen gerühmt hatte, pries Gundolf am 3. März Wolters' »Richtlinien« für das erste *Jahrbuch* als »das tiefste Wort des Zeitalters«. Wolters sei ein »Wunder von Mensch« und setze ganz neue Maßstäbe: »Wie 1890, so ist uns 1910 ein Wendejahr, wie immer, wenn ein neuer schöpferischer Geist in unserer Welt aufbricht.«[68] In der Tat erscheint das Jahr 1910 als eines der wichtigsten in der Geschichte des Kreises. In dieses Jahr fiel die Entdeckung Platons und Hölderlins, im Februar wurden in den *Blättern* die ersten 15 Gedichte aus dem *Stern des Bundes* veröffentlicht, im März folgte das erste *Jahrbuch*, und der Sommer brachte die Begegnung mit Max Weber. Voraussetzung für diesen zweiten Durchbruch Georges 1910 war ein vorübergehender Waffenstillstand zwischen Gundolf und Wolters. Aber selbst wenn die beiden sich 1910 ein wenig näher gekommen sind, an ihrer Rivalität änderte sich wenig. Da Gundolf eine dauerhafte Verstimmung mit George nicht ertragen hätte, blieb ihm nichts anderes übrig, als sich mit Wolters zu arrangieren und ihn auf Dauer zu überstrahlen. Im *Stern des Bundes* hieß es dazu: »So will der fug: von aussen kommt kein feind .. / Wird er bedurft müsst Ihr aus euch ihn schaffen / Im gegenstoss versieht er seinen dienst.«[69]

Im April 1910 zog Gundolf von München nach Heidelberg und schrieb dort in nur zwei Monaten seine fast fünfhundert Manuskriptseiten umfassende Habilitation *Shakespeare und der deutsche Geist*. Mitte Oktober meldete er George Vollzug. Das Buch sei das »streng komponierte Kompendium der Geistigen Bewegung geworden«, mit dem er »dem ›Staat‹ einen der grössten Dienste geleistet habe, der ihm geleistet werden konnte«.[70] Und wenige Tage später: »Es liegt mir daran, dies Werk bei Bondi, als ›Staats‹sache, als Blättersache … zu publizieren, es ist neben Wolters ›Herrschaft und Dienst‹ das Hauptpronunziamento theoretischer ›Reichs‹natur.« Die beiden Schriften auf eine Stufe zu stellen war vollkommen abwegig. Das dürfte auch Gundolf klar gewesen sein. Aber George beurteilte den Wert einer Arbeit in erster Linie danach, ob und wie das Thema im Interesse der Bewegung nutzbar gemacht werden konnte. Deshalb bemühte sich Gundolf nach Kräften, die Wiederentdeckung Shakespeares, wie es im Schlusssatz hieß, als eine der vorrangigen »Aufgaben des neuen deutschen Geistes« darzustellen.[71]

Die ihm sich eröffnende akademische Karriere, beteuerte Gundolf vier Wochen später, diene genau wie die Habilitation selbst in erster Linie dazu, die Botschaft Georges zu verbreiten. Mit diesem Argument hoffte er die Vorbehalte Georges gegen seine Universitätslaufbahn entkräften zu können. »Lass mich noch 10 Jahre Gesundheit haben«, schrieb er ihm bei seiner Aufnahme in den Lehrkörper der Heidelberger Universität, »so bin *ich* der Mann, all deine Urgedanken und Urerlebnisse zum Gemeingut der deutschen Gesamtbildung im besten Sinn, d.h. der deutschen Jugend zu machen.«[72] Was die Möglichkeiten öffentlicher Wirksamkeit anging, war Gundolf klar im Vorteil gegenüber Wolters, der zwar vier Jahre älter war, aber noch immer Verwaltungsakten zur brandenburgischen Geschichte edierte, Unterricht an Mädchenschulen gab und finanziell wohl von Vallentin unterstützt wurde. 1907/08 hatte Wolters für den Prinzen August Wilhelm von Preußen die Dissertation geschrieben, was ihm ein schönes Honorar und seinem Lehrer, dem gemeinsamen »Doktorvater« Gustav Schmoller, den Adelstitel eintrug. Es war der erste »richtige« Doktortitel in der Familie des Kaisers.[73] Wolters, der, wie der Prinz gütig bemerkte, »als feingebildeter, freundlicher Gesellschafter manche schöne Sommerstunde mit uns geteilt hat«, profitierte noch im Krieg von den allerhöchsten Verbindungen. Mit seiner akademischen Karriere aber kam er nicht recht voran; 1913 habilitiert, erhielt er erst 1920 ein Extraordinariat für mittlere und neuere Geschichte in Marburg.

5

»Alle frohe kraft will nur das Eine: Eurer würdig zu sein, Meister, und Eures erdenreiches kelle und mörtel zu sein. Wenn ich am anfang ›ein wenig zu spät gekommen‹ bin, so hindert mich das wohl Euerm herzen so nahe zu sein, als ich ersehne, aber nicht im kampfe so vorn zu stehen, als ich begehre und ich vermag.«[74] Als Wolters diese Zeilen im März 1914 an George schrieb, steckte er bereits tief in der Arbeit an einer Geschichte der *Blätter für die Kunst*. Gleich nach Einreichung seiner Habilitationsschrift im Juni 1913 hatte er damit begonnen. Gundolf schickte ihm ein ausführliches Exposé, das in 15 Punkten stichwortartig Plan und Anlage des Ganzen nach den Vorstellungen Georges entwickelte. Aber Wolters wollte sich mit einem biographischen Abriss und einer Darstellung der *Blätter* nicht begnügen, sondern nahm sich vor, dass »die Fronten auch gegen die gesamten Mächte der Zeit von 1880–1914 gerichtet werden« sollten.[75] Hatte nicht George selbst im ersten Gedicht des *Ersten Buchs* des *Sterns* die Richtung vorgegeben:

> dass auf erden
> Kein herzog kein heiland wird der mit erstem hauch
> Nicht saugt eine luft erfüllt mit profeten-musik
> Dem um die wiege nicht zittert ein heldengesang.[76]

Der Wunsch nach einer kämpferischen Darstellung der eigenen Geschichte war von George fünf Jahre zuvor erstmals geäußert worden. In dem denkwürdigen Gespräch mit Vallentin am Nachmittag des 7. Januar 1909 in Bingen hatte er wie beiläufig die Bemerkung fallenlassen, dass es jetzt wohl an der Zeit sei, die Geschichte der *Blätter für die Kunst* zu schreiben. Vallentin dürfte hier eine gute Gelegenheit für Wolters gesehen und diesen alsbald von dem Projekt unterrichtet haben. Wolters' Ernennung zum offiziellen Kreis-Biographen erhöhte sein Ansehen auch bei denen, die ihn nicht mochten, und verschaffte ihm Kenntnisse gerade auch über die Frühzeit der *Blätter*, die sonst nur Wolfskehl besaß, der ihm im Übrigen gern Auskunft erteilte. In einem Prospekt von 1914 wurde das Erscheinen des Wolters-Buches für das folgende Jahr angekündigt. Erschienen ist es vierzehn Jahre später.

Für die Rolle des George-Hagiographen war Wolters wie geschaffen. Kein anderer dachte so streng hierarchisch, keiner verfolgte so rigoros wie er die Idee des Freundeskreises als Kampfgemeinschaft. Wolters habe als Erster begriffen, so George, »dass Dichten ein Herrschen ist«.[77] Da er zuletzt auch stärker als die anderen nach öffentlicher Wirkung drängte, eroberte er sich allmählich seinen Platz – neben Gundolf und zum Teil auch weiterhin gegen ihn. »Vorm Herrn gilt gleich der in- und aussen-krieg / Wo solche sind wie du – da ist der sieg«, so sagte es das Widmungsgedicht Georges auf ihn.[78]

Wolters also war zuständig für den Außenkrieg. Da er mit George nie intim gewesen war, ergab sich daraus allerdings ein für den Zusammenhalt und die weitere Entwicklung des Kreises nicht ungefährlicher Antagonismus. Weil Wolters und die Seinen die »Erweckung« durch George nicht selber erfahren hatten, stellten sie den Geist der Gemeinschaft über das Einzelerlebnis (dessen spezifische Erotik sie wegretuschierten, falls sie ihnen nicht – was bei jemandem wie Kurt Hildebrandt gut denkbar ist – gänzlich verborgen blieb). Für sie war der »Kreis« die entscheidende Größe. Der Geist, gegen den sich Wolters in der Diskussion um den Titel des *Jahrbuchs* noch so vehement zur Wehr gesetzt hatte, holte ihn allmählich ein. »Mir erstem ganz Gewandelten vom geiste« ließ ihn George in einem vermutlich 1912 entstandenen Gedicht sagen: vom Geiste – und eben nicht vom Eros.[79]

Die Jüngeren hielten auf Abstand, der Kult um den »Kreis« blieb ihnen fremd. »Morwitz sagte einmal, es gebe Tage, an denen er das Wort ›Kreis‹ nicht mehr hören möge«, erinnerte sich Hildebrandt. »Das klang uns fast wie Tempelschändung.«[80] Die gegenseitige Abneigung war so groß, dass es bei einer Landpartie nach Rheinsberg im Sommer 1911 beinah zu einer Schlägerei gekommen wäre. Im Streit um die Verteilung der Boote wollte Boehringer mit einem Ruder auf Wolters und Vallentin los. »Sie mit Ihrem Gesangverein«, zischte er.[81] Die Truppe um Wolters ließ sich durch solche Zwischenfälle nicht beirren. Im Gegenteil, sie drehte den Spieß einfach um. Weil von den Jüngeren »jeder den Meister am liebsten für sich allein gehabt hätte«, sei die Verankerung des Staatsgedankens umso wichtiger gewesen. Mit dem *Jahrbuch* habe George ihnen die entsprechende Plattform zur Verfügung gestellt, und so sei aus einem Kreis von »Lesern« (!) ein Kreis von Jüngern geworden. »Zugehörig war man, solange George einen zur Mitarbeit zuzog«, glaubte Hildebrandt.[82] Es war diese Mischung aus kaum zu überbietender Naivität und Anmaßung, welche die *Jahrbücher* auch und gerade für einige langjährige Weggefährten unerträglich machte.

Was am *Jahrbuch* vor allem provozierte, war die Geschlossenheit des Auftritts. »Weltanschauung«, eine der Lieblingsvokabeln jener Jahre, wurde hier nicht nur diskutiert, sondern praktischerweise gleich mitgeliefert. Angriff lautete die Parole, und bereits die aggressive Aufmachung – Blocksatz in Kapitalien auf grellem Gelb – schien zu drohen: Wer nicht für uns ist, ist gegen uns. George gefiel »dies tatmässige innerhalb des geistigen«; so etwas habe es bisher nicht gegeben, und »seine wirkung über den tag hinaus ist noch gar nicht abzusehen«.[83] In späteren Jahren äußerte er sich zurückhaltender. Der Zweck der »gelben Bücher« sei es gewesen, die Gegner einzuschüchtern: »Gewisse Frechheiten hat man sich seitdem nicht mehr getraut. Sie wussten nun: vor denen muss man sich in acht nehmen.«[84] In

Wahrheit verursachten die *Jahrbücher* bei den meisten Zeitgenossen bestenfalls Kopfschütteln, und nicht umsonst nannte Ernst Gundolf sie später eine Jugendsünde.

Die meisten Beiträge waren weder geistreich noch originell, die Autoren verhedderten sich meist schon nach wenigen Seiten im Gestrüpp ihrer wirren Terminologie. »Wortgemüse« nannte George das.[85] Vieles diente der Historisierung der eigenen Sendung. So brachte der erste Band als Eröffnungsstück einen Abriss der *Blätter*-Bewegung aus der Feder von Wolfskehl, danach beschrieb Gundolf »Das Bild Georges«, wie es sich aus jüngsten Veröffentlichungen über den Dichter zusammensetzte. Die Mitte bildete der mit Abstand längste Beitrag, Hildebrandts Wilamowitz-Aufsatz. Außerdem bot der Band eine Betrachtung von Vallentin »Zur Kritik des Fortschritts«, einen Beitrag über »Das Erbe des Rokoko« und am Ende »Richtlinien« von Wolters. Die Bände zwei und drei waren nach dem gleichen Muster konzipiert. Programmatische Artikel von Gudolf und Wolters am Anfang und Ende, in der Mitte lange Stücke von Vallentin »Zur Kritik von Presse und Theater« oder über »Napoleon und die geistige Bewegung«, von Kurt Hildebrandt über »Romantisch und Dionysisch« (in zwei Teilen) oder von Ernst Gundolf über »Die Philosophie Henri Bergsons«. Unter dem Titel »Weltanschauung des Jahrbuchs« war dem zweiten Band eine Zitatensammlung vorangestellt, die beweisen sollte, dass die wichtigsten Zeugen des 19. Jahrhunderts antimodernistisch eingestellt waren: Goethe, Hölderlin, Baudelaire, Alexander Herzen (!), Burckhardt und Nietzsche.

Das Echo war, zumal angesichts der geringen Auflage von fünfhundert Exemplaren, von denen kaum mehr als die Hälfte abgesetzt werden konnte, ein überwältigendes. Viele glaubten den »Jahrbuch-Geist« als den Geist Georges identifizieren zu können. »Es begab sich nämlich, dass die Fehler Georges sich objektivierten und Menschen wurden«, spottete das Expressionistenblatt *Der Sturm*. »Als solche aber gaben sie Jahrbücher heraus.«[86] Zum ersten Mal schien der »Kreis« als solcher konkret fassbar zu werden. Nur wenige vermochten zu differenzieren. War diese mäßige Polemik wirklich von

George gewollt, fragte sich etwa der Schriftsteller Carl Einstein. Was hatte dieses »konglomerat aus begriffsüberreizung unwissen und kindischer wichtigtuerei«, dieser »bedenkliche dilettantismus« mit dem verpflichtenden Ethos seiner Dichtung zu tun? »Mit welchem recht diese herren George in anspruch nehmen ist mir aus ihren leistungen unerfindlich.«[87]

Obwohl die Knabenliebe weder in Hildebrandts Wilamowitz-Aufsatz noch von den anderen Autoren des im März 1910 erschienenen ersten *Jahrbuch*-Bandes thematisiert wurde, war es dieser Punkt, auf den sich gleich mehrere Kritiker stürzten. Das »offene Geheimnis« drohte in dem Moment zum Skandal zu werden, wo es den schützenden Bereich der Dichtung verließ, um als ideologische Münze gehandelt zu werden. »Die religiösen Anspielungen in der Neunten [Folge] bes[onders] das griechische Wunder seien höchst gefährliche Unterfangen«, warnte der Münchner Germanist Friedrich von der Leyen. Er hatte sich in einer Vorlesung kritisch über »diese Angelegenheit als centrale Blätterangelegenheit« ausgelassen, und der mit ihm befreundete Karl Wolfskehl, mit dem er soeben im Insel-Verlag einen Band *Älteste deutsche Dichtungen* herausgegeben hatte, stellte ihn daraufhin zur Rede. Für ihn, so führte von der Leyen in einem dreistündigen Gespräch aus, »sei diese Vergottung des Leibs, *nämlich des Leibs des schönen Knaben* auch um deswillen gefährlich weil damit das Mysterium der übergeschlechtigen Liebe aus seiner bisherigen Verborgenheit ans Tageslicht gerückt sei zumal das Jahrbuch ganz auf diesem Religionssatz dogmatisch beruhe«. Er habe nur deshalb öffentlich Stellung bezogen, weil »die ganze Welt von diesen Dingen aufs gehässigste rede [und] er fortwährend in jeder Stadt in die er kommt ... über dies Thema das *tollste* vernehme«. Wolfskehl seinerseits machte von der Leyen den Vorwurf, »dass er mit seinen Worten eine Diskussion *eröffne* die zu beginnen keine Gehässigkeit seit 20 Jahren gewagt habe und vor allem dass er das religiöse Problem ... aufs willkürlichste verenge«.[88]

George empfahl wie immer, nicht zu viel Aufhebens von solchen Geschichten zu machen. Aber Gundolf wollte die Gelegenheit nut-

zen, »zehn bis zwölf ganz einfach feststellende Sätze« zu formulieren – »ganz fürs Niveau der Bürgerlichkeit und doch ganz unmissverständlich für die Wissenden«.[89] Die Unterscheidung zwischen
Wissenden und Unwissenden, zwischen denen, die dazugehörten,
und denen, die in ihrer »Bürgerlichkeit« befangen blieben, entsprach
dem im Georgeschen Werk strukturell angelegten Gegensatz. Es war
der Gegensatz von »Geweihten« und »Ungeweihten«, von drinnen
und draußen. Jetzt wollte man das »Hellenische Wunder« nicht mehr
hinter verschlossenen Türen, sondern öffentlich feiern. In der Neunten Folge der *Blätter für die Kunst* war der »Griechische Gedanke«
soeben als »weitaus der schöpferischste und unausdenkbarste, weitaus der grösste, kühnste und menschenwürdigste« Gedanke gefeiert
worden, »dem an erhabenheit jeder andere, sogar der christliche,
nachstehen« müsse.[90] Die Knabenliebe war zur Gretchenfrage geworden.

Anfang August konnte Gundolf seine Unterscheidung zwischen
Wissenden und Unwissenden erstmals anwenden. In einem wüten-
den Brief an ihn hatte Sabine Lepsius die sexuelle Dichotomie des
Jahrbuchs scharf verurteilt. Erst spielte Gundolf den Unschuldigen:
»Wo um Himmelswillen wird in dem ganzen Jahrbuch die Frauenfrage ›angeschnitten‹ und die ›Jünglingsliebe‹ verherrlicht?!? Hat der
Buchbinder vielleicht Ihr Jahrbuch verwechselt, ich suche und suche,
und finde nicht den kleinsten Satz, der so zu deuten wäre.« Dann kan-
zelte er die langjährige Förderin in verletzender Weise als Dumm-
chen ab. Was sich die »Teuerste Frau Sabine« unter Jünglingsliebe
vorstelle, sei »das Schreckbild, das Weibchen sich geschaffen haben,
die nur sexual denken können und die Konkurrenz fürchten ... Wenn
Sie wirklich wissen oder wenigstens ahnen wollen, um was es sich
hier handelt, rate ich Ihnen, immer noch eher Plato zu lesen als die
Harden-Prozesse.«[91]

Gundolf tat, als würde er die Entrüstung von Frau Lepsius gar
nicht verstehen, und argumentierte demonstrativ am Kern der Sache
vorbei. Er nannte diese Strategie, bei der er sich im Übrigen köstlich
zu amüsieren schien: die Hunde mit ihrem eigenen Schwanz erschla-

gen. Die Botschaft war klar: Entweder akzeptierte Frau Lepsius, dass es sich bei der Jünglingsliebe »um Weltkräfte, nicht um Medizinalprobleme« handelte, oder aber sie gehörte nicht mehr dazu. Die ideologische Disziplinierung in dieser Frage sorgte dafür, dass zu den Berufenen von nun an nur solche zählten, die an der Knabenliebe zumindest keinen Anstoß nahmen.

Niemand hat dieses Kriterium zur endgültigen Konstituierung des George-Kreises schärfer erfasst als Rudolf Borchardt: »Alles konnte an sich Alles heissen, und was dem Geweihten eindeutig war ›Hellas ewig unsere Liebe‹, blieb dem Profanen höhnisch zu beliebiger Deutung überlassen.«[92] Im Herbst 1910 schlug er ein letztes Mal öffentlich zu und machte mit seiner schon im Januar 1906 im Streit um Boehringer ausgestoßenen Drohung Ernst, George und die Seinen als eine gefährliche Sekte von Homosexuellen zu entlarven. Hatte sich Borchardt in seiner Kritik des *Siebenten Rings* im Jahr zuvor noch einigermaßen zurückgehalten, so nahm er in seinem *Jahrbuch*-Verriss keinerlei Rücksicht mehr und überzog das »Muckerhäuflein« mit derbsten Schmähungen: »Tut euch nach Weibsen um.« Offensichtlich legte es der Rezensent auf eine Beleidigungsklage des Herausgebers an. »Wenn Herr Gundelfinger auf der Straße zu einem auf ihn zugaloppierenden Lastwagen Abracadabra sagen und stehen bleiben wollte, so kann leicht etwas aus ihm werden, worin man Mühe hätte, das hübsche Jüngelchen von kurz zuvor wieder zu erkennen.«[93] Paul August von Klenau, der Eigentümer der *Süddeutschen Monatshefte*, in denen der Artikel Ende November erschien, war so empört, dass er Max Weber bat, »im Interesse der deutschen Publizistik ... gegen eine solche maßlose Verirrung« einzuschreiten. Weber reagierte umgehend und bezeichnete Borchardts »Intermezzo« als eine »schwere Entgleisung«, aus der »ein irreparabler Schaden ... *für* die Öffentlichkeit« entstanden sei.[94]

Die Vorstellung, der George-Kreis sei eine Gemeinschaft, die im Kern von der sexuellen Abnormität ihres Gründers zusammengehalten werde, war für Borchardt zur Obsession geworden. Alfred Walter Heymel, der ihn in diesen Jahren mäzenatisch unterstützte (und selber homosexuell war), widersprach. »Der persönliche Magnetismus« Georges, dem es offenbar gelinge, »fanatische Jünger zu machen«, die sich »wie Rasende« gebärden, sobald man »irgend etwas an seiner Heiligkeit tadelt«, sei in der Tat so beeindruckend wie rätselhaft:

> Es ist ein imponierendes Schauspiel und sucht seinesgleichen in der Literaturgeschichte, während wir es in der Religionsgeschichte und beim Enstehen von Sekten ... immer wieder sehen. Wie weit die gemeinsame Perversität eine Rolle in dieser, beinahe pathologischen Erscheinung spielt, lasse ich dahin gestellt; ich halte es aber für falsch, derartige Erscheinungen immer nur mit dem Sexuellen erklären zu wollen.[95]

6

Im Einleitungsessay zum ersten *Jahrbuch*, dem wichtigsten Text der Reihe überhaupt, hatte Karl Wolfskehl 1910 Georges Wunsch nach einer Geschichte der eigenen Bewegung aufgegriffen und ein paar Stichworte zusammengestellt. In diesem Zusammenhang war erstmals von einem »geheimen Deutschland« die Rede: »Was heute unter dem wüsten oberflächenschorf noch halb im traume sich zu regen beginnt, das geheime Deutschland, das einzig lebendige in dieser zeit, das ist hier, nur hier zu wort gekommen.« Dieses geheime Deutschland sei einzig und allein durch das dichterische Wort über die Zeiten gerettet worden; in der Dichtung eines Volkes sei dessen »ganzes schicksal eingeschlossen«. Es gebe begründete Hoffnung, so endete Wolfskehls Aufsatz, »dass eine bewegung aus der tiefe, wenn in Europa dergleichen noch möglich ist, nur von Deutschland ausgehen kann, dem geheimen Deutschland, für das jedes unserer worte gesprochen ist, aus dem jeder unserer verse sein leben und seinen rhythmus zieht, dem unablässig zu dienen glück, not und heiligung unseres lebens bedeutet«.[96]

Wie diffus solche Umschreibungen auch sein mochten: Dieses Deutschland galt es jetzt über den Krieg zu retten.

In der ersten Julihälfte 1914 war George wie jedes Jahr in die Schweiz gefahren. Mitte des Monats bezog er ein kleines Zimmer in einem Chalet oberhalb von Saanenmöser im Berner Oberland, das Landmanns für den Sommer gemietet hatten. Wenige Tage später traf Friedrich Wolters mit einem jungen Freund, Balduin von Waldhausen, ein. Die beiden suchten sich Quartier im Dorf; Waldhausen kam jeden Vormittag zur »Unterweisung«, Wolters fand sich meist am Nachmittag und Abend ein, auch um George wegen der *Blätter*-Geschichte zu befragen. Ursprünglich hatte Georges Schwester dazustoßen wollen, aber da es ununterbrochen regnete,[97] ließ ihr George am 29. Juli durch Gundolf absagen. Es war ein Mittwoch. Am Tag zuvor hatte Österreich-Ungarn Serbien den Krieg erklärt. Am Donnerstag folgte die russische Generalmobilmachung. Am Wochenende befand sich Europa im Krieg.

Waldhausen reiste sofort ab, ein paar Tage später folgte Wolters, Julius Landmann begleitete ihn bis Basel. George blieb zusammen mit Edith Landmann und den drei Kindern. In der Woche vom 10. August fuhr er nach Bern, um sich auf dem deutschen Konsulat nach den Auswirkungen der Kriegserklärung für ihn zu erkundigen. Seit der Heeresreform von 1888 wurden alle männlichen Deutschen zwischen dem 17. und 45. Lebensjahr, die nicht dem stehenden Heer, der Reserve oder der Landwehr angehörten, im Kriegsfall im Landsturm organisiert. George hatte soeben sein 46. Lebensjahr vollendet und unterstand keiner militärischen Kontrolle mehr. Seine Papiere reichten für einen Grenzübertritt aus. Wegen der erheblichen Einschränkungen im Zugverkehr empfahl man ihm auf dem Konsulat, vorerst nicht zu reisen, und so fuhr George ins Berner Oberland zurück, wo er seine Ferien bis Ende August fortsetzte. Gundolf, der keinen Moment daran gezweifelt hatte, dass George in der Stunde der nationalen Not stehenden Fußes nach Hause eilen würde, war sichtlich irritiert. »Nichts wird so heiss gegessen als es gekocht wird«, antwortete ihm George am 13. August. »Ich sehe keinen grund vorläufig in eile die schweiz zu verlassen.«[98]

Die Gelassenheit, die George im August 1914 an den Tag legte, entsprach dem demonstrativen Gleichmut, mit dem er vier Jahre später die Niederlage kommentierte. Dieser Krieg, das machte er immer aufs Neue deutlich, ging ihn nichts an. Als dreieinhalb Monate nach Kriegsausbruch eine neue Folge der *Blätter für die Kunst* erschien, suchte man nach einer Stellungnahme zum Krieg vergeblich. Der Band sei bereits »im vorsommer zusammengestellt« worden, hieß es in den »Nachrichten«, und es habe keinen Grund gegeben, »das erscheinen hinauszuschieben da unsere haltung vor und in den ereignissen des jahres sich gleicht«. Das Vorwort gab einen kurzen Überblick über die Entwicklung der *Blätter*-Dichtung seit ihren Anfängen; heute habe die Zeitschrift »erst recht die aufgabe zu zeigen dass in zeiten eines kräftigen gesamtlebens die Dichtung ... innerste seele des volkes ist«.

Fünf Jahre später, im Dezember 1919 stand am Schluss der Einleitung zur letzten Folge der *Blätter für die Kunst* der Satz: »Nur den wenigen dürfte es einleuchten dass in der dichtung eines volkes sich seine lezten schicksale enthüllen.«[99] Die Einleitungen von 1914 und 1919 lassen sich mühlos austauschen. Der Krieg findet in der Welt Georges nicht statt.

Und doch war am Ende alles anders. Nichts von dem, was am Vorabend des Großen Krieges für die Ewigkeit bestimmt zu sein schien, überdauerte die Katastrophe. Am wenigsten der Glaube an die Sieghaftigkeit der heiligen deutschen Jugend. Als alles vorbei war, musste Stefan George wieder ganz von vorn anfangen.

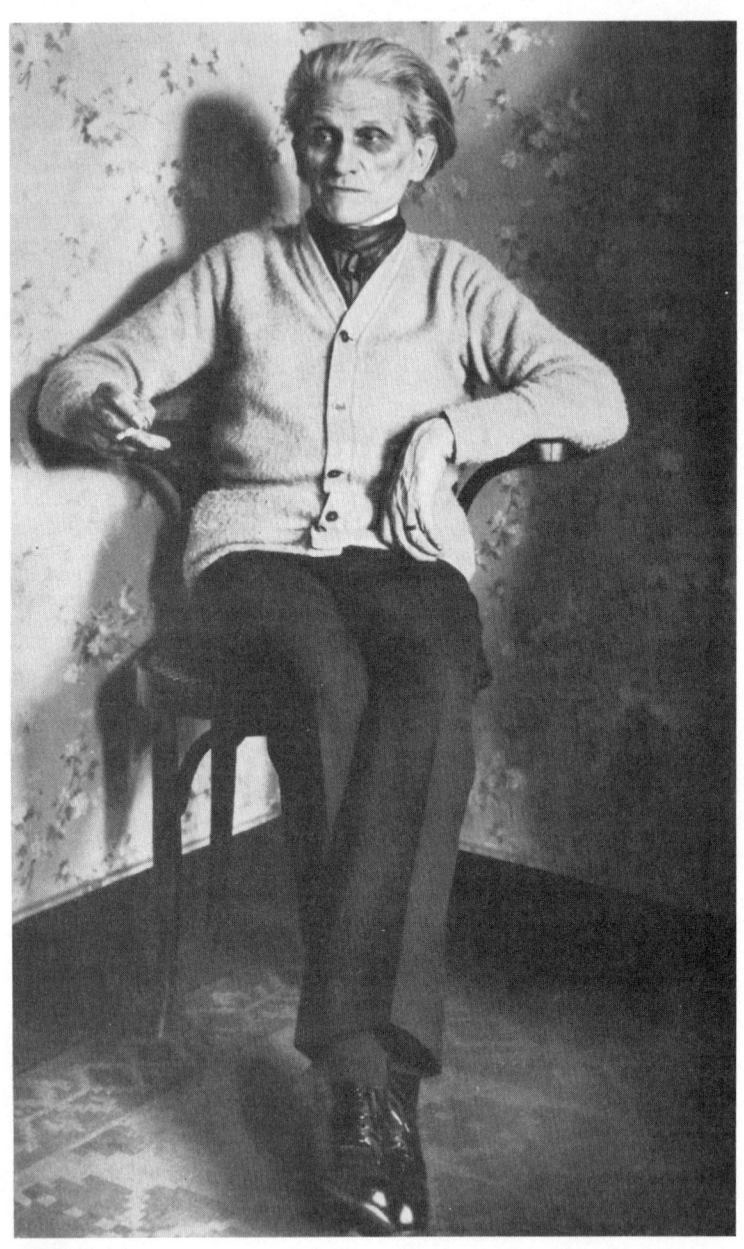

1924

III Der Rückzug
1918–1933

Dass ich überhaupt noch möglich war,
beweist, dass das von mir Verkündete
noch Zukunft hat*

---

* Friedrich Gundolf: Aufzeichnungen aus Gesprächen mit George, in: George, Dokumente, 95. Vgl. auch das von Wolters überlieferte Diktum: »Wenn man mich heute schon begriffe, hätte ich gar nicht zu kommen brauchen«, FW 563; ähnlich auch 1929 gegenüber Edith Landmann: »Wenn ich verstanden worden wäre, hätte ich gar nicht zu kommen brauchen«, EL 198.

1 Pfingsten

Es waren zwölf, die Stefan George zu Pfingsten 1919 kurzfristig nach Heidelberg einlud, und alle wussten, dass es sich um ein außergewöhnliches Treffen handelte. Ein einziges Mal hatten sich die Freunde in ähnlich großer Runde versammelt; das war Pfingsten 1913 gewesen, als sie zu zehnt in Georges Münchner Mansardenwohnung zusammengekommen waren. Sechs lange Jahre lag das zurück, und viele hatten sich seither nicht wiedergesehen. Durch den Krieg war auch im Freundeskreis manches durcheinander geraten. Um die Reihen neu zu ordnen, bestellte George jetzt die Wichtigsten der Getreuen zu einer dreitägigen Klausur. Es waren nicht zufällig zwölf Geladene, und auch das Datum hatte George mit Bedacht gewählt. Der christlichen Überlieferung nach war an Pfingsten der Heilige Geist über die Apostel gekommen und hatte sie reden gemacht in allen Zungen.

Gespannt war die Runde vor allem auf drei Neue, die nach gründlicher Vorbereitung in den Kreis der Freunde eingeführt werden sollten. Zu ihnen gehörte Percy Gothein, der das Heidelberger Pfingsttreffen in seinen wenig später entstandenen Erinnerungen als die große Kehrtwende seines Lebens ausführlich schilderte. Bisher habe er zwar nicht viel hergemacht, knurrte George, aber der Wettbewerb mit »den andern, die schöner seien als ich und auch bereits auf einer viel höheren Stufe ständen«, sei für Percy vielleicht ein Ansporn.[1] Gothein hatte gerade seinen 23. Geburtstag gefeiert. Damit war er nach den Kriterien Georges über das ideale Initiationsalter längst hinaus. Trotz der langen und quälenden Vorgeschichte ihrer Beziehung hatte Percy aber nie die Hoffnung aufgegeben, »dass Sie mich trotz allen Irrungen noch immer gern haben, dass noch nicht alles für immer verloren ist«.[2]

Wie die große Mehrheit seiner Altersgenossen aus den Kreisen des Bildungsbürgertums hatte sich Gothein bei Kriegsausbruch im August 1914 freiwillig gemeldet. Bevor er Anfang November ausrückte, besuchte George ihn noch einmal an seinem Standort Mannheim. Percy solle ihm regelmäßig schreiben, ermahnte er ihn zum Abschied, Berichte seiner Freunde aus den Schützengräben seien »wichtiger für die Zukunft deutschen Wesens als manche gewonnene Schlacht«.[3] Der erste Brief Anfang Februar 1915 klang recht lustlos. Der Alltag hinter der Front sei grau und voller Widrigkeiten, vieles gehe ihm gegen den Strich; die Kameraden würden sich über ihn lustig machen und ihn »scheel ansehen, weil man nicht ist wie ihresgleichen«. Zwar könne er inzwischen mit Spaten und Hacke umgehen, aber er sei nun einmal nicht zu solchen niedrigen Tätigkeiten geboren.[4] George war entsetzt. Hier schrieb kein Siegertyp, keiner jener strahlenden Helden, wie er sie sich wünschte. Percys Brief ließ jede Haltung vermissen. Mit solchen Schülern, die nicht einmal im Feld ihren Dünkel ablegten, wollte George nichts zu tun haben. Seine Antwort war harsch und eindeutig. Er stellte sie unter die Überschrift »Die Entlassung des Schülers« und schickte sie dem 18-Jährigen an die Front:

> Das höchste was von Gott dem menschen eignet
> Kam vor dein haus, hat sich für dich ereignet.
> Du merktest nicht – du bleibst dein leben kind
> Du sahest nicht – du bleibst dein leben blind.[5]

Percy solle die Verse als »Talisman« bei sich tragen, schrieb George in einem Begleitbrief. Für den Adressaten, der nach der Lektüre »stundenlang wie ein Kranker« weinend auf seiner Pritsche lag, muss es wie Hohn geklungen haben. Er verstand die Zeilen, wie sie gemeint waren – »als Fluch für mein Leben lang«. Wenn es ihm allerdings »bestimmt sei, draussen zu bleiben«, hatte George am Ende seines Begleitschreibens trostreich hinzugefügt, »würden in der letzten Stunde meine Augen erhellt werden, denn ein vom Strahl auch nur Gestreifter sterbe nicht sinnlos«. Nach solcher Art Erleuchtung war Gothein verständlicherweise nicht zumute. Sechs Wochen nach Erhalt des Gedichts raffte er sich auf, George »noch einmal nach dem rechten Weg zu fragen. Oder soll ich aus der Überschrift schliessen, dass mir von nun an Ihre Türe verschlossen ist?«[6]

Im Juni 1915 wurde Gothein in Galizien von einer Kugel am Kopf getroffen. Nach Lazarettaufenthalt, Erholungsurlaub und vorübergehender Verwendung an der Heimatfront vom Dienst befreit, begann er 1916 zu studieren. Der Universität konnte Gothein freilich genauso wenig abgewinnen wie dem Frontalltag. Er verfiel in Schwermut und erging sich in langen selbstquälerischen Betrachtungen seiner Nichtswürdigkeit. George, der jede Form der Selbstanalyse für abwegig hielt, hüllte sich in Schweigen. Einmal, im Dezember 1916, sahen sie sich. Gothein fuhr von Heidelberg nach Mainz, wo George bei Robert Boehringer logierte. Die Atmosphäre war frostig. Gothein studierte damals Philosophie. »Philosophie macht hässlich«, sagte ihm George auf den Kopf zu. Ein paar Tage später fragte er Gundolf, ob er auch schon bemerkt habe, dass Percy »ein andres gesicht aufweist – leider ziemlich unerfreulich«.[7]

Zumal im direkten Vergleich mit Erich Boehringer, Roberts jüngerem Bruder, schnitt Gothein schlecht ab. Dem blendend aussehenden Artillerieoffizier setzte George bei Kriegsende ein schönes Denkmal: »Einem jungen Führer im Ersten Weltkrieg«. Im Dezember 1916 war Boehringer direkt von der Front zu kurzem Besuch nach Mainz gekommen. Boehringer sei »von Kopf bis Fuß ein Held« gewesen, schrieb Gothein in seinen Erinnerungen, und aller Augen hätten mit Wohlgefallen auf ihm geruht:

> Wenn der Schöne schlank und biegsam durch die Straßen schritt in seiner hübsch sitzenden Uniform mit dem wippenden metallisch anschlagenden Schleppsäbel an der Seite, öffnete sich ganz gewiss irgendein Fenster hinterdrein, aus dem ein Mädchen ihm nachblickte … alle beeilten sich noch geschwind, von dem Schönen, ehe er ganz vorbei war, einen Blick zu erhaschen. Diese jungen schneidigen Offiziere spielten im Krieg eine nicht geringe Rolle, und der Führer der Jugend [d.i. George] sagte wohl, mehrmals bedeutsam mit dem Kopfe nickend, wie es seine Art war, wenn er etwas nachdrücklich betonte: »Wenn wir nur schon mehr von solchen Soldaten besessen hätten, dann wäre uns dieser Krieg nicht verloren gegangen; denn die sind nicht umzubringen.«

Als sich Gothein im Sommer 1917 in Berlin zum ersten Mal in einen
Jungen verliebte – es war der Sohn des Ministerialdirektors, späteren
Außenministers und Reichsgerichtspräsidenten Walter Simons –,
hob er die Freundschaft sofort auf die pädagogische Ebene. »Ich kenne das Gesetz. Ich habe empfangen, gelange aber nicht eher in den Besitz als bis ich weitergegeben habe aus der angeborenen und erworbenen Fülle.«[8] Es war ein klares Junktim. Nur wenn der junge Simons
sich seiner Führung anvertraue und ihn auf diese Weise aus dem Dilemma seiner unerfüllten Sehnsüchte befreie, könne er, Gothein, dem
Gesetz Georges genügen.

In seiner Autobiographie stilisierte sich Gothein in diesen Jahren
zu einem unentschiedenen, seelisch zerrütteten Studenten der Philosophie. Während er lustlos von einer Universität zur anderen gezogen sei, hätten Gleichaltrige wie Erich Boehringer als Truppenführer
längst Verantwortung getragen. »Was war ich für eine Trauergestalt
neben diesem Schönen«, seufzte Gothein in seinen Erinnerungen.
Seit Augustinus folgt die Bekenntnisliteratur stets dem gleichen Schema: Schwächen und Verfehlungen der Vergangenheit grell zu überzeichnen, um den Augenblick der Rettung als ein umso größeres
Wunder erstrahlen zu lassen. Indem er seine gesamte bisherige Entwicklung als eine Anhäufung von Fehlschlägen charakterisierte, steuerte Gothein im Bericht seiner Erweckung durch George unweigerlich auf jenen Moment zu, an dem sich sein Schicksal entscheiden
musste. Im Januar 1919 war es so weit. Gothein, der inzwischen Romanistik in München studierte, bekam die lang ersehnte Chance, bei
George doch noch in die erste Reihe aufzurücken.

2

Es war Gotheins innigster Wunsch gewesen, einmal für längere Zeit
mit dem Dichter »in derselben Luft zu leben«. Da zu Jahresbeginn in
München »keiner seiner Freunde zugegen war außer mir, so nahm er
in Ermangelung eines Bessern mit mir vorlieb und erlaubte, dass ich

einige Male die Woche nachmittags zu ihm kommen dürfte«. Mit der Formulierung »in Ermangelung eines Bessern« wollte Gothein seine Bescheidenheit unterstreichen; indirekt gab er damit jedoch wohl auch zu verstehen, dass er die Hintergründe kannte und wusste, dass George einen anderen, nämlich Ernst Glöckner, als Begleiter favorisiert hatte. Glöckner, der bereits in den Jahren zuvor jeweils zwei oder drei Monate fast täglich mit George zusammen gewesen war, hätte wie stets bei Ernst Bertram wohnen und sich mit der Abschrift der Manuskripte für die in Vorbereitung befindliche neue Folge der *Blätter für die Kunst* ein Zubrot verdienen können. Aber Glöckner war ein ängstlicher Mensch und schob seine Abreise aus Marburg immer wieder auf. Die politischen Verhältnisse in Bayern beunruhigten ihn, und am Ende sagte er aus gesundheitlichen Gründen ab.

George war bereits im Dezember eingetroffen und blieb bis Mitte März. Es war sein letzter längerer Aufenthalt in München für viele Jahre. Karl Wolfskehl hatte kurz vor Kriegsende im Emmendinger Land ein Anwesen erworben und die Wohnung im ersten Stock der Römerstraße 16 zum 1. April 1919 gekündigt. Die beiden kleinen Zimmer im Dachgeschoss, die George bewohnte, seit Wolfskehls 1909 dort eingezogen waren, standen nur noch diesen Winter zur Verfügung. Wolfskehl hatte den Mietvertrag für die Mansardenwohnung auf George überschreiben wollen, aber der Plan scheiterte am Widerstand des Hausbesitzers und ließ sich auch beim Wohnungsamt nicht durchsetzen. Die nach Angaben Georges getischlerten Möbel des berühmten Kugelzimmers – das seinen Namen einer einfachen, kugelförmigen Milchglaslampe im Stil der späteren Bauhaus-Leuchten verdankte – landeten auf einem Speicher in Assenhausen bei München.

Gothein hatte inzwischen begriffen, worauf es im Umgang mit George ankam. »Nur auf ein bestimmtes Zeichen öffnete sich die Türe unten und ließ den in die Geheimnisse dieses Hauses Eingeweihten ein. Fremde unwillkommene Eindringlinge konnten soviel läuten als sie wollten, die Pforte tat sich ihnen niemals auf ... *Ich* wusste das Zauberwort, und vor mir sprangen die Türen weit auf. Wenn ich die

Treppen hinaufstürmte und oben ankam, war niemand zugegen, nur war die Türe geöffnet und leise angelehnt.« Bevor er das Allerheiligste, das Kugelzimmer,»von dem manche Sage umging«, betreten durfte, musste der Besucher ganz profan die Pantoffeln anziehen, die auf dem Gang bereitstanden, denn George »hielt sehr auf Sauberkeit in seinem Gemache«.

Bevor der Dichter aus dem Nebengelass ins Hauptzimmer trat, hatte Gothein schon Tee gemacht, genauer, er sorgte für die nötigen Vorbereitungen, denn das Teeaufgießen behielt sich George grundsätzlich selbst vor. »Wofür sind die Jungens ihrem Führer sonst etwas nutz, wenn sie ihm nicht einmal seinen Tee richten können?« Gothein musste viel Lehrgeld zahlen, bis er eines Tages einen wirklichen »Vertrauensposten« erhielt und endlich selber einkaufen durfte. Fehlte etwas auf dem Tisch, wies George stumm mit dem Finger auf die Stelle. Der Dichter hatte »seine ganz bestimmten Lebensgewohnheiten, von denen er nicht wünschte, dass um ein Haarbreit abgewichen würde«.

Im Laufe der Jahre war ihm George in unerreichbare Ferne gerückt, und Gothein näherte sich ihm jetzt in vollkommener Demut. In solchen Momenten habe George »seine in der Tat meisterliche Fähigkeit« bewiesen, heißt es bei Stefan Breuer, »das Selbstwertgefühl anderer Personen zu demontieren, Beschämung hervorzurufen und ihnen genau jene Dosis Zuversicht zu verabreichen, die sie für den Neuaufbau ihrer Identität benötigen«.[9] Diese Perspektive ist eine einseitige; sie verkennt den Begriff der charismatischen Herrschaft, weil sie sich Gefolgschaft nicht anders vorzustellen vermag denn als eine auf Befehl und Gehorsam beruhende Abhängigkeit. Nach Weber kann das Charisma aber überhaupt nur »von innen, von einer zentralen ›Metánoia‹ der Gesinnung der Beherrschten her, seine revolutionäre Gewalt« entfalten. Im Übrigen bezeichnet der Webersche Begriff eine soziale Beziehung, das heißt eine Beziehung auf Gegenseitigkeit, in der dem Anspruch des einen auf unbedingte Führerschaft der erklärte Wille des anderen zu bedingungsloser Gefolgschaft entspricht. Im Verhältnis George – Gothein zeigt sich die charismatische Herrschaft in idealtypischer Form. Was sich unter dem Dach der Römerstraße abspielte, war alles andere als eine Demontage, es war ein auf Freiwilligkeit gründender Akt der Unterwerfung.

Hingabe war das Schlüsselwort, und Gothein ließ keinen Zweifel, dass dies nicht bloß metaphorisch gemeint war. Noch in der Erinnerung überwältigte ihn die Vorstellung, George einmal so nah gestanden zu haben. An manchen Nachmittagen sei es bereits frühlingshaft warm gewesen; erst wenn die Sonne unterging, hätten sie Fenster und Läden geschlossen und die Vorhänge zugezogen. Das seien die halkyonischen Tage, habe George gesagt, die strahlend blauen Tage, in denen der Eisvogel brüte – die Tage der Stille und Einkehr. Den erotischen Zauber, der von ihnen ausging, fasste Gothein im Rückblick in der stummen Frage zusammen, ob einem jungen Mann in jenen Tagen ein größeres Glück beschieden sein konnte, als von einem solchen Meister an die Hand genommen zu werden.

Die eigentliche Prüfung war das Lesen. George wollte hören, wie Percy Gedichte las, um beurteilen zu können, auf welcher Stufe er stand. Percy durfte wählen und entschied sich für das dem Novizen angemessene zweite Zehnt aus dem *Zweiten Buch* des *Sterns*, das beginnt: »Wer seines reichtums unwert …« Im Moment, wo er in Georges Worten aussprechen sollte, was ihn all die Jahre bewegt hatte, war Gothein »innerlich so erregt, dass meine Stimme ganz tonlos wurde, weil mir das Blut so in die Kehle stieg, als ob es den Atem mir abschnüren wollte«. Außer Lesen wurde auch Schreiben geübt. »Das ganze kleine und große Alphabet wurde der Reihe nach durchgenommen und jeder Buchstabe, wie ich ihn bisher gemacht hatte, auf seine Mängel, Verzwicktheiten und Unschönheiten beurteilt und durch bessere und einfachere Formen ersetzt.« George zeigte dem Kind, das längst keines mehr war, wie man einen Brief übersichtlich adressiert und wo man am besten die Briefmarke aufklebt.

Draußen tobte derweil die Revolution. Kurt Eisner, der Führer der bayerischen Linkssozialisten, hatte am 7. November 1918 Bayern kurz entschlossen zum Freistaat erklärt und sich selbst an die Spitze der Regierung gestellt. Nach der verheerenden Niederlage der USPD bei den Landtagswahlen im Januar 1919, aus denen die Bayerische Volkspartei als klare Siegerin hervorgegangen war, schien Eisner nicht gewillt, von seinem Amt zurückzutreten. Als linker jüdischer Literat war er längst zur bevorzugten Zielscheibe der Nationalen geworden. Am 21. Februar wurde er auf dem Weg zum Landtag ermordet. Am Mittag verhängte die Regierung den Belagerungszustand, die Furcht vor einer Radikalisierung der Verhältnisse nach sowjetischem Vorbild griff um sich.

George, der sich später an gespenstisch leere Straßen erinnerte, durch die hin und wieder ein Trupp Soldaten gekarrt wurde, hatte mit einer Revolution gerechnet, sie in gewissem Sinn sogar herbeigewünscht. Er könne sich nicht vorstellen, meinte er im Sommer 1918, »dass die Soldaten, die ihre Haut zu Markte getragen haben, zurückkommen, um die Knechte derer zu sein, die inzwischen Zeit hatten, Geld zu machen«. Bliebe das reinigende Gewitter einer Revolution aus, würden die Menschen auf Dauer »versklavt«; da lobe er sich fast schon den Bolschewismus, in Russland herrsche wenigstens Anarchie. Durch Revolutionen würden die notwendigen Änderungen nun einmal schneller erreicht. Was die Deutschen angehe, bleibe er allerdings skeptisch, denn sie hätten bisher noch jeden Umsturz verpasst. »Ein Volk, das zu politischer Reife kommen will, muss erst einmal seinen König köpfen.«[10]

Als die Revolution dann kam, war George nicht mehr ganz so sicher, ob er sie tatsächlich wünschen sollte. Vor allem seine eigene Rolle erschien ihm plötzlich unsicherer denn je. »Für irgend eine betätigung halte ich die stunde für noch nicht gekommen«, schrieb er am 11. November aus Berlin an Wolfskehl.[11] Es war der Tag des Waffenstillstands, an dem im Reichstag erstmals der Soldatenrat zusammentrat. Vier Wochen später fuhr George von Berlin direkt nach München. Es werde sich wohl auch diesmal wieder die Erfahrung bestätigen, meinte er Anfang Februar – schon deutlich zurückhaltender –, »dass bei noch so grossen weltwenden die ›kleinen leute‹ immer in der überzahl bleiben«.[12] In der bayerischen Hauptstadt sei es zum Glück »noch immer erträglich«, hieß es vier Wochen später. »Wenn man in der stadt an gefährlichen stellen vorbeiwill wird man höflich gebeten aus dem weg zu gehen weils ›jezt glei' a'fangt z'bliz'n‹.«[13] Die Revolution war zur Farce geworden.

Er finde die Radikalisierung Bayerns »urkomisch«, notierte Thomas Mann am 5. April 1919 in sein Tagebuch, »kaum mehr als Unfug«. Als die Räterepublik einen Monat später mit Hilfe württembergischer und preußischer Freikorps zusammenkartätscht wurde, war er allerdings doch froh, unversehrt davongekommen zu sein, und spendierte den Soldaten, die man zum Schutz seines Hauses abgestellt hatte, Zigarren. Nachdem er noch am 13. April der Meinung gewesen war, es sei gut, wenn man die linken Idealisten, die in verantwortungsloser Weise den Geist kompromittiert hätten, »als Schädlinge erschösse«, besann er sich Anfang Mai rechtzeitig auf seine künftigen republikanischen Pflichten und unterzeichnete einen Aufruf an das Bürgertum, sich »seiner Schicksalsgemeinschaft mit dem arbeitenden Volke inne zu werden« und die notwendige »Umwandlung der Gesellschaftsordnung« in Angriff zu nehmen. Auf der Linken war schon seit längerem der Vorwurf laut geworden, der große Schriftsteller »mache es sich gar zu leicht mit der Art, in der er wieder Anschluß finden wolle«.[14]

Zu den Unterzeichnern des Versöhnungsaufrufs, der am 8. Mai in den *Münchner Neuesten Nachrichten* erschien, zählte auch Rainer Maria Rilke. In seiner Wohnung in der Ainmillerstraße 34, einen Steinwurf von Georges Wohnung in der Römerstraße entfernt, war während der vergangenen Wochen die Crème der Revolutionäre ein- und ausgegangen: Kurt Eisner, Ernst Toller, Edgar Jaffé, Erich Mühsam, Alfred Kurella. Im Chaos des Zusammenbruchs Anfang November hatte sich Rilke vorübergehend offenbar ähnliche Hoffnungen gemacht wie George. Weil er vergaß, den Anschlag zu entfernen, mit dem die Räte seine Wohnung unter ihren besonderen Schutz gestellt hatten, kam es Anfang Mai um fünf Uhr in der Früh zu einer peinlichen Haussuchung durch die neuen Machthaber. Erst da begriff der Dichter, wie gefährlich es war, die Ebenen des Geistes und der Macht nicht sorgfältig getrennt zu halten, packte seine Sachen und

reiste für immer aus Deutschland ab. »Dass er ein Dichter war, machte ihn der Polizei verdächtig.«[15]

Auf der politischen Bühne schienen die Rollen in diesen Wochen
vertauscht. Während Mann und Rilke noch ihren Platz suchten und
dabei vorübergehend ins Straucheln gerieten, hatte sich George längst
auf die ihm vertraute Position des wissenden Beobachters zurückgezogen, den Tagespolitik nicht kümmerte. Die Aufgeregtheiten rund
um die bayerische Revolution waren für ihn jedenfalls kein Grund,
länger in München zu bleiben als sonst. Vielleicht saß er gerade im
Zug nach Darmstadt, als Heinrich Mann am 16. März im Münchner
Odeon die Gedächtnisrede auf Kurt Eisner hielt. Der Ermordete sei
»der erste wahrhaft geistige Mensch an der Spitze eines deutschen
Staates« gewesen, rief Heinrich Mann und feierte die hundert Tage
seiner Regierung, die Deutschland »mehr Ideen, mehr Freuden der
Vernunft, mehr Belebung der Geister gebracht« hätten als die letzten
fünfzig Jahre zusammen.[16] Das sah George anders. »Die geistigen Lö-
sungen sind schon alle gefunden«, beschied er Ernst Robert Curtius,
der ihn Ende April in Heidelberg besuchte. »Die Ereignisse hinken
immer schwerfällig nach.«[17]

3

Er habe etwas Ernstes mit Percy zu besprechen, meinte George an
einem jener beschaulichen Münchner Nachmittage im Winter 1919,
und der Ton in seiner Stimme ließ den Famulus aufhorchen. George
ging »einige Male durch das Gemach hin und her, wie wenn er einen
schon gefassten Plan in Gedanken noch ein letztes Mal erwöge«. In
Erwartung dessen, was ihm der Dichter eröffnen wollte, stützte sich
Gothein mit den Ellenbogen auf die Heizung und drückte seine Stirn
gegen die Wand, so dass ihm die warme Luft von unten ins Gesicht
stieg und sein Geist auf diese Weise »von allem Verstockten und Un-
reinen« geläutert wurde. »›Es ist vielleicht sehr gut‹, hub nun der
Führer zu sprechen an, indem er gerade vor mir in seinem Auf- und

Abwandern innehielt und mich prüfend ernst ansah, ›wenn Sie nun gewisse Gedichte zu hören bekommen, die noch niemand kennt und die für Sie eine hohe Bedeutung haben werden.‹ Damit ging er an seinen Tisch und holte aus seinen Fächern eine Abschrift hervor.«[18]

Nachdem Percy die Broschur bestaunt hatte, las ihm George den Zyklus vor: Er bestand aus acht Gedichten und trug den Titel *Sternwandel*. Percy wurde sich zum weiteren Mal der eigenen Versäumnisse bewusst: Hier hatte ein offenbar Jüngerer als er sein Erweckungserlebnis bereits in triumphale Bilder gebracht. »Wir hätten selten einen reichen tag / Wenn nicht die liebe unser blut durchglühte.«[19] Wer konnte das gedichtet haben? George stellte drei kleine Fotografien auf den Tisch, und Percy sollte raten, wer von den dreien der Verfasser sei. Percy wusste es nicht. »Der mittlere ist das rechte Dichterkind«, klärte George ihn auf, »das kann man an den Augen erkennen.« Dann erzählte er die Geschichte vom Freitod dieses Dichters, der sich aus Treue zu seinem Freund gemeinsam mit diesem das Leben genommen habe. Als George endete, so Gothein, seien sie beide »dem Weinen nahe« gewesen.

Der Doppelselbstmord von Bernhard von Uxkull und Adalbert Cohrs im Juli 1918 war für George das schlimmste Ereignis des Krieges gewesen. Als ihn die Nachricht erreichte, hatte er das Gefühl, als wären ihm »beide Beine abgeschossen« worden.[20] Unter dem Eindruck dieses Verlustes entstand Anfang August jenes Gedicht, mit dem zehn Jahre später das *Neue Reich* – und das hieß: das dichterische Œuvre Stefan Georges – seinen Abschluss finden sollte:

> Du schlank und rein wie eine flamme
> Du wie der morgen zart und licht
> Du blühend reis vom edlen stamme
> Du wie ein quell geheim und schlicht[21]

Nachdem sie von Ernst Morwitz viele Jahre auf die Welt des Dichters vorbereitet worden waren, hatte sich George während des Krieges der Brüder Uxkull persönlich angenommen. Sein Interesse galt vor allem Bernhard, dem jüngeren der beiden, der im Herbst 1916 vom Internat in Ilfeld am Harz nach Berlin gewechselt war. »Jeden tag

empfang ich jezt den besuch des Bernhard der ein rechter S. geworden ist und mir viel freude macht ...«[22] Ein rechter S. – das war ein
rechter Süßer, einer von denen, für die George zeitlebens eine große
Schwäche hatte. An den Augen könne man erkennen, ob einer ein
Dichter sei, hatte er Percy am Foto des Bernhard erläutert. Thormaehlen präzisierte: »Was seinen Zügen das Dichterische gab und ein ju-
gendlich Traumhaftes, war die feine Schwellung, die unter den Brauen
über dem Auge schwebte und sie beschattete – sie pflegt nur bei Kindern und blühender Jugend vorhanden zu sein, im männlichen Alter
verschwindet sie meist allzu schnell.«[23]

Der nie exakt definierte Begriff des Dichterischen ließ genügend
Spielraum für allerlei Abstufungen. Da er aufs engste mit dem Aussehen eines Menschen zusammenhing, kamen von vornherein nur bestimmte Personen als »dichterischer Typus« in Betracht. Viele konnten dieses Prädikat auch mit den schönsten Versen nicht erlangen,
und manchem, der es einmal besaß, wurde es abgesprochen, sobald er,
wie George sich auszudrücken pflegte, garstig wurde. Das Dichterische, verstanden als Gradmesser des Erotischen, war die entscheidende Kategorie für die Beurteilung eines Menschen, es war der
zentrale Begriff des Georgeschen Kosmos. In dieser Welt, so Wolters
resümierend, kenne man »nur eine bestimmte Art der Jugend zur
Eignung für das gemeinsame Leben: den dichterisch erschütterbaren
Menschen«.[24]

Bernhard von Uxkull, der diese neue Jugend in Vollendung verkörperte, war nach dem genealogischen Verständnis Georges als
»Sohn« von Morwitz bereits ein »Enkel«. Als erster jüngerer Freund
eines jüngeren Freundes war er genau genommen der erste Enkel.
Und dieser Enkel hatte in dem zweieinhalb Jahre älteren Adalbert
Cohrs, dem Sohn des Ilfelder Schulgeistlichen, bereits weitergezeugt.
»Dass so etwas möglich war, macht den Freundeskreis für immer
existent«, soll George zu Wolters gesagt haben. »Enkel sind das Meiste.«[25] Die Freundschaft von Bernhard und Adalbert war für George
der sichtbare Beweis, dass sich auch ohne sein persönliches Zutun, allein aus der von ihm geschaffenen Dichtung Freundschaft regenerier-

te, dass es ein Leben aus der Dichtung gab. Durch ihren gemeinsamen Tod schufen sie eine Legende, die für den Freundeskreis in den zwanziger Jahren zum Maßstab werden sollte.

Nach dem Abitur war Bernhard von Uxkull 1917 als Fahnenjunker in die Ersatz-Abteilung des preußischen 1. Garde-Feldartillerie-Regiments eingetreten und im Winter zur weiteren Ausbildung nach Belgien verlegt worden. Adalbert Cohrs hatte sich bereits im August 1914 als 17-Jähriger von der Schulbank weg als Kriegsfreiwilliger gemeldet. Wenn er Fronturlaub hatte, besuchte er George, der ihm im Anschluss an ein Treffen in Mainz im Januar 1917 schrieb: »Als zusammenfassung dieser tage gilt als höchstes lob: nichts war zu- und nichts ab zu tun: nur die kürze war zu bedauern.«[26]

Vier Wochen später sprach Cohrs in einem Brief an George erstmals von Desertion. Er war psychisch am Ende und

> so unglücklich, dass eine Flucht aus diesem Staat in die Schweiz oder sonst ein freies Land als das einzig Gebotene erscheint und die einzige Möglichkeit, die menschlichen Kräfte ungebrochen und ganz vollkommen dem Leben zu erhalten und zu retten – das sind keine Augenblicksstimmungen, die ich nie, am wenigsten dem Meister, niederschreiben würde, sondern dauernde Nöte, von denen zu befreien ich den Mut hätte, sobald Einer mir die Hand reichte – und ich wäre dann gewiss, dass ALLES gerettet sei und sich so entfalten könnte wie nie zuvor, wie nie jetzt und hier. Ich schrieb und schreibe niemandem darüber – doch nimm DU es so ernst wie es ist.[27]

George antwortete umgehend: »Deine zeilen enthalten etwas fast ordnungsloses und einen getrübten blick. Ein entrinnen gibt es jezt nicht – für keinen. am wenigsten eines auf das Du anspielst.«[28] Anfang Mai musste Cohrs erneut an die Front. Als sie sich im Januar 1918 für einige Tage in München wiedersahen, traten die unterschiedlichen Auffassungen über die Pflicht des Einzelnen im Krieg offen zu Tage. Nach Cohrs' Abreise schickte ihm George einen Vierzeiler, in dem er den Krieg als große Katharsis deutete:

> Du hast des lebens götterteil genossen
> Von glück und rausch und schwärmen wunderbar ..
> Du darfst nicht murren, ward dir nun beschlossen
> Des wahren lebens ander teil: gefahr.[29]

Cohrs hatte panische Angst, wieder ins Feuer zu müssen. »Kein triumf wird sein, / Nur viele untergänge ohne würde«, hatte George in seinem im Sommer 1917 veröffentlichten Kriegsgedicht geschrieben: »Der alte Gott der schlachten ist nicht mehr.«[30] In dem Wust von »blei und blech, gestäng und rohr« war für Heldentum kein Platz, und die Gefahr, an der Front zu »brei und klumpen« zerschossen zu werden, wuchs mit jedem Tag, den dieser Krieg dauerte. Warum bestand George jetzt darauf, dass Cohrs wieder hinaus ging? Anfang 1917 hatte er eines der späten Hölderlin-Fragmente für ihn abgeschrieben: »Wir aber zwingen / Dem Unglück ab und hängen die Fahnen / Dem Siegsgott, dem befreienden auf. Darum auch / Hast du Räthsel gesendet.«[31] Aber konnte das wirklich ein Trost sein, verlangte George nicht Unmögliches? Hier klaffte zweifellos ein Widerspruch auf zwischen dem Pathos der Gedichte und dem, was er seinen jungen Freunden glaubte zumuten zu können. Cohrs verhehlte nicht, »dass es eine Grenze des Aushaltens gebe«, und erzählte von Kameraden, »die sich erschossen hätten, als sie das Kommando bekamen, wieder in das vorderste Gemetzel zu gehen«.[32]

Die Militärs sprechen vom »stochastischen Faktor« und meinen jenen Moment, in dem »die Männer der kämpfenden Verbände zu der Einschätzung gelangen, dass ihre Überlebenschancen die Grenze zwischen einem zufälligen Tod und seiner offenbar statistischen Wahrscheinlichkeit überschritten haben«.[33] Genau an diesem Punkt stand der 21-jährige Artillerieoffizier, der sich ausgerechnet hatte, dass er beim nächsten Einsatz »dran« war. Wenn Friedrich Wolters noch im Juni 1918 in einem Brief an George von der »durchgeistigung der materialschlacht« schwärmen konnte,[34] dann nur, weil er nie selber im Schlamm gelegen hatte, sondern – dank seiner Verdienste um die Dissertation des Prinzen August Wilhelm – als Fahrer dem »Kaiserlichen Automobilkorps« zugeteilt gewesen war und nach Überwindung einer schweren Krankheit, die ihn für Monate ans Lazarettbett fesselte, auch am Schluss des Krieges wieder Dienst in der Etappe tat.

Cohrs versuchte einen weiteren Fronteinsatz mit allen Mitteln zu verhindern. Er kam zunächst nach Minden, wo er eine Stelle als Ausbilder bei seiner Garnison erhielt, beantragte eine Kur und wurde im April 1918 in das Sanatorium Schierke im Harz überwiesen. Es gelang ihm, Bernhard von Uxkull, der im Lazarett in Bonn eine Rippenfell-entzündung auskurierte, dorthin verlegen zu lassen, obwohl Uxkull nur Fähnrich war. Am 17. April luden sie George ein, sie in Schierke zu besuchen, sie dürften den Ort leider nicht verlassen. Anfang Mai machte George einige Tage Station im Harz. Es war das letzte Zusammensein der drei, und offenbar war es überschattet von unterschiedlichen Auffassungen über den Heldentod und die Sinnlosigkeit des Krieges. Cohrs blieb dabei, dass er nicht wieder an die Front zurückgehen werde; es seien, räumte er zwei Monate später im Gespräch mit Gundolf ein, einige »unmutige und widerspenstige Worte« gefallen.[35]

Der Besuch bei Gundolf in Berlin am Abend des 9. Juli 1918 ist das letzte gesicherte Datum im Leben von Adalbert Cohrs bis zum Tag seines Selbstmords. »Ich war bis in die Nacht mit ihm zusammen«, schrieb Gundolf am folgenden Tag an George, »er war schön und hoh wie je und ich war glücklich wieder einmal diese junge Heldenluft zu atmen. Er will nun ins Feld, freudig und ohne Hader, und bereut dir im Harz Sorge gemacht zu haben.« In Wahrheit hatte Cohrs längst etwas anderes beschlossen. Er war nicht, wie er in seinem letzten Brief an George vom 9. Juli schrieb, nach Berlin gefahren, um Abschied von Bernhard zu nehmen, der Anfang Juni aus Schierke entlassen worden war, sondern um sich mit ihm über eine gemeinsame Flucht abzustimmen. Über einen Regimentskameraden Uxkulls gelangten sie an die Namen von zwei potentiellen Fluchthelfern im deutsch-holländischen Grenzgebiet bei Venlo.

Das, was sich drei Wochen später an der Grenze ereignete, blieb mit Rücksicht auf George diskret im Ungefähren. Cohrs und Uxkull hätten versucht, »aus dem Zwang des unsinnigen Geschehens hinauszukommen«, orakelte Thormaehlen. »Ohne auch nur einem der ihnen Nahestehenden von ihren Plänen Kenntnis zu geben«, so Morwitz, seien sie Ende Juli an die holländische Grenze gefahren und hätten dort am 28. Juli »durch gleichzeitige Revolverschüsse« ihrem Leben ein Ende gesetzt.[36] Die beiden hätten darauf vertraut, meinte

George zu Erich Boehringer, »dass wir die Deutung ihres rätselvollen Tuns selber fänden«.[37] Die seine, die für alle verbindlich werden sollte, gab George in einem großen Gedicht, das er als Zwiegespräch zwischen Bernhard (den er hier mit seinem zweiten Vornamen Victor nannte) und Adalbert anlegte. Der fiktive Dialog findet in Schierke statt, unterhalb des Brockens – »dort liegt der Hexenberg in falbem schein«. Adalbert ahnt, dass er fallen wird, sobald er wieder an die Front kommt; er sieht Deutschlands »unsäglichen zerfall« voraus und erklärt, dass es besser für sie beide wäre, freiwillig aus dem Leben zu scheiden. Der Jüngere versucht vergeblich, ihn von diesem Vorhaben abzubringen. Als Adalbert erklärt, dass er notfalls auch allein gehen werde, versichert ihn Victor seiner ewigen Treue und bittet in den Schlusszeilen: »wenn nach deinem schicksal du beschlossen / Durchs dunkle tor zu gehn: so nimm mich mit!«[38]

Der doppelte Verlust traf George schwer, und er war sich über die Hintergründe durchaus im Klaren. Ernst Glöckner hat sie sechs Wochen nach den Ereignissen in einem Brief an Ernst Bertram angedeutet: »Du weisst, dass der Meister mir nicht mehr geschrieben hatte. Die Krankheit schien ihn genügend zu entschuldigen – aber die war nicht der Grund seines Schweigens. Adalbert und Bernhard sind beide tot. Da sie es nicht mehr in Deutschland aushielten – sie sollten getrennt werden, jeder sollte wieder zu seinem Regiment zurück – unternahmen sie einen Fluchtversuch nach Holland, der missglückte.«[39] Bei ihrem Versuch, sich ins neutrale Ausland abzusetzen, waren Cohrs und Uxkull an den Falschen geraten. Der Metzger von Lobberich, einem Dorf im Kreis Kempen, den sie am Morgen des 28. Juli baten, ihnen beim Grenzübertritt zu helfen, hatte sie angezeigt. Sie wurden verhaftet und zur Vernehmung durch die nächste Militärdienststelle nach Kaldenkirchen gebracht.[40]

Auf Desertion im Krieg stand die Todesstrafe. In der deutschen Armee wurden während des Ersten Weltkrieges allerdings nur 48 Todesurteile wegen Desertion gefällt und von diesen nur einige vollstreckt. Offiziere waren nicht darunter, da es allgemein als unvorstellbar galt, dass ein deutscher Offizier Fahnenflucht beging.[41] Zu einem Verfahren gegen Cohrs und Uxkull kam es jedoch nicht. Bei ihrer Vernehmung in Kaldenkirchen »zog der eine von den Verhafteten eine Tesching aus der Tasche und tötete sich durch einen Schuss in die Schläfe. Der andere, der während der Vernehmung in einem Nebenzimmer von einem Posten bewacht wurde, zog, als er den Knall hörte, ebenfalls eine Schusswaffe aus der Tasche, um sich zu erschießen.«[42]

Mit einem solchen Ende der ihm Nächsten wollte sich Stefan George verständlicherweise nicht abfinden. Desertion, Flucht vor dem Feind – das war, nach all den Gesprächen, die sie darüber geführt hatten, und so kurz vor dem Ende auch Verrat an ihm und den Idealen, die er ihnen ins Feld mitgegeben hatte. Und was sollte man den anderen sagen? George tat sich schwer, wie immer, wenn es um den Tod ging. Am Ende entschloss er sich zu einer heroischen Deutung, die mit dem tatsächlichen Ablauf nicht mehr viel zu tun hatte. Er erklärte die schlimmste menschliche Katastrophe, die er in den vier Jahren des Krieges erleben musste, zu einem Akt innerer Notwendigkeit und konstruierte einen vorsätzlich geplanten gemeinsamen Selbstmord. Der Victor habe den Adalbert so geliebt, dass er dessen Schicksal über das eigene stellte. George rückte die beiden in eine Reihe mit Kastor und Pollux, den Dioskuren, die zum Zeichen ihrer unvergänglichen Freundschaft von den Griechen als Sternbild verewigt worden waren. Auch in der Stunde der äußersten Not – das war die zentrale Botschaft des für den Freundeskreis so wichtigen Gedichts – gehorchte der Staat Georges nur seinen eigenen Gesetzen.

4

Pfingstsamstag, den 7. Juni 1919, trafen die Freunde einer nach dem andern in der Villa Lobstein ein, Gundolfs Domizil am Schlossberg 55 in Heidelberg. Im letzten Haus vor dem Schlossgarten hatte Gundolf im Januar zwei Zimmer in der Beletage gemietet. Das eine bewohnte er, in das andere war Anfang April George eingezogen, der Rest des Stockwerks stand leer. Eine große marmorne Halle mit

Oberlicht und eine ausladende Terrasse mit breiter Treppe in den Garten komplettierten das feudale Ensemble. »Es kommt für dich in Betracht wie nichts andres«.[43] George habe oft am Fenster gestanden und Ausschau gehalten, erinnerte sich Edgar Salin, der an Pfingsten gern dabei gewesen wäre, »ob unter der vorbeiflutenden Jugend Einer zu sichten sei, dessen Haltung, dessen Gang, dessen Auge ihn des Kreises der Freunde würdig erscheinen« ließ.[44] Der Auftritt des Dichters sorgte für Gesprächsstoff auch unter Leuten, die ihm fern standen; zwanzig Jahre später schrieb Arnold Zweig: »Traf man dann auf dem Weg zur Schloßstiege im ersten Nachkriegssommer einen Mann, unter Mittelgröße, gehüllt in ein dunkles Lodencape und fast ärmliche Kleidung, der, ohne Hut, das Gesicht eines zaubernden Gnomen durch das milde Licht trug, gelblichgrau, mit Augen, Kinn und Stirnbögen, von denen eine magische Besessenheit ausstrahlte, so war das der wirkliche Stefan George.«[45]

Ernst Glöckner kam erst gegen Mitternacht in Heidelberg an. Für die Fahrt von Bad Brückenau am Fuß der Rhön über Würzburg nach Heidelberg hatte er mehr als 16 Stunden gebraucht. Auch in Heidelberg sei alles drunter und drüber gegangen, schrieb er eine Woche später in seinem Bericht an Bertram, aber dank frühsommerlicher Temperaturen habe eine heitere, fast südliche Stimmung geherrscht: »Trupps mit Mandolinen, Trupps mit Gepäck, Trupps ohne Nachtlager, Aufstieg zum Schlossberg, gestörte Liebespaare«.[46] Da nirgendwo ein Zimmer zu bekommen war, traute sich Glöckner nach langem Herumirren, bei Gundolf zu klingeln, der ihm ein Sofa anbot. In aller Frühe wachte er auf:

> Als ich spürte, dass die Zeit für den Meister gekommen war, schlich ich mich in sein Zimmer. Dies Erstaunen hättest Du sehen sollen, als der Unerwartete oder Nicht-mehr-erwartete vor ihm stand. So sah ich ihn noch nie; mit einem Freudenschrei stürzte er sich auf mich, nachdem der Eindruck des Gespenstischen vorüber war, und belobte mich, wie ich noch nie belobt war. Jedem wurde das Bild ausführlich später erzählt, einen solchen Eindruck hatte es auf ihn gemacht. Und dann begannen diese unwahrscheinlichen Tage, die voller Heiterkeit und Tiefe waren wie der heitere und tiefe Himmel über der leuchtenden, blühenden, unwahrscheinlichen Stadt.

Die Liste der Geladenen bot kaum Überraschendes. Neben Ernst Glöckner, dem die Rolle des Novizen sechs Jahre zuvor zugefallen war, und den drei Neuen – Percy Gothein, Woldemar von Uxkull, Erich Boehringer – waren aus Darmstadt Gundolfs Bruder, der »kleine Ernst«, sowie aus Berlin Ernst Morwitz, Ludwig Thormaehlen und Berthold Vallentin angereist (letzterer offenbar in Begleitung seiner Frau, die jedoch, anders als an den Lesungen vor dem Krieg, jetzt nicht mehr teilnehmen durfte). Hinzu kam der Hausherr, wenn man Gundolf als solchen bezeichnen will. Albrecht von Blumenthal, der George 1911 kennengelernt und im Jahr darauf erstmals an einer kleinen Lesung teilgenommen hatte, den aber »keiner der Geladenen bis dahin kannte, trat vom Meister eingeführt am zweiten Tag zu uns ein und zog sich unmittelbar nach der Lesung zurück«.[47] Das waren zehn. Robert Boehringer, der in der französischen Besatzungszone in Ingelheim lebte, ging George seit einiger Zeit aus dem Weg; offiziell hieß es, er habe kein Visum erhalten. Friedrich Wolters musste sich auf eine Vorlesung vorbereiten, er schickte eine Grußadresse. Wo aber waren die andern?

Drei waren gefallen: Heinrich Friedemann, der Verfasser des Platon-Buches, Norbert von Hellingrath, der Entdecker der Hölderlin-Hymnen, und Wolfgang Heyer, ein Freund Hellingraths, der im Oktober 1917 vermisst gemeldet wurde. Bedenkt man, dass von den unmittelbar betroffenen, das heißt bei Kriegsausbruch eingezogenen Jahrgängen 1892 – 1895 jeder dritte Deutsche fiel,[48] hatte der Freundeskreis keinen hohen Blutzoll entrichten müssen. George ehrte die drei Gefallenen in den »Sprüchen an die Toten«. Der Totenkult, Maßstab und Grundlage geistiger Überlieferung, habe »durch den Schicksalswind des Krieges eine neue Fülle und Dichte« erlangt, schrieb Wolters, die Epitaphe seien »Sinnbilder des ganzen vaterländischen Geschehens« geworden.[49]

Unter den Ende 1919 in der Elften/Zwölften Folge der *Blätter für die Kunst* erstmals veröffentlichten Widmungen für die Kriegstoten standen auch zwei Gedichte auf Balduin von Waldhausen: ein Vierzeiler von George und ein längeres Gedicht von Wolters. Waldhausen, der als Rhodes-Stipendiat Archäologie in Oxford studierte, hatte Wolters im Juli 1914 ins Berner Oberland begleitet und dort mit ihm und George die letzten Ferien vor Ausbruch des Krieges verbracht; im November 1917 hatte er George ein letztes Mal gesehen. Wie die anderen Totengedichte hielt auch der Vierzeiler auf Balduin von Waldhausen jenen Moment fest, in dem der Bewidmete in den Augen Georges die höchste Stufe seiner Existenz erreichte. Durch seinen Tod war er eins geworden mit dem Bild, das der Dichter immer schon von ihm gehabt hatte und das ihn überdauern würde:

> Mit welcher haltung ihr den markt durchrittet
> Wie euer auge glänzte dieser tage
> Und wie ihr standet, auf den strassen schrittet:
> Ist fernes bild – gehört schon heut zur sage.[50]

Das war groß gesehen – allerdings lebte Waldhausen noch, als das Gedicht unter dem Reihentitel »An die Toten« im Dezember 1919 in den *Blättern* erschien. Er war im Frühjahr 1918 an der Front in Flandern irre geworden. Seine Mutter hatte ihn mit Unterstützung von Erika Wolters nach Berlin geholt. »Er will keine nahrung nehmen, manchmal tobt er, aber immer steht im mittelpunkt seiner irren reden, bald geliebt bald gehasst, der Meister.«[51] In Georges Augen hatte er ein anderes Los verdient. Deshalb listeten die *Blätter für die Kunst* 1919 einen Toten auf, der noch gar nicht gestorben war.[52] Warum auf den physischen Tod eines Menschen warten, der nur noch Hülle war und nie wieder zu seinem Bild zurückfinden würde?

Wo es um die Durchsetzung seiner Form der Totenklage ging, nahm George, wie schon im Fall von Bernhard von Uxkull und Adalbert Cohrs, wenig Rücksicht auf die tatsächlichen Geschehnisse. Auch wenn seine Härte zum Teil damit zusammenhängen mochte, dass er unfähig war, sich mit Krankheit und Tod auseinanderzusetzen – Krankenbesuchen und Beerdigungen ging er am liebsten aus dem Weg –, so steckte dahinter doch auch ein poetologisches Prinzip. Der Primat der Dichtung musste um jeden Preis gewahrt bleiben, nur so waren die Katastrophen dieser Jahre einigermaßen zu bewältigen. Der Krieg erwies sich als Katalysator, der die Gesetzmäßigkeiten des

Geistigen schärfer hervortreten ließ. Die Seinen, berichtete George schon 1916 nicht ohne Stolz, empfänden allesamt »das Episodische des Krieges«.[53] »Die jüngsten / Der teuren sandt er aus mit segenswunsch«, so schilderte er in seinem großen Kriegsgedicht die Stunde des Abschieds und schwärmte: »Sie wissen was sie treibt und was sie feit .. / Sie ziehn um keinen namen – nein um sich.«[54] Diese Einstellung zum Krieg war so ungewöhnlich nicht. Sie entsprach dem in sämtlichen kriegführenden Nationen weit verbreiteten Wunsch, erst einmal die eigene Haut zu retten. Zumal in den unteren Schichten und auf dem Land, wo die Kriegspropaganda sehr viel weniger erfolgreich war, als die Historiker lange Zeit annahmen, fasste man den Krieg als persönliche Bewährungsprobe auf.

Als sie ausrückten, hatte George viele seiner Freunde mit kurzen Aufmunterungen wie diesen bedacht: »lieber Hans: wie jedem von euch sag ich auch dir dass das schwerste anfängt wann alles vorüber scheint – Dann seid ihr alle so nötig wie je und dann bekommt jeder seinen platz. – Hab mut und komm gut wieder! St.G.«[55] Im Verlauf der Krieges ließ die Intensität vieler Beziehungen naturgemäß nach, nur selten fand sich Gelegenheit zu einem kurzen Wiedersehen. Dann betonte George, wie wichtig es sei, »ungebrochen auszuharren, ohne zu veröden«, weil »erst mit dem Kriegsende die eigentlichen Aufgaben anheben würden«. Als Hans Brasch unversehrt aus dem Krieg zurückkam, war der Faden gerissen. Ein halbes Jahr nach ihrem letzten Treffen in Berlin, am 20. Mai 1919, brachte sich Brasch mit einem ehrerbietigen Brief in Erinnerung: »Erhalte ich einmal ein wort von dir? Hans.«[56] Eine Einladung nach Heidelberg zwei Wochen später bekam er nicht.

Zu denen, die am Vorabend des Krieges mit George in Kontakt gekommen waren und nachher keinen Anschluss mehr fanden, gehörte auch der stark introvertierte Josef Liegle, der mönchische Abschriften im Stil der ottonischen Malschulen fertigte und sich jahrelang in die Platonischen Dialoge vertiefte. Liegle hatte Pech. Als er George im August 1913 über Robert Boehringer kennenlernte, lag das erste Pfingsttreffen gerade drei Monate zurück; ein Jahr später wurde er einberufen. Er geriet in englische Kriegsgefangenschaft, und als er im August 1919 entlassen wurde, war auch das zweite Pfingsttreffen eben vorüber. Später wollte sich die Vertrautheit der Vorkriegsmonate nicht mehr einstellen, George empfand das Zusammensein mit dem wortkargen Sonderling zunehmend als bedrückend.[57]

Auf der Heidelberger Gästeliste fehlten so manche, deren Namen im Zusammenhang mit dem George-Kreis oft genannt werden. Edgar Salin zum Beispiel, der angehende Assistent am Volkswirtschaftlichen Seminar der Universität Heidelberg, bei dem George und Gundolf am Freitag vor Pfingsten zum Essen eingeladen waren. Salin, der ahnte, was ihm entging, musste damit vorlieb nehmen, dass auf dem »Convent der Freunde« ein von ihm verfasster Platon-Aufsatz vorgelesen wurde.[58] Auch andere Freunde Gundolfs fehlten, so Ernst Robert Curtius, dessen bahnbrechendes Buch *Die literarischen Wegbereiter des neuen Frankreich* auf Georges Intervention nicht bei Bondi hatte erscheinen dürfen. Nicht dabei waren Arthur Salz und Erich von Kahler, die 1920/21 eine öffentliche Debatte über den Wissenschaftsbegriff im George-Kreis lostraten. Es fehlte der in diesen Jahren neben Gundolf erfolgreichste Autor aus dem Umfeld Georges, Ernst Bertram, es fehlte der alte *Jahrbuch*-Kämpe Kurt Hildebrandt mitsamt seinem Schwager Paul Thiersch. Und wo war Karl Wolfskehl? Sein Fehlen musste als ein untrügliches Indiz dafür gelten, dass sich Verschiebungen innerhalb des Freundeskreises abzeichneten. Das Heidelberger Treffen markierte die Wasserscheide.

Wenn überhaupt zu irgendeinem Zeitpunkt von »George-Kreis« gesprochen werden kann, dann jetzt, Pfingsten 1919. In diesen frühsommerlichen Tagen wurde Heidelberg vorübergehend tatsächlich zur heimlichen Hauptstadt eines heimlichen Deutschland. Es gehört zu den Paradoxien der Georgeschen Wirkungsgeschichte, dass ausgerechnet Salin, der wie kein Zweiter ein Leben lang an diesem Mythos gearbeitet hat, beim Fest nicht zugelassen war. Wer dabei sein durfte und wer nicht, bestimmte allein George: nach persönlicher Sympathie und auch aufgrund der Stellung, die dem Einzelnen innerhalb der Gemeinschaft in diesem Moment zukam.

5

Georges Aufmerksamkeit während des Festes richtete sich vor allem auf die drei Novizen: Percy Gothein, Woldemar von Uxkull und Erich Boehringer. Die drei kannten sich nur flüchtig. Noch im Dezember 1918 hatte Morwitz bei George telegraphisch angefragt, ob Uxkull und Boehringer überhaupt in Kontakt miteinander treten dürften.[59] Boehringer studierte Archäologie, Griechisch und alte Geschichte, promovierte 1925 über die Münzen von Syrakus und nahm ab Ende der zwanziger Jahre an den Ausgrabungen in Pergamon teil.[60] Woldemar von Uxkull studierte ebenfalls Altertumswissenschaften und alte Geschichte, 1919 gemeinsam mit Gothein in München, später mit Boehringer in Berlin. Alle drei waren Anfang zwanzig. Obwohl sie vom Temperament her kaum zueinander passten, meinte George, dass sie auf gleicher Entwicklungsstufe ständen und daher eines Tages vielleicht einmal eine Trias bilden könnten.

George sah es gern, wenn seine jungen Freunde im Wettstreit um seine Gunst die Klingen wetzten. Auch wenn keiner der drei im Georgeschen Sinn als »dichterisch« gelten konnte, so hatten doch Boehringer und Gothein deutlich bessere Chancen als Uxkull. Glaubt man den Erinnerungen Thormaehlens, der zwei Wochen vor dem Fest dreißig geworden war und die Einführung der Neuen nicht ohne Eifersucht verfolgte, war Uxkull ein Ausbund an Hässlichkeit. Woldi, wie er von allen genannt wurde, sei ein hoch aufgeschossenes, ungelenk staksiges, strohblondes verwöhntes Bürschchen mit Fischaugen gewesen: »Die Nase stand scharf, keck, mitunter schien sie unverschämt, aus dem Gesicht heraus. Der Mund blieb leicht geöffnet, als käme nicht genug Luft durch die Nase.« Dazu eine fliehende Stirn, zu klein geratene Ohren und ein spitzes Kinn – Thormaehlens Verwunderung, dass so einer in der Nähe des Meisters überhaupt geduldet wurde, ist nicht zu überhören.[61] Eine ähnliche, noch stärkere Antipathie entwickelte Thormaehlen später gegen Gothein.

Aus altem baltischen Adel stammend und durch seine Mutter, die Schriftstellerin Lucy Ahrenfeldt, mit Vermögen ausgestattet, führte

Woldemar Graf von Uxkull-Gyllenband ein unabhängiges Leben, in dem gesellschaftliche Vergnügungen aller Art für Unterhaltung und Abwechslung sorgten. In der Vorstellungswelt der meisten Freunde war es das Leben eines Beaus. Uxkulls weltmännisches Auftreten wurde als aristokratischer Dünkel ausgelegt, seine Allüren galten als Flucht aus der meisterlichen Welt. In den frühen zwanziger Jahren verlor George das Interesse am »Fürstlichen«, wie er Uxkull mit spöttischem Unterton nannte, und schmollte. »Das einzige Liebesverhältnis, das das Fürstliche kennt, ist das zu seinem Automobil. Er streichelt es sogar.«[62]

Beim Heidelberger Treffen sorgte Ernst Morwitz für große Heiterkeit, als er in Woldis Aufmachung ins Zimmer stolzierte, bekleidet mit dem »modischsten, auf Taille geschnittenen Jäckchen, mit dessen Hütchen auf dem Kopfe, das auch nicht aus der Mode war, und einem Stöckchen unter dem Arme in der närrischen Körperhaltung und mit dem Gange, wie man mittags die Stutzer auf der Tauentzienstraße stolzieren sieht«. Ob Uxkull den Aufzug wirklich »so überwältigend komisch« fand, wie Gothein sich erinnerte?[63] Stellt man die beiden gegenüber, erhält man einen Begriff von der Bandbreite des Jüngertums. Während der selbstbewusste Aristokrat auf fast spielerische Weise mit manchen Zumutungen umging, zermarterte sich der schwerblütige, zur Selbstkasteiung neigende Gothein über der Frage, wie er sich die Liebe Georges verdienen könne.

Als Gothein am Pfingstsamstag gegen 11 Uhr in einem Straßenanzug auf dem Schlossberg erschien, hatte auch er sich wegen nicht angemessener Festkleidung erst einmal den Unmut Georges zugezogen. Zwar legten die Versammelten keine römischen Gewänder mehr an wie bei den Vorkriegslesungen im Kugelzimmer, aber ein allzu bürgerlicher Habitus war dennoch verpönt. Percy musste nach Hause – Gotheins wohnten auf der anderen Neckarseite –, wo er eine ausgediente bayerische Uniform aus blauem Tuch aus dem Schrank zog, die ihm in diesen Tagen bei George den Beinamen »Blaues« eintrug. Meist rief George den 23-Jährigen während des Festes jedoch »Kind«, eine Anrede, die er aus den Dialogen Platons übernommen hatte und gegenüber jüngeren Freunden gern verwendete. Als er am Sonntag nach Pfingsten bei Landmanns in Basel eintraf, die ihn für die Sommerferien eingeladen hatten, fragte er, als er aus dem Wagen stieg, höflich, wie er in solchen Dingen war, als Erstes nach den Kindern. Denen gehe es gut, antwortete Frau Landmann. »Gut? Ja, meinen auch.«[64] Das war von Mutter zu Mutter gesprochen und mitnichten ironisch gemeint.

Auch Erich Boehringer hatte sich umziehen müssen. Er war in diesem Sommer zweifellos derjenige, an dessen Erscheinung George am meisten Gefallen fand. Im Anschluss an das Fest fuhr Boehringer nach Lörrach, wo er das Abitur nachholte, und besuchte von dort in der zweiten Juni-Hälfte George einige Male in Basel. Frau Landmann wurde fast ein wenig neidisch. »Er weiß gar nicht, wie gut er's hat«, meinte sie zu George, dem solche Bemerkungen gefielen. Zwar leide der Erich darunter, »dass es mit dem Dichten nicht so recht gehen wolle«, antwortete George, aber es müsse ja nicht jeder Gedichte machen. Dem Erich sage er immer: »Du bist ja selbst ein Gedicht, das ist mehr.«

In seinen Erinnerungen kokettierte Gothein damit, dass er Boehringer um sein Aussehen beneidete. Schönheit galt ja nicht nur als Ausdruck des seelischen und geistigen Zustands eines Menschen, in Georges Welt war Schönheit auch ein Wechsel auf die Zukunft. Wer zu den Schönen zählte, hatte die besten Chancen, auch später auf einem der vorderen Plätze zu sitzen. »Die starken heute sind die gestern schönen«, hieß es im *Stern des Bundes*.[65] Die Frage, wer von den Jüngsten der Schönste war, entschied also auch über »die art zukünftigen wagens«. George hielt die Antwort in der Schwebe und warf stattdessen »die bedeutende Frage auf: was wohl herrlicher sei – selber der Schönste zu sein oder den Schönsten anblicken zu dürfen«. Am Sonntag morgen trieb er den Wettstreit zwischen Gothein und Boehringer auf seine Weise voran, indem er Aufnahmen von den beiden machen ließ. Genau genommen, so habe schon Goethe gesagt, sei es ja »nur ein Augenblick, in welchem der schöne Mensch schön sei«.[66] Als sich die Festgesellschaft auf der Terrasse versammelte, bat

Thormaehlen, der sich jetzt immer häufiger als Bildhauer des Kreises
betätigte, die beiden, ihm in der großen Halle Modell zu stehen:

> Wir warteten nicht länger und entkleideten uns rasch. Das war nicht leicht,
> neben dem Egon [d.i. Erich Boehringer] zu stehen, hüllenlos und ihm stand-
> zuhalten! Denn er war nicht nur ein Kriegsheld … Die Schwellung der
> schlanken Hüfte setzte seitlich weit oberhalb der Weichen schon ein, und als
> er jetzt den gehobenen Arm um meine Schulter legte und von seinem Haar
> über den Hals den Rücken herunter eine einzige edel gespannte Biegung
> sichtbar wurde, waren alle der staunenden Bewunderung voll.[67]

Die Novizen hatten sich erstmals im Kreis derer zu bewähren, denen
sie nacheiferten, ohne sie in der Regel anders als vom Hörensagen zu
kennen. Grundlage ihrer Initiation war der gemeinsame Glaube an
die Erneuerung der Runde durch die Kraft dessen, was die übergeschlechtliche Liebe genannt wurde. Auch wenn dieser Glaube unterschiedlich stark ausgeprägt und bei jedem von ihnen anders akzentu-
iert war, zweifelte keiner an der gemeinschaftsbildenden Kraft der
Zusammenkünfte. Gefeiert wurde die permanente Erneuerung des
Kreises aus sich selbst. George hatte sie 1914 im *Stern des Bundes* als
eines der zentralen Mysterien des Freundeskreises gefeiert:

> Aus diesem liebesring dem nichts entfalle
> Holt kraft sich jeder neue Tempeleis
> Und seine eigne – grössre – schiesst in alle
> Und flutet wieder rückwärts in den kreis.[68]

Mittags ging man zu zweit oder zu dritt hinunter in die Stadt, um in
einem der Gasthöfe zu essen. Sie hätten es genossen, berichtete Gothein, durch ihren Gruppenauftritt die »Bürger« zu provozieren, denen »bei unsrem Vorbeigehen vor starrem Staunen der Mund offen
stehen blieb«. Das am Morgen auf dem Schlossberg trainierte Elitebewusstsein konnte sich beim mittäglichen Gang durch die Stadt
erstmals bewähren. Die Übertragung des Charisma (so hätte der in
diesen Tagen mit dem Umzug nach München beschäftigte Max Weber dem Sohn des Kollegen Gothein gesagt, wäre er ihm auf der
Brücke begegnet) schien zu funktionieren. Die habituellen Formen
der Abgrenzung gegen das eigene Milieu erinnern im Übrigen stark an

die vor dem Krieg in Kreisen der Jugendbewegung ritualisierte Protesthaltung. In dieser Hinsicht war der Typus des George-Jüngers, der sich 1919 in Heidelberg präsentierte, zweifellos ein Anachronismus (ähnlich wie auch die diversen Ableger der Jugendbewegung der zwanziger Jahre).

Als Boehringer und Uxkull am Samstagnachmittag verspätet in der Villa Lobstein eintrafen, weil sie in Antiquariaten herumgetrödelt hatten, reagierte George demonstrativ ungehalten. Da die beiden »fortgesetzt unwirsche Gesichter« gemacht hätten, so Gothein, habe er sie schließlich für eine halbe Stunde in den Schlossgarten geschickt: »Aber nicht zusammen, jeder in einen andern Teil! Und wenn ihr dann ausgemufft seid, dann dürft ihr wiederkommen.« Gothein war pünktlich gewesen, weil er an diesem Nachmittag das Wecken übernommen hatte. Nach dem Essen hielt George wie üblich Mittagsschlaf, und die drei Jüngsten sollten ihn reihum wecken. Beim Eintritt in sein Zimmer habe er zunächst gezögert, den Schlafenden anzusprechen, »doch als im Schlafe ein Lächeln um seinen Mund spielte, fasste ich mir ein Herz, trat schnell herzu, beugte mich über sein Lager und weckte ihn. Da stieg die ernsteste Frage über seine Lippen: ›Kind, ist das, was du nun tust, nur für heute oder für immer?‹ Ich antwortete nur mit den Augen.« Wer unter so vielen Mühen so weit ins Innerste vorgedrungen war wie Percy Gothein, hätte in diesem Moment alles getan, um zu beweisen, dass die Meister-Jünger-Beziehung tragfähig war. Nur wer diese Stufe überschritt, gehörte fortan dazu. »Für immer ist von der anderen Welt getrennt«, schrieb einer der Späteren, »wer vor diesem Lager dort – auf dem der Meister zu ruhen pflegte – sich auf die Knie lassen durfte.«[69]

Einen Eid musste keiner ablegen, schon gar nicht in großer Runde, die Bande wurden subtiler geknüpft. Und doch überkam George hin und wieder das Bedürfnis, Treue und Geschlossenheit auch im Plenum einzufordern. Als die Freunde am Sonntagnachmittag in den Georgeschen Bänden blätterten, um die Gedichte auszuwählen, die sie anschließend lesen wollten, habe George plötzlich in die Stille hinein gesagt: »Ihr belügt mich doch alle!« Alle hätten betroffen die Au-

gen niedergeschlagen, so Gothein weiter, er selber aber sei ganz traurig geworden. Verzweifelt habe er den Meister angeschaut, weil er
sich ja nichts habe zuschulden kommen lassen. Da sei der Meister
milde gestimmt worden und habe leise hinzugefügt: »Du nicht!«
Nach vielen vergeblichen Anläufen hatte Percy seinen Platz an der
Seite des Meisters gefunden. Auch wenn die Szene von ihm später
wahrscheinlich hinzugedichtet wurde, kam ihm während der Pfingst-
tage zweifellos eine Vorzugsstellung zu.

Am ersten Abend durfte Gothein den *Sternwandel* von Bernhard
von Uxkull aufsagen. George hatte ihm in München sein Exemplar
geliehen. Da er ihm jedoch verboten hatte, eine Abschrift zu machen,
blieb am Ende nur die Möglichkeit, die Gedichte auswendig zu lernen. Mit der Sicherheit des Auserwählten trug Percy sie jetzt in Heidelberg der Festgemeinde vor. Was George als letzten Willen von
Bernhard von Uxkull und Adalbert Cohrs weitergegeben hatte –
»dass wir die Deutung ihres rätselvollen Tuns selber fänden« –, erfüllte sich. »Beweinst nicht völkertod und gibst kein haar / Für thron
und schwert und stirbst für den geliebten«, so endete der Zyklus.[70]
Der Krieg war für einen Augenblick tatsächlich Episode geworden.
Der Gang durchs dunkle Tor bekam gemeinschaftsprägenden Sinn.

2 Die Deutung des Krieges

Die fünf Wochen im Juli und August 1919, die George mit Edith Landmann im Berner Oberland verbrachte, taten ihm gut. Es waren unbeschwerte Ferien, die ersten nach Kriegsende. Zwischen 1903 und 1914 war er jedes Jahr im Hochsommer für einige Zeit in den Bergen gewesen, und auch mitten im Krieg hatte sich ein zweimonatiger Aufenthalt mit Landmanns in Klosters einrichten lassen. Für den Sommer 1919 hatte Frau Landmann ein Bauernhäuschen in Matten bei Lenk gemietet.

> Bevor für die andern der Tag begann, pflegte sein Tagwerk getan zu sein. Morgens machte er hier selbst das Feuer auf dem Herd, goss den Tee auf und verweilte dann beim Frühstück in der gemütlichen niederen Stube noch eine ganze Weile dies oder das erzählend. Mittags gingen wir zum Essen ins Hotel; nachmittags nach der Siesta machte man einen mehr oder minder großen Spaziergang. In der Abenddämmerung sah ich ihn oft an das Gitter treten, das den kleinen Garten des Hauses begrenzte, und leise vor sich hinsprechend. Abends saß man wieder in der Stube. So Tag aus, Tag ein.[1]

Es schien kein Thema zu geben, über das George sich nicht gern verbreitete. Er erzählte aus seiner Kindheit, von der heiligen Hildegard von Bingen, von Klages, er sprach über die Frauen, über Zinstheorie und über die drohende Vorherrschaft der Japaner. Er erklärte, wie man Schuhe mit der Ahle näht, und entfernte einen Kirschfleck aus dem Tischtuch; auf alles, was er an Bildung erhalten habe, könne er verzichten, »aber für diese praktischen Kenntnisse sei er dankbar«. Einmal besuchten sie die Besitzerin des Hauses, die mit dem Vieh auf die Alp gezogen war, und beim Abstieg entspann sich eine Kontroverse über die Lebensverhältnisse der Landbevölkerung: »Wenn der Bauer auch zu unserer Art von Wohlleben gelangt, so fehlt nicht viel, dass Frau Marianne Weber aufs Land hinaus geht und den Bauern

Vorträge über Raffael hält.« Um *seine* Vorstellung vom Landleben zu illustrieren, erzählte er manchmal die Anekdote von der Bäuerin, die zu der laut in die Stube tretenden Nachbarin sagt: »Pst! Stillsein! Der Bauer schläft in der Kammer. Wir haben heut nacht ein Kind bekommen.«[2]

Am Ende der Ferien, auf dem Rückweg nach Basel, machten George und Frau Landmann einen kleinen Umweg über Saanenmöser. George saß eine ganze Weile nachdenklich in der Nähe des Häuschens, in dem sie fünf Jahre zuvor vom Kriegsausbruch erfahren hatten. Schon am Abend der Abreise aus Matten hatte er laut darüber nachgedacht, was es wohl bedeute, dass der *Stern des Bundes* noch vor der Katastrophe erschienen war. Damals habe niemand hören wollen. »Es ist ein Fluch dieser Menschheit, dass sie nun, da ihr nicht mehr zu raten ist, nach Rat sucht.«[3]

Rat suchten zunächst einmal seine Freunde. George wusste, wie schwer es war, aus dem vollständigen Zusammenbruch aller bisherigen Verhältnisse heraus langfristige Perspektiven zu entwickeln. »Wir Jüngeren mochten geneigt sein, die politische Katastrophe als eine Wende auch für unser eigenes Leben anzusehen, nicht so der Dichter.«[4] Das dreitägige Treffen von Heidelberg, das längste in der Geschichte des Freundeskreises, hatte zwar im Zeichen der Toten gestanden, insofern dürfte Thormaehlen recht gehabt haben, als er meinte, Pfingsten 1919 markiere in Georges Biographie eher den Abschluss einer Lebensepoche als einen Neubeginn. Aber zugleich sollte auch das Potential für einen Neuanfang ausgelotet werden.

In der Einleitung zur der im Dezember 1919 erschienenen Elften/Zwölften Folge der *Blätter für die Kunst* kam das Wort Krieg gar nicht erst vor. Zum 25-jährigen Bestehen der Zeitschrift wolle man lediglich »auf die geleitsätze der früheren bände« verweisen, wo »über das verhältnis von dichtung und kunst, von leben und kunst alles nötige« gesagt sei. Das Jubiläum fiel in das Jahr 1917. Für dieses Jahr war, wie der Leser den Nachrichten auf der letzten Seite entnehmen konnte, der Band ursprünglich geplant gewesen, aber aus redaktionellen Erwägungen habe man das Erscheinen um zwei Jahre verschoben. Inzwischen war der Krieg verloren, und Europa zählte drei Kaiserreiche weniger. George aber hatte es nicht einmal für nötig befunden, wenigstens das Vorwort zu aktualisieren oder auch nur mit einem Wort auf die weltverändernden Ereignisse einzugehen. Was es dazu zu sagen gab, fasste er im Schlusssatz der Einleitung zusammen: »Nur den wenigen dürfte es einleuchten, dass in der dichtung eines volkes sich seine lezten schicksale enthüllen.«[5]

Beim Heidelberger Treffen unterstrich George seine Deutung des Kriegsgeschehens durch Vortrag zweier Dichtungen, die zum Martialischsten gehören, was er geschrieben hat. Im dröhnenden Rhythmus der Totenklage »Wenn einst dies geschlecht sich gereinigt von schande« hatte er so etwas wie ein Vermächtnis der Gefallenen formulieren wollen. In einer apokalyptischen Vision gewaltiger am Himmel aufziehender Totenheere suchte er dem massenhaften Sterben einen Sinn zu geben.

> Dann wird auf der walstatt   voll endloser gräber
> Aufzucken der blutschein ..   dann jagen auf wolken
> Lautdröhnende heere   dann braust durchs gefilde
> Der schrecklichste schrecken   der dritte der stürme:
> Der toten zurückkunft![6]

Die »göttliche deutung / Unsagbaren grauens« war allerdings wieder einmal der Zukunft vorbehalten. Sie werde sich erst eröffnen, »Wenn je dieses volk sich aus feigem erschlaffen / Sein selber erinnert ... Dann flattert im frühwind mit wahrhaftem zeichen / Die königsstandarte.« Wann dieser Tag sein wird, an dem »Die Hehren, die Helden!« ihre Würde zurückerhalten, lässt das Gedicht offen – wie es fast alles offen lässt und damit zu unendlichen Ausdeutungen Anlass gab.

Visionäre Endzeitstimmung liegt auch über dem »Brand des Tempels«, und es stellt sich die Frage, warum George die festlich gestimmte Runde von Heidelberg ausgerechnet mit dieser Untergangsprophetie konfrontierte. In dem langen szenischen Gedicht geht es um die kriegerische Ablösung einer alt und schwach gewordenen Kultur durch eine fremde neue, die wie eine Naturgewalt über das Land hereingebrochen ist. Die alte Kultur wird vertreten durch vier

Priester, die das »vermächtnis vieler ahnen« wahren, deren Macht aber erschöpft ist. Die Macht liegt jetzt in den Händen eines Barbaren, der Züge sämtlicher Gewaltherrscher der Geschichte in sich vereint. Während seine Leute draußen die Straßen aufreißen und Gras säen – die alte Kultur soll auf die Stufe der Jäger und Sammler zurückgestoßen werden –, unterhalten sich die Priester im Tempel über den, der »selbst sich Geissel Gottes« nennt, und rechnen sich ihre Überlebenschancen aus.[7]

Es ergibt sich ein durchaus gemischtes Bild des allgewaltigen Eroberers. Sein Wort »Lässt keine antwort zu .. doch trifft wie blitz«. Er regiert gerecht, aber hart, hält seine Horden in Zucht, ist taub für Schmeichelein, tritt unwürdige Bittsteller in den Staub. Vieles gefällt auch den Priestern der alten Welt. Ganz besonders zeichnet sich der Neue durch einen klaren Kurs gegenüber den Frauen aus. Bevor eine Mutter ein Kind in die Welt setze, habe sie sich zu fragen, ob sie das Neugeborene auch ernähren könne; um Nahrung bettelnde Mütter bescheidet der Herr deshalb kühl: »Besser täte man dem weib / Das überm pflaster kreisst den wurf ersticken.« Sogar im Fall seiner eigenen Mutter erweist er sich als unerbittlich und schickt sie, weil er ihre Intrigen nicht dulden kann, ins Kloster – »im palast / Ist sie der herrschaft untergang«.

Während die Priester sich so das eine und andere erzählen, ist ihre junge Fürstin in die Burg geeilt, den Herrscher um Gnade zu bitten – »vielleicht dass sie ihn rühre«. Doch der Herr bleibt hart, heftet »sein keusches klares / Barbaren-aug« auf sie und erinnert an seine Mission: »Was heut mich umbiegt wird mich morgen brechen.« Die Verschmähte scheidet daraufhin »mit ihren treuen mägden« aus dem Leben. An ihrem Vorbild wollen sich die Priester orientieren, aber noch bevor sie sich recht entscheiden können, hat der Tempel an allen vier Ecken schon Feuer gefangen. »Ein halbes tausend-jahr / Muss weiterrollen bis er neu erstehe.«

Das Ganze erinnert stark an die überdimensionierte Historienmalerei à la Makart oder an die Dramen von Hebbel. Hier wie dort wird die literarisch vieldeutige Figur des Barbaren wachgerufen, der seit je das Fremde, die andere Kultur, die Kulturlosigkeit oder, je nach Bedarf, die Zerstörung der eigenen Kultur von innen symbolisiert. Seit seiner Erfindung durch griechische Geschichtsschreiber »erlaubt es der Barbar, die Frage nach dem Stand der Zivilisation zu stellen«.[8] Markierte der Gegensatz zwischen Barbaren und Hellenen ursprünglich »die Trennlinie zwischen Kultur und Nichtkultur«, so diente »der pure Abkömmling der Natur« später, zumal in Krisensituationen, für die er besonders prädestiniert zu sein schien, zur Unterscheidung von echt und falsch: »Wir brauchen ihn nur zu zitieren, und die ganze Beredsamkeit der Natur tritt uns zur Seite ... Der Barbar, das Barbarische sind Garanten der Poesie.« Kulturkritik lief immer auf die Forderung hinaus, das Leben müsse endlich wieder einfacher werden. »Seine Armut an Repräsentation macht den Barbaren daher nicht selten zur höchsten Autorität solcher Reformen.«

Besondere Aufmerksamkeit verdient »Der Brand des Tempels« auch deshalb, weil das Bild des absoluten Gewaltherrschers Züge eines späten Selbstporträts trägt. Die entscheidenden Hinweise auf die autobiographische Anlage finden sich bei Ernst Morwitz. Auf seine Frage nach der Bedeutung einiger antikisierter Namen im »Brand des Tempels« habe ihm George geantwortet, die Namen hätten nicht viel zu bedeuten, sie stammten aus frühen dramatischen Versuchen. In Georges Kindheit und Jugend reicht auch die Figur der greisen Mutter, die laut Morwitz Ähnlichkeit hat mit der Mutter des Dichters. Als ihr die Verbannung ins Kloster droht, versucht die Mutter des Herrschers ihren Sohn noch umzustimmen, indem sie ihn daran erinnert, dass sie ihn als Kind oft vom Tal hinauf zur Höhe getragen habe, damit die Sonne ihn stark und glücklich mache. »Wir wissen, dass die Mutter des Dichters das gleiche mit ihm selbst tat.«[9]

»Wer unter mir nicht leben kann muss sterben«, solche Sätze aus dem »Brand des Tempels« hätten auch in den dramatischen Entwürfen aus Georges Schulzeit stehen können. Der Bühnenzauber, den er entfachte, als er im Schilfpalast am Ufer der Nahe saß und Geheimsprachen erfand oder in der Dachstube des elterlichen Hauses mit großer Gebärde König und erster Minister spielte, begeisterte ihn noch immer. Er identifizierte sich so stark mit dem Hunnenfürsten, der alles in Brand stecken ließ, dass ihn beim Lesen seiner eigenen Verse »immer von neuem ein Grausen« überfiel. Herrscher war die Rolle seines Lebens, und George spielte sie mit großem Pathos: »Ich bin gesandt mit fackel und mit stahl / Dass ich euch härte.« Wer außer ihm hätte solches 1919 zu sagen gewagt? Was die Spielkameraden des Neunjährigen nicht hatten hinnehmen wollen, stieß vierzig Jahre später im Kreis der Freunde auf Akzeptanz.

Mit dem »Brand des Tempels« gab George seiner Sicht des Kriegsgeschehens eine mythische Dimension. Die dramatische Szene erscheint als konsequente Fortführung jener Deutungsmuster, die in dem 1917 veröffentlichten Gedicht »Der Krieg« angelegt waren. Für ihn, das hatte er gleich bei Kriegsbeginn erkennen lassen, zählten nicht gewonnene Schlachten: »ob es gut oder schlecht ausgeht: – das schwierigste kommt ERST HINTENNACH!!«[10] Als Anfang August 1914 zu Hause die Kriegsbegeisterung ausbrach, war er erst einmal in der Schweiz geblieben.

Ende August schossen die Deutschen die Bibliothek von Leuven in Brand, drei Wochen später zerstörten sie die Kathedrale von Reims: Die Weltöffentlichkeit empörte sich über den Vandalismus der »Hunnen«. Wolfskehl und Gundolf veröffentlichten leidenschaftliche Artikel und »Offene Briefe« in der *Frankfurter Zeitung;* 93 prominente deutsche Schriftsteller, Künstler und Gelehrte verteidigten in einem »Aufruf an die Kulturwelt« das Vorgehen der Deutschen. George hielt sich auch jetzt zurück, verwies auf die Herausforderungen, die nach dem Krieg auf Sieger wie Besiegte gleichermaßen zukämen, und stellte den überkommenen Kulturbegriff insgesamt in Frage. Das hatte schon Nietzsche getan, der 1878 geschrieben hatte, dass die europäische Welt »nicht nur der Kriege, sondern der grössten und furchtbarsten Kriege – also zeitweiliger Rückfälle in die Barbarei – bedarf, um nicht an den Mitteln der Cultur ihre Cultur und ihr Dasein selber einzubüssen«.[11]

Der Krieg war aus Georges Sicht nicht eine Auseinandersetzung zwischen deutscher »Kultur« und westlicher »Zivilisation«. Die Ursache lag für ihn nicht in nationalen Interessengegensätzen auf dem Balkan, in der angeblichen Einkreisungspolitik der Franzosen und Russen oder im Streit mit den Briten um die Begrenzung der Flotten. Die Ursache erkannte er in dem, was er die Gottlosigkeit der Epoche nannte. Gottlosigkeit war ihm eine Chiffre für alle Missstände, die mit dem Siegeszug der Wissenschaften in der zweiten Hälfte des 19. Jahrhunderts zu Tage getreten waren. Mit der großen Kriegsdichtung von 1917 entwickelte George ein Gegenbild. Er übernimmt die Rolle des Sehers, der von der Menge mit Wut und Hohn überzogen wird, obwohl er, oder besser, *weil* er das Unglück hat kommen sehen. Der Seher mahnt, innezuhalten und durch Umkehr die ursprüngliche Einheit des Daseins wiederherzustellen:

> Was ist IHM mord von hunderttausenden
> Vorm mord am Leben selbst?[12]

Am Ende des 12 mal 12 Strophen zählenden Kriegsgedichts hatte George noch einmal ein Bild ewiger deutscher Jugend errichtet. Dank seiner Jugend bleibe Deutschland ein Land, »dem viel verheissung / Noch innewohnt – das drum nicht untergeht!« Mit der Vision einer Vereinigung von Apollo und Baldur schloss das Gedicht. Wer der griechischen Welt so nah gekommen sei wie die deutsche Jugend, sei in besonderer Weise gefeit. Sieger bleibe, so die Schlusszeilen, »wer das schutzbild birgt in seinen marken / Und Herr der zukunft wer sich wandeln kann«.

Im »Brand des Tempels« ist von der Zukunft nicht mehr die Rede, hier zeichnet sich nirgendwo Rettung ab. Die totale Perspektivlosigkeit erstreckt sich jetzt auf »ein halbes tausend-jahr«. Auch die Rolle des Dichters hat sich gründlich gewandelt. Er ist nicht mehr der Mahner, der verlacht, der Seher, der gescholten wird, der aus der Ferne beobachtende Antipode. Der Dichter hat sich selbst zum Herrn des Verfahrens erklärt. Lyrisches Ich und Autor-Ich sind nicht mehr zu trennen. Als neuer Attila befördert George die gesamte abendländische Kultur mit einem Streich in den Orkus. Aber selbst für das düsterste Szenario gilt: Apokalypse meint nicht nur Untergang. Auch der Endzeitwahn klammert sich an die Vorstellung einer aus der Zerstörung unmittelbar hervorgehenden Erneuerung. Klaus Vondung, der die deutsche Literatur zwischen 1910 und 1930 insgesamt in einer »Phase apokalyptischer Hoffnungen« sieht, nennt als Beispiel das im Frühjahr 1918 vollendete Drama von Ernst Toller *Die Wandlung*. Es ist in der Tat die gleiche Bildwelt, die George im »Brand des Tempels« verwendet, das gleiche »Versprechen der Wiedergeburt« durch die deutsche Jugend, die gleiche Identifikation des Autors mit der Figur des prophetischen Dichters: »Den Weg! / Den Weg! – / Du Dichter weise.«[13] Je aussichtsloser die Gesamtsituation, desto unbedingter die Bezugnahme des Propheten auf sich selbst.

2

Endzeitvisionen großen Stils lagen in der Luft. Im Frühsommer 1917, als George wohl erste Überlegungen zum »Brand des Tempels« anstellte, arbeitete Oswald Spengler an den letzten Druckvorbereitungen seines Werkes *Der Untergang des Abendlandes*. Europa stehe am Anfang einer Niedergangsperiode, die »eine welthistorische Phase vom Umfang mehrerer Jahrhunderte« darstelle, hieß es im Vorwort. Der Autor betonte, dass er den Grundgedanken vom zyklischen Wechsel der Kulturen lange vor Kriegsausbruch entwickelt habe. Deshalb sei ihm der Krieg »in einem ganz andern Licht« erschienen. »Das war der *Typus einer historischen Zeitwende*, die innerhalb eines großen historischen Organismus von genau abgrenzbarem Umfange einen biographisch *seit Jahrhunderten vorbestimmten Platz* hatte.«[14]

Spenglers Versuch einer Typisierung der Kulturen und seine Deutung der Geschichte als eines ewigen Auf und Ab großer Mächte waren George im Ansatz nicht fremd. Gleichwohl hat er sich vehement gegen den Spenglerschen Determinismus zur Wehr gesetzt. Irritiert hat ihn wohl vor allem der enorme Publikumserfolg; jedenfalls wollte er keiner anderen Publikation mit solchem Nachdruck ihre Bedeutung absprechen wie dem *Untergang des Abendlandes*.

Im September 1919 sah George bei Gundolf Druckfahnen einer Spengler-Rezension von Edgar Salin. Man müsse sich fragen, stellte er den Rezensenten wenig später während einer Zugfahrt zur Rede, »ob das Werk die Kritik durch einen der Unsern überhaupt lohne – der Massenerfolg des Buches besage doch für uns nichts über seine Bedeutung«.[15] Als drei Monate später Kurt Hildebrandt für ein geplantes neues *Jahrbuch* eine Besprechung vorschlug, warnte ihn George, Spengler irgendwie wichtig zu nehmen.[16] Auch Gundolf, der den ersten Band mit Zurückhaltung aufgenommen und offensichtlich nur die Stellen über Caesar exzerpiert hatte, wurde von George heftig getadelt, als er sich für den 1922 erschienenen zweiten Band mehr erwärmte. Er lasse sich »durch einen Platzregen von neuen schlechten Begriffen« verblüffen, das Ganze gehöre doch »durchweg zur nihilistischen Literatur«. Wenn er sich schon für »diese Unmassen kosmomystischer Dinge« begeistere, solle er lieber gleich zu den theosophischen Schriften der Madame Blavatzky greifen.[17]

> Ich glaubte ganz unschuldig das Abendland sei untergegangen u. damit gut. Ich kenne nur ganz wenig von dem zweiten Band u. finde ihn von dem ersten nicht so verschieden. Was muss man für ein Strudelkopf sein um an diesem kaleidoskopischen Durcheinanderwirbeln aller Dinge die Gott zugelassen hat von Hamurabi (nach dem neusten Stand der Wissenschaft wird er glaube ich mit 2 p geschrieben) bis zu den Bolschewiki gefallen zu finden. Beide Bücher sind von einem höchst anspruchsvollen Dilettanten verfasst für höchst anspruchsvolle Dilettanten … Nur in einem scheint ein grosser Unterschied zwischen dem ersten u. zweiten Band. Im ersten Band hat er Binsenwahrheiten auf den Kopf gestellt und mit Floritüren [sic] geschmückt, im zweiten hat er sie wieder auf die Beine gestellt, wobei es denn gar nicht fehlen kann, dass manches richtige dasteht.[18]

Auf Georges Veranlassung unternahm Berthold Vallentin im Nachwort seines *Napoleon*-Buches im Herbst 1922 eine Abgrenzung gegen Spengler, ohne diesen jedoch namentlich zu erwähnen. Spengler habe »nur vorübergehende Bedeutung«, meinte George zu Vallentin, man dürfe ihn durch Nennung nicht aufwerten. Im Mai 1924 stand für George dann endgültig fest, dass Spengler »schnell aufgetaucht, aber auch schnell verpufft«sei.[19] Da hatte *Der Untergang des Abend-*

landes eben die 50. Auflage erreicht. Die inhaltliche Kritik richtete
sich auf zwei Punkte: zunächst gegen die Unterscheidung von Kultur
und Zivilisation, die Spengler als »ein strenges und notwendiges *or-
ganisches Nacheinander*« begriff. Die Ausbreitung der einen bedeute
den Untergang der anderen: »Die Zivilisation ist das unausweichliche
Schicksal einer Kultur.«[20] Vallentin griff diesen Punkt auf, indem er es
als abwegig bezeichnete, in Napoleon »den Abschluss der abendländischen Kultur und den Anfang der modernen Zivilisation« zu sehen.[21] Weil Spengler sich nur für Gesetzmäßigkeiten und Abläufe interessiere – so der zweite Vorwurf –, mangele es ihm an jeglichem
Verständnis für die »schöpferischen Genien«. Aber erst aus deren In-
einandergreifen lasse sich »eine wahre Geschichte der wirkenden
Weltkräfte« ableiten. Spengler könne fast zwanghaft nur in Schablo-
nen denken und habe darüber jedes Gefühl für individuelle Größe
verloren, meinte George und bescheinigte ihm zu guter Letzt mangelnde Ehrfurcht.[22]

Heute werden sowohl George als auch Spengler meist in direkter
Nachbarschaft zur so genannten Konservativen Revolution gesehen.
Versteht man darunter ganz allgemein »ein Ensemble von Orientie-
rungsversuchen und Suchbewegungen *in* der Moderne«,[23] dann ist
gegen eine solche Zuordnung nichts Grundsätzliches einzuwenden.
Historisch gesehen war die Bewegung der Versuch, die Folgen der
Französischen Revolution durch eine neue »Weltanschauung« zu
überwinden. Kennzeichnend für die Konservative Revolution sei, so
Armin Mohler, der den Begriff in den fünfziger Jahren etablierte,
»dass in ihr Denken, Fühlen, Wollen nicht mehr reinlich geschieden
werden können«. Statt mit Philosophen auf der einen, Dichtern auf
der anderen Seite, wie noch zur Zeit der Romantik, habe man es jetzt
mit einem neues Typus zu tun, einer Art »Dichter-Denker«.[24] Zu den
bekanntesten Autoren zählten Hans Freyer, Ernst Jünger, Edgar
Jung, Arthur Moeller van den Bruck, Ernst Niekisch, Carl Schmitt
und Hans Zehrer. Sie alle lassen sich dem rechten Spektrum zuordnen
und stehen in der Parteienlandschaft der Weimarer Republik zwischen Deutschnationalen und Nationalsozialisten. Da ihr Denken

sehr viel weniger Elemente des traditionellen Konservatismus enthalte, als das Schlagwort vermuten lasse, und in erster Linie um die Zukunft der Nation kreise, hat Stefan Breuer vorgeschlagen, den im Übrigen erst nach dem Zweiten Weltkrieg aufgekommenen Sammelbegriff »Konservative Revolution« durch den Sammelbegriff »neuer Nationalismus« zu ersetzen.[25] Ob damit in der Sache viel gewonnen ist oder nicht: Im Hinblick auf George erweist sich diese Präzisierung als nützlich.

Zunächst die Gemeinsamkeiten. Die grundsätzliche Affinität zwischen George und den Autoren der nationalen Rechten lässt sich im Kern auf zwei Aspekte reduzieren. Wie bei Nietzsche, wie bei Spengler stand auch im Zentrum des Weltbilds der Nationalrevolutionäre und Jungkonservativen der Gedanke der zyklischen Wiederkehr, mit dem sie sich von der linearen Zeitvorstellung und insbesondere von der liberalen Fortschrittsgläubigkeit des 19. Jahrhunderts absetzten. »Aus einer ewe pfeilgeradem willen / Führ ich zum reigen reiss ich in den ring«, heißt die dichterische Entsprechung bei George.[26] Wenn es, wie Reinhart Koselleck gezeigt hat, ein Charakteristikum der Moderne ist, Geschichte als unumkehrbare Entwicklung zu denken, dann war George nicht weniger antimodernistisch und reaktionär als die Vorkämpfer der Konservativen Revolution. Zugleich huldigten sie einer Ideologie der Tat, die auf Entscheidung drängte. Hierin lag die eigentliche Verwandtschaft mit George begründet. Viele begrüßten in ihm den Dichter, der »mit dem Täter Hand in Hand« ging.[27]

Militärische Kampfbünde wurden zu einem »wesentlichen Bestandteil der Innenpolitik«[28] und schossen wie Pilze aus dem Boden. »Wiking-Bund« und »Stahlhelm«, »Bund Oberland« und »Jungdeutscher Orden«, die Sturmabteilungen der NSDAP, aber auch der kommunistische »Rote Frontkämpferbund«, sie alle suchten politische Entscheidungen am parlamentarischen System vorbei mit Gewalt durchzusetzen; selbst das sozialdemokratische »Reichsbanner Schwarz-Rot-Gold« forderte immer häufiger eine »zweite Republik«. Es herrschte Ausnahmezustand, permanente Alarmbereitschaft. Der Dezisionismus rückte in den Mittelpunkt politischen Phi-

losophierens und wurde durch den Staatsrechtler Carl Schmitt zur
maßgeblichen Denkfigur des Jahrzehnts. In der polemischen Natur
dieses Denkens, das die Entscheidung um ihrer selbst willen propa-
gierte, lag »der destruktive Kern antidemokratischer Geisteshal-
tung«.[29] Der Ruf nach der Tat, der Anfang der zwanziger Jahre überall laut wurde, konnte George nicht kalt lassen. Schließlich brütete er
über den Zusammenhang von Wort und Tat, seit er zu dichten begonnen hatte. »Und jede eherne tat und nötige wende: / Nur unser-ei-
ner ist der sie vollende –« hatte er im Templer-Gedicht des *Siebenten
Rings* proklamiert.[30] Wollte er diesen Anspruch aufrecht erhalten,
durfte er sich jetzt nicht vereinnahmen lassen.

Die entscheidende Frage für die Jungrevolutionäre war die nach
der Zukunft der Nation. Die Vorstellung von einer einheitlichen Nation aber – ob in alter oder neuer Gewandung – war George wesens-
fremd. Im August 1914 sei die Nation in ihrer durch alle Schichten
getragenen Begeisterung für den großen und gerechten Krieg für einen
Augenblick zwar über sich selbst hinausgewachsen. »Ein hauch / Des
unbekannten eingefühls« habe Deutschland in jenen Augusttagen
durchweht, dichtete er 1917. Das Volk habe »ein verworrnes ahnen«
gespürt – »und sah sich gross in seiner not«.[31] Die Vorstellungen, die
mit dem Aufbruch verbunden waren, seien allerdings diffus geblieben. Die Vertreter des neuen Nationalismus waren da ganz anderer
Ansicht. Für sie kennzeichnete die Euphorie des August 1914 den
Anfang der nationalen Erhebung, und deshalb suchten sie den Zustand der Mobilmachung über das Kriegsende hinaus zum Dauerzu-
stand aller Deutschen zu erklären. Die schmachvolle Niederlage unterstrich in ihren Augen nur, dass die Begeisterung aufrechterhalten
werden musste, die Opfer durften nicht vergeblich gewesen sein.
Nicht die Niederlage vom November 1918, sondern die Aufbruchstimmung des August 1914 markierte für sie die Zäsur. Nach dieser
Lesart befanden sich die Deutschen noch immer im Kriegszustand.
Sie müssten den »Selbstreinigungsprozess« bis zur »Entscheidungs-
schlacht« vorantreiben, um mit der »Zertrümmerung einer morschen
Welt« jene »Weltwende« einzuleiten, die in der Schaffung eines idea-

len »Dritten Reiches« gipfeln werde.[32] So lauteten zwischen 1922 und 1932 die Parolen in den Schriften von Zehrer und Schmitt, Jung, Niekisch und Moeller van den Bruck, die allesamt aus der Bilderwelt Georges hätten stammen können. »Mögen Tausende, mögen Millionen sterben«, schrieb Friedrich Georg Jünger 1926, ihr Tod sei gerechtfertigt, wenn er nur dem Staat diene, »in den alle Unruhe und Sehnsucht des deutschen Menschen mündet und eingeht«. Das klang wie eine unfreiwillige Parodie auf Georges berüchtigte Zeilen vom heiligen Krieg, der »Zehntausende« raffen müsse.

Allerdings war am Ende die Nation mitnichten der Fetisch, auf den sich Georges Erwartungen richteten. Für ihn war der Krieg kein »Läuterungsbad für eine größere Zukunft«.[33] Nichts verdeutlicht die unterschiedliche Haltung besser als das in Kreisen der Nationalrevolutionäre geflügelte Wort »Wir mussten den Krieg verlieren, um die Nation zu gewinnen«.[34] Weil die Siegermächte die Wiederherstellung der Nation hintertrieben, galten sie als die Hauptverantwortlichen für die deutsche Misere. Diese Sicht teilten die Deutschen quer durch alle politischen Lager; »jeder Wiederaufstieg des deutschen Volkes führt nur über die Wiedergewinnung äußerer Macht«.[35]

George sah das anders. Wer den Krieg ausschließlich unter nationalistischen Gesichtspunkten betrachte, so erläuterte er schon 1917, erfasse »nur die Außenseite, nicht den Sinn der Dinge«.[36] Die Kritik richtete sich gegen Friedrich Wolters, der den Krieg als »das größte deutsche Ereignis« bezeichnet und mit seinem Hurrapatriotismus wiederholt Georges Unmut auf sich gezogen hatte. Als im Herbst 1918 ein deutscher Sieg nicht mehr vorstellbar war und Wolters die Befürchtung äußerte, eine Kapitulation könne auch den Georgeschen Staat in Mitleidenschaft ziehen, kam es fast zum Eklat. Deutschland werde im Falle eines bedingungslosen Waffenstillstands auf der Grundlage des 14-Punkte-Programms von Präsident Wilson für immer »eingehen in die anglo-amerikanische welt«, schrieb er am 14. Oktober an George. Eine Einrichtung wie der geplante Völkerbund bedeute nichts anderes als das Ende alles Geistigen: »Das geistige reich hätte zum gegner die ganze welt.« In seiner Antwort beschwor

George den Freund, nicht zu vergessen, »dass ausserstaatliche dinge unter uns keinen streit hervorrufen dürften«. Dann stellte er mit der ihm eigenen Dialektik richtig: »Das Geistige Reich hatte und hat mit und ohne sieg die ganze welt zum feind.« Wolters verwechsle Ursache und Wirkung.[37]

Als am 28. Juni 1919 der Friedensvertrag in Versailles unterzeichnet wurde – beim Eintreffen der Nachricht in Basel las er den Brief über die Deutschen aus dem *Hyperion* vor –, kam George im Gespräch mit Edith Landmann auf die für ihn nicht akzeptable Wolterssche Position zurück:

> Wolters hat bis zuletzt geglaubt, der Krieg ginge uns etwas an. Nun hat er eingesehen, dass es nicht der Fall war. Auch dies musste sein, dass einige von uns, die dies glaubten, belehrt wurden. So auch jetzt, rechts oder links, es ist alles das Gleiche. Die einen sind uns so fremd und feind wie die anderen. Was jetzt unterlegen ist, ist nicht der Geist gegenüber der Form, nicht das Werdende gegenüber dem Gewordenen, sondern die jüngere und schwächere Vertretung des angloamerikanischen Prinzips gegenüber seiner vollkommeneren Inkarnation.[38]

Den von Wolters konstruierten Gegensatz zwischen einem geistigen Reich, vertreten durch die Deutschen, und dem angloamerikanischen Prinzip, symbolisiert in der Idee des Völkerbunds, wollte George so nicht gelten lassen. So wenig ein Sieg Deutschlands die Überlegenheit des deutschen Geistes unter Beweis gestellt hätte, so wenig bedeutete jetzt die Niederlage eine Unterjochung des Geistigen durch den Völkerbund. Die Kampflinie ging für ihn durch die eigene Nation, hatte doch das angloamerikanische Prinzip längst auch die Deutschen angefressen.[39] Gegen diese innere Zersetzung war, wie das Kriegsgedicht einräumte, selbst der größte Feldherr machtlos: »Doch vor dem schlimmren feind kann er nicht retten.«[40]

»Die Vernichtung aller eigentlichen Völker und der Sieg der angloamerikanischen Normalameise« beschäftigten George schon seit geraumer Zeit. Ursprünglich, so erläuterte er Edith Landmann im Sommer 1916, habe man im Kreis der *Blätter* nur das Preußentum als »Feind alles Kulturellen« bekämpft, den Leutnant, den Korpsstudenten. »Seit 1900 etwa wurde das andre als der schlimmere Feind er-

kannt, der das Leben selbst zersetzt: das Advokatorische dieser amerikanischen Denkart, die immer nur Antithesen sieht ... Das Advokatorische ist eine Umdrehung des Menschlichen.«[41] Das in der amerikanischen Unabhängigkeitserklärung als Grundrecht definierte
Streben nach Glück – »life, liberty, & the pursuit of happiness« – hielt
George für den Inbegriff alles Materiellen und Geschichtslosen.
Wenn es nicht gelinge, die Substanz wieder sichtbar zu machen, so
war 1911 im *Jahrbuch* zu lesen, dann sei »die völlige entseelung der
menschheit, die amerikanisierung, die veramesiung der erde, der sieg
der Letzten Menschen aus dem Zarathustra, die das glück erfunden
haben, nur eine frage der zeit«.[42]

Im August 1914 hatte die angelsächsische Welt für zahllose Deutsche ihr wahres Gesicht gezeigt. »Perfides Albion« zählte zu den
beliebtesten Schlagworten der deutschen Kriegspropaganda. Die
Engländer seien nicht einmal in der Lage, auf ehrenwerte Weise Krieg
zu führen, empörte sich Werner Sombart 1915 in *Händler und Hel-*
den. Der Krieg werde von ihnen unter rein kommerziellen Aspekten
gesehen, »als eine Art von Sport«, und »in dieser unbewussten Ver-
wechslung von Krieg und Sport« offenbare sich der Geist einer durch
und durch korrupten Händlernation. Die Profanierung der Welt
durch die angelsächsische Krämerseele beschrieb auch der Philosoph
Max Scheler. Im Anhang seines ebenfalls 1915 erschienenen Buches
Der Genius des Krieges und der deutsche Krieg findet sich eine »Ka-
tegorientafel des englischen Denkens«. Deutschen Tugenden steht
die jeweilige englische Entsprechung gegenüber: Demnach reden die
Engländer von Komfort, wo es um Kultur geht, halten Rechnen für
Denken und sagen Ökonomie statt Vernunft; sie verwechseln das
Gute mit dem Nützlichen und das Wahre mit dem Zweckmäßigen –
»die Tafel kann natürlich noch beliebiger Verbesserung unterliegen«.[43]

George schrieb den angloamerikanischen Schreckenskatalog gegen Kriegsende 1918 auf seine Weise fort. »Was heraufkommt, ist eine
Generation, für die das Schnoddrige die einzige Äußerungsform ist,
die von einem Ideal nichts mehr weiß, keinen Begriff mehr hat von
Pflicht, die aber amerikanisch gut gepflegt ist.«[44] Setze sich dieses

oberflächliche, ausschließlich am materiellen Erfolg orientierte Denken tatsächlich durch, dann stehe es schlecht um alle Bemühungen, den Menschen einer höheren Bestimmung zuzuführen. Immer wieder klagte George »über die Entseeltheit der amerikanischen Zivilisation«; in seiner Ablehnung Amerikas war er so konsequent, dass er nicht einmal Ananas aß.[45] Vielleicht hatte Spengler ja doch recht, wenn er behauptete, Kultur müsse zwangsläufig in Zivilisation enden. Zivilisation, so hieß es am Ende des zweiten Bandes, bezeichne »die Stufe einer Kultur, auf welcher Tradition und Persönlichkeit ihre unmittelbare Geltung verloren haben und jede Idee zunächst in Geld umgedacht werden muss, um verwirklicht zu werden«.[46] In ihrer Ablehnung des angelsächsischen Utilitarismus standen George und Spengler jedenfalls nah beieinander.

3

Was ein deutscher Leser von Stefan George zu halten habe, sagte Anfang der zwanziger Jahre in der aktualisierten Auflage seiner populären Literaturgeschichte der Kopf der völkischen Germanistik, Adolf Bartels. Es handele sich um »eine Art esoterischer Haschisch- oder Eindämmerungspoesie«, die zu einer »Perhorreszierung des Lebens« führe. Obwohl ihm an George »immerhin deutsche Neigungen« auffielen, machte Bartels aus seinem Abscheu vor dieser Kunst keinen Hehl: »Im ganzen komme ich über ihre Unnatur nicht hinweg.« Vor solcher Literatur zu warnen war Bartels jedes Mittel recht, auch das der Diffamierung, weil George doch »eigentlich Abeles heißen und, wie Dr. Eugen Holzner in der ›Frankfurter Zeitung‹ 1902 behauptete, jüdischer Herkunft sein soll – was ich aber beides nicht glaube«. Abschließend stellte der stramme Autor mit Genugtuung fest, dass es »schon während des Weltkriegs sehr still von Stephan George geworden« sei.[47]

In der öffentlichen Wahrnehmung der zwanziger Jahre war George ein Vorkriegsdichter, der den Höhepunkt seines Schaffens hinter sich hatte. Man darf sich durch die zahlreichen zwischen 1915 und 1922 erschienenen Neuauflagen nicht täuschen lassen. Es handelte sich fast ausschließlich um Nachdrucke der frühen Bände bis zum *Teppich des Lebens*. In den Auflagenzahlen[48] spiegelte sich vor allem die Vorliebe des Publikums für einen »Klassiker« wider. George war zum Klassiker geworden, gefeiert für literarische Neuerungen, die ein Vierteljahrhundert zurücklagen. Während an den Universitäten die ersten Dissertationen entstanden,[49] war die Zahl der Zeitungs- und Zeitschriftenartikel über ihn stark rückläufig. Obwohl er als einer der frühen Wegbereiter der neuen deutschen Dichtung jetzt fast überall die Anerkennung fand, die ihm vor dem Krieg versagt geblieben war, musste George fürchten, den Anschluss zu verlieren.

Im Unterschied zu den meisten Schriftstellern, Künstlern und Hochschullehrern, die 1918 hätten revidieren müssen, was ihnen im Taumel von 1914 aus der Feder geflossen war – Koryphäen wie Thomas Mann und Max Weber eingeschlossen –, musste George nichts zurücknehmen. Sein Kriegsgedicht sei »das Einzige, was aus der unabsehbaren Masse deutscher Kriegsgedichte überleben dürfte«, hieß es in einer Besprechung der *Neuen Schweizer Rundschau*, und im Nachhinein könne man sich nur wundern, dass es überhaupt im Druck habe erscheinen dürfen.[50] Durch den Kriegsausgang war Georges Haltung glänzend bestätigt worden. Aber wen interessierte das?

Die gesamte Vorkriegskultur drohte im Nichtgeschichtlichen zu versinken. »Im Krieg drehen sich die wirtschaftlichen und ideologischen Werte schneller um ihre Achsen, und dadurch wird die Gegenwart schneller zur Vergangenheit, also ist das Maß der in der Geschichte vorbeiziehenden Zeit nicht der Chronometer, sondern gerade diese wechselnden Werte.«[51] Die durch den Krieg beschleunigte Wahrnehmung bedeutete einen radikalen Bruch in der Zeit-Erfahrung, einen qualitativen Zeitsprung, der nach dem Krieg alles, was vor 1914 lag, fremd erscheinen ließ.[52] »Was vor dem Kriege war, scheint durch eine Kluft von Jahren von der Gegenwart geschieden und den Heutigen nichts mehr anzugehen«, fasste der Heidelber-

ger Neurologe Willy Hellpach seine Untersuchungsergebnisse zur
Kriegsneurasthenie 1919 zusammen. In der subjektiven Wahrnehmung der Zeitgenossen schien der Krieg sehr viel länger gedauert zu
haben als vier Jahre. Der Freiburger Privatdozent Martin Heidegger
erläuterte seinen Studenten im ersten Nachkriegssommer den Unterschied zwischen messbarer Zeit und Erlebniszeit an ihrer eigenen
Biographie in drei Worten: »ein Jahr im Feld, ein Semester: kein objektiver Zeitbegriff«.

Der Generationenwechsel, der durch den Krieg zusätzliche Dynamik erhielt, brachte neue Themen und neue Namen. Alle, die jetzt
nach vorn drängten, die Expressionisten, die Aktivisten der Front-
kämpfergeneration, der Jahrgang 1902 (so der Titel des 1928 erschienenen Buches von Ernst Glaeser, das mit der Vätergeneration ab-
rechnete), verstanden die Katastrophe als Anfang eines Neuen. Ihr
Denken kristallisierte sich um Begriffe, von denen keiner mehr in die
alte Welt hinüberreichte. *Der Untergang des Abendlandes* (1918),
Geist der Utopie (1918) oder auch *Der Kampf als inneres Erlebnis*
(1922), *Volk ohne Raum* (1926), *Sein und Zeit* (1927), *Im Westen
nichts Neues* (1929) – so lauteten die neuen Stichworte, an die sich
jetzt die Debatten knüpften. Georges Vision des »schönen Lebens«
wirkte in diesem kalten, unerbittlichen Umfeld wie ein Relikt aus
längst vergangenen Tagen. »Der Weltkrieg war der Dämon, der die
Pathetik kurz und klein schlug.«[53]

Der Abstand wird besonders deutlich beim Vergleich der letzten
Folge der *Blätter für die Kunst* mit der fast gleichzeitig veröffentlichten wichtigsten Gedichtanthologie des Expressionismus, *Menschheitsdämmerung*. Die wegweisenden Bände von Däubler, Heym,
Benn, Werfel, Trakl und Stadler waren zwar allesamt bereits vor dem
Krieg erschienen, und einige der führenden Dichter hatten das Kriegsende nicht erlebt: Dennoch wurde das expressionistische Gefühl erst
mit der *Menschheitsdämmerung* 1920 zum Epochenbegriff. »1910 –
1920. Meine Generation!«, jubelte Gottfried Benn noch ein Jahr vor
seinem Tod und schob mit dem Begriff vom »expressionistischen
Jahrzehnt« den Krieg einfach beiseite.[54] Innerhalb der ersten zwei

Jahre wurden von der *Menschheitsdämmerung* vier Auflagen mit insgesamt 20000 Exemplaren abgesetzt. George fühlte sich von der neuen Art zu dichten geradezu abgestoßen; über Fritz von Unruhs Antikriegsdrama *Ein Geschlecht* notierte er: »gespieener Claudel – ganz verstandmässige menschen wissen dass *tiefe* nur durch das *a*logische hervorgebracht wird – und fabricieren bewusst alogik ... damit aber an dem zeug die zuschauer einen anteil nehmen ist beifügung von etwas grusel + schweinerei nötig – so entstehen solche Dinge.«[55]

Auch George hatte sich von der fiebrigen Stimmung des Jahres 1919 anstecken und auf einen Schlag zweitausend Exemplare der letzten *Blätter*-Folge drucken lassen. Das entsprach etwa dem Achtfachen der Durchschnittsauflage und stand zum erklärten Ziel des Unternehmens in krassem Widerspruch. Aber »trotz weitester Verbreitung« gab es »nicht eine einzige öffentliche Stimme weder im Inland noch im Ausland«, nicht einmal einen Verriss. »So kehrte das Verhältnis der Blätter für die Kunst zur deutschen Öffentlichkeit wieder zu den Anfängen ihres unbeschrienen Daseins zurück.«[56] Offenbar nicht freiwillig, sondern weil die Rezensionen ausblieben. Hatte der Sonderdruck des Gedichts *Der Krieg* vom Juli 1917 noch 18 Besprechungen im In- und Ausland gefunden, so wurden die *Drei Gesänge* vom Dezember 1921 – immerhin Georges erste selbständige Nachkriegsveröffentlichung – in Deutschland gerade noch zweimal erwähnt, nämlich gleich doppelt in der *Frankfurter Zeitung*, wo im Mai 1920 auch der einzige kurze Hinweis auf die letzte *Blätter*-Folge erschienen war. »Was man auch für Hoffnungen auf die geschichtsbildende, weitwirkende Kraft der Georgeschen Gründung gesetzt haben mag«, schrieb der *Kunstwart* zum 50. Geburtstag im Juli 1918, »sie sind samt und sonders erledigt.«[57]

Das mochte auf die Schlussphase des Krieges und auf die ersten Nachkriegsjahre zutreffen, aber es war dennoch vorschnell geurteilt. Denn je mehr sich George auf die Positionen zurückzog, die er bereits vor dem Krieg eingenommen hatte, desto mehr Zustimmung fand er bei denen, die sich mit den Veränderungen vom November 1918 nicht abfinden wollten. Im Spektrum der Literatur der zwanzi-

ger Jahre rückte er damit unweigerlich ein großes Stück nach rechts
und wurde für viele zu einem Bollwerk der Reaktion. Dass er seine
verspätete Anerkennung gerade in den Kreisen fand, die gesellschaftlich am meisten verloren hatten und sich mit den neuen politischen
Verhältnissen am wenigsten anfreunden konnten, erwies sich als ein
für die Wirkungsgeschichte Georges folgenschwerer Anachronismus.
Fritz Stern nannte die Gruppe der 1918 politisch und gesellschaftlich
heimatlos Gewordenen »enterbte Konservative«. Sie »wollten die von
ihnen verachtete Gegenwart zerstören, um in einer imaginären Zukunft eine idealisierte Vergangenheit wiederzufinden«. Ihnen bot das
Werk Georges zahlreiche Möglichkeiten der Identifikation. Hier war
jene »idealistische, unpolitische Unzufriedenheit« in Sprache gebracht und konserviert geworden, die wesentlich zum Untergang der
Weimarer Republik beitrug.[58]

Die späte Inanspruchnahme seines Werkes durch ein politisch fru-
striertes Publikum wirft unweigerlich die Frage nach der Mitverant-
wortung Georges auf. Kurt Sontheimer bezeichnete es als »eines der
delikatesten Probleme der Ideologieforschung«, den Transforma-
tionsprozessen nachzugehen, die aus einem bestimmten Denkansatz
eine politische Konkretion werden lassen. Die Versuchung, einen
kausalen Zusammenhang herzustellen, sei grundsätzlich immer vorhanden; dennoch müsse man sich davor hüten, »eine geistige Position
allein von ihrer möglichen oder tatsächlichen Wirkung auf die politischen und sozialen Verhältnisse her beurteilen« zu wollen.[59] Aus
Georges eigener Sicht war jede Form des Publikumserfolgs eine
zweischneidige Angelegenheit, weil sie die Grenzen des Künstlertums zu verwischen drohte und die von ihm beanspruchte Ausnah-
mestellung gefährden musste.

Zweifellos hat George 1918/19 die Öffentlichkeit gesucht, die
Grenzen der eigenen Wirksamkeit wurden ihm jedoch schnell deutlich. Zehn Jahre später ließ er Wolters schreiben, die wachsende Anerkennung sei nichts anderes gewesen als Ausdruck eines wachsenden Missverständnisses zwischen Dichter und Öffentlichkeit. Die
zahlreichen Neuauflagen hätten »mehr eine Breitenwirkung Georges

in die gebildeten Schichten als eine Tiefenwirkung in die Seelen« erzeugt.[60] Am Ende seien sich der Dichter und sein Publikum in etwa wieder so fremd gewesen wie in den frühen neunziger Jahren.

George wusste, dass er seinen Zenit überschritten hatte, und trat den Rückzug ins Private an. Es wäre allerdings falsch, diesen Rückzug als das Ergebnis gescheiterter Bemühungen um eine breitere Öffentlichkeit oder als Folge einer veränderten Einstellung zum Publikum anzusehen. Der Rückzug lag in der Konsequenz seiner Entwicklung vom Dichter zum Führer und hing aufs engste mit dem Nachlassen seiner Produktivität zusammen. »Wenn ich keine Gedichte machte, hätte ich immer noch was andres«, sagte George im Frühjahr 1920 zu Edith Landmann, »und die Gedichte sind Mittel zu diesem andern.«[61] Die Wahrheit war, dass er zu diesem Zeitpunkt tatsächlich kaum noch dichtete. Schon während des Krieges hatte er geklagt, »dass ihm seit seiner Krankheit nichts mehr so recht gelungen ist«.[62] Eine Zeitlang suchte er sich das Versiegen der dichterischen Kraft schönzureden: Er wolle sich nicht wiederholen, es sei alles gesagt, dichten sei jetzt nicht mehr so wichtig.[63] Erst 1927 mit dem Erscheinen des ersten Bandes der Gesamtausgabe wurde er den Druck los. Aber George hatte ja »noch was andres«. Dieses andere, das Leben mit den Freunden, genannt der Staat, rückte nun definitiv in den Mittelpunkt seines Sinnens und Trachtens. Bevor sich George jedoch neuen Jüngeren zuwenden konnte, musste im Innern dieses Staates die Ordnung wiederhergestellt werden.

3 Das große Aufräumen

Als der Freundeskreis zu Pfingsten 1919 in Heidelberg zusammenkam, schwelte zwischen George und Gundolf ein Konflikt, den sie ähnlich schon mehrfach durchgestanden hatten, der diesmal aber besonders aufreibend zu werden drohte. Es ging um Elisabeth Salomon, eine Studentin, in die sich Gundolf während des Krieges immer mehr verliebt hatte. Fast der gesamte Freundeskreis wurde in den nächsten Jahren in den »Fall Elli« involviert, an manchen Tagen schien es überhaupt kein anderes Thema mehr zu geben. »So weit kommt es, wenn die Weiber in geistigen Dingen den Ton angeben«, klagte George ein ums andere Mal und wunderte sich immer aufs Neue, »dass ein Weibswesen überhaupt solchen Einfluss auf ihn gewinnen kann«.[1]

Gundolf hatte aus seiner Schwäche gegenüber schönen Frauen nie einen Hehl gemacht. Als er am Neujahrstag 1904 zum ersten Mal ein Mädchen zu George schickte, um sie von ihm begutachten zu lassen, war der Meister zwar nicht sehr erbaut, er fand die Manja sogar »recht bedenklich«. Aber er ließ Gundolf gewähren: »geniesse solang es geht.« Schon damals warnte er ihn allerdings, er solle sich »in sträflicher leichtmütigkeit über die verwickelungen« einer festen Bindung nicht täuschen.[2] Dieser Linie folgte George auch in späteren Jahren. Als Gundolf sich 1911 in Fine Sobotka verliebte und George zum ersten Mal Gefahr lief, ihn an eine Frau zu verlieren, erinnerte er ihn an all die anderen Schönen, die dann seiner Liebe verlustig gingen. Gundolf müsse

das platonische wort in vielfachem sinn beherzigen dass die erste stufe die liebe zu einem schönen leibe die höhere aber »zu mehreren schönen leibern« ist. – Denk mal wieviel hunderte vielleicht heute leben die würdig wären von Dir, von Uns, geleitet und geliebt zu werden – die vielleicht so nur allein zu ihrer höhe geführt werden können! Der gedanke dass da so VIELE verloren gehen können ist doch das Traurigste von allem Traurigen! Also Seele!![3]

Je mehr Frauen auf Gundolfs Leporello standen, desto sicherer konnte George sein, dass er ihm erhalten blieb. Gundolf hatte immer zu den glühendsten Verfechtern der männerbündischen Ideologie gehört. Als eine seiner Verehrerinnen, die Darmstädter Unternehmerstochter Else Leuchs, von ihm wissen wollte, weshalb ihre Gedichte nicht gut genug für die *Blätter für die Kunst* seien, legte ihr Gundolf die höheren Gesichtspunkte dar, nach denen die Redaktion entscheide. Die *Blätter*-Dichter zeichneten sich aus durch

ein bestimmtes schwingen und eine bestimmte Intensität ... ein schwingen und eine intensität freilich, die Ihnen als einem weiblichen Wesen schlechthin unzugänglich ist. Das soll nun keine grobheit sein und nicht der leiseste Vorwurf, sondern wirkliche sachfeststellung. Diese *grenze* statuire ich, und die besten und feinsten Frauenseelen, wozu ich Sie unbedingt zähle, können sie nicht überschreiten. Es gibt in den grössten dichtungen der Welt einen Kern und zwar den wesenskern! der *frauen schlechthin* verschlossen ist ... heute, wo es gilt, eine heroisch religiösere lebensluft zu bilden in einer verhitzten, verweibten Welt, können wir eine Weile auch die schönsten Frauenstimmen nicht brauchen.[4]

Wer Gundolf kannte, habe sich über solche Orthodoxien eher amüsiert, schrieb Sabine Lepsius in ihren Erinnerungen, »denn er selbst ließ kaum einen Tag vergehen, ohne bei geist- und reizvollen Frauen Anregung zu suchen«.[5] Es war nur eine Frage der Zeit, wann Gundolf diesen Spagat nicht mehr aushalten würde. Gegenüber Fine Sobotka empfand er 1912 noch Skrupel, seine Ideale zu verraten. Er könne nun einmal »nicht ausserhalb des Staats wahrhaft lieben«, schrieb er an George. Er bitte ihn deshalb, sie beide zu erlösen und seine Einwilligung zu ihrer Verbindung zu geben – »dich kostet es nur einen Fingerstreich!«[6] George dürfte ziemlich erleichtert gewesen sein, dass Fine die Problematik einer Eheschließung rechtzeitig erkannte und noch im gleichen Jahr den Kulturhistoriker Erich von Kahler heiratete, einen Freund Gundolfs.

Das nächste Unheil drohte in Form einer ungewollten Schwanger-
schaft. Anfang November 1916 war Gundolf zum Dienst hinter der
Front eingezogen worden. George war vollkommen verzweifelt:
»Mein kind ich kann nicht zulassen dass Du wirklich den äussersten
gefahren ausgesetzt wirst – was soll ich denn ohne DICH?«[7] Aufgrund des am 5. Dezember 1916 erlassenen Hilfsdienstgesetzes, das
für alle männlichen Deutschen zwischen dem 17. und 60. Lebensjahr
die Arbeitspflicht in kriegswichtigen Betrieben einführte, drohte
auch George selbst noch herangezogen zu werden. Anfang Februar
wurde Gundolf zum Feld-Eisenbahnwesen nach Berlin komman-
diert; Arthur Salz hatte sich für ihn verwendet. Zwei Wochen später
kam er dank einer Empfehlung von Reinhold Lepsius an Walther
Rathenau, der Gundolf am 18. Februar zum Abendessen einlud, in
der Nachrichtenabteilung des Auswärtigen Amtes unter. George war
reichlich verstimmt; es gebe Situationen, »in denen zu verharren
menschenwürdiger ist – als JEDE möglich hilfe annehmen, das mit
Rath[enau] grenzt hart daran«.[8]

Für den 9. Februar – er war gerade in Berlin eingetroffen – hatte
sich Gundolf mit einer alten Freundin verabredet, der Musikerin
Agathe Mallachow, mit der er zwei Jahre nicht zusammen gewesen
war. Drei Monate später eröffnete sie ihm, dass sie schwanger sei.
Gundolf erklärte sich umgehend bereit, sie zu heiraten, und teilte dies
George mit. Dessen Antwort kam prompt, per Einschreiben und auf
dem offiziellen Briefpapier der *Blätter*: »Die art wie Du mir knall auf
fall eine heirat ankündigst als ob es sich um eine lustpartie handelte
hat etwas unmögliches und sezt mich in schwerste unruhe. Nach alledem was Du mir vorher über das verhältnis erzähltest erkenne ich nur
eine wahnsinnstat.« Wenn tatsächlich ein Kind da sei, was einstweilen
»noch bezweifelt werden kann«, ließen sich bestimmt andere Möglichkeiten eines Ausgleichs finden als eine Heirat. Sollte Gundolf diese Warnungen in den Wind schlagen, könne er, George, ihn »zwar
STAATLICH nicht ausschliessen … MENSCHLICH jedoch würde
sich alles so ändern wie du dir nicht vorstellen kannst St.G.«[9] Vier Tage später schaltete George als letztes Druckmittel Gundolfs Mutter

ein. Gundolf ließ seine Freundin den Brief Georges lesen und sagte die Kriegstrauung ab. Als das Kind auf die Welt kam, ein Mädchen mit Namen Cordelia, empfand er die Angelegenheit nur noch als lästig. »Vater bin ich auch geworden«, schrieb er an Wolfskehl betont beiläufig, »das gehört zu den Kriegsstrapazen.«[10] Er ließ sich durch Berthold Vallentin vor Gericht vertreten und kaufte sich mit einer Einmalzahlung von allen Verpflichtungen frei.[11]

Nachdem er sich zehn Tage mit Agathe Mallachow vergnügt hatte, sehnte sich Gundolf Mitte Februar wieder leidenschaftlich nach Elisabeth Salomon. Mit der 13 Jahre jüngeren, attraktiven Studentin der Nationalökonomie, die 1914 im Heidelberger Umfeld Georges aufgetaucht war, hatte er seit langem ein Verhältnis. Elli war agil und umtriebig und wusste die Männer für sich einzunehmen. Auch George war von ihr angetan; während seines Aufenthaltes in Berlin im Hungerwinter 1917/18 brachte sie in Thormaehlens Atelier täglich eine kleine Kanne Milch für ihn vorbei. Im März und April 1918 führten sie viele Gespräche, etwa über die Zubereitung von Saucen mit Madeira und Brandy oder über böhmische Mehlspeisen. Anfang Oktober unterhielten sie sich einmal auch über Agathe Mallachow, was aus Georges Sicht nur den einen Zweck gehabt haben kann: Elli vor ähnlich unbedachten Schritten zu warnen. Im November besuchte er sie im Sanatorium – eine ungewöhnliche Auszeichnung, wenn man bedenkt, dass er Elisabeth Salomon zu diesem Zeitpunkt bereits als eine Bedrohung wahrgenommen haben muss.

Elli kannte alle und jeden und galt in den literarischen Kreisen der Hauptstadt als kleiner Wirbelwind. 1919 veröffentlichte der Schriftsteller Albrecht Schaeffer im Insel-Verlag einen Schlüsselroman *Elli oder Sieben Treppen*, in dem er die »Karriere« der Studentin Elli über verschiedene Berliner Hintertreppen beschrieb. Elli mietet sich »unweit vom Savignyplatz in der Kantstraße ein Zimmer«, und bereits auf Seite 8 empfängt sie dort zum ersten Mal Herrenbesuch; für Eingeweihte war dieser Herr unschwer als Karl Wolfskehl zu identifizieren. Auf Seite 27 wird dann ein George-Gedicht zitiert (in voller Länge, was George juristisch die Möglichkeit gegeben hätte, gegen das

Buch vorzugehen). Nicht zuletzt auf Schaeffers Kolportageroman dürfte Georges späteres Diktum gemünzt gewesen sein, eine wie Elli »steht doch an allen Zentralbahnhöfen Europas«.[12]

Anfang 1919 kriselte es zwischen Gundolf und Elli. Der Grund war Gundolfs Eifersucht. Je mehr Bekanntschaften Elli machte und je länger er von ihr getrennt war, desto misstrauischer wurde er; nur wenn er sie in der Nähe hatte, hielt er es einigermaßen aus. Als Gundolf im Januar nach Heidelberg zurückging, sorgte er dafür, dass sie eine Anstellung an der Universität erhielt und bei Alfred Weber promovieren konnte; wenn sie keine Bleibe fände, würde er ihr ein Zimmer in der Villa Lobstein besorgen.[13] Gundolf geriet in eine schwere Schaffenskrise und sehnte sich nach nichts anderem mehr als danach, »meinen Kopf in deinen Schoß [zu] stecken, bis ich nichts mehr weiss und denke, und nichts fühle als was du mich fühlen lässt«.[14] George, der Anfang April bei Gundolf einzog, suchte gegenzusteuern: »Mir scheint dass du keinen anlass hast über den ›geist‹ so schlimm zu denken.«[15] George spürte, dass Gundolf mit anderen Dingen beschäftigt war und ihm zu entgleiten drohte, dies wollte er so nicht hinnehmen. Seit einiger Zeit führte er einen ähnlichen Kampf mit Robert Boehringer, der ihm Ende 1917 eröffnet hatte, dass er beabsichtige zu heiraten. Weil George das nicht akzeptieren wollte – »was bedeutet das für einen Menschen wie Robert für einen Zwang!«[16] –, ging Boehringer ihm seither aus dem Weg. Erst fünf Jahre nach seiner Eheschließung im Mai 1920 fanden er und George allmählich wieder zusammen.

In der George-kritischen Literatur hat sich die Vorstellung durchgesetzt, Gundolf habe sich mit Ellis Hilfe von seinem Meister emanzipiert: »Erst in der Loslösung von ihm wurde Gundolf ganz er selbst.«[17] Eine solche Stereotype verkennt jedoch die Ausgangslage des Konflikts. Die Tragödie der Trennung offenbarte gegenseitige emotionale Abhängigkeiten, die mit den üblichen Instrumenten zur Beschreibung von Herrschaftsstrukturen nur unzureichend erfasst werden. Wer Georges Herrschaftsgelüste und Gundolfs weiches, willfähriges Wesen in einen kausalen Zusammenhang bringt und den Bruch nach mehr als zwanzig Jahren treuer Gefolgschaft als Befreiungsakt versteht, greift zu kurz. Zu fragen, was aus Gundolf geworden wäre ohne den Kreis, wäre »genau so sinnlos, als wollte man wissen, was aus einem Mönch geworden wäre, wenn er nicht im Kloster gelebt hätte«.[18]

George litt unter der jahrelangen Auseinandersetzung nicht weniger als Gundolf, die Perspektive des Scheiterns war für beide gleichermaßen tragisch. Der Streit drehte sich ja nicht so sehr um die Person der Elisabeth Salomon, obwohl Geoge alles tat, es so aussehen zu lassen und Elli als Flittchen zu diskreditieren. Diesmal ging es ums Ganze. Wenn der engste Vertraute nach der Pfeife einer Hure tanzte – so und nicht anders sah es George –, musste das für den gesamten Staat unübersehbare Konsequenzen haben. Was einzustürzen drohte, war ein Grundpfeiler der Georgeschen Ideologie. »Die weltzeit die wir kennen schuf der geist / Der immer mann ist: ehrt das weib im stoffe ..« hatte er im *Stern des Bundes* geschrieben, »ordnend innen / Ist es am markte ungesetz und frevel.«[19] Frauen hatten im Staat nichts zu suchen.

Wegen der »Frauenfrage« war es in den Jahren vor dem Ersten Weltkrieg immer wieder zu heftigen Diskussionen gekommen. Frauen wie Sabine Lepsius, Gertrud Simmel oder Marianne Weber hatten sich von George und Gundolf belehren lassen müssen, dass die Emanzipation, für die sie eintraten, nichts als »ein Versagen von seiten des Mannes« darstelle. Der Mann habe es versäumt, die Rolle der Frau am heimischen Herd klar und schön zu definieren und so »die Hälfte des Menschengeschlechtes in einer von *ihm* gesetzten männlichen Ordnung des ganzen Geschlechts sinnvoll zu binden«. Folgten die Frauen dem Emanzipationsunsinn, statt sich der allgemeinen Degeneration in den Weg zu stellen, würden sie am Ende »keinem großen Mann mehr das Leben schenken« können.[20] In Georges mann-männlicher Welt besteht »Weibes eigenstes geheimnis« in der Aufzucht gesunden tüchtigen Nachwuchses; die Frau soll dazu erzogen werden, so heißt es am Ende des *Sterns*, »Euren samen wert zu tragen«.[21] Seine eugenischen Bemühungen seien zwar nicht sehr populär, meinte George, aber eines Tages würden ihm die Frauen danken, »in

fünfzig Jahren werde ich vielleicht der Heros der Frauen sein«.[22]
Heute erregen Verse wie die aus dem *Stern* – »Mit den frauen fremder
ordnung / Sollt ihr nicht den leib beflecken / Harret! lasset pfau bei
affe!« – im besten Fall Kopfschütteln. Schon 1939 bemerkte Adorno
spöttisch, dass sie »in der Turnhalle eines rheinländischen Gymnasiums nicht übel sich ausgenommen hätten«.[23]

In jungen Jahren war Gundolf mit Überzeugung und in vorderster
Front an der Errichtung dieses frauenfeindlichen Weltbilds beteiligt
gewesen. »Wir befeinden nicht die frau, sondern die ›moderne frau‹«,
hatte er 1912 im *Jahrbuch* verlautbart, »die stückhafte, die fortschritt-
liche, die gottlos gewordene frau.«[24] Nun war er, wenn man so will, in
seine eigene Falle getreten. Elli war zwar nicht gottlos – sie hielt sich
streng an die jüdischen Feiertage –, aber ansonsten entsprach sie rundum dem Schreckbild der modernen, aufgeklärten Frau. Nach Ansicht Georges zählte sie ohne Zweifel zu »den frauen fremder ordnung«. Wenn Gundolf seinen Kopf in ihren Schoß steckte, musste er
Abbitte leisten: entweder bei ihr oder hinterher bei George – wie sollte er das auf Dauer durchhalten?

George hatte stets betont, dass Frauen »Privatangelegenheit« sei-
en, »das mag und muss jeder halten, wie es ihm geboten scheint«. Bevor einer sich zur Ehe entschloss, sollte er allerdings erst einmal etwas
im Staat geleistet haben. »Wenn ihr das Eure getan habt, wenn ihr
vierzig Jahre alt seid und es dann noch wollt, dann habe ich nichts dagegen.«[25] Im Fall Gundolf wollte er von solchen Grundsätzen allerdings nichts wissen. Zum einen liebte er ihn noch immer viel zu sehr,
als dass er ihn hätte freigeben wollen. Zum andern drohte sein eigener
Lebensrhythmus durch Elli empfindlich gestört zu werden. »Hoffentlich können wir das frühjahr zusammen wieder auf dem Schlossberg hausen«, hatte er im Januar 1919 beschwörend an Gundolf geschrieben.[26] Da ahnte er vielleicht schon, dass Elli bald nur ein paar
Häuser weiter unterhalb einziehen würde. Die Einberufung der
Freunde nach Heidelberg zu Pfingsten erscheint vor diesem Hintergrund in anderem Licht: als der dramatische Versuch, Gundolf daran
zu erinnern, wo er hingehörte.

2

Im Sommer 1919 setzte George alle Hebel in Bewegung, das »Unglück Elli« zu verhindern. Dreieinhalb quälend lange Jahre dauerte der Kampf, der ihn an die Grenzen seiner physischen Belastbarkeit brachte. Er litt seit längerem an einer Entzündung der ableitenden Harnwege, die zu einem fortschreitenden Verlust der Nierenfunktion führte, und musste sich Anfang der zwanziger Jahre mehreren Blasensteinoperationen unterziehen. Schon im Juli 1915 hatte er sich für etwa vier Wochen in stationäre Behandlung begeben müssen. Eine Besserung brachte der Klinikaufenthalt nicht. In den folgenden Jahren scheint sich der Patient damit abgefunden zu haben, dass er oft wochenlang außer Gefecht gesetzt war und unerträgliche Schmerzen litt; »er fühle manchmal Schwächezustände, dass er sich an der Wand entlang greifen müsse«, heißt es im Februar 1916.[27] Nachdem im Sommer 1918 ein weiterer Klinikaufenthalt notwendig geworden war, erst in Heidelberg, anschließend in Berlin, unterzog sich George zwei Jahre später einer ersten Operation, die nur wenig Erleichterung brachte. Er leide große Schmerzen, klagte er im Mai 1921 dem behandelnden Urologen in Bad Wildungen, und habe daher einen Spezialisten in Berlin zu Rate gezogen, der eine neuerliche ernsthafte Entzündung diagnostizierte. Tägliche Radium-Borspülungen verschafften zwar vorübergehende Erleichterung, aber für die Nacht musste sich George jetzt immer häufiger einen Katheter setzen. September 1922 und September 1923 erfolgten zwei weitere Operationen in Bad Wildungen, dem bekannten Heilbad für Nieren-, Blasen- und Steinleiden südwestlich von Kassel. Knapp ein halbes Jahr später wurde in Basel eine Diagnose gestellt, die einen weiteren, nicht ungefährlichen Eingriff notwendig machte. Nach Konsultation mehrerer Ärzte entschied George sich für einen Urologen in Berlin, der ihn Mitte Mai erfolgreich operierte. Er blieb geschwächt, war nach der Rekonvaleszenz aber weitgehend schmerzfrei.

Für George lag es nah, die Krankheit als Ausdruck des Grams um Gundolf zu interpretieren und sie als Druckmittel entsprechend ein-

zusetzen. Nicht wenige unter den Freunden akzeptierten diesen Zusammenhang und machten Gundolf für den jämmerlichen Zustand
des Meisters mitverantwortlich. Im Streit um die Elli wäre es nie so
weit gekommen, klagte George im Januar 1923, hätte man Gundolf
Einhalt geboten. Aber die Freunde hätten gehandelt »wie achtlose
ammen die dem kind die verderblichsten stoffe immer wieder zufüh-
ren weil sonst das liebe kind schreit und weint«.[28] Statt Gundolf dabei
zu helfen, auf anständige Weise erwachsen zu werden, habe man von
allen Seiten nur zu vermitteln versucht, wo es nichts zu vermitteln
gab. Für ihn sei der Fall inzwischen »ekelerregend ja skandalös«.

Allerdings konnte sich George über mangelnde Unterstützung der
Freunde nicht beklagen, im Gegenteil. Eilfertig machten die Höflin-
ge ihrer Empörung Luft.[29] Zu den wenigen, die sich raushielten,
gehörten Lechter und Wolfskehl. Im Februar 1922 notierte Lechter:
»St. G. war in der vergangenen Woche bei mir. Mir wäre lieber er käme nicht mehr. Wegen Gundolfs Vaterschaft kamen wir erneut heftig
aneinander. – So war er in früheren Jahren nicht … Wäre es doch anders – wir reden auch vollständig an einander vorbei, er dreht mir die
Worte im Munde herum. Traurig, traurig, traurig!«[30] In diesen Tagen
dürfte auch das Gespräch stattgefunden haben, in dem sich Wolfskehl
zu Gundolf bekannte. »Karl: Ich kann ihn [d.i.Gundolf] nicht lassen.
Ich habe ihn zu Ihnen gebracht. George (nach einigem Nachdenken):
Karl, ich verstehe Ihr Bedenken.«[31] Da Wolfskehl von Dezember
1922 bis Juli 1925 in Italien lebte, haben sich George und er erst im
Herbst 1925 wiedergesehen.

Von Frühjahr 1919 bis Dezember 1922 hat George alles daran gesetzt, Gundolf von Elli abzubringen. Als einer der Ersten wurde Edgar Salin vorgeschickt, der Freund Gundolfs, der immer nur im Vorhof gestanden hatte. Für den Dienstag nach Pfingsten, kurz vor seiner
Abfahrt, hatte George ihn auf den Schlossberg zitiert, um ihm zu
eröffnen, dass seine »wichtigste Aufgabe« in den kommenden Monaten darin bestehe, dem Freund die Frau auszureden. Deswegen sei er
am Freitag vor dem Fest auch mit Gundolf bei ihm gewesen, damit
dieser, wenn er zu Salin komme, fortan »die Nähe des Meisters mit-

empfinde«. Es sei keine leichte Aufgabe, die Salin da übernehme, aber
»vielleicht wird sie Ihnen leichter, wenn Sie bedenken, dass Sie mir
helfen sollen«.[32] Auf diese Weise mobilisierte George jetzt den gesamten Kreis, bis hin zu Gundolfs Bruder Ernst, der Elli darlegen
musste, dass es *für sie* am besten wäre, wenn sie eine Zeitlang verschwinden würde, schließlich müsse sie immer bedenken, »dass nicht
Sie eine Gefahr für den Staat, sondern immer nur der Staat eine Gefahr für Sie ist«.[33]

Nachdem sich gegen Jahresende die Anzeichen mehrten, dass
George sich ihm entzog, erhielt Gundolf im Januar 1920 einen Brief
von Morwitz, der das Problem unumwunden in seinen zahlreichen
Auswirkungen beschrieb. Gundolf war dankbar für die Offenheit,
und weil er wusste, dass George mitlas, holte er seinerseits zu einer
ausführlichen Antwort aus. Der Konflikt ließ sich aus seiner Sicht in
einem einzigen Satz zusammenfassen: »ich BIN wie ich nicht sein
sollte ...«[34] Gundolf suchte Zuflucht im Schreiben. In Dutzenden von
Gedichten umkreiste er nur dies eine Thema: die immer größer wer-
dende »Kluft zwischen meinem tiefsten Herzensurteil und dem Sehn
des Meisters«. Verzweifelt wehrte er sich dagegen, in die Rolle des
Verräters gedrängt zu werden.

Um einen sichtbaren Beweis seiner unverbrüchlichen Treue zu liefern, hatte Gundolf zum Jahreswechsel 1918/19 ein Buch über George in Angriff genommen, das im Oktober 1920 mit dem Blätter-Signet bei Bondi erschien. Die Diskrepanz zwischen dem, was Gundolf
noch glauben mochte, und den Mitteln, die er aufbot, seine eigenen
Zweifel zu widerlegen, war nicht zu übersehen. Alle Superlative auf-
greifend, die ihm im Zusammenhang mit George je in den Sinn gekommen waren, und sich selbst mit den Worten des Johannesevange-
liums noch einmal übertrumpfend nannte Gundolf seinen Meister
jetzt »den Weg, die Wahrheit und das Leben«.[35] Nur nahm ihm das
keiner mehr ab – schon gar nicht derjenige, für den das Buch eigentlich gedacht war. Ulrich Raulff interpretierte den Monolith als »Abwehr durch Lob«, eine Charakterisierung, die Georges Eindruck bei
der Lektüre entsprochen haben dürfte.[36]

Der Fall Elli erinnere ihn an den Fall Auguste Bußmann, schrieb
George im März 1920 an Gundolfs Bruder: »Wissen Sie im Leben
Brentanos: dessen Auguste machte fortwährend solche Sachen.«[37]
Mit dem Hinweis auf die Bußmann-Affäre unterstrich George, dass
er für das Debakel in erster Linie Elli und ihre schamlosen Machen-
schaften verantwortlich machte. In der Tat war Gundolf ihr in einem
Maße verfallen, das George erschrecken musste. Sein Denken, Dichten und Träumen richtete sich immer ausschließlicher auf Ellis Schoß
als den Mittelpunkt der Welt. Die fast täglichen Briefe, die er ihr
schrieb, sobald sie getrennt waren – sie gehen in die Tausende –, um-
kreisen in immer neuen Wendungen das Thema der Lust in allen Variationen vom Infantilen bis zum Obszönen.[38] Da sich George solche
Exzesse beim lieben Gundel wohl nicht recht vorzustellen vermochte, gab er die Schuld an der sexuellen Hörigkeit seines Lieblings dem
Biest, das ihn dazu anstiftete.

Im März 1920 kam Bewegung in die Sache. Gundolf sollte einen
neu eingerichteten Lehrstuhl an der Berliner Universität übernehmen. Treibende Kraft war der Unterstaatssekretär im preußischen
Kultusministerium und spätere Kultusminster Carl Heinrich Becker,
der »Minister des Geistes«, wie ihn Willy Hellpach in seinem Nachruf im Februar 1933 nannte.[39] In der Philosophischen Fakultät hatte
sich heftiger Widerstand formiert. »Gundelfinger ist nicht Forscher,
sondern steht auch in seinen ›wissenschaftlichen‹ Büchern dem künstlerischen, dichterischen Schaffen viel näher als der wissenschaftlichen
Arbeit«, urteilte der Germanistikpapst Gustav Roethe. »Auf Studie-
rende, die zu strenger fester Arbeit heute besonders dringend erzogen werden müssen, kann ein Mann wie Gundelfinger nicht günstig
wirken.« Gundolf wusste von dem Gerangel hinter den Kulissen und
auch von den antisemitischen Stimmungen sowohl im Lehrkörper
als auch unter den Studenten. »Im Ganzen ists wohl ein Kompro-
miss (wie alles was heut von der Regirung kommt) zwischen der alten
Wissenschaft die noch in der fakultät bonzt, und dem neuen Wissens-
tum, das in der Jugend murrt«, schrieb er am 13. März an Erich von
Kahler.

Gundolf hatte das Berufungsschreiben am Tag zuvor in Wasserburg erhalten, wo er bei Fine Ferien machte, und auf der Stelle sowohl George als auch Elli unterrichtet. Er wisse noch nicht, ob er den Ruf annehmen solle, schrieb er an Elli. Im Brief an George hieß es, dass er weder Lust habe, nach Berlin zu gehen, noch irgendwelche Vorteile für die gemeinsame Sache darin erkennen könne. Gundolf fühlte sich in der Idylle von Heidelberg wohl und führte alle möglichen Argumente gegen Berlin ins Feld, sogar den Zustand seiner alten Mutter in Darmstadt. George warf ihm in seinem Antwortschreiben »pfründnerstimmung« vor. Er sprach sich deutlich für Berlin aus und empfahl, auch die Meinung »von einigen andren« einzuholen. »Was denkt deine mutter und Ernst – was sagen Kahlers und Salzens? Grade Fine könnte dich doch sehr beraten …«[40] Gundolf tat sich schwer mit der Entscheidung. Wie aus den Briefen an Elli hervorgeht, hatte er einerseits das Gefühl, dass es mit dem Zauber von Heidelberg allmählich zu Ende ging, andererseits fürchtete er als Jude die politische Instabilität an der Berliner Universität. Ende April lehnte er den Ruf ab.

Je mehr ihm Gundolf entglitt, desto heftiger brachen in George die alten Vorbehalte gegen die Wissenschaft durch. Bei einem Rundgang im Park der Heidelberger Klinik, die er im Frühsommer 1920 einige Wochen aufsuchen musste, fiel der später oft zitierte Satz: »Von mir aus führt kein Weg zur Wissenschaft«.[41] George ging am Arm von Salin, Gundolf lief nebenher, es herrschte angespannte Stimmung. George habe sich demonstrativ nur an ihn gewendet, erinnerte sich Salin, obwohl das, was er sagte, zum größten Teil eigentlich für Gundolf bestimmt gewesen sei. Er »äußerte sich scharf über die Nutzlosigkeit des Wissenschaftsbetriebs« und warnte davor zu glauben, dass man mit dem, was man bei ihm lerne, an der Universität reüssieren könne. Schon zu diesem frühen Zeitpunkt wurde Gundolfs weitere Entwicklung von George »als prognostizierbare geistige Verfallsgeschichte bewertet«.[42] Je deutlicher er in den folgenden Jahren »im Bewusstsein einer breiteren Öffentlichkeit als der führende Repräsentant einer spezifischen George-Wissenschaft erschien«, desto mehr distanzierte sich George von ihm. Die Liste der Verdikte über Gundolfs späte Publikationen ist lang.

Der Tropfen, der das Fass zum Überlaufen brachte, fiel im November 1922. Gundolf hatte ein weiteres, aus Georges Sicht überflüssiges Buch geschrieben. Es war ein Buch über Heinrich von Kleist und trug die Widmung »Elisabeth Salomon zugeeignet«. Diese Widmung, die während des Druckens angeblich hinter seinem Rücken eingefügt wurde, nahm George zum Anlass, den Kontakt zu Gundolf endgültig abzubrechen.[43] Im Mai hatten sie noch einmal einige Wochen gemeinsam in der Villa Lobstein, Schlossberg 55, gelebt. Elli hielt sich damals bei ihrer Schwester in Wien auf und wohnte, wenn sie zu Besuch kam, in der Pension Neuer, Schlossberg 49. In diesem Frühjahr muss es zwischen George und Gundolf wiederholt zu heftigen Auseinandersetzungen gekommen sein. »Die Worte, die gefallen waren«, notierte Edith Landmann beim nächsten Treffen mit George, machten »die Trennung notwendig«.[44]

Roma locuta, causa finita – Rom hat gesprochen, die Sache ist entschieden. George wollte Gundolf nicht mehr sehen. Dieser ahnte, dass sich in Berlin etwas gegen ihn zusammenbraute. »Ich wollte nach Berlin, doch ist mein Dortsein jetzt nicht erwünscht«, schrieb er am 13. Dezember an Kahler.[45] Gundolf war ein treuherziger, gutgläubiger, stets auf Ausgleich bedachter Mensch, der Konfliktsituationen aus dem Weg ging und Unangenehmes von sich schob. Weil er das Böse an George immer verdrängt hatte, traf es ihn umso härter, dass er nach zwanzigjähriger Freundschaft jetzt so brutal ausgegrenzt wurde. Dennoch konnte er sich nicht entschließen, sich von George loszusagen. Nicht einmal, als dieser ihm drei Jahre nach dem Bruch auf der langen schmalen Stiege entgegenkam, die den Schlossberg mit der Altstadt verbindet – George stieg herauf, Gundolf ging hinunter –, und seinen Gruß nicht erwiderte. Es sei geradezu lachhaft gewesen, mokierte sich George, »wie er da so schüchtern sein Hütchen rückte«.[46] Am 22. Oktober 1926, zwei Wochen vor seiner Heirat, hielt Gundolf in Köln einen Vortrag über George. Er nutzte die Gelegenheit, Bertram zu besuchen, dem er »mehrere Stunden lang« von der

»*tragischen* Entwicklung seines Verhältnisses zu G.« erzählte. »Eine vollkommene Tragödie«, schrieb Bertram anderntags an Glöckner, »ich habe selten etwas so Trauriges gehört.«[47]

George überkam, wenn er in späteren Jahren über Gundolf sprach, eine merkwürdige Sentimentalität. Was er betrauerte, war aber vor allem sein eigenes Schicksal, wegen »so einer« von seinem Lieblings-jünger im Stich gelassen worden zu sein. Die Vorstellung, dass Gundolf einen anderen Menschen mehr liebte als ihn, war ihm unerträg-lich. Deshalb suchte er nach Erklärungen und sprach erst von sexueller Hörigkeit, dann von Verrat und am Ende von geistiger Verwirrung. »Da ist eine kranke Stelle im Gehirn«, meinte er, als er im Juni 1926 Gundolfs Ankündigung der bevorstehenden Eheschließung erhielt.[48] Es war Gundolfs letzter Brief an ihn. George gab zum Beweis von Gundolfs Unzurechnungsfähigkeit näheren Freunden eine Abschrift. Der Brief war ohne Anrede und lautete vollständig:

> Ich habe beschlossen Elisabeth Salomon in diesem Jahr zu heiraten wie Herz und Gewissen mir befiehlt, überzeugt dass ich damit deinem Wunsch, nicht deinem Recht zuwiderhandle, da dies Wesen deine Gnade mehr verdient als ich. Da ich dich nicht überzeugen konnte, so will ich lieber mit ihr in die Höl-le als ohne sie in den Himmel. Die Folgen weiss ich: das Leid durch dich und um dich, und will sie tragen. Von dir falle ich nicht ab, auch wenn du mich verwirfst. Dein Gundolf [49]

Am 12. Juli 1931, Georges 63. Geburtstag, starb Friedrich Gundolf im Alter von 51 Jahren in Heidelberg an Krebs.

3

Mit Gundolfs Ausscheiden verlagerten sich die Gewichte innerhalb des Kreises zugunsten jener Kräfte, die er von Anfang an bekämpft hatte. Der starke Mann hieß jetzt Friedrich Wolters. Im April 1920, als Gundolf den Ruf nach Berlin ablehnte, trat Wolters in Marburg eine Stelle als Extraordinarius für Mittlere und Neuere Geschichte an. Die Stadt lag strategisch günstig, nicht nur wegen Georges alljähr-

licher Herbstreise nach Berlin, sondern auch wegen der Nähe zu Bad
Wildungen, das George jetzt immer wieder aufsuchen musste. Sein
Telegramm vom 22. Juli 1920, dem Tag seiner ersten Operation –
»bitte wolters oder erika noch heute kommen george« –, lässt ahnen,
welche besondere Form der Nähe auch durch die Krankheit in den
nächsten Jahren entstand.[50] Wolters war seit 1915 mit Erika Schwartzkopff verheiratet, einer Kusine von Kurt Hildebrandt, die schon vor
dem Krieg in Berlin mit Eifer an Leseabenden teilgenommen hatte
und George mit der gleichen unbedingten Ehrerbietung huldigte wie
der übrige Wolters-Kreis.

Am 29. Januar 1923 fuhr Wolters im Auftrag Georges nach Heidelberg, um Gundolf darüber in Kenntnis zu setzen, dass die Widmung des Kleist-Buches den Zorn des Meisters hervorgerufen habe.
Eine solche Widmung sei keineswegs »eine Privatsache«, wie Gundolf offenbar glaube, sondern »die bewusste Verheimlichung einer
Handlung in Staatsdingen … eine absichtliche Täuschung des Führers«. Durch das Blätter-Signet auf dem Titel habe die Widmung offiziellen Charakter bekommen. Jedermann wisse, dass die alleinige
Verfügungsgewalt über das Signet bei George liege, und deshalb sehe
es jetzt so aus, als habe er »mitunterzeichnet«. Der Vorwurf lautete
auf Diebstahl und Missbrauch der heiligen Insignien.[51]

Einen zuverlässigeren Botschafter als Wolters hätte sich George,
der in der ersten Januarhälfte in Marburg eingezogen war und bis
Mitte März blieb, nicht wünschen können. Wolters dachte in staatlichen Angelegenheiten abstrakt und hierarchisch, in den Kategorien
von Herrschaft und Dienst. Gundolfs Verhalten war in seinen Augen
nicht nur eine Kränkung für George, sondern auch eine Gefahr für
den Staat. Zwar ließ er es nicht an persönlichem Mitgefühl für Gundolf fehlen und goss auch kein Öl ins Feuer, aber er sah natürlich, dass
sich ihm hier eine Chance zum Aufrücken eröffnete. Als Gundolf
drei Wochen nach ihrem Gespräch bat, seine Sicht der Dinge George
persönlich darlegen zu dürfen, antwortete Wolters: »Der Meister
lässt Sie fragen, ob Sie ihm bei der Zusammenkunft etwas Wichtiges
zu sagen hätten.« Falls nicht, sei es besser, neuerliche Auseinanderset-

zungen zu vermeiden, die nur die Gesundheit des Meisters gefährde-
ten – »Sie wissen ja selbst, wie sehr innere Erschütterungen bei ihm
sich in leiblichen auswirken«.

Anders als Gundolf, dem es nie in den Sinn gekommen wäre, Anhänger um sich zu scharen, hatte Wolters seine wichtigste Aufgabe
von Anfang an in der »öffentlichkeitswirksamen Agitation« gesehen.[52] Auf direktem Weg möglichst viele junge Leute anzusprechen
und dem Meister dann die Besten zuzuführen war immer schon sein
Ziel gewesen, und diesem Ziel war er durch die Marburger Berufung
ein großes Stück näher gekommen. Wenn er an die »vier bis fünfhundert jungens« denke, denen er am Vortag eine Reihe von »hel-
dischen und vaterländischen« George-Gedichten vorgelesen habe,
berichtete er am 3. Dezember 1920 stolz, dann traue er sich zu, bald
»jede menge in den bann des dichterischen wortes zu ziehen wenn es
nur deutsche sind und kinder des geistes«.[53] Es war eine fatale Entwicklung, die sich hier ankündigte: Zum ersten Mal wurde das dichterische Wort vorsätzlich, und noch dazu von einem langjährigen Vertrauten, für völkische und nationale Zwecke in Anspruch
genommen.

Wolters' Kampf richtete sich in erster Linie gegen den Versailler
Vertrag, in dem Deutschland und seine Verbündeten als alleinige Urheber für alle Verluste und Schäden des Krieges verantwortlich gemacht wurden. In einer Rede zum zehnten Jahrestag der Unterzeich-
nung am 28. Juni 1929 legte er dar, was von einem Vertragswerk zu
halten sei, das darauf abziele, den Deutschen »das moralische Rück-
grat zu brechen, so dass sie überhaupt als ernstzunehmendes Volk
und gefährlicher Nachbar ausschieden«. – »Wie war ein solcher Vertrag im Zeitalter der Humanität und Zivilisation möglich?«, fragte er.
In der Geschichte habe Krieg immer als ein von Zeit zu Zeit notwendiges Sichmessen der Völker gegolten; weil die Gegner sich als prinzipiell gleichberechtigt betrachteten, hätten die jeweiligen Sieger am
Ende auch die Verantwortung für den Frieden getragen. Die Sieger
von 1918 aber hätten diese moralische Kraft, »das Recht des Siegers
gegen den überwundenen Gegner geltend zu machen«, nicht mehr

aufgebracht und deshalb »ein Kriegsverbrechen und eine Kriegs-
schuld konstruieren« müssen. Wolters nannte den Vertrag von Versailles ein Dokument der Schwäche, »aus dem Hasse, dem Neid und
der Furcht geboren und nicht zuletzt aus einem unaufhebbaren Missverstehen« deutschen Wesens. Es sei die Pflicht des deutschen Volkes,
»die Schuldfrage so lange offen zu halten«, bis es gleichberechtigt in
die Völkergemeinschaft zurückkehre.[54]

Wolters' Position war die eines Nationalkonservativen, der sich im
Parteienspektrum der Weimarer Republik zwischen der Deutschen
Volkspartei und den Deutschnationalen bewegte. Obwohl George
die Niederungen der Tagespolitik mied und politisches Engagement
für Zeitverschwendung hielt, teilte er den Woltersschen Standpunkt.
»In ein paar Jahren würde er Wolters darauf hetzen, eine Geschichte
des Krieges zu schreiben«, meinte er im Sommer 1919.[55] Auch er
empfand den Versailler Vertrag und die Härte, mit der vor allem die
Franzosen ihn durchsetzten, als eine nationale Tragödie. Als Julius
Landmann über die verheerenden Auswirkungen der Besatzungs-
politik in Baden berichtete, soll er Tränen vergossen haben. Er habe
schon mit dem Gedanken gespielt, »keine Zigaretten mehr zu rauchen oder sich den Bart nicht zu scheren, bis der Feind aus dem Land
sei«.

Besonders empörte George, dass die Franzosen zur Überwachung
der Deutschen auch farbige Einheiten an den Rhein abgestellt hatten.
Die nationale Propaganda sprach von der »Schwarzen Schmach« und
verbreitete allerhand Greuelgeschichten: von Vergewaltigungen
weißer Frauen durch schwarze Soldaten, von Schwarzen, die im
Rhein badeten, und anderen, die im Dom von Worms die Marseillaise anstimmten. Für all das würden die Franzosen eines Tages bezah-
len müssen, meinte George, und für diesen Tag wolle er gern noch
zehn Jahre leben: »die werden noch so Keile kriegen, solche Keile«.[56]
Frankreich habe »den größten Fluch auf sich geladen ... der ein Volk
je treffen kann«, urteilte Wolters 1923. »Es hat Blutschande begangen«, indem es »fremdstämmige Sklaven gegen freie blutsverwandte
Völker« in Stellung brachte.[57] Wolters wusste, auf wen er sich berufen

konnte. »Blut-schmach«, hatte George in seinem Kriegsgedicht geschrieben, gehöre zum Ärgsten, was Völker sich antun könnten: »Stämme / Die sie begehn sind wahllos auszurotten«.[58]

Als am 11. Januar 1923 französische Truppen im Ruhrgebiet einmarschierten, um ausstehende Reparationslieferungen einzutreiben, rief die Reichsregierung die Bevölkerung zum passiven Widerstand auf. Die Eskalation der Besatzung erreichte eine neue Stufe; von den Franzosen tatkräftig unterstützt, kam es im Sommer an vielen Orten zwischen Landau und Aachen zu Aufständen von Separatisten, die auf eine Abtrennung der linksrheinischen Gebiete vom Deutschen Reich drängten. Bei aller Sympathie für die Idee des alten lotharingischen Mittelreichs waren weder George noch Wolters für einen solchen Coup zu haben: der Rhein war Deutschlands Strom, nicht Deutschlands Grenze. Auf der Tagung des Deutschen Hochschulverbandes am 15. März in Marburg hielt Wolters eine programmatische Rede: »Der Rhein unser Schicksal«. Als Hausgast von Wolters dürfte George die Rede nicht nur gehört haben, sondern auch unmittelbar an ihrer Konzeption beteiligt gewesen sein. Der Rhein habe sich zweimal als der eigentliche Kulturraum der Deutschen erwiesen, so Wolters' These: das erste Mal im Kampf der Germanen gegen die Römer, das zweite Mal in der Dichtung Stefan Georges. Zwar rief er auch andere Dichter von Rhein, Main und Neckar als Zeugen auf (ja sogar Karl Marx aus Trier und Friedrich Engels aus Barmen!), am Ende aber verbürgte ihm vor allem der Dichter aus Bingen die Rechtmäßigkeit des Widerstands gegen Frankreich.[59]

Wolters verstand es immer wieder, die Brücke zu schlagen zwischen den großen, die Nation bewegenden Themen und der Georgeschen Dichtung. »Wir sind unseren Gegnern trotz unserer Niederlage das Unheimliche, Unberechenbare geblieben«, hieß es 1925 am Ende eines Vortrags über »Goethe als Erzieher zum vaterländischen Denken«. »Sie mögen nur suchen! Die Stätte des Geistes finden sie nicht, und stärker als alle vergrabenen Waffen sind auch heute wieder die Waffen, welche der Dichter schmiedet.«[60] Auch diesmal konnte es für die Zuhörer keinen Zweifel geben, welcher Dichter hier der

Schmied war. Damit aber das Bild nicht vage im Metaphorischen blieb, stellte Wolters sogleich den militärischen Bezugsrahmen her: »Größer als der verbotene Generalstab ist der Kreis der Führer, die *er* erzieht, gefährlicher als alle verborgenen Kampfbünde ist die heldische Jugend, die *ihm* erwächst«. Solche Sätze müssen George gefallen haben. An einem der Winterabende 1920/21 in Lechters Atelier nahm er ein Exemplar der Elften/Zwölften Folge in die Hand, »hob es triumphierend empor und rief: ›*Dieses* ist der Sieg Deutschlands über Frankreich!‹«[61]

Der Kampf um die geistige Führung der Jugend war schon bald nach dem Krieg zu einem herausragenden Thema der öffentlichen Debatte geworden. Im Bewusstsein ihrer moralischen, kulturellen und politisch-militärischen Demütigung blieb der Glaube an die deutsche Jugend für viele die einzige Hoffnung. Georg Simmel hatte diese Stimmung frühzeitig erkannt; im Mai 1918, also noch vor Ende des Krieges und wenige Monate vor seinem Tod, schrieb er an Hermann Graf Keyserling:

> Es geht nämlich zweifellos durch unsere heutige Jugend eine leidenschaftliche revolutionäre Sehnsucht nach einer Vita-Nuova, ein Kämpfenwollen um eine geistige Lebensgestaltung … kein idealistisches Sich-zurückziehen von der Welt, sondern ein Bearbeiten ihrer, aber in durchaus idealistischem Sinne; eine Todfeindschaft gegen alle Bürgerlichkeit, gegen alle Mechanisierung und Amerikanisierung … Es ist in diesen Bewegungen viel unklar Gärendes, viel unverschämt Aggressives, aber doch eine ungeheure Lebendigkeit, und ein höchst erfreuliches Sturmlaufen gegen die alten morschen Mauern.[62]

Wie aber sah die Jugend aus, die Wolters in Marburg um sich versammelte und die geschlossen aufmarschierte, wenn George erwartet wurde? Die Eigenwahrnehmung des Marburger Kreises dürfte in etwa dem entsprochen haben, was Gundolf in seinem George-Buch als Idealbild des deutschen Jünglings entworfen hatte. Deutsche Jugend, hieß es da, »ist eine Weltkraft, von der Jugend aller anderen Völker unterschieden, eine geistig sinnliche Urform des Menschtums derengleichen seit dem griechischen Jüngling, seit dem Tod Alexanders auf Erden nimmer erschienen ist«.[63] Mit entsprechend stolz geschwellter

Brust, die Haare lang, die Kragen weit, liefen die George-Jünger durch die Straßen von Marburg und hielten es für eine gelungene Provokation, wenn die Bürger gafften. In Universitätskreisen sehe man ihn bereits als eine »Gefahr für die Jugend«, wusste Wolters im April 1922 stolz zu berichten. Im lokalen Satireblatt las man es so: »Der Meister hängt in den Armen zweier Jünger. Seine braunen Sammethosen singen rhythmisch. Er macht ein Photographiegesicht. Zwei Jünger wandeln voraus, zwei Jünger wandeln hernach. Es ist ein ewiger Gang nach Emmaus. So geht er einher, so öffentlich öffentlichkeitsfeindlich. So weltlich weltverloren.«[64]

Stilisierung war alles. Wolters legte Wert darauf, dass ein junger Mann sich nach Georgescher Art die Krawatte band, das Weitere würde sich finden. Aber es lag jenseits seiner Möglichkeiten, in einem Jungen mehr zu sehen als einen potentiellen Georgeaner. Diese Art von Pädagogik lasse einen jungen Menschen geistig nicht über die »Kadettengrenze« hinauskommen, giftete Salin.[65] Da er kein erotisches Verhältnis zu Knaben hatte, fehlte Wolters eine der wesentlichen Voraussetzungen zur Beurteilung der Frage, wie die Jugend beschaffen sein müsse, die es zu führen galt, und nach welchen Kriterien sie auszuwählen sei. Unter einem »SS« vermochte er sich im Unterschied zu den George Nahestehenden, die wussten, dass ein »Sehr Süßer« gemeint war, nichts anderes vorzustellen als eine »StaatsStütze«. George wunderte sich ein ums andere Mal über die ihm von Wolters empfohlenen Kandidaten und klagte, dass der Freund leider keinen Blick habe für die Substanz eines Menschen. Der Eros verlange nun einmal den Einsatz der ganzen Person. Von den Marburgern sei nichts zu erwarten, »eh nicht jeden morgen ein aufgehenkter an eurem gartenzaun« hänge.[66]

4

Im Jahr 1922 verlagerte George seinen Lebensmittelpunkt von Heidelberg nach Marburg. Die Entfremdung von Gundolf, das neue
Domizil von Wolters, der ihm ein Erkerzimmer im ersten Stock als
ständiges Gästezimmer einrichtete, und der kurze Weg nach Bad Wildungen – all das mag dabei eine Rolle gespielt haben. Der eigentliche
Grund für den Wechsel war jedoch ein anderer: ein 19-jähriges Wunderkind von der Schwäbischen Alb, Max Kommerell. Diese neue, ungewöhnlich rasch sich entwickelnde Freundschaft erleichterte George die Trennung von Gundolf, beschleunigte womöglich den Bruch
und ließ Kommerell wie von selbst in die Vertrauensstellung hineinwachsen, die Gundolf zwanzig Jahre lang bekleidet hatte.

Der Wechsel von Gundolf zu Kommerell war, was die innere
Struktur des Freundeskreises betraf, sehr viel folgenreicher als der
Wechsel von Gundolf zu Wolters. Weil der neue Lieblingsjünger
schon bald dazu neigte, seine Vorzugsstellung gegen andere auf unverträgliche Weise auszuspielen, wirkte er stark polarisierend. Mit
Max Kommerell begann die schleichende Desintegration des Kreises,
die allmähliche Auflösung in einzelne, miteinander rivalisierende
Gruppen. Zu denen, die George frühzeitig vor einer solchen Entwicklung warnten, gehörte Ernst Morwitz, der »die Kröte«[67] vom ersten Tag an nicht ausstehen konnte. Als Kommerell in der zweiten
Hälfte der zwanziger Jahre über Wochen und Monate zum ständigen
Begleiter des Meisters avancierte, zog sich Morwitz zurück.

Nach den ästhetischen Kriterien des Kreises war Kommerell unansehnlich: klein, schmallippig, die Stirn schon früh von Falten zerfurcht. Dennoch wusste er George auf Anhieb zu fesseln. Erstens
schrieb er schöne Gedichte. Zweitens besaß er ein ungeheuer lebendiges, quirliges Wesen und hatte einen wachen Blick. Man war stets
auf der Hut vor ihm und spürte, dass es besser war, sich nicht mit ihm
anzulegen, vor allem nicht, wenn George daneben saß, dem Kommerells Angriffslust großes Vergnügen bereitete. »Vor dem warne ich
Sie«, ließ er Edith Landmann wissen[68] – und sein Stolz war unüber

hörbar. Er nannte ihn abwechselnd Maxim, Puck oder Mein Kleinstes (M.K.)[69] und machte sich jedesmal ernste Sorgen, wenn er ein paar Tage nichts von ihm gehört hatte.

Kommerell, der am 25. Februar 1902 in Münsingen als siebtes und letztes Kind eines Landarztes geboren wurde und nach dem frühen Tod der Mutter unter Aufsicht der älteren Schwestern in Waiblingen und Cannstatt aufwuchs, hatte mit 14 Jahren bereits die halbe Weltliteratur gelesen. Mit 17 begeisterte er sich für die Schriften von Wynecken und Blüher, schwärmte für Carl Spitteler, las 1920 den *Untergang des Abendlandes* und vor dem Zubettgehen auch noch Stefan George, »der gegenwärtig mein Lehrmeister ist«.[70] Er hatte bereits vier Semester Literatur und Philosophie hinter sich, als er sich gemeinsam mit Ewald Volhard im Sommer 1921 entschloss, von Heidelberg nach Marburg zu wechseln.[71] Nachdem er in Heidelberg vergeblich Anschluss an Gundolf gesucht hatte, traf es sich gut, dass sich just um diese Zeit die Gewichte innerhalb des Kreises von Gundolf zu Wolters verschoben.

Wolters scheint in Kommerell einen geeigneten Kreis-Kandidaten gesehen zu haben, und diesmal täuschte er sich nicht. Als George ihn in der zweiten Juliwoche in Augenschein nahm, erklärte er den Aufenthalt in Marburg kurzerhand für beendet, fuhr mit Kommerell nach Heidelberg, nahm ihn mit auf den Schlossberg und feierte dort am 12. Juli 1921 seinen 53. Geburtstag mit ihm. Mindestens zwei Wochen wohnten sie gemeinsam in den Räumen der Villa Lobstein. Wenn Kommerell, »kaum wach geworden in das große Zimmer schlüpfte, um der Geister Pflichten zu warten und zur Morgenaudienz zu kommen«,[72] wiederholte sich das gleiche Ritual des Weckens und Gewecktwerdens, das Percy Gothein so eindrücklich beschrieben hatte. »Die fülle, die in diesen wenigen tagen in mich gelegt wurde«, berichtete Kommerell Mitte August an Wolters, »kann ich auch jetzt noch nicht ermessen.«[73]

Die Trennung von der Freundin war bereits in die Wege geleitet. Kommerell hatte die etwas ältere Else Eichler bei einer mehrtägigen Wanderung von Studenten und Studentinnen durch den Odenwald

ein Dreivierteljahr zuvor näher kennengelernt. Sie lasen gemeinsam
George-Gedichte, und Else erhielt zahlreiche stilisierte Abschriften.
Ende Juni, also noch vor seiner Begegnung mit dem Meister, deutete
Kommerell an, dass er wohl eine Zeitlang auf den Umgang mit ihr
werde verzichten müssen. Drei Monate später folgte der Abschiedsbrief: »Ich darf keine Worte der Leidenschaft zu Dir mehr in den
Mund nehmen und was ich nicht anders bannen kann, verschweige
ich.«[74] Als beide über zwanzig Jahre später durch einen Zufall voneinander hörten, suchte Kommerell sich noch einmal die Stimmung
dieses Sommers zu vergegenwärtigen und der Freundin von einst den
Bann zu erklären, der ihn in die Welt Georges hineinzog:

> Ich entsinne mich wohl noch jener Verwandlung der Heidelberger Land-
> schaft, durch einen geisterhaften Ton, als murmelte ein ungeheurer Mund
> die Verse, die das Gerücht eines gewagten und titanischen Lebens in die
> schwingende Luft hinaustrugen: und die zarten und oft begangenen Lie-
> beswege waren plötzlich nicht mehr da, und alles, womit sich das Herz ver-
> gnügt hatte, war ein verjährtes Spielzeug, dessen ich mich glaubte schämen
> zu dürfen ... und nun war die ganze Gegend verzaubert durch den, der un-
> entrinnbar schien, wo immer er aufstieg, das sagenhafte weisse Haupt wie-
> gend, und von zwei langen Jünglingen gestützt ... und die Füße wussten
> nichts anderes mehr, als mich zu ihm hinzutragen. Was folgte darauf? Eine
> 9jährige freiwillige Dienstbarkeit, mit wilden, aber nur inneren, wie vor
> 3000 Jahren in einem fernen Reich geschehenen Abenteuern ... Was ist es
> nur in einem jungen Menschen, dass er das ganze Register der menschli-
> chen Schicksale, die vor ihm liegen, mürrisch durchliest und sagt: das aber
> ist nicht unerhört genug – ich will den Magnetberg, obwohl man zum Mag-
> netberg nur die Beziehung des an-ihm-Scheiterns haben kann![75]

Dichter ist die plötzliche Verwandlung der Welt von keinem der
Freunde Georges beschrieben worden. Fast scheint es, als sei das Moment der Erweckung über den zeitlichen Abstand von zwei Jahrzehnten hinweg und trotz aller durch die spätere Trennung ausgelösten Abwehrreflexe nur weiter ausdifferenziert worden. Der späte
Brief dokumentiert eindrucksvoll die Vielschichtigkeit des Erlebens,
und er lässt zugleich ein außergewöhnliches Selbstbewusstsein erkennen. In Kommerell verband sich hohe Intelligenz mit dem Hang
zum Leichten, Spielerischen, mitunter Kauzigen. Was diese komple-

xe und schwierige Persönlichkeit zusammenhielt, war die Fähigkeit, sich die Welt durch das Medium der Sprache anzueignen und aus allem Geschehen die poetische Grundstimmung zu destillieren. Im unmittelbaren Anschluss an die Begegnung mit George begann Kommerell sich in die Romane Jean Pauls zu vertiefen. Dieser Autor ließ ihn nicht mehr los; 1924 wurde Kommerell mit einer Arbeit über Jean Pauls Verhältnis zu Rousseau promoviert, 1933 legte er eine bahnbrechende Monographie vor.

Was Kommerell nach dem Zusammensein mit George und der Lektüre des *Titan* zur Komplettierung seines Glückes am Ende dieses Sommers noch fehlte, war ein geeigneter Freund. »Oft sehne ich mich glühend nach einem gefährten meiner altersstufe, der mich als stärkerer zwingt und dem ich die Waffen tragen darf.«[76] Als Kommerell dem Meister Anfang 1922 diesen Herzenswunsch offenbarte, hatte er bereits einen Schönen im Visier: den anderthalb Jahre älteren Johann Anton – der sei ihm »sehr lieb und ein süßes wiederaufleben verloren geglaubter dinge«.[77] Der Vater, Gabriel Anton, von Geburt Österreicher, war als Ordinarius für Psychiatrie und Neurologie an der Universität Halle Kollege des Internisten Franz Volhard; genau wie dessen Sohn Ewald war auch der junge Anton von Walter Elze nach Marburg gelockt worden und hatte sich für das Sommersemester 1921 in den Fächern Jura und Nationalökonomie immatrikuliert.

Als George Mitte Februar 1922 aus Berlin kommend in Marburg eintraf, konnte er Kommerells Favoriten in Augenschein nehmen. Es muss ein überwältigender Moment für ihn gewesen sein. Dieser junge Mann verkörperte in vollkommener Weise jenen sinnlich-melancholischen Typus, nach dem er von jeher verlangte, den er aber nur selten in solcher Reinheit gefunden hatte – zuletzt in Bernhard von Uxkull. Der Hans sei ein geborener Prinz, pflegte er zu sagen und brachte seinen Freunden bei, im Hans nicht nur das Aristokratische zu sehen, sondern vor allem auch die Ähnlichkeit mit ihm selbst. George habe »geradezu eine Familienverwandtschaft« empfunden, berichtete Thormaehlen, und gelegentlich gefragt: »Ist der Hans nicht mir ähnlich, sieht er nicht aus wie ich?« Pflichtschuldig fügte der

Chronist hinzu, dass Johann Anton, »wenn er mit dem Dichter durch die Straßen schritt, für den leiblichen Sohn Georges gehalten« wurde.[78] Doch konnte von einer Ähnlichkeit der beiden auch nicht im Entferntesten die Rede sein. Nimmt man die Befriedigung seines Narzissmus als Gradmesser seiner Zuneigung, war George in höchstem Maße verliebt.

Anders sind die Heimlichkeiten der nächsten Wochen nicht zu erklären. Als das Semester Anfang April zu Ende geht, brechen alle ihre Zelte in Marburg ab. George, Anton und Kommerell fahren nach Heidelberg, Kommerell reist von dort weiter zu seiner Schwester nach Cannstatt. Am 13. April, Gründonnerstag – auf den Bergen liegt noch Schnee – treffen George und Anton in Königsfeld ein, einem Luftkurort im östlichen Schwarzwald, wo Edith Landmann ihr krankes Töchterchen in Pflege gegeben hat (es starb drei Jahre später). Sie bleiben eine gute Woche und setzen niemanden darüber in Kenntnis, offenbar nicht einmal Kommerell, der sich in einem Brief an George Sorgen macht, »dass wir alle kein wort vom Hansel wissen noch wo er ist«.[79] In der George-Literatur wird die Manie der Geheimhaltung häufig als Mittel zur Steigerung der Mystifikation beschrieben. Die Geheimhaltung von Aufenthaltsorten und der streng reglementierte Informationsfluss dienten zweifellos auch der Sicherung von Herrschaftswissen. Dahinter aber stand Georges elementares Interesse, Streit und Eifersucht unter den Freunden vorzubeugen.

Ende April war der Hansel via Heidelberg nach Hause gefahren. Am 6. Mai bedankte er sich bei George für die schönen Tage und bat um ein Wiedersehen vor dem vereinbarten Termin; er halte es ohne ihn kaum aus. Er bemühe sich zwar, die meisterlichen Ermahnungen zu beherzigen, und in Max habe er ja auch ein Vorbild an Festigkeit. Aber dem Meister den Tee vorzubereiten sei nun einmal eine lohnendere und schönere Aufgabe, als sich mit den Problemen der Wissenschaft oder mit der Familie herumzuschlagen. Er denke viel an die Reise in den Schwarzwald, am meisten aber an das morgendliche Wecken und Gewecktwerden. Anders als der ambitionierte Kommerell zog Anton die Anrede Meister in der dritten Person vor und mied auch in späteren Briefen das Du. Ehrfurcht und Ergriffenheit hemmten ihn bis zum Schluss. Antons Briefe zeugten von der schieren Überwältigung durch das Erlebte, wahrten aber zugleich den Abstand. Die Scheu war für George ein wichtiges Kriterium, Leidenschaft und Distanz mussten sich die Waage halten. Der Vierzeiler für Johann Anton dürfte in unmittelbarem Anschluss an die Tage im Schwarzwald entstanden sein:

> Du unversehrten leibs trankst bei mir mut
> Dass nicht der geist zerbräch in dunst und flut ..
> Nun halt ich dich geläutert und gesund
> Und nehme kraft mir auf aus deinem grund.[80]

Was sich im Frühjahr 1922 zwischen George, Anton und Kommerell anbahnte, war eine perfekte, bis zum Herbst 1929 reibungslos funktionierende Dreiecksbeziehung. Sie entwickelte allerdings eine solche Eigendynamik, dass die bis dahin trotz aller Rivalität unter den einzelnen Freundesgruppen ausbalancierte Statik ins Wanken geriet. Durch ihre Sonderstellung ausgezeichnet, hätten sich Kommerell und Anton als die neuen Dioskuren gesehen, »als ›Jupiter und Mars im Sternbild der Zwillinge‹, und wenn sie vom ›inneren Staat‹ sprachen, so meinten sie den Dichter und sich selbst«.[81]

Nachdem im Laufe des Sommers auch Kommerell und Anton vertrauter miteinander geworden waren, dürfte George die Angst, Kommerell könnte eifersüchtig werden, überwunden haben. Anfang August, zu Beginn der Semesterferien, verbrachten Kommerell und Anton zwei Wochen auf dem Antonschen Gut bei Sondershausen in Thüringen. Sie lagen faul in den Liegestühlen, lasen viel, dichteten viel, pflückten vor Sonnenuntergang noch Blumen – »zwischen einem perückenbaum oder haselbusch hindurch winkten wir uns manchmal zu« – und verhielten sich auch sonst in jeder Beziehung so, wie sie es von den Helden Jean Pauls gelernt hatten. George erhielt ausführliche Beschreibungen: »Ich glaube, der M[eister] sieht daraus hinlänglich das gepräge dieser tage. Das unglaublichste wird für die, die einmal eingenäht waren, immer mehr zur tagesluft ... und der wunderbarste traum geht in das völlige erwachen über.«[82]

5

Als George gemeinsam mit Johann Anton zu Ostern 1922 Edith Landmann in Königsfeld besuchte, wurde auch über die zunehmenden Spannungen mit Gundolf gesprochen, in deren Folge weitere Trennungen unausweichlich schienen. Es müsse »von Zeit zu Zeit so ein großes Aufräumen geben«, meinte George, »die Staatsmitglieder sterben, aber der Staat lebt«. Als Edith Landmann noch einmal eine Lanze für Josef Liegle zu brechen suchte, den sie 1913/14 als Hauslehrer für ihren ältesten Sohn beschäftigt hatte, wurde George deutlicher:

> Es war schon früher aus, aber einmal kommt dann der Anlass, es abzuschütteln. Früher gab es distanzierte Verhältnisse. Jetzt kann ich nicht abwägen, jetzt muss ich bei denen bleiben, an denen ich hänge. Ich kann jetzt selbst denen, die ich liebe, ihre volle Portion nicht geben, weil ich äußerlich behindert bin. Ich hatte ihn gewarnt. Ich warne ungern. Ich vergebe mir schon etwas, wenn ich warne. Die andern wissen's, bevor ich warne, aber er hat's in den Wind geschlagen. Er hört nicht fein genug. Jedem sag ich nur einmal die Wahrheit, wenn's nötig ist. Wenn es dann nichts nützt, dann nützt es auch hundertmal nichts. Es ist im Kreis nicht üblich, mit Zaunpfählen zu winken.[83]

Zu denen, die bei dem großen Revirement Anfang der zwanziger Jahre auf der Strecke blieben, zählten sowohl einige Jüngere, die aus Georges Sicht ihre Chance vertan hatten, als auch langjährige Weggefährten wie Wolfskehl oder Lechter. »›Es ist nicht leicht‹, sagte der Meister einmal, ›die Leichen ehemals Befreundeter hinter sich zu lassen, aber um des Lebendigen willen muss es sein: wer nicht mehr mitgehen kann, hat sein Recht verwirkt.‹«[84] Unter den »Opfern« fanden sich auch zwei Freunde aus dem innersten Kreis: Ernst Glöckner und Percy Gothein. Nach dem Pfingsttreffen hatte Glöckner den Meister anderthalb Jahre nicht gesehen, im Oktober 1920 hielt er es nicht mehr aus:

> Sie sind da, leben und sind erreichbar für alle – und ich bin gebunden und so geknebelt wie es noch nie war in meinem leben. Alles in mir sehnt sich nach Ihnen, ich habe keine ruhe mehr, meine nächte sind voller träume und rufe nach Ihnen und meine tage voller überlegungen und pläne, wie ich das ziel

meiner wünsche erreichen könnte. In dieser mehr als körperlichen not komme ich heute zu Ihnen, Meister, um Ihnen einmal zu sagen, wie es um mich steht: ich liebe Sie, ich liebe Sie, wie man nichts irdisches lieben kann … Verzeihen Sie, dass ich um ein kleines wort bettele; ich würde es nicht tun wenn ich nicht so am ende meiner kräfte wäre. Aber da es in mir ist, wenn es die heilige stunde gibt, dass ich zu Ihnen rede wie zu Gott, sei es erlaubt dass ich in dieser stunde der not zu meinem Herrn rede wie in meiner einsamkeit.[85]

Im Juni 1921 forderte George Glöckner zum letzten Mal auf, seine Kontakte zu Thomas Mann – »einem gemeinen und gefährlichen kerl« – und Elisabeth Förster-Nietzsche – »einer ekelhaften gemeingefährlichen gans« – einzustellen: »Dies ist meine einzige geschriebene warnung*: es ist die lezte …«[86] Der Grund für die Trennung war freilich nicht Glöckners Kontakt zu Thomas Mann, sondern seine dezidierte Homosexualität, die George mit seinen Vorstellungen von der übergeschlechtlichen Liebe auf Dauer nicht in Einklang zu bringen wusste. Es ist kein Zufall, dass der einzige erhaltene Brief in Georges Korrespondenz, der auf sexuellen Verkehr schließen lässt, von Glöckner stammt. Weil er wusste, dass George sich scheute, dem Sexus als dem primären Trieb eine solche Bedeutung beizumessen, fügte er am Ende vorsorglich hinzu: »Ich werde von nun an nie mehr davon sprechen.«[87]

Anfang der zwanziger Jahre nahm George immer häufiger Anstoß an Glöckners eheähnlichem Verhältnis mit Ernst Bertram, der seinerseits nichts unversucht ließ, Glöckner von George abzubringen. »Du hast Recht und George hat Recht«, hatte Glöckner etwas hilflos schon im November 1919 an Bertram geschrieben. »Ich als Liebender stehe zwischen Euch und trage daran mehr, als ich je einem von euch gestanden habe.«[88] Da Glöckner einer Entscheidung auswich, verlor George die Lust an ihm und stellte den Kontakt allmählich ein. »Sein freund erträgts nicht. Eheleute soll man nicht stören«, antwortete er in späteren Jahren abfällig, wenn er gefragt wurde, wo der mittlere Ernst eigentlich abgeblieben sei. »Freundschaft zwischen männern muss erzieherisch sein und tragisch, sonst ist sie widerlich.«[89] Ernst Glöckner starb ein halbes Jahr nach George, am 10. Juni 1934 in seiner Heimatstadt Weilburg an der Lahn.

Der Fall Gothein erwies sich als komplizierter. Er hatte die Ideale
des pädagogischen Eros so stark verinnerlicht, dass ihm die Suche
nach geeigneten Knaben zum eigentlichen Lebensinhalt geworden
war. Georges Forderungen nach »geistiger Zeugung« erfüllte er wie
kaum ein anderer – leidenschaftlicher und radikaler noch als Ernst
Morwitz, in dem er stets einen treuen Fürsprecher fand. Was Morwitz im Briefwechsel mit George vorsichtig als »Unschicklichkeit im
offenen Nennen der Petroiden Affekte« umschrieb,[90] empfand dieser zunehmend als persönliche Belastung. Die Vorstellung, mit dem
§ 175 auch nur mittelbar in Konflikt zu geraten, war für ihn zeitlebens
ein Albtraum. Noch Anfang der dreißiger Jahre erinnerte er sich, wie
er zu Beginn des Jahrhunderts einmal »den jungen Gundolf zu einem
Tee bei einer befreundeten Dame der Berliner Gesellschaft mitgenommen« habe und diese dann »vor der Gesellschaft eine Anspielung
auf die Verhältnisse des Meisters zu Jüngeren« machte. Da sei er aufgestanden, habe dem Hausherrn die Meinung gesagt – »Sie haben eine
Bestie im Haus« – und habe nie wieder seinen Fuß über die Schwelle
gesetzt.[91]

Weil für Gothein die sittliche Größe Georges nicht zur Diskussion
stand, fehlte ihm jedes Bewusstsein für die Irritationen, die sein Auftreten im Namen Georges bei vielen hervorrief. Im Wintersemester
1918/19 lernte er in München Karl Löwith kennen, der sofort Gotheins »Ungewöhnlichkeit« spürte, die »für die meisten meiner Bekannten etwas Abstoßendes und Beängstigendes hatte«. Löwith ließ
sich dadurch nicht beirren. »Dieser, auch im Verachten aller gesellschaftlichen Konventionen außerordentliche, schöne und leidenschaftliche Mensch zog mich gleich nach unserer ersten Bekanntschaft in seinen Bann.«[92] Überzeugt davon, dass Georges Charisma
auch in ihm wirksam sei, beanspruchte Gothein die Führungsrolle.
Löwith, nur ein halbes Jahr jünger, setzte sich zur Wehr, und so kam
es bald zu ersten Spannungen. Am Wochenende fuhren die beiden
manchmal in ein kleines Bauernhäuschen im Isartal, das Gotheins äl-
terem Bruder gehörte. »Dort sprachen wir uns nächtelang aus bis
zum Morgengrauen, umwogt von einer Musik der Freundschaft, der

wir uns doch nie ganz hingeben konnten, weil dunkle Widerstände
einen Einklang verboten«, erinnerte sich Löwith. Korrespondierend
hieß es später bei Gothein:»Da wir über die Freundschaft im tätigen
Leben noch keinerlei Erfahrung gesammelt hatten, hielten wir uns
zunächst an das, was wir in Büchern darüber gelesen. Dies bildete auf
lange Zeit hinaus unser liebstes Gespräch.«[93] Als Gothein eines
Abends die Theorie in die Praxis umsetzen und »hinab in den Duft
seines Odems« tauchend ihn küssen wollte, kam dummerweise
Löwiths Mutter dazwischen: »Da sprang er auf und seine Seele riss
mitten entzwei.«

Durch das gemeinsame Pfingstfest »würdig geworden, die Besten
des Landes mir zu Gefährten zu wählen«,[94] war Gothein in seinem
Eifer bald nicht mehr zu bremsen. Schon wenige Tage nach dem Fest
hatte er George stolz berichtet, dass er sein Glück jetzt mit »anderen
jüngeren wertvollen Menschen« teile.»Und dass ich diese wertvollen
Menschen erkennen kann, das ist das Schönste von dem, was ich Ihnen verdanke: dass Sie mich gelehrt haben, Menschen zu ›sehen‹.«[95]
Ein Jahr später fiel ihm beim Gang über die Neckarbrücke ein hoch
aufgeschossener blonder Junge auf. »Dass ich ihn gerade an dieser
Stelle sah, wo *ich* zuerst gesichtet wurde, erschien mir als ein gutes
Vorzeichen.« Gothein folgte ihm, stellte Nachforschungen an und
bekam heraus, dass es sich um einen Heinz Zimmermann handelte,
der zu einer Jugendgruppe gehörte, die am Abend auf einer Wiese am
Werderplatz Reigentänze aufführte. Gothein bat George, »diesen
blonden Schönen auch einmal in Augenschein zu nehmen«. Das Zu-
schauen vom Rand der Wiese inspirierte George zu dem Gedicht
»Der Tänzer«, das endet:

> Er ist der leuchtstern mitten im geflimmer
> Er ist die ganze jugend wie sie träumt
> Er ist die ganze jugend wie sie lacht.[96]

Gothein schaffte es, von einem ehemaligen Lehrer, der im gleichen
Haus wie Heinz wohnte, zum gemeinsamen Abendbrot eingeladen
zu werden. Heinz, der in Gothein einen der beiden Zuschauer auf der
Wiese wiedererkannte, war sichtlich schockiert und mied in den

nächsten Tagen jeden Kontakt. Als Gothein ihn am 24. Juni endlich
zu fassen bekam, spielte er seinen »höchsten Trumpf« aus und fragte
ihn, ob er ihn zum Meister begleiten wolle. Für Gothein war es unvorstellbar, dass ein Junge wie Heinz Zimmermann nicht darauf
brannte, einmal im Leben Stefan George gegenüberzustehen. Als er
am folgenden Tag versetzt wurde, drohte er, ihn beim Meister anzuschwärzen: »Wenn er erfährt, dass Sie nicht da waren, haben Sie sich
etwas verscherzt.«[97]

Gotheins Aktivitäten in ihrer Mischung aus emotionaler Hilflosigkeit und Selbstüberschätzung entfalteten eine für George nicht un-
gefährliche Eigendynamik. »Wenn er sich nur nicht so sehr als selbst-
schon-Meister vorkäme«, warnte er früh. »Mir graut vor dieser
Hybris der jungen Leute. Kaum entlockt man ihnen einen eigenen
Ton, müssen sie schon posaunen.«[98] Die Sorge, Gothein könnte seinen eigenen Meister spielen, war nicht unberechtigt. Andererseits
wusste Gothein genau, dass der Erfolg seiner Unternehmungen letzten Endes davon abhing, dass er sich auf die Autorität Georges berufen konnte. »Meister, gewähr ihm seine sehnsucht, dich zu sehen,
denn ich weiss doch dass wenn die jungens mich lieben, es eigentlich
dir gilt«, flehte er mit Bezug auf einen jungen baltischen Freund noch
1926, als die Verbindung zu George längst abgebrochen war.[99]

Während manche der älteren Freunde – allen voran Friedrich Wolters – darunter litten, dass sie unfähig waren zur Knabenerziehung,
weil ihnen homoerotische Neigungen fehlten, gab es für Gothein kein
größeres Glück als die Vorstellung der Akklamation eines Adepten
durch den Konvent. Als er den Heinz kennengelernt habe, schreibt er
in seinen Erinnerungen, habe er sich ausgemalt, »wie es sein würde,
wenn ich ihn an der Hand nähme und ihn auf den Altan führte, auf
den Halbkreis der staunenden Freunde zu, wie ich vor Jahresfrist
dorthin geleitet wurde. Ich würde mir gewiss ein großes Verdienst um
alle erwerben und um den Jungen am meisten, wenn ich mir diesen
blonden Heinz zum dauernden Freunde gewönne.«[100]

Nach dem Fehlschlag mit Heinz war Gothein Hals über Kopf
nach Italien gefahren, um möglichst rasch zu vergessen. George ließ

ihm durch Uxkull einen geharnischten Brief schreiben, in dem die Reise als Flucht vor der Wirklichkeit bezeichnet wurde: »Diese verhängnisvolle Fernsucht würde heute keinem Deutschen erlaubt sein, geschweige denn einem, der im Frühjahr auf dem Schlossberg war.« Ab sofort trage Percy »im innen-staatlichen Verkehr« aufgrund seines ebenso wunderlichen wie eigensinnigen Verhaltens den Namen Peter.[101] Bei seiner Heimkehr bekam Gothein den Zorn Georges mit voller Wucht zu spüren. »Hart und fast grausam quälend« habe ihm der Meister seine neuerliche »Erschlaffung« vorgehalten. »Mir war, als ob ich an einen Marterpfahl gebunden stünde.«[102]

Gothein kam jetzt nirgendwo mehr voran. Im Frühjahr 1923 wurde seine Dissertation abgelehnt. Wann er endlich begreife, dass ihm »das Leben keine Extrawurst brät«, empörte sich George. Er bescheinige ihm gern sein Edelmenschentum, aber damit lasse sich bekanntlich kein Brot verdienen. Zwar wurde Gothein im zweiten Anlauf doch noch promoviert, aber eine akademische Karriere war seine Sache nicht. Da er seine Bestimmung darin gefunden hatte, in Georges Namen die vortrefflichsten Exemplare deutscher Jugend um sich zu scharen, hielt er jede andere Beschäftigung für Zeitverschwendung. Zweifellos gehörte er zu jenen ewig Jugendbewegten, für die John Gillis den Begriff der »verlängerten Abhängigkeit« prägte.[103] Weil der Eintritt ins Familien- und Berufsleben für sie gleichbedeutend war mit dem Verrat ihrer Ideale, musste es bei ihrer gesellschaftlichen Eingliederung zu Konflikten kommen. Noch als Erwachsene trugen sie kurze Hosen und glaubten sich so die geistige Unabhängigkeit ihrer Jahre am Lagerfeuer zu bewahren. Nicht zufällig war aus Gotheins späteren Lebensjahren für viele vor allem berichtenswert, dass er gern mit dem Motorrad durch die Lande fuhr. Nach geeigneten Knaben Ausschau haltend, ratterte er die Fakultäten und Schullandheime ab und hielt überall Vorträge. Er war von seiner Mission so überzeugt, dass er sogar auf finanzielle Unterstützung durch George glaubte zählen zu dürfen: »Ihr freunde, wollt ihr mir helfen, damit ich nicht an fremde türen klopfen muss wenn ich in not komme?«[104]

1923 hatte sich George endgültig von Gothein getrennt. Dieser ließ zwar nichts unversucht, sich die meisterliche Gunst zurückzuerobern, aber George wollte nichts mehr von ihm wissen. »Lasst die Finger von diesem Percy!«, warnte er.[105] Dass Gothein »überall angebändelt und das für eine staatliche Funktion gehalten habe«, sei für ihn in höchstem Maße kompromittierend gewesen. »Früher hat man einem solchen Menschen ein paar hundert Mark in die Hand gedrückt und gesagt, geh übers große Wasser und verschwinde!«[106]

Im Frühjahr 1923 hatte Gothein den Heidelberger Theologensohn Wolfgang Frommel kennengelernt. Mit dessen Hilfe gelang es ihm, über die Jahre einen eigenen Freundeskreis aufzubauen. 1931 veröffentlichten Gothein und Frommel mit 14 weiteren Beiträgern anonym den 160 Seiten starken Gedichtband *Huldigung*. Die Sammlung sollte, wie es im Verlagsprospekt hieß, »eine Huldigung an die Welt Stefan Georges« sein und zeigen, dass die deutsche Jugend auch außerhalb des engeren Kreises »den an sie ergangenen Ruf vernommen« habe. George konnte sich nicht recht dafür erwärmen. »Findet all dies Bemühen, für das ich allein verantwortlich bin, denn es wäre nicht ohne mich, vor den strengen Augen des Meisters Gnade?«, wollte der inzwischen längst verunsicherte Gothein wissen. Zugleich entwickelte er trotzig und selbstbewusst die langfristigen Perspektiven seiner Mission und ließ durchblicken, dass er bereits für die Zeit *nach* George vorausplane: Er müsse »so handeln, als ob wir schon im Jahr 1950 stünden, wo er nicht mehr unter uns weilt … Nur möchte ich nicht – verstehen Sie mich recht – im Gedächtnis der Zeiten als Häresiarch weiterleben.«[107]

Anfang der zwanziger Jahre hatte Gothein mit der Niederschrift seiner Erinnerungen den Kampf um die Nachfolge eröffnet. George, der einzelne Kapitel im Frühjahr 1922 kennenlernte, war zunächst so begeistert, dass er jüngere Freunde an der Lektüre teilhaben ließ.[108] Als sich sein Verhältnis zu Gothein im Laufe des Jahres zunehmend schwieriger gestaltete, beurteilte er auch den Plan des Buches zurückhaltender. Unterstützung fand Gothein bei Ernst Morwitz, der immer wieder auf Fertigstellung des Manuskripts drängte. »Peters opus ist sagenhaft gut«, meldete er dem Meister im Januar 1924.[109] George warnte und erinnerte Morwitz daran, dass Percys Briefe inzwischen einen gefährlichen Grad an Freizügigkeit erreicht hätten. »Wenn Du das Schickliche an den Briefen vermisst, so verstehe ich dies«, antwortete Morwitz. »Im Werk aber – soweit ich es bis gegen Ende des zweiten Teils kenne – wüsste ich keine Stelle, die für uns oder einen Aussenstehende[n] nicht angängig erschiene. Hiermit meine ich nicht die Frage, ob es an der Zeit ist, so tiefe Erlebnisse überhaupt schon in der offeneren Form der Prosa zu publizieren.«[110] Anfang Juli 1924 meldete Gothein den bevorstehenden Abschluss seiner Arbeit. Er sei auf Seite 450 angelangt und wolle von George wissen, »was jetzt zu geschehen hat«. Er sei bereit, das Manuskript »auf gnade oder ungnade in die hände des Meisters auszuliefern«, der nach Belieben darüber verfügen möge.[111]

Geschrieben hatte Gothein seine Erinnerungen in einer für ihn heiklen Zeit. Während George auf Distanz zu ihm ging, verlangten Gotheins eigene, im Zeichen des neuen Bundes geworbenen Freunde nach Legitimation, und so diente die Niederschrift einem doppelten Zweck. Zum einen sollte der Modellcharakter der eigenen Biographie herausgestellt und dadurch der Anspruch untermauert werden, selber zur Führung der Jugend befähigt zu sein. Zum anderen hoffte der Verfasser, George zum Einlenken zu bewegen und ihn davon zu überzeugen, dass er, Gothein, in der wahren Nachfolge stehe und seine intensiven pädagogischen Bemühungen einzig dazu dienten, des Meisters Botschaft unter die Jugend zu bringen. Das »Opus Petri« wurde zum Grundbuch einer neuen, vom Geist Georges inspirierten Jugend. Was George darüber dachte und was er nach der Lektüre verfügte, entzieht sich jedoch genauer Kenntnis.[112] Wo die Überlieferung abbricht, sind der Phantasie der Nachgeborenen keine Grenzen gesetzt. Wo die Beglaubigung fehlt, geht die Sehnsucht der Jünger so weit, Begegnungen mit George zu erfinden, nur um sagen zu können, so ist es gewesen und wir waren dabei. Die häretischen Aktivitäten Gotheins und Frommels, aus denen nach dem Krieg die Zeitschrift *Castrum Peregrini* hervorging, die über Jahrzehnte das Georgesche

Erbe am Leben erhielt, unterstreichen die besonderen Bedingungen, unter denen seine Wirkungsgeschichte von jeher stand.

Percy Gothein lebte von gelegentlichen Stipendien, unterrichtete 1926 vorübergehend an der Odenwaldschule und war anschließend einige Jahre Assistent am Romanischen Seminar in Bonn, später in Köln. Nach dem Scheitern seiner Habilitation veröffentlichte er seine Studien über den venezianischen Humanisten Francesco Barbaro 1932 als Buch in Frommels *Runde*-Verlag. Nachdem er ein Jahr nach Georges Tod in ein Ermittlungs- und Strafverfahren nach § 175 StGB verwickelt war,[113] kam es 1937 und 1939 zu weiteren Ermittlungen der Staatsanwaltschaft Berlin.[114] Gothein war gut beraten, Deutschland zu verlassen. Er hielt sich die meiste Zeit in Italien auf, zunächst in Venedig, später in Florenz. Ende 1943 besuchte er den 1937 emigrierten Frommel in Amsterdam, drei Monate später kam er ein zweites Mal und blieb. In der Nacht vom 25. Juli 1944 wurde er mit einem 17-jährigen Holländer überrascht und verhaftet.[115] Der Junge sprang auf dem Transport nach Deutschland aus dem Zug und konnte sich retten. Percy Gothein wurde über das Konzentrationslager Sachsenhausen ins Konzentrationslager Neuengamme bei Hamburg verbracht. Dort fand er am 22. Dezember 1944 den Tod.

Im Gedächtnis seiner Freunde lebte er weiter als derjenige, der in einer schwierigen Phase ihrer Beziehung von George entlassen worden war, damit er sich in der Welt bewähre. Percy gleiche einem Menschen, soll George bei ihrem letzten Gespräch gesagt haben, »der zu lange in die Sonne geschaut habe und darum geblendet durch die Straßen taumle. Er habe sich an ihm blind gesehen und darüber den Blick für die Wirklichkeit verloren.«[116] Durch sein konsequentes, aufrechtes Eintreten für den Dichter hatte Percy in den Augen seiner Freunde die Probe bestanden und sich damit als der wahre Erbe Georges erwiesen. Der verworfene Stein war für sie zum Eckstein geworden.

4 Staat – Nation – Reich

Als Stefan George von Marburg kommend Mitte März 1923 in
Heidelberg eintraf, sprach sich bald herum, dass er nicht mehr am
Schlossberg wohnte, sondern Wolfsbrunnenweg 12 (heute Molken-
kurweg 1). Das sogenannte Haus Schlosspark, die Schwartz'sche Villa oberhalb der Anlagen, war noch prominenter als die Villa Lobstein,
schließlich hatte hier schon Kaiserin Elisabeth von Österreich Ferien
gemacht. Jetzt wohnte dort ein junger Wirtschaftshistoriker, Ernst
Kantorowicz, der ein Jahr zuvor mit einer Arbeit über die muslimi-
schen Handwerkerverbände bei Eberhard Gothein promoviert worden war. Seine Verbindung zu George dürfte über Arthur Salz zustande gekommen sein, der seit 1912 mit Kantorowiczs Schwester
Sophie (Soscha) verheiratet war.[1] Im Haus Schlosspark bewohnte er
zunächst eine Wohnung im zweiten Stock, später zog er mit Woldemar von Uxkull, der 1919 etwa gleichzeitig mit ihm nach Heidelberg
gekommen war und im gleichen Jahr wie er mit einem Plutarch-The-
ma promoviert wurde, ins Erdgeschoss.

1895 geboren, aus einer großbürgerlich jüdischen Familie stammend, die seit zwei Generationen eine erfolgreiche Spirituosen- und
Likörfabrik in Posen betrieb, hatte Ernst Kantorowicz auf Wunsch
des Vaters nach dem Abitur 1913 zunächst eine kaufmännische Lehre in Hamburg angetreten. Bei Kriegsausbruch 1914 meldete er sich
als Freiwilliger, am 21. September stand er bei Verdun zum ersten Mal
an der Front. Anfang 1917 ließ er sich, dem Beispiel seines Schwagers
Salz folgend, in die Türkei abkommandieren; die Kapitulation im
November 1918 erlebte er in Berlin. Kantorowicz schloss sich den
Freikorpsverbänden an, die in Posen und Westpreußen gegen die
drohende Abtretung der Provinzen an die neu gegründete Republik

Polen kämpften. Im Januar 1919 war er bei der Niederschlagung des
Spartakusaufstands in Berlin dabei, im Mai bei der Niederschlagung
der Münchner Räterepublik. Nachdem er sich im Herbst 1918 in Berlin immatrikuliert und sein Studium im Februar 1919 in München
fortgesetzt hatte, bewog ihn wohl Arthur Salz, der zehn Jahre zuvor
schon Gundolf nach Heidelberg gelockt hatte, zum Wintersemester
an den Neckar zu kommen.

Bereits im Frühsommer 1920 gehörte Kantorowicz mit Woldi Uxkull, Percy Gothein und Erich Boehringer zum kleinen Kreis derer,
die George während seines ersten langen Klinikaufenthaltes in Heidelberg abwechselnd Gesellschaft leisteten. Mit Uxkull war er, wie er
George gestand, »seit der ersten Stunde wirklich absolut glücklich«.[2]
Sein Verhältnis zu anderen Freunden Georges aber blieb merkwürdig
distanziert, ja kühl, es gab nur wenig Berührungspunkte. Thormaehlen, der sonst über jeden Bescheid wusste, ist ihm ein einziges Mal begegnet.[3] George habe es nicht gern gesehen, behauptet er in diesem
Zusammenhang, dass die verschiedenen Freundesgruppen sich untereinander austauschten. Allerdings scheint auch Kantorowicz selbst
kein besonderes Interesse an der Vertiefung »staatlicher« Beziehungen gehabt zu haben; in seiner Korrespondenz mit George ist fast nie
von Angelegenheiten anderer Freunde die Rede. Einmal beschwerte
er sich bei Morwitz über die politischen Aktivitäten von Wolters, der
immer wieder dubiose Aufrufe unterzeichnete und 1924 sogar bei
einer völkischen Feier zum Gedächtnis des von der NSDAP zum
Märtyrer des Ruhrkampfs erhobenen Albert Leo Schlageter auftrat.
Für ihn sei »ein derartiges politisches Heraustreten vollkommen unmöglich«, damit würden »die gewiß über allen Parteien stehenden
Dinge *von offizieller Seite* in den Dreck einer Partei gezogen«.[4]

»Seine ganze Erscheinung war in faszinierender Weise exotisch«,
erinnerte sich Gerhart Ladner, der als Assistent von Paul Kehr Kantorowicz 1929 in Berlin kennenlernte. Wie ein »Dandy« sei er ihm
vorgekommen, ein wenig manieriert in der Art seines Sprechens, aber
»von fast berückender Liebenswürdigkeit«. In seiner Haltung stets
»aufrecht und gestrafft« und von großer Eleganz des Auftretens habe

er ungeheuer »weltmännisch« gewirkt, wie ein Mann, der »sehr klare Standards« befolgte.[5] George nannte ihn deshalb den Chevalier. Die damit verbundene stille Bewunderung (die er ähnlich für Robert Boehringer und später auch für Berthold von Stauffenberg empfand) war die Voraussetzung dafür, dass Eka – wie er von Freunden auch außerhalb des Kreises genannt wurde – bei George alsbald eine Sonderstellung erlangte. Zwei praktische Gründe kamen hinzu. Zum einen dürfte George froh gewesen sein, nach dem Bruch mit Gundolf Ende 1922 in Heidelberg bei einem Freund zu wohnen, der weder der alten Gundolf-Garde noch den neuen Fraktionen um Wolters und Kommerell verpflichtet war. Zum anderen konnte er Kantorowicz für ein ehrgeiziges Projekt gewinnen, das in weitgehender Klausur entstehen und über das vorerst möglichst wenig gesprochen werden sollte. Nicht nur der Kreis der Freunde und nicht nur die Fachwissenschaft würden staunen, so George an seinen Verleger, nein, »um ganz andere – grössere – kreise soll geworben werden«.[6]

Wie Gundolf zu Shakespeare, wie Kommerell zu Jean Paul, so kam auch Ernst Kantorowicz über George zu seinem Thema. Bedenkt man, dass der Nationalökonom im Nebenfach zwar Alte Geschichte gehört, aber nie ein mediävistisches Seminar besucht hatte, ist umso erstaunlicher, dass er sich auf das Abenteuer, die Biographie des Hohenstaufenkaisers Friedrich II. zu schreiben, überhaupt einließ. Die Entscheidung ist wohl 1923 gefallen, möglicherweise während Georges erstem Aufenthalt im Wolfsbrunnenweg. Den letzten Anstoß dürfte das Raffael-Buch von Wilhelm Stein gegeben haben, das mit dem Wissenschaftssignet der *Blätter für die Kunst* im Dezember 1922 bei Bondi erschienen war. Wilhelm Stein war als wissenschaftlicher Mitarbeiter an den Staatlichen Museen Berlin bei Kriegsende über Thormaehlen zum Freundeskreis gestoßen und hatte sich, vor allem wohl in Gesprächen mit Morwitz, dazu anregen lassen, das Leben Raffaels als Geschichte einer göttlichen Offenbarung zu erzählen. Stein habe eine »unglaublich (auch für uns) wichtige Entdeckung gemacht«, die das Geheimnis der Renaissance löse, jubelte Morwitz in seinem Geburtstagsbrief an George 1919.[7]

Raffael war bereits von Zeitgenossen »zum exemplarischen menschlichen Wesen von göttlichen Eigenschaften in Analogie zu Christus« ausgerufen geworden.[8] Wie aber tat diese Göttlichkeit sich kund? Weil »die Art des Sehens, durch welche das Raffaelwerk erst möglich geworden«, im Laufe der Jahrhunderte abhanden gekommen sei, sei auch »die Art des Liebens … verschollen«, welche den Betrachter in die Lage versetze, die in Raffaels Gemälden enthaltene göttliche Botschaft zu entschlüsseln.[9] Stein glaubte das Geheimnis aus der vielfach verästelten, heimlichen Korrespondenz der männlichen Figuren untereinander ableiten zu können, insbesondere aus den versteckten Beziehungen zwischen älteren und jüngeren Männern. So stehe etwa in der »Schule von Athen« keineswegs der Disput zwischen Platon und Aristoteles im Zentrum des Geschehens; das Fresko in der Stanza della Signatura offenbare sein Bildprogramm erst, wenn man von dem fünften Jüngling links von Platon ausgehe und erkenne, dass »der Angelpunkt des Ganzen in dem Blicke liegt, der zwischen Aristoteles und diesem Knaben mit der fast frauenhaften Mantelschürzung und Gebärde getauscht wird«.[10] George liebte solche esoterischen Betrachtungsweisen und beförderte Steins *Raffael* trotz entschiedener Vorbehalte von Ernst Gundolf zum baldigen Druck. Der Autor konnte es kaum fassen. »Sind Enthüllungen dieser Art überhaupt erlaubt?«, habe er den Meister gefragt; und der Meister habe ihm zur Antwort gegeben: »Es gibt Zeiten, in denen Enthüllungen nicht nur erlaubt sind, sondern notwendig werden.«[11]

Kantorowicz war von der Lektüre überwältigt. »Was mich an Ihrem Buche maßlos aufgeregt hat, was mir, wäre ich 10 Jahre älter, den Boden unter den Füßen weggezogen hätte oder mir unverständlich geblieben wäre«, schrieb er am 27. Dezember 1922 an Wilhelm Stein, sei, »dass nicht nur Wort und Tat eine Idee auswirken, sondern als drittes hinzukommt das Bild«. Das Buch habe ihm einen neuen Blick eröffnet und ihm mit aller Deutlichkeit klargemacht, »wie sehr ich – und mit mir wohl die Mehrzahl von uns, von Außenstehenden ganz zu schweigen – des ›bildhaften Sehens entwöhnt‹ bin«.[12] Eine Woche zuvor hatte sich Friedrich Gundolf beim Verfasser bedankt:

»Es ist ein im guten wie im bedenklichen Sinn geheimnisvolles Buch, ein Stück angewandter ›Geheimlehre‹, eine Mär vom Zauber der Heiligen Jugend.«[13] Schärfer als im Gegensatz dieser beiden Dankschreiben lässt sich der Generationenwechsel innerhalb des Freundeskreises 1922/23 kaum ausdrücken: Für Kantorowicz war der Steinsche *Raffael* weder bedenklich noch gar eine Mär, und es ist nicht unwahrscheinlich, dass er bei seiner weihnachtlichen Lektüre des *Raffael* erstmals die Dimensionen seines künftigen Themas erahnte.[14] Gegen Ende des Buches wagte Stein den Vergleich, dass sein Held nur »ein anderer Herzog« gewesen sei »als der dreihundert Jahre vor Raffael zu Jesi, einer Stadt der Marken zwischen Loreto und Urbino, aus deutschem Stamm doch von italischer Mutter geborene Friedrich«.[15] Konnte sich Kantorowicz einen geeigneteren Gegenleser wünschen als den Raffael-Biographen? Als er 1925 mit dem Schreiben begann, schickte er die einzelnen Kapitel an George erst, wenn sie »der Prüfung des Unterstaatsinquisitors St [ein]« standgehalten hatten.[16]

Die Emanation des göttlichen Kindes dürfte für George der eigentliche Ausgangspunkt des Friedrich-Themas gewesen sein, und es war ganz in seinem Sinne, dass Kantorowicz die Darstellung mit der berühmten Heilandsprophetie in Vergils 4. Ekloge eröffnete. Vergil hatte dort die Geburt eines Weltherrschers vorausgesagt, der dem Erdkreis Frieden bringen und ein neues goldenes Zeitalter heraufführen werde. Das 40 v. Chr. entstandene Gedicht formulierte die mit dem Frieden von Brundisium verbundenen Hoffnungen, die sich in der Person des Augustus erfüllen sollten; christliche Interpreten deuteten es schon bald als Voraussage der Geburt Christi. Zwölfhundert Jahre später, bei der Geburt Friedrichs am zweiten Weihnachtstag 1194, griff Petrus von Eboli auf die messianischen Verkündigungen der 4. Ekloge zurück:»An der Wiege des letzten und größten Kaisers im christlich-deutschen Römerimperium stand somit, bedeutungsvoll genug, Vergil.«[17]

Aber war der Neugeborene wirklich der Heilsbringer und Messiaskaiser, als den ihn die Hofdichter Heinrichs VI. feierten, oder doch der Feind der Kirche, der Widerchrist, das schreckliche Monstrum, vor dem Joachim von Fiore und die päpstliche Propaganda vom ersten Tag an warnten? Als sich die Hoffnungen auf ein ewiges Friedensreich auch bei seinem Tod 1250 nicht erfüllt hatten, brach der Streit über Friedrichs wahre Natur aufs Neue aus. Der Kaiser sei gar nicht tot, verkündeten seine Anhänger, und selbst wenn er gestorben wäre, lebe er weiter, gemäß dem Rätsel der Sibylle: »Er lebt und lebt nicht.« Mit der öffentlichen Hinrichtung seines 16-jährigen Enkels Konradin durch Karl von Anjou auf dem Marktplatz von Neapel 1268 – dem Ende der Stauferherrschaft – erhielt die Legendenbildung neuen Auftrieb. Wie Deutsche mit der Erinnerung an einen solchen Verlust im Herzen weiterleben könnten, ohne Rache zu nehmen, wunderte sich ein venezianischer Troubadour mit Spitze gegen Frankreich. Nachdem im ausgehenden 13. Jahrhundert noch viele »falsche Friedriche« aufgetreten waren, zog der richtige als Held der deutschen Kaisersage um 1400 schließlich in den Kyffhäuser ein, wo er seither schlafend den Tag herbeisehnt, an dem er aufsteht, das Reich zu erneuen.[18]

So wie Kantorowicz die vergilische Prophetie an den Anfang stellt, so lässt er auf der letzten Seite die Kyffhäusersage anklingen, um den Stoff auf diese Weise so nah wie möglich an die Gegenwart heranzuführen und ihn zugleich entscheidend zu verfremden. Im Kyffhäuser wohnte nämlich, wie jeder mit der Sage vertraute Leser wusste, längst nicht mehr Friedrich II., sondern der gemütliche Großvater Friedrich Barbarossa. Für das Kind aus Apulien hatten die Deutschen in der Reformation keine Verwendung mehr gehabt, und statt seiner war der Rotbart in den Kyffhäuser eingezogen. Nachdem ihm der Bart jahrhundertelang durch den Tisch bis auf die Füße gewachsen war, erholte er sich zu Beginn des 19. Jahrhunderts als Symbolfigur des erträumten Nationalstaats und feierte mit der Gründung des Reichs 1871 seine Wiederauferstehung. So in etwa erzählte es die borussische, die preußische, die kleindeutsche Variante. »Wäre nicht Barbarossas Enkel, so stände der Berg heute leer«, heißt es bei Kantorowicz, »doch der größte Friedrich ist bis heute nicht erlöst, den sein Volk weder fasste noch füllte. ›Er lebt und lebt nicht‹.«

Den Missbrauch der staufischen Kaisersage durch die Hohenzollern und die lächerliche Gleichsetzung des greisen Barbarossa mit dem greisen Barbablanca – wie Wilhelm I. von Felix Dahn keineswegs ironisch genannt wurde – hatte Stefan George schon 25 Jahre zuvor beklagt. Der Friedrich, den er erinnerte und dem er aus Anlass der Öffnung und Neuordnung der Gräber in der Kaisergruft im Dom zu Speyer 1902 dichterisch huldigte, war

> Der Grösste Friedrich, wahren volkes sehnen,
> Zum Karlen- und Ottonen-plan im blick
> Des Morgenlandes ungeheuren traum,
> Weisheit der Kabbala und Römerwürde
> Feste von Agrigent und Selinunt.[19]

Dieser Friedrich, von Gundolf noch 1924 gepriesen als »das reichste, geschmeidigste und kühnste Herrschergenie das die Welt seit Caesar gesehen«,[20] war 1927, als Kantorowiczs Biographie erschien, noch immer nicht erlöst. Aber es gab Hoffnung. Man musste lediglich das Orakel ein wenig anders deuten. »Vivit et non vivit« – das konnte sich in unkaiserlicher Zeit nicht mehr auf die Person des Kaisers selbst beziehen. »Nicht mehr den Kaiser: des Kaisers Volk meint der Spruch der Sibylle.« Mit diesem für viele zweifellos rätselhaften Satz endete das Friedrich-Buch. Der Kaiser käme also nicht wieder, dafür aber sein Volk. Aber welches Volk, das lebte und doch nicht lebte, war gemeint? Das deutsche Volk in seiner Gesamtheit? Jener Teil des Volkes, in dem das Erbe der Staufer lebendig geblieben war? Oder gab es vielleicht eine andere, noch unbekannte kleine Schar, die nur darauf wartete, von ihrem Kaiser gerufen zu werden?

Vom Kyffhäuser – so viel ließ sich durch alles Geraune erahnen – führte ein direkter Weg ins Geheime Deutschland.

2

Am 28. Februar 1925 starb im Alter von nur 54 Jahren voller Gram über die Anfeindungen, die ihm von allen Seiten entgegengeschlagen waren, der erste deutsche Reichspräsident, der Sozialdemokrat und gelernte Sattler Friedrich Ebert. Obwohl Fragen der Tagespolitik im Freundeskreis gern schnöde beiseite geschoben wurden, war die Wahl des Nachfolgers natürlich auch dort ein Thema. Nachdem im ersten Wahlgang am 29. März kein Kandidat die absolute Mehrheit der Stimmen auf sich vereinigen konnte, wurde im zweiten Wahlgang am 26. April mit knapper Mehrheit der Ausweichkandidat des »Reichsblocks« gewählt: Paul von Hindenburg, jener Weltkriegsveteran, den George im Kriegsgedicht 1917 als schmucklosen Greis aus grauer Vorstadt gefeiert hatte und dem er drei Jahre später huldigte als dem Mann, »der aus den ungeheuren welt-wirren unsrer zeit als einzige sinnbildliche gestalt hervorragt«.[21] Zum Dank erhielt er im März 1932 als Erster die zum hundertsten Todestag Goethes von Hindenburg gestiftete Goethe-Medaille.

Den Februar und März über wohnte George bei Landmanns in Basel, und dort scheint man sich über die bevorstehende Wahl eher amüsiert zu haben. Da der Meister lieber »Kaiser des heimlichen als Präsident des geheimnislosen Deutschland« sein wolle, wüssten sie nicht, wen sie wählen sollten.[22] Hätte George geahnt, wie nah er dem Machtzentrum damals beinah gekommen wäre! Walter Simons, der Vater jenes Jungen, den Percy Gothein als Ersten für George hatte gewinnen wollen, führte als Präsident des Reichsgerichts nach dem Tod Eberts die Geschäfte des Reichspräsidenten weiter, bis ein Nachfolger gewählt war. Als sich die bürgerliche Mitte mit der Rechten nach dem ersten Wahlgang auf den Kandidaten Hindenburg verständigte, bat Reichskanzler Luther aus Sorge vor außenpolitischen Folgeschäden den amtierenden Simons, »sich selbst für den zweiten Wahlgang zur Verfügung zu stellen und die beiden Kontrahenten Hindenburg und Marx zu bewegen, ihre Bewerbungen zurückzuziehen«.[23]

Das Gespräch mit Landmanns zeigt, wie schnell das Bild vom heimlichen Kaiser eines Geheimen Deutschland unter den Freunden die Runde machte. Es stammte aus der Vorstellungswelt der zweiten Hälfte des 19. Jahrhunderts, als Leute wie Lagarde und Langbehn, aber auch Heine und Hebbel von irgendwelchen verborgenen Kaisertümern des Geistes träumten, die sie am liebsten gleich selber besetzt hätten. »Die Sehnsucht nach dem politischen Kaiserthum ist den Deutschen in Erfüllung gegangen«, schrieb Langbehn 1890, »möge auch das geistige Kaiserthum, wenn es ihnen beschieden ist, nicht allzu lange auf sich warten lassen.«[24]

»Geheimes Deutschland«, das Gedicht, in dem George die Wolfskehlsche Wortprägung von 1910 aufgriff, entstand frühestens im Sommer 1922; erschienen ist es 1928 im *Neuen Reich*, in dem es schon deshalb auffiel, weil es zu den wenigen bis dahin unveröffentlichten Gedichten gehörte. Es handelt sich um ein formal wie inhaltlich an die späten Hymnen Hölderlins anschließendes langes Gedicht von 102 Versen, das aus drei Teilen von sechs, acht und zwei Strophen zu je sechs Zeilen besteht. Jeder Teil wird mit einem zweizeiligen Anruf eröffnet: »Reiss mich an deinen rand / Abgrund – doch wirre mich nicht!«[25] Im ersten Teil wird der zivilisatorische Wahn geschildert; Maßlosigkeit und Gier, gestützt auf einen grenzenlosen Fortschrittsoptimismus, haben die Lebensgrundlagen des Menschen zerstört. Die Götter hätten jedoch Erbarmen gezeigt und »Neuen raum in den raum« gestellt. Er selber habe damals tief vergrämt am Mittelmeer gelegen, sagt der Dichter, aber eines Tages sei er in der Mittagshitze von einem Pan aufgeschreckt und daran erinnert worden, dass in der Heimat das Ursprüngliche noch zu finden sei.

Die Eingangsstrophe des Mittelteils erinnert an einen deutschen Archäologen, Hans von Prott, den bei Ausgrabungen in der Ebene von Sparta im Sommer 1903 eine Vision des antiken Urmutter- und Phalloskultes mit solcher Heftigkeit überkam, dass er sich bei der Rückkehr nach Athen in seinem Arbeitszimmer im Archäologischen Institut erschoss; George scheint im Januar 1904 durch Alfred Schuler von dieser in Archäologenkreisen unerhörten Begebenheit erfah-

ren zu haben.[26] Schuler selbst wird in der folgenden Strophe evoziert:
»Unheimlichen schleichens der Dämon.« Die dritte Strophe preist
Maximin: »Da stand ER in winters erleuchtetem saal.« In der anschließenden Strophe bekennt Wolfskehl: »Hier fass ich nicht mehr
und verstumme.« Nach dem Weltkrieg, der in der fünften Strophe
thematisiert wird, lässt George in den Strophen sechs, sieben und acht
nacheinander Ernst Glöckner, seinen Vetter Saladin Schmitt und
Berthold Vallentin auftreten. Schicksalhaft konfrontiert mit einer
höheren Macht, treten alle drei aus freien Stücken ins zweite Glied.
Was sie eint, ist der Verzicht. Vallentin, »das hundertäugig allkunde
Gerücht«, bekennt als Letzter der Reihe, dass er zwar schon vieles in
seinem Leben gesehen habe – »doch solches noch niemals«.

Aber was sollte Vallentin noch nie gesehen haben? Für Außenstehende musste der Mittelteil des Gedichts mit seinen zahlreichen biographischen Verweisen weitgehend unverständlich bleiben. Offenbar
war hier von der Wiederbelebung antiker Mysterienkulte die Rede,
die vorerst aber nur heimlich, im Verborgenen ausgeübt werden
konnten. Diesen Verdacht bestätigten die beiden Strophen des dritten
Teils. Sie wüssten doch, spricht der Dichter abschließend zu seinen
»brüdern«, »Dass was meist ihr emporhebt / Dass was meist heut
euch wert dünkt / Faules laub ist im herbstwind / Endes- und todes-
bereich«. Längst habe sich erwiesen – und die im Mittelteil aufgerufe-
nen Figuren standen hierfür als glaubhafte Zeugen –, dass es neben
den Haupt- und Staatsaktionen immer auch eine heimliche Überlieferung gegeben habe und geben werde. Was heute noch »im schützenden schlaf« der Erde stecke, in »tiefinnerstem schacht«, werde den
Deutschen einmal die Zukunft weisen. So endet der Sang in der hoff-
nungsfrohen Erwartung, dass das »Wunder undeutbar für heut / Geschick wird des kommenden tages«.

Obwohl nichts darauf hindeutet, dass das Gedicht vor seiner Publikation die Runde machte, gehörte die Wendung vom Geheimen
Deutschland 1924 bereits zum Vokabular unter den Freunden, und
zwar mit direktem Bezug zu den Staufern. Im Frühjahr besuchte
Kantorowicz die Stauferstätten in Italien. Voller »Scham über die

frühere Blindheit« berichtete er George von seinem permanenten Glücksgefühl, »jetzt an allem Schönen teilzuhaben und es wirklich aufnehmen zu können«.[27] Von Venedig fuhr er die Marken hinunter bis Apulien, durchquerte den Stiefel und setzte nach Sizilien über. Mitte April stand er im Dom von Palermo am Sarkophag Friedrichs II. Ihren krönenden Abschluss fand die Reise Anfang Mai bei der 700-Jahr-Feier der Universität Neapel, einer Gründung Friedrichs II. »Alle Zeitungen sind schon jetzt voll von Hymnen auf den großen Kaiser, der – wie Mussolini (!) – eine Italia imperiale habe errichten wollen – kurz Fr[iedrich] II. wird zum Träger des Faschistentraumes und man schwelgt ›nell' ombre del Svevo gloriosissimo‹.«

Kantorowicz war nicht der einzige Georgeaner, der dem toten Kaiser im Dom von Palermo die Ehre erwies. In der Osterwoche standen am Sarkophag auch Albrecht von Blumenthal mit seinem jungen Freund Berthold von Stauffenberg und Maria Fehling sowie Erika Wolters in Begleitung Kurt Singers; am Gründonnerstag begegnete Blumenthal im Museum zufällig Erich Boehringer. Alles ströme jetzt nach Sizilien, schrieb der zu Hause gebliebene Morwitz wehmütig an Wolters, auch Berthold und Diana Vallentin seien jetzt unten. Es waren also mindestens neun Personen aus dem Kreis um George – darunter drei Frauen –, die es im April 1924 auf den Spuren der Staufer nach Sizilien zog.[28] Wer von ihnen den Kranz niederlegte, mit dem die Sage vom Geheimen Deutschland letztlich begründet wurde, ist nicht mit Sicherheit auszumachen, am ehesten wohl Erika Wolters. Sie war es auch, die nach dem Besuch Palermos in einem Brief an George den entscheidenden Satz prägte:»Ich suchte Friedrich II. und fand den Meister.«[29]

Der erste öffentliche Hinweis auf den Kranz kam aus dem Gothein-Kreis. Percy Gothein hatte, mit der für ihn inzwischen typischen Verspätung, zum Jahresende 1924 ebenfalls in Palermo am Grab gestanden. Ein Jahr danach erschien bei Rudolf Mosse in Berlin eine populär aufgemachte Anthologie *Der junge Mann. Wege zur Lebensgestaltung*, herausgegeben von Gustav Mittelstraß. Der in hoher Auflage gedruckte Band sollte »Jünglingen um die Achtzehn«

helfen, sich »geistig zu behaupten in einer chaotischen und wider-
spruchsvollen Zeit«. Der einzige anonyme Beitrag des Bandes trug
den Titel »Das geheime Deutschland. Ein Brief an den Freund« und
stammte wohl von Wolfgang Frommel, der mit dem Herausgeber,
einem Karlsruher Pädagogen, entfernt verwandt war. »Vor kurzem lag am Sarg des großen Kaisers Friedrich II. in Palermo ein gol-
dener Lorbeerkranz, und auf der Schleife stand, dass er vom geheimen Deutschland stamme. Heute darf ich Dir nur sagen, dass das
Reich des deutschen Meisters ...« Der Beitrag endete mit der dritten
Strophe aus »Der Dichter in Zeiten der Wirren« – »und pflanzt das
neue reich«.[30]

Was das hermetische Gedicht kaum vermocht hätte, den Ruf vom
Geheimen Deutschland in breitere Kreise zu tragen, schaffte schließlich Kantorowicz durch die »Vorbemerkung«, die er seinem Friedrich-Buch 1927 mit auf den Weg gab: »Als im Mai 1924 das König-
reich Italien die Siebenhundertjahrfeier der Universität Neapel
beging, einer Stiftung des Hohenstaufen Friedrich II., lag an des Kaisers Sarkophag im Dom zu Palermo ein Kranz mit der Inschrift: SEI-
NEN KAISERN UND HELDEN / DAS GEHEIME DEUTSCH-
LAND.« Das also war das Deutschland, das schlafend den Tag seiner
Wiederkehr herbeisehnte – *vivit et non vivit* – und dessen Träger der
Verfasser mit den letzten Sätzen seines Buches als die wahren Erben
des Staufers anrief.

Im Juli 1926 schloss Kantorowicz das Manuskript ab. Datiert man
den Beginn der Arbeit auf die Zeit nach der Lektüre des Steinschen
Raffael, dann wurde das mehr als sechshundert Seiten umfassende
Werk in höchstens dreieinhalb Jahren geschrieben – selbst für einen
Kenner der Geschichte des Hochmittelalters mit einem Stab von
Hilfskräften wäre dies eine unglaubliche Leistung gewesen. George
begleitete die Entstehung des Manuskripts mit nicht nachlassender
Aufmerksamkeit, einer intellektuellen Anteilnahme, die Kantorowicz nach dem Krieg als »neugieriges Interesse« umschrieb. »Neu-
gieriges Interesse ist eine sehr treffende Bezeichnung; denn George
konnte mit einer faszinierenden Spannung zuhören.«[31] Ohne etwas

ERNST KANTOROWICZ

KAISER FRIEDRICH
DER ZWEITE

ERSCHIENEN BERLIN 1927 BEI GEORG BONDI

über den Autor preiszugeben, ließ er andere an seiner Begeisterung
teilhaben. »Was für eine Pracht bildeten die Staufer«, wunderte er
sich im Oktober 1924 im Gespräch mit Vallentin. »So etwas biete die
Geschichte keines anderen Volkes.«[32]

Am 12. Juli 1926 machte George sich selbst ein Geburtstagsgeschenk, indem er seinem Verleger eröffnete: »Ein mir nahestehender
Mensch hat eine Geschichte Kaiser Friedrichs II. im Manuskript fertig. Ich habe sie gelesen und bedeutsam genug gefunden, um sie sofort
für mich zu sichern.«[33] Der Autor sei dreißig Jahre alt und »völlig unbekannt«. Bondi antwortete umgehend, dass er »im Prinzip sehr gern
bereit« sei, nach Lektüre der von George in Aussicht gestellten Probekapitel ein Angebot zu machen. Acht Tage später schlug Bondi vor,
mit diesem Werk eine neue historische Reihe zu eröffnen. Aber er
scheute das Risiko. Aus Sorge, das Erscheinen des Bandes könnte sich
verzögern, erklärte George, die Hälfte der Herstellungskosten in
Höhe von 9000 Mark für die 2600 Exemplare der Verkaufsauflage zu
übernehmen und im Fall eines Erfolges entsprechend am Gewinn beteiligt werden zu wollen. Am 2. Oktober wurde der Vertrag zwischen
Bondi und George geschlossen. In § 2 erklärte George, dass er vom
Verfasser hierzu ermächtigt sei und dass er gemeinsam mit diesem
darüber entscheiden werde, ob das Werk pseudonym oder unter dem
Namen des Autors erscheinen solle. Als das Manuskript Ende Oktober in Satz ging, war dem Verleger der Name des Verfassers noch
immer nicht bekannt. Die Bogen der Setzerei trugen den Vermerk
»George, Friedrich II.«.

Von Anfang Dezember bis Ende Januar las George die Korrekturfahnen des *Friedrich*, zunächst in Berlin, dann in München. Mitleser
waren Max Kommerell, Johann Anton – der bis Mitte Januar, als er
von seinem Bruder Walter abgelöst wurde, auch den Schriftverkehr
mit Kantorowicz und dem Verlag führte – sowie Berthold von Stauffenberg. Die Korrespondenz gibt eine Vorstellung davon, wie akribisch George arbeitete und über welch umfassendes Wissen er verfügte. Er korrigierte keineswegs nur sprachliche Ungenauigkeiten
oder kleinere Fehler, er beanstandete auch manches Grundsätzliche.

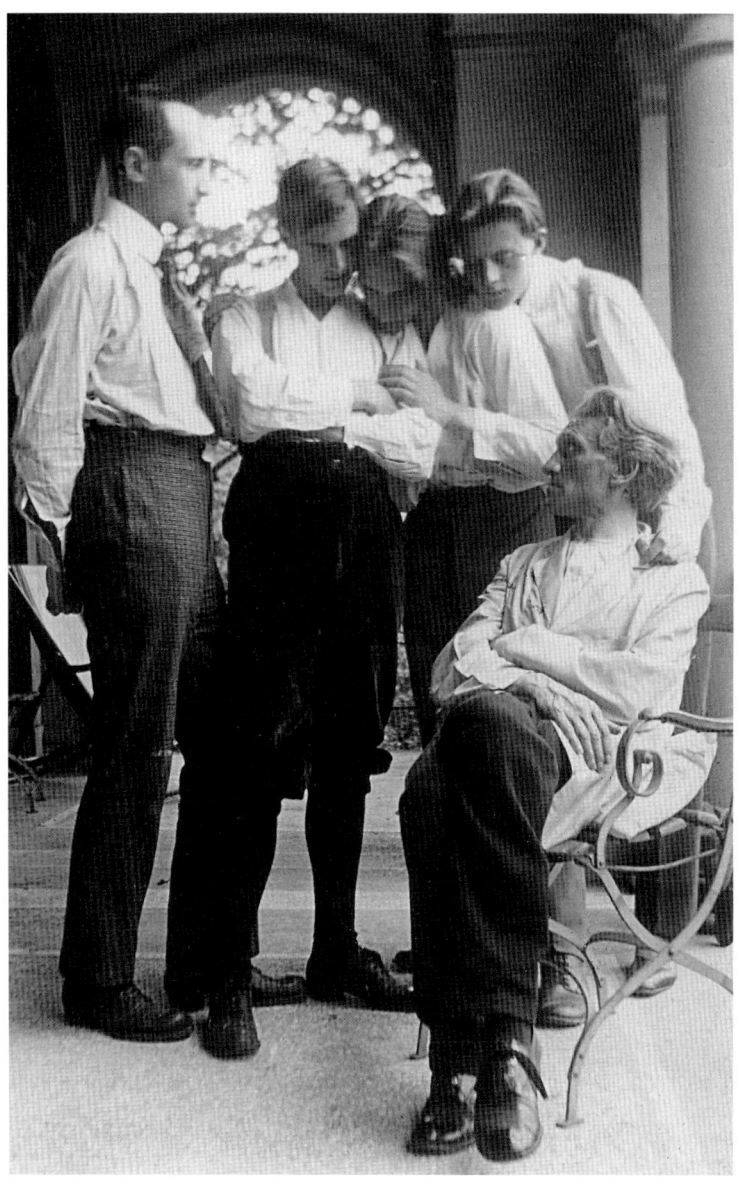

Die Novizen von Heidelberg, Pfingsten 1919:
Erich Boehringer, Percy Gothein, Woldemar von Uxkull; links Ernst Morwitz

Oben: Heidelberg, Pfingsten 1919. *Stehend von links* Ernst Gundolf, Wolde-
mar von Uxkull, Erich Boehringer, Ernst Morwitz, Percy Gothein, Ludwig
Thormaehlen; *sitzend* George, Gundolf, Ernst Glöckner, Berthold Vallentin
Unten: Eine Generation später, nicht vor 1925. *Von links im Uhrzeigersinn:*
Albrecht von Blumenthal, Ernst Morwitz, Silvio Markees, Max Kommerell,
Claus von Stauffenberg, Johann Anton, Walter Anton, Berthold von
Stauffenberg, Frank Mehnert, Alexander von Stauffenberg

»Den Typus schaffen, darauf kommt es an.«
Links oben: Johann Anton (1900–1931)
Rechts oben: Frank Mehnert (1909–1943)
Links unten: Bernhard von Uxkull (1899–1918)
Rechts unten: Ludwig Thormaehlen (1889–1956)

Oben: »Der manische Enthusiast«: Friedrich Wolters, um 1909 und 1925
Unten links: Das zu Georges 60. Geburtstag verbreitete offizielle Hilsdorf-Foto
Unten rechts:»Die Kröte«: Max Kommerell im Pförtnerhäuschen 1924

George an seinem 65. Geburtstag im Haus von Clotilde Schlayer in Dahlem

Oben: Mit Claus und Berthold von Stauffenberg im Pförtnerhäuschen, Herbst 1924
Unten: Claus von Stauffenberg beim Tranchieren im »Achilleion«, wohl nach 1927

»Der Fürst des Geziefers verbreitet sein Reich«:
Führerhauptquartier Wolfschanze, 15. Juli 1944, Stauffenberg ganz links
(Foto Ullstein)

»Fast ein tag um den andern ist gleich schön und nur am frühen untergehen der sonne merkt man den herbst«; George vor der Haustür in Minusio

So wollte er sich zum Beispiel nicht mit der Schreibung des Wortes Conclave abfinden; die Gründe erläuterte er dem Verfasser in einem Kommentar, der den Witz und die Souveränität ahnen lässt, die in den späten Jahren den Umgangston unter den Freunden prägten:

> Conclave. Hier liegt der fall ernster. Es ist dringend zu warnen, sich durch ein grad erschienenes buch einen floh ins ohr setzen zu lassen. Solche bonzenängste die bei Verf[asser] direkt etwas rührendes haben, sollten sich nicht einstellen… denn um ganz bonzengerecht zu verfahren müsste bei diesen Correcturen deutlich vermerkt werden: »Dies alles habe ich dem eben erschienenen Werk des Grossbonzen Müller zu verdanken«. Solche sachen gehören in den beabsichtigten Anhänge-band über dem zu wachen D[em] M[eister] nicht zusteht. Doch ein Vorschlag zur Güte: »dem des Jahres 1241, dem ersten wirklichen ›conclave‹« (in anführungsstrichen, mit c, klein.) Die ausmerzung des worts Konklave in den nächsten absätzen kann dann [unter]bleiben, wenn es dem Verf[asser] so ungemeines vergnügen bereitet und sein zartes wissenschaftliches Gewissen entlastet.[34]

Kantorowicz präsentierte seinen Kaiser als den Gründer »der ersten absoluten Monarchie des Abendlandes«, der schon als Kind zur Weltherrschaft bestimmt gewesen sei.[35] Nachdem er 1212 mit seinem triumphalen Zug über die Alpen und der zweimaligen Krönung in Mainz und Aachen die Grundlagen seiner Macht stabilisiert hatte, stellte der inzwischen unter päpstlichem Bann stehende Kaiser am 18. März 1229 die von den Päpsten über Jahrhunderte geleugnete »Gottunmittelbarkeit des Kaisertums« wieder her, indem er sich in der Grabeskirche, »der heiligsten Stätte der christlichen Welt«, die Krone des Königreichs Jerusalem aufs Haupt setzte. Aber nicht aufgrund seiner politischen Erfolge wurde Friedrich zum »End- und Erfüllungskaiser der deutschen Träume«, wie Kantorowicz ausführte, sondern weil er so etwas repräsentierte wie den Genius der Deutschen. In der ersten Hälfte des 13. Jahrhunderts habe sich der Deutsche erstmals »in der ganzen Weite des römischen Imperiums« zu Hause gefühlt, überall im Reich sei damals ein neuer Typus entstanden, ein »freier und gelöster, fast mittelmeerischer Germanentyp«. Erhalten habe sich »jenes römisch-antike Deutsche« vor allem in den Bildwerken der Dome von Bamberg, Naumburg und Magdeburg, in denen sich noch heute die Möglichkeit »eines zugleich weltweiten und dennoch deutschen Wesens« spiegele. Wer vor dem Bamberger Reiter stehe, könne keinen Augenblick daran zweifeln, »dass jener schöne und ritterlich adlige Menschentypus damals in Deutschland gelebt haben muß«. Bamberg sei »das wahre National-heiligtum der Deutschen«, erläuterte Kantorowicz in einem Rund-funkvortrag 1935, »das Delphi der wenigen Deutschen, die um Apol-lon wissen«.[36]

Die Zunft fühlte sich bei solchen Passagen unwohl – damals und nach dem Krieg erst recht. Das ganze deutsche Volk »ein Volk von Bamberger Reitern«?, fragte fünfzig Jahre nach dem Erscheinen der Erstausgabe der Mediävist Arno Borst.[37] Obwohl *Friedrich der Zwei-te* längst als Standardwerk gilt, das seinem Autor »den Rang eines der letzten europäischen Universalgelehrten eintrug«,[38] erregt Kantoro-wiczs Vision vom Weltherrscher als künftigem Retter der Nation noch immer die Gemüter. Er hoffe, rief am Ende seines Vortrags auf der Frankfurter Kantorowicz-Tagung 1993 der Festredner gesinnungs-ethisch korrekt, dass in Deutschland »keine politisch-soziale Gegen-wart mehr denkbar sein oder gar wirklich werden möge, der ein Buch dieser Art etwas zu sagen hätte«.[39]

3

Zu den bekanntesten Fotografien Stefan Georges und seiner Freunde zählt eine Aufnahme, die im Herbst 1924 im Pförtnerhaus einer Villa in Grunewald gemacht wurde (s. Bildteil II). Es handelte sich um das in den siebziger Jahren abgerissene Pförtnerhaus auf dem zur Villa Hirschberg gehörenden Grundstück Koenigsallee 45-45a,[40] das Jo-hann Anton Mitte Oktober auf drei Monate als Winterquartier ge-mietet hatte. Auf dem Foto sitzt George in Kamelhaarweste mit schwarzem Seidenhalstuch am äußersten linken Bildrand in einem Armlehnstuhl. Den linken Arm hat er auf die Lehne gelegt, drei Fin-ger der rechten Hand unter das linke Gelenk geschoben. Die dunkel umränderten Augen halb geschlossen, geht der Blick nach innen. George hat sich abgewendet und genießt. Er genießt die Bewunderung von zwei jugendlichen Verehrern, die am rechten Bildrand – auf Georges Bett – dicht beieinander etwas tiefer sitzen. Die beiden haben große Ähnlichkeit, sie tragen graue Westen, die weißen Hemdkragen offen. Der eine himmelt George verzückt an – der Abstand scheint riesig zu sein, so dass er sich weit vorstrecken muss; der zweite schaut dem ersten sinnend über die Schulter, in Richtung des Betrachters. Auf der zart gemusterten Blumentapete, die den gesamten Bildhintergrund ausfüllt, hängt, direkt über den Köpfen der beiden Jünglinge, groß und schwarz gerahmt, der Meister noch einmal: als Foto. Der reale George wirkt vor diesem Foto fast wie ein Phantom, wie eine »Vision vor dem inneren Auge« der beiden Jungen.[41]

Die Aufnahme scheint eine Zufallsaufnahme, und doch ist alles bis ins Kleinste arrangiert. Sie wird oft abgebildet, denn die beiden Besucher in der Koenigsallee waren der 19-jährige Berthold Schenk Graf von Stauffenberg und sein zweieinhalb Jahre jüngerer Bruder Claus. Er ist es, der den Dichter anschwärmt, und es ist das einzige Foto, das ihn mit George zusammen zeigt. So wie es auch von ihm und Adolf Hitler nur ein einziges gemeinsames Foto gibt, aufgenommen zwanzig Jahre später, am 15. Juli 1944 in der Wolfschanze.

Im Oktober 1924 hatte Claus in einem Brief aus Lautlingen, dem Stammsitz der Familie am Fuß der Schwäbischen Alb, George seinen Besuch in Berlin angekündigt. Er könne mindestens eine Woche, vielleicht sogar zwei bleiben. Er habe viel im *Jahr der Seele* gelesen, schrieb er, »und je klarer das Lebendige vor mir steht, je höher das Menschliche sich offenbart und je eindringlicher die tat sich zeigt, umso dunkler wird das eigene blut, umso ferner wird der klang eigener worte … Meister, ich habe zu viel gelernt aus jenem gedicht: Ihr seid die gründung wie ich jetzt euch preise.«[42] Wer solche Briefe von einem 16-Jährigen erhielt, der ihm zwei-, höchstens dreimal begegnet war, konnte nicht anders, als an die Erfüllung eines Traums zu glauben. Hinzu kam, dass der Junge den Namen Stauffenberg trug und die eigene Person selbstbewusst in die vom Dichter geschaffene

Überlieferung einreihte. In einem Gedicht für Berthold mit dem Titel
»Abendland« stellte Claus im November 1923 die Frage, wo blieben

> Ruhm und schönheit wenn nicht wir sie hätten
> Des Staufers und Ottonen blonde erben[43]

George unterstützte diese Sichtweise. Kamen die Stauffenbergs nicht
aus Schwaben, jenem Teil Deutschlands, in dem auch die Staufer ihre
Erblande hatten, und klang nicht schon im Namen des bis ins 12. Jahrhundert nachweisbaren Geschlechts die Verwandtschaft an? Also bestärkte er sie in dem Glauben, sie seien Nachkommen der Staufer und
als solche zu königlicher Herrschaft bestimmt. Die Entdeckung der
Stauffenbergs, urteilt ihr Biograph Peter Hoffmann, »löste im Freundeskreis Stefan Georges eine kaum vorstellbare Aufregung aus. Der
beziehungsreiche Name, die gleichzeitigen Staufer-Studien des Historikers Ernst Kantorowicz und Georges heimlicher Anspruch auf die
geistige Führung Deutschlands tauchten alles in einen mythischen
hellen Nebel. Die darin Befangenen hielten ihn für ›schau‹ von großer
Klarheit.«[44]

Der erste Kontakt war über die Freundin Albrecht von Blumenthals, Maria Fehling, zustande gekommen. Blumenthal, den George
beim Pfingstfest als Überraschungsgast präsentiert hatte, lehrte Klassische Philologie an der Universität Jena. Nach dem Scheitern seiner
Ehe mit einer Engländerin, die er während seines Studiums als Rho-
des Scholar in Oxford 1907–1909 kennengelernt hatte, befreundete er
sich Ende 1922 mit Maria Fehling. Die Schwester des Regisseurs Jürgen Fehling, Tochter eines Lübecker Senators und Bürgermeisters,
arbeitete nach ihrer Promotion als Volontärin im Archiv des Stuttgarter Cotta-Verlags und war über die Frau des Verlegers mit den Stauffenbergs bekannt geworden. Im Winter 1922/23 machte sie Blumenthal darauf aufmerksam, »dass mindestens zwei der Brüder für den
Kreis geeignet sein könnten«.[45]

Im Mai 1923 wurden Berthold und Claus durch Blumenthal bei
George in Marburg eingeführt. Alexander, Bertholds Zwilling, der
immer ein wenig im Schatten seiner Brüder stand, durfte wenige Tage
später George ebenfalls kennenlernen.[46] Die Zwillinge hatten gerade

ihren 18. Geburtstag hinter sich, Claus würde im November 16 werden. Ein enge Freundschaft entwickelte sich in den folgenden Jahren zwischen Berthold und seinem Mentor Blumenthal einerseits, Claus und dem fast sechs Jahre älteren Landsmann Kommerell andererseits. Alexander, der sich besonders von Johann Anton angezogen fühlte, war geistig weniger rege und beweglich als seine Brüder; er muss deren Überlegenheit bisweilen schmerzlich verspürt haben, aber er erkannte sie an. Claus sei »ohne Zweifel der strahlendste und heldischste von uns«, gestand er 1928 seiner Mutter, doch »Berthold ist sicher der König unter uns dreien«.[47]

So sah es auch George. Er nannte Berthold von Stauffenberg nach einem Prinzen aus Tausend-und-eine-Nacht Adjib, den Wunderbaren, und freute sich, dass die Zugehfrau in der Münchener Wohnung von Johann Anton im August 1924 glaubte, es müsse sich um einen hohen Herrn handeln, möglicherweise um einen Wiedergänger des verstorbenen Bayernprinzen Luitpold persönlich. Zwischen Staufer-Mythos und Volksglaube schillert auch das wohl in diesen Tagen entstandene Gedicht auf Berthold: »Wo du dein herrenrecht an uns geübt / Wir dich bestaunt und gar das volk dich nahm / Für den erstandnen prinzen.«[48] Als Berthold zwei Monate später nach Berlin ging, um sein Jurastudium fortzusetzen, kam er für ein paar Tage bei Thormaehlen unter. »Sein Anblick ließ mir einen Augenblick den Atem stocken«, erinnerte sich Thormaehlen an den Moment, als er dem Unbekannten, dessen Namen er erst nach dem Tod Georges erfahren haben will, die Tür öffnete.[49]

Berthold von Stauffenberg galt als souverän, urteilssicher und entscheidungsfreudig und dürfte als Typus große Ähnlichkeit mit seinem schwäbischen Landsmann Boehringer gehabt haben; allerdings war er gelassener als dieser, in seiner Ruhe und Beständigkeit eher seinem Rivalen Morwitz, in seinem Auftreten wohl auch Kantorowicz vergleichbar. In größerer Runde wirkte er durch seine Wortkargheit fast ein wenig gehemmt. Dennoch habe George seine bloße Anwesenheit jedes Mal als große Bereicherung empfunden, erinnerte sich Thormaehlen. Er drückte sich ungeschickt aus, meinte aber das Richtige, als er schrieb, Berthold von Stauffenberg könne nicht als jüngerer Freund Georges gelten, weil an ihm »schon vom Augenblick seines Auftretens an nichts mehr zu bilden« gewesen sei. Für Claus bekam die natürliche Autorität des älteren Bruders durch die Autorität des Meisters zusätzliches Gewicht. »Ich habe herrschaft dir und mir geschworen: / Das wissen das der Meister gab zu kund«, dichtete er 1923 für Berthold. Mit ihm besprach er alle wichtigen Entscheidungen seines Lebens, sein Urteil gab den Ausschlag – auch 1944. Sie habe den Eindruck gehabt, »dass Claus nichts tat, was sein Bruder Berthold nicht wusste und billigte«, erinnerte sich Marion Gräfin Yorck und nannte Berthold »das verkörperte Gewissen seines Bruders Claus«.⁵⁰

Nach bestandener Reifeprüfung am Eberhard-Ludwigs-Gymnasium schrieben sich die Zwillinge im Mai 1923 in Heidelberg für Rechts- und Staatswissenschaften ein. Alexander sattelte auf Altertumswissenschaft um, wurde 1928 promoviert, hielt im Juli 1931 seine Antrittsvorlesung in Würzburg und wurde dort 1936 zum ordentlichen Professor für Alte Geschichte ernannt. Berthold wäre gern in den Diplomatischen Dienst eingetreten, wurde aber nach der Ersten Juristischen Staatsprüfung 1927 im Auswärtigen Amt nicht angenommen. Nach der Referendarzeit wurde Berthold im Januar 1929 promoviert und erhielt am 1. März eine Referentenstelle am Kaiser-Wilhelm-Institut für ausländisches öffentliches Recht und Völkerrecht in Berlin. Im Sommer 1931 wurde er Mitarbeiter im Verwaltungsstab des Ständigen Internationalen Gerichtshofs in Den Haag. George, der den Gerichtshof als Werkzeug der Siegermächte von Versailles betrachtete, war offenbar nicht begeistert, und Stauffenberg musste sich manchen Seitenhieb gefallen lassen. Nach Deutschlands Austritt aus dem Völkerbund im Oktober 1933 verlängerte er seinen zum Jahresende auslaufenden Vertrag nicht und kehrte an sein Berliner Institut zurück.

Der jüngere Bruder schlug trotz seiner Liebe zur Landwirtschaft und zur Architektur die Laufbahn des Berufssoldaten ein. Vier Wochen nach der Reifeprüfung trat Claus von Stauffenberg am 1. April 1926 ins 17. (Bayerische) Reiterregiment in Bamberg ein, dem er bis Sommer 1934 angehörte.

4

Im Frühjahr 1924 wurde Marburg als Stützpunkt des Freundeskreises aufgegeben. Wolters hatte eine Berufung nach Kiel erhalten. Weil seine außerplanmäßige Stelle an der Philipps-Universität im Zuge des vom Reich verordneten allgemeinen Personalabbaus wahrscheinlich dem Rotstift zum Opfer gefallen wäre, hatte er sich zu diesem Schritt entschlossen. George, der mit Norddeutschen nicht viel anfangen konnte, gab ihm zu verstehen, dass er ihn da oben nicht so bald besuchen werde. Ein Jahr nach dem Umzug starb plötzlich und unerwartet Erika Wolters. Nachdem ihm vorübergehend seine voreheliche Tochter Imorla den Haushalt geführt hatte, nahm Wolters im Frühjahr 1926 die 19-jährige Gemma ins Haus, die Tochter seiner Freunde Paul und Fanny Thiersch, die er im Jahr darauf heiratete. Trotz seiner Vorbehalte gegen die »Fischaugen« in »Reykjavik«[51] kam George von Herbst 1925 an dann doch regelmäßig nach Kiel. Als zwei Jahre später auch Julius Landmann einen Ruf dorthin erhielt, gewöhnte er es sich an, bereits zu Jahresbeginn ein paar Wochen an der Förde zu verbringen; heimisch wurde er dort allerdings nie, Kiel sei nicht mehr als »eine freundliche Gaststätte an der Grenze«.[52]

Nach Abschluss seiner Dissertation im Frühjahr 1924 war auch Max Kommerell nicht länger an Marburg gebunden. Ende April fuhr er nach Berlin, wo eine weitere Operation Georges bevorstand, die letzte; gemeinsam mit Johann Anton kümmerte er sich anschließend darum, dem Patienten die mühsame Genesung zu erleichtern. Auf verschränkten Händen trugen sie ihn ein paarmal ins »Pompeianum«, Thormaehlens Atelier im Dachgeschoss eines Hinterhauses der Neuen Ansbacher Straße, wo sich George bereits während des Krieges gern mit Freunden getroffen hatte. Weil ihm das Treppensteigen jetzt zu beschwerlich war, wurden Verabredungen bald in die Fasanenstraße verlegt, wo ein junger Basler Bildhauer, Alexander Zschokke, zu ebener Erde ein Atelier im Hinterhof besaß. Während die anderen Gedichte lasen, Manuskripte diskutierten oder sich in größerer Runde unterhielten, versuchte Zschokke, der über Wilhelm Stein mit

Thormaehlen und Morwitz bekannt geworden war, Georges Kopf zu modellieren. Schlichte Werkstattatmosphäre hatte George schon immer behagt, alles Handwerkliche war ihm vertraut. »Da saßen oft die zwölf bis vierzehn Männer verschiedensten Alters«, erinnerte sich Zschokke, »alle tüchtig an ihrem Platze, alle bereit, dem Manne zu helfen, dem sie so viel zu verdanken hatten, dem sie aber doch nicht viel mehr sein konnten als der Hintergrund, auf dem sich sein künstlerischer Dämon abzeichnen musste.«[53] Als Ludwig Thormaehlen 1927 in der Albrecht-Achilles-Straße, einer Seitenstraße am oberen Kurfürstendamm, eine kleine Wohnung mit darüber liegendem Dachatelier erwarb, glich er es weitgehend seinem ersten Atelier an. Allerdings musste George jetzt nicht mehr Treppen steigen, sondern konnte mit dem Fahrstuhl bis unters Dach fahren. Den Namen der Straße – sie heißt nach dem brandenburgischen Kurfürsten Albrecht III., der sich Achilles nannte – und die Erinnerung an die Villa der Kaiserin Elisabeth auf Korfu kombinierend, nannte er den Raum »Achilleion«.

Für Kommerell begann eine Phase mehrjähriger Wanderschaft an der Seite Georges. Er war jetzt Sekretär, Quartiermeister, Geliebter in einer Person und organisierte nach Georges Wünschen und Vorgaben die aufwendige Logistik der Nichtsesshaftigkeit. Es ging um so alltägliche Dinge wie die Bereitstellung von Bettwäsche, die Anschaffung neuer Unterjäckchen oder die reibungslose Abwicklung des Briefverkehrs. Freunde, bei denen George regelmäßig einkehrte, verwalteten kleine Depots für ihn: Tabakdepots, Gelddepots, Manuskriptdepots, und immer gab es irgendetwas nachzusenden. Er blieb »zeitlebens ein Wanderer; als er starb, hatte er zwei kleine Segeltuch-Handkoffer bei sich«.[54]

Unterstützt wurde Kommerell vor allem von Johann Anton, der nach seiner Promotion im März 1925 nach München zog; er wollte sich beim Auswärtigen Amt bewerben und brauchte noch ein paar Semester Jura. Am 1. Mai 1928 trat er in den »Vorbereitungsdienst für die höhere auswärtige Laufbahn«. Der Außenminister persönlich habe sich für das Thema seiner Dissertation interessiert, schrieb er we-

nige Tage nach seinem Eintritt ins Amt an Wolters, und nur deshalb
sei er unter fünfhundert Bewerbern ausgewählt worden. Das Thema
lautete: Die Wandlungen des Napoleon-Bildes in Deutschland, der
Reichsaußenminister hieß Gustav Stresemann. In den Stolz auf seine
neue Tätigkeit mischte sich bald Wut über die seiner Meinung nach
verfehlte deutsche Außenpolitik. Gut drei Monate nach seinem Eintritt ins Amt erschien ihm die Wilhelmstraße bereits als ein Hort des
organisierten Hochverrats. Auch George lehnte die kühl kalkulierte
Verständigungspolitik Stresemanns, der Deutschland mit dem Vertrag von Locarno in die Staatengemeinschaft zurückgeführt hatte, als
Festschreibung des Versailler Systems ab. In den Gesprächen mit Anton über das Auswärtige Amt dürfte ähnlich argumentiert worden
sein wie in den Gesprächen mit Stauffenberg über den Internationalen Gerichtshof.

»Das Reiseziel bestimmt sich augenblicklich und wechselnd nach
dem augenblicklich zu Tuenden«, schrieb Kommerell, ein wenig unsicher noch, was das Nomadendasein ihm bringen werde, im Dezember 1924 an seine Lieblingsschwester.[55] Sechs Jahre später notierte er,
dass »infolge der ständigen Wohnverlegenheit« viel Druck entstanden sei und das Umherziehen »an die Nerven eines nicht grob-
schlächtigen den äußersten Anspruch« gestellt habe.[56] Zwar suchte
George den dauernden Ortswechsel als »die Zeit der Zelte« romantisch zu verklären.[57] Mit zunehmendem Alter litt er jedoch darunter,
seinen Lebensrhythmus den jeweils verfügbaren Unterkunftsmög-
lichkeiten – und das hieß am Ende auch den ökonomischen Gegebenheiten – anpassen zu müssen. Wenn er bei Freunden wohnte, war er
Gast, und den Gastgebern war es eine Ehre, ihn zu beherbergen. Aber
sie knüpften an seine manchmal monatelangen Aufenthalte auch stille Hoffnungen auf schöne Gespräche und gemeinsame Unternehmungen; kein Logiergast ist Herr seiner Zeit. George zog Mitte der
zwanziger Jahre daher eigene Unterkünfte vor, wo er ungestört mit
Kommerell und Anton leben und bestimmen konnte, wen er sehen
wollte und wen nicht. Immer häufiger empfand er jetzt das Bedürfnis
nach Ruhe; weniger Nomadentum und etwas mehr bürgerlicher

Komfort täten dem Meister gut, meinte Johann Anton. Ein besonderes Augenmerk bei der Quartiersuche galt der Frage, ob genügend
Diskretion gewährleistet sei. Wenn es »die örtlichen verhältnisse« an-
geraten erscheinen ließen, weder »gemeinsam aufzutreten« noch
mehrtägig«, mahnte George zur Vorsicht.[58]

Es waren im Wesentlichen vier Städte gewesen, in denen sich
Georges Leben vor dem Krieg abgespielt hatte: Berlin, Bingen, München und Heidelberg. Mit der Ausnahme Berlins waren ihm alle
diese Stützpunkte Mitte der zwanziger Jahre abhanden gekommen:
Bingen stand unter französischer Besatzung, das Elternhaus war vermietet; seit Wolfskehls 1919 die Wohnung in der Römerstraße aufgegeben und anschließend in der Inflation ihr Vermögen verloren hatten, lag auch München außer Reichweite; in Heidelberg war nach den
vielen gemeinsamen Jahren mit Gundolf am Schlossberg die Wohnung im Wolfsbrunnenweg zwar ein willkommener Ersatz gewesen,
aber im Januar 1927 zog Kantorowicz nach Berlin, um in der Bibliothek der Monumenta Germaniae Historica den wissenschaftlichen
Appendix seines Friedrich-Buches vorzubereiten. George hatte von
der Gegensätzlichkeit der Städte – erst Berlin und München, später
Berlin und Heidelberg – geistig profitiert. Ohne diesen Dualismus
fehlte ihm etwas Entscheidendes. »Berlin sei als Zentrum doch nicht
das Richtige.«[59]

Von 1915 bis 1922 hatte George jeweils mehrere Wochen im
Herbst bei seinem Verleger wohnen können. Bondi hatte ihm unter
dem Dach seiner Grunewald-Villa eine Bodenkammer eingerichtet,
»eben groß genug um Bett und Schreibtisch hineinzustellen«.[60] George sei »der allerangenehmste Logiergast«, den man sich denken könne, bescheiden, ordentlich und pünktlich, wunderte sich die Dame
des Hauses, und der Hausherr fügte hinzu, der Umgang mit ihm sei
»immer gemütlich« gewesen. Er habe beim Essen »die feinste Zunge«
gehabt und viel von Wein verstanden.[61] Am Sonntagvormittag saßen
George und Morwitz manchmal am Tennisplatz, den Bondi auf dem
Nachbargrundstück angelegt hatte, und schauten den Spielern zu.[62]
Wurden Besucher gemeldet, die er nicht kannte oder die er nicht se-

hen wollte, zog sich George in sein Zimmer zurück. Im November 1924 stieß er unter der Haustür mit Thomas Mann zusammen, dessen Frau Katia eine Nichte von Eva Bondi war. »Unheimliche Begegnung mit IHM«, notierte Mann.[63]

Obwohl sich George und Thomas Mann von Grund auf unsympathisch waren, beobachteten sie sich gegenseitig aufmerksam und misstrauisch. Im Brennpunkt ihres Interesses stand, nicht zuletzt vermittelt über den Zwischenträger Ernst Bertram, der Umgang des jeweils andern mit der Homoerotik. Während George aus Manns ironischem Versteckspiel nicht recht schlau wurde und seine Haltung als »angeboren unehrlich« bezeichnete,[64] fand Mann das Georgesche Modell durchaus eindrucksvoll. Als er sich 1920 in einem Brief an einen Verehrer erstmals zu seiner erotischen Veranlagung bekannte, verwies er gleich mehrfach auf George, dessen »hohe Strenge und Würde« über jeden Verdacht erhaben sei; niemand könne ernsthaft behaupten, »dass etwa Michelangelo, Friedrich der Große, Winckelmann, Platen, George unmännliche oder weibische Männer seien«. Dass George den *Tod in Venedig* mit der Begründung abgelehnt haben soll, hier sei »das Höchste in die Sphäre des Verfalls hinabgezogen«, deutete Mann als eine indirekte Bestätigung dafür, dass ihm, Mann, die Darstellung der »verbotenen Liebe« gelungen war.[65] Wie sehr George und Mann in diesem Punkt Antipoden waren, zeigt die empörte Reaktion von Ernst Morwitz, der über die Erstveröffentlichung des *Tod in Venedig* 1912 in der *Neuen Rundschau* an George schrieb: »In der Fischer Zeitschrift (Okt/Nov) eine Novelle eines Münchener Herrn – vielleicht siehst Du einmal hinein – müsste sofort totgeschlagen werden – besonders unverschämt, da ganz ernst gemeint.«[66]

Spuren eingehender Beschäftigung Manns mit George finden sich sowohl in den *Betrachtungen eines Unpolitischen* von 1918 als auch vier Jahre später in Manns Vortrag *Von deutscher Republik*. Ob es um Nietzsches »Verrat« an Wagner ging, um den »inneren Feind« mit seinen falschen Verspechungen von Demokratie und Fortschritt oder um den Kulturbegriff im Allgemeinen: An zahlreichen Stellen tauch-

te, meist ohne Namensnennung, George auf.[67] 1926 bedauerte Mann,
dass der Vorstoß des Kultusministeriums, George als Gründungsmit-
glied der Sektion für Dichtkunst in der Preußischen Akademie der
Künste zu gewinnen, an dessen Weigerung gescheitert war. Und vier
Wochen nach Georges Tod hieß es in einem Brief an Bertram: »Ich
hoffe im abgekürzten Verfahren Schweizer zu werden und will in der
Schweiz begraben sein, wie Stefan George es wollte.«[68]

Im Herbst 1924, als sie sich vor Bondis Villa in der Herbertstraße
zum ersten und einzigen Mal begegneten, wohnte George bereits ein
paar Straßen weiter, im Pförtnerhäuschen an der Koenigsallee. Weder
im Haus Bondi noch bei Vallentin, Hildebrandt oder einem der anderen Berliner Freunde hätte er sich mit Kommerell und Anton auf
Dauer einquartieren können. Im Herbst darauf bezogen die drei ein
Häuschen in der Heimstättenstraße 14 (heute Matterhornstraße 93)
in Nikolassee, das sie ein Jahr später, als sie die Fahnen des Kantoro-
wicz-Buches lasen, vorzeitig aufgaben. Ein konkreter Anlass ist nicht
bekannt. George fühlte sich in Berlin von Jahr zu Jahr weniger wohl.
Anfang 1926 fragte er bei Julius Landmann an, ob es nicht eine Möglichkeit gebe, sich in der Schweiz niederzulasssen. »Bingen sei vorbei,
in München finde sich nichts, Heidelberg habe sich zerschlagen, Königstein könne jeden Augenblick aufgegeben werden; am besten sei
vielleicht Basel.«[69]

Im Haus der Landmanns am Schaffhauser Rheinweg war George
Mitte der zwanziger Jahre ein gern gesehener Gast, der meist zum
Jahresbeginn anreiste und manchmal drei oder vier Monate blieb. Er
liebte das Balkonzimmer im ersten Stock mit Blick auf den Rhein,
und wenn er mit seinen Gastgebern oder Besuchern aus Deutschland
den Rheinweg entlang spazieren ging, fühlte er sich fast wie in Bingen. Mit Landmanns Umzug nach Kiel im Herbst 1927 gehörte allerdings auch die Idylle an der Basler Riviera der Vergangenheit an. Die
Wohnung der Schwester in Königstein im Taunus blieb das einzige sichere Quartier auf Dauer; deshalb wehrte sich George Anfang der
dreißiger Jahre heftig dagegen, dass Anna sie aufgab.

5

Kommerell, der fast ständig in Georges Nähe war, lernte viel, und er machte es sich zunutze. »Ich glaube, dass ich in den 10 Jahren meines Heranwachsens mehr durchlaufen habe als die meisten in einem langen Leben«, schrieb er resümierend über seine Wanderjahre.[70] Nachdem es wegen seiner möglichen Habilitation Anfang 1925 im Kreis zu einigen Reibereien gekommen war, hatte er auf eine direkte Fortsetzung seiner akademischen Laufbahn zunächst verzichtet. Stattdessen hoffte er, sich mit einem Buch einen Namen zu machen. Was er sich vornahm, klang wie Sphärenmusik aus dem Georgeschen Olymp: die Geschichte der deutschen Literatur im Zeitalter Goethes so zu erzählen, als handele es sich um die Geschichte einer männerbündischen Verschwörung. Er wollte sich den Dichtern weder biographisch noch durch Werkanalysen nähern, sondern vielmehr zeigen, auf welche Weise Einzelne vorbildhaft für die Gemeinschaft der Nation wurden. »Gab es für derart ernsthaftes Studium der Literaturgeschichte eine bessere Schule als die des George-Kreises zwischen 1905 und 1925?«[71]

Das Buch, das im Oktober 1928, anderthalb Jahre nach Kantorowiczs *Friedrich,* auf Wunsch Georges in identischer Ausstattung bei Bondi erschien, trug den Titel *Der Dichter als Führer in der deutschen Klassik.* Anders als die Biographie des Stauferkaisers fand es nur wenige Leser und geriet bald in Vergessenheit. Wer es heute zur Hand nimmt, ist fasziniert und befremdet zugleich. »Gäbe es einen deutschen Konservatismus, der auf sich hält«, schrieb der Rezensent der *Literarischen Welt,* »in diesem Buche müsste er seine magna charta erblicken.« Die Rezension stammte von Walter Benjamin, und sie endete so düster wie hellsichtig: »Ein Mahnmal deutscher Zukunft sollte aufgerichtet werden. Über Nacht werden Geisterhände ein großes ›Zu Spät‹ draufmalen.« Der Unterschied zwischen dem offiziellen Deutschland und dem geheimen sei nämlich kleiner, als die Georgeaner glaubten, die offenbar nicht sehen wollten, dass das geheime »von dem offiziellen zuletzt nur das Arsenal ist, in welchem die Tarnkappe neben dem Stahlhelm hängt«.[72]

Benjamin las das Buch als eine politische Offenbarungsschrift. In Wahrheit handele es sich nicht um eine Literatur-, sondern um »eine Heilsgeschichte der Deutschen«, in deren Fokus »die Verwandtschaft des deutschen und des griechischen Ingeniums« stehe. Die Qualität des Werkes stand für ihn zwar außer Zweifel; die Darstellung der »Freundschaften, Fehden, Begegnungen, Trennungen« sei »von einziger Genauigkeit und Kühnheit des Blicks. Der Reichtum echt anthropologischer Einsichten ist ... zum Erstaunen.« Die Passagen über Goethes Verhältnis zu Karl August, das Kommerell »als den exemplarischen Fall der Menschenbildung und Erziehung in Goethes Leben erkennt«, rechnete Benjamin zum Besten, was über Goethe geschrieben worden sei. Der Verfasser nehme »gelebte Stunden zur Hand wie der große Sammler Altertümer« und bringe sie zum Sprechen, indem er sie »fragend in der Hand dreht«. Bei aller Bewunderung aber wurde der Rezensent mit dem Buch nicht froh. Der Verfasser beschreibe nämlich nicht nur das Geschehene, sondern »auch was sich nicht ereignet hat, entdeckt er«. Und diese höhere Wahrheit des Nichtgeschehenen sei für ihn offenbar der Maßstab. »Ganz kann man dieses Buch nur verstehen aus einer grundsätzlichen Betrachtung des Verhältnisses, welches die Sekten zur Geschichte haben. Nie ist sie ihnen Gegenstand des Studiums, stets Objekt ihrer Ansprüche.«

Kommerell hatte den tieferen Zweck seines Unternehmens erst in der Schlusspassage enthüllt: Dem Volk, das weder den »kaum glaublichen Umfang seines Erbes« kenne noch »die Schwere seiner fernern Bestimmung« ahne, jenen herrlichen Morgen vor Augen zu führen, »wo die Jugend die Geburt des neuen Vaterlandes fühlt in glühender Einung und im Klirren der vordem allzu tief vergrabenen Waffen«.[73] Das Studium der maßgeblichen Dichter von Klopstock bis Hölderlin helfe, »den zeitlos unerschöpflichen Traum« von der Zukunft der Nation besser zu verstehen. Weil die wesentlichen Ausprägungen deutschen Dichtertums im Zeitalter Goethes noch deutlich voneinander geschieden gewesen seien, sich zum Teil sogar heftig bekämpft hätten, könnten manche Rätsel allerdings erst heute gelöst werden. Erst »das Heute meisterlicher Herrschaft« erlaube eine sinnvolle Deutung der

Vergangenheit und weise zugleich in die Zukunft. Der Name dessen, der die Kontinuität des Deutschtums sicherte, brauchte hier genauso wenig genannt zu werden wie am Schluss des Friedrich-Buches – es verstand sich für jeden Leser von selbst, wer gemeint war. Der von Kommerell »so leidenschaftlich vorgetragene Kulturbegriff des George-Kreises, der Seele und Welt identifiziert, Dichtung gleich Tat, Literaturgeschichte gleich Volksgeschichte setzt«, war nur um den Preis der Hybris zu erlangen, »die schon in Gundolfs George-Buch den Meister der Sekte zum Herrn der Epoche erklärt« hatte.[74]

So wie Kantorowicz in der Friedrich-Biographie die gewaltigen Räume vermaß, in denen sich die Idee des Reichs über Jahrhunderte hinweg manifestieren konnte, so bemühte sich Kommerell jetzt um die Definition dessen, was im engeren Sinn den Begriff der deutschen Nation ausmachte. Man kann in seinem Buch »eine extreme Vulgarisierung« von Fichtes *Reden an die deutsche Nation* sehen;[75] man kann es aber auch als Gegenentwurf zu Friedrich Meineckes im gleichen Jahr in siebter Auflage erschienenem Standardwerk *Weltbürgertum und Nationalstaat* lesen, das den Nationalstaatsgedanken im Wesentlichen aus der Frühromantik und den Schriften der preußischen Reformer ableitete. Für Kommerell war das eine so schlimm wie das andere; Friedrich Schlegel und Wilhelm von Humboldt wurden mit einigen bösen Sätzen abgetan, Hegel oder Ranke kamen gar nicht erst vor.

Kommerell wollte den Begriff der Nation anders definieren: über die Dichter, die im Namen aller sprachen und die daher als Dichter der Gemeinschaft gelten konnten. Klopstock war für ihn der Erste, der gezeigt hatte, »daß Dichtung eine Sache der Gemeinschaft, daß der Dichter Sprecher einer Runde sei«. Was sich der Führer des Göttinger Hainbunds noch mühsam hatte erkämpfen müssen, war Hölderlin, dem letzten der Reihe, dem Seher des Künftigen, bereits »angeboren«.[76] Diese beiden hatten den vaterländischen Gedanken am entschiedensten vorangetrieben. Zwischen ihnen aber standen die großen Drei: Goethe (mit den drei Helfern Herder, Karl August und Schiller), dann Schiller selbst, der zum wahren Erzieher der Nation geworden sei, ein Leben lang »mit der einen Frage beschäftigt: Wie

wirkt man durch Dichtung« – und als Letzter Jean Paul, »der alles
Deutsche war und wußte« und der »die Seele der Klassik verjüngte«.[77]

Das Kapitel über Schiller ist nicht nur das umfangreichste, es ist
auch das erstaunlichste des ganzen Bandes und steht nicht zufällig in
der Mitte. In einem eigenen Unterkapitel »Der Orden« widmet sich
Kommerell dem Malteser-Fragment, das er, neben den *Philosophischen
Briefen*, zu den wichtigsten Werken »dieses gefährlichsten deutschen
Jünglings« zählt. Schiller habe in diesem »Drama ohne Weiber« den
revolutionären Versuch unternommen, »einen Wirkungskreis streng
männlicher Gemeinschaft« darzustellen. »Hier rührt dieser helle und
strenge Geist an *sein* Mysterium … und wenn wir ihn heut mehr als
je den Unsern nennen, denken wir nicht bloß seiner scharf geprägten
klassischen Führergestalt, sondern jener andern nur angedeuteten, in
der er sich uns heute oder morgen gesellen würde als Oberer eines
vom Größten beseelten zum Äußersten bereiten Tatbunds.«[78]

Das war Geschichtsschreibung, wie George sie sich wünschte. Was
Friedemann einst am Beispiel Platons und Wilhelm Stein am Beispiel
Raffaels vorgeführt hatten, den Freundschaftsgedanken als bestimmende Kraft einer neuen Epoche sichtbar werden zu lassen: Hier war
es endlich auch für die deutsche Klassik geleistet. »Die große Epoche
der Freundschaft in der deutschen Geschichte ist zweifellos das Jahrhundert von 1750 bis 1850« schrieb Friedrich Tenbruck. »In jenen
hundert Jahren hat sich eigentlich das verwirklicht, was wir noch
heute meinen, wenn wir emphatisch von Freundschaft reden: die aus
eigenständigen Gefühlen emporwachsende und im anderen die Erfüllung der eigenen Individualität suchende und findende und deshalb auch dem anderen wiederum die Erfüllung seiner Individualität
schenkende persönlich Beziehung.«[79]

Mit Kommerells *Dichter als Führer* brachte George sein Bild der
Goethezeit in gültige Form. »Dir müssen wol mehrmals die ohren geklungen haben«, schrieb er dem Verfasser, nachdem er Wolters das
Manuskript vorgelesen hatte. »Du hast ein neues tor aufgerissen. Was
ist mehr zu verlangen!«[80] Als das Buch Ende Oktober erschien, hielten sich George, Kommerell und Johann Anton, dem das Buch ge-

widmet war, in Berlin auf; von dort fuhr George am 3. Januar nach Kiel. »Der abschied von B[erlin] war nicht leicht«, schrieb er anderntags an Kommerell, aber »nachdem die ersten sehnsüchte etwas stiller wurden – wird sichs auch hier aushalten lassen.« Julius Landmann habe das Buch inzwischen ganz gelesen und sehr gelobt: »es sei nur, den heutigen und vieldeutigen begriff ›Führer‹ ohne weiteres auf geschehnisse der Goethe-Zeit anzuwenden misslich«.[81]

Landmann spürte, dass politische Veränderungen in der Luft lagen. »Wenn in Deutschland der Antisemitismus offiziell wird, schieße ich mir eine Kugel durch den Kopf.«[82] Zur Schwermut neigend, von Krankheit gezeichnet und durch die politischen Ereignisse deprimiert, nahm sich Julius Landmann am 8. November 1931 im Alter von 54 Jahren das Leben.

6

Ende Oktober 1928, zeitgleich mit dem *Dichter als Führer*, erschien Georges letzter Band *Das Neue Reich*. Bondi hätte ihn gern rechtzeitig zum 60. Geburtstag herausgebracht, aber George ließ sich nicht drängen. Veröffentlicht als Band IX innerhalb der seit Herbst 1927 erscheinenden Gesamtausgabe war selbst die Erscheinungsweise unspektakulär. Dabei hatte die Gemeinde doppelt so lang warten müssen wie bei den Bänden zuvor; seit dem *Stern des Bundes* waren immerhin mehr als vierzehn Jahre vergangen. Das Ergebnis lohnte für viele das Warten nicht. Sie dürften ähnlich enttäuscht gewesen sein wie Ernst Glöckner, der nach erster Durchsicht an Bertram schrieb, es handele sich um einen »Sammelband aller Reste, vermehrt um Belangloses«. Dabei habe er doch, »als Du mir den Titel sagtest … ein *ganz* neues Buch erwartet«.[83] Was den Titel anging, dürften nicht alle so enthusiastisch reagiert haben wie der völkisch vergiftete Glöckner. Die Einwände, die Landmann gegen den Begriff »Führer« geltend gemacht hatte, mussten für das »Neue Reich« erst recht gelten. Denn welches Reich war gemeint?

Weil Verwechslungsgefahr bestand, hatte sich der Bondi Verlag
bereits in seinem Frühjahrsprospekt zu der Klarstellung veranlasst
gesehen, die von den *Blättern für die Kunst* seit 1910 als Signet verwendete Swastika habe nichts mit dem in der politischen Arena verwendeten Hakenkreuz zu tun. Es sei nicht einzusehen, dass man ein
»seit vielen Jahren eingeführtes Signum« abschaffe, nur weil es für andere nach dem Krieg einen anderen Sinn angenommen habe. »Wer die
unter diesem Zeichen veröffentlichten Bücher auch nur flüchtig
kennt, dürfte wissen, dass sie mit Politik nichts zu tun haben.«[84] Auch
das *Neue Reich* meinte zweifellos ein Reich jenseits der politischen
Grabenkämpfe. Aber gerade die beiden letzten Veröffentlichungen
unter der Swastika, die Bücher von Kantorowicz und Kommerell,
hatten gezeigt, dass Begriffe wie Reich und Führer unendlich dehn-
bar waren und im Feld des Politischen vielfach Verwendung fanden.
Die Frage, was sich George unter dem »Neuen Reich« dachte, stellt
sich umso dringlicher, als über den Titel erst im letzten Augenblick
entschieden wurde. Im Anhang zu der im Dezember 1927 als Band I
der Gesamtausgabe erschienenen *Fibel* war für 1928 »die neue Ge-
dicht-sammlung« noch ohne Titel angekündigt worden.

Die Parole vom »Neuen Reich« war erstmals in der Schlusszeile
des 1921 erschienenen Gedichts »Der Dichter in Zeiten der Wirren«
aufgetaucht. George beschwor hier die Jugend, auf die er seine Hoffnung gründete: »Ein jung geschlecht das wieder mensch und ding /
Mit echten maassen misst«. Diese Jugend garantiere Deutschlands
Zukunft, denn sie werde eines Tages »Den einzigen der hilft den
Mann« hervorbringen:

> Der sprengt die ketten fegt auf trümmerstätten
> Die ordnung, geisselt die verlaufnen heim
> Ins ewige recht wo grosses wiederum gross ist
> Herr wiederum herr, zucht wiederum zucht, er heftet
> Das wahre sinnbild auf das völkische banner
> Er führt durch sturm und grausige signale
> Des frührots seiner treuen schar zum werk
> Des wachen tags und pflanzt das Neue Reich.[85]

Den Nachgeborenen dürfte es schwerfallen, diese Zeilen *nicht* auf jenen Mann zu projizieren, der im November 1923, zwei Jahre nach ihrer Veröffentlichung, mit einem Putsch sich anschickte, »das völkische banner« aufzurichten. Nicht zufällig gehören sie zu den in den Nachrufen vom Dezember 1933 am häufigsten zitierten Versen, sie fordern zum ideologischen Missbrauch geradezu auf. Unweigerlich stellt sich daher die Frage, inwieweit George einem solchen Missbrauch Vorschub geleistet, ob er ihn möglicherweise sogar kalkuliert hat. Man sollte vorsichtig sein und Georges Position nicht danach beurteilen, wie sie von denjenigen interpretiert wurde, die er sich am wenigsten als seine Leser vorstellen mochte. Andererseits lässt sich aus seinem Diktum vom Frühjahr 1933, die Gesetze des Geistigen und des Politischen seien inkompatibel, kein Freispruch ableiten, im Gegenteil. Die polemische Distanzierung von allem Politischen gehörte ins Repertoire des rechten Irrationalismus und trug dazu bei, den Boden für die braune Saat zu bereiten.

Weil sich die Rechte mit der Neuordnung des Staates nicht anfreunden konnte und der Begriff der Nation in der Niederlage von 1918 jede Aura verloren hatte, wurde Ende der zwanziger Jahre »die Reichsidee zum wesentlichen Inhalt einer neuen politischen Metaphysik, zum Inbegriff tief empfundener und aus der Tiefe kommender Sehnsüchte«.[86] Die Idee eines ewigen deutschen Reiches, die »zu den verschwommensten des nationalen Begriffsarsenals gehörte«, erwies sich als besonders zugkräftig, »weil sich mit ihr am leuchtendsten die Vision einer besseren deutschen Zukunft vor Augen stellen ließ und weil sie gleichzeitig dem starken Bedürfnis nach Anknüpfung an große historische Traditionen entsprach«. Die Reichsidee, resümierte Kurt Sontheimer, sei »die vielleicht wirksamste Antithese gegen den Staat von Weimar« gewesen, der kleinste gemeinsame Nenner, auf den sich die Gegner der Republik im rechten Lager verständigen konnten. Als George im letzten Moment beschloss, den Band *Das Neue Reich* zu nennen, war ihm dieser politische Hintergrund bekannt; auch wenn der Titel möglicherweise auf seine beiden engsten Vertrauten zu dieser Zeit, Kommerell und Anton, zurück-

ging, die gern einem windigen Nationalismus das Wort redeten, lag
die Verantwortung allein bei ihm. Offenbar wollte er sich einmischen
und suchte sein Publikum deshalb genau da, wo der Kampf um die
Zukunft des Reiches – das vorerst noch eine parlametarische Demokratie war! – entschieden wurde.[87]

Um die gleiche Zeit, als George letzte Vorbereitungen zur Publikation traf, begann erstmals jener Begriff seine Suggestivkraft zu ent-
falten, der am Ende das Rennen machte und der zwölfjährigen
Schreckensherrschaft dann auch den Namen gab: Das Dritte Reich.
Geprägt hatte den Begriff, in Anlehnung an ältere Mythen, die auf
Joachim von Fiore zurückreichten, Arthur Moeller van den Bruck in
seinem 1923 erschienenen gleichnamigen Buch. Der Autor verstand
es besser als andere, »das Ressentiment der Massen« zu bedienen, und
Ende der zwanziger Jahre begannen seine Thesen »eine verheerende
Wirkung auszuüben«.[88] Nach dem Untergang des Heiligen Römischen Reichs und dem Ende des Bismarckschen Kaiserreichs sollten
die Deutschen in einem ultimativen Endreich, in dem alle nationalen
Sehnsüchte befriedet, alle sozialen Gegensätze aufgehoben wären, ihre Erfüllung finden. Von Hans Zehrers *Tat*-Kreis über Papens »Her-
renklub« bis zu Otto Strassers »Schwarzer Front« bemühten sich um
1930 alle ultranationalen Gruppen, ihre unmittelbaren politischen
Ziele mit dem Mythos vom Dritten Reich zu verknüpfen. Als im Januar 1933 schließlich diejenigen an die Macht gelangten, die mit
Moellers Visionen bis dahin am wenigsten hatten anfangen können,
hatte das Schlagwort eine solche Eigendynamik entfaltet, dass es wie
von selbst zum Synonym des neuen Staates wurde.

Auch wenn George wusste, dass er weit ins politische Feld hinein
wirkte, hielt er es nicht für nötig, seine Vorstellungen zu präzisieren.
Im Übrigen scheint ihn die Wirkung auf das große Publikum auch
jetzt nicht sonderlich interessiert zu haben. »Er könne immer nur auf
die einzelnen jungen Menschen wirken und müsse es denen überlassen, wie sich die Sache weiter entwickle«, meinte er im Februar 1928
im Gespräch mit Vallentin. Andererseits bestehe jetzt die große Gefahr, dass »die Gedanken der Bewegung nicht in Deutschland zur tat-

haften Wirkung gebracht würden«, sondern das Ausland sie aufgreife, denn »das Ausland wäre unter Umständen in der Lage, besser als
die Deutschen den neuen Typus Mensch zu sehn, den wir schaffen«.
Das sei in der Romantik schon einmal passiert, die ursprünglich ja eine deutsche Bewegung gewesen sei, sich bei uns aber im Literarischen
erschöpft habe, während sie in England und Frankreich dank Byron
und Victor Hugo einen Typus hervorbrachte. »Es käme immer nur
darauf an, dass eine große Täterperson solche Gedanken aufgreife
und sie in die politische Wirksamkeit überführe. In der Richtung sei
vielleicht etwas von Mussolini zu besorgen ... Er glaube, dass die
Wirkung nach außen überhaupt nur durch einen politischen Menschen, einen Täter zustande gebracht werden könne, der eines Tages
die Gedanken der Bewegung politisch zu einem Körper zusammen-
stelle und damit die Nation bewege.«[89]

Zwei Jahre zuvor war George mit Kommerell und Anton nach Italien gereist, um sich selber ein Bild vom faschistischen Neuanfang zu
machen. Sein Urteil über Mussolini fiel zwar ambivalent aus, aber gegen eine ähnliche Entwicklung in Deutschland schien er keine Einwände zu haben. Nur sei zu befürchten, dass die Deutschen den Anschluss verpassten: »Wenn schon die ganze Welt ihre Diktatoren hat,
wird sich Deutschland noch aus Idealismus für die Demokratie schlagen.«[90] Die Verachtung des politischen Systems von Weimar ließ sich
kaum steigern. Von der kompromisslosen Ablehnung der parlamentarischen Demokratie zu ihrer Zerstörung war es nur kleiner Schritt.

Einen unmittelbaren Zusammenhang zwischen »Neuem Reich«
und »Drittem Reich« erkannte als Erster der Landesschulinspektor
für Wien, Oskar Benda. Man dürfe sich von den Georgeschen Parolen
nicht blenden lassen, warnte er 1931. »Welcher Deutsche, welcher
Kulturmensch fühlte nicht den Drang in sich zur Nachfolge hinter
diesen Fahnen als solchen! Aber wo sie zurzeit im Winde wehen,
locken sie auf falsche Bahnen: nicht zu neuem Aufstieg der Mensch-
heitssonne ›Humanitas‹, sondern zu ihrem unwiderruflichen Untergang.« Leider machten sich »gerade demokratische Kreise keine
annähernd richtige Vorstellung von Umfang und Tiefgang der ver-

hängnisvollen Wirkung Georges und seiner Gefolgschaft, ja man ver-
beugt sich gerade hier gern mit betonter Achtung vor ihrem ›Geist‹
und ›Kulturwillen‹«. Am Ende stehe aber nicht der Geist des *Neuen*,
sondern der Ungeist des *Dritten* Reichs, ja, bei genauerem Zusehen
erweise sich der George-Kreis als

> bewusster Schrittmacher des »Dritten Reiches«. George verhält sich zu Hit-
> ler, von den Größenverhältnissen abgesehen, in jeder Hinsicht wie D'An-
> nunzio zu Mussolini ... Der Kreis um George hat aber zum ersten Mal in Eu-
> ropa den Gedanken der modernen Diktatur »vergottet« und »verleibt«. Die
> ganze Ideologie des italienischen Faschismus klingt wie ein Echo der Stim-
> men aus dem heiligen Hain Georges; alle ihre Leitgedanken: die heldische
> »Elite«, die »Hierarchie« und der »korporative Rechtsstaat«, sind hier vor-
> gestaltet, und vorgestaltet ist hier zuvörderst auch die heldische Vision des
> Diktators.[91]

Wer sich mit konkreten Erwartungen und in der Hoffnung auf politische Handlungsanleitungen an die Lektüre des *Neuen Reiches*
machte, konnte den Band nur enttäuscht beiseite legen. »Politisches«
ließ sich, wenn überhaupt, nur im ersten Teil finden. In sechs großen
Gesängen versichert sich George zunächst noch einmal seiner wichtigsten Ahnen und bestimmt zugleich sein Verhältnis zur Gegenwart.
»Goethes letzte Nacht in Italien«, die Hölderlin-Trilogie »Hyperion«
und »An die Kinder des Meeres«, alle drei vor 1914 entstanden, bilden den Auftakt. Es folgen die drei großen Kriegsgedichte: »Der
Krieg« (1917), »Der Dichter in Zeiten der Wirren« (vor 1921) und
»Einem jungen Führer im ersten Weltkrieg« (1919). Richtet sich in
diesen Gedichten, wie Wolters bemerkt hat, der Blick von innen nach
außen, so herrscht in der folgenden Vierergruppe die reine Innen-
schau. Maximin steht am Anfang, nicht mehr in der Vision Goethes,
sondern »leibhaft« schreitend als »das ewige kind«. Den »Winken«
folgen die drei »Gebete«, die letzten Anrufungen Maximins, entstanden während des Krieges; dem »Geheimen Deutschland« steht »Burg
Falkenstein« zur Seite (zwei Erstveröffentlichungen, wohl beide 1922
entstanden). Die abschließende Vierergruppe besteht aus drei älteren
dialogischen Gedichten, in denen der Mensch mit geheimen Mächten
der Natur konfrontiert wird, die er nicht zu ergründen vermag; auch

formal scheinen diese Zwiegespräche unmittelbar aus dem Umfeld des *Siebenten Rings* zu stammen. Mit der szenischen Dichtung »Der Brand des Tempels«, Georges apokalyptischer Deutung des Zusammenbruchs von 1919, schließt der erste Teil, der mehr als die Hälfte des Bandes einnimmt.

Den Mittelteil bilden 51 Widmungsgedichte an vorwiegend jüngere Freunde, unterteilt in 43 »Sprüche an die Lebenden« und acht »Sprüche an die Toten«.[92] Entstanden sind sie über einen Zeitraum von 18 Jahren, zwischen 1910 und 1928: Gelegenheitsgedichte, deren Bedeutung für George wie für die Angesprochenen sich erst aus den jeweiligen biographischen Zusammenhängen voll erschließt. Vergleicht man die »Sprüche« mit den »Preisgedichten auf einige junge Männer und Frauen dieser Zeit« von 1894 oder mit den »Überschriften und Widmungen« im *Jahr der Seele*, wird die Wegstrecke deutlich, die George zurückgelegt hat. Lag der Reiz der frühen Porträts in dem Versuch, die jeweilige Persönlichkeit möglichst umfassend abzubilden und notfalls durch Verfremdungen zu heroisieren, so zielte George jetzt auf eine möglichst einfache, schmucklose Wiedergabe, bei der es ihm vor allem darauf ankam, Nähe und Verbundenheit mit dem Bewidmeten zu bekunden. Es handelt sich um minimalistische Gedichte, sinnliche, kleine Gebilde im Stil antiker Epigramme, reduziert auf winzige Gesten. Im scheinbar Profanen und Nebensächlichen beschwören sie die Einmaligkeit der Freundschaft und enthüllen zugleich deren Gesetzmäßigkeit. George las den Bewidmeten die für sie bestimmten »Sprüche« manchmal vor und schenkte ihnen gelegentlich auch Abschriften. Am Ende ging es ihm aber, wie schon in den Gedichten des *Stern des Bundes*, die in den »Sprüchen« formal und inhaltlich fortgesetzt wurden, um die Schaffung des Typus.

Höhepunkte nicht nur des letzten Bandes, sondern des Georgeschen Schaffens insgesamt finden sich in der letzten Abteilung *Lieder*. Sechs der zwölf Gedichte hatten bereits 1919 in der Elften und Zwölften Folge der *Blätter für die Kunst* gestanden, vier waren neu. Eines der letzten, entstanden wohl im Frühjahr 1928, spricht von jenem Moment, in dem ein Mensch plötzlich vom Blick eines anderen bis ins Mark erschüttert wird. Auch ein älterer Mensch, der schon lange seinen Frieden mit der Welt gemacht hat, kann in einem solchen Augenblick noch einmal von einem tiefen Schauer erfasst werden:

> In stillste ruh
> Besonnenen tags
> Bricht jäh ein blick
> Der unerahnten schrecks
> Die sichre seele stört
>
> So wie auf höhn
> Der feste stamm
> Stolz reglos ragt
> Und dann noch spät ein sturm
> Ihn bis zum boden beugt:
>
> So wie das meer
> Mit gellem laut
> Mit wildem prall
> Noch einmal in die lang
> Verlassne muschel stösst.[93]

Über den letzten Liedern konnte die Frage nach der Bedeutung des Neuen Reiches schnell verblassen. Fast scheint es, als sollten die martialischen Prophezeiungen, die den Band durchziehen, am Ende durch die Schlichtheit einfacher Verse aufgehoben und für unwirksam erklärt werden. Der Seher kehrt zu seinen Anfängen zurück und wird wieder Dichter. Schon das letzte der großen Gedichte, »Geheimes Deutschland«, schlug einen anderen Ton an als das apokalyptische Kriegsgedicht oder die Heldenvisionen von 1918/19. »Geheimes Deutschland« feierte nicht mehr »Die Hehren, die Helden!«, die 1919 noch auferstehen und das Heer der Kriegstoten auf die Walstatt zurückführen, sondern »die Opferbereiten, die sterben für ihren Traum«.[94]

Als gemeinsamer Grundzug der *Lieder* schließlich erscheint die Geste des Verzichts. In dem bekannten »Lied« vom Knecht, der »hinaus zum wald« fährt und erst nach Jahren zurückkehrt, als niemand ihn mehr erkennt, hat George zum ersten Mal den Ton des Volkslieds angeschlagen: »Nur kinder horchten seinem lied / Und sassen oft zur

seit .. / Sie sangen's als er lang schon tot / Bis in die spätste zeit.«
Auch das »Seelied«, das Selbstgespräch einer einsamen alten Frau, die
im letzten Haus vor den Dünen wohnt und deren ganze Freude darin besteht, dass einmal am Tag ein blondes Kind erscheint, endet in
einem fast schon zur Gewissheit gewordenen Umsonst: »Was hat
mein ganzer tag gefrommt / Wenn heut das blonde kind nicht
kommt.« Sogar »Das Wort« selbst hüllt sich am Ende in Schweigen:
»So lernt ich traurig den verzicht: / Kein ding sei wo das wort ge-
bricht.«[95]

Die Gedichte am Ende des *Neuen Reichs* zeigen einen George, den
zeit seines Lebens nur wenige sahen. Wer den Band heute aufschlägt,
sucht die Antwort auf die Frage, was mit dem Neuen Reich gemeint
gewesen sein könnte, lieber hier als auf den vorderen Seiten. »Der nationale Gehalt des Buches wird voraussichtlich, der vielfachen Deutung halber, die er zulässt, sehr verschieden ausgemünzt werden«,
schrieb ein Schweizer Rezensent und empfahl umso nachdrücklicher,
sich dem dichterischen Gehalt zuzuwenden, insbesondere den *Liedern*.[96] Die Mahnung gilt heute erst recht. Ohne die *Lieder* wäre das
Georgesche Werk unvollkommen. Und angesichts der ideologischen
Verheerungen, zu denen es partiell beigetragen hat, möglicherweise
nur noch von historischem und philologischem Interesse – gäbe es
auf den letzten Seiten nicht Gedichte wie dieses:

> Horch was die dumpfe erde spricht:
> Du frei wie vogel oder fisch –
> Worin du hängst, das weisst du nicht.
>
> Vielleicht entdeckt ein spätrer mund:
> Du sassest mit an unsrem tisch
> Du zehrtest mit von unsrem pfund.
>
> Dir kam ein schön und neu gesicht
> Doch zeit ward alt, heut lebt kein mann
> Ob er je kommt das weisst du nicht
>
> Der dies gesicht noch sehen kann.[97]

5 Exodus

Anfang November 1928 traf sich der Freundeskreis in Thormaehlens Atelier zu seiner letzten großen Lesung. Äußerer Anlass war das Erscheinen des *Neuen Reiches*. Die Zusammensetzung der Runde ließ erkennen, wie sehr sich der Kreis seit dem Heidelberger Pfingsttreffen 1919 verändert hatte. Außer Morwitz und Thormaehlen, die als Einzige auch an der Vorkriegslesung 1913 in München teilgenommen hatten, waren nur Albrecht von Blumenthal und Erich Boehringer erneut dabei, außerdem der 1919 verhinderte Bernhard von Schweinitz. Die Übrigen nahmen zum ersten Mal an einer so großen Lesung teil: Kommerell und die Brüder Anton sowie die Brüder Stauffenberg mit ihrem Schulkameraden Frank Mehnert. Der Freund von Berthold und Claus, den George vier Jahre zuvor als 15-Jährigen erstmals zu Gesicht bekommen hatte und der zum engsten Gefährten seines letzten Lebensabschnitts werden sollte, saß – ein Zeichen besonderer Gunst – während der Lesung neben ihm. Auch Morwitz hatte zwei Neophyten mitgebracht, an deren Entwicklung George seit einiger Zeit regen Anteil nahm: den 21-jährigen Silvio Markees und den 16-jährigen Bernhard von Bothmer.

Obwohl sein Verhältnis zu George wegen der Rivalität mit Kommerell seit geraumer Zeit schwer belastet war und seine beiden Zöglinge eine Minderheit stellten, durfte Morwitz als der älteste Vertraute die Lesung eröffnen. Er las die drei großen Anfangsgedichte »Goethes lezte Nacht in Italien«, »Hyperion I – III« und »An die Kinder des Meeres«. Jeder wusste, dass mit dem ersten der »Kinder des Meeres« Woldemar von Uxkull gemeint und »der Nächste Liebste« in Zeile 7 niemand anderes als Morwitz selbst war. Der Vortrag dieser Gedichte durch Morwitz unterstrich die Sonderstellung, die ihm auch jetzt noch zukam. Nach Lesung der beiden Kriegsgedichte »Der Dichter in Zeiten der Wirren« und »Einem jungen Führer im Ersten Weltkrieg« durch Erich Boehringer las George selbst; zunächst »Die Winke«, in denen Maximin noch einmal als Anfang und Ende der Georgeschen Gründung gefeiert wurde – »Sterben gern seit wir dein licht gesehn« –, anschließend »Burg Falkenstein« mit der Widmung »an Ernst« und zum Schluss »Geheimes Deutschland«. Alexander Zschokke, der das Privileg erworben hatte, dabei zu sein und Skizzen zu machen, ohne mitzulesen, erinnerte sich:

> Seine Stimme war dunkel und tief erregt. Die Worte standen wie Steinblöcke gereiht im Raum. Der Sinn der Gedichte lag offen und wie ein heller Tag, und das Gesicht des Dichters war gespannt und verletzbar wie eine Glaskugel. Gab es da wirklich einen, der die Zeichen nicht verstand? Aber die beiden Gegner [Morwitz und Kommerell] hatten auch ihre Geschichte, und das Schicksal griff unerbittlich zu. Die letzte beschwörende Zuflucht an das Verwandelnde, das dem Kunstwerk innewohnt ... hat versagt. In der Erinnerung aber bleibt mir die Stimme und das Gesicht eines Menschen, der versuchte, seinen Genius anzurufen und einmal noch um seine Hilfe zu flehen.[1]

Anders als beim Heidelberger Treffen 1919, als der sich abzeichnende Konflikt zwischen George und Gundolf nur den Beteiligten selbst bewusst gewesen war, dürfte diesmal keinem in der Runde verborgen geblieben sein, dass die Spannungen zwischen Morwitz und Kommerell ein bedrohliches Ausmaß angenommen hatten und sich höchst nachteilig auf den Geist des Ganzen auszuwirken begannen. Hätte es sich um ein bloßes Eifersuchtsdrama zwischen dem früheren und dem aktuellen Geliebten gehandelt, wäre die Sache für George schnell entschieden gewesen. Aber zum einen verließ er sich in wichtigen, zumal juristischen Fragen nach wie vor auf das Urteil von Morwitz, obwohl man bei ihm ja nie wisse, »aus welchem Grunde er lobe oder tadle«.[2] Zum anderen scheint er geahnt zu haben, dass »der Nächste Liebste« mit seiner geradezu physischen Abneigung gegen Kommerell möglicherweise recht behalten könnte. Morwitz irritierte nicht nur der brennende Ehrgeiz von Kommerell, dem er von Anfang an unterstellte, er habe Georges Nähe nur gesucht, um Karriere zu machen. Anders als George, der vor solchen Wahrheiten gern die Augen verschloss, sah er auch den Tag voraus, an dem »das Kleinste« erwachsen werden und sich abnabeln würde. Sein Aufbegehren gegen das kreisinterne Reglement war nach Meinung von Morwitz nur eine Frage der Zeit.

Kommerell hat den Beginn seiner Distanzierung von George auf den Herbst 1928 datiert. An den unmittelbaren Anlass, der dazu führte, dass er über ihr Verhältnis erstmals grundsätzlich nachdachte, konnte er sich später zwar nicht mehr erinnern. Als er zwei Jahre später die Geschichte seiner Trennung von George aufzeichnete, wusste er jedoch gut die Stimmung zu umschreiben, die ihn damals erfasste. »Das ganze Umeinanderleben wie es sich herausgebildet hatte, beruhte auf einer so vollständigen Aufgabe des persönlichen Selbstgefühles, wie ich sie höchstens für einen Jüngling, niemals für einen Mann angemessen und erträglich finden kann.«[3] Kommerell war zu diesem Zeitpunkt 26 Jahre alt. Bei der Lesung zur Feier des *Neuen Reiches* habe er sich, obwohl »schier unerträgliche Monate voraufgegangen waren, noch einmal beschieden, um ein unschätzbares Ganzes menschlicher Beziehungen und Werte nicht zu gefährden«. Es habe sich dabei allerdings nur um einen Aufschub gehandelt, denn nachdem er einmal erkannt habe, »daß eine höhere Altersstufe dergleichen von selbst ausschließe«, sei der Bruch unausweichlich geworden.

Der Prozess der Ablösung erstreckte sich über zwei Jahre. Gleichsam im Zeitraffer erlebte George noch einmal, was er Jahre zuvor mit Gundolf durchgemacht hatte. Allerdings war Kommerell, nachdem er einmal den Entschluss gefasst hatte, sich zu trennen, deutlich konsequenter als dieser. George selbst bemühte sich zwar eine Zeitlang, ihn zu halten, und fand sich zu einer Reihe von Zugeständnissen bereit; insgesamt aber legte er eine merkwürdige Indifferenz an den Tag. Offenbar fehlte ihm die Kraft, den Kampf, den er mit Gundolf geführt hatte, noch einmal zu kämpfen, und so begann er sich in das Unvermeidliche zu fügen. »Wer je ging in deiner mitte / Wie ist möglich dass er weicht?«, hatte er in einem seiner letzten Gedichte »Zweifel der Jünger« im Winter 1927/28 möglicherweise mit Bezug auf

Gundolf gefragt. Die Antwort, die er gab, galt von da an für alle, die sich davonmachten – einschließlich Kommerell: »Manche sind die zeitlang dienen / Krankes blut schafft den verrat.«[4]

Im November 1929 reiste Kommerell verstört aus dem gemeinsamen Quartier in Berlin-Schlachtensee ab. Obwohl auch diesmal »das Einvernehmen der Form nach gewahrt blieb«, seien »über die veränderte Lage kaum Zweifel« möglich gewesen.[5] Kommerell fuhr zu seiner Schwester nach Cannstatt, wo er bis Anfang Mai seine Habilitationsschrift über Stabreime im deutschen Heldenlied fertigstellte; George verbrachte, von einem dreiwöchigen Besuch bei Landmanns in Kiel abgesehen, den ganzen Winter in Berlin. Anfang März reiste Johann Anton nach München, wo er das alljährliche Osterquartier vorbereiten sollte. Im März 1926 hatte er in Solln, am Rand von München eine schöne große Wohnung entdeckt, die ein Zusammenleben zu dritt ermöglichte; die Terlaner Straße 8 (heute Frans-Hals-Straße) diente George und vielen Freunden bis 1930 immer wieder zu längerem Aufenthalt, meist während der Osterzeit.[6] Anton fuhr über Cannstatt, wo ihm Kommerell eröffnete, dass er sich außer Stande sehe, mit George noch einmal unter einem Dach zu wohnen: »Wand an Wand zu nächtigen und zusammenzuleben schien mir meiner unwürdig.«[7] Weil Anton auf ein Einlenken Kommerells hoffte und George nicht beunruhigen wollte, war dieser höchst erstaunt, bei seinem Eintreffen in München »das Kleinste« nicht anzutreffen. »Die erste frage D[es] M[eister]s war, ob ich dich mitgebracht habe«, schrieb Anton wenige Tage später:

> Oft, bei der Verwunderung wie alles so dem früheren gliche, wird bemerkt
> – das leere bett und ich habe mühe –, heiter zu bleiben. Ich schilderte, dass
> ich dir riet, arbeit und Gesundheit fördernd erst nach Ostern wiederzuer-
> scheinen. D[er] M[eister] »versteht meine Diplomatie nicht ganz« – geht
> aber auf sie ein. Deinen brief übergab ich nicht. Dein Platz wird völlig frei-
> gehalten – es hängt nur an dir. »Warum kommt (hieß es heute) das Kind
> nicht auf einen Tag herüber und sieht sich alles an?«[8]

Johann Anton war der eigentlich Leidtragende, das Opfer des Bruchs. »Ich war auf mancherlei Tragik in meinem Leben gefasst«, schrieb er wenig später an Kommerell, »aber nicht, dass sie von dieser Seite käme.«[9] Um nichts unversucht zu lassen und den Freund doch noch zurückzuholen, beantragte er beim Auswärtigen Amt Urlaubsverlängerung und fuhr Mitte Mai mit Kommerell für einige Tage nach Freiburg. Sie unternahmen lange Wanderungen und tranken viel Kaiserstühler und Glottertäler, aber beim Abschied war klar, dass es nur die Wahl gab »zwischen gänzlicher Umkehr oder Untergang«.[10]

Im Juni 1930 wurde in Gesprächen zwischen George, Robert Boehringer und Johann Anton der Plan einer Stiftung diskutiert, die das literarische Erbe des Dichters über seinen Tod hinaus verwalten sollte. Morwitz hatte in Abstimmung mit Julius Landmann Mitte der zwanziger Jahre erstmals entsprechende Vorschläge unterbreitet. »Die Stiftung ist nötig«, hatte er George am 1. November 1926 geschrieben, »um die Urheberrechte von Deiner Person zu trennen, so dass sie bei Tod verselbständigt sind und nicht auf die Erben übergehen.«[11] Diese rechtliche Konstruktion biete zahlreiche, nicht zuletzt auch materielle Vorteile. Es war kein Zufall, dass George den Stiftungsplan gerade jetzt aus der Schublade holte. Von Morwitz, den George im Verlagsvertrag mit Bondi 1927 zu seinem potentiellen literarischen Verwalter bestimmt hatte,[12] war jetzt nicht mehr die Rede. Stattdessen sollte der Stiftungsrat aus dem Triumvirat Boehringer, Anton und Kommerell bestehen. Anton teilte dem Freund die Neuigkeiten mit, als handele es sich um einen großen persönlichen Sieg: Morwitz sei »nunmehr ausgeschaltet« und gegenüber Boehringer hätten sie fortan »die absolute Mehrheit«.[13] George scheint geglaubt zu haben, Kommerell auf diese Weise wieder fester einbinden zu können, und Anton, der ihn über Kommerells wahren Zustand auch jetzt noch im Unklaren ließ, bestärkte ihn darin. Die Rechnung ging jedoch nicht auf. Als Kommerell den Brief am Morgen des 17. Juni erhielt, schrieb er postwendend an George, dass er nicht zur Verfügung stehe: Er halte es »für ein Gebot der Aufrichtigkeit … auszusprechen, dass ich nicht mehr derselbe bin«.[14]

Vier Wochen später trafen sich George und Kommerell in Königstein zu einer Aussprache. Es war ihre letzte Zusammenkunft.

George räumte Kommerell wegen des Stiftungsrates Bedenkzeit ein und legte auch sonst eine ungewohnte Langmut an den Tag. Erst als Kommerell am 5. August schriftlich bestätigte, nicht in den Stiftungsrat eintreten zu wollen, scheint George das Ausmaß der Katastrophe in vollem Umfang begriffen zu haben. Er wurde krank und fühlte sich drei Wochen elend; dann begannen die üblichen Disziplinierungsbemühungen. Das Szenario sah vor, dass ein wohl bereits seit längerem bestehender Wunsch Claus von Stauffenbergs nach einem Besuch Kommerells in Bamberg dazu genutzt werden sollte, Kommerell zu zwingen, sich zuvor mit George in Berlin zu treffen. »Am besten scheint uns«, schrieb Johann Anton Ende September beiläufig, als handele es sich um eine Reiseempfehlung, »du löst ein Rund-Reise-Billet Stu[ttgart]-Berl[in]-Bamb[erg]-Fra[nkfurt]«.¹⁵ Als Kommerell ablehnte, wurde Anton deutlicher. »Dein Besuch bei Cl[aus] ist ohne Erscheinen hier nicht möglich.« Der Meister wundere sich doch sehr, dass Kommerell offenbar glaube, »eines meiden das andere beibehalten zu können«.¹⁶

Als Kommerell den Brief erhielt, war ihm klar, was die Stunde geschlagen hatte. Noch am selben Tag begann er die Ereignisse der letzten zwei Jahre unter der Überschrift »Ein Wendepunkt in meinen freundschaftlichen Beziehungen« zu rekonstruieren. Auf Mahnungen Ludwig Thormaehlens oder Frank Mehnerts, die ihn im Auftrag Georges aufforderten, zur Vernunft zu kommen, reagierte er mit Spott und Bitternis. »Wenn ein Jüngerer Freund meiner Lage die er kaum ahnen kann einen rein dogmatischen Satz von rettungslosem Verhalten gegenüberhält (gewissermaßen als der Rechtgläubige dem Verblendeten), so wirkt dies auf mich als falsche Prätension.«¹⁷ Er verbitte sich solche Einmischungen, schrieb er in einem offenbar nicht abgeschickten Brief an George: »Ich verantworte mein Tun und Lassen selbst und stelle mir selbst meine Aufgaben.«¹⁸ Innerhalb weniger Wochen wurden fast alle Verbindungen gekappt. Der Einzige, an dem Kommerell festhielt und auf dessen Freundschaft er zählte, war Johann Anton.

Mitte August verbrachten die Freunde ein paar Ferientage in Langenburg an der Jagst. Von den Belastungen, die das Zusammensein mit sich bringe, wolle er besser schweigen, schrieb Anton an George. Er könne das alles nicht zu Ende denken, ohne den Boden unter den Füßen zu verlieren. Anton war in einer prekären Situation. Auch für ihn galt, dass er das eine nicht haben konnte, ohne das andere aufzugeben. An dem unauflösbaren Widerspruch zwischen den Forderungen des Staates und dem Festhalten an seiner Freundschaft mit Kommerell ist er schließlich zerbrochen. »Ich stelle es mir unter *dem* Bild vor«, schrieb er dem Freund Ende November: »wir reiten irgendwo an dir vorüber – und du fragst dich nur ›die habe ich doch einmal gekannt? Warum bin ich nicht dabei?‹«[19]

Eine Woche später trafen sie sich in Frankfurt, wo Kommerell inzwischen seine Lehrtätigkeit als Privatdozent aufgenommen hatte. Ein Gespräch war nicht mehr möglich. »Deine Art der Discussion ist grob, plump und hart«, erregte sich Kommerell hinterher. »Das *bloß noch* Machtmäßige ihrer Argumente« zeuge von einer erschreckenden Dürftigkeit, die nur den Schluss zulasse, dass der Freund seinen einst so beweglichen Geist »in das Geschirr einer pfäffischen Orthodoxie« geschnallt habe. »Bist du denn behext oder was? Ich kenne Dich nicht wieder.«[20]

Zu Weihnachten schlug Kommerell versöhnlichere Töne an. Ob sie sich Mitte Januar nicht in ihrem geliebten Freiburg wiedersehen könnten, er halte dort einen Vortrag. Anton, der über die Feiertage mit George in Solln war, lehnte ein Wiedersehen ab. Nach ein paar Tagen Skifahren in Tirol kehrte er Mitte Januar mit George nach Berlin zurück. Vier Wochen später besuchte er seine Eltern in Halle. Von dort schickte er am 17. Februar 1931 an das Ehepaar Grosse in Berlin, bei denen er wohnte und an deren Firma »Denkspiel-Vertrieb Grosse u. Co.« er sich nach Ausbezahlung seines Erbes zur Hälfte beteiligt hatte, einige testamentarische Verfügungen. Am nächsten Tag unterrichtete er George, dass sich seine Rückkehr nach Berlin verschieben werde. Dann fuhr er nach Freiburg. Von dort teilte er George am 22. mit, er werde voraussichtlich Mittwoch, den 25. Februar, wieder in Berlin sein.

Der Mittwoch war Kommerells 29. Geburtstag. Am Morgen telegraphierte Anton ans Auswärtige Amt, dass er an der für den nächsten Tag angesetzten mündlichen Prüfung nicht teilnehmen und stattdessen demnächst ein Gesuch um Entlassung aus dem Dienst einreichen werde. Danach fuhr er hinauf auf den Schauinsland und schrieb einen langen Brief an den Freund: »Was du auch immer hörst – denke dass ich schon im Gleiten war als alles geschah.«[21] Am Abend kehrte er in sein Freiburger Hotel zurück, das gleiche, in dem er und Kommerell bei ihrem letzten glücklichen Zusammensein im Mai gewohnt hatten. »Denke keinen Augenblick, dass ich dir recht gebe«, hieß es im Abschiedsbrief. »Ich verstehe es nur nicht.«

Am nächsten Tag wurde Johann Anton bewusstlos in seinem Zimmer aufgefunden; im Krankenhaus diagnostizierte man eine schwere Vergiftung durch Schlafmittel. Am 27. Februar starb er. An der Beisetzung drei Tage später nahm neben den engsten Familienangehörigen nur Max Kommerell teil. »Im Grund trifft mein innerster Vorwurf die Regie, die dies gutheißt«, hatte er in seinem bitteren Brief Anfang Dezember über die sektiererischen Tendenzen des Kreises geschrieben.[22] Bei niemand anderem als bei George dürfte er auch die Verantwortung gesucht haben, als er am Montagnachmittag in Freiburg am offenen Grab des Freundes stand.

George im fernen Berlin ging bei der Todesnachricht ruhelos, gleichmäßigen Schrittes und doch wie rasend in Thormaehlens Atelier auf und ab – »der Anblick war furchterregend«. Und immer wieder murmelte er vor sich hin: »Wie konnte das geschehen, wie durfte das geschehen.«[23]

2

Seinen 60. Geburtstag am 12. Juli 1928 hatte George am Thuner See verbracht. Bis Mitte August war er dort mit Robert von Steiger zusammen gewesen, den er über Wilhelm Stein kennengelernt hatte und der wie dieser aus Bern stammte. »Bern hat jetzt so viel Einwohner wie Athen zur Zeit des Perikles«, meinte Stein etwas pathetisch bei einem gemeinsamen Gang durch die Altstadt. »So viel hatte wohl auch Chemnitz im Jahre 1860«, konterte George amüsiert.[24] Wenn seine Freunde allzu sehr ins Schwärmen gerieten, ließ er sie gern hart in der Wirklichkeit ankommen. Dabei überkam ihn im Kreis der Jungen und Jüngsten jetzt selber manchmal eine gewisse Rührung. Als Stein und der schwarze Robert – »Robert der Teufel, wie der Meister ihn öfters nannte« – zum ersten Mal nach Solln kamen, wo sich bereits Morwitz, Thormaehlen, Kommerell, der junge Mehnert und andere versammelt hatten, zog er Stein ins Nebenzimmer und flüsterte ihm zu: »Wie die da drüben sich so zueinander verhalten, das ist das einzige, was uns noch interessiert.«

»Der Jubilar scheint unauffindbar«, schrieb Franz Dülberg am Vorabend von Georges 60. Geburtstag in der der *B. Z. am Mittag*, der »schnellsten Zeitung der Welt« (Eigenwerbung). »Aber nichts würde hindern, dass er auf weißem Zelter durch das Brandenburger Tor einzöge.«[25] Es gebe in der Literatur der Gegenwart »keinen zweiten Fall von Anonymität bei Weltberühmtheit, der sich hiermit vergleichen ließe«, wunderte sich Ludwig Marcuse in der Morgenausgabe der *Kölnischen Zeitung*.[26] Bei aller Wertschätzung, die sie seinem Werk und seiner Person an diesem Tag bekundeten, waren sich die meisten Autoren unter dem Strich allerdings einig, dass »die Zeit seiner äußerlichen Wirkung abgelaufen« sei.[27] George habe endgültig seinen Platz »in der Reihe der Ungelesenen« gefunden und stehe dort neben Dichtern wie Opitz, Klopstock oder Platen, »die, wenn überhaupt dann nur durch die Macht der Unterrichtsministerialverordnungen gelesen werden«.[28] Er wage die Prognose, schrieb Willy Hellpach in der *Literarischen Welt,* »dass dieser Poet und Lebensformer von der Nachwelt nur die Bewunderung einer sehr aparten Kuriosität empfangen wird«. Am Ende seines Beitrags wollte er es aber doch nicht versäumen, sich vor George zu verneigen an dem Tag, »da er in das Lebensjahrzehnt der Vollendung eintritt, die er vielleicht tragischerweise früher gesucht hat, als sie zu finden dem Menschen erlaubt ist«.[29]

Die *Literarische Welt* hatte unter Schriftstellern und Intellektuellen eine Umfrage veranstaltet, welche Rolle George in ihrer Entwicklung gespielt habe. Man bat um eine kurze autobiographische Stellungnahme. Der erste Beitrag war zugleich der intimste, er kam von Walter Benjamin, der 1921 vorübergehend am Heidelberger Schlossberg gelebt hatte:

> Stunden waren mir nicht zu viel, im Schlosspark zu Heidelberg, lesend, auf einer Bank, den Augenblick zu erwarten, da er vorbeikommen sollte ... Auch habe ich ihn dann und wann im Hof des Schlosses auf einer Bank sitzen gefunden. Doch das war alles zu einer Zeit, da die entscheidende Erschütterung seines Werkes mich längst erreicht hatte ... Wenn es das Vorrecht und das unnennbare Glück der Jugend ist, in Versen sich legitimieren, streitend und liebend sich auf Verse berufen zu dürfen, so verdankten wir, dass wir dieses erfuhren, den drei Büchern Georges, deren Herzstück das *Jahr der Seele* ist ... Diese Gedichte aber vergleiche ich im Massiv des Deutschtums jenen Spalten, die nach der Sage nur alle tausend Jahre sich auftun und einen Blick ins innere Gold des Berges gewähren.[30]

Bertolt Brecht antwortete demonstrativ herablassend; falls der Herausgeber der *Literarischen Welt* sich »an die richtigen Leute gewendet« habe, werde er feststellen, dass Georges Einfluss »ganz unbedeutend ist«. Die Abneigung saß tief: »Die Säule, die sich dieser Heilige ausgesucht hat, ist mit zuviel Schlauheit ausgesucht, sie steht an einer zu volkreichen Stelle, sie bietet einen zu malerischen Anblick.« So entschieden die Ablehnung des Dreißigjährigen, der sechs Wochen später mit der *Dreigroschenoper* einen der größten Theatererfolge des 20. Jahrhunderts landete, so eindeutig das Bekenntnis von Stefan Zweig, dem mit Abstand meistgelesenen unter den Befragten: »Für keinen deutschen Lyriker deutscher Gegenwart habe ich unbedingtere Bewunderung als für Stefan Georges lapidare Gestalt.« Der Jubilar am Thuner See wurde auf dem Laufenden gehalten. In der *Literarischen Welt* werde ein »Plebiscit« über den Meister veranstaltet, schrieb ihm einer der Freunde am Vorabend seines Geburtstages, das bedeute, »alle Juden werden um ihren Sinapis [Senf] gebeten«.[31] Er werde sämtliche Artikel, deren er habhaft werde, an Wolters schicken.

3

Nach seinem Umzug nach Kiel zum Wintersemester 1924/25 hatte
sich Friedrich Wolters mit neuem Schwung an die George-Biographie gemacht. Die ersten Gespräche zu einem solchen Buch lagen
immerhin 16 Jahre zurück; am Vorabend des Krieges war sein Erscheinen zum ersten Mal angekündigt worden, seit 1920 bestand eine
vertragliche Option mit Bondi. Mehrfach hatte George gemahnt,
Wolters solle seine Zeit nicht mit unnützen publizistischen Aktivitäten vertrödeln und die Sache nicht länger schleifen lassen, sonst werde er die Aufgabe einem anderen übertragen. Seit 1925 war George
alljährlich für einige Wochen im Herbst nach Kiel gefahren, um das
Projekt in Gesprächen mit Wolters voranzutreiben; 1926 hatten sie
gemeinsam sämtliche Folgen der *Blätter für die Kunst* von der ersten
bis zur letzten Seite gelesen, 1927/28 hatte Wolters eigens ein Frei-
semester genommen.

Das Ergebnis, ein 600-Seiten-Werk, erschien Anfang November 1929 unter dem Titel *Stefan George und die Blätter für die
Kunst. Deutsche Geistesgeschichte seit 1890*. Die Wirkung war
verheerend. »Die letzte Anstrengung dieses Wälzers war nötig, um
urbi et orbi nicht Georges Bedeutung, aber die Unbedeutung seiner
entmannten Gefolgschaft zu zeigen«, schrieb Franz Blei. »Nach
diesem Buche bleibt nichts mehr zu sagen und zu melden. Es ist
eine zweipfündige Grabschrift auf ein Scheingelebtes.«[32] Es sei
schon erstaunlich, wunderte sich die Herausgeberin der *Tatwelt*,
Irene Eucken, dass nicht einmal »die offenbare Blindheit der Gefolgschaft … den Meister im Glauben an seine Berufung« habe erschüttern können:

> Wie er überhaupt im Gegensatz zu wohl allen wahrhaft großen Männern,
> von denen wir wissen, niemals auch nur eine einzige Stunde des Selbst-
> zweifels gekannt zu haben scheint. Der Grund liegt auf der Hand. Die
> Macht seiner Magie ist ebenso groß wie die Zahl der ihn wirklich interessie-
> renden Probleme gering. So kann sich in seinem Bewusstsein kein Missver-
> hältnis zwischen Kraft und Aufgabe herstellen. Und je stärkere Erfolge seine
> Magie aufweist, desto mehr wirkt sie auf ihn selbst zurück, desto mehr er-

liegt er ihr schließlich selbst. So sehen wir ihn – gebannt von der dunklen Dämonie seines eignen Wesens – in unerschütterlicher Sicherheit seinen Weg vollenden.[33]

Nichts anderes sollte durch das Buch von Wolters gezeigt werden: die Lebensbahn eines Mannes, der konsequent seiner Berufung gefolgt war und unbeirrbar an seinem Jugendtraum festgehalten hatte. Indem er den großen intellektuellen Versuchungen der Epoche widerstanden und ihrem Sowohl-als-auch ein aus antiker Religiosität erwachsenes, sinnstiftendes Erweckungserlebnis entgegengesetzt habe, sei George zum Hoffnungsträger einer neuen deutschen Jugend geworden: Das war, in einem Satz, der Inhalt. Die heilsgeschichtliche Dimension des Ganzen war selbst für engere Freunde Georges nur schwer erträglich, und auch das völkische, unterschwellig antisemitische Pathos befremdete viele. George, der die Schwächen des Textes kannte, segnete ihn dennoch ab. Bevor sich später andere über seine Biographie hermachen würden, wollte er *seine* Sicht der Dinge darlegen und dafür sorgen, »dass die Akzente und Gewichte richtig verteilt würden«.[34] Wenn er genügend Wein hätte und ihm jemand gegenübersäße, der ihn inspirierte, hatte George in der Hochphase der Vorarbeiten geäußert, dann könnte er sich sogar vorstellen, Memoiren zu diktieren.[35]

Es empfiehlt sich, das Monstrum schichtweise zu sezieren. Die *Blätter*-Geschichte ist autorisierte Biographie, Kampfschrift und Schutzschrift in einem. Seine Hauptaufgabe, die Historisierung der frühen Jahre, hat Wolters bravourös gemeistert. Er machte die Vita passend zum Werk und erzählte Georges Leben entlang den einzelnen Folgen der *Blätter*. In diesem Teil der Darstellung, der bis zur Kosmikerkrise reicht und etwa die Hälfte des Bandes umfasst, dominiert Georges Sicht der Dinge; er war Wolters' wichtigster Gewährsmann, er entschied, welche Dokumente verwendet, welche Zeugen befragt werden durften. Und wenn der Biograph allzu nachsichtig war mit den Gegnern und Freunden von einst, ersetzte George die Formulierung durch eine schärfere. Fünfzig Jahre später erinnerte sich Roland Hampe, der Sohn des Heidelberger Historikers, der da-

mals in Kiel studierte und von Wolters gebeten worden war, Fahnen
zu lesen, an den Sommer 1929:

> Auf der hinteren, dem Garten zugewandten Glasveranda tranken Wolters
> und George Tee. Dabei trug Wolters jeweils eine Partie vor, und George
> machte seine Bemerkungen dazu. Ich saß öfters auf der vorderen, der
> Straße zugewandten Veranda und las Korrekturen. Wolters kam gelegent-
> lich, um etwas zu holen oder Korrekturfahnen zu bringen, und sprach ein
> paar Worte mit mir. Man spürte ihm an, wie anstrengend es für ihn war, sich
> Tag für Tag und mit großer Intensität mit dem Genius auseinanderzusetzen
> und ihm notfalls Widerpart zu geben und die eigene Position zu behaupten.
> Nicht immer ist ihm das gelungen. Man hat Wolters wegen einiger scharfer
> Formulierungen in seinem Buche kritisiert. Aber ich kann bezeugen, dass
> diese zum Teil nicht von Wolters, sondern von George selber stammen.[36]

Max Kommerell, der die Entstehung aus nächster Nähe mitverfolgt
hatte und auch in Kiel meist dabei war, überkam bei der Lektüre ein
»Frösteln der Scham«; sein Widerstand gegen »dies bei aller gewaltigen Leistung im Einzelnen für mich doch furchtbare Buch« bestärkte ihn in den Auseinandersetzungen mit George und Anton und trug
zur gegenseitigen Entfremdung erheblich bei.[37] Noch radikaler in seiner Ablehnung war Gundolf, dem diese Art Propaganda »zu sehr wider die Natur und wider den Geist« ging; wo man hinschaue, wim-
mele es »von knalligen Unwahrheiten«.[38] Leider werde er überall auf
»das heillos schlechte, durch und durch verlogene Buch« angesprochen; dann mache er deutlich, dass er »mit dem Woltersschen Schran-
zen- und Pfaffentum nichts mehr gemein habe«.[39] Ernst Glöckner
war der Ansicht, dass ein solches Werk zu Lebzeiten Georges niemals
hätte geschrieben, geschweige denn publiziert werden dürfen. Dennoch teilte er Bertrams Einschätzung, es werde auf die verunsicherte
deutsche Jugend womöglich eine starke Anziehungskraft ausüben:
»Wenn ich nicht diesen ›Staat‹ aus der Nähe gesehen hätte und noch
jünger wäre, wäre ich dieser schönen Utopie erlegen.«[40]

Als schöne Utopie hatte die Sage von der Leben schaffenden
Kunst, von der Tat gewordenen Dichtung durchaus ihren Reiz. Bei
aller Kritik im Detail, hielt Wolfskehl dem gegen die Orthodoxie wet-
ternden Gundolf entgegen, müsse man doch anerkennen, dass hier

»Geschichte als Geschehen, Geschichte als Schau« verstanden werde.[41] Das Buch war nicht zufällig als dritter (und letzter) Band in der
»Geschichtlichen Reihe« erschienen, in der gleichen Aufmachung
wie die Bände von Kantorowicz und Kommerell. Mit Wolters' Geschichte der *Blätter* sollte endlich auch der Kreis selbst zum Sinnbild
werden: zum Sinnbild einer geistigen Gemeinschaft, eines Dichter-
staates. An dieser höheren Wirklichkeit zielte der Vorwurf der Un-
wahrhaftigkeit vorbei. »Es geht hier nicht um die Wahrheit, es geht
um den Staat«, antwortete George auf entsprechende Einwände und
wies jede Kritik an Wolters' Buch zurück.[42]

Hätte Wolters seine Arbeit, wie ursprünglich geplant, 1914 abgeschlossen, wäre ein zeitgemäßes Buch herausgekommen, ein Buch
aus dem Geist der *Jahrbücher*. Fünfzehn Jahre später war das Unternehmen ein Anachronismus, und der Autor selbst hatte kein gutes
Gefühl dabei. Während er vor dem Krieg »die Blättergeschichte kühn
aus unbewusstem drange [hätte] schreiben können«, sei er jetzt gezwungen, sich vieles mühsam zu erarbeiten, stöhnte Wolters im Sommer 1926, als er den Stoff endlich beisammen hatte.[43] Um sich die
Plackerei einigermaßen zu versüßen, schrieb er, als ginge es noch einmal in den Kampf, als stünde man nicht im Jahr 1930, sondern im Jahr
1910. George war über die Begeisterung der Vorkriegszeit längst hinweg. Hätte er Wolters' Dilemma erkannt und ihm erlaubt, die Geschichte mit dem Kriegsausbruch 1914 enden zu lassen, wäre der
Sache gedient gewesen. Aber eine abgeschlossene historische Darstellung hätte das Eingeständnis bedeutet, dass die Maximin-Legende,
die Beschwörung der deutschen Jugend als vaterländische Utopie, in
den Materialschlachten an Marne und Somme verglüht war. Dies wäre unvereinbar gewesen mit dem Selbstverständnis Georges. Also
schrieb Wolters die Geschichte fort, als gäbe es eine zweite Chance,
als käme doch noch der Tag, an dem sich in der Stellung der Deutschen zu diesem Dichter die Zukunft des Landes entscheiden würde.

Dass der ohnehin schwer erträgliche Wolterssche Messianismus
gegen Ende ins Peinlich-Groteske geriet, hatte freilich noch eine andere, tiefer liegende Ursache. Es ging um die Definition des »Staates«.

Wolters' Verhältnis zu George war immer ein äußerliches geblieben, und obwohl ihm George ausdrücklich versichert hatte, »Vorm Herrn gilt gleich der in- und aussenkrieg«,[44] führte nichts daran vorbei, dass der Biograph aus der zweiten Reihe schrieb. Weil ihm die Sensorien für das zentrale Geschehen des Freundeskreises, die Liebe eines Älteren zu einem Jüngeren, fehlten und er sich den pädagogischen Eros nur theoretisch vorzustellen vermochte, hatte er sich früh in der Kunst geübt, die Initiation liturgisch zu umschreiben. Er wollte das Geheimnis nicht nur verstehen, er wollte es auch verständlich machen. George sah den Paraphrasierungen über das Wunder der Vergöttlichung mit Bangen entgegen. »Wolters begreift schwer das, was im Staat okkult bleiben muss«, klagte er in der Endphase der Arbeit.[45] Und noch im Sommer 1929, vier Monate vor Erscheinen, fürchtete er, dass Wolters an der Darstellung des Maximin-Erlebnisses scheitern könnte. »Die krise aber wird Buch IV bringen, ist sie überstanden so fürcht ich nichts bedenkliches mehr«, schrieb er ihm nach Lektüre der ersten 400 Manuskriptseiten am 15. Juli aus Königstein.[46] Wolters entledigte sich des Problems, indem er die Maximin-Gedenkrede in voller Länge zitierte und im Übrigen auf den religiösen Charakter des Ereignisses verwies: »Was der Dichter uns nicht offenbart hat, wagen wir auch nicht zu enträtseln.«[47]

George hat sich der Neigung seines Biographen zum Sakralen geschickt bedient, möglicherweise ohne dass Wolters erfasste, welchen Dienst er ihm hiermit erwies. Was in Wolters' Augen zur ultimativen Propagandaschrift hätte werden sollen, dachte sich der Auftraggeber immer auch als ein esoterisches Buch. Wolfskehl gehörte zu den wenigen, welche die beiden Aspekte der *Blätter*-Geschichte erfassten und ahnten, dass sie aus Georges Sicht das Gegenteil von dem bewirken sollte, was sie zu bewirken vorgab. Er hielt die Täuschung offenbar sogar für die »primäre Absicht«. Mit dem Wolters-Buch, schrieb er am 14. Februar 1930 an seine Frau Hanna, seien »Meister und Kreis wieder etwa auf die Verkennungsstufe von, sagen wir, 1905 herabgedrückt – was nach den mannigfachen Grenzverwischungen der letzten zehn, fünfzehn Jahre eher ein Glück ist als ein Unheil«.[48]

Wolters hatte seine letzten Reserven mobilisiert und war über die geringe Resonanz bitter enttäuscht. Vollkommen erschöpft, starb er ein halbes Jahr nach Fertigstellung seines Hauptwerkes 53-jährig in der Karwoche 1930.

4

Eine Woche später, am Dienstag nach Ostern, wurde in Halle der 17. Deutsche Historikertag eröffnet. Unter den Referenten und Zuhörern finden sich viele klangvolle Namen: Aubin, Brandi, Heimpel, Holtzmann, Oncken, Rothfels, Schnabel, Schramm. Vor dieser illustren Runde sprach am dritten Tag ein junger Kollege über »Grenzen, Möglichkeiten und Aufgaben der Darstellung mittelalterlicher Geschichte«. Wegen des großen Andrangs musste der Vortrag vom Auditorium Maximum in die Universitätsaula verlegt werden. Ein halbes Jahrhundert später sollte der Name des Referenten, der sich selber als »Außenseiter ohne Amt und Würden« vorstellte, die Namen vieler seiner Zuhörer überstrahlen: Ernst Kantorowicz.

Gespannt war das Auditorium auf seinen Vortrag vor allem, weil einer der Großen des Fachs, der Generaldirektor der Preußischen Staatsarchive und Mitherausgeber der *Historischen Zeitschrift* Albert Brackmann (der in Halle nicht zugegen war), Kantorowiczs Erstling in ungewöhnlich scharfer Weise attackiert hatte. Die Erkenntnisse der Friedrich-Biographie seien »auf methodisch falschem Wege gewonnen worden« und deshalb für die Wissenschaft ohne Belang. »Der Grundfehler ist offenbar der, dass Kantorowicz den Kaiser zuerst ›geschaut, gefühlt, erlebt hat‹ und mit diesem vorher gewonnenen Bilde an die Quellen herangegangen ist.« Brackmann forderte dazu auf, endlich »die Diskussion über den wissenschaftlichen Charakter der historischen Werke aus der George-Schule [zu] eröffnen«, deren Erzeugnisse er für nicht weniger gefährlich halte als die »historische Belletristik eines Emil Ludwig«.[49] Den Erfolg des Buches im Rücken, trat Kantorowicz in Halle an, die »Frage nach dem wissenschaft-

lichen Wert der historischen Werke aus der George-Schule« zu beantworten. Dass er nicht nach dem »wissenschaftlichen *Charakter*«,
sondern nach dem »wissenschaftlichen *Wert*« der Publikationen fragte, machte deutlich, um was es seiner Meinung nach ging: nicht um
einen »Methodenstreit«, wie Brackmann glauben machen wollte,
sondern um einen »Anschauungsstreit«.[50]

Seine Replik auf Brackmanns Rezension hatte Kantorowicz bereits
Anfang März in der *Historischen Zeitschrift* vortragen dürfen. Sie war
so scharf, dass Brackmann seinerseits auf eine Replik der Replik nicht
verzichten wollte; pünktlich zum Historikertag Ende April hatte die
Zunft ein dankbares Streitthema gefunden. »Wie schreibt man Geschichte und wie darf man Geschichte nicht schreiben«, fragte Kantorowicz in Halle und verteidigte seine Grundthese, dass der »Mythos«
eines Menschen, das Bild, das er von sich entwirft und das andere von
ihm entwerfen, und die historische »Wahrheit«, wie er *wirklich* gewesen ist, nicht von vornherein als Gegensatz aufgefasst werden dürften. Erzählungen und Legenden seien vielmehr Teil der historischen
Wahrheit und genauso aufschlussreich für eine spätere Biographie wie
»Akten, Urkunden und Rechnungsbücher«. Wenn eine Person »durch
die Beschreibung der von ihr ausgehenden Wirkung« besonders
deutlich hervortrete, sei es die vorrangige Aufgabe des Historikers
festzustellen, ob und inwieweit »diese zeitgenössischen Spiegelungen« mit dem Bild übereinstimmen, das die Person von sich entworfen hat. »Ist dies der Fall, so wird es unter Umständen durchaus
angängig sein, sogar einmal die Geste für die Tat zu nehmen.«[51]

Die in der Aula versammelten Historiker reagierten zurückhal-
tend bis verstört. Da stand ein auffallend gut gekleideter junger Mann
von exotischem Aussehen, nicht habilitiert, der in allem Unabhängigkeit demonstrierte, und sprach über Probleme der Biographik am
Beispiel des Hohenstaufenkaisers. In Wirklichkeit – das blieb niemandem im Saal verborgen – rührte er im Namen Stefan Georges an
unverrückbare Glaubenssätze der historischen Zunft. Geschichtsforschung und Geschichtsschreibung, einst »unter dem Oberbegriff der
Geschichtswissenschaft zusammengefasst«, seien längst auseinander-

getreten.[52] Der Referent erklärte die Positivisten mit ihrer Forderung nach einer wertfreien Wissenschaft zu hoffnungslosen Außenseitern, in manchem den historischen Belletristen verwandt. Der in den Werken der George-Schule angewandten Geschichtsschreibung aber eröffne sich durch Rückbesinnung auf den nationalen Mythos die Chance, mitzuwirken an »der würdigen Zukunft der Nation und ihrer Ehre«. In diesem Glauben, so endete Kantorowiczs Vortrag, liege das einzige Dogma, das die George-Schule kenne: im »Glauben an den Tag des Deutschen, an den Genius der Nation«.

Um den freilich stand es Anfang 1930 nicht zum besten. Ende März war die Regierung Müller zurückgetreten, die letzte Regierung der Weimarer Republik, die über eine parlamentarische Mehrheit verfügte. Ausgelöst durch die Weltwirtschaftsdepression, war die Zahl der Arbeitslosen von 1,8 Millionen im Januar 1929 auf 2,8 Millionen im Januar 1930 gestiegen (um dann bis Frühjahr 1932 auf 6,1 Millionen zu klettern). Um das Loch in der Arbeitslosenversicherung zu stopfen, war eine Erhöhung der Beiträge unumgänglich; weil sich die SPD mit ihren Koalitionspartnern nicht einigen konnte – es ging um ein halbes Prozent –, kam es zum Bruch. »Es gibt ein Maß von Einsichtslosigkeit, das zur Schuld wird«, kommentierte die *Frankfurter Zeitung* am Tag nach dem Rücktritt des Kabinetts.[53] Als bei den vorgezogenen Wahlen ein halbes Jahr später die Nationalsozialisten einen Erdrutschsieg errangen, ahnten allerdings nur wenige, dass der Anfang vom Ende der Demokratie in Deutschland begonnen hatte:

Lieber Albert, dieser Brief ist *sehr vertraulich*! Sie sehen die Entwicklung der politischen und wirtschaftlichen Dinge in Deutschland. Sehr eingreifende Veränderungen des jetzt noch geltenden Status stehen vor der Thür. Zunächst Maßregeln jeder Art gegen die Juden, neben dem vermutlich sehr stark einsetzenden faktischen Terror noch Berufs- und Bewegungsbeschränkungen schärfsten Charakters. Ich bin wie Sie wissen Jude. Ich frage Sie: halten Sie es für möglich daß Holland im Falle einer dringlich werdenden Flucht (warum sollte ich mich scheuen dies Wort zu gebrauchen?) mir und den Meinen Aufenthaltsschwierigkeiten macht? Ich bitte Sie Ihre Antwort etwas verhüllt zu halten. Ich halte es für möglich daß meine Briefe schon unter Beobachtung stehen ... Antworten Sie mir bitte bald ... Viele Grüße Ihres Karl W.[54]

Wolfskehls Hilferuf an den alten Freund Albert Verwey trägt das Datum 29. September 1930. Bei den Reichstagswahlen zwei Wochen zuvor hatte die NSDAP ihren Stimmenanteil von 2,6 Prozent (1928) auf 18,3 Prozent gesteigert. Am 13. Oktober marschierten ihre 107 Abgeordneten in der braunen Uniform der SA geschlossen zur Reichstagseröffnung; um die Ecke in der Leipziger Straße wurden, dafür hatte Goebbels gesorgt, die Fensterscheiben jüdischer Geschäfte eingeworfen. Auf der politischen Bühne zeichneten sich dramatische Veränderungen ab. Hitler nutzte einen zweistündigen Auftritt vor dem Reichsgericht, wo er als Zeuge im Prozess gegen die sogenannten Ulmer Leutnants aussagte, um Gerüchte über einen bevorstehenden Putsch zu zerstreuen und zu betonen, dass der Nationalsozialismus sein Ziel mit verfassungsgemäßen Mitteln erreichen werde. Da das Programm dieser Partei nicht sehr viel mehr biete »als das etwas komische Dogma von der Berufung Adolf Hitlers, die deutsche Nation zu retten«, kommentierte Carl von Ossietzky in der *Weltbühne*, werde der Spuk wohl vorübergehen, denn von »Mystik« sei noch keiner satt geworden.[55]

Neigte Wolfskehl zur Hysterie, wie George meinte? Nach dem Bruch mit Klages und Schuler hatte er sich aus Angst vor einem Attentat einen Revolver zugelegt, mit dem er sich im Januar 1906 vor lauter Nervosität ins eigene Bein schoss. Diesmal waren die Bedrohungen realer Natur. Als am 30. Mai 1932 Brüning entlassen und durch Franz von Papen und sein »Kabinett der nationalen Konzentration« ersetzt wurde, fuhr Wolfskehl umgehend nach Basel. »Seit der Vertreibung der Juden aus Spanien, wiederholte er oft, sei nichts Schlimmeres im Gang gewesen, als was sich jetzt in Deutschland vorbereite.«[56] Auf einen verzweifelten Brief vom 7. Juni ließ ihm George ausrichten, »dass das allgemeine durcheinander gewiss gross sei – so gross dass das einzelschicksal weniger gelte – dass Sie jedoch was Sie persönlich anlange vielleicht doch zu düster zu sehen scheinen«.[57]

Bei dieser Haltung wird George bis zum Schluss bleiben. »Ich will Ihnen etwas sagen«, notierte Edith Landmann als seine letzte Äußerung zu diesem Thema am 19. September 1933, »wenn ich an das denke, was Deutschland in den nächsten fünfzig Jahren bevorsteht, so ist mir die Judensach im Besonderen nicht so wichtig.«[58] Wie immer, wenn es politisch eng wurde, wich er aus in eschatologische Unverbindlichkeiten. Was er alles kommen sehe, könne er gar nicht sagen, »aber das muss so sein, das könnt Ihr nur nicht verstehen ...«[59] Für die Betroffenen waren solche Sätze wenig hilfreich. Sie spürten, dass George sich einer Festlegung entzog. Als Edith Landmann nach Erscheinen der *Blätter*-Geschichte den unterschwelligen Antisemitismus von Wolters kritisierte, scherzte er, den Juden sei es nie recht zu machen – »alles kann man von Euch doch auch nicht loben«.[60]

Die Klischees des Antisemitismus, mit denen er als Kind in Bingen vertraut gemacht wurde, begleiteten ihn ein Leben lang. Die Juden waren demnach vor allem geschäftstüchtig. Jeder habe gewusst, »dass Juden immer prosperieren, immer Glück haben und es zu was bringen«.[61] Beim Viehmarkt in Bingen hätten alle nur auf Herrn Hirsch gewartet; wenn der kam, sei das Vieh im Handumdrehen verkauft worden, »Herr Hirsch war der Zwischenhändler schlechthin«.[62] Später glaubte er im Literaturbetrieb ähnliche Muster zu erkennen und sprach abfällig von der »geschäftigen Geistmacherei« der »Jüdchen«.[63] Vor allem aber waren die Juden in seinen Augen »andere Menschen«.[64] Sogar seinen Freund Berthold Vallentin, bei dem er über die Jahre oft Gast war, nannte er, wenn auch wohl mit neckischem Unterton, den »Fremdstämmigen«.[65]

Georges Einstellung zu den Juden entsprach dem vor allem im Mittelstand verbreiteten Antisemitismus der »ganz gewöhnlichen Deutschen«, von denen 1933 viele so unempfindlich geworden waren, dass die schrittweise Entrechtung der Juden sie nicht wirklich empörte. So schlimm wird es schon nicht kommen, dachten 1933 viele, und zu ihnen gehörte auch Stefan George.[66] Sein latenter Antisemitismus scheint im Laufe der Jahre allerdings schwächer geworden zu sein, während er zugleich mehr Antisemiten um sich hatte. Das scheint auf den ersten Blick ebenso paradox wie die Tatsache, dass er seine demonstrative Gleichgültigkeit 1933 damit begründete, er habe zeit seines Lebens so viele jüdische Freunde gehabt, dass er zu diesem

Thema nichts mehr zu sagen brauche. Für ihn stelle sich die »Judenfrage« nicht, ließ er wissen.⁶⁷ Die Argumentation führte am Kern der Sache vorbei. Zum einen konnte, wer jüdische Freunde hatte, sehr wohl antisemitisch sein. Zum andern – und dies war der entscheidende Grund für die bedrohliche Schieflage, in welche die Diskussion innerhalb des Freundeskreises jetzt geriet – pochte George unter Verkennung der realen Machtverhältnisse auch diesmal auf die Eigengesetzlichkeit und den Primat des von ihm geschaffenen »Staates«. Was hatte er mit der Politk zu schaffen! Als ihn Edith Landmann bei ihrem letzten Besuch in Berlin in der zweiten Märzhälfte 1933, kurz vor dem von Goebbels organisierten Boykott jüdischer Geschäfte am 1. April, auf die Brutalität der neuen Machthaber hinwies, meinte er, »im Politischen gingen halt die Dinge anders«.⁶⁸

»Ihr Äusserste« hatte George die Juden im *Stern des Bundes* angesprochen und sie als »verkannte brüder« bezeichnet, »immer schweifend und drum nie erfüllt!«⁶⁹ Da im »reich des Geistes« die Herkunft bekanntlich keine Rolle spielte – »»Durch die sendung durch den segen / Tauscht ihr sippe stand und namen« –, waren Juden dort genauso willkommen wie andere. Je mehr sie aufgrund ihrer jahrhundertelangen Unterdrückung zur Zersetzung neigten, so führte Wolters in der *Blätter*-Geschichte wortreich aus, desto wichtiger sei George für sie als moralische Instanz geworden. Als sich Wolfskehl gegen solchen rassistischen Unsinn zur Wehr setzte – »wie können Sie Karl Wolfskehl ›eine unterworfene und unterdrückte Rasse‹ nennen?« –, bedauerte Wolters das Missverständnis: »Mit Ihnen hielt ich solche Auseinandersetzungen gar nicht für möglich.«⁷⁰ George, so hatte er in einer dem Rotstift zum Opfer gefallenen Passage erläutert, habe den Juden etwas verschafft, was sie sich selber niemals hätten verschaffen können: »den letzten sicheren Stolz auf eignem unerschütterlichen Grund zu stehen und nicht nur geistig sondern auch leiblich Deutsche zu sein … Gewiss ist, dass bisher nur im ›Blätterkreise‹ Beispiele vollkommener Eindeutschung von Juden möglich waren.«⁷¹

Schon Walter Benjamin wollte wissen, warum der George-Kreis so viele Juden anzog. Unter dem Stichwort »Juden in der deutschen

Kultur« schrieb er 1927 im fünften Band der *Encyclopaedia Judaica:*
»In dem Kreise, der sich um Stefan George im Laufe der 90er Jahre
bildete, bot sich den Juden zum ersten Mal die Möglichkeit, ihre konservativen Tendenzen in fruchtbare Beziehung zum Deutschtum zu
setzen.«[72] Seinen Freund Gershom Scholem, der vier Jahre zuvor
nach Palästina ausgewandert war, konnte diese Erklärung nicht überzeugen, schon gar nicht nach dem Krieg. Er habe in letzter Zeit viel
über Stefan George gelesen, schrieb er 1965 an Margarete Susman:
»Die Verlogenheit dieser Literatur kann kaum überboten werden, wo
sie das Jüdische berührt.«[73] Im Jahr zuvor hatte Scholem das Thema
Stefan George und die Juden gegenüber Erich von Kahler ein Thema
genannt, »das es in sich hätte«, und bedauert, dass Kahler nicht darüber schreiben wollte.

Es ging dem bekannten Judaisten nicht darum, George, einzelne
seiner Freunde oder den Kreis insgesamt des Antisemitismus zu
überführen. Ihn interessierte vielmehr, warum gerade George so viele deutsche Juden bis zur Selbstverleugnung zu faszinieren vermochte. Schon Assimilation war für Scholem Selbstverleugnung, gleichbedeutend mit Preisgabe der jüdischen Identität. Die nach dem Krieg
von den Deutschen gern beschworene Formel von der deutsch-jüdi-
schen Symbiose hielt er für eine Erfindung, bestenfalls für ein Missverständnis. »Zu einem Gespräch gehören zwei, die aufeinander hören« –
gesprochen hätten aber immer nur die Juden, nämlich zu sich selber.
Ähnlich sah es wohl auch Wolfskehl, der 1946 aus dem neuseeländi-
schen Exil schrieb: »Ach ja, aus den Juden hat sich von selber kein
Deutscher je etwas gemacht«.[74]

Wie weit die Assimilationsbereitschaft deutscher Juden ging, ihr
Wunsch, trotz der neuen politischen Gegebenheiten von der Teilhabe
am deutschen Geist nicht ausgeschlossen zu werden, offenbarte auf
erschreckende Weise die Denkschrift, die Edith Landmann im Sommer 1933 unter dem Titel »An die deutschen Juden, die zum geheimen Deutschland hielten« im Freundeskreis verteilte.[75] George habe
ganz recht. Die Juden dürften in der Stunde des nationalen Aufbruchs
nicht verlangen, dass alles nur danach beurteilt werde, wie es den Ju-

den ergehe. Sie selber sei »angesichts der Art von Juden, die sich nach
und lange schon vor dem Kriege in Deutschland breitgemacht« hätten, längst selber antisemitisch geworden – »aus Liebe zum deutschen
Volke«. Und sie bekenne, dass viele »Gedanken des Dritten Reichs,
in welcher Verzerrung immer sie verwirklicht werden, die Gedanken längst auch unseres Herzens waren«. Andererseits müsse man
schmerzlich zur Kenntnis nehmen, dass in der Weltanschauung des
Dritten Reiches nicht der Geist, sondern das Blut als entscheidende
Kraft angesehen werde – und »vor der alleinigen magischen Kraft des
Blutes sind wir wehrlos«.

Aber so wenig die Juden ihr jüdisches Blut aus sich herausfließen
lassen könnten, so wenig könnten sie sich den deutschen Geist he-
rausreißen. »Lieber bringen wir uns um.« Der Suizid werde jedoch
von den Gegnern sofort in einen Sieg umgemünzt: »Wenn ihr euch
zum Selbstmord treiben lasst, gebt ihr denen recht, die euch dazu
treiben; Ihr seid also doch nicht Deutsche geworden!« Wollten sie
»Deutsche jüdischen Blutes, Juden deutschen Geistes« bleiben, müssten sie auswandern, nicht einzeln, jeder in ein anderes Land, weil sie
dann von der Tradition abgeschnitten zu werden drohten, sondern
geschlossen, alle zusammen, nach dem Vorbild verfolgter Glaubensgemeinschaften früherer Jahrhunderte: das Geheime Deutschland als
geschlossene Siedlung in Übersee. »Meine Mutter wusste, dass der
Plan utopisch war«, schrieb Michael Landmann fünfzig Jahre danach.[76] Dennoch habe sie an dem Traum festgehalten, dass das andere,
das bessere Deutschland auf fremdem Boden vielleicht doch noch
möglich sei.

Karl Wolfskehl war fassungslos. Von den »Juden aus Georges Umgebung ist keiner in der Seelenlage zu spüren, worum es geht«, hatte
er schon Ende Oktober 1932, kurz vor seiner Rückkehr aus Basel
nach Deutschland, geklagt. »Sie suchen sich die Dinge zurecht zu
strählen, beseufzen aufs höchste, dass ein abscheulicher Zufall sie
zurückhält mitzuthun.«[77] Vier Monate hielt es Wolfskehl in seiner alten Heimat München noch aus, bevor er am 28. Februar 1933, dem
Tag nach dem Reichstagsbrand, Deutschland endgültig verließ. Die

Reise ohne Wiederkehr führte über Basel, Locarno, Zürich, Florenz, Rom nach Recco und Camogli am Vorgebirge von Portofino. Hier, wo die von Genua auslaufenden Schiffe am Horizont vorübergleiten, suchte er sich im Frühjahr 1938 sein »Anti-Thule«, den Punkt der Erde, der am weitesten entfernt lag von Europa. »Fraget nicht: wohin? / Wir ziehn. / Wir ziehn, so ward uns aufgetragen / Seit Ur-Urvätertagen.«[78] Nach mehr als tausend Jahren, in denen die Juden am Rhein vorübergehend Ruhe gefunden hatten und doch stets nur als Gäste geduldet waren, mahnte Jahwe erneut zum Aufbruch: »Wieder drängt er uns, / Wieder verhängt Er uns / Seinen ewigen Fug: / Den Weiterzug, / Den Weiterzug.«

Als Wolfskehl die Denkschrift von Edith Landmann erhielt, war er noch am Zürichsee. Er eilte nach Basel und diskutierte heftig mit ihr darüber, was das Geheime Deutschland für einen deutschen Juden im Jahr 1933 bedeutete – und was es *nicht* bedeutete. Es kam zum Streit. Sie sprach von Verrat an gemeinsamen Positionen und warf ihm vor, er treibe »mit Georges Wassern … die Mühlen Jehovas«.[79] Er suchte sie davon zu überzeugen, dass der deutsche Geist auf grauenhafte Irrwege geraten sei und es nun gelte, wieder ganz von vorn anzufangen. Dass die Rückbesinnung auf sein Judentum »Abfall« von George bedeute, wie ihm Edith Landmann ein Jahr später noch einmal vorhielt,[80] konnte und wollte Wolfskehl nicht akzeptieren. Aber der Vorwurf traf ihn schwer. In seinen Gedichten suchte er immer aufs Neue nach einer Antwort auf die für ihn entscheidende Frage, wie er beweisen könne, dass er Georges Vermächtnis treu geblieben war. Er fand sie schließlich in der berühmten, 1938 durch Thomas Mann popularisierten Zeile »Wo ich bin ist Deutscher Geist«.[81] Als sei diese Selbstvergewisserung am Ende der ersten Strophe noch zu schwach, ließ sich Wolfskehl sein Bekenntnis am Ende des »Abgesangs« beglaubigen, indem er George zu ihm sagen lässt: »Wo du bist, du Immertreuer, / Wo du bist, du Freier, Freister, / Du der wahrt und wagt und preist – / Wo du bist, ist Deutscher Geist!«

Nimmt man *Die Stimme spricht* zur Hand, Wolfskehls 1934 im Schocken-Verlag erschienenen Abschiedsband, in dem er zum ersten

Mal ausschließlich die jüdische Thematik umkreist, ahnt man seine
große Einsamkeit. Karl Löwith hat ihn zur Zeit der Entstehung dieser Gedichte in Rom besucht: Er lebte »in einem Hinterhaus der Via
Margutta in einem düstern Loch, worin nichts weiter als ein ärm-
liches Eisenbett, ein zerbrochener Rohrstuhl und ein schmutziger
Tisch stand. In dieser Zelle hat sich in ihm eine Wandlung vollzogen ... Alles, was er seit Jahrzehnten geliebt und geschrieben hatte,
war ihm wie eine Seifenblase zerplatzt.«[82] Das Eingangsgedicht des
Bandes *Die Stimme spricht* hatte bereits am 2. Oktober 1933, wenige
Tage nach dem denkwürdigen Gespräch mit Edith Landmann, im
Frankfurter *Israelitischen Wochenblatt* gestanden:

> Herr! Ich will zurück zu Deinem Wort.
> Herr! Ich will ausschütten meinen Wein.
> Herr! Ich will zu Dir, ich will fort.
> Herr! Ich weiss nicht aus und nicht ein!
> Ich bin allein.[83]

6 Das Schweigen

Im Sommer 1932 war Anna George aus Königstein im Taunus ins elterliche Haus in Bingen zurückgekehrt. Ihr Bruder hatte ihr versprochen, sie dort bald einmal zu besuchen. Im Krieg war er das letzte Mal in der Heimat gewesen, seither hatte sich dort vieles verändert. Inzwischen war Stefan George der berühmteste Sohn der Stadt. Als er 1927 als Erster den Frankfurter Goethe-Preis erhalten hatte, war der Nahekai in Stefan-George-Straße umbenannt worden.[1]

Montag, den 3. Juli 1933, traf George aus München kommend in Bingen ein.[2] In seiner Begleitung befand sich Frank Mehnert, dem nach dem Verlust von Kommerell und Anton wie von selbst die Rolle des Ersten Sekretärs zugefallen war. Wie sich die Haushälterin Fräulein Gerhard erinnerte, musste Frank für George auch kochen. »Fräulein (Anna) George war deswegen nicht gekränkt, sie lächelte nur über diese Eigenheit ihres Bruders.«[3] Normalerweise war nämlich das Kochen nach Meinung ihres Bruders ihr Hauptverdienst: »Weil du gut koche kannst, wirst du vielleicht nochmal eine Rolle in meinem Leben spiele.«[4]

Am Wochenende darauf fand in Bingen der Jahrmarkt statt, der alljährlich um diese Zeit am Rheinufer aufgebaut wurde. Dieses Mal hatte man ihn an den Nahekai verlegt. Der bis weit in die Nacht gellende Lärm der Buden und Karussells ließ George am Samstag morgen abreisen.[5] Es war der 8. Juli 1933, und die Fahrt ging nach Berlin. Vier Tage später feierte George seinen 65. Geburtstag; fast alle deutschen Zeitungen brachten sein Bild, dazu, im Stil der neuen nationalen Ideologie, ein Glückwunschtelegramm von Goebbels. Im Rundfunk wurden zum Programmende George-Gedichte rezitiert.[6] »Aus der Stimme eines einsamen Einzelnen ist eine Stimme von Hunderttausenden, eine Stimme des Volkes geworden.«[7]

War es das, was er gewollt hat?

Adolf Hitler war seit einem halben Jahr an der Macht. Als er am Vormittag des 30. Januar 1933 von Hindenburg zum Reichskanzler ernannt wurde, erfreute sich Stefan George des herrlich milden Klimas an den oberitalienischen Seen. In Minusio am Lago Maggiore, einer kleinen Gemeinde bei Locarno, hatte er bereits den Winter 1931/32 verbracht. Die Wohnsituation in Berlin war immer schwieriger geworden, seit George kein eigenes »Staatshaus« mehr zur Verfügung stand. Freunde, die ihn in Berlin besuchten – wie Albrecht von Blumenthal, der die Anhänge der Gesamtausgabe betreute, oder Berthold von Stauffenberg, der öfters aus Den Haag herüberkam –, mussten jetzt häufig im Hotel übernachten. Tagsüber hielt sich George meist im »Achilleion« auf, der Werkstatt von Thormaehlen, der nach wie vor an der Nationalgalerie arbeitete. Hier empfing er seine Besucher, während in der darunter liegenden, über eine enge Wendeltreppe erreichbaren Wohnung die Epheben für das Mittagessen sorgten – »jezt muss der Phaidros wieder in die Küch«.[8] Als Schlafstätte nutzte George die Albrecht-Achilles-Straße 3 jedoch nur noch selten. Zum einen bot die Zweizimmerwohnung wenig Rückzugsmöglichkeit, zum anderen ging er mit zunehmendem Alter gern früh zu Bett – oft schon gegen neun Uhr –, und der Lärm vom nahen Kurfürstendamm störte ihn. Man könne nicht einmal spazieren gehen, weil man an jeder »Ecke minutenlang warten müsse, bis die Autos vorüber seien«.[9]

Übernachtet hat George während der letzten Jahre in Berlin meist in der Boetticherstraße 15c im südlichen Dahlem. Das Haus gehörte der 1900 in Barcelona geborenen Clotilde Schlayer, die es nach Beendigung ihres Romanistikstudiums 1927 erworben hatte. Sie lebte hier gemeinsam mit dem drei Jahre jüngeren Walter Kempner, mit dem sie seit ihren Heidelberger Studientagen liiert war. Ihr Wunsch, der Freundeskreis möge in ihrem Haus sein »Hauptquartier« aufschlagen,[10] ging allerdings nicht in Erfüllung. Obwohl George zwischen

1927 und 1933 regelmäßig dort nächtigte, wussten nur wenige, wohin er abends gebracht wurde. Walter Kempner, der George 1924 in Heidelberg kennengelernt hatte und ihn in den letzten Jahren seines Lebens medizinisch betreute, arbeitete als Assistent des Chirurgen Ferdinand Sauerbruch an der Charité. Wenn er abends mit dem Wagen nach Hause fuhr, holte er George in der Albrecht-Achilles-Straße ab. Über seinen Bruder Robert, der als Justitiar im Referat zur Beobachtung rechtsradikaler Parteien des preußischen Innenministeriums arbeitete, war er über die politische Entwicklung gut unterrichtet; Robert Kempner machte sich 1945 als amerikanischer Vertreter der Anklage bei den Nürnberger Prozessen einen Namen.

Clotilde Schlayer, von George gern die »Z«, die Zuckerne genannt, stellte nicht nur das Berliner Quartier zur Verfügung, sie hatte auch das Refugium in Minusio entdeckt. Ein Haus zum Überwintern im Süden war George schon deshalb willkommen, weil ihm Nässe und Kälte seit seiner Krankheit immer mehr zusetzten. Er liebte Rivierawetter, »Treibhausluft«, und meinte, der Süden sei doch »die Universalkur für alles«.[11] Anfang 1926 war er mit Kommerell und Anton zum ersten Mal in Locarno gewesen, im März 1928 hatte er mit Johann Anton und Berthold von Stauffenberg zehn Tage Ferien dort verbracht.[12] Weil Clotilde Schlayer sicher war, das Richtige für ihn gefunden zu haben, hat sie die alte Mühle – Molino dell'Orso – im Sommer 1931 gleich gemietet. Auf derselben Reise sorgte sie auch für ein neues Ferienquartier in Wasserburg am Bodensee, ein bezauberndes, unmittelbar am Wasser gelegenes Haus mit Garten, das ihrem Bruder Karl gehörte.[13]

Nach dem Selbstmord Antons am 27. Februar 1931 war George zunächst länger als sonst in Berlin geblieben, dann nach Königstein und von dort Ende Juli erstmals nach Wasserburg gefahren. Nach einem Kurzbesuch in Berlin traf er am 1. Oktober 1931 in Minusio ein. »Ich wohne in einem ruhigen, südlich-reizvollen privathäuschen etwas oberhalb Locarnos wo ich das lezte mal vor 3 1/2 jahren mich aufhielt«, schrieb er zehn Tage später an die Schwester. »Nachdem man in Berlin sich schon fast auf den winter vorbereitete, traf man hier noch in den schönsten spätsommer: fast ein tag um den andern ist gleich schön und nur am frühen untergehen der sonne merkt man den herbst.«[14] George blieb bis Ende April – sieben Monate. Zu keinem Zeitpunkt seines erwachsenen Lebens hielt er sich ohne Unterbrechung so lang an einem einzigen Ort auf.

Im März 1932 nahm George von Minusio aus regen Anteil an der Reichspräsidentenwahl. Weil Hindenburg im ersten Wahlgang die absolute Mehrheit verfehlte, kam es am 10. April zu einem zweiten Wahlgang, in dem er sechs Millionen Stimmen mehr auf sich vereinigen konnte als Hitler. Hindenburg sei reaktionär und viel zu alt, erregte sich Claus von Stauffenberg; wenn *er* zur Wahl hätte gehen dürfen – Soldaten waren nicht wahlberechtigt –, hätte er für Hitler gestimmt.[15] George war vom Wahlergebnis überrascht. »Es ist immer ein klein wenig anders als man denkt«, schrieb er am 16. März an Mehnert. Daraus lässt sich der Schluss ziehen, dass er mit einem Sieg Hindenburgs im ersten Wahlgang gerechnet hatte – aber »meine ansicht möchte ich dem papier nicht anvertrauen«.[16]

Das Jahr 1932 verlief ähnlich wie das Jahr zuvor: Bis Mitte Juni hielt sich George in Berlin auf, dann fuhr er über Königstein und Darmstadt an den Bodensee für die Sommerferien, um im November von Berlin erneut nach Minusio aufzubrechen. Anfang März 1933 ging es von dort zurück nach Berlin. So entsprach es jetzt seinem Rhythmus.

Hätte er diesmal nicht fahren sollen?

Am 28. Februar 1933, dem Tag, an dem Wolfskehl Deutschland verließ, hatte die Notverordnung des Reichspräsidenten »zum Schutz von Volk und Staat« wesentliche Grundrechte außer Kraft gesetzt. Bei den Wahlen fünf Tage später erlangten die Nationalsozialisten gemeinsam mit den Deutschnationalen knapp 52 Prozent. Die Eröffnungsfeier des neuen Reichstags am 21. März wurde von Goebbels in der Potsdamer Garnisonkirche symbolträchtig als nationales Spektakel inszeniert. Draußen machte sich der Terror breit. Am 22. März wurde in Dachau das erste Konzentrationslager eingerichtet, zwei Tage später bestimmte das Gesetz »zur Behebung der Not von Volk und Reich«, dass Gesetze ab sofort ohne parlamentarisches Verfahren erlassen werden konnten. Die ersten organisierten Ausschreitungen gegen Juden – der Boykott jüdischer Geschäfte, Ärzte, Rechtsanwälte – folgten am 1. April.

Das war das Deutschland, in das George am Wochenende nach den Reichstagswahlen vom 5. März zurückkehrte. Am Montag, dem 13. März, starb Berthold Vallentin, seit einem Schlaganfall im Frühjahr 1932 gelähmt und verwirrt; seine Frau Diana, deren Gedichtvortrag einst für alle Freunde zum Maßstab geworden war, hatte sich zwei Wochen vorher das Leben genommen.[17] Im Anschluss an Vallentins Einäscherung kam es zwischen Boehringer und Hildebrandt zu einem lautstarken Streit.[18] Boehringer, der schon lange in der Schweiz wohnte und sich eben dauerhaft in Genf niedergelassen hatte, war der Einzige unter den Freunden Georges, jedenfalls der einzige Nichtjude, der in diesen Monaten deutlich Stellung gegen das neue Regime bezog. Weil er dabei mit seiner Meinung nicht hinterm Berg hielt, hatte George jüngere Freunde schon Ende 1931 gebeten, in Roberts Gegenwart keine politischen Themen anzusprechen. Im Sommer 1933 sträubte sich Boehringer, nach Wasserburg zu kommen. Als George am 24. August 1933 in Begleitung Mehnerts und Berthold von Stauffenbergs ins schweizerische Rorschach übersetzte, meinte er hinterher zu Boehringer, »als das Schiff mitten auf dem Bodensee gewesen sei, habe er freier geatmet«. Er sagte es *scherzend*, wie Boehringer betonte, und das hieß: Er, der Robert, übertreibe doch wohl ein wenig mit seiner Deutschland-Phobie.[19]

Alle anderen, mit denen George in den Jahren 1932/33 viel zusammen war – Thormaehlen, Blumenthal, die Stauffenberg-Brüder, Frank Mehnert –, waren von dem neuen Regime begeistert. Für die Jüngeren sei es sehr schwer, räumte Morwitz ein, »die Texte Georges zu lesen und *nicht* zu glauben, was in Deutschland jetzt geschehe, sei das, was George gewollt habe«.[20] Von der »Judensach« abgesehen, stand auch George selbst der Entwicklung aufgeschlossen gegenüber. »Es sei doch immerhin das erste Mal«, hörte ihn Edith Landmann im März 1933 sagen, »dass Auffassungen, die er vertreten habe, ihm von außen wiederklängen.«[21] Es ist nicht schwer, Äußerungen dieser Art als Bekenntnis zum Nationalsozialismus auszulegen. Sie sollten jedoch nicht überbewertet werden. Zwar hörte er zu, wenn seine jungen Freunde mit Eifer die Lage debattierten, aber im Grunde ödeten ihn politische Diskussionen an. In Berlin gehe alles seinen gewohnten Gang, hieß es auf einer Karte Mitte Juli 1933, doch »infolge des erweiterten wortschatzes der vergangnen monate haben sich naturgemäss auch die litaneien vermehrt«.[22] Die einzige Maßnahme des neuen Staates, die ihn wirklich interessierte, weil sie ihn unmittelbar betraf, war der Fristablauf für Steuernachzahlungen, das so genannte »Volksverratsgesetz«. Wer ausstehende Steuerschulden der letzten drei Jahre nicht bis 31. Oktober 1933 angegeben hatte, musste mit hohen Freiheitsstrafen und Vermögensverlusten rechnen.

2

Obwohl ihm das Alter zu schaffen machte und er sich oft müde und schwach fühlte, waren die letzten drei Jahre die glücklichste Zeit in Georges Leben. Die Fotos aus den langen Wintern in Minusio zeigen einen Mann, der alles Steife und Herrische abgelegt hat und mit sich und der Welt im Reinen ist. Sogar schalkhafte Züge werden jetzt sichtbar. Die Strenge ist jener Androgynität gewichen, welche die Frage nach dem biologischen Alter in den Hintergrund treten lässt. Die Milde hängt aber nicht nur mit dem Nachlassen der Kräfte zusammen, sie entspricht auch dem Selbstbewusstsein eines Mannes, der aus der Überzeugung lebt, etwas geschaffen zu haben, das ihn überdauern wird.

Die Jungen, die in den letzten Jahren fast täglich um ihn waren, betrachtete George als sein eigentliches Lebenswerk. Er hatte die Beziehung zwischen einem Älteren und einem Jüngeren durch verschiedene Stadien in immer neuen Konstellationen realisiert und damit, wie Max Kommerell schrieb, eine lang vergessene Grundform menschlicher Existenz in Erinnerung gebracht: den Weisen neben dem Jüngling. Wenn er sich die Jünglinge jetzt so anschaute, konnte er mit Befriedigung feststellen, dass es ihm tatsächlich gelungen war, einen Typus zu schaffen. »Den Typus schaffen, darauf kommt es an. Das ist mehr als alles andre.«[23] Auf die Frage, wie viele sich denn finden ließen, für die sich der Einsatz lohne, meinte er, es käme auf die Zeiten an: »So ein halbes dutzend in einem menschenleben, aber dafür muss man schon augen haben.«[24]

Zu den gern gesehenen Jüngsten gehörte Karl Josef Partsch, ein Berliner Gymnasiast, ursprünglich eine Sylter Ferienbekanntschaft von Helmut Küpper, einem Freund von Kantorowicz. Nachdem Küpper den 14-Jährigen Anfang 1929 George vorgestellt hatte, entwickelte sich zwischen Cajo, wie Partsch unter den Freunden bald gerufen wurde, und dem fünf Jahre älteren Mehnert eine intensive Freundschaft. Er kam oft in Thormaehlens Atelier, wurde in den Ferien nach Wasserburg und zu Weihnachten nach Minusio eingeladen. Die Freunde organisierten sich inzwischen untereinander, der »Staat« verjüngte sich aus sich selbst. Morwitz nannte diese neue Form der Erziehung durch die zu Erziehenden selbst »Coeducation«.[25] Mit Blick auf das jugendliche Alter der Neuen empfahl Morwitz, der immer schon für das 18. Lebensjahr als ideales Einstiegsalter plädiert hatte, dass »die Dichterwerke erst *nach* dem eigenen entscheidenden Erleben« gelesen werden sollten.[26]

Der Lieblingsjünger blieb Frank Mehnert, der ständige Begleiter seit Frühjahr 1931. Mehnerts Vorfahren waren Mitte des 19. Jahrhunderts aus Schwaben und Thüringen nach Russland ausgewandert und in Moskau als Unternehmer erfolgreich geworden; der Großvater mütterlicherseits, Julius Heuss, hatte die größte Schokoladen- und Konfektfabrik des Landes aufgebaut, der Vater besaß eine Druckerei. Als Frank fünf Jahre alt war, brach der Krieg aus und die Mutter zog mit ihren drei Söhnen zurück in die schwäbische Heimat (der Vater fiel 1917 als deutscher Soldat in Flandern). Am Eberhard-Ludwigs-Gymnasium in Stuttgart befreundete sich der 13-Jährige mit dem vier Jahre älteren Berthold von Stauffenberg. »Sehr rasch entwickelte sich zwischen den beiden eine Art von Ritter-Knappe-Beziehung«, erinnerte sich Franks Bruder, der später bekannt gewordene Journalist Klaus Mehnert, »Frank lebte nur noch für Berthold.«[27] Ihre Mutter sei tief unglücklich gewesen, unter nichts habe sie so gelitten wie unter Franks Entfremdung. »Der Junge ist in ein gefährliches Fahrwasser geraten«, schrieb sie besorgt. »Bei ihm war der Sprung ungefähr: Karl May – Hölderlin.«[28] Spätestens an dem Tag, an dem Frank »das Bild des Vaters von seinem Schreibtisch entfernte und durch das des Freundes ersetzte«, habe er nicht mehr zur Familie gehört; der Bruder sprach von einer »fast sklavischen Abhängigkeit«. Und dann »begann hinter Berthold eine andere Gestalt aufzutauchen, die von Frank noch stärker Besitz ergriff – Stefan George«.[29]

Im Sommer 1924 war der 15-Jährige auf dem Stuttgarter Bahnhof vom Meister in Augenschein genommen worden. George war auf der Durchreise und hatte sich mit den Brüdern Stauffenberg am Bahnhof verabredet. Frank durfte sie begleiten, musste jedoch in einiger Entfernung verharren. George guckte ihn sich an, ließ ihm durch einen der Brüder eine Apfelsine überreichen und sagte beim Abschied zu den Stauffenbergs: »rara avis« – ein seltner Vogel.[30] Nach dem Abitur 1928 ging Frank nach Berlin und quartierte sich, erst als Dauergast, dann als Mitbewohner und Mitte der dreißiger Jahre schließlich als Mieter in Thormaehlens Atelier ein. Von ihm erlernte er die Bildhauerei, ein Autodidakt vom andern. Was sie gegenseitig sich überbietend an großgefühlten Köpfen und Statuen hervorbrachten, präsentierten sie den Freunden, deren Beifall allerdings verhalten war, seit George selber von Vitzlibutzli-Kunst gesprochen hatte.

Als Künstler nannte sich Mehnert Victor Frank und hatte beachtliche Erfolge. Für die Galerie Franz Hanfstaengl in München schuf er im Frühjahr 1933 eine Hitler-Büste, von der mehr als dreißig Exemplare verkauft wurden. »Wopschen, du musst ihn aber zu Pferde modellieren«, soll George gespottet haben.[31] In die Partei trat er – anders als Thormaehlen oder Blumenthal – nicht ein; Cajo hatte es ihm in Georges Auftrag ausgeredet. Mehnert modellierte freilich nicht nur Hitler-Köpfe und George-Köpfe, sondern immer wieder auch Köpfe von Freunden, darunter mehrfach den von Claus von Stauffenberg, mit dem er seit der Schulzeit eng verbunden war. Claus stand ihm auch Modell für das lebensgroße Standbild eines Pioniers, das am 2. Dezember 1939, drei Monate nach Beginn des Zweiten Weltkrieges, an der neuen Elbbrücke in Magdeburg aufgestellt wurde.[32]

Aus der Genese der Freundschaft von Berthold und Claus von Stauffenberg mit Frank Mehnert ergab sich später Georges Erbfolgeregelung. Seinen ursprünglichen Plan, eine Stiftung zu gründen, hatte George auf juristischen Rat aufgegeben und stattdessen mit Letztwilliger Verfügung vom 15. Juli 1932 Robert Boehringer zum alleinigen Erben seines gesamten Nachlasses eingesetzt. Als Nacherben bestimmte er Berthold von Stauffenberg. Er wünsche, hieß es in einem Zusatz vom Juli 1933, dass der Nacherbe, also Stauffenberg, nach seinem Tod »im einvernehmen mit dem erben [d.i. Boehringer] unverzüglich einen zweiten nacherben einsetzt, so dass immer ein erbe und zwei aufeinander folgende nacherben vorhanden sind«. Im Sinne dieser Verfügung bestimmte Stauffenberg nach dem Tod Georges am 31. Dezember 1933 Frank Mehnert zu seinem Nacherben, nach Mehnerts Soldatentod am 16. April 1943 seinen Bruder Claus.[33]

3

Zu den Letzten, die George Mitte April 1933 im »Achilleion« besuchten, zählte Ernst Kantorowicz.[34] Am 7. April war das Gesetz »zur Wiederherstellung des Berufsbeamtentums« erlassen worden, das »Beamte, die nicht arischer Abstammung sind«, in den Ruhestand versetzte. Ausgenommen waren Juden, die im Ersten Weltkrieg als Frontkämpfer gedient oder an Kämpfen der Freikorps teilgenommen hatten. Nach seinem vielbeachteten Auftritt auf dem Historikertag war Kantorowicz, ohne habilitiert zu sein, im August 1930 Honorarprofessor und zwei Jahre später ordentlicher Professor für Mittlere und Neuere Geschichte an der Universität Frankfurt am Main geworden. Obwohl ihm aufgrund der »Frontkämpferklausel« keine

Entlassung drohte, empfand er das Gesetz als eine Ungeheuerlichkeit, die er nicht hinnehmen wollte. Er entwarf ein Schreiben an den
Minister für Wissenschaft, Kunst und Volksbildung, in dem er diesem
mitteilte, dass er sich als Jude gezwungen sehe, seine Lehrtätigkeit im
nächsten Semester ruhen zu lassen. Einen so wichtigen Schritt wollte
Kantorowicz allerdings nicht tun, ohne vorher die Zustimmung Georges einzuholen. Solange »jeder deutsche und wahrhaft national ge-
sinnte Jude ... seine nationale Gesinnung eher schamhaft verbergen
muss, als dass er sie unbefangen kundtun dürfte: solange erscheint es
mir als unvereinbar mit der Würde eines Hochschullehrers ... seine
Lehrtätigkeit, als wäre nichts geschehen, stillschweigend wieder aufzunehmen.«[35] Es war kein langer Besuch, George verstand sofort, um
was es ging. Er habe gespürt, gestand Kantorowicz sechs Wochen
später, »dass ganz jenseits von allem trennenden Schicksal es immer
noch ganz einfach die menschlichste Zuneigung gibt – oder schlichter gesagt und mir vielleicht nicht zukommend: die Liebe«.[36] Am
20. April schickte Kantorowicz den Brief ab – kaum zufällig auf Hitlers Geburtstag datiert.

Am 16. April, Ostersonntag, fuhr George in Begleitung Berthold
von Stauffenbergs von Berlin nach München; in Bamberg stieg Claus
zu. Sie wohnten bei Walter Anton in der Richildenstraße 51 am
Nympenburger Park. Zwischen 1924 und 1930 hatte sich George regelmäßig, meist zwei bis drei Wochen während des Frühjahrs, in
München aufgehalten; die große »Staatswohnung« in Solln war über
Jahre eine wichtige Anlaufstelle des Freundeskreises gewesen. Nach
dem Selbstmord von Johann Anton war vieles anders geworden. Jetzt
fuhren die Freunde vom Bahnhof ans entgegengesetzte Ende der
Stadt zu Walter, dem »Löwen«, der sich als Arzt in München niedergelassen hatte.

Am 5. Mai – gut drei Monate nach Hitlers Machtübernahme –
konnte George eine persönliche Stellungnahme zu den aktuellen
politischen Ereignissen nicht mehr umgehen. Der neue preußische
Kultusminister, Studienrat a.D. Rust, ein alter Parteigenosse, seit
4. Februar im Amt, hatte die Neuordnung, sprich: Gleichschaltung

der Preußischen Akademie der Künste in Angriff genommen. 14 mehr oder weniger erzwungenen Austritten in der Sektion Dichtkunst – darunter Heinrich und Thomas Mann, Ricarda Huch, Alfred Döblin – standen 14 Neuernennungen gegenüber. Zum Leidwesen des Ministers waren die Neuen allesamt Namen ohne Glanz. Stefan George sei nicht aufgefordert worden, so Rust auf einer Pressekonferenz am 5. Mai, weil er der Arbeit der Akademie stets ablehnend gegenübergestanden habe. Man hoffe aber eine Form zu finden, »um Stefan George, auf dessen Mitarbeit das neue Deutschland den *allergrößten Wert* lege, ebenfalls in die Akademie einzubeziehen«.³⁷ Das waren in diesen Tagen seltene Töne: Der Staat machte dem Dichter Avancen.

Und dies ganz konkret. Am selben Tag, an dem Rust seine Politik der Säuberung vor der Presse erläuterte, schrieb Morwitz an George, ein Oberregierungsrat Zierold habe ihn aufgesucht und zum Ausdruck gebracht, dass es für den Minister sehr wichtig sei, »vor der Presse Dich als Ahnherr der jetzigen Regierung bezeichnen« zu können. Man biete ihm »eine Ehrenstellung ohne jede Verpflichtung« sowie »einen Ehrensold«, und falls George Bereitschaft signalisiere, könne er mit einem »persönlichen Aufforderungsschreiben« des Reichspräsidenten oder des Reichskanzlers rechnen.³⁸ Morwitz wusste, dass George für ministerielle Schmeicheleien und finanzielle Zuwendungen unempfänglich war. Aber er wusste auch, dass er im neuen Staat viel Positives entdeckte. Außerdem würde er seine Antwort bestimmt mit Mehnert abstimmen, dem Morwitz nicht über den Weg traute. Es ist wohl in erster Linie dem geschickten Agieren des Juristen Morwitz zu danken – der als Kammergerichtsrat am Kammergericht Berlin erst im Dezember 1935 in den Ruhestand versetzt wurde –, dass Stefan George Anfang Mai 1933 nicht in die braune Falle tappte. Es war der letzte Dienst, den »der Nächste Liebste«, der nach dem Ausscheiden von Kommerell nicht mehr in die erste Reihe zurückgefunden hatte, dem Meister erwies.

Morwitz tat, als referiere er das Angebot des Ministers, und gab doch insgeheim die Antwort vor, die er sich erhoffte:

Der Minister könne ja vor der Presse sagen, dass die Regierung Dich als Wegbereiter ansehe – das könntest Du nicht verhindern, da ja jeder die Werke eines Dichters nach seinem Wunsch auslegen könne. Der Minister könne wohl mehr tun und sagen, dass er sich scheue, Dich ohne Deinen Willen irgendwie einzuspannen, denn Du habest ein Recht, das Bild Deines Lebens, das bisher das Öffentliche gemieden hat, so der Nachwelt zu überliefern, wie es Dir gut schiene … Ich sagte ihm auf seine Frage, dass Du keineswegs beleidigt sein würdest, wenn der Minister Dich zunächst überhaupt nicht öffentlich nennen würde.

George hielt sich im Wesentlichen an die Linie von Morwitz, machte in seiner Antwort vom 10. Mai jedoch einige zusätzliche Ausführungen, die aus seiner Sicht Präzisierungen darstellten:

Also kurz: irgendwelchen posten, auch ehrenhalber, der sogenannten akademie kann ich nicht annehmen ebensowenig einen sold. dass diese akademie jezt unter nationalem zeichen steht ist nur zu begrüssen und kann vielleicht später zu günstigen ergebnissen führen – ich habe seit fast einem halben jahrhundert deutsche dichtung und deutschen geist verwaltet ohne akademie, ja hätte es eine gegeben wahrscheinlich gegen sie.

Anders verhält es sich mit dem positiven, (da bist Du der natur der sache nach [geändert in: unter den gegeben umständen] nicht geeignet das rechte wort zu finden): die ahnherrschaft der neuen nationalen bewegung leugne ich durchaus nicht [eingefügt: ab] und schiebe auch meine geistige mithilfe [geändert in: mitwirkung] nicht beiseite. Was ich dafür tun konnte habe ich getan, die jugend die sich heut um mich schart ist mit mir gleicher meinung … das märchen vom abseitsstehn hat mich das ganze leben begleitet – es gilt nur fürs unbewaffnete auge. Die gesetze des geistigen und des politischen sind gewiss sehr verschieden – wo sie sich treffen und wo geist herabsteigt zum allgemeingut das ist ein äusserst verwickelter vorgang. Ich kann den herrn der regierung nicht in den mund legen was sie über mein werk denken und wie sie seine bedeutung für sie einschätzen.

Es läge mir daran, lieber Ernst, dass dies wortgetreu der betreffenden stelle mitgeteilt werde, es ist durchaus überlegt. wenn es Dir wider den strich geht dies genau so weiterzugeben, so muss ich jemand anderes beauftragen. Ich gebe anschrift in München hier an, obwohl alle post über Ludw[ig] trotz seiner abwesenheit nach eintägigem umweg an mich gelangte. Schreibe weiter über das notwendige was vorgeht, auch ich muss mir näheres für eine mündliche unterredung vorbehalten. Die für Dich bestimmten persönlichen bemerkungen in bleistiftklammern sind natürlich nicht weiterzugeben. In herzlichem gedenken G. (im auftr.)[39]

Die Dramatik der Situation wird beim Blick auf das Datum klar. Am
Abend des 10. Mai fanden in fast allen Universitätsstädten des Landes
die von der Deutschen Studentenschaft initiierten Bücherverbren-
nungen statt. In Köln kam es zu Widerständen innerhalb der Professorenschaft, so dass die Aktion »aus technischen Gründen« um eine
Woche verschoben werden musste. Auch Ernst Bertram, Professor
für deutsche Literatur in Köln, hatte sich gewehrt – gegen die Diffamierung der mit ihm befreundeten Autoren; es habe ihn unendliche
Mühe gekostet, schrieb er an Glöckner, »die beabsichtigte unsinnige
Verbrennung von Gundolf und Thomas Mann hier zu verhindern«.
Er hoffe, dass »die unvermeidliche Kundgebung jetzt würdig« ver-
laufe.[40] Über George hatte Bertram bereits ein paar Tage vorher ge-
sprochen; in einer Rede vor Studenten zählte er den Dichter, der das
Hakenkreuz »zum Sinnbild seiner Hoffnungen wählte … zu den
Ahnen des Heute und Morgen«.[41]

Ahnherrschaft – das war in diesen Tagen das Stichwort. Folgt man
den Erinnerungen Kurt Zierolds, der als Leiter der Referate Literatur
und Film vom Kultusminister beauftragt worden war, den großen
Dichter zum Eintritt in die Akademie zu bewegen, war er über Georges Brief genauso entsetzt wie Morwitz. Dieser scheint den Oberregierungsrat über die Antwort aus Minusio jedoch gar nicht unterrichtet zu haben. Am 12. Mai teilte er George mit, dass ihm Zierold
vor zwei Tagen einen Artikel aus der *Deutschen Allgemeinen Zeitung*
geschickt habe, den er weiterleite »für den Fall, dass aus *diesem* Grunde Deinem offiziellen Bescheid noch etwas hinzuzufügen wäre. Ferner bitte ich um Bescheid, ob Du wünscht [sic], dass Deine Antwort
von der Regierung, falls die *Regierung* die Veröffentlichung wünscht
und vornimmt, nur als Ganzes veröffentlicht wird. Oder ist es Dir
gleichgültig, wenn die Regierung einzelne Sätze herausgreift und andere fortlässt?«[42]

Die Rhetorik war verräterisch. Natürlich konnte George nicht
wollen, dass einzelne Sätze herausgegriffen würden, und so reagierte
er entsprechend ungehalten. Er habe »nichts hinzuzufügen«, antwortete er drei Tage später und betonte, »dass ein herausreissen von sät-

zen zur veröffentlichung mir nicht angenehm sein kann«.[43] Erst jetzt
übergab Morwitz dem Oberregierungsrat eine wortgetreue Abschrift. Zierold konnte seinen Minister offenbar davon überzeugen,
dass »eine Veröffentlichung für alle Beteiligten nicht ratsam sei«; jedenfalls bitte man höheren Orts »um tiefste Verschwiegenheit«, so
Morwitz in einem weiteren Brief an George vom 25. Mai. »Ich habe
meinerseits alle Möglichkeiten zum Positiven für Dich offen gehalten. Wenn Du selbst nach Berlin kommst, wird man vielleicht mit
neuen Plänen an Dich treten.«[44] Morwitz lag wohl vor allem daran,
dass die Gespräche mit dem Ministerium über ihn liefen. Schließlich
gab es auch Kontakte Zierolds zu Thormaehlen, der drei Tage zuvor
versucht hatte, George das Angebot des neuen Staates doch noch
schmackhaft zu machen.[45]

Die Annahme, George sei deshalb am 8. Juli von Bingen nach Berlin
gefahren, ist abwegig. Wenn er tatsächlich am Fortgang des Gesprächs
interessiert gewesen wäre, hätte er Morwitz oder Thormaehlen gebeten, ein Treffen mit Zierold zu vereinbaren. Zwar verabredete er sich
mit Morwitz, wohl in dessen Wohnung in der Regensburger Straße 29,
aber nicht um Zierold kennenzulernen, sondern um die Jüngeren wiederzusehen, Bernhard von Bothmer und Silvio Markees. George
wohnte, wie schon im letzten Berliner Winter, bei Clotilde Schlayer im
südlichen Dahlem. Hätte er an seinem 65. Geburtstag Wert auf eine
staatliche Huldigung irgendwelcher Art gelegt, dann hätte er sich mit
Sicherheit nicht den ganzen Tag über in einem Häuschen am Stadtrand
versteckt, das nicht einmal seinen nächsten Freunden bekannt war.
Auch die Tatsache, dass Ludwig Thormaehlen, der solchen Spekulationen Vorschub leistete, an diesem Tag zum ersten Mal überhaupt in die
Boetticherstraße gebeten wurde, deutet darauf hin, dass George unter-
tauchen wollte (andernfalls wäre er zu Thormaehlen in die Albrecht-
Achilles-Straße gefahren, die auch über den engeren Kreis hinaus als
seine Berliner Adresse galt). Auch die von Kempner am 12. Juli ge-
machten Fotos lassen nicht darauf schließen, dass George einen Regie-
rungsvertreter erwartete. Er war nach Berlin gefahren, um sich hier, im
Auge des Orkans, »den drohenden Ehrungen zu entziehen«.[46]

Unter der Geburtstagspost, die Thormaehlen mitbrachte, war auch ein Brief von Kantorowicz. Wie hatte er an Pfingsten noch geschwärmt! Es beglücke ihn zu wissen, dass ihre Beziehung durch die politische Entwicklung, die »den einen auf diesen, den andern auf jenen Berg absetzt«, nicht einmal tangiert werde. Im Übrigen sei sein Gesuch um Beurlaubung, wie er aus sicherer Quelle erfahren habe, »außerordentlich unangenehm gewesen, weil man befürchtete, durch meine Beurlaubung d[en] M[eister] vom Eintritt in die Dichter-Akademie abhalten zu können«. Er versichere, dass er freudig »zur Stelle sein werde«, wann immer der Meister rufe.[47] Der Brief war vom 5. Juni. Vier Wochen später kamen Kantorowicz dann doch Zweifel, dass sie dasselbe meinten, wenn sie von der würdigen Zukunft der Nation sprachen. War das neue Deutschland am Ende vielleicht doch die Erfüllung eines Traumes, an der der Meister wohl, er als Jude aber niemals würde teilhaben können? Werde er als Jude angegriffen, so hatte er Pfingsten geschrieben, dann werde er sein Blut nicht verleugnen. Hier bahnte sich ein Konflikt an, der die Freundschaft mit George zu belasten drohte. In seinem Geburtstagsbrief vom 10. Juli konnte Kantorowicz die Angst vor einem Bruch nicht länger verbergen. Alle seine Wünsche wolle er an diesem Tag in dem einen zusammenfassen:

> »Es möge Deutschland so werden, wie es sich der Meister erträumt hat!«
> Und wenn das heutige Geschehen nicht bloß die Grimasse jenes Wunschbildes ist, sondern tatsächlich der wahre Weg zu dessen Erfüllung, so möge das alles zum Guten ausschlagen – und dann ist es gleichgültig, ob der einzelne auf diesem Weg mitschreiten kann – vielmehr: darf – oder statt zu jubeln beiseite tritt. »Imperium transcendat hominem«, erklärte Friedrich II. und ich wäre der letzte, der hier widerspräche.[48]

Den ganzen Sommer über quälte sich Kantorowicz mit der Frage, ob das Reich, das da heraufgezogen war und das die Rasse zum entscheidenden Kriterium der Zugehörigkeit erklärt hatte, das Reich Georges sein konnte. Immerhin hatte der vertrauteste Gefährte seit Heidelberger Tagen, Woldemar von Uxkull, der jetzt in Tübingen Alte Geschichte lehrte, den Geburtstag des Dichters zum Anlass genommen,

seinen Studenten in einer flammenden Rede zu erklären, »wie in
Werk und Leben Stefan Georges der ungeheure Umbruch beschlossen liegt«.[49] George soll lächelnd abgewinkt haben.[50] Aber wie ließ
sich beweisen, dass es sich bei Woldis Rede um »fatalen Mist« handelte?[51] Obwohl Kantorowicz am gleichen Tag, an dem er seinen Geburtstagsbrief an George schrieb, vom Dekan der Philosophischen
Fakultät mitgeteilt worden war, dass er nicht in das Vorlesungsver-
zeichnis für das Wintersemester aufgenommen werde, und obwohl
ihm (wenn auch aufgrund einer Namensverwechslung mit dem Juristen Hermann Kantorowicz) eine Einladung des New College Oxford
vorlag, wollte er das Feld nicht kampflos räumen. Am 14. November
1933 nahm er seine Lehrtätigkeit wieder auf. »Warum führte man den
Titel eines ›Professor‹, wollte man nicht in entscheidenden Stunden
auch Bekenner zu sein den Mut haben!«[52]

Kantorowicz sprach über »Das Geheime Deutschland«. Das Schil-
ler-Zitat, das er am Ende seines Vortrags auf dem Historikertag in Halle verwendet hatte, um zu illustrieren, dass für das geistige Deutschland eine andere Zeitrechnung gelte als für das politische, wurde jetzt,
dreieinhalb Jahre später, zum Ausgangspunkt neuer Überlegungen.
»Jedes Volk hat seinen Tag in der Geschichte, doch der Tag des Deutschen ist die Ernte der ganzen Zeit«, hatte Schiller 1801 geschrieben.
Die überwältigende Mehrheit der Deutschen war davon überzeugt,
dass dieser Tag für sie nun gekommen sei, und Kantorowicz trat an,
den Gegenbeweis zu führen. »Wer Augen hat zu sehen und Ohren zu
hören, der weiss, dass fast zu allen Zeiten, seit es ein ›Deutsches‹ im
emphatischen Sinne des Worts gab, bis zum heutigen Tag unabhängig
von dem jeweiligen Zustand, der jeweiligen Verfassung des Reichs immer noch ein andres Deutschland gewesen ist, welchem jenseits des öffentlich sichtbaren Reiches Wesen und Leben beschieden war … Es ist
ein Reich zugleich von dieser und nicht von dieser Welt.. ein Reich zugleich da und nicht da.. ein Reich zugleich der Toten und der Lebenden, das sich wandelt und dennoch ewig ist und unsterblich.« Nachdem er mehrfach auf George verwiesen und diesen zitiert hatte, endete
Kantorowicz mit einem Zitat aus dem *Stern des Bundes*:

> Hemmt uns! untilgbar ist das wort das blüht.
> Hört uns! nehmt an! trotz eurer gunst: es blüht –
> Übt an uns mord und reicher blüht was blüht![53]

Wenn man seinen ersten Ekel überwunden habe, fange »auch der Hass an, produktiv zu machen«, schrieb Kantorowicz am 26. November an George und berichtete von dem in seinen Augen phänomenalen Erfolg seiner Vorlesung. Er habe nur so vom Leder gezogen und sich alles vom Herzen heruntergebrüllt – »hinein in das große toten- und mäuschenstille Auditorium, das erst braun war und dann rot anlief, um beim Schlusswort (›trotz eurer gunst: es blüht‹) selig zu trampeln«.[54] Es war Kantorowiczs letzter Brief an George. Er hat den Adressaten nicht mehr erreicht.

4

Unter den Artikeln zu Georges 65. Geburtstag ragt eine Rezension heraus, die ursprünglich gar nicht als Geburtstagsartikel gedacht war. Sie erschien am 12. Juli 1933 in der *Frankfurter Zeitung* unter dem Namen K. A. Stempflinger und kam aus der Feder von Walter Benjamin:

> Stefan George *schweigt* seit Jahren. Indessen haben wir ein neues Ohr für seine Stimme gewonnen. Wir erkennen sie als eine prophetische. Das heißt nicht, dass George das historische Geschehen, noch weniger, dass er dessen Zusammenhänge vorausgesehen hätte. Das macht den Politiker, nicht den Propheten. Prophetie ist ein Vorgang in der moralischen Welt. Was der Prophet voraussieht, sind die Strafgerichte. Sie hat George … vorausgesagt. Die Weltnacht, deren Nahen ihm die Tage verdüsterte, ist neunzehnhundertvierzehn angebrochen. Und dass er ihr Ende noch nicht ermisst, hat er in einem vielsagenden Titel seines letzten Gedichtbuchs ausgesprochen: ›Einem jungen Führer im *ersten* Weltkieg‹.[55]

Der Prophet und sein Schweigen – im Schillern zwischen diesen beiden Polen gefiel sich der Essay, der im zweiten Teil ein wenig lustlos der Pflicht nachkam, zwei George-Neuerscheinungen zu rezensieren. Als er in der ersten Juni-Hälfte den Auftrag der Redaktion er-

hielt, habe er sich, so Benjamin an Scholem, ziemlich unbehaglich
gefühlt: »Wenn jemals Gott einen Propheten durch Erfüllung seiner Prophetie geschlagen hat, so ist es bei George der Fall gewesen.«[56] Der Satz gehört zu den am häufigsten verwendeten Zitaten der
George-Literatur und meint doch das Gegenteil von dem, was er
nach Wunsch derer, die ihn zitieren, beweisen soll. Dass ein Denker
wie Walter Benjamin einen Dichter vom Rang Stefan Georges als
Propheten des Dritten Reichs apostrophierte, konnte nur »Simplifi-
kateuren« einfallen.[57] Im Kontext der Rezension wird klar, was Benjamin meinte: Von dunklen Ahnungen eines bevorstehenden Krieges
erfüllt, erkannte er in George den Propheten des drohenden Strafge-
richts. Als Benjamin drei Jahre später in der Schweiz eine Briefaus-
wahl *Deutsche Menschen* vorbereitete, berief er sich in der geplanten
Einleitung noch einmal indirekt auf George: Die Absicht der vorgelegten Anthologie sei es, »das Antlitz eines ›geheimen Deutschland‹,
das man heute so gerne hinter trüben Nebeln sucht, zu zeigen. Denn
ein geheimes Deutschland gibt es wirklich.«[58]

Nicht einmal 1940 hielt Benjamin das Georgesche Werk für verloren. Drei Tage vor dem deutschen Einmarsch in Frankreich beschäftigte er sich in einem ausführlichen Schreiben an Adorno mit
dessen Aufsatz über den Briefwechsel George-Hofmannsthal.
Auch wenn er den Band bisher leider nicht zu Gesicht bekommen
habe, sei er doch endlich »einmal in der Lage, Ihnen in einem Bereich zu begegnen, in dem ich mich ganz zu Hause fühle«. Gegenwärtig falle es außerordentlich schwer, »anders von George zu
sprechen als von dem Dichter, der mit dem ›Stern des Bundes‹ das
choreographische Arrangement des Veitstanzes vorgezeichnet hat,
der über den geschändeten deutschen Boden dahingeht«. Umso
glücklicher sei er, dass Adorno eben diese »unzeitgemäße und undankbare Aufgabe: eine ›Rettung‹ Georges« in Angriff genommen
habe. Georges Werk sei zu Ende gegangen, hatte Benjamin in seiner
letzten Rezension 1933 konstatiert, ohne dass er »seinen echten und
ihm zugeborenen Kritiker« gefunden habe. In seinem Brief an
Adorno fünf Monate vor seinem Selbstmord machte er unmissver-

ständlich klar, dass der kongeniale Kritiker niemand anderer war als er selbst.[59]

Warum schwieg George, da doch die Gefahr in der Person Adolf Hitler so klar vor aller Augen stand? Benjamin hatte das Stichwort vorgegeben, und allerorten wurde es aufgegriffen. Anfang Oktober – George war gerade am Lago Maggiore eingetroffen – brachte *Die Sammlung*, die in Amsterdam erscheinende führende Zeitschrift der deutschen Emigration, einen aufsehenerregenden Artikel »Das Schweigen Stefan Georges«. Der Verfasser war der Herausgeber der *Sammlung*, Klaus Mann. Er stellte eine einzige Frage, nämlich die, was das Schweigen Georges in Bezug auf das Dritte Reich zu bedeuten habe. Nach manchem Für und Wider kam er zu diesem Ergebnis:

> Wir hoffen, dass sein Schweigen Abwehr bedeutet ... Wenn er enden will, wie er gelebt hat – mit dem untrüglichen Wissen um Reinheit, Lauterkeit und echten Adel, das uns der kostbarste, unveräusserlichste Teil seines Wesens schien – so verharre er gegen dies neue Deutschland in derselben Geste, die ihm das alte abnötigte: das Haupt weggewendet von einem Geschlecht, das sich täglich in eine noch tiefere Schande verstrickt, als die es war, von der er es reinigen wollte.[60]

George war um den 25. Juli 1933 mit Frank Mehnert von Berlin nach Wasserburg gefahren; dort besuchten ihn Berthold und Claus von Stauffenberg, Cajo Partsch und andere. Weil es am See unerträglich schwül war, wurde Cajo in die Schweiz geschickt, um ein höher gelegenes Hotel zu suchen. Er fuhr auf die gegenüberliegende Seeseite nach Rorschach, von dort hinauf nach Heiden im Appenzellerland und reservierte Zimmer im Nebengebäude des Hotels Krone. Zwei Tage später kamen George, Berthold von Stauffenberg und Mehnert nach. Sie lasen gemeinsam Fahnenkorrekturen des George-Buches von Morwitz, das Mitte November bei Bondi erschien. In Heiden erhielt George Besuch von den »Schweizern«: Robert Boehringer, Wilhelm Stein und zuletzt, nachdem Cajo abgereist war, von einem Neuen, dem zwanzigjährigen Michael Stettler. Er war ein Vetter von Robert von Steiger, der ebenfalls aus Bern stammte und dessen Ge-

dichte Georges Neugier geweckt hatten; zweimal war er schon in
Minusio gewesen.

Am 23. September schließlich traf George via Basel in Minusio ein.
Clotilde Schlayer und Walter Kempner hatten im Voraus alles organisiert, einschließlich einer Köchin. Wie schon in den beiden vorangegangenen Wintern wollte sich Clotilde Schlayer mit Mehnert in der
Betreuung Georges abwechseln; Kempner, der eine Woche später abreiste, erteilte in täglichen Telefonaten ärztlichen Rat und wachte
über die Diät. George sollte sich fleischlos ernähren, viel Rohkost
zu sich nehmen, den Wein verdünnen und das Rauchen einstellen.
George versuchte, die Vorschriften großzügig zu umgehen.

Berthold von Stauffenberg, der erste Besucher in diesem Jahr, kam
am 27. September aus Bamberg. Sein Bruder Claus hatte dort am Vortag seine langjährige Verlobte Nina von Lerchenfeld geheiratet. Nach
dem Essen waren sie zu dritt losgefahren; Berthold stieg in Bellinzo-
na um, das Hochzeitspaar fuhr weiter nach Rom. Berthold dürfte
an diesem Tag schmerzlich empfunden haben, was es bedeutete, bei
George in der ersten Reihe zu stehen. Er selbst hätte nämlich auch
gern geheiratet, aber der Meister hatte sich wiederholt gegen die Ehe
mit Maria (Mika) Classen ausgesprochen.[61]

Berthold fiel sofort der schlechte Zustand Georges auf, der sich
schwach fühlte und keinen Appetit hatte. Er benachrichtigte Mehnert, der sich mit Kempner beriet. Als Stauffenberg am 1. Oktober
aufbrach, ging es dem Meister »entschieden besser«.[62] Mehnert arbeitete im Achilleion an neuen Köpfen und zögerte seine Abreise aus
Berlin hinaus. Als er vier Wochen später in Minusio eintraf, hatte der
Kranke das Bett verlassen und schien auf dem Weg der Besserung.
Boehringer, der ihn im Oktober zweimal besucht hatte, empfahl
trotzdem, den Urologen in Basel aufzusuchen, den George schon
1924 konsultiert hatte. George hielt sich jedoch lieber an Walter
Kempner, der intern jetzt nur noch »d.A.« genannt wurde, der Arzt:
»Der hat sich das sozusagen zur Lebensaufgabe gesetzt.«[63]

Mitte November begann George wieder zu rauchen. Zwei Wochen später, zu Beginn der Gänsezeit, bat er, ihm aus Basel Gänse-

stopfleber zu schicken, nicht die teure in Terrinen, sondern hausgemachte. Statt verdünntem Bordeaux trank er zum ersten Mal wieder Niersteiner. Nachdem er am Sonntag, dem 26. November, bereits zum Frühstück mehrere Sardinen-, Käse- und Schinkenbrötchen verzehrt hatte, sackte er nach einem etwas zu üppigen Mittagessen – Entenbrust mit Rübchen und Kartoffelbrei, Salat, zum Nachtisch Milchreis mit Arrak, dazu ein Glas Weißwein verdünnt – »unmittelbar nach dem lezten bissen, beim abräumen des geschirrs« gegen 13.20 Uhr in seinem Stuhl zusammen.[64] Da George mehrmals das Kinn auf die Brust fiel, dachte Mehnert zunächst, er schlafe ein. Aber dann lief ihm ein wenig Milchreis aus dem Mundwinkel, kalter starker Schweiss brach aus, und das Gesicht färbte sich grünlich-weiß. Als George nach etwa zwei Minuten aus seiner Ohnmacht erwachte, führten ihn Mehnert und Clotilde Schlayer zum Bett, Mehnert zog ihm ein neues Hemd an. George verspürte starke Schmerzen in der rechten Seite. Gegen 15.30 Uhr traf der von Clotilde Schlayer herbeigerufene Arzt ein, der auf Drängen Georges Cibalgin verschrieb, ein Schmerzmittel, das Mehnert anschließend in der Apotheke besorgte. Um 19.00 Uhr, zur gewohnten Zeit, nahm George ein kleines Abendessen zu sich: Haferschleim und ein wenig Apfelbrei. Die Ruhebank im Atelier wurde in Georges Schlafzimmer getragen, damit Mehnert in der Nacht bei ihm sein konnte. Es folgten grauenhafte Stunden mit mehreren Schüttelfrost-Attacken und Erbrechen. Zweimal wurde der Arzt angerufen; beim ersten Mal empfahl er Kampfertabletten, gegen 3.45 Uhr kam er vorbei und gab George eine Kampferspritze. Nach drei Stunden Schlaf schien George das Schlimmste überstanden zu haben. Am Morgen erinnerte er sich, dass er als junger Mann einmal unter Schüttelfrost-Anfällen gelitten habe; das sei nach einem Ausflug nach Mainz gewesen, wo viel getrunken und gegessen wurde. Seine Mutter habe die ganze Nacht an seinem Bett gesessen und seine Hand gehalten. Am nächsten Tag sei Gérardy nach Bingen gekommen, und alles sei wie weggeblasen gewesen.[65]

Als George am Montagabend erneut kollabierte, wurde er gegen 21.00 Uhr bewusstlos in seinem Korbstuhl in die nahe gelegene Kli

nik Sant' Agnese in Muralto getragen. Georges Atmung setzte mehrfach aus, er fiel immer wieder in Ohnmacht. Mehnert schickte Telegramme an die nächsten Freunde. Am Mittwoch kam Kempner; er
war losgefahren, obwohl ihm die Charité keinen Urlaub bewilligt
hatte. Boehringer, der geschäftlich in Paris war, traf am nächsten
Abend in Locarno ein. George erkannte ihn nicht. »Ach, Robert«,
sagte er am Freitagmittag einmal. Weitere Telegramme wurden aufgegeben. Als am Samstagmorgen eine Krankenschwester Kempner aufforderte, sich hinzulegen, er habe jetzt schon so lange nicht geschlafen, sagte George, »das mache nichts, er habe auch manche Nacht für
die andern gewacht«. Die Schluckbeschwerden wurden heftiger, der
Puls sank immer wieder ab, am Samstagmittag kamen Herzprobleme
hinzu. »Am Sonntagabend wich der Schlucken einem mühsamen,
lauten Atmen, das schließlich in Röcheln überging.« Um 1.15 Uhr in
der Nacht auf Montag trat der Tod durch Herzstillstand ein. Es war
der 4. Dezember 1933.[66]

Übers Wochenende waren einige der engsten Freunde in Locarno
eingetroffen. Sie traten in den großen abgedunkelten Raum, in den
das Bett hineinragte, und konnten rundum an der Wand stehend Abschied nehmen, ohne dass der Sterbende sie erkannte. Wenn einer zu
nahe trat, machte er eine Geste, als würde allzu große Nähe ihn be-
drängen. Diejenigen, die ihn noch lebend sahen, waren, neben Robert
Boehringer und Frank Mehnert, in alphabetischer Reihenfolge (auf
das Protokoll wurde im Streit um die Nachfolge besonderer Wert gelegt): Walter Anton, Albrecht von Blumenthal, Karl Josef Partsch,
Alexander, Berthold und Claus von Stauffenberg sowie Ludwig
Thormaehlen.

Da George nicht bestimmt hatte, wo er begraben sein wollte, musste zunächst über den geeigneten Ort entschieden werden. Ein deutscher Dichter gehöre in deutsche Erde, meinte Mehnert. Boehringer
vertrat die Auffassung, ein Mensch sollte da beerdigt werden, wo er
gestorben sei, das habe auch George einmal gesagt. Bingen oder Minusio? Die beiden verständigten sich darauf, die Frage Georges
Schwester vorzulegen. Sie riefen noch in der Nacht Ernst Gundolf in

Darmstadt an, der am Morgen nach Bingen fuhr und Anna vom Tod
ihres Bruders unterrichtete. Den Ort der Beerdigung sollten die
Freunde bestimmen. Boehringer setzte sich durch; ausschlaggebend
waren wohl praktische Gründe. Und doch – das wusste Boehringer
genau – war es von ungeheurem Symbolwert für alle Zweifelnden, die
auf ein Zeichen warteten, dass George hier, außerhalb des neuen
Deutschland, auf der Grenze zwischen Nord und Süd, seine letzte
Ruhestätte fand. »So wie ihn dies letzte Jahr nicht um einen Haar-
strich aus der Bahn hat bringen können«, schrieb Wolfskehl zwei
Wochen später, »so liegt er wo er wollte am letzten Südrand des Reiches für das er sich und seine Welt erbaut hat.«[67]

Am Abend trugen Freunde den Toten in einem Eichensarg in die
Grabkapelle des Friedhofs von Minusio; an der Mauer zum angren-
zenden Schulhof war eine Grabstätte frei. Claus von Stauffenberg
organisierte ab 20.30 Uhr die im Tessin übliche Totenwache. Einbezogen wurden auch die im Laufe des Dienstag eintreffenden Ernst
Morwitz, Ernst Kantorowicz, Erich Boehringer und Woldemar von
Uxkull sowie die drei Berner Wilhelm Stein, Robert von Steiger und
Michael Stettler; Totenwache übernahmen außerdem Walter Kempner und Clotilde Schlayer, des weiteren Edith Landmann mit ihrem
ältesten Sohn Georg Peter, der im Oktober in Minusio ausgeholfen
hatte. Am Dienstagabend wurde der Sarg noch einmal geöffnet. »Sein
Antlitz war von unbeschreiblicher Hoheit … Um die Oberlippe
spielte ein feiner Zug von überlegenem Wissen; man konnte meinen,
innen lächle er.«[68] Bis Mittwoch früh standen rund um die Uhr jeweils
zwei Freunde am Sarg, die erste und die letzte Wache übernahmen
Berthold von Stauffenberg und Frank Mehnert. Die Beerdigung fand
am 6. Dezember um 8.15 Uhr statt.

Die Zahl der Trauernden, die sich in der engen Friedhofskapelle
einfanden, hatte sich auf 25 erhöht. Neben den Genannten standen
Clotilde Schlayers Schwägerin Gerda, Helmut Küpper, der anderthalb Jahre später den Bondi Verlag übernehmen sollte, Silvio Markees, der jüngere Freund von Morwitz, sowie, in der Nacht um 2.00
Uhr mit dem Zug aus Rom eingetroffen, Karl und Hanna Wolfs-

kehl. Es wurden zwölf Gedichte vom Anfang des *Maximin*-Zyklus
gelesen; als Letzter las der Jüngste, Cajo Partsch:

> Du rufst uns an, uns weinende im finstern:
> Auf! tore allesamt!
> Verlöschen muss der kerzen bleiches glinstern,
> Nun schliesst das totenamt![69]

Als die Schlusszeilen verklungen waren – »Und soviel blumen hinzu-
schütten / Dass wir dein grab nicht sehn« –, wurde der Sarg von
Freunden hinausgetragen und in die Grube gelassen. Die schwere
Granitplatte wurde geschlossen und mit den Lorbeerbäumchen aus
der Friedhofskapelle umstellt. Dann sprachen drei Freunde den
Schlusschor aus dem *Stern des Bundes*.[70] »Als wir uns von der Gruft
wegwandten«, schrieb Hanna Wolfskehl am nächsten Tag an Albert
Verwey, »ging drüben über den hohen Bergen die Sonne auf!«[71] Man
trennte sich schnell, jeder fuhr in seine Richtung.

Schon am Bahnhof in Locarno wurde Ernst Kantorowicz von der
politischen Wirklichkeit eingeholt. »Als er den Zug bestieg, sah er,
wie an einem anderen Wagenfenster einer der ›Freunde‹ die Hand
zum neu-deutschen Gruß hob und wie vom Bahnsteig zwei der Jüngsten in gleicher Form erwiderten.«[72]

Die beiden auf dem Bahnsteig dürften Frank Mehnert und Cajo
Partsch gewesen sein, die mit Boehringer in Minusio blieben, um das
Notwendige zu regeln. Auf Vorschlag von Mehnert und Berthold
von Stauffenberg war am Morgen des 4. Dezember das Büro des
Reichspräsidenten über den Tod Georges unterrichtet worden. Daraufhin hatte sich der deutsche Konsul in Lugano beim Bürgermeis-
teramt in Minusio nach dem Zeitpunkt der Beerdigung erkundigt;
der deutsche Gesandte in Bern, Ernst von Weizsäcker, sollte für die
Reichsregierung einen Kranz niederlegen. Unter den Freunden herrschte Übereinstimmung, dass man keinen Fremden dabeihaben wollte; man ließ dem Konsulat offiziell mitteilen, die Beisetzung finde am
Nachmittag des 6. Dezember um 15.00 Uhr statt. Boehringer, der seit
Jugendtagen mit Frau von Weizsäcker befreundet war, in Basel den
Nikolaus für ihre Kinder gespielt und den Ältesten, Carl Friedrich,

auch mehrmals zu George geführt hatte, setzte sich unterdessen mit dem Gesandten direkt in Verbindung, klärte ihn über die falsche Zeitangabe auf und vereinbarte die Kranzniederlegung für den Nachmittag des 7. Dezember.

Der Streit um den Regierungskranz ließ ahnen, was in den nächsten Wochen und Monaten auf die Freunde zukommen würde. Wie Peter Hoffmann rekonstruieren konnte, hatte der große Lorbeerkranz »ein schwarzweißrotes Band und ein rotes mit schwarzem Hakenkreuz auf weißem Grund; Clotilde Schlayer legte Rosen darauf, die Frank Mehnert wieder wegräumte. Kurz danach wurde das weiße Rund mit dem Hakenkreuz von Unbekannten entfernt; Frank Mehnert und Karl Josef Partsch kauften weißes Leinen und schwarzes Band und wollten von der Köchin Georges Ersatz schneidern lassen, die weigerte sich, sie nähten selbst und brachten das Ergebnis an dem roten Kranzband an.«[73]

Die charismatische Herrschaft drohte mit dem Tod des Charisma-Trägers zu zerfallen. Nach allem, was George gelehrt und gelebt hatte, war die Weitergabe seines »Wissens« nur durch persönliche Erziehung möglich. Da potentiell alle, die George nahegestanden hatten, charismatisch befähigt waren, aber keiner unter ihnen vom Herrscher besonders ausgezeichnet worden war und auch die übrigen Formen der Sukzession entfielen, war mit Georges Tod der Zusammenhalt der Gemeinschaft grundsätzlich in Frage gestellt. In erster Linie ging es jetzt um die »richtige« Verwaltung des Erbes, und das bedeutete zunächst: um die »richtige« Form der Pietät. Der Kampf um die NS-Hoheitszeichen war der Kampf um das Deutungsmonopol. Er war voll entbrannt, noch bevor die Blumen auf dem Grab vertrocknet waren.

Bereits in den Abendausgaben vom 4. Dezember erschienen die ersten Nachrufe. Kultusminister Rust hatte die Gelegenheit genutzt, sich gegenüber seinem Konkurrenten Goebbels zu profilieren,[74] und in seinem Beileidstelegramm an die Schwester aus Georges Brief vom 10. Mai zitiert, der dem Ministerium seit längerem in Abschrift vorlag: »Mit Stefan George ist nicht nur einer der größten Dichter unseres Volkes dahingegangen, sondern auch einer der geistigen Wegbereiter und Künder des neuen Deutschlands. Er, der sich noch kürzlich in einem Brief ausdrücklich zur geistigen ›Ahnherrschaft der neuen nationalen Bewegung‹ bekannte, wird bei uns immer lebendig bleiben.« Etwa die Hälfte aller Zeitungen druckte das Telegramm in der Variante, George habe sich zur »Ahnherrschaft der neuen *nationalsozialistischen* Bewegung« bekannt.[75] Die meisten Blätter zitierten dazu »An die Toten« (»Wenn einst dies geschlecht sich gereinigt von schande«) und/oder den Schluss von »Der Dichter in Zeiten der Wirren« (»Der sprengt die ketten … und pflanzt das Neue Reich«).[76] Die Nachrufe selbst waren in der Mehrzahl erstaunlich unpolitisch, jedenfalls moderat; der *Völkische Beobachter* hob vor allem die ethische Bedeutung des Georgeschen Spätwerkes hervor – das gelesen werden müsse »wie Runenschnitt in deutsches Holz«.[77]

Der Einzige, der es wagte, die frohe Botschaft des Kultusministers öffentlich anzuzweifeln, war der Redakteur der *Neuen Zürcher Zeitung*, Eduard Korrodi. Er kannte das Georgesche Werk gut und besprach seit Jahr und Tag die Neuerscheinungen. Er könne sich nicht vorstellen, schrieb er am Tag vor der Beerdigung, dass das Bekenntnis zur Nation »ohne wesentliche Einschränkungen« erfolgt sei. Die Deutschen, da sei er sich ganz sicher, würden »diesen Meister unter die Scholle als geheimnisvollen *Schweiger* sinken sehen. Und vielleicht verbriefte nichts so sehr seine unverbrüchliche Treue zur Dichtung im absoluten Begriff, seine Weisheit und seine Zucht – als das schon sprichwörtlich gewordene Schweigen Georges, das weder für noch wider das völkische Geschehen in Deutschland zu deuten war – ein Schweigen, das im letzten Sinne die Dichtung in ihrer Überzwecklichkeit erhalten wollte.«[78]

Bei allem Schweigen war so viel klar: Die Zukunft des Georgeschen Werkes, die Antwort auf die Frage, zu welchem Urteil die Geschichte am Ende gelangen würde, hing entscheidend davon ab, wie sich die politischen Verhältnisse in Deutschland jetzt entwickelten. »Sein Wort, sein Ton, sein Wille ist heute bereits das Wort für Tausende geworden, es wird in zwanzig Jahren das Wort des geistigen

Deutschland sein«, hatte Friedrich Gundolf 1910 prophezeit.[79] Für viele innerhalb und außerhalb des Kreises sah es 1933 so aus, als sei die Prophezeiung in Erfüllung gegangen und das Dritte Reich tatsächlich die Realisierung dichterischer Visionen. Aber war das neue Deutschland wirklich das geistige, das geheime, das Deutschland Georges?

Mehr als zehn Jahre sollte es dauern, bis im Freundeskreis eine Antwort gefunden wurde, die unzweideutig war. Dass sich der Entscheidungsprozess so lange hinzog, lässt ahnen, wie schwer es für die meisten Freunde auch über den Tod Georges hinaus gewesen sein muss, Traum und Wirklichkeit, Wort und Tat auseinander zu halten.

Minusio 23.XI.33
Stefan George

7 Die Tat

Größe und Verhängnis der deutschen Geschichte des 20. Jahrhunderts lagen am 20. Juli 1944 dicht beieinander. Wäre die Aktentasche mit der Bombe, die Stauffenberg am Mittag unter dem Kartentisch in der Lagebaracke des Führerhauptquartiers abgestellt hatte, günstiger platziert gewesen und Hitler getötet worden, hätte die Tat »weltgeschichtliche Bedeutung gehabt«.[1] Die Grenzen in Europa wären anders gezogen worden, Millionen Menschen hätten den Krieg überlebt. Aufgrund einer unglücklichen Verkettung von Zufällen schlug das Attentat fehl. Stauffenberg hatte ein Misslingen nicht ausgeschlossen und war darauf gefasst, dass er »als Verräter in die deutsche Geschichte eingehen« werde.[2] Ohne ihn, seinen Mut und seine Entschlossenheit wäre es zu einer vor der Welt sichtbaren Tat des deutschen Widerstands gegen Hitler nicht mehr gekommen.

In letzter Konsequenz erweist sich Stauffenbergs Opfergang als die unausweichliche Folge der überzogenen Heilserwartungen von einst. Zwei Wochen vor dem Attentat hatten Claus und Berthold einen »Schwur« aufgesetzt, um den kleinen Kreis der Verschwörer auf gemeinsame Werte zu verpflichten. »Wir wissen im Deutschen die Kräfte, die ihn berufen, die Gemeinschaft der abendländischen Völker zu schönerem Leben zu führen.«[3] Das Land, an das die Brüder appellierten und das sie vor dem Untergang retten wollten, war, wie Joachim Fest einmal bemerkte, seinen Bewohnern jedoch zusehends gleichgültig geworden. Existiert hatte es ohnehin nur in der Vorstellung. Als Claus von Stauffenberg kurz nach Mitternacht vor das Erschießungskommando im Hof des Bendler-Blocks geführt wurde, rief er laut, ein letztes Mal die Welt beschwörend, aus der er kam: »Es lebe das geheime Deutschland!«[4]

In der Gedächtniskultur der Bundesrepublik Deutschland zählt der 20. Juli zu den ruhmreichen Tagen der neueren deutschen Geschichte. Wer über diesen Tag nachdenkt, wird auch über Leben und Werk des Dichters Stefan George nachdenken, eines Dichters, der glaubte, ein Täter zu sein. »Alles was George sinnt und singt, ist tat und geschieht um der tat willen«, schrieb Friedrich Gundolf 1910.[5] Am Ende des Wegs stand ein Täter, der damit rechnen musste, dass seine Tat nur noch symbolischen Charakter haben würde.

»Das Kapitel deutscher Geistesgeschichte, das ›George – Hitler – Stauffenberg‹ heißt, wartet noch darauf, geschrieben zu werden«, mahnte Sebastian Haffner vor dreißig Jahren.[6] Es handelt vom letzten rauschhaften Höhenflug des deutschen Geistes am Vorabend der Katastrophe, aber auch von Verstiegenheit, Dünkel und Wahn. Am Anfang stand der folgenschwere Irrtum, dass der Geist die eigentliche Macht repräsentiere und alle politischen, gesellschaftlichen und ideologischen Entwicklungen ihn nichts angingen. Weil er nicht einmal im Jahr 1933 von dieser Hybris ließ, wurde der deutsche Geist, wie ihn Stephan Anton George aus Büdesheim bei Bingen aufgefasst und mit imperialer Geste vertreten hatte, mitschuldig und verschwand für immer im Abgrund der Geschichte.

Vermutlich Minusio, 1932

Anhang

Anmerkungen

Prolog

1 George an Hofmannsthal, 14. Januar 1892, George/Hofmannsthal, 15f. Wenn sich die Fundstelle aus dem Kontext ergibt, werden Zitate aus dem Briefwechsel im Folgenden nicht eigens nachgewiesen.

2 GA II.65.

3 Schon Morwitz deutete die beiden »Gesichte« als »indirekte Schilderungen« eigenen Erlebens, EM 33.

4 GA II.67.

5 FW 30.

6 George an den Vater, 11. Juli 1891, STGA.

7 Marie Herzfeld: Loris – Blätter der Erinnerung, zit. nach Fiechtner, 26; dort, S. 25f., auch das folgende Zitat.

8 Nach Hofmannsthals späterer Erinnerung berief sich George bei ihrer ersten Begegnung um den 15. Dezember auf einen Aufsatz, den er von ihm gelesen habe. Dabei könnte es sich entweder um seine Rezension dreier Romane von Maurice Barrès am 1. Oktober oder um den Essay »Englisches Leben« über Laurence und Margaret Oliphant gehandelt haben, der in zwei Folgen am 1. und 15. Dezember ebenfalls in der *Modernen Rundschau* erschien.

9 Hofmannsthal an Walther Brecht, 20. Januar 1929, zit. nach RB 226f.

10 Herbert Steiner: Der Briefwechsel George – Hofmannsthal, zit. nach Wunberg, 429, dort auch die folgenden Zitate.

11 Hermann Bahr: Loris, zit. nach Wunberg, 39–41.

12 Herzfeld, zit. nach Fiechtner, 24.

13 Berger, zit. nach Wunberg, 138–144.

14 Wolters gibt zwar das Geburtsdatum 1. Februar 1874 korrekt wieder, macht den Wiener bei der Begegnung 1891 dann aber doch ein Jahr jünger: »der fast siebzehnjährige Hofmannsthal«; FW 32; vgl. auch Wunberg, 138.

15 Brasch, 41f.

16 FW 64f.

17 Blätter 1, 1 (Oktober 1892), 1f.

18 Dies und die folgenden Zitate aus Hofmannsthals Brief an Walther
    Brecht, zit. nach RB 227.
19 Hofmannsthal, SW II, 60, 281ff. Es existiert eine zweite Abschrift Hof-
    mannsthals vom Dezember: bis auf zwei Satzzeichen identisch, aber im
    Unterschied zu der ersten Fassung in lateinischer Schrift, ohne Inter-
    punktion und in durchgängiger Kleinschreibung. Ob Hofmannsthal
    diese Abschrift auf Georges Bitte anfertigte oder ob er sich bereits mit
    der »anderen Kunst« identifizierte – auf jeden Fall hat er sich in diesen
    Tagen in der Georgeschen Kleinschreibung geübt.
20 Hofmannsthal, SW II, 61.
21 George an Hofmannsthal, 26. Dezember 1891, George/Hofmannsthal,
    9 (Hervorhebung T.K.). Es ist dies bezeichnenderweise der einzige
    Satz, den Hofmannsthal in seiner Aufzeichung über George von An-
    fang Januar 1892 zitiert; Hofmannsthal, SW II, 288.
22 Hofmannsthal, SW II, 288. Die Zeitangabe »inzwischen« bezieht sich
    auf die Tage zwischen dem 26. Dezember und dem Tag der Aufzeich-
    nung (nicht vor dem 9. Januar).
23 Die Episode mit dem Hund wird von Boehringer auf den Abend des
    10. Januar datiert; Herbert Steiner, der meinte, sie habe sich möglicher-
    weise schon früher zugetragen, bestätigte, dass sie bei Hofmannsthal
    »einen schwer auslöschbaren Eindruck« hinterließ; vgl. Geor-
    ge/Hofmannsthal, 241; Steiner, zit. nach Wunberg, 430.
24 Darunter wohl eine Abschrift von Mallarmés »L'après-midi d'un fau-
    ne« sowie das gerade erschienene Buch von Bruno Wille *Einsiedler und
    Genosse. Gedichte mit einem Vorspiel.*
25 Leopold Andrian: Erinnerungen an meinen Freund, in: Fiechtner, 52–
    64, Zitat 59. Boehringer war hinsichtlich des Rosenbouquets äußerst
    skeptisch und wollte von Andrian die Quelle wissen: »H. hat es Dir
    wohl erzählt?« F. delle Cave (Hg.): Correspondenzen, Marbach 1989,
    101. – Für Andrians »Frivolitäten« habe er »nicht das geringste Ver-
    ständnis« gehabt, meinte George 1916; EL 54.
26 Leopold Andrian über Hugo von Hofmannsthal. Auszüge aus seinen
    Tagebüchern. Mitgeteilt und kommentiert von Ursula Renner, in: Hof-
    mannsthal-Blätter 35/36 (1987), 3–49, Zitat 35.
27 Andrian (wie Anm. 26), 36, 38; dort, S. 49, auch das folgende Zitat. An-
    drians Hinweis, physischer Widerwille schließe eine homoerotische
    Beziehung nicht aus, dürfte sich kaum auf das Verhältnis Hofmanns-
    thal – George bezogen haben, sondern in erster Linie autobiographisch
    gemeint gewesen sein.
28 George an Hofmannsthal, 10. Januar 1892, George/Hofmannsthal, 12f.
29 Hofmannsthal, SW III, 39f., 342.
30 Vgl. Bernhard Böschenstein: Verbergung und Enthüllung. Georges

Präsenz in der Fortsetzung zum »Tod des Tizian«, in: Wolfram Malte Fues, Wolfram Mauser (Hgg.): Verbergendes Enthüllen. Festschrift für Martin Stern, Würzburg 1995, 277–287; Rieckmann, 55ff.

31 Undatierter Brief an Gustav Schwarzkopf, zit. nach Rieckmann, 35f.

32 Adorno, 201.

33 Andrian (wie Anm. 26), 49, dort auch das folgende Zitat.

34 Dr. Hugo von Hofmannsthal an George, 14. Januar 1892, zit. nach Rieckmann, 42; vgl. auch Petrow, 178ff.

35 Steiner, zit. nach Wunberg, 430. – Rudolf Borchardt, der Georges Wien-Aufenthalt mehrfach phantastisch ausschmückte, behauptete, Hofmannsthals Vater habe, um Georges Abreise sicherzustellen, ihn persönlich zum Bahnhof begleitet; Rudolf Borchardt: Stefan George (1868–1933), in: Kai Kauffmann (Hg.): Das wilde Fleisch der Zeit. Rudolf Borchardts Kulturgeschichtsschreibung, Stuttgart 2004, 196–245.

36 Richard Alewyn: Über Hugo von Hofmannsthal, 2. Aufl., Göttingen 1960, 29; dort, S. 32, auch das folgende Zitat.

37 Gespräch mit Walther Brecht, zit. nach Fiechtner, 341.

38 Erstveröffentlichung von Fragmenten aus dem Nachlass 1930; vgl. Hofmannsthal, GW, Erzählungen, 198–319, bes. 244–248 und 268–283, Zitat 269; zur genaueren Einordnung der zwischen 1907 und 1927 entstandenen Fragmente vgl. Hofmannsthal, SW XXX, passim, bes. 106–114, 144–150, 159–164, 187f.

39 George an Dr. Hugo von Hofmannsthal, 16. Januar 1892, George/Hofmannsthal, 242.

40 George an Hofmannsthal, 22. März 1906, Handschrift Hanna Wolfskehl, STGA.

41 FW 170, 43, 287.

42 Friedrich Gundolf: Das Bild Georges, in: Jahrbuch 1 (1910), 19–48, Zitat 37. Merkwürdigerweise hieb auch Adorno später in diese Kerbe und nannte Hofmannsthal den »Peter Pan der Lyrik«, dessen »Versuch, die Dichtung von der Sprache zu emanzipieren«, notwendigerweise in Ballett und Oper habe enden müssen; Adorno, 206f.

43 ES 222. Wolfskehls Aussage wird dadurch relativiert, dass er 1926, als seine Beziehungen zu George bereits lange eingeschlafen waren, ein freundschaftliches Verhältnis zu Hofmannsthal knüpfte und 1929 einen rühmenden Nachruf auf ihn verfasste; vgl. ES 222f. und Wolfskehl-Katalog, 112–116.

44 Alewyn, Über Hugo von Hofmannsthal (wie Anm. 36), 32.

I, 1 Der Sternegucker

1 Heinrich von Treitschke: Deutsche Geschichte im 19. Jahrhundert, Leipzig 1928, Bd.1, 167.

2 Thomas Nipperdey: Deutsche Geschichte. 1800–1866, München 1983, 78.

3 Sonntage auf meinem Land, GA XVII.11.

4 EL 65 (1918). – Zu den hundert Fenstern vgl. RB 16, zur Verwischung der Genealogie Steiner, 15, sowie RB 270. Selbst der Biograph Wolters hielt bei seinem ersten Besuch in Büdesheim 1921 das Haus des Großonkels für das Elternhaus; George/Wolters, 165 u. Anm. – Die Großeltern mütterlicherseits waren lange vor Georges Geburt gestorben, die Großmutter väterlicherseits, Maria Anna, geb. Müller, starb ein Jahr nach seiner Geburt, der Großvater Anton 1881.

5 Den Hinweis auf Mallarmé gab der Schulfreund Carl Rouge, Rouge, 25. – Wenn Georges Zylinder 1896 tatsächlich das Monogramm »E.G.« trug, wie Max Dessoir sich erinnerte, muss es sich um ein recht altes Modell gehandelt haben; Dessoir, 242.

6 EL 77 (Sommer 1919), dort auch das folgende Zitat.

7 Zur Korrektur der »Zweisprachlichkeit« vgl. George/Wolters, 309, Anm. 473; die Liebe zum Italienischen bei Brasch, 44; vgl. EL 19.

8 Die Schwesterstädte, GA VI/VII.206.

9 BV 71, dort, S. 67, auch das folgende Zitat.

10 Das Nietzsche-Zitat in: Jenseits von Gut und Böse 244, KSA 5, 185. Der gerahmte Doppel-Autograph in STGA.

11 BV 62; weitere Belege BV 61, 70 sowie EL 65, 102, 131f.

12 EL 165 (August 1926).

13 Eine kritische Edition des Textes mit ausführlichem Kommentar in: Achim Aurnhammer: »Der Preusse«. Zum Zeitbezug der »Zeitgedich-te« Stefan Georges im Spiegel der Bismarck-Lyrik, in: George, Werk und Wirkung, 173–196; vgl. auch RB 82f. sowie das Faksimile in RB 2, Tafel 54.

14 Wolters, Frühe Aufzeichnungen, 52; vgl. auch EL 38.

15 Alexander von Stauffenberg: Erinnerung an Stefan George. Vortrag 4. Dezember 1958, Typoskript, 7.

16 Beim obligaten Besuch am anderen Rheinufer will der zwölfjährige George die wallfahrenden Patrioten in ihrer Andacht gestört haben, in-dem er vorlaut bemerkte, die Dame habe aber viel Pomade im Haar; EL 85. Das Denkmal wurde jedoch erst im September 1883 eingeweiht.

17 Im Juni 2002 wurden die 60 Kilometer von Bingen bis Koblenz als er-ste deutsche Kulturlandschaft nach der Reichenau in die Liste des Weltkulturerbes der UNESCO aufgenommen.

18 GA XVII.11, dort, S. 10, auch das folgende Zitat.

19 Auf das Leben und den Tod Maximins: Das Vierte, GA VI/VII.109.

20 EL 36 (Sommer 1916).

21 Lepsius (1935), 39f.

22 Die 1912/13 gebaute Rheinbrücke bei Geisenheim wurde 1945 gesprengt.

23 EL 85 (Sommer 1919).

24 George an Albert Verwey, Juli 1902, George/Verwey, 110.

25 Lediglich 1923 und 1928 kam George nicht nach Königstein: das erste Mal wegen Krankheit, das zweite Mal, weil er seinen 60. Geburtstag am Thuner See feierte.

26 Meldekartei Königstein, Anna George.

27 George an Anna George, 11. Januar 1932, STGA. – Zu den Turbulenzen um das Binger Haus vgl. die Korrespondenz Boehringer – George 1932 (STGA IV.4 Testament/Stiftung) sowie RB 20f.

28 Angaben zum Umzug von Anna George und zu den Mietverhältnissen im Binger Haus nach den Erinnerungen der letzten Wirtschafterin, in: Binger Annalen, 7, 1975 (= Neue Beiträge zur George-Forschung 1), 56–58. – Zum Schicksal des Hauses nach 1933 vgl. KTB 49–58.

29 Stefan George in der Erinnerung seiner Bekannten und Altersgenossen, in: Rheinische Heimat, 3, 2, Beilage der Mittelrheinischen Volkszeitung, 13. Juli 1928. Die Anekdote »am Arno« überliefert Stadtverordneter Weingärtner in: Stefan George und Bingen, ebda.

30 Sonntage auf meinem Land, GA XVII.10.

31 Clemens von Franckenstein an Hugo von Hofmannsthal, Juni 1897, Hugo von Hofmannsthal, Clemens von Franckenstein: Briefwechsel 1894–1928, 53.

32 Curtius, 108.

33 Stefan George in der Erinnerung seiner Bekannten und Altersgenossen (wie Anm. 29). Zum schulischen Werdegang vgl. KTB 29–39.

34 Der Brand des Tempels, GA IX.88. Zum biographischen Bezug EM 456.

35 EL 56 (September 1916).

36 EL 205 (Januar 1930).

37 EL 30; vgl. auch Georges Äußerungen aus dem gleichen Jahr 1916, sein Vater habe »nicht das Talent gehabt … Geld zu machen … Von der Erbschaft nach dem Tode seiner Mutter sei nichts übrig geblieben«; EG 76.

38 Gundolf, George, 33; zum Hausschlüssel vgl. EL 45.

39 EL 185; dort, S. 205, auch das folgende Zitat.

40 Ida Dehmel: Der junge Stefan George. Aus meinen Erinnerungen, in: George/Coblenz 77.

41 Sabine Lepsius an Reinhold Lepsius, 8. Mai 1899. »Aber sprich nicht darüber. Ich halte es für Indiskretion, das auszuplaudern, was ich dort beobachtet habe«; zit. nach Annette Dorgerloh: Das Künstlerehepaar Lepsius. Zur Berliner Porträtmalerei um 1900, Berlin 2003, 226. – Der Hinweis auf die Herrnhuter-Atmosphäre in Lepsius (1935), 41.

42 George/Verwey, 261; vgl. auch EL 51 und 54.

43 EL 194 (1929).

44 Kindliches Königtum, GA III.92.

45 Ursprünge, GA VI/VII.129; vgl. auch RB 17 und EM 290.

46 GA IV.52.

47 Durzak, 23; dort, S. 25, auch das folgende Zitat.

48 GA II.12.

49 Zur Bedeutung des »Initiationsgedichts« für die »Werkpolitik« Georges jetzt grundlegend Steffen Martus: Werkpolitik. Zur Literaturgeschichte kritischer Kommunikation vom 17. bis ins 20. Jahrhundert mit Studien zu Klopstock, Tieck, Goethe und George, Berlin/New York 2007, 531ff.; Zitate in: Bernhard Böschenstein: »Weihe«, in: CP 250, 7–15.

50 Lepsius (1935), 79. Da die Person, offenbar ein älteres Fräulein, nirgendwo sonst in der Literatur Erwähnung findet, wäre es denkbar, dass Sabine Lepsius in ihrer Tagebuchaufzeichnung von 1909 Erzählungen Georges über Frau Brück (vgl. unten S. 134) falsch zugeordnet hat.

51 Vgl. die handschriftlichen Verzeichnisse der Bibliothek Georges von F. Gundolf (1909) und K. O. Partsch (1940) in: Nachlass II, 19–51, bes. 42f. Zu Jules Verne, Walter Scott und der »Schundlektüre« vgl. EL 44f., 124, 153.

52 Stefan George in der Erinnerung seiner Bekannten und Altersgenossen (wie Anm. 29). Dass George als »rauflustiger Gesell« galt, berichtete auch der Darmstädter Schulkamerad Hans Werner, dessen Erinnerungen freilich mit Vorsicht zu beurteilen sind; vgl. RB 22.

53 Curtius, 112.

I, 2 Heldenverehrung

1 Fuchs, 124. Fuchs irrte sich im Datum; George kam nicht 1884 neu in die Obersekunda, sondern war 1883 vom Michaelis-Coetus der Untertertia in den Oster-Coetus der Obertertia versetzt worden, ein gängiges Verfahren bei Umschulungen; vgl. Groppe, 122, Anm. 17. Die spärlichen Angaben zu Georges schulischem Werdegang nach Rouge, 20–25; KTB 29–39, 181, 201; und RB 25, dort auch das zitierte Zeugnis von 1883.

2 FW 12.

3 EL 48, 148.

4 Fuchs, 125.

5 EL 48, 148.

6 FW 12.

7 Die Opern Wagners wurden im Zeitraum 1883 bis 1888 verhältnis-
mäßig häufig aufgeführt: Der Fliegende Holländer (15x), Lohengrin
(15x), Tannhäuser (12x), Die Walküre (10x) usw. Freundliche Mitteilung Yorck A. Haase, Hessische Landes- und Hochschulbibliothek
Darmstadt; vgl. auch FW 13.

8 Deutsch 1878; Aufführungen in Darmstadt am 12. und 22. Oktober
1886, Wiederholung am 14. Januar 1887. Nochmals Dank an Yorck
A. Haase. Bei der nächsten Ibsen-Premiere, *Nordische Heerfahrt* am
8. Januar 1889, hatte George die Schule bereits verlassen.

9 Vgl. Fuchs, 126.

10 Proben aus Georges *Catilina*- und *Heermannen*-Übertragungen in
GA XVIII.115–127, die vollständigen Manuskripte in STGA; drei
Strophen aus *Brand* und ein Fragment aus der *Komödie der Liebe* in
GA XVII.64f. Über Georges Verhältnis zu Ibsen ausführlich: Arvid
Brodersen: Stefan George und der Norden, in: CP 107–109, 129–165.

11 RB 36.

12 Karl Wolfskehl: Ibsen-Jugend. Schüler-Erinnerungen (1928), GW II,
351–355.

13 Aus Ibsens Catilina, GA XVIII.117.

14 George an Arthur Stahl, Anfang Januar 1889, STGA; vgl. RB 30.

15 Ludwig Klages: Handschrift und Charakter, 3. und 4. Aufl., Leipzig
1921, 156.

16 Faksimile in KTB 185–188; dort auch das folgende Zitat.

17 EL 191, 48; dort sowie EL 51 und 198 weitere Beispiele für Georges
satirisches Talent. Es ist bezeichnend, dass George auch hier eine
nachträgliche Rückdatierung versuchte und behauptete, mit 17 habe er
keine Satiren mehr geschrieben; »Fürst Commedotutti« erschien drei
Wochen vor seinem 19. Geburtstag.

18 RB 23; vgl. auch EL 167.

19 Rouge, 23.

20 Es handelte sich um ein Gastspiel des Königlichen Hoftheaters Stuttgart; ich danke Liselotte Homering, Reiss-Engelhorn-Museen Mannheim. Der Besuch am Pfingstsonntag blieb George in besonderer Erinnerung, weil während eines Zwischenaktes die Nachricht vom Tod
Ludwigs II. eintraf, FW 30; vgl. auch Wolfgang Osthoff: Stefan George
und »les deux musiques«, Stuttgart 1989, 171, Anm. 75.

21 Blätter 1, 4 (Mai 1893), 116. Wenn das Stück eines Tages zur Auf-

führung gelange, werde der Schauspieler »zur erhöhung seiner gestalt vielleicht auch zum tragen von masken gezwungen«, hieß es an gleicher Stelle, denn seine einzige Aufgabe bestehe darin, »in gemessenen bewegungen die kristallreinen verse herzusagen wie sie nach dem traum des dichters unter dem hellenischen himmel geklungen haben mögen«. Es kam weder zu einer Aufführung noch zu der angekündigten Veröffentlichung von Fragmenten.

22 Stefan George: Phraortes. Graf Bothwell. Zwei dramatische Fragmente aus der Schulzeit. Hg. von Georg Peter Landmann, Düsseldorf und München 1975, 55.

23 David, 22.

24 Jetzt GA XVIII.5–52.

25 FW 14.

26 Die »Schokolade« und die »Führernatur« nach Rouge, 23, 22; die übrigen Zitate in Fuchs, 126f., 133.

27 George an Arthur Stahl, 18. Mai 1888 (aus London), STGA. *Darmstadt* war in griechischen Buchstaben geschrieben.

28 Fuchs, 128; dort, S. 130, auch das folgende Zitat.

29 Durzak, 23.

30 Brief an Arthur Stahl, 2. Januar 1890, RB 38; vier erhaltene Gedichte in der Lingua Romana in GA I. Anhang (»Rosa galba« und der Schluss von »Erkenntnis«; dieses unter dem Titel »Cognicion« vollständig zuerst in Werke, 2. Auflage 1968, Bd. 2, 600–604) sowie in GA XVIII.130f. (»Paz« und »El imagen«).

31 Durzak, 22; dort, S.22–40, eine gute Übersicht über die verschiedenen Stufen der Georgeschen Geheimsprachen.

32 Mallarmé, GA XVII.52–55, Zitat 53.

33 EM 290.

34 GA VI/VII.129; vgl. RB 17.

35 Ute Oelmann: Das Eigene und das Fremde. Stefan Georges indische Romanze, in: Jahrbuch des Freien Deutschen Hochstifts, 1992, 294–310, Zitat 302.

36 EM II, 96.

37 Georges Briefe an Anna Stierstädter in: Frankfurter Allgemeine Zeitung, 19. Juli 1969.

38 EL 148 (Anfang 1926).

39 Fuchs, 129f. Bei aller gebotenen Vorsicht gegenüber den Erinnerungen von Fuchs besteht kein Anlass, an dieser Episode zu zweifeln.

40 Kurzke, 49.

41 FW 16, dort auch das folgende Zitat. Nodnagel habe George »als Con-Pennäler sehr beeindruckt«, wusste auch Wolfskehl; Wolfskehl, Exil, 337f. (Brief an Siegfried Guggenheim, 11. Juni 1947). Rouge glaubte

sich zu erinnern, dass George und Nodnagel erst nach Georges Abitur näher miteinander bekannt geworden seien; Rouge, 24.

42 EL 148 (Anfang 1926); die Jahresangabe im Original.

43 Carl August Klein an George, 18. Juli 1890, STGA. Zum Walloth-Prozess vgl. Sprengel, 145f. – Walloth, der bereits in seinem 1885 erschienenen historischen Roman *Octavia* die Liebe zwischen zwei Jünglingen verherrlicht hatte, gehörte 1902 mit Alfred Schuler zu den Mitbegründern der Homosexuellen-Bewegung in München (»Wissenschaftlich-humanitäres Komitee«).

44 Legenden I: Erkenntnis, GA I.107–113; dort alle folgenden Zitate.

45 Prinz Indra, GA XVIII.83–107, dort auch die folgenden Zitate. Den Stoff zu dem aus 95 Strophen zu je vier Zeilen bestehenden Gedicht suchte George sich aus einigen Reclam-Heften mit indischer Dichtung zusammen; vgl. Ute Oelmann, Das Eigene und das Fremde (wie Anm. 35), 297. Das Versmaß, vierhebige Jamben, dürfte er direkt aus Heines Asra-Gedicht übernommen haben – mit zum Teil wörtlichen Anklängen:»Und er hätte sich so gerne / Ihm genähert, ihn gesprochen« – »Deinen namen wirst du nennen.«

46 Legenden II: Frühlingswende, GA I.115–120, Zitat 120.

47 Legenden III: Der Schüler, GA I.122–126; dort auch alle folgenden Zitate.

48 Nortons Erklärung, »Flucht schien die einzige Rettung«, ist ausnahmsweise einleuchtender als Davids Annahme, George sei gereist, »um Fremdsprachen zu erlernen«, Norton, 35, David, 26; Durzak begreift die Krise des 20-Jährigen vor allem als Sprachkrise, Durzak 41.

49 Detering, 250, 223.

50 George an Edmond Rassenfosse, Briefentwurf 1895 (Original französisch), RB 54.

51 George hatte über den Zwischenfall in einem nicht erhaltenen »schrecklichen Briefe« an die Eltern berichtet; er sei ihnen über das »Rätsel« seiner plötzlichen Rückkehr aus England »Aufklärung schuldig«, schrieb Anna ihrem Bruder am 13. September nach Paris, STGA; vgl. RB 275, Anm. 54.

52 EM II, 99. Wolters datierte den »seelischen Durchbruch« bereits auf 1886, FW 13.

53 George an Arthur Stahl, Briefentwurf, 28. Oktober 1890, RB 39f.

54 Carl Rouge, Sammelbrief, 26. August / 5. September 1888, RB 27; die Originalbriefe Georges, aus denen Rouge hier zitiert, sind verloren.

55 Marita Keilson-Lauritz: Die Rolle der Homoerotik im Werk Stefan Georges, in: Homosexualität und Wissenschaft II, hg. vom Schwulenreferat im Allgemeinen Studentenausschuss der Freien Universität Berlin, Berlin 1992, 121–139, Zitat 139.

56 GA VIII.19.

57 Stephan George an Stefan George, 6. Juni 1888, STGA.

58 George an Arthur Stahl, August 1888, RB 28. – »Grade dadurch dass ich in dem (persönliche freiheit unendlich mehr gestattenden) lande bin, werde ich ein vollständiger kosmopolit«, hatte er schon vier Wochen nach seiner Ankunft in London verkündet; George an Arthur Stahl, 18. Mai 1888, STGA.

59 George an Arthur Stahl, 18. Mai 1888, STGA.

60 George an Arthur Stahl, 15. Juli 1888, STGA.

61 George an Arthur Stahl, Januar 1889, RB 29.

62 Steiner, 16.

63 Die indische Prinzessin im Brief an Stahl vom 8. August 1888, STGA; die Highlife-Damen von Montreux im Brief an Stahl von Anfang Januar 1889, RB 30.

64 Detering, 223f.

65 Brief an Arthur Stahl, Anfang Januar 1889, RB 29f.; die Formulierung »ganz hinten im Hessischen« nach EL 48, dort fälschlicherweise auf Carl Rouge bezogen.

66 Mess zit. nach RB 273; Anna Raab an George, 18. März 1888, STGA. – »Apropos denkst Du auch noch an Frau Raab jene Idealphilistera die in so freigiebiger weise uns ihr haus öffnete, ihre Küche und ihr bestes geschirr in so liberaler weise zur verfügung stellte? Es wäre undankbar, wenn wir ›Ihrer‹ nicht zuweilen gedächten!!«, George an Arthur Stahl, 14. August 1888, STGA.

67 EL 79 (Sommer 1919).

68 Die Widmung von Mrs. Mess in: Nachlass II, 39 und 237–239; der Hinweis auf *David Copperfield* in einem Brief von Karl Wolfskehl an Ralph Farrell, in: Ralph Farrell: Stefan Georges Beziehungen zur englischen Dichtung, Berlin 1937, 29; von Bulwer-Lytton las George außerdem den Erstling von 1828 *Pelham, or the Adventures of a Gentleman*; George an Arthur Stahl, 15. Juli 1888, STGA.

69 Albert Speer: Spandauer Tagebücher, Berlin 1975, 136. Zu Hitlers Rienzi-Erweckung vgl. Joachim Köhler: Wagners Hitler, München 1998, 31ff.; dort, S. 33, auch das folgende Hitler-Zitat vom 20./21. Februar 1942.

70 Curtius, 112.

71 RB 152.

72 Bei der Zeile »Schweige die Klage!« (GA II.70) handelt es sich um eine wörtliche Übernahme aus dem Zweiten Akt der *Götterdämmerung*; vgl. Osthoff (wie Anm. 20), 125f.

73 In diese Zeit fallen auch die völlige Distanzierung von Ibsen und die Ablehnung der von George zunächst geschätzten russischen Literatur.

Während der Schulzeit hatte er Turgenjew und Gogol gelesen; später sprach er über russische Literatur nur mit Abscheu: »Da wird mir's einfach schlecht«; EL 168, vgl. auch EL 34, LT 82, BV 61 u.ö.

74 KH 108.

75 Gespräch mit Edgar Salin (September 1920), ES 271; vgl. auch EL 60f.

76 Theodor Heuss: Über Stefan George und seinen Kreis, in: Die Hilfe, 1913, 41, 650.

I, 3 Paris – Berlin

1 RB 31.

2 KTS 93. – Weder Boehringer noch Wolters erwähnen Dr. Lenz. George selbst war dankbarer und suchte noch 1903 seine Adresse herauszufinden; Klein an George, 8. Juli 1903, STGA.

3 George wohnte dort nachweislich noch 1896. Ein paar Häuser weiter, rue de l'Abbé de l'Epée 3, bezog 1902 Rilke sein erstes Pariser Domizil.

4 Albert Saint-Paul: Stefan George et le symbolisme français, in: Revue d'Allemagne, Nr. 13–14, November-Dezember 1928, 397ff.; auf Deutsch leicht gekürzt in: Die Literarische Welt, 4, 28, 13. Juli 1928; eine besser redigierte Übersetzung in: Neue Zürcher Zeitung, 8. Juli 1928; nach dieser wird im Folgenden zitiert.

5 Vgl. Wolters, Frühe Aufzeichnungen, 26: »In Paris freilich verriet er anfangs noch nicht, dass er selbst Gedichte mache, Saint-Paul glaubt[e] es nicht und sagte: ›Wenn Sie [jetzt noch] keine machen, so werden Sie welche machen‹.«

6 FW 19. Der Garten des Hôtel des Américains war unter den Literaten so beliebt, dass Mallarmé an heißen Sommerabenden seinen Jour dort abzuhalten pflegte; Wais, 492.

7 George an Albert Saint-Paul, 6. November 1889, zit. nach RB 217. – Die gesamte Korrespondenz mit Saint-Paul im Original französisch.

8 GA II.47.

9 David, 42.

10 Carl August Klein: Über Stefan George, eine neue Kunst, in: Blätter 1, 2 (Dezember 1892), 47.

11 Albert Saint-Paul an George, Dezember 1890, RB 217; die Wendung »einer der Unseren« taucht auch im ersten Brief Mallarmés an George vom 28. Februar 1891 auf, in dem Mallarmé George als »mon cher exilé« anspricht, RB 202.

12 [Albert Saint-Paul:] Deux Poèmes de Stéphan George, in: L'Ermitage, 2, 10, Oktober 1891, abgedruckt bei Fechner, 33f.

13 Klein: Über Stefan George (wie Anm. 10), 46, 47, 50. Zur Frage der Autorschaft vgl. unten S. 91f. und Anm. 42.

14 Eckhard Heftrich: Was heißt l'art pour l'art? in: Roger Bauer u. a. (Hgg.): Fin de siècle. Zu Literatur und Kunst der Jahrhundertwende, Frankfurt am Main 1977, 16–29, Zitat 25.

15 Schmitz, 169.

16 George an Albert Saint-Paul, 9. Januar 1891, RB 218.

17 Albert Saint-Paul an George, Dezember 1890, RB 217.

18 George an Saint-Paul, Briefentwurf, 9. Januar 1891, RB 217f.

19 Albert Saint-Paul an George, Dezember 1890, RB 217.

20 Vgl. RB 205, 301.

21 George zu Edith Landmann im Sommer 1916, EL 37; da sich in Mallarmés Dankschreiben vom 11. Januar 1898 keine entsprechende Bemerkung findet, liegt die Vermutung nahe, dass George das *Jahr der Seele* am 9. oder 10. Januar persönlich überreichte und Mallarmé bei dieser Gelegenheit seine Bewunderung für die Typographie zum Ausdruck brachte, vgl. RB 206.

22 Mallarmé, zuerst in Blätter 1, 5 (August 1893), 134–137; GA XVII.52–55, Zitat 55.

23 Wais, 15f. Dort auch ein Großteil des im Folgenden verwendeten biographischen Materials.

24 Wais, 167.

25 EM 227.

26 Wais, 169.

27 Gustave Kahn: Symbolistes et décadents, Paris 1902, zit. nach KTS 98. Mallarmé sei für ihn das Paradebeispiel eines Dichters, der sich vergeblich bemühe, »das heilige Feuer großer Poesie zu simulieren, während der Poet lediglich 37 Grad aufzuweisen hat«; Julien Green: Tagebücher. 1955–1972, München/Leipzig 1990, 327 (4. Mai 1959).

28 Houston Stewart Chamberlain an Cosima Wagner, zit. nach Wais, 1.

29 Franken, GA VI/VII.19.

30 Breysig, 16.

31 Curtius, 112.

32 George an Albert Saint-Paul, 23. März 1891, RB 32.

33 Baudelaire: Die Blumen des Bösen. Umdichtungen von Stefan George, Berlin 1901, Vorrede; dort auch das folgende Zitat.– Zehn Jahre vor der Erstausgabe, zu Weihnachten 1891 hatte George 37 Übertragungen in der Handschrift Kleins in 25 Exemplaren vervielfältigen lassen.

34 Hubert Arbogast: Die Erneuerung der deutschen Dichtersprache in den Frühwerken Stefan Georges. Eine stilgeschichtliche Untersuchung, Köln/Graz 1967, 63. – »Indem er sich an Baudelaire übte, entdeckte er sich selbst«, David, 57.

35 Zu dem »Tombeau de Charles Baudelaire« vgl. GPL 10 u. 80; der Spendenaufruf in Blätter 1, 1 (Oktober 1892), 32; die Namen der Spender, darunter Hugo von Hofmannsthal, in Blätter 1, 3 (März 1893), 96; vgl. George/Hofmannsthal, 47 u. 49. Zu dem Aufruf für Verlaine vom Januar 1897 vgl. KTS 103.

36 Franken, GA VI/VII.19.

37 Gemeint sind die Nummern GPL 3, 9, 18, 26 und 33; vgl. Fechner, 31–86.

38 RB 220.

39 KTS 94f. George soll sogar beim verantwortlichen Redakteur, Valette, vorstellig geworden sein, um ihm »Winke zur Verbesserung des deutschen Mitarbeiterstabes« zu geben; Curt Hirschfeld: Stefan George und Frankreich, in: Die Horen, 5, 11, 1928/29, 988–994, Zitat 991.

40 George an Saint-Paul, Februar 1893, RB 220.

41 Carl August [Klein]: Lettre de Berlin, in: La Plume, 98, 15. Mai 1893; Fortsetzung in: La Plume, 101, 1. Juli 1893, beide Artikel abgedruckt bei Fechner, 73–76.

42 Ute Oelmann: Notizen Stefan Georges zu Literatur und Kunst, in: GJb 1, 153–170, Zitat 157. – Karl August: La littérature allemande contemporaine, in: L'Ermitage, 3, 10 (Oktober 1892), abgedruckt bei Fechner, 46–49. – Wolters, der Auszüge aus diesem Artikel bringt, zitiert in seiner Rückübersetzung die inkriminierten Gedichte zum Teil ausführlicher als der Verfasser des Originals – ein weiterer Beweis für Georges Autorschaft; vgl. FW 57. – Fragmente aus dem Manuskript, das George Saint-Paul übergab und das verschollen ist, bei Enid Lowry Duthie: L'influence du symbolisme français dans le renouveau poétique de l'Allemagne, Paris 1933, 514f. u. 539. Entgegen den Angaben bei Fechner und GPL ist Kleins Aufsatz in Blätter 1, 2 (Dezember 1892), 45–50, nicht identisch mit dem in L'Ermitage; die Fußnote in Blätter 1, 2 ist irreführend.

43 Vgl. Wais, 279–281.

44 George: Mallarmé, GA XVII.55. – Das Mallarmé-Zitat hatte sich George notiert: »Die menschheit kann nicht ohne eden sein sagt Stefan *Mallarmé*«; Oelmann, Notizen Stefan Georges (wie Anm. 42), 155, 166. Noch dreißig Jahre später zitierte er den Satz im Gespräch; EL 84. – Zur ästhetischen Abgrenzung zwischen den *Ecrits pour l'Art* und den *Blättern für die Kunst* vgl. auch die Rezension von Pierre Quillard im *Mercure de France* vom November 1892, abgedruckt bei Fechner, 49f.

45 Vgl. Lutz Kube: Stefan George und die Berliner Universität, in: Wiss. Zeitschrift der Humboldt-Universität zu Berlin, Reihe Ges. Wiss., 38 (1989), 6, 639–646.

46 Carl August Klein: Die Sendung Stefan Georges, Berlin 1935, 11.

47 Zit. nach Klaus von Beyme: Das Zeitalter der Avantgarden. Kunst und Gesellschaft 1905–1955, München 2005, 55.

48 Theodor Fontane an Georg Friedlaender, 21. Dezember 1884, in: ders.: Briefe in zwei Bänden, Berlin und Weimar 1981, Bd.2, 130.

49 Richtiger hätte es natürlich heißen müssen »Asyl für geistig Obdachlose«. – Vgl. zu diesem Komplex Sprengel, 619–626, sowie Jürgen Schutte und Peter Sprengel (Hgg.): Die Berliner Moderne. 1885–1914, Stuttgart 1987, Einleitung, bes. 13–16, dort auch das Bleibtreu-Zitat; Hermann Conradi: Unser Credo, ebda., 181–186; David, 34.

50 Sprengel, 627.

51 FW 15. »Solche Sachen«, äußerte George im April 1904 mit Bezug auf Paul Heyse, »lese er jetzt schon lange nicht mehr«; Kronberger, 46. Schon lange? Immerhin hatten George und Wolfskehl noch im Januar 1902 darüber diskutiert, ob sie Heyse – neben Leuthold und Geibel! – nicht doch in den Dritten Band *Deutsche Dichtung* aufnehmen sollten; am Ende sprach sich Wolfskehl gegen »Heyses Specktroubadourerey« aus; Deutsche Dichtung 3, 196.

52 Sprengel, 533; vgl. 536.

53 Rudolf Vierhaus (Hg.): Das Tagebuch der Baronin Spitzemberg, Göttingen 1960, 284.

54 Max Weber zit. nach Marianne Weber: Max Weber. Ein Lebensbild, Heidelberg 1950, 142; Georg Simmel: Philosophie des Geldes, Frankfurt am Main 1989, 669.

55 »Das Zeitalter der Nervosität« hieß das Eingangskapitel in *Kornigs Umgangs-Handbuch für den Verkehr mit Nervösen*, Berlin und Leipzig 1893, 5; ich danke Joachim Radkau für eine Kopie. In der Literaturgeschichte findet sich der Begriff »Nervosität« erstmals 1900 bei Richard M. Meyer, der allerdings das Jahrzehnt 1880–1890 als das nervöse bezeichnen wollte und für die neunziger Jahre, nicht zuletzt im Hinblick auf George, den Begriff »Konzentration« wählte; Richard M. Meyer: Die deutsche Literatur des Neunzehnten Jahrhunderts, 2. Aufl., Berlin 1912, 657.

56 George an Arthur Stahl, 2. Januar 1890, STGA.

57 »Herr stud. Edienne George«, »Herr stud. Aug. Klein« laut »Mitglieder-Verzeichniss des Vereins ›Freie Bühne‹, aufgenommen bis 1. Januar 1890«; Faksimile in: S. Fischer, Verlag. Von der Gründung bis zur Rückkehr aus dem Exil, Marbach 1985, 39, 41. Neben den eigentlichen Naturalisten gehörten dem Verein so unterschiedliche Personen an wie Richard Dehmel, Hedwig Dohm, Theodor Fontane, Alfred Kerr, Rudolf Mosse und Max Liebermann.

58 So bereits 1884 in »Dantes Psychologie«; vgl. Lichtblau, 178ff., 205f.

59 Die später vielfach unterstrichene Exklusivität der *Blätter* hätte erheb-

lich an Glaubwürdigkeit eingebüßt, wären Georges Kontakte zu den Naturalisten bekannt geworden. Wo überall er damals unterzukommen suchte, muss offen bleiben. Dokumentiert sind außer der Absage Conrads sowohl Kontakte zur »Freien Literarischen Gesellschaft« (März 1891) als auch zu den Brüdern Hart (Frühjahr/Sommer 1892); vgl. Klein an George, 18. Juli 1890, 25. März 1891, 26. März 1892, STGA.

60 FW 29; Klein, Die Sendung (wie Anm. 46), 25f.

61 Klein an George, 12. April 1890, STGA.

62 Klein an George, 16. September 1890, STGA; George an Klein, 30. September 1890, faksimiliert in: Klein, Die Sendung (wie Anm. 46), 27.

63 Carl August Klein: Über Stefan George, eine neue Kunst, in: Blätter 1, 2 (Dezember 1892), 49; dort auch das folgende Zitat.

64 Weihe, GA II.13. Zitate aus GA II werden im Folgenden nicht einzeln nachgewiesen.

65 David, 39.

66 In Baudelaires »Bénédiction« (»Segen«) werden die Irrfahrten des Dichters als »pèlerinage« bezeichnet: »Der geist, sein führer auf den pilgerzügen, / Weint da er ihn so frisch und heiter schaut«; GA XIII/XIV.10. Als Titel erwog George alternativ: Pilgerzüge, Braut- und Pilgerzüge bzw. Braut- und Wanderfahrten; vgl. SW 2, 95, 109.

67 Diesen Standpunkt vertritt überzeugend Durzak, der alle denkbaren Quellen auflistet; Durzak, 196–211. – Obwohl George in der von ihm benutzten historischen Literatur auch auf Zeugnisse der Homosexualität des Kaisers stieß, hielt er sich in diesem Punkt auffallend zurück. »Bei Algabal ist das homoerotische Element noch ganz narzisstisch«; Eckhard Heftrich: Stefan George, Frankfurt am Main 1968, 43.

68 Georg Lukács: Deutsche Literatur im Zeitalter des Imperialismus, Berlin 1945, 32.

69 Wolfdietrich Rasch: Die literarische Décadence um 1900, München 1986, 179.

70 Durzak, 15.

71 »Das neueste in der reklame macht F[elix] Holländer der kleine jude: die urteile der presse werden auf einem litfassplakat fein geordnet bekannt gegeben unter dem titel … Ein moderner roman von F. H. dem verfasser von …«; Klein an George, Ende 1891, STGA.

72 Ob es im Mai 1892 zu einer persönlichen Begegnung kam oder nicht, muss offen bleiben. Hofmannsthal konnte sich sechs Jahre später jedenfalls nicht an ein Treffen erinnern; vgl. seinen Brief an George vom 2. Dezember 1898: »von Aufenthalten Ihrer Person in meiner Stadt seit jenem ersten Mißverstehn und Auseinandergehn ist mir, das versichere ich, nichts bekannt geworden«; George/Hofmannsthal, 144. Vgl. dagegen Kleins Brief an Hofmannsthal vom 24. Juni 1892: »In

dem zeitungsplan von dem Sie durch h. S. George kenntnis nahmen ...«, ebda., 21.

73 Klein, Über Stefan George (wie Anm. 10), 45–50.

74 Julius Hart in: Freie Bühne für den Entwicklungskampf der Zeit, 3. Dezember 1892, 1334–1336, zit. nach Fechner, 58f. Der Artikel über »die reine Phantasiekunst, von der man sagt, dass sie demnächst die Mode für sich hat«, enthält den frühesten nachweisbaren Hinweis auf George in Deutschland. Es ist doppelte Ironie, dass er ausgerechnet in der *Freien Bühne* erschien, dem Blatt jenes Vereins, dem George und Klein drei Jahre zuvor beigetreten waren, und dass George unter dem Vornamen Richard Einzug in die Literaturgeschichte hielt. Hart verwechselte ihn offensichtlich mit dem weithin bekannten Übersetzer Richard George.

75 EL 105 (1920).

76 FW 28.

77 GA VI/VII. 28. Das gleiche Bild benutzte George auch in Bezug auf den Morphinisten Richard Perls.

78 Klein, Über Stefan George (wie Anm. 10), 48. – Zum Gebrauch von Rauschmitteln im Umfeld Georges vgl. auch den Brief von Hanna Wolfskehl an Gundolf vom 27. August 1903: »alles was man sagen kann ist: Haschisch«; Wolfskehl/Gundolf I, 185 und Anm. 586.

79 EM 233. – Klein, der George seinerseits bis in die späten neunziger Jahre als »Lieber Etienne« oder »Werter Etienne« ansprach, unterschrieb seine Briefe und Karten bis Oktober 1895 ausschließlich mit »August Klein«; je seltener sie in den folgenden Jahren Kontakt hatten, desto konsequenter brachte er sich dann als »Carl August« in Erinnerung.

80 George/Hofmannsthal, 63f.; Georges Entwurf zit. nach Rieckmann, 96.

81 Klein an Hofmannsthal, 10. Juli 1892, George/Hofmannsthal, 26.

82 George an Clemens von Franckenstein, undatierter Entwurf, zit. nach Rieckmann, 96.

83 FW 28.

84 Klein an George, 2. April 1891, STGA.

85 Klein an George, 22./23. April 1891, STGA.

86 Klein an George, 24. Juni 1891, STGA.

87 Klein an George, 30. Dezember 1891, STGA.

88 Carl August Klein: Sendschreiben, in: Allgemeine Kunst-Chronik, 19, 4 (Februar 1895), 99, zit. nach Fechner, 134.

89 Klein an George, Anfang 1892, STGA.

90 LT 19.

91 FW 28.

92 Carl August, GA VI/VII.28f.

I, 4 Lauter Abschiede

1 Rouge, 24.

2 RB 28.

3 Rouge an George, 27. August 1890, STGA; dort auch alle folgenden Zitate. »Diese ganze Sache mit der Sphäre ist Kanabvorkauwerk[?]«, hatte George am Fuß der ersten Seite in Bleistift hinzugefügt; auf Seite 3 notierte er am Rand: »Schreiber dieses hat wohl nie den größten dichter Dante gelesen od[er] Petrarca?«

4 Vgl. die Varianten und Erläuterungen in SW 2, 100–108.

5 George an Rouge, Entwurf, etwa 1. September 1890, RB 39.

6 George an Stahl, Entwurf, 28. Oktober 1890, RB 39f.; dort auch die folgenden Zitate. Vier Wochen nach dem zweiten Paris-Aufenthalt bringt George seinen dichterischen Neuanfang noch immer mit der England-Reise 1888 in Zusammenhang.

7 George an Stahl, 11. Dezember 1890, SW 2, 88.

8 »Hier folgen zwei mark für die eine verkaufte Hymne. Behr oder Behrs gab sie an einen bücherliebhaber Unter den Linden zu 3 mark trotz ausdrücklicher verabredung zu 5«; Klein an George, 7. August 1891, STGA. Eine Reichsmark hatte zu Beginn der neunziger Jahre einen Wert von etwa 5,60 €.

9 Vgl. die Varianten und Erläuterungen in SW 2, 109–118, dort auch die angeführten Zitate. Die von George beibehaltene Schreibweise »Schasmin« (GA II.65) wurde von Robert Boehringer 1958 stillschweigend doch noch in »Jasmin« geändert.

10 RB 37.

11 George 1932 im Gespräch mit Clotilde Schlayer, mitgeteilt in: Katharina Mommsen: Zur Bedeutung Spaniens für die Dichtung Stefan Georges, in: GJb 2, 22–48, hier S. 29. Dem biographisch aufschlussreichen Vortrag, der auch eine einfühlsame Interpretation der von Georges Spanien-Erlebnis inspirierten Dichtungen bietet, verdanke ich wichtige Hinweise.

12 Wolters, Frühe Aufzeichnungen, 27f. – Clotilde Schlayer, die eine spanische Mutter hatte, rühmte noch Anfang der dreißiger Jahre Georges Aussprache; es sei eine Lust gewesen, ihm zuzuhören, »besonders wegen der herrlich gerollten ›rrrr's‹«; Mommsen, Spanien (wie Anm. 11), 29.

13 BV 62f. In der Literatur werden Elche, Murcia, Cartagena sowie Sevilla als weitere Stationen im Süden genannt.

14 FW 22.

15 GA III.88.

16 Belege u.a. in der Handschrift der Baudelaire-Übersetzung (SW 13/14, Anhang), in einem Gedicht von Dauthendey (Blätter 1, 3 [März 1893],

81; vgl. dazu Max Dauthendey: Gedankengut aus meinen Wanderjahren, München 1913, 159, und FW 63) und in der Korrespondenz mit
Ida Coblenz (George/Coblenz, 38).

17   Die Vermutung, George habe sein erstes Barett in Irún gekauft, bei
Mommsen, Spanien (wie Anm.11), 31f.; das Zitat in RB 35.

18   FW 23.

19   Ludwig Pfandl: Philipp II. Gemälde eines Lebens und einer Zeit,
8. Aufl., München 1973, 391.

20   GA II.46; vgl. Jörg-Ulrich Fechner: Erfahrungen spanischer Wirklich-
keit in frühen Gedichten Stefan Georges, in: CP 138, 52–76. Katharina
Mommsen hat den Nachweis geführt, dass auch das Gedicht »Nach-
mittag« (»Sengende strahlen senken sich nieder«) aus den *Hymnen*
(GA II. 20) unmittelbar auf den Besuch des Escorial zurückgeht; vgl.
Mommsen, Spanien (wie Anm. 11), 38 ff.

21   Pfandl, Philipp II. (wie Anm. 19), 394f.; dort auch das folgende Zitat.

22   Wolters, Frühe Aufzeichnungen, 27.

23   FW 23.

24   Wolters, Frühe Aufzeichnungen, 27.

25   RB 224. – Auch Muret wanderte nicht aus, sondern setzte sein Studium
in München fort und stand bis Ende 1895 mit George in Briefkontakt.

26   Klein an George, 11. März 1890, STGA.

27   Der Atlas *Nombes géograficos de Mexico* von 1888 stand noch zwanzig
Jahre später in Georges Bibliothek; Nachlass II, 24. Eine vollstän-
dige Liste der erhaltenen spanischen (und mexikanischen) Bücher in
Mommsen, Spanien (wie Anm. 11), 26.

28   Vorausgegangen war ein kurzer Hinweis von Georg Brandes im Juni
1893; beide Dokumente abgedruckt bei Fechner, 78 und 81ff.; vgl. auch
FW 50–52. – Mit Stanislaw Rozniecki, dem dänischen Mittelsmann,
stand George noch einige Zeit in Korrespondenz, obwohl dieser sich
kritisch über die *Hymnen* geäußert hatte, die ihm über weite Strecken
unverständlich waren; vgl. Norton, 87.

29   George an Dr. von Hofmannsthal, 16. Januar 1892, Geor-
ge/Hofmannsthal, 242.

30   GA VI/VII. 164; vgl. auch die Tafel »An Ugolino«, GA VI/VII. 195.

31   Nach den Erinnerungen von Ida Coblenz, zuerst erschienen 1935 im
Berliner Tageblatt, George/Coblenz, 77–84, Zitat 77; dort, S. 78, auch
das folgende Zitat.

32   Ida Coblenz an ihre älteste Schwester Alice Bensheimer, 14. Januar
1904, Wegner, 207. Auf die Ida-Dehmel-Biographie von Matthias Wegner greife ich im Folgenden mehrfach zurück.

33   Der Konfirmationsanzug ließ Ida keine Ruhe, sie erwähnte ihn bei jeder Gelegenheit. George »sei ein sehr eigenartiger Junge gewesen; im-

mer ganz gravitätisch im schwarzen Konfirmations-Anzug ausgehend«; Harry Graf Kessler, Tagebuch, 12. Mai 1910.

34 EL, 205; die Zitate aus den Erinnerungen von Ida Coblenz in George/
    Coblenz, 77.

35 Ida Dehmel. 1870–1942. Ausstellung, Staats- und Universitätsbiblio-
    thek Hamburg, Hamburg 1970, 11.

36 Wegner, 37.

37 Wegner, 45.

38 Ida Coblenz an George, nach Weihnachten 1892, George/Coblenz, 39.

39 Gespräch, GA II. 43; der Brief vom April in George/Coblenz, 29f.

40 So Georg Peter Landmann in der Einführung zum Briefwechsel,
    George/Coblenz, 7. Ida Coblenz hat den Hintersinn wohl geahnt,
    wenn sie George schrieb: »Wie kommt es, dass Sie mich gerade nach
    diesem Gedicht fragen?«, ebda., 30.

41 George/Coblenz, 78.

42 George an Ida Coblenz, Juni 1892, mit der Überschrift »Rath für schaf-
    fende«, George/Coblenz, 31f.; publiziert in Blätter 2, 3 (August 1894),
    74; später in Tage und Taten, GA XVII. 84.

43 Ida Coblenz an George, 18. März 1893, George/Coblenz, 41.

44 Auszüge aus der Korrespondenz mit Fritz Kögel in George/
    Coblenz, 85ff., Zitat 87.

45 George an Klein, vermutlich Juni 1892, STGA.

46 George an Ida Coblenz, 2. Juli 1892, George/Coblenz, 33.

47 Wegner, 207. Der Artikel von Fritz Kögel war in *Die Gesellschaft* er-
    schienen, zit. nach Sprengel, 538. In Blätter 2, 3 (März 1893), 70f., ver-
    öffentlichte Kögel unter der Überschrift »Von der Kunst« sechs mit
    Mühe gereimte Aphorismen; selbst Ida Coblenz gab zu, sie seien
    »nicht besonders individuell«; George/Coblenz, 41.

48 Klein an Hofmannsthal, 17. Juli 1892, George/Hofmannsthal, 28.

49 Stern's Literarisches Bulletin der Schweiz, 1, 6 (1. Dezember 1892), zit.
    nach Fechner, 55f. – Ein weiterer Titel von Stern, *Aus den Papieren
    eines Schwärmers. Worte an die Zeitgenossen* (1892), in Georges Bib-
    liothek; Nachlass II, 86.

50 Das unpublizierte Romanfragment *Daija* im Umfang von 171 Typo-
    skriptseiten befindet sich im Richard-Dehmel-Archiv der Staats- und
    Universitätsbibliothek Hamburg. Grundlage bilden Kindheits- und
    Jugenderinnerungen, mit deren Niederschrift Ida Coblenz 1901, nach
    ihrer Eheschließung mit Dehmel, begann. Die zitierte Stelle in: Thomas
    Schäfer: Wortmusik – Tonmusik. Ein Beitrag zur Wagner-Rezeption
    von Arnold Schönberg und Stefan George, in: Die Musikforschung,
    47, 3 (1994), 261.

51 George an Ida Coblenz, 20. November 1892, George/Coblenz, 38.

52 GA VI/VII.158. Für Adorno, der das Gedicht in seiner »Rede über Lyrik und Gesellschaft« einer eingehenden Analyse unterzog, zählten die
Schlusszeilen »zum Unwiderstehlichsten ... was jemals der deutschen
Lyrik beschieden war«. Es sei vor allem das auf den ersten Blick sinn-
lose Wort »gar« in der viertletzten Zeile, »das mit der Kraft eines déjà
vu den Rang des Gedichtes stiftet ... die großen Kunstwerke sind jene,
die an ihren fragwürdigsten Stellen Glück haben«; Theodor W. Adorno: Noten zur Literatur I, Frankfurt am Main 1958, 101f.

53 Ida Coblenz in ihren Erinnerungen von 1935, George/Coblenz, 79.

54 Ida Coblenz: Daija, zit. nach Wegner, 55.

55 Ida Coblenz an Sabine Lepsius, 24. Juli 1935, George/Coblenz, 18.

56 Ida Coblenz: Schiffstagebuch von 1937, zit. nach Wegner, 377.

57 Ein lezter Brief, zuerst 1903 in Tage und Taten, GA XVII. 27f.

58 GA III. 107.

59 George an Ida Auerbach, 26. Juni 1895, George/Coblenz, 52.

60 GA XVII. 21 (Interpunktion nach der Handschrift in RB 60); die Erinnerung von Ida Coblenz in George/Coblenz, 80.

61 In ihren Erinnerungen spricht Ida Coblenz von mehreren Liebesbrie-
fen, ohne den Verfasser namentlich zu erwähnen, vgl. George/Cob-
lenz, 80; Rat suchte sie unter anderem auch bei einem Binger Onkel
und bei ihrer ältesten Schwester, die beim Vater vergeblich zu vermitteln suchten, vgl. Wegner, 71f., sowie bei Fritz Kögel, vgl. George/
Coblenz, 86f.

62 Luise Schulze-Brück: Rheinische Leut', Köln 1922. Der Band enthält
eine biographische Einführung ihrer Schwester Franziska Bram, die
1928 auch einige Erinnerungen an Georges Besuche im Hause Brück
mitteilte (vgl. GPL 720, 726). An Luise Brück ist das Gedicht »An
Luzilla« gerichtet, GA III. 39.

63 Wegner, 86; Fontanes *Effie Briest* erschien 1895, im Jahr von Idas
Eheschließung, als Buchausgabe. Das Zitat von Julius Bab ebda.,
75. Georges Äußerung in EL 205.

64 Anna George an Stefan George, 29. März 1895, 23. April 1895, STGA.

65 Ida Auerbach an George, 17. Mai 1895, George/Coblenz, 48.

66 Ida Auerbach an George, 16. Juli 1895, George/Coblenz, 54; die Ver-
fasserin zögerte zwei Wochen, bis sie sich entschloss, den Brief abzu-
schicken.

67 George an Ida Auerbach, 18. Juli 1895, George/Coblenz, 55; zu Georges
späterer Darstellung vgl. EL 205.

68 Ida Coblenz an George, nach Weihnachten 1892, George/Coblenz,
38f.; vgl. auch Georges Antwortentwurf und seinen Brief vom 14. März
1893, ebda., 39f.

69 George an Hofmannsthal, Juni 1897, George/Hofmannsthal, 119f.

70 Klaus Günther Just: Von der Gründerzeit bis zur Gegenwart. Geschichte der deutschen Literatur seit 1871, Bern und München 1973, 243; dort auch das folgende Zitat.

71 Gottfried Benn: Impromptu, in: SW 1, 290.

72 Nachlass II, 75.

73 Ida Auerbach an ihre Schwester Alice Bensheimer, ohne Datum, in: Ida Dehmel (wie Anm. 35), 15.

74 Zit. nach Wegner, 152. Zweieinhalb Jahre später organisierten Ida und Leopold Auerbach dann doch noch eine große Spendensammlung, für die sich Liliencron am 4. März 1898 herzlich bedankte.

75 Hofmannsthals frühen Hinweis auf Przybyszewski als potentiellen Blätter-Autor hat George offenbar nicht weiterverfolgt, obwohl Przybyszewski über den Friedrichshagener Kreis auch mit Bruno Wille in Verbindung stand, den George seinerseits Hofmannsthal empfohlen hatte; vgl. George/Hofmannsthal, 11, 33f.

76 Zu Preisen und Auflagen vgl. Kluncker, Blätter, 61f., und Anm. 8.

77 Auf spätere Anfragen Cäsar Flaischlens, der im September 1895 die Redaktion des *Pan* übernahm, ist George nicht mehr eingegangen. 1900 wurde der *Pan* eingestellt. Die Aufgabe, »den ringenden Kräften unserer Zeit zum Durchbruch und zum Sieg zu verhelfen«, sei erfüllt, wurde das Ende euphemistisch umschrieben.

78 Alle Belege aus dem ersten Teil, zit. nach dem Erstdruck in: Die Insel, 2, 1 (Oktober-Dezember 1900), 4–18, und 2, 2 (Januar-März 1901), 129–140. Die stark überarbeitete Buchausgabe erschien 1903.

79 Als Ida Coblenz 1930 der Darstellung von Wolters widersprach (FW 58), bestätigte ihm George, dass er nichts zurückzunehmen brauche; »die Dame kann höchstens behaupten dass hier Erinnerung gegen Erinnerung steht«; George/Wolters, 247.

80 Georges Visitenkarte vom November 1896 in George/Coblenz, 63; die Erinnerungen von Ida Coblenz an die beiden letzten Begegnungen ebda., 84. – Der Hass auf Dehmel saß so tief, dass Ernst Bertram noch 1918 in seinem Nietzsche-Manuskript ein Dehmel-Zitat streichen musste; Jappe, 103.

81 Karl Wolfskehl an Friedrich Gundolf, 26. Dezember 1900, Wolfskehl/Gundolf I, 94. Im Kreis um George sei Dehmel damals gern als das »siedende Embryo« verspottet worden; Harry Graf Kessler, Tagebuch, 5. Dezember 1897.

82 Dehmel an Ida Auerbach, 9. Juni 1896, zit. nach Wegner, 171. Zum Sturz des Spekulanten Auerbach vgl. das gallige Porträt von Alfred Kerr in: Alfred Kerr: Wo liegt Berlin? Briefe aus der Reichshauptstadt. 1895–1900. Hg. von Günther Rühle, Berlin 1997, 374f. (Brief vom 25. März 1898).

83   Ida Dehmel an Julius Bab, 22. April 1926, in: Ida Dehmel (wie Anm.
      35), 7. Anlass des Schreibens war Babs Dehmel-Biographie, in der er
      George als »tiefbeleidigte[n] Rivale[n]« porträtiert und behauptet hat-
      te, Dehmels Sieg über George in der Werbung um Ida Coblenz sei auch
      ein Sieg des besseren Kunstprinzips gewesen. Ida fühlte sich desa-
      vouiert und beklagte sich bei Bab, dass er durch seine Invektiven die
      von ihr erhoffte Aussprache mit George unmöglich gemacht habe.

84   Ida Dehmel an Sabine Lepsius, 24. Juli 1935, George/Coblenz, 18.

85   Im August 1894 erschienen in den Blättern drei Gedichte mit der Wid-
      mung: »I. C. – Einer Freundin zur erinnerung an einige abende innerer
      geselligkeit« (Blätter 2, 3, 65); George nahm die Widmung 1897 im *Jahr
      der Seele* zurück.

86   Wenn ich auf deiner brücke steh, GA VI/VII. 176. Bei dem Motto han-
      delt es sich um eine Übersetzung aus einem spanischen Volkslied, vgl.
      RB 278.

87   George an Ida Auerbach, Anfang September 1895, George/Coblenz, 59.

88   Ida Auerbach an Richard Dehmel, nach November 1897, George/
      Coblenz, 98.

89   RB 63.

90   Anna George an Stefan George, 25. Oktober 1895, STGA.

91   GA IV. 93.

I, 5 Schmerzbrüder

1   Hofmannsthal an Hermann Bahr, vermutlich Ende 1894, Anfang 1895,
     zit. nach Rieckmann, 100.

2   »Drei stellen ein Kollegium dar«; Rechtsspruch aus dem 2. Jahrhundert
     (Marcellus, Digesten, 50.16.85), den Wolters im Zusammenhang mit
     der Blätter-Gründung zitiert, Wolters, Frühe Aufzeichnungen, 36;
     dort auch ein Hinweis auf die Eile, die George im Frühjahr 1892 an den
     Tag legte: »Sofort bei erster Möglichkeit ans Werk.«

3   George/Hofmannsthal, 246. Zur Biographie Gérardys und zu seinen
     Beziehungen zu George vgl. vor allem die Editionen von Jörg-Ulrich
     Fechner.

4   Vgl. den Brief von Albert Saint-Paul an George vom 1. Juli 1893 in RB
     33. Gérardy war weniger kritisch und druckte »Proverbes pour les
     trois invités de Sur-le-Mont T.« in Floréal, 2, 1 (Februar 1893), 4. Die-
     ses und drei weitere Gedichte erschienen drei Monate später in den
     Blättern mit dem Hinweis »zuerst französisch gedichtet dann vom ver-
     fasser selbst übertragen«; Blätter 1, 4 (Mai 1893), 97–101. Die französi-
     schen Originale sind überliefert; vgl. die Anhänge in SW 3, 102f., 128–

131, und SW 4, 137–140. – Dreißig Jahre später suchte noch ein anderer deutscher Dichter nach monatelanger Unproduktivität Zuflucht im Französischen: Rainer Maria Rilke, der nach Abschluss der *Duineser Elegien* und der *Sonette an Orpheus* in dieser Sprache zu dichten begann und bis zu seinem Tod fast 400 Gedichte auf Französisch schrieb.

5 George/Hofmannsthal, 260; vgl. auch Georges Briefe vom 3. Februar 1896, 26. März 1896 und 31. Mai 1897, ebda., 84, 90, 117.

6 Vgl. Paul Gérardy: Gedichte und Kurzprosa. Hg. von Jörg-Ulrich Fechner, Lüttich 1986, 158. Die französische Ausgabe seiner Gedichte erschien 1898 mit gedruckter Widmung an George.

7 FW 37.

8 Blätter 2, 2 (März 1894), 44; FW 36.

9 Gérardy an George, 3. Mai 1894, in: Paul Gérardy: Sa correspondance avec Stefan George (1892–1903). Hg. von Jörg-Ulrich Fechner, in: Marche romane, 30, 1–2, Lüttich 1980, 22 (Original französisch); vgl. auch Gérardy, Gedichte und Kurzprosa (wie Anm. 6), 108.

10 EM 252; vgl. auch EM 119, wo ein unmittelbarer Zusammenhang mit dem »unglücklichen Ausgang des Treffens mit Hofmannsthal« hergestellt wird; erst durch Rassenfosse sei Georges »Glaube an eine solche Möglichkeit« engster Freundschaft bestätigt worden. Boehringer spricht diskret nur von der »sich eben erst öffnende[n] Seele dieses sensiblen Flamen«; RB 54. Bei Wolters wird Rassenfosse nicht erwähnt. – Die Formulierung »Dichterberg« im Brief Georges an Hofmannsthal vom 27. August 1892, George/Hofmannsthal, 38.

11 Alle Zitate nach RB 229f. (Originale französisch). – Im Juli 1902 machte Rassenfosse auf der Rückreise von Konstantinopel Station in Bingen; es war sein letztes Treffen mit George.

12 Undatierter Briefentwurf, RB 54f. (Original französisch).

13 Robert Musil: Die Verwirrungen des Zöglings Törleß, Reinbek 1977, 107. – In der Erinnerungsliteratur gibt es zahlreiche Hinweise, dass George Prügel für eine notwendige Erziehungsmaßnahme hielt. »Er findet, dass man ohne Hiebe nicht auskommt«; EG 80 (März 1916).

14 Boehringer, Ewiger Augenblick, 12f.; vgl. EL 195 und 206, dort im Zusammenhang mit Wilde.

15 Alle Zitate aus Sieg des Sommers, GA IV. 36–45; laut Morwitz war Rassenfosse »das lebende Vorbild für diese Gedichte«, EM 118.

16 Blätter 3, 4 (August 1896), 98; S. 100–103 folgt der Teilabdruck von Sieg des Sommers. Der Hinweis auf den Zusammenhang zwischen Blätter-Einleitung und Zyklus zuerst in: Marita Keilson-Lauritz: Von der Liebe die Freundschaft heißt. Zur Homoerotik im Werk Stefan Georges, Berlin 1987, 36–38.

17 P.G., GA IV.77.

18 Wolters, Frühe Aufzeichnungen, 36.

19 George an Wolfskehl, Juli 1899, RB 54.

20 Klaus von Beyme: Das Zeitalter der Avantgarden. Kunst und Gesellschaft 1905–1955, München 2005, 33; dort, S. 19, auch das folgende Zitat; zur Definition des Avantgarde-Begriffs vgl. insbesondere S. 844ff.

21 Peter Bürger: Theorie der Avantgarde, Frankfurt am Main 1974, 68. –
Auch die übrigen von Bürger genannten Kriterien zur Herausbildung
von Avantgarde werden von George und seinem Kreis erfüllt: Kritik am
Kulturbetrieb als solchem; die Negation der Negation, die auf die Selbst-
aufhebung der eigenen Aussagen hinausläuft (»Ihr wisst nicht wer ich
bin« GA VIII.10); zuletzt die Aufforderung an den Leser, einzugreifen
und selber künstlerisch tätig zu werden. Mit der in der Literaturwissenschaft vorherrschenden Meinung, die dem Dichter des *Algabal* von
vornherein mehr »avantgardistisches Potential« zutraut als dem Dichter
des *Stern des Bundes*, ist eine solche »Theorie der Avantgarde« allerdings
nur schwer vereinbar.

22 Kluncker, Blätter, 7; dort, S. 9, auch das folgende Zitat.

23 Der für George zentrale Begriff wird erstmals im redaktionellen Rückblick auf den zweiten Jahrgang verwendet, Blätter 2, 5 (Februar 1895),
129: »Über unsere jüngeren anhänger … erfuhren wir dass es nicht so
sehr das einzelne *der Gehalt* war, wie das allgemeine *die Haltung* was
sie schnell bemerkt und sich lebhaft angeeignet haben.«

24 Schmitz, 131. – »Man schloss vom Wert eines Menschen auf den Wert
seiner Kunst. Damit aber war dem Dilettantischen freie Bahn gegeben«; Eugen Gottlob Winkler: Über Stefan George (1935), in: ders.:
Dichtungen. Gestalten und Probleme. Nachlass, Pfullingen 1956, 360–
364, Zitat 364.

25 FW 63, 167. Vollmöller (1878–1948) war als 19-Jähriger erstmals mit
Gedichten in den Blättern vertreten; wegen redaktioneller Eingriffe
Georges in den Text seines Theaterstücks *Catherina von Armag-
nac* (Blätter 5, 65–92) kam es 1901 zum Streit und zur Trennung; vgl.
George, Dokumente, 267–273. Der Durchbruch gelang Vollmöller
mit der 1914 von Max Reinhardt im Berliner Zirkus Busch als Revue
inszenierten Pantomime »Das Mirakel«; 1929/30 schrieb er gemeinsam
mit Carl Zuckmayer und Robert Liebmann das Drehbuch für den
Blauen Engel. – Gedichte von Max Dauthendey (1867–1918) in der
Ersten, Zweiten und Vierten Folge der Blätter, 1893–1899.

26 Karl Dedecius: Dokumente der Freundschaft. Poetisches über Stefan
George und Waclaw Rolicz-Lieder, in: Norbert Honsza, Hans-Gert
Roloff (Hgg.): Dass eine Nation die ander [sic] verstehen möge. Festschrift für Marian Szyrocki zu seinem 60. Geburtstag, Amsterdam
1988, 151–163, Zitat 155; dort, S. 156, auch das folgende Zitat.

27 FW 87; die Stereotype von Lieders Adel zieht sich durch die gesamte George-Literatur, vgl. u.a. RB 55 und ES 261. Als George im Frühjahr 1912 wieder einmal starke Vorbehalte gegen das Slawentum äußerte, nahm er Lieder ausdrücklich aus: Er habe ihn zwar »als Polen, aber als Angehörigen einer noch ursprunghaften aristokratischen Schicht kenengelernt«; LT 82f.

28 GA III. 120; das Widmungsgedicht in GA IV.76.

29 Einen genauen Vergleich der polnischen Originale mit den Übersetzungen ermöglicht: Waclaw Rolicz-Lieder und Stefan George: Gedichte. Briefe, Stuttgart 1996; dort auch Lieders Übersetzungen aus den Büchern der Hirten- und Preisgedichte. Unter den 53 Korrespondenzstücken nur ein Entwurf Georges vom September 1897; Georges Briefe an Lieder gingen 1944 bei der Zerstörung Warschaus verloren.

30 Lessing, 313.

31 Schmitz, 171. Schmitz lernte Perls im April 1897 in Paris kennen, am selben Abend, an dem er die Bekanntschaft Georges und Lieders machte.

32 Richard Perls: In Villa Blanca I, in: Blätter 3, 1 (Januar 1896), 24.

33 Lessing, 315f.

34 Perls an George, 28. April 1896, RB 248; dort, S. 93, auch das folgende Zitat (aus einem Brief Georges an Wolfskehl).

35 Fahrt-Ende. An Richard Perls, GA V. 79; vgl. auch Erinnrung an Brüssel: Perls, GA VI/VII. 187.

36 Lieder an George, 4. und 7. Mai 1897, Rolicz-Lieder/George (wie Anm. 29), 98f. (Originale französisch, die kursivierte Stelle im Original deutsch).

37 Lessing, 317f.; dort auch die folgenden Zitate.

38 »Einige Verse aus dem Nachlass von Richard Perls« sowie »Gedenksprüche« von George, Oscar A. H. Schmitz und Wolfskehl in: Blätter 4, 3 (September 1899), 65–68; George an Wolfskehl, 30. November 1898, RB 93; der Bericht über die Lesung bei Harry Graf Kessler, Tagebuch, 4. Dezember 1898.

39 EL 183 (Dezember 1927).

40 David, 136.

41 Zwei Gedichte unter diesem Titel in: Blätter 2, 5 (Februar 1895), 145f.: »Ich will in sehnsucht mir gefährten werben / Welche wissen von entschwundnen leiden.«

42 Vorspiel XIV, GA V.25.

43 Schmerzbrüder, GA V. 50. – Morwitz verweist auf die Korrespondenz mit Vorspiel XII (was rein rechnerisch nicht zutrifft, da Schmerzbrüder an elfter Stelle des Teppichs steht) und meint, bei dem »geleit« handle sich um einen jüngeren Gefährten, der durch seine direkte, un-

befangene Art »einen älteren Suchenden für kurze Zeit begleitet, etwa so, wie es der Begleiter im *Sieg des Sommers* tat«; EM 185.

44 Rassenfosse an George, Januar 1894, RB 229: »Qu'êtes-vous devenu depuis lors, cher pèlerin, sur le chemin des croix de l'idéal?«

45 FW 53.

46 Perls an George, 28. April 1896, RB 248.

47 Ludwig Curtius: Erinnerung an Karl Wolfskehl, in: Wolfskehl-Katalog, 19–21.

48 »Hessen war damals so eine Art Geniegestüt. Halb- und Viertelsgrößen aller Art tauchten auf, plätscherten ein Weilchen, und wurden nicht mehr gesehen. Nur … eine wirkliche Grösse überschimmert jene neunziger Jahre mit dem Lichte der Ewigkeit«; Wolfskehl, Exil, 338 (an Siegfried Guggenheim, 11. Juni 1947).

49 ES 221. Georges Lokalpatriotismus stand dem Wolfskehlschen allerdings in nichts nach. Unter solchen Rivalitätsgesichtspunkten ist Wolters' verquere Bemerkung zu verstehen, erst durch George hätten »Provinzkinder wie … Wolfskehl ein wenig weltmännische Haltung« gewonnen; FW 65f.

50 Wolfskehl, GW I, 191.

51 Wolfskehl, GW II, 336. – Wolfskehls Bibliothek umfasste etwa 8000 Bände, darunter zahlreiche Erstausgaben aus der Zeit des Barock und der Romantik. Die Bibliophilie sei »das vom Meister ironisch geduldete Hauptlaster« gewesen, gestand er später; Wolfskehl, Neuseeland I, 384 (Brief an Ernst Morwitz, 12. Juli 1940). Wolfskehls diverse Aufsätze über die »heilige Narretei« in: Wolfskehl, GW II, 474–556.

52 Als sich Edward Anfang 1894 beschwerte, in einem der von ihm in den Blättern publizierten Gedichte sei eine ganze Strophe fortgelassen und auch mit den übrigen Veränderungen könne er sich nicht abfinden, erhielt er von Klein zur Antwort: »Die korrektur ist von händen geschehen deren anlegen Ihnen zur ehre gereicht.« Das war das Ende seiner Mitarbeit; Georg Edward: Erinnerungen an Stefan George, in: Gießener Anzeiger, 15. April 1950 (Gießener Familienblätter 15).

53 Georg Edward: Erinnerungen an Karl Wolfskehl, in: Wolfskehl-Katalog, 70–75, Zitat 73; Karl Wolfskehl: Begegnung mit Stefan George, in: Die Literarische Welt, 4, 29, 1928, zit. nach: Wolfskehl, Briefe und Aufsätze, 185f.; Wolfskehl an Hofmannsthal, 5. Juli 1929, ebda., 22. Vgl. auch Wolfskehls Brief an Werner Bock vom 5. Februar 1947: »Mein Schicksal war besiegelt, mein Leben hatte seinen Sinn«, in: Wolfskehl, Exil, 316.

54 Wolfskehl, Begegnung mit Stefan George (wie Anm. 53), 186.

55 Lessing, 305f.; dort auch die folgenden Zitate.

56 Wolfskehl an Georg Edward, 29. Dezember 1895, Wolfskehl-Katalog, 157.

57 Karl Wolfskehl: Stefan George, in: Allgemeine Kunstchronik, 18, 23 (November 1894), 672–676; zit. nach Wolfskehl-Kolloquium, 219–227; dort auch die folgenden Zitate.

58 Karl Wolfskehl: der Priester vom Geiste, in: Blätter 3, 1 (Januar 1896), 20f.; GW II, 184–186. Mit diesem Text eröffnete Wolfskehl 1903 seine *Gesammelten Dichtungen*. Die Bedeutung des Textes als frühester Ansatz zu einer Georgeschen Kunsttheorie erkannte als erster Jan Aler: Der Priester vom Geiste. Ein Prolegomenon, in: Wolfskehl-Kolloquium, 123–137.

59 Margot Ruben: Karl Wolfskehl. Gespräche und Aufzeichnungen. 1934–1938, in: CP 41, 91–133, Zitat 123.

60 Gespräch mit Albert Verwey, Juni 1910, George/Verwey, 267.

61 Karl Wolfskehl: Die Juden und das Buch, GW II, 334–337.

62 Karl Wolfskehl an Friedrich Gundolf, 26. Dezember 1900, Wolfskehl/Gundolf I, 92. – Gundolf machte sich damals viele Gedanken über seine Rolle an der Seite Georges und litt unter starken Selbstzweifeln. Er solle sich stärker auf seine jüdischen Wurzeln besinnen, meinte Wolfskehl, auch ihre Freundschaft habe dort ihren Ursprung: »Wir sind blutenzugehörig, wir haben uns gefunden in der Seele und der Wahrheit unsres Blutes und das ist unvergänglich«; ebda., 95. Gundolf wollte von einem Primat des Jüdischen nichts wissen; beim Besuch des Spinozahauses 1901 war er aber doch »ein wenig stolz«; ebda., 111.

63 Karl Wolfskehl an Edgar Salin, 19. Januar 1947, Wolfskehl, Exil, 312; Neuseeland I, 193.

64 Ruben, Karl Wolfskehl (wie Anm. 59), 123.

65 Karl Wolfskehl: Über die dunkelheit, in: Blätter 3, 5 (Oktober 1896), 140–143; GW II, 186–188. Das Stück, eine heidnische Variation über Novalis' *Hymnen an die Nacht*, gipfelt in einer Apotheose des Bachofenschen Mutterrechts: »Zur mutter flüchten wir mit weinlaub und roten tänzergewanden – zur mutter eilen wir mit fackeln und den rosen der wonne.«

66 GA V. 27. Die dritte Strophe schrieb George im Dezember 1899 als Widmung in das für Karl und Hanna Wolfskehl bestimmte Exemplar des *Teppich*.

67 Walter Benjamin: Karl Wolfskehl zum sechzigsten Geburtstag, in: Frankfurter Zeitung, 17. September 1929, in: ders.: Schriften, Bd. 2, 304–307.

68 George an Ida Auerbach, Anfang September 1895, George/Coblenz, 58f.

69 Edward, Erinnerungen an Karl Wolfskehl (wie Anm. 53), 74.

70 Stefan Zweig: Die um Stefan George, in: Das literarische Echo, 6, 3 (1. November 1903), zit. nach Wolfskehl-Katalog, 26.

71 Karl Wolfskehl an Friedrich Gundolf, 26. Dezember 1900, Wolfs-
    kehl/Gundolf I, 90.
72 Klages, Schuler-Nachlass, 52.
73 Ruben, Karl Wolfskehl (wie Anm. 59), 126.
74 EM 137.
75 Wolfskehl an George, 13. März 1896; George an Wolfskehl, o. D. [Mitte
    März 1896]; Wolfskehl an George, 25. März 1896; STGA.
76 RB 95.
77 Wolfskehl, GW I, 280.
78 Albert Verwey an Kitty Verwey, 1. April 1902, Wolfskehl/Verwey, 25.
79 Wolfskehl an George, 11. Juli 1902, STGA.
80 Blätter 6 (1902/03), 38. – Die Sechste Folge erschien im Mai 1903, zwei
    Monate später bildete »Der Meister« das Schlussgedicht in Wolfskehls
    Gesammelten Dichtungen; Wolfskehl, GW I, 60.

I, 6 Neue Perspektiven

1 Albert Verwey: Twee Dichters, in: Tweemaandelijksch Tijdschrift, 1, 2
   (Mai 1895), 215–222, zit. nach Fechner, 144–149; vgl. Carl August
   Klein an Albert Verwey, 8. Juli 1895, George/Verwey, 11.
2 Albert Verwey: Mijn verhouding tot Stefan George. Herinneringen uit
   de jaren 1895–1928, Santpoort 1934, wieder abgedruckt in: George/
   Verwey, 219–286, Zitat 224. Die deutsche Ausgabe von Verweys Erinnerungen (Straßburg 1936) ist aufgrund zahlreicher Übersetzungs-
   mängel nur bedingt tauglich; im Folgenden wird stets auf das Original
   in George/Verwey verwiesen.
3 Stefan George an Albert Verwey, 5. Dezember 1895, George/Verwey, 13.
4 »Dites, ne sera-ce pas curieux de les dire en français dans un cercle d'a-
   mis à Paris? J'ai l'intention de venir«, Stefan George an Albert Saint-
   Paul, 23. Januar 1896, RB 222; Stefan George an Hugo von Hofmannsthal, 3. Februar 1896, George/Hofmannsthal, 84.
5 Anonym in: De Kroniek, 2, 67 (5. April 1896), 109, wieder abgedruckt
   in: George/Verwey 19f. sowie bei Fechner 231f. Übersetzung nach Jan
   Aler: Symbol und Verkündung. Studien um Stefan George, Düsseldorf
   und München, 1976, 366f.
6 1976 aus dem Nachlass veröffentlicht, zit. nach Stefan George und
   Holland. Katalog der Ausstellung zum 50. Todestag. Universitätsbibliothek Amsterdam, Amsterdam 1984, 93; dort, S.93f., auch die folgenden Zitate.
7 Georges Übersetzung in: Blätter 3, 3 (Juni 1896), 92–94; im Anschluss
   wurden einige weitere Abschnitte aus »Mai« in der Übersetzung von

Max Koblinsky abgedruckt, dessen Gesamtübertragung 1909 im Insel-Verlag erschien. Vgl. auch den Anhang von GA XV.118 und 128f. sowie Stefan George und Holland (wie Anm. 6), 79f.

8   Carl August Klein: Unterhaltungen im grünen Salon, in: Blätter 1, 4 (Mai 1893), 112–116; vgl. auch FW 47, EM 137.

9   Hermann Bahr: Pantomime, in: Deutschland, Nummer 46, 16. August 1890, 748f. – »Vom naturalismus ... kann ... geschwiegen werden«, hieß es 1893 programmatisch in den Blättern (1, 3, 85). – Zwölf Jahre später nannte der Theaterkritiker und Dramaturg Julius Bab den Naturalismus »die bislang absurdeste Verirrung in der großen Geschichte der Ästhetik«; Julius Bab: Dramatischer Nachwuchs, zit. nach Jürgen Schutte, Peter Sprengel (Hgg.): Die Berliner Moderne. 1885–1914, Stuttgart 1987, 432.

10 Bühne der Blätter für die Kunst, in: Blätter 4, 5 (1899), 129f.

11 »Der Dichter zitierte gern einen Ausspruch Byrons, er sei eines Morgens aufgewacht und berühmt gewesen«, EM 204. – Zu Maeterlinck vgl. Paul Gérardy: Jung-Belgien, in: Allgemeine Kunstchronik, 19, 4 (Februar 1895), 94–97, wieder in: Paul Gérardy: Gedichte und Kurzprosa. Hg. von Jörg-Ulrich Fechner, Lüttich 1986, 88ff., sowie FW 47f.

12 Vgl. George/Verwey, 22, 31. Die Utrecht-Legende überliefert Salin: Albert Verwey: Ausgewählte Gedichte. Übertragen und eingeleitet von Edgar Salin, Düsseldorf und München 1954, 14. Die Abonnentenliste in: George, Dokumente, 294–300.

13 Albert Verwey: Das Jahr der Seele. Blätter für die Kunst, in: Tweemaandelijksch Tijdschrift, 4, 1 (Januar 1898), 478–486; auch in Fechner, 309–316.

14 Vorrede zu den Büchern der Hirten- und Preisgedichte, der Sagen und Sänge und der Hängenden Gärten, in: Blätter 2, 4 (Oktober 1894), 97. – In der Erstausgabe der *Bücher* 1895 fehlte die Vorrede; in der Vorrede zur öffentlichen Ausgabe 1898 wurde die missverständliche und defensive Formulierung, mit der George seine neuen Gedichte als bloße Fingerübungen bezeichnete, ersetzt; vgl. SW 3, 105.

15 Hubert Arbogast: Stefan Georges »Buch der Hängenden Gärten«, in: Jahrbuch der Deutschen Schillergesellschaft, 30, 1986, 493–510, 496.

16 GA III.75.

17 Arbogast, Buch der Hängenden Gärten (wie Anm. 15), 497.

18 George an Ida Auerbach, September 1895, George/Coblenz 59.

19 GA.III.111. – Paul Celan kannte das Eröffnungsgedicht des Bandes »O schwester nimm den krug aus grauem thon« auswendig; Celan habe »ausdrücklich« darauf hingewiesen, dass sein »Frühwerk mehrfach auf George verweise«; Diskussionsbeitrag Bernhard Böschenstein in GJb 2, 207.

20 Hugo von Hofmannsthal: Gedichte von Stefan George (1896), in: GW, Reden und Aufsätze I, 214–221.

21 George an Hofmannsthal, 26. März 1896, George/Hofmannsthal, 90.

22 Anna George an Stefan George, 31. Oktober 1895, 31. März 1896, STGA.

23 George an Wolfskehl, 19. April 1896, ES 166, 328.

24 George/Verwey, 226.

25 »Es würde meine frau und mich sehr freuen auch Ihre schwester auf einige zeit hier zu sehn. Am besten wäre ohne den Tyrannen ihren bruder«; Verwey an George, 31. März 1900, George/Verwey, 82.

26 George an Hofmannsthal, 11. September 1896, George/Hofmannsthal, 110.

27 George an Verwey, 28. September 1896, George/Verwey, 30.

28 GA V.69; zur Datierung vgl. SW 5, 118f.

29 George/Verwey, 220; dort, S. 239f. auch die folgenden Zitate.

30 Aler, Symbol und Verkündung (wie Anm. 5), 167.

31 George an Verwey, 5. Dezember 1895, George/Verwey, 13. – Vier Sonette aus dem Zyklus »Von der Liebe die Freundschaft heisst« in: Blätter 3, 3 (Juni 1896), 89–91; dort, S. 86–88, auch vier Sonette von Willem Kloos in Georges Übertragung; beides wieder in GA XV. 67–76.

32 Theodor Weevers: Droom en beeld. De poezie van Albert Verwey, Amsterdam 1978, 63ff.

33 Groppe, 127. Max Dessoir: Das Kunstgefühl der Gegenwart (1896), wieder in: Fechner, 187–230, dort, S. 189 u. 204, die folgenden Zitate. – Korrekturfahnen von Teil I hatte Dessoir George im Februar nach Brüssel geschickt; Dessoir an George, 24. Februar 1896, STGA.

34 Der Ausdruck Parapsychologie wurde 1917 von Dessoir eingeführt. Das Zitat in FW 115.

35 Max Dessoir: Buch der Erinnerung, Stuttgart 1946, 243. Bei dem Arzt dürfte es sich um Dr. Hugo Amelung handeln, den Leiter des Königsteiner Sanatoriums, das George gelegentlich aufsuchte. »Er war häufig in Königstein zu Besuch seiner dort lebenden Schwester und alter Patient meines Vaters«, heißt es in den Erinnerungen des Sohnes. »Der Adel seiner Strophen stand in auffallendem Kontrast zur Vernachlässigung in Kleidung und Körperpflege«; Walther Amelung: Es sei wie es wolle, es war doch so schön, Frankfurt am Main 1984, 189.

36 EL 11. Laut Wolters war dies Georges erste und letzte Lesung in den »Hallen der Wissenschaft«; FW 115. Ein Jahr später hätte Gundolf den Meister an gleicher Stelle vertreten sollen, aber Dessoir konnte sich für seine Vortragsweise nicht erwärmen und lud ihn wieder aus.

37 Blätter 2, 5 (Februar 1895), 129.

38 Blätter 3, 1 (Januar 1896), 32.

39 Hofmannsthal an George, 12. Juli 1893, George/Hofmannsthal, 68.
40 George an Hofmannsthal, 29. März und 23. Oktober 1895; George/
    Hofmannsthal, 77, 79.
41 »Das Lied des Zwergen I«, zuerst in: Blätter 1, 4 (Mai 1893), 103; GA
    III. 79. Die Vertonung erschien, zusammen mit Kompositionen nach
    Texten von F. Evers und P. Cornelius, unter dem Titel *Drei Gesänge* als
    Franckensteins Opus 1. – Als Franckenstein im Oktober 1898 George
    bat, die Gurre-Lieder von Jens Peter Jacobsen zwecks Vertonung zu
    übersetzen, war der Groll vergessen; da George nicht gleich mit der
    Arbeit beginnen konnte, zerschlug sich der Plan jedoch. Berühmt wur-
    de die Vertonung der Gurre-Lieder durch Arnold Schönberg (ab März
    1900 in der Übersetzung eines R. F. Arnold).
42 George an Hofmannsthal, 1. und 23. Mai 1896, George/Hofmannsthal,
    94, 97.
43 Hofmannsthal an George, 2. Juni 1896; George an Hofmannsthal, 4.
    Juni 1896, George/Hofmannsthal, 99f.
44 Es handelt sich um das »es« in der fünften Strophe des Gedichts »An ei-
    ne Frau«, Blätter 3, 4 (August 1896), 109; Hofmannsthal, GW, Gedich-
    te, Dramen I, 174; vgl. George/Hofmannsthal, 96–100.
45 George an Hofmannsthal, 11. September 1896, George/Hofmannsthal,
    110f.
46 Hofmannsthal an Clemens von Franckenstein, 9. November 1896, in:
    Hugo von Hofmannsthal, Clemens von Franckenstein: Briefwechsel
    1894–1928, 45. – Vgl. auch Franckensteins Brief vom 16. Dezember 1896
    nach einem Besuch Georges in Frankfurt: »Er ist sehr deprimiert darü-
    ber, daß du ihm immer ausweichst u. spricht sehr gut von dir«; ebda., 51.
47 Hofmannsthal an Rudolf Pannwitz, 15. November 1919; Hugo von
    Hofmannsthal, Rudolf Pannwitz: Briefwechsel. 1907–1926, Frankfurt
    am Main 1993, 428.
48 George an Hofmannsthal, Oktober 1897, George/Hofmannsthal, 261.
49 Undatierter Briefentwurf, George/Hofmannsthal, 256.
50 George an Hofmanntshal, 25. November 1898, George/Hofmanns-
    thal, 143.
51 Blätter 3, 5 (Oktober 1896), 129.
52 Blätter 4, 1–2 (November 1897), 64.
53 Hofmannsthal: Poesie und Leben, in: GW, Reden und Aufsätze I, 16;
    der Aufsatz war im Mai 1896 in der *Zeit* erschienen. Anderthalb Jahre
    später publizierte Hofmannsthal in den *Blättern* diesen Aphorismus:
    »Das wissen um die darstellbarkeit tröstet gegen die überwältigung
    durch das leben; das wissen ums leben tröstet über die schattenhaftig-
    keit der darstellung«; Blätter 4, 1–2 (November 1897), 14.
54 George an Hofmannsthal, 12. April 1896, George/Hofmannsthal, 91.

55 Hofmannsthal an George, 3. Mai 1902, George/Hofmannsthal, 149.
56 George an Hofmannsthal, Mai 1902, George/Hofmannsthal, 149–151.
57 Hofmannsthal an George, 18. Juni 1902, George/Hofmannsthal, 153f.
58 George an Hofmannsthal, Juli 1902, George/Hofmannsthal, 158–160.
59 Hofmannsthal an George, 24. Juli 1902, George/Hofmannsthal, 164.
60 George an Hofmannsthal, Ende Juli 1902, George/Hofmannsthal, 166.
61 Dieser Hinweis zuerst bei FW, 291. – Die Widmung sollte ursprünglich
    weniger emphatisch lauten: »zur erinnerung an einige tage begeiste-
    rung«; vgl. SW 2, 110.
62 Hugo von Hofmannsthal: Ein Brief (1902), in: GW, Erzählungen, 465.
    Hermann Broch notierte im Zusammenhang mit dem Chandos-Brief:
    »Wäre er [Hofmannsthal] mit moderner Psychologie vertraut gewe-
    sen, so hätte er von Schizophrenie gesprochen, darlegend, dass vermut-
    lich jeder Dichter spaltungsgefährdet sei und sich vor dieser Bedro-
    hung ins Werk rette, in das er all seine Spaltungen projiziert«; Hermann
    Broch: Hofmannsthal und seine Zeit. Eine Studie, in: ders.: Dichten
    und Erkennen. Essays I, Zürich 1955, 156.
63 Hofmannsthal an George, 27. August 1902, George/Hofmannsthal, 169.

I, 7 Der Durchbruch

1 Gertrud Simmel an Sophie Rickert, 28. Dezember 1908, RB 86.
2 GA IV.12. Hugo von Hofmannsthal: Das Gespräch über Gedichte, in:
   GW, Erzählungen, 495–509, unter dem Titel »Über Gedichte« zuerst
   in: Die Neue Rundschau, 15, 1, 2 (Februar 1904).
3 Gottfried Benn: Probleme der Lyrik, in: SW 6, 22. In dieser Rede stellte
   Benn die Behauptung auf, »keiner auch der großen Lyriker unserer
   Zeit [habe] mehr als sechs bis acht vollendete Gedichte hinterlassen«
   und für dieses halbe Dutzend »dreißig bis fünfzig Jahre Askese, Leiden
   und Kampf« ertragen; ebda., 19.
4 David, 140. – Der homoerotische Aspekt in den Sommergedichten
   dürfte dem Großteil der Leserschaft verborgen geblieben sein.
5 Vgl. Georg Bondi: Erinnerungen an Stefan George, Berlin 1934, 11. In
   der Berliner Meldekartei ist George nicht zu ermitteln; wahrscheinlich
   gingen die Unterlagen im Zweiten Weltkrieg verloren; Auskunft Landesarchiv Berlin, 18. Dezember 2002.
6 George an Albert Saint-Paul, 6. November 1889, RB 217.
7 Brasch, 29.
8 Lob unsrer Zeit, in: Blätter 7 (1904), 4.
9 Max Weber: Diskussionsrede zu W. Sombarts Vortrag über Technik
   und Kultur. Erste Soziologentagung Frankfurt 1910, in: ders.: Gesam-

melte Aufsätze zur Soziologie und Sozialpolitik. Hg. von Marianne Weber, Tübingen 1988, 449–456, Zitat 453.

10 FW 60; vgl. KH 72.

11 Es ging um Ludwig Thormaehlen, den sich George »in keiner Provinzstadt vorstellen« konnte; BV 130 (20. März 1931).

12 EM 224. – Berichte von Morwitz, dass es George wiederholt ins Milieu rund um den Nollendorfplatz zog, wo sich ab Ende 1910 eine professionelle Animierszene entfaltete, nur in mündlicher Überlieferung.

13 George an Karl Wolfskehl, 9. Oktober 1898, ES 173.

14 George an Albert Saint-Paul, Oktober 1895, RB 222 (Original französisch).

15 Oskar Panizza: Die deutschen Symbolisten, in: Die Gegenwart, 47, 1895, 201–204, zit. nach Fechner, 122f. Im April 1895 war Panizza wegen seines Skandalstücks *Das Liebeskonzil* zu einem Jahr Einzelhaft verurteilt worden. Der 20-jährige Thomas Mann zeigte sich in seinem journalistischen Debüt »auch vom künstlerischen Standpunkt aus mit der Verurteilung einverstanden« – wohl ohne das Stück zu kennen. Zu der Vermutung, Mann habe sich mit diesem Artikel für Panizzas Aufsatz über die Homosexualität des Bayreuther Kreises gerächt, vgl. Jürgen Kolbe: Heller Zauber. Thomas Mann in München, Berlin 1987, 137–146.

16 Kurt Breysig, Tagebucheintragung vom 27. Juli 1896, zit. nach Bernhard vom Brocke: Kurt Breysig. Geschichtswissenschaft zwischen Historismus und Soziologie, Lübeck und Hamburg 1971, 161. Breysig lernte George dreieinhalb Jahre später im Salon Lepsius kennen.

17 Cyril Scott: Die Tragödie Stefan Georges, Eltville 1952, 17, dort auch das folgende Zitat.

18 Marie von Bunsen: Stefan George, ein Dichter und eine Gemeinde, in: Vossische Zeitung, 9. Januar 1898, zit. nach Fechner, 322.

19 »Vor einigen jahren hat die geniale neuheit und monumentale einfachheit eines gedichtbuches uns darauf aufmerksam gemacht wie auch das rein äusserliche eines literarischen werkes nicht ganz gleichgültig sei«, hieß es schon in Blätter 1, 5 (August 1893), 144, über die *Hymnen*, deren Umschlag George 1928 dem zweiten Band der Gesamtausgabe voranstellen ließ. – »Gusseisen-Gotik« nach Rudolf Alexander Schröders Besprechung des Jean-Paul-Stundenbuches in: Die Insel, 1, 4, 11 (August 1900), 244–250, Zitat 249; zu Georges Reaktion vgl. ES 188.

20 FW 119.

21 Karl Wolfskehl: Die Blätter für die Kunst und die neuste Literatur, in: Jahrbuch 1 (1910), 10.

22 Vgl. Tage und Taten, SW 17, 97f. – Max Klinger stand bereits Ende 1892 auf dem Verteiler für die erste Nummer der Blätter. 1894 erschienen dort drei kleine Bildbeschreibungen Georges nach Radierungen von

Klinger; Blätter 2, 3 (August 1894), 72; GA XVIII. 50. Laut Morwitz hat George Klinger um 1904 in seinem Atelier in Leipzig besucht. – Morwitz gibt auch einen Hinweis auf Georges Vorliebe für die frühen Arbeiten von Franz von Stuck, EM 224.

23 Zit. nach Fechner, 133f.

24 George »neigte, je älter er wurde, desto mehr dazu, die Plastik der Malerei vorzuziehen«, die Plastik sei ihm »als Kunst aufsteigender Zeiten« erschienen; EM 324, 327.

25 Die zwei Linien des deutschen Geistes, in: Blätter 5 (1900/01), 2; vgl. auch das Gedicht Wahrzeichen in GA V.56.

26 George an Hofmannsthal, Juni 1897, George/Hofmannsthal, 120; BV 91 (November 1927).

27 LT 231; vgl. auch das Gespräch über Cézanne und van Gogh in Stein, 8.

28 BV 92; vgl. FW 20.

29 Im konkreten Fall handelte es sich um Gemälde Erich Heckels, die im Atelier von Thormaehlen hingen, LT 229f.; vgl. EL 182, BV 91.

30 EG 85 (März 1916).

31 Gundolf an Wolfskehl, 23. Mai 1900, Wolfskehl/Gundolf I, 81.

32 EL 52 (September 1916).

33 GA IV.78; GA VI/VII.186.

34 Jürgen Krause: Kunstreligion, in: Katalog Lebensreform, Bd.2, 102.

35 Melchior Lechter an Anna Lechter, 10. März 1899, zit. nach Karlhans Kluncker: Dichtung und Buchschmuck. Melchior Lechter zum 50. Todestag, in: CP 179–180, 20–60, Zitat 43. – »Die Weihe am mystischen Quell« war zur Pariser Weltausstellung nicht fertig geworden; das Gemälde wurde im September 1902 auf einer Lechter-Ausstellung der Berliner Galerie Keller & Reiner in Gegenwart Georges präsentiert.

36 George an Paul Hermann (pseud. Henri Héran), 27. Februar 1898, ES 189.

37 »Wie freudig erstaunt würde er sein, sähe er seine herrlichen Worte auf meinem Bett in Gold und Blau auf feierlichem Weiss so erhaben-festlich prangen«; Melchior Lechter an Anna Lechter, 24. Dezember 1901, zit. nach Sebastian Schütze: »Turm von bleibendem strahl in der flutnacht der zeit!«, in: Jürgen Krause, Sebastian Schütze (Hgg.): Melchior Lechters Gegen-Welten. Kunst um 1900 zwischen Münster, Indien und Berlin, Münster 2006, 13–53, Zitat 40.

38 Die große Liebe von Hugo Wolf, die auch in Bayreuth auftrat, war von George als »Kotytto« in den *Büchern der Hirten- und Preisgedichte* verewigt worden: »Wenn deine stimme sich in lieder löst«; GA III. 41.

39 Claus Victor Bock: Melchior Lechter. Buchkunst und Stimmungskunst, in: CP 184–185, 34–46, Zitat 39.

40 Lechter in einem Brief von 1899, zit. nach Wolfskehl-Katalog, 167.

41 »Fünfhundert signierte Exemplare gehen an Freunde, sechs sind für die Öffentlichkeit bestimmt, eines für Amerika«, so Wilde 1893 (ironisch); Richard Ellmann: Oscar Wilde, München 1991, 536. – Auf einer Auktion bei Graupe am 10. Juli 1929 erzielte ein Exemplar der Herodias RM 2500,-; kein Exemplar im deutschen Handel nach 1945.

42 Lechter an Wolfskehl, 4. April 1922, zit. nach Schütze (wie Anm. 37), 32.

43 Landmann, Figuren 1, 10; vgl. EL 136f. – Selbst Wolters, dem treuesten Verehrer des Münsteraners, kamen beim Besuch der Lechter-Ausstellung 1925 »viele zweifel und zum ersten male wurde mir ein mangel an schicksal ... bewusst«; Wolters an George, 31. März 1925, George/Wolters, 201.

44 Theodor Lessing: Der jüdische Selbsthass, Berlin 1930, 138. – »Man lernt zwar nicht viel, weisst Du, es ist mehr ein Leckerbissen«, schrieb Else von Richthofen, die 1898/99 in Simmels Vorlesungen saß, an Marianne Weber; Ingrid Gilcher-Holtey: Modelle »moderner« Weiblichkeit. Diskussionen im akademischen Milieu Heidelbergs um 1900, in: Bärbel Meurer (Hg.): Marianne Weber. Beiträge zu Werk und Person, Tübingen 2004, 29–58, Zitat 33.

45 Lepsius (1972), 193.

46 Blätter 3, 2 (März 1896), 35. An der Dritten Folge 1896, dem offensivsten und am stärksten programmatisch orientierten Jahrgang der frühen Blätter, lässt sich die zunehmende Entfremdung zwischen Redaktion und Publikum besonders gut ablesen.

47 Thomas Nipperdey: Wie das Bürgertum die Moderne fand, Berlin 1988, 33f., 48.

48 Groppe, 124.

49 Lepsius (1972), 169. – In einem Gedicht vom gleichen Tag schrieb Sabine Lepsius: »Herr bist du ... Ich folge dir, ich eile dir voraus, Komme, in den Wolken steht unser Haus«; zit. nach Annette Dorgerloh: Das Künstlerehepaar Lepsius. Zur Berliner Porträtmalerei um 1900, Berlin 2003, 217.

50 Wolfskehl an George, 30. November 1896, zit. nach GJb 3, 26.

51 Walther Kiaulehn: Berlin. Schicksal einer Weltstadt, München/Berlin 1958, 111.

52 Sabine Lepsius: Vom deutschen Lebensstil, Leipzig o.J. [1916], 23 (Bücherei der deutschen Frau. Hg. von Oskar A. H. Schmitz. Band 4).

53 Lepsius (1972), 175.

54 In der Ausgabe der Erinnerungen von 1935 heißt es in diesem Zusammenhang, die Gastgeber hätten versucht, »die Menschen um George so zu sammeln, dass sie sich wie der Rahmen um ein Kunstwerk oder die Fassung um den Edelstein schließen«; Lepsius (1935), 16f. Erstaunli-

cherweise fehlt die angebliche Tagebuchstelle vom November 1897 in
der Edition von 1972. Der folgende Satz ist ein Paradebeispiel dafür, wie
man mit geringstmöglichem redaktionellen Aufwand eine Aussage in ihr
Gegenteil verkehrt: »… wie ein süßer Wohllaut klang Reinholds Wesen
gegen den kalten und fernen Ton Stefan Georges« (so das Tagebuch in
der Edition von 1972). Daraus machte der Programmleiter des Runde-
Verlags Wolfgang Frommel 1935: »Wie Wohllaut klingt sein Wesen gegen den überpersönlichen und fernen Ton: Stefan George!« Die Stelle
lässt die Abgründe der Quellenkritik in der George-Literatur erahnen.

55 Eugen Gottlob Winkler: Über Stefan George (1935), in: ders.: Dich-
    tungen. Gestalten und Probleme. Nachlass, Pfullingen 1956, 360–364,
    Zitat 363.

56 FW 122.

57 Lepsius (1935), 14.

58 Lepsius (1972), 173.

59 Lepsius (1935), 49.

60 Lepsius (1935), 56.

61 Lepsius (1972), 219.

62 EL 61(September 1916); vgl. auch EL 69.

63 Marie von Bunsen, Stefan George (wie Anm. 18).

64 Lou Andreas-Salomé: Grundformen der Kunst. Eine psychologische
    Studie, in: Pan, 4, 3 (November 1898), 177–182, zit. nach Fechner, 354–
    366, Zitate 363–365.

65 Richard M. Meyer: Ein neuer Dichterkreis, in: Preußische Jahrbücher,
    88, April-Juni 1897, 33–54, zit. nach Fechner, 283–303, Zitat 283; Ge-
    orge an Verwey, 2. Mai 1897, George/Verwey, 39.

66 Selbst die in in der Regel zuverlässige *Zeittafel* nennt als Meyers zwei-
    ten Vornamen Moses. Das M. stand jedoch für Moritz. – Zum Verhält-
    nis Simmel – Meyer und zum Hintergrund der Anekdote vgl. Köhnke,
    94.

67 Die Autorschaft Simmels wurde nachgewiesen von Köhnke, der den
    Artikel aus der *Zeit* vom 2. Mai 1896 vollständig wiedergibt; Köhnke,
    364.

68 Lichtblau, 182; dort auch das folgende Zitat. Vgl. zu diesem Komplex
    auch das Kapitel »Resonanzraum Wissenschaft« in: Rainer Kolk: Lite-
    rarische Gruppenbildung. Am Beispiel des George-Kreises. 1890–1945,
    Tübingen 1998, 138ff.

69 Max Dessoir: Das Kunstgefühl der Gegenwart (1896), zit. nach Fech-
    ner, 203, 205.

70 Georg Simmel: Stefan George. Eine kunstphilosophische Betrachtung,
    in: Die Zukunft, 6, 22 (26. Februar 1898), 386–396, zit. nach dem Erst-
    druck.

71 Das Zeitgedicht, GA VI/VII. 6.

72 FW 115f.

73 Breysig, 36; vgl. ebda., 17.

74 FW 159f.

75 Georg Simmel: Stefan George. Eine kunstphilosophische Studie, in: Neue Deutsche Rundschau, 12, 2 (Februar 1901), 207–215, zit. nach Georg Simmel: Zur Philosophie der Kunst. Philosophische und kunstphilosophische Aufsätze, Potsdam 1922, 29–45, Zitat 32. – Den beiden Studien von 1898 und 1901 folgte 1909 noch ein kurzer Aufsatz zum *Siebenten Ring*; ebda., 74–78.

76 Georg Simmel: Philosophie des Geldes, Frankfurt am Main 1989, 719 (Selbstanzeige).

77 Simmel, Philosophie des Geldes (wie Anm. 76), 675; dort auch das folgende Zitat.

78 Michael Landmann: Georg Simmel und Stefan George, in: Heinz-Jürgen Dahme und Otthein Rammstedt (Hgg.): Georg Simmel und die Moderne, Frankfurt am Main 1984, 150.

79 Köhnke, 501–503. – Einen anderen Akzent setzt Lichtblau, der meint, Simmel habe das *Werk* Georges »als die artistische Form der Einlösung einer solch qualitativen Form des Individualismus betrachtet, die er später zur Grundlage seiner weiteren kunstgeschichtlichen und kunstphilosophischen Untersuchungen machte«; Klaus Lichtblau: Georg Simmel, Frankfurt am Main/New York 1997, 88.

80 Nach Lektüre des zweiten *Jahrbuchs* 1911 ärgerte sich Simmel offensichtlich, dass Gundolf bei ihm abgeschrieben hatte, ohne ihn zu nennen. Der Anfang von »Wesen und Beziehung« (»was früher mittel war ist selbstzweck geworden«) ist bis in die Vergleiche hinein (das Heer, das Geld) eine direkte Adaption der *Philosophie des Geldes*; Simmel machte Gundolf behutsam auf die Übereinstimmungen aufmerksam; Georg Simmel an Friedrich Gundolf, 6. Mai 1911, in: Georg Simmel und die Moderne (wie Anm. 78), 439. – Die Überschneidungen zwischen Simmel und George bemerkte schon Walter Benjamin, der nach Lektüre der *Philosophie des Geldes* an Adorno schrieb, das Buch stamme »nicht umsonst aus der Zeit, in der Simmel sich dem Kreis um George ›nahen‹ durfte«; Benjamin an Adorno, 23. Februar 1939, in: Theodor W. Adorno, Walter Benjamin: Briefwechsel. Hg. von Henri Lonitz, Frankfurt am Main 1994, 405f.

81 EL 110.

82 Adorno, 201.

83 FW 116f.

84 Rudolf Borchardt: Die Gestalt Stefan Georges (1928), in: GW, Prosa I, 306.

85 Paul Fechter: Menschen und Zeiten. Begegnungen aus fünf Jahrzehnten, Gütersloh 1948, 53f.
86 Simmel an George, 28. April 1901, George/Gundolf, 81.
87 RB 85.
88 FW 117.
89 EL 168; dort, S. 68 und S. 23, auch die folgenden Zitate.
90 Gertrud Simmel an Sophie Rickert, 28. Dezember 1908, RB 86.
91 Curtius, 115.
92 Simmel an George, 11. November 1897, Briefe Georg Simmels an Stefan George und Friedrich Gundolf. Zusammengestellt von Michael Landmann, in: Georg Simmel und die Moderne (wie Anm. 78), 430–448, Zitat 430. Die Gegenbriefe Georges befanden sich in Simmels Nachlass, der im Mai 1939 im Hamburger Freihafen von der Gestapo beschlagnahmt und versteigert wurde; vgl. Köhnke, 17f.
93 Blätter 4, 4 (Oktober 1899), 119–124. Pauly war der Mädchenname der Mutter.
94 Morwitz an George, 26. Juli 1914, SW 9, 168; vgl. EM 468.
95 Der Weisheitslehrer, zuerst in: Blätter 10 (November 1914), 154; GA IX.111. Von Simmels Wirkungslosigkeit zu sprechen, verbietet sich schon mit Blick auf Schüler wie Ernst Bloch, Ernst Cassirer, Bernhard Groethuysen, Siegfried Kracauer und Georg Lukács.
96 George an Theodor Dienstbach, 2. November 1897, zit. nach Ernst Wiegand Junker: Stefan Georges erste Romfahrt mit Theodor Dienstbach im Jahre 1898, in: Neue Beiträge zur George-Forschung 11 (1986), 4–39, Zitat 13; dort zahlreiche Angaben zum Folgenden.
97 Hofmanns Gemälde »Frühlingssturm« lasse sich geradezu »als Programmbild der Epoche verstehen … das jugendliches Pathos mit einem ausgeprägten Traditionsbewusstsein verbindet«; Ingo Starz: Gebärden des Lebens. Zu Werken des Malers Ludwig von Hofmann, in: Katalog Lebensreform, Bd. 1, 241–245, Zitat 241 (das Bild diente als Einbandmotiv des Katalogs). – Auch Thomas Mann gehörte zu den Bewunderern Hofmanns und erwarb 1914 das Aquarell »Die Quelle«; die drei etwas akademisch anmutenden nackten Knaben hingen zuletzt in Manns Arbeitszimmer.
98 Feld vor Rom, Südliche Bucht, GA V. 74f. Laut Morwitz reiste George erst 1913 an den Golf von Neapel; für ihn gehört das Gedicht Südliche Bucht an die italienische Riviera, EM 203; vgl. dagegen George/Hofmannsthal, 140.
99 Bondi an Klein, 7. Juni 1898, STGA.
100 George an Theodor Dienstbach, 19. Oktober 1897, zit. nach Junker, Romfahrt (wie Anm. 96), 11. – In seinem Brief an George zitierte Meyer einen Gewährsmann, der von dritter Seite in Erfahrung hatte

bringen können, dass Max Spohr »glänzende Geschäfte mit Büchern über geschlechtliche Dinge aller Art macht«. Die Firma sei offenbar angesehen, »durch den vorerwähnten Hauptzweig aber nicht erstklassig«. Was diesen »Hauptzweig« betreffe, so endete Meyers Brief, »so würde ich sagen: an author has no sexe!«; R.M. Meyer an George, 19. Oktober 1897, STGA. Ob George trotz der Warnungen Meyers mit Spohr verhandelte, bleibt offen. – Ab 1899 erschien im Verlag von Max Spohr die erste Homosexuellen-Zeitschrift, das von Hirschfeld herausgegebene *Jahrbuch für sexuelle Zwischenstufen*.

101 Jean Loubier 1910, zit. nach Gangolf Hübinger (Hg.): Versammlungsort moderner Geister. Der Eugen Diederichs Verlag – Aufbruch ins Jahrhundert der Extreme, München 1996, 176. Maeterlinck selbst nannte das Buch in einem Brief an Eugen Diederichs »ein typographisches Wunder«; ebda., 175.

102 Zit. nach Hübinger, Versammlungsort (wie Anm. 101), 34, 49.

103 Friedrich Wilhelm Graf: Das Laboratorium der religiösen Moderne. Zur »Verlagsreligion« des Eugen Diederichs Verlags, in: Hübinger, Versammlungsort (wie Anm. 101), 243–298, Zitat 243. – Diederichs habe an eine »unmittelbare Erfassung der Totalität des Lebens« geglaubt, meint Graf und verweist beispielhaft auf den Titel des 1901 erschienenen Werkes von Julius Hart: *Reich der Erfüllung*. Band 1: *Vom höchsten Wissen. Vom Leben im Licht*, Band 2: *Neue Gemeinschaft. Ein Orden vom wahren Leben*; ebda., 252.

104 Berthold Vallentin: Zur Kritik von Presse und Theater, in: Jahrbuch 2 (1911), 36–76, Zitat 66.

105 George an Wolfskehl, 5. Oktober 1899, zit. nach Deutsche Dichtung 1, 112.

106 George an Wolfskehl, 16. Dezember 1903, STGA.

107 Grundlegend, trotz dürftiger Materiallage und einiger leichtfertiger Urteile, noch immer: Dieter Mettler: Stefan Georges Publikationspolitik. Buchkonzeption und verlegerisches Engagement, München/ New York/London/Paris 1979.

108 Rainer Maria Rilke: An Stefan George, zit. nach dem Erstdruck in: Corona, 6, 6 (1936), 706.

109 Freedman, Bd. 1, 114; Bd. 2, 228.

110 Breysig, 10 (November 1899). Die neueren Gedichte Rilkes, die, versehen mit Illustrationen Ludwig von Hofmanns, 1898 im *Pan* erschienen waren, seien besser, meinte George, solche Gedichte könne er sich durchaus in den *Blättern* vorstellen; die Initiative müsse allerdings von Rilke ausgehen.

111 Zit. nach dem noch immer maßgeblichen, zweimal nachgedruckten Aufsatz von Eudo C. Mason: Rilke und Stefan George, zuerst in: Joa-

chim Müller (Hg.): Gestaltung. Umgestaltung. Festschrift zum 75. Geburtstag von Hermann August Korff, Leipzig 1957, 249–278, Zitate 253.

112   Rilke an Arthur Holitscher, 22. Juni 1901, zit. nach Günter Heintz: Stefan George. Studien zu seiner künstlerischen Wirkung, Stuttgart 1986, 31.

113   Zit. nach Mason, Rilke und George (wie Anm. 111), 256.

114   Rilke an Arthur Holitscher, 25. Januar 1902, zit. nach Mason, Rilke und George (wie Anm. 111), 260.

115   Vgl. GPL 308 und 398. – Thomas Mann beantwortete die Frage 1941 auf seine Weise: »Rilke oder George – die Wahl ist schwer. Rein kulturell gesehen, sind sie beide bedeutende Erscheinungen, aber eben Erz-Ästheten alle beide – der eine in femininer, der andere in mann-männlich-sadistisch-diktatorischer Form. Dieser war doch wohl der Gefährlichere, wenn er auch schließlich nicht Präsident der Nazi-Akademie werden wollte und sich in der Schweiz begraben ließ«; Thomas Mann an Agnes E. Meyer, Pacific Palisades, 3. Oktober 1941, in: Thomas Mann: Briefe. 1937 – 1947, Frankfurt am Main 1963, 214.

116   Eine »Vertrauliche Information des Amtes Schrifttumspflege« von 1938 bezifferte die Gesamtauflage aller George-Titel auf 251980 Exemplare; Kolk (wie Anm. 68), 353.

117   Karl Wolfskehl an Friedrich Gundolf, 21. März 1931, Wolfskehl/Gundolf I, 238f.

II, 1 Das schöne Leben

1   Friedrich Gundolf: Goethe, 12. Aufl., Berlin 1925, 251f.

2   Friedrich Gundolf: Vorbilder, in: Jahrbuch 3 (1912), 1–20, Zitate 4 und 8.

3   Max Dessoir: Buch der Erinnerung, Stuttgart 1946, 242f.

4   Stefan George an Anna George, 27. Oktober 1928, STGA. Anna hatte ihren Bruder auf die mangelnde Qualität eines in der Zeitung veröffentlichten Fotos hingewiesen. – Nach dem Tod von Jacob Hilsdorf 1916 ließ sich George von dessen Bruder Theodor fotografieren, der seit Anfang der neunziger Jahre ein erfolgreiches Atelier in München führte.

5   Sibylle Lewitscharoff: Wie er die Mähne baute. Stefan Georges Haare, in: Frankfurter Allgemeine Zeitung, 31. Mai 2006. Die Betrachtung erschien aus Anlass der Neueröffnung des Marbacher Literaturmuseums, das unter anderen Devotionalien auch zwei Haarbüschelchen Georges präsentiert.

6   Friedrich Gundolf: Vorbilder, in: Jahrbuch 3 (1912), 8.

7 Friedrich Gundolf: Das Bild Georges, in: Jahrbuch 1 (1910), 21.

8 Friedrich Gundolf: Shakespeares Sonette, in: Die Zukunft, 18, 41 (Juli 1910), 65–68, Zitat 67.

9 Dante: Göttliche Komödie. Übertragungen von Stefan George, GA X/XI, 181. Die Verse aus Paradiso XVII stehen 1917 als Motto über Georges Kriegsgedicht. – »Nach Homer sehe er als dichterische Persönlichkeit ... nur Dante. Dann Shakespeare«; BV 37 (Januar 1909).

10 GA X/XI, Vorrede (zuerst 1912). – Alles deutet darauf hin, dass George Dante bereits während der Schulzeit kennenlernte. Frühe Hinweise in Georges Kommentar auf Rouges Brief vom 27. August 1890 (vgl. oben S. 657) sowie in einem Brief Georges an Ida Coblenz vom Juni 1892, George/Coblenz, 31. – Das auf 1886/87 datierte Eröffnungsgedicht der Fibel (»Ich wandelte auf öden düstren bahnen«) ist wohl eine Paraphrasierung der Anfangszeilen der Göttlichen Komödie: »Es war inmitten unsres wegs im leben / Ich wandelte dahin durch finstre bäume.« Zu den Parallelen mit dem Beginn der Maximin-Vorrede vgl. unten S. 701.

11 Gundolf, George, 53.

12 Gespräch mit Ernst Glöckner, EG 71 (Februar 1916).

13 Max Weber an Dora Jellinek, 9. Juni 1910, MWG II, 6, 560.

14 GA V.12, dort auch das folgende Zitat.

15 George an Hofmannsthal, 16. Juli 1897, George/Hofmannsthal, 124.

16 Georg Simmel: Stefan George. Eine kunstphilosophische Studie, in: ders.: Zur Philosophie der Kunst. Philosophische und kunstphilosophische Aufsätze, Potsdam 1922, 29–45, Zitat 39.

17 Gundolf, George, 171f.

18 GA V.13f.

19 Simmel, George (wie Anm. 16), 38. – Auf einer zweiten Ebene wäre der Dialog zwischen Dichter und Engel auch als Dialog Georges mit seinen Freunden zu lesen. Alles, was der Engel zum Dichter sagt, könnte ebenso von diesem zu seinen Freunden gesprochen sein. Viele Strophen des *Vorspiels* sind nur so ganz zu erschließen: »Auch heimlich bin ich richte eurer tritte«; GA V.19.

20 Vgl. oben S. 151 und 185.

21 Eine erinnerung des Sophokles, in: Blätter 3, 5 (Oktober 1896), 155f., GA XVII.42f.

22 Edith Landmann: Stefan Georges Auffassung von den Griechen, in: CP 258–259, 5–41, Zitate 26–28.

23 So Hellmut Sichtermann 1968, zit. nach Detering, 50; dort, S. 42, auch das folgende Schlegel-Zitat. Vgl. zu diesem Komplex grundlegend Detering sowie zuletzt die eindrucksvolle Studie von Esther Sophia Sünderhauf: Griechensehnsucht und Kulturkritik. Die deutsche Rezeption von Winckelmanns Antikenideal, Berlin 2004, in der die Entwicklung

von der »Umcodierung des Antikeideals« um 1900 hin zu einer Natio-
nalisierung des deutschen Griechenland-Bildes ab 1918 nachgezeich-
net wird.

24 Was Georges einschlägige Kenntnisse der »Szene« angeht, verweise ich
auf die diversen Aufsätze von Marita Keilson-Lauritz, in denen das
»Netzwerk« sichtbar wird; genannt seien hier stellvertretend Georges
Kontakte zum Spohr-Verlag, sein frühes Interesse an den Schriften von
Bruno Wille u.a. und natürlich sein Umgang mit zahlreichen »beken-
nenden« Homosexuellen wie Richard Perls, Botho Graef oder Alfred
Schuler.

25 EM 228. – Die Hintergründe einer für das Frühjahr 1898 geplanten
Griechenland-Reise sind nicht zu ermitteln.

26 Die Beziehung zu Rassenfosse war in der zweiten Jahreshälfte 1895 bereits merklich abgekühlt; Cyril Scott trat erst gegen Jahresende 1896,
also *nach* Publikation des Stückes in Georges Blickfeld; vgl. dagegen
David, 433.

27 »Leichter … als ein halm auf dem wasser« dürfte Horaz entnommen
sein, dem George auch sonst viele Bilder verdankt: »levior cortice«,
leichter als Kork (Oden 3, 9, Strophe 6), schrieb George mehr als
dreißig Jahre später während eines Gesprächs mit einem jungen Freund
auf ein Blatt Papier und schob es ihm über den Tisch; Stein, 23.

28 FW 112f. Von Scotts »Herzenskälte« sprach Thormaehlen: George
»liebte Scott, konnte aber nicht umhin, das Unbegreifliche und Unfass-
bare seines Charakters außerordentlich befremdend oder erschreckend zu finden«; LT 74.

29 Cyril Scott: Die Tragödie Stefan Georges, Eltville 1952, 30–32. Auch
wenn Scotts Erinnerungen insgesamt etwas geschwätzig wirken und in
den Details voller Fehler stecken, besteht keine Veranlassung, an der
Authentizität gerade der hier zitierten Passagen zu zweifeln. Umso
größer war die Entrüstung unter den Freunden Georges. Scott habe
versucht, »in das edle Porträt des Dichters die Züge Oscar Wildes hi-
neinzuretouchieren«, schimpfte Boehringer, der die Publikation offenbar hatte verhindern wollen; RB 280. Morwitz sprach von »Schmähungen«, die mehr über den schlechten Geschmack ihres Verfassers
aussagten als über seine Beziehung zu George, die er »in sensationell
banaler Weise« darstelle; EM 139.

30 Marita Keilson-Lauritz: Übergeschlechtliche Liebe als Passion. Zur
Codierung mannmännlicher Intimität im Spätwerk Stefan Georges, in:
George, Werk und Wirkung, 142–155, Zitat 144.

31 Richard Ellmann: Oscar Wilde, München/Zürich 1991, 625.

32 Giselastraße 15; vgl. Wolfskehl an George, 14. Januar 1902, STGA, Ge-
orge/Verwey, 241, Wolfskehl/Gundolf I, 152.

33 Vgl. die bissige Rezension von Otto Julius Bierbaum in: Die Insel, 3, 3 (April/Juni 1902), 195f. – Greve hat nicht in den Blättern publiziert. Ungemein produktiv als Übersetzer und Publizist, geriet er 1909 in private Schwierigkeiten, täuschte erfolgreich seinen Suizid vor (die Nachschlagewerke verzeichneten lange Zeit 1910 als Todesjahr) und machte nach dem Ersten Weltkrieg unter dem Namen Frederick Philip Grove Karriere als Schriftsteller in Kanada.

34 EL 163 (August 1926); vgl. auch EL 195.

35 Herman Bang: Gedanken zum Sexualitätsproblem (1909), zit. nach Detering, 223.

36 Reventlow, SW 2, 51. Der Hinweis auf »ziemlich unzweifelige Thatsachen« kam von Wolfskehl; Wolfskehl an Gundolf, 18. Mai 1901, Wolfskehl/Gundolf I, 109.

37 George an Gundolf, 17. Juni 1901, George/Gundolf, 93.

38 Vgl. z. B. Ende April 1900, nachdem George Gundolf das Du angeboten hatte; Januar 1904, nach Ausbruch der Kosmikerkrise; die Zeit nach dem Tod Maximilian Kronbergers und viele weitere Stellen, auch in späteren Jahren; George/Gundolf, 54, 146ff., 154, 160, 194, 196, 207 und zuletzt die »Trennungsbriefe« von 1921, 349 und 352. Zahllose leere Briefumschläge, zum Teil mit der Aufschrift »Inhalt vernichtet«, in STGA.

39 »Bei wie vielen er das getan hat, weiß ich nicht; aber von etlichen ist es mir bekannt«; RB 145. »Dass George alle ›persönlichen‹ Briefe verbrannt habe«, wusste Wolfskehl zu berichten; ES 331. Zur Vernichtung der Korrespondenz mit Klein vgl. EL 153 (1926): »Das waren solche Stöße! Welch ein Fressen für die Literaten«; entgegen Georges Behauptung sind die Briefe Kleins jedoch größtenteils erhalten geblieben.

40 BV 81 (Oktober 1927). Im Zusammenhang mit der Veröffentlichung von Nietzsche-Briefen hatte George schon 1902 im Gespräch mit Breysig »jede Publikation von Briefen als verwerfliche Neugier und Indiskretion« abgelehnt; BV 17.

41 C.S., in: Das Jahr der Seele (1897), GA IV.85.

42 George an Lechter, 31. Dezember 1900, George/Lechter, 151.

43 Scott, Die Tragödie (wie Anm. 29), 36; dort, S. 29, auch das folgende Zitat. – Ein Band mit 47 George-Übersetzungen Scotts erschien 1910 in London. – Harry Graf Kessler, der Scott 1906 in London kennenlernte, zählte ihn aufgrund seines Äußeren »zur Klique Stefan George: zweifelhafte Wäsche, Atlasschlips in genialen Knoten zum Frack, sehr selbstbewusst, ein großer Bewunderer von Lechters Kunst, im Geschmack entschieden unsicher«; Tagebuch, 23. April 1906.

44 Albert Verwey: Poëzie in Europa, in: Tweemaandelijksch Tijdschrift, 7, 2 (März 1901), 286.

45 Die englischen Urfassungen der drei Gedichte für Scott in SW V.120f.
    – Die anderen Gedichte sind gerichtet an: Ernest Dowson, Ludwig von
    Hofmann, Clemens von Franckenstein und Leopold Andrian. Dieser
    war höchst erstaunt, als ihn George Ende Oktober 1899 von der be-
    vorstehenden Veröffentlichung unterrichtete. »Mit Verwunderung
    und Freude« nehme er zur Kenntnis, »dass wenige Stunden Zusam-
    menseins«, die überdies mehr als fünf Jahre zurück lagen, George of-
    fenbar genügt hätten, ihn unter die Seinen zu zählen; Andrian an Geor-
    ge, 31. Oktober 1899, in: Leopold Andrian und die Blätter für die
    Kunst, hg. von Walter H. Perl, Hamburg 1960, 50.
46 David, 200.
47 Aus dem Zwischentitel der Widmungsgedichte, GA IV.73.
48 Blätter für die Kunst, 4, 1–2 (November 1897), 4.
49 Die »trocknen sommer« meinen Rassenfosse. In seiner *ersten* Deutung
    dieser Gedichte bezog Morwitz »die gefährlichen Erlebnisse am Rand
    des Abgrunds« auf einen jungen Mann; Ernst Morwitz: Die Dichtung
    Stefan Georges, Berlin 1934, 72. In der Neuausgabe 1960 war »jener
    Dritte« spurlos verschwunden: »Über das Geschlecht dieses Wesens
    wird nichts gesagt oder angedeutet«; EM 161. Die Revision scheint mir
    ein sicheres Indiz für die Richtigkeit der ursprünglichen Interpretation.
50 GA V.18. – George war diese Zeile so wichtig, dass er in der Druckvor-
    lage hinter »Hellas« und hinter »liebe« jeweils ein Ausrufungszeichen
    setzte; Exemplar in STGA.
51 Scott, Die Tragödie (wie Anm. 29), 38.
52 EL 55 (September 1916).
53 Gundolf, George, 162.
54 GA VI/VII.53. – Die Wendung »monumentale Intimität« prägte zwar
    Gundolf (1920 für die Pilgerfahrten; Gundolf, George, 75). Entwickelt
    aber wurde dieser Dualismus – eigentlich eine Contradictio in adjecto –
    von Simmel 1901 in seinem Aufsatz über den Teppich; Simmel, George
    (wie Anm. 16), bes. 38ff. Gundolf nahm des öfteren Anleihen bei Sim-
    mel; vgl. oben S. 677 (Anm. 80).
55 George/Verwey, 233f. Der Blick aus seinem Fenster auf die Rückseite
    der Häuser am anderen Ufer veranlasste George später zu der generel-
    len Feststellung: »Die Rückseite der Häuser ist immer schön, weil man
    da keine Mühe drauf verwandt hat, sie schön zu machen«; EL 146.
56 George/Verwey, 238. – Die Vorliebe für Lackschuhe und eng anliegen-
    de Hosen begleitete George bis ins Alter.
57 George/Verwey, 68.
58 FW 168.
59 Gundolf an Wolfskehl, 2. September 1899, Wolfskehl/Gundolf I, 55.
60 Wolfskehl an George, 6. März 1899, George/Gundolf, 27.

61 ES 313.

62 Bereits seinen ersten Brief an George im Juni 1899 wie auch seinen ersten Brief an Wolfskehl nach der Begegnung unterschrieb Gundolf mit diesem Namen. Unter Gundolf veröffentlichte er von Anfang an in den Blättern, später auch alle seine übrigen Schriften; 1927 ließ er den Namen legalisieren; vgl. Groppe, 291.

63 Gundolf an Wolfskehl, 22. September 1899, Wolfskehl/Gundolf I, 63.

64 Karl Wolfskehl: Künder der Grösse, in: Münchner Neueste Nachrichten, 20. Juni 1930; der Artikel zu Gundolfs 50. Geburtstag wieder in: Wolfskehl, GW II, 294.

65 Boehringer, Ewiger Augenblick, 28.

66 Ulrich Raulff: Der Bildungshistoriker Friedrich Gundolf, in: Friedrich Gundolf: Anfänge deutscher Geschichtsschreibung von Tschudi bis Winckelmann. Hg. von Edgar Wind. Mit einem Nachwort zur Neuausgabe von Ulrich Raulff, Frankfurt am Main 1992, 132.

67 Friedrich Gundolf an Herbert Cysarz, 14. November 1926, Gundolf, Briefe, 219.

68 Friedrich Nietzsche: Unzeitgemässe Betrachtungen. Zweites Stück: Vom Nutzen und Nachtheil der Historie für das Leben, KSA 1, 293f.; dort, S.295, auch das folgende Zitat. Georges Kenntnis der Schrift muss als selbstverständlich vorausgesetzt werden; sowohl Gundolf als auch Wolfskehl hatten sie 1899 gelesen; vgl. Wolfskehl/Gundolf I, 44.

69 EL, 140, 126; vgl. auch Boehringer, Ewiger Augenblick, 46: »Wenn ich Plutarch lese, das versteht man so ziemlich, da fühlt man sich zuhaus. Den hab ich schon hundert mal gelesen.« – »Dreihundertmal« schien Boehringer, der die Aufzeichnungen Edith Landmanns als Vorlage benutzte, wohl doch übertrieben.

70 Nietzsche, Unzeitgemässe Betrachtungen (wie Anm. 68), 259f.

71 GA V.29.

72 Friedrich Gundolf: Caesar. Geschichte seines Ruhms, Berlin 1924, 7.

73 Ernst Osterkamp: Friedrich Gundolf zwischen Kunst und Wissenschaft. Zur Problematik eines Germanisten aus dem George-Kreis, in: Christoph König, Eberhard Lämmert (Hgg.): Literaturwissenschaft und Geistesgeschichte 1910 bis 1925, Frankfurt am Main 1993, 177–198.

74 Friedrich Gundolf an Harry Maync, 11. Januar 1927, Gundolf, Briefe, 220–223; dort auch die Zitate aus Mayncs Berner Rektoratsrede vom November 1926.

75 George an Gundolf, 10. August 1899, zit. nach dem handschriftlichem Faksimile in George/Gundolf, 35. Das Gedicht erschien, mit geringfügigen Änderungen, unter dem Titel »An Gundolf« 1907 im Siebenten Ring, GA VI/VII.187.

76 Boehringer, Ewiger Augenblick, 29.

77 ES 71.

78 Gundolf an George, 31. Dezember 1899, George/Gundolf, 45.

79 Gundolf an Wolfskehl, 22. September 1899, Wolfskehl/Gundolf I, 63.

80 Gundolf an Gustav Roethe, 8. März 1906, Gundolf, Briefe, 33.

81 George an Gundolf, 14. September 1899, George/Gundolf, 39.

82 Gundolf an George, 3. April 1900, George/Gundolf, 48.

83 Umschau, GA VI/VII.71.

84 Der Spiegel, GA VI/VII. 79.

85 George an Gundolf, 6. April 1900, George/Gundolf, 50.

86 Gundolf an Wolfskehl, 1. Mai 1900, Wolfskehl/Gundolf I, 73; vgl. George/Gundolf, 54.

87 Merkwürdigerweise fehlt Gundolfs Brief an Wolfskehl über seinen Besuch in Bingen, aus dem in George/Gundolf, 56, zitiert wird, im Briefwechsel Wolfskehl/Gundolf.

88 George an Gundolf, ohne Datum, George/Gundolf, 57f. Der Brief ist sowohl im Briefwechsel als auch in der Zeittafel falsch eingeordnet. Georges Erregung ergibt nur dann einen Sinn, wenn man »mittwoch« als 20. Juni, Gundolfs 20. Geburtstag, liest.

89 Gundolf an Wolfskehl, 4. Juli 1901, Wolfskehl/Gundolf I, 122.

90 Gundolf an George, 27. Juli 1901, George/Gundolf, 98; vgl. auch ebda. 68, 71, 111, 140 u.ö.

91 Gundolf an George, Anfang Februar 1906, George/Gundolf, 172; dort auch das folgende Zitat.

92 Claude David: Gundolf und George, in: Euphorion, 75, 2, 1981, 159–177, Zitat 161.

93 Gezeiten, GA VI/VII.66–83. Erstdruck von sieben Gedichten der Reihe in: Blätter 5 (Mai 1901), 17–23. Zur Datierung der einzelnen Gedichte vgl. SW 6/7, 211–214, sowie George an Lechter, 30. Mai 1900, Lechter an George, 11. April 1901,George/Lechter 131, 157.

94 Gundolf, George, 235–239.

95 GA VI/VII.69; dort, S. 72–79, auch alle folgenden Zitate.

96 ES 113.

97 »Die Wirkung des Bildes auf uns drei Beschauer: den Meister, Toorop und mich war völlig erschütternd wie auf mich noch nie ein bildwerk gewirkt hat«; Gundolf an Wolfskehl, 1. Juni 1901, Wolfskehl/Gundolf I, 110.

98 König und Harfner, GA VI/VII.47.

99 David, Gundolf und George (wie Anm. 92), 162.

II, 2 Ahnengalerie

1 FW 303.

2 Martin Möbius [d.i. Otto Julius Bierbaum]: Steckbriefe. Erlassen hinter dreißig literarischen Übelthätern gemeingefährlicher Natur, Berlin und Leipzig 1900, 56. – Schon 1896 hatte er in der Wiener *Zeit* geschrieben, Georges »Hyperästhetizismus« sei »von einer ans Närrische grenzenden Wunderlichkeit«, zit. nach Fechner, 242.

3 Willy Pastor: Bung-Bung (Stefan George), in: ders.: Studienköpfe. Zwanzig essayistische Porträts, Leipzig und Berlin 1902, 186–192, Zitat 191f. Das Pamphlet markiert ziemlich genau den Zeitpunkt, an dem die Wirkungsgeschichte Georges umschlug; es erschien zuerst 1899 in der Kölnischen Zeitung; vgl. FW 182f.

4 Arthur Moeller-Bruck: Stilismus, Berlin und Leipzig 1901; über George S. 27–74, Zitate S. 37, 57, 59, 64f.

5 George an Stuart Merrill, 28. Februar 1893, STGA (Original französisch). Im gleichen Jahr berief sich George auch in den Blättern mit Nachdruck auf die Brüder Grimm; Blätter 1, 5 (August 1893), 144–146.

6 Die Distanzierung fällt insbesondere im Vergleich mit den späteren Vorreden zu den Dante- und Shakespeare-Übertragungen auf; sie war bereits im Vorspann zu den ersten Auszügen in den Blättern spürbar, wo es hieß, wer Baudelaire »heute noch zur nachahmung empfehlen will dem rufen wir zurück dass dieser dichter zur zeit des Zweiten Kaiserreiches gelebt hat«; Blätter 2, 1 (Januar 1894), 25. – Vgl. FW 295f.

7 Franken, GA VI/VII.18f. Das Gedicht wurde wahrscheinlich nicht unmittelbar auf die Nachricht vom Tod Mallarmés verfasst (9. September 1898), sondern frühestens im Sommer darauf.

8 Morwitz hatte sich diese Reise gewünscht. Der Aufenthalt, bei dem sie, auf Wunsch Georges und durch Vermittlung Saint-Pauls, André Gide und Auguste Rodin kennenlernten, enttäuschte George so, dass er beschloss, nie mehr nach Paris zu fahren. »Die Gesichter ertrug ich nicht ... Es war etwas in diesen Mienen, das sagte: ich gehe ins Geschäft, und wer mich hindern will, den schlage ich nieder«; EL 67 (Juni 1919); vgl. FW 345.

9 George/Verwey, 235. – Zur Rekonstruktion des Rheingedichts vgl. Verweys Sonett »De stroom« vom 26. Oktober 1899, in dem er versuchte, Georges »Rheingedanken« nachträglich zusammenzufassen; ebda., 72. – Möglicherweise handelt es sich bei den in GA VI/VII.198f. veröffentlichten Vierzeilern »Rhein I – VI« um Fragmente des ursprünglich konzipierten großen Rheingedichts, das in dieser Form nicht ausgeführt wurde.

10 Die Vermutung, dass »Goethe-Tag« *vor* »Franken« entstand und das

erste Gedicht der Reihe war, wird vor allem dadurch gestützt, dass in den Zeitgedichten der nationale Aspekt wichtiger war als der biographische. Theoretisch könnten »Pente Pigadia« und »Die Schwestern« noch früher entstanden sein; dies würde jedoch bedeuten, dass George seine Zeitkritik an zwei im Kontext des Zyklus marginalen Figuren entwickelt hätte, was unwahrscheinlich ist. Zu den Datierungen im Einzelnen vgl. SW 6/7, 200–208.

11 Georg Lukács: Literatursoziologie, Neuwied 1961, 370 (zuerst 1945).

12 George an Hofmannsthal, 4. Dezember 1905 (nicht abgesandt), George/ Hofmannsthal, 226f. – Als George am 8. Dezember bei einem Konzert von Harry Graf Kessler auf die Unterschriftenaktion angesprochen wurde, sagte er fast wörtlich das Gleiche, »es sei gar kein so großes Unglück, wenn Krieg käme und Deutschland eine Schlappe erlitte«. Kessler fügte hinzu: »Er spricht so nachdrücklich und monumental und mit einem so Dantesken Aufrecken des Kopfes, dass man fast nicht das Alberne merkt; fast nicht«; Kessler, Tagebuch, 8. Dezember 1905.

13 Georg Simmel: Philosophie des Geldes, Frankfurt am Main 1989, 670.

14 Zit. nach John Keegan: Der Erste Weltkrieg. Eine europäische Tragödie, Reinbek 2000, 32.

15 An Verwey, GA VI/VII.192. Der Burenkrieg (1899–1902), in dem sich die Nachkommen der holländischen Einwanderer lange Zeit erfolgreich gegen das Vordringen der Engländer in Südafrika wehrten, setzte in der deutschen Öffentlichkeit heftige antibritische Ressentiments frei. Er war wiederholt auch Gesprächsthema zwischen George und Verwey, vgl. George/Verwey, 104f.

16 Der Krieg, GA IX.29.

17 Jahrhundertspruch. Ein Vierter: Schlacht, GA VI/VII.209.

18 GA VI/VII. 5–33, dort alle folgenden Zitate. Die Gedichte entstanden zwischen August 1899 und August 1903; vgl. auch Anm. 7 und 10.

19 »Ein Weg, um sich von wechselnden Kontexten in gewisser Weise unabhängig zu machen und sich dadurch eine Form von Aktualität zu bewahren, ist die Selbstkontextualisierung: Georges Werkpolitik zielt darauf, das Werk zum privilegierten Kontext seiner selbst zu machen«; Steffen Martus: Stefan Georges Poetik des Endens. ›Zum Abschluss des VII. Rings‹, in: GJb 6, 1–30, 4. In den Zeitgedichten sieht Martus im wesentlichen »Gedichte über falsche Wahrnehmung«; ebda., 9.

20 Georg Simmel: Der Siebente Ring (1909), in: ders.: Zur Philosophie der Kunst. Philosophische und kunstphilosophische Aufsätze, Potsdam 1922, 74–78, 76. Allerdings vermisste Simmel gerade in den Zeitgedichten dieses Spezifische des monumentalen Stils.

21 ES 199. Zur Gästeliste und zum Programm der Lesung am 22. Oktober 1902 vgl. ZT 131.

22 Wolters, Frühe Aufzeichnungen, 57. Vgl. auch Verweys Gedicht »Mijn Koning«; George/Verwey, 301.

23 Wolters, Frühe Aufzeichnungen, 55. – In einem undatierten, vermutlich aus dem Jahr 1891 stammenden Briefentwurf an Klein zitiert George aus *Zarathustra.* Im Sommer 1892 dürfte sein Nietzsche-Interesse neuen Auftrieb durch Fritz Kögel erhalten haben, der zwei Jahre später von Elisabeth Förster als Nachfolger Peter Gasts zum Redakteur der Nietzsche-Gesamtausgabe bestellt wurde.

24 Carl August Klein: Über Stefan George, eine neue Kunst, in: Blätter 1, 2 (Dezember 1892), 50; vgl. Wolters, Frühe Aufzeichnungen, 56.

25 EL 100. Zu Georges kursorischer Nietzsche-Lektüre vgl. EL 98, ES 271, Breysig, 16, sowie Wolters, Frühe Aufzeichnungen, 55. – Die *Geburt der Tragödie* ist die einzige Nietzsche-Schrift, die sich in Georges Bibliothek nachweisen lässt.

26 Vgl. den Titel seiner Schrift: Ethische Kultur und ihr Geleite. Band 1: Nietzsche-Narren, Berlin 1893. – Vgl. auch das Zarathustra-Zitat in der Betrachtung »Über Kraft«, Blätter 3, 1 (Januar 1896), 31; GA.XVII.88.

27 Gottfried Benn: Nietzsche – nach 50 Jahren, SW 5, 198–208, Zitat 199.

28 EM 222, FW 18, vgl. auch EL 115; dagegen RB 30. Der Hinweis auf die stillschweigende Korrektur der Turin-Legende durch Boehringer in ZT 10.

29 Karl Wolfskehl: Die Blätter für die Kunst und die neuste Literatur, in: Jahrbuch 1(1910), 5.

30 Breysig, 43.

31 Gundolf an Wolfskehl, 28. Oktober 1900, Wolfskehl/Gundolf I, 83.

32 Rilke in der Wiener Rundschau vom 15. Oktober 1898, zit. nach Eudo C. Mason: Rilke und Stefan George, in: Joachim Müller (Hg.): Gestaltung. Umgestaltung. Festschrift zum 75. Geburtstag von Hermann August Korff, Leipzig 1957, 276, Anm. 22. Sechs Wochen später erbat sich Rilke von Stoeving einen Abzug. – Harry Graf Kessler kannte offenbar nur dieses Porträt, als er am 4. Dezember 1898 Georges Lesung im Hause Lepsius beiwohnte; KTM 144. – George fand die Zeichnung zu weich, Karl Bauer nannte sie »feminin«; EL 186, KTM 172. – Von Stoeving stammte auch das flache Goldrelief mit dem Profil Maximilian Kronbergers, das George viele Jahre an einer schwarzen gedrehten Schnur über der Weste trug; RB 11.

33 Nietzsche, GA VI/VII.12f., dort auch die folgenden Zitate.

34 Auch wenn es sich bei der Schlusszeile um ein Nietzsche-Zitat handelte und George mit dem Zuspätgekommenen wohl nicht sich selbst meinte, blieb das Gedicht eine Provokation.

35 Vgl. dazu das Gespräch zwischen George und Salin vom September 1920, ES 271f., sowie EL 54f.

36   Marita Keilson-Lauritz: Stefan George, Alfred Schuler und die ›kosmische Runde‹. Zum Widmungsgedicht ›A.S.‹ im »Jahr der Seele«, in: CP 168–169, 24–41, Zitat 34.

37   Wolfskehl an Gundolf, 21. November 1900, Wolfskehl/Gundolf I, 85. Dass Gundolf den Brief George vorlas, darf als selbstverständlich angenommen werden.

38   [Edith Landmann:] Georgika, Heidelberg 1920, 54.

39   Vgl. FW 543. Die Pointe, die Wolters aus dem Gespräch Georges mit Breysig zieht, deckt sich mit den Tagebuchaufzeichnungen Breysigs über sein letztes Treffen mit George im November 1917; vgl. Breysig, 29f.

40   [Stefan George:] Lobrede auf Jean Paul, in: Blätter 3, 2 (März 1896), 59–62; GA XVII.60–63; dort auch das folgende Zitat.

41   »Das Werk dieses Dichters (abgesehen von den Lehren der Weisheit des Schönen der Erziehung u a) heisst: ›Unsichtbare – Hesperus – Titan‹ die eins aus dem andren kommend nicht getrennt werden dürfen«; George an Wolfskehl, 14. Mai 1900, zit. nach Deutsche Dichtung 1, 114. – Der *Unsichtbaren Loge* zog George später die ebenfalls unvollendet gebliebenen *Flegeljahre* vor; vgl. EM 85.

42   Jean Paul: Werke. Hg. von Norbert Miller, Bd. 1, München 1960, 281f. (Unsichtbare Loge, 31. oder 24. Trinitatis-Sektor; Hervorhebungen im Original). Es fragt sich, warum gerade dieses Stück nicht in die Anthologie aufgenommen wurde.

43   Das erste *Vorspiel*-Gedicht erschien in derselben Nummer der *Blätter*, in der Jean Paul zum ersten Mal zitiert wurde: Das kann kein Zufall sein; Blätter 3, 1 (Januar 1896), 2 und 8.

44   Jean Paul, GA XVII.60–63, dort auch die folgenden Zitate.

45   EL 43 (1916). Drei Jahre später monierte George, dass in der Bibliothek der Landmanns keine Jean-Paul-Ausgabe zu finden sei, stattdessen »mache sich Lessing viel zu breit«; EL 72; vgl. auch EL 185.

46   Kommerell, Der Dichter als Führer, 285. – In den zwanziger Jahren waren die großen Jean-Paul-Figuren im Kreis um George so populär, dass ihre Namen als Code zur Charakterisierung von Freunden dienten; Walter Anton war Schoppe, Walter Elze war Siebenkäs und so weiter, vgl. LT 212f.

47   Wolfskehl an Lechter, Herbst 1899, KTM 154.

48   George an Lechter, 14. Mai 1900, George/Lechter, 128; dort, S. 130 und 133, auch die folgenden Zitate.

49   Zit. nach der 1910 bei Georg Bondi erschienenen ersten öffentlichen Ausgabe, mit der auch die Bandzählung I – III eingeführt wurde: Deutsche Dichtung. Herausgegeben und eingeleitet von Stefan George und Karl Wolfskehl. Erster Band: Jean Paul, 6f.; dort, S. 5, auch das folgende Zitat.

50 Claude David: Stefan George und Goethe, in: Goethe-Jahrbuch, 103, 1986, 169.

51 Zit. bei Ute Oelmann: Nachwort, in: Deutsche Dichtung 2, 108.

52 EL 28 (Dezember 1915).

53 Landmann, Georgika (wie Anm. 38), 54f.

54 Jahrbuch für sexuelle Zwischenstufen, 3, 1901, 414f.; zit. nach Marita Keilson-Lauritz: Goethes Gay Games, in: Forum. Homosexualität und Literatur, 36, 2000, 29–41, Zitat 34.

55 Entsprechende Hinweise auf Georges Goethe-Lektüre bei EM 404f.; vgl. auch EM 220f.; weitere Stellen bei Keilson-Lauritz (wie Anm. 54), 39.

56 Zuerst in: Auslese III, 25–28; Blätter für die Kunst 8 (1909), 34–37; GA IX.8–11; dort alle folgenden Zitate. Zwanzig Jahre später erschien »Goethes lezte Nacht in Italien« als Eröffnungsgedicht des *Neuen Reichs*; damit unterstrich George noch einmal die Bedeutung, die er diesem Gedicht für seine »Werkpolitik« beimaß.

57 »Ein Gefühl von dem, was George einmal war, hält uns davon zurück, ihn hier so abzufertigen, wie er verdiente«; Rudolf Alexander Schröder: Blätter für die Kunst. Eine Auslese aus den Jahren 1904–1909 [Rezension], in: Süddeutsche Monatshefte, 6, 10, Oktober 1909, 439–449, Zitat 443. Schröders Aufsatz steht zeitlich zwischen Borchardts *Ring*-Kritik vom Februar 1909 und dem im Dezember 1910 in den *Süddeutschen Monatsheften* erschienenen »Intermezzo«; vgl. S. 456.

58 Das hellenische Wunder; Tote und lebende Gegenwart, in: Blätter 9 (1910), 2f.

59 Zu den Auswahlkriterien vgl. David, George und Goethe (wie Anm. 50), 168–172, sowie David, 169f.

60 ES 186.

61 George an Wolfskehl, ohne Datum (Anfang 1902?), zit. nach ES 184. – Die Entstehungsgeschichte des Bandes und die von George vorgenommenen Textänderungen sind dokumentiert in dem ausgezeichneten Nachwort von Ute Oelmann in: Deutsche Dichtung 3, 191–213, auf das ich mich im Folgenden stütze.

62 Gundolf, George, 10f.

63 In Georges Nachlass findet sich ein wissenschaftlicher Aufsatz zu diesem Thema aus dem Jahr 1899.

64 Wolfskehl an George, 29. August 1900, zit. nach Deutsche Dichtung 3, 191.

65 Arnold Zweig: Standbild und Einsturz des Stefan George (1938), in: ders.: Essays I, Berlin 1959, 237.

66 Friedrich Sieburg: Stefan George, in: Die großen Deutschen. Deutsche Biographie. Hgg. von Hermann Heimpel, Theodor Heuss, Benno Reifenberg, Frankfurt am Main/Berlin/Wien 1983, Bd.4, 301 (zuerst 1957).

– Sieburg hatte in den Jahren vor dem Krieg in Heidelberg Anschluss an George und die Seinen gesucht und war dabei offenbar auch vor ungewöhnlichen Methoden nicht zurückgeschreckt; ES 18, 98, 114 (ohne Namensnennung). – Im Januar 1909 fragte Anton Kippenberg bei einem Besuch Wolfskehl, ob er den Band für den Insel-Verlag übernehmen könne; Wolfskehl an George, Mitte Januar 1909, STGA. – Die bibliophile Erstausgabe 1902 erschien in 303 Exemplaren; die 2. Auflage 1910 und die 3. Auflage 1923 brachten es auf insgesamt 3800 Exemplare.

67 Sprengel, 534.

68 EL 124. Wolters sprach in Bezug auf Platen von »einem Mangel an Leidenschaft ... der ihn hindert die strengen formen ganz zu erfüllen«; FW 223.

69 Karl Wolfskehl: Blicke und Blitze, in: Blätter 3, 1 (Januar 1896), 22, Aphorismus IV: »Mit dem epheukranz in den locken wollte er gebete stammeln und siehe: sein mund verwirrte sich. Hölderlin.« – Vgl. auch Wolfskehl an Lechter, Herbst 1899, KTM 154, sowie Gundolf an Wolfskehl, 2. September 1899, Wolfskehl/Gundolf I, 55.

70 Von den Elegien wurde nur »Menons Klage(n) um Diotima« vollständig aufgenommen (mit der Schlusszeile »Und von neuem ein Jahr unserer Seele beginnt«), von den späten Hymnen lediglich »Andenken« (mit der für George wichtigen Schlusszeile »Was bleibet aber stiften die Dichter«). – Schwab hatte in seiner Ausgabe von 1846, auf die sich Wolfskehl stützte, die großen Hymnen als »Gedichte aus der Zeit des Irrsinns« bezeichnet oder, so die »Patmos«-Hymne, unter den Jugendgedichten abgedruckt. – Vgl. Henning Bothe: »Ein Zeichen sind wir, deutungslos«. Die Rezeption Hölderlins von ihren Anfängen bis zu Stefan George, Stuttgart 1992, 115ff., 140ff., 201ff. und passim.

71 Zitiert nach der zweiten Ausgabe, die 1927 als erster Band der Gesamtausgabe erschien.

72 Manfred Durzak: Zwischen Symbolismus und Expressionismus. Stefan George, Stuttgart 1974, 18; dort, S.22, auch das folgende Zitat.

73 Rudolf Borchardt: Die Gestalt Stefan Georges (1928), in: GW, Prosa I, Stuttgart 1992, 299. – Die Forschung kam später zu einem ähnlichen Befund: »One cannot fail to be struck by the lack of originality in these early poems ... The moralizing portions do not have the mark of true experience. Although there was a genuine ethical urge, one feels that he is trying to follow standards whose validity he has not yet tested«; Ulrich K. Goldsmith: Stefan George. A Study in His Early Work, Boulder, Colorado, 1959, 18.

74 Gespräch mit Verwey, München, April 1902, George/Verwey, 251.

75 Theodor W. Adorno: Noten zur Literatur, Frankfurt am Main 1981, 534. Der redende Kopf, GA XVII.32.

76 Der Kindliche Kalender, GA XVII.17.

77 Gundolf, George, 46.

78 Hermann Glockner: Heidelberger Bilderbuch, Bonn 1969, 29.

79 EL 178 (Sommer 1927); vgl. Georges Kommentar zu einem möglichen Umzug der Landmanns nach Köln: »Mit der Pfafferei, das ist nichts für Euch ... Da macht Ihr Euch gar keine Vorstellung, wie das ist«; ebda., 171.

80 Curtius, 115.

81 EM 40; Lepsius (1935), 17; vgl. Wolfgang Braungart: Ästhetischer Katholizismus. Stefan Georges Rituale der Literatur, Tübingen 1997, 196. – In den Blättern der Carl-Zuckmayer-Gesellschaft, 9, 4, November 1983, 179, teilte Robert Wolff (leider ohne Beleg) mit, George sei nie aus der Kirche ausgetreten.

82 Leo XIII., GA VI/VII.21. Vgl. auch die Schilderung des Weißen Sonntags im Kindlichen Kalender, wo es heisst, dies sei »der einzige tag wo auch die plumpen kinder des volkes schön wurden«; GA XVII.15.

83 Curtius, 114.

84 EM 409 mit Bezug auf die Mittelstrophe von »Goethes lezte Nacht in Italien«.

85 EL 139. – Georges Vorbehalte gingen so weit, dass er in seiner Übersetzung des »Tulpenhändlers« aus dem *Gaspard de la Nuit* von Aloysius Bertrand die Namen der »schrecklichen ketzer«, nämlich Luther und Melanchthon, einfach fortließ; GA XVII.100, SW 17, 128.

86 »Dass ein enger zusammenhang besteht zwischen der protestantischen und der kapitalistischen welt ist ... durch die klassische schrift Max Webers unwiderleglich begründet worden«, hieß es unter dem Stichwort »Katholisierende Tendenzen« 1912 in Jahrbuch 3, VII. – George könnte die Abhandlung 1910 gelesen haben, als er Weber in Heidelberg kennenlernte; vgl. seine Ausführungen vom Frühjahr 1925 in EL 140. – Weber unterschied allerdings streng zwischen den verschiedenen protestantischen Sekten auf der einen und dem Luthertum als Anstaltskirchentum auf der anderen Seite. »So turmhoch Luther über allem Anderen steht, – das Luther*tum* ist für mich, ich leugne es nicht, in seinen *historischen* Erscheinungsformen der schrecklichste der Schrecken«; Weber an Adolf von Harnack, 5. Februar 1906, zit. nach Radkau, 496.

87 Max Weber: Die protestantische Ethik und der Geist des Kapitalismus, in: ders.: Gesammelte Aufsätze zur Religionssoziologie I, Tübingen 1988, 17–206; Zitate 20, 198; die folgenden Zitate 93 und 114.

88 Max Weber: Wissenschaft als Beruf, in: ders.: Gesammelte Aufsätze zur Wissenschaftslehre, Tübingen 1988, 582–613, Zitat 594.

89 Max Weber an Heinrich Rickert, 2. April 1905, zit. nach Marianne Weber: Max Weber. Ein Lebensbild, Heidelberg 1950, 393.
90 Radkau, 324.
91 Der Mensch und der Drud, GA IX.75.

II, 3 Blutleuchte

1 München, GA VI/VII. 204.
2 Fuchs, 103.
3 Klages, Aufzeichnungen, in: Schröder, 125. – »wie eine Oase«: Klages, Schuler-Nachlass, 21f.; dort auch das folgende Zitat.
4 Thomas Mann: Gladius Dei (1902), in: Sämtliche Erzählungen, Frankfurt am Main 1963, 155.
5 Hanna Wolfskehl an Friedrich Gundolf, 10. Oktober 1903, Wolfskehl/Gundolf I, 196.
6 Fuchs, 91; zur zentralen Rolle der Reventlow vgl. ebda., 95.
7 Reventlow, Herrn Dames Aufzeichnungen, SW 2, 34f.
8 Thomas Mann: Betrachtungen eines Unpolitischen, Frankfurt am Main 2001, 158.
9 Reventlow, Herrn Dames Aufzeichnungen, SW 2, 83f.
10 Schmitz, 218. – Von den nackten Knaben ließ sich 1975/76 noch Rainer Werner Fassbinder inspirieren; in seinem Film »Satansbraten« erzählt er die Geschichte eines Dichters in der Krise, der sich in die Vorstellung hineinsteigert, Stefan George zu sein. »Er imitiert Aussehen und Posen, lebt, denkt und empfindet George nach … Jedoch, die Stilisierungsorgie als ›Großer Meister‹ ist nicht zu halten, des Dichters Leute machen nicht mehr mit«; Harry Baer: Schlafen kann ich, wenn ich tot bin. Das atemlose Leben des Rainer Werner Fassbinder, Köln 1982, 273f.
11 Gundolf an Wolfskehl, 25. April 1907, Wolfskehl/Gundolf II, 52. – Gemeint war Addy Furtwängler, die Frau des Archäologen Adolf Furtwängler, die Wolfskehl zwei Jahre später zu einer Griechenlandreise einlud, an der sich auch George beteiligen sollte. Im Januar 1910 empfing George ihren Sohn, den 24-jährigen Komponisten und Dirigenten Wilhelm Furtwängler. Die Begegnung habe auf ihren Sohn einen nachhaltigen Eindruck gemacht, schrieb die Mutter hinterher an George und fragte, ob Wilhelm, der eine schwere seelische Krise durchmache, noch einmal zu ihm kommen dürfe; Addy Furtwängler an George, 31. Januar 1910, STGA.
12 Franz Dülberg: Marianne Strehla, Berlin o. J. [um 1907], 47f.; dort auch das folgende Zitat.
13 Ricarda Huch an Marie Baum, 9. Februar 1901, in: Ricarda Huch. 1864–

1947. Eine Ausstellung des Deutschen Literaturarchivs im Schiller-Nationalmuseum, Marbach am Neckar 1994, 166; vgl. auch die spätere Darstellung in: Ricarda Huch: Erinnerungen an das eigene Leben, Köln 1980, 387, sowie die abweichende Darstellung ihres Neffen Roderich Huch: Alfred Schuler, Ludwig Klages und Stefan George. Erinnerungen an Kreise und Krisen der Jahrhundertwende in München-Schwabing, Amsterdam 1983, 28f. – Vgl. auch Reventlow, Herrn Dames Aufzeichnungen: »Seine Geste ist einfach das dritte Zimmer«, SW 2, 47.

14 Lepsius (1935), 33.

15 Vgl. Georges Brief an Sabine Lepsius, Mai 1902, in: Lepsius (1935), Faksimile-Mappe: »In München war bereits eine verschwörung angezettelt dass ich nicht mehr nach B. zurückkehren sondern den herbst gleich in M. siedeln sollte.«

16 EL 52 (Sommer 1916), vgl. EL 33.

17 Auf das Leben und den Tod Maximins: Das erste, GA VI/VII.105.

18 EL 104 (Frühjahr 1920).

19 Klages, Schuler-Nachlass, 71.

20 Zitat Klages in: Schröder, 128. – Das Teilstück erschien wenige Wochen später in Blätter 2, 1 (Januar 1894), 21–24. Die Publikation sämtlicher Fragmente erfolgte 1944 in: Ludwig Klages: Rhythmen und Runen. Nachlass, Leipzig 1944, 77–109.

21 FW 253; die Stelle fast wörtlich schon in Wolters, Frühe Aufzeichnungen, 40.

22 Ludwig Curtius: Deutsche und antike Welt, Stuttgart 1950, 164.

23 Roderich Huch, Erinnerungen (wie Anm. 13), 12.

24 Reventlow, Tagebücher, 19. September 1899, 1. November 1903, SW 3, 124, 281.

25 Die Bezeichnung zuerst bei Elke-Vera Kotowski: Feindliche Dioskuren. Theodor Lessing und Ludwig Klages. Das Scheitern einer Jugendfreundschaft (1885–1899), Berlin 2000, 207, 233.

26 Klages an Lessing, 16. Mai 1893, zit. nach Kotowski, Dioskuren (wie Anm. 25), 218.

27 Zitat Klages in: Schröder, 213; vgl. Kotowski, Dioskuren (wie Anm. 25), 220f.

28 »Putti fällt mir namenlos auf die Nerven«; Reventlow, Tagebücher, 2. September 1902, SW 3, 248. – Auf einem bekannten Foto vom Münchner Fasching am 22. Februar 1903 steht Putti etwas unglücklich neben George=Caesar und deutet an, dass sie den Gong schlägt. Später wurde sie Kindermädchen im Haus Lepsius; Lepsius (1935), 88.

29 Fuchs, 95. – Wolfskehl hatte sich offenbar um die Vormundschaft für »Bubi«, den Sohn der Reventlow, bemüht. Fuchs hielt den Wechsel der Gräfin von Klages zu Wolfskehl für die eigentliche Ursache des großen

Schwabinger Krachs. Im November 1903 hatte sie allerdings bereits einen neuen Liebhaber.

30 FW 68.

31 L.K., IV.87. – Zum biographischen Hintergrund des vermutlich im Spätsommer 1897 entstandenen Gedichts aus dem *Jahr der Seele* vgl. Marita Keilson-Lauritz: L(udwig) K(lages). Marginalien zum Widmungsgedicht im »Jahr der Seele«, in: CP 121–122, 48–63.

32 Karl Wolfskehl an Friedrich Gundolf, 14. Juni 1902, Wolfskehl/Gundolf I, 157.

33 Breysig, 15.

34 Marie Luise Enckendorff [d.i. Gertrud Simmel]: Interpretation von Gedichten, in: Die Kreatur, 3, 2 (1929), 167–174, Zitat 173.

35 Ludwig Klages: Aus einer Seelenlehre des Künstlers, in: Blätter 2, 5 (Februar 1895), 137–144, Zitat 142.

36 Ludwig Klages: Vom schaffenden, in: Blätter 4, 1–2 (November 1897), 34–38, Zitat 38.

37 David, 174; »alles, was bald den Hintergrund der Lyrik Georges ausmachen wird, sieht man hier in einer Nietzscheschen Perspektive heraufkommen«; ebda., 173. Klages war es auch, der Georges Bewusstsein für die Umweltproblematik schärfte und ihn früh auf die Verschmutzung von Luft und Wasser und die Folgen des Raubbaus aufmerksam machte; die Zerstörung der Natur wird ab etwa 1900 in zahlreichen Gedichten Georges thematisiert.

38 Wolters, Frühe Aufzeichnungen, 38.

39 EL 72; ebenso EM 139. Klages selbst, der Schuler bereits 1894 kennengelernt hatte, war tatsächlich durch einen angehenden Psychiater auf Schuler als einen »interessanten Paranoiker« aufmerksam geworden; Schröder, Klages, 180.

40 Curtius (wie Anm. 22), 164.

41 RB 103; ähnlich bereits die Einschätzung des Zeitgenossen Theodor Lessing, der in Schuler »eine kauzige Mischung von Scharlatan und Genie, von Prahlhans und Schwärmer« sah; Lessing, 322.

42 Benjamin, Gesammelte Schriften, Bd. 2.1, 229.

43 Rilke an Marie Taxis, München, 18. März 1915, zit. nach: Rainer Maria Rilkes Briefe an Alfred Schuler. Hg. von Gustav Willibald Freytag, in: Jahrbuch der deutschen Schillergesellschaft, 4, 1960, 425–433, Zitat 432. Rilke an Hedwig Jaenichen-Woermann, Muzot, 17. April 1923, in: Hans Eggert Schröder: Vier unbekannte Rilke-Briefe. Ein Beitrag zur Schuler-Forschung, in: Jahrbuch der deutschen Schillergesellschaft, 23, 1979, 84–93, Zitat 93. Sechs Tage später meinte Rilke in einem Brief an Clara Rilke, dass manches in den *Sonetten an Orpheus* wohl »aus der Berührung mit ihm herüberstammt«; ebda., 87.

44 Gundolf an George, 7. Januar 1904, George/Gundolf, 146. Schuler, der Nero für den Höhepunkt der römischen Geschichte hielt und viele Jahre davon träumte, einen Nero-Zyklus zu schreiben, hatte in kleinem Kreis erzählt, dass er beim Onanieren am Morgen blau-violette Ringe vor Augen gehabt habe, deren kosmische Bedeutung ihm noch nicht ganz klar sei; Roderich Huch, Erinnerungen (wie Anm. 13), 36.

45 Schuler-Nachlass, Deutsches Literaturarchiv Marbach, zit. nach Kotowski, Dioskuren (wie Anm. 25), 200.

46 Ludwig Klages: Stefan George, Berlin 1902, 37. Jenseits des Limes, im Land der Barbaren, würden nur »dunkle Genies und bohrende Tiftler« gedeihen, schrieb Klages weiter und hatte dabei zweifellos sich selbst vor Augen.

47 Zitat Klages in: Schröder, 181.

48 Zitat Schuler in: Marita Keilson-Lauritz: Im Umkreis Alfred Schulers. Zum Tod von Christoph Bernoulli, in: CP 159–160, 52–56, Zitat 55.

49 Boehringer, Ewiger Augenblick, 18.

50 Michael Pauen: Alfred Schuler. Heidentum und Heilsgeschichte, in: CP 209–210, 21–54, Zitat 23. – Da Schuler mit Ausnahme einer Ibsen-Rezension (1893) und eines Sonetts an Leopold von Andrian (Blätter 7 [1904], 66) nie etwas publizierte und sein 1940 von Klages herausgegebener Nachlass nur 145 Seiten umfasst, scheint es mir fraglich, ob man überhaupt von einem »Werk« sprechen sollte. Die Wirkungsgeschichte Schulers basierte gerade auf der Nichtexistenz von Gedrucktem.

51 Aus dem Schuler-Gedicht im Stern des Bundes: »Du hausgeist der um alte mauern wittert / Nach schwängrung süchtig unter bogen kauert«; GA VIII.46.

52 Alfred Schuler: Phallikos, in: ders.: Cosmogonische Augen. Gesammelte Schriften. Hg. von Baal Müller, Paderborn 1997, 119.

53 Zu Schulers Mitgliedschaft in der Münchner Homosexuellenbewegung vgl. Marita Keilson-Lauritz, Friedemann Pfäfflin: Die Sitzungsberichte des Wissenschaftlich-humanitären Komitees München 1902–1908, München 2003. – Für Theodor Lessing war Schuler der »klarste Typ der hermaphroditischen Doppelnatur«; interessant auch sein Hinweis auf die Parallelen zwischen Schuler und dem berüchtigten Massenmörder Fritz Haarmann; Lessing, 321, 325f.

54 Marita Keilson-Lauritz: [Rezension von] Gerhard Plumpe: Alfred Schuler, Berlin 1978, in: CP 143–144, 89. – Auf Georges Frage, warum er denn so wenig für die Kunst übrig habe, erklärte Schuler seine passive Sexualität zu einer Art Erkenntnisprinzip: »Ich möchte leben, fast hätte ich gesagt *gelebt werden*!«; FW 264; vgl. auch EM 335.

55 FW 249. Wenn, was anzunehmen ist, Gérardys vernichtendes Urteil über Schuler auf eine persönliche Begegnung zurückgeht, dann muss er

bei dem Treffen am 28. Januar 1897, das vermutlich in einem Café stattfand, zugegen gewesen sein; vgl. hierzu und zum Folgenden Marita Keilson-Lauritz: Stefan George, Alfred Schuler und die ›kosmische Runde‹. Zum Widmungsgedicht ›A.S.‹ im »Jahr der Seele«, in: CP 168–169, 24–41.

56 Schuler an George, 19. Februar 1897, STGA.

57 GA IV. 86; dort auch die folgenden Zitate. – Im Widmungsgedicht auf Schuler im *Jahr der Seele*, das zuerst in der öffentlichen Ausgabe im November 1898 erschien, greift George Eindrücke dieses Abends auf.

58 Alfred Schuler: Kosmogoniae Fragmenta, in: Klages, Schuler-Nachlass, 136–146, Zitat 142.

59 Eine Abschrift von drei Algabal-Gedichten, die Schuler im Advent 1899 für George anfertigte, enthält ebenfalls eine Swastika mit den vier Buchstaben EROS und der Umschrift »Kosmo/Gonos/Monos/Keleuei« (Der Eros Kosmogonos allein befiehlt); Abbildung in KTS 149.

60 Lechter scheint die Swastika unabhängig von George zunächst bei Helene Blavatsky, dann im indischen Kulturkreis entdeckt zu haben (1910/11 unternahm er eine große Indien-Reise). Allerdings ist weder anzunehmen, dass bei der Entscheidung für dieses Emblem 1916 in Georges Erinnerung »die Schulersche Swastika ganz verdrängt war, noch dass der Dichter eine direkte Bezugnahme auf die Theosophie gebilligt hätte«; Lorenz Jäger: Das Hakenkreuz. Zeichen im Weltbürgerkrieg. Eine Kulturgeschichte, Wien/Leipzig 2006, 79.

61 »Die Thesen von Rassenzucht und Reinhaltung des Blutes, von edlen Ariern und minderwertigen Mischlingsrassen« waren um die Jahrhundertwende so verbreitet, »dass kein Autor allein als Quelle für H. auszumachen ist«; Brigitte Hamann: Hitlers Wien. Lehrjahre eines Diktators, München 1996, 317f. – Zum Gebrauch des Hakenkreuzes bei Schuler vgl. zuletzt Jäger, Das Hakenkreuz (wie Anm. 60), 37–48.

62 Klages, Schuler-Nachlass, 72f. – Zur Datierung auf Mittwoch, den 19. April 1899, und zur Faktizität der Details vgl. Keilson-Lauritz, George und Schuler (wie Anm. 55), 38 und passim.

63 Klages, Schuler-Nachlass, 33; dort auch das folgende Zitat.

64 Pauen, Alfred Schuler (wie Anm. 50), 40. – Claude David hat im Zusammenhang mit der »Mythologie des Blutes« auf interessante Analogien zum Wagnerschen Blut-Mystizismus im Parsifal hingewiesen; David, 225f.

65 Klages, Rhythmen und Runen (wie Anm. 20), 330.

66 Reventlow, Herrn Dames Aufzeichnungen, SW 2, 65. – Wilhelm Fließ nannte »die dauernde Doppelgeschlechtlichkeit aller Organismen … die Grundbedingung alles Lebens«; Künstler trügen einen besonders hohen »Anteil des Gegengeschlechts« in sich, in ihrer Seele umarmten

sich Mann und Frau«; zit. nach Achim Aurnhammer: Androgynie. Studie zu einem Motiv in der europäischen Literatur, Köln/Wien 1986, 212. Zum »Urphänomen der Bisexualität des Menschen« vgl. auch das Kapitel über Otto Gross in: Nicolaus Sombart: Die deutschen Männer und ihre Feinde. Carl Schmitt – ein deutsches Schicksal zwischen Männerbund und Matriarchatsmythos, Frankfurt am Main 1997, 102–121.

67 Schmitz, 274.

68 EL 157 (August 1926). George war von *Herrn Dames Aufzeichnungen* begeistert, auch weil er selbst ganz gut dabei wegkam, und lobte das Buch trotz seiner »Dienstmädchenphantasie« als vorbildliche Geschichtsschreibung; dank der Reventlow seien die Münchner Jahre »viel greifbarer« als die frühe Berliner Zeit; BV 100 (November 1927).

69 EL 80 (Juli/August 1919); dort auch das folgende Zitat.

70 Schmitz, 115.

71 Reventlow, Herrn Dames Aufzeichnungen, SW 2, 53.

72 Schmitz, 253.

73 David, 225.

74 Hanna und Karl Wolfskehl an George, 2. Dezember 1903, STGA.

75 Klages, Rhythmen und Runen (wie Anm. 20), 312.

76 Karl Wolfskehl an Hanna Wolfskehl, 21. Februar 1922, zit. nach Wolfskehl-Katalog, 162. – Er sei überzeugt, meinte Glöckner, »dass es fast unmöglich ist, auf George aus der Ferne einzuwirken. Die Gegenwart macht alles bei ihm«; EG 125 (Mai 1919).

77 Klages, Schuler-Nachlass, 75. – Da Klages und Schuler seit Jahr und Tag im Haus Wolfskehl verkehrten, kann ihnen dessen Selbstverständnis als Jude kaum verborgen geblieben sein; im August 1903 hatte er noch am Basler Zionistenkongress teilgenommen. – Mit seiner hässlichen Anbiederung an den Zeitgeist bestätigte Klages 1940 indirekt Georges Absage an den Antisemitismus. »Georges Entscheidung für Wolfskehl nahm im Grunde schon 1904 die Stellungnahme von 1933 vorweg«; Kurt Weigand: Von Nietzsche zu Platon. Wandlungen in der politischen Ethik des George-Kreises, in: George-Kolloquium, 67–90, Zitat 84.

78 FW 262; dort, S. 268, auch das folgende Zitat.

79 Klages, Schuler-Nachlass, 40 und 75.

80 Wolters, Frühe Aufzeichnungen, 40; in der Druckfassung von 1930 hieß es abgemildert, »der eine oder der andre« habe George aufgefordert, »stelle dich nackt auf den Markt«, FW 266.

81 George 1901 zu Wolfskehl, ES 191. Vgl. hierzu auch die Äußerung gegenüber Glöckner: »Sein Kampf gegen die Verbreitung der Knabenliebe durch Klages und Schuler. Er hätte nie etwas damit zu tun gehabt.

Sein Ideal: das Herbe, Struktive. Weibliche Liebe in dies Ideal hinein-
zutragen, sei das Gemeine«; EG 78 (Februar 1916).

82 FW 266.

83 Wolters, Frühe Aufzeichnungen, 41f.; um den direkten Bezug zu verwischen, wurde in der Druckfassung die Jahresangabe »1899–1903« in
»1900–1904« und »Maximin« in »das entscheidende Erlebnis Georges«
geändert, FW 260f.

84 EM 139; vgl. auch EM 280: »Dass die Münchener Kosmiker die Bedeutung Maximins nicht erkannten, war für den Dichter ein Beweis ihres Versagens.«

85 GA VIII.9; Hervorhebung T.K.

86 Der Kampf, GA VI/VII.36f.; dort auch die folgenden Zitate. – Zu den
Hintergründen vgl. Keilson-Lauritz, Ludwig Klages (wie Anm. 31),
60.

87 Urgrundschwärmer, in: Blätter 7 (1904), 11. Zur ursprünglichen Fassung, vermutlich vom April 1902, vgl. ES 192.

88 Kunfttag I, GA VI/VII.96.

89 GA VIII.13,12.

II, 4 Der Herr der Wende

1 Kluncker, Blätter, 42.

2 Blätter für die Kunst 7 (1904), 1; dort, S.5, auch das folgende Zitat.

3 George an Hofmannsthal, 29. März 1895 (Entwurf), Geor-
ge/Hofmannsthal, 251f., vgl. 65ff. – Hofmannsthals Weigerung, George ein Lichtbild zur Veröffentlichung in den Blättern zur Verfügung zu
stellen, hatte damals zu erheblichen Verstimmungen geführt; später
lehnte Hofmannsthal es ab, Karl Bauer für ein Gruppenbild der Blät-
ter-Dichter Modell zu sitzen; ZT 100f.

4 Im Berufungsverfahren vor dem Reichsgericht Leipzig wurde Wede-
kinds Stück *Die Büchse der Pandora* am 10. Januar 1906 dann doch
noch wegen Unzüchtigkeit verboten.

5 Klages an Karl Bauer, 30. Mai 1914, zit. nach Schröder, Klages, 376. –
Um Spuren zu löschen, manipulierte Klages sogar seinen Nachlass, wie
der in Marbach aufbewahrte Briefwechsel mit Friedrich Huch zeigt, in
dem er alle Bezüge auf George und Wolfskehl, die ihm nicht passten,
wegschnitt, Namen unkenntlich machte u.ä.; vgl. Helene Huller: Der
Schriftsteller Friedrich Huch, Diss. München 1974, 84f.

6 Thomas Mann: Doktor Faustus. Die Entstehung des Doktor Faustus,
Frankfurt am Main 1967, 483 (Kapitel 34, Fortsetzung).

7 George/Verwey, 246.

8 GA VIII.45. Das Gedicht steht unmittelbar vor dem Gedicht an Schuler.

9 Blätter 8 (1908/09), Einleitung, 1.

10 Rudolf Kassner: Buch der Erinnerung, Leipzig 1938, 90; dort auch das folgende Zitat. – Georges Appetit fiel auch anderen auf. Am 25. Juni 1912 aß George mit Wolfskehl im Schwabinger Bräu zu Mittag, ein paar Tische weiter saß Friedrich Huch.»Er bemerkte mich und verstand es, muss ich sagen, ausgezeichnet, ab und zu einen Blick auf mich zu werfen, der so schnell war, dass man ihn kaum fassen konnte. Seine Art zu essen ist haarsträubend schlecht, er frisst«; Tagebuch, 25. Juni 1912, zit. nach Huller, Huch (wie Anm. 5), 91.

11 Hofmannsthal an George, 28. Januar 1904, George/Hofmannsthal, 209.

12 Hofmannsthal an George, 2. Dezember 1904, George/Hofmannsthal, 222f.; dort auch das folgende Zitat.

13 George an Hofmannsthal, Dezember 1904, George/Hofmannsthal, 224; dort auch das folgende Zitat.

14 Als George Anfang März 1905 noch einmal für ein paar Tage nach Wien kam, um Carl August Klein zu besuchen, soll er in Rodaun angefragt haben, ob er Hofmannsthal sehen könne, der verhindert gewesen sei; für diese Spekulation G. P. Landmanns in ZT 165 kein Beleg in STGA.

15 Kronberger, 12f.

16 Vorrede zu Maximin, GA XVII.74f. – Mit der einleitenden Wendung »Wir hatten eben die mittägliche höhe unsres lebens überschritten« suchte George die direkte Verbindung zum Anfang der *Göttlichen Komödie* herzustellen: »Es war inmitten unsres wegs im leben, / Ich wandelte dahin durch finstre bäume / Da ich die rechte strasse aufgegeben.« – Georges Mythisierung seiner Beziehung zu Maximilian Kronberger ist so radikal, dass viele Interpreten gar nicht erst versuchten, zwischen den biographischen Tatsachen und ihrer Auslegung zu unterscheiden. Greifbar wird der Mythos aber erst in der Gegenüberstellung mit den Fakten, denen er sich verdankt; dieses Verfahren wird im Folgenden angewendet; vgl. Eckhard Heftrich: Stefan George, Frankfurt am Main 1968, 94.

17 Kronberger, 112.

18 Kronberger, 49, 82, 83.

19 Kronberger, 27.

20 Kronberger, 36.

21 Kronberger, 112. Vgl. hierzu auch den Hinweis bei Vallentin, man wisse, »dass Hauptmann seit langem Anschluss an den Meister suche«; BV 35 (Januar 1909). Solche Aussagen können nur als abwegig bezeichnet werden. In den Tagebüchern und im Nachlass Hauptmanns, der 1897 mit den *Blättern* bekannt wurde, finden sich fast ausschließlich kritische Bemerkungen über George. So heißt es etwa 1904 (oder später),

kein Papst sei je »von einem solchen Dünkel beschränkt« gewesen wie »der Absurde, der sich Meister nennt«; Gerhart Hauptmann: Sämtliche Werke. Band 11, Frankfurt/Main-Berlin-Wien 1974, 787f. Für Informationen danke ich Peter Sprengel.

22 Auch dem jungen Gundolf hatte George bereits bei dessen zweitem Besuch in Bingen sein Archiv mit Zeitungsausschnitten über ihn gezeigt; Gundolf an Wolfskehl, 23. August 1899, Wolfskehl/Gundolf I, 49.

23 Vorrede zu Maximin, GA XVII.77f.

24 Kronberger, 46; dort, S. 27, auch das folgende Zitat.

25 Kronberger, 88–91, Zitat 91; zu Georges Verdikt über Biographien vgl. das Motto dieses Buches.

26 Kronberger, 95, 101.

27 Kronberger, 104f.; dort auch das folgende Zitat.

28 Vorrede zu Maximin, GA XVII.80f. – Die entsprechende Eintragung in Kronbergers Tagebuch vom April 1903 lautet: »Einst fragte er mich höchst feierlich, ›Max, glauben Sie, dass es eine Freundschaft gibt, die höher als die Liebe steht?‹ Und ich bejahte es. – Ein unbeschreibliches Gefühl überkommt mich jedesmal bei Frühlingsanfang, es ist wie ein heiliges Ahnen ... –«; Kronberger, 51.

29 Kronberger, 134; dort, S. 135, auch das folgende Zitat.

30 George an Gundolf, 2. Januar 1904, George/Gundolf, 143.

31 Vgl. George/Gundolf, 154 und 160, und oben S. 683 (Anm. 38).

32 Erstmals veröffentlicht in: Ernst Osterkamp: Das Geheime Deutschland am Pazifik. Dokumente zum George-Kreis: Der Nachlass des Malers und Buchkünstlers Melchior Lechter am Getty Research Institute, in: Frankfurter Allgemeine Zeitung, 9. September 2000 (Beilage).

33 Lepsius (1935), Faksimile-Mappe.

34 Lepsius (1935), 58.

35 Breysig, 40.

36 George an Carl August Klein, Februar 1905, Entwurf, STGA.

37 Maximin. Ein Gedenkbuch. Herausgegeben von Stefan George, erschien im Verlag der Blätter für die Kunst Anfang 1907 in zweihundert Exemplaren; einige Vorausexemplare lagen Weihnachten 1906 vor. Die Druckvorbereitungen des 56 Seiten zählenden, zweifarbig auf Japan gedruckten Pergamentbandes zogen sich also über zwanzig Monate hin. Dies hing allerdings auch damit zusammen, dass George den Band ursprünglich zusammen mit dem *Siebenten Ring* erscheinen lassen wollte.

38 George an Lechter, 27. April 1905, George/Lechter, 241. Im Entwurf hieß es »ist« statt »war« und »von diesem übersinnlichen ereignis«.

39 Lepsius (1935), Faksimile-Mappe.

40 Karl Wolfskehl: Vom neuen Lose, in: Blätter 9 (1910), 64f.; GW II, 191f.

41 GA VIII.14.

42 George/Verwey, 272. – »Je näher wir ihn kennen lernten desto mehr erinnerte er uns an unser denkbild«, heißt es in der Vorrede; GA XVII.75f.

43 Karl Wolfskehl an Herbert Steiner, 27. August 1943, Wolfskehl, Neuseeland I, 548.

44 Vorrede zu Maximin, GA XVII.81f. – »Kein großer Diskurs über die Freundschaft hat sich je der großen Rhetorik des *epitaphios* zu entziehen vermocht, der vom Gespenstischen durchdrungenen Feierlichkeit, der zugleich glühenden und schon von der leichenhaften Starre und steinernen Kälte der Inschrift ergriffenen, schon zum Epitaph werdenden Grabrede«; Jacques Derrida: Politik der Freundschaft, Frankfurt am Main 2000, 139.

45 Zu Verweys Aufsatz »Holland en Duitschland«, erschienen in der Tweemaandelijksch Tijdschrift, 7, 1, Januar 1901, 1–15, und der sich anschließenden Rembrandtdiskussion vgl. Jan Aler: Rembrandts Luminismus. Wie Verwey und George ihn diskutierten, in: ders.: Symbol und Verkündung. Studien um Stefan George, Düsseldorf und München 1976, 236–275.

46 So der Rezensent der *Gesellschaft* im Mai 1890, zit. nach Stern, 196.

47 Rembrandt als Erzieher. Von einem Deutschen, 3. Aufl., Leipzig 1890, 9, 23, 218, 309.

48 Italien und Niederland (Stoff-Kunst Phantasie-Kunst), in: Blätter 7 (1904), 8.

49 George/Verwey, 272.

50 So berichtet Wolters, George habe vor seiner Begegnung mit Maximin wiederholt geträumt, »es gäbe in Deutschland auf irgendeinem Schloss einen Knaben, der nur von den Seinen gehegt ganz rein von allen Anwürfen der Zeit aufgewachsen wäre – ihn müsse man finden«; FW 310; vgl. auch EM 269.

51 GA VIII.70.

52 Albert Verwey: Proza, Bd. 3, 192, zit. nach Aler, Symbol und Verkündung (wie Anm. 45), 138.

53 Ernst Osterkamp: »Ihr wisst nicht wer ich bin«. Stefan Georges poetische Rollenspiele, München 2002, 35.

54 George/Verwey, 254.

55 Albert Verwey: Stefan George: Der Siebente Ring, in: De Beweging, 3, 4 (Heft 12, Dezember 1907), 377–381, Zitat 379.

56 Max Weber an Dora Jellinek, 9. Juni 1910, in: MWG II, 6, 559–563, Zitate 560f. Weber argumentierte genau wie Verwey, dass die »*inhaltliche* Entgleisung auf die künstlerische *Form* zurückwirkt«; ebda., 562. – Hätte Weber die Homosexualität als Georges Not begriffen, wäre ihm das »›*Erlösungs*‹-Bedürfnis« womöglich echter erschienen.

57 1927, vier Jahre bevor George seinen ersten Winter dort verbrachte, errichtete Kupffer in Minusio unweit der Kirche, die George bei Spaziergängen gern als Ziel ansteuerte, diese Wallfahrtsstätte der Knabenliebe, die mit zahlreichen Gemälden nackter Ephen ausgeschmückt war. Einen Beleg, dass George den Tempel besuchte, gibt es nicht. Vgl. zum Sanctuarium Artis Elisarion: Katalog Lebensreform, Bd. 2, 109–112.

58 Was für Fidus gilt, gilt in gewisser Weise auch für George: »Indem er die sexuellen Themen mythologisierte und heroisierte, ermöglichte er eine relativ direkte Aussage seelischer Spannungszustände, die für den Betrachter einen geradezu befreienden Charakter annehmen mussten«; Ulrich Linse: »Geschlechtsnot und Jugend«. Über Jugendbewegung und Sexualität, in: Koebner/Janz/Trommler, 245–309, Zitat 268. – Den umfassendsten Überblick über Kunst und Lebensreform um 1900 bietet der Katalog zur Darmstädter Ausstellung 2001; dort auch die erwähnten Gemälde; Katalog Lebensreform, Bd. 2, 203ff.

59 GA VIII.9.

60 »Der ganz leise kunstgewerbliche Zug« des *Siebenten Rings* wurde schon von manchen Zeitgenossen bemängelt; vgl. Franz Dülberg in seiner Rezension in: Das Literarische Echo, 10, 20, 1908, Sp.1413ff.

61 George/Verwey, 267.

62 FW 508.

63 Margarete Susman: Gestalten und Kreise, Zürich 1954, 216.

64 FW 357.

65 EM 270.

66 GA VIII.14.

67 Einverleibung, GA VI/VII.118; dort auch das folgende Zitat.

68 Carl Muth: Stefan George und seine Apotheose durch den »Kreis«, in: ders.: Schöpfer und Magier. Drei Essays, München 1953, 169–252, Zitat 213. – Der Aufsatz war erstmals ein halbes Jahr nach Georges Tod erschienen in: Hochland, 31, Mai und Juni 1934. – Die Kunst werde noch lange brauchen, bis es ihr gelinge, »etwas in die leere Mitte zu setzen«, heißt es am Schluss von Hans Sedlmayrs *Verlust der Mitte*. Bis dahin aber müsse »wenigstens das Bewusstsein davon lebendig bleiben, dass in der verlorenen Mitte der *leergelassene Thron* für den vollkommenen Menschen, den Gottmenschen, steht«.

69 George an Lechter, 27. April 1905, George/Lechter, 241.

70 GA VIII.8.

71 GA VI/VII.159.

72 EL 78 (Sommer 1919); Boehringer, Ewiger Augenblick, 37.

73 Jahrhundertspruch, GA VI/VII.208.

74 Die tote Stadt, GA VI/VII.31.

75 Entrückung, GA VI/VII.123.

76 David, 200.

77 Einzug, GA VI/VII.62.

78 Der Begriff ist zuerst nachweisbar für den Sommer 1909; vgl. George/Gundolf, 197ff. – Blätter 10 (1914) brachte von Gundolf fünf so genannte »Staatsgedichte«. – Das Wort »Staatsgeheimnis« in Georges Brief an Lechter vom 20. Februar 1904 dürfte noch dem herkömmlichen Sprachgebrauch entsprochen haben.

79 H. Stefan Schultz: Zur Deutung zweier Gedichte Stefan Georges, in: Deutsche Beiträge zur geistigen Überlieferung, 7, 1972, 137–159, Zitat 152. Dieser Interpretation schließe ich mich im Folgenden an.

80 Alain Demurger: Die Templer. Aufstieg und Untergang. 1120–1314, München 2004, 241–261, Zitat 242.

81 Templer, GA VI/VII.52f. Schultz vermag überzeugend abzuleiten, dass »in der mächtigen Schlussformel« tatsächlich von einer »ungeheuren Naturwidrigkeit« die Rede ist – und nicht nur im übertragenen Sinn, wie hinzugefügt werden muss; vgl. Schultz (wie Anm. 79), 146f.

82 Der Widerchrist, GA VI/VII.56f.

83 GA VIII.99.

84 Die Hüter des Vorhofs, GA VI/VII.54f.

II, 5 Knabenerziehung

1 John C.G. Röhl: Graf Philipp zu Eulenburg – des Kaisers bester Freund, in: ders.: Kaiser, Hof und Staat. Wilhelm II. und die deutsche Politik, München 1987, 35–77, Zitat 35.

2 Ulrich Linse: »Geschlechtsnot und Jugend«. Über Jugendbewegung und Sexualität, in: Koebner/Janz/Trommler, 245–309, Zitat 279. – An der öffentlichen Prüderie hatte sich seit dem Realistenprozess gegen Walloth u.a. 1890 nichts geändert; noch 1913 durfte »das Wort ›Turnhose‹ in der Höheren Mädchenschule nicht verwendet werden«; Klaus Laermann: Der Skandal um den *Anfang*. Ein Versuch jugendlicher Gegenöffentlichkeit im Kaiserreich, in: ebda., 360–381, Zitat 368.

3 Volker Ullrich: Die nervöse Großmacht. Aufstieg und Untergang des deutschen Kaiserreichs 1871–1918, Frankfurt am Main 1997, 218.

4 Gundolf an Wolfskehl, 30. Juni 1901; Wolfskehl an Gundolf, 1. Juli 1901, Wolfskehl/Gundolf I, 118ff. Die Bemerkungen richteten sich gegen den im Jahr zuvor erschienenen Band von Franz Evers *Der Halbgott*; Evers, der sich 1892 vergeblich um Aufnahme seiner Gedichte in die Blätter bemüht hatte, war Lektor im Verlag von Max Spohr und ein enger Freund von Fidus.

5 FW 519.

6   Alfred Kerr: Stefan Georges Vettern, in: Der Tag, 25. Oktober 1905; zit. nach Rieckmann, 132. – Bereits im Januar 1900 hatte die *Frankfurter Zeitung* in Georges Gedichten »weniger Griechenthum als bakhisch-asiatische Lustgefühle« entdeckt; 7. Januar 1900, zit. nach Rieckmann, 132.

7   Willy Rath in: Der Kunstwart, 21, 8, 15. Januar 1908. Zu den Lesern des Aufsatzes gehörte u.a. Thomas Mann, der sich einige Kernsätze abschrieb; vgl. Friedhelm Marx: Der Heilige Stefan? Thomas Mann und Stefan George, in: GJb 6, 80–99; dort auch einige interessante Hinweise auf Manns lebenslange George-Lektüre.

8   Der in George, Dokumente, 285, verzeichnete Gerichtsbeschluss ist im Gundolf-Archiv London nicht mehr auffindbar; William Abbey an den Verfasser, 16. April 2007.

9   Detering, 24. Detering übernimmt in seiner wichtigen Studie über Verhüllungsstrategien in der neueren deutschen Literatur die von Marita Keilson-Lauritz am Beispiel Georges entwickelten Kategorien »Maske« und »Signal«.

10   Klages, Schuler-Nachlass, 36.

11   Borchardt, Aufzeichnung, 46.

12   Max Kommerell: Notizen zu George und Nietzsche, in: ders.: Essays, Notizen, Poetische Fragmente. Aus dem Nachlass hg. von Inge Jens, Olten/Freiburg 1969, 225–250, Zitat 233; dort, S. 234, auch die folgenden Zitate.

13   Friedrich Gundolf: Stefan George in unsrer Zeit (1913), in: ders.: Dichter und Helden, Heidelberg 1921, 75. Da Gundolf die gleiche unzulässige Verknappung auch 1920 in seinem George-Buch, S. 201, 205, gebrauchte, handelte es sich weder um ein inkorrektes Zitat noch um eine Freudsche Fehlleistung, sondern hatte Methode. – Schon 1910 hatte er in einem Brief an George von »dem ›weltschaffenden‹ Odem deiner grossheit« gesprochen; auf welches Gedicht er sich dabei bezog, ist nicht zu ermitteln, da der entsprechende Brief Georges, wieder einmal, vernichtet wurde; George/Gundolf, 207.

14   Friedrich Gundolf: Wesen und Beziehung, in: Jahrbuch 2 (1911), 10–35, Zitat 20. – Gundolfs Deutung der Georgeschen Erotik sei »ein wahrer ›Schwertertanz‹«, schrieb Ernst Bertram nach Lektüre des Gundolfschen *George* 1920, Jappe, 106; vgl. dazu insbesondere Gundolf, George, 39ff. und 201ff.

15   Franz Blei: Erzählung eines Lebens, Leipzig 1930, 259. – Von »Abrakadabra« sprach Blei auch in seiner im gleichen Jahr unter dem Titel »Stefan Georges Tempelglocken« im *Querschnitt* veröffentlichten Rezension des Wolters-Buches, in der er sich u.a. über die Hintergründe des Zerwürfnisses zwischen George und Hofmannsthal im Januar 1892 ausließ. George erwog, dagegen vorzugehen, kam aber »nach reiflicher

Überlegung doch zu der Ansicht ... man verwickle sich dann nur in eine Pressefehde«; BV 119f.; vgl. auch Ernst Osterkamp: Poesie des Interregnums. Rudolf Borchardt über Stefan George, in: ders. (Hg.): Rudolf Borchardt und seine Zeitgenossen, Berlin/New York, 1997, 1–26.

16 Einleitung der Herausgeber, Jahrbuch 3 (1912), VIf.

17 Detering, 107.

18 Marita Keilson-Lauritz: Übergeschlechtliche Liebe als Passion. Zur Codierung mannmännlicher Intimität im Spätwerk Stefan Georges, in: George, Werk und Wirkung, 142–155, Zitat 142. Die Forschung macht nach wie vor einen großen Bogen um dieses Thema; von den mehr als zwei Dutzend George-Titeln von Marita Keilson-Lauritz ist in der Bibliographie des Buches von Norton z.B. kein einziger zu finden.

19 »Thick Descriptions« liefern »keine Protokolle von Ereignissen, sondern Interpretationen von Handlungen und Situationen, keine Berichte, sondern Deutungen von Strukturen und Prozessen. Dichte Beschreibungen erstellen eine Lesart über den Sinn dessen, was vorgefallen ist«; Wolfgang Sofsky: Die Ordnung des Terrors: Das Konzentrationslager, Frankfurt am Main 1993, 24. Sofsky hat die von Clifford Geertz entwickelte Methode erfolgreich auf die Literatur über die NS-Konzentrationslager angewendet.

20 EM 183f.

21 RB 145. »Leeres Gedibber« nannte George in seinen Augen überflüssige Diskussionsabende; ES 272.

22 EL 187; Stettler, Frank, 79.

23 Schon Platon sei die »natürliche Grausamkeit« der Kinder aufgefallen; EM 142f.; ES 204 (Onkel Meister).

24 RB 11 (Schmuck); Brasch, 28 (Brillen); EL 95 (Rasieren); EG 28, 71 u.ö., RB Tafel 38 (Pudern).

25 EM 46.

26 EG 84; EM 80.

27 RB 145. »Wenn Reparaturen nötig waren, brauchte ich oft keinen Handwerker zu rufen, weil George sie schnell und geschickt ausführte: gestörte elektrische Leitungen, zerbrochene Türschlösser, Schreibmaschinen, zerrissenes Korbgeflecht, u.s.w.«; Elisabeth Gundolf: Meine Begegnungen mit Rainer Maria Rilke und Stefan George. Stefan George und der Nationalsozialismus. Zwei Vorträge. Mit einem Vorwort von Lothar Helbing, Amsterdam 1965, 48.

28 Lepsius (1935), 61 (Eierlöffel); EL 44 (Ball).

29 Breysig, 13, 17, 40 (Chaiselongue); RB 12, KH 73 (Sich einhängen).

30 EL 129, 98.

31 ES 261 (Zigarette); EM 12 (Weihrauch).

32 Die Belege zum guten Essen ziehen sich durch die gesamte Literatur; den Wildschweinbraten, eines der wenigen Gerichte, zu denen er ausnahmsweise Bier trank, bereitete besonders gut Berthold von Stauffenberg zu. – »Sind Sie noch vegetarier?«, Carl August Klein an George, ca. 25. März 1891, STGA; zum Besuch vegetarischer Restaurants im Krieg EG 86ff.

33 BV 134.

34 RB 123.

35 Zit. nach Landmann, Figuren 1, 66.

36 Jürgen Egyptien: Beobachtungen zur Kunst des Verschwindens. Versuch über Ernst Gundolf, in: CP 270, 41–64, Zitate 56f.

37 Gundolf an George, November 1907, George/Gundolf, 184.

38 LT 77.

39 EL 187. Zu Georges Betonung seines Anteils (und seines Fleißes!) vgl. auch EL 24 und Breysig, 18; eine ausgewogene Darstellung bei Salin, ES 75ff., 316; vgl. auch KH 57.

40 Gundolf an Wiesi de Haan, 3. Juni und Juli 1908, George/Gundolf, 187. – Ein halbes Jahr später heißt es mit Bezug auf *Richard II.*: »Drei bis vier Stellen sind wohl ohne höhere Hand nicht zu machen«; Gundolf an George, Mitte Februar 1909, George/Gundolf, 194.

41 EL 57.

42 »For never was a story of more woe / Than this of Juliet and her Romeo.« Weitere Beispiele für Übersetzungen, die von George stammen dürften, in RB 124f. Einen Gesamtüberblick zum Thema gibt Jürgen Egyptien: Schöpfergeist und Kosmanthrop. Shakespeare im George-Kreis, in: CP 261–262, 87–121.

43 Vorwort zur Neuausgabe 1920. Die erste Auflage erschien zwischen 1908 und 1918 in zehn (von geplanten zwölf) großformatigen, von Lechter gestalteten Bänden; 1920 folgte eine Neuausgabe in sechs Bänden, die 1925 und 1928 jeweils in drei Bänden nachgedruckt wurde, was eine beachtliche Gesamtauflage von 20 000 Exemplaren ergab.

44 Goethe: Shakespeare und kein Ende, Gedenkausgabe, Bd. 14, 755–769, Zitat 765. »Betrachtet man aber die Shakespeareschen Stücke genau, so enthalten sie viel weniger sinnliche Tat als geistiges Wort … Es gibt keinen höhern Genuss und keinen reinern, als sich mit geschlossnen Augen durch eine natürlich richtige Stimme ein Shakespearesches Stück nicht deklamieren, sondern rezitieren zu lassen«; ebda., 757. – Zu Gundolfs Übersetzungen vgl. Rudolf Sühnel: Gundolfs Shakespeare. Rezeption – Übertragung – Deutung, in: Euphorion, 75, 2, 1981, 245–274, bes. 255ff.

45 Max Meyerfeld: Der neue deutsche Shakespeare, in: Die Zukunft, 18, 25, März 1910, 390–396.

46 An die Kinder des Meeres I, GA IX.20.

47 Carola Groppe: Deutscher Beamter, jüdischer Emigrant. Der Kammer-
    gerichtsrat Dr. Ernst Morwitz, in: Verkannte Brüder, 85–100, Zitat 87.

48 Gundolf an George, 26. Mai 1905, George/Gundolf 166. Gundolf hat-
    te im Auftrag Georges Erkundigungen über Boehringer eingezogen.

49 RB 7; dort, S.11, auch das folgende Zitat. – Es sei das einzige Mal in sei-
    nem Leben gewesen, erzählte George später, dass ihn jemand durch
    den Vortrag seiner Gedichte »in Erstaunen gesetzt habe«; LT 21.

50 Robert Boehringer an George, 24. Dezember 1905, STGA.

51 Landmann, Erinnerungen, 59 (März 1931).

52 Rudolf Borchardt an Stefan George, 14. Januar 1906, in: ders.: Briefe.
    1895–1906. Bearbeitet von Gerhard Schuster, München/Wien 1995, 398.

53 George an Gundolf, 2. Februar 1906, George/Gundolf, 172.

54 »Es war um das arme Kind geschehen; der erbarmungswürdige Brief
    mit dem der Missbrauchte unter Georges Diktat und mit der Bitte um
    Schonung sich von mir verabschiedete, liegt als ein Denkmal der ver-
    irrten Epoche bei meinen Akten«; Borchardt, Aufzeichnung, 33. Falls
    es diesen Brief gegeben hat, dann war er im Oktober 1936, als Bor-
    chardt seine George-Abrechnung schrieb, mit Sicherheit nicht mehr
    unter seinen Papieren; freundliche Mitteilung Gerhard Schuster.

55 Morwitz an George, 20. Juli 1914, STGA.

56 George an Gundolf, 7. November 1910, George/Gundolf, 210f. Mit
    leichten Überarbeitungen und ohne Titel wieder in GA VIII.75. Nach
    Georges Abreise aus Berlin im Dezember erscheint das Du erstmals
    auch in der Korrespondenz.

57 LT 102.

58 EM 382. Die Zeitangaben dort sind nach Groppe, 449, zu korrigieren.

59 GA VIII.85.

60 Morwitz an George, 18. Dezember 1910, STGA.

61 Morwitz an George, 27. Dezember 1911, STGA.

62 EG 75 (23. Februar 1916).

63 Morwitz an George, 25. Juli 1926, STGA.

64 Steiner, 22.

65 GA VIII.106. Die ihm später in den Mund gelegten Schlusszeilen:
    »Sprecht nicht zu streng vom schwachen der sich trennte / Erinnert
    euch wie ihr mir freundlich tatet / Ich war ein blondes wunder euch –
    nichts mehr« fehlten nach Steiners Erinnerung damals noch.

66 Brasch, 25; dort, S. 39, auch das folgende Zitat.

67 George bei der ersten Begegnung am 3. April 1913. »Sie erinnern mich
    an meinen Bruder, als er zwanzig Jahre alt war«; EG 28.

68 EG 23–26. – Glöckner hat als Einziger unter den nahestehenden Freun-
    den Tagebuch geführt und in ausführlichen, oft täglichen Briefen an

Bertram über jedes Treffen mit George detailliert berichtet. Sein 1972 publizierter Nachlass zählt daher zu den authentischsten Quellen, was Georges Umgang mit jungen Männern angeht. Allerdings muss man sowohl den labilen Charakter Glöckners als auch seine dezidierte Homosexualität immer in Rechnung stellen. Für George war die Beziehung insofern untypisch, als er nur in diesem einen Fall über Jahre einen Nebenbuhler akzeptierte.

69 Bertram an Glöckner, Anfang April 1913, zit. nach Jappe, 97.

70 »Von Ernst sagte er, dass seine Gesichtsbildung unglaublich unglücklich sei. Er hätte wenig so zerrissene Typen gesehen«; Tagebuch Glöckner, 25. Februar 1916, EG 75f. Obwohl Bertram so »unansehnlich daher kam« und »noch dazu aus einem protestantischen Pfarrhaus stammte«, habe er doch ganz schöne Gedichte gemacht, meinte George später; ES 244. Gedichte von Bertram in Blätter 9 (1910) und 10 (1914); Gedichte von Saladin Schmitt ebda. sowie in Blätter 11/12 (1919); Prosa von Schmitt (»Das hohe Amt unserer Liebe«) bereits in Blätter 8 (1908/09).

71 KH 107, Hervorhebung T.K. – Da George mit dem Ergebnis nicht zufrieden war, beauftragte er nach dem Krieg Ernst Gundolf, in einem Nietzsche-Aufsatz vor allem »das Scheidende (zu George) festzustellen«; Ernst Gundolf an Michael Landmann, August 1937, in: Ernst Gundolf: Werke. Hg. von Jürgen Egyptien, Amsterdam 2006, 297; der Aufsatz erschien in: Ernst Gundolf, Kurt Hildebrandt: Nietzsche als Richter unsrer Zeit, Breslau 1923.

72 Bertram an Glöckner, 2. Dezember 1919, zit. nach Jappe, 105.

73 Gundolf an Herbert Steiner, 19. April 1910, in: Friedrich Gundolf: Briefwechsel mit Herbert Steiner und Ernst Robert Curtius. Hgg. von Lothar Helbing und Claus Victor Bock, Amsterdam 1962/63, 108. Ein Jahr später brach der Briefwechsel ab; als Steiner Ende Mai, Anfang Juni 1911 für drei Tage Rudolf Borchardt in Siena besuchte, scheint Georges Interese an ihm endgültig erloschen zu sein.

74 EG 27.

75 Brasch, 29.

76 Brasch, 27.

77 Gustav Grossmann: Erinnerung an Stefan George (1932/33), in: Jürgen Egyptien: Gesprächsäußerungen Stefan Georges aus den letzten Lebensjahren, in: GJb 2, 164–178, Zitat 175f. Der Mentor war Frank Mehnert.

78 Lobgesang, GA VI/VII.92f.

79 Anfang der zwanziger Jahre versuchte Herman Schmalenbach, das von Ferdinand Tönnies 1887 erarbeitete Grundmodell *Gemeinschaft und Gesellschaft* um den Begriff »Bund« im Sinne des George-Kreises zu

erweitern – mit mäßigem Erfolg; vgl. Herman Schmalenbach: Die soziologischen Kategorien des Bundes, in: Die Dioskuren. Jahrbuch für Geisteswissenschaften. Hg. von Walter Strich, 1, 1922, 35–105. – Auch »Freundschaft« ist soziologisch schwer zu kategorisieren; anregend noch immer: Friedrich H. Tenbruck: Freundschaft. Ein Beitrag zu einer Soziologie der persönlichen Beziehungen, in: Kölner Zeitschrift für Soziologie und Sozialpsychologie, 16 (1964), 431–456.

80 Bertram an Glöckner, 8. Februar 1916, zit. nach Jappe, 101.

81 Morwitz an George, 20. Dezember 1918, STGA.

82 LT 52; die Begegnung fand Anfang Februar 1911 in München statt.

83 Brasch, 34; vgl. EM 414f., LT 100.

84 An die Kinder des Meeres II, GA IX.21; hier zitiert nach der wahrscheinlich Mitte März 1914, ein Jahr nach Georges Neapel-Aufenthalt in Camogli entstandenden Entwurfshandschrift, SW 8, 134. – Hans Troschel wird im ersten, der neapolitanische Junge im zweiten Gedicht des großen Gesangs *An die Kinder des Meeres* besungen; das dritte gilt Woldemar von Uxkull; der *Nachklang*, der die drei Schicksale zusammenfasst, stammt von Ernst Morwitz.

85 Stein, 29.

86 Brasch, 27.

87 Erinnerungen von A. Zschokke in RB 165. – Edgar Salin, der wissen wollte, ob sich das Gedicht »Du hast des adlers blick« (GA VIII.45) auf Ludwig Derleth bezog, wurde beschieden: »Wenns nur der wäre, hätte ichs gesagt«; zit. nach ZT 248.

88 FW 397.

89 Groppe, 462.

90 Hans-Georg Gadamer: Gedicht und Gespräch. Essays, Frankfurt am Main 1990, 52.

91 David, 286ff.

92 GA VIII.8. Die Zitate aus dem *Stern des Bundes* werden im Folgenden nicht einzeln nachgewiesen.

93 David, 286.

94 Walter Wenghöfer an Hanna Wolfskehl, 14. Februar 1914, in: Walter Wenghöfer: Gedichte. Briefe an Stefan George, Hanna Wolfskehl u.a. Hg. von Bruno Pieger, Amsterdam 2002, 179.

95 Walter W., GA IX.115f. Wenghöfer sei 1918 in die Elbe gegangen, so sagt es George in diesem Gedicht, weil er immer am Rand des Freundeskreises gestanden habe, ohne wirklich Anschluss zu finden: »Den hort zu kennen und für immer missen / Ertrag ich nicht – so sink ich in die welle.«

96 Walter Benjamin an Theodor W. Adorno, 7. Mai 1940, in: Theodor W. Adorno, Walter Benjamin: Briefwechsel. Hg. von Henri Lonitz,

Frankfurt am Main 1994, 429. Zum politischen Kontext vgl. unten S. 627f.

97 Martin Buber an Kurt Singer, 7. Februar 1914 (Entwurf), in: ders.: Briefwechsel aus sieben Jahrzehnten. Band 1, 1897–1918, Heidelberg 1972, 356f.

II, 6 Die charismatische Herrschaft

1 Thomas Mann: Doktor Faustus. Die Entstehung des Doktor Faustus, Frankfurt am Main 1967, 158f.

2 John R. Gillis: Geschichte der Jugend. Tradition und Wandel im Verhältnis der Altersgruppen und Generationen in Europa von der zweiten Hälfte des 18. Jahrhunderts bis zur Gegenwart, Weinheim/Basel 1980, 147. In die gleiche Richtung argumentierte schon Walter Benjamin, als er schrieb, der Jugendstil sei nichts anderes als »der Stil, in dem das alte Bürgertum das Vorgefühl der eigenen Schwäche tarnt, indem es kosmisch in alle Sphären schwärmt und zukunftstrunken die ›Jugend‹ als Beschwörungswort missbraucht«; Walter Benjamin: Rückblick auf Stefan George (1933), in: Gesammelte Schriften, Bd. 3, 392–399, Zitat 394.

3 Frank Trommler: Mission ohne Ziel. Über den Kult der Jugend im modernen Deutschland, in: Koebner/Janz/Trommler, 14–49, Zitat 15.

4 Hans Mommsen: Generationskonflikt und Jugendrevolte in der Weimarer Republik, in: Koebner/Janz/Trommler, 50–67, Zitat 54.

5 Zit. nach Alfred Ehrentreich: Stefan George in der Freien Schulgemeinde Wickersdorf, in: CP 101, 62–79, Zitat S. 62.

6 ES 32 (April 1919). – Im September 1915 skizzierte George am Ende eines Briefes an Gundolf einen kurzen Brief an Ernst Schertel, der George um seine Meinung zu Wickersdorf gebeten hatte: »Auch dies ist Ihnen wohl im voraus bekannt dass persönlicher rat selten schriftlich erteilt werden kann und dass ich ›meinungen‹ nie brieflich niederlege«, STGA; vgl. George/Gundolf, 278.

7 GA VIII.84. – Zu denen, die über die Freien Schulgemeinden zu George fanden, zählten u.a. Walter Benjamin, Klaus Mann und Max Kommerell. Zu den Querverbindungen vgl. die Biographien der Reformpädagogen Paul Reiner, Ernst Schertel und Fritz Wölcken in: George, Dokumente, 209ff., 227ff. und 281f.

8 FW 520. Die Stelle bezieht sich höchstwahrscheinlich auf Gustav Wyneken, der wegen Verführung Minderjähriger wiederholt ins Visier der Schulaufsichtsbehörde und der Justiz geriet und deshalb die Leitung von Wickersdorf dreimal abgeben musste. In seiner 1921 publizierten

Verteidigungsschrift *Eros*, in der er die Liebe eines älteren Mannes unverblümt als das größte Glück im Leben eines Knaben bezeichnete, berief sich Wyneken mehrfach auf Stefan George.

9 Hans Blüher: Die Rolle der Erotik in der männlichen Gesellschaft. Eine Theorie der menschlichen Staatsbildung nach Wesen und Wert, Stuttgart 1962, 214. Die Bezeichnung »Invertierte« für Homosexuelle war auch außerhalb Deutschlands geläufig; Proust z. B. verwendete sie bevorzugt in *Sodom und Gomorra*.

10 Einen Beweis für die verdrängte Homosexualität des Hitlerismus sah Blüher u.a. im Frauenbild des Dritten Reiches. Wer die Frau als Mutter und Gattin so idealisiere, wie es der Nationalsozialismus getan habe, bringe damit indirekt zum Ausdruck, dass er mit der Frau nichts zu schaffen haben wolle. Eine Interpretation, die durchaus übertragbar scheint auf das »Frauenbild« Georges; vgl. unten S. 517f. – Zu Blühers Einfluss auf die Hitler-Bewegung vgl. Lothar Machtan: Hitlers Geheimnis. Das Doppelleben eines Diktators, Frankfurt am Main 2003, 130ff., 173, 268f., 441f. und passim.

11 Hans Blüher: Werke und Tage. Geschichte eines Denkers, München 1953, 355; dort, S. 353, auch das folgende Zitat.

12 Blüher habe vergeblich versucht, »seine arrogante Zusammenkoppelung eines missverstandenen Platon mit einem ebenso missverstandenen Sigmund Freud durch Verse Georges aufzuputzen«; Franz Josef Brecht: Platon und der George-Kreis, Jena 1929, 20.

13 Blüher, Die Rolle der Erotik (wie Anm. 9), 296.

14 Albert H. Rausch an George, 15. Juni 1907, STGA.

15 Ernst Schertel an George, 3. März 1910, STGA.

16 Hermann (Harry) Bodeck an George, 12. April 1911, STGA. – George war diese Art Verehrung nicht immer geheuer. Leute wie jener »Verrückte, der ihm geschrieben, er erziehe eine heilige Schar für ihn und werde sie ihm nächstens vorführen«, flößten ihm Unbehagen ein: »Ich hatte wirklich Angst aus dem Hause zu gehn.« Einer habe ihm geschrieben, er müsse in einer lebenswichtigen Sache mit ihm sprechen, sein Brief endete: »›Es umarmt und küsst Dich im voraus Dein Martin‹. Da wusst ich, dass er verrückt war«; EL 163 (Sommer 1926).

17 EG 37 (April 1913).

18 KH 79. – In Georges Bibliothek haben sich zwei Platon-Ausgaben aus der Schulzeit erhalten: Apologie und Kriton in einer Tauchnitz-Ausgabe, der Phaidon in einer Reclam-Ausgabe. Das »Isokrates«-Gedicht auf Klages (GA III.40) und das Bild vom Schierlingsbecher im »Täter«-Gedicht (GA V.49) setzen zwar die Platon-Lektüre voraus. Dennoch hat George erst in späteren Jahren eine gründliche Kenntnis der Dialoge erworben; ES 44, KH 79 u.a.; dagegen FW 427.

19 Boehringer, Ewiger Augenblick, 33. Als einer aus der Runde in diesem
     Zusammenhang wissen wollte, was Platon wohl sagen würde, wenn er
     jetzt hereinkäme, soll George geantwortet haben: »Ei, was für garstige
     buben!«, ebda.; ähnlich auch EL 155.

20 Brecht, Platon und der George-Kreis (wie Anm. 12), 55. Zu den Paral-
     lelisierungen vgl. FW 428, ES 45.

21 GA VIII.8. Da das Gedicht zuerst im Februar 1910 in der 9. Folge der
     Blätter erschien, muss George zu diesem Zeitpunkt mit Platon bereits
     weitgehend vertraut gewesen sein. – Platon zitiert in den Nomoi, 715e,
     einen alten orphischen Spruch, in dem von einem Gott die Rede ist,
     »welcher Anfang und Ende und Mitte alles dessen innehat, was da ist«.
     Bemerkt wurde das indirekte Zitat bereits 1915; vgl. H. Stefan Schultz:
     Studien zur Dichtung Stefan Georges, Heidelberg 1967, 122.

22 EL 23 (Sommer 1915). Zur internen Kritik an Friedemann vgl. RB 135,
     EG 63f. u.a.

23 BV 94, EG 83.

24 Groppe, 418.

25 George an Gundolf, 11. Juni 1910, George/Gundolf 202. Die Zitate aus
     der *Götzendämmerung* finden sich in den »Streifzügen eines Unzeit-
     gemäßen« (Nr. 50) und stehen unmittelbar vor dem Schlussabschnitt
     »Was ich den Alten verdanke«, in dem der Leser u.a. erfährt, weshalb
     Platon »langweilig« sei und die »geschmeidige Leiblichkeit« der Helle-
     nen nicht überbewertet werden dürfe.

26 EL 41 (Sommer 1916).

27 Frühgriechische Plastik. Mit einem Vorwort von Woldemar Graf
     Uxkull-Gyllenband, Berlin o.J. [1919], 7 (Orbis Pictus. Weltkunst-
     Bücherei. Hg. von Paul Westheim, Bd.3).

28 Morwitz an George, 14. Mai 1911, STGA.

29 Heinrich Friedemann: Platon. Seine Gestalt, Berlin 1914, 54.

30 FW 429.

31 Zweiter Brief, 314a-c; vgl. EM 468f. Die Stelle sei so gut versteckt,
     meinte George zu Edith Landmann, »das kann nur Platonisch sein«;
     EL 23 (Sommer 1915).

32 GA VIII.103. – Die Stelle aus dem Siebten Brief (341c-d), wo vom
     überspringenden Funken die Rede ist, der auch im »Isokrates«-Ge-
     dicht aufscheint, wird von Wolters als einzige Platon-Stelle zitiert; al-
     lerdings springt der Funke bei ihm nicht durch »Sichhineinleben« in
     den Gegenstand über, wie es im Original heißt, sondern »durch Zu-
     sammenleben« (ergänze: mit den Freunden) – eine für George und sei-
     nen Kreis typische Akzentverschiebung; FW 430.

33 FW 430. – Wolters behandelte in dem zentralen Kapitel »Ahnen« am
     Schluss des 5. Buches (S.418–432) ausschließlich Hölderlin und Platon

(in dieser Reihenfolge), was die Bedeutung Platons noch einmal hinlänglich unterstrich.

34 Brasch, 26.

35 EL 40; fast wörtlich auch in Boehringer, Ewiger Augenblick, 33.

36 »Den hehren Ahnen soll noch scheu nicht nennen«, hieß es in der Schlusszeile des versteckten Akrostichons, GA VIII.100; vgl. EM 392.

37 Hölderlin, in: Blättter 11/12 (1919), 11–13; GA XVII.68–71.

38 Kommerell, Der Dichter als Führer, 419.

39 Wolfskehl an Verwey, 12. Mai 1917, Wolfskehl/Verwey, 148. Hellingrath war am 14. Dezember 1916 bei Douaumont gefallen.

40 Zitat aus der Vorrede zu Band 4. Vgl. ES 103, GPL 387; zur Bibliographie vgl. SW 9, 128. – Ein Exemplar der Vorabausgabe ging auch an Rilke; Peter Sprengel: Geschichte der deutschsprachigen Literatur 1900–1918. Von der Jahrhundertwende bis zum Ende des Ersten Weltkriegs, München 2004, 629.

41 Norbert von Hellingrath an Friedrich von der Leyen, 7. Mai 1910, zit. nach Norbert von Hellingrath: Hölderlin-Vermächtnis, 2. Aufl., München 1944, 226; dort auch die folgenden Zitate.

42 Norbert von Hellingrath an Friedrich von der Leyen, 14. Mai 1910, ebda.

43 Hans-Georg Gadamer: Hölderlin und George, in: ders.: Gedicht und Gespräch. Essays, Frankfurt am Main 1990, 39.

44 Klaus Mann: Stefan George. Führer der Jugend (1928), in: ders.: Die neuen Eltern. Aufsätze, Reden, Kritiken. 1924–1933. Hgg. von Uwe Naumann und Michael Töteberg, Reinbek 1992, 199.

45 Lou »Loulou« Albert-Lasard: Wege mit Rilke, Frankfurt am Main 1985, 47, zit. nach Freedman, Bd. 2, 228.

46 Norbert von Hellingrath an Imma von Ehrenfels, 11. Februar 1915, zit. nach Bruno Pieger: »Uns Erstgebornen der jungen Zeit«. Norbert von Hellingrath in seinen Briefen an Imma von Ehrenfels, in: CP 256–257, 60–83, Zitat 79.

47 Norbert von Hellingrath: Hölderlin und die Deutschen, Vortrag [am 27. Februar 1915], in: ders.: Hölderlin-Vermächtnis, München 1936, 123–153, Zitat 124f.

48 Clemens Pornschlegel: Der literarische Souverän. Zur politischen Funktion der deutschen Dichtung bei Goethe, Heidegger, Kafka und im George-Kreis, Freiburg 1994, 181.

49 Hölderlin, GA XVII.71. – Die Außenwirkung des Paradigmenwechsels erhellt aus einer Tagebuchnotiz von Carl Schmitt: »›Jugend ohne Goethe‹ (Max Kommerell), das war für uns seit 1910 in concreto Jugend mit Hölderlin«; Carl Schmitt: Glossarium. Aufzeichnungen der Jahre 1947–1951. Hg. von Eberhard Freiherr von Medem, Berlin 1991, 152 (18. Mai 1948).

50 Gundolf, George, 31.

51 Radkau, 257.

52 ES 108. – Salin, der spätere Doktorvater von Talcott Parsons, der Webers Protestantismus-Schrift 1930 ins Englische übersetzte und damit den Ruhm des Autors in der angelsächsischen Welt begründete, lernte Weber durch Vermittlung von Marie Luise Gothein kennen, der Frau des Weber-Nachfolgers Eberhard Gothein.

53 Gundolf an Kurt Hildebrandt, 23. Februar 1921, STGA; Groppe, 593.

54 Karl Löwith: Die Entzauberung der Welt durch Wissenschaft. Zu Max Webers 100. Geburtstag, in: Merkur, 18 (1964), Heft 196, 501–519, Zitat 505. – Auch der Weber-Biograph Joachim Radkau kommt zu dem Schluss: »Der große Entzauberer sehnt sich, wenn auch etwas verschämt, nach einer Wiederverzauberung der Welt; und der Zauberstab ist die Liebe«; Radkau, 591.

55 Zit. nach Wilhelm Hennis: Max Webers Fragestellung. Studien zur Biographie des Werks, Tübingen 1987, 21.

56 Max Weber: Rede auf dem ersten Deutschen Soziologentage in Frankfurt 1910, in: ders.: Gesammelte Aufsätze zur Soziologie und Sozialpolitik. Hg. von Marianne Weber, Tübingen 1988, 443. – Hennis hält die Thematik des Vereinswesen für den eigentlichen Schlüssel zu Webers Werk; Hennis, Max Webers Fragestellung (wie Anm. 55), 53; vgl. auch Wolf Lepenies: Die drei Kulturen. Soziologie zwischen Literatur und Wissenschaft, München 1985, 345f.

57 Zit. nach Hennis, Max Webers Fragestellung (wie Anm. 55), 55.

58 Radkau, 601. »Von da an liebt Weber diesen Begriff; in seinem letzten Lebensjahrzehnt begegnen ›Charisma‹ und ›charismatisch‹ in seinem Werk weit über tausendmal«; ebda. – Vgl. aber Brief an Else Jaffé vom 13. September 1907 über Otto Gross: »der Adel seines persönlichen Charisma's«; vgl. oben S. 357.

59 Radkau, 601.

60 So Wilhelm Hennis und Wolfgang J. Mommsen übereinstimmend, wenn auch mit deutlich voneinander abweichender Begründung; vgl. Hennis, Max Webers Fragestellung (wie Anm. 55), 37.

61 Hennis, Max Webers Fragestellung (wie Anm. 55), 36.

62 Max Weber an Marianne Weber, 16. Januar 1910, MWG II, 6, 366.

63 Weber, Rede 1910 (wie Anm. 56), 433f., 446. – Im George-Kreis hielt man Webers Definition von Sekte als »Zusammenschluß von spezifisch qualifizierten Menschen« (ebda., 442) keineswegs für wertfrei, obwohl Weber wiederholt betonte, dass der Begriff »von allem ihm durch die kirchliche Verlästerung angehängten Beigeschmack natürlich sorgsam freigehalten werden« müsse; Weber, Wirtschaft und Gesellschaft (wie Anm. 74), 722.

64 Friedrich Gundolf: Max Weber, in: ders.: Gedichte, Berlin 1930, 24. Ein Gedicht zum 50. Geburtstag 1914?

65 Marianne Weber, Tagebuch, 4. April 1911, zit. nach Radkau, 469.

66 Salz sei wohl *vor* Gundolf gewesen, mutmaßte der zu diesem Zeitpunkt bereits selber heftig in die 36-jährige Else verliebte Weber im Januar 1910; vgl. Max Weber an Marianne Weber, 20. Januar 1910, MWG II, 6, 372. – Weil Else, die mit dem Nationalökonomen Edgar Jaffé verheiratet war und vier Kinder hatte, zu Webers Verdruss soeben ein Verhältnis mit seinem Bruder Alfred begonnen hatte, musste er auf seine eigene »Erlösung« noch ein wenig warten.

67 Weber an Arthur Salz, 11. August 1910 (aus Brügge), MWG II, 6, 599.

68 Marianne Weber: Max Weber. Ein Lebensbild, 2. Aufl., Heidelberg 1950, 502.

69 Weber an Marie Baum, 11. November 1910, MWG II, 6, 689.

70 Das großartige Weber-Porträt bei Wolters dürfte im wesentlichen zwar auf Berichten Georges beruhen, ist zugleich aber auch eine Replik auf die 1926 erschienene Biographie von Marianne Weber; vgl. FW 471–477.

71 Marianne Weber, Max Weber (wie Anm. 68), 505.

72 Marianne Weber, Max Weber (wie Anm. 68), 546.

73 Die Liste wurde wohl mehrfach auch in größerer Runde diskutiert; ein Exemplar findet sich unter dem Titel »Index. Zur Bibliothek eines jungen Menschen« im Nachlass Bertram/Glöckner im Deutschen Literaturarchiv Marbach; abgedruckt bei Groppe, 482–497; vgl. ES 36.

74 Max Weber: Wirtschaft und Gesellschaft. Grundriss der verstehenden Soziologie, 5., rev. Aufl., Tübingen 1985, 124. Die im Zusammmmenhang mit George wesentlichen Passagen werden im Folgenden referiert; sie finden sich im Ersten Halbband, Erster Teil, Kapitel III (»Die Typen der Herrschaft«) sowie im Zweiten Halbband, Kapitel IX, 5. Abschnitt (»Die charismatische Herrschaft und ihre Umbildung«). Seitenangaben jeweils in Klammern im Text.

75 Edgar Salin, der als Nationalökonom wissen musste, dass »Rente« und »Pension« nicht dasselbe sind, tat den Hinweis auf George als »alberne, des großen Gelehrten nicht würdige Bemerkung« ab. Er revanchierte sich, indem er vorrechnete, dass »der Pension beziehende, jahrzehntelang kranke Gelehrte weit länger« eine »Rentner-Existenz« geführt habe als George; ES 341.

76 George/Gundolf, 197; ES 339; u.ö.

77 Zu diesen zählten u.a. der jüngere Gundolf, Glöckner, Randfiguren wie Treuge, Wenghöfer oder Liegle, die nicht dem eigentlichen Freundeskreis zuzurechnen waren, später dann vor allem Percy Gothein. Die meisten Freunde Georges verfügten jedoch über ein geregeltes Einkommen: Morwitz, Boehringer, Thormaehlen und natürlich alle

Hochschullehrer. Bei den jüngeren Freunden der zwanziger Jahre, die wie Kantorowicz, Mehnert, die Antons oder die Stauffenbergs fast alle aus begüterten Familien stammten, stellte sich aufgrund ihres Lebensalters nur die Frage nach der Höhe der elterlichen Unterstützung. Schon »Leopold von Wiese betonte, die Mitglieder des George-Kreises seien gerade keine kleinbürgerlichen Rentiers gewesen, sondern entweder Großbürger oder verarmte Existenzen«; Lepenies, Die drei Kulturen (wie Anm. 56), 347.

78   Max Weber an Arthur Salz, Februar 1912, MWG II, 7.1, 428f. Für die Diskussion des Weberschen Charisma-Begriffs und seine Anwendung auf George danke ich Ingrid Gilcher-Holtey und Joachim Radkau.

79   Siegfried Bernfeld: Über eine typische Form der männlichen Pubertät, in: ders.: Antiautoritäre Erziehung und Psychoanalyse. Ausgewählte Schriften, hgg. von Lutz von Werder und Reinhart Wolff, Band 3, Frankfurt am Main 1970, 750–767 (zuerst 1923). Alle folgenden Zitate dort. – Bernfeld war der Schwager von Elisabeth Gundolf und wohnte ab Mitte der zwanziger Jahre schräg gegenüber von Freud in der Berggasse 8, Hinweis Sonja Schön; auf Bernfeld dürften sich die abfälligen Bemerkungen Georges beziehen, Gundolf sitze neuerdings gern »in den übelsten Freudzirkeln in Wien«; EL 136 (Frühjahr 1925).

80   Zit. nach Ulrich Herrmann: Die Jugendkulturbewegung. Der Kampf um die höhere Schule, in: Koebner/Janz/Trommler, 224–244, Zitat 233.

81   Stefan Breuer, der seine George-Untersuchungen auf Heinz Kohuts Narzissmuspsychologie gründet, kennt lediglich den Narzissmus des Meisters, den der Jünger berücksichtigt er seltsamerweise mit keinem Wort. So wie ihn auch an den Herrschaftsstrukturen im George-Kreis ausschließlich das Machtkalkül des Herrschers interessiert, aber selten das Wohlergehen der Beherrschten – für Max Weber immerhin das entscheidende Kriterium für die Bewährung charismatischer Herrschaft.

82   Percy Gothein: Erinnerungen. Unveröffentlichtes Typoskript, 1923/ 24. Durchschlag einer während des Krieges angefertigten Maschinenabschrift im Besitz des Verfassers. Zitate aus diesem Text werden im Folgenden nur dann einzeln nachgewiesen, wenn die Quelle aus dem Kontext nicht ersichtlich ist. Die in der Zeitschrift *Castrum Peregrini*, Heft 1 (1951), 11 (1953) und 21 (1955), erschienenen Auszüge aus den Erinnerungen Gotheins wurden zum Teil stark redigiert und »gereinigt«.

83   George an Gundolf, 8. Mai 1911, George/Gundolf 226.

84   Gundolf an Wolfskehl, April 1913, Wolfskehl/Gundolf II, 97.

85   Vgl. EL 104. Ähnlich wurde sie 1905 auch von Marianne Weber charakterisiert: »lediglich Intellekt und Schöngeist, ohne jede Spur von allgemein menschlicher Herzenswärme«; Radkau, 459. Von ihrer »ju-

gendlichen Begeisterungsfähigkeit« schwärmte hingegen Salin; ES 104.
Vgl. Christine Göttler: Marie Luise Gothein (1863–1931). »Weibliche
Provinzen« der Kultur, in: Barbara Hahn (Hg.): Frauen in den Kultur-
wissenschaften. Von Lou Andreas-Salomé bis Hannah Arendt, Mün-
chen 1994, 44–62; sowie »Im Schaffen genießen«. Der Briefwechsel der
Kulturwissenschaftler Eberhard und Marie Luise Gothein, hgg. von
Michael Maurer, Johanna Sänger und Editha Ulrich, Köln 2006.

86 George an Gundolf, 22. September 1910, George/Gundolf 204f.

87 Gothein, Erinnerungen, 1.

88 Gundolf an George, 27. September 1910, George/Gundolf 205.

89 Marie Luise Gothein an George, 28. Dezember 1910, STGA.

90 Es handelte sich um die Aufnahme Maximilan Kronbergers, die dem
Maximin-Gedenkbuch vorangestellt war, allerdings als Kniestück, un-
bekleidet. Ein Abzug hing auch in Georges Münchner Dachgeschoss-
wohnung.

91 GA VIII.74

92 George an Gundolf, 8. Mai 1911, George/Gundolf, 226.

93 Zwar vermutet Morwitz, »Wer seines reichtums unwert« sowie drei
weitere Gedichte aus dem *Stern des Bundes* seien wohl direkt mit
Gothein in Verbindung zu bringen. Trotzdem ist Vorsicht geboten;
knapp ein Jahr später las George das Gedicht zum Beispiel auch Ludwig Thormaehlen vor; EM 371, LT 75; vgl. auch Georges Niederschrift von »Der strom geht hoch« mit der Überschrift »P–y« und die
Anmerkung in SW 8, 129.

94 Gothein, Erinnerungen, 12, 14.

95 Gothein an George, Juni 1913, STGA. Von Gotheins erstem Brief an
George hat sich nur der Umschlag mit dem Poststempel 1. Juni 1913
erhalten.

96 Gothein an George, 22. Juni 1913, STGA.

97 Gothein an George, 25. Juni 1913, STGA. – Zehn Jahre später sollte
sich das gleiche Spiel in der Auseinandersetzung um die Autorisation
der Gothein-Erinnerungen wiederholen; vgl. unten S. 544f.

98 Marie Luise Gothein an George, 21. Mai 1914, STGA.

99 Gothein, Erinnerungen, 11f.

100 George an Gothein, [22.] Mai 1914, STGA. Falls Gothein sich richtig
erinnerte und George ihm tatsächlich am Vorabend seines 18. Geburtstages zum ersten Mal Gedichte vorlas, ergibt die Formulierung im
Geburtstagsbrief »ich halt es jezt für nötig dass ich Ihnen einmal etwas
lese« nur dann einen Sinn, wenn man »etwas« auf einen bestimmten
Text bezieht, nicht auf das Lesen als solches.

101 Morwitz an George, 14. Juni 1914, STGA.

II, 7 Prophetenmusik

1 »Ich sage nicht zuviel, wenn ich behaupte, dass für keinen der Staaten in diesem alten Europa der Zustand, wie er in den letzten vierzig Jahren bestanden hat, so unerträglich war, dass er auf die Gefahr der Selbstvernichtung hin seine Abstellung erreichen musste«; Richard von Kühlmann, zit. nach Andreas Hillgruber: Die Zerstörung Europas. Beiträge zur Weltkriegsepoche 1914 bis 1945, Frankfurt am Main/Berlin 1988, 108.

2 Arno J. Mayer: Adelsmacht und Bürgertum. Die Krise der europäischen Gesellschaft 1848–1914, München 1984, 9.

3 Der Krieg, GA IX.27–34, Zitat 30. Das Gedicht erschien als achtseitige gelbe Broschur im Juli 1917 (2. Auflage September).

4 Einem jungen Führer im Ersten Weltkrieg, GA IX.41–43. Das Gedicht auf Erich Boehringer, den jüngeren Bruder Roberts, entstand vermutlich im Januar 1919 und erschien mit zwei weiteren Gedichten im Dezember 1921 als achtseitige blaue Broschur unter dem Titel Drei Gesänge. – Der Begriff »Erster Weltkrieg« muss Ende 1918 gelegentlich in der Tagespresse aufgetaucht sein; leider verzeichnet die einschlägige Literatur hierzu keine Belege; auch eine Nachfrage bei Irina Renz in der Bibliothek für Zeitgeschichte, Stuttgart blieb ohne Ergebnis. – Der Begriff »Zweiter Weltkrieg« begegnet zuerst 1922 in dem Titel des utopischen Romans von Werner Grassegger: Der zweite Weltkrieg. Deutschland die Waffenschmiede. Eine militärisch-politische Prophezeiung, in dem Deutschland mit Hilfe von Wunderwaffen die Vorherrschaft in Europa gewinnt und neben den USA und Japan zur dritten ebenbürtigen Weltmacht aufrückt; vgl. Jost Hermand, Der alte Traum vom neuen Reich. Völkische Utopien und Nationalsozialismus, Frankfurt am Main 1988, 127f.

5 Gundolf an George, 14. August 1914, George/Gundolf 256.

6 Der Krieg, GA IX.30.

7 Georg Heym: Tagebücher. Träume. Briefe, Hamburg/München 1960, 138f. (Dichtungen und Schriften, Bd. 3). – In seinem berühmten Kriegsgedicht »Aufgestanden ist er, welcher lange schlief« nahm Heym auf dem Höhepunkt der zweiten Marokko-Krise im September 1911 die Kriegsbegeisterung vom Sommer 1914 vorweg.

8 Thomas Mann: Gedanken im Kriege (November 1914), in: GW 13, 527–544, Zitat 533.

9 Werner Sombart: Die deutsche Volkswirtschaft im neunzehnten Jahrhundert, Berlin 1913, 472 und 474.

10 Mayer, Adelsmacht und Bürgertum (wie Anm. 2), 274.

11 Der Krieg, GA IX.29.

12 EL 47.

13 Breysig, 27; vgl. ebda., 29 und 43: »Er deutete an, dass Männer in sehr hoher Lebensstellung – man mochte an einen Prinzen denken – schon dafür einträten.« Andeutungen, er verfüge über hervorragende Verbindungen zu kriegsentscheidenden Persönlichkeiten, machte George bereits im Mai 1916: »Von hoher Stelle ist er, wie er sagte, beauftragt, zu verhindern, dass geistig hochstehende Menschen an die Front kommen«; EG 86.

14 Gebete I, GA IX.50.

15 EG 61 (Mai 1915); Hervorhebung im Original; dort, S. 84, auch das folgende Zitat vom März 1916.

16 Aufbewahrt im Nachlass Hellingrath; vgl. Bruno Pieger: »Von welchen wundern lacht die morgen-erde«, in: CP 250, 89.

17 Einer der Freunde habe beim Auszug »den ›Stern‹ im Tornister« gehabt, berichtete Gundolf an George am 25. September 1914, wahrscheinlich mit Bezug auf Hellingrath; George/Gundolf, 261.– Die Wendung fand mit Hilfe der *Frankfurter Zeitung* weite Verbreitung; vgl. Carl Muth: Schöpfer und Magier. Drei Essays, 2. Aufl., München 1953, 215, sowie FW 517, KTM 268f. – Wenn ein Soldat drei Bücher im Tornister hatte, dann wohl eher »ein Bändchen Goethe, den Zarathustra und eine Feldausgabe des Neuen Testaments«, heißt es bei Walter Flex.

18 So die 1928 für die Gesamtausgabe verfasste Vorrede zum *Stern des Bundes*.

19 GA VIII.15.

20 Heinz Bude: Das Altern einer Generation. Die Jahrgänge 1938 bis 1948, Frankfurt am Main 1995, 83. Weil »die Heterogenität von Gruppen die Chancen kollektiver Aktionen erhöht«, trat der Kreis in diesen Jahren so wirkungsvoll in Erscheinung.

21 Blätter 5 (1900/01), 1.

22 M. Rainer Lepsius: Das Modell der charismatischen Herrschaft und seine Anwendbarkeit auf den »Führerstaat« Adolf Hitlers, in: ders.: Demokratie in Deutschland. Soziologisch-historische Konstellationsanalysen. Ausgewählte Aufsätze, Göttingen 1993, 95–118. Zitat 111.

23 Boehringer, Ewiger Augenblick, 35; dort, S.63, auch das folgende Zitat. – Die Erinnerungsliteratur wimmelt von Anekdoten, in denen George einen Interpreten im Unklaren darüber lässt, ob er richtig liege. In seinem Kommentar führt Morwitz bei besonders gewagten oder bildungsgesättigten Interpretationen gern an, George habe dazu bedeutungsvoll geschwiegen; so kann er die eigene Ansicht autorisieren und zugleich das Deutungsmonopol des Dichters sicherstellen.

24 RB 129.

25 Breysig, 9 und 11.

26 Groppe, 188.

27 Breysig, 53. – Auf vielen Gebieten bewandert, aber nirgendwo Fachmann, blieb Breysig der akademische Erfolg versagt; seine Arbeiten zeigten »ein empfindliches Missverhältnis zwischen Wollen und Können«, hieß es in einem von Friedrich Meinecke 1922 erstellten Gutachten, mit dem die Philosophische Fakultät der Berliner Universität ein Ordinariat für den Kollegen zu verhindern suchte; Bernhard vom Brocke: Kurt Breysig. Geschichtswissenschaft zwischen Historismus und Soziologie, Lübeck und Hamburg 1971, 26f.

28 Breysig, 24.

29 Borchardt, Aufzeichnung, 37f.; dort auch das folgende Zitat.

30 KH 30.

31 Borchardt, Aufzeichnung, 38. Aus dem vielversprechenden jungen Wolters, »dem nichts sich zu versagen schien« und der »als Mensch unmittelbar überzeugend und sofort gewinnend« war, sei durch Georges verderblichen Einfluss leider bald »der opferselige Evangelist der neuen Botschaft« geworden; Rudolf Borchardt: Pseudognostische Geschichtsschreibung, in: ders.: Prosa 4, Stuttgart 1996, 292–298, Zitate 292f.

32 KH 31; dort auch das folgende Zitat von Morwitz.

33 George/Wolters, 252.

34 Gundolf an Morwitz, 9. Dezember 1907, George/Gundolf, 185.

35 Gundolfs Äußerung, die möglicherweise im Beisein Georges fiel, ist vermutlich auf das Jahresende 1909 zu datieren; man findet sie in der 1. Auflage von Boehringers Erinnerungsbuch 1951, S.132 (in der 2. Auflage gestrichen).

36 Wolters an George, 10. September 1906; George an Wolters, 19. September 1906, George/Wolters, 65ff. – Die Huldigungsgedichte von Vallentin erschienen Gundolf geradezu als »prachtvoll bösartige Parodie«; Gundolf an George, 4. Januar 1904, George/Gundolf, 145.

37 Wolters an George, 25. Juli 1908, George/Wolters, 70.

38 Friedrich Wolters: Über die theoretische Begründung des Absolutismus im siebzehnten Jahrhundert, in: Breysig u.a.: Grundrisse und Bausteine zur Staats- und zur Geschichtslehre. Zusammengetragen zu den Ehren Gustav Schmollers und zum Gedächtnis des 24. Juni 1908, seines siebenzigsten Geburtstages, Berlin 1908, 201–222, Zitat 201; vgl. Groppe, 229f.

39 Gundolf an Wolfskehl, August 1908, Wolfskehl/Gundolf II, 66–69 (Umstellung im Zitat durch T.K.).

40 Gundolf an Wolfskehl, 3. Dezember 1908, George/Gundolf, 189 (nicht in Wolfskehl/Gundolf).

41 Friedrich Gundolf: Gefolgschaft und Jüngertum, Blätter 8 (1908/09), 106–112, Zitate 107–109; dort auch das folgende Zitat. – Die Berliner reagierten erstaunlich naiv auf Gundolfs Aufsatz, »der uns geradezu enthusiasmierte mit seiner resoluten Angrifflichkeit«; BV 38 (26. Januar 1909)

42 Vgl. Georges Bemerkung vom Januar 1909 gegenüber Vallentin, »dass er jene früheren Zeiten für sich endgültig vorüber fühlte: mit den Vierzigern sei ein neues Alter gekommen«; BV 41.

43 BV 26–34.

44 Die Aufnahme in den Orden erschien am 11. Mai in Blätter 5 (1901), 10–15. Die »Darmstädter Spiele« auf der Mathildenhöhe dauerten von Mai bis Oktober 1901; sowohl über den Mitorganisator Georg Fuchs, der dann sein eigenes Stück *Das Zeichen* aufführen ließ, als auch über Wolfskehls Schwiegervater, den Hofkapellmeister Willem de Haan, bestand eine Möglichkeit der Einflussnahme. Gundolf und Wolfskehl suchten George ein Treffen mit Behrens nahezulegen – wohl ohne Erfolg; vgl. George/Gundolf, 79, und Wolfskehl/Gundolf I, 107f.

45 BV 28f. (7. Januar 1909). Als George das Stück vier Wochen später in kleiner Runde vorlesen ließ, war die Heiterkeit groß: »Fürchterlich war der Banalism. Wir mussten uns winden. Von Zeit zu Zeit fuhr St. G. auf und liess Stellen durchstreichen, an anderen Bemerkungen beischreiben«; BV 44. – Ohne den *Tantris* zu nennen, wiesen die *Blätter* Mitte Februar stolz darauf hin, die neue Dichtung habe inzwischen »wenn auch in der zehnfachen verdünnung öffentlichen und behördlichen beifall« gefunden; Blätter 8 (1908/09), 1.

46 BV 31.

47 LT 20.

48 Kurt Hildebrandt: Hellas und Wilamowitz (Zum Ethos der Tragödie), in: Jahrbuch 1 (1910), 64–117; die Schlussfloskel im Original griechisch. – Wilamowitz rächte sich, indem er 1920 gegen die Berufung Gundolfs als Nachfolger von Erich Schmidt votierte und 1928 Hildebrandts Habilitation scheitern ließ; Groppe, 550–560.

49 Ulrich von Wilamowitz-Moellendorff: Zukunftsphilologie (1872), zit. nach: Curt Paul Janz: Friedrich Nietzsche. Biographie, München 1981, Bd. 1, 469.

50 ES 45.

51 FW 487; vgl. auch KH 55, Anm. 11, wo die Formulierung Gundolf zugeschrieben wird.

52 Georg Simmel: An Herrn Professor Karl Lamprecht. Offener Brief, in: Die Zukunft, 83 (1913), 230–234, zit. nach Lichtblau, 408. – Lichtblaus eindrucksvoller Studie verdanke ich zahlreiche Anregungen. – Simmel vertrat in diesem Punkt die gegenteilige Meinung zu Max Weber, der in

Wissenschaft als Beruf eine strikte Trennung verlangte: Die Studenten erlägen einem Irrtum, wenn sie »in dem Professor etwas anderes suchen, als ihnen dort gegenübersteht, – einen *Führer* und nicht: einen *Lehrer.* Aber nur als *Lehrer* sind wir auf das Katheder gestellt«; Max Weber: Gesammelte Aufsätze zur Wissenschaftslehre. Hg. von Johannes Winckelmann, 7. Aufl., Tübingen 1988, 605.

53 Friedrich Wolters: Richtlinien, in: Jahrbuch 1 (1910), 128–145, Zitat 145.

54 Friedrich Gundolf: Wesen und Beziehung, in: Jahrbuch 2 (1911), 25.

55 Einleitung der Herausgeber, in: Jahrbuch 3 (1912), VIII; dort auch das folgende Zitat.

56 Lepsius, Das Modell der charismatischen Herrschaft (wie Anm. 22), 102; dort, S. 102f., auch die folgenden Zitate.

57 Gundolf an Wolfskehl, ca. 15. September 1908, Wolfskehl/Gundolf II, 69. – Als im Februar 1910 die neue Folge mit den Hölderlin-Beiträgen herauskam, wurde der dritte Ausleseband rückwirkend zur Achten Folge deklariert. Er wurde mit unwesentlichen Veränderungen neu gesetzt (es entfielen die Beiträge, die bereits in der Sechsten und Siebenten Folge abgedruckt waren, hinzu kamen u.a. neun Seiten mit Gedichten aus dem Nachlass Maximilian Kronbergers) und erschien in minimaler Auflage »als beigabe zur neunten folge für die mitglieder des engeren kreises«; Blätter 8 (1908/09), 156.

58 Vgl. die erstmalige Verwendung des Begriffs »Bewegung« in Gundolfs Brief an Wolters vom 24. März 1909: »Ich habe vor in einer gesammt-besprechung über die schriften welche die Bewegung betreffen mich vor allem auch mit Ihrem Werk zu befassen«; George/Wolters, 72f. Gundolfs »Besprechung« der Buchausgabe von *Herrschaft und Dienst* erschien im ersten Band des *Jahrbuchs.*

59 Gundolf versprach George, sich mit dem »höchst unappetitlichen« Machwerk auseinanderzusetzen, zog es dann aber doch vor, sich in dem geplanten *Jahrbuch*-Aufsatz über die George-Rezeption ausschließlich mit Borchardts Hofmannsthal-Rede von 1905 zu befassen; möglicherweise hatte ihm George abgeraten; Gundolf an George, Mitte Februar 1909, George/Gundolf, 194; vgl. KH 70.

60 Rudolf Borchardt: Stefan Georges »Siebenter Ring«, in: Prosa I, Stuttgart 1992, 258–294, Zitate 258, 292f.

61 LT 35f. Thormaehlen räumte ein, eigentlich nicht verstanden zu haben, worum es ging, und ist in diesem Fall gerade deshalb ein glaubwürdiger Zeuge. Zum Inhalt des Gesprächs vgl. KH 48–50.

62 Robert Wolff: Otto Peils Besuche in Bingen, in: Binger Annalen 7, 1975 (Neue Beiträge zur George-Forschung 1), 16–23, Zitat 21. Es handelte sich um ein Gespräch zwischen George und Vallentin Ende August 1910 in Bingen, das Peils anschließend festhielt.

63 LT 36.

64 Friedrich Gundolf: Gefolgschaft und Jüngertum, in: Blätter 8 (1908/09), 106–112; dort auch alle folgenden Zitate. Gundolf schickte Wolters sein Manuskript mit dem Hinweis, dieser Beitrag gehe ihn besonders an.

65 Selbst Hildebrandt musste einräumen, dass »Gefolgschaft und Jüngertum« »die bestimmende Idee des gesamten Jahrbuches« war; KH 43.

66 Friedrich Gundolf: Das Bild Georges, in: Jahrbuch 1 (1910), 19–48, Zitat 43. – Im Manuskript des Vorworts zum ersten Jahrbuch präzisierte Gundolf, dass der oberste Begriff, dem sie sich unterordneten, eine »Idee« sei, und fügte, ohne Rücksprache mit Wolters, den entscheidenden Satz ein: »Überall wo sie angreifen geschieht es wegen der sache, nicht wegen der person.« Vgl. auch Gundolfs Rechtfertigung gegenüber George vom Oktober 1914, »dass wir das Überpersönliche wollen und dich verehren weil du es vertrittst, nicht umgekehrt«; George/Gundolf, 268.

67 Karl Wolfskehl: Herrschaft und Dienst von Friedrich Wolters, in: Süddeutsche Monatshefte, 7, 4, April 1910, 575, zit. nach ES 338; dort auch die folgenden Zitate. Zu Georges Anteil an dieser Rezension vgl. ES 206. Naiv und abwegig dagegen Hildebrandts Interpretation, George habe mit der Besprechung die Ablösung des alten »bürgerlichen« Kreises durch den neuen Jahrbuch-Kreis andeuten wollen; KH 47. – Steffen Martus hat die im Kreis viel gepriesene, aber vermutlich selten gelesene und weithin unverstandene Wolters-Schrift erstmals eingehend analysiert: »Herrschaft und Dienst insgesamt besteht aus einer recht wüsten Mischung neu-platonischer, mystischer und nietzscheanischer Motive, die mit einer prophetischen Geste ausgestreut werden«; Steffen Martus: Werkpolitik. Zur Literaturgeschichte kritischer Kommunikation vom 17. bis ins 20. Jahrhundert mit Studien zu Klopstock, Tieck, Goethe und George, Berlin/New York 2007, 667.

68 Gundolf an Wiesie de Haan, 3. März 1910, George/Gundolf, 200f.

69 GA VIII.94.

70 Gundolf an George, etwa 12. Oktober 1910, George/Gundolf, 206f.; dort, S. 207, auch das folgende Zitat.

71 Friedrich Gundolf: Shakespeare und der deutsche Geist, Berlin 1914, 358.

72 Gundolf an George, etwa 10. November 1910, George/Gundolf, 211; Hervorhebung T.K.: »ich«, nicht Wolters.

73 Ich danke Lothar Machtan, der mir einen ungedruckten, materialreichen Aufsatz zum Thema überließ; Wolters' detaillierter Bericht vom 22. Oktober 1907 an den Chef des Zivilkabinetts Lucanus im Geheimen Staatsarchiv Dahlem, I. HA, Rep. 89, Königliches Geheimes

Civil-Cabinet, Nr. 3113. – Bei der Vermählungsfeier seines Sohnes am 22. Oktober 1908 erwähnte der Kaiser die Dissertation rühmend: »Du, mein Sohn, hast Unserm Hause Ehre gemacht mit Deinem Examen.« Vgl. auch Friedrich Wolters und Friedrich Andreae: Arkadische Launen, Berlin 1908, mit der feierlichen Widmung »Dem Liebenden schöner Künste und schönen Lebens, Seiner Königlichen Hoheit August Wilhelm Prinz von Preußen, Doctor rer. politic., zur Feier seiner Vermählung mit Ihrer Hoheit Alexandra Victoria, Prinzessin zu Schleswig-Holstein Sonderburg-Glücksburg, seiner hohen Braut«.

74 Wolters an George, 10. März 1914, George/Wolters, 99.

75 Wolters an Gundolf, 10. Februar 1914, zit. nach Wolters, Frühe Aufzeichnungen, 7. – In dem Exposé vom Juni 1913, dessen Veröffentlichung der in Vorbereitung befindlichen Edition des Briefwechsels Gundolf – Wolters vorbehalten ist, vermisste Wolters vor allem zwei Punkte: Kirche und religiöses Leben sowie einen Hinweis auf die Vorlesungen, die George als Student besucht hatte.

76 GA VIII.18.

77 EL 45 (Sommer 1916).

78 F.W:, GA IX.102; geschrieben nicht vor 1918/19.

79 GA VIII.104; vgl. KH 63, George/Wolters, 7

80 KH 92.

81 KH 77. – Zu Handgreiflichkeiten zwischen Boehringer und Vallentin wäre es bei Kriegsende fast noch einmal gekommen, KH 105; ebenso im März 1933 bei Vallentins Einäscherung zwischen Boehringer und Hildebrandt.

82 KH 64, 38f.

83 George an Gundolf, Mitte April 1911, George/Gundolf, 224 (über den zweiten Band).

84 EL 182 (Dezember 1927); die »gelben Bücher« nach EL 26.

85 EL 26 (1915).

86 Erich Unger: Vom Pathos. Die um George (1910), zit. nach: Bruno Hillebrand (Hg.): Nietzsche und die deutsche Literatur, München/Tübingen 1978, Bd.1, 164.

87 Carl Einstein: Werke, Bd. 4. Aus dem Nachlass I. Hgg. von Hermann Haarmann und Klaus Siebenhaar, Berlin 1992, 105–116. Es handelt sich um ausführliche Notizen, die sich Einstein offenbar direkt unter dem verheerenden Eindruck der Lektüre des ersten *Jahrbuch*-Bandes 1910 machte.

88 Wolfskehl an George, 7. Juli 1910, STGA. Dass Wolfskehl die Bedenken von der Leyens so ausführlich referierte und an George weitergab, könnte darauf hindeuten, dass er sie bis zu einem gewissen Grad teilte.

89 Gundolf an Wolfskehl, 13. Juli 1910, Wolfskehl/Gundolf II, 87. Diese

»Sätze« erschienen in Jahrbuch 3 (1912) unter dem Stichwort »Freund-schaftskult«, S. VIf.

90 Das Hellenische Wunder, Blätter 9 (1910), 2. Die Neunte Folge war etwa vier Wochen vor dem ersten Jahrbuch erschienen.

91 Gundolf an Sabine Lepsius, 3. August 1910, in: Gundolf, Briefe, 63–71; dort, S.68, auch das folgende Zitat.

92 Borchardt, Aufzeichnung, 59f.

93 Rudolf Borchardt: Intermezzo, in: Prosa I, 435–468, Zitate 436, 466, 440.

94 Webers Brief war für die Redaktion der Süddeutschen Monatshefte be-stimmt; aus Sorge, der Streit könnte in einen Prozess münden, zog Klenau Anfang Dezember den Plan zurück; es sei »unter der Würde der Öffentlichkeit solche indiscutablen Dinge zu discutieren«; Webers Korrespondenz mit Paul August von Klenau in: MWG II, 6, 691–700.

95 Alfred Walter Heymel an Anton Kippenberg, 18. Juni 1910, zit. nach KTM 237.

96 Karl Wolfskehl: Die Blätter für die Kunst und die neuste Literatur, in: Jahrbuch 1 (1910), 1–18, Zitate 14f., 18.

97 In ganz Europa herrschte im Juli 1914 bekanntlich das schönste Som-merwetter, nur im Saanenland regnete es ununterbrochen; vgl. EL 20.

98 George an Gundolf, 13. August 1914, George/Gundolf, 256.

99 Blätter für die Kunst 11/12 (1919), 6.

III, 1 Pfingsten

1 Gothein, Erinnerungen, 67. Zitate aus diesem Manuskript werden im Folgenden nur dann einzeln nachgewiesen, wenn die Quelle aus dem Kontext nicht ersichtlich ist.

2 Gothein an George, 18. Dezember 1916, STGA.

3 Gothein, Erinnerungen, 16.

4 Gothein an George, 8. Februar 1915, STGA.

5 Das zweistrophige Gedicht erschien unter der Initiale »P:« im Neuen Reich, GA IX.101. Die beiden Schlusszeilen stellte George um.

6 Gothein, Erinnerungen, 16; Gothein an George, 21. April 1915, STGA.

7 Gothein, Erinnerungen, 39; George an Gundolf, 30. Dezember 1916, George/Gundolf, 298.

8 Gothein an Paul Winand Simons, 9. Juni 1918, zit. nach Karlhans Kluncker: Percy Gothein. Humanist und Erzieher. Das Ärgernis im George-Kreis, CP 171–172, 47.

9 Stefan Breuer: Ästhetischer Fundamentalismus. Stefan George und der deutsche Antimodernismus, Darmstadt 1995, 50.

10 EL 64 (Juli 1918).
11 George an Wolfskehl, 11. November 1919, ES 215.
12 George an Gundolf, 7. Februar 1919, George/Gundolf, 329.
13 George an Gundolf, 2. März 1919, George/Gundolf, 329.
14 Kurzke, 275; dort, S. 278f., auch die Mann-Zitate.
15 Ernst Toller: Eine Jugend in Deutschland, Reinbek 1990, 121.
16 Gerhard Schmolze (Hg.): Revolution und Räterepublik in München 1918/19 in Augenzeugenberichten, Düsseldorf 1969, 246f.
17 Curtius, 116.
18 Gothein, Erinnerungen, 53.
19 [Bernhard von Uxkull:] Sternwandel, Blätter 11/12 (1919), 267–272, Zitat 268.
20 EL 187 (Februar 1928).
21 GA IX.138.
22 George an Gundolf, 6. Oktober 1916, George/Gundolf, 285.
23 LT 150. – Seine Augenpartie erinnere ihn stark an Hofmannsthal, meinte George bei einer der ersten Begegnungen mit Glöckner 1913 (EG 33), und zwanzig Jahre später heißt es über Michael Stettler: »Der Michael, der Michael – der hats in den Augen« (Stettler, Erinnerungen, 23).
24 FW 522.
25 RB 158.
26 George an Cohrs, 31. Januar 1917, RB 157.
27 Cohrs an George, 26. Februar 1917, STGA.
28 George an Cohrs, 2. März 1917, RB 158.
29 GA IX.98.
30 GA IX.27ff.; dort auch die folgenden Zitate.
31 In der Hellingrath-Ausgabe Band IV, 219, unter dem Titel »Noch eins ist aber zu sagen«; in den Beißner-Ausgaben unter dem Titel »An die Madonna«.
32 LT 159.
33 John Keegan: Der Erste Weltkrieg. Eine europäische Tragödie, Reinbek 2000, 480f.
34 Wolters an George, Juni 1918, George/Wolters 142; dort, S. 25ff., auch die Angaben zu Wolters' militärischer Karriere.
35 Gundolf an George, 10. Juli 1918, George/Gundolf, 319; dort auch das folgende Zitat.
36 Bernhard Victor Graf Uxkull-Gyllenband: Gedichte. Hg. von Ernst Morwitz, Düsseldorf und München 1964, Vorwort, 8; LT 167f. – Morwitz machte für die Tat auch den »Gebrauch der zerstörenden Medikamente« verantwortlich, die Cohrs zur Auskurierung einer Diphterie im Mai und Juni 1918 verabreicht wurden; vgl. Morwitz an George, 23. August 1918, STGA; in diesem Brief berichtet Morwitz über einen Be-

such von Ferdinand Cohrs, der »ein Attest über Geisteskrankheit des A[dalbert] zu erwirken« suchte, um auf diese Weise die militärische Ehre seines Bruders wiederherzustellen.

37 Gothein, Erinnerungen, 55.

38 Victor * Adalbert, GA IX.119ff. – Der mit Morowitz befreundete Maler Erich Heckel hat das Schlussbild des Gedichts, den gemeinsamen Gang durchs dunkle Tor, als Motiv in seinem Freskenzyklus im Erfurter Angermuseum verwendet. Der 1922/23 entstandene Zyklus, der als die letzte erhaltene Raumgestaltung des Expressionismus und als ein Höhepunkt im Werk Heckels gilt, enthält zahlreiche porträtähnliche Darstellungen Georges und seiner Freunde und ist als eindrucksvoller Versuch zu sehen, die Idee des Georgeschen »Staates« bildnerisch umzusetzen; vgl. Mechthild Lucke, Andreas Hüneke: Erich Heckel. Lebensstufen. Die Wandbilder im Angermuseum zu Erfurt, Dresden 1992, sowie Michael Philipp: Der Freund des Freundes. Erich Heckel und Ernst Morwitz, in: CP 209–210, 55–104.

39 Glöckner an Bertram, 20. September 1918, EG 119.

40 Vgl. Leo Peters: Zum Freitod von Bernhard Graf Uxkull-Gyllenband und Adalbert Cohrs, zwei namhaften Mitgliedern des Stefan-George-Kreises, 1918 in Kaldenkirchen, in: Heimatbuch des Kreises Viersen 2004, 152–170.

41 Für freundliche Hinweise zum Gesamtkomplex danke ich Christoph Jahr, Berlin. – Im Sommer 1918 nutzten schätzungsweise bis zu einer Million deutsche Soldaten eine Grippewelle, um sich von der Front abzusetzen; vgl. Roger Chickering: Das Deutsche Reich und der Erste Weltkrieg, München 2002, 224f. – Im Mittelpunkt eines der spektakulärsten Fälle von Desertion stand Franziska zu Reventlow, die ihrem Sohn zur Flucht in die Schweiz verholfen hatte und sich dafür anschließend vor Gericht verantworten musste.

42 Zeitungsbericht vom 31. Juli 1918 in *Rhein und Maas*, zit. nach Peters, Zum Freitod (wie Anm. 40), 157. Peters schließt aus den Akten, dass Uxkull sich zuerst erschoss. – Da anzunehmen ist, dass man den Verhafteten die Waffen abnahm, stellt sich die Frage, wie sie sich erschießen konnten. G.P. Landmann vermutete, man habe ihnen die Schmach eines Prozesses ersparen wollen und ihnen nahegelegt, »sich dem Gericht durch freiwilligen Tod zu entziehen«; Georg Peter Landmann: Vorträge über Stefan George. Eine biographische Einführung in sein Werk, Düsseldorf und München 1974, 210, leider ohne Belege. – Die Akten der preußischen Militärverwaltung aus der Zeit des Ersten Weltkrieges wurden bei dem schweren Luftangriff auf Potsdam in der Nacht vom 14. auf den 15. April 1945 vernichtet.

43 Gundolf an George, 9. Januar 1919, George/Gundolf, 324f.

44   ES 31.

45   Arnold Zweig: Standbild und Einsturz des Stefan George (1938), in: ders.: Essays. Erster Band, Berlin 1959, 228–241, Zitat 228.

46   Glöckner an Bertram, 14. Juni 1919, EG 128; dort, S. 129, auch das folgende Zitat.

47   LT 179.

48   Keegan, Der Erste Weltkrieg (wie Anm. 33), 587.

49   FW 446. Die Gedichte auf Friedemann, Hellingrath und Heyer in GA IX.115f.

50   Balduin, GA IX.117, zuerst in: Blätter 11/12 (1919), 16.

51   Wolters an George, 31. Mai 1918, George/Wolters 141. Am 19. Juli 1918 erwähnte George Waldhausens furchtbares Schicksal im Zusammenhang mit dem erneuten Ausrücken von Cohrs und Uxkull; EL 63.

52   Balduin von Waldhausen starb ein Jahr nach Publikation seines »Nachrufs« in den *Blättern* am 18. Dezember 1920. – »Auf der Gedenktafel des Exeter College, Oxford, steht sein Name zwischen den im Krieg gefallenen englischen Kommilitonen«; George, Dokumente, 276.

53   EL 30.

54   Der Krieg, GA IX.30.

55   George an Hans Brasch, September 1914, Brasch, 133; dort, S. 38f., auch das folgende Zitat.

56   Hans Brasch an George, 20. Mai 1919, Brasch, 133.

57   Zu Liegles Wortkargheit vgl. Brasch, 31, und RB 155; vgl. auch unten S. 538.

58   ES 38f., 43.

59   Morwitz an George, 23. Dezember 1918, STGA.

60   Erich Boehringer wurde Professor in Greifswald und Göttingen und 1945 Präsident des Deutschen Archäologischen Instituts. Er starb 1971 in Hamburg; vgl. Robert Boehringer (Hg.): Erich Boehringer. Leben und Wirken, Düsseldorf und München 1973.

61   LT 149. Da Woldemar angeblich in allem das Gegenteil zu seinem jüngeren Bruder Bernhard war, dienten die vielen hässlichen Beiworte natürlich auch der Kontrastierung.

62   LT 183. Uxkull, der später Professor für Alte Geschichte in Frankfurt und Tübingen wurde, kam 1939 bei einem Verkehrsunfall ums Leben.

63   Gothein, Erinnerungen, 101.

64   EL 67; dort, S.73, auch das folgende Zitat.

65   GA VIII.110; dort auch das folgende Zitat.

66   Goethe: Winckelmann und sein Jahrhundert, Gedenkausgabe, Bd. 13, 421.

67   Gothein, Erinnerungen, 77f. – Nach Georges Tod fand sich in seinem Koffer ein Umschlag mit Fotos naher Freunde, darunter ein Foto »ter-

rasse H.bg: E. und P.«; Verzeichnis des Kofferinhalts durch Frank Mehnert, 28. Januar 1934, STGA Nachlass IV.6 Inventar. Eine Aufnahme, die Boehringer und Gothein bekleidet auf der Terrasse zeigt, in STGA. – Bezeichnenderweise überging Thormaehlen die Episode in seinen Erinnerungen; vgl. LT 179ff. Woldemar von Uxkull, der jüngste der Anwesenden, wurde merkwürdigerweise nicht fotografiert – weil er angeblich so hässlich war oder weil er nicht wollte?

68 GA VIII.101.

69 Walter Anton, Aufzeichnung Mai 1931, zit. nach LT 260.

70 [Bernhard von Uxkull:] Sternwandel, Blätter 11/12 (1919), 267–272, Zitat 272.

III, 2 Die Deutung des Krieges

1 EL 74f.; dort, S. 81f., 84, auch die folgenden Zitate.

2 Rudolf Fahrner: Frank, 1967, 49.

3 EL 89.

4 LT 174.

5 Die redaktionellen Bemerkungen in der Elften/Zwölften Folge korrespondierten nicht nur mit denen der Zehnten Folge, die im November 1914 erschienen war, sondern knüpften auch direkt an Wolfskehls *Blätter*-Aufsatz im *Jahrbuch* an: »Und es ist mitnichten willkür, wenn wir im schicksal ihrer eigentümlichen dichtersprache jedes volkes ganzes schicksal eingeschlossen finden«; Karl Wolfskehl: Die Blätter für die Kunst und die neuste Literatur, in: Jahrbuch 1 (1910), 18; vgl. oben S. 457 u. 459.

6 GA IX.114; dort auch die folgenden Zitate.

7 Der Brand des Tempels, GA IX.83–92; dort auch alle folgenden Zitate.

8 Manfred Schneider: Der Barbar. Endzeitstimmung und Kulturrecycling, München 1997, Zitat 19f.; dort, S. 21, 13, 136, auch die folgenden Zitate. – Hermann Lübbe hat darauf hingewiesen, dass das Wort »Barbarentum« 1915 in Werner Sombarts Pamphlet *Händler und Helden* aus seiner negativen Konnotation befreit und »zum deutschen Ehrentitel umgemünzt« wurde; die »Sombartsche Verbindung des Heldisch-Kriegerischen mit dem Barbarischen ist bereits Spengler in nuce«; Hermann Lübbe: Politische Philosophie in Deutschland. Studien zu ihrer Geschichte, München 1974, 214.

9 EM 456; dort. S. 455, auch das folgende Zitat; vgl. oben S. 45.

10 George an Gundolf, 26. August 1914, George/Gundolf, 258.

11 Friedrich Nietzsche: Menschliches, Allzumenschliches (477), KSA 2, 312.

12 Der Krieg, GA IX.27–34; dort auch die folgenden Zitate.

13 Klaus Vondung: Apokalyptische Erwartung. Zur Jugendrevolte in der deutschen Literatur zwischen 1910 und 1930, in: Koebner/Janz/ Trommler, 519–545. – Das Bühnenbild der Leipziger Aufführung von Tollers *Wandlung* 1924 entwarf der dem George-Kreis verbundene Paul Thiersch.

14 Oswald Spengler: Der Untergang des Abendlandes. Umrisse einer Morphologie des Abendlandes, München 1969, 67 (Hervorhebungen im Original); zur Datierung von »Der Brand des Tempels« vgl. LT 156f.

15 ES 41.

16 ZT 302.

17 ES 307, George/Gundolf 353.

18 George an Ernst Gundolf, Juni 1922 (Entwurf), in: Ernst Gundolf: Werke. Hg. von Jürgen Egyptien, Amsterdam 2006, 251.

19 BV 65f., 74.

20 Spengler, Untergang (wie Anm. 14), 43 (Hervorhebungen im Original). – Auch in den Kreisen der Konservativen Revolution fand Spenglers Geschichtsfatalismus, »bei aller grundsätzlichen Bewunderung, doch wenig Zustimmung«; geschichtliche Prozesse seien nun einmal nicht ausrechenbar, »Anfang ist immer«, schrieb Moeller van den Bruck in seiner Rezension 1920, und Hans Freyer sekundierte, nicht das Gesetz der Wiederkehr, sondern das »Wagnis der Tat« bestimme den Lauf der Geschichte; Stefan Breuer: Anatomie der konservativen Revolution, Darmstadt 1995, 36.

21 Berthold Vallentin: Napoleon, Berlin 1923, 524; dort auch die folgenden Zitate; zu Georges Widerlegung vgl. EL 95 (Anfang 1920).

22 EL 105 (Anfang 1920); was an Spenglers Grundthese einleuchte, stamme von Nietzsche.

23 Breuer, Konservative Revolution (wie Anm. 20), 5.

24 Armin Mohler: Die Konservative Revolution in Deutschland 1918– 1932. Grundriß ihrer Weltanschauungen, Stuttgart 1950, 25f. George selbst sei zwar »einer der wichtigsten Bahnbrecher der Konservativen Revolution« gewesen, schrieb Mohler, mit seiner Auffassung »der Dichtung im alten Sinn« habe er aber »auf verlorenem Posten« gestanden. Um so eindeutiger repräsentierten nach Ansicht Mohlers Autoren des Kreises wie Kantorowicz, Bertram oder Hildebrandt die neue Weltanschauung, weil ihre Schriften die Mitte hielten zwischen Dichtung, Philosophie und Wissenschaft; ebda, 73f.

25 Vgl. Breuer, Konservative Revolution (wie Anm. 20), Einleitung und 180ff. – Kurt Sontheimer hat allerdings schon früh darauf hingewiesen, dass es der nationalen Oppositon »an einem einheitlichen nationalen

Bewusstsein« fehlte; sie habe »den Begriff der Nation nicht einheitlich zu definieren vermocht, obwohl sie ihn dauernd im Munde führte«; Sontheimer, 318–320.

26 GA VIII.25.

27 Edgar Jung: Die Herrschaft der Minderwertigen, 2. Aufl., Berlin 1930, 390–394. Jungs Bewunderung galt in erster Linie dem Spracherneuerer: »Wie ruhen die Gedichte, herrlichen Leibern gleich, von edlem Blut durchströmt – ein ganzes Geschlecht höherer Wesen, das aus vergangenen Himmeln wieder auf unsere Erde herabgestiegen ist.«

28 Mohler, Konservative Revolution (wie Anm. 24), 55.

29 Sontheimer, 330.

30 Templer, GA VI/VII.53. – Vgl. auch den dritten Jahrhundertspruch am Ende des Bandes: »Der mann! die tat! so lechzen volk und hoher rat«, GA VI/VII.208.

31 Alle Zitate aus »Der Krieg«, GA IX.28f.

32 Belege bei Breuer, Konservative Revolution (wie Anm. 20), 37ff.; dort auch das folgende Jünger-Zitat.

33 Zum Kriegserlebnis der deutschen Rechten vgl. Sontheimer, 115–142, Zitat 135.

34 Franz Schauwecker zit. nach Sontheimer, 125. – Vgl. dazu die Bemerkung von Hans Brasch, George habe »gerade durch den verlorenen Krieg Deutschland ... als sein inneres Reich gewonnen«; Brasch, 40.

35 Adolf Hitler: Mein Kampf, München 1933, Band 1, 365.

36 BV 46; dort, S. 45, auch das folgende Zitat.

37 Wolters an George, 14. Oktober 1918; George an Wolters, 4. November 1918; George/Wolters, 145, 147.

38 EL 70.

39 Als einer der Ersten (neben Nietzsche) hatte bereits 1877 der Rektor der Berliner Universität, Emil du Bois-Reymond, vor der drohenden »Amerikanisierung« gewarnt; Stern, 163.

40 Der Krieg, GA IX.31. – Vgl. auch den Beginn der zweiten Strophe des postumen Gedichts vom Winter 1927/28: »Weh der feind sizt in [uns] selbst«, RB 182.

41 EL 34, 44.

42 Friedrich Gundolf: Wesen und Beziehung, in: Jahrbuch 2 (1911), 10–35, Zitat 19. – Vgl. auch das Burckhardt-Zitat: »Soll gar alles zum blossen business werden wie in Amerika?«, ebda., 7, und die Sätze über den »amerikanischen, pathoslos gewordenen menschen« in: Jahrbuch 3 (1912), VII.

43 Zit. nach Harry Pross (Hg.): Die Zerstörung der deutschen Politik. Dokumente 1871–1933, Frankfurt am Main 1983, 198–202. – Den Hinweis auf den »sportlichen« Charakter des Kapitalismus in der angel-

sächsischen Welt dürfte Sombart am Schluss von Webers Studie zur Protestantischen Ethik entdeckt haben.

44   EL 66.

45   EL 165, 103. – Als Ludwig Derleth 1907 mit dem Gedanken spielte, nach Amerika auszuwandern und dort Anhänger zu suchen, verhielt sich George genauso ablehnend wie 1911, als ihm Brasch bei ihrem ersten Gespräch von einer jüngst unternommenen USA-Reise berichtete; Wolfskehl/Verwey, 50, Brasch, 23f. Edgar Salin hat seine Amerika-Reise von 1910, die ihn an der Seite seines Onkels, des New Yorker Investors Jakob Schiff, bis Alaska führte, wohlweislich verschwiegen.

46   Spengler, Untergang (wie Anm. 14), 1167. – Deutschland habe den Krieg letzten Endes verloren, weil es schon vorher den verhängnisvollen englischen Parlamentarismus übernommen habe, schrieb Spengler später in *Preußentum und Sozialismus* und rief zum Kampf gegen das »innere England« auf. – Detlef Felken danke ich für den Hinweis, dass der junge Spengler 1906/07 nach Bingen gepilgert war, ohne George allerdings anzutreffen.

47   Adolf Bartels: Die deutsche Dichtung von Hebbel bis zur Gegenwart, Leipzig 1921/22, Band 2, 105, 106, 138, 140. Der Antisemit, dessen Lieblingsvokabeln »jüdisch« und »dekadent« waren, spekulierte übrigens bei fast allen Schriftstellern, die ihm missfielen, über deren Herkunft. So hieß es etwa mit Bezug auf Thomas Mann, solche Prosa sei »doch wohl kaum ohne jüdische Blutzumischung« denkbar. Bartels' Literaturgeschichte erschien bis 1941 in 17 Auflagen. – Die Behauptung, George heiße eigentlich Abeles, hatte ihren Ursprung in einem Artikel der *Fackel* (Nr. 79, Juni 1901), in dem Karl Kraus gegen eine Literaturbetrachtung nach Rassengesichtspunkten polemisierte; nach völkischen Kriterien sei wohl auch Stefan George »nichts als ein Symbol für Abeles«. 1912 fand »Heinrich Abeles« sogar Eingang in Kürschners *Deutschen Literatur Kalender* (Jg. 34, Sp. 510); vgl. Fechner, 10; George/Gundolf, 96; GPL 376; EG 38f.

48   Hymnen, Pilgerfahrten, Algabal 4.–7. Auflage 1915–1922; Die Bücher der Hirten- und Preisgedichte 4.–8. Auflage 1916–1923; Das Jahr der Seele 7.–11. Auflage 1916–1922; Teppich 6.–11. Auflage 1915–1923. Dagegen wurden *Ring* und *Stern* nur je zweimal nachgedruckt, 1920 und 1922; Zahlen nach Peter Pawlowsky: Helmut Küpper vormals Georg Bondi. 1895–1970, Düsseldorf und München 1970.

49   Darunter drei Dissertationen von Frauen: Berta Kamnitzer 1926 in Frankfurt über *Das Kultische bei Stefan George*; Freya Hobohm 1931 in Köln über *Die Bedeutung französischer Dichter in Werk und Weltbild Stefan Georges*; Marie-Luise Sior 1932 in Gießen zum gleichen Thema *Stefan George und der französische Symbolismus*.

50 Siegfried Lang in: Neue Schweizer Rundschau, 22, 5, Zürich Mai 1929. Ähnlich urteilte ein zwei Monate später mit Initialen A. St.-F. (wohl Alexander Graf Stenbock-Fermor) gezeichneter Artikel in: Der Tag, Berlin 19. Juli 1929. – Thomas Mann machte sich nach dem Krieg Georges Sicht zu eigen und zitierte 1922 in seinem Vortrag »Von deutscher Republik« eine längere Passage aus dem Kriegsgedicht, wobei er den Namen des Verfassers, der ihm als der »männlichste … unter heutigen Geistern« galt, offenbar als bekannt voraussetzte; Thomas Mann, GW 13, 817.

51 Karl Mannheim 1917, zit. nach Lichtblau, 401.

52 Vgl. hierzu Kurt Flasch: Die geistige Mobilmachung. Die deutschen Intellektuellen und der Erste Weltkrieg, Berlin 2000, 387; dort und S. 393 auch die folgenden Zitate von Hellpach und Heidegger.

53 Hugo Fischer: Der deutsche Infanterist von 1917, zit. nach Mohler, Die Konservative Revolution (wie Anm. 24), 47. – »Der Zusammenbruch von 1918 hat etwas ähnlich Jähes wie der Aufbruch von 1914«; Mohler, ebda. S. 48.

54 Gottfried Benn: Lyrik des expressionistischen Jahrzehnts, SW 6, 219.

55 George an Wolfskehl, o. D. [wohl 1918], STGA.

56 FW 444.

57 Wolfgang Schumann: Stefan George, in: Deutscher Wille. Des Kunstwarts 31. Jahr, Heft 19, Juli 1918, 11. In den *Dresdner Neuesten Nachrichten* hielt man es für richtig, von George »schon im Präteritum zu sprechen«, und für den Autor eines Hamburger Literaturblatts war George an seinem 50. Geburtstag bereits »ein Methusalem«. Eine gute Übersicht über sämtliche Artikel gibt *Das literarische Echo*, 20, 22, vom 15. August 1918.

58 »Diese idealistische, unpolitische Unzufriedenheit bildet das wichtigste Verbindungsglied zwischen allem, was in der deutschen Vergangenheit verehrungswürdig und groß ist, und dem Sieg des Nationalsozialismus«; Stern, 7, 15. – Zum Paradigmenwechsel von 1919 und der besonderen Rolle, die das Kriegserlebnis der Jugend dabei spielte, vgl. auch Lübbe, Politische Philosophie (wie Anm. 8), 232ff. und passim.

59 Sontheimer, 57, 63.

60 FW 494. – Als Wolters 1925 zur Vorbereitung seiner *Blätter*-Geschichte das von Bondi im Laufe der Jahre zusammengetragene Material sichtete, stellte er fest, dass mit dem Beginn der Anerkennung seit 1914 die Tendenz zunehme, »sich dem anerkannten wieder zu entziehen, irgendein pförtchen zu entdecken durch das man der verpflichtung entschlüpfen kann«; Wolters an George, 2. Januar 1926, George/Wolters, 207.

61 EL 110.

62 EG 89.

63 Landmann, Erinnerungen, 16; EG 170 (1923), EL147 (1926).

III, 3 Das große Aufräumen

1 ES 37 und 40; die Äußerungen sind datiert 21. Mai 1919 und 10. Juni 1919, fielen also kurz vor bzw. am Dienstag nach Pfingsten.

2 George an Gundolf, 2. Januar 1904, George/Gundolf, 143.

3 George an Gundolf, 10. Mai 1912, George/Gundolf, 245. – Von 1906 an unterhielt Gundolf eine längere Beziehung mit einem »superlativisch holde[n] Schwedenwesen« namens Ester Classon; Gundolf an Wolfskehl, Ende September 1906, Wolfskehl/Gundolf II, 43. Ihr Bild hing lang in Gundolfs Zimmer; »er habe sie heiraten wollen, aber der Meister habe es nicht gewünscht«; ES 78.

4 Gundolf an Else Leuchs, Januar 1910, in: Friedrich Gundolf: Briefe und Karten an Else Limmer-Leuchs. 1906–1931, hg. von Fritz Usinger, Darmstadt 1972, 78f.

5 Lepsius (1935), 91.

6 Gundolf an George, Ende Januar 1912 und Mitte Februar 1912, George/Gundolf, 233, 241.

7 George an Gundolf, 31. Oktober 1916, George/Gundolf, 288.

8 George an Gundolf, 23. Februar 1917, George/Gundolf, 301.

9 George an Gundolf, 10. Mai 1917, George/Gundolf, 304f.

10 Gundolf an Wolfskehl, 20. Dezember 1917, Wolfskehl/Gundolf I, 139.

11 Nach Gundolfs Tod 1931 erhielt die Tochter ihren Pflichtteil aus dem Erbe; zwei Jahre später emigrierten Agathe und Cordelia Mallachow nach Italien.

12 EL 160 (August 1926). – »So eine kann ich nicht zur Schwiegertochter haben«; George/Gundolf, 374.

13 Das heißt unter einem Dach mit ihm und George! Elli wohnte dann ein paar Häuser weiter, Schlossberg 16. – Die Promotion erschien unter dem Titel *Die Papierindustrie des Riesengebirges in ihrer standortmäßigen Bedingtheit* als Heft 5 der von Alfred Weber herausgegebenen Reihe *Über den Standort der Industrien* 1920 bei J.C.B. Mohr (Paul Siebeck), Tübingen. Auf dem Exemplar in der Bibliothek der Stiftung Castrum Peregrini steht in der Handschrift von Elisabeth Gundolf »Faute de mieux« (Aus Mangel an Besserem).

14 Gundolf an Elisabeth Salomon, 20. Januar 1919, in: Süddeutsche Zeitung, 5./6. Januar 2004.

15 George an Gundolf, 21. Januar 1919, George/Gundolf, 327.

16 LT 158; vgl. RB 126.

17 Benno von Wiese: Ich erzähle mein Leben. Erinnerungen, Frankfurt am Main 1982, 65.

18 Claude David: Gundolf und George, in: Euphorion, 72, 2, 1981, 159–177, Zitat 175.

19 GA VIII.96.

20 FW 385 (Hervorhebung T.K.).

21 GA VIII.86. – Hier klingen unüberhörbar die nach der Jahrhundertwende allenthalben aufkommenden Vorstellungen von Rassenzucht
und Eugenik an, wie sie etwa Alfred Ploetz, der Gründer der »Gesellschaft für Rassenhygiene«, oder Willibald Hentschel im »Mittgard-
Bund zur Erneuerung der germanischen Rasse« entwickelten.

22 EL 69 (Sommer 1919).

23 Adorno, 207. – Die Gedichtzeilen aus GA VIII.86.

24 Einleitung der Herausgeber, in: Jahrbuch 3 (1912), Vf. – Ähnlich argumentierte Hans Blüher, der schrieb, sein Antifeminismus richte sich
nicht gegen die Frau, sondern »gegen den Feminismus, der die Frau zu
ihrem Schaden missdeutet«; genau genommen sei der Antifeminismus
allerdings nichts anderes als »der Wille zur Reinheit der Männerbünde«;
Hans Blüher: Was ist Antifeminismus?, in: ders.: Gesammelte Aufsätze,
Jena 1919, 86–93, Zitate 92, 90.

25 1917 gegenüber Thormaehlen, LT 158. Ähnlich gegenüber Boehringer:
»Wenn ihr glaubt, dass ihr gar nichts mehr zu tun habt im Staat, dann
könnt ihr ja auch heiraten«, RB 127; vgl. auch EG 70: »Familiensachen
dürfen mit Staatssachen nicht vermengt werden.«

26 George an Gundolf, 21. Januar 1919, George/Gundolf, 328.

27 EG 70; vgl. auch EG 143: »eine langwierige Sache, mit ständiger ärztli-
cher Kontrolle« (27. Oktober 1920); zum weiteren Verlauf der Krankheit und zu Glöckners Vermittlung eines Wunderheilers EG 158f.,
168–175.

28 George an Fine von Kahler, Januar 1923, George/Gundolf, 358; dort
auch das folgende Zitat; vgl. EL 160.

29 Besonders unappetitlich Thormaehlen, der sich offenbar dafür rächte,
dass er von Elli einen Korb bekommen hatte, und nun von ihrer »Fri-
gidität« faselte – »ob sie wirklicher Liebe fähig war, stehe dahin«; LT
155. Thormaehlen war es auch, der das Märchen in die Welt setzte, dass
sich George eine Ehe Gundolfs mit Fine Sobotka gewünscht und sogar
die Rolle des Brautwerbers übernommen habe; George lernte Fine aber
wohl erst 1918 persönlich kennen, als sie bereits viele Jahre mit Kahler
verheiratet war; LT 66.

30 Marguerite Hoffmann: Mein Weg mit Melchior Lechter. Ein Künstler der
Jahrhundertwende. Der Freund Stefan Georges, Amsterdam 1966, 81.

31 Mitteilung Mea Nijland-Verwey in: Wolfskehl-Kolloquium, 26. Auch
die Tochter Wolfskehl erinnerte sich an den Wortlaut: »Stefan, *das* könne Se net von mir verlange, ich hab ihn Ihne gebracht«; ebda.

32 ES 40. »Auch das eigene Leben wäre ein geringes Opfer gewesen«,
schrieb Salin pathetisch, wenn es geholfen hätte, die beiden zu versöh-

nen. Weil er an dieser Aufgabe gescheitert sei, habe George die Beziehung zu ihm im Februar 1921 abgebrochen; ES 49, 57f. Obwohl an dieser Darstellung erhebliche Zweifel angebracht sind, dürfte der Ausgangspunkt, dass sich George bei Salin über Gundolfs Verhältnis mit Elli ausließ, unstrittig sein.

33   Ernst Gundolf an Elisabeth Salomon, 9. März 1920, George/Gundolf, 339.

34   Gundolf an Morwitz, 28. Januar 1920, George/Gundolf, 334; dort, S. 336, auch das folgende Zitat. Der Originalbrief von Morwitz nicht im Gundolf-Archiv London; ich danke William Abbey.

35   Gundolf, George, 208. – Das Buch bezeuge »nicht so sehr den Wunsch, die Gestalt Georges einer breiteren Leserschaft emphatisch zu vermitteln«, als vielmehr »die innere Notwendigkeit für Gundolf, sein Bekenntnis zu George unverrückbar festzuschreiben (und musste auch deshalb von gleich katastrophaler Wirkung für das Bild Georges in der Öffentlichkeit wie für das Ansehen Gundolfs als Literarhistoriker sein)«; Ernst Osterkamp: Friedrich Gundolf zwischen Kunst und Wissenschaft. Zur Problematik eines Germanisten aus dem George-Kreis, in: Christoph König, Eberhard Lämmert (Hgg.): Literaturwissenschaft und Geistesgeschichte 1910 bis 1925, Frankfurt am Main 1993, 177–198, Zitat 183.

36   Ulrich Raulff: Der Bildungshistoriker Friedrich Gundolf, in: Friedrich Gundolf: Anfänge deutscher Geschichtsschreibung von Tschudi bis Winckelmann. Hg. von Edgar Wind. Mit einem Nachwort zur Neuausgabe von Ulrich Raulff, Frankfurt am Main 1992, 115–154, Zitat 133. Wolfgang Braungart vertritt die abweichende Auffassung, dass »Gundolf sich gleichsam selbst noch einmal unterwirft und diszipliniert«; Wolfgang Braungart: Gundolfs George, in: Germanisch-Romanische Monatsschrift, NF 43, 1993, 417–442, Zitat 421.

37   George an Ernst Gundolf, 13. März 1920, Ernst Gundolf: Werke. Hg. von Jürgen Egyptien, Amsterdam 2006, 238. – Wie Lujo Brentano, ein Neffe des Dichters, ein Jahr später in seinem Buch *Clemens Brentanos Liebesleben* nachzuweisen suchte, war sein Onkel Opfer einer durchtriebenen 16-jährigen Frankfurter Halbwaisen geworden. Im Sommer 1807 hatte Brentano Annette Bußmann aus dem Haus ihres Onkels und Vormunds, des Bankiers Moritz von Bethmann, entführt und damit einen handfesten Skandal ausgelöst; Familienehre, Geschäftsbeziehungen und die Apanagen aus beträchtlichen Vermögen standen auf dem Spiel. Wenige Wochen nach der erzwungenen Heirat war das Verhältnis hoffnungslos zerrüttet. Vgl. Hartwig Schultz: Schwarzer Schmetterling. Zwanzig Kapitel aus dem Leben des romantischen Dichters Clemens Brentano, Berlin 2002, 169–225.

38 Ich danke Ulrich Raulff für die Genehmigung, den vom Deutschen Literaturarchiv Marbach kürzlich erworbenen Briefwechsel Friedrich und Elisabeth Gundolf lesen zu dürfen.

39 Vossische Zeitung, 19. Februar 1931. Beckers Beziehungen zum George-Kreis ausführlich in Groppe, 535–560; dort, S.553 und 556, die folgenden Zitate.

40 George an Gundolf, etwa 17. März 1920, George/Gundolf, 341. – Dass Elli in dieser Aufzählung fehlte, war eine von Georges kleinen Bosheiten.

41 ES 49; dort, S. 48, auch das folgende Zitat.

42 Osterkamp, Gundolf (wie Anm. 35), 187; dort auch das folgende Zitat.

43 Ernst Gundolf, der wie immer Korrektur las, empfahl seinem Bruder, in der Widmung die bürgerliche Floskel »in Liebe und Verehrung« wegzulassen. Wenn die Widmung tatsächlich jene Explosivkraft besaß, die ihr im Nachhinein zugesprochen wurde, hätte der in diesen Dingen sensibilisierte Korrektor mit Sicherheit Alarm geschlagen; vgl. Ernst Gundolf, Werke (wie Anm. 37), 253, und George/Gundolf, 357. – Am 16. November 1922, unmittelbar nach Erscheinen des *Kleist*, lobte George das Buch gegenüber Vallentin, ohne seinen Unmut über die Widmung auch nur anzudeuten; BV 68.

44 EL 118. Johannes Fried hat nachgewiesen, dass die Notiz nicht aus dem Dezember 1920 stammen kann, sondern in den Dezember 1922 gehört. Gleichwohl dürften sich die beiden Briefe Gundolfs vom Januar 1921 über seinen Besuch bei Arthur Salz auf Elli beziehen, nicht auf Kahlers Schrift gegen Weber. Im Zusammenhang mit dieser für ihn marginalen Publikation hätte George kaum von Gundolfs »Unzurechnungsfähigkeit« und »Irrsinn« gesprochen. Die beiden korrespondierenden Briefe Georges fehlen wieder einmal. Es ist anzunehmen, dass Arthur und Soscha Salz von George ähnlich gegen Gundolf in Stellung gebracht worden waren wie Salin. Vgl. George/Gundolf, 349f. und Johannes Fried: Zwischen »Geheimem Deutschland« und »geheimer Akademie der Arbeit«. Der Wirtschaftswissenschaftler Arthur Salz, in: Barbara Schlieben, Olaf Schneider, Kerstin Schulmeyer (Hgg.): Geschichtsbilder im George-Kreis. Wege zur Wissenschaft, Göttingen 2004, 249–302, Anmerkung 86.

45 Groppe, 320.

46 EL 143 (Jahreswechsel 1925/26). Die Begegnung muss Mitte Dezember 1925 stattgefunden haben; die Datierung auf 1926 beruht auf einer Fehlinterpretation des Bertram-Briefes (vgl. die folgende Anm.) durch die Herausgeber des Briefwechsels George/Gundolf, ebda., 374; vgl. ZT 342 und 345.

47 Bertram an Glöckner, 23. Oktober 1926, zit. nach Jappe, 117.

48 EL 157 (August 1926).

49 Gundolf an George, 21. Juni 1926, Faksimile nach S. 372.

50 George an Wolters, 22. Juli 1920, George/Wolters, 155.

51 Das Gespräch zwischen Wolters und Gundolf lässt sich aus Wolters' Briefen an Gundolf vom 3. Februar, 25. Februar und 3. März 1923 rekonstruieren, abgedruckt in George/Gundolf, 360–362; dort auch die folgenden Zitate.

52 Groppe, 239.

53 Wolters an George, 3. Dezember 1920, George/Wolters, 159f.

54 Friedrich Wolters: Die Bedingungen des Versailler Vertrages und ihre Begründung, Privatdruck, Kiel 1929, Zitate 18f., 23f., 26f. Wolters sollte die Rede bei einer offiziellen Gedenkstunde der Christian-Albrechts-Universität Kiel halten, die Feier wurde jedoch verboten.

55 EL 92; dort auch das folgende Zitat.

56 EL 116f., 129; vgl. auch EL 150 sowie Curtius, 115. Eine Auflistung antifranzösischer Ausfälle Georges bei David, 502, Anm. 153.

57 Friedrich Wolters: Der Rhein unser Schicksal, in: ders.: Vier Reden über das Vaterland, Breslau 1927, 99–170, Zitat 166. – Auf Seiten der Entente kämpften knapp eine halbe Million farbige Soldaten aus den französischen Kolonien sowie 160000 aus dem britischen Empire. Die Deutschen betrachteten deren Einsatz als völkerrechtswidrig.

58 Der Krieg, GA IX.30. – Morwitz glaubt, dass George unter »Blutschmach« *allgemein* die Vermischung von Farbigen mit Weißen verstanden habe; EM 419f. – Der Ausdruck »Blutschuld« mit Bezug auf die Allianz der Franzosen mit den als außereuropäisch angesehenen Russen auch in Wolfskehls Offenem Brief an Romain Rolland, Frankfurter Zeitung, 12. September 1914. – Als Mord an Angehörigen des *eigenen* Volkes deuten den Ausdruck Katharina und Momme Mommsen: »Ihr kennt eure Bibel nicht«. Bibel- und Horaz-Anklänge in Stefan Georges Gedicht »Der Krieg«, in: CP 170, 42–69.

59 Die Rede wurde in erweiterter Fassung zweimal gedruckt, zuerst als Einleitung in: Friedrich Wolters, Walter Elze (Hgg.): Stimmen des Rheins. Ein Lesebuch für die Deutschen, Breslau 1923, dann wieder in: Friedrich Wolters: Vier Reden über das Vaterland, Breslau 1927, 99–170. Der in nationalen Fragen unverdächtige Morwitz schrieb nach Lektüre an Wolters, er habe »noch niemals in meinem Leben eine Prosaschrift mit solch wachsender Freude und innerer absoluter Zustimmung gelesen«, Morwitz an Wolters, 30. August 1923, George/Wolters, 291.

60 Friedrich Wolters: Goethe als Erzieher zum vaterländischen Denken (1925), in: ders.: Vier Reden über das Vaterland, Breslau 1927, 31–58, Zitat 58; dort auch das folgende Zitat.

61 Marguerite Hoffmann: Mein Weg mit Melchior Lechter. Ein Künstler der Jahrhundertwende. Der Freund Stefan Georges, Amsterdam 1966, 49.

62 Georg Simmel an Hermann Graf Keyserling, 18. Mai 1918, zit. nach Lichtblau, 417.

63 Gundolf, George, 205.

64 Marburger Stadtbrille, 1. Juli 1922, zit. nach George/Wolters, 288, Anm. 283.

65 ES 139.

66 Rudolf Fahrner: Aufzeichnungen, 12.

67 So der offenbar von George geprägte, in späteren Jahren unter den Freunden gebräuchliche Schimpfname für Kommerell; »'s ist eine kröte, aber sie hat einen edelstein im kopf«, Boehringer, Ewiger Augenblick, 50.

68 EL 133 (Anfang 1925).

69 Obwohl es sich um die gleichen Initialen handelte wie die von Maximilian Kronberger, rief George, als er sie im August 1926 auf dem Familiensilber von Edith Landmann entdeckte (M.K. war das Monogramm ihres Vaters Moritz Kalischer), entzückt: »Mein Kleinstes«; EL 162.

70 Kommerell an Ernst Kayka, 19. Februar 1920, Kommerell, Briefe, 84.

71 Volhard war Anfang Juni 1921 von Walter Elze nach Marburg eingeladen worden und hatte seinen zwei Jahre jüngeren Freund Kommerell mitgebracht; Volhard und Elze kannten sich aus Halle. Der etwas ältere, 1891 geborene Elze studierte bereits bei Wolters, den er 1918 im Großen Hauptquartier kennengelernt hatte.

72 Brief vom Juli 1921, zit. nach Dorothea Hölscher-Lohmeyer: Geist und Buchstabe der Briefe Max Kommerells. Anmerkungen zu ihrer Gesamtedition, in: Walter Busch, Gerhart Pickerodt (Hgg.): Max Kommerell. Leben – Werk – Aktualität, Göttingen 2003, 15–29, Zitat 20.

73 Kommerell an Wolters, 21. August 1921, Kommerell, Briefe, 104. – Es bleibt erstaunlich, dass Kommerell weder gegenüber Wolters noch gegenüber anderen Korrespondenzpartnern sein zweiwöchiges Zusammensein mit George erwähnte, sondern immer nur die neue Bekanntschaft mit Gundolf.

74 Kommerell an Else Eichler, 21. September 1921, zit. nach Joachim Storck: Max Kommerell. 1902–1944, Marbach am Neckar 1985, 10.

75 Kommerell an Else Eichler-Boger, 20. November 1943, in: Süddeutsche Zeitung, 22./23. März 2003.

76 Kommerell an George, vermutlich Anfang 1922, STGA.

77 Kommerell an seine Schwester Jul Strebel, 10. November 1921, Kommerell, Briefe, 107; vgl. auch den Brief an Emma Rahn vom 18. Dezember: »Ein schöner knabe gemahnt mich an manches verlorene und bringt mir eine vorahnung davon wieder herauf«, zit. nach Storck, Kommerell (wie Anm. 74), 11.

78 LT 206f. – Edith Landmann, die George im April 1922 sagen sollte, wem der Hans ihrer Meinung nach am meisten gleiche, bestand die Prüfung nicht, EL 118; auch später begriff sie offenbar nicht, worauf George hinauswollte: »Sie haben ihn nicht im Profil gesehen«, EL 187.

79 Kommerell an George, 2. Mai 1922, STGA.

80 J:, GA IX.102.

81 RB 171.

82 Kommerell an George, 11. August 1922, STGA. – Zeus hatte sich den noch ungeborenen Dionysos nach dem Tod seiner Mutter Semele aus Angst vor der Rache Heras in den Schenkel eingenäht und selber ausgetragen; im George-Kreis diente der Mythos als Bild für den geistigen Zeugungsvorgang. »Das sag ich den Jungen immer: Ich kann euch nicht alle einnähen«, EL 70 (Sommer 1919).

83 EL 119.

84 FW 557f.

85 Glöckner an George, 17. Oktober 1920, STGA (nicht in EG). Auf diesen Brief hin lud George Glöckner für ein paar Tage nach Heidelberg ein.

86 Das Sternchen verwies auf die Erläuterung am Ende des Briefes: »*mündlich sind sie seit jahren ergangen!«; George an Glöckner, 12. Juni 1921, STGA (nicht in EG). Glöckner war am Boden zerstört und bereute: »Mir geschah recht, und ich habe nur zu tragen, was ich selbst verschuldete«; Glöckner an Bertram, 15. Juni 1921, EG 152.

87 Glöckner an George, Anfang August 1917, STGA (Teile des Briefes zit. bei Braungart, 250).

88 Glöckner an Bertram, 29. November 1919, EG 137.

89 Boehringer, Ewiger Augenblick, 29, 47. – Vgl. auch das Gespräch mit Curtius 1917: »Zwischen Männern dürfen Beziehungen nicht auf das Menschliche allein begründet werden, sondern auf das Sachliche«, Curtius, 114, sowie die Bemerkung zu Edith Landmann 1925: »Wo Männer keine gemeinsame Kampffront haben, da ist's zwischen ihnen aus, da haben sie sich nichts mehr zu sagen«, EL 138.

90 Morwitz an George, vor Ostern 1924, STGA.

91 Rudolf Fahrner: Frank, 1967, 47.

92 Karl Löwith: Mein Leben in Deutschland vor und nach 1933, Stuttgart 1986, 18f., dort auch das folgende Zitat. Löwith, der 1933 emigrierte, schrieb seine Erinnerungen 1940 im Rahmen eines Preisausschreibens der Universität Harvard.

93 Gothein, Erinnerungen, 22; dort, S. 23, auch die folgenden Zitate.

94 Gothein, Erinnerungen, 107.

95 Gothein an George, 14. Juni 1919, STGA.

96 GA IX.107; die übrigen Zitate nach Gothein, Erinnerungen.

97 Gothein an Heinz Zimmermann, 25. Juni 1920, zit. nach Gothein, Erinnerungen, 119.

98 ES 53, 309. Zu Salins eigenen Bemühungen um Heinz Zimmermann und Georges sarkastischen Kommentaren vgl. ebda., 54–56.

99 Gothein an George, 8. Mai 1926, STGA.

100 Gothein, Erinnerungen, 116.

101 Uxkull an Gothein, 26. September 1920, zit. nach Gothein, Erinnerungen, 132f. Zur Situation in Heidelberg in diesen Monaten vgl. ES 51ff.

102 Gothein, Erinnerungen, 134; dort auch das folgende Zitat.

103 John R. Gillis: Geschichte der Jugend. Tradition und Wandel im Verhältnis der Altersgruppen und Generationen in Europa von der zweiten Hälfte des 18. Jahrhunderts bis zur Gegenwart, Weinheim/Basel 1980, 159.

104 Gothein an George, 8. Mai 1926, STGA.

105 LT 184f. Die Gotheinschen Eskapaden, »die Leichtigkeit, mit der er wahllos männliche Freundschaften schloss, und die Bedenkenlosigkeit und Naivität, mit der er seinen erotischen Neigungen folgte«, hätten auch unter den Freunden viel Irritation hervorgerufen, schreibt Thormaehlen.

106 EL 207 (Januar 1930).

107 Gothein an Salin, Pfingsten 1932, ES 312. Vgl. auch Gotheins Brief an Morwitz vom 21. April 1931, den dieser an George weiterleitete: »Ein grösseres werk rundet sich unter meinen händen zur vollendung und eine kampfmutige jugend umsteht mich … in kommenden jahren werdet ihr immer wieder von uns hören«; STGA.

108 Dies geht aus einem Brief Johann Antons an George vom 6. Mai 1922 hervor, STGA. George hatte Max Kommerell und Johann Anton Anfang April in Heidelberg mit Percy Gothein zusammengebracht; vier Wochen später erinnerte sich Anton, welch großen Eindruck ihm Percys »Bericht« gemacht habe.

109 Morwitz an George, 16. Januar 1924, STGA. George selbst soll das Werk »Opus Petri« genannt haben.

110 Morwitz an George, vor Ostern 1924, STGA. – Auch Kantorowicz warnte vor einer Veröffentlichung. Am 25. September 1924 schrieb er George, was von der Schrift von Erich Aron *Hölderlin – Der ewige und der deutsche Jüngling* zu halten sei, und zog eine Parallele zu Percys Erinnerungen: »Angesichts dieser bücher wagt man nicht sich die völlig verheerende wirkung eines jetzt erschienenen Petrikon vorzustellen, das durch das vorlesen subkutan bereits heute wüten dürfte«; STGA.

111 Gothein an George, 4. Juli 1924, STGA.

112 Zum Streit um die Gothein-Erinnerungen vgl. vor allem ES 310ff. und

die auf Gotheins eigenem Bericht beruhende Gegendarstellung von Rudolf Eilhard [d.i. Wolfgang Frommel] in CP 21, 57–72. Während Salin behauptet, Gothein habe sich über Georges Anweisung, das Manuskript zu vernichten, hinweggesetzt, gibt Frommel an, der Text sei von George autorisiert worden. Typische Diadochenkämpfe, die sich in den entscheidenden Passagen nur auf mündlich Überliefertes stützen konnten.

113 Es handelte sich um den Fall Erwin Keferstein (Akte Bd. 1, Landesarchiv Berlin, A Rep. 358–02, Nr. 31986, Bl. 18–19). Der 19-jährige Textilmoden-Schüler, der bei einer Razzia am 4. Dezember 1934 in Berlin festgenommen worden war, hatte im Gestapo-Verhör am 12. Januar 1935 ausgesagt, einmal mit Gothein onaniert zu haben; am 3. Februar 1937 wurde Keferstein zu zwei Jahren Gefängnis verurteilt; die Strafe galt aufgrund der zweijährigen Haftzeit als verbüßt. Andreas Pretzel an den Verfasser, 13. November 2005.

114 Das Register der Staatsanwaltschaft am Landgericht Berlin verzeichnet drei Ermittlungsverfahren: im Januar 1937 (77 Js 50/37), im Dezember 1937 (77 Js 1234/37) und im September 1939 (77 Js 748/39). Die Verfahren vom Dezember 1937 und September 1939 beruhten auf Ermittlungsberichten der Staatsanwaltschaft Leipzig (12 Js 358/37) bzw. Frankfurt a. M. (9 Js 1152/39). Nochmals Dank an Andreas Pretzel.

115 Marita Keilson-Lauritz: Centaurenliefde. Duits verzet in Nederland rondom de schuilplaats Castrum Peregrini, in: Klaus Müller, Judith Schuyf (Hgg.): Het begint met nee zeggen. Biografieen rond verzet en homoseksualiteit 1940–1945, Amsterdam 2006, 191–213.

116 Nach dem Bericht Frommels in CP 21, 71; vgl. Anm. 112.

III, 4 Staat – Nation – Reich

1 Möglicherweise auch über Fine von Kahler, zu der Kantorowicz über viele Jahre ein inniges Verhältnis unterhielt. – Ein Kontakt hätte sich theoretisch auch über die Cousine Getrud Kantorowicz ergeben können, die George 1897 durch Simmel kennengelernt hatte.

2 Kantorowicz an George, 31. Oktober 1924, zit. nach Grünewald, 42. Dass sich Uxkull 1919/20 sogleich mit Kantorowicz befreundete, ging zweifellos zu Lasten seiner Freundschaft mit Gothein; auch das nachlassende Interesse Georges an Gothein hing möglicherweise mit Kantorowicz zusammen; vgl. ES 311. In Gotheins Erinnerungen taucht Kantorowicz nicht auf.

3 LT 211. Auch die Quellen Boehringer, Salin, Vallentin und Landmann sind in bezug auf Kantorowicz unergiebig.

4   Kantorowicz an Morwitz, 1925, zit. nach Grünewald, 72. – George lehnte Wolters' Auftritt bei der Schlageter-Feier ebenfalls entschieden ab; vgl. BV 72 (24. Mai 1924).

5   Gerhart Ladner: In Memoriam Ernst Kantorowicz (Mschr.), zit. nach Grünewald, 88f.

6   George an Bondi, 31. Januar 1927, STGA. Während Bondi den wissenschaftlichen Charakter des angekündigten Werkes betonen wollte, war George der Ansicht, »dass das äussere accentuieren des wissenschaftlichen dem erfolg eher schadenbringend ist«; ebda.

7   Morwitz an George, 12. Juli 1919, STGA.

8   Konrad Oberhuber: Raffael. Das malerische Werk, München/London/ New York 1999, 9. – So wie er an einem Karfreitag geboren sei, sei er an einem Karfreitag gestorben, betonte schon Pico della Mirandola am Tag nach Raffaels Tod, und zwar im gleichen (fiktiven) Alter wie Christus, nämlich mit 33 (obwohl er in Wirklichkeit 37 Jahre alt war). Zum Zeichen seiner Göttlichkeit habe sich, ähnlich wie beim Kreuzestod des Herrn, die Mauer des päpstlichen Palastes einen Spaltbreit geöffnet und der Papst sei voller Schrecken aus seinen Gemächern geflohen, so Pico am 7. April 1520 an die Herzogin von Mantua; vgl. ebda.

9   Wilhelm Stein: Raffael, Berlin 1923, 28.

10 Ebda., 127. – Nachdem Ernst H. Gombrich noch 1986 jeden Versuch, für die »Schule von Athen« eine literarische Vorlage zu benennen, für aussichtslos erklärt hat, gab Glenn W. Most zehn Jahre später den – zumal mit Blick auf die Deutung Steins – höchst interessanten Hinweis auf Platons *Protagoras* als maßgebliche Quelle für das Raffaelsche Bildprogramm; Glenn W. Most: Reading Raphael. The School of Athens and its Pre-Text, in: Critical Inquiry, 23, 1, 1996/97.

11 Stein, 10.

12 Kantorowicz an Stein, 27. Dezember 1922, zit. nach Grünewald, 58.

13 Gundolf an Stein, 20. Dezember 1922, Gundolf, Briefe, 191.

14 Ulrich Raulff hat darauf hingewiesen, dass in der »Inszenierung der Epiphanie (oder Parusie) … sich die Forschungsinteressen und Beweisabsichten des späteren Kantorowicz zusammenfassen« lassen – es läge demnach eine Entsprechung zu seinen Anfängen vor; Ulrich Raulff: Apollo unter den Deutschen. Ernst Kantorowicz und das ›Geheime Deutschland‹, in: Verkannte Brüder, 179–197, Zitat 191.

15 Stein, Raffael (wie Anm. 9), 179. – Kantorowicz griff Steins Hinweis dankbar auf und schrieb korrespondierend auf den ersten Seiten seines *Friedrich*, dass die Marken später die »Heimat auch eines Rafael« gewesen seien; Ernst Kantorowicz: Kaiser Friedrich der Zweite, Berlin 1927, 11; vgl. Grünewald, 65.

16 Kantorowicz an George, 7. September 1925, zit. nach Grünewald, 72.

17 Kantorowicz, Friedrich (wie Anm. 15), 9. – Auch George befasste sich
    mit dieser Thematik und las die 1924 in der Bibliothek Warburg er-
    schienene Untersuchung zur 4. Ekloge Vergils von Eduard Norden:
    Die Geburt des Kindes. Geschichte einer religiösen Idee (Neudruck
    Darmstadt 1958); vgl. EM 389.

18 Eine gute Übersicht über das Nachleben des Staufermythos bei Klaus
    Schreiner: Die Staufer in Sage, Legende und Prophetie, in: Die Zeit der
    Staufer. Geschichte – Kunst – Kultur, Stuttgart 1977, Bd. 3, 249–262.

19 Die Gräber in Speier, GA VI/VII.23. »Der Grösste Friedrich« richtete
    sich nicht nur in polemischer Weise gegen Friedrich den Großen,
    sondern ebenso gegen Friedrich I. Barbarossa als den Usurpator im
    Kyffhäuser. – Zum historischen Hintergrund des Speyer-Gedichts vgl.
    Hartmut Boockmann: »Uns stockt der blick im aufgeschlagnen bu-
    che«. Über »Die Gräber in Speier« von Stefan George, in: Der Aquä-
    dukt. 1763–1988. Ein Almanach aus dem Verlag C. H. Beck im 225.
    Jahr seines Bestehens, München 1988, 356–364. Der Titel des Aufsatzes
    parodiert die Eingangszeile »Uns zuckt die hand im aufgescharrten
    chore«.

20 Friedrich Gundolf: Caesar. Geschichte seines Ruhms, Berlin 1924, 90.

21 George an Hindenburg, Juli 1928 (Entwurf), zit. nach KTM 302. Es
    handelt sich um Georges Dankschreiben für die Glückwünsche des
    Reichspräsidenten zu seinem 60. Geburtstag.

22 EL 138 (März 1925). Das Gespräch ist auch ein Beleg für die er-
    schreckende politische Ignoranz etablierter deutscher Juden während
    der Weimarer Republik. Da der Meister nicht zur Verfügung stehe,
    scherzten Landmanns, bleibe als Alternative nur Julius Barmat, ein
    korrupter Investor, mit dem sich seit Januar ein Untersuchungsaus-
    schuss des Reichstags befasste.

23 Heinrich August Winkler: Der Schein der Normalität. Arbeiter und
    Arbeiterbewegung in der Weimarer Republik 1924 bis 1930, Berlin/
    Bonn 1985, 237f. – Weder ließ sich Simons auf ein Spiel mit der Verfas-
    sung ein, noch hatte Gotheins Beziehung zu seinem Sohn Bestand; die
    denkbaren Auswirkungen solcher Konstellationen sind immerhin
    reizvoll.

24 Julius Langbehn: Rembrandt als Erzieher, 3. Aufl., Leipzig 1890, 262.

25 Geheimes Deutschland, GA IX.59–65; dort auch alle folgenden Zitate.
    – Während Salin versuchte, das Gedicht auf die Zeit vor dem Ersten
    Weltkrieg zu datieren, um so die Bedeutung Heidelbergs als Haupt-
    stadt des Geheimen Deutschland zu unterstreichen (ES 123), behaup-
    tete Kantorowicz 1933, George habe es erst geschrieben, als der Begriff
    bereits populär war und er »der Gefahr einer Verwässerung« entgegen-
    treten musste; Ernst Kantorowicz: Das Geheime Deutschland. Vorle-

sung, gehalten bei Wiederaufnahme der Lehrtätigkeit am 14. November 1933. Hg. von Eckhart Grünewald, in: Robert L. Benson, Johannes Fried (Hgg.): Ernst Kantorowicz. Erträge der Doppeltagung Institute for Advanced Study, Princeton, Johann Wolfgang Goethe-Universität, Frankfurt, Stuttgart 1997, 79. Die Umdatierungsversuche zeigen, wie stark Georges Dichtung selbst innerhalb des Freundeskreises der Ideologisierung unterworfen war.

26 Wieder einmal war es Marita Keilson-Lauritz, die das missing link fand; vgl. Marita Keilson-Lauritz: Hans von Prott und das »Geheime Deutschland«, in: CP 148–149, 18–34. – Erstaunlich bleibt, dass zwischen Protts Selbstmord und seiner motivischen Verwendung im Gedicht fast zwanzig Jahre liegen. Dies könnte mit Selbstmordgedanken des jungen George zusammenhängen, der, wie Morwitz in der ersten Auflage seines Kommentars schrieb (S. 166), »gleich jenem deutschen Altertumsforscher ... in Gefahr war, sich selbst ein Ende zu setzen«; vgl. David, 496.

27 Kantorowicz an George, Neapel, 30. April 1924, zit. nach Grünewald, 65; dort auch das folgende Zitat.

28 Itinerar der Italienreise Blumenthals vom 7. März bis 10. Mai 1924 in STGA. Ein genauer Überblick über die Italienreisenden bei Hoffmann, 62f. – Der Nationalökonom Kurt Singer (1886–1962) war seit 1916 mit dem George-Kreis verbunden; 1927 erschien im Beck Verlag sein von Friedemann inspiriertes Werk *Platon der Gründer*; vgl. Groppe, 517–526.

29 »Ich weiss nicht, ob der Meister je hier gewesen ist, aber ich kann mir so gut vorstellen, dass Er hier gegangen ist, auf den heissen weissen strassen zu den tempeln und dort oben gesessen hat«; Erika Wolters an George, 17. April 1924 (aus Agrigent), STGA. – Der Hinweis von Morwitz, Wolters habe den Kranz niederlegen lassen (EM 440), lässt darauf schließen, dass Erika einem Wunsch ihres Mannes entsprach; Wolters selbst reiste erst im November 1924 nach Palermo.

30 Gustav Mittelstraß (Hg.): Der junge Mann. Wege zur Lebensgestaltung, Berlin 1926 [erschienen 1925], 5 (Einführung) und 148; »das neue reich« war merkwürdigerweise klein geschrieben, GA IX.39.

31 E[dgar] S[alin]: Zum 4. Dezember 1963. Ernst Kantorowicz. 1895–1963, Privatdruck, 4. Verändert auch in: Historische Zeitschrift, 199, 3 (1964), 551–557.

32 BV 77. – Erste Hinweise auf das Staufer-Thema bei George finden sich Ende 1923; EL 125, 130. Bei Beendigung der Fahnenkorrekturen im Februar 1927 heißt es: »Wie in ›Friedrich dem Zweiten‹ der Untergang der Staufen geschildert ist, da wird's einem heiss und kalt bei der Lektüre«; EL 174.

33   George an Bondi, 12. Juli 1926, STGA. Zentrale Passagen aus Georges
      Korrespondenz mit Bondi über die Publikation des Friedrich-Buches
      bei Grünewald, 149–158; dort auch die folgenden Zitate.

34   George an Kantorowicz, Mitte Januar 1927, STGA. – George schickte
      seine Korrekturen mit Kommentar an Kantorowicz, der sie in sein Ex-
      emplar übertrug (in Einzelfällen, in denen er mit einer Änderung nicht
      einverstanden war, erläuterte er George die Gründe). Der vom Autor
      imprimierte Umbruch ging dann über George an Bondi zurück. Die
      gewünschte Änderung der Schreibung Conclave wurde von Kantoro-
      wicz übernommen (Seite 525 des gedruckten Buches).

35   Kantorowicz, Friedrich (wie Anm. 15), 195; dort, S. 183, 197, 76f., auch
      die folgenden Zitate.

36   Ernst Kantorowicz: Deutsches Papsttum, Vortrag Reichssender Ber-
      lin, 22. Februar 1935, zuerst in: CP 12, 7–24, Zitat 7. – Die Begeisterung
      für den Bamberger Reiter ging zurück auf das Bamberg-Gedicht in den
      Tafeln des Siebenten Rings, GA VI/VII.205.

37   Arno Borst: Die Staufer in der Geschichtsschreibung, in: Die Zeit der
      Staufer (wie Anm. 18), Bd. 3, 263–274, Zitat 273. – George, dessen
      Wahrnehmung stark von Bildwerken geprägt war, glaubte eine große
      Ähnlichkeit des Reiters mit Walter Anton zu erkennen: »Sieht er nicht
      aus wie der Bamberger Reiter?«, fragte er gelegentlich; LT 211.

38   Wolfgang Ernst, Cordelia Vismann (Hgg.): Geschichtskörper. Zur Ak-
      tualität von Ernst H. Kantorowicz, München 1998, 8 (Editorial). –
      Selbst Kritiker räumten ein, dass sich der Verfasser »erkenntnistheore-
      tisch auf der Höhe der Zeit bewegt«; Heinz Dieter Kittsteiner: Von der
      Macht der Bilder. Überlegungen zu Ernst H. Kantorowicz' Werk *Kai-
      ser Friedrich der Zweite*, in: ebda., 13–30, Zitat 16.

39   Otto Gerhard Oexle auf der Frankfurter Tagung »Ernst Kantorowicz
      heute«, Dezember 1993; hier zitiert nach dem Tagungsbericht von Gu-
      stav Seibt: Deutschland, geheim, Frankfurter Allgemeine Zeitung, 22.
      Dezember 1993; der Vortrag wurde zuerst publiziert in: Otto Gerhard
      Oexle: Geschichtwissenschaft im Zeichen des Historismus, Göttingen
      1996, 163–215.

40   Ich danke Uwe Wesel, Koenigsallee 41, für die Lageskizze. Ins Nach-
      barhaus Koenigsallee 43 zog 1926 Vicki Baum und schrieb dort 1929
      ihren Weltbestseller *Menschen im Hotel.*

41   Gert Mattenklott: Bilderdienst. Ästhetische Opposition bei Beardsley
      und George, München 1970, 202.

42   Claus von Stauffenberg an George, Oktober 1924, STGA. Das zitierte
      Gedicht aus dem Stern des Bundes, GA VIII.102.

43   »An PHES von Claus im November 1923«; Abschrift von acht Ge-
      dichten für Berthold von Stauffenberg, STGA. Anleihen aus Georges

Speyer-Gedicht mit dem »Karlen- und Ottonen-plan« sind ebenso-
wenig zu überhören wie die Reminiszenzen an den »Sternwandel«-
Zyklus seines Vetters Bernhard von Uxkull (»Wir hätten selten…«)
– Zahlreiche Gedichte der Stauffenberg-Brüder an George in STGA:
»Du bist als heiland dieser welt gesandt.«

44 Hoffmann, 61. Ich stütze mich hier wie im Folgenden auf die ebenso
    gründliche wie zuverlässige Stauffenberg-Biographie Hoffmanns.

45 Stettler, Frank, 28; weitere biographische Details zu Maria Fehling bei
    Hoffmann, 50, zu Albrecht von Blumenthal bei Groppe, 430.

46 Auf Fürsprache seines Vetters Woldi; die Mutter der Stauffenbergs war
    eine geborene Gräfin Üxküll-Gyllenband.

47 Alexander an Claus von Stauffenberg, Juni/Juli 1928, zit. nach Hoff-
    mann, 73f.

48 B.v.St., GA IX.109.

49 LT 216; dort, S. 218, auch das folgende Zitat.

50 Eberhard Zeller: Oberst Claus Graf Stauffenberg. Ein Lebensbild. Mit
    einer Einführung von Peter Steinbach, Paderborn/München/Wien/
    Zürich 1994, 47. – Das Gedicht in STGA (vgl. Anm. 43).

51 EL 188f. (1928); vgl. auch EL 137.

52 BV 117 (28. Dezember 1929).

53 Zschokke nach RB 164.

54 Michael Stettler: George-Triptychon, Düsseldorf und München
    1972, 31.

55 Max Kommerell an Jul Strebel, 3. Dezember 1924, zit. nach Joachim
    Storck: Max Kommerell. 1902–1944, Marbach am Neckar 1985, 14.

56 Max Kommerell, Tagebuch Oktober 1930, in: Kommerell, Briefe, 184.

57 EL 179 (Sommer 1927).

58 »Ich mache Dich wie Adj[ib] darauf aufmerksam dass die örtlichen
    verhältnisse nicht anraten gemeinsam aufzutreten noch mehrtägig.
    Macht also zusammen aus wann jeder kommt Herzlich G«; George an
    Frank Mehnert, 19. Mai 1928, STGA. Nachdem die Wohnung von
    Kantorowicz in Heidelberg aufgegeben worden war, wohnte George
    in diesem Frühjahr in der Villa Funk, Neue Schlossstrasse 42.

59 BV 117 (2. Februar 1930).

60 So 1905 die Schilderung von Mira Klein, der späteren Stieftochter von
    Bondi; George, Dokumente, 160. – Nach Auskunft des gegenwärtigen
    Besitzers, Roderich Goldmann, der die Villa Ende der siebziger Jahre
    kaufte und vollständig sanierte, war das Turmzimmer ein besserer
    Hühnerverschlag und nach heutigen Kriterien als Behausung unzu-
    mutbar; die ovalen Fenster endeten auf halber Höhe, ein groß gewach-
    sener Mann reichte fast bis an die Decke.

61 Georg Bondi: Erinnerungen an Stefan George, Berlin 1934, 12.

62 Bondi gehörten neben dem Grundstück Herbertstraße 15 auch die Grundstücke Herbertstraße 13 und Herthastraße 20. Für Informationen zur Villa Bondi, Einsicht in Baupläne, Grundbuchauszüge und Testamente danke ich Roderich Goldmann. – Laut Erbschein starb Bondi am 9. Dezember 1935 im Exil in China; sein Haus ist heute an S. E. den Botschafter der Republik China (Taiwan) vermietet.

63 Thomas Mann an Ernst Bertram, 28. November 1924, in: Thomas Mann an Ernst Bertram: Briefe aus den Jahren 1910–1955. Hg. von Inge Jens, Pfullingen 1960, 131.

64 EG 78 (März 1916); vgl. auch EG 25 und 143f.

65 Thomas Mann an Carl Maria Weber, 4. Juli 1920, in: Thomas Mann: Briefe. 1889–1936, Frankfurt am Main 1962, 176ff.; zum Kontext vgl. Kurzke, 373–376.

66 Morwitz an George, 24. November 1912, STGA. – Thomas Mann: Der Tod in Venedig, zuerst in: Die Neue Rundschau, Jg. 23, Heft 10, 1368–1398, und Heft 11, 1499–1526 (Oktober /November 1912). – Zehn Jahre später wurde die Parallelität auch öffentlich thematisiert. Im *Tod in Venedig* vernehme man »das auf den gleichen Ton gestimmte Instrument« wie im Kreis um George, der auf Thomas Mann seit längerem »eine geheime Anziehung auszuüben« scheine, hieß es in einer Studie von Karl Helbling. »Gustav Aschenbach erlebt die Verleiblichung des Gottes«; Karl Helbling: Die Gestalt des Künstlers in der neueren Dichtung. Eine Studie über Thomas Mann, Bern 1922, 54, 61.

67 Selbst den Typus des deutschen Künstlers definierte Mann mit Hilfe eines George-Zitats: »Nur stiller künstler der sein bestes tat,/ Versonnen wartend bis der Himmel helfe«; Bamberg, GA VI/VII. 205; Thomas Mann: Betrachtungen eines Unpolitischen, Frankfurt am Main 2001, 131; vgl. auch S. 103f., 124, 264 u.ö.

68 Thomas Mann an Ernst Bertram, 9. Januar 1934, in: Mann, Briefe (wie Anm. 65), 347. Bei diesem Wunsch blieb Mann auch nach dem Krieg: »Wo George, Rilke und Mombert eingekehrt sind, da möchte ich auch wohl meinen Stein haben«; Thomas Mann an Hans Carossa, 7. Mai 1951 in: Briefe. 1948–1955 und Nachlese, Frankfurt am Main 1965, 206.

69 EL 156; vgl. auch Georges Hinweis von 1927, er habe »sich im Grunewald wie im Gefängnis gefühlt«, EL 181.

70 Max Kommerell an Jul Strebel, 29. Dezember 1929, Kommerell, Briefe, 18.

71 Gert Mattenklott: M. K. – Versuch eines Porträts, in: Blanche Kommerell (Hg.): Max Kommerell. Spurensuche. Mit einem Beitrag von Gert Mattenklott, Gießen 1993, 9–35, Zitat 19. Mattenklott beantwortete sich die Frage selbst: »Was der Kreis um Warburg für die Kunstwissen-

schaft, ist für die Philologie der George-Kreis gewesen – oder hätte es doch unter glücklicheren Umständen werden können.«

72 Walter Benjamin: Wider ein Meisterwerk, in: Die Literarische Welt, 15. August 1930, zit. nach Benjamin, Schriften, Bd. 2, 307–315; dort auch alle folgenden Zitate.

73 Kommerell, Der Dichter als Führer, 483; dort auch die folgenden Zitate.

74 Hans Egon Holthusen: Das Schöne und das Wahre. Neue Studien zur modernen Literatur, München 1958, 46f.

75 Hoffmann, 66.

76 Kommerell, Der Dichter als Führer, 399.

77 Kommerell, Der Dichter als Führer, 178, 384f.

78 Kommerell, Der Dichter als Führer, 182, 220, 224f.

79 Friedrich H. Tenbruck: Freundschaft. Ein Beitrag zu einer Soziologie der persönlichen Beziehungen, in: Kölner Zeitschrift für Soziologie und Sozialpsychologie, 16 (1964), 431–456, Zitat 436f.

80 George an Kommerell, o. D. [1928], STGA. Nur Weniges sei zu verbessern, fügte George hinzu; vor allem »könnte man nach dem Herderschluss fast von Höld[erlin] *noch stärkeres* verlangen. Es war da mit ›mich hat Apollo geschlagen‹ noch mehr anzufangen!« – Wolters nannte es »wohl das genialste Buch der letzten Jahre«; Wolters an Salin, 27. Oktober 1928, ES 159. Kritisch dagegen Ernst Gundolf; ihn störe, schrieb er am 9. Juli 1929 an George, »das allzu häufige und allzu deutliche Hinweisen auf Männerfreundschaft, besonders wo deren historische Beispiele die Gefahr der Lächerlichkeit vermehren«; Ernst Gundolf: Werke. Hg. von Jürgen Egyptien, Amsterdam 2006, 280. Ähnlich wie sein Bruder rügte er den »Mangel an Liebe«; dem widersprach Wolfskehl, der die »Einseitigkeit« für einen unschätzbaren »Vorzug« hielt; Karl Wolfskehl an Edgar Salin, 29. November 1941, Wolfskehl, Neuseeland I, 154.

81 George an Kommerell, 4. Januar 1929, STGA; bei Hoffmann, 490 (Anm. 44), irrtümlich auf 1928 datiert.

82 Landmann, Erinnerungen, 81. – 1877 in Lemberg geboren, war Landmann mit 18 Jahren nach Wien gekommen und hatte sich über die Schweiz, wo er es zum »Vorsteher des Statistischen Bureau und Prokurist des Direktoriums der Schweizerischen Nationalbank« (Visitenkarte) brachte, zum Professor für »Wirtschaftliche Staatswissenschaften« an der Universität Kiel hochgearbeitet: eine erstaunliche Karriere.

83 Glöckner an Bertram, 6. November 1928, EG 191. – Auch andere hatten sich mehr erhofft. Er sei von der Lektüre geradezu erschüttert, schrieb Max Rychner am 3. Dezember 1928 an Ernst Robert Curtius, »denn das *Neue* an diesem ›Neuen Reich‹ geht auf einen Fingernagel und ist grau und blass ... Ich habe Angst, das ist es! Angst ... dass er am Ende und fertig ist«; zit. nach Petrow, 26, Anm. 15.

84 KTM 399.

85 Der Dichter in Zeiten der Wirren, GA IX.39. – Bereits in Wolfskehls
    rhapsodischem Prosastück »der Priester vom Geiste« findet sich die
    Wendung: »Ein neues priestertum ist erstanden ein neues reich den
    gläubigen zu künden«; Blätter 3, 1 (Januar 1896), 21; GW II, 185.

86 Sontheimer, 304; dort, S. 280f., auch die folgenden Zitate. Das Buch
    gehört mehr als vierzig Jahre nach seinem Erscheinen noch immer zum
    Klügsten und Ausgewogensten, was zu diesem Thema zu lesen ist.

87 Welche Karriere der Begriff damals machte, lässt sich an dem Haupt-
    werk von Edgar Jung ablesen, das in der Erstauflage von 1927 hieß: *Die
    Herrschaft der Minderwertigen, ihr Zerfall und ihre Ablösung.* Die
    stark erweiterte zweite und dritte Auflage von 1930 (15. Tausend) trug
    dann, wohl in direkter Anlehnung an Georges letzten Band, den Titel:
    *Die Herrschaft der Minderwertigen, ihr Zerfall und ihre Ablösung
    durch ein Neues Reich.*

88 Stern, 303, 305. Moeller selbst erlebte die Popularisierung seiner Ideen
    nicht mehr; nach einem Nervenzusammenbruch war er 1924 durch
    Selbstmord aus dem Leben geschieden.

89 BV 101–103 (19. Februar 1928).

90 EL 159 (August 1926). – Die »faschistische Revolution«, hieß es in der
    1928 auf Deutsch erschienenen Mussolini-Biographie von Margherita
    Sarfatti, sei »von zwanzigjährigen Jünglingen, singend, gemacht wor-
    den«, deshalb wirke das heutige Italien wie »eine Nation, in der alle
    Männer 20 Jahre alt sind«; zit. nach Joachim Radkau: Die singende und
    die tote Jugend. Der Umgang mit Jugendmythen im italienischen und
    deutschen Faschismus, in: Koebner/Janz/Trommler, 97–127, Zitat 101.
    Der »aggressivere Jugendmythos« der Italiener (ebda., 99) war vor
    allem von Marinetti propagiert worden, dem Chefideologen des Futu-
    rismus, der schon 1908 versucht hatte, George für die Mitarbeit an
    einer der von ihm herausgegebenen Zeitschriften zu gewinnen.

91 Oskar Benda: Die Bildung des Dritten Reiches. Randbemerkungen
    zum gesellschaftsgeschichtlichen Sinnwandel des deutschen Humanis-
    mus, Wien/Leipzig 1931, 6, 14f., 29. – »Das einzige erfreuliche ist
    immer noch die dummheit z. B. die des herrn Benda in Wien, dessen
    brochure d[em] M[eister] sicher gebracht worden ist«; Ernst Kantoro-
    wicz an George, 2. Dezember 1931, STGA.

92 Vgl. hierzu oben S. 481f.

93 GA IX.137.

94 FW 528.

95 Von diesen Zeilen ausgehend, hielt Martin Heidegger 1957/58 an der
    Freiburger Universität eine Vortragsreihe über das Wesensverhältnis
    von Denken und Dichten: »Das Wesen der Sprache«; Heidegger-Ge-

samtausgabe, Bd. 12, Frankfurt am Main 1985, 149–204; der anschließende Wiener Vortrag über »Das Wort« ebda., 207–225.
96 Siegfried Lang in: Neue Schweizer Rundschau, 22, 5, Mai 1929.
97 GA IX.129.

III, 5 Exodus

1 Zschokke, zit. nach RB 165.
2 BV 119 (2. Februar 1930).
3 Kommerell, Briefe, 182; dort, S.182f., auch die folgenden Zitate.
4 Zweifel der Jünger, GA IX.112.
5 Kommerell, Briefe, 183.
6 Im Jahr 2004 wurde die Wohnung im ersten Stock des 1908 erbauten
   zweistöckigen Jugendstilhauses unter dem Kennwort »Wohnhaus von
   Stefan George« zum Kauf angeboten; für den Hinweis auf das Haus
   einschließlich Makler-Exposé und Fotos danke ich Sonja Schön. In
   welchem Stock die »Staatswohnung« lag, war nicht zu ermitteln.
7 Kommerell, Briefe, 185.
8 Johann Anton an Kommerell, Ende März/Anfang April 1930, Kommerell, Briefe, 187.
9 Johann Anton an Kommerell, ca. 22. Juni 1930, Kommerell, Briefe,
   173.
10 Kommerell, Briefe, 186.
11 Morwitz an George, 1. November 1926, STGA.
12 Im abschließenden Artikel 12 des Verlagsvertrags zwischen George
   und Bondi vom 6. Oktober 1927 benennt George Morwitz als seinen
   »Zustellungsbevollmächtigten« und erklärt: »Dr. Ernst Morwitz wird
   auch von George voraussichtlich durch letztwillige Anordnung zum
   literarischen Verwalter ernannt werden«, STGA.
13 Johann Anton an Kommerell, ca. 16. Juni 1930, Kommerell, Briefe,
   172. – Falls Morwitz tatsächlich selber »die Übertragung der Nachlass-
   verwaltung an Boehringer angeregt« hat (so ZT 369), dürfte er von
   zwei Motiven geleitet worden sein: erstens, durch Boehringer eine Alleinstellung Kommerells zu verhindern, zweitens, wegen des Steuer-
   Risikos einen Erben mit Wohnsitz im Ausland zu benennen.
14 Kommerell an George, 17. Juni 1930, Kommerell, Briefe, 170.
15 Johann Anton an Kommerell, Mittwoch [24. September 1930], Kommerell, Briefe, 179.
16 Johann Anton an Kommerell, Donnerstag [2. Oktober 1930], Kommerell, Briefe, 177.
17 Kommerell an Thormaehlen, Entwurf [Anfang November 1930],

Kommerell, Briefe, 191. – Als sich Kommerell im Juni 1931 mit der Tochter von Walter F. Otto verlobte und Thormaehlen ihm schrieb, im Freundeskreis habe man »gelacht wie 12 Wilde«, brach Kommerell den Kontakt endgültig ab: »Geben Sie sich doch nicht immer zum Übermittler anonymer Unverschämtheiten her!«, Kommerell, Briefe, 225.

18   Kommerell an George, Entwurf [wohl November 1930], Kommerell, Briefe, 203.

19   Johann Anton an Kommerell, Ende November 1930, Kommerell, Briefe, 199.

20   Kommerell an Johann Anton, 7. Dezember 1930, Kommerell, Briefe, 195.

21   Johann Anton an Kommerell, 25. Februar 1931, Kommerell, Briefe, 207; dort auch das folgende Zitat.

22   Kommerell an Johann Anton, 7. Dezember 1930, Kommerell, Briefe, 196.

23   Bericht Helmut Küpper, zit. nach RB 297.

24   Stein, 19; dort, S.21 und 17, auch die folgenden Zitate.

25   Zit. nach dem »Geburtstagsspiegel« in: Deutsche Allgemeine Zeitung, 18. Juli 1928. – Auf der Linken dürfte man sich über die Devotion des Ullstein-Boulevards einigermaßen gewundert haben. Die Arbeiterschaft kenne »nicht einmal den Namen dieses Dichters«, schrieb die kommunistische *Rote Fahne*, und der *Vorwärts* bestätigte, Georges politische Einstellung »ist von gestern«; ebda.

26   Ludwig Marcuse: Stefan George. Zu seinem 60. Geburtstag, in: Kölnische Zeitung, 12. Juli 1928. – »Ich war einmal bei einem aus dem Kreise Georges zu Tisch geladen; der Gastgeber begrüßte die Gäste mit einem selbstverfassten Gedicht in der Art Georges, und der ganze Tag stand unter dem Eindruck dieses mittelmäßigen Gedichts. Nicht weil es mittelmäßig war, sondern weil es durch weihevolle Stimmung den Raum abdichtete gegen den Lärm des Tages«; ebda.

27   So der katholische Publizist Hans Dahmen in: Der Volksfreund (Cleve), 11. Juli; Westdeutsche Landeszeitung, 11. Juli; Gladbecker Zeitung, 12. Juli u.ö. (nicht identisch mit dem Artikel in Hochland, GPL 728). – 1933 entdeckte Dahmen dann eine ganze neue Aktualität Georges (vgl. GPL 1071 und 1176). Eine ähnliche Wende vollzogen auch andere prominente Publizisten, z. B. Willi Koch, der es in seiner im Frühjahr 1933 bei Niemeyer veröffentlichten George-Monographie noch als »das Vorrecht des Dichters« bezeichnet hatte, »nicht auf politische Realität zu sehen«, in seinem Nachruf in der *Frankfurter Zeitung* vom 15. Dezember 1933 dann aber bedauerte, dass das Werk Georges leider nicht ins Volk gedrungen sei – wegen der vielen Juden, die er um sich hatte (GPL 982 und 1034).

28 Rudolf K. Goldschmidt: Stefan George. Bemerkungen zum 60. Geburtstag des Dichters, in: Heidelberger Tageblatt und General-Anzeiger, 11. Juli 1928.

29 Die Literarische Welt, 4, 28, 13. Juli 1928.

30 Mit den »drei Büchern« sind offenbar Die Bücher der Hirten- und Preisgedichte, Das Jahr der Seele und Der Teppich des Lebens gemeint. Benjamins Text jetzt in: Gesammelte Schriften, Bd. 2.2, 622ff.

31 Johann Anton an George, 11. Juli 1928, zit. nach Hoffmann, 502.

32 Franz Blei: Stefan Georges Tempelglocken, in: Der Querschnitt, 10, 9 (Berlin 1930), 629. Zu der »Schmutzerei von Franz Blei« vgl. oben S. 706 (Anm. 15).

33 E. Erdsiek [d.i. Irene Eucken]: Stefan George, ein Führer oder ein Magier?, in: Die Tatwelt, 6, 1 (Jena Januar/März 1930), 10. – Im Dezember 1905 hatte George auf Vermittlung von Botho Graef und Ludwig von Hofmann im Haus des Philosophen und Literatur-Nobelpreisträgers (1908) Rudolf Eucken in Jena seine letzte (halb)öffentliche Lesung gegeben. »Frau Eucken habe ihn eingeladen. Dann sagte sie, sie hätt ein paar junge Mädchen mit so schönen Stimmen, ob die seine Gedichte lesen sollten? Wie er die aber gesehen habe, habe er gesagt: ›Nein, lieber Goethe!‹ Und wie sie dann pikiert war, sagte er: ›Guten Abend!‹ und ging und sagte im Korridor zu Wenghöfer: ›Sacré coeur de dieu!‹«; EL 179 (Sommer 1927).

34 LT 249.

35 BV 101 (20. November 1927). George übte hier deutliche Kritik an Wolters, der ihn einerseits ausquetsche, andererseits nicht genügend fordere. – Schon 1916, am Ende eines langen Gespräches mit Glöckner, in dem er viel aus seinem Leben erzählt hatte, meinte George (keineswegs ironisch), »alles das würde er in seinen Memoiren richtig stellen«; EG 77.

36 Roland Hampe: Kieler Erinnerungen. Stefan George und Friedrich Wolters, in: CP 143–144, 44. Vor allem an den Hofmannsthal betreffenden Stellen habe George »mildere Formulierungen von Wolters getilgt und durch sehr viel schärfere ersetzt«; ebda. – Ein Überblick über Georges Korrekturen im Typoskript jetzt bei Steffen Martus: Werkpolitik. Zur Literaturgeschichte kritischer Kommunikation vom 17. bis ins 20. Jahrhundert mit Studien zu Klopstock, Tieck, Goethe und George, Berlin/New York 2007, 673ff.

37 Kommerell an Johann Anton, 7. Dezember 1930, Kommerell, Briefe, 196; Kommerell an George, 17. Juni 1930, ebda., 171.

38 Gundolf an Wolfskehl, 30. November 1929, 11. Februar 1930, Wolfskehl/Gundolf II, 198, 204.

39 Gundolf an Julius Landmann, 16. November 1930, George/Gundolf, 390.

40 Glöckner an Bertram, 29. Januar 1930, EG 193.

41 Wolfskehl an Gundolf, 8. Februar 1930, Wolfskehl/Gundolf II, 203.

42 Kommerell, Briefe, 200.

43 Wolters an George, 14. Juni 1926, George/Wolters, 210.

44 F.W:, GA IX.102.

45 EL 190 (September 1928).

46 George an Wolters, 15. Juli 1929, George/Wolters, 238.

47 FW 316.

48 Karl Wolfskehl an Hanna Wolfskehl, 14. Februar 1930, Wolfskehl, Briefe und Aufsätze, 61.

49 Es handelte sich ursprünglich um einen Vortrag in der Preußischen Akademie der Wissenschaften, zuerst abgedruckt unter dem Titel »Kaiser Friedrich II. in mythischer Schau«, in: Historische Zeitschrift, 140 (August 1929), 534–549. Kantorowicz antwortete: »Mythenschau«. Eine Erwiderung, in: HZ 141 (März 1930), 457–471; Brackmann schrieb dazu ein »Nachwort«, ebda., 472–478. Alle drei Beiträge nachgedruckt in: Gunther Wolf (Hg.): Stupor Mundi. Zur Geschichte Friedrichs II. von Hohenstaufen, Darmstadt 1966, 5–48 (Wege der Forschung, Bd. 101). – Die Stücke werden in der Literatur häufig zitiert, auf Einzelnachweise wird im Folgenden verzichtet.

50 Der Vortrag ist vollständig abgedruckt in: Eckhart Grünewald: Sanctus amor patriae dat animum – ein Wahlspruch des George-Kreises? Ernst Kantorowicz auf dem Historikertag zu Halle a.d. Saale im Jahr 1930, in: Deutsches Archiv für Erforschung des Mittelalters, 50, 1 (1994), 89–125. Auch hier wird im Folgenden auf Einzelnachweise verzichtet. – Das Begriffspaar »Anschauungsstreit – Methodenstreit« steht am Anfang von Kantorowiczs erster Stellungnahme, HZ 141 (1930), 457.

51 Der Satz richtete sich gegen die Kritik von Friedrich Baethgen, Kantorowicz laufe mitunter Gefahr, »den Anspruch für die Wirklichkeit und die Geste für die Tat zu nehmen«; Rezension in: Deutsche Literaturzeitung, 51, 2 (1930), 75–85, wieder in: Stupor Mundi (wie Anm. 49), 49–61, Zitat 57. Ähnlich hatte schon Brackmann argumentiert, Kantorowicz betreibe »die sich steigernde Verwandlung von Realitäten in Symbole und von Symbolen in Realitäten«; HZ 141 (1930), 475.

52 Wolf Lepenies hat das »Auseinandertreten von Geschichtsforschung und Geschichtsschreibung« ein Schisma genannt, »dessen Ursachen nicht zuletzt im Einfluss des George-Kreises zu suchen waren«; Wolf Lepenies: Die drei Kulturen. Soziologie zwischen Literatur und Wissenschaft, München 1985, 309. Richtig scheint mir, dass das Problem im George-Kreis frühzeitig erkannt wurde und die Distanzierung von der Forschung nicht Ursache, sondern bereits Folge des Schismas war.

53 Zit. nach Hagen Schulze: Weimar. Deutschland 1917–1933, Berlin 1982, 316.

54 Karl Wolfskehl an Albert Verwey, 29. September 1930, Wolfskehl/Verwey, 245.

55 Zit. nach Ian Kershaw: Hitler. 1889–1936, Stuttgart 1998, 420.

56 ES 224.

57 George an Wolfskehl, 11. Juni 1932, ES 225.

58 EL 209.

59 ES 225.

60 EL 204 (Januar 1930).

61 EL 58 (September 1916).

62 Nachlass Thormaehlen, zit. nach Jürgen Egyptien: Georges Haltung zum Judentum, in: Verkannte Brüder, 19. – George nannte Salin wegen seiner Umtriebigkeit nach dem Binger Viehhändler gelegentlich »Hirsch«; Landmann, Figuren 1, 98.

63 Brasch 30; vgl. ZT 160. – Selbst das Ende der Beziehung zu Hofmannsthal war vom Vorwurf »jüdischer« Geschäftemacherei überschattet; er verhalte sich »wie gewisse [gestrichen: jüdische] Händler«; George an Hofmannsthal, 22. März 1906, Entwurf, STGA.

64 Curtius, 112; vgl. Breysig, 26, EL 117.

65 EL 109 (Anfang 1920); vgl. auch EL 167, wo George Vallentins Gestikulation mit den Händen imitiert.

66 »Auch für euch werden wieder bessere Zeiten kommen«, soll er zu Morwitz gesagt haben; KH 232. – Bei der Bewertung solcher »Zitate«, die Georges angebliche Einstellung zum Nationalsozialismus aus der Sicht des jeweiligen »Zeugen« belegen sollen, ist höchste Vorsicht geboten. Hildebrandts Erinnerungen zum Beispiel, denen dieses »Zitat« entnommen ist, sind so unverhohlen rassistisch, dass man sich fragt, wie ein solches Buch 1965 in der Bundesrepublik überhaupt erscheinen konnte. Edith Landmann habe 1933 von George verlangt, empörte sich der Unverbesserliche, öffentlich für die Juden einzutreten und zwar für *alle* Juden, »ohne nach ihrer Georgeschen, ja nach ihrer deutschen Gesinnung zu fragen«; die Judenverfolgung erklärte der Verfasser bei dieser Gelegenheit – 1965! – zu einer »propagandistisch überhitzten Leidenschaft«; ebda.

67 Eine Äußerung wie: »Solche Juden, wie ich habe, könnte ich noch zehn um mich haben, würde mir gar nichts schaden«, ist durchaus ambivalent (EL 146, Anfang 1926); zumal, wenn man sie gegen andere hält wie die, er habe immer dafür gesorgt, dass die Juden in seiner Umgebung nicht »in der Überzahl sind« (Curtius, 112), oder auch die Bemerkung: »Wir haben zu viel Juden. *Ein* Jude ist immer nützlich, aber wenn ihrer mehr als zwei sind, wird der Ton der Gesellschaft ein anderer, und sie

       treiben sofort ihre eigenen Interessen«; zit. nach Jürgen Egyptien: Schwester, Huldin, Ritterin ... Jüdische Frauen im Dienste Stefan Georges, in: CP 264–265, 73.

68   EL 209. – »Henkersknechte sind mal keine sehr angenehmen Leute«, sagte George nach der Erinnerung von Kempner und Schlayer, zit. bei Hoffmann, 118.

69   GA VIII.41; dort, S. 83, auch das folgende Zitat.

70   Wolfskehl an Wolters, 21. November 1929; Wolters an Wolfskehl, 22. November 1929, in: Wolfskehl, Briefe und Aufsätze, 39ff.

71   Wolters, Manuskript, zit. nach Michael Philipp: »Im Politischen gingen halt die Dinge anders«. Die Thematisierung des ›Jüdischen‹ im George-Kreis vor und nach 1933, in: Verkannte Brüder, 32f.

72   Walter Benjamin: Juden in der deutschen Kultur, in: Gesammelte Schriften, Bd. 2.2, 807–813. – In ihrem Nachruf wies die *Jüdische Rundschau* im Dezember 1933 darauf hin, dass unter Georges Anhängern vor allem »die entjudeten Juden« zu finden seien, junge Juden »aus alten Geschlechtern, die ihre alten Tafeln längst zerbrochen hatten«; zit. nach Rainer Kolk: »Verkannte brüder«, »entjudete Juden«, in: Verkannte Brüder, 61.

73   Zit. nach Daniel Weidner: Das ›Dämonische‹. Gershom Scholem über Stefan George. Mit einem Seitenblick auf Werner Kraft, in: Verkannte Brüder, 233; dort auch die folgenden Zitate. – In den damals gerade veröffentlichten Erinnerungen von Hildebrandt durfte Scholem Sätze lesen wie: »Die jüdischen Freunde, entschiedene Deutsche, gehörten gleichsam zur ›Georgeschen Rasse‹«; KH 232.

74   Karl Wolfskehl an Siegfried Guggenheim, 17. Juni 1946, Wolfskehl, Exil, 270.

75   Der Text ist bis heute nicht vollständig publiziert. Ich zitiere nach der Kopie des im Leo Baeck Institute, New York, aufbewahrten Exemplars in STGA. Zum Hintergrund Landmann, Erinnerungen, 136ff.

76   Landmann, Erinnerungen, 136.

77   Wolfskehl an Verwey, 26. Oktober 1932, Wolfskehl/Verwey, 271.

78   Wolfskehl, GW I, 160; dort auch das folgende Zitat.

79   Landmann, Figuren 2, 18.

80   Edith Landmann an Wolfskehl, 3. Oktober 1934, in: »Jüdisch, römisch, deutsch zugleich ...« Karl Wolfskehl. Briefwechsel aus Italien 1933–1938. Hg. von Cornelia Blasberg, Hamburg 1993, 53. Anlass der erneuten Kritik von Edith Landmann war das Erscheinen von Wolfskehls Gedichtband *Die Stimme spricht*. Vgl. auch die ablehnenden Reaktionen von Ernst Gundolf und Edgar Salin, ebda., 54, 57f.

81   Das Lebenslied. An die Deutschen, Wolfskehl, GW I, 216–218; dort auch das folgende Zitat. – Thomas Mann, der das Gedicht gern in sei-

ner Zeitschrift *Maß und Wert* abgedruckt hätte, was ihm Wolfskehl nicht erlaubte, vereinfachte die Zeile zu: »Wo ich bin, ist Deutschland«; sie taucht 1938 mehrfach bei ihm auf: im Interview vom 21. Februar, im Tagebuch sowie im Entwurf zu *Bruder Hitler*; vgl. Manfred Riedel: Geheimes Deutschland. Stefan George und die Brüder Stauffenberg, Köln 2006, 194f., und Kurzke, 451.

82 Karl Löwith: Mein Leben in Deutschland vor und nach 1933, Stuttgart 1986, 23.

83 Wolfskehl, GW I, 129. – Der Vorwurf, Wolfskehl habe mit *Die Stimme spricht* die Lager gewechselt, verkenne die Realität des Jahres 1933, schrieb Margarete Susman. »Diese Lieder eines Erschütterten werden weiterklingen, auch wenn nie mehr ein deutsches Judentum aufersteht«; Margarete Susman: Gestalten und Kreise, Zürich 1954, 233.

III, 6 Das Schweigen

1 Beschluss der Stadtverordnetenversammlung Bingen vom 30. August 1927, zwei Tage nach der Preisverleihung; die Umbenennung erfolgte eineinhalb Jahre vor der Eingemeindung des Geburtsortes Büdesheim am 1. April 1929; vgl. KTB, 29, 49. – Der Goethe-Preis wurde George zugesprochen, obwohl er die Stadt Frankfurt im Vorfeld durch Morwitz hatte wissen lassen, dass er den Preis nicht wünsche. »Stefan George ist erstaunt, dass die Stadt Frankfurt ihm den Preis entgegen der durch mich ausgesprochenen Bitte verliehen hat«, schrieb Morwitz am 28. August, dem Tag der Preisverleihung, an die Stadtväter. »Er hält es aber im Interesse der Stifterin und seiner selbst für ratsam, die Öffentlichkeit jetzt nicht noch durch Einwände zu beschäftigen, und nimmt deshalb den Preis mit Dank an«; Erwin Walter Palm: Spuren in Frankfurt, in: Hans-Joachim Zimmermann (Hg.): Die Wirkung Stefan Georges auf die Wissenschaft. Ein Symposium, Heidelberg 1985, 74. – George hielt sich Ende August bei seiner Schwester in Königstein auf, der Magistrat schickte am 29. August ein Glückwunschtelegramm; Stadtarchiv Königstein.

2 Telegramm an Anna George, aufgegeben München 2. Juli 1933, 9.04 Uhr: »eintreffend von kreuznach kommend 9.11 bingerbrück bitte wagen bestellen stefan«; STGA. Mehnert erinnerte sich offensichtlich falsch, als er meinte, »der Meister sei am Peter und Paulstag 1933 [d.i. 29. Juni] aus München nach Bingen gereist«; Rudolf Fahrner: Frank, 1967, 52.

3 Als Wirtschafterin im George-Haus. Eva Sperling berichtet, in: Binger Annalen, 7, 1975, 56–58. Die Erinnerungen wurden vom Herausgeber fälschlicherweise auf Juli 1932 datiert.

4   Lepsius (1935), 41.
5   Diese ebenso nüchterne wie plausible Begründung gibt Thormaehlen, LT 281. Zu den Motiven der Abreise ergänzend unten S. 624 und Anm. 46 – George scheint der Aufenthalt in Bingen gefallen zu haben: »Nachdem sich nun herausgestellt hat dass die äusseren bedingungen in Bingen doch günstiger sind als erwartet, hoffe ich in nicht zu ferner zeit Dich dort wieder besuchen zu können«; Stefan George an Anna George, 9. Juli 1933, STGA.
6   Bayernfunk, 12. Juli 1933, mit einer Rede von Paul Alverdes, vgl. GPL 1013.
7   Paul Fechter in: Die Woche, 8. Juli 1933, 770.
8   George in Gegenwart Partschs zu Frank Mehnert, in: Stettler, Frank, 18. – Wenn keine Epheben da waren, kochte Thormaehlens Zugehfrau.
9   BV 86 (23. Oktober 1927).
10 Diesen Wunsch äußerte sie im November 1927 ausgerechnet gegenüber Gundolf; George, Dokumente, 234. – Clotilde Schlayer und Walter Kempner gehörten zu den wenigen, die gleichzeitig sowohl mit George als auch mit Friedrich und Elisabeth Gundolf verkehrten; vgl. auch die Widmung in Gundolfs *Paracelsus* (Berlin 1927): »Für Walter Kempner«.
11 EL 145 (1925/26).
12 Aus seinen Aufenthalten im Süden machte George immer ein besonderes Geheimnis; wer neugierig war und fragte, musste sich mit der knappen Auskunft »Ibiza« begnügen. So lässt sich auch der Aufenthalt 1928 nur indirekt, aus einem Brief Georges an seine Schwester vom 10. Oktober 1931, belegen.
13 Karl Schlayer, der Zwillingsbruder von Clotilde, der mit ihrer Studienfreundin Gerda von Puttkamer verheiratet war, hatte die Villa Göggel in der Uferstraße 18 im April 1929 erworben. Das Haus, das George von 1931 bis 1933 als Quartier für die Sommerferien diente, wird heute als Ferienhaus vermietet; Ansichten unter www.fw.update-center.com. Ich danke Sonja Schön.
14 Stefan George an Anna George, 10. Oktober 1931, STGA.
15 Zu den Auseinandersetzungen mit Stauffenberg im Juli 1932 in Wasserburg vgl. Ute Oelmann: Karl Josef Partsch. Politik und Kunstgeschichte im George-Kreis, in: GJb 3, 176–191, hier 182, sowie Hoffmann, 123.
16 George an Mehnert, 16. März 1932, STGA.
17 George, der an der Einäscherung Vallentins nicht teilnahm, meinte zu Edith Landmann, die eigens aus Basel angereist war, was Diana betreffe, sei er »froh für sie, dass sie die Courage gefunden habe«; EL 208. Der einzige Sohn, Stefan Vallentin, beging 1939 gemeinsam mit seiner Frau Selbstmord am Lago Maggiore; vgl. Groppe, 662. – Am 1. April

1933 schied 27-jährig Hans Bettmann aus dem Leben; Wolters hatte den Jurastudenten 1926 bei George eingeführt: »jude aber sehr frisch«, George/Wolters, 211. – Das Leben nahmen sich auch Bernhard von Schweinitz, der sowohl 1913 an der Lesung zum Erscheinen des *Sterns* als auch 1928 zum Erscheinen des *Neuen Reichs* teilgenommen hatte, und seine Frau (Doppelselbstmord 3. Juni 1933).

18 Vgl. KH 230 und den Briefwechsel Boehringer – Hildebrandt 1950, zit. bei Michael Philipp: »Im Politischen gingen halt die Dinge anders«. Die Thematisierung des ›Jüdischen‹ im George-Kreis vor und nach 1933, in: Verkannte Brüder, 52f. Die gegenseitigen Antipathien reichten zurück in die Jahre vor dem Ersten Weltkrieg, als Boehringer sich zum schärfsten Kritiker des Wolters-Kreises entwickelte; vgl. KH 75f.

19 RB 188; dort, S. 182, auch das folgende Zitat. Das »freie Atmen« hing eher mit dem schwülen Klima in Wasserburg zusammen, jedenfalls nicht mit dem *politischen* Klima in Deutschland; vgl. Oelmann,Partsch (wie Anm. 15), 180f.; Hoffmann, 120 und 504, sowie unten S. 629.

20 Hoffmann, 118 (Hervorhebung T.K.).

21 EL 209.

22 George an Mehnert, 20. Juli 1933, STGA.

23 EL 187 (Februar 1928).

24 Boehringer, Ewiger Augenblick, 50.

25 Morwitz an George, 18. Januar 1925, STGA.

26 Morwitz an George, 4. Januar 1925, STGA.

27 Klaus Mehnert: Ein Deutscher in der Welt. Erinnerungen 1906–1981, Stuttgart 1981, 62.

28 Stettler, Frank, 29f.

29 Mehnert, Ein Deutscher in der Welt (wie Anm. 27), 62f.

30 LT 238. – Was stutzig macht an der Geschichte, ist die Tatsache, dass es im Sommer eigentlich keine Apfelsinen gibt, schon gar nicht 1924. Entweder war es nicht Sommer, oder es war keine Apfelsine.

31 Das Zitat wird von Kempner überliefert; Hoffmann, 500; dort auch die Belege zu den Geschäftsbeziehungen Hanfstaengl – Mehnert.

32 Nachdem sich Mehnert bereits 1933/34 an einer Ausschreibung für ein SA-Denkmal vor dem Magdeburger Dom beteiligt hatte, für das ihm Claus Modell stand, erhielt er ein Jahr später den Auftrag, für die »Brücke der Magdeburger Pioniere« ein lebensgroßes Standbild zu schaffen. Im März 1942 wurde es von Unbekannten zerstört; Details bei Hoffmann, 129f. – Der Abguss eines Stauffenberg-Kopfes von Mehnert steht heute in der Gedenkstätte Deutscher Widerstand in der Berliner Stauffenbergstraße, eine Kopie im Deutschen Historischen Museum Unter den Linden. Das Exemplar, das Klaus Mehnert Eugen Gerstenmaier schenkte (nicht dem Deutschen Bundestag, wie er in sei-

nen Erinnerungen schrieb), befindet sich heute im Besitz der Familie Stauffenberg.

33   Die Testamente in STGA. In Georges erstem Testament vom 15. Juni 1930 war als Erbe noch eine Stiftung eingesetzt: »Mein gesamtes eigentum erbt die Stiftung ›Das Werk Stefan Georges‹ in Basel. Sterbe ich vor errichtung dieser Stiftung, so soll die Stiftung durch Dr. Robert Boehringer, Basel, errichtet werden nach den mir vorgelegten statuten.« Aus dem Ertrag des Stiftungsvermögens, das heißt, aus den jährlich von Bondi zu zahlenden Honoraren, sollten auf Lebenszeit 300 Goldmark (nach heutiger Währung etwa 900 €) monatlich für die Schwester bereitgestellt werden. In der Letztwilligen Verfügung vom 15. Juli 1932 sah George von der Errichtung einer Stiftung ab, da »zweifel rechtlicher natur sich erhoben haben«, und bestimmte Boehringer zum Universalerben.

34   Hoffmann, 113 und 501, datierte den Besuch aufgrund der Korrespondenz Berthold von Stauffenbergs mit seiner Braut ursprünglich auf Ostermontag, 17. April, in München; es findet sich hierfür jedoch kein Anhaltspunkt; ich danke Peter Hoffmann für die Mitteilung der entsprechenden Korrespondenzstücke. In Kantorowiczs Brief an George vom 5. Juni heißt es unmissverständlich: »bei jenem Besuch im *Achilleion*«; Grünewald, 121.

35   Zit. nach Grünewald, 115.

36   Kantorowicz an George, 5. Juni 1933, zit. nach Grünewald, 121 (dort, wie schon Hoffmann feststellte, fälschlich auf 4. Juni datiert).

37   Deutsche Allgemeine Zeitung, 6. Mai 1933.

38   Morwitz an George, 5. Mai 1933, STGA; dort auch das folgende Zitat.

39   George an Morwitz, 10. Mai 1933, STGA. – Der Brief liegt in STGA nur in einer Abschrift Mehnerts vor (Mappe Akademie, Nr. 4). Erhalten haben sich im Original Georges erster, mit Bleistift schnell hingeworfener Antwortentwurf (Nr. 2) sowie ein Konzept in der Handschrift Frank Mehnerts, das auf einer stenoähnlichen Mitschrift beruht, die Mehnert zweifellos nach Diktat Georges auf der Basis von dessen erstem Entwurf anfertigte (Nr. 3). Georges erster, bis heute nicht veröffentlichter Entwurf lautet vollständig: »L[ieber] E[rnst] was an der [gestrichen: mitgeteilten] sache eilig ist hast Du bereits in Deinen mitteilungen erledigt. Alles negative anlangend hast Du völlig richtig antwort gegeben das brückchen des vorwitzigen pf. ist freilich unangenehm. Also kurz: irgend ein[en] posten [eingefügt: unter gar keiner form] in der ›Akademie‹ kann ich nicht annehmen, ebenso wenig ein ›sold‹. Dass die Akademie jetzt unter nationalen zeichen steht ist nur zu begrüssen und kann vielleicht später zu günstig[em] ergebniss führen. Ich dagegen habe seit 1/2 jahrhundert deutsche Dichtung und Geist verwaltet ohne akademie (ja hätte es eine gegeben, wahrscheinlich gegen dieselbe. Alles

also was die leut eilig habe, ist bereits entschieden. Anders verhält es sich mit dem positiven. Da bist Du freilich nicht geeignet das rechte wort zu finden. Die [gestrichen: Geist] Ahnherrschaft der neuen national[en] bewegung lehn ich durchaus nicht ab. Die jugend die sich um mich schart ist [unleserlich] mir einer meinung .. Was ich hierzu [?] tun konnte, hab ich reichlich gethan. Die gesetze des politischen und des geistigen sind freilich sehr verschieden. Wo geist herabsteigt zu allgemeingut ist ein äusserst verwickelter vorgang .. – Ich kann den Herrn von der Regierung nicht in den mund legen was [bricht ab] Ich gebe adresse an, München, obwohl alle sendungen an Ludwig.«

40 Bertram an Glöckner, 7. und 8. Mai 1933, in: Thomas Mann an Ernst Bertram: Briefe aus den Jahren 1910–1955. Hg. von Inge Jens, Pfullingen 1960, 277. Zum Widerstand der Kölner Professorenschaft vgl. »Das war ein Vorspiel nur …« Bücherverbrennung Deutschland 1933: Voraussetzungen und Folgen. Ausstellung der Akademie der Künste, Berlin 1983, 208–212.

41 Ernst Bertram: Deutscher Aufbruch. Eine Rede vor studentischer Jugend, in: Deutsche Zeitschrift, 10 (Juli 1933), 609–619, Zitat 619. – Zwei Monate später, zu Georges 65. Geburtstag, hielt Bertram in der Universität Bonn eine ähnliche Rede; Georges Werk beweise, dass »das echte verkündende Wort immer zugleich die Wirklichkeit mit schafft«; Ernst Bertram: Möglichkeiten deutscher Klassik, in: ders.: Deutsche Gestalten. Fest- und Gedenkreden, Leipzig 1934, 246- 279, Zitat 246.

42 Morwitz an George, 12. Mai 1933, STGA. – Noch einmal stellte Morwitz sein diplomatisches Geschick unter Beweis, indem er George zwar die Titelseite der *DAZ* vom 6. Mai mit dem Aufmacher »Akademie« schickte, nicht aber den Begleitbrief von Zierold, in dem dieser mit Nachdruck darauf hinwies, dass sein Minister in der Zeitung falsch zitiert worden sei. Rust habe nicht von einer Anbindung Georges an die Akademie gesprochen, sondern gesagt, »ob eine Form gefunden werden kann, die der Verbundenheit des neuen Deutschlands mit Stefan George äußeren Ausdruck gibt, wird vor allem von der Entscheidung des Dichters selbst abhängen«; Zierold an Morwitz, 10. Mai 1933, STGA. Diese Variante, die ab Montag, 8. Mai, auch in vielen Zeitungen zu lesen war, unterschlug Morwitz.

43 George an Morwitz, 15. Mai 1933 (Handschrift Mehnert), STGA.

44 Morwitz an George, 25. Mai 1933. STGA. »Die wortgetreue Abschrift ist überreicht«, heißt es in diesem Brief. Merkwürdigerweise erbat Zierold vier Monate später noch einmal eine Abschrift der beiden Briefe vom 10. und 15. Mai, die ihm Morwitz am 10. September überreichte. Was Zierold mit der Abschrift vom Mai gemacht hat, ist nicht zu ermitteln. In seinen Erinnerungen gibt er keine Daten an, erwähnt aller-

dings Begehrlichkeiten des Propagandaministeriums; vgl. Kurt Zierold: Begegnungen. Einige Abschnitte aus meinen Lebenserinnerungen, Typoskript [ca. 1966], 20f. – Faksimile der beiden Abschriften aus
Zierolds Besitz in: Karl Korn: Rheinische Profile. Stefan George, Alfons Paquet, Elisabeth Langgässer, Pfullingen 1988.

45 Morwitz an George, 25. Mai 1933, STGA. Um zu erfahren, wie er mit
Stefan George in Kontakt treten könne, hatte sich Zierold Ende April
an den ihm telefonisch bekannten Mitarbeiter der Nationalgalerie
Ludwig Thormaehlen gewandt, der über die Ostertage jedoch verreist
war. Daraufhin erkundigte sich Zierold bei Wolfgang Frommel im Berliner Rundfunk, der ihn an Morwitz verwies. Am 16. Mai suchte Zierold auch Thormaehlen auf. In einem Brief an George gab Thormaehlen das Gespräch so wieder: »Es wurden alle Möglichkeiten genannt:
Mitgliedschaft, Ehrenpräsidium, Ehrenmitgliedschaft der Akademie,
erste Inhaberschaft eines neuen Ordens u.s.w. Auch von einem Ehrensold war die Rede, auch von einer laufenden Überweisung eines
Betrages zu freier Verwendung für sich oder als Stipendium für besondere Begabungen. Ich riet, eine Form und Formel zu finden, die neu
und einmalig sei und in gänzlicher Unabhängigkeit vom Kultusminister«; Thormaehlen an George, 22. Mai 1933, STGA.

46 RB 188. – In Bingen hätten sich die Honoratioren die Gelegenheit, dem
berühmtesten Sohn der Stadt zu gratulieren, sicher nicht entgehen lassen. Der Entschluss, den Geburtstag in Berlin zu verbringen, stand
wohl vorher fest, der Kirmeslärm hat die Weiterfahrt höchstens beschleunigt. Die Erklärungen von Boehringer und Thormaehlen widersprechen sich nicht. Das Haus in Wasserburg stand wohl auch in diesem Jahr frühestens Ende Juli zur Verfügung.

47 Kantorowicz an George, 5. Juni 1933, zit. nach Grünewald, 115, 121.

48 Kantorowicz an George, 10. Juli 1933, zit. nach Grünewald, 122.

49 Woldemar Graf Uxkull-Gyllenband: Das revolutionäre Ethos bei Stefan George, Tübingen 1933, 23. – Noch bevor er vom Autor ein Wid-
mungsexemplar der Broschüre zugeschickt bekam – »in steter und
herzlichster Freundschaft« –, hatte sich Kantorowicz ein Exemplar be-
schafft und »mit vernichtenden Randbemerkungen versehen«; Eckhart
Grünewald: »Übt an uns mord und reicher blüht was blüht!« Ernst
Kantorowicz spricht am 14. November 1933 über das »Geheime
Deutschland«, in: Robert L. Benson, Johannes Fried (Hgg.): Ernst
Kantorowicz. Erträge der Doppeltagung Institute for Advanced Study,
Princeton, Johann Wolfgang Goethe-Universität, Frankfurt, Stuttgart
1997, 57–76, Zitat 63.

50 So im August einer der jungen Besucher in Wasserburg, Willi Dette, ein
Freund Thormaehlens, LT 286.

51 Kantorowicz an George, 26. November 1933, zit. nach Grünewald, »Übt an uns mord« (wie Anm. 49), 64.
52 Ernst Kantorowicz: Das Geheime Deutschland. Vorlesung, gehalten bei Wiederaufnahme der Lehrtätigkeit am 14. November 1933. Hg. von Eckhart Grünewald, in: Benson, Fried (Hgg.), Ernst Kantorowicz (wie Anm. 49), 77–93, Zitat 77; dort, S. 80f., auch das folgende Zitat.
53 GA VIII.94.
54 Kantorowicz an George, 26. November 1933, zit. nach Grünewald, 127f. Zwei Wochen später, am 11. Dezember, musste Kantorowicz nach Störaktionen der NS-Studentenschaft die Vorlesung abbrechen.
55 K. A. Stempflinger [d.i. Walter Benjamin]: Rückblick auf Stefan George, in: Frankfurter Zeitung, 12. Juli 1933, wieder in: Walter Benjamin, Gesammelte Schriften, Bd. 3, 392–399, Zitat 392f. (Hervorhebungen T.K.). – Benjamin rezensierte Neuerscheinungen von Willi Koch (GPL 982) und Eduard Lachmann (GPL 983).
56 Walter Benjamin an Gershom Scholem, Ibiza, 16. Juni 1933, in: Walter Benjamin, Gershom Scholem: Briefwechsel. 1933–1940. Hg. von Gershom Scholem, Frankfurt am Main 1985, 78.
57 Auch wenn »ihn sein politisch-theoretischer Reduktionswille in späteren Jahren oft zu einseitigen Urteilen verführt«, schrieb Eckhard Heftrich, stehe Benjamin doch näher bei George als bei »den Simplificateuren, die in ihm einen Kirchenvater gefunden zu haben glauben«; Eckhard Heftrich: Was heißt l'art pour l'art?, in: Roger Bauer u.a. (Hgg.): Fin de Siècle. Zur Literatur und Kunst der Jahrhundertwende, Frankfurt am Main 1977, 16–29, Zitat 27. – Es steht für sich, dass Robert E. Norton nach 742 Seiten seinen Text mit einem nicht verstandenen Benjamin-Zitat enden lässt. – Während Benjamin in der George-Literatur erst neuerdings einige Berücksichtigung findet, wird George in der Benjamin-Literatur nach wie vor meist als Jugendsünde abgetan; die Bedeutung Georges für das Werk Benjamins zeigt Geret Luhr: Diese unzeitgemäße und undankbare Aufgabe: eine ›Rettung‹ Georges, in: GJb 2, 85–106.
58 Walter Benjamin, Gesammelte Schriften, Bd. 4.2, 945.
59 Walter Benjamin an Theodor W. Adorno, 7. Mai 1940, in: Theodor W. Adorno, Walter Benjamin: Briefwechsel. Hg. von Henri Lonitz, Frankfurt am Main 1994, 426, 429. – Auch das Veitstanz-Zitat wird ähnlich wie das Zitat vom geschlagenen Propheten meist aus dem Kontext gerissen. – Die Vorbehalte Benjamins gegen Adornos George-Bild und den qualitativen Unterschied zwischen seiner und der George-Interpretation Adornos resümierte fünf Jahre später Gershom Scholem; die Ausführungen zum Briefwechsel seien zwar »recht interessant, aber unendlich schnöselig und zum Teil doch bösartig in der Missinter-

pretation und offensichtlichem Unverständnis für das, was gerade Benjamin hatte, nämlich Verständnis für Dichtung«; Gershom Scholem an Hannah Arendt, 6. August 1945, in: Gershom Scholem: Briefe I. 1914 – 1947. Hg. von Itta Shedletzky, München 1994, 303.

60 Klaus Mann: Das Schweigen Stefan Georges, in: Die Sammlung, 1, 2, Oktober 1933, 103.

61 Vgl. Hoffmann, 78, 127, 156f., 494. Dass George Mehnert eigens nach Den Haag schickte, damit er Berthold die Ehe ausrede, geht aus dem von Hoffmann angeführten Brief Georges an Mehnert vom 5. April 1932 allerdings nicht hervor; im Gegenteil, George wurde von der Reise Mehnerts nach Holland überrascht. – Im Übrigen war nicht nur George, sondern auch Stauffenbergs Vater strikt gegen die Verbindung mit Maria Classen; Berthold heiratete sie ein halbes Jahr nach dem Tod des Vaters im Juni 1936.

62 Berthold von Stauffenberg an Frank Mehnert, 2. Oktober 1933 (aus Den Haag), STGA.

63 RB 189.

64 Frank Mehnert an Walter Anton, o. D., STGA. Der abgebrochene und nicht abgeschickte Brief dürfte am 28. oder 29. November 1933 geschrieben worden sein, nach der Einlieferung Georges ins Krankenhaus.

65 Die Darstellung folgt im Wesentlichen dem 19 Folioseiten umfassenden Krankheitstagebuch über die letzten Wochen Georges, das Mehnert zwischen dem 14. und 20. Dezember 1933 anlegte, STGA.

66 Die Darstellung folgt im Wesentlichen Boehringer, RB 189–191; dort auch die Zitate.

67 Wolfskehl an Verwey, Meilen, 20. Dezember 1933, Wolfskehl/Verwey, 293. – Wolfskehl hatte im Frühjahr und Herbst 1933 in Orselina gelebt, dem Nachbarort oberhalb von Minusio. George ging es so schlecht, dass er Wolfskehls mehrfach geäußerten Wunsch nach einem Besuch in Minusio nicht erfüllen wollte – er bitte den Freund um etwas Geduld; zu Wolfskehls Enttäuschung vgl. ES 226.

68 RB 191.

69 Auf das Leben und den Tod Maximins: Das Fünfte: Erhebung, GA VI/VII.110.

70 Thormaehlen schrieb, den Schlusschor hätten Mehnert, Anton und Partsch gesprochen, während sich Stettler zu erinnern glaubte, es seien Blumenthal, Anton und Berthold von Stauffenberg gewesen. Ähnlich »folgenschwere« Abweichungen auch in der Frage, wie viele Lorbeerbäumchen es waren, sechs oder sieben, wer den Sarg trug und ob erst die Grabplatte geschlossen und dann der Schlusschor gelesen wurde oder umgekehrt.

71 Hanna Wolfskehl an Verwey, Basel, 7./8. Dezember 1933, Wolfs-kehl/Verwey, 288.

72 E[dgar] S[alin]: Zum 4. Dezember 1963. Privatdruck, 7.

73 Hoffmann, 128, nach mündlichem Bericht von Clotilde Schlayer und Walter Kempner sowie Aufzeichnungen Mehnerts vom September 1937, die vor allem dazu dienen sollten, die Freunde von dem Verdacht freizusprechen, einer von ihnen hätte die Hoheitszeichen entfernt. – Er finde, schrieb Thomas Mann, dass George »den gigantischen Regie-rungskranz, der seinen Hügel ziert, doch wohl nicht so ganz rein ver-dient hat«; Thomas Mann an Ernst Bertram, 9. Januar 1934, in: Thomas Mann: Briefe. 1889–1936, Frankfurt am Main 1962, 347.

74 Goebbels, der in seinem Telegramm an die Schwester nur sein »herz-lichstes Beileid« ausdrücken konnte, revanchierte sich, indem er am 6. Dezember einen Staatspreis auslobte, der mit 12 000 RM dotiert war, Stefan-George-Preis hieß und jedes Jahr am 1. Mai für das beste Buch des vergangenen Jahres vergeben werden sollte. Der Preis wurde 1934 einmal verliehen, dann umbenannt in Staatspreis.

75 Vgl. Franz-Karl von Stockert: Stefan George und sein Kreis. Wir-kungsgeschichte vor und nach dem 30. Januar 1933, in: Beda Allemann (Hg.): Literatur und Germanistik nach der ›Machtübernahme‹. Collo-quium zur 50. Wiederkehr des 30. Januar 1933, Bonn 1983, 82f. – Das Rust-Telegramm war über verschiedene Agenturen in unterschiedli-chem Wortlaut verbreitet worden.

76 GA IX.114 und 39. – An deutschen Theatern wurden zu Georges Ge-dächtnis wahlweise aufgeführt: Beethoven, Symphonie Nr. 3 Es-Dur op. 55 »Eroica« (Schauspielhaus Düsseldorf), der Sprechchor »An die Toten« (Schauspielhaus Frankfurt am Main) oder die szenische Urauf-führung »Der Mensch und der Drud« (Residenztheater München); die nationale Ergriffenheit gipfelte in dem Wunsch des Bonner Ordinarius für Kunstgeschichte, Paul Clemen, künftig neben dem Deutschland-lied und dem Horst-Wessel-Lied »An die Toten« erklingen zu lassen (in welcher Vertonung?); vgl. Stockert, Machtübernahme (wie Anm. 75), 83, und Illustrierte Zeitung, 4636, 18. Januar 1934, 82.

77 Rudolf Paulsen in: Völkischer Beobachter, 6. Dezember 1933.

78 Eduard Korrodi in: Neue Zürcher Zeitung, 5. Dezember 1933 (Her-vorhebung T.K.). Das Rust-Telegramm habe »nur die Perlenkette der faschistischen Fälschungen um ein Glitzerglied vermehrt«, urteilte fünf Jahre später auch die in Moskau erscheinende Exil-Zeitschrift *Das Wort*: Franz Leschnitzer: George und die Folgen, in: Das Wort, Heft 12, Dezember 1938, 113–130, Zitat 114.

79 Friedrich Gundolf an Sabine Lepsius, 3. August 1910, in: Gundolf, Briefe, 70.

III, 7 Die Tat

1 Hoffmann, 466.

2 Hoffmann, 395. – In Anspielung auf Major Remer, der als Kommandeur des Berliner Wachbataillons maßgeblich an der Niederschlagung des Aufstands beteiligt war und ein bekennender Rilke-Verehrer gewesen sein soll, äußerte Carl Schmitt nach dem Krieg, der 20. Juli sei am Ende auch »der Sieg Rilkes über George« gewesen; Mitteilung Nicolaus Sombart.

3 Hoffmann, 396; zur Entstehung und Bedeutung dieses letzten Manifests aus dem Geist Georges vgl. ebda., 463–472.

4 Der Ausruf ist in mehreren Versionen überliefert. Peter Hoffmann, der 1969 in seinem Standardwerk *Widerstand, Staatsstreich, Attentat. Der Kampf der Opposition gegen Hitler* (3. Auflage, München 1979, 624, 862f.) die Variante »Es lebe das *heilige* Deutschland!« bevorzugt hatte, entschied sich in seiner Stauffenberg-Biographie 1992 für den Wortlaut »Es lebe das *geheiligte* Deutschland!« (Hoffmann, 443). Auf Nachfrage begründete er dies damit, dass die bei der Erschießung am besten platzierten Zeugen Röhrig und Winterfeldt »aufgrund ihres Bildungsstandes eher die kompliziertere Version erfassen konnten«. Allerdings wollte Hoffmann auch einen Hörfehler »viel weniger ausschließen als früher«; Peter Hoffmann an Melchior Frommel, 4. April 1993. Da es von dem in jeder Hinsicht unsinnigen *geheiligten* Deutschland akkustisch nur eine halbe Silbe zum *geheimen* Deutschland ist – ein Begriff, der den genannten Zeugen unbekannt war –, halte ich aufgrund der Indizien das *geheime* Deutschland nicht nur für die gedachte, sondern auch für die gerufene Version.

5 Friedrich Gundolf: Das Bild Georges, in: Jahrbuch 1 (1910), 42.

6 Sebastian Haffner: Anmerkungen zu Hitler, München 1978, 26.

Zu diesem Buch

Am Schluss geht es nicht ohne ein persönliches Wort. Seit einigen Jahren führe ich in Berlin eine Agentur für Autoren mit dem Schwerpunkt Geschichte, Zeitgeschichte, Biographien. Im Sommer 1999 fragte mich ein Verleger nach einem potentiellen Autor für eine George-Biographie. Er wisse von meinem persönlichen Interesse an dem Thema, und vielleicht würde ich ein solches Projekt ja auch gern selber übernehmen. Ich hörte mich um, sprach mit diesem und jenem, aber je länger ich darüber nachdachte, desto deutlicher wurde mir, dass ich die George-Biographie, die mir vorschwebte, selber würde schreiben müssen.

Im Alter von 15 Jahren hatte ich Wolfgang Frommel kennengelernt und war von ihm in jenen Amsterdamer Freundeskreis eingeführt worden, der sich über Percy Gothein direkt auf Stefan George zurückführte. Ich erinnere mich gut, wie aufgeregt und stolz ich war, als ich im Sommer 1971 Ernst Morwitz vorgestellt wurde. Von 1974 bis 1984 lebte ich im Haus der Stiftung Castrum Peregrini in Amsterdam und arbeitete an der Seite Frommels in der Redaktion der gleichnamigen Zeitschrift, in der das Erbe Georges mit leidenschaftlichem Ernst verwaltet wurde. 1984 zog ich nach Berlin. Beim Tod Frommels zwei Jahre später zerfiel der letzte geschlossene Freundeskreis im Zeichen Georges in mehrere miteinander rivalisierende Gruppen.

Die ersten Überlegungen, noch einmal über George und seinen Kreis zu schreiben – diesmal von außen –, gehen auf Gespräche mit Ingrid Gilcher-Holtey Ende der achtziger Jahre zurück. Als Mitarbeiterin des Homburger Arbeitskreises war sie mit der Max-Weber-Gesamtausgabe befasst und beschäftigte sich eingehend mit der Rolle der Frauen im akademischen Milieu Heidelbergs um 1910. Was ich zur Entstehung des Heidelberg-Mythos beitragen konnte, waren ein paar Marginalien. Im Laufe unserer Gespräche wurde jedoch deutlich, dass eine die Innensicht des Kreises widerspiegelnde Darstellung genau das empirische Material bereitstellen würde, das Max Weber 1910, als er das Modell der charismatischen Herrschaft zu entwickeln begann, sich gewünscht hätte. Das Webersche Modell ist das einzige, das sämtliche Aspekte des Georgeschen Lebens abdeckt, und zwar sowohl nach innen, was die Selbstwahrnehmung des Dichters, die Strukturen der von ihm geschaffenen Gemeinschaft und deren Verhaltenskodex betrifft, als auch hinsichtlich der nicht unproblematischen Außenwirkung.

Für Weber war der George-Kreis eine künstlerische Sekte, wobei er unter Sekte ganz allgemein einen freiwilligen »Zusammenschluß von spezifisch qualifizierten Menschen« verstand. Nach dieser Definition gehört es zum Wesen einer Sekte, dass zwischen Sektenmitgliedern und Nicht-Sektenmitgliedern jede Verständigung über Glaubensartikel ausgeschlossen ist. So liegt es auch im Fall des George-Kreises. Seine Beschreibung folgt entweder der Innen- oder der Außensicht. Phänomenologisch ist weder auf die eine noch auf die andere Weise viel zu gewinnen. Während sich die Beweisführung der Gläubigen nach bewährtem Muster im Kreise dreht – *quod erat demonstrandum* –, ziehen manche Kritiker noch heute gegen einen Fetisch zu Felde, der seine magische Kraft bereits vor über einem halben Jahrhundert eingebüßt hat. Der Biograph, der das Leben eines Sektengründers erzählen will, muss die Innen- und Außensicht gleichermaßen berücksichtigen, den historischen Abstand wahren und dennoch die Faszination von einst, das dämonische Wechselspiel von Verführung und Gewalt, nachvollziehbar zu machen suchen.

Als die Idee einer Biographie an mich herangetragen wurde, hatte ich mich 15 Jahre nur noch marginal mit Stefan George beschäftigt. Der Abstand schien mir groß genug. Inzwischen war ich in die deutsche Geschichte des 19. und 20. Jahrhunderts eingetaucht und auch mit der Geschichte und Vorgeschichte des »Dritten Reichs« einigermaßen vertraut. Aus historischer Perspektive ergaben sich ganz andere Fragen an eine George-Biographie. Wenn es gelingen würde, Leben und Werk dieses Dichters in den Kontext seiner Zeit zu stellen, wäre seine Biographie am Ende auch als Abbild einer hypertrophen Epoche zu lesen, die 1933 nicht zufällig in Adolf Hitler ihren Erlöser sah. Dennoch stand für mich von Anfang an fest, dass der Fluchtpunkt, der Punkt, auf den die Beschreibung dieses Lebens zulaufen musste, nicht das Jahr 1933 sein konnte. So wenig sich die deutsche Geschichte auf die Linie Luther – Friedrich – Bismarck – Hitler reduzieren lässt, so wenig war Stefan George der Prophet des »Dritten Reichs«. Walter Benjamin hat am 12. Juli 1933 in der *Frankfurter Zeitung* klargemacht, dass die Prophetie Georges nicht eine Prophetie der nationalen Revolution, sondern eine des europäischen Untergangs war. Die Zäsur im Leben Georges ist die Zäsur des 20. Jahrhunderts: der Ausbruch des Ersten Weltkriegs im August 1914.

Der Philosoph Manfred Riedel stellte kürzlich in einem Interview die These auf, dass George, wäre das Attentat am 20. Juli 1944 geglückt, heute als »der größte deutsche Dichter« gelten würde. Ich halte solche Spekulationen für wenig ergiebig. Wir leben in einer Welt, die, unabhängig von den sprachlichen Verheerungen des Nationalsozialismus, nichts mit jener Welt zu tun hat, in der George aufwuchs und mit der er sich in seinem Werk auseinandersetzte. Wir haben heute eine völlig andere Vorstellung von »Herrschaft und Dienst«, von »Gefolgschaft und Jüngertum«, sofern uns die damit verbundenen Vorstellungen überhaupt noch etwas sagen. Vor allem ist unser Begriff von Freiheit ein völlig anderer. »Nicht das macht frei, dass wir nichts über uns anerkennen wollen«, sagte Goethe 1827 im Gespräch mit Eckermann, »sondern eben, dass wir etwas verehren, das über uns ist. Denn indem wir es verehren, heben wir uns zu ihm hinauf und legen durch unsere Anerkennung an den Tag, dass wir selber das Höhere in uns tragen und wert sind, seinesgleichen zu sein.«

Das 19. Jahrhundert hatte diesen Freiheitsbegriff gründlich in Frage gestellt, und hundert Jahre später erschien die Verehrung, die George von den Seinen entgegengebracht wurde, den meisten nur noch als Idolatrie. Dabei ging es im Kreis keineswegs so ehern, steif und streng zu, wie die Öffentlichkeit glaubte. Heute hält es kaum noch jemand für vorstellbar, dass unter den Freunden oft große Heiterkeit herrschte und zumal in den letzten Lebensjahren Georges viel gelacht wurde. Wer die Zeugnisse und Dokumente des Kreises genau studiere, schrieb Karl Wolfskehl im August 1946, werde unweigerlich feststellen, »dass ›die Idee der Freiheit‹ der Stern war, unter dem der Bund stand, focht und litt«. Je länger ich über das Projekt einer George-Biographie nachdachte, desto klarer wurde mir, dass die Suche nach dem verloren gegangenen Freiheitsbegriff das eigentliche Thema war.

Sich auf ein solches Unternehmen einzulassen, hieß, auf Jahre okkupiert zu sein. Auf der Frankfurter Buchmesse 1999 wandte ich mich ratsuchend an den Verleger Karl Blessing, dessen Urteil ich schätzte. Er hörte mir eine Viertelstunde aufmerksam zu, stellte zwei, drei gezielte Fragen und sagte dann: »Das Buch müssen Sie schreiben. Und Sie müssen es für mich schreiben.« Und nach einer kleinen Pause: »Wie viel brauchen Sie?« Welcher Autor hätte in diesem Moment widerstehen können? Auf die ersten hundert Seiten, die ich ihm im Frühjahr 2001 zu lesen gab – ich hatte mit dem Schreiben von Teil III begonnen –, reagierte der Verleger mit deutlicher Zurückhaltung. Erst als ich ihm zwei Jahre später die Rohfassung des ersten Teils schickte, konnte ich ihn überzeugen; er würde das Erscheinen aber gern noch erleben, erklärte er. Als ich Anfang 2005 endlich mit dem zweiten Teil fertig war, hatte er zum Lesen nicht mehr die Kraft. Karl Blessing starb am 12. März 2005 im Alter von nicht einmal 64 Jahren. Ohne ihn würde es dieses Buch nicht geben.

Was ich dem Verleger als Entwurf skizziert hatte und was mir als Ideal vorschwebte, war eine klassische Biographie mit vielen erzählerischen Elementen nach angelsächsischem Vorbild: *His Life and Times*. Eine George-Biographie, die diese Kriterien erfüllt, gibt es im deutschen Sprachraum bis heute nicht. Die 2002 erschienene amerikanische Studie von Robert E. Norton *Secret Germany* wird aufgrund ihrer positivistischen Auswertung der Quellen bei unzureichender Kenntnis der historischen und gesellschaft-

lichen Zusammenhänge den Anforderungen nicht gerecht. Norton hege
offenbar nicht ein einziges Mal den Verdacht, schrieb Ulrich Raulff in der
Süddeutschen Zeitung, dass er George in die Falle gegangen sein könnte –
»in die Falle einer Inszenierung«. Genau hier aber beginnt das Ungemach
für den George-Biographen.

Es gibt im Leben Stefan Georges so gut wie nichts, was nicht von vornherein Inszenierung gewesen wäre oder nachträglich für die Inszenierung
verwertet wurde. Spuren, die über die Entwicklung seiner Persönlichkeit,
sein Privatleben oder auch nur seine persönliche Meinung zu diesem oder
jenem Thema Aufschluss hätten geben können, wurden verwischt; George
hat Briefe, die ihm wichtig waren, nach Lektüre verbrennen lassen, Korrespondenzen am Ende einer Beziehung zurückverlangt, Vorstufen und
Varianten von Gedichten und das sonstige Futter für die Philologen vernichtet. Was nicht Eingang ins dichterische Werk gefunden hatte, gehörte
für ihn nicht ans Licht der Öffentlichkeit. Was er übrig ließ, ordnete er
in einer von ihm selbst beaufsichtigten, von 1927 an veröffentlichten Gesamtausgabe, deren defensiv abschließender Charakter schon in der Formulierung des Titels »Endgültige Fassung« zum Ausdruck kam. 1930 ließ
er sein Leben von Friedrich Wolters als das Leben eines Dichters dar-
stellen, der über historische Bedingungen wie biographische Zufälligkeiten so erhaben war, dass er am Ende genau dem Bild des unumschränkten
Herrschers im Reich des Geistigen entsprach, das er früh von sich entworfen hatte.

Wer gegen diese Totalität des künstlerischen Wollens über den Tod hinaus anschreibt, befindet sich in einer schwierigen Situation. Adorno glaubte eine Lösung gefunden zu haben und setzte die These in die Welt, wer George »retten« wolle, müsse ihn von sich selbst befreien: George sei groß, wo
er sich bescheide. Anknüpfend an Adornos Diktum, »allem Mythischen ge-
bührt Widerstand«, übte sich ab 1968 eine Generation von Doktoranden in
der Kritik am falschen Bewusstsein. Wahlweise wurden die ideologischen
Positionen des Werks oder die Werbestrategien des Kreises gegeißelt, und
am Ende blieb weder von der Persönlichkeit noch von der Dichtung viel
übrig. Die Summe der Aufklärung präsentierte einen machtbesessenen
krankhaften Narzissten.

Nach den Regeln der Dialektik könnte eine Biographie Georges allerdings um so ergiebiger ausfallen, je dichter sie am Selbstentwurf dranbleibt,
je konsequenter sie Georges eigener Wahrnehmung folgt. Georges Karriere
ist die Karriere eines Homosexuellen, der sich selber so nicht definierte und
sich weigerte, Homosexualität als gesellschaftlichen Makel zu akzeptieren.
Aus dem Widerspruch zwischen groß gefühlten Idealen und der Angst vor
Verfemung entwickelte er im Laufe der Jahre eine eigene Weltanschauung,
in der die Überwindung des Sexus durch die »übergeschlechtliche Liebe«

als Sieg des »pädagogischen Eros« gefeiert wurde. Das war der Kern, aus dem heraus er seine Obsessionen entwickelte. Er sei sicher, äußerte er einmal im Gespräch mit Sabine Lepsius, »dass die großen Wirkungen in der Welt nur vom Wahnsinn Einzelner ausgehen«. Wie groß seine Außenwirkung tatsächlich war, bleibe dahingestellt. Vergleicht man, was ihm vorschwebte, mit dem, was er am Ende erreicht hatte, kann man sein Leben als eine erstaunliche, noch immer faszinierende Erfolgsgeschichte bezeichnen.

Es sei die große Illusion der Biographik, schrieb Pierre Bourdieu, ein Leben als eine in sich schlüssige Geschichte verstehen zu wollen und zu glauben, die Gesamtheit der Ereignisse dieses Lebens lasse sich von der Wiege bis zur Bahre wie ein Roman erzählen. Weil es weder eine retrospektive noch eine prospektive Logik gibt und die Wirklichkeit unzusammenhängend ist, setzt das Handwerk der Biographik den Aufbau einer überzeugenden, vom »wirklichen« Leben des Protagonisten weitgehend unabhängigen Dramaturgie voraus. Hayden White sprach in diesem Zusammenhang von der »Fiktion des Faktischen«. Nicht, wie es war, sondern wie es gewesen sein könnte, ist das Kriterium.

Der Biograph muss die Personen, die im Leben seines Helden eine Rolle spielten, aus dem Hintergrund langsam heranführen, den Moment abpassen, in dem sie für die Biographie wichtig werden, und sie anschließend wieder abtreten lassen. Auf diese Weise entsteht rund um die Hauptfigur ein Kranz von Nebenfiguren, deren jede ihr Eigenleben hat. In der hagiographischen Erinnerungsliteratur gibt es eine solche Eigengesetzlichkeit nicht, Individualität wird hier bestenfalls als Kauzigkeit oder Spleen gehandelt. Neben dem Meister treten nur Komparsen auf. Nicht viel besser sieht es in der kritischen George-Literatur aus. Hier endet jede biographische Annäherung an den Meister früher oder später in der Beschäftigung mit dem »Kreis«, das heißt mit dem, was die lesende Öffentlichkeit seit etwa hundert Jahren unter diesem Begriff versteht. Über diesen »Kreis« wollte ich schon deshalb nicht schreiben, weil es ihn so, wie er imaginiert wurde, nie gegeben hat. (Im Text habe ich zu differenzieren versucht: George und die Seinen, Freundeskreis, innerer Kreis usw. und das Wort »Kreis« nur da verwendet, wo es keine qualitative Wertung impliziert und lediglich beschreibende Funktion besitzt.)

Er sei immer wieder überrascht, konstatierte Eckhard Heftrich 1968 auf dem Kölner George-Kolloquium, wie in der George-Literatur mit den Quellen umgegangen werde. Statt nach der Glaubwürdigkeit zu fragen, nach der Beweiskraft eines Dokuments innerhalb seines jeweiligen Bezugsrahmens, werde unterschiedslos zitiert, was gerade passt. »Ob der Chronist Boehringer oder Hildebrandt heißt, gilt den Interpreten gleich.« An diesem Befund hat sich nicht viel geändert, noch immer scheint Quellenkritik in der George-Literatur eine exotische Disziplin zu sein. Niemand stößt sich daran, dass ein Großteil der als authentisch gehandelten Texte in Wahrheit von der Peripherie stammt. In der Sekundärliteratur häufig zitierte Autoren wie Salin und Hildebrandt haben nie zum *inner circle* gehört. Dagegen haben viele der Freunde, die George über Jahre eng verbunden waren – in der zweiten Lebenshälfte etwa Albrecht von Blumenthal, Berthold von Stauffenberg, Johann Anton oder Frank Mehnert – kaum Gedrucktes hinterlassen. Mit Vorliebe werden von der Wissenschaft Texte herangezogen, die eine in sich kohärente, die tatsächlichen Verhältnisse stark idealisierende Kreis-Wirklichkeit vorspiegeln.

Da sich der »Kreis« in jedem Lebensabschnitt aus anderen Personen zusammensetzte, war die für mich entscheidende Frage, in welcher Phase seines Lebens George sich um welchen Menschen besonders bemühte, von wem er wann in welcher Weise gefesselt war, wer ihn wie beeinflusste. Das Dutzend Freunde, das im Laufe seines Lebens prägend auf ihn wirkte, war schnell beisammen, und so ergab sich fast wie von selbst die Periodisierung des Ganzen. Die zweite Herausforderung lautete, George in den konkreten Bedingungen seiner Zeit darzustellen und die Zeitgenossenschaft transparent zu machen. Großen Gewinn bei der Formulierung der Fragestellungen zog ich aus der Lektüre der Bücher von Heinrich Detering (2. Aufl. 2002), Klaus Christian Köhnke (1996), Klaus Lichtblau (1996) und Kurt Sontheimer (1962). In der George-Literatur war neben dem unbestechlichen Boehringer und der unentbehrlichen *Zeittafel* die grundlegende Studie von Carola Groppe (1997) eine stets zuverlässige Quelle.

Um die jeweilige Position Georges in seiner Zeit deutlicher zu machen, habe ich ihm nacheinander drei der führenden deutschen Denker des 20. Jahrhunderts gegenübergestellt: Georg Simmel im ersten, Max Weber im zweiten, Walter Benjamin im dritten Teil. Alle drei haben nicht nur in kritischer Distanz und aus je eigenen Motiven zum Ruhm Georges beigetragen; alle drei verdanken ihm auch wesentliche Impulse für ihr eigenes Werk. Als der heimliche Antipode aber erwies sich im Laufe der Arbeit immer mehr ein anderer schreibender Homosexueller, einer, der früh die Camouflage gewählt und sich für ein Doppelleben in der Bürgerlichkeit entschieden hatte: Thomas Mann. Seine Biographie und die Georges sind indirekt auf vielfache Weise verknüpft: von seinen ersten Ausfällen gegen Oskar Panizza 1895 bis zu dem späten Wunsch, wie George in der Schweiz begraben zu werden; von den heftigen Diskussionen um den *Tod in Venedig* bis zu den versteckten Anspielungen in den *Betrachtungen eines Unpolitischen*.

Das Werk Thomas Manns gilt heute als das große Vermächtnis der deutschen Literatur des vergangenen Jahrhunderts. Das Werk Stefan Georges ist in der Öffentlichkeit nicht mehr präsent. Eine Rezeptionsgeschichte, die zugleich Ideengeschichte wäre, gehört sicher zu den spannendsten Desiderata der George-Literatur. Mein Ziel war es, ein biographisches Fundament zu schaffen, das den Zugang zur Person künftig erleichtert und vielleicht auch zur weiteren Beschäftigung mit dem Werk anregt. Über das Werk selbst habe ich im Wesentlichen nur das gesagt, was mir zum generellen Verständnis nötig zu sein schien und was der Erhellung biographischer Zusammenhänge diente. Wer sich eingehender mit der Dichtung auseinandersetzen möchte, sei auf die im Französischen bereits vor über einem halben Jahrhundert veröffentlichte Werkinterpretation von Claude David verwiesen (deutsch 1967); auch wenn sie in manchen Details überholt ist, gibt sie noch immer den Maßstab vor. (Über Entwicklung und Stand der George-Forschung 1955–2005 unterrichtet Jürgen Egyptien im George-Heft der Zeitschrift *Text und Kritik*, Nummer 168, Oktober 2005.)

Ich habe die Gedichte durchgängig als biographische Quelle genutzt und weiß, dass ich mich damit angreifbar mache, zumal ich sie als verschlüsselte Botschaften und intime Geständnisse lese. Aber ich kann mich bei diesem Verfahren, das dem einen oder anderen etwas einseitig erscheinen mag, nicht nur auf Claude David berufen – »die konkreteste Bedeutung ist gleichzeitig auch die wahrste« –, sondern auch auf George selbst. Im Dezember 1927 sagte er zu Edith Landmann, dass Wolfskehl einmal ganz erstaunt festgestellt habe, in seinen Gedichten stehe »ja gar nichts andres drin als Dinge, die waren«, und ein Jahr später betonte er ihr gegenüber noch einmal, seine Gedichte seien »viel wörtlicher zu nehmen als man denkt«. Nicht anders wurde die Dichtung Georges auch vom seinem ersten Interpreten Ernst Morwitz gelesen. Neben den Gedichten, die biographisch Aufschluss geben, habe ich einige von denen zitiert, die für mich immer zu den schönsten zählten. In ihnen wird greifbar, was jenseits alles biographischen und historischen Interesses einzig zählt: der lyrische Gehalt eines der großen dichterischen Werke der deutschen Literatur des 20. Jahrhunderts.

Dank

Im Laufe meiner siebenjährigen Arbeit wurde mir vielfache Hilfe zuteil. Dafür möchte ich mich bedanken. An erster Stelle danke ich dem Vorstand der Stefan George-Stiftung für die Erlaubnis zur Wiedergabe unveröffentlichter Schriftstücke aus dem Stefan George-Archiv und für die Genehmigung zum Abdruck der Fotografien. Mein Dank gilt dem Deutschen Literaturarchiv Marbach für die Abdruckgenehmigung unveröffentlichter Briefe von Karl Wolfskehl sowie sämtlichen privaten Rechteinhabern, soweit sie ausfindig zu machen waren.

Ich danke der Stiftung Castrum Peregrini Amsterdam und ihrem Direktor Michael Defuster, der mich mehrmals für längere Zeit unter optimalen Bedingungen in der Bibliothek der Stiftung arbeiten ließ. Bis in die Produktionsphase hinein wurde ich großzügig unterstützt von Ute Oelmann, der Leiterin des Stefan George-Archivs in der Württembergischen Landesbibliothek Stuttgart. Dank schulde ich dem Direktor des Deutschen Literaturarchivs Marbach, Ulrich Raulff, für die Erlaubnis, den Briefwechsel Friedrich und Elisabeth Gundolf einzusehen.

Für Auskünfte, Anregungen und Hinweise zu einzelnen Themenkomplexen bedanke ich mich bei William Abbey (Gundolf Archiv London), Ilsi von Bothmer, Detlef Felken, Sophia Frommel, Roderich Goldmann, Yorck A. Haase (Hessische Landes- und Hochschulbibliothek Darmstadt), Peter Hoffmann, Liselotte Homering (Reiss-Engelhorn-Museen Mannheim), Christoph Jahr, Lothar Machtan, Andreas Pretzel, Joachim Radkau, Stefan Rebenich, Rüdiger Reitmeier, Irina Renz (Bibliothek für Zeitgeschichte der Württembergischen Landesbibliothek), Armin Rolfink, Sonja Schön, Wolfgang Schürmann, Gerhard Schuster, Gertrud Seibt, Nicolaus Sombart, Peter Sprengel und Uwe Wesel.

Gern erinnere ich mich an das kontinuierliche Gespräch mit zwei inzwischen verstorbenen Freunden, die dem Frommel-Kreis bereits vor dem Krieg angehörten und die mich, auch durch vielfachen Widerspruch, immer wieder ermutigten: Hans-Jürgen Brandt (1918–2003) und Paul Otto Drescher (1912–2004).

Teile des Manuskripts in einem frühen Stadium lasen Joachim Köhler, Wolfgang Meyer-Borchert, Friedrich Rothe und Michael Winter. Klaus Fußmann, Christiane Kuby und Herbert Post haben das Ganze in überarbeitetem Zustand gelesen. Ihnen sei an dieser Stelle für zahlreiche Anregungen herzlich gedankt.

Drei Mitleser will ich hervorheben: Ingrid Gilcher-Holtey, die stets aufs Neue die Methode einforderte und mich zweimal nach Bielefeld einlud, um meine Thesen vorzutragen; Joachim Dyck, der im gleichen Zeitraum an seiner 2006 erschienenen Gottfried-Benn-Biographie arbeitete und mit dem ich mich in langen Telefonaten über Lust und Fron des Biographen austauschen konnte; und Marita Keilson-Lauritz, die mit ihren Forschungen zur Rolle der Literatur im Kampf um die Emanzipation der Männerliebe Pionierarbeit geleistet hat und als Co-Autorin der *Zeittafel* von 1972 eine besonders kritische Mitleserin war.

Ich danke den Kollegen und Kolleginnen des Blessing Verlags, namentlich Ulrich Genzler, der nach dem Tod von Karl Blessing die Leitung des Verlags in der Verlagsgruppe Bertelsmann übernahm, sowie meiner Lektorin Hanna Diederichs, von der ich mich in jeder Phase dieser sieben Jahre gut beraten wusste.

Der erste und letzte Dank geht an meine Frau.

Berlin, im Mai 2007

Literaturverzeichnis

Das Literaturverzeichnis ist in drei Abteilungen gegliedert: Dem Verzeichnis der häufig verwendeten Literatur (A Siglen und Abkürzungen) folgt die übrige Quellen- und Sekundärliteratur zu George und seinem Kreis (B); über den engeren Kreis hinausgehende Literatur sowie allgemeine Literatur findet man unter C. Sonstige Literatur. Aufgelistet werden alle *zitierten* Werke (Zeitungsartikel nur in Ausnahmefällen) sowie Titel, denen der Autor sich besonders verpflichtet weiß. Um die Bibliographie nicht aufzublähen, wurde auf Doppelnennungen verzichtet, d.h. Sammelwerke und Periodika, die zwei oder mehr relevante Beiträge enthalten, sind lediglich unter dem Namen des Herausgebers bzw. unter dem Reihentitel zu finden; die zitierten Autoren und ihre Beiträge findet man in den Anmerkungen.

A. Siglen und Abkürzungen

BV   Berthold Vallentin: Gespräche mit Stefan George. 1902–1931, Amsterdam 1967

CP   Castrum Peregrini, Heft 1ff., Amsterdam 1951ff.

EG   Ernst Glöckner: Begegnung mit Stefan George. Auszüge aus Briefen und Tagebüchern. 1913–1934. Hg. von Friedrich Adam, Heidelberg 1972

EL   Edith Landmann: Gespräche mit Stefan George, Düsseldorf/München 1963

EM   Ernst Morwitz: Kommentar zu dem Werk Stefan Georges, München/Düsseldorf 1960

EM II   Ernst Morwitz: Kommentar zu den Prosa- Drama- und Jugend-Dichtungen Stefan Georges, München/Düsseldorf 1962

ES   Edgar Salin: Um Stefan George. Erinnerung und Zeugnis, München/Düsseldorf 1954

FW   Friedrich Wolters: Stefan George und die Blätter für die Kunst. Deutsche Geistesgeschichte seit 1890, Berlin 1930

GA   Stefan George: Gesamt-Ausgabe der Werke. Endgültige Fassung [18 in 15 Bänden], Berlin 1927–1934

GJb   George-Jahrbuch. Im Auftrag der Stefan-George-Gesellschaft hgg. von Wolfgang Braungart und Ute Oelmann. Band 1 (1996/97) – Band 6 (2006/07)

GPL   Georg Peter Landmann: Stefan George und sein Kreis. Eine Bibliographie. Mit der Hilfe von Gunhild Günther ergänzte und nachgeführte zweite Auflage, Hamburg 1976

KH   Kurt Hildebrandt: Erinnerungen an Stefan George und seinen Kreis, Bonn 1965

KTB   [Katalog Bingen] Stefan George. Lehrzeit und Meisterschaft. Gedenk- und Feierschrift zum 100. Geburtstag des Dichters am 12. Juli 1968. Hg. vom Stefan-George-Gymnasium Bingen [Bingen 1968]

KTM   [Katalog Marbach] Stefan George. 1868 – 1968. Der Dichter und sein Kreis. Eine Ausstellung des Deutschen Literaturarchivs im Schiller-Nationalmuseum Marbach a. N. Hg. von Bernhard Zeller, Stuttgart 1968

KTS   [Katalog Stuttgart] Werner Paul Sohnle: Stefan George und der Symbolismus. Eine Ausstellung der Württembergischen Landesbibliothek Stuttgart, Stuttgart 1983

LT   Ludwig Thormaehlen: Erinnerungen an Stefan George, Hamburg 1962

RB   Robert Boehringer: Mein Bild von Stefan George, 2. Aufl., Düsseldorf/ München 1968

STGA   Stefan George Archiv, Württembergische Landesbibliothek Stuttgart

SW   Stefan George: Sämtliche Werke in 18 Bänden, Stuttgart 1982ff.

ZT   H.-J. Seekamp, R. C. Ockenden, M. Keilson: Stefan George. Leben und Werk. Eine Zeittafel, Amsterdam 1972

Adorno   Theodor W. Adorno: George und Hofmannsthal. Zum Briefwechsel: 1891–1906. In: ders.: Prismen. Kulturkritik und Gesellschaft, München 1963, S.190–231 [= Gesammelte Schriften in zwanzig Bänden. Hg. von Rolf Tiedemann, Frankfurt am Main 1986, Band 10.1]

Auslese   Blätter für die Kunst. Eine Auslese aus den Jahren 1892–1898, 1898–1904, 1904–1909. Drei Bände, Berlin 1899–1909

Blätter   Blätter für die Kunst. Begründet von Stefan George. Hg. von Carl August Klein. [Folge I – XII, Berlin] 1892–1919, Düsseldorf/München 1968 [Neudruck in sechs Bänden]

Boehringer, Ewiger Augenblick   Robert Boehringer: Ewiger Augenblick, Düsseldorf/München 1965

Borchardt, Aufzeichnung   Rudolf Borchardt: Aufzeichnung Stefan George betreffend. Aus dem Nachlass hg. und erläutert von Ernst Osterkamp, München 1998

Brasch   Hans Brasch: Bewahrte Heimat. Aus dem Nachlass hg. von Georg Peter Landmann, Düsseldorf/München 1972

Breysig   Kurt Breysig: Stefan George. Gespräche, Dokumente, Amsterdam 1960

Curtius   Ernst Robert Curtius: Stefan George im Gespräch. In: ders.: Kritische Essays zur europäischen Literatur, 2. Aufl., Bern 1954, S. 100–116

David   Claude David: Stefan George. Sein dichterisches Werk, München 1967

Detering   Heinrich Detering: Das offene Geheimnis. Zur literarischen Produktivität eines Tabus von Winckelmann bis zu Thomas Mann, 2. Aufl., Göttingen 2002

Deutsche Dichtung   Deutsche Dichtung. Hgg. und eingeleitet von Stefan George und Karl Wolfskehl. Erster Band: Jean Paul; Zweiter Band: Goethe; Dritter Band: Das Jahrhundert Goethes, Stuttgart 1989–1995

Durzak   Manfred Durzak: Der junge Stefan George. Kunsttheorie und Dichtung, München 1968

Fechner   Jörg-Ulrich Fechner (Hg.): »L'âpre gloire du silence«. Europäische Dokumente zur Rezeption der Frühwerke Stefan Georges und der *Blätter für die Kunst*. 1890–1898, Heidelberg 1998

Fiechtner   Helmut A. Fiechtner (Hg.): Hugo von Hofmannsthal. Die Gestalt des Dichters im Spiegel der Freunde, Wien 1949

Freedman   Ralph Freedman: Rainer Maria Rilke. Band 1: Der junge Dichter. 1875–1906. Band 2: Der Meister. 1906–1926, Frankfurt am Main 2001/02

Fuchs   Georg Fuchs: Sturm und Drang in München um die Jahrhundertwende, München 1936

George/Coblenz   Stefan George – Ida Coblenz. Briefwechsel. Hgg. von Georg Peter Landmann und Elisabeth Höpker-Herberg, Stuttgart 1983

George/Gundolf   Stefan George / Friedrich Gundolf: Briefwechsel. Hg. von Robert Boehringer mit Georg Peter Landmann, München/Düsseldorf 1962

George/Hofmannsthal   Briefwechsel zwischen George und Hofmannsthal. Zweite ergänzte Aufl., München/Düsseldorf 1953

George/Lechter   Melchior Lechter und Stefan George: Briefe. Kritische Ausgabe. Hg. von Günter Heintz, Stuttgart 1991

George/Verwey   Albert Verwey en Stefan George. De documenten van hun vriendschap. Bijeengebracht en toegelicht door Mea Nijland-Verwey, Amsterdam 1965

George/Wolters   Stefan George / Friedrich Wolters: Briefwechsel. 1904–1930. Hg. von Michael Philipp, Amsterdam 1998

George-Kolloquium   Stefan George Kolloquium. Hgg. von Eckhard Heftrich, Paul Gerhard Klussmann, Hans Joachim Schrimpf, Köln 1971

George, Dokumente   Stefan George. Dokumente seiner Wirkung. Aus dem Friedrich Gundolf Archiv der Universität London hgg. von Lothar Helbing und Claus Victor Bock mit Karlhans Kluncker, Amsterdam 1974

George, Werk und Wirkung   Stefan George: Werk und Wirkung seit dem ›Siebenten Ring‹. Für die Stefan-George-Gesellschaft hgg. von Wolfgang Braungart, Ute Oelmann und Bernhard Böschenstein, Tübingen 2001

Gothein, Erinnerungen   Percy Gothein: Erinnerungen. Unveröffentlichtes Typoskript, 1923/24. Durchschlag einer während des Krieges angefertigten Maschinenabschrift im Besitz des Verfassers

Groppe   Carola Groppe: Die Macht der Bildung. Das deutsche Bürgertum und der George-Kreis. 1890–1933, Köln/Weimar/Wien 1997

Grünewald   Eckhart Grünewald: Ernst Kantorowicz und Stefan George. Beiträge zur Biographie des Historikers bis zum Jahre 1938 und zu seinem Jugendwerk »Kaiser Friedrich der Zweite«, Wiesbaden 1982 (Frankfurter Historische Abhandlungen Band 25)

Gundolf, George   Friedrich Gundolf: George, Berlin 1920

Gundolf, Briefe   [Friedrich] Gundolf: Briefe. Neue Folge. Hg. von Lothar Helbing und Claus Victor Bock, Amsterdam 1965

Hoffmann   Peter Hoffmann: Claus Schenk Graf von Stauffenberg und seine Brüder, Stuttgart 1992

Jahrbuch   Jahrbuch für die geistige Bewegung. Hg. von Friedrich Gundolf und Friedrich Wolters. Jahrgang 1–3, Berlin 1910–1912

Jappe   Jappe, Hajo: Ernst Bertram. Gelehrter, Lehrer und Dichter, Bonn 1969

Katalog Lebensreform   Die Lebensreform. Entwürfe zur Neugestaltung von Leben und Kunst um 1900. Zwei Bände. Hgg. von Kai Buchholz, Rita Latocha, Hilke Peckmann, Klaus Wolbert, Darmstadt 2001

Klages, Schuler-Nachlass   Alfred Schuler: Fragmente und Vorträge aus dem Nachlaß. Mit Einführung von Ludwig Klages, Leipzig 1940

Kluncker, Blätter   Karlhans Kluncker: Blätter für die Kunst. Zeitschrift der Dichterschule Stefan Georges, Frankfurt am Main 1974

Koebner/Janz/Trommler   Thomas Koebner, Rolf-Peter Janz und Frank Trommler (Hgg.): »Mit uns zieht die neue Zeit«. Der Mythos Jugend, Frankfurt am Main 1985

Köhnke   Klaus Christian Köhnke: Der junge Simmel – in Theoriebeziehungen und sozialen Bewegungen, Frankfurt am Main 1996

Kommerell, Der Dichter als Führer   Max Kommerell: Der Dichter als Führer in der deutschen Klassik. Klopstock, Herder, Goethe, Schiller, Jean Paul, Hölderlin, Berlin 1928

Kommerell, Briefe   Max Kommerell: Briefe und Aufzeichnungen. 1919–1944. Aus dem Nachlass hg. von Inge Jens, Olten/Freiburg 1967

Kronberger Maximilian Kronberger: Gedichte. Tagebücher. Briefe. Hg. von Georg Peter Landmann, Stuttgart 1987

Kurzke Hermann Kurzke: Thomas Mann. Das Leben als Kunstwerk, München 1999

Landmann, Erinnerungen Michael Landmann: Erinnerungen an Stefan George. Seine Freundschaft mit Julius und Edith Landmann, Amsterdam 1980

Landmann, Figuren Michael Landmann: Figuren um Stefan George. Zwei Bände, Amsterdam 1982 und 1988

Lepsius (1935) Sabine Lepsius: Stefan George. Geschichte einer Freundschaft, Berlin 1935

Lepsius (1972) Sabine Lepsius: Ein Berliner Künstlerleben um die Jahrhundertwende. Erinnerungen, München 1972

Lessing Theodor Lessing: Einmal und nie wieder, Gütersloh 1969 [zuerst Prag 1935]

Lichtblau Klaus Lichtblau: Kulturkrise und Soziologie um die Jahrhundertwende. Zur Genealogie der Kultursoziologie in Deutschland, Frankfurt am Main 1996

Nachlass II Gisela Eidemüller: Die nachgelassene Bibliothek des Dichters Stefan George: Der in Bingen aufbewahrte Teil, Heidelberg 1987 [= Stefan George. Bilder und Bücher aus dem Nachlass. Band II]

Norton Robert E. Norton: Secret Germany. Stefan George and His Circle, Ithaca/London 2002

Petrow Michael Petrow: Der Dichter als Führer? Zur Wirkung Stefan Georges im »Dritten Reich«, Marburg 1995

Radkau Joachim Radkau: Max Weber. Die Leidenschaft des Denkens, München 2005

Rieckmann Jens Rieckmann: Hugo von Hofmannsthal und Stefan George. Signifikanz einer ›Episode‹ aus der Jahrhundertwende, Tübingen/Basel 1997

Rouge Carl Rouge: Schulerinnerungen an den Dichter Stefan George. In: Volk und Scholle, 8, 1, 1930

Schmitz Oscar A. H. Schmitz: Dämon Welt. Jahre der Entwicklung, München 1926

Schröder Hans Eggert Schröder: Ludwig Klages. Die Geschichte seines Lebens. Erster Teil: Die Jugend, Bonn 1966

Sontheimer Kurt Sontheimer: Antidemokratisches Denken in der Weimarer Republik. Die politischen Ideen des deutschen Nationalismus zwischen 1918 und 1933, München 1962

Sprengel Peter Sprengel: Geschichte der deutschsprachigen Literatur 1870–1900. Von der Reichsgründung bis zur Jahrhundertwende, München 1998

Stein Wilhelm Stein: Aufzeichnungen über George, Aarau 1963

Stettler, Erinnerungen Michael Stettler: Begegnungen mit dem Meister. Erinnerungen an Stefan George, Düsseldorf/München 1970

Stettler, Frank Stettler, Michael: Erinnerung an Frank. Ein Lebenszeugnis hg. von Michael Stettler, 2. Aufl., Düsseldorf/München 1970

Steiner Herbert Steiner: Begegnung mit Stefan George. In: ders.: Begegnungen mit Dichtern, Tübingen 1963, S. 9–23

Stern Fritz Stern: Kulturpessimismus als politische Gefahr. Eine Analyse nationaler Ideologie in Deutschland, Bern/Stuttgart/Wien 1963

Verkannte Brüder Gert Mattenklott, Michael Philipp, Julius H. Schoeps (Hgg.): »Verkannte brüder«? Stefan George und das deutsch-jüdische Bürgertum zwischen Jahrhundertwende und Emigration, Hildesheim/Zürich/New York 2001

Wais Kurt Wais: Mallarmé. Ein Dichter des Jahrhundert-Endes, München 1938

Wegner Matthias Wegner: Aber die Liebe. Der Lebenstraum der Ida Dehmel, München 2000

Wolfskehl, GW Karl Wolfskehl: Gesammelte Werke. Zwei Bände. Hgg. von Margot Ruben und Claus Victor Bock, Hamburg 1960

Wolfskehl, Briefe und Aufsätze Karl Wolfskehl: Briefe und Aufsätze. München 1925–1933. Hg. von Margot Ruben, Hamburg 1966

Wolfskehl, Exil Karl Wolfskehl: Zehn Jahre Exil. Briefe aus Neuseeland 1938–1948. Hg. von Margot Ruben, Heidelberg/Darmstadt 1959

Wolfskehl, Neuseeland Karl Wolfskehls Briefwechsel aus Neuseeland 1938–1948. Hg. von Cornelia Blasberg. Zwei Bände, Darmstadt 1988

Wolfskehl/Gundolf Karl und Hanna Wolfskehl: Briefwechsel mit Friedrich Gundolf. 1899–1931. Hg. von Karlhans Kluncker. Zwei Bände, Amsterdam 1976/77

Wolfskehl/Verwey Wolfskehl und Verwey. Die Dokumente ihrer Freundschaft. 1897–1946. Hg. von Mea Nijland-Verwey, Heidelberg 1968

Wolfskehl-Katalog Karl Wolfskehl. 1869–1969. Leben und Werk in Dokumenten, Darmstadt 1969

Wolfskehl-Kolloquium Karl Wolfskehl Kolloquium. Vorträge – Berichte – Dokumente. Hg. von Paul Gerhard Klussmann in Verbindung mit Jörg-Ulrich Fechner und Karlhans Kluncker, Amsterdam 1983

Wolters, Frühe Aufzeichnungen Friedrich Wolters: Frühe Aufzeichnungen nach Gesprächen mit Stefan George zur »Blättergeschichte«. Hg. von Michael Philipp, Amsterdam 1996

Wunberg Gotthart Wunberg (Hg.): Hofmannsthal im Urteil seiner Kritiker, Frankfurt am Main 1972

B. Literatur zu George und seinem Kreis

Aler, Jan: Symbol und Verkündung. Studien um Stefan George, Düsseldorf/München 1976

Amelung, Walther: Es sei wie es wolle, es war doch so schön, Frankfurt am Main 1984

Andrian, Leopold. Über Hugo von Hofmannsthal. Auszüge aus seinen Tagebüchern. Mitgeteilt und kommentiert von Ursula Renner. In: Hofmannsthal-Blätter, Heft 35/36, 1987, S.3–49

Arbogast, Hubert: Die Erneuerung der deutschen Dichtersprache in den Frühwerken Stefan Georges. Eine stilgeschichtliche Untersuchung, Köln/Graz 1967

Arbogast, Hubert: Stefan Georges »Buch der hängenden Gärten«. In: Jahrbuch der Deutschen Schillergesellschaft, 30, 1986, S. 493–510

Baer, Harry: Schlafen kann ich, wenn ich tot bin. Das atemlose Leben des Rainer Werner Fassbinder, Köln 1982

Baumann, Günter: Dichtung als Lebensform. Wolfgang Frommel zwischen George-Kreis und Castrum Peregrini, Würzburg 1995

Bertram, Ernst: Nietzsche. Versuch einer Mythologie, Berlin 1918

Bertram, Ernst: Deutscher Aufbruch. Eine Rede vor studentischer Jugend. In: Deutsche Zeitschrift, 10, Juli 1933, S. 609–619

Bertram, Ernst: Deutsche Gestalten. Fest- und Gedenkreden, Leipzig 1934

B[ierbaum], O[tto] J[ulius]: Wanderungen von Felix Paul Greve. [Rezension] In: Die Insel, 3, 3, April/Juni 1902, S. 195f.

Blei, Franz: Stefan Georges Tempelglocken. In: Der Querschnitt, 10, 9, 1930, S. 629

Bock, Claus Victor: Wort-Konkordanz zur Dichtung Stefan Georges, Amsterdam 1964

Bondi, Georg: Erinnerungen an Stefan George, Berlin 1934

Boockmann, Hartmut: »Uns stockt der blick im aufgeschlagnen buche«. Über »Die Gräber in Speier« von Stefan George. In: Der Aquädukt. 1763–1988. Ein Almanach aus dem Verlag C. H. Beck im 225. Jahr seines Bestehens, München 1988, S. 356–364

Böschenstein, Bernhard: Verbergung und Enthüllung. Georges Präsenz in der Fortsetzung zum »Tod des Tizian«. In: Wolfram Malte Fues und Wolfram Mauser (Hgg.): Verbergendes Enthüllen. Festschrift für Martin Stern, Würzburg 1995, S. 277–287

Böschenstein, Bernhard, Jürgen Egyptien, Bertram Schefold, Wolfgang Graf Vitzthum (Hgg.): Wissenschaftler im George-Kreis. Die Welt des Dichters und der Beruf der Wissenschaft, Berlin/New York 2005

Bothe, Henning: »Ein Zeichen sind wir, deutungslos«. Die Rezeption Hölderlins von ihren Anfängen bis zu Stefan George, Stuttgart 1992

Braungart, Wolfgang: Gundolfs George. In: Germanisch-Romanische Monatsschrift, Neue Folge 43, 1993, S. 417–442

Braungart, Wolfgang: Ästhetischer Katholizismus. Stefan Georges Rituale der Literatur, Tübingen 1997

Brecht, Franz Josef: Platon und der George-Kreis, Jena 1929

Breuer, Stefan: Ästhetischer Fundamentalismus. Stefan George und der deutsche Antimodernismus, Darmstadt 1995

Breysig, Kurt, Fritz Wolters, B. Vallentin, Friedrich Andreae: Grundrisse und Bausteine zur Staats- und zur Geschichtslehre. Zusammengetragen zu den Ehren Gustav Schmollers und zum Gedächtnis des 24. Juni 1908, seines siebenzigsten Geburtstages, Berlin 1908

Busch, Walter, Gerhart Pickerodt (Hgg.): Max Kommerell. Leben – Werk – Aktualität, Göttingen 2003

Cave, F. delle (Hg.): Correspondenzen, Marbach 1989

Curtius, Ludwig: Deutsche und antike Welt. Lebenserinnerungen, Stuttgart 1952

Dauthendey, Max: Gedankengut aus meinen Wanderjahren, München 1913

David, Claude: Stefan George und Goethe. In: Goethe-Jahrbuch, 103, 1986, S. 168–172

Dedecius, Karl: Dokumente der Freundschaft. Poetisches über Stefan George und Waclaw Rolicz-Lieder. In: Norbert Honsza und Hans-Gert Roloff (Hgg.): Dass eine Nation die ander [sic] verstehen möge. Festschrift für Marian Szyrocki zu seinem 60. Geburtstag, Amsterdam 1988, S. 151–163

Dehmel, Ida. 1870 – 1942. Ausstellung 14. Januar bis 27. Februar 1970. Staats- und Universitätsbibliothek Hamburg, Hamburg 1970

Dessoir, Max: Buch der Erinnerung, Stuttgart 1946

Dimpfl, Monika: Die Zeitschriften »Der Kunstwart«, »Freie Bühne / Neue Deutsche Rundschau« und »Blätter für die Kunst«. Organisation literarischer Öffentlichkeit um 1900. In: Monika Dimpfl, Georg Jäger (Hgg.): Zur Sozialgeschichte der deutschen Literatur im 19. Jahrhundert. Einzelstudien, Teil II, Tübingen 1990, S. 116–197

Dorgerloh, Annette: Das Künstlerehepaar Lepsius. Zur Berliner Porträtmalerei um 1900, Berlin 2003

Dülberg, Franz: Marianne Strehla, Berlin o. J. [um 1907]

Durzak, Manfred: Zwischen Symbolismus und Expressionismus. Stefan George, Stuttgart 1974

Duthie, Enid Lowry: L'influence du symbolisme français dans le renouveau poétique de l'Allemagne. Les »Blätter für die Kunst« de 1892 à 1900, Paris 1933

Edward, Georg: Erinnerungen an Stefan George. In: Gießener Anzeiger, 15. April 1950 (Gießener Familienblätter 15)

Einstein, Carl: George. In: Werke, Band 4: Aus dem Nachlass I. Hgg. von Hermann Haarmann und Klaus Siebenhaar, Berlin 1992, S. 105–116

Elze, Walter: Stefan George, Friedrich Wolters, Johann Anton. Typoskript, 12 Seiten, Freiburg im Breisgau 1959

Elze, Walter: Marburg. Bemerkungen zu dem einstigen Kreis dort. Typoskript, 12 Seiten, Freiburg im Breisgau 1961

Ernst, Wolfgang, Cordella Vismann (Hgg.): Geschichtskörper. Zur Aktualität von Ernst H. Kantorowicz, München 1998

Eucken, Irene [pseud. E. Erdsiek]: Stefan George, ein Führer oder ein Magier? In: Die Tatwelt, 6, 1, Januar/März 1930, S. 7–10

Euphorion. Zeitschrift für Literaturgeschichte. Hg. von Rainer Gruenter und Arthur Henkel. 75. Band, 2. Heft: Aus Anlass von Friedrich Gundolfs 100. Geburtstag und 50. Todestag, Heidelberg 1981

Fahrner, Rudolf: Aufzeichnungen. Aus dem Nachlass Gemma Wolters-Thiersch. Hektographiertes Manuskript, o. J.

Fahrner, Rudolf: Frank. Hektographiertes Manuskript, 61 S., 1967

Fahrner, Rudolf: Mein Leben mit Offa [d.i. Alexander von Stauffenberg]. Hektographiertes Manuskript, 43 S., 1985

Fahrner, Rudolf: Erinnerungen 1903–1945. Aus dem Nachlass hg. von Stefano Bianca. Privatdruck, Genf 1998

Farrell, Ralph: Stefan Georges Beziehungen zur englischen Dichtung, Berlin 1937

Friedemann, Heinrich: Platon. Seine Gestalt, Berlin 1914

Fügen, Hans Norbert: Der George-Kreis in der »dritten Generation«. In: Wolfgang Rothe (Hg.): Die deutsche Literatur in der Weimarer Republik, Stuttgart 1974, S. 334–358

Fuhrmann, Horst: Ernst H. Kantorowicz – der gedeutete Geschichtsdeuter. In: ders.: Überall ist Mittelalter. Von der Gegenwart einer vergangenen Zeit, 2. Aufl., München 1997, S. 252–270

George, Stefan: Phraortes. Graf Bothwell. Zwei dramatische Fragmente aus der Schulzeit. Hg. von Georg Peter Landmann, Düsseldorf/München 1975

– Unbekannte Briefe an seine Freundin Anna Stierstädter. Mitgeteilt von Franz Götting. In: Frankfurter Allgemeine Zeitung, 19. Juli 1969

– Stefan George in der Erinnerung seiner Bekannten und Altersgenossen. In: Rheinische Heimat, 3, 2, Beilage der Mittelrheinischen Volkszeitung, 13. Juli 1928

– Stefan George. Bilder und Bücher aus dem Nachlass. Band I, bearbeitet von Robert Wolff, Bingen 1973

– Stefan George in Darstellungen der bildenden Kunst. Ausstellung zum 50. Todestag des Dichters am 4. Dezember 1983, Bingen 1983

– Stefan George und Holland. Katalog der Ausstellung zum 50. Todestag. Universitätsbibliothek Amsterdam, Amsterdam 1984

– Stefan George. Kunst und Kult. Eine Ausstellung des Präsidialdepartements der Stadt Zürich, Strauhof Zürich 1997

– Stefan George-Bibliographie 1976–1997. Mit Nachträgen bis 1976. Auf der Grundlage der Bestände des Stefan George-Archivs in der Württembergischen Landesbibliothek. Hg. von der Stefan George-Stiftung. Bearbeitet von Lore Frank und Sabine Ribbeck, Tübingen 2000

Gérardy, Paul: Sa correspondance avec Stefan George (1892–1903). Hg. von Jörg-Ulrich Fechner. In: Marche romane, 30, 1–2, Lüttich 1980, S. 5–115

Gérardy, Paul. 1870–1933. Der Freund Stefan Georges. Ein belgisch-deutscher Mittler. Katalog zur Ausstellung im Belgischen Haus, Köln. Bearbeitet von Jörg-Ulrich Fechner, Köln 1985

Gérardy, Paul: Gedichte und Kurzprosa. Das deutschsprachige Werk nebst den französischen Parallelfassungen. Gesammelt und mit einem Nachwort hg. von Jörg-Ulrich Fechner, Lüttich 1986

Glockner, Hermann: Heidelberger Bilderbuch, Bonn 1969

Goldsmith, Ulrich K.: Stefan George: A Study of his Early Work, Boulder, Colorado, 1959

Goldsmith, Ulrich K.: Wilamowitz and the »Georgekreis«. New Documents. In: ders.: Studies in Comparison, New York/Bern/Frankfurt am Main/Paris 1989, S. 125–162

Grünewald, Eckhart: Sanctus amor patriae dat animum – ein Wahlspruch des George-Kreises? Ernst Kantorowicz auf dem Historikertag zu Halle a.d. Saale im Jahr 1930. In: Deutsches Archiv für Erforschung des Mittelalters, 50, 1, 1994, S. 89–125

Gundolf, Elisabeth: Meine Begegnungen mit Rainer Maria Rilke und Stefan George. Stefan George und der Nationalsozialismus. Zwei Vorträge. Mit einem Vorwort von Lothar Helbing, Amsterdam 1965

Gundolf, Ernst: Werke. Aufsätze, Briefe, Gedichte, Zeichnungen und Bilder. Hg. von Jürgen Egyptien, Amsterdam 2006

Gundolf, Ernst, Kurt Hildebrandt: Nietzsche als Richter unsrer Zeit, Breslau 1923

Gundolf, Friedrich: Shakespeares Sonette. In: Die Zukunft, 18, 41, Juli 1910, S. 65–68

Gundolf, Friedrich: Shakespeare und der deutsche Geist, Berlin 1914

Gundolf, Friedrich: Dichter und Helden, Heidelberg 1921

Gundolf, Friedrich: Goethe. Zwölfte Aufl., Berlin 1925 [zuerst 1916]

Gundolf, Friedrich: Caesar. Geschichte seines Ruhms, Berlin 1924

Gundolf, Friedrich: Gedichte, Berlin 1930

Gundolf, Friedrich: Anfänge deutscher Geschichtsschreibung von Tschudi bis Winckelmann. Hg. von Edgar Wind. Mit einem Nachwort zur Neuausgabe von Ulrich Raulff, Frankfurt am Main 1992

Gundolf, Friedrich: Briefwechsel mit Herbert Steiner und Ernst Robert Curtius. Hg. von Lothar Helbing und Claus Victor Bock, Amsterdam 1962/63

Gundolf, Friedrich: Briefe und Karten an Else Limmer-Leuchs. 1906–1931, hg. von Fritz Usinger, Darmstadt 1972

Hauptmann, Gerhart: Sämtliche Werke. Band 11. Nachgelassene Werke, Fragmente, Frankfurt am Main/Berlin/Wien 1974

Heftrich, Eckhard: Stefan George, Frankfurt am Main 1968

Heintz, Günter: Stefan George. Studien zu seiner künstlerischen Wirkung, Stuttgart 1986

Helbling, Karl: Die Gestalt des Künstlers in der neueren Dichtung. Eine Studie über Thomas Mann, Bern 1922

Hellingrath, Norbert von: Hölderlin-Vermächtnis, München 1936; 2. Aufl., München 1944

Hesperus. Ein Jahrbuch von Hugo von Hofmannstahl, Rudolf Alexander Schröder und Rudolf Borchardt, Leipzig 1909

Heuss, Theodor: Über Stefan George und seinen Kreis. In: Die Hilfe, 1913, 41, S. 650

Hirschfeld, Curt: Stefan George und Frankreich. In: Die Horen, 5, 11, 1928/29, S. 988–994

Hoffmann, Marguerite: Mein Weg mit Melchior Lechter. Ein Künstler der Jahrhundertwende. Der Freund Stefan Georges, Amsterdam 1966

Hofmannsthal, Hugo von: Gesammelte Werke in zehn Einzelbänden. Hg. von Bernd Schoeller in Beratung mit Rudolf Hirsch, Frankfurt am Main 1986 [abgekürzt Hofmannsthal, GW]

Hofmannsthal, Hugo von: Sämtliche Werke II. Gedichte 2. Hgg. von Andreas Thomasberger und Eugene Weber, Frankfurt am Main 1988 [abgekürzt Hofmannsthal, SW]

Hofmannsthal, Hugo von: Sämtliche Werke III. Dramen 1. Hgg. von Götz Eberhard Hübner, Klaus-Gerhard Pott und Christoph Michel, Frankfurt am Main 1982

Hofmannsthal, Hugo von: Sämtliche Werke XXX. Andreas, Der Herzog von Reichstadt, Philipp II. und Don Juan d'Austria. Aus dem Nachlass hg. von Manfred Pape, Frankfurt am Main 1982

Hofmannsthal, Hugo von: Briefe an Marie Herzfeld. Hg. von Horst Weber, Heidelberg 1967

Hofmannsthal, Hugo von / Leopold von Andrian: Briefwechsel. Hg. von Walter H. Perl, Frankfurt a. M. 1968

Hofmannsthal, Hugo von / Rudolf Borchardt. Briefwechsel: Hg. von Marie Luise Borchardt und Herbert Steiner, Frankfurt am Main 1954

Hofmannsthal, Hugo von / Clemens von Franckenstein. Briefwechsel 1894 bis 1928. Hg. von Ulrike Landfester. In: Hofmannsthal. Jahrbuch zur europäischen Moderne, 5, 1997, S. 7–146

Hofmannsthal, Hugo von / Rudolf Pannwitz: Briefwechsel 1907–1926. In Verbindung mit dem Deutschen Literaturarchiv hg. von Gerhard Schuster, Frankfurt am Main 1994

Höllerer, Walter: Elite und Utopie. Zum 100. Geburtstag Stefan Georges. In: Oxford German Studies, 3, 1968, S. 145–162

Holthusen, Hans Egon: Das Schöne und das Wahre. Neue Studien zur modernen Literatur, München 1958

Huch, Roderich: Alfred Schuler, Ludwig Klages und Stefan George. Erinnerungen an Kreise und Krisen der Jahrhundertwende in München-Schwabing, Amsterdam 1983

Kahler, Erich von: Stefan George. Größe und Tragik, Pfullingen 1964

Kantorowicz, Ernst: Kaiser Friedrich der Zweite, Berlin 1927

Kantorowicz, Ernst: Kaiser Friedrich der Zweite. Ergänzungsband, Stuttgart 1994 [zuerst 1931]

Kassner, Rudolf: Buch der Erinnerung, Leipzig 1938

Keilson-Lauritz, Marita: Von der Liebe die Freundschaft heißt. Zur Homoerotik im Werk Stefan Georges, Berlin 1987

Keilson-Lauritz, Marita: Centaurenliefde. Duits verzet in Nederland rondom de schuilplaats Castrum Peregrini. In: Klaus Müller, Judith Schuyf (Hgg.): Het begint met nee zeggen. Biografieen rond verzet en homoseksualiteit 1940–1945, Amsterdam 2006, S. 191–213

Klages, Ludwig: Stefan George, Berlin 1902

Klages, Ludwig: Handschrift und Charakter, 3. und 4. Aufl., Leipzig 1921

Klages, Ludwig: Rhythmen und Runen. Nachlass, Leipzig 1944

Klein, Carl August: Die Sendung Stefan Georges, Berlin 1935

Kluncker, Karlhans: »Das geheime Deutschland«. Über Stefan George und seinen Kreis, Bonn 1985

Kolk, Rainer: Literarische Gruppenbildung. Am Beispiel des George-Kreises. 1890–1945, Tübingen 1998

Kommerell, Blanche (Hg.): Max Kommerell. Spurensuche. Mit einem Beitrag von Gert Mattenklott, Gießen 1993

Kommerell, Max: Essays, Notizen, Poetische Fragmente. Aus dem Nachlass hg. von Inge Jens, Olten/Freiburg im Breisgau 1969

Korn, Karl: Rheinische Profile. Stefan George, Alfons Paquet, Elisabeth Langgässer, Pfullingen 1988

Kotowski, Elke-Vera: Feindliche Dioskuren. Theodor Lessing und Ludwig Klages. Das Scheitern einer Jugendfreundschaft (1885–1899), Berlin 2000

Kraft, Werner: Stefan George, München 1980

Krause, Jürgen, Sebastian Schütze (Hgg.): Melchior Lechters Gegen-Welten. Kunst um 1900 zwischen Münster, Indien und Berlin, Münster 2006

Kube, Lutz: Stefan George und die Berliner Universität. In: Wiss. Zeitschrift der Humboldt-Universität zu Berlin, Reihe Ges. Wiss., 38, 1989, 6, S. 639–646

Ladner, Gerhart B.: Erinnerungen. Hg. von Herwig Wolfram und Walter Pohl, Wien 1994 (Österreichische Akademie der Wissenschaften, Phil.-hist. Klasse, Sitzungsberichte, Bd. 617)

Landfried, Klaus: Stefan George. Politik des Unpolitischen, Heidelberg 1975

[Landmann, Edith:] Georgika. Das Wesen des Dichters. Stefan George: Umriß seines Werkes. Stefan George: Umriß seiner Wirkung, Heidelberg 1920

Landmann, Edith: Stefan George und die Griechen. Idee einer neuen Ethik, Amsterdam 1971

Landmann, Georg Peter: Vorträge über Stefan George. Eine biographische Einführung in sein Werk, Düsseldorf/München 1974

Landmann, Georg Peter (Hg.): Wie jeder ihn erlebte. Zum Gedenken an Robert Boehringer, Privatdruck, Basel 1977

Lepsius, Sabine: Vom deutschen Lebensstil, Leipzig o. J. [1916] (Bücherei der deutschen Frau. Hg. von Oskar A. H. Schmitz. Band 4)

Leschnitzer, Franz: George und die Folgen. In: Das Wort, Heft 12, Dezember 1938, S. 113–130

Lewitscharoff, Sibylle: Wie er die Mähne baute. Stefan Georges Haare. In: Frankfurter Allgemeine Zeitung, 31. Mai 2006

Die Literarische Welt, 4, 28 und 29, 13. und 20. Juli 1928 [zu Georges 60. Geburts-
    tag]
Lucke, Mechthild, Andreas Hüneke: Erich Heckel. Lebensstufen. Die Wandbilder im
    Angermuseum zu Erfurt, Dresden 1992
Mann, Klaus: Das Schweigen Stefan Georges. In: Die Sammlung, 1, 2, Oktober
    1933, S. 98–103
Marcuse, Ludwig: Stefan George. Zu seinem 60. Geburtstag. In: Kölnische Zeitung,
    12. Juli 1928
Martens, Klaus: Felix Paul Greves Karriere. Frederick Philip Grove in Deutschland,
    St. Ingbert 1997
Martus, Steffen: Werkpolitik. Zur Literaturgeschichte kritischer Kommunikation vom
    17. bis ins 20. Jahrhundert mit Studien zu Klopstock, Tieck, Goethe und George,
    Berlin/New York 2007
Mason, Eudo C.: Rilke und Stefan George. In: Joachim Müller (Hg.): Gestaltung.
    Umgestaltung. Festschrift zum 75. Geburtstag von Hermann August Korff, Leip-
    zig 1957, S. 249–278
Mattenklott, Gert: Bilderdienst. Ästhetische Opposition bei Beardsley und George,
    München 1970
Mehnert, Klaus: Ein Deutscher in der Welt. Erinnerungen 1906–1981, Stuttgart
    1981
Mettler, Dieter: Stefan Georges Publikationspolitik. Buchkonzeption und verlegeri-
    sches Engagement, München/New York/London/Paris 1979
Meyer, Richard M.: Ein neuer Dichterkreis. Sonderabdruck aus den preussischen
    Jahrbüchern April 1897. Als Beilage des bei Georg Bondi in Berlin erschienenen
    Sammelbandes »Blätter für die Kunst«, Berlin 1897
Meyerfeld, Max: Der neue deutsche Shakespeare. In: Die Zukunft, 18, 25, März
    1910, S. 390–396
Mittelstraß, Gustav (Hg.): Der junge Mann. Wege zur Lebensgestaltung, Berlin 1926
Möbius, Martin [d.i. Otto Julius Bierbaum]: Steckbriefe. Erlassen hinter dreißig li-
    terarischen Übelthätern gemeingefährlicher Natur, Berlin/Leipzig 1900
Moeller-Bruck, Arthur: Stilismus, Berlin/Leipzig 1901 (Die moderne Literatur in
    Gruppen- und Einzeldarstellungen, Band 9)
Morwitz, Ernst: Die Dichtung Stefan Georges, Berlin 1934
Muth, Carl: Schöpfer und Magier. Drei Essays, 2. Aufl., München 1953
Nebel, Gerhard: Stefan George und die entgötterte Welt. In: ders.: Sprung von des
    Tigers Rücken, Stuttgart 1970, S. 76–143
Neue Beiträge zur George-Forschung. Hg. von der Stefan George-Gedenkstätte Bin-
    gen e.V., Heft 1 (1975) bis Heft 20 (1994)
Neue Zürcher Zeitung, 8. Juli 1928. Literarische Beilage [zu Georges 60. Geburtstag]
Neutjens, Clemens: Friedrich Gundolf. Ein bio-bibliographischer Apparat, Bonn 1969
Oelmann, Ute: Das Eigene und das Fremde. Stefan Georges indische Romanze. In:
    Jahrbuch des Freien Deutschen Hochstifts, 36, 1992, S. 294–310
Osterkamp, Ernst: Friedrich Gundolf zwischen Kunst und Wissenschaft. Zur Proble-

matik eines Germanisten aus dem George-Kreis. In: Christoph König, Eberhard Lämmert (Hgg.): Literaturwissenschaft und Geistesgeschichte 1910 bis 1925, Frankfurt am Main 1993, S. 177–198

Osterkamp, Ernst: Poesie des Interregnums. Rudolf Borchardt über Stefan George. In: ders. (Hg.): Rudolf Borchardt und seine Zeitgenossen, Berlin/New York 1997, S. 1–26

Osterkamp, Ernst: Das Geheime Deutschland am Pazifik. Dokumente zum George-Kreis: Der Nachlass der Malers und Buchkünstlers Melchior Lechter am Getty Research Institute. In: Frankfurter Allgemeine Zeitung, 9. September 2000

Osterkamp, Ernst: »Ihr wisst nicht wer ich bin«. Stefan Georges poetische Rollenspiele, München 2002

Osthoff, Wolfgang: Stefan George und »les deux musiques«, Stuttgart 1989

Pastor, Willy: Bung-Bung (Stefan George). In: ders.: Studienköpfe. Zwanzig essayistische Porträts, Leipzig und Berlin 1902, S. 186–192

Pawlowsky, Peter: Helmut Küpper vormals Georg Bondi. 1895–1970, Düsseldorf/München 1970

Peters, Leo: Zum Freitod von Bernhard Graf Uxkull-Gyllenband und Adalbert Cohrs, zwei namhaften Mitgliedern des Stefan-George-Kreises, 1918 in Kaldenkirchen. In: Heimatbuch des Kreises Viersen 2004, S. 152–170

Petersdorff, Dirk von: Als der Kampf gegen die Moderne verloren war, sang Stefan George ein Lied. Zu seinem letzten Gedichtband Das Neue Reich. In: Jahrbuch der Deutschen Schillergesellschaft, 43, 1999, S. 325–352.

Philipp, Michael: »Vom Schicksal des deutschen Geistes«. Wolfgang Frommels Rundfunkarbeit an den Sendern Frankfurt und Berlin 1933–1935 und ihre oppositionelle Tendenz, Potsdam 1995

Pornschlegel, Clemens: Der literarische Souverän. Zur politischen Funktion der deutschen Dichtung bei Goethe, Heidegger, Kafka und im George-Kreis, Freiburg 1994

Raschel, Heinz: Das Nietzsche-Bild im George-Kreis. Ein Beitrag zur Geschichte der deutschen Mythologeme, Berlin/New York 1984

Reventlow, Franziska zu: Sämtliche Werke in fünf Bänden. Hg. von Michael Schardt, Oldenburg 2004 [abgekürzt Reventlow, SW]

Revue d'Allemagne et de pays de langue allemande, Nr. 13–14, November-Dezember 1928, Numéro consacré à Stefan George

Riedel, Manfred: Geheimes Deutschland. Stefan George und die Brüder Stauffenberg, Köln 2006

Rolicz-Lieder, Waclaw, Stefan George: Gedichte. Briefe, Stuttgart 1996

Rüdiger, Horst: Stefan Georges Begegnung mit der Antike. In: Die Antike, 11, 1935, S. 236–254

S[alin], E[dgar]: Zum 4. Dezember 1963. Ernst Kantorowicz. 1895–1963, Privatdruck. Verändert auch in: Historische Zeitschrift, 199, 1964, S. 551–557

Schäfer, Thomas: Wortmusik – Tonmusik. Ein Beitrag zur Wagner-Rezeption von Arnold Schönberg und Stefan George. In: Die Musikforschung, 47, 3, 1994, S. 252–273

Schaeffer, Albrecht: Elli oder Sieben Treppen. Beschreibung eines weiblichen Lebens, Leipzig 1919

Schlieben, Barbara, Olaf Schneider, Kerstin Schulmeyer (Hgg.): Geschichtsbilder im George-Kreis. Wege zur Wissenschaft, Göttingen 2004

S[chröder, Rudolf Alexander]: Deutsche Dichtung. Herausgegeben und eingeleitet von Stefan George und Karl Wolfskehl. Blätter für die Kunst. Berlin. 1900. Jean Paul, ein Stundenbuch für seine Verehrer. [Rezension] In: Die Insel, 1, 4, August 1900, S. 244–250

Schröder, Rudolf Alexander: Blätter für die Kunst. Eine Auslese aus den Jahren 1904–1909. [Rezension] In: Süddeutsche Monatshefte, 6, 10, Oktober 1909, S. 439–449

Schultz, H. Stefan: Studien zur Dichtung Stefan Georges, Heidelberg 1967

Schultz, H. Stefan: Zur Deutung zweier Gedichte Stefan Georges. In: Deutsche Beiträge zur geistigen Überlieferung, 7, 1972, S. 137–159

Scott, Cyril: Die Tragödie Stefan Georges, Eltville 1952

Sieburg, Friedrich: Stefan George. 1868–1933. In: Die großen Deutschen. Deutsche Biographie. Hgg. von Hermann Heimpel, Theodor Heuss, Benno Reifenberg. Band 4, Frankfurt am Main/Berlin/Wien 1983, S. 292–307

Simmel, Georg: Stefan George. Eine kunstphilosophische Betrachtung. In: Die Zukunft, 6, 22, Februar 1898, S. 386–396

Simmel, Georg: Zur Philosophie der Kunst. Philosophische und kunstphilosophische Aufsätze, Potsdam 1922

Simmel, Gertrud [pseud. Marie Luise Enckendorff]: Interpretation von Gedichten. In: Die Kreatur, 3, 2, 1929, S. 167–174

Singer, Kurt: Aus den Erinnerungen an Stefan George. In: Die Neue Rundschau, 68, 2, 1957, S. 298–310

Starke, Ernst Eugen: Das Plato-Bild des George-Kreises. Diss. Köln 1959

Stauffenberg, Alexander von: Erinnerung an Stefan George. Vortrag 4. Dezember 1958, Typoskript

Stein, Wilhelm: Raffael, Berlin 1923

Stettler, Michael: George-Triptychon, Düsseldorf/München 1972

Stockert, Franz-Karl von: Stefan George und sein Kreis. Wirkungsgeschichte vor und nach dem 30. Januar 1933. In: Beda Allemann (Hg.): Literatur und Germanistik nach der ›Machtübernahme‹. Colloquium zur 50. Wiederkehr des 30. Januar 1933, Bonn 1983, S. 52–89

Storck, Joachim: Max Kommerell. 1902–1944, Marbach am Neckar 1985

Susman, Margarete: Das Wesen der modernen deutschen Lyrik, Stuttgart 1910

Text + Kritik. Zeitschrift für Literatur. Hg. von Heinz Ludwig Arnold. Heft 168: Stefan George, Oktober 2005

Troeltsch, Ernst: Die Revolution in der Wissenschaft. In: ders.: Gesammelte Schriften, Band 4, Tübingen 1925, S. 653–677

Uxkull-Gyllenband, Bernhard Victor Graf: Gedichte. Hg. von Ernst Morwitz, Düsseldorf/München 1964

Uxkull-Gyllenband, Woldemar Graf: Frühgriechische Plastik. Mit einem Vorwort, Berlin o.J. [1919] (Orbis Pictus. Weltkunst-Bücherei. Hg. von Paul Westheim, Band 3)

Uxkull-Gyllenband, Woldemar Graf: Das revolutionäre Ethos bei Stefan George, Tübingen 1933

Vallentin, Berthold: Napoleon, Berlin 1923

Verwey, Albert: Holland en Duitschland. In: Tweemaandelijksch Tijdschrift, 7, 1, Januar 1901, S.1–15

Verwey, Albert: Poëzie in Europa. In: Tweemaandelijksch Tijdschrift, 7, 2, März 1901, S. 286–314

Verwey, Albert: Stefan George: Der Siebente Ring. [Rezension] In: De Beweging, 3, 12, Dezember 1907, S. 377–381

Weber, Frank: Die Bedeutung Nietzsches für Stefan George und seinen Kreis, Frankfurt am Main 1989

Wenghöfer, Walter: Gedichte. Briefe an Stefan George, Hanna Wolfskehl u.a. Hg. von Bruno Pieger, Amsterdam 2002

Winkler, Eugen Gottlob: Dichtungen. Gestalten und Probleme. Nachlass, Pfullingen 1956

Wolff, Robert: Stephan (Etienne) George I. Lebensbild eines Binger Kommunal- und Landespolitikers. In: Heimatjahrbuch des Landkreises Mainz-Bingen 1973

Wolfskehl, Karl: »Jüdisch, römisch, deutsch zugleich ...« Karl Wolfskehl. Briefwechsel aus Italien. 1933–1938. Hg. von Cornelia Blasberg, Hamburg 1993

Wolters, Friedrich: Vier Reden über das Vaterland, Breslau 1927

Wolters, Friedrich, Friedrich Andreae: Arkadische Launen, Berlin 1908

Wolters, Friedrich, Walter Elze (Hgg.): Stimmen des Rheins. Ein Lesebuch für die Deutschen, Breslau 1923

Würffel, Bodo: Wirkungswille und Prophetie. Studien zu Werk und Wirkung Stefan Georges, Bonn 1978

Wuthenow, Ralph-Rainer (Hg.): Stefan George. Dokumente zur Wirkungsgeschichte. Band 1: Stefan George in seiner Zeit, Band 2: Stefan George und die Nachwelt, Stuttgart 1980/81

Zeller, Eberhard: Oberst Claus Graf Stauffenberg. Ein Lebensbild. Mit einer Einführung von Peter Steinbach, Paderborn/München/Wien/Zürich 1994

Zierold, Kurt: Begegnungen. Einige Abschnitte aus meinen Lebenserinnerungen. Typoskript [ca. 1966], 73 Seiten

Zimmermann, Hans-Joachim (Hg.): Die Wirkung Stefan Georges auf die Wissenschaft. Ein Symposium, Heidelberg 1985

Zweig, Arnold: Standbild und Einsturz des Stefan George. In: ders.: Essays. Erster Band. Literatur und Theater, Berlin 1959, S. 228–241 [zuerst 1938]

C. Sonstige Literatur

Adorno, Theodor W.: Noten zur Literatur I-IV, Frankfurt am Main 1958ff. [= Gesammelte Schriften in zwanzig Bänden. Hg. von Rolf Tiedemann, Frankfurt am Main 1986, Band 11]

Adorno, Theodor W., Walter Benjamin: Briefwechsel. Hg. von Henri Lonitz, Frankfurt am Main 1994

Alewyn, Richard: Über Hugo von Hofmannsthal, 2. Aufl., Göttingen 1960

Aschheim, Steven E.: Nietzsche und die Deutschen. Karriere eines Kults, Stuttgart/Weimar 1996

Aurnhammer, Achim: Androgynie. Studie zu einem Motiv in der europäischen Literatur, Köln/Wien 1986

Bahr, Hermann: Pantomime. In: Deutschland, Nr. 46, 16. August 1890, S. 748f.

Bartels, Adolf: Die deutsche Dichtung von Hebbel bis zur Gegenwart, Leipzig 1921/22

Bauer, Roger, u.a. (Hgg.): Fin de Siècle. Zu Literatur und Kunst der Jahrhundertwende, Frankfurt am Main 1977

Benda, Oskar: Die Bildung des Dritten Reiches. Randbemerkungen zum gesellschaftsgeschichtlichen Sinnwandel des deutschen Humanismus, Wien/Leipzig 1931

Benjamin, Walter: Schriften. Zwei Bände, Frankfurt am Main 1954

Benjamin, Walter: Gesammelte Schriften. Hgg. von Rolf Tiedemann und Hermann Schweppenhäuser. Vier Bände, Frankfurt am Main 1972 [=Werkausgabe edition suhrkamp1980, 12 Bände]

Benjamin, Walter: Gesammelte Briefe. Hg. vom Theodor W. Adorno Archiv, Band 1ff., Frankfurt am Main 1995ff.

Benjamin, Walter / Gershom Scholem: Briefwechsel. 1933–1940. Hg. von Gershom Scholem, Frankfurt am Main 1985

Benn, Gottfried: Sämtliche Werke. Stuttgarter Ausgabe. In Verbindung mit Ilse Benn hgg. von Gerhard Schuster und Holger Hof. Sieben Bände, Stuttgart 1986–2003

Benson, Robert L., Johannes Fried (Hgg.): Ernst Kantorowicz. Erträge der Doppeltagung Institute for Advanced Study, Princeton, Johann Wolfgang Goethe-Universität, Frankfurt, Stuttgart 1997

Bernfeld, Siegfried: Über eine typische Form der männlichen Pubertät. In: ders.: Antiautoritäre Erziehung und Psychoanalyse. Ausgewählte Schriften, hgg. von Lutz von Werder und Reinhart Wolff, Band 3, Frankfurt am Main 1970, S. 750–767

Beyme, Klaus von: Das Zeitalter der Avantgarden. Kunst und Gesellschaft 1905–1955, München 2005

Biese, Alfred: Deutsche Literaturgeschichte in drei Bänden. Band 3, München 1910

Blei, Franz: Erzählung eines Lebens, Leipzig 1930

Blei, Franz: Das große Bestiarium der Literatur. Hg. von Rolf-Dieter Baacke, Hamburg 1995

Blüher, Hans: Die Rolle der Erotik in der männlichen Gesellschaft. Eine Theorie der menschlichen Staatsbildung nach Wesen und Wert, Stuttgart 1962

Blüher, Hans: Gesammelte Aufsätze, Jena 1919

Blüher, Hans: Werke und Tage. Geschichte eines Denkers, München 1953

Borchardt, Rudolf: Gesammelte Werke in Einzelbänden. Hgg. von Marie Luise Borchardt u.a., Stuttgart 1955ff.

Borchardt, Rudolf: Briefe. Band 2: 1895–1906. Band 3: 1907 – 1913. Bearbeitet von Gerhard Schuster, München/Wien 1995

Borchardt, Rudolf. Rudolf Borchardt – Alfred Walter Heymel – Rudolf Alexander Schröder. Eine Ausstellung des Deutschen Literaturarchivs im Schiller-National-museum, Marbach am Neckar 1978

Böschenstein, Bernhard: Studien zur Dichtung des Absoluten, Zürich 1968

Böschenstein, Bernhard: Leuchttürme. Von Hölderlin zu Celan. Wirkung und Vergleich. Studien, Frankfurt am Main 1977

Breuer, Stefan: Anatomie der konservativen Revolution, 2. Aufl., Darmstadt 1995

Breuer, Stefan: Bürokratie und Charisma. Zur politischen Soziologie Max Webers, Darmstadt 1994

Breysig, Kurt: Die Entstehung des Gottesgedankens und der Heilbringer, Berlin 1905

Broch, Hermann: Hofmannsthal und seine Zeit. Eine Studie. In: ders.: Dichten und Erkennen. Essays I, Zürich 1955, S. 43–181

Brocke, Bernhard vom: Kurt Breysig. Geschichtswissenschaft zwischen Historismus und Soziologie, Lübeck und Hamburg 1971 (Historische Studien, Heft 417)

Bruch, Rüdiger vom, Friedrich Wilhelm Graf, Gangolf Hübinger: Kultur und Kultur-wissenschaften um 1900. Krise der Moderne und Glaube an die Wissenschaft, Stuttgart 1989

Buber, Martin: Briefwechsel aus sieben Jahrzehnten. Band 1. 1897–1918, Heidelberg 1972

Bude, Heinz: Das Altern einer Generation. Die Jahrgänge 1938 bis 1948, Frankfurt am Main 1995

Bürger, Peter: Theorie der Avantgarde, Frankfurt am Main 1974

Buselmeier, Michael (Hg.): Literarische Führungen durch Heidelberg. Eine Stadtge-schichte im Gehen, Heidelberg 1996

Chickering, Roger: Das Deutsche Reich und der Erste Weltkrieg, München 2002

Dahme, Heinz-Jürgen, Otthein Rammstedt (Hgg.): Georg Simmel und die Moderne, Frankfurt am Main1984

»Das war ein Vorspiel nur ...« Bücherverbrennung Deutschland 1933: Vorausset-zungen und Folgen. Ausstellung der Akademie der Künste, Berlin 1983

Demurger, Alain: Die Templer. Aufstieg und Untergang. 1120–1314, München 2004

Derrida, Jacques: Politik der Freundschaft, Frankfurt am Main 2000

Ellmann, Richard: Oscar Wilde, München 1991

Engel, Eduard: Geschichte der deutschen Literatur des Neunzehnten Jahrhunderts und der Gegenwart, 4. Aufl., Wien/Leipzig 1912

Fechter, Paul: Menschen und Zeiten. Begegnungen aus fünf Jahrzehnten, Gütersloh 1948

Ferguson, Robert: Henrik Ibsen. Eine Biographie, München 1998

Fest, Joachim: Staatsstreich. Der lange Weg zum 20. Juli, Berlin 1994

S. Fischer, Verlag. Von der Gründung bis zur Rückkehr aus dem Exil, Marbach 1985

Flasch, Kurt: Die geistige Mobilmachung. Die deutschen Intellektuellen und der Erste Weltkrieg, Berlin 2000

Fontane, Theodor: Briefe in zwei Bänden, Berlin/Weimar 1981

Frank, Manfred: Vorlesungen über die Neue Mythologie. I. Teil: Der kommende Gott; II. Teil: Gott im Exil, Frankfurt am Main 1982 und 1988

Freytag, Gustav Willibald (Hg.): Rainer Maria Rilkes Briefe an Alfred Schuler. In: Jahrbuch der deutschen Schillergesellschaft, 4, 1960, S. 425–433

Fuld, Werner: Walter Benjamin. Zwischen den Stühlen. Eine Biographie, München 1979

Gadamer, Hans-Georg: Philosophische Lehrjahre. Eine Rückschau, Frankfurt am Main 1977

Gadamer, Hans-Georg: Gedicht und Gespräch. Essays, Frankfurt am Main 1990

Gennep, Arnold van: Übergangsriten (Les rites de passage), Frankfurt am Main/New York 1986

Gilcher-Holtey, Ingrid: Modelle »moderner« Weiblichkeit. Diskussionen im akademischen Milieu Heidelbergs um 1900. In: Bärbel Meurer (Hg.): Marianne Weber. Beiträge zu Werk und Person, Tübingen 2004, S. 29–58

Gillis, John R.: Geschichte der Jugend. Tradition und Wandel im Verhältnis der Altersgruppen und Generationen in Europa von der zweiten Hälfte des 18. Jahrhunderts bis zur Gegenwart, Weinheim/Basel 1980

Goethe, Johann Wolfgang von: Gedenkausgabe der Werke, Briefe und Gespräche. Hg. von Ernst Beutler. 24 Bände, 2. Aufl., Zürich 1961–1966

Green, Julien: Tagebücher. 1955–1972, München/Leipzig 1990

Green, Martin: Else und Frieda, die Richthofen-Schwestern, München 1976

Haffner, Sebastian: Anmerkungen zu Hitler, München 1978

Hahn, Barbara (Hg.): Frauen in den Kulturwissenschaften. Von Lou Andreas-Salomé bis Hannah Arendt, München 1994

Hamann, Brigitte: Hitlers Wien. Lehrjahre eines Diktators, München 1996

Hennis, Wilhelm: Max Webers Fragestellung. Studien zur Biographie des Werks, Tübingen 1987

Hepp, Corona: Avantgarde. Moderne Kunst, Kulturkritik und Reformbewegungen nach der Jahrhundertwende, München 1987

Hermand, Jost: Der alte Traum vom neuen Reich. Völkische Utopien und Nationalsozialismus, Frankfurt am Main 1988

Heym, Georg: Tagebücher. Träume. Briefe, Hamburg/München 1960 (Dichtungen und Schriften, Band 3)

Hillebrand, Bruno (Hg.): Nietzsche und die deutsche Literatur. Zwei Bände, München/Tübingen 1978

Hillgruber, Andreas: Die Zerstörung Europas. Beiträge zur Weltkriegsepoche 1914 bis 1945, Frankfurt am Main/Berlin 1988

Hirschfeld, Gerhard, Gerd Krumeich, Irina Renz (Hgg.): Enzyklopädie Erster Weltkrieg, Paderborn 2003

Hitler, Adolf: Mein Kampf. 16. bzw. 18. Aufl. in zwei Bänden, München 1933

Hoffmann, Peter: Widerstand, Staatsstreich, Attentat. Der Kampf der Opposition gegen Hitler. 3. Aufl., München 1979

Hübinger, Gangolf (Hg.): Versammlungsort moderner Geister. Der Eugen Diederichs Verlag – Aufbruch ins Jahrhundert der Extreme, München 1996

Huch, Ricarda: Erinnerungen an das eigene Leben, Köln 1980

Huch, Ricarda. 1864–1947. Eine Ausstellung des Deutschen Literaturarchivs im Schiller-Nationalmuseum, Marbach am Neckar 1994

Huller, Helene: Der Schriftsteller Friedrich Huch, Diss. München 1974

Jäger, Lorenz: Das Hakenkreuz. Zeichen im Weltbürgerkrieg. Eine Kulturgeschichte, Wien/Leipzig 2006

Janz, Curt Paul: Friedrich Nietzsche. Biographie, München 1981

Jean Paul: Werke. Hg. von Norbert Miller. Sechs Bände, München 1960–1963

Jeismann, Michael: Das Vaterland der Feinde. Studien zum nationalen Feindbegriff und Selbstverständnis in Deutschland und Frankreich 1792–1918, Stuttgart 1992

Jens, Inge: Dichter zwischen rechts und links. Die Geschichte der Sektion für Dichtkunst an der Preußischen Akademie der Künste, dargestellt nach den Dokumenten, 2. Aufl., Leipzig 1994

Jung, Edgar: Die Herrschaft der Minderwertigen, 2. Aufl., Berlin 1930

Just, Klaus Günther: Von der Gründerzeit bis zur Gegenwart. Geschichte der deutschen Literatur seit 1871, Bern/München 1973

Kauffmann, Kai (Hg.): Das wilde Fleisch der Zeit. Rudolf Borchardts Kulturgeschichtsschreibung. Mit Rudolf Borchardts Nachlasstext »Stefan George. 1868–1933« in italienischer Sprache und deutscher Übersetzung, Stuttgart 2004

Keegan, John: Der Erste Weltkrieg. Eine europäische Tragödie, Reinbek 2000

Keilson-Lauritz, Marita: Alfred Schulers Utopie des »offenen Lebens«. In: Forum. Homosexualität und Literatur, 30, 1997, S. 37–58

Keilson-Lauritz, Marita: Alfred Schuler und der Nationalsozialismus. In: Jahrbuch der Deutschen Schillergesellschaft, 42, 1998, S. 301–308

Keilson-Lauritz, Marita: Goethes Gay Games. In: Forum. Homosexualität und Literatur, 36, 2000, S. 29–41

Keilson-Lauritz, Marita: Maske und Signal. Ein Modell homoerotischen Schreibens und Lesens im 19. und 20. Jahrhundert. In: Gertrud Maria Rösch (Hg.): Codes, Geheimtext und Verschlüsselung. Geschichte und Gegenwart einer Kulturpraxis, Tübingen 2005, S. 99–110

Keilson-Lauritz, Marita, Friedemann Pfäfflin: Die Sitzungsberichte des Wissenschaftlich-humanitären Komitees München 1902–1908, München 2003 (Splitter. Materialien zur Geschichte der Homosexuellen in München und Bayern, Band 10)

Kerr, Alfred: Wo liegt Berlin? Briefe aus der Reichshauptstadt. 1895–1900. Hg. von Günther Rühle, Berlin 1997

Kershaw, Ian: Hitler. Zwei Bände, Stuttgart 1998/2000

Kessler, Harry Graf: Tagebuch 1880–1937. Band 3: 1897–1905; Band 4: 1906–1914, Stuttgart 2004/05

Kiaulehn, Walther: Berlin. Schicksal einer Weltstadt, München/Berlin 1958

Klein, Christian (Hg.): Grundlagen der Biographik. Theorie und Praxis des biographischen Schreibens, Stuttgart/Weimar 2002

Köhler, Joachim: Wagners Hitler, München 1998

Kolbe, Jürgen: Heller Zauber. Thomas Mann in München, Berlin 1987

Koselleck, Reinhart: Zeitschichten. Studien zur Historik, Frankfurt am Main 2000

Krockow, Christian Graf von: Die Entscheidung. Eine Untersuchung über Ernst Jünger, Carl Schmitt, Martin Heidegger, Stuttgart 1958

Langbehn, Julius: Rembrandt als Erzieher, 3. Aufl., Leipzig 1890

Laqueur, Walter Z.: Die deutsche Jugendbewegung. Eine historische Studie, Köln 1962

Lepenies, Wolf: Die drei Kulturen. Soziologie zwischen Literatur und Wissenschaft, München 1985

Leppmann, Wolfgang: Rilke. Sein Leben, seine Welt, sein Werk, Bern/München 1993

Lepsius, M. Rainer: Das Modell der charismatischen Herrschaft und seine Anwendbarkeit auf den »Führerstaat« Adolf Hitlers. In: ders.: Demokratie in Deutschland. Soziologisch-historische Konstellationsanalysen. Ausgewählte Aufsätze, Göttingen 1993, S. 95–118

Lessing, Theodor: Der jüdische Selbsthass, Berlin 1930

Lethen, Helmut: Verhaltenslehren der Kälte. Lebensversuche zwischen den Kriegen, Frankfurt am Main1994

Lichtblau, Klaus: Georg Simmel, Frankfurt am Main/New York 1997

Linse, Ulrich: Barfüßige Propheten. Erlöser der zwanziger Jahre, Berlin 1983

Löwith, Karl: Von Hegel zu Nietzsche. Der revolutionäre Bruch im Denken des neunzehnten Jahrhunderts, 3. Aufl., Stuttgart 1953

Löwith, Karl: Die Entzauberung der Welt durch Wissenschaft. Zu Max Webers 100. Geburtstag. In: Merkur, 18, 1964, Heft 196, S. 501–519

Löwith, Karl: Mein Leben in Deutschland vor und nach 1933, Stuttgart 1986

Lübbe, Hermann: Politische Philosophie in Deutschland. Studien zu ihrer Geschichte, München 1974

Lukács, Georg: Deutsche Literatur im Zeitalter des Imperialismus, Berlin 1945

Lukács, Georg: Literatursoziologie, Neuwied 1961

Machtan, Lothar: Hitlers Geheimnis. Das Doppelleben eines Diktators, Frankfurt am Main 2003

Mann, Klaus: Die neuen Eltern. Aufsätze, Reden, Kritiken. 1924–1933. Hgg. von Uwe Naumann und Michael Töteberg, Reinbek 1992

Mann, Thomas: Gesammelte Werke in dreizehn Bänden, Frankfurt am Main 1990

Mann, Thomas. Thomas Mann an Ernst Bertram. Briefe aus den Jahren 1910–1955. Hg. von Inge Jens, Pfullingen 1960

Mann, Thomas: Briefe. Band 1: 1889–1936. Band 2: 1937–1947. Band 3: 1948–1955 und Nachlese, Frankfurt am Main 1962/65

Marwedel, Rainer: Theodor Lessing. 1872–1933. Eine Biographie, Darmstadt/Neuwied 1987

Mayer, Arno J.: Adelsmacht und Bürgertum. Die Krise der europäischen Gesellschaft 1848–1914, München 1984

Meinecke, Friedrich: Weltbürgertum und Nationalstaat. Studien zur Genesis des deutschen Nationalstaates, 7. Aufl., München/Berlin 1928

Meyer, Richard M.: Die deutsche Literatur des Neunzehnten Jahrhunderts, 2. Aufl., Berlin 1912

Mohler, Armin: Die Konservative Revolution in Deutschland 1918–1932. Grundriß ihrer Weltanschauungen, Stuttgart 1950

Mommsen, Wolfgang J.: Bürgerliche Kultur und politische Ordnung. Künstler, Schriftsteller und Intellektuelle in der deutschen Geschichte 1830–1933, Frankfurt am Main 2000

Mommsen, Wolfgang J.: Der Erste Weltkrieg. Anfang vom Ende des bürgerlichen Zeitalters, Frankfurt am Main 2004

Musil, Robert: Die Verwirrungen des Zöglings Törleß, Reinbek 1977

Nietzsche, Friedrich: Sämtliche Werke. Kritische Studienausgabe in 15 Bänden. Hgg. von Giorgio Colli und Mazzino Montinari, München 1980 [abgekürzt KSA]

Nipperdey, Thomas: Deutsche Geschichte. 1800–1866, München 1983

Nipperdey, Thomas: Deutsche Geschichte. 1866–1918. Zwei Bände, München 1990/95

Nipperdey, Thomas: Wie das Bürgertum die Moderne fand, Berlin 1988

Norden, Eduard: Die Geburt des Kindes. Geschichte einer religiösen Idee, 3. Aufl., Darmstadt 1958

Oberhuber, Konrad: Raffael. Das malerische Werk, München/London/New York 1999

Pfandl, Ludwig: Philipp II. Gemälde eines Lebens und einer Zeit, 8. Aufl., München 1973

Plessner, Helmuth: Die verspätete Nation, Frankfurt am Main 1982 (Gesammelte Schriften, Band 6)

Pretzel, Andreas: »Vom Taumeltrank der Ewigkeit«. Der Verlag »Kreisende Ringe« und sein Mentor Franz Evers – Dichter, Theosoph und Halbgott. In: Leipziger Jahrbuch zur Buchgeschichte, 11, 2001/02, S. 115–140

Pross, Harry (Hg.): Die Zerstörung der deutschen Politik. Dokumente 1871–1933, Frankfurt am Main 1983

Radkau, Joachim: Das Zeitalter der Nervosität. Deutschland zwischen Bismarck und Hitler, München 2000

Rasch, Wolfdietrich: Die literarische Décadence um 1900, München 1986

Raulff, Ulrich (Hg.): Vom Künstlerstaat. Ästhetische und politische Utopien, München 2006

Reulecke, Jürgen: »Ich möchte einer werden so wie die …« Männerbünde im 20. Jahrhundert, Frankfurt am Main/New York 2001

Riedel, Wolfgang: »Homo natura«. Literarische Anthropologie um 1900, Berlin 1996

Rohkrämer, Thomas: Eine andere Moderne? Zivilisationskritik, Natur und Technik in Deutschland 1880–1933, Paderborn 1999

Röhl, John C.G.: Kaiser, Hof und Staat. Wilhelm II. und die deutsche Politik, München 1987

Rosa, Hartmut: Beschleunigung. Die Veränderung der Zeitstrukturen in der Moderne, Frankfurt am Main 2005

Salis, J. R. von: Rainer Maria Rilkes Schweizer Jahre. Ein Beitrag zur Biographie von Rilkes Spätzeit, 3. Aufl., Frauenfeld 1952

Schmalenbach, Herman: Die soziologischen Kategorien des Bundes. In: Die Dioskuren. Jahrbuch für Geisteswissenschaften. Hg. von Walter Strich, 1, 1922, S. 35–105

Schmitt, Carl: Glossarium. Aufzeichnungen der Jahre 1947–1951. Hg. von Eberhard Freiherr von Medem, Berlin 1991

Schmolze, Gerhard (Hg.): Revolution und Räterepublik in München 1918/19 in Augenzeugenberichten, Düsseldorf 1969

Schneider, Manfred: Der Barbar. Endzeitstimmung und Kulturrecycling, München 1997

Scholem, Gershom: Briefe I. 1914–1947. Hg. von Itta Shedletzky, München 1994

Schröder, Hans Eggert: Vier unbekannte Rilke-Briefe. Ein Beitrag zur Schuler-Forschung. In: Jahrbuch der deutschen Schillergesellschaft, 23, 1979, S. 84–93

Schuler, Alfred: Cosmogonische Augen. Gesammelte Schriften. Hg. von Baal Müller, Paderborn 1997

Schultz, Hartwig: Schwarzer Schmetterling. Zwanzig Kapitel aus dem Leben des romantischen Dichters Clemens Brentano, Berlin 2002

Schulze, Hagen: Weimar. Deutschland 1917–1933, Berlin 1982

Schutte, Jürgen, Peter Sprengel (Hgg.): Die Berliner Moderne. 1885–1914, Stuttgart 1987

Simmel, Georg: Philosophie des Geldes. Hgg. von David P. Frisby und Klaus Christian Köhnke, Frankfurt am Main 1989 (Gesamtausgabe Band 6)

Simmel, Gertrud [pseud. Marie Luise Enckendorff]: Über das Religiöse, München/Leipzig 1919

Simmel, Gertrud [pseud. Marie Luise Enckendorff]: Realität und Gesetzlichkeit im Geschlechtsleben, 2. Aufl., München/Leipzig 1920

Sofsky, Wolfgang: Die Ordnung des Terrors: Das Konzentrationslager, Frankfurt am Main 1993

Sombart, Nicolaus: Die deutschen Männer und ihre Feinde. Carl Schmitt – ein deutsches Schicksal zwischen Männerbund und Matriarchatsmythos, Frankfurt am Main 1997

Sombart, Nicolaus: Die Frau ist die Zukunft des Mannes. Aufklärung ist immer erotisch. Hg. von Frithjof Hager, Frankfurt am Main 2003

Sombart, Werner: Die deutsche Volkswirtschaft im neunzehnten Jahrhundert, Berlin 1913

Sonnenstuhl, Burkhardt (Hg.): Prominente in Berlin-Grunewald und ihre Geschichten, Berlin 2006

Speer, Albert: Spandauer Tagebücher, Berlin 1975

Spengler, Oswald: Der Untergang des Abendlandes. Umrisse einer Morphologie des Abendlandes, München 1969

Sprengel, Peter: Geschichte der deutschsprachigen Literatur 1900–1918. Von der Jahrhundertwende bis zum Ende des Ersten Weltkriegs, München 2004

Sternberger, Dolf: Über Jugenstil, Frankfurt am Main 1977

Sünderhauf, Esther Sophia: Griechensehnsucht und Kulturkritik. Die deutsche Rezeption von Winckelmanns Antikenideal, Berlin 2004

Susman, Margarete: Gestalten und Kreise, Zürich 1954

Susman, Margarete: Ich habe viele Leben gelebt. Erinnerungen, Stuttgart 1964

Tenbruck, Friedrich H.: Freundschaft. Ein Beitrag zu einer Soziologie der persönlichen Beziehungen. In: Kölner Zeitschrift für Soziologie und Sozialpsychologie, 16, 1964, S. 431 – 456

Toller, Ernst: Eine Jugend in Deutschland, Reinbek 1990

Treiber, Hubert, Karol Sauerland (Hgg.): Heidelberg im Schnittpunkt intellektueller Kreise. Zur Topographie der »geistigen Geselligkeit« eines »Weltdorfes«: 1850–1950, Opladen 1995

Treitschke, Heinrich von: Deutsche Geschichte im 19. Jahrhundert. Fünf Bände, Leipzig 1928

Ullrich, Volker: Die nervöse Großmacht. Aufstieg und Untergang des deutschen Kaiserreichs 1871–1918, Frankfurt am Main 1997

Vierhaus, Rudolf (Hg.): Das Tagebuch der Baronin Spitzemberg, Göttingen 1960

Walzel, Oskar: Die deutsche Dichtung seit Goethes Tod, Berlin 1919

Weber, Marianne: Max Weber. Ein Lebensbild, 2. Aufl., Heidelberg 1950 [zuerst 1926]

Weber, Max: Wirtschaft und Gesellschaft. Grundriss der verstehenden Soziologie. Fünfte revidierte Aufl., besorgt von Johannes Winckelmann, Tübingen 1985

Weber, Max: Gesammelte Aufsätze zur Religionssoziologie I, 9. Aufl., Tübingen 1988

Weber, Max: Gesammelte Aufsätze zur Soziologie und Sozialpolitik. Hg. von Marianne Weber, 2. Aufl., Tübingen 1988

Weber, Max: Gesammelte Aufsätze zur Wissenschaftslehre. Hg. von Johannes Winckelmann, 7. Aufl., Tübingen 1988

Weber, Max: Briefe 1909–1910. Hgg. von M. Rainer Lepsius und Wolfgang J. Mommsen, Tübingen 1994 [Max Weber Gesamtausgabe (MWG), Abteilung II: Briefe Band 6]

Weber, Max: Briefe 1911–1912. Hgg. von M. Rainer Lepsius und Wolfgang J. Mommsen, Tübingen 1998 [Max Weber Gesamtausgabe (MWG), Abteilung II: Briefe Band 7, 1. Halbband]

Weevers, Theodor: Droom en beeld. De poezie van Albert Verwey, Amsterdam 1978

Wiese, Benno von: Ich erzähle mein Leben. Erinnerungen, Frankfurt am Main 1982

Winckelmann, Johannes: Die Herkunft von Max Webers »Entzauberungs«-Konzeption. In: Kölner Zeitschrift für Soziologie und Sozialpsychologie, 32, 1980, S. 12–53

Winkler, Heinrich August: Arbeiter und Arbeiterbewegung in der Weimarer Republik. Band 1: Von der Revolution zur Stabilisierung. Band 2: Der Schein der Normalität. Band 3: Der Weg in die Katastrophe, Berlin/Bonn 1984/87

Wolf, Gunther (Hg.): Stupor Mundi. Zur Geschichte Friedrichs II. von Hohenstaufen, Darmstadt 1966 (Wege der Forschung, Band 101)

Württembergisches Landesmuseum Stuttgart: Die Zeit der Staufer. Geschichte – Kunst – Kultur. Katalog der Ausstellung, Drei Bände, Stuttgart 1977

Zeittafel

1899   Freundschaft mit Friedrich Gundolf; Bekanntschaft mit Kurt Breysig
        DER TEPPICH DES LEBENS UND DIE LIEDER VON TRAUM UND TOD MIT EINEM
        VORSPIEL

1900   Tod Friedrich Nietzsches
        DEUTSCHE DICHTUNG: JEAN PAUL. EIN STUNDENBUCH FÜR SEINE VEREHRER

1901   Tod Arnold Böcklins; Gründung des Wandervogels
        DIE FIBEL
        BAUDELAIRE: DIE BLUMEN DES BÖSEN. UMDICHTUNGEN
        DEUTSCHE DICHTUNG: GOETHE

1902   Begegnung mit Maximilian Kronberger
        Bekanntschaft mit Berthold Vallentin
        Lesung im Haus Bondi vor etwa 80 geladenen Gästen
        DEUTSCHE DICHTUNG: DAS JAHRHUNDERT GOETHES

1903   Ende des Jahres Zuspitzung der »Kosmikerkrise«
        TAGE UND THATEN. AUFZEICHNUNGEN UND SKIZZEN

1904   Letztes Treffen mit Hofmannsthal; Tod Maximilian Kronbergers
        Bekanntschaft mit Friedrich Wolters

1905   Begegnung mit Robert Boehringer; erster Kontakt mit Ernst Morwitz
        ZEITGENÖSSISCHE DICHTER (zwei Bände)

1907   Tod des Vaters
        MAXIMIN. EIN GEDENKBUCH
        DER SIEBENTE RING

1909   Freundschaft mit Ludwig Thormaehlen
        Gundolf: *Gefolgschaft und Jüngertum*, Wolters: *Herrschaft und Dienst*
        SHAKESPEARE: SONNETTE. UMDICHTUNG

1910   Entdeckung der Pindar-Übertragungen Hölderlins
        JAHRBUCH FÜR DIE GEISTIGE BEWEGUNG
        Begegnung mit Percy Gothein; Treffen mit Max Weber

1911   Gundolf: *Shakespeare und der deutsche Geist*
        Freundschaft mit Hans Brasch

1912   Tod Waclaw Lieders
        DANTE: GÖTTLICHE KOMÖDIE. ÜBERTRAGUNGEN

1913   Begegnung mit Ernst Glöckner; Tod der Mutter
        Treffen der Freideutschen Jugend auf dem Hohen Meißner

1914   1. August Kriegsausbruch
        Heinrich Friedemann: *Platon. Seine Gestalt*
        DER STERN DES BUNDES

1915   Norbert von Hellingrath: »Hölderlin und die Deutschen«
        Erster längerer Klinikaufenthalt

1916	Gundolf: *Goethe*
1917	Der Krieg
1918	Doppelselbstmord Adalbert Cohrs und Bernhard von Uxkull
	9. November Ausrufung der Republik; 11. November Waffenstillstand
	Ernst Bertram: *Nietzsche. Versuch einer Mythologie*
1919	Letzte Begegnung mit Verwey; Heidelberger Pfingstreffen
	Letzte Folge der Blätter für die Kunst
	Besetzung Bingens durch die Alliierten
1920	Freundschaft mit Ernst Kantorowicz; erste Blasensteinoperation
	Gundolf: *George*
1921	Freundschaft mit Max Kommerell
	Drei Gesänge
1922	Freundschaft mit Johann Anton; Trennung von Gundolf
1923	Erste Begegnung mit den Brüdern Stauffenberg
	Trennung von Percy Gothein
	Berthold Vallentin: *Napoleon;* Wilhelm Stein: *Raffael*
1924	Kranzniederlegung am Grab Friedrichs II. in Palermo; letzte Operation
	Begegnung mit Frank Mehnert; Wolters wechselt von Marburg nach Kiel
	Gundolf: *Caesar. Geschichte seines Ruhms*
1927	Ernst Kantorowicz: *Kaiser Friedrich der Zweite*
	Beginn des Erscheinens der Gesamt-Ausgabe
1928	Max Kommerell: *Der Dichter als Führer in der deutschen Klassik*
	Gundolf: *Shakespeare. Sein Wesen und sein Werk* (zwei Bände)
	Das Neue Reich (Gesamt-Ausgabe, Band IX)
1929	Begegnung mit Karl Josef Partsch; Tod Hugo von Hofmannsthals
1930	Friedrich Wolters: *Stefan George und die Blätter für die Kunst*
	Tod von Wolters; Kantorowicz auf dem Historikertag
	Letzte Begegnung mit Kommerell
1931	Selbstmord Johann Antons; Tod Gundolfs; Selbstmord Julius Landmanns
	Erster Winter in Minusio
1932	Zweiter Winter in Minusio
1933	30. Januar Ernennung Hitlers zum Reichskanzler
	28. Februar Wolfskehl verlässt Deutschland
	13. März Tod Berthold Vallentins
	24. August Überfahrt in die Schweiz
	4. Dezember 1.15 Uhr Tod durch Herzstillstand
	6. Dezember 8.15 Uhr Beisetzung auf dem Friedhof von Minusio

Namenregister

Im Haupttext wurden alle Namen erfasst; in den Anmerkungen sind Namen nur dort berücksichtigt, wo wesentliche Informationen über die Textstelle hinaus zu finden sind, nicht jedoch die Sekundärliteratur.

814

Rozniecki, Stanislaw 122, 658
Rückert, Friedrich 304
Ruskin, John 215
Rust, Bernhard 620f., 635
Rychner, Max 751

Saint-Paul, Albert 78–82, 87f., 91, 93,
    131, 148, 158, 180, 188, 210, 213,
    687
Salin, Edgar 408, 411, 480, 484, 499,
    520f., 523, 531, 716f., 734, 737f.,
    744, 757
Salten, Felix 18
Salz, Arthur 413f., 418, 484, 514, 523,
    547f., 739
Salz, Sophie (Soscha) 523, 547, 739
Sauerbruch, Ferdinand 613
Schaeffer, Albrecht 515
Schaukal, Richard 338
Scheerbarth, Paul 213
Scheffel, Joseph Viktor von 95
Scheler, Max 505
Schertel, Ernst 712f.
Schiller, Friedrich von 49, 54, 61, 304,
    306, 575f., 626
Schlageter, Albert Leo 548, 745
Schlayer, Clotilde 612f., 624, 630f., 633,
    635, 760
Schlayer, Gerda, geb. von Puttkamer
    633, 760
Schlayer, Karl 613, 760
Schlegel, August Wilhelm 260, 373
Schlegel, Friedrich 575
Schlittgen, Hermann 136
Schmalenbach, Herman 710f.
Schmidt, Erich 233, 276, 723
Schmitt, Carl 500, 502f., 715, 768
Schmitt, Saladin 34, 381, 556, 710
Schmitz, Oskar A. H. 81, 160, 314,
    338
Schmoller, Gustav 436, 450
Schnabel, Franz 601
Schönborn, Graf 197
Scholem, Gershom 607, 628, 765f.
Schramm, Percy Ernst 601
Schröder, Rudolf Alexander 26, 302,
    445, 673, 691

Schuler, Alfred 295, 316, 321–328, 330–
    333, 335–337, 352, 392, 408, 555f.,
    604, 649, 682, 696–699
Schuler, August 322
Schuler, Katharina 322, 326, 330
Schurtz, Heinrich 398
Schweinitz, Hans Bernhard von 586, 761
Scott, Cyril Meir 261f., 264–267, 269,
    682f.
Scott, Walter 36, 49
Sedlmayr, Hans 704
Seebacher, Wendelin 53
Shakespeare, William 54, 71, 263, 302,
    369, 373–375, 449, 549, 681, 708
Sieburg, Friedrich 304, 692
Simmel, Georg 49, 97f., 211, 222f., 225,
    232–242, 258, 289, 292, 316, 370,
    412f., 432, 443, 530, 677f., 684
Simmel, Gertrud 206, 232, 239f., 316,
    321, 370, 413, 517
Simon, Heinrich 226
Simon, Julius 47
Simons, Paul Winand 466
Simons, Walter 466, 554, 746
Singer, Kurt 557, 747
Sofsky, Wolfgang 707
Sokrates 401f., 405
Sombart, Werner 244, 505, 731
Sontheimer, Kurt 510, 579, 732f.
Sophokles 259
Spengler, Oswald 433, 498–501, 506,
    732, 734
Sperling, Eva, geb. Gerhard 611
Spinoza, Baruch 192
Sprengel, Peter 96
Spitteler, Carl 533
Spohr, Max 244, 263, 679, 682, 705
Stadler, Ernst 338, 508
Staël, Madame de 81
Stahl, Arthur 53, 56f., 60, 70, 73–75,
    113–118, 146, 158
Stauffenberg, Alexander Schenk Graf von
    564f., 632
Stauffenberg, Alfred Schenk Graf von
    766
Stauffenberg, Berthold Schenk Graf von
    549, 557, 560, 563–566, 569, 586,